济南市志

1986～2010

JI NAN SHI ZHI

济南市史志编纂委员会 编

方志出版社
Publishing House of Local Records

图书在版编目（CIP）数据

济南市志.6，1986～2010 / 济南市史志编纂委员会编.—北京：方志出版社，2014.12
ISBN 978-7-5144-1557-5

Ⅰ.①济… Ⅱ.①济… Ⅲ.①济南市－地方志－1986～2010 Ⅳ.①K295.21

中国版本图书馆CIP数据核字（2015）第013851号

济南市志（1986～2010）6

编　　者	济南市史志编纂委员会
责任编辑	李志瑜
出 版 人	冀祥德
出 版 者	方志出版社
	地址　北京市朝阳区潘家园东里9号（国家方志馆4层）
	邮编　100021
	网址　http://www.fzph.org
发　　行	方志出版社发行中心
	电话（010）67110500
经　　销	各地新华书店
印　　刷	济南黄氏印务有限公司
开　　本	889×1194　1/16
印　　张	49
字　　数	1319千字
版　　次	2014年12月第1版　2014年12月第1次印刷
印　　数	0001～1600册

ISBN 978-7-5144-1557-5/K·1272　定价：580.00元

凡　例

一、本志坚持辩证唯物主义和历史唯物主义，以马克思列宁主义、毛泽东思想、邓小平理论、“三个代表” 重要思想、科学发展观为指导，依据国务院《地方志工作条例》，全面客观记述济南市自然、政治、经济、文化和社会的历史与现状，努力做到思想性、资料性、科学性的统一，力求突出时代特色、地方特点。

二、本志为《济南市志（1840～1985）》的续志，上限为1986年，下限为2010年，部分内容适当上溯或下延。

三、体裁，以志为主，述、记、传、图、表、录辅之；结构为卷、篇、章、节体，部分节下设目和子目。图片使用与文字同步，力求图文并茂，扩大信息量，增强可读性。

四、区域范围，一般为2010年济南市行政区域；部分内容为当时行政区域。

五、纪年，一般采用公元纪年，视情括注历史纪年。部分贯通古今的内容，民国以前采用历史纪年，视情扩注公元纪年；民国以来采用公元纪年。

六、行文采用语体文、记述体。除引用原文外，均以第三人称记述；文风力求严谨朴实，语言力求简洁流畅。涉及组织机构、会议、文件、职务、地名、称谓，采用当时的名称；历史地名视情括注今称。

七、数字、标点符号使用，遵循国家标准《出版物上数字用法》《标点符号用法》的规定；计量单位，遵循《中华人民共和国法定计量单位》的规定，个别地方保留“亩”“公斤”“马力”等计量单位。

八、入志资料以撰稿单位提供为主；同时参考相关图书、报刊资料。统计数据，一般采用统计部门的数据；统计部门未有的，采用事业主管部门的数据。

九、注释。文字简短的注释在文内括注，文字较长的注释采用脚注。记述有争议的事物，一般以一说为主，他说附于脚注。

十、人物。遵循“生不立传”原则，排列以卒年为序。立传人物为在本行政区域有重大影响者，以及本籍人物在外地有重大影响者。部分内容适当设人物表和人物名录。

济南市史志编纂委员会

（2014年1月～　）

主　　任　杨鲁豫

顾　　问　张福山　朱文兴

第一副主任　巩宪群

副 主 任　李华贤　任建新　陈　荣　刘　民　张德萍　崔春荣
凌安中　王宏志　蒋晓光　张　利　翟旭东

委　　员　李会宝　田　庄　陈东生　徐　群　史同伟　刘程华
孙竹兮　尹清忠　刘　浩　王玉玲　贾　杰　朱传东
于晓奎　孙庚贵　孙建新　马军远　王　军　孙元文

济 南 市 志

（1986～2010）

第六册

主　　编　翟旭东

副 主 编　綦延辉　杜加臣　朱佩峰　郭建群

总　　纂　丁爱军

副 总 纂　庞新华　于瑞东　亓远程　高长海

编　　辑　（按姓名笔画为序）

丁爱军　刁文菁　王　炜　王　洋　王　群　王海峰

代戈红　孙　广　宋高峰　张　阳　张超强　李国宇

陈　蕾　庞新华　宣　涛　夏　兵　高江娜　景国富

董殿勋　路玉增

编　　校　（按姓名笔画为序）

马晓飞　刘文成　安宝坪　侯　蓉

济南市史志办公室组成人员

（以到职先后为序）

党组书记	庄虔贵*	王历历*	李吉祥*	翟旭东		
主　　任	庄虔贵*	袁淑玲*	李吉祥*	翟旭东		
副 主 任	王历历*	李明亮*	朱佩峰*	綦延辉	杜加臣	
巡 视 员	朱佩峰					
副巡视员	杜加臣*	郭建群				
工作人员	王鲁宁*	杨薇薇	郭德芳	于香萍*	夏　兵	高江娜
	高进录*	宣　涛	王　炜	郭建群*	杜加臣*	李国宇
	董殿勋	刘兴亮*	刁文菁	路玉增	宋高峰	陈　蕾
	丁爱军	庞新华	张　阳	景国富	代戈红	孙　广
	王　洋	张超强	王　群	胡健美*	祁忠举*	王海峰

注：名单所列组成人员为2005年9月以来的情况。“*”表示离任。

目　录

第九卷　政党 政权 政务

第二篇　济南市人民代表大会

第三篇　人民政府

第四篇　人　事

第五篇　外事台港澳侨事务

第六篇 民主党派

第十卷 政协 群团

第一篇 人民政协

第二篇　群众团体

第十一卷　法治 军事

第一篇　公 安

第二篇　检　察

第三篇　审 判

第四篇　司法行政

第五篇　军　事

第九卷

政党 政权 政务

ZHENG DANG ZHENG QUAN ZHENG WU

单位审稿、撰稿人员名单

（按姓名笔画为序）

中共济南市委

审稿人：万秀水　于晓奎　王　平　王世华　王全民　王拥华　孔　放　孙积港　孙　博　辛全龙　杨学胜　陈　荣　苏　涛　张　鹏　岳绍红　赵善海　凌安中　徐春华

撰稿人：于明月　马　勇　马树颜　王　力　王立旭　王来勇　王　波　王洪柱　王泉堂　王皋翔　尹敏敏　东广明　田鲁艺　朱小俐　向进武　刘青松　刘俊凯　刘晓婧　曲振腾　孙晓满　华淑美　孙雪梅　刘瑞玲　刘鹏飞　何卫东　陈小兵　吴书君　李　庆　张启龙　李国才　张学书　李茂振　张相庆　张　峰　张振华　张　婉　胡贝昊　赵百世　赵　浩　索　正　徐　宁　贾淑杰　盛　文　盛玉华　常晓燕　曹福生　虞　凯　滕春晖　霍　婧　鞠　浩　市委组织部

市人大常委会

审稿人：刘　民　　撰稿人：丁大江　于伟伟

市政府

审稿人：于培金　王新民　白　涛　刘学东　李学忠　李　敏

撰稿人：王卫东　王文华　孔令冰　王雪峰　王德良　任广锋　刘正艳　李永发　张　超　张　源　李耀廷　周晓旭　罗继敏　赵立成　高吉松　高真真　袁　媛　曹际星

民主党派

审稿人：丁保国　叶　霖　华文俊　华　巍　张元玺　陈宁宁　杨金山

撰稿人：王洪伟　邢介叁　李少杰　宋华珂　张贵军　吴浩平　赵　宁　侯向东　倪秀珍　程　亮

第一篇　中国共产党济南市地方组织

继1983年8月中共济南市第四次代表大会召开后，1988年9月、1993年10月、1998年10月、2003年4月、2007年4月先后召开中共济南市第五至第九次代表大会，分别选举产生中共济南市第五、六、七、八、九届委员会，姜春云、贺国强、翟永溥、王怀远、谢玉堂、孙淑义、姜大明、焉荣竹先后任中共济南市委书记。

中共济南市第四次代表大会提出要坚持两个文明建设一起抓，自力更生，艰苦奋斗，努力把济南建设成具有“泉城”特色，环境优美、文明整洁和经济繁荣的社会主义现代化城市。中共济南市第五次代表大会提出全市经济和社会发展的战略构想，即充分发挥济南优势，坚持改革开放，以科技教育为先导，以提高经济效益为中心，以优化产业产品结构为突破口，实施“内向外向结合，开放开发并重，城乡一体发展”的战略，努力把济南建设成为具有泉城特色，繁荣、富裕、文明的开放型、多功能的社会主义现代化城市。同时，提出此后几年济南经济体制的总体设想、基本要求。中共济南市第六次代表大会研究确定了20世纪90年代全市改革和建设的任务目标，提出“到2010年，全市人均地区生产总值达到亚洲中等发达国家水平，把济南建设成为经济繁荣、文化发达、环境优美、社会文明、人民生活富裕的社会主义现代化城市。”中共济南市第七次代表大会提出“主要经济指标在全国15个副省级城市中位次前移，努力实现向经济强市跨越的历史性转变，初步建立起社会主义市场经济体制”的任务目标。中共济南市第八次代表大会提出，在“五年大变样”的基础上，实现新跨越、建设新泉城，为全面建设小康社会、率先基本实现现代化而奋斗的任务目标。中共济南市第九次代表大会提出坚持科学发展、和谐发展，发挥省城优势，发展省会经济，努力改善民生，协调推进经济建设、政治建设、文化建设、社会建设和党的建设的指导思想和经济转入科学发展轨道、社会更加文明和谐、人民生活向全面小康迈进的主要目标。

其间，全市各级党组织先后开展以“三讲”(讲学习、讲政治、讲正气)教育、“三个代表”重要思想学习教育、保持共产党员先进性教育、深入学习实践科学发展观等为主题的党风党性教育，党员干部的政治素质不断提高。按照“四化”方针和德才兼备的原则，积极推进干部人事制度改革，健全完善公开、平等、竞争、择优的干部选拔任用机制，以全方位目标考核、科学发展综合考核为抓手的干部考核机制和以重大问题决策、选人用人、任期经济责任制等为主要内容的干部监督管理机制。党的基层组织建设不断加强，党员队伍不断壮大，党组织的战斗堡垒作用和党员的先锋模范作用得到较好发挥。至2010年年底，全市共有党委(党组)1190个，党总支1555个，党支部17490个；有党员415633名，其中预备党员9924名，占2.4%；女党员95387名，占22.9%；少数民族党员5649名，占1.4%。党风廉政建设和反腐败斗争力度不断加大，惩治和预防腐败体系建设不断完善，重点开展对领导干部超标准坐车、违规建造装修住房、公款出国出境、经商办企业等问题的清理清查，查处了一批违法违纪案件。适应建立社会主义市场经济的需要，按照政企分开和精简、统一、效能的原则，转变职能、提高效能，全市先后实施五次党政机构改革。

共间，在历届中共济南市委的领导下，全市各级党组织以邓小平理论、“三个代表”重要思想和科学发展观为指导，坚持党的基本路线，坚持以经济建设为中心，坚持改革开放，带领全市人民解放思想，开拓创新，抢抓机遇，加快发展，全市经济建设取得巨大进步，改革开放不断深化，人民生活水平大幅提高，逐步走出一条经济发展、生活富裕、生态良好的可持续发展道路。综合实力不断增强，1988年全市生产总值突破100亿元，2001年突破1000亿元，2006年突破2000亿元，2010年达到3910.5亿元，是1985年的63.7倍，年均增长13.5%；人均生产总值57966元，是1985年的45.9倍。产业发展逐步摆脱“农业基础薄弱、工业发展水平较低、服务业发展严重滞后”局面，形成具有自己特色的产业体系。三次产业比例由1985年的21.1:51.8:27.1调整为2010年的5.5:41.9:52.6，实现由“二、三、一”向“三、二、一”产业结构类型的历史性转变。经济运行质量和效益明显提高，政府、企业、个人分享了改革发展的成果。全市财政收入快速增长，地方财政收入由1985年的8.9亿元增加到2010年的595.6亿元，年均增长18.3%。工业效益显著提高，规模以上工业主营业务收入由64.8亿元增加到4497.2亿元，利税由14亿元增加到584.5亿元，利润由7.6亿元增加到339.8亿元，年均分别增长18.5%、16.1%和16.4%。居民收入水平大幅提升，城市居民人均可支配收入由783元增加到25321.1元，农民人均纯收入由439.2元增加到8903.3元，年均分别增长14.9%和12.8%；城乡居民储蓄存款增加到2187.7亿元，是1985年的200.7倍。

第一章　中共济南市代表大会

第一节　第四次代表大会

1983年8月24日～31日，中共济南市第四次代表大会召开。出席大会正式代表671名，候补代表48名。魏坚毅代表中共济南市第三届委员会作题为《振奋精神，团结前进，全面开创济南工作的新局面》的工作报告。大会选举产生中共济南市第四届委员会委员41名、候补委员8名；选举中共济南市纪律检查委员会委员27名。9月1日，中共济南市第四届委员会举行第一次会议。会议选举魏坚毅、翟永淳、何宗贵、刘耀华、孟云、孙积汉、倪士崇、王炳琴、牛子重、王砚耕、张希祝、吴俊芝为市委常委，魏坚毅为市委书记，翟永淳、何宗贵、刘耀华、孟云为副书记；全会批准市纪委一次全会选举结果，翟永淳为市纪委书记。至1988年8月，中共济南市第四届委员会共召开十一次全委会议。

中共济南市第四届委员会
书记、副书记、常委任职情况
(1983.8～1988.9)

书　记：魏坚毅（1984.7离职）
　　　　姜春云（1984.7～1987.7，省委副书记兼）
　　　　贺国强（1987.7任职，省委常委兼）
副书记：翟永淳
　　　　何宗贵（1986.3离职）
　　　　刘耀华（1988.1离职）
　　　　孟　云（1988.6离职）
　　　　贺国强（1986.3～1987.7，省委常委兼）
　　　　房　立（1988.6任职）

赵启升（1988.6任职）
常　委：魏坚毅（1984.7离职）
翟永淳
何宗贵（1986.3离职）
刘耀华（1988.1离职）
孟　云（1988.6离职）
孙积汉（1988.9离职）
倪士崇
王炳琴（1987.4离职）
牛子重（1985.10离职）
王砚耕（1986.6离职）
张希祝（1986.6离职）
吴俊芝（女，1988.1离职）
姜春云（1984.7～1987.7）
赵启升（1985.11任职）
贺国强（1986.3任职）
张明山（1986.6～1988.1）
孙常印（1986.6任职）
王　涛（1986.6任职）
房　立（1988.6任职）

第二节　第五次代表大会及市委全会

第五次代表大会暨第五届委员会第一次会议

1988年9月1日～6日，中共济南市第五次代表大会召开。大会正式代表499名。贺国强代表中共济南市第四届委员会作题为《解放思想，团结奋进，把济南社会主义现代化建设提高到一个新水平》的工作报告。大会选举产生中共济南市第五届委员会委员32人、候补委员7人和中共济南市纪律检查委员会委员21人。9月7日，中共济南市第五届委员会举行第一次会议。会议选举贺国强、翟永淳、孙常印、亓凤海、倪士崇、赵传明、王涛为市委常委，贺国强为市委书记，翟永淳为副书记；全会批准市纪律检查委员会第一次会议选举产生的书记、副书记和常务委员会，孙积汉为市纪委书记。会议通过《中共济南市委关于加强全委会自身建设的决定》。

五届二次全委会议

1988年11月30日至12月3日，中共济南市委五届二次全委会议召开。全会审议通过《关于治理经济环境、整顿经济秩序、全面深化改革的实施意见》《关于改进和加强企业思想政治工作的意见》；讨论通过《济南市1989年国民经济和社会发展计划安排意见(草案)》。

五届三次全委(扩大)会议

1989年7月5日～7日，中国济南市委五届三次全委(扩大)会议召开。全会审议通过贺国强代表市委常委会所作《关于学习贯彻党的十三届四中全会精神，做好下半年工作》的报告。

五届四次全委(扩大)会议

1989年12月11日～14日，中共济南市委五届四次全委(扩大)会议召开。全会学习贯彻中共十三届五中全会和中央工作会议以及省委五届三次全委(扩大)会议精神，审议通过中共济南市委关于贯彻《中共中央关于进一步治理整顿和深化改革的决定》的实施意见。提出全市治理整顿主要目标：压缩过旺需求，增加有效供给，逐步缓解社会总需求与总供给的矛盾；调整产业结构，保持适度的经济增长率；财政收入每年增长8%以上，力争实现当年收支基本平衡；外贸出口商品收购总值平均增长10%以上，外汇收支当年平衡；进一步深化和完善各项改革措施，运用经济、行政和法律等手段，加强宏观调控，逐步建立符合计划经济与市场调节相结合的经济运行机制。

五届五次全委(扩大)会议

1990年3月25日～26日，中共济南市委五届五次全委(扩大)会议召开。全会听取中共十三届六中全会和全省市地委书记会议精神，审议通过《中共济南市委关于以整风精神学习贯彻〈中共中央关于加强党同人民群众联系的决定〉的意见》，就如何学习贯彻中共十三届六中全会决定，作出安排部署。

五届六次全委(扩大)会议

1990年12月20日～22日，中共济南市委五届六次全委(扩大)会议召开。全会审议通过贺国强代表市委常委所作题为《统一思想，团结奋进，胜利完成1991年各项任务》的报告和《济南市1991年国民经济和社会发展计划安排意见(草案)》。

五届七次全委(扩大)会议

1991年3月6日～8日，中共济南市委五届七次全委(扩大)会议召开。全会传达贯彻中共十三届七中全会和省委五届六次全委(扩大)会议精神；审议并原则通过《济南市国民经济和社会发展十年规划及第八个五年计划纲要(草案)》，同时建议提交济南市第十届人民代表大会第四次会议审议批准。

五届八次全委(扩大)会议

1991年12月25日～27日，中共济南市委五届八次全委(扩大)会议召开。全会传达学习中共十三届八中全会和省委五届七次全委(扩大)会议精神及主要文件，讨论研究加强全市农业和农村工作措施，审议通过《中共济南市委关于全市农村实现小康的规划》。

五届九次全委(扩大)会议

1992年11月16日～18日，中共济南市委五届九次全委(扩大)会议召开。全会传达学习贯彻中共第十四次全国代表大会和省委五届九次全委(扩大)会议精神；听取、通过市委常委会作的报告。

五届十次全委(扩大)会议

1993年7月14日，中共济南市委五届十次全委(扩大)会议召开。全会审议通过《关于召开中国共产党济南市第六次代表大会的决议(草案)》，决定1993年10月召开中共济南市第六次代表大会。

五届十一次全委会议

1993年10月22日～23日，中共济南市委五届十一次全委会议召开。全会决定10月27日召开中共济南市第六次代表大会。

中共济南市第五届委员会
书记、副书记、常委任职情况
(1988.9～1993.10)

书　记：贺国强（1991.2离职，省委常委兼）
翟永溥（1991.4～1992.12）
王怀远（1992.12～1993.9，省委常委兼）
谢玉堂（1993.9任职）

副书记：翟永溥（1991.4离职）
李启万（1989.3～1993.3）
庄庆臣（1990.6～1992.12）
孙常印（1990.6任职）
谢玉堂（1991.6～1993.9）
张福山（1992.12任职）
谭永青（1992.12任职）

常　委：贺国强（1991.2离职）
翟永溥（1992.12离职）
孙常印
亓凤海（1992.12离职）
倪士崇
赵传明（1992.6离职）
王　涛（1992.12离职）
李启万（1989.3～1993.3）
庄庆臣（1990.6～1992.12）
谢玉堂（1991.6任职）

李华理（1991.6～1992.12）
赵正平（1992.2任职）
张福山（1992.6任职）
王怀远（1992.12～1993.9）
谭永青（1992.12任职）
邢玉墀（1992.12任职）
张肇一（1992.12任职）
牛洪恩（1992.12任职）

第三节　第六次代表大会及市委全会

第六次代表大会暨第六届委员会第一次会议

1993年10月27日至11月1日，中共济南市第六次代表大会召开。大会正式代表580名。谢玉堂代表中共济南市第五届委员会作题为《抓住机遇，加快发展，为提前实现第二步战略目标而奋斗》的工作报告。大会选举产生由33名市委委员和6名候补委员组成的中共济南市第六届委员会，由25名委员组成的中共济南市纪律检查委员会；选举产生济南市出席省第六次党代会代表56名。11月1日，中共济南市第六届委员会举行第一次会议。会议选举谢玉堂、孙常印、张福山、谭永青、倪士崇、赵正平、邢玉墀、张肇一、牛洪恩、徐华东、徐金荣为市委常委；谢玉堂为市委书记，孙常印、张福山、谭永青为副书记。全会批准市纪律检查委员会第一次会议选举产生的书记、副书记和常务委员会，倪士崇为市纪委书记。会议原则通过《中共济南市委关于加强自身建设的决定》。

六届二次全委会议

1994年11月15日～16日，中共济南市委六届二次全委会议召开。全会进一步学习中共十四届四中全会精神和省委六届三次全会精神，审议通过《中共济南市委贯彻执行〈中共中央关于加强党的建设几个重大问题的决定〉的实施意见》。

六届三次全委会议

1995年11月19日～20日，中共济南市委六届三次全委会议召开。全会学习中共十四届五中全会和省委六届五次全会精神，审议并原则通过《济南市国民经济和社会发展第九个五年计划及2010年远景目标纲要(草案)》。

六届四次全委会议

1996年5月17日～18日，中共济南市委六届四次全会召开。全会审议通过《济南市市级机构改革实施意见》和《济南市城区机构改革实施方案》，讨论研究《济南市国家公务员制度实施方案》。实施意见和实施方案规定，市委、市政府直属党政机构将比原有数量精简43.3%；城区党政机构将平均精减47%左右；市、区、街各级机关人员平均精减37%左右。同时，对市人大、政协机关和市法院、检察院，市民主党派机关和社会团体机构改革及事业单位改革，也都作出相应原则规定。

六届五次全委会议

1996年11月8日～10日，中共济南市委六届五次全委会议召开。全会学习中共十四届六中全会精神和省委六届六次全会精神，审议通过《济南市“九五”期间社会主义精神文明建设规划》，讨论《中共济南市委关于学习贯彻〈中共中央关于加强社会主义精神文明建设若干重要问题的决议〉的实施意见》。

六届六次全委会议

1996年12月30日，中共济南市委六届六次全委会议召开。全会贯彻落实中共十四届五中、六中全会精神和省委六届七次全会精神，审议并原则通过《中共济南市委1997年工作要点》，讨论《中共济南市委关于在全市党政机关进行思想、工作、作风整顿的意见》和《济南市1996年度县(市)区和市直部门领导班子及领导干部全方位目标考核实施方案》，提出1997年全市工作指导思想、目标任务和主要措施。

六届七次全委会议

1997年10月13日～14日，中共济南市委六届七次全委(扩大)会议召开。全会传达中共十五大和省六届九次全委(扩大)会议精神，听取各县(市)区委书记关于贯彻十五大精神工作思路的发言，并进行讨论。

六届八次全委会议

1998年8月11日，中共济南市委六届八次全委会议召开。全会主要议题是审议通过《关于召开中国共产党济南市第七次代表大会的决议》。

六届九次全委会议

1998年9月18日～19日，中共济南市委六届九次全委会议召开。全会决定，中共济南市第七次代表大会于10月7日在济南召开。

中共济南市第六届委员会
书记、副书记、常委任职情况
(1993.10～1998.10)

书　记：谢玉堂（1995.5离职）
孙淑义（1995年5月任职，省委常委兼）
副书记：谢玉堂（1995.5任职）
孙常印（1998.2离职）
张福山（1996.2离职）
谭永青（1998.2离职）
徐华东（1997.12任职）
段义和（1997.12任职）
雷建国（1997.12任职）
沈建国（女，1998.2任职）
常　委：谢玉堂
孙常印（1998.2离职）
张福山（1996.2离职）
谭永青（1998.3离职）
倪士崇（1997.12离职）
赵正平
邢玉墀（1997.12离职）
张肇一
牛洪恩
徐华东
徐金荣（1996.4离职）
孙淑义（1995.5任职）
沈建国（女，1995.8任职）
段义和（1997.12任职）
雷建国（1997.12任职）
李华理（1997.12任职）
谢传仁（1997.12任职）
李荣芝（女，1997.12任职）
丛大鸣（1997.12任职）

第四节　第七次代表大会及市委全会

第七次代表大会暨第七届委员会第一次会议

1998年10月7日～11日，中共济南市第七次代表大会召开。大会正式代表600名。孙淑义代表中共济南市第六届委员会作题为《抓住世纪之交的历史机遇，为把济南建成繁荣文明充满活力的现代化省会城市而奋斗》的工作报告。大会选举产生由35名委员、7名候补委员组成的中共济南市第七届委员会；25名委员组成的中共济南市纪律检查委员会和出席省第七次党代会代表55名。11日，中共济南市第七届委员会举行第一次会议。会议选举孙淑义、谢玉堂、徐华东、段义和、雷建国、沈建国、赵正平、张肇一、牛洪恩、李华理、谢传仁、李荣芝、丛大鸣为市委常委，孙淑义为市委书记，谢玉堂、徐华东、段义和、雷建国、沈建国为副书记。全会批准市纪委第一次全体会议选举产生的市纪委常委和书记、副书记，李荣芝为市纪委书记。

七届二次全委(扩大)会议

1998年12月4日～5日，中共济南市委七届二次全委(扩大)会议召开。全会学习《中共中央关于农业和农村工作若干重大问题的决定》和省委六届十二次全委会议精神，审议通过《中共济南市委关于贯彻〈中共中央关于农业和农村工作若干重大问题的决定〉的实施意见》。

七届三次全委(扩大)会议

1999年10月19日～20日，中共济南市委七届三次全委会议召开。全会学习中共中央总书记江泽民在十五届四中全会闭幕会上的讲话和《中共中央关于国有企业改革和发展若干重大问题的决定》以及省委书记吴官正在省委七届二次全委会议上的讲话，对济南市企业改革与发展进行部署。

七届四次全委会议

2000年7月27日～28日，中共济南市委七届四次全委会议召开。全会通过《中共济南市委关于深入实施四个创新的决议》和《中共济南市委、济南市人民政府关于经济发展环境创新的意见》，安排部署深入开展环境创新问题。

七届五次全委会议

2000年11月22日～24日，中共济南市委七届五次全委会议召开。全会认真学习贯彻中共十五届五中全会和省委七届四次、五次全会精神，审议并原则通过《济南市国民经济和社会发展第十个五年计划纲要(草案)》和《中共济南市委、济南市人民政府关于加快城市化进程的意见》。

七届六次全委会议

2001年7月6日～7日，中共济南市委七届六次全委会议召开。全会传达学习中共中央总书记江泽民“七一”重要讲话和《省委七届六次全会精神传达提纲》《党的基层组织建设调查报告》《党的基层组织建设典型经验》等资料，审议通过《中共济南市委关于按照“三个代表”要求加强和改进党的基层组织建设的实施意见》，对当前和今后一个时期全市基层党建工作指导思想、任务目标和主要措施，提出明确要求。

七届七次全委会议

2001年10月12日，中共济南市委七届七次全委会议召开。全会主要任务是学习贯彻中共十五届六中全会和省委七届七次全会精神，结合济南实际，研究加强和改进党的作风建设问题，把济南市党的作风建设提高到一个新水平。全会审议通过《中国共产党济南市第七届委员会第七次全体会议公报》。

七届八次全委会议

2002年4月8日，中共济南市委七届八次全委会议召开。全会决定，中共济南市代表会议于2002年4月15日召开。会议代表为300名。全会审议通过中共济南市代表会议代表名单、济南市出席省第八次党代会代表候选人预备人选名单和《中国共产党济南市代表会议选举办法(草案)》。

七届九次全委会议

2002年12月29日，中共济南市委七届九次全委会议召开。会议以全委会表决办法，对市委常委会提名的14名县(市)区党政正职拟任人选进行无记名投票表决，通过提名的全部人选。

七届十次全委会议

2003年1月10日～11日，中共济南市委七届十次全委会议召开。全会审议并通过《中共济南市委关于深入学习贯彻中共十六大精神的决定》。

七届十一次全委会议

2003年4月8日，中共济南市委七届十一次全委会议召开。全会决定，中共济南市第八次代表大会于4月11日～15日在济南召开。

中共济南市第七届委员会
书记、副书记、常委任职情况
(1998.10～2003.4)

书　记：孙淑义（2000.12省委副书记兼）
副书记：谢玉堂（2003.1离职）
徐华东（2003.4离职）
段义和（2001.2离职）
雷建国
沈建国（女，1999.9离职）
赵正平（2000.1任职）
冷　溶（2000.1～2002.1挂职）
马纯济（2000.9任职）
李华理（2001.9～2002.12）
李荣芝（女，2002.1任职）
鲍志强（2002.12任职）
常　委：孙淑义
谢玉堂（2003.1离职）
徐华东（2003.4离职）
段义和（2001.2离职）
雷建国
沈建国（女，1999.9离职）
赵正平
张肇一（1999.10离职）
牛洪恩（2001.2离职）
李华理（1998.12离职，2001.9复任职，2002.12离职）
谢传仁
李荣芝（女）
从大鸣（2002.12离职）
刚占标（1998.12～2000.6）
傅振宽（1999.10任职）
徐长玉（1999.12任职）
冷　溶（2000.1～2002.1挂职）
马纯济（2000.9任职）
郭作贵（2000.9任职）
许立全（2001.1任职）
王以才（挂职，2002.1任职）
鲍志强（2002.12任职）
殷鲁谦（2002.12任职）

第五节　第八次代表大会及市委全会

中共济南市第八次代表大会暨第八届委员会第一次会议

2003年4月10日～15日，中共济南市第八次代表大会召开。大会正式代表600名。孙淑义代表中共济南市第七届委员会作题为《实现新跨越，建设新泉城》的工作报告。大会选举产生由39名市委委员、8名候补委员组成的中共济南市第八届委员会；选举产生由27名委员组成的中共济南市纪律检查委员会。15日，中共济南市第八届委员会举行第一次会议。会议选举孙淑义、鲍志强、雷建国、赵正平、马纯济、徐长玉、傅振宽、殷鲁谦、郭作贵、许立全、王良、李家政、雷杰为市委常委，孙淑义为市委书记，鲍志强、雷建国、赵正平、马纯济、徐长玉为副书记。全会批准市纪委第一次全体会议选举产生的市纪委常委和书记、副书记，徐长玉为市纪委书记。

八届二次全委会议

2003年10月21日，中共济南市委八届二次全委会议召开。全会传达学习中共中央总书记胡锦涛在中共十六届三中全会上的工作报告和重要讲话，学习省委八届六次全委会议精神，对深入学习贯彻中共十六届三中全会和省委全会精神作全面部署。

八届三次全委会议

2004年5月28日，中共济南市委八届三次全委会议召开。全会审议通过《中共济南市委关于牢固树立和认真落实科学发展观的决定》。

八届四次全委会议

2004年11月2日，中共济南市委八届四次全委会议召开。全会学习中共十六届四中全会和省委八届八次全会精神，听取市委常委会工作报告，审议通过《中共济南市委关于深入学习贯彻党的十六届四中全会精神，加强党的执政能力建设的决定》，研究部署加强党的执政能力建设和做好当前工作的各项任务。

八届五次全委会议

2005年6月16日，中共济南市委八届五次全委会议召开。全会学习贯彻中共中央总书记胡锦涛视察山东时的重要讲话和省委八届十次全委会议精神，审议《中共济南市委常委参加保持共产党员先进性教育活动的报告》，对全面落实胡锦涛提出的"三个走在前面"(党的先进性建设、全面落实科学发展观、构建社会主义和谐社会三个方面)要求作出部署。

八届六次全委会议

2005年12月26日～27日，中共济南市八届六次全委会议召开。全会学习贯彻中共十六届五中全会和省委八届十一次全委会议精神，听取和讨论市委常委会的工作报告，审议通过《济南市国民经济和社会发展第十一个五年总体规划纲要(草案)》。

八届七次全委会议

2006年10月30日～31日，中共济南市八届七次全委会议召开。全会学习贯彻中共十六届六中全会精神和省委八届十三次全委会议精神，审议通过《中共济南市委关于学习贯彻党的十六届六中全会精神构建社会主义和谐社会的意见》，明确提出构建和谐济南的目标任务。

中共济南市第八届委员会
书记、副书记、常委任职情况
(2003.4～2007.4)

书　记：孙淑义（2004.1离职）
姜大明（2004.1～2007.3，省委副书记兼）
焉荣竹（2007.3任职，省委常委兼）
副书记：鲍志强（2007.3离职）
雷建国（2007.3离职）
赵正平（2007.4离职）
马纯济（2004.4离职）
徐长玉
杨鲁豫（2003.5任职）
张建国（2007.3任职）
常　委：孙淑义（2004.1离职）
鲍志强（2007.3离职）
雷建国（2007.3离职）
赵正平（2007.4离职）
马纯济（2004.4离职）
徐长玉
傅振宽（2005.12离职）
殷鲁谦
郭作贵
许立全（2006.9离职）
王　良
李家政
雷　杰（女）
王以才（挂职，2005.2离职）
杨鲁豫（2003.5任职）
姜大明（2004.1任职）
钱道书（2005.12任职）
徐学武（2007.2任职）
焉荣竹（2007.3任职）
张建国（2007.3任职）

第六节 第九次代表大会及市委全会

市第九次代表大会暨第九届委员会第一次会议

2007年4月7日～11日，中共济南市第九次代表大会召开。大会正式代表600名。焉荣竹代表中共济南市第八届委员会作题为《坚持科学发展，构建和谐济南，为全面建设小康社会而不懈奋斗》的工作报告。全会选举产生中共济南市第九届委员会委员57名、候补委员11名；选举中共济南市纪律检查委员会委员45名；选举出席省第九次党代会代表57名。11日，中共济南市第九届委员会举行第一次会议。会议选举焉荣竹、张建国、杨鲁豫、徐长玉、殷鲁谦、郭作贵、王良、李家政、雷杰、钱道书、孙晓刚、陈先运、徐学武为市委常委，焉荣竹为市委书记，张建国、杨鲁豫为副书记。全会批准中共济南市纪律检查委员会第一次全体会议选举产生的市纪委常委和书记、副书记，徐长玉为市纪委书记。

九届二次全委会议

2007年11月14日，中共济南市委九届二次全委会议召开。全会学习中共十七大、十七届一中全会和省委九届二次会议精神，审议通过《中共济南市委关于深入学习贯彻党的十七大精神的决议》。

九届三次全委会议

2007年12月27日～28日，中共济南市委九届三次全委会议召开。全会学习贯彻中共十七大、中央经济工作会议和省委九届三次全会精神，审议通过《中共济南市委2008年工作要点》。

九届四次全委会议

2008年12月25日，中共济南市委九届四次全委会议召开。全会学习贯彻中共十七届三中全会和省委九届六次全会精神，听取市委常委会工作报告，审议通过《中共济南市委关于认真贯彻落实党的十七届三中全会精神，推进我市农村改革发展的实施意见》和《中共济南市委2009年工作要点》；民主评议2008年度干部选拔任用工作。

九届五次全委会议

2009年5月5日～6日，中共济南市委九届五次全委会议召开。全会传达学习中共中央总书记胡锦涛视察山东时的重要讲话和省委九届七次全会精神，对全力做好“保增长、保民生、保稳定、保全运”各项工作，促进全市经济社会又好又快发展，作出全面部署。全委会审议通过《中国共产党济南市第九届委员会第五次全体会议公报》。

九届六次全委会议

2009年6月5日，中共济南市委九届六次全委会议召开。全会按照中央、省委开展深入学习实践科学发展观活动的安排部署，对《中共济南市委常委会关于贯彻落实科学发展观情况的分析检查报告》进行评议。

九届七次全委会议

2009年9月28日～29日，中共济南市委九届七次全委会议召开。全会学习贯彻中共十七届四中全会和省委九届八次全会精神，听取市委常委会工作报告，审议通过《中共济南市委关于认真贯彻落实〈中共中央关于加强和改进新形势下党的建设若干重大问题的决定〉的意见》。

九届八次全委会议

2010年7月1日，中共济南市委九届八次全体会议召开。全会学习贯彻中共中央关于加快经济发展方式转变的决策部署和省委九届十次全会精神，审议通过《中共济南市委、济南市人民政府关于加快经济发展方式转变的实施意见》，从11个方面对加快经济发展方式转变作出部署。

九届九次全委会议

2010年12月6日～7日，中共济南市委九届九次全委会议召开。全会学习贯彻中共十七届五中全会和省委九届十一次全会精神，听取和讨论市委常委会工作报告，审议通过《中共济南市委关于制定济南市国民经济和社会发展第十二个五年规划的建议》。

中共济南市第九届委员会
书记、副书记、常委任职情况
(2007.4～　)

书　记：焉荣竹（省委常委兼）
副书记：张建国
杨鲁豫（2008.2离职）
殷鲁谦（2008.11任职）
常　委：焉荣竹
张建国
杨鲁豫（2008.2离职）
徐长玉（2008.2离职）
殷鲁谦
郭作贵（2007.12开除党籍、开除公职）
王　良
李家政
雷　杰（女）
钱道书（2009.4离职）
孙晓刚
陈先运
徐学武
王以才（2008.1任职）
王成波（2008.2任职）
谭延伟（2008.11任职）
晋争鸣（2009.4任职）
申长友（2009.6～2010.10挂职，2010.10任职）

第二章　重要决策

第一节　党的建设

一、党建工作

1988年8月31日，市委下发《关于认真传达贯彻〈中共中央关于加强党的纪律维护改革大局的通知〉的通知》，要求各级党组织和全体党员在改革攻坚阶段，顾大局，讲党性，守纪律，无条件执行中央提出的各项要求，充分发挥战斗堡垒作用和先锋模范作用。

1989年11月2日，市委制定《关于加强党的建设的意见》，强调各级党组织要按照党的基本路线要求，聚精会神地抓好党的建设，下决心解决好当前党建工作中的迫切问题。

1990年5月22日，市委制定《关于贯彻〈中共中央关于加强党同人民群众联系的决定〉的实施意见》。

1991年 8月24日，市委制定《关于加强县以上机关党的建设的意见》。

1994年8月1日，市委发出《关于在全市推广章丘市党建工作经验的通知》。12月24日，市委印发《贯彻执行〈中共中央关于加强党的建设几个重大问题的决定〉的实施意见》。结合济南市实际，制定“坚持和健全民主集中制，切实保障党内民主和党的行动的统一”等若干具体实施意见。

1995年6月16日，市委制定《关于加强机关党建工作的意见》，对机关党的思想、组织、作风和群众、统战等工作提出明确要求。

2000年4月28日，市委转发市委组织部《关于在全市村级党组织中实施“固垒工程”的意见》，就新形势下加强村级组织建设，全面提高村级党组织战斗力，加强农村基层组织建设作出部署。8月7日，市委制定《关于加强社区党的建设工作的意见》。12月25日，市委决定在全市农村开展“三个代表”重要思想学习教育活动。

2001年3月26日，市委印发《关于加强非公有制经济组织党建工作的意见》，提出非公有制经济组织党建工作的目标任务：通过各级党组织的努力，力争一两年内使全市非公有制经济组织党的建设工作得到全面加强。2002年8月14日，市委研究部署宣传推广力诺集团党建工作经验。

2003年1月16日，市委确定在全市开展以创建农村基层党组织建设先进县(市)区、“六个好”乡镇党委、“五个好”村党支部为主要内容的农村基层组织建设“三级联创”活动。

2005年1月至2006年6月，在全市党组织和全体党员中分三批开展保持共产党员先进性教育活动。

2009年3月至2010年2月，在全市范围内分两批开展深入学习实践科学发展观活动。

2010年4月30日，市委办公厅印发《关于推进全市学习型党组织建设的实施意见》通知，要求充分认识建设学习型党组织的重要性和紧迫性；全面把握建设学习型党组织的总体要求和学习内容；坚持理论联系实际、务求实效；拓展渠道载体，健全制度机制；切实加强组织领导。

二、领导班子和干部队伍建设

1986年2月21日，市委、市政府作出《关于市委、市政府领导成员加强自身思想作风建设的10条规定》。主要内容：领导成员每人每年下基层时间不少于3个月，每人固定联系一至几个基层单位；自觉执行领导干部配车用车规定，不准违反规定购买和更换进口高级轿车，不得利用职权占用下属单位小轿车；严格控制领导成员出国访问、考察；领导成员外出活动要轻车简从；不准以任何借口无偿或以低价试用新产品；不准借出差、开会、参观学习等名义用公款旅游；严格禁止党政干部经商办企业；严格执行党的原则选拔任用干部，自觉维护干部人事纪律；按时参加党的组织生活，认真开展批评和自我批评。12月24日，市委制定《关于改革干部制度进一步加强领导班子建设的意见》，提出坚持干部革命化、年轻化、知识化、专业化方针，实现领导班子群体结构优化；强调要建立健全领导干部综合考核、回避、交流、培训和离任审计制度。

1993年5月31日，市委制定《关于加强县以上领导班子建设的意见》，提出五项具体要求。坚持新的用人标准，把领导干部选准选好；优化领导班子结构，进一步完善整体功能，大力选拔懂经济、会管理的干部充实县以上领导班子，逐步增大领导班子成员熟悉经济工作的比例，注意选好配强领导班子的“一把手”，注意专业配套，功能齐全；解放思想，积极大胆地选拔培养优秀年轻干部；改革干部选拔任用制度，增强领导班子活力；加强思想作风建设，进一步提高领导班子凝聚力和战斗力。

1994年8月18日，市委制定《关于加快我市年轻干部成长的工作意见》。

1997年8月18日，市委、市政府制定《关于在全市党政机关开展“察民情、办实事、爱民为民”服务活动的意见》。

1999年4月至2001年5月，在全市领导班子和领导干部中分批开展“讲学习、讲政治、讲正气”党性党风教育活动。

2001年，市委印发《关于深化干部人事制度改革的意见》，市委组织部印发《济南市公开选拔领导干部试行办法》《济南市关于进一步调整不称职、不胜任现职领导干部工作的意见》《关于试行干部考察预告制度的意见》《关于建立干部选拔任用工作责任制的试行办法》等文件，深化全市干部人事制度改革。

2002年8月7日，市委制定《关于深入学习贯彻〈党政领导干部选拔任用工作条例〉的意见》。

2003年8月6日，制定《市委常委有关制度》，对市委常委学习制度、重大问题决策制度、会议制度、公务活动制度、文件审签制度、调查研究制度、接待制度、宣传报道制度、廉政制度、医疗保健制度等作出规定，进一步加强市委对全市工作的领导，促进市委常委工作规范化、制度化。同日，市委提出加强各级领导班子思想作风建设意见。

2007年11月5日，市委研究决定自2007年11月中旬至2008年2月底，在全市范围内，重点在党员领导干部中深入开展“学习实践科学发展观——解放思想大讨论”活动。

2010年3月～5月，在全市乡镇(街道)以上机关党员、干部，重点是乡镇(街道)以上机关领导班子、领导干部中开展“执政为民、廉洁高效”集中教育活动。活动分解放思想、提升境界，查摆剖析、解决问题，总结提高、建章立制三个阶段进行。

三、党风廉政建设

1988年5月14日，市委、市政府作出《关于党政机关要廉洁的几项规定》：各级党政机关干部不得以权谋私和奢侈挥霍，不得私分国家和集体财物，要带头压缩行政经费开支；党政机关和机关在职干部不准经商办企业；党政机关和干部必须认真履行职责，不准在政策规定之外，以任何理由收取额外费用、提成或回扣，不准以任何理由向下转嫁负担、乱搞摊派，更不准利用职务卡脖子、敲竹杠；党政领导干部下基层，要轻车简从，需要在基层就餐的，一律吃便饭，不接受宴请，并按规定主动交纳伙食费；党政机关和干部不得接受下属单位以任何形式馈赠的物品，更不准直接或间接向下属单位索要物品，市级领导干部一般不参加基层的庆典和剪彩活动；党政机关领导干部要坚决执行干部回避制度，凡涉及领导干部配偶、子女及其他亲属提拔、调动、奖惩等，由组织人事部门考察，按照手续办理，个人不得授意或插手。

1989年7月19日，市委、市政府制定《关于党政机关副局级以上领导干部发扬艰苦朴素作风，加强廉政建设的暂行规定》，就招待宴请、赠受礼品、使用小汽车、住房和监督检查措施等方面提出15条要求和规定。

1990年8月27日，市委制定《关于建立市委常委和党员副市长抓党风、廉政建设责任制的规定》，明确主要任务，作出具体分工，制定有关措施。1993年5月27日，在原规定基础上，市委印发《市委常委和党员副市长抓党风廉政建设责任制》，就主要任务、具体分工和几项措施作出修改和补充。同日，市委、市政府印发《关于全市党政机关副局级以上领导干部廉洁勤政的规定》。

1993年3月，中共济南市纪律检查委员会和济南市监察局合署办公，实行一套工作机构，履行党的纪律检查和行政监督两项职能的体制。

1995年6月，济南市举行为期一年的“行风万人评”活动。“行评”对象是全市公安、检察、法院、司法、工商、税务等28个服务性行业、垄断性行业和执法管理部门。之后，行风万人评活动在全市得到长期坚持，被评议的部门、行业不断扩大。

1997年7月31日，市委、市政府提出贯彻落实中共中央、国务院《关于党政机关厉行节约制止奢侈浪费行为的若干规定》的实施意见。内容包括严格控制新建装修办公楼、严格控制各种会议、严格控制各种庆典活动、严禁用公款大吃大喝挥霍浪费、严格控制用公款安装住宅电话或购买移动电话、严格控制各种检查、禁止形式主义的评比和达标活动、严格按规定配备和更换小汽车、严格管理公费出国(境)等。10月27日，市委、市政府下发《关于党政机关领导干部住房、建房、购房、装修住房有关问题的若干规定》，对领导干部建房控制标准、管理、审批和住房分配、公房出售、住房装修以及违纪处理等作出明确规定。

1999年6月23日，市委、市政府印发《关于贯彻中共中央、国务院〈关于实行党风廉政建设责任制的规定〉的实施办法》，明确各级党政领导班子和领导干部在党风廉政建设中的责任。

2004年8月25日，市委制定《中共济南市委关于建立健全惩治和预防腐败体系的意见(试行)》，要求把建立健全惩治体系作为当前和今后一个时期的一件大事，自觉抓实抓好。12月20日，市委成立巡视机构，设立两个巡视组。巡视组主要任务是对各县(市)区、市直各部门领导班子与领导干部贯彻落实党的路线方针政策及市委重大决策、重要工作部署情况，执行民主集中制情况，执行党的纪律以及落实党风廉政建设情况，选拔任用干部情况等进行监督检查。

2008年，市委印发《关于构筑惩治预防体系、打造廉洁高效济南的意见》，决定用5年时间，在全市集中开展廉政文化建设、体制制度创新、监督制约强化、不正之风治理、发展环境优化、滥权必究惩治“六大工程”。

2010 年，根据中央对纪检监察机关统一管理派驻机构部署，改革全市纪检监察机关派驻机构领导体制。本着“既敢于监督，又便于监督”的原则，整合市直部门(单位)纪检监察机构，组成5个归口派驻纪检监察机构、25个个别派驻派出纪检监察机构。5个归口派驻机构负责监督检查47个市直部门(单位)的纪检监察工作，25个个别派驻机构监督检查驻在部门(单位)的纪检监察工作。

四、思想宣传工作

1987年2月15日，市委发出《关于坚持四项基本原则，反对资产阶级自由化的几点意见》，对在全市范围内开展与资产阶级自由化的斗争提出具体要求。11月6日，市委召开常委扩大会议，传达贯彻中共第十三次全国代表大会精神。7日，市委发出《关于学习贯彻十三大文件的通知》。

1989年9月27日，市委制定《关于加强宣传、思想工作的意见》，要求各级党组织和宣传部门，进一步明确宣传、思想工作的指导思想和根本任务，真正让社会主义思想占领意识形态阵地。

1992年4月～10月，在全市城乡开展以学习、宣传、贯彻邓小平视察南方重要谈话和中共中央政治局全体会议精神为基本内容的解放思想大讨论活动。5月10日，市委、市政府发出《关于开展“解放思想、扩大开放”大讨论的通知》。11月3日，市委印发《关于学习贯彻落实十四大精神的意见》。

1995年8月25日，市委、市政府召开学交警动员大会，并作出《关于开展向市公安局交警支队学习活动争创一流成绩的决定》。10月16日，全国公安机关学习济南交警先进经验现场会在济南召开，授予济南交警支队“公安部模范交警支队”称号。1998年1月19日，市委、市政府召开庆功大会，国务院授予济南交警支队“严格执法热情服务交警支队”奖牌正式挂牌。

1997年9月26日，市委对学习贯彻中共十五大和十五届一中全会精神作出安排。

1998年8月3日，市委就贯彻落实《中共中央关于在全党深入学习邓小平理论的通知》提出意见。

2000年1月10日，市委就贯彻落实《中共中央关于加强和改进思想政治工作的若干意见》提出实施意见。7月25日，市委、市政府制定

《关于加强学校思想政治工作的意见》。

2002年11月22日，市委印发《关于认真学习贯彻党的十六大精神的通知》。2003年1月11日，市委七届十次全会作出《中共济南市委关于深入学习贯彻党的十六大精神的决定》。

2007年5月25日，市委办公厅、市政府办公厅印发《济南市关于建设学习型城市的意见》，就建设学习型城市制定出具体目标，要求积极营造“人人终身学习、时时处处学习”氛围，力争用五年左右时间构筑起省会济南学习型城市的基本框架，用十年左右时间构筑起与率先基本实现现代化同步的比较完备的学习型城市体系；努力使各类学习型组织创建活动覆盖全市；把和谐文化建设放在突出位置，以学习型城市建设促进和保证省会城市成为全省构建社会主义和谐社会的首善之区。10月23日，市委召开常委扩大会议，传达学习中共十七大和十七届一中全会精神，要求把学习宣传贯彻中共十七大精神作为当前和今后一个时期的重大政治任务和政治责任。11月14日，市委九届二次全会审议通过《中共济南市委关于深入学习贯彻党的十七大精神的决议》。

第二节　经济工作

一、经济战略

1986年5月8日，市委、市政府作出《贯彻执行〈国务院关于进一步推动横向经济联合若干问题的规定〉的意见》，提出推进横向经济联合的总体构想：明确省会、中心城市的地位、作用，不断增强城市辐射力和吸引力，逐步建立起五个层次纵横交错的经济技术协作网络，进而把济南市建设成开放型、多功能、现代化的中心城市。

1988年8月，济南市同全国一样，一度出现涨价风、抢购风，市场出现波动，给群众生活造成一定影响。市委、市政府采取以下措施：加强宣传教育，消除群众紧张心理；扩大当地产品生产，凡有条件的工厂企业，都挖掘潜力，开足马力，大力增产市场适销对路的产品，特别是对一些与人民生活密切相关的紧俏工业品和粮油等，调整班次，大力增产。大力组织货源，商业部门加强对地产品的收购，凡是济南市场急需的，暂缓外调，优先保证本市市场；同时组织千人队伍外出采购，大力组织外地货源进入济南市场；国营商业、供销社按照市政府要求，不囤积、不惜售，凡市场需要的产品全部投放。强化物价监督检查，严格控制社会购买力，对国家专控商品暂停审批，对教学、科研、经营单位急需的，报市政府特批。要求各银行严守信誉，保证群众存取款自由，并为储户提供方便。到8月底，涨价风、抢购风得到有效控制，市场形势趋于稳定。11月10日，市委、市政府根据党中央、国务院和省委、省政府关于清理整顿公司的指示，制定并发出《关于清理整顿公司的实施意见》，对全市所有公司(含中心、集团企业)，重点是1986年下半年后成立的公司，特别是综合性公司、金融性公司和流通领域的公司，以及党政机关、群众团体、党政干部、事业单位办的公司及退(离）休干部办的商业性公司等进行清理整顿，并对清理整顿公司的方法步骤、政策界限、组织领导等问题作出具体规定。12月14日，市委、市政府制定并发出《关于治理经济环境、整顿经济秩序、全面深化改革的实施意见》。主要内容：压缩基建规模，合理调整投资结构；严格控制社会集团购买力和工资、奖金、补贴的发放，抑制消费基金过快增长；严格控制信贷规模，优化资金投向；切实搞好物价、税收、财务大检查，并作为一项经常性工作长期坚持下去；整顿市场秩序，加强物价管理，确保1989年物价上升指数明显低于1988年；认真清理整顿公司和个体工商户；对化肥、农膜、农药实行专营；继续深化企业改革，进一步引进竞争机制；积极稳妥地试行企业兼并和小企业拍卖；继续推行以公有制为主体的股份制；不断发展完善市场体系；加快住房制度改革的试点，逐步实现住宅私有化；加快产品结构的优化，提供更多的适销对路产品；持续深入开展“双增双节”运动；抓紧抓好粮食、蔬菜等农副产品生产；大力发展外贸出口，进一步提高创汇水平；各级党政组织要把治理经济环境、整顿经济秩序、全面深化改革作为头等大事来抓；严守纪律，坚决做到令行禁止；党政机关要廉洁，为人民群众做出表率；发挥党的政治优势，进行强有力的思想政治工作。

1993年11月11日，市委、市政府制定《关于从市直机关和企事业单位选派干部到济阳、商河两县挂职和包村驻点的实施意见》，为进一步加快济阳、商河两县经济发展；12月13日，市委、市政府开始下派千名干部到济阳、商河挂职包村。

1995年10月，全市县(市)区长会议确定，“九五”期间济南市在经济建设上要突出抓好七项重点工作任务：以搞好大中型企业为中心，培植城市大工业的规模优势；加快县域经济发展，提高农村工业化水平；以建设大市场为重点，加快发展第三产业；强化农业基础地位，加快农业现代化进程；以建设现代化省会城市为目标，塑造济南的新形象；大力推进对外开放，带动和推进全市经济发展；鼓励支持民营经济发展，使之成为全市经济新的增长点。同年，济南市确定“九五”期间重点发展的16个工业企业集团，分别是三株集团、重汽集团、轻骑集团、钢铁集团、考格尔集团、化纤集团、浪潮集团、将军集团、炼化集团、小鸭集团、金泰集团、啤酒集团、电视机集团、锻压集团、白马集团和造纸集团。

1999年1月，市委提出实施产业、科技、制度、环境“四个创新”的经济发展新战略。“四个创新”是：大力实施人才集聚战略，加快科技创新；深入推进国有企业等改革，加快制度创新；着力调整优化产业结构，加快产业创新；切实转变政府职能，加快环境创新。2000年7月28日，市委印发《关于深入实施“四个创新”，加快改革发展的决议》。8月25日，市委、市政府印发《关于经济发展环境创新的意见》。提出，要加快“五年大变样”步伐，建设一流的经济发展环境；要切实转变政府职能，完善经济发展的服务环境；加强法制建设，建立良好的法制政策环境；建立人才资源新机制，创造良好的吸引、培养和使用人才环境。

2003年7月10日，市委工作会议确定当前和今后一个时期全市经济社会发展的总体要求和基本思路，即：紧紧围绕“实现新跨越、建设新泉城”主题，认真做好新区开发、老城提升“两篇文章”，继续推进产业、科技、制度、环境“四个创新”，大力实施工业强市、县域经济、城市现代化、“三大亮点”(高新技术产业、民营经济、外经外贸)、现代服务业“五个突破”，努力解决好精神状态、领导方式、激励机制、工作作风、办事效率、整体合力“六个问题”，力争在21世纪前20年实现“三个阶段性目标”，即到2007年全市地区生产总值达到2100亿元，建立起现代化省会城市的发展框架；到2013年地区生产总值达到3900亿元，率先基本实现现代化，综合竞争力进入全国同类城市先进水平；到2020年地区生产总值达到8000亿元，城市人口400万人，建成区面积400平方千米，把济南建设成为现代化区域中心城市。

2008年4月10日，市委、市政府召开加快商河发展现场办公会，推出基础设施建设、产业发展、改善民生、优化环境等18 条帮扶政策。2010年4月，市委、市政府召开支持商河加快发展现场办公会，确定给予商河15条帮扶措施，其中6条为延续执行的政策和措施、9条为适当调整的项目。

二、“三农”工作

1990年10月15日，市委、市政府制定《关于依靠科技进步振兴济南农业的实施意见》。

1991年8月6日，市委、市政府下发《关于发展壮大村级集体经济的决定》。

1992年1月2日，市委制定《关于全市农村实现小康的规划》，初步规划全市农村到1998年基本达到小康水平，并确定主要目标；同时，就实现小康的基础和条件、主要途径和措施进行分析。

1993年1月4日，市委、市政府作出《关于一九九三年在全市农村开展“村办企业年”活动的决定》。活动的任务目标主要有：没有企业的村，都要努力上项目、办企业，争取到1994年全市“三类村”全部转化升级；企业数量少、规模小的村，要积极创造条件，再上一些新项目。1993年，全市村办工业总收入过1亿元、过5000万元、过1000万元的村，分别达到10个、20个、100个以上；工业产值过5亿元的乡镇要有亿元村，过3亿元的乡镇要有过3000万元的村，过亿元的乡镇要有过1000万元的村。大力发展外向型经济。1993年，村办三资企业发展到200家以上，出口交货值占全市乡镇企业出口交货值的33%以上。乡镇、村第三产业要有突破性发展。1993年，第三产业增加值增长50%以上，并按市场经济发展的需要，调整第三产业发展格局。全面推行股份合作制，并作为发展乡村企业的主要形式，普遍推开。1994年1月8日，市委、市政府下发《关于在全市农村继续开展“村办企业年”活动的通知》，确立新的战略目标，并据此强调：大力推行股份合作制。建立和完善农村大流通体系。充分发挥供销社在农村大流通中的主渠道作用。积极构建适应市场经济发展需要的大教育格局。加快发展个体、私营经济。1995年1月26日，市委、市政府下发《关于在村办企业年活动中重点抓好五项改革的意见》，决定在连续两年开展“村办企业年”活动的基础上，加大力度，重点抓好股份合作制、村级企业化管理、乡镇干部“三分工”（党委书记侧重抓现代农业、乡镇长侧重抓大农业、政工书记抓党务及精神文明建设）、建立经济联谊会、供销社改革等五项工作。

1993年10月5日，市委、市政府制定《关于切实减轻农民负担的若干规定》，做出“农民负担村集体提留和乡镇统筹费，以乡镇为单位控制在上一年农民人均纯收入的5%以内”等10条规定，强调要坚决制止乱收费、乱摊派、乱集资现象，切实保护农民合法权益。

1995年5月15日，市委、市政府作出《关于进一步强化农业基础加快农村经济发展的决定》，提出为实现确保农副产品有效供给和农民收入大幅度提高两大战略目标，制定各项政策措施。同日，市委、市政府发出《关于深入开展农业科技推广年活动的意见》。

1996年4月17日，市委、市政府制定《关于全面推进农业产业化的实施意见》，提出推进农业产业化总的目标要求是：到“九五”期末全市70%以上农户的80%以上的土地纳入农业产业化格局，并确保1998年全市农村实现小康目标。7月29日，市委、市政府召开全市农村奔小康工作会议，对加快农业和农村经济发展问题作出部署，确定今后五年全市农业和农村经济工作总的指导思想和任务要求是，以全面奔小康为目标，积极推进两个转变，强化农业的组织管理和社会化服务，健全完善农村市场经济运行机制，努力在城乡一体化、经济产业化方面迈出实质性步伐，确保实现农业增产、农民增收、效益增加、后劲增强、财政增长，形成具有济南特色的农村经济新格局。

1998年12月5日，市委下发《关于贯彻〈中共中央关于农业和农村工作若干重大问题的决定〉的实施意见》，指出今后一个时期，全市农业和农村工作要把加快发展生产力作为农村工作的中心，以推进农业产业化和城乡一体化为重点，进一步调整农业和农村经济结构，不断强化农业物质、技术基础，加大农村改革和开放力度，在世纪末全市农村全面实现小康目标的基础上，积极推进农业现代化建设，进一步实现农业和农村经济及社会发展与省会城市地位、作用相适应的新格局。全市农村经济和社会发展的奋斗目标是：经济总量要有较大增长；农村产业、产品结构要在高层次上实现优化；农村基层组织建设达到新的水平；农村社会主义精神文明建设进一步加强；全市农村在世纪末全面实现小康的基础上向现代化目标迈进，力争到2020年全市基本实现农业现代化。

2000年4月20日，市委、市政府制定《关于加快我市农业和农村经济结构战略性调整的意见》，就结构调整的指导思想、总体目标和重点、注意解决的问题等做出具体部署。

2003年6月10日，市委、市政府印发《济南市今后一个时期农业和农村经济工作要点》，对统筹城乡经济社会发展，建设现代农业，发展农村经济，增加农民收入作出战略部署。

2004年4月7日，市委、市政府制定《关于统筹城乡发展促进农民增收的意见》，确定实施增加农民收入的“6521”工程，即通过农业内部结构调整，农民人均纯收入增加600元以上；通过发展农村二、三产业，农民人均纯收入增加500元以上；通过向县域外输出劳务，农民人均纯收入增加200元以上；通过落实对农民的直补减负等政策，农民人均纯收入增加100元以上，到2007年，实现全市农民人均纯收入突破5000元。确定实施完善三农投入机制的“1020”工程。即到2007年，通过10项财政支持措施，市本级筹集20亿元资金，县(市)区配套相应资金，推动以财政资金为主导、金融资金辅助、社会各方面参与的多元化的“三农”投入体系的建立，最终实现农民自主发展、互助发展、持续发展的格局。

2006年12月13日，全市社会主义新农村建设推进委员会第一次会议确定，“十一五”期间实施“十大行动”[①]，扎实推进济南市社会主义新农村建设。2007年3月16日，市政府印发《济南市社会主义新农村建设“十大行动”规划及财政配套措施》。

2008年2月15日，市委办公厅、市政府办公厅印发《关于开展城乡携手共建农民新型社区活动的实施方案》，确定从2008年到2012年开展城乡携手共建农民新型社区活动，力争两年初见成效、5年实现农村面貌显著改观。

三、工业经济

1988年，市政府确定济南炼油厂等51家企业为首批济南市“特殊企业”，赋予企业更大的经营自主权和享受更优惠的政策，进行企业经营机制改革的超前试验。

1999年4月26日，市政府印发《关于加快我市工业企业腾笼换业步伐的实施意见》。确定“腾笼换业”的总体和近期目标是：用三到五年的时间，基本完成市区内工业企业腾笼换业任务，逐步建成电子工业园区、建材工业园区、纺织工业园区、日化工业园区、造纸工业园区等。

2000年4月17日，市委、市政府作出《关于加强技术创新，加快发展高新技术产业的若干规定》，就加强技术创新，发展高科技，实现产业化作出部署。要求切实把加速技术创新的高科技发展放在关键地位；要重点发展机电一体化、电子信息、生物技术、新材料、高效节能与环保等高新技术产业，带动相关产业的发展，形成具有济南特色的高新技术主导产业，力争到2005年，全市高新技术产业增加值占工业增加值的比重达到30%，高新技术产品出口额占工业制成品出口额(含技术贸易)的比

① 农民增收行动、城镇建设行动、道路畅通行动、饮水安全行动、生态富民行动、造林绿化行动、医疗惠民行动、教育振兴行动、弱势保障行动、市场拓展行动。

重达到25%。4月19日，市委、市政府召开全市科技创新大会，总结交流科技创新工作经验，表彰在科技创新工作中作出突出贡献的科技人才和单位。12月30日，市委、市政府制定《关于推进工业产业创新的意见》，要求以科技创新为先导，以制度创新为动力，以环境创新为保障，根据产业升级和未来发展的需要，重点发展已有相当规模、成长性较好的支柱产业，有选择、有重点地推进高新技术产业化，运用高新技术和先进适用技术改造提升传统优势产业，积极培植具有发展活力和增长潜力的新兴产业，提高高新技术产业在经济总量中的比重，提高济南市工业的竞争能力、综合实力和经济效益，用五年左右的时间，基本构筑起适应新一轮发展的新型工业产业体系，使之成为推动经济增长的重要支撑，促进全市国民经济持续、快速、健康发展。

2003年5月29日，济南市按照“工业强市”战略思路，提出工业“2133”五年发展目标。即通过五年努力，到2007年，实现工业销售收入2500亿元以上、累计工业投入1500亿元以上、规模以上工业企业达到3000家以上、年销售收入过1亿元的企业达到300家以上。

2007年8月22日，市政府印发《关于进一步加快软件产业发展的意见》，明确全市软件产业发展的总体要求、发展目标、发展重点，提出促进软件企业做大做强、优化软件产业发展环境、强化政策扶持等方面的政策措施。9月30日，市委、市政府制定《关于大力推进工业经济又好又快发展的决定》，要求坚定不移地走新型工业强市道路，以市场为导向，以改革开放为动力，加强领导，加大投入，突出抓好“调整产业结构，推进产业升级；培育骨干企业，壮大支柱产业；推进自主创新，提高竞争能力；强化园区建设，发挥集聚效益；做大民营经济，增强发展活力”五个方面的工作，重点实现优化环境、招商引资、节能减排工作重大创新和突破。同日，下发《济南市工业经济考核和奖励办法》。

2008年3月22日，市委、市政府下发意见，就提高自主创新能力、加快工业结构调整提出总体目标。确定用三到五年的时间，加快建设以企业为主体的创新体系，转变工业发展方式取得重大进展，在保证质量、安全生产、节能环保、提高效益的基础上，工业经济为实现人均生产总值翻两番作出积极贡献。11月10日，市政府印发《关于促进中小企业又好又快发展的意见》，确定加强对中小企业发展的财税支持和金融支持，优化中小企业发展环境。11月28日，市政府印发《关于加快发展总部经济的意见》，明确总部经济的条件。在培育本地企业总部的同时，济南市将重点引进交通装备、电子信息、机械制造、新能源等先进制造业企业，金融、现代物流、信息服务、中介服务、会展旅游等现代服务业企业以及国家级、省级农业龙头企业。对经认定的总部企业，给予政策扶持。

2009年1月11日，市委、市政府制定《关于加强省会企业家队伍建设的意见》，要求健全激励约束机制，引导企业家健康成长，聘请优秀企业家组成省会经济企业家顾问团，为促进全市经济发展建言献策；适当增加企业家在各级党代表、人大代表、政协委员中的名额；健全市领导与各领域企业家的联系制度，建立市委、市政府与优秀企业家信息直通站制度；鼓励企业在足额缴纳职工基本养老保险、医疗保险的同时，为企业领导班子成员和管理技术骨干建立补充养老保险和补充医疗保险制度；实施济南市企业领军人才提升工程；研究建立企业家紧急事态应对机制；建立大企业服务直通车制度。7月23日，市政府印发《关于鼓励和促进成长型企业发展的意见》，提出鼓励和促进成长型企业加快发展的指导思想和培育目标，规范成长型企业的认定及管理，完善对成长型企业发展政策扶持、融资、人才培训等方面的政策措施。同月，市政府先后印发关于八大产业振兴规划的通知。八大产业是：化工产业、能源产业、冶金产业、装备制造业、汽车工业、电子信息产业、轻工业和纺织工业。10月29日，市政府印发《关于创建中国软件名城的意见》，提出创建“中国软件名城”的指导思想、发展目标和空间布局以及政策措施和组织保障。

四、商贸金融服务业

1991年9月27日，市委、市政府制定《关于建设大市场搞活大流通的意见》，要求各级认真完善落实有关政策，推动市场建设和流通领域各项工作的发展。提出的发展途径是：加强市场建设，培育和健全社会主义市场体系，同时大力发展各类专业批发市场，积极兴办集贸市场，进一步完善生产资料市场，继续搞活资金市场，发展完善技术、信息市场，加快零售商业和饮食服务业网点建设；深化流通体制改革，进一步搞活流通，努力搞活批发企业，重视发挥集体、个体经济在搞活流通中的作用，积极稳妥地在商业企业逐步推行经营、价格、分配、用工“四放开”，进一步敞开城门，吸引外地客户和农民到济南经商办店，积极推进工商、农商、商商、商贸之间的横向联合；完善落实政策，推动市场建设和流通领域各项工作的发展；加强对建设大市场、搞活大流通工作的领导。

1992年9月19日，市委、市政府制定《贯彻〈中共中央国务院关于加快发展第三产业的决定〉的实施意见》，提出尽快把济南市建成覆盖全省、辐射全国的商业服务中心、交通通信中心、科技文化中心和金融信息中心，促进经济建设和社会事业更快更好地发展。

1994年，市委、市政府召开全市第三产业工作会议，提出当前和今后一个时期要突出抓好的10项任务：建立一批规模大、档次高、吞吐辐射能力强、面向全国、走向世界的大型商贸集团；进一步健全城乡流通网络，积极培育专业、批发和集贸三大市场；实施腾笼换业工程，加快二产、三产发展的步伐；加快建设期货市场和产权交易市场，增强市场辐射力；大力开发旅游资源，振兴旅游事业；加快培育发展金融市场，搞活资金融通；加快房地产开发，使其尽快成为国民经济的支柱产业；积极发展信息业及律师、公证、会计、审计、评估等中介组织，促进市场经济的有序运作；大力发展个体私营经济；进一步加强交通、通信等基础设施建设，提高城市服务功能。

1995年8月30日，市政府发出《关于加快我市商业连锁企业发展的通知》，提出要进一步深化流通体制改革，加快连锁商业的发展，力争用三年时间，在全市初步形成跨地区、跨行业、跨部门、跨所有制，具有一定规模的连锁商业经营体系。1996年8月22日，市政府作出《关于加快发展旅游业的决定》。1998年8月4日，市政府下发《关于印发济南市商贸流通“一五六工程”建设规划纲要的通知》，对一个中心商业区、五大区域性商业中心和六大市场的规划范围、规划目标、布局及工作重点作出明确规定。

2006年9月23日，市政府发布《关于促进现代商贸服务业发展的意见》，提出以做大做强骨干商贸服务企业、大力发展连锁经营、加快发展现代物流业、加快改造提升各类商品批发市场、构建农村商品流通服务体系、大力发展商贸服务业、加快构建城市社区商业便民服务体系和加强商贸服务业基础设施建设为发展重点，完善政策，整合社会资源，全面提升全市商贸服务业整体素质、综合竞争力和服务水平。11月5日，《济南市商业网点发展规划》公布。根据规划，济南市商业网点布局体系规划形成老城商圈、主城商圈和新城商圈三个不同等级、不同层次的商圈，构筑起与城市总体规划布局相适应的现代化都市型商业发展新格局。

2007年7月23日，市政府制定《关于进一步促进金融业发展的意见》，通过实施金融机构落户最高奖励2000万元等扶持政策，促进济南金融业发展和区域性金融中心建设。7月30日，市政府印发《关于促进服务外包产业发展的意见》，提出要加强财税等方面的政策支持，建立和完善服务外包投融资体系，加快服务外包人才引进和培养，加大知识产权保护力度，促进济南市服务外包产业快速健康发展。

五、民营经济

1993年4月，济南市决定在乡镇企业组织实施“1135”工程，到“八五”期末，在全市形成10个企业产值过10亿元的乡镇、10个产值过两亿元的企业集团、30个产值过1亿元的企业和50个产值过亿元的村。

1994年6月29日，市委、市政府制定《关于加快发展个体私营经济的意见》，就进一步加快全市个体私营经济的发展，提出22条具体措施和要求。1997年5月23日，市委、市政府作出《关于进一步加快个体私营经济发展的决定》。提出为个体私营经济发展创造平等竞争的外部环境；进一步加快个体私营经济园区建设；依法维护个体工商户和私营企业职工的合法权益；加强对个体工商户和私营企业经营者的管理等。要求把个体私营经济由“拾遗补缺”上升到“新的经济增长点”来认识，放宽政策并列入国民经济发展的总体规划。1998年4月22日，市政府制定《关于进一步加快发展个体私营经济的补充规定》。

2000年8月9日，市委召开常委会议，听取关于济南市党政考察团赴德州学习考察情况及召开全市个体私营经济工作会议安排意见的汇报，审议市个体私营经济领导小组《关于贯彻市委七届四次全会精神搞好环境创新加快个体私营经济发展的实施意见》。会议确定，从2000年开始，市政府连续五年每年拿出1000万元作为个体私营经济发展资金。12月8日，市委、市政府印发《关于实施环境创新，加快发展民营经济的通知》，对优化民营经济发展环境作出具体部署：放宽市场准入条件；认真搞好民营经济改革试点；加快民营经济的载体建设；鼓励民营企业积极参与公有制企业改革；试行干部轮岗制度，带头发展民营经济；减少审批事项，简化办事程序；减轻民营企业负担；鼓励支持民营业户从事境外商务活动；鼓励民营经济向高新技术产业发展；拓宽用人渠道；加大资金扶持；完善奖励机制；加强对民营业户的法律保障和法律服务；建立和完善民营经济从业人员的社会保障制度；提高民营业者的社会地位。

2001年9月1日，《济南市促进乡镇企业发展若干规定 》实施。该规定共21条，既有引导、鼓励和扶持乡镇企业发展的具体内容，也有实施办法和保障措施。

2002年11月26日，市委、市政府作出《关于进一步加快民营经济发展的决定》，要求进一步解放思想，更新观念，增强加快民营经济发展的紧迫感和责任感；鼓励兴办民营企业；加快民营经济载体建设；加快国有、集体企业的民营化改造；鼓励事业单位改制，带头发展民营经济；拓宽民营经济融资渠道；支持民营企业积极参与国际竞争；充分发挥财税政策的支持作用；鼓励民营经济加快技术进步；创造良好的民营经济发展环境。

第三节 改革开放

一、体制改革

（一）行政体制改革。1993年12月18日，召开全市县乡机构改革工作会议，部署实施长清、平阴、济阳、商河县和章丘市、历城区党政机构改革方案，县乡机构改革在全市范围内全面展开。1994年7月20日，市委、市政府向省委、省政府上报《关于济南市县乡机构改革工作情况的报告》。1996年5月18日，市委六届四次全会审议通过《济南市市级机构改革实施意见》《济南市城区机构改革实施方案》；6月11日，市政府印发《济南市国家公务员制度实施方案》。2001年5月16日，市委制定《中共济南市委机构改革实施方案》；同日，市委、市政府制定《济南市人民政府机构改革实施意见》。2003年1月13日，市委办公厅印发《济南市市、县(市)区人大、政协、群众团体机关机构改革的意见》，对市、县(市)区人大、政协、群众团体机关机构改革的目标任务、主要内容及组织实施等作出安排。2006年7月6日，市委、市政府召开全市农村综合改革会议。根据《济南市农村综合改革方案》要求，全市农村综合改革分两步完成：第一步，2006年9月底前完成乡镇机构改革；第二步，2007年全面完成农村义务教育和县乡财政管理体制改革。2009年12月31日，全市市县政府机构改革动员大会召开。会议下发《关于济南市人民政府机构改革的实施意见》和《关于县(市)区政府机构改革的意见》。改革后，市政府设置工作部门42个；县(市)区政府机构限额为22个左右。

1995年，市委确定从下半年开始，在全市推行全方位目标管理。全方位目标管理由机关岗位责任制发展而来，以一个地区、一定时期两个文明建设的总体目标为依据，将工作目标量化分解，层层落实，责任到人，对目标体系进行动态管理，综合考核评价，依据目标完成情况确定奖惩，以实现党委对各项工作科学有效的领导。各县(市)区、各部门结合本单位的实际提出推行全方位目标管理的方案，形成全市总目标纵向分解到县(市)区、乡镇(街道)、村(居)，横向分解到市直各部门内部处室和下属单位，纵向到底，横向到边，覆盖全市的目标体系。1996年开始，市委每年在年初组织考核组，对市直部门和10个县(市)区的领导班子、领导干部进行上一年度的全方位目标管理考核，根据考核成绩，分别予以表彰奖励、黄牌警告和诫勉，从而确立一套比较科学的考核方法和衡量标准，进一步完善干部的竞争激励机制。

(二)经济体制改革。1986年起，济南市在工业企业推行经济承包责任制，主要有四种形式：围绕厂长任期目标实行经济承包；划小核算单位，实行多层次分权式经济承包；采取“死工资活用”的办法落实承包责任制；突出重点，实行全面或单项承包。

1987年1月21日，市委、市政府印发《济南市小型企业实行租赁经营暂行规定》《济南市企业实行股份制暂行规定》。2月28日，市委、市政府印发《关于国营企业厂长任期目标责任制及其审计的试行办法》和《济南市国营企业厂长(经理)离任经济责任审计评议试行办法》。12月24日，济南光学仪器厂实行租赁承包，成为全市第一家实行租赁承包的国营企业。

1988年5月7日，市委、市政府印发《关于深化农村改革、活跃农村经济若干问题的规定》，提出：积极做好农村第一步改革的后续配套工作，巩固和完善以家庭经营为主的多种形式的联产承包责任制；有计划、有步骤地改革禽蛋、肉食、蔬菜产销管理体制，逐步实行产供销一体化管理；进一步优化产业结构，建立城郊型农村经济；设立农业发展基金，增加农业发展后劲；大搞出口创汇，发展外向型经济；实行“双放”(放活科研机构、放活科研人员)方针，推动农村科技进步；继续实行局包乡(镇)、厂企包村的承包责任制，加快脱贫致富步伐；改革流通体制，梳理流通渠道；放宽政策，促进乡镇企业的更大发展；继续下放权力，增强县级总揽全局的能力。

1991年4月11日，市委、市政府制定《关于贯彻〈省委、省政府关于进一步深化改革搞好企业若干问题的规定(试行)〉的实施意见》。为贯彻该意见，市委、市政府选择20家工业企业进行转换内部经营机制的试点；在46家商业企业进行经营、用工、价格、分配“四放开”试点；同时进行企业兼并联合，以及干部人事制度和计划、物价、物资等方面的改革。

1992年4月9日，市委、市政府公布实施

《关于深化改革转换企业经营机制若干问题的暂行规定》。全市企业改革试点以落实《中华人民共和国全民所有制工业企业法》和贯彻《全民所有制工业企业转换经营机制条例》为重点，以搞活大中型国有企业提高经济效益为中心，先后推出放开经营、依照三资企业管理、完善承包经营责任制、扭亏增盈承包、利税分流、全员劳动合同制、岗位技能工资制等9种形式的改革试点。

1996年5月24日，市委、市政府召开全市国有企业改革与管理工作会议，着重研究加快“两个转变”、搞好国有大中型企业的问题，部署当前和今后一个时期全市国有企业改革与管理的任务目标和工作措施，确定实施抓大放小战略，集中全力抓好轻骑、小鸭、锻压、化纤等16个重点企业集团，在抓大集团和放活小企业上实现新突破。6月6日，市委、市政府制定《关于进一步深化企业改革努力搞好国有大中型企业的试行意见》，确定用4～5年的时间，使全市大多数国有大中型企业初步建立起现代企业制度，并确定今后一个时期主要抓好的九项工作。8月26日，市委、市政府召开全市小企业改革工作会议，集中研究解决如何“放小”的问题，确定进一步搞好以加快政府职能转变、加快社会保障体系的建立和完善、加快市场体系和中介服务组织建设为联动的配套改革。

1998年5月17日，市委、市政府召开全市流通企业改革工作会议，传达《关于深化流通企业改革的通知》。主要内容：坚持多种所有制经济共同发展，加快国有资产战略重组；实行抓大战略，培植、发展大型商贸企业集团；采取多种形式，全面放开搞活中小型流通企业；完善企业内部运行机制，向管理要效益；大力发展现代营销方式，努力开拓和占领市场。6月16日，市委、市政府制定《关于加快全市国有工业企业改革和发展的意见》。意见指出，围绕发展壮大全市支柱产业、优势产业和拳头产品，推进企业的战略性改组和资产重组，要以资本为连接纽带，尽快形成一批跨地区、跨行业、跨所有制和跨国经营的大型企业集团，在全市形成具有龙头带动作用的优势特色产业；加快建立现代企业制度，到2000年，全市114户国有大中型企业中的66户市属骨干企业都要按照公司制进行改组，其中的44户企业初步建立起产权清晰、责权明确、政企分开、管理科学的现代企业制度。

1999年10月，济南市提出深化国有企业产权制度改革的指导意见，提出到2000年，全市国有大中型企业的非国有资本和职工持股比例达到40%，国有中小企业提倡国有净资产一次性全部买断。

2000年1月10日，市委、市政府发布《关于继续深化供销合作社改革的意见》，对进一步理顺供销合作社的组织体制、完善供销合作社机制、切实加强基层供销合作社的建设、实行保护和扶持政策等问题作出部署。

2002年6月13日，市委、市政府印发《济南市农村税费改革(试点)实施方案》，确定改革指导思想、基本原则和主要内容。全市农村税费改革的主要内容概括为“三取消两调整一改革”。“三取消”即取消乡统筹费、农村教育集资等专门面向农民征收的行政事业性收费和政府性基金、集资，取消屠宰税，逐步取消统一规定的劳动积累工和义务工(简称“两工”)；“两调整”即调整农业政策，调整农业特产税政策；“一改革”是指改革村提留征收使用办法。

2010年1月25日，市政府印发《关于全面推进集体林权制度改革的实施意见》，提出要大力发展以生态建设为主的林业发展战略，依法明晰产权，放活经营权，落实处置权，最大限度调动广大农民群众及社会力量造林、育林、护林的积极性，逐步建立起产权归属明晰、经营主体到位、流转程序规范、监管服务有效、责权利相统一的现代集体林权制度，实现资源增长、农民增收、生态良好、林区和谐的目标。

(三)社会事业改革。1989年3月24日，市委、市政府印发《济南市深化教育改革的意见》，提出九项任务：改革基础教育，为实施九年义务教育奠定良好的基础；适应经济发展需求，深化职业教育改革；改革高等教育，为经济发展培养合格人才；改革成人教育，直接有效地为全市经济建设服务；县以下教育要实行“三教统筹”，立足于为当地经济建设培养各类人才；深化学校内部管理改革，建立充满活力的新机制；改革学校德育工作，培养全面发展的合格人才；加强师资队伍建设，提高教师的整体素质；对全市经济发展状况和对人才的需求进行综合调查、研究。

1998年11月26日，市政府下发《济南市深化住房制度改革的实施方案》，规定从1999年1月1日起，取消住房实物分配，实行住房补贴制度。总体思路是：以实现住房社会化、商品化为目标，取消实物分房，在积极推进住房公积金制度的同时，建立职工住房补贴和补充制度。逐步变单位自行建房为社会统一建房，建立起符合市场经济要求的住房建设、分配新机制。

2005年12月，印发《济南市深化户籍制度改革暂行办法》，在全市范围内取消农业、非农业户口性质划分，各类涉及户口性质的户口审批一律停止，所填写、签发、出具的户籍证件中不再标注居民户口性质，统一登记为居民户口。

2009年12月15日，全市深化医药卫生体制改革工作会议召开，全面启动深化医疗卫生体制改革工作。印发《中共济南市委、济南市人民政府关于深化医药卫生体制改革的实施意见》，提出医改的总体目标是建立健全基本医疗卫生制度，为城乡居民提供安全有效方便的医疗卫生服务。

二、对外开放

1990年2月，国务院批准济南市划入沿海经济开放区。5月28日～30日，市委、市政府召开全市对外开放工作会议，贯彻落实国务院将济南划入沿海经济开放区的复函精神，分析全市对外开放工作的形势，研究部署全市近期发展外向型经济的规划，配套完善开放的优惠政策。

1992年5月6日～7日，全市对外开放会议确定今后一个时期全市对外开放的总体思路：立足现有基础，发挥省会优势，以城带乡，全面开放，梯次推进，跳跃发展。市委、市政府研究确定，围绕扩大改革开放，发展外向型经济，要采取开展“解放思想，扩大开放”的大讨论、加快高新技术开发区的建设等八个大的动作。

1994年1月7日，市委、市政府发出《关于在市直机关干部中开展“三学”活动的通知》，组织市直机关干部开展“学外语、学微机、学驾驶”活动。1月16日，市委、市政府印发《关于进一步扩大对外开放的意见》，提出大力调整产品结构，全方位扩大出口创汇；以实施“三大战略”为主攻方向，使利用外资有新的更大突破；方方面面参与开放，形成立体开放新格局等十条具体意见。5月6日～7日，市委、市政府召开全市对外开放工作会议，提出当前和今后一个时期，在开放型经济发展上，全市要着力开通和走好10条路子。同年，市委、市政府决定实施“千人出国门”(即派千人到海外兴办企业和经贸机构)和“一二三工程”(即每人每年引进合资项目的数量，乡科级为一项，县、局级为两项，市级为三项)两大战略。

1999年3月2日，市政府下发《关于开展“对外开放年”活动的通知》，确定本年度对外开放的任务目标，并把走好对外经贸“十条路子”作为活动的主要内容。即境外办企业的路子；兴办独资企业的路子；兴办合作企业的路子；兴办中外合资企业的路子；拓展自营出口的路子；来料加工的路子；来件装配的路子；来图来样加工的路子；补偿贸易的路子；权尽所用的路子。

2002年，在全市范围内开展“招商引资”

年活动。

2007年8月28日，制定《济南市加快园区经济发展若干政策》。设立园区经济发展专项资金，并以返还部分税收的方式加大对园区的扶持，同时为园区建立项目备案、核准快速通道，各项报批手续直报市政府有关部门。

2008年4月8日，市委、市政府召开全市对外开放工作会议。印发《中共济南市委、济南市人民政府关于进一步扩大对外开放的意见(讨论稿)》。

三、高新技术产业开发区建设

1992年9月4日，市委、市政府作出《关于加快济南高新技术产业开发区建设的决定》。要求动员各方面的力量，坚持高起点、高标准，抢时间、争速度，加快开发区建设步伐，使其尽快形成规模，显示威力，真正成为济南市开放的试验区、外向型经济的示范区和高新技术中心区，充分发挥在全市经济发展中的先导和“龙头”作用。

2001年11月11日，市委、市政府决定赋予济南高新区在干部管理、人事管理、劳动和社会保障、规划和土地管理、环境管理、城建管理、房产管理、财政管理、工商管理、税务管理、计划和统计管理、经贸管理、外经贸管理、科技管理、物价管理、人防水利和矿产管理、司法管理、质量技术监督管理、民政管理和教育管理等方面部分市级管理权限。

2003年7月，市委决定，赋予市委、市政府的派出机构——济南高新技术产业开发区市级管理权，自8月1日起生效。8月8日，市委、市政府举行济南高新技术产业开发区行使市级管理权限交接仪式，赋予高新区除党工委、管委会领导班子管理和城市规划、土地一级市场垄断经营、房屋确权交易等权限外的市级经济、行政和社会事务管理权，以提高高新区的管理效能，最大限度为企业提供方便，变多口管理为一口受理，减少企业投资与管理中不必要的环节，为企业提供良好的园区环境。

2007年4月24日，市政府在济南高新区召开现场办公会议，确定赋予高新区党工委、管委会在高新区与国家信息通信国际创新园区域内经济、社会、行政、组织的领导权、管理权及执法和司法管辖权，同时赋予高新区规划、房产、土地管理权，并就加大财政支持力度、增强高新区融资能力、成立市政府国家通信国际创新园工作领导小组等事项作出安排，全力支持济南高新区(含国家信息通信国际创新园、济南出口加工区)发展。

第四节　城乡建设

1993年1月12日，市委、市政府制定下发《关于进一步加强环境保护工作的意见》。

1995年11月9日，市委、市政府制定《关于搞好小城镇建设的试行意见》，确定到2000年全市城镇化水平达到40%以上，逐步建立起以沿济王、济兰公路为主发展轴和沿济微、济滨路为次发展轴的城镇发展带，建设一批有活力的地方性综合中心城镇和专业化工业城镇。

1996年3月，市政府作出《关于加快现代化省会城市建设的决定》，对建设现代化省会城市的目标和原则、城市规划、城市基础设施建设、住宅和商贸设施建设、生态环境建设等提出明确要求。

1997年6月15日，省委召开常委扩大会议，对加快省城济南发展问题作专题研究，明确提出“力争用5年左右时间，使济南城市面貌有一个较大改观，综合经济实力和服务功能得到明显增强”的目标。6月20日，市委举行常委扩大会议，传达“6·15”省委常委扩大会议精神，研究贯彻落实意见。21日，召开全市领导干部会议。会议指出，实现济南“五年大变样”，重点围绕6个方面找准工作的切入点和突破口：深化国有企业改革，强化资本运营，培植优势特色产业；高度重视第三产业的发展，使城市更加繁荣；以农业产业化、城市一体化为突破口，构建城郊型现代化大农业新格局；进一步加大对外开放的力度，不断提高全市经济的外向度；提高城市规划、建设和管理水平，塑造现代化省会城市新形象；以创建全国文明城市为目标，更加扎实有效地抓好精神文明建设。1998年3月2日，市委、市政府召开全市建设工作会议，确定今后五年建设事业总体目标是：以建设现代化省会城市为目标，进一步优化总体布局、完善功能、强化中心地位；现代化省会城市主体框架基本形成，城市面貌和供水紧张、交通拥挤状况有根本性转变，城市基础设施基本配套完善，人民群众的居住条件和生活环境明显改善，形成城在林中、林在城中的生态环境，泉城历史文化及自然景观特色更加突出，城市建设和管理步入全国省会城市前列。1998年6月15日，省委书记吴官正主持召开省委常委扩大会议，听取济南市经济和社会发展情况汇报，就省城建设发展问题进行专题研究。6月18日，市委印发《关于落实省委常委扩大会议精神 加快济南发展的情况报告》，要求各级各部门贯彻落实省委对济南工作的指示，逐步把济南建设成为实力雄厚、辐射带动作用强大的经济中心，科技教育发达、文化事业繁荣的科技文化中心，金融市场完善、融资能力较强的金融中心，功能完善、辐射力强的商贸中心，网络健全、信息畅通的信息中心，泉城特色明显、人文自然景观交相辉映的旅游中心，构建起现代化省会城市的基本框架，为2010年年初步实现现代化目标奠定坚实的基础。1999年，在全市实施容貌工程、造绿工程。2000年2月13日、15日，市政府先后印发《关于实施蓝天工程搞好大环境绿化的通告》(第一号、第二号)。市委、市政府确定从2000年起实施以搞好城乡大环境绿化、治理大气污染为主要内容的蓝天工程。

2001年5月15日，市委、市政府就加快全市城市化进程、加快城市化发展的客观条件、指导思想、基本原则、阶段性目标、总体布局、城区布局、“十五”期间城市化发展的主要任务、城市化发展的保障措施等提出具体安排意见。提出：要坚持以发展大城市为主导，围绕增强城市集聚和辐射功能，科学布局大城市，加快建设卫星城，积极发展小城镇。加快产业结构调整，完善基础设施，努力把济南建成全省政治、经济、文化、教育、高新技术产业中心和全国区域性金融中心。“十五”期间，要按照国务院批复的《济南市城市总体规划》，以主城建设为重点，发展完善“一城四团”，提高中心城市的集聚能力，有序推进卫星城和小城镇建设，力争2005年全市城镇人口达到325万人，人口城镇化率提高到55%，其中，济南建成区人口达到230万人；到2010年，初步形成职能分工明确、空间布局合理、等级规模有序的城镇体系，人口城镇化率达到65%左右。

2002年1月8日，中央政治局委员、山东省委书记吴官正，省委副书记、代省长张高丽，听取济南市城市规划建设情况的汇报，并就抓好省会城市建设作出指示。14日，市委召开常委扩大会议，传达学习吴官正、张高丽在济南调研时的讲话，专题研究济南市城市建设工作。22日，省委、省政府就济南市城市规划建设管理工作举行现场办公会，听取市委、市政府的工作汇报，研究确定省会城市规划、建设、管理的几个重点问题。吴官正、张高丽实地考察济南市的城市建设，并对搞好省会城市建设提出意见。30日，市委、市政府召开省会城市建设管理工作会议，贯彻落实省委、省政府1月22日济南市城市规划建设管理工作现场办公会议精神，就搞好城市管理提出意见，提出在全面抓好济南“五年大变样”各项工作的同时，重点做好两个方面的工作：抓好几项能够进一步提升城市形象的重点工程，高标准完成泉城路拓宽改造、环城公园综合治理、县西巷拓宽改造等项目，实现绕城高速公路全线贯通，完成二环路修复改造，建设飞机场至城区的景观大道，开工建设顺河高架路北延工程等；搞好市容环境综合整治，对泉城特色标志区和主要街道、景观、公共场所及城市主要出入口等进行综合治理，全面消除脏乱差。

2005年7月19日，市委、市政府召开全市城乡环境综合整治动员部署大会。决定在全市开展为期三年的城乡环境综合整治活动，内容是街巷道路整治、重点区域整治、违规建设整治、城市村居整治、交通秩序整治、生态环保整治、交通沿线整治和村镇容貌整治等八个方面。

2007年1月9日，《济南市“十一五”城市规划》公布。提出到“十一五”期末，全市中心城人口达到340万人左右，中心城建成区面积330平方公里左右，现代化大城市发展框架形成。济南都市圈将建设成衔接京津冀、长三角两大经济区，成为山东省沿海经济带的区域经济综合体。4月24日，市政府印发《关于加快实施旧城棚户区改造的通知》，要求用3年时间基本完成对旧城区内集中连片的棚户区(指城区二环路以内城市国有土地上低洼易涝、基础设施严重不配套的平房、简易房、危险房集中的区域)的改造。6月8日，市委、市政府召开筹备第十一届全运会动员大会。为全力做好各项筹备工作，济南市确定从强化硬件和软件建设入手，其中硬环境建设重点围绕“一轴”(经十路发展轴和景观轴)、“两环”(二环路和绕城高速路及两环之间的联系通道)、“三区”(奥体中心为核心的燕山新区、泉城特色风貌带为核心的老城区、京沪高铁新客站为依托的腊山新区)展开；实施“八大工程”，即体育设施工程、道路畅通工程、生态景观工程、商贸服务工程、管网建设工程、惠民康居工程、市容环境工程、夜景亮化工程；开展六项整治，即违章建筑整治、破损山体整治、道路环境整治、窗口部位整治、城市出入口整治和居民小区整治。9月29日，省委在济南召开常委扩大会议，围绕举办2009年第十一届全国运动会，专题研究省会规划建设管理问题。10月8日，市委、市政府就认真贯彻省委常委扩大会议精神，进一步加强城市规划建设管理工作提出意见，确定围绕建设活力之都、魅力之城、宜居家园，集中打造奥体文博、泉城特色标志区和腊山新客站三大片区，努力使城市规划、市政建设、市容市貌和城市载体功能有一个大提高、上一个大台阶。

2009年4月18日，全市农村住房建设与危房改造工作领导小组召开全体成员(扩大)会议。会议确定当前和今后一个时期，农村住房建设与危房改造工作的目标任务：从本年起，用3年时间实施农村住房建设工程，全市计划新建农村住房20万户，争取每年新建7万户；用3年时间基本完成农村危房改造任务，每年改造1.5万户。5年内全市农村道路由村村通逐步向网络化、村内通延伸，基本实现村庄道路硬化、净化、亮化、绿化、美化。工作中坚持四项原则：工作统筹上，坚持科学规划，统筹兼顾；工作指导上，坚持分类实施，打造特色；工作推进上，坚持群众自愿，稳妥实施；运作方式上，坚持市场运作，集约资源。抓好六个重点：城中村改造；重点项目和大企业驻地周边村庄改造；小城镇集聚；合村并点；利用土地政策改造；急需搬迁的村庄。

2010年1月8日，市委、市政府就推进新型城镇化建设制定实施意见，确定到2012年，全市城镇化水平达到70%左右；实施100项城市建设工程和100项综合整治工程重点推进项目，全面完善城市综合服务功能；城乡规划建设管理水平全面提升，城镇面貌明显改善；城市基础设施和公共服务设施更加配套完善，综合承载能力明显增强；城乡历史文化遗存和自然生态环境得到较好保护，泉城特色日益彰显；城乡体制障碍逐步消除，发展差距逐步缩小；每年转移农村富余劳动力10万人以上，产业集聚带动人口集聚能力明显提高；形成城乡一体化快速发展新格局，基本构建起支撑省会现代化建设的城镇体系；到2020年，全市城镇化水平达到80%左右。

2010年2月26日，市委、市政府召开全市林业工作暨创建国家森林城市动员大会，印发《关于创建国家森林城市建设森林泉城的意见》《济南市城市森林建设总体规划纲要》。根据“纲要”要求，“森林泉城”创建工作自2010年启动，全市将用5～8年时间，新增林地面积6.67万公顷，森林覆盖率达到35%以上，各项创建指标全面达到或超过国家森林城市评价标准，努力建成具有济南特色的山、泉、湖、河、城与森林相融合的国家森林城市。

第五节 社会事业

1987年10月20日，市委、市政府制定《关于加强专业技术人才选拔和管理工作的试行意见》，对专业技术拔尖人才的选拔条件、选拔程序、管理内容、管理办法作出明确规定。同时，决定在全市选拔一批专业技术拔尖人才，并对他们从工作、学习、生活以及使用等方面采取特殊措施进行管理和照顾。

1991年3月26日，市委、市政府等联合制定《关于开展创建“双拥模范城”活动的意见》。1992年1月16日，济南市被解放军总政治部、民政部命名为全国“双拥模范城”。

1991年7月17日，市委、市政府发出《关于认真学习贯彻〈中共中央、国务院关于加强计划生育工作严格控制人口增长的决定〉的通知》。

1991年7月20日，市委、市政府制定《关于进一步加强社会治安综合治理的意见》。

1993年4月26日，市委、市政府作出《关于在全市深入开展学习张海迪活动的决定》。号召全市干部职工学习宣传张海迪的先进事迹和奋斗精神，推动全市两个文明建设深入发展。29日，市委、市政府举行张海迪事迹报告会，纪念邓小平等老一辈无产阶级革命家“学习张海迪”题词10周年。

1993年12月10日，市委、市政府印发《关于进一步加强居民委员会建设的意见》。

1994年12月8日，市委、市政府制定《关于进一步加强体育工作的意见》。提出：充分认识体育工作的重要性。进一步加强体育机构建设。加快体育设施建设。下大气力抓好学校体育工作。多渠道增加体育投入。建设一支素质高、作风硬的教练员、运动员队伍。广泛开展群众性体育活动。切实加强对体育工作的领导。

1995年1月26日，市委制定《关于认真贯彻落实〈爱国主义教育实施纲要〉的意见》，就贯彻实施纲要提出五个方面的要求。

1995年11月19日，市委制定《关于加速科学技术进步的实施意见》，到20世纪末使全市科技进步对经济增长的贡献率达到50%以上，2010年达到60%以上。

1997年下半年，市委、市政府决定将符合条件的民办教师一次性全部转为公办，至1998年9月，最后一批民办教师通过审批，转为公办教师，提前两年完成济南市“解决民办教师问题”的历史性任务。8月20日，市委、市政府就进一步加强土地管理切实保护耕地发出通知，对确保耕地总量动态平衡、进一步加强建设用地审批管理、严格控制城镇建设用地规模等8个方面作出部署。10月8日，市委、市政府印发《关于加快卫生改革与发展的意见》，提出到2000年，在全市初步建立起适应国民经济和社会发展，满足人民基本需求的包括卫生服务、医疗保障与卫生监督执法的社会主义卫生体系，基本实现人人享有初级卫生保健，平均期望寿命达到72岁以上，婴儿死亡率降到18‰以下；到2010年，建立起适应社会主义市场经济体制和人民健康需求的较为完善的卫生体系，居民健康的主要指标达到全国先进水平。

1999年8月23日，市委常委会议研究通过《济南市1998～2010科技人才队伍发展规划纲要》《高层次科技人才培养引进专项经费管理暂行办法》《国外高层次留学人员引进管理暂行办法》《客座专业技术拔尖人才选聘管理暂行办法》《专业技术拔尖人才管理暂行办法》

《青年学术技术带头人选拔管理暂行办法》五个配套意见。“发展规划纲要”是济南市第一个科技人才队伍建设的中长期发展规划。

2000年6月10日，市委、市政府就加强城市社区建设作出部署，提出济南市社区建设的指导思想、基本原则、发展目标、主要内容及主要措施。11月23日，市委、市政府制定《关于加强人口与计划生育工作，稳定低生育水平的实施意见》，提出今后10年济南市人口与计划生育工作的指导思想和方针，要求进一步完善有利于人口与计划生育工作的调控体系和相关社会经济政策，建立健全适应社会主义市场经济体制要求的人口与计划生育工作管理机制，切实加强对人口与计划生育工作的领导，为实现全市人口与经济、社会、资源、环境协调发展和可持续发展作出更大的贡献。

2003年春夏之交，中国部分地区发生非典型性肺炎疫情(简称“非典”)。市委、市政府认真贯彻落实党中央、国务院及省委、省政府关于防治非典型肺炎的各项决策部署，先后成立市防治传染性非典型肺炎工作领导小组和市防治非典型肺炎指挥部。市、县(市)区、乡(镇)、村(居)层层建立防治工作指挥部或领导小组，认真落实各项疫情防治措施，实现“堵住源头不输入，一旦输入不扩散，医护人员不感染，及时救治不死亡”的目标，赢得抗击“非典”阶段性重大胜利。8月4日，市委、市政府作出《关于进一步加强农村卫生工作的决定》，明确农村卫生工作的指导思想和任务目标，要求加强农村公共卫生工作，完善农村卫生服务体系，加强农村卫生队伍建设，加大卫生支农工作的力度，充分发挥中医药的优势和作用，加大农村卫生投入力度，建立新型农村合作医疗制度和医疗救助制度，加大农村医药卫生监管力度，切实加强对农村卫生工作的领导。

2004年2月20日，市委、市政府召开加快“平安济南”建设工作会议。23日，全市创建“平安社区”启动仪式举行，力争用两年时间逐步建立维护社区稳定的长效工作机制，90%以上的社区达到“平安社区”标准。5月26日，市委、市政府制定《关于切实加强和改进未成年人思想道德建设的实施意见》。

2006年7月，济南市印发《关于进一步加强农村文化设施的实施意见》，提出2009年全面实现县有文化馆、图书馆，乡镇健全综合文化站，行政村健全文化活动室，农民人均一册公共图书，60%的村建立文化信息资源共享服务点。2000年农村人口平均受教育年限达到12年，90%以上的农民达到有知识、懂技术、会经营，且有一项以上健康有益的文体活动爱好，基本形成适应社会主义市场经济体制、符合社会主义精神文明建设规律的农村文化建设新格局。12月，全市乡镇卫生院建设现场会召开，提出今后一个时期，全市农村卫生工作的总体要求：从构建和谐社会、新农村建设的高度，以乡镇卫生院建设为载体，构筑以乡镇卫生院为枢纽的县(市)、乡(镇)、村三级农村卫生网络体系，建立以新农合为核心的农村医疗保障制度，实行农村卫生资源的一体化管理，形成功能健全、配置合理的农村医疗卫生新格局，为解决农民看病难、看病贵和因病致贫、因病返贫问题奠定坚实基础，努力实现“农民小病不出村、一般病不出乡镇、大病不出县(市)”的目标。

第六节　其他重要决策

1995年4月4日，市委作出《关于进一步加强青少年工作的决定》，要求各级党委、人大、政府、政协及社会各界都要围绕培养和造就跨世纪一代新人积极开展工作。

1996年7月3日，市委、市政府作出《关于继承和发扬党管武装优良传统进一步加强对武装工作领导的决定》，指出各级党委、政府在对民兵预备役工作实施领导过程中，要坚持落实好如下制度：党委议军制度；武委会工作制度；县(市)区人武部主要领导分别参加地方党委常委会议和政府常务会议制度；党政领导干部过“军事日”制度；人大视察制度。

1997年8月18日，市委、市政府就大力推进科学普及工作提出意见，要求把青少年、农村干部群众和各级领导干部作为科普工作的重点对象，从科学知识、科学方法和科学思想的教育普及方面推进科普工作。

2002年1月7日，市委制定《关于进一步加强人大工作的若干意见》，要求进一步提高对坚持和完善人民代表大会制度重要性的认识，加强和改善党对人大工作的领导，支持和保证各级人大及其常委会依法行使职权，切实加强各级人大的自身建设。

2004年6月21日，市委、市政府制定《关于实施人才强市战略进一步加强人才工作的意见》，提出新时期济南市人才工作的根本任务是实施人才强市战略，构筑济南人才高地。

2007年2月2日，市委、市政府召开全市科技进步表彰暨创新型城市建设大会，集中表彰在科技进步事业和创新型城市建设工作中作出突出贡献的单位和个人，对新认定的国家级科技园区、孵化器、名牌产品、驰名著名商标、企业技术中心和工程技术研究中心等10大类199个项目分别给予20万～500万元不等的奖励，表彰奖励资金总额5600多万元。制定《济南市创新型城市建设规划》《济南市创新型城市建设县(市)区、高新区考核办法(暂行)》《济南市创新型城市建设综合评价指标体系(试行)》等配套政策。11月3日，市政府颁布新修订的《济南市科学技术奖励办法》，新增设济南市技术发明奖和科技合作奖，再次大幅度提高科技奖励经费，奖金总额由180万元提高到450万元，科技最高奖由30万元增加到50万元，并明确鼓励社会力量设立面向社会的科学技术类奖项。2008年、2009年，市委、市政府分别重奖在科技进步事业和创新型城市建设工作中作出突出贡献的单位和个人6553万元、4534万元。

2008年5月12日，四川省阿坝藏族羌族自治州汶川县发生8.0级特大地震。13日，市委召开常委扩大会议，通报汶川地震灾情，研究部署救灾工作。13日12时40分，济南市第一批医疗队员到达成都双流机场，傍晚赶到都江堰市，成为四川省外第一支赶到灾区开展医疗救援工作的医疗队。至6月20日，全市各级民政部门、慈善组织和红十字会共计接收抗震救灾慈心一日捐捐款24179.17万元，累计接收社会各界捐赠救灾物资折款3130.31万元。7月15日，济南市在擂鼓镇援助的6078套板房全部完工交付，提前6天超额完成山东省下达的6000套板房建设任务。济南市接收1392名北川县擂鼓镇受灾学生在济南复学。12月31日，市政府印发《关于加快创新团队建设的意见》，确立推进创新团队建设的指导思想、原则和目标任务，从加强支撑条件建设、制度建设、组织领导等方面提出具体要求。

2009年6月18日，济南市召开引进海内外高层次人才新闻发布会，宣布启动“5150引才计划”。2009～2013年的五年内，全市通过引才和引智相结合的方式，重点引进和支持150名能够提高城市竞争力、推动高新技术产业发展的高层次创新创业人才，其中进入各类园区创业发展的高层次人才达到100人。为此，市政府设立高层次人才引进专项资金，列入财政预算，每年规模1亿元。

2010年1月6日，国家发改委下发《关于推进国家创新型城市试点工作的通知》，批复济南市申报的创建国家创新型城市总体方案。2月24日，全市创建国家创新型城市动员大会召开，下发《中共济南市委济南市人民政府关于创建国家创新型城市的意见》《济南市创建国家创新型城市试点发展规划》《济南市创建国家创新型城市若干政策》等系列文件。

第三章　纪检监察

第一节　领导干部廉洁从政

一、落实党风廉政建设责任制

1983年，中共济南市纪律检查委员会(简称市纪委)成立之初，在协助市委整顿党风的过程中，重点查处公款吃喝、公款旅游，以试穿、试用名义侵占国家和集体财产，违反财经规定滥发奖金实物，违规招工和违规农业人口转非农业人口等不正之风和违纪案件。20世纪80年代后期，先后清理纠正党政机关、党政干部经商办企业，配合打击经济犯罪活动，查处超标准装修住房、违反组织人事纪律等案件。

1989年3月，市委成立市直机关廉政建设工作领导小组，下设办公室。8月，市委在市直机关廉政建设工作领导小组基础上成立市惩治腐败廉政建设工作领导小组，办事机构设在市纪委。同年，市直机关开展以查思想、查作风、查制度、查纪律为主要内容的廉洁勤政活动。各单位通过召开民主生活会、座谈会等形式，查摆廉洁勤政方面存在的问题，针对查摆出的2000多项问题，各单位研究制定整改措施。

1990年，中央印发《关于县以上党和国家机关党员领导干部民主生活会的若干规定》。市纪委把参加民主生活会、听取党员领导干部检查和反映的问题，作为加强监督检查党员干部的一种方式，市直单位领导班子年度民主生活会，市纪委都派员参加；生活会后督促单位党组织研究制定改进措施，解决反映的问题。1995年，市纪委给予6名有问题而自己不查纠的局级领导干部纪律处分。

1998～1999年，市纪委先后制定《向市委管理的干部发函请其就反映本人的问题作出说明的暂行规定》《关于对领导干部实行函询、谈话制度的规定(试行)》。对信访或其他渠道反映的担任领导职务的党员干部轻微违纪、不需要追究纪律责任的行为，市、县两级纪委常委按管辖权限，对其进行函询或谈话。1999年，市纪委常委与县(市)区和市直有关部门党政主要负责人谈话29人次，对副局级以上领导干部函询21人次。

1999年，市纪委、监察局代市委、市政府制定《关于落实党风廉政建设责任制的实施办法》和有关配套措施，把领导干部的责任量化分解到“一岗双责”之中，纳入全方位目标管理。同年，印发实施《关于建立市管干部廉政档案的规定》《关于提拔任用干部进行廉政鉴定工作的实施意见》，进一步加强对党员干部的监督管理。2002年5月，市纪委在全省率先制定实施《关于在全方位目标考核中实行党风廉政建设一票否决的意见》，县(市)区、市直部门、市管干部凡在党风廉政建设方面存在问题的，取消其当年全方位目标考核中评选先进集体和优秀个人资格。

2002年，市纪委牵头在全市党政机关及工作人员中组织开展第三届“廉洁勤政双十模范”评选活动，表彰评选出“双十模范”。

2004年年底，市纪委、监察局考核10个县(市)区和158个市直部门领导班子，以及1328名市管干部的党风廉政建设责任制落实情况，追究79名干部责任，其中县处级16人、乡科级14人。此外，对144名拟提拔任用和评先树优的市管领导干部，出具廉政鉴定；全市各级纪检监察机关负责人，同下级党政主要负责人谈话2958人次，任前廉政谈话1059人次，诫勉谈话

84人次。

2005年1月，济南市在全国副省级城市中率先成立巡视工作机构。2月，市委印发《关于中共济南市委巡视工作的暂行规定(试行)》，开始巡视市管领导班子和领导干部。同年，党内监督工作向机关科级干部和基层、企业延伸，全市有7900名处、科级干部报告重大事项。同年，开展第四届“廉洁勤政双十模范”评选活动。

2010年，市纪委制定《关于严格禁止领导干部大办婚丧喜庆事宜和借机敛财的暂行规定》，要求领导干部从简、廉洁操办婚丧喜庆事宜；严禁借机敛财。同时加强监督检查，查处个别领导干部为子女大办婚庆、收取钱财问题。压缩因公出国(境)、公务用车、公务接待经费1992.3万元，查处个别出国团组违规问题。

二、重要清理、治理活动

(一)清理领导干部违规住房。1990年，市委、市政府针对少数党员干部违规建私房、用公款超标准装修住房的现象，进行清理纠正。市委成立清房工作领导小组，召开全市清房工作会议，下发《关于清理纠正干部职工违纪违法建私房和用公款超标准装修住房问题的意见》《关于对全市副局级以上领导干部进行住房登记的意见》，部署开展清理纠正违规建私房和用公款超标准装修住房工作。市纪委牵头组织6个检查组，对长清、商河等6个县和交通、公安等12个部门进行检查，督促解决有关问题。1991年，市委、市政府印发《关于解决副局级以上领导干部住房中突出问题的意见》，规定市级干部住房建筑面积120平方米，局级干部住房面积90平方米，凡超过标准的，予以退出或按建筑面积加收房租。至年底，全市清理建私房的干部、职工774人，清退公房87间，追缴各类罚没款53万余元；1138名在职副局级以上领导干部申报登记个人住房情况，对申报登记中发现的超过市委文件规定面积的住房问题全部进行纠正。1994年，市纪委再次对党政机关干部住房情况进行清查，市政府将马鞍山路新建的市级机关宿舍改为招待所。

1996年，市纪委印发《关于在出售公有住房工作中严肃纪律的通知》，规范党员干部购房行为；加强监督检查，查处章丘市、平阴县有关部门超标准建房购房问题。1997年，市纪委、监察局代市委、市政府制定《关于党政机关领导干部住房、建房、购房、装修住房有关问题的若干规定》，进一步加强对领导干部在住房、建房、购房、装修住房方面的监督和管理。在1999年“三讲”教育活动中，清退领导干部多占住房245套，其中10名市级领导干部清退住房13套。

2000年，针对又有较多群众反映违规购房、超标准住房问题，市纪委组织力量对住房问题再次开展集中清理。全市共清理超标准住房3237套，其中清退到位1430套，办理调整、过户、加价购租手续1807套，收加价款4000多万元。为巩固清房工作成果，市监察局与有关部门联合印发《全市清房审批工作结束后与房改工作衔接中若干问题的处理意见》，对单位集资建房、面积控制、超标购买两套住房加价等问题作出规定。此后，市纪委认真受理群众举报，查纠住房问题。2002年，调查14起群众举报领导干部超标准住房问题，对违规住房分别作出退房、调整住房、收缴超标准房价款处理；2003年，调查处理党员干部违规建私人住宅118套；2004～2005年，清退违规购房、超标准住房和多占住房1715套；2006年，清理党政机关事业单位违规购建干部职工住房和领导干部多占住房440套；2007年，纠正17名领导干部多占住房问题，其中副市级干部1名、局级干部4名、县处级干部6名。

(二)制止公款送礼、吃喝、旅游等铺张浪费行为。1987年5月，市纪委发出《关于贯彻中纪委二号通报，坚决刹住用公款请客送礼、吃请受礼歪风的通知》。全市各县区、市直各单位对照通知要求进行检查纠正。

1988年年初，市纪委组织“党风问题千人问卷调查活动”。针对活动中群众反映的以权谋私、官僚主义和铺张浪费等突出问题，市委、市政府先后制定下发《关于党政机关要廉洁的几项规定》《关于控制外出参观学习的通知》《关于市级机关干部下基层工作餐问题的通知》，明确党政机关和党政干部不准乱摊派或接受下属馈赠，下基层应轻车简从，外出参观学习实行审批制度，禁止公款吃喝等。1989年，市纪委查处一批用公款吃喝送礼的案件。

1990年1月，市委、市政府制定《济南市党政机关副局级以上领导干部发扬艰苦朴素作风加强廉政建设的若干规定》，对招待宴请、赠受礼品、使用小汽车等作出规定。1991年年初，按照市委、市政府工作部署，市纪委印发《关于坚决贯彻执行中办发〔1991〕17号文件和鲁办发〔1991〕23号文件的意见》，制定实施制止用公款吃喝送礼歪风的具体措施。5月，市纪委会同有关部门组成检查组，对全市严禁用公款吃喝送礼等有关规定执行情况进行检查。

1994年，市纪委会同有关部门加强出国审批管理，制止变相公款出国考察20批、94人次。

1995年7月，市委办公厅、市政府办公厅印发《关于贯彻落实省委办公厅、省政府办公厅〈关于严格禁止用公款吃喝玩乐的意见〉的实施意见》。市纪委研究制定《关于党政机关工作人员用公款吃喝玩乐问题的处理意见》，并先后两次组织暗访和突击检查，处理顶风违纪干部10名，曝光用于钓鱼的公车25辆。同时，协助市委、市政府建立国有企业业务招待费使用情况向职代会报告制度。

1996年，市委、市政府推广公安系统实行禁酒令的做法，在全市党政机关实行工作日中午禁酒。为切实落实禁酒规定，市纪委开展专项检查，当年处理违反禁酒令的24人。禁酒令的实行，使公务接待开支费用有所下降，据统计，10个县(市)区和25个市直部门1～9月招待费开支，与1995年同期相比减少54.6万元，239家国有企业业务招待费同比减少204.9万元。

1997年，中共中央、国务院下发《关于党政机关厉行节约制止奢侈浪费行为的若干规定》。为贯彻落实规定及省委《关于解决当前干部作风十个问题的意见》，市纪委组织召开现场经验交流会，改革就餐办法，提出落实规定的具体要求。11～12月，市纪委检查10个县(市)区和26个市直部门，督促治理整顿、厉行节约。至年底，全市共停建缓建办公楼项目27个，精简各类会议816个，取消庆典活动189个，取消各种评比、检查、达标活动182次(项)，曝光顶风违纪单位40多个，处理公款吃喝的干部150余人，查处使用公车办婚礼、钓鱼的汽车200多辆；制止用公款出国(境)旅游团组56个、246人次。1999年，全市查处挥霍公款案件12件。2000年，市政府以规章形式下发《济南市结婚迎亲用车管理规定》，明确不准使用公车结婚迎亲。

2006年，制止以各种名义公款旅游行为45起、219人次。2008年，取消不合理出国团组12个，压缩一般性出国人员82人次。

（三）清理违规配备通信工具。1997年，市纪委在督促党政机关厉行节约、加强干部作风建设工作中，清理违规安装的住宅电话2874部，收缴作价款150万余元；封存乱配的移动电话529部。次年4月，市监察局与市财政局、市直机关工委联合印发《济南市市级机关移动电话管理暂行办法》，各单位从即时起一律停购移动电话，因工作需要配备移动电话的，要报经市监察局、市财政局、市直机关工委批准。

1998年6月，中央纪委办公厅连续两次下发通知，要求限期完成清理通信工具工作。为落实通知要求，市委、市政府成立清理通信工具办公室(设在市纪委)，制定一系列规章制度，规定机关配备数量，控制话费限额，确定新增新配原则，明确违反规定的处理办法。清理通信工具办公室对全市公款配置通讯工具情况进行调查摸底，摸清全市通讯工具的数量、使用人、号码、话费支出情况，以及结算方式等；建立档案，登记造册，全面监管全市公费配置通讯工具的情况；公开举报电话，受理群众举报。同时，组织12个检查组，对10个县(市)区和市直部门进行专项检查，查出25个单位漏报、瞒报移动电话81部。至年底，登记全市党政机关公费安装的住宅电话7866部，其中半数以上因不符合安装范围，分别做作价、拍卖、退回企事业单位和过户处理。1999年9月，市监察局、市财政局联合下发《关于取消公费配置住宅电话强化电话费管理的规定》。

2002年，市监察局、市财政局联合下发《关于不准党政机关和事业单位公款安装使用无线市话“小灵通”的通知》，制止公款安装或使用“小灵通”的歪风。2008年，清理“小灵通”捆绑单位办公电话1434部。

(四)清理领导干部经商办企业或在企业兼职。1984年年底、1986年年初，中共中央、国务院分别下发《关于严禁党政机关和党政干部经商、办企业的决定》《关于进一步制止党政机关和党政干部经商、办企业的规定》，要求党政机关一律不准经商、办企业，党政机关干部一律不准在各类企业担任职务。市纪委按照规定，清理整顿党政机关和党政干部经商办企业，处理党政机关参与兴办的企业。

1988年5月，市委、市政府下发《关于党政机关要廉洁的几项规定》，进一步规定党政机关和在职干部不经市委、市政府批准，不准经商办企业。1990年上半年，市委、市政府再次集中清理整顿党政机关和党政干部经商办企业，至7月撤销公司391个；在公司兼任职务的126名干部，除3人因涉外经济工作暂留名誉职务外，其余123人辞去一方职务。

1993年，全市120个县局级以上党委(党组)在落实中央关于领导干部廉洁自律“五条规定”[①]的自查中，有97名县局级以上领导干部在129个经济实体兼职，经纠正，75人辞去兼任职务，22人因工作需要继续兼职，但不再取酬；81个党政部门与所办经济实体脱钩。1994年，在继续对该问题的清理中，246个经济实体按照规定与党政机关脱钩，或予以撤销。1998年，市纪委调查核实党政机关与所办经济实体的脱钩情况，发现政法机关经商实体150个，按规定撤销88个，移交13个，脱钩27个，保留22个。

2004年，市纪委开展党政机关领导干部违规兼任企业领导职务专项清理，纠正在企业兼职的县处级以上领导干部115名、科级干部29名。

2007年，市纪委开展公务员在企业兼职专项清理，纠正在企业兼职的领导干部23名，其中正局级干部1名，副局和县处级干部12名，科级干部10名。同年，开展清理领导干部在工程建设项目中领取补贴、奖金工作，纠正4名局级干部、6名县处级干部在工程建设项目中领取补贴问题，涉及金额31万元。

(五)清理违规配备小汽车。1986年，按照市政府新的车辆编制规定，市纪委摸排市直机关1984年后购车情况，处理违规购进车辆。

1994年，中共中央办公厅、国务院办公厅下发《关于党政机关汽车配备和使用管理的规定》，规定不同级别领导干部配备使用汽车的标准，不准党员干部利用职权向企事业单位调换、借用汽车。市纪委根据该规定，摸排清理全市党政机关配备使用汽车情况，封存或退还基层单位排气量3.0升以上的小汽车11辆，纠正挂特种牌照的小汽车26辆，调换党政一把手乘坐的排气量2.5升以上的小汽车62辆，处理违控

① (1)不准经商办企业；不准从事有偿的中介活动；不准利用职权为配偶、子女和亲友经商办企业提供任何优惠条件。(2)不准在各类经济实体中兼职(包括名誉职务)，个别经批准兼职的不得领取任何报酬；不准到下属单位和其他企事业单位报销应由个人支付的各种费用。(3)不准买卖股票。(4)不准在公务活动中接受礼金和各种有价证券；不准接受下属单位和其他企事业单位赠送的信用卡，也不准把本单位用公款办理的信用卡归个人使用。(5)不准用公款获取各种形式的俱乐部会员资格，也不准用公款参与高消费的娱乐活动。

购置的小汽车238辆。

1996年，中纪委印发《关于党政机关县(处)级以上党员领导干部违反廉洁自律规定购买、更换小汽车行为的党纪处理办法》，市纪委加强对购买和使用小汽车的监督检查，查处商河县违控购置的小汽车39辆。

2000年，根据中纪委《关于开展清理党政机关干部借用小汽车工作的通知》，市纪委清理党政机关及党员干部借用或接受的小汽车，共清查出小汽车193辆，全部予以清退。2002年，市政府制定《市级机关公务用车定编配备和使用管理办法》，市直机关的车辆实行编制管理，严禁公车私用。2003年，市纪委清理领导干部违规用车，纠正违规车辆8辆。

(六)制止赠受礼品、有价证券。1988年5月，市委、市政府下发《关于党政机关要廉洁的几项规定》，明确要求党政机关和党政干部不准接受下属馈赠。1990年，在《济南市党政机关副局级以上领导干部发扬艰苦朴素作风加强廉政建设的若干规定》中，进一步明确规定领导干部不准赠受礼品。1993年，全市县(处)级以上领导干部在贯彻落实廉洁自律“五条规定”中，有88人上交接受礼金和有价证券25240元。

1995年，市纪委、监察局协助市委、市政府建立党政机关县(处)级以上干部在公务活动中接受礼品登记制度。1996年，市纪委专项检查该制度执行情况，有406人登记上交礼品1090件，折合人民币6.9万元；上交礼金和有价证券4.4万元。2001～2003年，落实领导干部不准收受有关单位和个人的现金、有价证券等规定，共清理上缴现金、有价证券、支付凭证280.8万元。

2001年4月，市纪委在市工商银行各营业网点设立“981廉政账户”。驻济南各级、各单位领导干部和有关人员及其家属收受的不符合党纪政纪条规和廉洁自律规定的现金或存折、存单和有价证券，可存入该账户。2004年，市纪委向全市党员领导干部重申不准收受现金、有价证券、支付凭证的规定，配偶子女从业规定，收入申报和礼品登记规定等，通过新闻媒体向社会公布监督举报电话，加强对规定落实情况的监督检查。至年底，市廉政账户存款49万余元。2005年，结合开展保持共产党员先进性教育活动，收缴领导干部违反规定收受的现金、有价证券和支付凭证123万元。2006～2007年，收缴领导干部违反规定收受现金、有价证券和支付凭证169万元。

(七)清理行政事业性不合理收费。1993年，市纪委清理行政机关的各类收费项目、有偿服务，以及强行服务收取高额费用等问题。经清理，废止由单位自行制定的收费项目234个；纠正8个部门乱收费、乱摊派行为，减轻群众和企业负担180余万元。1995年，专项检查1994年以后全市行政事业性收费及罚款情况，查出违规违纪资金2亿元，清退资金33.28万元，收缴入库违纪资金1264.78万元，挽回经济损失155.24万元。

1999年，在市属企业实行“两证一票一簿”①制度，对计划、教育、自来水等部门收取的城市增容费、计划外招生费、供水基金等，实行“单位开票、银行代收、财政统管”的票款分离制度，规范收费、罚款行为。

2003年、2004年，市纪委分别检查清理上年度全市所有行政事业性收费单位的收费项目、征收标准、票据使用和收支管理情况，共追缴罚没违纪违规资金578.87万元。

2005年，市纪委专项检查贯彻《中华人民共和国行政许可法》情况，向社会公开292项行政事业性收费，督促政府部门制定实施行政许可公示制度、程序制度、监督检查制度和责任制度。

① “两证”指物价部门颁发的“收费许可证”“收费员证”，“一票”指财政部门统一制发的行政事业性收费票据，“一簿”为企业的“收费登记簿”。

（八）清理借欠公款、虚报冒领工资补贴。1990年，市纪委清理用公款上学问题，全市共清理出干部职工拖欠公款1322万元，收回915万元；对238名干部职工用公款上学问题进行清理，清还占用公款92.2万元。1994年，清理干部职工拖欠、挪用公款1035万元，督促偿还842.5万元。2002年，市纪委再次对全市党政机关工作人员借欠公款进行清理和纠正，清理各类借款936万元。2004年，全市纪检监察机关以农村为重点，清理干部拖欠公款或利用职权将公款借给亲友，以及违规为个人购买商业保险问题，共清理、清退借欠公款28.54万元。2005年，清理出197人虚报冒领工资补贴169万元；清理党政机关工作人员拖欠公款560万余元。

（九）专项治理违规建楼堂馆所和公款出国。2007年，市纪委开展党政机关楼堂馆所建设项目专项清理，共清查出违规建设楼堂馆所项目16个，责令取消其中2个项目，缩减4个项目面积，改变6个项目的装修标准；在全市范围通报批评4个单位违规建办公楼问题。

2009年，根据中央和省、市部署，市纪委开展制止公款出国(境)旅游、压缩行政经费、严禁领导干部超标建设装修住房和规范评比达标表彰专项治理，督促党政机关厉行节约。下发《关于做好当前和明年因公出国(境)管理工作有关问题的通知》《关于党政机关严格落实中央和省委厉行节约有关规定的通知》《关于进一步清理规范党委、人大、政协和法院检察院系统评比达标表彰活动实施方案》等文件，同时加强督促指导，及时跟进检查，加强党政机关工作人员出国(境)管理，督促落实中央和省市有关接待、公车配备使用的规定，压缩会议、文件、通信费用，清理纠正评比达标表彰活动等。通过专项治理，与前三年平均数相比，全市公款出国(境)人数和支出分别下降25.1%和42.2%，车辆购置及运行支出下降20.5%，党政机关公务接待费用下降15.2%。撤销市级评比达标表彰项目61个，节约财政资金192万元。集中清理党政机关工作人员因私出国(境)证件6290本，同时完善国家工作人员出国(境)财政经费审查、向纪检监察机关备案等制度。

第二节 纠正不正之风

1986年，按照中央部署，市纪委把纠正行业不正之风同端正党风结合起来，在全市开展机关思想作风整顿，发动群众对工商、供电、税务、建筑、商业、金融等部门和行业存在的吃喝卡要、高估冒算、乱收费用、服务态度冷硬、商品以次充好、办事拖拉、劳动纪律松懈等问题进行查摆，通过条块结合的方法进行督促纠正。

1988年1月，市纪委在“党风问题千人问卷调查活动”中设立党风监督专用电话，受理群众反映的问题。5月，市委、市政府制定《关于党政机关要廉洁的几项规定》，提出不准党政机关和党政机关干部在政策规定之外收取费用、提成或回扣；不准向下转嫁负担、乱搞摊派；更不准利用职权卡脖子、敲竹杠等。6～9月，市纪委在市直部门开展“议、查、改”活动，督促落实廉洁规定要求。

1992年7月～11月，市委、市政府选聘54名市(区)人大代表、政协委员、工会委员、特邀廉政监督员和区街干部，评议全市9个重点行业依法行政、廉洁从政、优质服务、严明纪律等情况。各评议组通过召开座谈会、明察暗访，发现问题3206个，收集各方面意见399条，解决突出问题2992个。

1993年1月，市纪委发出《关于党政机关进一步转变作风搞好廉政勤政的通知》，要求各级各部门认真解决“文山会海”，停止影响企业生产经营的检查、达标、评比活动。7月，在全市开展“百家企业评政府”活动，组织企业代表评议检查全市16个重点单位和系统。

1994年4月，国务院纠风办确定济南市为职业道德建设试点城市。1995年，市纪委探索纠正行业不正之风的对策，选择卫生、供电系统进行试点，依据行业特点建立约束机制。在试点中，市纪委和市精神文明委组织对34个部门、行业开展的“行风万人评”活动，探索“内启动力、外增压力，纠建结合、重在建设”的新思路。树立“标兵行业”2个、“十佳行业”10个和“行风建设先进单位”35个；指导市建委、市一商局、市民政局等36个部门和行业，向社会作出为民服务承诺。至1997年，“行风万人评”活动参评单位增加到41个。经过连续三年的行评，部门和行业作风明显改善，群众对公安、司法、供电、电信等部门和行业作风的满意率，比1995年提高50个百分点。1997年，市政府纠风办和市公安局交警支队被国务院纠风办授予“全国纠正部门和行业不正之风工作先进集体”称号。

1998年4月，市政府公布实施《济南市人民政府机关处级干部廉洁勤政行为规范》。根据市政府常务会议研究的意见，由分管副市长挂帅，市监察局牵头，市政府办公厅、市人事局、市直机关工委参加，负责对《廉政行为规范》落实情况进行检查。9月，经对全市1558名处级干部综合考评，评选出优秀处级干部10名，对35名落后干部作出组织处理。在规范处级干部廉洁勤政行为的基础上，市政府于1999年制定《济南市人民政府机关处级干部廉洁勤政行为规范考评办法》。加强与人民群众生活密切相关的20个重点部门、行业“窗口”的作风建设，将727个行业“窗口”纳入行风建设目标化管理，当年全市有95个“窗口”达标。至2000年年底，2/3的“窗口”达标。2001年2月，市政府办公厅转发市纠风办《关于对行风建设“示范窗口”单位实施动态管理的意见》，加强对行业窗口单位的规范化管理。2003年，市纪委确定74个优秀“示范窗口”。2005年，“示范窗口”施行动态管理的做法，受到国务院纠风办、省纠风办的肯定和好评。

2000年，市纪委在全市组织开展“百家企业评政府，优化经济发展环境”活动。组织120家企业和136名代表，对36个政府部门在依法行政、履行审批职能、落实廉政规定和为企业服务等方面进行评议。参评企业和代表反映意见2454条，提出建议842条，督促部门制定整改措施1346条，完善各项制度83项，解决具体问题172个。针对影响全市改革发展的突出问题，开展建设工程项目、粮食流通体制改革措施落实、减轻农民负担、社会保障资金和国债资金管理使用等30个专项检查，共查出违纪资金2058万余元，纠正、退还违法违纪金额2567万余元，挽回经济损失2211万余元。

2002年，市政府设立行政效能投诉中心，在市政府办公厅、市监察局和市人事局开通投诉电话和网上投诉信箱；印发《济南市人民政府机关行政效率投诉电话处理办法》，制定《济南市行政审批中违纪行为行政处分暂行规定》《济南市招商引资中违纪行为行政处分的暂行规定》和《济南市政府机关工作人员行政效能告诫实施办法(试行)》。

2008年，围绕建设公共服务型政府，市政府建立12345市民服务热线，建立起电话、互联网和手机短信三位一体、集中受理、分类处置、部门联动、限时办理的工作机制。明确服务热线工作流程、运行机制。为保证热线服务质量，制定监督考核制度，对各网络单位和分中心市民热线办理情况进行量化考评，考评结果作为部门全市年终绩效考核的一项重要内容。市监察局印发《12345市民服务热线工作责任追究办法》，对违反工作纪律的，除通报批评外，还按有关规定对相关负责人进行纪律处分。2009年，共受理来电来信93.5万件，办结率97%。开展热线服务进基层活动，搭建起市、县(市)区、乡镇(街道)、村(居)四级服务工作网络。

2010年，进一步强化民主评议行风工作，市、县、乡、基层站所和窗口单位四级联动，3次开展广场评议活动，51个重点部门的“一把手”现场解决问题2100多个，评议结果列入领导班子科学发展综合考核评价体系，逐步构建起多方参评、多元评价、多级互动和重用结果、重视整改的“3+2”行风民主评议模式。该做法在国务院纠风办召开的会议上进行介绍，中央纪委网站、《中国监察》予以刊登，全省反腐倡廉建设创新大会进行推广。

一、治理医药购销中的不正之风

从1999年开始，市纪委把治理医药购销中的不正之风，作为纠正损害群众利益不正之风工作的主要内容之一，会同市药品监督管理局等部门，采取明察暗访、专项治理等方式，对医药购销中的不正之风问题进行监督检查。同年，全市取消无证经营业户43家，查处假劣药品价值300万余元。2000年，市政府取缔槐荫区南辛庄街非法药品经营点，打击药品非法交易。同时，在全市开展争创“放心药房(店)”和17家医院的行风评议活动。

2001年，全市县以上医院开展行风民主评议；开展“放心药房”和“放心药店”评选活动；查处医药购销中的违纪违法案件9起，取缔药品非法生产企业66家。2002年，市纪委与有关部门联合下发《关于进一步规范药品集中招标采购工作意见》。2004年，全面推行药品集中招标采购制度，当年采购金额2.7亿元，让利金额4359.68万元。市纪委与有关部门共同查处涉药违法案件195起，没收违法所得或罚款273.78万元；查处收受药品回扣、“开单提成”等违纪违法案件4件。医务人员39人次主动上交“红包”、回扣、开单提成3.4万元。2005年，市纪委与市药品监督管理局等部门，联合开展打击非法行医专项行动，取缔非法诊疗机构348家、非法收药点30个；启动社区卫生“爱心救助服务”活动，先后对弱势群体发放“爱心服务卡”26625张，帮扶救助3518人，优惠金额7.02万元。2006年，实行医药费用清单制、医药价格公示制、医院评价和信息发布制；全面推行和完善药品集中招标采购制度，采购金额4.18亿元，为患者减轻负担1745.78万元。2007年，深入开展“医疗质量管理效益年”和“医德医风示范医院”活动，纠正片面追求经济效益的倾向；药品集中招标，采购金额4.73亿元，让利患者1.44亿元，中标药品采购率达到92%；医务人员上交回扣、“红包”、开单提成4.9万元；查处医药购销领域商业贿赂问题，给予2人党纪政纪处分。2008年，药品供应商由2007年的90多家增加到160多家，招标药品大幅增加，招标价与最高零售限价比下降27.4%。2010年，落实药品招标新政策，58家县以上公立医疗机构参加省药品网上集中采购，采购金额7.15亿元，让利患者2.18亿元。

二、减轻农民负担

1990年，省委、省政府下发《关于减轻农民负担的通知》。5～7月，相继召开全市惩治腐败廉政建设工作会议、全市纪检工作会议和全市廉政建设工作会议，强调解决加重农民负担问题。8月，各级各部门进行自查。9月，市委组织6个检查组对全市各县区、各系统进行一次全面检查。

1993年，中共中央办公厅、国务院办公厅下发《关于切实减轻农民负担的紧急通知》，要求尽快查处、上报涉及农民负担的恶性事件，切实减轻农民负担。市纪委组织力量，对全市减轻农民负担和按政策规定征收夏秋两季农副产品情况进行检查。重点检查超额征收税费，巧立名目乱集资、乱摊派、乱罚款，挪用或平调提留、统筹费等情况。此次检查，共查处涉农案件8件，查出挪占农民负担款564.8万元，乱集资、乱摊派和无偿调用资金222万元，处分违纪干部12人，退还农民不合理负担12.2万元；对1991～1992年度涉及农民负担的文件、项目进行清理，废止涉及农民负担的文件290个，减轻农民负担2980万元。

1994年，市纪委下发《关于抓好减轻农

民负担工作的意见》，并围绕落实意见两次组织大检查，纠正有令不行、有禁不止的行为。1995年，建立农民负担预算审批制度、定项限额制度和农民负担手册制度。全市农村进一步推广高官寨乡农村财务管理的经验，63%的乡镇实行“村账乡管”和“财务公开”。

1996年，中共中央、国务院下发《关于切实做好减轻农民负担问题的决定》，对农民负担反弹问题提出纠正意见。为抓好文件落实，市纪委下发《关于把住夏粮征购关，切实做好减轻农民负担工作的实施意见》，并组织专项检查。同时，开展对利用结婚登记向农民乱收费的检查，清理搭车收费项目26个，清退资金80.3万元，没收违纪资金2.05万元，取消两个乡镇政府的婚姻登记资格。1997年，市纪委清理废除涉农项目91个，减轻农民负担5000万元。

2002年，市纪委加强监督检查，保证农村税费改革顺利进行。2004年，加强对粮食补助资金发放的监督，全市4360万余元的粮食补助资金全部发放到种粮农户手中。章丘市，市中、历下、槐荫、高新区取消农业税及其附加项目，其他县区也都减半征收各种税费。2005年，在全部取消农业税的基础上，全市继续暂停征收乡村公益事业金，减轻农民负担1.29亿元。章丘市、市中区对所属镇(街道)辖区内的农村学生全部免除杂费。2006年，纠正土地征用、拖欠农民工工资等损害群众利益的突出问题。制定统一征用土地暂行办法、拆迁管理规范。全年清欠民工工资1877.62万元；加强对各项支农惠农政策落实情况的监督检查，农民得到补贴1.26亿元。2007年，督促落实中央、省、市各项支农惠农政策，农民得到实惠7460万元；查处涉农乱收费、乱罚款和集资摊派等问题，减轻农民负担1.3万元；围绕社会主义新农村建设，推进“放心农资进村”活动，打击哄抬农资价格、制售假劣农资坑农害农行为420件，涉及金额456万元。2008年，共查处和纠正损害农民土地权益问题36起，清退涉农乱收费、乱罚款和集资摊派等金额1.4万元，打击哄抬农资价格、制售假劣农资坑农害农行为30件，涉及金额112.9万元。2010年，对强农惠农资金开展专项清查，查处截留、挪用、克扣资金396万元。

三、减轻企业负担

1989年，市委、市政府制定下发《关于抓好机关廉政建设、努力为企业基层解困的通知》，成立领导小组，组织市直部门自查自改，建章立制，解决向企业乱集资、乱摊派、乱收费、乱罚款的问题。全年罚没数额比1988年下降45%。1990年，中共中央、国务院发布《关于坚决制止乱收费、乱罚款和各种摊派的决定》，省委、省政府下发《关于制止向企业乱摊派、乱收费、乱罚款的通知》。5月，济南市召开惩治腐败廉政建设工作会议，强调要认真落实上级规定，解决有关部门乱集资、乱摊派、乱收费、乱罚款问题。全市115个局级单位进行自查自纠。至1991年年底，废止乱收费、乱罚款、乱摊派项目128项，减轻企业和群众负担2500万元。

1993年，市政府成立清理收费办公室，召开专项治理大会，下发实施意见，进一步纠正乱收费问题。从清理源头、严格制度入手，重点纠正行政机关把职责内的业务变成收费项目，将部分行政职能转移到下属“三产”搞有偿服务，以及利用职权和行业垄断强行收取高额费用。通过自查自纠，废止各级自行制定的收费项目234个；对8个部门乱收费、乱摊派行为，分别作出罚没或责令退回款项的决定，为企业和群众减轻负担180万余元。1994年，市纪委对向三资企业收费情况进行检查清理。全市停止收费334项，减轻企业和群众负担2629万元。同年，对党政机关无偿占用企业人财物归还到位情况进行检查，清退、归还占用企业人员70名、资金1560.2万元、车辆9部、房产875平方米。市监察局还对一些部门向重点工程乱摊派、乱收费、乱罚款的问题进行调查处理；对济南国际金融大厦实行挂牌保护。

1995年1月，市纪委、监察局印发《关于对我市部分重点企业重点工程实行挂牌保护的意见》，对济南机床二厂等五家企业和山东金龙大厦工程等四项工程实施挂牌保护，在被保护单位设立“收费、罚款、摊派登记簿”，以便于监督检查。至年底，由市和县区纪检监察机关挂牌保护的企业、工程达64个，拒绝不合理收费450万余元。1997年，市纪委、监察局制定《重点企业重点工程挂牌保护实施办法》，进一步细化对重点企业、重点工程的挂牌保护工作。同时，研究制定《关于加重企业负担行为党纪政纪处分暂行办法》，为查处涉企“三乱”行为提供依据。1998年，市纪委、监察局印发《关于个体私营企业实行重点保护的意见》《关于加强执法监察、保护外商投资企业合法权益的意见》，先后对个体私营企业、外商投资企业实施“清障护航工程”。此后，由纪检监察机关实施挂牌保护的企业和工程逐年增多，至2000年，全市纪检监察机关实施挂牌保护的重点企业和重点工程达345个，建立民营企业工作联系点33个。1997～2001年，全市纪检监察机关共查处涉企“三乱”行为1029件，抵制乱收费4200万余元。2005年，建立健全涉企收费公示和企业负担监测联系制度。2009年，监督落实政府推出的215项优惠政策，为企业减负9亿多元。

四、治理公路“三乱”

1994年7月，国务院下发《关于禁止在公路上乱设站卡乱罚款乱收费的通知》，要求严肃查处在公路上乱设站卡、乱罚款、乱收费的行为。为贯彻落实通知精神，市纪委加强对公路站卡及收费的检查。1995年，查处鹊山地区综合治理办公室上路乱收费和平阴黄河大桥越权扣车证、车牌问题。同时加强对相关部门的治理工作，对经批准保留的7个交通稽查站和2个桥梁收费处，实行“一个部门牵头、一家上路、一站三职、一套执行文书、一个管理制度”的路检工作规范，多家上路检查和强行拦车的状况明显改变。1996年，济南市被省政府公布为“第一批实现道路无‘三乱’的市地”。1997～1998年，市纪委按照治理公路“三乱”防反弹、抓深化、促规范的要求，严格实行牵头部门责任制和公开承诺制，强化教育和明察暗访，严肃查处顶风违纪行为，基本上保证国道、省道和县乡公路无“三乱”。1999年，济南市被省治理公路“三乱”办公室确定为“实现所有公路基本无‘三乱’的地区”。

2003年，针对公路“三乱”反弹势头，市纪委、监察局制定下发《关于公路“三乱”行为党纪政纪处分的暂行规定》，对公路易发“三乱”的区域和路段实行重点监控，全年查处公路“三乱”案件44件，处分16人。2004年，市纪委全面清理和规范公路、城市道路收费站(点)，对天桥、章丘、平阴等县(市)区的治乱整改工作进行暗访和督查，查处公路“三乱”案件28件。2007年，继续清理整顿道路收费站点，对多次发生问题的单位实施重点监控；对涉及公路“三乱”的38件举报投诉及时进行调查处理。2008年，对涉路执法人员违规违纪行为实施记分处理，清理整顿道路收费站点，严格规范上路执法行为，调查处理举报投诉28件，13人受到处理。

五、治理教育乱收费

1994年，市纪委对教育收费进行检查清理。市教委、市监察局、市物价局在清理工作结束后，废止中、小学生学籍档案费、补考费等收费项目29项。

1995年，市纪委督促市教委研究制定《关于加强中小学收费管理工作，坚决纠正乱收费的意见》，对招收择校生、计划外招生、收费审批权限等方面作出明确规定。对秋季中小学招生收费工作进行监督检查，发现违反规定收费项目5个，违纪金额160.4万元，对责任人作出处理。1996年，市教委、市监察局两次对贯彻《关于加强中小学收费管理工作，坚决纠正乱收费的意见》的情况进行检查，检查出违规收费71.5万元，退还学生42万元。1997年，市纪委对45所中小学的收费情况进行重点检查，清理不合理收费项目16个，查出违纪资金60余万元，清退10万元。对择校生实行“限人数、限钱数、限分数”的规定，中小学乱收费现象明显减少。

2003年，市纪委对教育收费进行专项清理，抽查567所学校，清退和没收违规金额706.58万元。2004年，查处义务教育阶段乱收费问题33起，向学生退还各种乱收费18.9万元。同年，市纪委与物价、教育等部门组成联合检查组，对全市中小学春、秋季开学收费情况进行专项检查，查处违规收费金额3958万元，给予8名违纪人员通报批评和组织处理。2005年，对落实义务教育阶段公办学校“一费制”收费办法、公办高中招收择校生“三限”(限钱数、限人数、限分数)政策进行检查，全市减轻学生负担3098.8万元。2007年，落实国务院关于深化农村义务教育经费保障机制改革的各项政策，减轻学生家庭经济负担1467万元；严格执行《济南市教育乱收费责任追究办法(试行)》，给予3人党纪政纪处分。2008年，推进农村义务教育经费保障机制改革，巩固和完善“一费制”收费办法，坚决纠正乱收费。查处个别小学违规收费问题，免去校长职务，并取消25名责任教师当年度评先资格。会同教育、物价部门对全市学校收费情况进行检查，查处并清退学校乱收费10.6万元，清理违规收费项目3个，6名责任人受到党纪政纪处分。

六、优化发展环境监督检查

2003～2007年，市纪委在全市纪检监察机关开展“优化发展环境监督检查年”活动。先后印发《关于强化监督制约机制优化投资软环境的实施意见》《关于在全市纪检监察系统开展“优化发展环境监督检查年”活动的意见》，建立调查联系机制、举报投诉受理快速反应机制、公开评议机制和影响投资软环境行为的处理机制，对影响发展环境的突出问题进行综合整治。开设政务监督热线，其间52名区长、局长到热线直播间解答问题；成立发展环境投诉中心，受理各类投诉举报，保护企业和群众的合法权益；加强对重点工程建设的监督，遏止“三乱”行为，及时查处破坏发展环境案件；组织开展民主评议政府活动，对部门(行业)的依法行政、文明服务和优化发展环境情况进行评议；实行行政效能监察工作责任制，重点检查纠正违规随意裁量、乱收费、乱罚款、乱摊派、乱检查和“吃拿卡要报”，以及行政不作为行为。

2004年，开展“优化发展环境监督检查年”活动，以营造团结奋进的人文环境、稳定和谐的社会环境、诚信法治的市场环境、务实高效的服务环境和积极向上的舆论环境为目标，以健全和完善教育保护、调查联系、投诉举报快速反应、公开评议、办案协调等五项机制为重点，围绕市委重大决策的落实搞好监督检查。9月16日，市纪委、市监察局召开新闻发布会，通报13起损害发展环境的典型案件。主要采取五项措施：

开展专项治理。治理涉企办班收费及向企业转嫁会议费问题，下发《关于严格控制涉企办班开会行为的通知》，对办班的依据、地点、时间、收费、纪律要求作出明确规定，对有令不行、有禁不止的15个单位进行处理；清理挂靠行政机关社会团体和涉企学会、协会、研究会，遏制社团组织违规收费；会同有关部门开展“企业年检调查”活动，督促有关部门建章立制，解决年检项目过多、部分项目设立依据不充分、信息重复、成本过高等问题；加强与物价部门沟通联系，做好公布涉企收费目录的准备工作。

监督保障城市重点工程建设。完善监督制度，严格执行建设资金使用。

进行优化发展环境评议。广开评议渠道，建立517名评议代表参加的评议代表库。重点评议与经济发展和人民群众生活密切相关的34个部门、行业，评议内容涵盖依法行政、政务公开、工作效率、优质服务等方面；评议中央提出的坚决纠正征用土地、城镇拆迁和破产中侵害群众利益及拖欠、克扣农民工工资等问题。

加大优化发展环境工作的报道力度。市委领导和54个市政府部门，以及5个区的一把手走进《政务监督热线》直播间，与企业和群众直接对话，现场解决问题。同时，加强与报社、电视台的联系，实现《廉政纵横》《廉政风云录》和《优化发展环境》栏目的改扩版。

市发展环境投诉中心建立联络员制度。加强与政府各部门的联系，全年查处损害发展环境的投诉126件，24人受到党纪政纪处分，9人被行政告诫。

2005年，在全市推行一次性告知、AB角工作制。开展“外商服务月”活动，无偿为企业代办行政审批200多项。围绕规范市直机关及其工作人员涉企行为，制定严禁擅自到企业执行公务、严禁“吃、拿、要、报”、严禁加重企业负担和严禁作风粗暴的规定。《政务监督热线》进一步发展，先后获“济南市最受群众欢迎的十佳栏目”“山东省广播电视奖”“山东省十佳新闻栏目”荣誉。2006年，制定投诉受理办法和投诉受理考核办法。市、县两级投诉中心共受理各类投诉513件，办结501件，办结率97.7%，查处损害发展环境的案件289件，对47名责任人员进行追究。2007年，进一步强化市与县区发展环境投诉中心的工作，严格受理、转办、督办、反馈等四个工作环节，健全完善投诉受理机制，督促市直有关部门明确投诉工作任务，实行严格的责任制，并把投诉受理工作向乡镇(街道)延伸。对构成违纪的17名责任人进行责任追究。开展“外商服务月”活动，协调处理29件外商反映的问题。

2008年，为落实市委《关于开展“下基层、解难题、办实事”活动意见》，由市纪委牵头，组织开展优化发展环境课题调研，形成《优化发展环境课题调研情况报告》，总结济南市发展环境建设中的突出问题，认为影响发展环境建设的主要原因是：优化发展环境意识淡薄，体制机制障碍突出，履行职责能力不高，监督落实不够有力。提出进一步优化发展环境的对策，即加快行政管理体制改革，深化行政审批制度改革，清理纠正各种收费行为，严格规范行政执法行为，强化公共资源交易管理，加强对优化发展环境的领导、制度、监督保障等。根据市委办公厅、市政府办公厅《关于2008年全市优化发展环境民主评议工作意见》部署要求，组织开展优化发展环境民主评议工作。这次评议与往年相比，有四个特点：扩大评议范围。评议对象由45个增加到123个，基本涵盖所有的部门和行业。完善评议方式。调查问卷由6000份增加到近2万份；首次引入中介机构进行客户调查，通过市社情民意调查中心电话随机抽样12.72万个，其中有效样本2.75万余个。严格评议程序。各县(市)区和乡镇(街道)的问卷调查一律由市统一组织，并由特邀监察员和新闻媒体全程监督。电话随机抽样调查时，有关部门和行业派出负责人员，参与接听电话。加大评议结果运用力度。评议情况列入部门领导班子总体考评，对评议末位的单位进行诫勉谈话；对社会各界提出的意见建议原汁原味地进行反馈并督促整改。

第三节　纪检信访工作

1985～1987年，市纪委在全市开展纪检信访达标活动，要求各单位当年信访处结率达到95%以上，初信初访处结率达到90%以上，重信重访和越级信访分别降到5%以下，年底无信访积案。全市各县、区、局(公司)纪委普遍成立信访工作领导小组，建立来信来访登记、“转办单”、复信回访、例会分析等制度，注重办好初信初访，集中力量清理积案。1985年，全市有14个县级纪委信访达标；1986年，新增达标单位26个；1987年，新增达标单位9个。

1988年，按照中纪委《加强县级纪检信访工作座谈会纪要》要求，各级加强对纪检信访工作的领导。市纪委制定《〈关于县级纪检信访工作试行条例〉实施细则》，对县级纪检机关接访、办信、查处信访案件，以及案卷归档进行规范。1989年3月，市纪委信访处改设为信访室。6月，市纪委制定下发《关于保护检举、控告人合法权益的暂行规定》，明确保障党员、群众信访监督权利的具体措施。1990年年底，市纪委对全市各县、区、局(公司)纪委的信访工作进行考核，评选出11个纪检信访先进集体。1992年，全市各级纪委对信访工作实行目标化管理。各级党委、纪委按照“归口办理、分级负责”的原则受理党员、群众的检举、控告；县区纪委对农村计划生育和财务管理等群众反映强烈的问题进行清理整顿。1989～1992年，全市纪检机关受理的来信来访量逐年下降，1989年为10281件次，1990年为8395件次，1991年为8369件次，1992年为7006件次。

1993年，市纪委、监察局合署办公后，进一步加强对信访工作的领导。市纪委每季度召开一次信访举报工作会，解决信访工作中存在的问题；县一级纪检监察机关建立岗位责任制，简化举报工作程序。1994年，针对群众信访反映的党政机关无偿占用企业人财物、乱收费、农民负担、公费出国(境)旅游、领导干部用车、住房和接待等问题，开展集中检查。当年，全市各级纪检监察机关共受理信访举报8460件次，比1993年下降22.7%。

1997年4月，市纪委、监察局印发《1997～1999年信访工作目标管理实施细则及考核标准》，对基层信访工作进行分类量化，提出三年达标的步骤、要求。1999年，制定《关于对领导干部实行函询、谈话制度的规定》，对信访举报反映党员、行政监察对象违纪的苗头性问题，及时进行警戒性谈话。

2001年2月，市纪委印发《纪检监察信访举报工作目标管理办法》；2002年3月，印发《纪检监察信访工作主要目标管理意见》，对进一步加强基层纪检监察信访工作提出意见。2002年8月，市纪委召开全市纪检监察机关信访工作会议，就做好中共十六大期间社会稳定工作进行重点部署，落实办案责任制，建立信访通报和责任追究制度，全市纪检监察机关受理的信访举报呈现下降趋势，全年受理信访举报6088件次，比2001年下降20.2%。

2004年10月，市纪委印发《关于认真开展集中处理信访突出问题及群众性事件的通知》，对信访突出问题和群众性事件进行集中处理。2005年，市纪委先后印发《关于集体访跟踪督办实施意见(试行)》《关于首访责任制考核管理办法(试行)》《济南市纪检监察机关处理署实名举报办法》，进一步依纪依法规范信访举报工作。2008年，开通12388投诉热线，加强信访举报网络建设，昼夜值班，方便群众举报。全市纪检监察机关共受理信访举报5057件(次)。2010年，受理信访举报4685件(次)，比2009年下降5.4%。

第四节　案件查办

自1983年下半年开始，中央决定用三年半时间对党的作风和党的组织进行整顿。济南市各级纪委在整党活动中，积极查处违纪案件。按照干部管理权限，实行分级归口和办案责任制，对严重官僚主义、贪污受贿、以权谋私等方面的违纪案件进行查处。1984年1月至1988年5月，全市纪检机关共检查违纪案件1538起，处分违纪党员1225人。1986年，围绕打击经济犯罪活动，重点查处经济案件，全年共立案查处322起，其中1万元以上的88起，追缴赃款158万余元；查处党员违纪案件460起，处分党员308人，其中开除党籍的37人。1987年，在继续查处经济案件的同时，重点查处严重不负责任的官僚主义案件和握有人、财、物实权的领导干部中的违纪案件，全年共查处经济案件162起，其中贪污受贿案件92起；查处利用职权谋私的党员领导干部案件85起，其中县局级党员领导干部9人。1988年，市纪委加强案件审理机构建设，县(区)、乡镇(街道)纪委普遍成立案件审理小组，配备217名兼职审理干部；严格落实“事实清楚、证据确凿、定性准确、处理恰当、手续完备”的20字办案方针，逐步实现案件审理工作的规范化、制度化。

在1989年春夏之交的政治风波中，全市各级纪检机关坚决贯彻中央和省委、市委指示，积极参与清查、清理工作，查处违反政治纪律案件9起。同时，围绕惩治腐败，查处用公款吃喝送礼、超标准装修住房、违反组织人事纪律及党政机关办公司从中渔利的案件230起，处分党员371人，其中开除党籍79人。为加强纪律检查工作的制度化、规范化，市纪委制定《关于党员干部受党纪处分后安排使用的暂行意见》《关于处分违纪党员批准权限的规定》《中共济南市纪委关于共产党员违反计划生育政策党纪处分的规定》。8月，市纪委召开案件检查工作会议，针对党内违纪案件，以贪污盗窃、索贿受贿等经济案件占首位和党员领导干部违纪案件呈上升趋势等特点，要求对案件检查工作加强领导，集中力量查处大案要案。至年底，全市各级纪检机关共立案查处党内违纪案件703起，处分党员428人。在查处党内违纪案件中，全市各级纪检机关坚持“一手抓办案，一手抓教育”，全年发党内通报290起，公开登报61起，会议通报199起，剖析典型案例231起。

1990年，中共中央、国务院、省委、省政府先后下发文件，要求坚决制止乱收费、乱罚款和各种摊派，减轻农民、企业的负担。1991年10月，市纪委制定下发《关于区分企业经济活动中违纪与非违纪界限的规定》，对企业经济活动中有关销售承包、采购奖励与借机捞取好处、谋取私利，正常应酬与大吃大喝、铺张浪费，赠送纪念性物品与送礼行贿，正常奖励与滥发奖金、实物等方面的问题，应如何区分违纪与非违纪的界限，作出明确规定，为案件检查工作确立标准。1990～1992年，共立查党内违纪案件2000起，处分党员1452人。

1993年，全市纪检监察机关合署办公后，把查处党政领导机关、行政执法机关、司法机关、经济管理部门和县处级以上领导干部违纪案件放到突出位置。成立反腐败工作协调小组，建立办案联席工作会议和重大案件协调会议制度。各级纪检监察机关领导抓大案要案的查处和组织协调工作，及时解决查办案件工作中遇到的问题。办案部门重点强化自办案件，查办一批违纪案件。1995年1月，中纪委、监察部为市纪委、市监察局案件调查组记集体三等功。1993～2005年，全市各级纪检监察机关共查处违纪案件7891起，处分党员6606人，其中涉及县处级以上领导干部528人；涉及党政机关、经济监督部门、执法管理部门的大案要案2944起，挽回经济损失23729.34万元。

在案件查处工作中，市纪委逐步调整充实办案力量，于2002年增设1个案件检查室。2003年，确定“稳定数量，提高质量，着重查处大要案”的工作思路。2004年，市纪委印发《关于在县(市)区纪检监察机关实行联合审理工作的意见(试行)》，全市10个县(市)区的案件审理机构划分为5个审理组，联合审理纪检监察机关的自办案件和申诉案件。2005年，市纪委先后印发《关于处理不服党纪政纪处分申诉工作的意见》《关于乡镇、街道所办案件交由县(市)区纪检监察机关审理工作的办法(试行)》，进一步规范申诉复查、案件审理工作。

2006年，各级纪检监察机关认真落实《中央纪委关于进一步改进和规范“两规”措施的意见》和《市纪委关于做好县(市)区纪委使用

“两规”措施报批和备案工作的通知》，严格履行办案程序，坚持依纪依法办案。全年共立案查处党员干部违纪违法案件398件，其中涉案金额万元以上案件152件，县处级以上案件42件；受党纪政纪处分458人，其中涉及地厅级干部5人、县处级干部52人、乡科级干部75人；移送司法机关61人。立案调查市粮食局原局长、市红十字会原常务副会长和市房屋建设综合开发公司原总经理巨额贪污贿赂案件。全年通过办案挽回经济损失1296.10万元。为确保案件调查、审理分开，保护党员的申辩权，全市各级纪检监察机关把创新审理方式，保证案件查处质量，尊重、保障被审理党员的作证权、辩护权作为加强案件审理工作的一项重要措施，实行案件联审和乡案县审。济南市案件审理工作的改革创新，得到中央纪委、省纪委肯定，分别在媒体上给予宣传报道。

2007，继续重点查办发生在领导机关和领导干部中滥用职权、贪污贿赂、腐化堕落、失职渎职等案件，查办官商勾结、权钱交易、权色交易和严重侵害群众利益的案件，严肃查办隐匿、侵占、转移国有资产的案件，严重违反组织人事纪律的案件。全市各级纪检监察机关共立案查处党员干部违纪违法案件405起，结案405起，处分423人，移送司法机关42人，挽回经济损失1922.28万元。其中，涉案金额万元以上案件146起；县处级以上案件33起，涉及厅级干部5人，县处级干部29人。协助中央纪委、省纪委查办市人大常委会原主任段义和相关案件，重点查办中国轻骑集团原董事长张某某等贪污、受贿、侵占国有资产窝案，市畜牧办原主任王某某贪污案，市财政局经济建设处原处长王某某特大贪污、受贿案等。

2008年，健全办案协调机制，市和县(市)区反腐败协调小组加强对重大案件的协调、指导和督办，搞好执纪执法机关的协作配合。坚持依纪依法办案，健全举报人和证人保护制度。县(市)区试行案件审理“内部辩护”、信访案件公开听证，保障涉案人员的合法权益。完善“一案一整改”“一案三报告”(调查、剖析和整改报告)制度。对中国轻骑集团案件进行深入剖析，发挥其警示作用。通过查办市客运管理办公室原主任刘某受贿案，认真查找出租车行业管理体制弊端，推动有关部门进行整改。全市纪检监察机关共立案443起，其中1万元以上案件177起，县处级以上案件40起；结案438起，处分455人，移送司法机关31人，通过办案挽回直接经济损失2.37亿元。重点查办市广电信息网络中心7人受贿窝案等。

2009年，查处大要案的同时，突出查处基层损害群众利益的案件。强化与执法机关协调配合、“两规”措施适用、重大案件剖析和案件管理四个环节，探索实行陪审分离、三家会审等办案方式。注意剖析重大案件发生的原因，查找制度、管理等方面的漏洞，提出并督促落实从源头上防治腐败的措施。全市各级纪检监察机关共立案458件，结案460起；处分462人，其中涉及地厅级干部3人、县处级干部33人、乡科级干部41人；移送司法机关19人；挽回经济损失3013.9万元。

2010年，建设启用1.01万平方米的标准化办案场所。强化“两规”全程看护措施，加强办案人员和陪护队伍建设。完善审理案件的受理、审核监督、提前介入、审理谈话等程序，保证处分决定执行到位，自办案件连续八年实现“零申诉”。立查案件470件，大要案161件；结案472件，处分495人；为国家和集体挽回经济损失1.1亿多元。

第五节　党风廉政教育

1986年，市纪委发挥纪检工作的优势，开展党性、党风、党纪教育，同时配合组织、宣传部门开展预防性、警示性和示范性教育。当年对30名群众反映有不正之风问题的区县局级领导干部进行谈话；以印发刊物的形式，通报典型案例4起；总结推广25个先进单位。

1987年1月，市纪委创刊《济南纪检》。1993年5月改名《风纪月刊》，1998年2月改名《济南风纪》，至2005年1月停刊，先后出刊177期，刊载经验交流、调研报告、案例剖析、人物通讯、业务介绍等文章，宣传廉洁勤政典型人物和典型事迹，交流党风廉政建设和反腐败工作。

1987年4月，市纪委将加强党的思想和组织建设、坚持四项基本原则、反对资产阶级自由化列入中心内容，以举办领导干部学习班等形式开展党性教育。1989年6月，市纪委先后两次发出通知，要求全市各级党组织和全体共产党员认真组织学习，坚决贯彻中共中央、国务院《告全体共产党员和全国人民书》和中纪委《严明党的纪律、维护党的团结统一》的通知，坚定地同党中央保持一致，维护党的团结统一。

1990年3月，市纪委联合宣传、组织、工会、文化等单位，组织党员干部观看电影《阿罗汉神兽》，宣传纪检干部坚持党性、秉公办案的工作精神。4月，组织召开全市纪检系统党风党纪教育工作座谈会，提出“一手抓办案，一手抓教育”的工作方针，强调要建立健全纪检教育工作制度和教育手段。同年开始，坚持以各级各部门领导班子和领导干部为重点，根据新形势、新要求，每年组织开展一个主题教育活动，扎实开展党性党风党纪教育活动。活动中，通过播放党纪教育录像片，举办党风党纪培训班、专题电视系列讲座，组织“廉洁勤政先进事迹”巡回报告，表彰先进、剖析通报典型案件等，加强正反两方面教育。

1992年，邓小平视察南方发表重要谈话。当年，在全市纪检系统开展解放思想大讨论。市纪委印发开展解放思想大讨论的意见，召开全市纪检系统解放思想大讨论研讨会，编辑《纪检工作解放思想论文选》，收录论文15篇。同时，联合济南电视台摄制并播出《学党纪、正党风》专题教育片。同年，市纪委在全市党员中开展反腐败、防演变教育活动。1994年11月，省、市纪委和济南电视台联合拍摄的四集电视剧《起飞》，获中纪委第一次电教片“卫士奖”一等奖。1995年，市纪委把领导干部廉洁自律与学习孔繁森先进事迹和剖析王宝森等重大案例结合起来，在全市总结、宣传廉洁勤政先进典型110个，组织巡回报告141场，其中市委、市政府表彰廉洁勤政先进集体10个，先进个人10名；剖析、通报典型案例56个。

1996年8月、1998年9月，市、县两级纪检监察机关先后组织全市党政机关领导干部参加党风廉政建设法律法规知识考试，使领导干部集中时间、集中精力学习掌握有关法律、纪律知识。

2000年，市纪委建立党风廉政宣传教育工作联席会议制度，成立“济南市党风廉政教育讲师团”。同年，在济南电视台、《济南日报》分别设立《廉政风云录》《廉政纵横》栏目。2002年、2007年两个栏目先后两次扩版、增加播出时间，丰富内容、扩大信息量。每年播放《廉政风云录》《廉政纵横》40多期(次)，宣传先进典型和好的做法，成为市纪委开展党风廉政宣传教育的重要阵地。

2001年6月，市纪委、市监察局牵头，公、检、法和审计机关共同举办“济南市党风廉政建设和反腐败斗争成果展览”，主要展示1993～2001年济南市各级各单位狠抓党风廉政建设和反腐败斗争所取得的成果，对发生在本市的27起腐败大案要案进行公开曝光。展带全长200多米，展出图片、资料近600幅及大量实物。并在现场设立举报室，公布举报电话。2002年8月13日，中共中央文献研究室，市纪委、市委组织部、市委宣传部、市直机关工委、市委党史研究室共同主办“党风楷模——周恩来”展览，全市5万多人参观。2003年，市纪委在济南监狱设立“警示教育基地”。每年都有党组织组织党员干部听取服刑人员忏悔，现场接受教育。2004年，《中国共产党党内监督条例》《中国共产党纪律处分条例》颁布实施后，市纪委组织纪检监察干部进行学习。在省纪委组织的全省党内法规知识竞赛中，济南市代表队获第一名。2005年，市纪委举办“清风颂”文艺晚会，配合省纪委举办“齐鲁正气歌”文艺晚会；开展廉政文化进机关、进社区等活动，在社区建立廉政文化橱窗、廉政文化长廊，营造崇廉、尚廉、学廉的良好氛围。

2006年，全市各级纪检监察机关把反腐倡廉教育作为党风廉政建设的基础，抓住关键环节，狠下功夫，增强反腐倡廉教育的感染力和说服力。以各级各部门领导班子成员为重点，以勤政廉政、科学发展为主题，以立党为公、执政为民为目标，深入开展学习、遵守、贯彻、维护党章“四项教育”。充分发挥“大宣教”的作用，认真落实教育培训制度，积极协调省、市委党校教授和委局机关领导到基层单位讲授主题教育和纪检监察业务党课；以市、县(市)区党校为主阵地，统筹规划安排，分级负责，对全市党员干部进行轮训，并做到培训时间、培训内容、培训人员“三个到位”。认真开展示范教育和警示教育，全年播放《廉政风云录》《廉政纵横》40多期(次)，对教育活动中涌现出的先进典型和好的做法、第四届“勤政廉政”双十模范的事迹进行集中报道；在全市选出2名新农村建设带头人，上报省纪委，在山东电视台、山东广播电台、《大众日报》、《中国纪检监察报》等媒体进行专题报道。同时，充分发挥市反腐倡廉警示教育基地作用，组织党员干部到基地参观，安排服刑人员作警示教育报告。全市各级共组织警示教育60多次，6000余人受到教育。

2007年，突出抓廉政文化建设。市纪委协调市直机关工委、市妇联、市国资委、市教育局、市民政局、市农业局等部门，下发廉政文化“六进”(进机关、进社区、进家庭、进学校、进企业、进农村)活动的实施意见，并深入到各区和示范点进行重点调度和指导。全年各级举办廉政文化活动1500多场次，廉政歌曲演唱活动100多场次，20余万名党员群众参加廉政歌曲演唱活动。5月，市纪委在舜网开辟纪检监察反腐倡廉论坛。9月，市纪委宣教室被评为全国纪检监察宣传教育工作先进集体。2008年，市纪委制作《市粮食局原局长张某某案件警示录》电教片，全市23万余名党员干部进行观看。同时，组织新录用公务员进行廉政勤政宣誓。创刊《警示教育专刊》。

2009年，健全与市委组织部、市委宣传部等的联席会议制度、协调会议制度和网络宣传联席会议制度。宣传教育工作列入“构筑惩治预防体系、打造廉洁高效济南”六大工程首位，纳入全市党风廉政建设责任制和年度目标考核。全市初步形成党委统一领导，党政齐抓共管，纪委组织协调，相关部门密切配合，干部群众积极参与的反腐倡廉宣传教育工作格局。开展征集廉政文章、廉政短信和编辑教育丛书活动。在130多处公共场所和4000多辆出租车上设立廉政公益广告。建立廉政文化示范点、廉政文化墙、开辟反腐倡廉栏目355处。开展“丹青颂清廉”廉政文化主题笔会；在公用电脑上安装廉政屏保。深化警示教育，市和县(市)区、市直部门普遍召开警示教育大会，观看专题片，主要负责人作廉政报告。组织全市典型案例警示教育图片巡回展。市、县两级开办、编发《警示教育专刊》72期、4.5万份。

第六节　从源头上预防和治理腐败

一、加强行政审批监督和制度创新

1999年，市纪委、监察局对有关部门落实改革审批制度、实行联合办公情况，进行监督检查。2000年8月，市政府下发《关于清理行政审批行为的通知》，按照三个“一律”的原则，对行政审批制度实行改革，凡不属于政府职能和不应由政府直接管理的事项，凡与法律法规和国家有关规定相抵触的审批事项，部门自行设立的审批事项一律取消；济南市法规、规章规定的审批事项，实施事后可以监管和通过中介组织办理的审批事项一律取消；凡是能够合并审批的事项，一律合并审批。市法制办、市监察局、市物价局等部门组成专门工作班子，对全市行政审批项目进行初步清理，共清理各种审批项目1063项，第一批取消行政审批事项374项，占审批项目总数的35%。2001年2月，市政府印发《济南市行政审批制度改革若干规定》，先后取消行政审批事项499项，精简比例45.7%。同时，市监察局下发《关于严肃纪律确保行政审批制度改革顺利进行的通知》，公布举报电话，建立公开接待日，对保留的审批项目进行规范管理。

2002年9月，济南市建立行政审批服务中心，设立55个办事窗口，将全市40个部门的305项审批事项纳入中心，实行“一门受理、并联审批、一口收费、限时办结”的一站式服务。市监察局起草、市政府下发《济南市行政审批中违纪行为行政处分暂行办法》。当年，行政审批中心受理行政审批项目11042件，办结10593件，办结率96.11%。

加大干部公开选拔、竞争上岗力度，完善考察、公示等制度。在公务员、选调生录用和军转干部、退伍军人安置方面，坚持“四公开一监督”(公开安置办法、考试考核成绩、安置计划、安置去向，纪委监察部门全程监督)，促进公平公正。加强市级资金结算中心集中统一管理，推动政府资金管理制度改革向县(市)区延伸，有5个区实行资金统一管理、集中核算和工资福利集中发放。政府采购管理体制实现“管采分离”，建立社会监督员、采购预算管理等10项制度，全年完成采购额9.1亿元，节支率17.6%。

2009年，组织开展“行政效能建设年”活动，推进行政审批、干部人事、财政管理、行风和优化发展环境民主评议四项改革。编码管理94项行政审批事项，全面梳理审批流程，压减审批环节236个、申请材料681件和办理工作日1104个，审批时限压缩49.2%。规范处罚事项4326个。开展公推竞选领导干部综合试点，推行县(市)区常委会讨论决定干部票决制。改进行风和发展环境民主评议工作，实行市、县(市)区和乡镇(街道)评议工作一体化，组织重点参评部门通过媒体向社会报告整改情况，多方参评、多级互动、多维监督。督促全市70个政府部门建立完善政务公开平台，济南政府网跃升为全国地市级政府网站第7名。改进政府采购监督方式，建立分段式采购、律师见证制度，推行电子化管理。制定《关于运用现代科技手段预防腐败的实施意见》，扎实开展科技防腐的各项工作。组织召开构筑惩治预防体系、打造廉洁高效济南经验交流会，总结推广典型经验。查处“小金库”资金1400余万元。严格执行党风廉政建设责任制，一票否决64个部门和个人评先树优资格。

2010年6月～12月，市委、市政府部署安排、市纪委落实督促，在全市组织开展反腐倡廉“制度创新年”活动。市委、市政府健全领导体制和工作机制，制定活动实施方案，明确指导思想、目标要求，细化任务分工。整个活动分动员部署、创新制度、检查总结三个阶段进行。各级各部门按照“建立健全惩防体系各项制度、制约和监督权力、提高制度执行力”的要求，结合实际，制订落实方案，细化目标要求，明确推进措施，全面开展反腐倡廉制度创新。市委制定《市委常委会任用干部票决制办法(试行)》，推行任用干部常委会票决制。制定《市委巡视工作实施办法(试行)》，进一步明确巡视机构设置、职责，规范工作程序。完善领导干部廉洁自律制度，印发《市纪委、市监察局关于严格禁止领导干部大办婚丧喜庆事宜和借机敛财的暂行规定》。推进派驻工作规范化，制定《派驻机构干部管理工作暂行办法》《派驻机构业务工作管理暂行办法》等13件法规制度。研究制定《关于在科学发展综合考核中反腐倡廉指标扣分暂行办法》，将落实党风廉政建设责任制工作情况量化细化，对县(市)区和市直部门领导班子及市管干部落实责任制工作情况进行考核。全市各级各部门共制定反腐倡廉法规制度230件，废止184项。

二、监督检查收支两条线和预算外资金管理

1994年，市纪委加强对县乡预算外资金、乡统筹费管理使用和现金管理工作的监督检查。全市共立项监察25项，检查单位2577个，检查资金3.58亿元，查出违纪金额1598万元，挽回损失1579万元；发现案件线索25件，立案21件，处分违纪人员12人。1996年，市纪委以遏制滥收滥支为重点，抓预算外资金的清理。共检查单位920个，查出违纪违规资金2.08亿元。

1997年，按照国务院和省政府要求，市监察局会同财政、审计等部门组成69个检查小组，对公安、工商、民政等部门和有关行业的预算外资金进行检查，共查处各类违纪资金21156万元。1998年，全市纪检监察机关检查公、检、法、工商4部门落实“收支两条线”规定和政法机关不再从事经商活动决定的情况，督促4部门上缴行政性收费5484万元；查处公、检、法、工商4部门擅自扩大收费标准4项，责令废止自立收费项目6项，撤销银行账户62个，收回资金798万元。1999年，济南市行政事业性执收和执罚部门全部实行“收支两条线”管理。

1999年7月，市纪委、监察局制定《关于对违反行政事业性收费和罚没收入收支两条线管理规定行为的党纪政纪处分办法(试行)》，加强对行政事业性收费和罚没收入的管理。此后，不断加大对“收支两条线”管理的监督检查力度。2000年，共检查单位546个，查处违法违纪资金1404.2万元，纠正、退还违纪资金1065.5万元，查处违反“收支两条线”规定的案件6件。2001年，“收支两条线”规定延伸执行到乡镇、街道。2005年，对8个部门和单位的财务收支情况，进行调账检查，查处各类违规违纪金额16548万元。

三、监督政府采购

1998年，全市纪检监察机关围绕政府采购等49个项目开展监察。全年共检查2084个单位，查出违纪金额1.27亿元，纠正、退回违纪违法金额8225.78万元，挽回经济损失1503万元；做出监察决定14个；查处违纪案件58件，47人受到党纪政纪处分，12人被移送司法机关处理。

1999年，监督政府采购开标30次，预算金额4697万余元，中标金额3745万余元，节约资金952万余元。

2000年，市政府制定《政府采购管理办法》，加强对财政支出的管理。市和县(市)区两级都实行采购办公室和采购中心分设，至2002年，市县两级三年间实现采购金额2.16亿元，比预算节约资金3055万元。

2003年，市纪委、监察局督促、协助有关部门建立健全11项制度，进一步强化政府采购工作。当年全市完成采购3.43亿元，节约资金3892万余元。

2005年，市纪委、监察局确定10家政府采购代理机构，政府采购实现管、办分离，采购采取公开招标、邀请招标、竞争性谈判等方式，当年政府采购节支率7%。

四、监督建设工程招投标、药品流通改革、土地拍卖

2000年，市政府成立由分管市长任主任的有形建筑市场管理委员会，并制定监督管理办法。市纪委、监察局抓监督管理办法的落实，当年全市50万元以上的工程公开招标和邀请招标率达85%以上，公开招标工程建筑面积达400多万平方米。

2001年，济南市积极推进药品生产流通体

制改革，对药品实行集中招标采购，降低药价1334万元。2002年，制定下发《关于进一步规范药品集中招标采购工作意见》，继续加大对药品生产流通秩序的整顿力度，全市有90家生产企业和经销企业的3293个药品品种，实行投标，让利450万元。同年，建立、健全经营性土地使用权出让招标拍卖、建设工程项目公开招投标、政府采购和产权交易进入市场四项制度；建立济南建设信息网，实行网上公开招投标。2003年，市纪委、监察局加强对重点工程建设的监督。在济南市的东区、西区和城区三个工程指挥部，分别设立监督检查办公室；制定重点工程建设项目监督、招标投标监督和工作人员廉洁勤政行为规范，以及责任追究等10项措施，严厉查处1起破坏发展环境的案件。

2004年，为加强对国土专项资金的管理，市纪委、监察局全过程参与对“招、拍、挂”活动的监督，保证政府土地收益足额及时入库。全市经营性用地全部实行“招、拍、挂”出让。全年共出让土地34宗，面积134.72公顷，出让总价款19.8亿元，政府纯收益7.17亿元。2005年，全年参加监督建设工程招标134次，中标金额29亿元，对不按规范招标的3家单位进行查处；组织开展土地资源专项监督检查。

2006年，发挥市场资源配置作用，不断加强全市建设工程招标投标管理，建筑市场秩序逐步规范；在经营性土地使用权招标出让方面，公开出让土地95宗，面积717.79公顷，出让金额79.80亿元，政府实现纯收益35.76亿元；在产权交易方面，全面推进产权交易入场制度；政府采购范围不断扩大，全年完成采购金额9.65亿元，节支1.34亿元，节支率12.19%。

五、实施政府资金管理制度改革

2005年，济南市对政府资金实行统一管理。按照资金的分配权归政府财政，使用权归主管部门，监督权归政府资金结算中心的原则，对市属241个机关和全额拨款事业单位的资金账户进行清理，并纳入政府资金结算中心实行统一核算。纳入市资金结算中心管理的单位，全年支出公用经费4.5亿元，同比减少7300多万元，减幅16.2%；市资金结算中心全年拒付违规支出2289万多元。同时，按照公开透明、阳光操作的原则改革分配制度，对市级机关(事业)单位补贴实行统一政策、统一标准、统一发放。按照明晰产权、理顺体制、优化配置、加强监督的原则，对市级机关和事业单位的资产管理制度进行改革。市纪委、监察局先后制定下发7个严明纪律的通知，建立政府资金结算特殊事项审议制度，加强对市政府资金结算中心运作情况的监督，推动改革的顺利进行；协调有关部门开展审计，重点查处市气象局在资金管理制度改革中，顶风违纪乱发钱物问题。

2006年，在巩固资金管理改革成果的基础上，深化专项资金管理，将18个部门的资金结算和会计核算移交政府资金结算中心；同时资金结算改革向县区延伸，县区资金结算中心对本级和市以上拨入的资金实行集中结算、统一核算。该做法得到中共中央政治局常委、中央纪委书记吴官正的肯定，全国各新闻媒体进行宣传报道。

六、推行政务公开、村务公开、厂务公开

1990年，全市各县区、局(公司)建立“两公开一监督”制度，公开办事制度、公开办事结果，依靠群众监督。此后，这一制度在全市各级各部门逐步完善。1995年，在农村推广章丘市高官寨乡加强农村财务管理的经验，全市有63%的乡镇实行“村账乡管，财务公开”。

1999年5月，市纪委与有关部门联合印发《关于在全市推行厂务公开制度的实施意见》。济南市村务、厂务公开由点到面逐步展开。2000年，全市各级党委、政府把政务公开作为推动依法行政、加强廉政建设、转变工作作风的重要举措，市政府职能部门和县(市)区

政府、乡镇开展政务公开工作，农村普遍推行“村账乡(镇)管”。市政府成立政务公开领导小组，统一领导全市政务公开工作。7月，制定下发《关于全市政府机关实行政务公开的意见》和《全市乡镇政务公开实施意见》；编印《政务公开资料汇编》下发到各级政府和职能部门；先后总结推广章丘市、槐荫区、章丘市明水镇和枣园镇4个政务公开典型。全市共设立政务公开栏4224个，设立政务公开电话1838部，接待反映政务公开问题的信访913件次，处结率在90%以上。2001年，全市有53个政府部门推行政务公开；20多个与群众和企业密切相关的部门实行承诺服务制；10个县(市)区政府将年度工作计划、改革措施、规范性文件制定、财政收支、政府采购、重点工程建设招投标等重点内容进行公开；槐荫区、天桥区、济阳县、历下区、历城区先后建立政务大厅。全市149个乡镇(街道)以财务公开为重点，在年度财政收支、各税费的收缴与管理、农民负担、工程承发包、集体企业拍卖承包等重要事项上实行公开。全市90%以上的国有企业和国有控股企业实行厂务公开；多数村实行财务、宅基地审批、提留等公开。

2002年1月，市委、市政府举行政务公开工作经验交流会，印发《市政府关于进一步深化政务公开工作的意见》，进一步明确深化政务公开的目标、重点、内容，健全政务公开的监督保障机制。当年，市纪委、监察局对市计委、市经委、市建委等单位开展政务公开工作的情况，进行重点督查。2003年，市监察局市政府起草《济南市政务信息公开办法》。2004年10月1日，《济南市政务信息公开办法》正式实施。

七、检查督促重大决策的贯彻落实

2007年，全市各级纪检监察机关围绕市委、市政府贯彻落实科学发展观的重大决策，充分发挥纪检监察职能，强化监督检查，大力优化发展环境。围绕迎接第十一届全运会，加强城市规划建设管理，下发《关于加强纪律监督检查保证依法整治违法违章建设顺利进行的通知》，严格纪律，保证各项工作的开展；围绕推进工业经济和服务行业发展，制定《关于加强涉企纪律监督保障我市工业经济又好又快发展的意见》，规范党政机关工作人员涉企行政行为；制定政府投资工程建设项目监督工作流程，加强对重点工程招投标、拆迁、资金管理拨付等重要环节的监督。同时，加大对土地市场治理整顿的执法监察力度，对新增建设用地进行全面清理，追究55名违法用地责任人的党纪政纪责任。在全省整顿规范建筑市场秩序工作会议上，济南市介绍构建重点工程廉政建设体系的做法。

2008年四川汶川特大地震发生后，中央纪委要求各级纪检监察机关加强监督检查，确保救灾款物真正用于灾后重建和受灾群众。市纪委、监察局组织协调，参与制定济南市《抗震救灾资金物资管理暂行办法》，在全省率先向灾区派出审计监察机构，对全市抗震救灾资金、物资筹集使用进行无缝隙监管。围绕筹办全国第十一届运动会的170项建设工程和综合整治项目，制定招标投标监督程序、工作人员廉洁自律十不准和廉政建设联席会议制度，对招标投标、征地拆迁、资金拨付各个环节实行全过程监督，招投标投诉量下降近30%；加大安全生产责任事故调查处理力度，对奥体中心火灾事故相关责任人追究责任，督促排除事故隐患，落实监管措施。加强对土地宏观调控政策落实情况的监督检查，督促有关单位按政策兑现征地补偿安置费3.4亿元，追究违法用地责任人28名。强化对社保基金、住房公积金和扶贫救灾专项资金的监管，查处个别单位骗取扶贫资金、违规建立农保基金问题，纠正违规资金500余万元，5名责任人受到党纪政纪处理。对中央扩大内需、节能减排、环境保护等政策法规落实情况开展督查，对发现的突出问题提出监察建议。

2009年，检查中央投资新增的194个项目、13.6亿元资金落实情况，通报13个单位在投资安排、项目管理、资金使用等方面存在的40个问题，督促整改到位。监督检查宏观调控、节能减排等政策措施落实情况，给予33名非法占地责任人党纪政纪处分，挂牌督办和通报批评28家排污企业。围绕筹办全运会的170个重点项目，建立责任落实、跟踪督查、风险防范等制度。迎全运城市环境综合整治监察考评，坚持一周一例会、一月三调度、一月一通报点评，发现和纠正突出问题370余个。参与整治违法违章建设，查处严重违规建设项目32个，问责和通报14名责任人。严格监管济南市援川资金、物资。监督检查园博会筹备和运行情况。加强全运会期间济南赛区的纪检监察工作，市纪委监察局被评为全运会筹办工作先进单位。

2010年，检查督促节能减排和环境保护、保障和改善民生等中央、省、市重大决策的落实，加强责任分解、跟踪督察、风险防范。检查督促规范和节约用地政策措施的落实，清查违法用地89宗，给予30名非法占地责任人党纪政纪处分。专项检查2009年全市38.6亿元拆迁补偿资金落实情况，责令未落实补偿的7780万元限期整改到位。专项治理工程建设领域突出问题，排查工程建设项目587个，整改问题880个。督促依法整治违法违章建设，推动全市拆除违法违章建筑5731处，面积101.9万平方米。围绕落实中央和省市扩内需促增长政策，全年组织6轮集中检查，检查项目264个，发现问题203个，通报突出问题73个。

八、惩治与预防腐败体系建设

市委高度重视惩防体系建设工作，市纪委加强组织协调，代市委起草惩防体系建设《市直单位任务分工推进时间表》；组织召开经验交流会，定期编发简报，总结推广经验；强化调度检查，督导工作落实；以创新推动工作开展，代市委、市政府起草《关于在全市开展廉政风险防范管理工作的实施意见(试行)》，加强廉政风险防范管理。济南市“强化措施、狠抓落实，深入推进惩防体系建设”的做法，在全国反腐倡廉建设创新经验交流会上作书面发言，中央纪委惩防办编发2期专刊，省委办公厅向全省作推介，省纪委主要领导作批示。2010年10月25日，中央纪委副书记黄树贤在济南视察期间，对济南市反腐倡廉工作给予高度评价。

2008年，市纪委组织起草《关于构筑惩治预防体系、打造廉洁高效济南的意见》，经市委审议后下发。该意见提出用5年时间，在全市集中开展廉政文化建设、体制制度创新、监督制约强化、不正之风治理、发展环境优化、滥权必究惩治“六大工程”。为抓好意见落实，成立以市委书记焉荣竹为组长的领导小组，建立市直部门联席会议制度和专门工作班子；召开全市大会进行动员部署；制定任务分解方案，将97项任务落实到36个牵头和43个协办部门；《济南日报》全文刊发市委意见和“任务分解方案”，对“六大工程”进行专题解读。市纪委深入重点部门进行督促检查；通过《工作简报》和新闻媒体推广好的做法30余个。同时，在泉城广场等重要公共场所设立15个大型廉政公益广告，在2200多辆出租车上设立廉政电子广告，在全市形成廉洁高效、科学发展的浓厚氛围。

2010年，开展科技防腐工作，运用现有网络和现代信息技术，以电子化形式监察市、县(市)区两级行政审批、行政执法、公共资源交易等。市县两级党委政府统一领导、纪检监察机关组织协调、责任单位积极参与。制定《关于运用现代科技手段预防腐败工作的实施意见》和指导方案，建立实施每周例会、定期报告、检查考核和信息通报制度。各单位业务系统与电子监察系统统筹推进，业务流程梳理和软件统一研发，已有业务系统按照标准升级改造，各子系统的监察点和监察流程统一设计，保证电子监察系统和业务系统的紧密对接和镶入。建立行政审批、行政处罚事项数据库，更新和完善行政执法人员数据库，编制各部门行政处罚业务流程图。截至年底，公共资金监管业务系统和电子监察系统试运行；行政审批业务系统和电子监察系统模拟运行，涵盖36个部门的170小项审批事项、67项服务事项；公共资源交易业务系统正式运行；反腐舆情、廉政教育纪检监察内部网络等业务系统初步运行。

九、治理商业贿赂

2006年，全市各级纪检监察机关按照中央和省市部署要求，采取有力措施，全面展开自查自纠，督促检查不正当交易行为。各级各部门成立领导机构，制订实施方案。1899个单位围绕工程建设、土地出让、产权交易、医药购销、政府采购、资源开发和经销等六个重点领域进行自查自纠，针对自查中发现的问题制定整改措施1372条，收缴财物91.58万元。严肃查处商业贿赂案件。努力拓宽投诉举报渠道，积极排查线索，强化办案手段，严肃查处党员干部利用职权参与或干预企业事业单位经营活动，谋取非法利益、索贿受贿的行为，查办商业贿赂案件118起，挽回经济损失2490.82万元。稳步推进防治商业贿赂长效机制建设。各级各部门、各行业结合廉政文化建设，广泛开展“守法诚信、优质服务”教育活动，打造健康的商业文化；查找薄弱环节，完善规章制度，制定从业人员行为准则和职业规范，加强对经营管理、财务销售等重点人员的监督。

2007年，在突出抓好工程建设、土地出让、产权交易、医药购销、政府采购、资源开发和经销六个重点领域及出版发行、体育、质检、环保等重点行业的同时，对不正当交易行为进行专项检查。组织协调检察、公安、工商等部门，共查办商业贿赂案件181起，挽回经济损失3425.82万元，涉及国家公务员的35件，其中涉及厅级干部4人、处级干部9人、科以下干部18人。在全省治理商业贿赂工作座谈会上，济南市介绍推动治理商业贿赂专项工作向纵深发展的做法。

2008年，围绕容易发生商业贿赂案件的重点领域和关键环节，组织协调检察、公安、工商等部门，认真排查案件线索，全年查处商业贿赂案件69起，挽回经济损失826万元。

第七节　机　构

1983年8月，中共济南市第四次代表大会选举产生中共济南市纪律检查委员会，为市级领导机关，在中共济南市委和中共山东省纪律检查委员会双重领导下进行工作，任期与中共济南市委相同。

1987年12月，济南市监察局成立。1988年1月正式对外办公，内设办公室、调研室、人事教育处、信访处、案件审理处、第一监察处、第二监察处、第三监察处。

1988年12月，市纪委、市委组织部联合印发《关于贯彻执行中纪发〔1988〕8号和鲁纪发〔1988〕26号文件的通知》，规定市纪委的处改设室；室设主任1人，一般配备市副局级干部；副主任1人，一般配备市正处级干部；市纪委机关一般按干部编制人数的10%和25%的比例，分别配备市副局级和市正、副处级纪律检查员。

1993年4月，市纪委、市监察机关合署办公。合署后内设办公厅、研究室、干部管理室(内设老干部处)、宣传教育室、案件审理室(内设政策法规处)、信访室(举报中心)、党风廉政建设室、执法监察室、第一纪检监察室、第二纪检监察室、第三纪检监察室、企业纪检监察室，共12个室、厅，在职人员98人。

1995年3月，增设监察综合室，市纪委内设机构增加到13个室、厅。

1996年，在市级机构改革中，市纪委、监察局进一步改革职能配置、机关内设机构和人员编制，实行一套工作机构、两个机关名称的体制；设办公厅、监察综合室、研究室、干部室、宣传教育室、案件审理室、政策法规室、信访室(济南市国家行政机关工作人员违法违纪举报中心)、党风廉政建设室(市政府纠正行业不正之风办公室)、执法监察室、第一案件检查室、第二案件检查室、企业纪检监察室13个室、厅和离退休干部工作处；行政编制96人，离退休干部工作人员编制3人，工勤人员编制11人，机关编制总额110人。同年，建立济南市纪检监察干部培训中心。

2001年，市纪委、监察局撤销政策法规室，增设济南市人民政府纠正部门和行业不正之风办公室(市纪委、市监察局纠风室)，企业纪检监察室更名为第三案件检查室。2004年，增设政策法规室和济南市发展环境投诉中心，增加行政编制6人。同年，市委从市纪委抽调部分人员参与组成巡视组，所抽调人员仍在市纪委列编，市纪委机关为此增加行政编制4人。2008年，增设案件监督管理室、案件申诉复查室。

2009年，根据中央对纪检监察机关统一管理派驻机构的新部署，市委下发《关于对市纪委市监察局派驻机构实行统一管理的实施意见》。本着“既敢于监督，又便于监督”的原则，整合市直部门(单位)纪检监察机构，组成5个归口派驻纪检监察机构、25个个别派驻派出纪检监察机构。5个归口派驻机构负责监督检查47个市直部门(单位)的纪检监察工作，25个个别派驻机构监督检查驻在部门(单位)的纪检监察工作。派驻机构单独配编。其主要职责是，积极受理举报，参与查处违纪违法案件，协助部门(单位)党政领导班子组织协调反腐倡廉工作，定期或不定期对部门(单位)领导班子及领导干部廉洁从政、落实党风廉政建设责任制、选拔任用干部等情况进行检查。派驻机构由市纪委、市监察局和驻在部门(单位)双重领导改为由市纪委、市监察局直接领导，其负责人定期向市纪委、市监察局述职述廉，重要情况和问题直接向市纪委、市监察局请示、报告。

2010年，市委设立巡视工作办公室，为市委巡视机构的日常办事机构，同时作为市纪委的内部机构，负责巡视工作的综合协调、政策调研、制度建设等工作。至年底，市纪委、监察局机关：内设18个厅(室)，1个机关党委、1个离退休干部工作处、1个廉政教育中心(事业)、1个信息中心(事业)；5个归口派驻机构、29个个别派驻机构；编制总额253人。

第四章 党务综合协调

第一节 公文办理

一、办理机构

1987年前，市委文件工作由市委办公室秘书科具体负责。1987年，市委办公室改为市委办公厅，市委办公室秘书科改为市委办公厅秘书处。1989年7月，市委办公厅增设文书处。市委文件工作由秘书处、文书处共同承担。1990年10月，市委办公厅秘书处、文书处分别更名为秘书一处、秘书二处，共同承担市委文件工作。1996年，根据市编办济编发〔1996〕139号文件精神，明确秘书二处职责为：负责中央和省、市委文件的收发、登记、传递和清退、归档、销毁；市委机关文印工作；市委机关报刊、信函等材料的征订和分发；指导全市党委系统的文件管理工作。2008年，上级来文办理及县(市)区委、市直各部门党委(党组)向市委的报告及请示件的办理和市委、市委办公厅文件的校核、编号、送签等工作由秘书一处移交秘书二处。

二、工作开展

1986～2010年，紧紧围绕市委中心工作，不断强化服务意识，“三服务”工作水平不断提高，较好地完成各项工作任务。

规范和强化公文处理。在文稿审核过程中，坚持严把“六关”(政治关、政策法规关、事实关、文字关、语言关、程序关)，确保公文制发质量。严格执行省委、市委关于切实改进文件工作的有关规定，有效控制发文数量。实行简报备案制度，从严控制简报数量。年均处理中央文件100余件、1万余份，省委文件300余件、4万余份，印制市委各类重要文件400余件、10万余份，均做到准确、及时，不失密泄密、不错登漏登、不误时误事，确保公文运转高效畅通。年均审核印发市委、市委办公厅文件150余件、60万字；办理上级来文、下级请示、报告150余件，均做到规范、严谨、准时、高效。在文件分发和清退工作中，严格遵守保密规定，连续多年省级以上涉密文件清退率保持100%。扎实做好全市中共机关文件改版工作，积极推进电子文件管理工作。

严格做好档案管理工作。始终坚持高标准、高质量，努力做好档案收集、整理、立卷、保管、利用等各项工作。完成市委及市委办公厅1985～2008年的档案整理工作，并按时移交市档案局(馆)。做好市委文件汇编工作，高标准为市委领导、市直部门、基层和群众提供档案服务，连续多年被评为“全市档案工作先进集体”。

扎实做好机要交通工作。严格执行机要交通工作有关制度规定，对各类文件和信函做到按规定时间传递，急件急送，未出现任何失误和延时压扣问题。文件传递过程中严格遵守保密条例和相关制度，严格执行签收手续，年均传递秘密以上级别文件3000余件，公函、平件1万余件，做到件件有登记，份份有着落，未发生文件、信函被盗及丢失问题。

完成好报刊征订及收发工作。认真做好市委领导及办公厅机关各处室的报刊征订、收发工作。年均征订、收发各类报刊、杂志60余种、3万余份(本)，分发各类信件2万余件，挂号信1500余件，确保不误时、不误事。做好党委办公厅有关刊物的征订和学刊用刊工作，因《中办通讯》征订学用工作成绩突出，济南市连续多年被中央办公厅秘书局和省委办公厅评为先进通联分部并获一等奖。《秘书工作》征订保持稳中有升，连续在全省名列前茅。

三、制度建设

1986～2010年，按照公文处理规范化、制度化、科学化、的要求，着重加强公文处理规范化建设。先后制定《市委办公厅公文处理工作规范》《公文管理工作细则》《公文办理工作细则》《收发工作细则》《档案管理工作细则》《机要交通工作细则》等工作制度，不断完善绝密(省军级)文件阅文单以及市委文件会签、校核、加印等工作规范，公文处理规范化水平不断提高。加强对全市党委系统公文处理工作的检查、指导，对各县(市)区、部门单位进行业务培训，促进全市党委系统公文处理工作水平的整体提升。

第二节　信息工作

一、工作机构

济南市委信息工作始于1984年8月，当时隶属于中共济南市委研究室，名称为中共济南市委研究室四科，是全国党委系统开展信息工作较早的单位之一。1986年2月，经市委批准，成立中共济南市委信息处，划归中共济南市委办公室领导，享受县级单位待遇。1987年2月，中共济南市委办公室改为中共济南市委办公厅，中共济南市委信息处改为中共济南市委办公厅信息处。工作职责是：落实中央、省委关于党委信息报送工作的有关规定，开展向中央办公厅、省委办公厅的信息报送工作；围绕市委中心工作和阶段性工作部署，及时、准确、全面地收集、编辑信息，编发信息刊物，为市委领导提供信息服务；组织开展信息调研，开发高层次信息；负责全市与中办计算机网络联网、信息发送、网络终端维护和资料管理；建立健全全市党委系统信息网络，加强信息工作队伍建设，指导全市党委系统信息工作。

二、工作开展

1986～2010年，围绕市委中心工作，不断强化政治意识、创新意识、精品意识和服务意识，注重党委信息内部性、严肃性和权威性，时刻关注大局，认真研究大局，准确把握大局，全方位、多领域、深层次探索做好信息工作的规律和途径，较好地发挥参谋助手作用。

（一）对上报送信息。1984年12月开始向省委报送信息；1986年被中央办公厅确定为中办信息直报点，每日向中办报送信息。按照中央办公厅、省委办公厅有关报送信息工作的规定要求，市委信息处不断加强和改进信息报送工作，坚持围绕中心，服务大局，喜忧兼报，每日向中办、省委办分别报送4条以上涉及全市的重要信息，信息报送工作始终走在全国、全省前列，中央办公厅、省委办公厅采用情况连续多年名列省内各市前茅，多次被评为“向中央办公厅报送信息工作先进单位”和“山东省委党委系统信息工作先进单位”，陈荣、王晔、岳绍红等被评为向中办报送信息先进个人。

（二）服务科学决策。随着形势任务发展，信息服务内容不断拓展。从开展信息工作之初的《济南信息》(1984年创办)、《每日新闻》(1985年1月1日创办，1989年3月22日改版为《每日信息》，2000年10月1日起内容由按条目改为按栏目出刊)，1998年增加《信息直呈》，至2010年，基本形成以《每日信息(本地版)》《每日信息(外地版)》《每日信息·工作情况交流》《每日信息·问题与建议》《每日信息·专家学者建言献策》《信息直呈》《媒体信息》等“七大板块”为主要服务内容的信息工作格局。

（三）突发、紧急信息报送。重点加强社会政治稳定、安全生产监管以及2008年北京奥运会等敏感时期信息的报送，及时处置突发、紧急信息，为维护省会稳定作出贡献。

（四）党委信息系统建设。信息网络建设上，全面实现与中央办公厅、省委办公厅和全市信息点的网络传输；信息机构建设上，各县(市)区分别设立信息科(室)，配备2～3名专职信息员，各委、办、局等有专人承担信息工作；信息激励机制建设上，做到每周一调度，每月一通报，每年一考核，年终评比表彰。

三、制度建设

1990年8月，制定并印发《济南市党委系统信息工作暂行规定》。1994年1月，制定并印发《中央济南市委办公厅关于进一步做好向中央、省委和市报送重要信息工作的通知》。2010年6月和8月，相继制定印发《中共济南市委办公厅关于加强紧急信息报送工作的规定》《中共济南市委办公厅关于加强紧急信息重要情况报送工作的补充规定》，为紧急信息报送工作提供重要依据。适应党委信息工作新形势、新任务的发展变化，进一步细化信息调度、筛选、编辑、报送、下发等各个环节要求，制定《信息处政治业务学习制度》，实行每周二下午政治学习和每周五信息业务学习两个长效学习制度；修订完善《信息处节假日及黄金周值班制度》《信息处信息通联制度》《信息处保密工作制度》《信息处信息值班工作制度》《信息处信息工作考核表彰制度》《信息处信息员培训制度》《信息处考勤及休假制度》，基本形成以制度、规范、细则及流程为主要内容的管理体系。

第三节　督查工作

一、工作机构

(一)机构沿革。1990年6月16日，市委办公厅督促检查处成立。1996年8月，更名为市委办公厅督查室，正处级单位，编制由5人增至8人。2001年5月24日，更名为中共济南市委督查室。同年7月20日，成立济南市全方位目标管理委员会，下设办公室，与市委督查室一个机构、两块牌子。明确市委督查室(全方位目标管理办公室)为正局级单位，列市委办公厅内设机构，下设4个处，行政编制22人，事业编制1人，其中领导职数配主任1人、副主任2人、处级职数8人。

(二)职能演变。1990年前，督查工作内容主要是专项查办，由市委办公厅秘书处专人负责，承办市委主要领导的批示交办事项。1990年，将决策督查纳入工作范围。1995年，济南市开始推行全方位目标管理，市委办公厅负责全市工作目标的制定、日常的督促检查、运行控制和综合协调，具体由督查处落实。2000年9月4日，七届市委第51次常委会议对进一步理顺全方位目标管理工作体制问题进行研究。根据这次会议精神，市委督查室(全方位目标管理办公室)成立，主要职责：负责全市全方位目标管理工作；负责中央和省、市委重大决策和重要会议、文件及工作部署贯彻落实的督促检查和情况反馈工作；负责中央和省、市委及上级领导机关领导指示交办事项的查办落实工作；指导全市党委系统督查工作；完成市委及市委领导交办的其他事项。2009年2月6日，九届市委第71次常委扩大会议决定，市委督查室不再承担全方位目标管理工作。

2005年起，市委督查室负责市级党群部门承办的市政协提案的督办工作。2006年起，负责市级党群部门承办的市人大代表建议的督办工作。2007年起，负责每年两次向99家中央、省和部队驻济南单位征求意见并督促办理。

二、工作开展

(一)决策督查。市委督查室围绕市委中心工作，抓住督查立项、实施、反馈等各个环节，相继提出强化“四个结合”(决策督查与专项查办、催报督查与实地督查、综合分析与督查调研、综合协调与督办落实结相合)，建立“五个一”(围绕一个中心——市委中心工作，抓住一个关键——提高工作质量和效率，强化一个方式——搞好督查调研，追求一个目标——“三服务三满意”，夯实一个基础——提高督查干部服务科学决策水平)工作模式、构建大督查格局等工作思路，全力抓好中央和省、市委决策部署的督查落实工作。每年年初依据市委常委会当年工作要点和市委一系列工作部署，制定年度督查工作计划，把市委全年工作部署分解成若干项重点工作，分别落实到各县(市)区和市直有关部门；同时，根据每项工作目标的具体要求、进度计划和阶段特点等，确定相应的督查方式，逐项安排到全年的不同月份。对一些阶段性重要工作部署，按照领导要求及时分解立项，明确责任单位和落实时限，跟上搞好督查落实，确保工作有序推进。对领导关注、群众关心的热点问题和推进不力的难点问题，及时开展督查活动。同时，按照突出“大”(重大决策、重要工作部署的贯彻落实)、“特”(具有本地特色的工作思路、措施和经验方法)、“深”(努力发现和反映影响改革、发展和稳定大局的深层次问题)、“准”(对准上级督查部门的要求，对准领导急需了解的问题)的思路，认真做好向上级报送督查专报工作，积极向各级领导反馈各项决策部署在基层的落实情况。2001～2010年，先后开展决策督查工作820多项，形成督查专报1400多期；共编辑报省专报420期，被采用279期，上报量和采用量均居全省各市前列。

(二)专项查办。专项查办工作严格落实“批则必查，查则必清，清则必办，办则必果”的工作要求，不断规范程序，健全机制，提高领导批示交办事项办理质量，做到事事有回音，件件有落实。2001年市委督查室成立后，由过去一人专管变为一个处专门负责查办工作。查办工作中，坚持“快、准、实”的办理原则。“快”，即当天接到领导批示件，当天提出转办意见，当天转送有关领导和相关部门具体办理，并及时调度办理情况反馈市委领导。“准”，即接领导批示件后要深刻领会领导批示精神，准确提出转办意见，准确确定相关办理单位。“实”，即办理单位报送的办理情况要真实可靠，特别是涉及重大事项和重要事件的办理，要深入现场进行实地查看，确保报送情况真实无误后再向领导进行反馈。同时，坚持实事求是，有喜报喜，有忧报忧，不主观臆断；坚持秉公办事，客观看待问题，不带个人倾向，并通过严格审核、复核等办法，确保批示交办事项办理质量。2006～2010年，共办理各级领导批件1580件，形成办理情况反馈606期。

(三)目标管理。1995年开始，济南市围绕“增强省会意识，争创一流成绩”目标要求，在全市推行全方位目标管理工作，围绕工作目标的制定分解、运行监控、考核奖惩等一系列环节，建立全员参加、全程管理、全面负责的全方位管理机制，要求把全市和各部门、各单位一定时期两个文明建设的总体目标、重点工作、重大项目，量化分解到各级领导班子和每个干部，通过日常运行监控和综合考核评价，促进各项工作目标的落实和完成。市委、市政府成立市全方位目标管理委员会，市委督查室挂市全方位目标管理委员会办公室牌子，具体负责目标考核方案的制订、组织实施等工作；各县(市)区也建立起相应的机构。每年年初，市委、市政府编制《济南市及各县(市)区、市直各部门年度工作目标》，统揽全市各项工作。各级各部门采取自我督查监控、分级督查监控、阶段督查监控和重点督查监控等方式方法，对目标运行过程中的各个阶段进行督查监控；市委督查室每月每季对全市经济运行情况进行通报分析，各部门各单位也对本系统本单位目标完成情况进行定期检查通报；对年初确定的重点工作和项目进行专项督查和跟踪监控。每年底，市委、市政府对年初确定的目标任务完成情况进行考核，对各部门各单位工作及领导干部实绩进行客观评价，确定各部门和领导干部的等次。把考核结果作为调整领导班子和任用干部的重要依据，对实绩较差或不胜任现职的提出批评、调整或诫勉，必要时采取降职、免职、责令降职等组织处理措施。

三、制度建设

市委督查室按照上级要求，通过下发文件、召开会议、完善制度等方式，不断探索新的工作思路，改进方式方法，逐步走上科学化、规范化发展道路。按照中共中央办公厅秘书局发出的《关于开展查办工作的通知》，1990年11月，根据全国党委系统秘书长座谈会精神，市委办公厅印发《济南市党委系统秘书部门督促检查工作暂行规定》，对督查工作的性质、指导思想、基本原则、工作任务、方式程序、机构网络、组织领导、业务建设、队伍建设等作出具体规定。1992年3月，市委办公厅印发《关于1992年全市党委系统督促检查工作目标管理百分考核办法(试行)》，加强对督促检查工作的激励约束。1994年4月，市委办公厅组织召开全市党委系统督查工作理论研讨会，围绕督查工作在党委工作中的地位、特点及作用，如何突出工作重点、增强督查力度等问题进行探讨交流。1995年6月，市委办公厅印发《关于贯彻中办厅字〔1995〕18号文件和省委办厅字〔1995〕5号文件的通知》，就专项查办工作要加快查办速度，提高办结质量提出要求。1996年，全国党委系统秘书长、办公厅主任座谈会就新形势下督查工作的指导思想、主要内容、方式方法和队伍建设等提出明确要求。2000年2月，按照中央办公厅《关于进一步加强督促检查工作的意见》、省委办公厅《关于进一步强化督促检查狠抓落实的意见》要求，市委办公厅印发《关于进一步强化督促检查工作的意见》，提出进一步加强督促检查狠抓工作落实的措施办法。

2001年市委督查室成立后，制定《济南市党委办公厅(室)督查工作细则》，对督查工作的指导思想、工作原则、工作任务、工作方法、工作程序、业务建设、组织领导等作出明确规定。同时，制定会议制度、公文处理制度、保密制度等工作制度，细化各项工作流程。2001年9月，市委召开全市督查暨全方位目标管理工作会议，就如何充分发挥督促检查与全方位目标管理作用，进一步加大推动党委决策落实力度进行部署。市委领导在讲话中代表市委赋予市委督查室巡视检查、直接查办、组织协调、考核评议、直接汇报和发文通报六项权力。2002年8月，市委召开全市党委系统督查工作会议，要求各级党委督查部门要结合实际，深刻理解和充分发挥好督查工作的“总调度、总协调、总枢纽”作用。2006年，制定《市委督查室工作人员岗位职责》《县(市)区督查专报工作情况通报制度》和《市委督查室内部工作记实制度》。2007年2月，市委督查室创办《督查工作》内部刊物，成为全市党委督查系统交流工作的平台。6月，制定《中共济南市委办公厅关于专项查办工作暂行规定》，从指导思想、办理要求、方法程序、结果运用等方面作出规定。同时，在督查室内部试行《中共济南市委督查室专项查办工作程序》，改进完善办理手续，健全报送及时、催办有力、办结快速的运行机制。2008年，根据工作需要和自身制度建设情况，健全完善室务会议、工作记实、业务分析、基层联系点等工作制度，编辑形成《市委督查室工作规范》，不断促进各项工作的制度化、规范化。

第四节　接待工作

一、工作机构

1984年12月，成立市委办公室接待处。1986年4月，改建为市委接待处，隶属市委办公室领导(低半格)。1987年2月，市委办公室改为市委办公厅，市委接待处继续延用原有名称，正县级单位。1989年1月，撤销市委办公厅内设接待处，建立市委接待处，为副局级单位，由市委办公厅代管。1996年12月，《中共济南市委办公厅职能配置、内设机构和人员编制方案》规定，市委接待处为市委办公厅内设副局级单位。2004年12月起，市委接待处更名为市委接待办公室，隶属关系和建制级别不变。

二、工作开展

市委接待办成立后，紧紧围绕市委中心工作，坚持有利公务、勤俭节约原则，不断创新公务接待服务工作的思路、方法，自觉增强政治意识、大局意识、责任意识、服务意识，较好地履行了公务接待服务部门的职能作用。

(一)围绕党委中心工作，提高服务大局水平。牢固树立“围绕发展搞接待、搞好接待促发展”的接待服务理念，紧密围绕党委中心工作，从全市改革开放和经济社会发展的新实践、新要求出发，努力提高为大局服务水平。以高度政治责任感做好党和国家领导人在济南视察的接待服务工作。围绕全市经济社会发展大局，精心组织，周密安排，优质高效地做好到济南考察、投资的社会各界宾客的接待服务。

(二)注重服务细节，打造精品接待。不断创新思维方式，丰富公务接待服务内容，突出“精细化、人性化、亲情化”的要求，优化公务接待服务措施，提升公务接待服务效果。不断创新接待服务模式，增强接待服务效果；不断提高接待饮食水平，在勤俭节约的前提下，挖掘地方特有资源，体现地方特色；不断创新考察参观路线，制定精品线路，满足客人到济南的不同需求。

（三）加强协作配合，提升接待服务效果。加强与上级业务单位之间的协作配合，尽可能多的获取各类信息，有针对性的做好工作，确保重大接待活动准确、到位、合理、规范。加强与同级职能部门之间的协作配合，加强与有关部门特别是公安、园林、城管、交通和卫生等部门之间的协作与配合，不断优化接待服务环境，提升接待服务效果。加强与公务接待酒店之间的指导和配合，不断提高接待能力和服务水平，确保接待服务工作圆满完成。

2006～2010年间，共接待客人2371批、26280人。其中党和国家领导人103位，省部级领导408批次，外省市党政考察团70批；服务“市第九次党代会”“9·29省委常委扩大会议”等重要会议27次；保障第十一届全运会、山东文化创意产业博览交易会、中国(济南)国际信息技术博览会等大型活动12次；接待中央、省委各类督导组、巡视组等19批；随团服务市党政考察团和办公厅集体外出考察9次；承办“重要来宾预报表”416项，安排市委领导会见活动290余次。

三、制度建设

1986～2006年，市委完善制度体系，加强政务接待规范化建设。制定并根据形势发展不断完善接待服务工作规范，明确工作职责，细化接待流程。坚持以“快、精、细、严”为标准，从受领任务到勘察线路，从方案制定到落实执行，从信息反馈到各方面安排等环节，做到有章可循，按制度办事，切实把服务工作做实、做细、做好。为更好地规范党政机关公务接待工作，2007年3月，市委办公厅、市政府办公厅联合印发《关于进一步规范党政机关公务接待管理工作的实施意见》，赋予市委接待办“牵头协调把总”职能，各单位接待到济南考察或联系有关工作的正厅(局)级领导人员，需通过“重要来宾预报表”报给市委接待办，接待办逐级汇报给分管秘书长、办公厅主任、常委秘书长、市委书记，将市委书记意见反馈给呈报单位，并协助安排好相关接待活动。2008年，根据办公厅统一安排，结合接待工作职责，重新修订有关工作细则，包括公务接待工作细则、会务服务工作细则、重要来宾预报工作细则等。每个细则从工作标准和工作规范方面进行详细阐述，并绘制流程图，使每项工作开展都有章可循。

第五节 机 构

1987年2月，中共济南市委办公室改为中共济南市委办公厅，原有科室改为秘书处、政工保卫处、机要处、信息处、信访处、接待处、行政处、财务处、房管基建处、综合处、市委保密委员会办公室(归属市委办公厅管理，与其他处同级)。同年7月，撤销财务处，行政处下设膳食科、财务科、管理科，政保处更名为政工处，增设保卫处、区街工作处；建立济南市综合服务中心，为县级事业单位，对外挂“中共济南市委招待所”牌子，仍为一套工作机构。1988年11月，设立老干部处。1989年1月，撤销信访处、接待处，建立市委信访办公室、市委接待处，均为副局级单位，由市委办公厅代管；7月，增设文书处。

1990年3月，撤销机要处，建立市委机要局(副局级)，由市委办公厅代管，内设业务处、译电处、技术服务站(均为副处级)。5月，成立市保密局，为局级单位，由市委、市政府双重领导。撤销风华综合服务公司，成立市委第二招待所，为科级事业单位。6月，设立督促检查处。10月，秘书处、文书处更名为秘书一处、秘书二处。12月，市保密局内设秘书处、检查处。

1991年1月，市委机关第二招待所更名为市委办公厅接待服务室；12月，行政处下设车管科。1995年4月，撤销市委信访办公室、市政府信访办公室，成立中共济南市委、济南市人民政府信访局，规格为正局级。

1996年11月，市委、市政府信访局内设秘书处、一处、二处、调研处、联络处共5个职能处室；市委保密委员会办公室(市保密局)内设秘书宣教处、法规技术处共2个处室；12月，市委办公厅内设秘书一处、秘书二处、综合一处、综合二处、信息处、督查室、政工处、保卫处、离退休干部工作处、房管基建处、行政处(内设财务科、车管科)共11个职能处室，副局级单位2个：市委机要局(内设译电通信处、业务管理处、技术管理处)、市委接待处；组建市委机关后勤服务中心，为全额预算管理的处级事业单位。1997年，建立市委办公厅办公自动化服务中心、济南市保密技术中心，为全额预算管理的处级事业单位。

2001年5月，市委办公厅督查室更名为市委督查室。9月，市委办公厅内设综合一处、综合二处、秘书一处、秘书二处、信息处、组织人事处、保卫处、行政处、房管基建处、离退休干部工作处共10个职能处室；正局级单位2个：市委保密委员会办公室(市政府保密局)(内设秘书宣教处、法规技术处)、市委督查室(市全方位目标管理办公室)(内设一处、二处、三处、四处)；副局级单位2个：市委机要局(内设通信报务处、业务管理处、技术管理处)、市委接待处；撤销市委办公厅接待服务室。

2007年2月，增设维稳协调处。2008年4月，撤销维稳协调处，设立市维护社会稳定工作办公室，为市委办公厅内设副局级机构，下设综合信息处、协调指导处。

2009年2月，市委机要局加挂市密码管理局牌子，同时内部机构增设密码管理处，增配专职密码督查员。

第五章　政策研究

第一节　调查研究

一、政治建设研究

1986～1988年，完成《积极探索新形势下基层党组织建设的新路子——关于我市加强基层党组织建设情况的调查》《优化机制增强活力——对省会中心城市机构改革几个问题的思考》《我市工商企业开展四项基本原则正面教育的情况及进一步深化教育的几点建议》《从对33名党委书记的问卷调查看实行厂长(经理)负责制后企业党政关系的现状》《对部分企业政工机构及政工干部思想状况的调查》等20余篇调查报告。其中，《浅谈城市精神文明建设的主要途径——关于我市精神文明建设的调查》在全省精神文明建设理论讨论会上印发交流；《济南市“纵横弹跳”式改革的实践与思考》在全国省会城市第三次调研工作大会上印发交流。

1989年，完成《我市街道党建工作薄弱的状况值得重视》《加强根基建设发挥堡垒作用——对我市22个企业364个车间党支部情况的调查》等23篇调查报告。其中，《抓热点办实事加快廉政建设步伐——济南市廉政工作情况综述》《试论当前街道体制改革应注意的三个问题》分别在第四届全国省会城市政研工作会议和全国街道体制改革第五次探讨会上印发交流；《一个值得全社会关注的严峻问题——关于我市待学、待业青少年管理教育问题的调查》获全省党委研究室系统优秀调研成果奖。

1990～1992年，完成《治理整顿越深入越要加强思想政治工作》《坚持“三突出”的工作方针全面落实居委会各项任务——对槐荫区加强居委会建设情况的调查》等40篇调查报告。其中《推行配套典型工作法促进依法治理向深层次发展》《依法治理建设社会主义文明新村庄》获全省党委研究室系统优秀调研成果奖。

1993～1995年，完成《新时期加强农村基层党组织建设的重要举措》《培育和发展技术市场是振兴我市经济的重要途径——对我市技术市场的调查与建议》《济南市委坚持四个结合加强党的建设》《关于我市在文物保护和开发利用方面存在的问题与建议》等55篇调查报告。其中，《关于我市信息市场建设情况的调查与思考》被《科技日报》和《中国乡镇企业报》刊用；《关于浪潮集团科技兴起的调查与思考》被《经济参考报》刊用；《努力发挥思想政治工作优势为争创一流成绩提供精神动力——关于济南交警支队加强和改进思想政治工作情况的调查》《文明新风扑面来——我市加强精神文明建设情况综述》《关于发动全体市民参与制订〈济南市民行为规范〉的建议》《济南市委坚持四个结合加强党的建设》《山东酒精总厂靠技改实现大发展》4篇调查报告获全市党委系统优秀调研成果一等奖。

1996年，完成《论学习“济南交警”精神》《济南钟表厂扭亏为盈的经验》等33篇调查报告。其中，《对济南三株实业有限公司党建工作的调查与思考》被《学习与研究》《党建文汇》刊用，《构筑跨世纪的奠基工程——关于济南市中小学德育工作的调查》被《中国教育报》刊用，《关于山东水泥厂加强成本管理的调查与启示》被《经济管理》刊用，《济南市大兴调查研究之风》被《学习与研究》刊用；《章丘市实行村民代表议事会制度的做法值得总结推广》等4篇调查报告得到市主要领导批示；《论学习“济南交警”精神》等3篇调查报告获全市党委系统优秀调研成果特等奖；《加强职业道德建设的新举措——对济南市建设银行实行“三项承诺服务”的调查与思考》等5篇调查报告获全市党委系统优秀调研成果一等奖。

1997～1999年，完成《关于进一步加快我市外宣事业发展的几点建议》《关于加快落实我市市民“十不”行为规范的建议》《讲案学法：生动形象地进行普法教育的有效形式——对平阴县店子乡开展讲案学法活动的调查》等102篇调查报告。其中，《关于在全市党政机关开展“察民情、办实事、爱民为民服务”活动的建议》《广开学路育人才——关于济南市发展社会力量办学情况的调查》获全市党委系统优秀调研成果一等奖；《济南科技市场迅速崛起的几点启示》《历下区群众文化工作为何生机勃勃长盛不衰》《关于商河县开展“放心在教育”活动的调查》等9篇调查报告分别被《学习与研究》《光明日报》《经济参考报》《科技日报》等刊用。1998年，《关于市直下派干部帮助济阳、商河两县抓经济工作的情况和建议》等26篇调查报告分别得到省、市主要领导批示；《关于商河县开展“放心在教育”活动的调查》《济南市中小学实施素质教育的调查》《努力实践党的宗旨开创政法工作新局面——关于我市政法系统开展“创满意”活动的调查与思考》等被市委办公厅以文件形式转发；《关于济南市科技创新情况的报告》等3篇获全市党委系统优秀调研成果特等奖；《对机关人员分流的有益尝试——济阳县轮岗工作的情况调查》等10篇调查报告获全市党委系统优秀调研成果一等奖。

2000年，完成《论全面推进农村精神文明建设》《加强农村基层党组织建设的有益探索》等调查报告19篇。其中，《建立高新技术产业风险投资机制》被《学习与研究》刊用，获全市党委系统优秀调研成果一等奖。

2002年，完成《前屯居进行综合配套改革的经验值得推广》《关于推广前屯改革经验的建议》《我市计生系统实行“711”优质服务工程初现良好的社会效益和经济效益》等20篇调查报告。其中，《关于历下区加快教育发展的调查》《前屯居进行综合配套改革的经验值得推广》《“社区论坛”——居民自治一个行之有效的突破口》分别被《学习与研究》《中国党政干部论坛》《中国农村经济》《中国社会报》等刊用。

2004年，起草《济南日报》社论《坚定不移地实施人才强市战略》。同年，完成《关注困难群众生产生活进一步做好社会救助和农村扶贫工作》《科技局提出加快推进我市科技创新的对策措施》等13篇调查报告。其中，《走进泉城，品味泉韵》《农村宗族势力对村民自治权力的影响与对策》分别被《瞭望》《理论前沿》刊用。

2005年，完成调查报告13篇，其中，《市妇联大力推进妇女创业工作》《加强中、高考落榜生技能培训促进农村劳动力转移》《关于章丘市健全完善决策、执行、监督“三个体系”建设的调查》《以整治“背街小巷”为契机积极做好社区群众工作》《深化志愿服务促进社会和谐发展》《历下区开展社区矫正试点情况及对策建议》等10篇报告得到市主要领导批示。

2006年，完成《围绕新农村建设繁荣和发展农村文化》《积极探索加强监督的有效途径——关于我市开展巡视工作的调查》《坚持司法为民维护群众合法权益》《努力创建群众满意的新型社区——历城区祝甸社区深化社区服务做好群众工作的调查》《围绕中心履行职责加大从源头上预防腐败的力度》《济南市政法工作着力增强“五个能力”》《长清区马山镇实行“六步监督”促进民主管理》等调查报告。其中，《为新农村建设提供体制机制保障——对济阳县农村综合改革的调查》《天桥区桑梓店派出所夯实基础执法为民服务群众》《平阴县大力加强县乡村三级慈善体系建设推进城乡社会救助工作》《市妇联创建“阳光大姐”促进妇女就业创业》《造福群众的“民心工程”——平阴县推行新型农村合作医疗制度的调查》等，得到市委、市政协主要领导批示；《济南市政法工作着力增强“五个能力”》《积极探索加强监督的有效途径——关于我市开展巡视工作的调查》《为建设国际知名国内不可替代的重卡基地提供有力保障——关于中国重汽集团党建工作的调查》等，分别被新华社《高管专供》《大众日报》《山东通讯》等刊用。

2007年，《关于建立健全加快工作指导转变实现科学发展的考核体系和激励机制的调研报告》在市委理论学习中心组读书会印发；《用科学发展观指导地方立法》被《学习与研究》刊用，并获全省党委政研系统优秀调研成果一等奖和全省决策咨询优秀成果一等奖；《努力探索新形势下群众工作的新途径》《深化我市文化体制改革的调查与建议》获全省党委政研系统优秀调研成果二等奖和全省决策咨询优秀成果二等奖。

2008年，《济阳县化解农村矛盾纠纷的做法值得借鉴》《关于天桥区金牛居实施股份制改革的调查与思考》等调查报告。其中，《拓宽诉求表达渠道促进社会和谐稳定》被新华社《高管信息法制专供》《经济日报》等刊用；《关于槐荫区公推竞选领导干部的调研报告》《关于济南市实施泉城学者工程的调研报告》《关于天桥区推行党务公开的调研报告》等，分别被中央党校《党建导刊》《大众日报》《山东通讯》等刊用；《中国重汽集团在改革创新中跨越发展》《拓宽诉求表达渠道促进社会和谐稳定》获全省党委政研系统优秀调研成果一等奖，并被收入由省委政策研究室编辑的《省情研究报告》。

2009年，完成《槐荫区探索建立“以防为主、立体联动”的维稳体系》《在服务发展服务民生中充分发挥科协组织职能作用》《商河县贾庄镇推行村民代表联系户制度促进农村基层和谐稳定》等调查报告。其中《市工商系统以队伍建设提升监管服务》得到国家有关部门和省市委主要领导批示，被《经济日报》内参等刊用；《市民政系统“贴心民政”服务品牌惠及城乡百姓》《夯实基层基础工作维护社会和谐稳定》获全省党委政研系统优秀调研成果二等奖。

2010年，完成重大课题调研“关于进一步深化干部人事制度改革课题研究报告”，被《大众日报》《山东通讯》等刊用；完成《加强权力制约监督推进国企惩防体系建设》等调查报告；其中，《以强化服务推动创先争优——关于济南市公共交通总公司的调查与思考》得到市委、市政府、市人大主要领导批示，并被市创先争优活动领导小组文件转发，人民网、中央党校《党建导刊》等刊用；《关于发展济南夜经济的思考和建议》得到市委主要领导批示，《在科学发展中让群众得到更多实惠——关于济南市保障和改善民生的调查》被《学习与研究》等刊用；《关于济南市文化改革发展的调研报告》《关于济南市加强和改进老龄工作的调研报告》《关于济南裕兴化工公司改革发展的调研报告》等，分别被《中国文化报》《中国社会报》《山东通讯》等刊用。《围绕建设高素质干部队伍进一步深化干部人事制度改革》获全省优秀党建调研课题一等奖。

二、经济发展研究

1986～1988年，完成《改革内部机制增强企业活力——部分企业深化改革的调查》。1988年，与市委统战部联合就济南市私营企业发展现状展开调研，提出建立私营企业协会、强化企业管理等相关建议，并制定促进私营企业发展的优惠政策。

1991年，围绕组织实施八五计划和十年规划进行专项调研，撰写《创办专业市场是繁荣城区经济的重要途径——对天桥区发展第三产业的调查之一》《路正奶业兴——对济南市奶业生产发展情况的调查》《降低成本：提高经济效益的关键一招——济南钟表厂调查》等30篇经济调研报告，其中多篇获全市优秀调研成果奖。围绕如何提高经济效益，促进工业良性循环，撰写《济南工业企业效益滑坡的成因分析》，提出进一步开拓市场、增加技术投入、加快产品结构调整等对策建议。在实地考察的基础上，撰写全国十七个大中城市扩大对外开放深化改革动态系列调查报告，为加快全市各项建设起到借鉴作用。

1992～1995年，撰写《加快科技成果的转化是振兴我市经济的必由之路——对我市科技成果转化快的调查与建议》《重点突破 满盘皆活——历下区经济发展的基本思路》《“康巴丝”再现生机——对济南钟表厂走出困境的调查》等98篇经济调研报告，其中《加快经济发展的一条重要途径——关于我市引进外资嫁接改造老企业的调查》《济南童装厂何以问鼎天下——济南童装厂破“三铁”情况调查》等6篇分获全市党委系统优秀调研成果一等奖。

1996年，济南市被列入“优化资本结构”试点范围，国家有关部门先后制定涉及金融、财税、劳动等方面的文件，在详细解析试点政策的基础上，对如何用足用好这些政策，提出建设性意见。与市计委组成联合课题组，提出实施“优势膨胀、中心带动”战略，聚合和充分发挥区域比较优势，扬长避短，重点突破，构建全省制造业、商贸、金融、科教和交通信息五个中心，带动周边市地、鲁西地区、山东全省乃至黄淮海区域的经济发展。撰写《关于用足用好“优化资本结构”试点城市政策的几点建议》等28篇调研报告，其中3篇获全市优秀调研成果奖。

1997年，联合市一商局就如何加快国有零售企业的改革与发展，从整体上搞好国有商业问题，针对人民商场、大观园商场、省华联商厦、百货大楼、第一百货商店市属五大零售企业经济下滑、效益下降的严峻形势，撰写《关于加快我市五大国有商业零售企业改革与发展的几点建议》，提出应加快实施集团化规模战略、发展新型经营模式、培养现代化商业经营管理人才等建议，为全市商业零售企业蓬勃发展提供参考。

1998～2000年，共撰写调研报告29篇，其中《关于加快我市五大国有商业零售企业改革与发展的几点建议》等多篇报告得到市委领导批示。2000年，市委、市政府提出“学外地之长，创济南之新”口号，市委七届四次全会通过的《中共济南市委关于深入实施“四个创新”的决议》，成为加速全市经济和社会发展的具有全局和战略意义的指导方针。

2001～2010年，围绕加快全市工业经济发展、推进新一轮国企改革、走新型工业化路子等重点，撰写《加快济南工业经济发展的对策建议》《对我市国有企业改革和发展情况的调查分析》《关于我市走新型工业化道路的思路与对策》等32篇决策参考，为推动全市经济体制改革的深入发展提供有益参考。2003年，撰写的《不断增创科技创新优势，为新一轮发展提供强大动力》报告，从工业立市和科技强市的角度，提出把济南的科技优势转化为产业发展优势和提升城市竞争力的对策建议。

三、城市建设研究

1988～1991年，撰写《关于市区城建开发情况的调查》《我市街道党建工作薄弱的状况值得重视》《城市管理中一项不容忽视的工作》等调查报告，进入市委主要领导的决策。

1992年，围绕学习贯彻邓小平视察南方重要谈话和中央一系列重要指示，撰写《广深珠沪杭五市房地产开发的主要经验》等多篇调研报告。按照省、市委要求和对外开放的需要，撰写《适应改革开放需要，加快我市城市现代化建设》《我市构筑跨世纪大经济格局的思路与实践》等理论文章，全面系统地提出构筑现代化城市的指导思想和发展框架。

1995年，围绕抓好城市、县城和小城镇规划与建设，提高和完善城市功能，形成“有利生产、方便生活、环境优美”的现代化新城镇，增强省会城市的辐射带动力等重点，会同有关部门和单位及时调度十件实事的建设情况，撰写《今年我市城市建设10件实事基本完成》等调研报告供领导参阅。针对拆迁过程中集体上访、越级上访现象明显增加的实际，撰写《关于改进我市拆迁安置工作的思考》调研报告，总结济南市成功做法，对存在问题提出建设性的思考，引起领导重视。

1997年，为落实省委常委扩大会议作出的“济南五年大变样”重大决策，撰写《定位准、起点高、发展快——赴大连学习考察报告》《关于启动房地产市场，尽快把住宅建设培育成我市新的经济增长点的建议》，总结大连市确立“不求最大，但求最好”的城市发展指导思想，高起点地做好规划、建设与管理工作的先进经验。1999年，省委书记吴官正对进一步加快现代化省会城市建设步伐作出重要指示，要求切实抓好一批充分体现泉城特色、齐鲁文化内涵和现代气息的城市建设项目。市委政策研究室组编《济南调研增刊(99城市建设专辑)》，编发省市领导在城市规划建设管理和创城工作的重要讲话和理论文章，以及市委、市政府关于济南城市建设情况的汇报材料。撰写《论泉城容貌美的对策》理论文章，提出提高城市建设审美品位，从美学的角度规划、建设、管理、装扮城市，从根本上实现泉城容貌美的五项措施。对社区建设问题展开调研，撰写《我市社区建设的现状和问题》《加强我市城市社区建设的对策建议》《槐荫区实施区街体制改革试点的情况》《历下区社区建设的基本情况》《公安局、人事局、规划局提出落实全市社区建设工作会议具体方案》等5篇调查报告，均获市委领导批示。

2002年，撰写《关于加快发展济南城市大交通的调查与建议》，提出积极稳妥地构筑现代化城市大交通的发展思路，并建议结合济南实际，暂不调整城市客运出租车管理体制，待下一轮机构改革时彻底解决。此建议得到市委领导肯定。参与筹备和组织“2010年济南市城市形态研究”国家级专家评审项目，提出济南市城市形态构想及促进城市形态合理发展的对策建议，成为济南市新一轮《城市总体规划》修订和新城区规划的基础性蓝本。

2003年，撰写《以抗击“非典”为契机，进一步加强城市防灾减灾工作——关于我市城市灾害隐患的调查》，起草《关于我市土地问题的调查》。

2004年，完成《济南市城市发展定位研究》《济南市南部山区经济社会发展研究》，参与完成《济南市城市水环境生态体系规划研究》《济南市城市地下空间利用规划》《济南市城市人防工程规划》纲要等重要课题研究。

2005年，以建筑工程监管问题为切入点，对城乡结合部违法建设进行专题调研，形成《我市建筑工程监管工作亟待加强》的调研报告，引起市委、市政府领导的高度重视，要求对相关问题认真研究、抓好整改。撰写《心系老百姓，服务创一流——市政公用系统行风建设取得明显成效》调查报告，《济南日报》全文编发该报告，市委宣传部组织有关理论方面的专家召开“心系老百姓，服务创一流”理论研讨会。

2006年，撰写《关于进一步推进我市“城中村”综合改造工作的建议》《寓节水保泉和防洪减灾于巧用“天上之水”之中——关于我市城市雨水利用情况的调查》《以环境综合整治促和谐社区建设——关于市中区王官庄街道环境综合整治情况的调查》《加强机动车清洗管理迫在眉睫》《关于失地农民征地补偿款分配纠纷案件的调查》《切实把“公交优先”作为城市发展的重大战略来抓》等28篇调研文稿，其中多篇得到市委主要领导批示肯定。

2007年，撰写的《进一步做好管理服务工作、切实解决城郊结合部“脏乱差”问题》《完善配套政策加大工作力度，确保我市棚户区改造任务的顺利完成》《天桥区在北园大街工程中是如何破解“拆迁难”问题的》等多篇调研文稿，得到市委主要领导批示肯定。撰写的《济南城市水环境生态体系规划研究》课题获济南市科学技术进步二等奖。

2008年，撰写调研报告17篇，其中《完善政策措施，加快旧村改造》《加强公共引导标志设置管理，提升省会城市形象和服务功能》《要把加强抗震设防提高城市防震减灾能力提上日程》《应高度重视建筑垃圾综合利用问题》《南宁市实施“城乡清洁工程”的做法值得借鉴》等多篇得到市委、市政府领导21人次批示。

2009年，共撰写调查报告16篇，其中《我市二环路以内“城中村”现状分析》《实施“城中村”改造所面临的困难和问题》《关于实施“城中村”改造的几点建议》《学习借鉴武汉经验，推动我市城中村改造》等得到市委、市政府领导33人次批示；编写迎全运城市环境综合整治工作简报236期。两篇调研文稿分获全省党委政研系统优秀调研成果一、二等奖。城市建设研究处获全市迎全运城市环境综合整治工作先进单位称号。

2010年，撰写调研报告17篇，编发《济南政研(工作交流)》1期，《关于加快城市综合体建设的几点建议》《关于加快发展城市公共自行车系统的调研与建议》等得到市委、市政府领导17人次批示。

四、农村发展研究

1986年，组织开展全市乡镇企业发展情况、农民思想状况和农村思想政治工作情况、农村专业户发展情况等调研活动，撰写《关于千户走访调查活动的情况报告》《市管县给平阴带来十大变化》《关于我市乡镇企业发展情况的初步调查》《章丘县农业局关于健全农技服务体系增加农业经济效益的报告》《关于我市当前农民思想状况和农村思想政治工作情况的调查》《我市农村专业户情况的调查》调查报告6篇。

1987年，组织开展农田水利建设情况、农村集资提留情况等调研活动，总结北园镇清河村深化体制改革、长清县西三里村开辟农工商一体化新途径、历城区周家峪小流域综合治理的经验做法，并到苏州市、无锡市、常州市考察乡村工业和庭院经济发展经验，共撰写调查报告16篇。

1988年，撰写《当前我市乡镇企业中需要进一步研究解决的几个问题》《养殖业呈现五大趋势，肉鱼蛋生产喜中有忧——对我市发展养殖业的观察与思考》等调查报告5篇。

1989年，组织开展全市蔬菜产销情况、沿黄地带开发情况、乡镇企业等调研活动，总结港沟镇荒山治理、吴家堡镇种养业发展、北园镇新徐村靠种地致富等经验做法，形成调查报告11篇。市委书记贺国强、副书记李启万、副市长庄庆臣先后对《实行大户承包，兴办绿色企业——港沟镇荒山治理走出新路子》调查报告作出批示，要求在绿化南部荒山工作中进一步总结和推广港沟镇的经验做法。

1990～1992年，撰写《理顺经济发展思路，推进城乡一体化进程》《四管齐下建立制约机制，镇村两级服务实现“互督”——对崮山镇农业社会化服务的观察与分析》等多篇调查报告，其中3篇获全市优秀调研成果奖。

1993年，围绕贯彻落实省《关于加快欠发达地区经济发展的意见》，组织开展调研活动，撰写《关于充分运用鲁发〔1993〕4号文件确定的有关政策加快欠发达县经济发展的建议》。1994年，组织到苏南、上海考察农村经济发展情况，形成考察报告并提出借鉴外地经验加快农村经济发展的建议。撰写《关于拍卖荒山使用权的调查与建议》《东郑村党支部书记于锡海提出成立东郑“特区”的新设想》《关于黄河旅游区建设情况的调查与开辟“鹊华黄河风景园”的建议》等调查报告18篇。

1995年，组织开展济南市城乡一体化发展、畜牧业发展等调研活动，总结长清县跨入全国百强县的基本经验以及商河县白桥乡发展高产高效农业、济阳县完善土地承包制实施“万元富民工程”等经验做法。

1996年，组织开展全市土地规模经营情况、农业科技推广情况等调研活动，撰写调查报告9篇。其中《平阴县对县属企业经营者试行年薪制》《关于我市城乡一体化工作的调查与思考》得到市领导批示。

1997年，组织开展全市村级财务管理、农村奔小康、畜牧业产业化发展情况等调研活动。《黄河断流对我市农业生产的影响及对策》《我市鲜菜供求情况的分析与思考》《关于我市畜牧业产业化发展情况的调查与思考》3篇调研报告得到市领导批示。

1998年，重点围绕个体民营经济发展、县乡企业和科技兴农组织开展调查研究。《一个村办企业是怎样创出名牌的》《平阴县属工业为什么能保持快速发展的势头》《集体搭台，能人唱戏，一村多品，各具特色——章丘刁镇发展村级个体私营经济调查》《对如何进一步开拓我市农副产品市场的调查与思考》4篇调研报告得到市领导批示。

1999年，重点围绕乡镇企业二次创业、小城镇建设、农业结构调整开展调查研究，总结长清县实行会计委派制、平阴县安城乡做好招商引资五篇文章加快经济发展、商河县实施联户帮扶责任工程等经验做法。《历下区镇村工业步入依靠科技进步加速发展的轨道》《关于我市小城镇建设情况的调查与思考》2篇调研报告得到市领导批示。

2000年，组织开展加入世界贸易组织对农业和农村经济的影响与对策、中介服务组织在农村经济发展中的作用、农业利用外资情况等调研活动，总结济阳县、济南玛钢公司、章丘市刁镇等地区和单位的经验做法。

2001年，重点围绕乡镇企业发展、乡镇财源建设和农业产业化开展调查研究，撰写《一个村办企业何以在省内同行业称雄——对济南华诚编织有限公司发展情况的调查》《关于我市乡镇企业情况的调查与建议》《关于对我市乡镇、村两级负债情况的调查》《关于对我市乡镇财政建设情况的调查与对策建议》等调研文章11篇。其中，《高而乡以“三重三不用”标准加强村级班子建设的做法值得借鉴》2篇调研报告得到市领导批示；《政府对农业和农村加大投入的几个重点》一文在中央党校《市县领导月刊》上发表。

2002年，重点围绕都市创汇农业发展、黄河标准化堤防建设等开展调查研究。撰写的《关于我市加快发展都市农业的建议》《抓住历史机遇，做好黄河文章——对我市黄河标准化堤防建设的调查与思考》《樱龙公司发展创汇农业的做法值得借鉴》《日籍客商刘建军先生建议“利用三个优势，发挥三个作用”，做大做强我市的创汇农业》4篇调研报告得到市领导批示。

2003年，重点围绕黄河治理开发、特色专业村和农村稳定工作等开展调查研究，形成《我市专业村、特色村建设成效明显，扶持、规范、提升势在必行》《“非典”对我市农业的影响及对策》《关于以农高区为载体发展我市观光旅游农业的几点建议》《华新集团重返农业的调查与启示》《平阴县依法讲德做好调解工作的经验值得借鉴》等一批调研成果。

2004年，围绕《中共中央国务院关于增加农民收入若干政策的意见》的贯彻落实，重点组织开展创汇农业发展、山区综合开发、乡村债务、基层组织建设等调研活动，并筹备召开济南市农业国际化合作研讨暨经贸洽谈会。形成《这个“失地村”是如何实现共同富裕的——长清区邢代庄村发展情况调查》《贯彻落实中央和省委两个1号文件中值得注意的几个问题》《一个利用市场机制进行山区综合开发的成功范例——对平阴县尤寨山创新山区综合开发方式的调查》等一批调研成果，先后被市委、市政府主要领导批示。

2005年，围绕市委中心工作和农业农村发展中的热点、难点问题，组织开展生态农业建设、文明生态村建设、农村劳动力转移、农村改水改厕、化解群众“看病难、看病贵”、济南黄河风貌带建设等调研活动，撰写各类文稿110篇、40余万字；市委、市政府主要领导批示12件次。撰写的《关于商河县“两委抓三会”情况的调查》《关于我市农村专业合作经济组织发展情况的调查》《关于我市农村劳动力转移情况的调查》等，市委主要领导分别作出批示。其中《关于历城区艾家村文明生态建设情况的调查》一文，市委书记姜大明批示后，引起省市领导的重视和新闻媒体的关注。新华社国内部主任万武义、国内部经济采访室主任贺劲松一行专程到济南市调研艾家村的经验，《人民日报》《经济日报》《农民日报》等中央新闻媒体和山东人民广播电台记者一起，对艾家村进行集中采访报道。

2006年，先后编发《决策参考》24期，其中《解决城市化进程中失地农民问题的成功探索——长清大学科技园建设中妥善安置失地农民的情况调查》《政府搭台、群众唱戏，平阴县孔村镇把小蘑菇做成一个大产业》《一个偏远山村的小康之路——历城区黑峪村发展变化情况调查》《精心打造新农村建设的千里眼和顺风耳——我市农村信息化发展情况调查》等19篇被11位省、市领导批示26件次，其中市委主要领导批示9件次。《加强政府宏观调控、推动农业持续发展——对济南市新农村建设中政府与市场作用的思考》等2篇文章被人民日报出版社出版的《建设社会主义新农村方略》一书全文刊载。

2007年，以推进社会主义新农村建设为主线，抓住领导关注、群众关心和农业、农村改革发展过程中出现的新情况、新问题，深入基层调查研究。全年编发《决策参考》22期，其中《治理破损山体 再造秀美山川——平阴县走出破损山体恢复治理新路子》等9篇被8位市领导批示13件次，2篇获山东省党委政研系统优秀调研成果一、二等奖。

2008年，编发《决策参考》20期，其中《城区提升形象，岂能让黄河遭殃——黄河河道垃圾污染问题亟待解决》等10篇得到市领导14人次批示，内有市主要领导批示3件4人次。

2009年，紧紧围绕贯彻全市农村工作会议精神，积极为领导决策提供服务。全年共撰写编发《决策参考》21篇，其中《正大集团欲来我市投资，加快项目落地需政策支持》等10篇得到市领导13人次批示。

2010年，以建设大有作为的党委政研工作为目标，以重大课题调研为主线，全年完成“济南市建设发展现代都市农业研究报告”“加快构建城乡统筹发展新格局研究报告”2篇重大调研课题，其中“济南市建设发展现代都市农业研究报告”被列为2010年济南市哲学社会科目规划项目，并获最高奖优秀成果奖。撰写编发《决策参考》13期，《济南政研》2期，领导署名文章1篇；有10篇调研报告得到市领导13人次批示。

第二节　文稿起草

1986年，起草市委书记姜春云在市委四届八次全会上的报告和在市委四届七次全会预备会议、市级机关局以上干部会议、全市发展横向经济联合经验交流会、济钢“两个文明一起抓”现场会等重要会议上的讲话9篇；起草《中共济南市委关于一九八五年工作情况的综合报告》，以济发〔1986〕5号文的形式上报省委。

1987年，起草市委书记姜春云在市委四届九次全委(扩大)会议、全市地市级党员领导干部会、济钢“双增双节”现场经验交流会等重要会议上的讲话4篇；起草市委书记贺国强在市委四届十次全会上的报告、市委四届十次全会开始时的讲话和全市党员领导干部会议上的讲话。起草《中共济南市委关于贯彻省委四届八次全会和市地委书记座谈会精神的情况报告》等文件3件。

1988年，起草市委书记贺国强在中共济南市第五次代表大会、市委五届二次全会上的报告和在市委四届十一次全会、市委五届一次全会、全市体制改革工作会议、济南解放四十周年纪念大会、全市思想政治工作座谈会、济南军分区第三次党代会等重要会议上的讲话15篇。起草《中共济南市委关于学习贯彻党的十三届三中全会精神的通知》《中共济南市委关于加强自身建设的决定》等文件6件。

1989年，起草市委书记贺国强在省委五届三次全委(扩大)会议上的发言和在市委五届三次全委(扩大)会议、市委五届四次全委(扩大)会议、全市依法治市动员大会、全市政法工作会议、全市党政军领导干部大会、全市领导干部廉政会议、全市宣传思想工作会议、全市党的建设工作会议等重要会议上的讲话19篇；起草《中共济南市委关于学习贯彻党的十三届五中全会精神的通知》。

1990年，起草市委书记贺国强在市委五届六次全委(扩大)会议上的报告和在市委五届五次全委(扩大)会议、全市政法工作会议、全市对外开放工作会议、全市廉政建设工作会议、全市乡镇企业工作会议等重要会议上的讲话13篇；起草《中共济南市委关于贯彻〈中共中央关于加强党同人民群众联系的决定〉的实施意见》《中共济南市委济南市人民政府〈关于贯彻执行中共中央关于进一步治理整顿和深化改革的决定〉的情况报告》等文件3件。

1991年，起草市委书记贺国强在全市党员领导干部会议、“泉城杯”中国之友有奖征文活动新闻发布会等重要会议上的讲话3篇；起草市委书记翟永涛在市委五届七次全委(扩大)会议、市委五届八次全委(扩大)会议、市委工作会议、庆祝中国共产党成立七十周年大会、全市企业工作会议、庆祝八一建军节军地领导干部座谈会等重要会议上的讲话8篇；起草《中共济南市委关于一九九一年工作情况的报告》。

1992年，起草市委书记翟永涛在市委五届九次全委(扩大)会议上的报告和在全市领导干部会议、全市对外开放工作会议、全市第三产业工作会议、市委工青妇工作座谈会等重要会议上的讲话8篇；起草文件《中共济南市委关于学习贯彻落实十四大精神的意见》。

1993年，起草市委书记王怀远在全市对外开放工作会议、全市打击走私工作会议、市人大十一届一次会议和市政协九届一次会议党员会议上的讲话；起草市委书记谢玉堂在中共济南市第六次代表大会上的报告和在市委五届十一次全会、市委六届一次全会、全市领导干部会议、全市下派干部工作会议等重要会议上的讲话8篇；起草《中共济南市委关于加强自身建设的决定》等文件2件。

1994年，起草市委书记谢玉堂在市委六届二次全会结束时的讲话和在全市副局级以上领导干部会议、县(市)区委书记会议、全市实施对外开放"一二三工程"电话会、全市政治思想领域工作会议、"1994济南金秋经贸洽谈会暨龙山文化艺术节"总结大会等重要会议上的讲话14篇；起草《中共济南市委贯彻执行〈中共中央关于加强党的建设几个重大问题的决定〉的实施意见》。

1995年，起草市委书记谢玉堂在全市领导干部会议上的讲话和在市委常委扩大会议上的讲话；起草市委书记孙淑义在市委六届三次全会、全市领导干部会议、全市县(市)区长会议、全方位目标管理动员大会等重要会议上的讲话4篇。

1996年，起草市委书记孙淑义在市委六届四次全会、市委六届五次全会、市委六届六次全会、全市经济工作会议、全市组织工作会议、济南市1995年两个文明建设总结表彰大会、全市国有企业改革与管理工作会议、全市农村奔小康工作会议、济南市纪念建党75周年暨命名表彰大会等重要会议上的讲话18篇；起草《中共济南市委1996年工作要点》《中共济南市委关于进一步加强调查研究工作的意见》文件2件。

1997年，起草市委书记孙淑义在市委六届七次全委(扩大)会议、全市领导干部会议、全市县(市)区委书记会议、市直机关处级以上党员干部大会、全市政法工作会议、全市争创全国双拥模范城三连冠总结表彰大会、全市银企联手发展规模经济工作会议、全市党政机关开展"察民情、办实事，爱民为民服务"活动动员大会等重要会议上的讲话11篇；起草《1997年中共济南市委工作要点》《中共济南市委关于认真学习贯彻党的十五大和十五届一中全会精神的通知》文件2件。

1998年，起草市委书记孙淑义在中共济南市第七次代表大会上的报告和在市委六届八次全会、市委六届九次全会、市委七届一次全会、市委七届二次全委(扩大)会议、济南解放五十周年纪念大会、全市党风廉政建设工作会议、全市国有企业下岗职工基本生活保障和再就业工作会议暨全市经济工作会议等重要会议上的讲话14篇；起草《中共济南市委关于落实省委常委扩大会议精神加快济南发展的情况报告》《中共济南市委关于贯彻〈中共中央关于农业和农村工作若干重大问题的决定〉的实施意见》文件2件。

1999年，起草市委书记孙淑义在市委七届三次全会、全市工作会议、全市党员领导干部会议、全市经济工作会议、全市建设工作会议、县(市)区委书记座谈会、全市思想政治工作座谈会、全市党委办公室主任(秘书长)政研室主任座谈会等重要会议上的讲话10篇；起草《中共济南市委济南市人民政府关于进一步加快国有企业改革与发展的意见》《中共济南市委关于济南城市建设情况的报告》等文件5件。

2000年，起草市委书记孙淑义在市委七届四次全会、市委七届五次全会、市委城市建设工作会议、全市实施经济国际化战略工作会议、全市科技创新大会、全市城市经济工作会议、国有工业企业实施“四个创新”座谈会等重要会议上的讲话16篇；起草市委领导交办的《济南市工作汇报》《中国共产党济南市第七届委员会第五次全体会议公报(草案)》等综合材料3篇。

2001年，起草市委书记孙淑义在市委七届六次全会、市委七届七次全会、全市农村经济工作会议、全市建设工作会议、全市科学技术进步奖励大会、全市社会治安工作会议、济南市纪念中国共产党成立八十周年大会、第十二次全市普法依法治理工作会议等重要会议上的讲话22篇；起草市委领导交办的《中共济南市委济南市人民政府向省调查组的汇报提纲》等综合文稿2篇。

2002年，起草市委书记孙淑义在市委七届九次全会、市委常委民主生活会、全市建设管理工作会议、全市民营经济工作会议、全市外经贸工作会议、全市宗教工作会议、全市就业再就业和服务业工作会议、全市人口环境资源工作座谈会等重要会议上的讲话19篇；起草市委领导交办的《济南市城市建设情况汇报提纲》《中共济南市委述职报告》等综合文稿9篇。

2003年，起草和参与起草市委书记孙淑义在中共济南市第八次代表大会上的报告和在市委七届十次全会、市委八届一次全会、市委八届二次全会、市委工作会议、全市经济工作会议、全市防治“非典”工作会议、全市社会治安综合治理暨建设“平安济南”工作动员大会等重要会议上的讲话24篇；起草和参与起草《中共济南市委关于学习胡锦涛同志“七一”重要讲话进一步兴起贯彻“三个代表”重要思想新高潮的决定》《中共济南市委关于学习贯彻党的十六届三中全会精神的意见》等文件15件；起草市委领导交办的《济南市城市规划建设情况汇报》《中国共产党济南市第八届委员会第二次全体会议公报》等综合文稿11篇。

2004年，起草市委书记孙淑义在全市领导干部会议等重要会议上的讲话5篇；起草和参与起草市委书记姜大明在市委八届三次全会、市委八届四次全会、全市领导干部会议、全市经济工作会议、全市人才工作会议、加快“平安济南”建设工作会议、全市加强和改进未成年人思想道德建设工作会议、庆祝人民政协成立55周年座谈会、工业经济改革发展座谈会等重要会议上的讲话37篇；起草《中共济南市委关于牢固树立和认真落实科学发展观的决定》《中共济南市委关于深入学习贯彻党的十六届四中全会精神加强党的执政能力建设的决定》等文件6件；起草市委领导交办的《向中央“三个代表”督查组的汇报材料》《关于全市服务业发展情况的汇报》等综合文稿11篇。

2005年，起草和参与起草市委书记姜大明在市委八届五次全会、市委八届六次全会、全市经济工作会、市纪委四次全会、保持共产党员先进性教育动员大会、全市科学发展现场交流会、创建文明城市动员大会、城乡环境综合整治动员大会、党外人士座谈会等重要会议上的讲话38篇；起草《中共济南市委关于学习贯彻济南科学发展座谈会情况的报告》《中共济南市委关于认真学习贯彻党的十六届五中全会精神的通知》等文件8件；起草市委领导交办的《济南市向中央巡视组的工作情况汇报》等综合材料18篇。

2006年，起草和参与起草市委书记姜大明在市委八届七次全会、市委常委(扩大)会议、市委民族工作会议暨第五次全市民族团结进步表彰大会、市纪委第五次全体会议、全市经济工作会议、全市群众工作会议、全市科学技术大会、全市农村工作会议、全市人大工作会议、全市政协工作会议、全市深入开展平安济南建设会议、济南市庆祝建党85周年暨保持共产党员先进性教育活动总结表彰大会等重要会议上的讲话40篇；其中在市委八届七次全会第二次会议上的讲话，主要是深入学习贯彻中共十六届六中全会和省委八届十三次全会精神，着重就扎实推进省会和谐社会建设和做好当前工作作出安排部署。起草《中共济南市委关于进一步加强和改进新形势下群众工作的意见》《中共济南市委关于学习贯彻党的十六届六中全会精神构建社会主义和谐社会的意见》等文件14件；起草市委领导交办的《中共济南市委关于落实党风廉政建设责任制情况的报告》等综合材料14篇。

2007年，起草和参与起草市委书记姜大明在市纪委第六次全体会议、全市科技进步表彰暨创新型城市建设大会、平安济南建设大会、全市农村工作会议、创建全国文明城市动员大会等重要会议上的讲话10篇；起草和参与起草市委书记焉荣竹在中共济南市第九次代表大会上的报告和在市委八届九次全会、市委九届一次全会、市委九届二次全会、市委九届三次全会、市委常委(扩大)会议、市委外事工作会议、全市领导干部会议、全市服务业工作大会、全市工业经济发展工作会议、全市招商引资工作会议、全市统战工作会议、全市依法整治违法违章建设动员大会、棚户区改造动员大会、全市重点工程建设和综合整治工作会议、全市领导干部学习中共十七大精神培训班开班式等重要会议上的讲话68篇；起草《中共济南市委关于深入学习贯彻十七大精神的决议》《中共济南市委关于学习贯彻省第九次党代会精神的情况报告》等文件25件；起草市委领导交办的《济南市在全国农村精神文明建设工作座谈会上的典型发言》《关于济南市城市规划建设管理情况的汇报》等综合材料20篇。

2008年，起草和参与起草市委书记焉荣竹在市委九届四次全会、市委工作会议、市委常委(扩大)会议、市纪委九届四次全体会议、全市领导干部会议、全市经济工作会议、平安济南建设暨政法工作会议、全市科技进步表彰暨创新型城市建设大会、全市农村工作会议、全市对外开放工作会议、全市组织工作会议、全市宣传思想工作会议、全市文化建设工作会议、全市学习实践科学发展观——解放思想大讨论活动总结大会、全市构筑惩治预防体系打造廉洁高效济南动员大会、济南纪念改革开放30周年座谈会、加快商河县发展现场办公会等重要会议上的讲话93篇，其中在市委九届四次全会第二次全体会议上的讲话，主要是深入学习贯彻中共十七届三中全会和省委九届六次全会精神，着重就扎实推进济南农村改革发展工作作出安排部署。起草《中共济南市委关于认真贯彻落实党的十七届三中全会精神推进我市农村改革发展的实施意见》《中共济南市委关于贯彻落实中央18号文件和全省领导干部会议精神的情况报告》等文件15件。起草市委领导交办的《市委市政府关于济南市场馆建设和综合整治情况的汇报》等综合材料22篇。

2009年，起草和参与起草市委书记焉荣竹在市委九届五次全会、市委九届六次全会、市委九届七次全会、市委常委(扩大)会议、市委常委议军会议、市纪委九届五次全体会议、济南市深入学习实践科学发展观活动第一批总结暨第二批动员大会、全市领导干部会议、全市经济工作会议、全市农村工作会议、全市科技进步表彰暨创新型城市建设大会、平安济南建设暨政法工作会议、全市市县政府机构改革动员大会、庆祝人民政协成立60周年大会、纪念济南市人大设立常委会30周年座谈会等会议上的讲话101篇，其中在市委九届五次全会上的讲话，主要是深入学习贯彻胡锦涛视察山东重要讲话和省委九届七次全会精神，全面分析当前经济形势，就扎实做好下一步经济工作作出安排部署；在市委九届七次全会上的讲话，主要是深入学习贯彻中共十七届四中全会和省委九届八次全会精神，报告市委常委会2009年的工作，着重就努力提高党的建设科学化水平，扎实做好当前各项工作作出安排部署。起草《中共济南市委关于认真贯彻落实中共中央关于加强和改进新形势下党的建设若干重大问题的决定的意见》《中共济南市委常委会深入学习实践科学发展观活动整改落实方案》等文件12件。起草市委领导交办的《济南市学习实践科学发展观活动情况汇报》《济南市2008年度科学发展情况报告》等综合材料19篇。

2010年，起草和参与起草市委书记焉荣竹在市委九届八次全会、市委九届九次全会、市委常委(扩大)会议、市纪委九届七次全体会议、全市经济工作会议、全市科技奖励暨创建国家创新型城市动员大会、全市城镇化会议、平安济南建设暨政法工作会议、全市文化产业发展大会、全市人才工作会议、全市群众工作会议、全市林业工作暨创建国家森林城市动员大会、全市深入学习实践科学发展观活动总结大会、全市“执政为民、廉洁高效”集中教育活动动员大会、加快商河县发展现场办公会、济南市创建双拥模范城动员大会、济南警备区第五次党代会等会议上的讲话76篇，其中在市委九届八次全会上的讲话，主要是深入学习贯彻中央关于加快经济发展方式转变的决策部署和省委九届十次全会精神，对转方式调结构作出全面安排部署，突出强调在思想、工作、制度、领导上与转变发展方式的目标任务相适应；在市委九届九次全会上的讲话，主要是深入学习贯彻中共十七届五中全会和省委九届十一次全会精神，报告市委常委会2010年的主要工作，着重就济南市“十二五”时期经济社会发展作出安排，动员全市广大党员干部群众为加快科学发展、建设美好济南而努力奋斗。起草《中共济南市委关于对省委常委工作的意见建议》《中共济南市委关于学习贯彻全省转方式调结构现场观摩会精神的情况报告》等文件16件。起草市委领导交办的《中共济南市委济南市人民政府关于转变经济发展方式情况汇报》《济南市党政考察团赴松原、长春、沈阳三市学习考察报告》等综合材料14篇。

第三节　资料编辑

一、内部资料编发

1993～2000年，共编发不定期内部资料《问题与建议》130期。1995～1997年另以《呈阅件》形式编发内部资料12期。2000年，经过规范整合，内部资料统一以《决策参考》及其特刊的形式编发，至2005年，共编发302期。

二、党刊编辑出版

1986～2000年，共编发《济南调研》311期，特刊464期。2000年7月，在市委办公厅主办的原《济南工作》、市委政策研究室主办的《济南调研》两个刊物基础上，根据新的形势任务要求和市委指示，正式创办《济南通讯》，每月出版，作为市委党刊印发全市各级党政机关、企事业单位。办刊宗旨和任务是：坚持以邓小平理论和党的基本路线为指导，按照“三个代表”的要求，紧紧围绕党的中心工作和市委在各个时期的工作重点，积极宣传邓小平理论和党的路线方针政策，及时准确地传达中央和省市委的指示精神和决策信息，总结宣传各级党组织、各行各业和人民群众的意见、建议和呼声，为党的中心工作和市委科学决策服务，为全市改革、发展和稳定发挥积极的作用。至2010年，共发刊131期，其中增刊5期，共计约1400余万字。

三、文集出版

1986～2010年，先后编写《企业改革的实践与探索》《明星村成功之路》《改革创新发展》《济南市“九五”期间优秀调研成果集粹》《农业产业化问题资料汇编》《济南市个体私营经济发展研究》《农业产业化问题资料汇编》《济南农业产业化的实践与探索》《农村税费改革刍议》《农村税费改革实务·济南篇》《黄河安澜·济南篇》《济南市农业对外经贸合作项目汇编》《全市党委政研系统优秀调研成果文集(2008～2009)》等多部书籍。

第四节 机 构

1983年6月，中共济南市委调查研究室更名为中共济南市委研究室，编制35人，将市委综合科并入，下设一、二、三、四、五科(即秘书、综合、经济、政治、资料科)，市委区街办公室归研究室代管。1996年11月26日，设立中共济南市委政策研究室，下设办公室、党建研究处、城市经济研究处、农村经济研究处、综合研究处、社会事业研究处、党刊编辑处7个处室，人员编制42人。2001年机构改革，保留中共济南市委政策研究室，下设办公室、综合研究处、政治研究处、城市经济研究处、城市建设研究处、农村研究处6个职能处(室)。配行政编制35人、工勤人员5人、机关编制总额40人。主任1人，副主任4人；处长6人，副处长6人。原政策研究室刊物处组建中共济南市委《济南通讯》编辑部，隶属政策研究室管理，为全额预算管理县级事业单位，编制8人，其中主任1人、副主任2人。

第六章 组织工作

第一节 基层组织建设

一、村级组织建设

1988年，各县区党委对农村554个年龄偏大、文化偏低、缺乏商品经济意识或存有各种问题的党支部班子进行调整和整顿，充实新支部成员463人，调出516人。1989年，对农村基层党组织进行组织和作风整顿，对2116个党支部班子进行换届改选，对软弱涣散的433个后进党支部班子进行充实调整，各县区抽调644名县乡机关干部挂职包村或回村任职。经过整顿，全市农村三类班子下降到8%左右。1990年春冬两季，各县区共派出县区、乡镇机关干部7000多名，集中对445个后进薄弱的村党支部班子进行整顿。经整顿，后进支部比例由1987年的9.4%下降到4.96%。

1991年年初，在全市开展创建“农村党的建设工作先进县(区)”和“农村党的建设工作先进乡(镇)”活动。各级党委从实际出发，采取有力措施，加强党员培训管理，全市农村一类党支部达到2809个，占59.7%，三类党支部下降到5%以下。“七一”前夕，章丘县、平阴县被授予“山东省农村党的建设工作先进县(区)”称号，章丘县埠村镇等23个乡(镇)被授予济南市“党的建设工作先进乡(镇)”称号。

1992年，加强对贫困后进村党支部班子的整顿提高，至年底，全市4719个农村党支部，一类支部达到67%，三类支部降到4%以下。1993年，总结推广4个亿元村党支部建设的先进经验，通过典型挖掘培养和宣传推广，带动全市村级集体经济的整体发展；强化贫困后进村党支部班子建设，全年选配充实贫困后进村党支部成员900余人；从市直机关和企事业单位选调1000名干部到经济欠发达、贫困后进村较多的济阳、商河两县，包村驻点，进一步整治后进，促进发展。

1994年，从乡(镇)以上党政机关和企业单位选派干部8258名，进驻3762个村，整顿865个农村党支部，加快农村奔小康步伐。1995年，制定下发《关于加强农村基层组织建设的三年规划》，明确后进村党支部班子整顿、基层党组织带头人队伍建设等重点任务。1996年，按照“促强、帮弱、带中间”思路，集中抓后进乡镇党委和169个后进村党支部的整顿工作，开展创建“五好村党支部”(支部班子好、党员队伍好、组织建设好、活动开展好、群众反映好)活动，全市有40%以上农村党支部达到“五个好”标准，80%后进村党支部实现转化升级。1997年，从县、乡以上机关抽调5142名干部，到1425个重点村包村驻点，帮助整顿后进村党支部；选拔360名思想政治素质好、懂经济善管理的党员进入村级领导班子，改善班子结构；督促落实县(市)区委书记驻村蹲点和乡镇党委书记驻村蹲点工作，对全市三年来农村后进村党支部整顿工作和创建“五好村党支部”活动进行全面检查验收，全市绝大多数后进村党支部改变面貌，有30%以上跨入先进村党支部行列，有60%的党支部达到“五好”要求。

1998年，在对农村党组织三年整顿工作全面检查和总结的基础上，对全市农村党支部重新进行分类排队，对排查出的213个后进村党支部统一建立整顿档案，全部落实领导蹲点、部门帮扶、机关干部包村等措施，进行集中整顿。加强农村基层民主政治建设，普遍建立健全村民议事会、党员代表议事会和村务政务公开、民主评议党员、民主评议干部等制度，全市有4637个村建立村务公开、民主管理制度，占全市行政村总数的98%。1999年，对重点排查出的200多个后进村和贫困村支部班子，派出2335名机关干部进行重点帮扶。加强对村委会换届直选工作的指导，全市99.8%的村委会顺利完成换届直选。2000年，在全市农村基层组织中全面实施“固垒工程”，提出用三年左右的时间使全市80%以上的村级党组织达到“十个一”[①]目标，并制定推行“两推一选”(分别由党员、村组干部和村民代表推荐支委候选人，经上级党组织考察后进行党内选举)选拔村党支部成员、支部书记持证上岗等具体措施。2002年，在全市4702个行政村的领导班子和党员干部中深入开展“三个代表”重要思想学习教育活动，并将城市社区的领导班子及党员干部纳入学教范围。组织村领导班子换届选举工作，村“两委”班子换届后，“两委”成员交叉任职的占58.5%，书记、主任一人兼的占62.8%，村“两委”关系进一步理顺，村党组织领导下的村民自治运行机制逐步形成。

2003年，根据中央和省、市委部署，在全市开展农村党的建设“三级联创”活动。建立健全农村后备干部队伍，对软弱涣散的党支部进行排查和整顿。2004年，对169个“五个好”农村基层党组织进行表彰。

2005年，全面推行村“两委”任期目标承诺制和践诺奖惩制。坚持市、县、乡三级联动，加强对农村“两委”成员的教育培训。认真总结农村“两委抓三会”[②]经验做法。该做法得到省委组织部的充分肯定，并在全省进行推广。完成全市村“两委”换届选举。此次换届从2004年10月开始，至2005年3月底基本结束。全市共有4510个村党组织和4586个村委会完成换届选举，分别占应换届数的99%和99.1%，换

① 有一个高素质的党支部书记，有一个坚强有力的党支部领导班子，有一支结构合理、模范作用发挥好的党员队伍，有一套健全的党内组织管理制度，有一条发展经济、致富群众的好路子，有一个党支部领导下村级组织各负其责的工作格局，有一套民主科学的决策程序，有一套受到群众肯定和欢迎的村务公开、民主管理制度，有一套健全的激励约束机制，有一套行之有效的精神文明建设机制。

② 在村“两委”领导和指导下，通过农村产业协会、村务民主理事会、村民道德评议会推动农村工作，较好地解决在新形势下切实发挥村“两委”作用、夯实党在农村执政基础等问题。

届成功率99.9%。村党组织书记、村委会主任一人兼比例87.8%，村“两委”成员交叉任职比例77.9%；村“两委”成员总职数16479人。

2006年，结合开展先进性教育活动，深化农村党的建设“三级联创”活动，实施“双强双带”工程(即建设一支政治素质强、发展能力强的农村基层干部队伍，培养一批能够带头致富、带领群众致富的农村党员)。加强村级党员活动场所建设，至2007年，列入中央和省补助范围的283个村级活动场所全部建成使用。

2007年9月，全面展开村“两委”换届选举工作，至2008年1月底基本结束，涉及4662个村党组织和4681个村委会。通过换届，村党组织书记、村委会主任“一人兼”比例86.46%，村“两委”成员交叉任职比例75.3%。村“两委”成员总职数18036人。

2008年6月中旬开始，组织开展全市城乡互帮互助携手共建社会主义新农村活动。采取部门帮扶、村企共建、强村(居)带动三种形式，分批次进行，每批3年。首批市、县两级925个单位共对口帮扶874个村。至年底，150个市级参与帮扶的部门(单位)共协调落实帮扶资金2732.82万元，实施帮扶项目370个，完成帮扶项目227个，解决群众关心关注的问题103个；10个县(市)区和高新区参与帮扶的部门(单位)落实帮扶项目816个、帮扶资金3589.97万元。

2009年，制定村干部补贴报酬和村级组织运行经费保障意见，新建、改建一批村级组织活动场所。选聘150名高校毕业生到村任职。深入开展城乡携手共建活动，落实帮扶项目2100多个、帮扶资金1.33亿元，解决群众关心的实际问题1750个。

2010年，市财政拿出4300万元专项资金用于农村党组织书记基本报酬，全部实现“一卡通”按月发放。新建改建活动场所1232个。新选聘99名高校毕业生到村任职。对218个难点村、后进村进行集中整治，多数实现转化升级。城乡携手共建活动落实帮扶资金3亿多元、项目3676个。

二、企业党组织建设

1988年，适应厂长(经理)负责制新体制，在党委书记设置上，大中型企业采取厂长书记一人兼、书记兼副厂长和厂长、书记分设等三种形式，小型企业和车间逐步实行兼职化；普遍精简40%的党务工作机构，进行企业党组织属地领导试点。9月20日，济南第一棉纺织厂、济南钢铁总厂党委被评为全国先进基层党组织。1989年，重新确立企业党组织的政治核心地位，重点抓企业党的工作机构恢复健全和政工干部调整充实，至年底，80%的大中型企业党委职能部门恢复健全，多数企业党委书记不再兼任行政副职。

1990年3月14日，市委召开全市企业党的建设和思想政治工作会议，下发《关于进一步加强企业党的建设的意见》。企业党的工作机构和干部队伍得到充实加强，全市所有大型企业，80%的中型企业恢复健全纪律检查委员会和组织、宣传、党委办公室等职能部门，80%的大中型企业设立专职党委书记。1992年，针对贯彻实施《全民所有制工业企业转换经营机制条例》和转换经营机制中出现的新情况、新问题，召开全市企业党建工作会议，总结推广一批企业党组织在转换经营机制中发挥政治核心作用的先进典型，促进企业党建工作开展。1993年12月，下发《关于在全市企业党组织和党员中开展评选树立“三十面红旗”活动的通知》，经过为期3个月的评选，最终确定济南第二机床厂党委等10个先进党委、济南第一机床厂西一车间党支部等10个先进党支部、济南市大观园商场营业员张秀玲等10名优秀共产党员为“三十面红旗”。

1994年，对外商投资企业党的组织建设加强具体指导，并在全省介绍抓好外商投资企业党建工作的经验。1995年，制定下发《关于加强国有企业党建工作的意见》，总结推广一批好的典型经验。1996年，全面实施“政治核心工程”，集中对30家现代企业制度试点单位党建工作情况进行深入调查，总结推广山东水泥厂、济南锅炉总厂等企业党组织发挥政治核心作用、促进企业健康发展的典型经验。1997年，以贯彻“充分发挥企业党组织的政治核心作用，坚持和完善厂长(经理)负责制，全心全意依靠工人阶级”精神为重点，突出抓党组织政治核心作用发挥；在全市部署开展“政治核心工程”活动，有效保证企业党建工作在深化改革中健康发展。

1999年，适应建立现代企业制度要求，探索企业党建工作的新路子，对国有企业党组织设置、非公有制经济组织党建工作进行深入调查研究，提出加强和改进的措施和意见。2002年，对全市国有企业特别是改制改组、停产关闭破产和困难企业党建情况进行调查摸底，提出改进意见。2005年9月，市委办公厅转发《市委组织部、市国资委党委关于加强和改进全市国有企业党建工作的意见》。提出，要正确认识和把握加强和改进全市国有企业党建工作的重要意义、指导思想及目标任务；要完善企业党组织发挥政治核心作用的体制，健全参与企业重大问题决策的工作机制，充分发挥企业党组织的政治核心作用；要着力提高企业领导班子的思想政治素质，推动企业领导班子的民主集中制建设，抓好企业领导班子的党风廉政建设，完善厂务公开和民主管理制度；要建立适应现代企业制度的选人用人新机制，积极营造有利于人才发挥作用的良好环境，加强企业家队伍和企业后备人才队伍建设，实施人才强企战略；要认真做好企业思想政治工作，扎实推进企业文化建设，努力维护企业稳定，构建和谐企业；要健全企业党的组织，合理设置企业党组织工作机构和配备党务工作人员，切实加强和改进企业党组织自身建设；要建立健全企业党建工作领导责任制，积极探索加强和改进企业党建工作的新路子，进一步加强对全市国有企业党建工作的领导。

三、机关事业党组织建设

1994年8月，市委发出《关于在全市推广章丘市党建工作经验的通知》，引导全市各级党组织对照先进、查找不足、比学赶超。11月，市委下发《关于印发今冬机关、企业、农村、宣传文教卫生体育系统党建工作意见的通知》，集中两个月的时间，在四个领域开展一次以学习贯彻十四届四中全会精神为主要内容的党建活动。

1995年6月，市委制定下发《关于加强机关党建工作的意见》，对机关党的思想、组织、作风和群众、统战等工作提出明确要求。2001年，在全市县(市)区直部门、乡镇、村(居)深入开展“三个代表”重要思想学习教育活动，基本达到“干部受教育，群众得实惠”的目的。2005年，制定下发《关于在市直机关开展争创“五个好”基层党组织和“五个好”党员活动的意见》，进一步加强机关党的建设。2007年，命名表彰首批62个“济南市基层党建工作示范点”和10个“济南市党员教育基地”。

2009年，在机关事业单位中深入开展基层组织建设年活动。活动分为调查研究、动员部署、深入实施、总结考核四个阶段，主要围绕实施强基行动、泉城先锋行动、素质提升行动、规范化建设行动、创新行动等“五项行动”来开展，重点抓好十项工作：组织基层党员干部参加学习实践科学发展观活动；优化基层党组织设置；组织开展“科学发展当先锋、岗位奉献树形象”主题实践活动；进一步健全完善党内激励、关怀、帮扶机制；实施基层干部“素质提升工程”；实施“双培双带”和“递进培养”工程；开展基层党建工作规范化建设活动；建立健全基层党建工作物质保障机制；深入推进城乡互帮互助携手共建社会主义新农村活动；落实好“书记抓，抓书记”党建工作责任制。2010年，深入组织开展创先争优、争做泉城先锋活动，开展领导干部点评活动，在全社会形成学习先进、争当先进、赶超先进的良好风气。

四、城市街道、社区党组织建设

1990年，全市统一整顿街居两级党的组织，理清两个文明建设一起抓的工作思路。11月15日，市委召开全市街道党的建设工作会议，下发《关于加强城市街道党组织建设的意见》。至1992年，全市70%以上的居委会建立党支部。

1996年，制定《关于进一步加强街道党建工作的意见》，召开全市街道党建工作会议，明确新时期加强街道党建工作的指导思想、主要任务。1998年，城区354个居委会全部建立党支部，党支部比例由1996年年底的84.9%提高到100%。1999年，在全国街道、社区党建工作座谈会上，济南市作题为《健全组织，配强班子，全面加强城市居民区党支部建设》的经验介绍。

2000年，经市委研究将原街道党委全部改建为街道党工委，制定下发《中共济南市委关于进一步加强全市社区党的建设工作的意见》，提出今后一个时期全市社区党建工作的目标任务和措施。2002年，部署开展争创“党建工作示范社区”活动。2003年，召开全市社区。党建工作经验交流会和企业党建工作会议，命名表彰首批16个“党建工作示范社区”。2004年，济南市“充分发挥街道社区党组织作用，认真做好困难群体帮扶工作”经验做法，先后在全国、全省街道社区党建会议上作典型发言。

2004年9月10日，召开全市城郊村(居)党建工作座谈会，研究如何进一步加强城郊村(居)党的建设工作，促进城郊村(居)健康、稳定、快速发展。会后，市委组织部制定下发《关于进一步加强城郊村(居)党组织建设的意见》。2005年，指导基层开展社区党建“网格化”管理模式和“A”型社区管理模式试点。

2008年4月，启动全市城市社区党组织换届选举工作，至6月底基本结束。这次换届选举实行党组织班子成员“三推一审两示一选”的公推直选办法，即：党员、群众、党组织共同推荐候选人，对候选人推荐人选进行资格审查，对候选人推荐人选和初步人选进行公示，召开党员大会进行选举。全市277个社区党组织中，有208个实行公推直选。换届后，社区党组织和居委会主任“一肩挑”占76.6%；“两委”成员交叉任职占74.8%；班子成员大专以上文化程度的占53%，比上届提高约15个百分点；平均年龄45.4岁，比上届下降4.4岁。2009年4月，中共中央总书记胡锦涛到历下区燕子山社区进行视察，对济南市社区党建工作给予充分肯定。2010年，实施社区党建“四化”(网格化覆盖、信息化管理、亲情化服务、制度化保障)建设，社区党建科学化水平进一步提高。

五、新型经济和社会组织党的建设

2000年，研究起草《关于加强非公有制经济组织党建工作的意见》。配合国有企业、社区和非公有制经济组织党的建设拍摄的专题片《改革攻坚党旗红》，在全国副省级城市电教片评比中获精品奖。

2001年，建立全市新型经济社会组织党建工作联席会议制度，召开全市新型经济社会组织党建工作会议，制定《关于加强非公有制经济组织党建工作的意见》，全市符合条件的新型经济社会组织96.7%建立党组织。2002年，建立定期调度工作情况制度，加强对非公有制企业党建工作的督查和指导，全市具备建立党组织条件的非公有制企业全部建起党组织。总结推广山东力诺集团和市机械电子国有资产经营公司加强党建工作的经验。2003年，向非公有制企业选派710名党建工作指导员。2007年，非公有制企业党组织组建率达到98.6%，其中规模以上企业党组织组建率94.5%。2008年，规模以上非公有制企业党组织组建率达到100%，济南市在全省律师行业党建工作会议上作典型发言。2009年，成立市党建研究会非公有制经济组织和新社会组织党建研究专业委员会。2010年，围绕破解“两新”组织党建难题，成立市县两级非公有制经济组织党工委和社会组织党工委。

1988～2010年济南市基层党组织基本情况统计表

表9－1－1　　单位：个

年份	总数	其中		
		党委（党组）	党总支	党支部
1988	12446	672	750	11024
1989	15911	826	810	14275
1990	16481	902	998	14581
1991	17137	938	1055	15144
1992	17597	969	1107	15521
1993	17989	1029	1108	15852
1994	18464	1069	1185	16210
1995	18782	1107	1209	16466
1996	18557	1091	1243	16223
1997	18533	1087	1274	16172
1998	18114	1047	1283	15784
1999	18232	1054	1304	15874
2000	18055	1014	1319	15722
2001	18048	996	1280	15772
2002	18301	1076	1297	15928
2003	18165	1127	1269	15769
2004	18164	1124	1352	15688
2005	18773	1121	1442	16210
2006	18990	1142	1409	16439
2007	19200	1138	1414	16648
2008	19595	1231	1468	16896
2009	20361	1210	1468	17683
2010	20235	1190	1555	17490

六、教育活动

（一）“三讲”教育活动。1999年4月4日，市委召开全市“三讲”教育动员大会，对在全市县级以上党政领导班子和领导干部中深入开展以“讲学习、讲政治、讲正气”为主要内容的党性党风教育进行部署。市级领导班子、领导干部“三讲”教育，分思想发动、学习提高，听取意见、自我剖析，交流思想、开展批评，认真整改、巩固成果四个阶段，依次推进，全面展开。7月22日，市委常委集中各方面意见，确定把加强学习、党风廉政建设、改进领导方式和转变工作作风、县以上领导班子建设、国有企业改革与发展等作为重点进行整改，形成《中共济南市委常委关于加强学习的整改意见》《中共济南市委常委关于加强党风廉政建设的整改意见》《中共济南市委常委关于进一步改进领导方式，转变工作作风的意见》《中共济南市委关于进一步加强县以上领导班子建设的意见》《中共济南市委、济南市人民政府关于进一步加快国有企业改革与发展的意见》等5个整改意见。自7月26日起，在县(市)区和市直部门领导班子、领导干部中开展"三讲"教育。共分三批进行，每批两个半月时间。自2001年4月27日开始，市委决定在全市国有大中型企业中开展"三讲"学习教育活动。各级领导班子均开展"三讲"教育"回头看"活动。2001年5月23日，市委召开全市"三讲"教育总结大会，全市参加"三讲"教育活动的各级领导干部共7300余人，各级、各单位参加动员大会、征求意见、民主评议和民主测评的干部群众5万多人。

（二）"三个代表"重要思想学习教育活动。从2000年12月开始，在全市110个乡镇、534个县(市)区直部门和344个城市社区居委会、4804个村的领导班子、党员干部中，分两批开展"三个代表"重要思想学习教育活动。市委制定下发《在农村开展"三个代表"重要思想学习教育活动的实施意见》和《全市村居开展"三个代表"重要思想学习教育活动的意见》，成立全市"三个代表"学习教育领导小组，并抽调人员组成督导组到各县(市)区督查指导工作。整个活动坚持学习教育与推动农业和农村工作相结合，正面教育、自我教育为主，坚持从实际出发、分类指导，上下结合、综合治理，按照动员准备、培训骨干，集中学习，对照检查，整改提高4个阶段进行。各县(市)区抽调1.9万名机关干部，分别组建驻乡镇督导组和驻村指导组，参加"学教"活动的农村党员干部达6万人。通过开展"学教"活动，突出解决宗旨观念和群众路线问题，带领农民群众发展经济、增加收入的自觉性和本领问题，做好农民工作、化解人民内部矛盾的能力和水平问题，坚持"两手抓、两手都要硬"的意识和本领问题，达到"干部受教育，群众得实惠"的目的。

（三）保持共产党员先进性教育活动。2004年8月中旬至11月底，济南市在6个单位的189个党组织、3660名共产党员中开展保持共产党员先进性教育活动试点工作。经过民主评议：确定优秀党员664名，占18.1%；合格党员2877名，占78.6%；基本合格党员88名，占2.4%；不合格党员31名，占0.8%。基本实现"提高党员素质、加强基层组织、服务人民群众、促进各项工作"的目标要求。

在试点基础上，从2005年1月开始，济南市分三批组织全市党员，深入开展保持共产党员先进性教育活动。三个批次的安排是：第一批，从2005年1月～6月，主要在市和县(市)区的党政机关和部分企事业单位开展；第二批，从2005年6月～12月，主要在城市基层和乡镇机关开展；第三批，从2005年12月至2006年6月，主要在农村基层和市、县部分承担先进性教育活动组织指导任务的党委机关开展。每个批次的集中学习教育分学习动员、分析评议、整改提高三个阶段进行，大体3个月左右的时间，三个阶段结束后，再用3个月左右的时间做好巩固、扩大整改成果的工作。活动中，根据每个批次的特点探索创新，确保取得实效。第一批次围绕改进机关部门作风，把工作重点放在解决城乡群众反映强烈的上学难、看病难、就业难、住房难、行路难、办事难等"六难"问题上；第二批次把教育活动与开展城乡环境综合整治结合起来，引导党员在城乡环境综合整治中发挥好作用，教育活动期间，全市累计完成投资1.53亿元，整治城市干道45条，背街小巷2350多条，有效改善了城乡群众的生活环境；第三批次紧紧围绕建设社会主义新农村主题展开，引导广大党员在建设社会主义新农村中发挥先锋模范作用。

(四)深入学习实践科学发展观活动。2009年3月至2010年2月底，分两批组织开展全市深入学习实践科学发展观活动。第一批从2009年3月至8月底，10个县(市)区、高新区、106个市直部门(单位)、5个隶属市委管理的企业党委、6个试点单位的8568个基层党组织、16.3万名党员参加；第二批从2009年9月至2010年2月底，乡镇(街道)、村(社区)、中等职业学校、中小学校，非公有制经济组织、新社会组织和基层医疗卫生机构等基层单位的10635个党组织、23.2万名党员参加。活动以“推动科学发展、促进社会和谐”为主题，以“解放思想、改革创新、加快建设现代化省会城市”为实践载体，组织开展“五项主题实践活动”(即“解难题、保增长”“察民情、办实事”“保平安、促和谐”“迎全运、树形象”“创一流、作表率”活动)，解决影响科学发展、群众反映强烈的突出问题近2万个。通过群众满意度测评，市委常委会总体满意率达到100%；第一批、第二批参学单位总体满意率分别达到99.9%、99.93%。

(五)全市执政为民、廉洁高效集中教育活动。2010年，组织指导全市开展执政为民、廉洁高效集中教育活动。该活动自3月初开始，至5月底结束，分解放思想、提升境界，查摆剖析、解决问题，总结提高、建章立制三个阶段进行，全市乡镇(街道)以上机关和广大党员干部参加。通过集体学习、专题辅导、开展讨论等形式，引导党员干部理清发展思路、明确工作重点、增强发展共识；组织机关干部通过“集中体验周”“换位体验日”等形式，深入基层单位和生产一线体验基层情况、感受群众疾苦；深入开展“机关效能建设月”活动，改进工作方式方法，转变工作作风；深入开展“四对照四查摆”[①]，认真查摆剖析思想境界、宗旨意识、工作作风、服务效率等方面问题，市直98个单位共提出承办事项688件，各级领导干部查摆解决各类突出问题5800个，为群众办实事好事12110件。

第二节　党员队伍建设

一、党员数量

1986年，全市共有：党员183494名，其中正式党员174411名，预备党员9083名；女党员31341名，占党员总数的17.08%；少数民族党员2375名，占1.29%。从文化程度看：大专以上的11878名，占6.47%；高中(中专)的44849名，占24.44%；初中以下的126767名，占69.09%。

1988年，全市各级党组织贯彻“坚持标准，保证质量，改善结构，慎重发展”的方针，加强宏观控制和具体指导，把工作重点放在对入党积极分子的培养教育上，较好地保证新党员质量。全年共发展党员6361名。1989年，改进发展党员工作，重视在一线产业工人中发展党员，控制发展数量，改善年龄结构。全年共发展党员5671名，其中：35岁以下的3189名，占56.2%；具有高中以上文化程度的3642名，占64.2%；专业技术人员1158名，占20.4%；工人1745名，占30.7%；农民1011名，占17.8%；各类先进模范人物2429名，占42.8%。

1992年，全市共有党员269527名，占总人口的5.1%。其中：女党员占16.5%；少数民族党员占1.4%；35岁以下的占23.5%，36～55岁的占53.1%，56岁以上的占23.4%。从文化程度看，

① “四对照四查摆”，即对照思想，查摆为人民服务的宗旨观念树得是否牢固，执政为民意识是否自觉，权力观是否正确；对照工作，查摆从政行为是否规范，有无以权谋私等不廉洁行为；对照作风，查摆是否符合廉洁高效、求真务实的要求，有无形式主义、官僚主义、敷衍塞责、无所作为的现象；对照生活，查摆是否做到艰苦奋斗、勤俭节约、廉洁奉公，有无假公济私、铺张浪费、贪图享乐等问题。

大专以上的占10.8%，高中(中专)的占28.9%，初中以下的占60.3%。从入党的时间看，新中国成立前入党的占5.7%，1949年10月至1966年4月入党的占22%，1966年5月至1976年10月入党的占28%，1976年11月以后入党的占44.3%。从分布看，工、基、交及邮电部门占32%，农、林、牧、渔及水利部门占36.3%，商业和生活服务部门占7.6%，宣传、文教、科研部门占7.9%，金融部门占1.4%，机关团体占13%，其他占1.8%。

1997年，全年发展党员9057名，其中生产一线的5764名，占63.6%。至年底，全市共有党员303935名。其中：预备党员占3.43%；女党员占17.57%；少数民族党员占1.29%。新中国成立前入党的占3.96%，1949年10月至1966年4月入党的占17.36%，1966年5月至1976年10月入党的占23.53%，1976年11月至1992年10月入党的占38.08%，1992年10月以后入党的占17.07%；35岁以下的占24.76%，36～55岁的占50.72%，56岁以上的占24.52%；大专以上文化程度的占17.16%，高中(中专)的占32.08%，初中以下的占50.76%；工人占12.6%，营业员、服务员占1.83%，专业技术人员占13.71%，国家行政机关、政党机关和事业、企业单位管理人员占19.17%，乡镇企业劳动者占4.38%，农牧渔民占30.52%，其他人员占17.78%。

2000年，研究制定《党员发展工作十项制度》，推行新的“入党积极分子、发展对象、预备党员考察写实簿”，进一步规范、完善党员发展工作的程序和制度，从源头上确保党员队伍的先进性和纯洁性，

2002年，全年发展党员8127名。至年底，全市共有党员340857名。其中：预备党员占2.57%；女党员占18.06%；少数民族党员占1.31%。新中国成立前入党的占2.76%，1949年10月至1966年4月入党的占13.87%，1966年5月至1976年10月入党的占20.24%，1976年11月至1992年9月入党的占34.08%，1992年10月以后入党的占29.05%；35岁以下的占23.08%，36～54岁的占48.63%，55岁以上的占28.29%； 大专以上文化程度的占24.49%， 高中(中专)的占33.07%，初中以下的占42.44%；工人(营业员、服务员)占11.19%，专业技术人员占11.96%，国家行政机关、政党机关和事业、企业单位管理人员占19.70%，乡镇企业劳动者占2.36%，农牧渔民占29.49%，其他人员占25.30%。

2007年，全市共有党员379005名，其中：预备党员占2.38%；女党员占21.43%；少数民族党员占1.32%。新中国成立前入党的占1.62%，1949年10月至1966年4月入党的占9.94%，1966年5月至1976年10月入党的占16.33%，1976年11月至2002年10月入党的占54.27%，2002年11月以后入党的占17.84%；35岁以下的占19.09%，36～54岁的占43.95%，55岁以上的占36.96%；大专以上文化程度的占35.79%，高中(中专)的占28.54%，初中以下的占35.67%；工人(营业员、服务员)占8.54%，企事业单位管理人员和专业技术人员占22.97%，新的社会阶层劳动者占1.41%，农牧渔民占29.89%。

2010年，全市共有党员415633名，其中：预备党员9924名，占2.4%；女党员95387名，占22.9%；少数民族党员5649名，占1.4%。新中国成立前入党的4895名，占1.2%；1949年10月至1966年4月入党的34676名，占8.3%；1966年5月至1976年10月入党的61509名，占14.8%；1976年11月至2002年10月入党的219118名，占52.7%；2002年11月以后入党的95435名，占23.0%。35岁以下的80648名，占19.4%；36～54岁的166514名，占40.1%；55岁以上的168471名，占40.5%。大专以上文化程度的166048名，占40.0%；高中(中专)的113136名，占27.2%；初中以下的136449名，占32.8%。公有经济单位在岗职工党员140205名，占33.7%；非公有经济单位在岗职工26236名，占6.3%；农牧渔民119984名，占28.9%；离退休人员96815名，占23.3%；其他人员32393名，占7.8%。

1986～2010年济南市党员情况统计表

表9－1－2　　　　单位：人

年份	总数	正式党员	预备党员	其中：女	其中：少数民族
1986	183494	174411	9083	31341	2375
1987	194199	184811	9388	33550	2523
1988	202053	194650	7403	35235	2680
1989	208445	202213	6232	36502	2755
1990	258013	250986	7027	41687	3470
1991	263953	256299	7654	43124	3570
1992	269527	262213	7314	44598	3681
1993	575862	568062	7800	46251	3741
1994	283395	274609	8786	47243	3765
1995	291388	281165	10223	49041	3894
1996	295356	284323	11033	50389	3871
1997	303935	293521	10414	53468	3933
1998	306521	297543	8978	54668	3977
1999	315986	306583	9403	56752	5296
2000	322966	313652	9314	58978	4063
2001	334439	325352	9087	60741	4269
2002	340857	332096	8761	61545	4455
2003	348829	339258	9571	63046	4411
2004	355619	346606	9013	66476	4248
2005	363334	354141	9193	70706	4407
2006	376358	366368	9990	75326	4680
2007	379005	369989	9016	81206	5007
2008	393056	381188	11868	86132	5247
2009	405998	395520	10478	91197	5475
2010	415633	405709	9924	95387	5649

二、党员教育管理

1988年上半年开始，市委先后在长清、平阴两县及国棉一厂、市税务局等45个基层党委的2116个党支部进行民主评议和处置不合格党员的试点工作。参加评议党员39003人，经过民主评议和党组织综合考察审批，共处置不合格党员555人，占参加评议党员总数的1.42%，其中，开除党籍11人，劝退13人。结合此次试点，11月市委组织部制定《关于处置不合格党员的意见》。12月15日，市委召开全市民主评议党员试点工作经验交流会，对全市范围内开展这项工作进行部署。

1989年，重点进行坚持四项基本原则、

反对资产阶级自由化的教育，以及党的基本路线、基本知识教育。加强基层党校建设和电化教育，全市基层党校发展到262所，轮训党员18万多人次，占党员总数的90%以上。5～10月，组织开展“双基”(基本国情与基本路线教育)知识学习竞赛活动，全市547个党委、17万多党员和4万多名入党积极分子参加竞赛。济南市笔试答卷成绩总分获全省第一名。在全省电视决赛中，济南市代表队获二等奖。全面开展民主评议党员和处置不合格党员工作，170808名党员参加民主评议，占党员总数的82.6%。评出优秀党员18273名，处置不合格党员449人，其中，开除党籍26人、劝退除名82人。

1990年，开展民主评议党员和处置不合格党员工作，全市213058名党员参加评议，占党员总数的82.6%。评议中被授予优秀党员称号的6329名，处置不合格党员230名，其中，开除党籍22人，劝退和取消资格除名26人。19.7万名党员参加“学党章、正党风”和“无私奉献”活动。基层党校建设和电化教育实现新发展，全市基层党校发展到362所。

1991年，开展党的基本路线、基本理论和基本知识教育，全市90%的党员参加“忆传统、作贡献、做新时期合格共产党员”活动。基层党校增加到515所。通过各种形式培训党员23.09万名，占党员总数的87.5%。21.54万名党员参加党员民主评议，占总数的81.6%。评议中被授予优秀党员称号的5709名，处置不合格党员208名，其中，开除党籍25人，劝退和除名24人。

1992年，在全市党员中开展“迎接十四大，为党旗添光彩”活动，并把活动同“忆传统、作贡献，做新时期合格共产党员”“创先争优”“党员责任区”和“党性实践”等活动结合起来，较好地发挥党员在经济建设中的先锋模范作用。全市有224310名党员参加民主评议，党员发挥作用好的占62.7%，一般的占35.8%，较差的占1.4%，有130名党员受到组织处理，10752名党员被基层以上党委授予优秀党员称号。组织农村党员进行冬训，全市111个乡镇共举办党员培训班230多期，培训党员10万余名。市委组织部、市委宣传部联合发出《关于深入开展党员联户联富活动的通知》，要求农村有致富能力的共产党员，分别联系部分贫困户。全年有85208名党员联系341986家农户，帮助他们逐步走上致富之路。

1994年，重点组织学习《邓小平文选》第三卷和中共十四届四中全会决定。“七一”前夕，省、市委分别召开表彰大会，济南市受省委命名表彰的优秀党员25名、优秀党务工作者3名；市委命名表彰优秀党员100名、优秀党务工作者50名。

1995年，在全市党员中开展“双学”(学习建设有中国特色社会主义理论和《中国共产党章程》)活动，并配合这一活动，拍摄电教片90余部，在全市基层单位播放电教片3.6万场次，基层党员收视率达85%以上。1996年，开展“创先争优”和“学理论、比贡献、做合格党员”活动。6月28日，市委召开纪念建党75周年暨命名表彰大会，命名表彰50个先进党委(总支、支部)、97名优秀共产党员、47名优秀党务工作者和17名优秀乡镇党委书记。1997年，组织全市10万名党员参加中共十五大文件学习竞赛。

1998年，各县(市)区以贯彻党的十五届三中全会精神为契机，采取多种形式对农村党员干部进行集中培训。推进农村党员干部实用技术培训，全市有6.3万名农村党员干部掌握1～2门实用技术，有2.2万人获专业技术职称，其中2000多人获农民技师以上职称，涌现出党员科技示范户35092个。

1999年“七一”前夕，市委对评选出的105个先进党组织、204名优秀共产党员和52名优秀党务工作者进行命名表彰。

2001年，组织开展庆祝建党80周年系列活动，组织近15万名党员参加全国“纪念中国共产党成立80周年党的知识竞赛”。6月30日，市委召开济南市庆祝中国共产党成立80周年大会，命名表彰101个先进基层党组织、201名优秀共产党员和50名优秀党务工作者。同年，济南市有1个基层党组织(山东水泥厂党委)和1名党务工作者(李淑敏)受到中组部表彰，15个基层党组织、19名共产党员和3名党务工作者受到省委表彰。

2003年，市委组织部下发《关于在防治非典型肺炎工作中进一步发挥各级党组织和党员干部作用的通知》，与市纪委联合下发《关于加强对做好非典型肺炎防治工作监督检查的通知》，为抗击“非典”提供组织保证。从市直部门抽调精干力量充实市防治“非典”指挥部工作班子。“七一”前夕，市委对在防治“非典”工作中表现突出的28个先进基层党组织和48名优秀共产党员进行表彰。

2007年，做好流动党员“活动证”发放使用、组织关系接收工作，市、县两级组织部门设立流动党员咨询服务专用电话，流动党员管理服务水平进一步提高。

2008年，组织广大党员参与抗震救灾工作，全市党员自愿交纳“特殊党费”5400余万元。

第三节　干部管理

一、领导班子建设

1986年，市委制定《关于改革干部制度、进一步加强领导班子建设的意见》，就坚持干部“四化”(革命化、年轻化、知识化、专业化)建设、建立健全干部考核制度、实行干部交流、干部培训制度和领导干部离任审计评议制度等提出10条意见。1988年，市委充实调整51个部委办局(公司)和3个区县领导班子，共调整干部194人，其中新提拔干部125人。1989年，先后对5个区县、62个部委办局(公司)和8个大中型骨干企业的党政领导班子进行充实调整，共调整干部205人，其中新提拔领导干部126人。同时对10个实行厂长(经理)负责制任期届满的企业领导班子，进行终结审计和综合考评。10月，对8个区县、63个部委办局(公司)领导班子及288名领导干部，以及253个县级企事业领导班子进行一次深入考查，重点考查在春夏之交政治风波中的表现及廉洁勤政等情况。1990年，对全市504个县以上领导班子和2566名县以上领导干部的思想状况及现实表现进行全面考察。结合干部退、离休，对79个市直部门和13个大中型骨干企业的领导班子进行充实调整。共调整干部303名，其中新提拔120名干部担任市直部门领导职务。进一步加强领导班子思想作风建设，全面准确理解和执行干部“四化”方针，在选人、用人、育人各个环节上，坚持把革命化放在首位，重视一把手的选拔配备。

1991年，市委着力加强经济管理部门和大中型骨干企业的领导班子建设，重点考察调整76个市直部门和20个骨干企业的领导班子，对10个区县的领导班子进行全面考察。全年共调整领导干部283名，其中新提拔139名干部担任市直部门和区县的领导职务，交流干部64名，选配妇女领导干部16名。1992年，对10个县(市)区领导班子进行全面考察并对党委班子进行调整。以经济管理部门和大中型骨干企业为重点，对22个市直部门和10个骨干企业的领导班子进行调整充实。全年共调整领导干部227名，其中，提拔105名、交流69名。1993年，市委制定《关于加强县以上领导班子建设的意见》，从3月份开始，结合市人代会后对新一届市政府组成人员的调整任免，组织力量对市政府所属部门及部分党群部门的领导班子进行全面考察了解，有计划、有重点地进行调整充实和重新公布。全年共考察市直部门班子85个，考察干部431人；调整安排领导干部363人，其中提拔196人、平职交流103人、调整不胜任现职干部8人、退出班子的56人。1994年，市委对全市县以上党政领导班子思想作风建设情况进行检查总结，并向省委作专题报告。考察调整10个县(市)区、21个市直部门和部分大中型企业的领导班子，选拔34名优秀干部充实市直部门领导班子。1995年，全市各级党委和组织部门着眼于增强领导班子的战斗力，坚持把组织建设、思想建设、作风建设结合起来。年初顺利完成10个县(市)区委换届选举；有重点地考察调整27个市直部门领导班子；组织对市直部门131个领导班子、635名干部的民主评议；集中对全市中型二类以上企业领导班子进行调查分析，调整充实101个大中型企业领导班子，制定下发《济南市公司制企业领导人员管理办法》。同时，以贯彻执行民主集中制为重点，狠抓思想作风建设，健全完善加强领导班子建设的制度、规定。

1996年，按照实施全方位目标管理要求，年初组织对10个县(市)区、141个市直部门和1104名县局级领导干部的全面考核。市委对30个实绩突出的领导班子进行表彰，对5个考核不合格的领导班子给予“黄牌”警告，对7名考核不称职的市管领导干部给予诫勉。同时，对部分县(市)区和市直部门的领导班子进行届中考察，调整充实领导班子74个，调整领导干部278名。1997年，集中对10个县(市)区党委、政府、人大、政协领导班子和法检“两长”进行民主测评、民主推荐和全面考察，共选拔充实64名40岁以下的优秀年轻干部进入领导班子。加强对妇女干部、党外干部和少数民族干部的培养选拔工作，领导班子年龄、知识、专业结构都有较大改善。1998年，市县两级完成换届选举工作后，集中对市直部门领导班子进行考察，对部分领导班子作调整充实，着重选拔一批45岁以下的年轻干部，使近80%的市直部门领导班子都配备至少一名40岁左右的领导干部。在总结全市实行三年全方位目标考核工作的基础上，结合贯彻执行中组部《党政领导干部考核工作暂行规定》，对领导班子和领导干部考核工作进行改进，使考核方式、程序及考核结果的运用等更加规范和完善。1999年，结合“三讲”教育，对领导班子和领导干部进行考察，制定关于进一步加强县以上领导班子建设的意见。同时，对部分缺职、结构不合理的领导班子进行调整充实，共调整市管领导班子51个，新提拔领导干部61人。1999年，本着公开、平等、竞争、择优的原则，采取公开推荐与考试考核相结合的方法，市委公开选拔50名40岁以下、具有大学以上文化程度的副局级年轻干部。2000年，对市直部门和县(市)区领导班子进行全面分析，调整市管领导班子92个，调整充实领导干部176人，其中，新提拔102人，交流任职51人。对1999年公开选拔出的50名优秀年轻干部，经过公示、培训后，充实进市直部门和县(市)区领导班子。从市直部门领导班子中，选拔出10名本科学历、年龄在40岁以下的副局级干部，安排到县(市)区挂职锻炼；从选调生中选拔9名年轻干部，担任县(市)区区长助理。

2001年，对10个县(市)区领导班子进行全面考察和调整充实，共调整领导干部156名，其中提拔46名，平转14名，交流市直部门安排9名，退出班子35名。结合市直部门机构改革，分三批对市直部门领导班子进行考察调整，共调整领导干部582名，其中，提拔205名，退出领导班子206名。2002年，新提拔干部半数进行交流任职，其中，组织部长、法检两长全部实行异地交流。同时，对部分缺职和结构不尽合理的市直部门领导班子进行调整充实。2003年，完成市、县两级领导班子换届选举。对部分新组建和需要调整的市直部门领导班子进行配备和调整充实。按照中组部和省委组织部统一部署，对各级干部的学历进行清理。

2004年，市委印发《关于加强和改进领导班子和领导干部经常性考察工作的意见》。2005年1月，市委组织部制定《关于市管领导班子和领导干部2004年度考察工作的意见》，组成考察组分别对10个县(市)区、116个市直部门(单位)领导班子和1182名市管领导干部集中进行年度考察。抓住新一轮机构改革契机，在对市直部门领导班子状况逐一分析的基础上，根据班子实际和工作需要，对部分市直部门领导班子进行调整充实。对领导班子长远建设进行规划，在层层推荐的基础上确定市管后备干部建议名单。2005年，贯彻落实全国、全省领导班子思想政治建设座谈会精神，进一步加强县(市)区、市直部门和企事业单位领导班子思想政治建设。做好领导班子调整充实，组织开展市管领导班子年度考察。

2006年，严格按照《干部任用条例》要求，运用体现科学发展观要求的综合考核评价办法进行换届考察，扩大干部选拔任用中的民主，推进领导班子配备改革，完成县、乡两级党委换届工作的各项任务。同换届前相比，县、乡党委在精简领导班子职数、加大党政班子成员交叉任职、推进干部队伍年轻化、改善班子结构等方面，均取得实质性进展。公开选拔10名45岁以下、大学以上文化程度的非中共党员和专业技术类副局级领导干部。2007年，完成市第九次党代会和人代会、政协会的组织选举工作，县(市)区人大、政府、政协领导班子和乡镇人大、政府领导班子换届选举全面完成。探索领导班子配备改革后地方党委新的工作机制和运行方式，对县(市)区党委常委分工提出指导性意见。对部分市直部门和企业领导班子进行调整充实，完成市级7个民主党派和团市委、市妇联、市工商联换届的有关工作。2008年，完成各级领导班子换届工作，及时对部分市管领导班子进行调整充实。抓好换届后领导班子思想政治建设，召开专题会议进行部署，研究制定《关于加强领导班子思想政治建设的意见》。2009年，落实《关于加强领导班子思想政治建设的意见》，突出抓好理论武装、党性修养、作风养成，各级领导班子和领导干部的思想作风、精神状态、素质能力有了明显改进和提高。加强对县(市)区领导班子配备改革后运行情况的指导，探索建立一些新的工作制度。做好市管领导班子调整充实工作。2010年，紧紧围绕市委“转方式、调结构、促增长、惠民生、保稳定”中心工作，加强对市直部门领导班子结构的动态分析，对关系民生、工作任务重、干部缺职的部门领导班子进行重点考虑，选派精干力量充实领导班子，不断提高领导班子的整体合力。针对部分市直部门正职到龄的情况，注重选拔政治上强、具有领导科学发展能力、能够驾驭全局、善于抓班子带队伍、民主作风好、清正廉洁的优秀干部担任“一把手”。加强干部队伍宏观管理，制定《关于进一步加强全市党政领导班子建设的实施意见》。

二、干部制度改革

1987年，市委、市政府制定《关于贯彻〈中共中央、国务院关于制止机构、编制和干部队伍膨胀的通知〉的意见》，提出不再成立非常设机构，各部门与单位的干部指标应与工人指标分开。市委组织部、市人事局采取面向社会、公开报名、统一考试、择优选用的办法，为市委办公厅、市政府办公厅招聘工作人员。

1988年，探索干部人事制度改革：下放干部管理权限，健全下管一级、分级负责的管理体制；建立选拔、考察干部的民主评议、民意测验和民主推荐等制度，增强干部工作的民主程度和透明度；引入竞争机制，在全市2023个企业招标选聘企业经营者，占承包企业的64.39%。

1990年，市委制定《关于加强干部管理工作的意见》，对干部任免实行综合宏观管理，完善干部任免备案制度，初步解决干部管理中的某些混乱现象。同时，对企业干部管理中存在的问题，制定《关于进一步加强企业干部管理的意见》。

1995年，市委确定在全市各级党政机关推行全方位目标管理，印发《济南市一九九五年度党政领导班子和领导干部全方位目标管理考核试行办法》。通过全方位目标管理，确立一套比较科学的考核方法和衡量标准，完善干部的竞争激励机制。

1996年，各级组织部门积极参与并加强对机构改革和推行国家公务员制度的指导，精心组织党群机关的参照管理工作，完成126个单位的22046名干部公务员过渡考试。

2000年，市委印发《关于试行领导干部任前公示制度的意见》《关于试行党政领导干部任职试用期制度的意见》《关于在市级机关中层干部中推行竞争上岗的意见》3个文件，在全市范围内实行领导干部任前公示制度、试用期制度和中层干部竞争上岗制度。

2001年，结合机构改革，在市级机关全面推行中层干部竞争上岗。至年底，全市共有83个单位组织对1170多个处级职位进行竞争，1155人通过竞争走上处级领导岗位。10月，面向全国为济南高新技术产业开发区管委会公开招聘2名40岁以下、具有博士学位的副主任。

2002年，围绕贯彻落实中央《深化干部人事制度改革纲要》，市委印发《关于深化干部人事制度改革的意见》，市委组织部印发《济南市公开选拔领导干部试行办法》《济南市关于进一步做好调整不称职、不胜任现职领导干部工作的意见》《关于试行干部考察预告制度的意见》《关于建立干部选拔任用工作责任制的试行办法》等文件。10月，开展面向海内外公开招聘市属企业分管外经外贸副总经理工作，共吸引海内外近百名高层次人才报名，其中，76人通过资格审查、44人参加面试。最终，有5家企业引进6名熟悉外经外贸工作的高级经营管理人才，其中，博士1人、硕士3人(在海外就业的留学人员1名)，平均年龄34.9岁。

2003年，根据省委组织部部署，济南市承担完善干部考核和企业人事制度综合配套改革试点任务，安排23个单位、24个项目进行改革试点。在党政干部制度改革方面，确定选拔任用责任追究、调整不称职不胜任现职领导干部、干部辞职、差额考察等9个项目，安排10个县(市)区和2个市直部门为试点单位；在国有企业人事制度改革方面，组织有关企业深入进行同步试点；在事业单位人事制度改革方面，确定完善竞争上岗、实行收入分配制度改革和中层干部聘任制等3个项目，在全市教育和卫生系统事业单位中进行试点。在总结试点工作经验的基础上，研究起草经常性考察、干部辞职、干部交流、差额考察和票决制5项制度。

2005年，贯彻落实中央“5+1”文件[①]，进一步完善公开选拔、竞争上岗工作，381名干部通过竞争走上市直部门中层领导岗位。制定《关于深化国有企业人事制度改革的实施意见》，起草领导干部差额考察、市直机关中层干部定期轮岗等制度和办法。

2008年，着力改进干部考核评价办法，初步构建起科学发展综合考评体系，组织开展首次科学发展年度综合考核；着眼于扩大干部初始提名环节民主，在槐荫区进行公推竞选领导干部综合试点，在市法院、市财政局实行差额推荐、差额考察，在市公安局实行二次会议推荐；面向全市公开选拔12名市管副局级优秀年轻干部；在市政府办公厅、市纪委、市房管局实行市管副局级干部竞争上岗；在10个县(市)区全面推行常委会讨论决定干部任免票决制。

2009年，通过公开选拔、公推竞职等方式选拔63名领导干部。其中，采取“公推竞职”方式，选拔29名县(市)区乡镇(街道)、部门领导干部。济南市推进领导干部“公推竞职”工作制度化、经常化做法，获全省组织工作创新奖。

2010年，市委制定《关于进一步深化干部人事制度改革的实施意见》，提出深化改革的工作思路和需要重点突破的16项改革项目。建

① 2004年4月，经中央政治局审议通过，中共中央办公厅印发《公开选拔党政领导干部工作暂行规定》《党政机关竞争上岗工作暂行规定》《党政领导干部辞职暂行规定》《地方党委全委会对下一级党政正职拟任人选和推荐人选表决办法》和《党政领导干部辞职从事经营活动有关问题的意见》等五个关于干部人事制度改革的法规性文件。这五个文件，加上此前经中央同意，由中央纪委、中组部联合印发的《关于对党政领导干部在企业兼职进行清理的通知》，被称为“5+1”文件。

立以“变少数人为多数人、一轮为多轮、等额为差额、无竞争为竞争性”为主要内容的干部推荐提名新机制，进一步规范完善干部推荐提名制度。采取公开推荐提名、二次会议推荐、两轮择优推荐、多轮遴推、差额推荐提名、竞争性推荐提名等方式，选拔市管领导干部120多人次。其中，采取公开推荐提名、差额选拔的办法，选任平阴县委书记、县长候选人，采取差额推荐提名的方式，选拔市管干部38名。以竞争性方式选拔市和县(市)区管干部148名，其中，以公开推荐方式选拔30名乡镇(街道)党政正职，以联合公选方式选拔41名处科级领导干部。全面推行差额考察制度，实行干部推荐考察信息预告和考察对象公示制度。在市、县(市)区全面推行常委会讨论决定干部前“五人小组”共同酝酿制度、党政正职全委会票决制、常委会研究干部票决制，进一步规范完善讨论决定程序。围绕干部选拔任用提名、推荐、考察、酝酿、讨论、决定等环节存在的突出问题，制定市委全委会推荐意向性人选试行办法等12项制度办法。进一步完善科学发展综合考核评价机制，建立干部实绩档案，综合考核工作的针对性、导向性更加鲜明，济南市综合考核工作被评为全省组织工作创新奖。制定《关于进一步加强对领导干部德考察评价工作的实施意见(试行)》，把对德的考察作为选拔任用干部的必经程序和经常性考察的重要内容，《人民日报》党建周刊对该做法进行报道。

三、企业干部工作

1990年，市委组织部制定下发《关于进一步加强企业干部管理的意见》。至1993年，全市已进行干部人事制度改革的企业有1279户，主要采用聘任制、考评制和民主选举等办法；95%以上的市属预算内企业打破干部、工人界限，管理人员实行聘任制，择优上岗，初步形成干部能上能下、职工能进能出、收入能高能低的机制。1997年，市委制定《关于做好全市国有企业领导班子考核建设工作的意见》《关于加强国有企业经营管理者队伍建设的意见》和《企业经营财务状况审计评价实施意见》，进一步加大对企业领导班子建设的宏观指导力度。

1998年，按照中央组织部、国家经贸委、人事部、中华全国总工会《关于对国有企业领导班子考核调整工作进行检查的通知》精神和全省国有企业党建工作经验交流会议的要求，由市委组织部牵头成立检查工作协调小组，全市共抽调440人组成119个检查小组，对所属企业进行普遍检查和重点抽查。共重点抽查企业189个，占企业总数的31%。对611个企业领导班子进行民主评议。其中：实绩突出的164个，占26.8%，比调整前(1997年7月)提高2.3个百分点；比较突出的232个，占38%，提高0.7个百分点。共对3318名企业领导人员进行民主测评。其中：优秀的787人，占23.7%，提高1个百分点；胜任的2453人，占73.9%，提高1.2个百分点。通过集中考核调整，全市企业领导人员平均年龄达到44.3岁，比考核前(1997年4月)下降1.5岁；大学本科以上文化程度的比考核前提高4个百分点。8月，召开全市企业领导班子考核建设工作经验交流会议，对检查工作进行总结表彰，并介绍推广章丘市、济南锅炉集团等13个单位加强企业领导班子建设的经验。

1999年，针对企业改制中出现的新情况，探索公司制企业领导人员管理办法。在对企业领导人员考核的基础上，一厂一策提出加强企业领导班子建设的措施。对个别结构不合理、整体功能较差的班子进行调整，全年共调整充实企业领导人员38人。

2000年，研究起草《济南市2001～2005年经营管理者队伍建设规划》，提出此后五年全市企业经营管理者队伍建设的目标、任务和措施。适应建立现代企业制度要求，制定下发《关于对企业经营管理者实行期股激励与员工持股试点指导意见》，在企业领导人员培养、选拔、任免、考核、激励、监督等方面进行探索。对部分结构不合理、存有问题的班子进行调整，共调整市管企业领导班子9个，调整充实企业领导人员37人。总结推广山东水泥厂等8个企业党组织和李淑敏、张才奎等12名市管企业领导干部的典型。

2001年，组织对全市440个企业领导班子和2319名企业领导人员进行年度考核，对12个市管企业领导班子进行调整充实，首次向6个企业集团派出专职监事会主席。对全市企业经营管理者队伍建设现状进行调查，召开“面向21世纪企业经营管理人才队伍建设战略与对策研讨会”，研究制定《济南市2002～2005年国有企业经营管理者队伍建设规划纲要》。

2002年年初，面向社会公开选聘4名国有资产经营公司副总经理，来自美国、英国、加拿大等发达国家和国内20多个省市的100多人应聘。下半年，开展面向海内外公开招聘市属国有企业分管外经外贸副总经理工作。同年，对全市391个企业领导班子进行年度考核，对22个市管企业领导班子进行调整充实；组织278个市属企业开展“优秀经营管理人才推荐月”活动，推荐各级各类企业后备人才1200余名，进入各级人才库的经营管理人才4300余名，并从中遴选出正职后备人才100名、副职后备人才200名和优秀年轻经营管理人才500名进行重点培养；向13个企业派出专职监事会主席，配备监事会组成人员。

2003年，市委提出加强企业家队伍建设的对策措施和理顺国有企业领导人员管理体制的初步意见。建立“多位一体”考核工作机制，对18家市管企业领导班子进行年度考核，对9个市管企业领导班子进行调整充实。启动实施人才建设计划，对确定的企业后备人才逐人落实培养措施。举办首期企业中青年后备人才培训班，采取国内培训与境外培训、课堂教学与社会实践相结合的方式，收到良好效果。

2004年，制定下发《关于在全市市属企业领导班子中开展“学习海尔精神，争创一流企业”活动的通知》，引导企业领导班子学习海尔创新精神，对照先进找差距，明确目标定措施。根据中央和省、市委关于清理党政领导干部在企业兼职的要求，为26名在企业兼职的市管干部办理任免手续。同时，指导县(市)区、市直各部门开展清理工作，全市共对115名县处级以上领导干部在企业兼职的进行清理。12月23日，市政府召开全市派出监事会工作会议，决定向中国轻骑集团有限公司等11家市属企业派出监事会，驻厂监事，确保国有资产保值增值。济南市“加强企业领导班子思想政治建设，为推进国有企业改革提供坚强组织保证”的做法，在全省国有企业领导班子思想政治建设座谈会上作典型发言。

2005年5月，市委召开全市国有企业党建工作座谈会，对“四好”(政治素质好、经营业绩好、团结协作好、作风形象好)领导班子创建活动作出全面部署。市委组织部制定下发《关于开展国有企业“四好”领导班子创建活动的实施意见》，提出创建“四好班子”的指导思想、主要目标和基本条件，对活动的方法步骤和复查管理等作出具体安排。9月，市委组织部、市政府国资委制定《关于深化国有企业人事制度改革的实施意见》，明确提出深化国有企业人事制度改革的指导思想、基本原则和“三个基本形成”①的主要目标。“意见”还对理顺国有企业领导人员管理体制、规范公司法人治理结构、改进国有企业领导人员选拔任用方式、健全企业领导人员激励约束机制、建立正常的企业领导人员退出机制、健全国有

① 基本形成与现代企业制度相适应的权责明确、运转协调、制衡有效的企业领导体制；基本形成适应社会主义市场经济体制要求的、充满生机与活力的企业领导人员选拔任用和激励约束机制；基本形成能忠实代表出资人利益、专业化的产权代表队伍，善于经营管理、市场化的职业经理人队伍和熟悉生产经营、政治工作经验丰富、复合型的党务领导人才队伍。

企业领导人员培养机制和完善国有企业内部人事制度等问题提出具体措施。2006年，先后对中国重汽集团、市商业银行、市公交公司和供水集团领导班子(7名企业领导人员)进行调整充实。加强对市管企业“四好”班子创建活动的指导和检查，指导中国重汽、商业银行、二机床集团、锅炉集团、公交公司5家企业分别撰写典型材料，并将两家企业列为全省“四好”企业领导班子创建活动优秀企业名单。从市委研究室、市委统战部、市经委、市人事局、市劳动和社会保障局等单位抽调5人组成专门调研组，采取问卷、走访和召开座谈会等多种形式，对中央和省属驻济南企业，市属国有骨干企业，民营企业和中外合资企业家情况进行深入调研。从11月下旬开始，在《济南日报》推出《赢在济南——企业家访谈录》专栏，对全市有代表性的30位企业家进行深度宣传报道，被省委组织部、省委宣传部评为人才好新闻特等奖第一名。同时，由经济日报出版社编辑出版《商道维新——解读泉城企业30人》精美画册。2007年，召开全市国有企业创建“四好”领导班子先进集体表彰暨经验交流会，对市属企业“四好”领导班子创建活动进行总结，对中国重汽集团等12个“四好”领导班子先进集体进行表彰。重汽集团卡车公司、二机床集团被评为山东省“四好”领导班子创建活动先进集体。

2008年，市委、市政府作出向中国重汽集团学习的决定后，起草印发《关于在市属国有企业领导班子中开展向中国重汽集团学习活动的通知》，组织国有企业领导班子和企业家深入开展学习活动。市委、市政府制定实施《关于加强省会企业家队伍建设的意见》，进一步明确企业家队伍建设的指导思想、基本原则和目标任务，提出8个方面30多条工作措施。2009年，建立济南市企业家队伍建设联席会议制度，联席会议办公室设在市委组织部。2009年，市委组织部、市国资委面向全省公开选拔6名企业高级经营管理者。2010年，市委办公厅、市政府办公厅印发《“济南企业英才”选拔管理暂行办法》，开展“济南企业英才”选拔工作。经评审委员会评选、市人才工作领导小组审定，市委、市政府召开表彰大会，授予马纯济等26名优秀企业家“济南企业英才”称号。

四、干部监督工作

1995年11月，在市管领导干部中实行诫勉制度，规定领导干部有下列情况之一的，应实行诫勉：贯彻党的基本路线不得力，不能以党的原则和领导干部的标准严格要求自己，在政治立场、思想作风、廉政建设、道德品质等方面存在明显问题但构不成纪律处分的；缺乏事业心，工作不努力，没有责任感，不能认真履行本职岗位职责，在年终岗位责任制考核中，因工作原因，完不成市委、市政府下达的硬性指标和重要任务或工作不扎实，作风漂浮，弄虚作假，脱离群众，给单位造成损失的；在组织考察、民主测评时，政绩较差，没有特殊情况，民主测评不称职票占总票数30%(含30%)以上，或干部群众意见比较大，反映有明显问题的；不能认真坚持民主集中制，在班子内部闹不团结，原则性较差，组织纪律性不强，直接影响工作的；一年中，被市委、市政府通报批评两次以上或在社会治安、计划生育工作中连续两年被一票否决的县(市)区和市直部门的主要负责人；有其他问题需要诫勉的。诫勉时限定为一年。干部在诫勉期间，对缺点错误认识深刻，改正较快，工作表现突出的，可以提前解除诫勉；在限期内经组织考察思想认识没有提高，实际行动没有明显改进或又出现其他问题的，可视情况适当延长诫勉期，时间不得超过半年，延长期限后，如仍无悔改，可采取相应的组织措施，降职或免职，亦可调动其工作。干部在接到“诫勉通知书”至解除诫勉期间，不得提拔重用，一般不得调动工作岗位。诫勉期满后，被诫勉的干部要对诫勉期间的思想和工作情况作出实事求是的总结，交所在单位党组织，单位党组织审核后，写出鉴定意见，连同诫勉期间形成的材料一并报送市委组织部，市委组织部考察后，提出能否解除诫勉的处理意见，报市委常委会研究决定。

2003年10月，为进一步加强对党政领导干部选拔任用工作的事前监督，有效防止用人上的不正之风和违纪违规行为，提高选人用人公信度，济南市实行党政领导干部选拔任用工作报告制度。规定：县(市)区和市直部门在干部选拔任用工作中，涉及在机构变动或主要领导成员已经明确工作即将变动时提拔调整干部的；超过规定职数配备的；属于破格提拔(含越级提拔)的；领导干部的配偶、子女在领导干部所在县(市)区或单位(系统)提拔调整的；超过任职年龄需继续留任的；拟提拔干部受过党纪政纪处分或刑事处理的；拟提拔干部被举报反映有较严重问题的，要事前向市委组织部报告，经同意后，方可研究决定。专题报告的内容包括，干部提拔调整的数量、基本情况、理由、职数设置等。

2004年3月，为深入贯彻执行《党政领导干部选拔任用工作条例》，切实加强对干部选拔任用工作的监督，特别是加强对讨论决定环节的监督，济南市建立上级组织部门列席下级党委(党组)讨论决定干部会议制度。规定：市委组织部列席县(市)区委常委会和市直各部门党委(党组)会议，监督讨论决定干部情况。监督内容包括：参加会议的领导成员人数是否达到应到人数的2/3以上；会议程序是否符合《干部任用条例》及相关制度的规定；提请研究的拟提拔干部人选是否符合《干部任用条例》规定的资格和条件；是否履行民主推荐、组织考察和充分酝酿等程序；破格提拔和通过竞争上岗、公开选拔的人选是否符合有关规定；讨论决定干部任免时，参加会议的领导成员是否能够充分发表自己的意见；对应当作出暂缓决定的，是否按照有关规定进行处理；是否按照规定的表决方式进行表决，并按照民主集中制原则和《干部任用条例》的规定，以应到会成员过半数同意形成决定；讨论的干部人选涉及与会人员本人及其亲属的，本人是否按照有关规定回避；是否按有关规定的职数配备干部；是否有临时动议决定干部任免的现象；提交会议的材料是否完备、齐全，符合有关规定等。

2006年4月，加大对违反《干部任用条例》和有关规定的监督查处，实行对严重违规用人问题立项调查制度。规定市委组织部对反映县(市)区委、市直部门党委(党组)及其组织(人事)部门严重违反《干部任用条例》和有关规定选人用人的问题，根据具体情况，实行立项调查。立项调查严重违规用人问题包括：中央组织部、省委组织部批转的立项督查的问题；通过举报或其他渠道反映的问题；对没有立项但要求上报结果，且承办单位报告的经查不属实的举报件，按照一定比例进行复核。对立项调查的问题，由市委组织部会同有关单位组成调查组实施调查，并向被调查单位下发“立项调查通知单”。对立项调查问题经查属实的，由调查组提出整改措施，以《立项调查处理意见》的形式，责成被调查单位限期整改。对于立项调查问题作出的处理决定，由市委组织部干部监督处负责督促和落实。

2006年10月，试行干部选拔任用工作全过程记实制度。规定干部选拔任用工作全过程记实，以填写“干部选拔任用工作全过程记实表”的方式，如实记录履行干部选拔任用工作程序的情况，直接反映有关工作环节的责任主体和运行情况。记实实行一人一表、一事一记，完成一项内容和履行完一个程序，就在相应的栏目作记录。干部选拔任用工作全过程记实，主要包括选任程序记实和重要情况记实。记实的起点为选拔任用干部动议的提出，历经民主推荐、考察、酝酿、讨论决定和任前公示等过程，终点为任职决定的下发。记实内容主要包括：干部基本情况、任职资格情况、执行程序情况、动议情况、民主推荐情况、考察情况、酝酿情况、讨论决定情况、任职情况、执行重要事项情况等。

2006年10月，为加强对党政领导干部选拔任用工作监督，防止和纠正选人用人上的不正之风，实行党政领导干部选拔任用工作责任追究制度。规定凡在选拔任用干部工作中违反《干部任用条例》和有关规定，造成“带病提拔”或“带病上岗”，损害党的事业，产生不良影响的，应对用人失察、失误行为中的责任人进行责任追究。党政领导干部选拔任用工作责任追究，坚持党委(党组)领导、分级负责的原则，实事求是、客观公正的原则，权力与责任相统一的原则，预防与惩治相结合的原则，依法办事的原则进行。责任追究处理种类：对干部选拔任用工作责任人进行追究，应根据问题的性质和轻重，给予一般处理、党纪处分、政纪处分或司法处理。一般处理的种类，包括批评教育、书面检查、通报批评、诫勉谈话、调离岗位等。

2008年7月，在全市实行组工干部形象监督员制度，市委组织部聘请60名党代表、人大代表、政协委员，担任组工干部形象监督员。监督员主要职责是：了解反映社会各界对组织部门和组工干部贯彻执行党的路线、方针、政策及组织工作政策、规定的意见建议；了解党员、干部和群众对组织部门在选人用人、组织建设、人才工作等方面的反映，并提出意见建议；了解反映党员、干部和群众对组工干部思想、工作、作风等方面的社会舆论，对组工干部存在的问题进行反映。市委组织部建立工作联系制度，与组工干部形象监督员保持经常性联系，及时沟通交流有关情况。对监督员反映的问题，及时落实，对存在问题进行整改，并向监督员反馈落实情况。坚持每半年召开一次组工干部形象监督员工作座谈会，定期听取监督员的工作情况报告和意见建议，对监督工作进行总结，研究提出做好监督工作的意见和措施。

2008年7月，济南市为进一步加大对领导干部的教育、管理和监督，特别是加强对领导干部的事前监督，制定实施干部监督预警制度。规定：对市委管理的领导干部、市委组织部代市委管理的领导干部、市管后备干部，凡出现举报反映领导干部在思想、工作、作风以及选人用人、廉洁自律等方面的问题，将根据情况对预警对象予以不同类型的警示。制度规定以下7种情况应予以警示：不能严格遵守党的政治纪律，贯彻落实党的路线、方针、政策和上级党组织决议、决定以及工作部署不够得力；不能认真执行民主集中制，作风专断，在领导班子中闹无原则纠纷，造成不良影响；不能认真履行职责，给工作造成被动；不能自觉做到求真务实，作风漂浮，贪图虚名，脱离实际，脱离群众，存在形式主义和官僚主义现象；不能严格执行《党政领导干部选拔任用工作条例》，违反有关规定选人用人；不能严格执行廉洁自律有关规定，造成不良影响等。干部监督预警采取谈话警示、书面警示和跟踪警示3种形式。对初次信访举报反映有有关问题的干部，实行谈话警示；对多次或重复信访举报反映有同类问题的干部，实行书面警示；对信访举报反映，经初步了解确实存在一定问题的干部，实行跟踪警示。

2009年5月，市委组织部印发《关于在干部选拔任用工作中加强监督认真治理拉票行为的实施意见》。测评与会议投票推荐一并进行，发所有参加民主推荐人员。谈话考察中，重点了解考察对象有无拉票行为。在干部推荐工作开始前发现并查实拉票的，不得确定为考察对象；在考察过程中发现并查实的，是考察对象的，取消考察对象资格；考察结束后发现并查实的，已经提拔的要从领导岗位撤下来，情节严重的给予纪律处分。参与、帮助他人拉票的，同样属于严重违反组织人事纪律的行为，比照给自己拉票的行为给予相应处理。

2009年5月12日，各县(市)区委组织部、高新区党工委组织部正式开通尾数统一是

"12380"的干部监督公开电话，并在济南电视台、《济南日报》、《济南时报》等新闻媒体进行公布。建立健全完善群众举报登记和受理制度，安排专人负责举报受理工作，严格举报登记制度，对群众的每一件来信、来访、来电，认真登记，及时办理。对反映选人用人方面的问题，实行立项调查，坚持发现一起，严肃查处一起。对容易引发重复、越级举报的重要信访件，确定责任人员，明确查核期限，一包到底。严格执行处理群众举报工作纪律，对敷衍塞责、不及时受理群众举报的，不认真调查核实反映问题的，泄露举报工作秘密的，按照有关规定进行严肃处理；造成不良后果的，追究有关领导和人员的责任。

2010年5月12日，市委组织部召开全市贯彻实施4项监督制度、进一步提高选人用人公信度座谈会，对学习贯彻落实中央办公厅《党政领导干部选拔任用工作责任追究办法(试行)》和中央组织部《党政领导干部选拔任用工作有关事项报告办法(试行)》《地方党委常委会向全委会报告干部选拔任用工作并接受民主评议办法(试行)》《市县党委书记履行干部选拔任用工作职责离任检查办法(试行)》4项监督制度，进一步防止用人上不正之风、努力提高选人用人公信度进行安排部署。开展以"五个一"活动为主要内容的集中学习宣传活动，使四项监督制度让领导干部100%熟知，组工干部100%精通，党员干部100%知晓。组织一次集中学习。把四项监督制度列入党委(党组)理论中心组学习、领导班子民主生活会对照检查的重要内容，集中安排一次专题学习。要求各级领导干部，特别是组织部门要先学一步、学深一步，为执行好制度打牢基础；组织一次专题培训。突出抓好县(处)级以上领导班子、领导干部和组织人事干部的学习培训，将四项监督制度纳入各级党校、行政院校领导干部主体班次的学习内容，有计划地组织培训；组织一次知识测试。集中时间对全市党员干部进行四项监督制度相关知识内容的测试，检查学习情况的实际效果；组织一次集中宣传。充分发挥广播电视、党报党刊、党建网站等主渠道作用，广泛宣传四项监督制度的精神要求，在社会上营造学习制度、宣传制度、执行制度的浓厚氛围；组织一次重点抽查。适时对各单位学习宣传制度、干部群众掌握了解制度的情况进行一次重点抽查，对抽查结果在一定范围内进行通报。对知晓程度明显偏低的，约请组织人事部门的负责人谈话，确保学习活动取得实效。

2010年7月，印发《中共济南市委组织部关于市直部门(单位)党委(党组)书记履行干部选拔任用工作职责离任检查的实施办法》，对因平职交流、到龄免职等原因即将离任的市直部门(单位)党委(党组)书记履行干部选拔任用工作职责情况进行离任检查，检查主要通过书面述职、召开民主评议会议、个别访谈、查阅资料等形式进行。对在民主评议中履行干部选拔任用工作职责总体评价"满意""基本满意"两项比率合计不足2/3，或者用人风气总体评价"好""较好"两项比率合计不足2/3的，由检查组作进一步调查，经调查核实确有问题的，依据有关规定，采取相应的组织处理措施。对于新任用的处级干部民主评议中，"不满意"率超过30%的，党委(党组)书记应就其任用情况作出说明，检查组对其任用过程进行调查了解。

2010年11月，对各县(市)区、市直部门(单位)党委(党组)每年专题报告年度干部选拔任用工作情况，并在一定范围内接受对本级党委(党组)干部选拔任用工作和新选拔任用领导干部的民主评议工作提出要求。"一报告两评议"工作每年开展一次，一般在每年年底或次年年初，与领导班子和领导干部年度考核工作一并进行。对干部选拔任用工作民主评议满意度高、工作成绩突出的，予以表扬；对满意度明显偏低、干部群众反映强烈的，根据工作需要，会同纪检部门，按照规定追究有关责任人员的责任，并进行督促整改；对新选拔任用的干部民主评议中“不满意”率较高或位次靠后的干部，市委组织部干部监督处负责督促有关单位党委(党组)或组织人事部门进行分析，并与本人进行谈话提醒；对“不满意”率超过30%的，本级党委(党组)组织人事部门应对其选拔任用情况作出说明，并进行相应的教育和处理。

五、干部教育培训

1993年，共培训各级各类干部64397人次。其中，参加政治理论培训的17188人次，包括：县局级以上领导干部563人；各种业务知识培训16914人次；岗位培训15276人；中专以上学历培训14037人次；到国外和境外培训的982人次。

1994年，共有10862名干部参加政治理论培训，其中县局级干部1606名、优秀青年干部600多名。有25050名各类干部参加业务知识培训和岗位培训；有10350名干部参加科学文化知识的学习，其中参加大专学历培训的7000多人，参加本科以上学历培训的2400多人；有近500人参加境外国外的培训。

1995年，围绕落实中央提出的“两大战略任务”①，把提高理论素养作为培养领导干部的基本环节来抓，继续坚持领导班子中心组学习制度和干部在职学习制度。在市委党校举办主体班次16个，培训干部1508人，其中县局级以上领导干部183人；7219人参加中央党校和省市委党校的函授学习。全年通过党校、干校培训各级各类干部82690多人次。

1996年，围绕学习贯彻中共中央总书记江泽民《领导干部一定要讲政治》和《努力建设高素质的干部队伍》等重要论述，深入进行党的基本理论教育、民主集中制教育、党的宗旨教育和实事求是思想路线教育；采取多种形式开展向孔繁森等先模人物学习的活动，增强广大干部特别是领导干部讲政治的自觉性和自重、自省、自警、自励的意识。制定下发《1996～2000年济南市干部教育培训规划》。全年共培训各级各类干部37665名，其中在市委党校举办领导干部理论培训班21期，培训干部1210名。

1997年，集中对领导干部进行党性党风教育和群众观念、群众路线的再教育。市委党校举办主体班次13个，共17期，培训县局级以上领导干部712人。举办组工干部轮训班24期，培训干部1103名，其中市委组织部集中举办3期，培训组织部(处)长181名。在党的十五大召开后，各级党组织及时举办学习十五大文件培训班，17781人次参加培训。全年共培训各级各类干部70754人次，其中：27534人参加政治理论培训，19562人参加业务知识培训，11018人参加岗位及职业资格培训，69人参加境外培训。

1998年，在市委党校举办各类培训班、研讨班和读书班15个、18期，培训各级干部1000多人，其中县局级以上领导干部400多人次。全市共培训干部129846人次，其中：30358人次参加政治理论培训，62137人次参加业务知识培训，37351人次参加岗位及职业资格培训。

1999年，把以“三讲”为主要内容的党性党风教育列为重点，狠抓各级各类干部学习邓小平理论以及市场经济、法律法规、现代管理、科技等知识的培训。在市委党校培训领导干部1160人。会同有关部门选送80名机关和企事业单位的干部到国外进行培训。

2000年，在市委党校举办各类培训班18期，培训干部1150人。组织县(市)区主管经济工作的领导干部和市管大型企业集团董事长、总经理16人，赴瑞士进行“WTO知识培训”，探索国外、境外培训干部的新路子。

① “两大战略任务”：1994年9月，中共中央十四届四中全会通过《中共中央关于加强党的建设几个重大问题的决定》，提出两项重大而紧迫的战略任务：一是必须全面提高现有领导干部的素质，把各级领导班子建设成为坚决贯彻党的基本路线、全心全意为人民服务、具有领导现代化建设能力的坚强领导集体；二是必须抓紧培养和选拔优秀年轻干部，努力造就大批能够跨世纪担当重任的领导人才。

2001年，制定《2001～2005年济南市干部教育培训规划》《县处级以上党政领导干部政治理论任职资格考试制度》，重点开展政治理论和WTO知识的学习培训。在市委党校举办主体班次18期，培训领导干部1100人，其中县局级领导干部110人；举办研讨班3次，参加研讨的干部200多人。开展农村“两委”干部学历教育培训，培训农村基层干部1054人；会同有关部门与澳大利亚伊迪斯·科文大学联合举办工商管理硕士(MBA)研究生班，50名企业经营管理人员参加学习。全年共培训各级各类干部189158人次，其中：参加政治理论培训112897人次，参加业务素质培训69190人次，国(境)外培训127人次，其他培训6944人次。

2002年，在全市组织开展大规模的WTO知识培训活动，组织各级各部门采取多种形式培训各类人才7.6万余人，其中组织2.5万余名机关干部进行WTO知识考试。加大对各类干部的业务知识培训力度，全市1200余名企业干部参加工商管理培训，1.9万余名干部参加计算机应用技术培训。公开考选195名优秀年轻干部参加清华大学、山东大学、同济大学研究生课程进修班和山东师范大学英语强化培训班。

2003年，把组织党员干部深入学习贯彻“三个代表”重要思想作为首要政治任务，召开全市干部教育暨党校工作会议，对大规模培训干部工作进行部署。在市委党校举办10期专题培训班，对1502名县局级领导干部、国有企业领导人员和理论骨干进行集中轮训。实施“双高人才”①培训工程，完成3个国内班次的培训任务，举办首期EMBA学位班，选派107名干部参加出国(境)培训。加强干部教育培训基地建设，首批确定清华大学等6个培训基地。全市累计培训各级各类干部54.7万人次。《求是》杂志2003年第11期介绍济南市实施“双高人才”培训工程的经验做法。

2004年，先后选调153名干部参加中央组织部和省委组织部培训；在市委党校举办各类培训班30个，培训各级干部2500多人次；举办十六届四中全会精神和科学发展观专题培训班7期，对1168名市管干部和理论骨干进行系统培训。实施“双高人才”培训工程，选派197名优秀中青年干部到国内重点高校进行研究生课程脱产培训，在香港举办2期经济管理和组工干部培训班。全市累计培训各级各类干部86万多人次。《光明日报》《党建》杂志专门介绍济南市开展大规模培训干部工作的经验做法。

2005年，以执政能力建设为核心，全面推进大规模培训干部工作。在市委党校举办主体培训班次26个，举办十六届五中全会精神专题培训班2期，指导和协调有关部门举办信访条例、计划生育法等专题培训班。启动实施第三期“双高人才”培训工程，选派208名优秀中青年干部赴国内重点高校进行公共管理、经济管理和城市规划与管理等研究生课程培训，选派33名年轻干部出国培训。探索建立“学习、研究一体化”培训机制，组织参训学员围绕全市重点工作开展课题研究，提高培训的针对性和实效性。全市累计培训各级各类干部20.5万人次。

2006年，深入开展《干部教育培训工作条例(试行)》的学习、宣传和贯彻工作，研究制定全市“十一五”干部教育培训规划。在市委党校举办主体班次18个、培训干部900多名。继续实施“双高人才”培训工程，选派185名优秀干部赴国内重点高校进行研究生课程培训，选派99名干部出国培训。深化完善“学习、研究一体化”培训机制，探索实行“党校—高校”分段式培训。全市共培训各级各类干部38.4万人次。

2007年，把党的十七大和省、市第九次党代会精神列入干部培训的重要内容，及时部署和开展县处级以上领导干部的集中轮训。在市委党校举办主体班次27个，培训干部2500多

① “双高人才”指高级外向型人才、高级城市规划与管理人才。

名，选调146名领导干部参加在国家行政学院、省委党校等院校举办的各类培训班。选派35名干部到国外进行中长期培训。全市共培训各级各类干部40万人次，全面完成第一轮大规模培训干部任务。

2008年，全面启动新一轮大规模干部培训工作，研究制定11条改革创新意见。精心组织中共十七大精神集中轮训工作，完成1500多名市管领导干部和266名乡镇(街道)党政正职集中培训任务。选派232名优秀中青年干部到国内重点高校和美国进行中长期培训。在市委党校举办主体班次26个，培训各级干部2600多人次。推行点名调训和分段式教学，进一步增强培训的针对性、实效性。

2009年，市委组织部制定下发《关于对全市领导干部学习中共十七届四中全会精神进行培训的通知》，组织市直部门和县(市)区按照干部管理权限，坚持“横到边、竖到底、分级分类培训”的原则，采用个人自学、单位集体研讨、集中轮训等方法，重点抓好党员干部特别是县处级以上领导干部的学习培训。将十七届四中全会精神列入市委党校各主体班次教学内容，先后举办两期专题辅导报告会，邀请中组部和省委党校专家对全会精神进行集中辅导和解读，并举办市管领导干部专题研讨班和组工干部专题培训班，全市共培训各级领导干部1500多人次。全年举办党校主体班次23个、专题班次18个、境外培训班次4个、专题讲座4个、学员讲坛4次，受训学员5000人次。

2010年，着眼培养“眼界宽、思路宽、胸襟宽”的干部队伍，按照“专题研究、短期培训、小班教学”的原则，加大对市委党校主体班次管理力度，逐步做到分类别分专题培训。组织64名市直部门“一把手”到浙江大学进行专题培训，提高领导干部的思维创新能力和领导力。探索培训形式方法，中青班采取一周军训、一周党性锻炼、一周革命传统教育、一周社会实践、一周高校培训的“五个一周”教学模式；主体班次实行学员上讲台、互动教学、观摩教学、案例教学和体验式教学。全年举办党校主体班次23个、专题班次15个、境外培训班次2个、专题讲座3个，培训学员5000余人次。

六、后备干部管理

1986年年初，市委对28个市直部门和县区上报的39名县级后备干部人选进行考察遴选，确定33名人选列入第三梯队名单。同时，将各部、委、办、局(公司)和县区民主推荐拟任县级以上职务的1013名中青年干部人选整理造册。4月，对1983年后省委组织部选派到济南市工作的67名选调大学生，进行考察了解和调整安置。年底，对全市县级以上946名后备干部普遍进行年度考核。同年，从后备干部中，提拔进市级领导班子3人，进入市直部门及县区领导班子的31人。

自1987年3月开始，围绕县区领导班子换届工作，重点抓县区、市直部门和大中型骨干企业后备干部的充实与调整，先后有43个单位新充实93名后备干部，调出22名。同时落实培养措施，对县级以上后备干部采取轮岗、横向交流、下派锻炼等方式，培养市直部门和县区级后备干部146人，并推荐5名年轻干部进省委党校党政干部研究生班学习。9月底，贯彻中共中央组织部《选调生工作会议纪要》精神，召开全市选调生工作座谈会，对“后备干部的党性锻炼”“关于领导干部知识结构调整与更新问题”“县区党政领导干部选任方法与相关制度”等课题进行研究与探讨。

1989年，从市直部门选拔15名后备干部到基层挂职锻炼，从基层选拔15名后备干部到机关任领导工作；选送11名后备干部到各级党校和大专院校学习深造。7月，制定下发《济南市后备干部工作暂行办法》，对后备干部的选拔、培养、管理和使用等作出具体规定。

1990年，对后备干部队伍进行的调整充实，排出基本成熟人选138人。同时，选调41名处级以上干部进中青年干部理论培训班学习；选调98人到党校和大专院校深造；安排147人进行轮岗锻炼；抽调67人进入领导机关任职锻炼，127人下基层挂职锻炼。同年，有98名后备干部被提拔充实进入县级以上领导班子，使用率为57.3%，其中在县区党政领导班子换届中后备干部使用率达90%。

1991年1月，市委召开全市后备干部工作会议。各级党组织按照会议要求，以选拔培训党政正职和短期内可进领导班子的后备干部、党外干部和妇女干部为重点，对后备干部普遍进行考核。全市充实县级以上后备干部180人，调出36人；推荐党外后备干部52人，妇女后备干部71人。至年底，全市有135名后备干部被提任县级以上职务，其中任县区局(公司)领导职务的51人。12月，市委制定下发《关于认真贯彻〈中共中央关于抓紧培养教育青年干部的决定〉的意见》，明确规定“今后拟提拔进领导班子的人选，必须是同级后备干部”。

1992年，贯彻《中共中央关于抓紧培养教育青年干部的决定》，进一步充实调整后备干部队伍，注意选拔充实懂经济、会管理和短期内可用的人选。全市充实县级以上后备干部77名，调出46名，并建立近百人的“准后备干部”名单；对短期内可用人选进行强化培训；组织600多名干部参加理论培训；从县区选派28名中青年干部到江苏省等经济发达地区跟班考察学习。通过下派、轮岗、送高等院校学习等形式，对785名后备干部进行重点培养锻炼。至年底，全市共有178名后备干部被提任县级以上领导职务，其中任县区、市直部门领导职务的74人；共选拔各级党外干部后备人选367人、县级以上女干部后备人选136人。同年，全市共有县级以上后备干部1109名，其中，市级16名、县区局(公司)级490名、县级以上企事业单位603名；女后备干部136名；少数民族后备干部19名。

1995年，制定《关于培养选拔优秀年轻干部的三年规划》，各县(市)区委和市直部门党委按要求相应制定和明确具体的工作目标。结合换届和调整，选拔一批优秀年轻干部进入各级领导岗位。在民主推荐的基础上，充实年轻后备干部队伍，选拔一批妇女和党外干部后备人选。同时，采取党校培训、实践锻炼等措施，强化对年轻干部的培养教育，在部分县(市)区实行领导干部助理制；在南开大学举办首期高级工商管理硕士课程学习班，在省青年干部学院举办农村青年干部培训班，选拔50名企业优秀干部和119名农村优秀青年干部参加学习。

2000年，制定下发《关于加强和改进后备干部工作的实施意见》《关于进一步做好培养选拔优秀年轻干部工作的意见》，并在各单位、部门层层推荐的基础上，对后备干部人选进行全面考察，择优确定市管后备干部名单。

2008年，按照中央和省、市委后备干部工作有关指示精神，研究制定《关于认真做好建立市管后备干部队伍工作的通知》，对全市后备干部数量结构、资格条件、选拔程序等作出详细规定，并在推荐考察和综合分析的基础上，在全市确定市管副职后备干部558名，其中，县(市)区184名，市直部门(单位)374名。

2009年，举办第13期中青年干部班，对缺少党校培训经历的50名市管副职后备干部，进行5个月左右的培训。

2010年，制定《2010～2020年全市党政领导班子后备干部队伍建设规划》，对全市后备干部队伍建设作出全面规划，确定后备干部队伍建设的指导思想、战略目标、工作重点、主要措施和工作机制。提出后备干部队伍建设应把握的基本要求：坚持德才兼备、以德优先；坚持科学合理、优化结构；坚持实践锻炼、重在培养；坚持严格管理、动态调整；坚持改革创新、完善机制。

七、干部档案工作

2008年，市委组织部将干部二处的档案管理职能、干部一处的干部统计职能、组织一处的党内统计职能进行集中，成立干部信息管理处。同年，全市共管理干部人事档案30余万卷，管档单位241个。上半年，全市共有163个单位通过档案目标管理检查验收，其中，一级单位27个、二级单位87个、三级单位49个。市委组织部管理的市管副局级以上领导干部档案3192卷，其中在职干部档案1307卷。2005年，市委组织部档案室通过中央组织部目标管理一级单位的检查验收；2008年12月，通过中央组织部的检查验收。

干部信息管理处成立后，严格执行中央组织部、省委组织部关于档案管理工作的政策规定，不断完善和改进干部档案管理工作。完成市管干部档案的材料收集、审核、认定和归档工作，配合市管干部调整，先后对132名新任市管干部的档案进行任前审核，会同干部监督处对“三龄一历”(年龄、党龄、工龄和学历学位)进行认定；实时维护市管干部信息管理系统，对市管干部变化的信息及时进行变更和维护。每次干部调整后，及时对干部信息管理系统和部领导使用的信息查询系统进行更新，确保市管干部信息的准确性；进一步规范市管干部档案接收和查阅规定。根据省委组织部文件规定，本着“严格管理、安全保密、规范程序、方便利用”的原则，制定下发《新任市管干部档案接收标准》和《进一步规范市管干部档案查借阅工作的通知》两个文件，对市管干部档案的整理和查阅提出明确要求，共接收市管干部档案149册，提供干部档案查阅600余人次。

2009年，市委组织部对小鸭集团、水业集团等5家申请档案目标管理达标升级的国有企业进行检查验收，均达到二级标准；对全市100多家管档单位进行调度，督促未按要求升级的单位报送达标计划，呈报达标申请；对已申报达标升级的县(市)区人事局进行指导，对其达标升级工作进行预审，提出整改意见；按照《干部人事档案管理工作考核评价制度》要求，对2009年度40个管档单位进行干部档案检查，加强督促指导。根据中央组织部、省委组织部关于对“公务员登记表”“参照公务员管理登记表”进行审核的有关要求，指导全市有关管档单位按照干部管理权限对“公务员登记表”“参照公务员管理登记表”进行审核，并对相关情况进行抽查。集中审核工作中，共审核材料1303份，对不符合规定的182份表格全部进行重填。

第四节　人才队伍建设

1984年2月，市委成立济南市落实知识分子政策工作领导小组，1985年11月改称济南市知识分子工作领导小组。

1986年4月，市委组织近1000个检查小组对各单位落实知识分子政策情况进行查遗补漏，检查验收。至5月底，落实知识分子政策、解决历史遗留问题的任务基本完成。

1987年10月开始，开展选拔、管理专业技术拔尖人才工作。市委、市政府制定《关于加强专业技术拔尖人才选拔和管理工作的试行意见》。1988年，成立11个系统专业技术拔尖人才评审组和市专业技术拔尖人才评审委员会，日常工作由市知识分子工作领导小组办公室负责。经过评选和审查，并经市委批准，选拔出首批市级专业技术拔尖人才43名。同年，市级专业技术拔尖人才中有7人被选拔为山东省首批专业技术拔尖人才。

1989年8月，市委、市政府制定《关于济南市专业技术拔尖人才管理的试行意见》，规定对市级专业技术拔尖人才实行动态管理。市委组织部建立对市级拔尖人才的目标管理、年度考察、跟踪服务等制度。市辖各县区和知识分子较集中的市直部门，相继开展县区局级专业技术拔尖人才的选拔、管理工作。同年，市委组织部、市委宣传部、市委统战部、市人事局等15个市直部门，均建立知识分子分工负责制。自此，全市基本形成健全的知识分子工作网络。

1990年，选拔第二批市级专业技术拔尖人才19名。1991年，有3人被评为山东省第二批专业技术拔尖人才。

1991年年初，按照中共中央《关于进一步加强和改进知识分子工作的通知》，市委组织开展全市知识分子工作大检查。11月，市委、市政府制定《关于进一步加强和改进知识分子工作的意见》，就人才的引进、使用、进修及为专家、拔尖人才配备助手、晋升职称、分配住房、医疗保健、煤气供应及发放津贴等，实施一系列优惠政策。同年，按照中共中央、国务院关于对部分有突出贡献的专家、学者、技术人员发放政府特殊津贴的通知精神，济南市推荐的3人经人事部批准为1991年度享受政府特殊津贴人员。

1992年3月，市委、市政府18位领导分别与29个部门、单位建立知识分子工作联系点，密切党和政府同知识分子的联系。9月，市委、市政府在各县区农业生产和乡村企业第一线从事生产经营、科技服务等工作，且具有一定专业技术知识、技能的农民中，组织选拔乡村优秀科技人才110名。10月开始，筹备建立以专业技术拔尖人才和高级知识分子为骨干、以优秀中青年科技人员和有特殊专长的各类人才为主体的人才库。至年底，市人才库已掌握各行业的优秀人才1560名。12月，市委、市政府命名表彰第三批专业技术拔尖人才27名。

1994年4月，在全市范围内进行第四批市级专业技术拔尖人才的选拔和首批管理期满的市级拔尖人才的考察调整工作。至年底，筛选出85名专业技术人才进入山东省高级“专家库”。开展评选“泉城优秀青年人才”工作，首批评选出94名。市委组织部的51名干部与工作在基层的高级知识分子“一对一”交朋友，并建立起活动制度。

1996年，向省推荐10名省级拔尖人才。8月，成立由150多名各类优秀专家组成的济南市专家协会。为全市10个县(市)区和80%的乡镇、街道配齐科技副职。

1997年，市委、市政府命名表彰第五批市级拔尖人才33名。开展省“农村科技大王”推荐和全市首批“乡村优秀科技人才”选拔工作，有3人被评为首批省“农村科技大王”，20人被评为全市首批乡村优秀科技人才。修改完善《济南市跨世纪青年科技人才培养工作规划》；完成中组部安排的“培养造就跨世纪青年学术、技术带头人对策与措施”课题任务。全年引进各类专业技术人才1110名，其中具有高级专业技术职称的188名。编印《济南市优秀专家拔尖人才风采录》宣传画册。

1998年，围绕实施“科教兴市”战略，研究制定《济南市1998～2010年科技人才发展规划》以及《高层次科技人才培养引进专项经费管理暂行办法》等7个基础性配套措施。完成山东省第六批专业技术拔尖人才的推荐；对管理期内的118名市级专业技术拔尖人才进行综合考察。按照双向选择、互惠互利的原则，加强科技副职选聘工作。至年底，8个县(市)区和80%的乡镇都配备科技副职。

1999年，启动客座专业技术拔尖人才选聘工作。制定《济南市客座专业技术拔尖人才选聘管理暂行办法》，并先后于2000年6月、8月，2001年12月和2002年8月选聘99位国内外知名专家作为客座拔尖人才，其中，院士5人，博士生导师32人，教授、研究员75人，国外留学人员10人。首批客座拔尖人才聘任工作新闻发布会在北京人民大会堂召开，《人民日报》、新华社、中央电视台、《经济日报》、《光明日报》、《科技日报》等20多家国家级媒体予以报道。其间，合作完成一批攻关项目，解决技术难题200余个，26项技术含量高、附加值高的成果在济南市转化，实现新增产值10亿元，培训各类科技骨干人才3600余人次，提出合理化建议70余条，形成专题调研报告50多篇，实现资源共享、为我所用，达到“选聘一个人才，突破一个项目，带动一个学科，促进一个产业”的目标。

2000年，市委、市政府命名表彰第六批济南市专业技术拔尖人才108名，选拔出首批青年学术技术带头人80名和第二批乡村优秀科技人才41名。制定《济南市高级技能人才奖励办法》，对在生产一线的高级技师等技术能手进行表彰奖励。

2001年，对管理期内的255名市级拔尖人才、青年学术技术带头人和乡村优秀科技人才进行年度考核，对12名任期届满的科技副县(市)区长进行调整。完成“引进高层次人才的环境条件与方法途径”研究课题，对济南市人才需求状况和国外留学生资源分布情况进行调查摸底，通过多种形式，与海外留学团体和留学人员建立联系。开通“济南市高层次人才网站”，为吸引更多的人才落户济南创造条件。对全市企业经营管理者队伍建设现状开展调研，召开“面向21世纪企业经营管理人才队伍建设战略与对策研讨会”，研究制定《济南市2002～2005年国有企业经营管理者队伍建设规划纲要》。

2002年，评选第七批济南市专业技术拔尖人才、第二批青年学术技术带头人和第三批乡村优秀科技人才262名，并在市级优秀专业技术人才中部署以建功立业为主题的“精英建功”活动。9月，召开全市知识分子工作会议，全面总结1996年以来全市知识分子工作，明确专业技术人才队伍建设作为今后知识分子工作的重点，并首次提出“人才强市”战略。制定《济南市引进海外留学人员规定》和《济南市引进高层次急需人才规定》，对到济南工作的高层次急需人才和留学人员，在落户、定级、定职、工资待遇、津贴发放、安家等方面给予优惠。组团赴美国、加拿大招才引智，举办5场人才招聘洽谈会，10名高层次人才受聘为“海外客座专家”。

2003年，启动外经贸副职选聘工作，先后从省计委、省外经贸厅、省财政厅、省台办、山东大学等6个省直部门和驻济南单位选聘16名优秀干部，任县(市)区外经贸副县(市)区长。济南市专家协会更名为济南专家协会，吸收区域内中央、省直单位、驻济南高校等在内的会员420余人，团体会员25个。11月，召开济南专家协会第二次会员代表大会，中国工程院院士、山东大学教授艾兴当选为协会理事长；聘请中国科学院院士过增元、宋振骐、蒋民华，以及中国工程院院士李鸿志、沈昌祥、张运、季国标等7人为协会顾问；成立机电、轻工、管理、建设等9个专业委员会。

2004年，成立济南市人才工作领导小组(济南市知识分子工作领导小组)。5月21日，召开全市第一次人才工作会议，对全市人才工作进行部署。6月21日，市委、市政府制定《关于实施人才强市战略进一步加强人才工作的意见》，明确提出新时期人才工作的根本任务、总体目标、基本要求和具体措施。根本任务是实施人才强市战略，构筑济南人才高地；总体目标是经过5～10年的努力，形成一支规模宏大、结构合理、素质优良的人才队伍，把济南建设成为区域性人才高地。

2005年，制定《济南市“十一五”人才发展规划》《关于进一步加强和改进市级专业技术拔尖人才选拔管理工作的意见》《济南市首席技师选拔管理办法》《济南市优秀农村实用人才评选管理暂行办法》，评选命名第八批济南专业技术拔尖人才、第三批青年学术技术带头人、第四批优秀农村实用人才和首批首席技师。在拔尖人才评选中，首次打破隶属关系和地域界限，将80多名中央、省属驻济南单位和济南地区以外的高层次人才纳入表彰。

2006年，启动实施“泉城学者”建设工程。主要特色是“三先三后”，即“先选题、后选人；先投入，后支持；先做事，后认可”。筛选符合产业发展方向、具有带动作用且亟需解决的难题作为招标项目，面向全国公开纳贤，吸引高层次人才解难题、促发展。对通过验收的项目给予项目招标单位最高100万元的资金扶持，并以市委、市政府名义授予项目主持人“泉城学者”称号。至2010年年底，共实施两批，财政扶持资金1200万元，引导企业先期投入近2亿元，促成全市14家企业与清华大学、中科院等国内知名高校院所的合作，企业新增销售收入6.92亿元，培养各类技术骨干1000余人，探索出一条人才培养、项目攻关、成果转化有机结合的路子。

2007年，市委、市政府制定首个加强高技能人才工作的指导性文件，评选命名第二批首席技师30名、第四批青年学术技术带头人61名和首批优秀农村实用人才双带示范标兵20名。组织开展社会工作人才队伍建设专项调研，在4个区和5个市直部门(单位)进行试点，在山东大学建立培训基地。编辑出版《商道维新》，举办企业创新论坛，《赢在济南——企业家访谈录》获全省人才工作好新闻最高奖。

2008年，会同市人大常委会和有关单位启动企业家权益保护立法调研。评选命名第九批济南专业技术拔尖人才、第五批优秀农村实用人才和第三批首席技师，并首次组织部分市管专家出国培训。开展泉城优秀创业者和拔尖人才选拔工作20周年系列宣传活动。“泉城学者”建设工程获 2008年度全省组织工作创新奖。

2009年，加强宏观规划指导，初步编制完成全市人才队伍建设发展规划。制定《关于进一步加强海内外高层次人才引进工作的意见》《济南市引进海内外高层次人才规定》和《济南市实施“百千万海内外人才引进工程”的意见》等政策，启动实施海内外高层次人才“5150引才计划”，首批引进9名高层次人才，涉及电子信息、生物医药、新材料和现代服务业等领域。制定优秀创新团队评选管理办法，创新团队建设取得新的成效。统筹推进各类人才队伍建设，建立高技能人才“泉城金蓝领”培养体系，推行“1+X”(社工+义工)社会工作模式，组织实施新农村实用人才培养工程。

2010年，编制《济南市中长期人才发展规划纲要(2010～2020年)》，提出51项人才队伍建设主要任务、7项重要人才政策和10项重点人才工程。8月，全市第二次人才工作会议确定加快建设人才强市、跨入全国人才强市行列的目标。制定《济南市人才工作目标责任制考核实施意见(试行)》，将人才工作指标纳入全市科学发展评价考核体系。制定《济南市引进海内外高层次人才绿色通道服务暂行办法》《济南市人才居住证实施暂行办法》，全年共引进各类人才3000余人，其中，纳入“5150引才计划”的3批99人，4人入选中央“千人计划”，13人获泰山学者海外特聘专家殊荣。开展“泉城企业家培养提升工程”和“名家带学”活动，首次评选表彰26名“济南企业英才”。统筹推进各类人才队伍建设，命名表彰首批创新团队10个、第四批首席技师50名和第二批优秀农村实用人才双带示范标兵20名；探索推进政府购买社工服务，出资51万元，购买专业社工服务岗位17个。济南市及高新区、章丘市被省委、省政府授予2010年度“全省人才工作先进单位”称号。

第五节　下派干部工作

1989年1月，市委制定《关于从党政群机关选派年轻干部到基层任职锻炼的意见》《关于党政群机关下派干部管理工作的意见》和《关于市直机关下派干部管理工作的补充意见》，规定全市下派干部工作在市委统一领导下，由市委组织部具体负责指导、协调及综合。日常工作由当地党委和干部派出单位共同负责管理，以当地党委为主。

1992年2月，市委组织部会同市人事局、市劳动局等部门，从市属大中型企业中选派217名政治素质好、业务能力强、懂经济、会管理、年龄35岁左右、高中(中专)以上文化程度的优秀工人到乡镇任职锻炼，是中共党员的任乡镇党委副书记，不是中共党员的任副乡镇长，一般在乡镇工作3年，选派人员在乡镇工作3年期满，根据其德、能、勤、绩，本人意愿和工作需要，做出适当安排。对政绩突出，表现好的，可调整其工作，提拔重用；本人自愿，乡镇又需要的可继续在乡镇任职，发挥作用；也有的经过乡镇工作锻炼，回原企业安排使用。1993年，组织对217名企业下派优秀工人进行考核，并严格按照标准和程序为52名政绩突出的人员办理转干手续。

1993年，市直机关第四批下派的174名干部在基层挂职工作一年半后，于10月20日前返回原工作单位。同年，从市直机关和有关企事业单位抽调千名干部到济阳、商河包村驻点。11月12日，市委召开包村驻点动员大会，仅用半个月时间组织起近千名干部并编组落实到村。

2001年，从市直部门选调90名年轻干部下派到济阳、商河、平阴3县挂职；选派15名干部到菏泽市鄄城县进行对口帮扶。2002年，安排陕西省5名干部挂任县(市)区党政领导职务，与华夏银行济南分行互派7名干部挂职锻炼。2003年，适应招商引资工作对专业人才的需求，从市直部门选派10名优秀干部到县(市)区挂任党政副职，从省直有关单位选聘16名干部担任县(市)区和市直部门外经贸副职。2004年，选派6名干部到省内欠发达县担任党政领导职务，选派12名干部到市信访局挂职锻炼，选派16名干部到市外经贸局等单位从事招商引资工作。2007年，从市直部门选派50名年轻干部到市重点工程挂职。

2008年，选派50名年轻干部到全市重点工程一线工作、26名干部赴川援建。6月，深入贯彻市委、市政府加快商河县发展现场办公会会议精神，从市直有关部门选派40名管理干部和专业技术人员赴商河县挂职，开展帮扶工作。40名挂职干部平均年龄36.8岁，其中，处级干部和具有高、中级职称的27名，研究生或大学学历的38名。

2009年，选调800余名干部参与全市重点工程建设和全运会、园博会的组织筹办。2010年，采取“四个一批”方式，选派169名市直机关干部到基层一线、重点工程、信访部门和关键岗位挂职锻炼。

第六节　党建研究

2002年1月，市委组织部部刊《泉城党建》创刊，其前身是《济南组工通讯》《党员博览》《济南党建》。办刊宗旨以马列主义、毛泽东思想、邓小平理论、“三个代表”重要思想和科学发展观为指导，以全面推进党的建设新的伟大工程和创造性地开展组织工作为目标，不断增强思想性、指导性和可读性。每期印数3000册。

2007年6月7日，召开济南市党的建设研究会成立大会，表决通过研究会章程，选举产生第一届理事会领导机构，66名党建理论和实践工作者当选为理事。市委原副书记赵正平当选为济南市党的建设研究会会长，市委常委、组织部部长徐学武当选为常务副会长，包心鉴、王绍兴、朱文兴、李好臣、官春生、何卫东、范宗农、韩圣喜、刘向伟、徐明梅、岳绍红、陈迎军等13人当选为副会长。范宗农当选为秘书长(兼)。在党建研究会一届一次理事会上，推选出22名常务理事和7名副秘书长。下设秘书处，为党建研究会的日常办事机构，与研究室合署办公，领导职数配专职副秘书长(正处级)1人，增加行政编制2人。2011年5月，调研处更名为研究室。

第七节　远程教育与信息化

一、远程教育（电化教育）

济南市党员电化教育中心成立于1991年7月，为县级事业单位，隶属市委组织部。主要任务是：指导全市党员电化教育工作，做好党员音像教材的引进和复制，制作有地方特色的党员电教片。先后制作《红绿灯下的风姿(济南交警)》《国企好班长张才奎》《书记大姐李淑敏》等党员电教片，树立起一批在全国、全省有一定影响的典型。1994年，创办《党的生活》党建电视栏目，2001年更名为《时代风采》，至2010年共播出368期，成为全市党员教育的重要阵地。1995年开始，每年以市委组织部名义在济南电视台《济南新闻》中开辟《泉城先锋》栏目，举办党建电视新闻展播活动。

2003年5月，济南市被山东省委确定为农村党员干部现代远程教育工作首批试点城市。市委印发《济南市农村党员干部现代远程教育工作实施方案》，成立市委农村党员干部现代远程教育领导协调小组。2004年，经市委研究同意，在市党员电化教育中心的基础上，建立济南市党员干部现代远程教育中心，保留济南市党员电化教育中心名称，为全额预算管理局级事业单位，隶属市委组织部管理。中心主要职责任务是：制定全市党员干部远程教育工作规划；负责全市远程教育的教学组织和管理工作；负责全市远程教育课件的征集和部分课件的制作，搞好课件资源库建设；指导全市远程教育管理队伍、课件制作队伍、技术人员队伍建设工作；负责全市远程教育工作的信息汇总和宏观指导；承担国家、省远程教育中心和党员电化教育中心布置的其他工作任务。各县(市)区在原电教中心的基础上，分别组建成立党员干部现代远程教育中心。至2010年年底，全市共建成市、县(市)区、乡镇(街道)、村(社区)远程教育终端学习站点4300余个。

2004年，市党员干部现代远程教育中心开办远程教育辅助教学网站——泉城红星网。2004～2010年，济南市摄制和部分征集的党员教育电视片(远程教育课件)在中共中央组织部、中国广播电视协会和省委组织部评比中获一等奖22部、二等奖12部、三等奖(优秀奖)24部。

二、信息化工作

2008年下发《关于印发〈2008～2010年济南市组织系统信息化工作规划〉的通知》，提出全市组织系统信息化工作的目标要求和工作措施。

结合开发建设组织部机关电子政务系统，对网站进行改版升级，采用1024×768版面设计网页，对网站栏目重新进行编排，使网站主页更加美观，栏目设置更加灵活。进一步强化网站功能，设置18个固定栏目和2个临时性栏目，完善与省委组织部、省内各市委组织部和县(市)区委组织部专网节点的链接功能；开设部内个人邮箱，凡能够登陆省组织专网的人员均可利用个人邮箱进行相互交流或文件传递；改进专网后台管理系统，使之与部机关电子政务系统相结合，信息维护人员通过电子政务平台即可实现专网网站信息的维护。

2009年，为贯彻落实全国、全省和全市组织系统信息化工作规划，市委组织部开发建设“泉城党建网”互联网站，于当年9月1日正式开通运行。网站共设党建工作、干部工作、人才工作等23个栏目，以文字、图片、视频等多媒体手段，整合全市党建工作有关信息内容，宣传党的路线、方针、政策和全市党的建设、组织工作的经验和做法，交流党建信息，展示党建成果。同年，网站被评为济南市优秀政务网站。

2010年年初，按照中央组织部和省委组织部关于建设全国“大组工网”的部署要求，市委组织部着手开展全市“大组工网”建设，制定下发《济南市“大组工网”建设工作方案》，至年底，投入建设资金350余万元，市委组织部、县(市)区委组织部和济南高新区党工委组织部都建设内部局域网与全国“大组工网”连接，完成“大组工网”建设任务，畅通中央、省、市、县(市)区四级组织部门的信息通道。同时，市委组织部通过技术手段实现“大组工网”与山东省电子政务内网的互通互联，依托山东省电子政务内网开发建设济南市市直部门组织人事邮箱系统。依托“大组工网”网络平台，建成集门户网站、安全管理、信息交换、网上办公、组工业务办理于一体的组织工作信息化管理体系。

第八节　科学发展综合考核

2008年4月3日，市委、市政府下发《关于健全推动科学发展促进社会和谐综合考核评价体系的意见(试行)》，在全市建立科学发展综合考核评价体系。考核内容涵盖经济发展、社会发展、可持续发展、民生状况、政治建设、文化建设、党的建设、社会稳定、重点工作、评价考核、群众满意度等方面，首次将群众满意度纳入考核体系。根据考核对象的不同特点，实行分类考核，县(市)区分为市内四区(历下区、市中区、槐荫区、天桥区)、六县(市)区(历城区、长清区、章丘市、平阴县、济阳县、商河县)，济南高新区单独考核；市直部门(单位)分为党群和人大、政协部门(单位)、经济协调与发展部门(单位)、城市建设管理与发展部门(单位)、政务和社会事业发展部门(单位)、政法机关与社会监督管理部门(单位)5个考核单元。成立市考评委员会，由市委、市政府领导分别担任主任、副主任，市纪委、市委办公厅、市政府办公厅、市委组织部等市直有关部门负责人为成员。市考评委员会下设办公室，设在市委组织部。6月13日，市委办公厅、市政府办公厅印发《关于贯彻〈中共济南市委、济南市人民政府关于健全推动科学发展促进社会和谐综合考核评价体系的意见(试行)〉的实施细则(试行)》，对考核目标的制定和管理、考核方式方法、考核程序步骤、考核结果确定和实施奖惩、考核的组织领导等方面作出具体规定。

2009年2月11日，市机构编制委员会印发《关于市委组织部增设市考评办公室的通知》，同意市委组织部增设济南市考评办公室，同时作为市考评委员会的办事机构。各县(市)区也相应设立考评办公室。济南市考评办公室为市委组织部内设副局级机构，配行政编制6人。5月27日，市委、市政府印发《关于健全科学发展考核评价体系做好2009年考核评价工作的意见(试行)》，围绕市委“保增长、保民生、保稳定、保全运”的中心任务，在经济建设、社会建设、生态文明建设、政治建设、文化建设、党的建设和群众满意度7个方面设置考核指标。将经济建设由原来的320分调整为340分，将社会建设由300分调整为280分，增加“党管武装工作”和“双拥工作”两项考核指标，强化政治建设内容。将定量考核指标中总量和增量的比例分配权重，由5:5调整为4:6；定量指标计分办法，由排序法改为功效系数法计分。改进定性指标考核计分方式，由各责任部门打分一种方式，调整为民主评议与责任部门打分两种方式，分别按4:6的比例计算得分。7月20日，中共中央办公厅印发《关于建立促进科学发展的党政领导班子和领导干部考核评价机制的意见》。为深入贯彻落实“意见”，经中央批准，中组部制定《地方党政领导班子和领导干部综合考核评价办法(试行)》《党政工作部门领导班子和领导干部综合考核评价办法(试行)》《党政领导班子和领导干部年度考核办法(试行)》，与“意见”一起形成促进科学发展的党政领导班子和领导干部考核评价机制。12月2日，市委办公厅、市政府办公厅印发《济南市2009年度科学发展综合考核实施细则》，对2009年度全市科学发展综合考核工作作出具体规定。

2010年2月24日，市委办公厅、市政府办公厅印发《关于调整济南市考评委员会组成人员的通知》，对市考评委员会组成人员进行调整。9月26日，市考评委员会印发《济南市考评委员会及办公室职责制度》，对市考评委员会及成员单位、市考评办公室的工作职责作出明确规定，同时建立考评委会议制度、定期检查制度和情况通报制度。11月11日，市委办公厅、市政府办公厅印发《济南市2010年度科学发展综合考核实施细则》，对2010年度科学发展综合考核工作作出具体规定。12月，济南市“三强化三注重三挂钩”①干部考核评价机制获评“山东组工创新奖”。

第九节　机　构

1987年2月，将原有科室改为办公室、干部一处、干部二处、干部三处、组织处、青年干部处。1990年5月，设立调研处。1991年7月，设立党员电化教育中心。1992年12月，设立干部培训服务中心。1993年6月，设立企业干部管理处。

1997年1月，市委确定组织部内设机构为：办公室、调研处、干部一处、干部二处、干部三处、干部监督信访处、企业干部处、干部教育处、组织一处、组织二处、知识分子工作办公室。成立市全方位目标管理工作考核委员会办公室。1999年2月，干部监督信访处更名为干部监督审理处，加挂干部信访处牌子。

2001年9月，市委组织部内设职能处(室)11个：办公室、调研处(挂政策法规处牌子)、干部一处、干部二处、干部三处、干部监督处(挂干部信访处牌子)、企业干部处、干部教育处、组织一处(挂新型经济社会组织党的建设联席会议办公室牌子)、组织二处(挂党员管理处牌子)、知识分子工作办公室。

2004年2月，建立市党员干部现代远程教育中心；12月，知识分子工作办公室加挂人才工作处牌子。2007年4月，设立干部信息管理处；6月，设立济南市党的建设研究会秘书处(与调研处合署办公)。2009年2月，设立市考评办公室。

2010年10月，设立公务员管理办公室(与干部一处合署办公)、市党代表大会代表联络工作办公室(与组织一处合署办公)。组织一处不再挂新型经济社会组织党的建设联席会议办公室牌子。干部监督处加挂干部举报中心牌子。知识分子工作办公室(挂人才工作处牌子)更名为人才工作处(挂知识分子工作处牌子)。

第七章　宣传工作

第一节　理论宣传

1986～2010年，市委高度重视党员领导干部的理论武装工作，始终坚持马克思主义在意识形态领域的指导地位，广泛开展党的基本理论、基本路线教育，开展党和国家的方针政策教育，认真学习贯彻历次党代会精神，不断巩固全市党员干部团结奋斗的思想基础，为建设社会主义现代化提供精神动力。

一、理论学习

1987年，组织全市干部群众学习党的十三大精神及中宣部编写的《社会主义初级阶段理论和党的基本路线学习文献选编》。1988年上半年，广泛开展党的基本路线教育和形势教育。

① 干部考核考核内容设置中“三强化”：强化科学发展综合指标，强化民生指标，强化“潜绩”指标。考核方式方法“三注重”：年度考核与经常性考核相结合，更加注重经常性考核；共性与个性相结合，更加注重分类考核；组织评价与群众评议相结合，更加注重民意导向。考核结果“三挂钩”：与物质奖励挂钩，与干部管理使用挂钩，与领导班子建设挂钩。

市委宣传部、市总工会联合印发在全市开展党的基本路线教育的意见；征订、编辑教材和辅导材料19万余册；组织400多名局以上领导干部分期分批参加脱产理论研讨班，15万余名党员在各级党校参加培训。下半年，组织全市干部正规化理论教育，学习《中国社会主义建设概论》。在学习过程中，组织两次全市统考，近1.5万名学员参加考试，及格率95%以上。9月，市委宣传部、市社会科学联合会等单位联合举行纪念济南解放40周年座谈会。12月，市委宣传部等四单位联合举行纪念中共十一届三中全会召开10周年理论讨论会。

1989年2月～5月，围绕贯彻十三届三中全会精神，在干部群众中集中开展以治理经济环境、整顿经济秩序、全面深化改革为中心内容的形势教育，共组织形势教育报告会、答疑会、演讲会等825场次，受教育的干部群众64万余人次。同年，全市各级干部继续学习社会主义初级阶段理论和党的基本路线，着重学习和贯彻党的十三届四中、五中全会精神、邓小平重要讲话和江泽民国庆讲话。8月，市委宣传部、市委组织部、市委党校共同举办县、局级领导干部学习党的十三届四中、五中全会文件轮训班4期，参训学员441人；10月，共同举办理论研讨班，围绕干部群众在学习江泽民国庆讲话中提出的若干理论问题和实际问题进行探讨，撰写论文28篇，并编辑整理成《理论热点研究》一书，由济南出版社出版。

1990年，市委组织全市各级干部主要是县以上干部认真学习党的十三届六中全会精神，学习《马克思主义哲学学习纲要》和《关于社会主义若干问题学习纲要》。市委宣传部和市委讲师团联合举办学习两个“纲要”培训班，培训理论骨干600多人次。市委宣传部、市委组织部、市委党校联合举办3期县局级领导干部学习两个“纲要”读书班，每期一个半月，轮训200多名领导干部。11月，召开全市理论学习经验交流会。12月，市委在全省理论学习经验交流会上作题为《把领导干部理论学习作为一项战略任务来抓》的经验介绍。

1991年1月，市委召开全市党员干部会议，传达学习中央十三届七中全会精神，部署学习贯彻意见。4月，市委发出《关于在全市机关、学校、企事业、城市街道开展社会主义思想教育的通知》。6月，市委宣传部、市社联、市社科所等单位联合举办纪念建党70周年理论研讨会。

1992年2月，市委召开常委会议，学习邓小平视察南方重要谈话，研究济南市解放思想，促进经济发展的措施。4～10月，在全市城乡开展以学习宣传贯彻邓小平视察南方重要谈话和中共中央政治局全体会议精神为基本内容的解放思想大讨论活动，全市共召开230多场思想发动会和经验交流会。10～11月，市委召开常委扩大会议，传达学习贯彻党的十四大精神，并制定贯彻落实意见；市委宣传部、讲师团与中央党校联合举办理论骨干培训班，对各县(市)区局的党政主要领导和分管宣传的副书记260余人进行轮训；市委在长清县召开全市农村学习贯彻十四大文件情况交流会，对农村学习十四大文件进行全面部署。1992年，全市各级干部广泛开展学习党史、党建理论的活动，着重学习《邓小平文选》和《江泽民同志在建党70周年纪念大会上的讲话》等材料，并参加市委统一考试。

1993年11月，举行山东省暨济南市《邓小平文选》第三卷首发式。市委发出通知，要求全市各级党组织把学习《邓小平文选》第三卷作为一项重大政治任务，在全市掀起学习《邓小平文选》第三卷的热潮。市委举办3期县局级领导干部读书班，320名在职领导干部参加培训。市委宣传部与市委讲师团联合举办“济南市学习《邓小平文选》第三卷理论骨干培训班”，培训各县区局和部分大中型企业的理论骨干600多人。同月，市委发出《关于认真学习贯彻党的十四届三中全会精神的通知》。12月，市委宣传部与济南电信局联合开通全国第一条自动电话学习《邓小平文选》第三卷咨询专线。

1994年10月，市委宣传部、讲师团举办“济南市学习党的十四届四中全会文件培训班”。同时编印下发《十四届四中全会〈决定〉学习材料汇编》一书。11月，市委分别召开常委会议和全市党员干部会议，传达、学习、贯彻中共十四届四中全会精神。12月，中共济南市委六届二次全会审议通过《中共济南市委贯彻执行〈中共中央关于加强党的建设几个重大问题的决定〉的实施意见》，对认真学习贯彻十四届四中全会决定，进一步加强全市党的建设的意义、任务、目标、措施提出具体要求，作出部署。

1995年4月，市委宣传部、市委统战部、市委党史委联合召开“济南惨案”纪念座谈会，纪念世界反法西斯战争和中国人民抗日战争胜利50周年。5月，市委组织部、市委宣传部联合下发《关于在全市党员中开展建设有中国特色社会主义理论和党章学习活动的实施意见》(简称“双学”)，市委成立“双学”领导小组，从上到下层层建立“双学”联系点195个。市、县(市)区各级党校举办理论培训班101期，培训党员干部、理论骨干1.65万人，企业等基层党校举办轮训班1467期，培训20.2万人。6月，市委发出《关于认真组织学习〈邓小平同志建设有中国特色社会主义理论学习纲要〉的通知》，对全市党员及各级党委中心组学习纲要作出安排。10月，市委召开全市党员领导干部会议，传达学习党的十四届五中全会精神。

1996年，全市各级党委坚持把抓好党员干部特别是县以上领导干部的理论学习放在突出位置，普遍建立和坚持中心组学习制度，健全领导干部理论学习的检查、监督、指导、考核制度，3个党委中心组被评为全省先进县级党委理论学习中心组。10月，市委召开全市党员领导干部会议，传达贯彻党的十四届六中全会精神。

1997年9月，市委召开市直机关处级以上党员干部大会，传达贯彻党的十五大和十五届一中全会精神，发出《关于认真学习贯彻党的十五大和十五届一中全会精神的通知》，要求各级党组织把学习十五大精神与学习邓小平理论紧密结合起来，加深对邓小平理论历史地位和指导意义的理解。市委宣传部与市委讲师团联合举办全市学习党的十五大精神理论骨干培训班，1400余人参加培训。从11月开始，市委先后举办4期党员领导干部学习十五大文件读书班，全市各县(市)区级党员领导干部、市直部门副局级以上党员领导干部等共600余人参加学习。

1998年1月，全市党的十五大精神集中教育现场会在平阴县召开。8月，市委召开全市学习邓小平理论工作会议，制定党委中心组学习制度，加强对县处级以上领导干部理论学习的检查和考核。市委宣传部与有关部门组成调查组，对党员干部学习理论情况进行摸底测试及全面调查，全市2000余名干部参加测试。10月，市委召开常委(扩大)会议和市直机关领导干部会议，传达贯彻党的十五届三中全会精神。同时，发出《关于学习贯彻党的十五届三中全会精神的通知》，成立宣讲团，深入街道、乡村宣讲十五届三中全会精神。

1999年4月，济南市举行“三讲”教育动员大会，决定在全市县级以上党政领导班子和领导干部中深入开展以“讲学习、讲政治、讲正气”为主要内容的党性党风教育。9月，市委召开全市领导干部会议，传达贯彻中共十五届四中全会精神。市委宣传部、市委工交工委、市经委联合举办“学习十五届四中全会精神，深化国有企业改革”培训班，700余人参加培训。社科理论部门编辑出版《邓小平理论与济南改革实践》丛书。

2000年，市委及各县(市)区委分别举办暑期领导干部读书会，各县(市)区和市直各部门按照要求认真开展“三讲”教育和“回头看”活动。市委宣传部在全市县处级以上领导干部中开展“巩固‘三讲’教育成果，大兴理论学习之风”主题活动。10月，市委召开全市党员领导干部会议，传达贯彻党的十五届五中全会精神。邀请中央党校教授举办学习五中全会精神骨干培训班。

2000年5月，中共济南市委召开常委会议，学习讨论江泽民在江浙沪视察时的讲话精神，要求以“三个代表”重要思想为指导，全面加强新形势下党的建设。宣传部及时印发《关于深入学习宣传“三个代表”重要思想和论述的通知》。6月，市委发出《关于按照“三个代表”的要求加强党建调研工作的通知》。同月，济南市召开座谈会，组织全市社科、新闻宣传、教育界专家学者以及部分大中型企业党委书记，就“三个代表”的时代特征及其历史和现实意义，进行深入、广泛的研讨和交流。7月，市委举行理论学习中心组读书会，进一步学习“三个代表”重要论述，研究解决全市经济和社会发展的重大问题。12月，市委制定《关于在全市农村开展“三个代表”重要思想学习教育活动的实施意见》。

2001年年初，市委宣传部制定印发《关于加强和改进党委(党组)中心组学习的意见》和《关于建立县级以上党政领导干部理论学习考核制度的实施意见》，提升领导干部理论学习制度化、规范化水平。市委及各级党委中心组都按照要求举办暑期读书会，形成一批学研成果，对基层理论学习起到示范带动作用。10月，市委宣传部召开全市学习党的十五届六中全会精神座谈会，举办理论骨干培训班和7期形势任务报告会，700余人参加辅导培训。

2002年11月党的十六大闭幕后，市委召开全市党员领导干部会议，要求各级党组织迅速行动起来，切实把党的十六大精神传达好、学习好、贯彻好。同时发出《关于认真学习贯彻党的十六大精神的通知》。同月，召开社会各界学习贯彻党的十六大精神会议，号召各界广大党员群众，以实际行动实践“三个代表”，为全面建设小康社会贡献力量。市委讲师团成立学习十六大精神宣讲团，举办近千人参加的全市理论骨干培训班，深入农村、机关、学校、社区等基层单位进行宣讲，听众达60万人次。

2003年1月，中共济南市委七届十次全会通过《中共济南市委关于深入学习贯彻党的十六大精神的决定》。7月，市委发出《关于认真学习胡锦涛“七一”重要讲话，进一步兴起学习贯彻“三个代表”重要思想新高潮的决定》。市委宣传部举办全市学习贯彻“三个代表”重要思想和胡锦涛“七一”重要讲话报告会、理论研讨会，组建学习贯彻“三个代表”重要思想宣讲团，举办宣讲报告会1000多场，听众12万人次。成立济南市“三个代表”重要思想研究中心，编辑理论著作《学习、实践、创新——济南市认真学习“三个代表”重要思想论集》，收录文章65篇、42万字。

2004年党的十六届四中全会召开后，济南市对学习贯彻全会精神作出全面部署。市委宣传部、市委组织部和市委党校联合举办3期全市领导干部学习贯彻党的十六届四中全会精神专题培训班。市委宣传部组织召开“全市学习贯彻党的十六届四中全会精神暨庆祝建国55周年座谈会”，举办理论骨干培训班。

2005年5月，市委举办全市领导干部“构建和谐社会，促进社会发展”专题报告会。10月，市委、市政府邀请中国社会科学院原财贸经济研究所所长张卓元作学习贯彻党的十六届五中全会精神专题报告会，帮助广大党员干部深刻领会和准确把握五中全会精神实质。

2006年8月，召开全市学习《江泽民文选》座谈会，对各县(市)区、市直各部门学习《江泽民文选》工作进行深入动员和具体部署。11月，召开省会理论界学习贯彻十六届六中全会精神座谈会。市委宣传部、《济南日报》共同举办保持共产党员先进性与加强党的先进性建设征文活动，推动全市先进性教育理论研究工作。

2004年3月，市委宣传部举办“科学发展观与济南经济社会发展”理论研讨会、报告会，对济南发展的方针政策、思路方法等进行广泛深入的探讨。承办省“树立和落实科学发展观”理论研讨会。5月，市委举行理论学习中心组读书会，围绕“树立和落实科学发展观”进行专题学习研究。

2006年3月，市委宣传部在全市党员干部中开展“坚持科学发展，构建和谐济南”主题学习教育活动。7月，召开宣传文化系统学习贯彻胡锦涛在纪念建党85周年暨总结保持共产党员先进性教育活动大会上的重要讲话座谈会。

2007年，市委宣传部以学习领会党的十七大精神为统领，深入贯彻落实科学发展观，举办“学习贯彻十七大精神”专题辅导报告会，召开社科理论界学习十七大精神座谈会，组织社科理论界专家学者撰写学习十七大理论文章，制定下发《关于组织广大党员干部认真学习贯彻党的十七大精神的通知》《中共济南市委宣传部学习宣传贯彻党的十七大精神工作方案》，为学习十七大精神营造浓厚氛围。从11月中旬开始，由市委宣传部牵头，在全市范围内，重点在党员干部中开展“学习实践科学发展观——解放思想大讨论”活动。

2008年，市委宣传部承办“改革开放三十周年与中国特色社会主义理论研讨会暨中国科学社会主义学会第八次代表大会”，举办济南市纪念改革开放三十周年理论研讨会，对改革开放30周年以及中国特色社会主义理论与实践进行全面、深入、系统的研讨，在《济南日报》刊发《坚持改革开放、实现科学发展》《再接再厉不断开创改革开放新局面》理论专版，为深化改革开放营造良好舆论氛围。组织学习十七届三中全会精神培训班，进一步引导党员干部加深对“一面旗帜、一条道路、一个理论体系”的理解。

2009年，市委宣传部在全省率先成立学习实践科学发展观宣讲团，组织宣讲报告1340多场次，听众达10多万人次。9月，市委宣传部、市委党史研究室、市委党校、济南社科院、市社科联、《济南日报》联合举办“庆祝新中国成立60周年暨学习贯彻党的十七届四中全会精神”座谈会。

2010年，市委下发《关于推进全市学习型党组织建设的实施意见》，成立济南市建设学习型党组织工作协调小组，制定下发《济南市学习型党组织建设工作考核办法》《关于在全市深入开展“两带一创”主题学习活动的通知》，召开全市推进学习型党组织建设工作电视电话会议和建设学习型党组织工作座谈会，全面推进学习型党组织建设工作。市委宣传部举行市委理论学习中心组报告会和党委中心组学习秘书培训班，在全市深入学习贯彻十七届五中全会精神。

二、理论研究

济南市理论研究工作一直紧紧围绕市委、市政府的中心任务，围绕省会经济社会发展的重大理论和实践问题，深入开展对策性研究，为服务政府决策和推动经济社会发展发挥重要作用。2001年，成立济南市哲学社会科学规划管理办公室，为正县级单位，具体负责组织、指导全市的理论研究工作，确定重点研究方向，发布社科课题，制定研究规划，服务领导决策。2003年，全市首次发布年度社科规划课题，主要面向市属科研机构。2010年开始，为充分整合驻济南社科研究资源，提高研究层次和水平，将课题申报范围扩大到所有驻济南高校和科研单位，每年定期发布。2006年，编制《济南市哲学社会科学“十一五”发展规划》。2010年，编制《济南市哲学社会科学“十二五”发展规划》，并作为专项规划列入济南市国民经济和社会发展“十二五”规划纲要。至2010年，共编辑出版《以德治国的理论与实践》《“三个代表”重要思想研究文集》《社会诚信论》《济南：省会经济的提出与实践》《诚信、创新、和谐——济南城市精神的探索与实践》等理论书籍20余部。

第二节　新闻宣传

1986～2010年，新闻宣传工作按照中央和省市委的部署要求，坚持团结稳定鼓劲、正面宣传为主，围绕市委、市政府中心工作，及时制定和落实宣传报道计划，指导各县(市)区委宣传部、市属各新闻单位弘扬主旋律，传播正能量，打好舆论宣传主动仗。

一、重点新闻宣传

1988年5月，组织开展纪念济南解放40周年、中华人民共和国1988年城市运动会的新闻宣传。

1989年6月，深入开展热爱中国共产党、热爱社会主义祖国、热爱人民解放军的“三热爱”教育活动宣传。国庆节期间，在全市组织开展新中国成立40周年宣传活动，各新闻单位对国庆节期间的各项活动作重点新闻宣传。

1990年，深入开展农村社会主义思想教育活动新闻宣传报道。9～10月，在全市组织开展以“迎亚运、迎国庆、迎全国城市卫生检查，创建卫生城”为内容的新闻宣传报道。同年，济南市获全国“十佳卫生城市”称号。

1991年上半年，组织开展建党70周年纪念活动新闻报道。4月，开展以坚定社会主义信念、发展社会主义经济为主要内容的社会主义教育活动新闻宣传。

1992年4月～10月，开展以学习宣传贯彻邓小平南方重要谈话和中共中央政治局全体会议精神为基本内容的解放思想大讨论活动新闻宣传。5月23日，开展毛泽东《在延安文艺座谈会上的讲话》发表50周年纪念活动新闻宣传。10月，开展学习宣传十四大精神新闻报道，于11月7日～25日在《济南日报》分5期以整版篇幅刊发《党的十四大文件辅导材料》。

1993年3月～5月，开展科技兴农宣传服务活动新闻宣传。12月25日，组织纪念毛泽东诞辰100周年活动新闻宣传。

1994年，开展学习贯彻十四届四中全会决定的新闻宣传，在《济南日报》集中刊登十四届四中全会决定学习辅导提纲6篇。

1995年，广泛开展“领导干部学习孔繁森，基层干部学习王廷江，广大群众学习韩素云活动”新闻宣传。

1996年，全年在省以上主要新闻单位发稿突破1万篇，其中全国性大报采用一版头条7篇，《大众日报》一版头条20余篇，用稿总量和头条篇幅均居全省各市、地之首。济南人民广播电台在中央人民广播电台发稿列全省第一，被确定为1997年中央台重点联络单位。

1997年上半年，开展庆祝香港回归活动的新闻宣传。9月，开展学习宣传党的十五大精神的新闻宣传，陆续在《济南日报》刊出3万字的系列辅导文章。

1998年，开展党的十五届三中全会和省、市七次党代会精神的新闻宣传，配合市政府提出的打好“三个攻坚战”(企业改革、扭亏增盈和再就业工程)任务，开展大规模连续系列报道。深入开展“做人民好公仆”宣传教育活动新闻宣传。全年对上发稿1.2万余篇。

1999年，深入开展“三讲”教育、党的十五届三中全会精神集中教育和社会主义思想集中教育活动的新闻宣传。组织对两水泥厂环保迁建、济南飞机场扩建、绕城高速路建设、济南野生动物世界建设、泉城广场建设、趵突泉公园扩建等重点工程进行系列报道。

2000年，以搞好“四个创新”宣传为新闻工作着力点，开展学习“三个代表”重要思想的新闻宣传。积极主动地为改革开放和经济建设服务，重点对国企改革、农业结构调整、民营经济及蓝天工程、一环九射、退路进厅、节水保泉等城市建设和管理工作进行较大规模的宣传报道。同时，对中央及省市思想政治工作会议，市委七届四次、五次全会，江泽民为济南交警题词5周年，纪念抗美援朝50周年，科技宣传年等重要会议和活动进行深入宣传报道。

2001年，开展学习实践“三个代表”重要思想、贯彻“七一”讲话和十五届六中全会精神以及建党80周年庆祝活动的新闻宣传。全面报道中央和省、市经济工作会议精神，集中宣传全市“九五”建设成就和“十五”计划。组织中央、省、市新闻单位对工业经济、县域经济、城市建设重点工程、节水保泉、泉水复涌、旅游黄金周、精神文明建设等工作进行报道。全年在省以上媒体发表重要稿件2万余篇。对全国社区十佳妇女思想政治工作者、全国“三八”红旗手田宝明的先进事迹作深入宣传。

2002年，以经济宣传和成就宣传为重点，把“济南五年大变样”宣传作为成就宣传的重头戏，与有关单位联合举办“济南市城市规划展”，开展“十佳”建设工程(景观)评选活动。在经济宣传方面，组织民营经济新闻采访团，赴江浙开展异地采访活动，行程5000余公里，深入采访南京、杭州、台州、温州、宁波、苏州6个城市有关负责人和30多个民营工业园区，刊发100多篇对济南民营经济具有借鉴意义的新闻消息和综述文章。在中国(济南)信息技术创新国际博览会宣传方面，协调组织《人民日报》、新华社、《光明日报》、中央电视台、《经济日报》、《科技日报》等中央省市主要媒体200余名记者参与报道，先后发稿1000余篇次。

2003年，开展“解放思想谋发展、与时俱进建小康”宣传教育活动、十六届三中全会精神集中教育活动和“实现新跨越、建设新泉城”主题教育活动的新闻宣传。4～6月，组织新闻单位深入到“防非”工作第一线采访，及时报道各级党委政府抗击“非典”的决策部署和重要措施，报道全市人民万众一心、众志成城、无私奉献、抗击“非典”的感人事迹，宣传全市各级、各部门一手抓防治“非典”，一手抓经济建设，夺取防治“非典”斗争和经济建设双胜利的有效举措和成功经验。各媒体对济南市防“非典”工作进行扎实有效的宣传，累计刊发“防非”稿件1万余篇。

2004年，开展“聚焦泉城看变化，干事创业促发展”宣传教育活动、“济南精神”大讨论活动的新闻宣传，组织庆祝新中国成立55周年、邓小平诞辰100周年、济南开埠100周年系列活动的新闻宣传。全面推行新闻发言人制度，举行新闻发布会159场。全年在省以上新闻媒体刊发各类稿件1.5万余篇，在海外媒体刊播系列宣传稿件近2000篇。

2005年，开展以落实科学发展观、加强党的执政能力建设、先进性教育活动、构建和谐社会、站在新起点实现新发展等为重点的重大主题宣传；以“发挥省城优势，发展省会经济”、全国糖酒会等为重点的经济宣传；以城市建设重点工程、“文明济南”、“平安济南”为重点的社会宣传；开展“美丽的田野”采风活动和社会主义新农村建设宣传。全年在省以上新闻媒体刊发各类新闻稿件近2万篇。

2006年，开展建设社会主义新农村、创建文明城市、践行社会主义荣辱观以及回顾“十五”、展望“十一五”等主题宣传；工业强市战略、提高自主创新能力、高新技术产业、省会经济圈、县域经济、循环经济、繁荣发展服务业、济南“老字号”和文化产业等经济宣传；城市规划和重点工程建设、城乡环境综合整治以及安全生产、就业和社会保障、社会救助体系建设等社会宣传。同时，对在济南举办的全国重点煤炭产运需衔接会议、山东文化创意产业博览交易会、中国(济南)国际信息技术博览会、中国(济南)国际旅游交易会暨首届中国老年旅游休闲博览会、泉水文化周等重大节会活动，进行全方位的宣传报道。全年在省以上新闻媒体刊发各类新闻稿件2万余篇。

2007年，开展喜迎十七大系列宣传教育活动的新闻宣传。广泛开展全市依法整治违法违章建设和治理“八乱”(垃圾乱扔、广告乱贴、摊位乱摆、杂物乱堆、车辆乱停、污水乱流、私搭乱建、施工场地乱)、“迎接十七大，创建文明城”主题行动、扎实推进社会主义新农村建设、深入开展建设创新型城市、发展现代服务业和建设“平安济南”“和谐济南”、城市规划和重点工程建设、棚户区改造、解决城市低收入家庭住房困难问题、安全生产等重点工作的新闻宣传。组织开展第二届济南国际幽默艺术周、第五届中国国际农产品交易博览会、首届中国城市公共交通周及“无车日”，以及迎奥运、迎全运、纪念香港回归10周年和建军80周年等重大活动的新闻宣传。

2008年，开展“学习实践科学发展观——解放思想大讨论”、庆祝改革开放30周年、党的十七大和十七届三中全会精神、抗击低温雨雪冰冻灾害和抗震救灾、社会主义新农村建设、应对全球金融危机、着力改善民生等重大宣传活动的新闻宣传。省、市主要新闻媒体对中国重汽集团改革发展的经验进行全方位系列报道。

2009年，全市各级宣传部门坚持把筹办全运会作为全面宣传济南、提升济南影响力和美誉度的重大历史机遇，组织协调17家中央和国家级媒体，集中对济南市以科学发展观为指导，积极做好筹办全运会工作。进行宣传报道。协调组织全国40余家知名网站，对济南市以筹办全运会、园博会为契机，推动济南又好又快发展的做法进行集中采访报道。全运会期间，中央、省、市各类媒体记者采访报道1.6万人次，在省以上主要新闻媒体刊发的大稿、重稿、头条数量空前增加。

2010年，围绕中央重大决策部署和省市委中心工作，精心策划主题宣传活动，做好重大活动的宣传报道，营造经济社会平稳较快发展的良好舆论氛围。健全完善对上发稿机制，在中央、省主要新闻媒体发稿3000多篇。

二、新闻宣传管理和队伍建设

1997年，按照上级有关指示精神，加强对新闻出版业、广播电视业的治理整顿。市委办公厅、市政府办公厅印发《济南市新闻出版和广播电视业治理工作意见》，全市的内部报刊大都停办或转为内部资料。同时，对有关电台、电视台及部分栏目进行撤并调整。

1998年12月，市记者协会、市新闻学会评选出王淑珍、戴彬、隋红、孙苌青、许莉、张政、张广军、孙玉国、仲栋、霍勇、李有静、屈云海12名“济南市优秀青年新闻工作者”。

2000年，采取抓学习、抓教育、抓制度、抓监督四项措施，加强广大宣传思想工作者的新闻职业道德建设和思想业务素质。举行新中国第一个“记者节”庆祝活动，市委、市政府表彰30名优秀新闻记者、编辑和10个新闻工作先进集体。市委宣传部、市新闻工作者协会、市新闻学会向杨冬梅等70名从事新闻记者、编辑工作30年以上的老新闻工作者颁发荣誉证。

2001年3月2日，市委和大众报业集团举行座谈会，决定建立济南市与大众报业集团新闻宣传联席会议制度，先后组织召开三次大规模的联席会议，分别对济南市的城市建设、工业经济、园林建设和旅游开发三项重要工作进行集中宣传报道。8月4日，市委宣传部、市新闻工作者协会、市新闻学会在历城区柳埠镇四门塔下举行仪式，正式启动济南市记者林工程建设。

2002年，市委宣传部下发《关于加强新闻发布会管理的规定》。

2003年7月31日，市委办公厅印发《关于改进市级会议和领导同志活动新闻报道的意见》，从严掌握市级会议和市级领导活动的新闻报道。8～12月，按照中央和省委指示精神，采取有力措施，对报刊散滥问题进行治理，停办《章丘日报》和市公安局主办的《济南公安》等各类报刊12种。在全市宣传思想战线组织开展“创学习型组织，做创新型人才”活动，举办新闻发言人培训班，组织新闻工作者进行马克思主义新闻观知识考试。

2004年1月，在全市全面实施新闻发言人制度，要求设立发言人的部门定期或不定期组织召开新闻发布会，及时向新闻媒体通报本地区、本部门工作重点、工作成就等内容。10月31日，印发《关于设立新闻发言人规范新闻发布会制度的意见》《济南市突发事件新闻宣传应急处置预案》，建立突发事件新闻宣传报道工作制度、新闻宣传联席会议制度等16项工作制度。同年，印发《改进和加强我市突发事件新闻报道工作的实施办法》等通知。11月，市委、市政府表彰“最受群众欢迎的十佳记者”和“最受群众喜爱的十佳栏目”，授予杜广才、赵英明、王兴步、李永、刘芳、王磊、隗铜、王有为、袁冬霞、王启军等10位记者“最受群众欢迎的十佳记者”称号，并记二等功奖励；授予《党报热线》《舜网论坛》《时报体育》《文化焦点》《倾诉热线》《今晚20分》《政务监督热线》《泉城夜话》《846传真》《招考热线》等10个栏目“最受群众喜爱的十佳栏目”称号。

2005年，召开全市新闻发言人工作会议。制定落实加强和改进舆论监督的制度规范和工作措施，加大对有偿新闻、虚假报道、低俗之风、不良广告“四大公害”的治理力度，保证舆论监督工作的正确方向。

2006年，印发《济南市突发公共事件新闻发布应急预案》。举办新闻宣传工作培训班，评选全市新闻工作十佳记者、十佳栏目。

2007年，在全市新闻单位中开展“抵制‘四大公害’，净化荧屏(版面)”活动。进一步强化新闻例会制度，落实新闻管理各项规章制度，健全完善重大突发事件快速反应和应急机制，着力提高新闻媒体的公信力和权威性，积极正确引导社会舆论。进一步改进和加强新闻阅评员队伍的建设和管理，形成“统一领导、两级管理、分工负责、协调联动”的工作体制机制。修订《关于加强典型宣传和对上发稿工作的意见》，建立与中央和省主要新闻媒体关于对上发稿重点选题策划的联席会议制度。召开新闻宣传策划工作座谈会，进一步加强重大题材选题策划，增强选题的针对性和可操作性，支持和鼓励市属各新闻媒体创名牌栏目，积极促进典型宣传和对上发稿工作。开展中国特色社会主义理论体系、马克思主义新闻观、职业精神职业道德“三项学习教育”活动，开展全市新闻发言人培训班，对市属新闻单位的100余名青年编辑记者进行为期一周的封闭式集中培训。

2008年，加强和改进新闻监督，重点对整治违法违章建筑、治理“八乱”和各类不文明行为的曝光监督，收到明显成效。健全完善新闻例会、新闻阅评、新闻通气会等制度，确保舆论导向正确。

2009年11月，市委宣传部、市新闻工作者协会、市新闻学会联合召开庆祝第十届记者节座谈会，评选表彰全运会宣传好新闻一等奖作品20篇、二等奖作品40篇、三等奖作品80篇，十一运宣传优秀栏目10个。12月，山东省第六届泰山新闻奖评选揭晓，济南市牛继兴、李国强、许莉3人获泰山新闻奖提名奖，获奖人数居全省首位。

2010年，制定《关于进一步建立健全党委新闻发言人制度建设的通知》，进一步强化新闻例会和突发事件新闻应急处置工作。举办新闻记者编辑培训班，组织开展记者节宣誓和整治虚假新闻集中教育活动。

第三节 社会宣传

一、重大宣传教育活动

1988年，在全市广泛开展党的基本路线教育和形势教育。年初，市委宣传部、市总工会制定印发在全市开展党的基本路线教育的意见。4月下旬，举办为期一周的有1100人参加的师资培训班。7月7日，召开全市经验交流会，总结、推广济南钢铁厂等11个单位的试点经验。12月，各基层单位、区县局(公司)和市先后对读书活动情况进行检查和考核。市供销社等14个单位获市集体奖，市电子工业公司等12个单位获市组织奖，贾云芳等100人分获市个人一、二、三等奖。

1989年，组织开展新中国成立40周年宣传活动，向党员和群众进行“两个基本点”(坚持四项基本原则、坚持改革开放)教育，爱国主义教育，基本国情和独立自主艰苦奋斗方针教育，理想道德教育，社会主义民主、法制和纪律教育；开展“坚持立国之本走好强国之路”读书竞赛活动，“讲道德、守信用、创三优、迎国庆”优质服务活动，以歌颂党、歌颂祖国、歌颂社会主义为主题的文化体育活动和反映40年伟大成就的系列展览活动。组织理论工作者撰写坚持四项基本原则、走有中国特色社会主义道路的理论文章，召开纪念新中国成立40周年理论讨论会，出版纪念新中国成立40周年论文集。《济南日报》开辟《济南在前进》专栏，济南人民广播电台、济南电视台编排《企业新貌》、《昨天和今天》等16个专题节目，各新闻单位对国庆节期间的各项活动作出重点报道。重点整顿美化市区10条交通干线和5个重点地区，重新绘制、刷新市区大型宣传、广告牌，装饰主要干线的商业橱窗和建筑物，增强节日气氛。9月30日晚，山东省、济南军区暨济南市在省体育馆举行庆祝新中国成立40周年大会，10月1日，在大明湖公园、济南动物园、中山公园、百花公园、青年公园举办游园活动，举行焰火晚会。

从1990年第四季度开始，在全市农村开展社会主义思想教育活动。专门建立领导机构和工作班子，抽调7000余名干部组成2300个宣讲队，培训宣讲骨干1400余名，市六大班子和市级报告员分赴基层进行宣讲。

1991年上半年，开展纪念建党70周年系列活动：在济南乡村师范学校旧址(今明湖中学)建成“济南乡师党史陈列室”，扩建省党史陈列馆。市文化局在省博物馆举办“济南革命文物展览”，形象生动地展示“五四”运动在济南的影响和马克思主义在济南的传播过程，王尽美、邓恩铭、刘谦初等革命先烈的光辉事迹，以及解放济南的历史画面。市委党史委、市委宣传部等单位联合录制反映济南地方党史的6集电视片《巍巍丰碑》。市委党校、市委组织部等单位分别编写出版《中流砥柱七十年》《中共济南党史大事记》《中共济南组织史资料》《泉城先锋》等党史、党建理论书籍。市委组织部组织“先进党支部、优秀共产党员事迹报告团”，巡回作报告10场。《济南日报》举办“在党旗下”“没有共产党就没有新中国”专题征文，开辟“纪念建党70周年”专栏；济南人民广播电台举办“在党的旗帜下”征文活动；济南电视台开设“在党旗下”专题栏目。市委宣传部、市社联、市社科所等单位联合举办纪念建党70周年理论研讨会。济南市京剧团创作演出反映山东建党历程的京剧《晨钟》。全市普遍开展以歌颂党、歌颂社会主义为主题的大型歌咏活动。6月28日，市各界代表1600人举行纪念建党70周年大会，市委对23个党建工作先进乡镇和51名优秀党务工作者进行表彰。

1993年2月，市委宣传部组建全市“发展村办企业，振兴农村经济”先进典型报告团，在济南大厦礼堂举行首场报告，后分赴五县(市)及历城区进行巡回报告，听众达20多万人次。

1996年9月，组织纪念红军长征胜利60周年系列活动。10月23日，开展纪念江泽民为济南交警题词一周年活动。主要活动内容：召开“纪念江总书记‘严格执法，热情服务’题词一周年暨全市学交警、创一流经验交流会”；邀请省市理论工作者举行座谈会；济南电视台与中央电视台联合制作《东西南北中》特别节目一期；由济南出版社出版发行《中国济南交警》一书，创作并播放反映济南交警先进事迹的电视连续剧《男儿无泪》，在南门广场落成“济南交警”大型雕塑等。

1997年3月，全市约80万人次参加“星期六奉献日”活动。5月上旬至6月底，集中在泉城公园举办迎接香港回归游园系列庆祝活动，有20余万人参加游园。7月1日，组织济南市庆香港回归升旗仪式和群众性欢庆活动。

1998年，在全市广泛开展以创建全国文明城市为总目标，以城区为重点，以美化环境、促进管理、方便生活为主要内容的“城市管理年”宣传教育活动，重点开展“爱泉城、当主人、作贡献”主题教育活动和学习宣传城建法规、“护名泉、建绿地、保清洁”星期六义务奉献日、慰问城建大军及开展社会主义劳动竞赛等五大主题系列活动，推出“小白热线”等一大批先进群体。组织济南解放50周年纪念活动，9月23日晚，“1948～1998金秋文艺晚会”在八一礼堂举行；9月24日，在八一礼堂举行“纪念济南解放50周年大会”；举办“迈向21世纪的济南——济南市解放50周年改革开放20周年成就展览”，持续3个月，观众达20多万人次；举行济南战役纪念馆扩建工程奠基仪式；9月27日，市委宣传部、市总工会联合组织“百名先模看济南”活动。

1999年，举办省暨济南市庆祝中华人民共和国成立50周年大会、国庆招待会、庆祝人民政协成立50周年座谈会，在新落成的泉城广场举行“济南市庆祝中华人民共和国成立50周年暨泉城广场落成大型文艺演出——泉城放歌”，组织游园活动、焰火晚会、广场文化活动、“祖国颂”群众文艺会演等，举办“潇洒济南诗书画长卷”展览、编辑出版《济南市五十年文学作品选》，举办“我看济南新变化——泉城百万市民参观市容和重点工程”系列活动。

2000年年初，在全市中小学生中开展以“回顾100年，展望新世纪”为主题的读书教育活动，全市72万名青少年踊跃参加，平阴县委宣传部、长清县委宣传部、槐荫区教委、济南第十三中学等4家单位获全国读书活动组织特等奖。4月，在全市范围内组织开展 “致富思源、富而思进”教育活动。

2002年，深入开展公民道德建设宣教活动，济南山水集团有限公司、济南供电公司、市妇幼保健院、章丘市刁镇获山东省第一批公民道德建设示范点称号。

2004年3月～4月，在省图书馆举办“毛泽东遗物展”，再现一代伟人毛泽东艰苦朴素、全心全意为人民服务的革命风采，近20万人次参观。

2006年12月20日，“感动泉城”十佳人物评选活动结果揭晓，评选出反扒能手张业爱、“南丁格尔奖”获得者刘振华、为城市建设倾注满腔心血的刘俊福、只身勇斗歹徒的公交女司机李慧敏、热心儿童艺术事业的丁小秋、“全国孝亲敬老之星”党明英、当代产业工人技术代表贾广顺、为民申辩的好律师付强、优秀进城务工者袁乃夫、情暖居民的社区党总支书记田宝明等“感动泉城”十佳人物及毕爱胜、田玉英、赵言民、陈素兰、吴晓林、薛在燕、齐亚珍、刘在传、肖安翠、王敬德等“感动泉城”优秀人物。2007年3月5日，2006年“感动泉城”十佳人物颁奖晚会在济南电视台演播厅举行。

2007年，组织开展喜迎中共十七大系列宣传教育活动，在主要路段悬挂横幅条幅、设置空飘气球、张贴宣传画。做好第十一届全运会济南赛区社会动员和宣传工作，着力营造全民热盼十一运、关心十一运、参与十一运、支持十一运的良好社会氛围。与第十一届全运会济南赛区组委会社会动员部、济南日报报业集团、济南市广播电视局联合向社会公开征集第十一届全运会济南赛区主题口号，共征集口号5000条。

2008年9月23日，举行“纪念济南解放60周年大型文艺晚会”。9月24日，山东省暨济南市在英雄山革命烈士陵园悼念广场举行济南解放60周年纪念大会。参加过济南战役的老战士代表，济南军区，济南军区空军，省委、省政府，市委、市政府向在济南战役中牺牲的革命烈士敬献花篮。11月30日，举行纪念改革开放30周年系列活动。召开济南市纪念改革开放30周年理论研讨会，举办纪念改革开放30周年座谈会，开展评选“改革开放30年十件大事”和“改革开放30年济南优秀企业家”活动。

2009年，在“全国100位为新中国成立作出突出贡献的英雄模范人物、全国100位新中国成立以来感动中国人物” 推荐和“山东省100位为新中国成立、建设作出突出贡献的英雄模范人物”评选活动中，由济南市推荐评选的王尽美入选“100位为新中国成立作出突出贡献的英雄模范人物”；王尽美、邓恩铭、刘谦初、辛锐、郑凤荣、马纯济、孙丕恕入选“山东省100位为新中国成立、建设作出突出贡献的英雄模范人物”；田宝明、邓宝金、孟红伟、刘克、刘振华、齐亚珍、李长顺、张业爱、殷景玉入选“山东‘一百’英模人物50名候选人”。开展庆祝新中国成立60周年群众性爱国主义教育活动，广泛开展“热爱伟大祖国，坚定发展信心，促进经济增长”主题和形势教育活动；深入开展“建美丽泉城，迎和谐全运”群众性精神文明创建活动；大力组织开展群众文化活动，开展“向祖国献礼”大型系列文化活动；6月，与中央电视台联合举办“欢乐中国行”大型文艺汇演；7月，举办“同一首歌”大型综合文艺晚会，开展“爱国歌曲大家唱”群众性歌咏活动；8月，举行泉城义工红歌会暨济南市首届红歌大赛；9月，举行“颂歌献祖国”——济南市庆祝中华人民共和国成立60周年大型歌咏晚会；举办庆祝新中国成立60周年非物质文化遗产保护成果展、考古成就展等展览；开展以“与共和国同行、好书伴我成长”为主题的读书教育活动。自2月底至10月，全市开展“迎全运、爱泉城”群众性文化活动2900余项，分为“激情动员”“律动济南”“文明驿站”“风采展示”“快乐奉献”“放歌全运”“泉城映像”“童心全运”“精品展演”“欢乐广场”10个板块，营造了“全民全运、重在参与，魅力泉城、人人共建”的良好氛围。市委宣传部、全运会济南赛区组委会社会动员部积极动员全市各方面的力量特别是全运会运行单位和窗口服务单位，集中开展迎办全运“微笑服务”主题活动。

2010年，第七届中国公民道德论坛在济南市举办，市委宣传部编辑出版《道德之光——济南市公民道德建设经验汇编》。

二、典型宣传

1992年4月，在平阴县召开全市开发庭院经济现场经验交流会，对总结推广的8个先进典型进行宣传报道。

1995年，推出济南交警、市工商银行等全国典型。开展“三学”活动，总结推出高清波、金刚纂人、宋铭禄等英雄人物和英雄群体，李延升、卢振荣和“十大文明市民标兵”等先进典型。

1996年，推出济南建行、平阴县孝直村、汪心泉、于承福、王玉梅、傅广仁等一批先进单位、先进人物。在《济南日报》开辟专栏，突出宣传全市25名基层党员的先进事迹，并制作和播出电视新闻片。

1997年，推出经济建设、精神文明建设、先模人物等方面的先进典型30个。9月2日，配合开展向崔剑平学习活动，组织新闻单位对崔剑平的事迹进行新闻报道。

1998年10月10日，市委作出《关于授予陈登汉同志“一心为民、忘我奋斗的共产党员”荣誉称号和开展向陈登汉同志学习活动的决定》。10月21日，市委召开陈登汉命名表彰大会。市委宣传部组织市属各新闻单位进行大规模的宣传报道。《济南日报》以《矗立在山乡人民心中的丰碑》为题，发表介绍陈登汉先进事迹的长篇通讯，组织“陈登汉事迹报告团”，深入到机关、农村、企业等单位巡回报告，陈登汉的事迹在全社会引起强烈反响。

2000年1月，市委作出《关于深入开展向优秀政工干部李淑敏同志学习活动的决定》，号召全市各级党员干部特别是党务工作者、政工干部认真学习李淑敏的创新精神、敬业精神、奉献精神和自律精神。同年12月12日，市委、市政府作出《关于向山东水泥厂和优秀企业领导干部张才奎同志学习的决定》，号召全市企业深入开展向张才奎学习的活动。

2001年，对全国社区十佳妇女思想政治工作者、全国“三八”红旗手田宝明的先进事迹进行深入宣传。

2002年，相继推出齐亚珍、田宝明和“阳光大姐”家政服务、力诺集团等一大批先进个人和先进集体，编辑出版《济南市共产党员风采录》。6月，对济南市社区卫生服务工作进行全面采访、重点报道，使济南市社区卫生服务成为继济南交警、济南工行、济南民政之后又一全国典型。

2005年，精心组织济南钢铁集团典型宣传报道，济钢经验走向全省、全国。年内，相继推出浪潮集团、历城区艾家村等一批在全国、全省有影响的先进典型。

2006年，对深化行政体制改革、转变政府职能，以及济南钢铁集团、中国重汽集团、浪潮集团为代表的自主创新典型，以章丘市向高村等为代表的新农村建设典型，以青年公园社区为代表的创建安全社区典型，孟红伟、刘振华、刘在传、吴晓林等先进典型进行重点宣传，中央主要媒体对济南市群众工作经验成果进行深入报道，编入重要内参。浪潮集团被中宣部列为向中央媒体重点推荐的典型。

2007年，中央和省、市新闻媒体对“泉城义工”、中国重汽集团、擒贼能手张业爱、优秀刑警刘克、舍己救人的冯月荣、道德楷模郑承镇等先进典型进行采访报道。其中“泉城义工”作为中宣部重要典型，在中央和省各大新闻媒体上进行集中宣传。

2008年6月30日，市委、市政府作出在全市广泛开展向中国重汽集团学习的决定。省、市各主要新闻媒体对中国重汽集团改革发展的经验进行全方位系列报道。

三、全民国防教育和爱国主义教育

1991年8月1日，济南市国防宫落成开放。同年12月20日，济南市全民国防教育的第一个法律性文件《济南市国防教育若干规定》公布实施。

1995年，公布全市首批23个爱国主义教育基地：中共山东省党史陈列馆（山东省委秘书处旧址）、山东省博物馆、英雄山革命烈士陵园、(章丘)城子崖遗址博物馆、济南解放纪念阁、大明湖公园(辛弃疾纪念祠)、济南钢铁集团总公司、山东清河集团、济南军区某部“英勇顽强岱崮连”、灵岩寺、济南第二机床厂、市博物馆、济南佛山苑居民小区、市青少年宫、“四五”烈士纪念碑(青年公园)、柳埠四门塔、平阴县烈士陵园、商河县烈士陵园、济阳县烈士陵园、中共济南乡师党史陈列室、辛亥革命烈士陵园、“五三”惨案纪念碑、琵琶山万人坑。

1999年1月～6月，市委宣传部、市教委、团市委联合举办“光辉的五十年”青少年读书教育活动。

2001年6月，济南革命烈士陵园被中宣部命名为“全国百家爱国主义教育示范基地”。

2005年4月3日上午，在泺口堤下马家道口举行“泺口九烈士纪念碑”揭幕仪式。同年，公布第二批市级爱国主义教育基地。11月10日，市“五三”纪念园、市博物馆被山东省委宣传部确定为第三批省级爱国主义教育基地。

2006年4月7日，市委常委、宣传部部长王良率团赴新加坡迎请蔡公时烈士铜像回国。2007年5月3日，在趵突泉公园举行“济南惨案纪念堂”落成仪式暨“济南惨案”79周年纪念活动，纪念五三惨案的书籍《五三祭》亦于当日出版发行。

2009年，济南市全国、省、市级爱国主义教育基地范围内的博物馆、纪念馆全部免费开放。主要有济南战役纪念馆、省博物馆、市博物馆、中共山东省党史陈列馆、济南解放纪念馆、城子崖遗址博物馆。

第四节 文艺宣传

一、文化事业发展

1986年5月31日，济南市图书馆、少年儿童图书馆落成。总面积8517平方米，包括一座5层成人借阅楼、一座6层少儿借阅楼和一座12层书库楼。

1987年1月9日，市委、市政府举行济南市文化发展战略研讨会。

1991年，在全市评选表彰一批模范党员文艺工作者，张登堂、李向明、马延庆、杨书杰、李洪、吴振华、封玉斗、李德铃、韩林祥9人当选。张海迪、刘玉民、孟燕、董砚萍、孟鲁生、秦开蒙、薛志超、戎玉倩8人省模范党员文艺工作者。

1993年，市委宣传部制订精神产品生产“精品工程”方案，要求全市文学、艺术、理论、出版、新闻、广播电视和对外传播部门，每年向市推荐规定数量的精神产品。市委宣传部牵头成立评委会，对推荐的作品进行评选，确定入选优秀作品，予以表彰奖励。

1995年，市委宣传部、市教委、市文化局组织实施“为农村儿童送戏工程”。1996年年初，在北京召开的全国“为农村儿童送戏工程”总结表彰大会上，济南市儿童艺术剧团受到中宣部、文化部、全国妇联等部委的表彰奖励。

2000年9月20日，全市文学创作座谈会召开，举办全市首届美术、书法、摄影大赛，设立“济南文艺奖”。

2005年，全市文艺创作生产规划会议召开，制定2005～2007年文艺创作规划。实施以名城、名泉、名士为内容的“三名”工程，深入打造文化品牌。市财政分别投资500余万元和60万元改造的市杂技团办公、排练楼，市京剧院办公、排练场所投入使用。商河县投资数百万元建成鼓子秧歌广场。历下区被评为全国文化先进区，长清区被评为全国文物工作先进县和全省社会文化先进区，天桥区北园街道和历城区祝甸社区被评为“全国优秀文化社区”。

2006年，农村文化信息资源共享工程与党员远程教育网络实现互联互通，9个省级规范化基层站点建成启用。2007年，全市投资近千万元，建成文化信息资源共享工程市级支中心1个、县(市)区支中心10个、乡(镇)和村基层服务点3573个，网络覆盖率达76%以上。

2008年3月28日，召开全市文化建设工作会议，明确文化强市战略目标，设立2000万元的文化产业发展专项基金；制定《济南市乡镇综合文化站建设实施意见》，实行以奖代补的补助办法，推动“济南市乡镇综合文化站建设目标责任书”的签订，全市乡镇综合文化站建设初见成效，建成并验收达标的乡镇达到38个，占全市乡镇总数的62%。

2009年，济南儿童艺术剧院宝贝剧场建成使用，成为全省首家现代化专业儿童剧演出场所。成立济南季羡林文化研究院。全市60个乡镇综合文化站和800个农家书屋建设完成。

2010年，省会文化艺术中心开工建设。对基层公共文化设施实施“以奖代补”政策，新建农家书屋1800个，天桥区、市中区、槐荫区、历下区、高新区提前完成农家书屋建设任务，府学文庙修复开放。7月6日，召开全市文艺精品创作生产工作会议，制定《关于加强济南市文艺精品工程建设的意见》。组织首届“泉城文艺奖”评选，评出艺术突出贡献奖3名、文学创作奖21件、艺术作品奖58件。

二、文艺精品创作

1986年10月25日，市委、市政府召开大会，授予在出国、赴京演出中做出优异成绩的济南儿童歌舞团“精神文明先进单位”称号，对儿童歌舞团及其分团的72名小演员和教师、工作人员予以表彰奖励。

1994年，在全省“精品工程”评选中，济南市获组织工作奖，济南电视台的电视剧《回归爱的世界》、市儿童艺术剧团的话剧《徐洪刚》、济南出版社的大型图书《中国古代名物大典》、《济南日报》的新闻《黄土地的儿子》、济南经济广播电台的新闻《“洋老板”被“炒鱿鱼”之后》等5件作品获入选作品奖。

1995年10月，市委宣传部组织1995年度市“精品工程”评选工作，歌舞剧《雪域丰碑——孔繁森》等33件精神产品获入选作品奖，其中戏剧2台、电视剧2部、文学作品4部、理论文章5篇、新闻作品12件、图书3部、外宣品5件。在1995年度省“精品工程”评选中，济南市共有8件作品获入选作品奖，分别为：歌舞剧《雪域丰碑——孔繁森》，济南电视台电视剧《故道》，济南市文联严民的长篇小说《洗礼》，《济南日报》新闻《塑造省城交警新形象》，济南有线电视台新闻《文明建设来自语言》，市委党校孙德正、市社联罗列的理论文章《论现代企业制度中党的领导体制》，济南出版社的图书《济南历史文化百题》，市委外宣办的外宣稿件《济南，实现历史新跨越》。

1996年，市儿童艺术剧团创作演出的儿童神话剧《小白龟》，获文化部“文华新剧目奖”和“文华表演奖”。济南电视台摄制的电视剧《男儿无泪》《济南夜话》分别在中央电视台黄金时段播出。济南人民广播电台录制的长篇配乐报告文学《高原雪魂——孔繁森》获第三届文艺政府奖长篇连播类一等奖；《济南日报》的通讯《交警之魂》和济南电视台的新闻《正人先正己——济南交警新形象》获中国新闻奖二等奖。在省“精品工程”评比中，济南市再获组织奖，并获7个单项奖。在1996年度济南市精神文明建设“精品工程”评选中，有38件作品获入选作品奖。

1997年，儿童神话剧《小白龟》、散文集《生命的追问》获中宣部“五个一工程”奖，长篇小说《骚动之秋》获第四届“茅盾文学奖”，数来宝《35个敬礼》获文化部“群星奖”铜奖，《理论旗帜》获省“十佳”图书称号，电视片《泉城济南》获全省旅游专题片评比第一名。在1997年度“精品工程”评选中，市委宣传部获组织奖，全市有9件作品获入选作品奖，有5人被评为全省“十佳”文艺、理论、出版工作者。

1998年2月18日，市委宣传部召开精神文明建设“精品工程”表彰会，表彰奖励在优秀作品生产中取得突出成绩的作者和作品。市儿童艺术剧团创作演出的儿童剧《小白龟》和市文联作家张海迪创作的散文集《生命的追问》，分获中宣部1997年度“五个一工程”戏剧奖和图书奖。市民政局褚玉颜的理论文章《为民解难服务，塑造政府形象》、市电视台的专题片《解群众之忧、树公仆形象》、济南出版社的图书《理论旗帜》、市文联王欣的长篇小说《九班宣言》、济南电视台的电视剧《济南夜话》、市曲艺团的话剧《交警的一天》、歌曲《飞回家园》、市外宣办的稿件《中国济南投资与旅游知识竞赛》获山东省第四届精神文明建设“精品工程”入选作品奖。市委宣传部获省第四届“精品工程”组织工作奖。同时获表彰奖励的还有1997年度济南市“精品工程”评选出的36件作品。

1999年，电视连续剧《西出阳关》和《济南战役》获中宣部第七届“五个一工程”奖。电视专题片《黄河歌谣》获中国电视“金鹰奖”“飞天奖”，板胡独奏《乡情》获全国“群星奖”金奖。12月29日，市委宣传部召开第四届精神文明建设“精品工程”表彰会，给予在“精品工程”实施中作出突出成绩的济南电视台电视剧部通报表彰，57件作品获“精品工程”入选作品奖。

2000年，儿童剧《宝贝儿》获第九届“文华奖”，山东琴书《生灵叹》获中国曲艺“牡丹奖”，《我的名字叫油娃》等2个电视文艺节目获第五届全国少儿节目金童奖，《论现代公有制》获中国图书奖。

2001年，儿童剧《宝贝儿》获中宣部第八届“五个一工程”入选作品奖。在全省第六届“精品工程”评选中，济南市有12件作品获奖，市委宣传部获组织工作奖。新出版图书100余种，获省以上优秀图书奖的有23种，其中《中国国有企业改革》获国家图书奖。儿童剧《宝贝儿》获济南市第五届精神文明建设“精品工程”特别奖，54件作品获济南市“精品工程”入选作品奖。

2003年，电视剧《夏日星光》获全国第二十届“飞天奖”和第二十一届中国电视“金鹰奖”；歌舞剧《沂蒙风情画》《鹤飞》获“中国人口文化奖”金奖；市委宣传部和山东电影制片厂等单位联合摄制电影《大宝贝与小宝贝》。

2004年，创作生产电视电影《核电铁军》，电影《小宝贝和大宝贝》，电视连续剧《飓风》，京剧《李清照》，轻喜剧《泉城人家》，电视系列片《古城开埠》《泉之城》等一批优秀作品，13件作品获山东省第七届“精品工程”入选作品奖，市委宣传部连续7次获组织工作奖。103件作品获济南市第六届精神文明建设“精品工程”入选作品奖。

2005年，长篇小说《过龙兵》在全国引起较大反响，都市情景剧《泉城人家》晋京演出。

2006年，组织创作电视连续剧《大观园》，拍摄宣传济南精神的3部音乐录像带(MV)并在中央电视台播出，组织创作以弘扬社会主义荣辱观为主题的音乐电视，儿童剧《宝贝儿》获“第四届中国十大演出盛事”金奖，入选年度国家舞台艺术精品工程“十大精品剧目”。

2008年，京剧杂技意象剧《齐风鲁韵·粉墨》演出100余场，并获第七届全国杂技比赛2008杂技主题晚会优秀剧目展演二等奖。重新编排的京剧《辛弃疾》获第五届中国京剧艺术节金奖。

2009年，济南市第八届精神文明建设“文艺精品工程”评选，电视片《天下泉城》被评为特别奖，27件作品入选作品奖。6件作品被评为第九届山东省精神文明建设“文艺精品工程”入选作品奖，市委宣传部获组织工作奖。5月，34集电视连续剧《北方有佳人》由中共济南市委宣传部、济南市广播电视局、山东电影电视剧制作中心、朋友影视文化有限公司联合摄制并出品。

2010年 11月10日，市委宣传部，平阴县委、县政府和市文联联合拍摄的电视连续剧《玫瑰园里的老少爷们儿》，在中央电视台电视剧频道开始播出。

三、主要文化活动

1986年3月3日，举行“热爱家乡、建设泉城”群众文艺调演，80余个单位、近1000名演员参加。

1988年，举办济南市首届儿童戏剧电视大奖赛，历时10个月，评出演出、创作一、二、三等奖各13个。

1992年5月23日，组织纪念毛泽东《在延安文艺座谈会上的讲话》发表50周年系列活动。

1993年，组织纪念毛泽东诞辰100周年系列文艺活动。

1994年，举办龙山文化艺术节，排演大型歌舞交响诗《泉城颂》，组织文化艺术活动13项。

1996年，举办全市宣传文化系统电视文艺联欢会和1996新春济南民俗文化博览会；创作大型电视文艺专题节目《走到一起来》，纪念江泽民为济南交警题词一周年；举办《光辉的足迹》大型演出，纪念红军长征胜利60周年。

1997年，举办全市“职工文艺创作会演”，历时5个月，创作排练各类剧(节)目1100多个。文化下乡近1100场，送电影下乡1.13万余场，观众近200万人次；各部门送书下乡35万余册。市委宣传部获全省“三下乡”活动组织工作奖。市科协、长清县委宣传部和平阴县委宣传部被评为全省“三下乡”活动先进集体。

1999年，在全省十佳文化广场和优秀广场评选中，槐荫广场获全省十佳广场称号，天桥东亚商城广场、历下解放阁广场获全省优秀广场称号。送戏下乡1100多场，送电影下乡1.2万多场，送图书下乡30多万册，送书画下乡1.3万多幅，市委宣传部获全省“三下乡”活动组织工作奖，市委宣传部文艺处、市卫生局、长清县文明办、商河县农业局、历城区计生委、市吕剧团等6个单位获全省“三下乡”活动先进集体，6人获全省“三下乡”活动先进个人。

2000年6月～10月，广泛组织开展“新的世纪、新的泉城”系列广场文化活动，举办各类文化演出500多场，其中大型演出50多场。在2000年度全省文化科技卫生“三下乡”活动总结表彰中，市委宣传部获组织工作奖，市农业局、市妇幼保健院、市曲艺团、历城区委宣传部、市委宣传部文艺处等5个单位被评为全省“三下乡”活动先进集体，8人被评为全省“三下乡”活动先进个人。

2001年5月，由市委宣传部、市文联面向全国发起的、历时半年的“泉城之歌”歌曲歌词征集评选活动共收到歌词1150多首、歌曲1600多首。6月27日，在济南铁路文化宫举办济南市纪念建党80周年大型文艺晚会《泉城儿女的祝福》。市委宣传部获山东省“三下乡”活动组织工作奖，市卫生局、市科协、市农业局获全省“三下乡”活动先进集体称号。全市宣传文化系统组织新春剧(节)目会演、洛庄汉墓首期出土文物精品展、华阳宫文物保护展、《红岩诗魂》展演、优秀影片展映月、纪念建党80周年征文活动、美术书法作品展、优秀歌曲和电视剧展播展映等庆祝活动，舞蹈诗《沂蒙风情画》被省委宣传部确定为全省重点献礼剧目作汇报演出。举办《众泉喷涌迎国庆》大型广场文艺晚会25场，泉城广场、洪楼广场被评为全省“十佳文化广场”，槐苑广场被评为全省“优秀文化广场”。

2002年4月21日，在山东电视台举办《“走向辉煌”泉城之歌征歌活动电视颁奖晚会》。6月16日，举办“泉城——我为你歌唱”济南五年大变样文艺晚会。6～10月，市区各大广场和开阔场地广泛开展以“喜迎十六大、歌唱新泉城”为主题的广场文化活动，全年举办群众性文艺演出350多场。在全省“三下乡”活动表彰中，市委宣传部获优秀组织工作奖，市农业局、市文化局、市中心医院等单位和7名个人分获全省先进集体和先进个人奖。

2003年9月11日，市委宣传部和市文化局在趵突泉公园举办“共度中秋佳节，相约观泉赏月”联欢晚会。9月23日，组织“解读济南”文艺采风创作学习班。11月28日，市委宣传部、市政协办公厅在舜耕山庄举办济南“历史文化名城保护工程”研讨会。市委宣传部、市文化局、市体育局联合开展争创“社区文化建设五十佳”“农村小康文化五十佳”活动。市委宣传部获2003年度山东省“三下乡”活动组织工作奖，市吕剧院于鹤咏被评为全国“三下乡”活动先进个人；市吕剧院、市农业局、市科技局被评为全省“三下乡”活动先进集体，8人被评为先进个人。

2004年7月下旬至8月，集中组织开展济南自开商埠百年纪念活动：举办纪念济南开埠100周年学术理论研讨会，举办济南开埠100周年大型图片展览、纪念济南开埠100周年电视文艺晚会，拍摄6集电视专题片《百年商埠》和系列外宣片《济南自开商埠百年纪念》，编辑出版学术著作《济南百年城市发展史——开埠以来的济南》，《济南日报》《济南时报》刊出纪念济南开埠100周年特刊，邮政部门发行济南开埠百年纪念邮封等。11月13日晚，在泉城公园生态广场举办《泉城交响曲》大型广场文艺晚会。省六大班子领导、出席省科学发展情况现场交流会的16个兄弟城市和济南市党政主要负责人及各界群众4500多人观看演出。

2005年，开展“弘扬济南精神，创建文明城市”主题文艺宣传活动。

2006年，举办庆祝建党85周年大型文艺晚会、“相约文博会，做好东道主”济南市优秀剧目展演、儿童剧百场演出进校园、京剧《李清照》走进齐鲁高校、第7届齐鲁国际动漫艺术展、齐鲁民俗艺术博览会等活动。12月8日～14日，由中国文联、山东省政府主办，中国曲艺家协会、中国杂技家协会、省委宣传部、市政府承办的“2006济南国际幽默艺术周”在济南举行。整个幽默艺术周包括6场演出、2个活动，邀请俄罗斯、荷兰、美国、瑞典、日本等国家的幽默表演艺术家到泉城献艺。

2007年，组织开展“喜迎十七大·建设美好泉城”主题广场文化活动和“喜迎十七大优秀电影进城乡公益放映活动”。围绕迎庆党的十七大、建军80周年、香港回归10周年等重大事件，组织举办《盛世颂和谐——济南市庆祝中国共产党成立86周年暨香港回归10周年文艺晚会》，组织拍摄党的十七大献礼电影《星星之火》。组织举办鲁商与您同欢笑——2007济南国际幽默艺术周暨第六届中国杂技“金菊奖”第四次全国魔术比赛活动，举办16场国内外幽默艺术专场演出。

2009年9月26日，“颂歌献祖国”济南市庆祝新中国成立60周年大型歌咏晚会在省体育中心举行。

2010年12月7日，启动影响济南文化事件和文化人物评选活动，评出2010年度影响济南文化事件10件、文化人物10名。先后举办周华健演唱会、郎朗钢琴新年音乐会、那英世界巡演济南站、白俄罗斯芭蕾舞剧《天鹅湖》等营业性演出活动。

第五节　文化体制改革与文化产业发展

2005年10月21日，济南市委宣传部文化体制改革与文化产业发展办公室成立，其主要职责是编制全市文化事业、产业发展规划，指导、协调文化单位制订改革方案，协调制定全市文化事业和产业发展的有关政策法规，指导、协调全市的文化体制改革和文化事业、产业发展。

一、文化体制改革

2005年，开展文化体制改革综合试点工作，济南日报报业集团、济南市图书馆、济南市吕剧院、济南市演出公司作为山东省文化体制改革试点单位，进行积极探索和实践；原济南市新闻出版局按照政事分开原则，进行分离改革，分别组建济南市新闻出版局和济南出版社。正式启动有线数字电视播出、大观电影院等重点影院改造及合作经营；将市歌舞剧院、市儿童艺术剧院、市曲艺团整合为市艺术剧院；将市京剧院、市吕剧院整合为市戏曲艺术剧院；扩大市杂技团规模，成立市杂技魔术院。

2006年，济南市成为第二批全国文化体制改革综合试点城市。

2008年，调整成立文化体制改革和文化产业发展工作领导小组，对全市文化体制改革和文化产业发展工作进行统一规划部署和指导协调。研究制定文化体制改革各项配套政策，修订完善《济南市文化体制改革工作方案》和《关于深化文化体制改革加快文化产业发展的若干政策意见》。确定市图书馆、市博物馆、市群众艺术馆为公益性事业单位，以市图书馆为试点，进行公益性文化事业的改革实践。济南出版社实行老人老办法、新人新办法，对新录用人员一律实行岗位合同制，为转企改制做好准备。新闻媒体继续探索实行宣传与经营业务两分开，经营性业务部分按照现代企业经营管理模式，进行市场化运作。

2009年，济南出版社转企组建济南出版有限责任公司。同时，济南报业集团舜网转企成立舜网有限责任公司。济南曲艺团、杂技团先后改制，成立济南明湖居演艺有限公司和济南杂技演艺有限责任公司。

2010年，济南出版社整体完成转企改制。7月16日，济南出版有限责任公司正式挂牌运营；市杂技团、济南演出公司实现转企，组建的济南市杂技团有限公司和济南演艺有限公司于12月29日同时挂牌。组建市文化广电新闻出版局，整体划入原市文化局、市广播电视局、市新闻出版局行政职能，实现“三局合一”；组建市文化市场综合行政执法局，作为正局级单位与市文化广电新闻出版局合署，实现综合执法；将济南人民广播电台、济南电视台及原市广播电视局所属的其他事业单位，合并组建济南广播电视台，作为市政府直属的正局级事业单位，实现“局台分开”。

二、文化产业发展

2005年，举办第三届“泉城文化社会办”项目洽谈会，达成合作意向或协议176项，意向资金1.5亿元。

2006年，积极打造文化市场主体，鲁信传媒影院公司、文化演艺集团积极筹建，顺风大剧院、西部酒城等民营演艺团体异军突起。6月，参与举办第一届山东文化创意产业博览会筹备工作。成功举办“毕加索原作济南特展”“中韩歌会”“齐鲁动漫展”“同一首歌走进济南”、芭蕾舞剧《白毛女》、“女子十二乐坊济南演出”“超级女声济南巡演”等文化演艺活动。

2007年，开通济南文化产业网(www.jncid.cn)，着手在高新区、槐荫区、长清区建立三个国家级动漫产业发展基地，形成东、中、西点状分布、带状发展格局。5月，在全国省会城市和全省各市率先建成并开通“济南市文化产业项目数据库”。

2008年，筹备设立文化产业发展专项资金，每年由财政拨款1500万元，逐步递增至4000万元，用于支持重点文化产业项目。联合山东大学等有关单位，对全市文化产业行业进行调查研究，形成《济南市文化产业摸底调查报告》。面向全市征集文化产业项目，并创新性启动网上申报形式，直接进入济南文化产业项目数据库进行申报、审批、发布和查询。成立动漫游戏产业行业协会，建立国家级动漫产业发展基地。金海岸顺风大剧院等5家单位获山东省文化产业示范基地称号。承办2008山东文化创意产业博览会，推介全省文化产业项目493个，投资总额800亿元，济南会场各展区、分会场会展期间商品交易额达到6亿元。组织文化创意产业高层论坛、盛世与收藏高端市场讲坛等6项重要论坛活动。以“创意济南”为主题，组织开展“济南城市名片海选”“具有文化遗产价值的济南老地名海选”等“创意济南”城市文化主题系列活动，全市近50万人参与。

2009年，市政府制定《关于建设文化强市、推动文化大发展大繁荣的意见》，明确文化强市战略目标。积极推进文化产业园区和示范基地建设，山东工艺美术学院成为继齐鲁软件园、槐荫建邦大厦之后济南市第三个国家级动漫产业基地。举办第七届“泉城文化社会办”项目洽谈会，策划推出文化项目225项，涉及资金约 4.83亿元。

2010年，召开全市文化产业发展大会，制定《关于加快文化产业振兴发展的意见》《济南市“十二五”文化产业发展规划》，编印《2010年济南市文化产业统计概览》。举办第三届山东文化创意产业博览交易会，宣传推介文化产业项目1376个，投资总额4841亿元，融资总额2704亿元；现场签约85个项目，达成投资意向97个项目；现场交易额和订货总额超过10亿元。济南主会场参观人数120万人次，超过前两届文博会的总和。

第六节 对外和对港澳台宣传

一、宣传活动

1989年1月，市委对外宣传工作小组召开全体成员会议，下发《关于进一步加强我市对外宣传工作的几点意见》。1992年1月，制定《关于进一步加强对外宣传工作的意见》，明确济南市对外宣传工作的方针政策和中心任务。

1992年1月24日至2月20日，在《人民日报》(海外版) 连续刊出系列稿件。“香港—济南经贸洽谈会”期间，在香港《文汇报》等媒体刊发专版，介绍济南经济社会发展。中国友好观光年(济南)美食节和第二届泉城金秋经贸洽谈会期间，组织全市各新闻单位以及中央、省级驻济南对外新闻单位，对活动进行重点报道。

1994年，市委办公厅、市政府办公厅联合下发《关于加强我市对外宣传工作归口管理、分工负责的意见》，全市上下形成全方位对外宣传的“大外宣”格局。参与四大境外招商活动和环渤海地区招商洽谈的对外宣传活动，举办“1994济南金秋经贸洽谈会暨龙山文化艺术节”。

1995年，组织香港7家媒体到济南就改革开放、经济发展进行专题采访，参与“1995上海山东济南对外经贸洽谈会”“1995济南金秋经贸洽谈会”对外宣传。

1996年，组织6家涉外媒体就外资企业在济南发展情况进行专题采访，组织外媒对济南市16个企业集团调整产业结构，实施名牌集团化战略进行专题报道。

1997年，组织“各界人士迎香港回归座谈会”“济南港资企业成果图片展”“华夏的辉煌”大型文艺晚会；与中国国际广播电台合作，举办“金泰杯”中国济南投资与旅游有奖知识竞赛活动；与德国之声广播电台合作联合采制广播专题《黄河》；协调济南电视台、市旅游局完成“济南旅游”“济南走向新世纪”电视片。参与“1997济南(北京)招商会”“1997济南(青岛)经贸洽谈会”涉外宣传活动。

1998年，组织接待澳门新闻采访团、中央新闻采访团和法国《欧洲时报》、香港《大公报》、《文汇报》等采访活动。配合济南解放50周年，在《人民日报》(海外版)刊登《济南解放50周年成就辉煌，泉城迈向新世纪再谱新篇》专版。

1999年，与中新社山东分社联合采编稿件《今日泉城》，并被法国《欧洲时报》、美国《侨报》、《世界日报》等采用。举办“牡丹卡杯”对外开放年知识竞赛活动，积极参与济南(北京)经贸洽谈会、青岛交易会、厦门交易会、济南金秋经贸洽谈会、大连(济南)商品展销暨经贸洽谈会的对外宣传活动。

2000年，围绕市委、市政府实施的经济国际化战略和“蓝天工程”“一环九射”“造绿工程”等组织多批涉外新闻单位进行专题采访。配合中国青岛交易会、北京(济南)经贸洽谈会、厦门投资贸易会、北京国际友城展览会及济南金秋经贸洽谈会进行对外宣传。

2001年，配合济南金秋经贸洽谈会召开、名优产品进上海、进广州等涉外经贸活动，举办多次对外宣传活动。

2006年，举办“相约山东文博会——中国网络媒体山东(济南)行”，协调国内外媒体对信博会、首届泉水文化周等活动进行重点报道。完成市政府赴韩、日、新加坡和中国香港地区招商的宣传工作；参与组织“中国济南国际儿童联欢节暨儿童用品博览会”、第六届驻济南国际友人圣诞新年联欢会等活动。

2007年，以济南市经贸代表团赴中国香港、韩国、日本开展招商引资经贸洽谈和友好城市访问活动为契机，策划组织“香港媒体济南行”大型采访活动，在《瞭望中国》杂志编辑发表济南赴港招商引资专辑。

2008年，组织新华社签约摄影师看济南活动，组织涉外记者采访汶川抗震救灾情况。举办“倾国倾城：济南城市日”大型电视晚会，启动实施城市文化形象标识识别工程，参与奥运会火炬传递工作。

2009年，组织动员30万名市民参与全运火炬济南站传递活动。参与第七届中国园博会宣传工作。

2010年，在加拿大新城市电视台和美国斯科拉电视台播放城市形象宣传片《天下泉城》，在《环球时报》刊发英文版“泉水之都”，在《香港商报》刊发济南专版，全面介绍济南市拓展城市发展空间、打造现代产业体系情况。参与香港山东周、香港时尚展、台湾名品博览会、中国济南旅交会等经贸活动的宣传工作。与中国国际广播电台成功举办“2010中国城市榜”中国旅游城市发展峰会，济南在“全球网民推荐的中国旅游城市”评选活动中进入前十名。

二、文化交流

1988年8月，市杂技团赴巴西访问演出。

1994年，派新闻代表团赴美举办“1994中国电视展播周”。

1995年，市文化局组织画家到美国、加拿大举办绘画展览；市杂技团参加文化部组织的杂技团出访演出。

1996年，组织新闻考察团赴日本、东南亚和德国考察访问。

1998年，组织济南市访欧新闻考察团。

1999年，市文化局组织济南歌舞团赴斯洛伐克、捷克、土库曼斯坦3个国家的10个城市进行“1999欧亚之旅”友好访问。

2000年1月，市青少年友好文化交流团一行19人赴法国雷恩市等4城市演出。

2001年，在日本举办“中国济南风情文化展”和“济南市情介绍会”。

2004年6月，市京剧团一行11人赴英国考文垂参加该市每年一度的戈达娃节。7月，市中区少儿艺术团一行21人前往乌克兰，参加“让世界更美好”国际儿童文化艺术节活动。

2007年2月，由市杂技团、市歌舞剧院组成的济南艺术团一行29人出访泰国，参加文化部举办的为期10天的“泰国春节品牌文化活动”。同年，与韩国MBC电视网开展新闻文化交流、电视节目交流、互派记者采访等活动，举办法国德国文化周活动。

2010年10月，市文化交流考察团对法国、捷克进行友好访问，并在当地举办图片展和文艺演出。

三、宣传品创作传播

1993年，制作《济南简况》《近三年投资指南》《奔向21世纪——济南工业企业巡礼》《济南向世界开放》《济南高新技术开发区投资指南》等画册、折页和《济南——投资的理想之地》《人间仙境——五峰山》电视专题片，其中小画册《济南简况》每年更新，作为济南市常备对外宣传画册。

1994年，编印《外语会话一百例》《城子崖与龙山文化》《改革开放中的济南》等图书，拍摄《走向世界的济南》外宣片。

1996年，编印《泉城济南》画册。

1998年，制作《济南》大画册，完成《人生如歌》《最后的村庄》《家住王府池子》三部专题片，制作完成《济南旅游》《济南开发区》《大明湖》《五峰山》等外宣品。

1999年，制作外宣画册《中国城市之光——济南》、电视片《岁月》。

2000年，出版外宣画册《济南概况》和外宣大画册《走向世界的济南》。

2001年，编辑出版《济南印象》画册、《泉城济南》纪念票册等外宣品。

2006年，编辑制作4文种的《中国济南》招商片、《中国济南》城市电子名片、新版《济南概况》，策划出版《走向世界·品味济南》3期专刊。

2007年，制作《济南概况》等多语种系列画册以及中、韩、日三个版本的《中国济南》城市形象专题宣传片，与央视海外中心合作拍摄《走遍中国·走进济南》大型系列专题片。

2009年，拍摄《天下泉城》城市形象宣传片。

2010年，拍摄《名士济南》，创办中英

双语栏目《天下泉城》，开通“天下泉城”网站，实现与中国日报网的链接。

第七节　互联网宣传管理

进入21世纪，随着互联网产业迅猛发展，互联网宣传管理工作成为宣传管理工作的一项重要内容。2006年，市委宣传部增设网络管理处。2008年，撤销网络管理处，成立济南市网络文化办公室，为部属全额预算管理副局级事业单位。

2008年，围绕全市网络文化建设等6个专题开展专题调研，建立24小时值班制度、网情日志制度、网情研判和专报制度，形成横到边、纵到底的工作网络。组织开展“迎奥运、树新风”“迎和谐全运、建美丽泉城”“文明办网、文明上网”“文明上网六要六不要”等网上主题教育活动，展示济南市经济社会取得的辉煌成就，确保网上正确舆论导向始终占据主流地位。抓住奥运年这一主线，组织主流网站以文字、图片、视频、广播等多种形式，分阶段、分层次、有重点地开展网上主题宣传，形成亿万网民喜迎奥运的浓厚氛围。加强新闻网站、政府网站建设，逐步确立网络文化阵地新格局。

2009年，围绕举办第七届中国(济南)国际园林花卉博览会、第十一届全国运动会和国庆60周年纪念等，通过设置网页、开设网站专题、组织网上访谈等方式，组织开展网络专题宣传活动。8月21日～22日，组织“第五届中国网络媒体山东行”济南站采访活动，邀请人民网、新华网等50家网站的120余名记者，重点围绕全运会和园博会筹办、中国重汽生产经营等进行集中采访报道，刊发文字、图片、视频、多媒体稿件800余篇。组建市级核心网络评论员和基层网络评论员两支队伍，修订加强网评队伍建设和管理工作的相关制度文件，建立健全考核激励机制，投资新上RTX系统加强网评队伍管理。完善网络文化工作的领导体制，调整充实市委互联网舆论宣传工作领导小组，建立健全联席会议制度和议事规范。加强市属新闻网站的管理，巩固拓展互联网舆论阵地。

2010年，围绕中央和省、市委工作大局，指导网站开办“两会专题”“执政为民、廉洁高效”等12个主题宣传专栏，组织“黄河三角洲”采风和“第六届中国网络媒体山东行”济南站采访活动，努力唱响网上舆论主旋律。建立属地新闻网站及运营商重大事项报告和视听节目采集、编辑、播发等制度，完善网上应对突发事件工作预案，联合有关部门对市属网站进行排查整顿，规范网络传播秩序。开展“文明上网 共建和谐”网上征文和知识竞赛，策划“记录我们每一个人的道德观念”活动，传播网络文明，营造文明上网、文明办网的舆论氛围。围绕做大做强新闻网站开展专题调研，抓好市属新闻网站集中整顿，对济南宣传网进行改版，组建信息员队伍，提升办网水平和网站影响力。

第八节　企业思想政治工作和企业政工专业职务评定

1988年，市委召开全市思想政治工作座谈会，提出建立厂长(经理)全面负责企业思想政治工作新的领导体制的任务。市委在五届二次全会上审议并通过《关于加强和改进企业思想政治工作的意见》，系统地提出加强和改进企业思想政治工作的措施。市职工思想政治工作研究会连续三年被评为全国职工思想政治工作优秀研究会。

1989年 10月19日，市委建立企业思想政治工作办公室(局级)，负责组织、指导、协调全市企业思想政治工作。至年底，全市有74.6%的大中型骨干企业恢复、建立党的组织、宣传、纪检等职能部门，76.2%的小型企业设立主管思想政治工作的综合科室。12月，企业政工干部职称评定工作在全市企业普遍进行试点。

1990年，调整全市企业思想政治工作领导体制，《济南市思想政治工作优秀企业、企业优秀思想政治工作者管理条例》颁布试行，并首次以市委、市政府名义表彰34个优秀政工企业和35名优秀政工干部。企业政工队伍开始形成网络，班组思想政治工作得到重视和加强，济南第一机床厂等一批优秀政工企业脱颖而出。至1990年7月，全市共有10547人获政工序列专业职务，其中高级政工师588名，政工师4320名，助理政工师4303名，政工员1336名。

1991年，对试点中评定的企业政工专业职务进行全面复核，对各县(市)区和市直各局(公司)系统的中、初级职称复核进行检查验收。

1992年，市委宣传部、市委企业思想政治工作办公室和市企业政工干部职称评审工作领导小组办公室，举办全市企业政工干部岗位培训函授班，首期函授班学员3230人。

1993年1月15日，举行济南市企业高级政工师颁证仪式，向全市企业获中、初级政工专业职务的人员颁发全省统一的任职资格证书。同年，企业政工人员专业职务评聘工作转入经常化。

1996年，市委宣传部、市经委制定实施《关于深入贯彻〈中宣部、国家经贸委关于加强和改进企业思想政治工作的若干意见〉的实施意见》，对全市试行6年多的优秀政工企业、优秀政工干部管理条例进行修订。同年，山东黄台电厂、济南卷烟厂获全国思想政治工作优秀企业称号。

2000年9月1日，市委思想政治工作领导小组成立。领导小组办公室设在市委宣传部宣传处。

2002年，命名表彰济南将军烟草集团有限公司、济南钢铁集团总公司等20家企业为济南市首批企业文化建设示范点。

2003年3月，省委宣传部、省委组织部、省经济贸易委员会、省总工会联合命名表彰济南市济南钢铁集团、山东黄台火力发电厂等9家企业为首批“山东省企业文化建设示范单位”。同年，命名济南市第二批企业文化建设示范点，并制定《济南市企业文化建设示范点管理办法》。在大中型企业和企业化管理事业单位专职从事思想政治工作人员中开展首次评定教授级高级政工师。首次评定的教授级高级政工师有张才奎、李淑敏、张茂荣、段临曦、陈文彬、崔芳芹、赵海陵、高萍等8人。

2004年，举办首期政工师培训班。

2006年9月，市委宣传部、市委组织部、市经委、市国资委、市总工会联合对28家“2004～2005年度济南市思想政治工作优秀企业”和22名“2004～2005年度优秀企业思想政治工作者”进行表彰。

2009年，市委宣传部和市职工思想政治工作研究会联合在全市开展“优秀企业文化品牌推荐评选活动”，对济南供电公司等50家获“优秀企业文化品牌”的企事业单位予以表彰。

2010年7月，对“2008～2009年度济南市思想政治工作优秀企业”“济南市优秀企业思想政治工作者”进行表彰。

第九节 讲师团

1985年1月2日，市编委发文正式恢复成立市委讲师团为市委所属事业单位，日常工作由市委宣传部指导管理，设编制20人，配一名副局级干部任团长。其职责是制定全市在职干部理论教育计划，编写教学大纲和辅导材料，教授辅导和培训基层理论骨干，举办专题讲座，实施考试考核和成绩登记，围绕教学开展理论研究。讲师团的教学任务主要包括马克思主义基本理论教育，党的路线、方针、政策和形势任务教育，上级党委交付的干部培训等临时任务。

一、理论教育正规化

1985年，全市干部理论教育正规化工作全面展开。按照计划，每年集中学习一门马列主义理论课程，在5年的时间里有计划有步骤地学习科学社会主义原理、政治经济学概论、马克思主义哲学概论、中国社会主义建设概论4门课程。同年，组织8000多名甲级学员学习国民经济管理学。1989年，讲师团对缺学、缺考、成绩不及格人员分别进行补学和补考。1990年，组织全市干部理论教育正规化的总结和颁证工作。6年期间，全市参加各门课程学习的人员54731人次，有：52805人次取得合格成绩，分获各学科单科结业证书；8808名干部取得全部4门课程的合格成绩，3116名干部取得3门课程的合格成绩，学业程度分别达到大学文理科的公共政治课结业水平，分获山东省干部马列主义理论教育正规化甲乙组全科结业证书。

二、干部函授大学

1993年1月5日，省委宣传部、省委组织部、省委高校工委、省人事厅、省教委、山东师范大学联合创办山东干部函授大学，要求各地市县设立函授点，由讲师团为主承办。3月，山东函授大学济南函授点组织招生报名。5月，组织济南考生入学考试，招收学员1463名，设立章丘、平阴、商河、济阳4个函授站和市中、历下、天桥3个函授点。9月7日，成立山东干部函授大学济南分校，由市委宣传部主办，市委讲师团承办。济南分校从1993年起，每年组织一次招生，1998年停止招生，共招收5届学员，累计招生7326人，毕业6318人。五届学员分属经济管理、行政管理、对外经贸、法律和财会5个专业，每个专业各设置15门以上课程，3年完成课程学习。在干部函授大学的教学中，市委讲师团开设马克思主义哲学概论、政治经济学、建设有中国特色社会主义理论学习纲要、社会主义市场经济概论4门公共课程。济南分校连续四次被总校评为先进分校。

三、理论宣讲和培训

1990年上半年，组织全市在职干部学习《马克思主义哲学纲要》；下半年，组织学习《关于社会主义若干问题学习纲要》。

1991年，组织学习江泽民在庆祝建党七十周年大会上的讲话、《中国共产党的七十年》和党史理论；举办全市理论骨干培训班，为在职干部编印和出版学习辅导材料。

1992年，组织学习《马克思主义党建理论学习纲要》。讲师团邀请中央党校教授作《邓小平同志视察南方谈话》的专题辅导报告，举办一期“学习邓小平同志视察南方重要谈话，加强党的建设”学习班。举办全市学习党的十四大精神理论骨干培训班。9月，举办“关贸总协定”讲座。

1993年3月，举办“市场营销、股份制和涉外经济知识讲座”。7月，与威海市委宣传部联合举办“邓小平理论和市场经济理论热点、难点问题研讨班”。

1994年，举办全市学习“十四届四中全会决定及爱国主义纲要”理论骨干培训班，全市近700名理论骨干参加培训。

1995年1月～6月，举办“国内经济形势”报告会、国企改革专题报告会、“建设有中国特色社会主义理论学习纲要”理论骨干培训班。

1996年年初，讲师团组织教员到9个单位宣讲党的十四届五中全会，听众1360人次。10月，举办全市学习党的十四届六中全会精神理论骨干培训班。到基层宣讲十四届六中全会《关于加强精神文明建设的决议》，宣讲29场，听众8000人次。

1997年2月～6月，结合香港回归，组织宣讲邓小平提出的“一国两制”理论，共宣讲23场，听众5700人次。4月，与市人民广播电台联办“香港回归”专题节目，播出7个专题。10～12月，举办全市学习党的十五大精神理论骨干培训班，组织教员到基层宣讲党的十五大精神22场，听众3100人次。

1998年，讲师团为驻军10余个县团级以上单位宣讲“怎样看待当前的经济形势和改革”，5470多名官兵听讲。6月，中央发出在全党深入学习邓小平理论的通知，讲师团集中3天培训理论骨干800多名。

1999年，围绕学习贯彻党的十五届三中全会精神，深入开展农村社会主义思想教育，讲师团派出3名教员到基层宣讲7场，950名农村干部听讲。为配合基层“三讲”教育，讲师团进行“三讲”辅导12场，听众2400人次。

2000年，专题宣讲“新形势下如何做好思想政治工作”“形势教育”“国有企业改革”等十几场，听众3000人次。

2001年，为纪念建党80周年及学习“三个代表”重要思想重要论述，到基层宣讲63场，听众1.08万人次。

2002年上半年，深入基层宣讲党的十五届六中全会精神、形势任务教育，共宣讲53场，听众14730人次。10月，完成“中共济南市委讲师团团史”编写。11月，举办全市学习党的十六大精神辅导讲座，培训理论骨干1000多人。11～12月，组织教员到基层宣讲党的十六大精神39场。制作十六大报告辅导教材2000多册，辅导光盘1300余盘。

2003年，为市委学习中心组编印学习材料，并向县(市)区中心组发放。举办全市学习贯彻“三个代表”重要思想和胡锦涛“七一”重要讲话精神报告会，组建学习贯彻“三个代表”重要思想宣讲团。

2004年，举办全市学习党的十六届四中全会精神理论骨干培训班。10月，组建全市“五老”宣讲团，成立主要由离退休的政治素质好、理论水平高、宣讲能力强的老干部、老战士、老专家、老教师、老模范组成的宣讲队伍，其主要职责是对未成年人和广大干部群众进行思想道德教育。

2005年，举办全市学习党的十六届五中全会精神理论骨干培训班。

2006年，举办保持党的先进性科学发展观理论骨干培训班和中国特色社会主义理论体系理论骨干培训班。举办社会主义新农村建设、国际形势等讲座、报告会100多场次，听课人数1.7万多人次。7月5日，由市委宣传部主管，市委讲师团主办，以舜网为依托的“泉城讲坛”开通。网站设宣讲动态、报告厅、宣讲菜单、宣讲专家库、指导资料荟萃、热点名词等栏目。

2007年，举办全市学习贯彻中共中央总书记胡锦涛“6·25”重要讲话精神辅导讲座。举办全市学习党的十七大精神理论骨干培训班，组建全市学习党的十七大精神宣讲团，深入基层宣讲。

2008年，举办党的十七届三中全会精神理论骨干培训班。为搞好马克思主义理论的大众化、普及化，与济南二机床集团有限公司、历城区仲宫镇艾家村建立宣讲教育基地。

2009年，举办全市党的十七届四中全会精神理论骨干培训班，成立全市学习十七届四中全会精神宣讲团，组织宣讲报告1340多场次，听众10万人次。

2010年7月，讲师团接手《济南宣传》刊物编印和发行。年中，下发《关于加强基层宣讲队伍建设的意见》，各县(市)区都组建10～30人的基层理论宣讲队伍，初步形成由兼职教授、五老宣讲团成员、基层理论骨干等构成的覆盖全市的宣讲网络，天桥、市中、长清等县区成立讲师团。10月28日～29日，举办全市学习十五届五中全会精神理论骨干培训班，全市310多名理论骨干参加。组织学习宣传十七届五中全会精神宣讲团，突出学习宣传贯彻国家“十二五”规划纲要。为基层免费发放五中全会精神学习光盘60多套。年底，启动“天下泉城大讲堂”工程。

第十节 机 构

1983年，市委宣传部内设秘书科、干部科、宣传科、党员理论教育科、文艺科、对外对台宣传科、市讲师团。1984年将党员理论教育科分设党员教育科、理论教育科。1987年，将原有科室改为办公室、干部处、宣传处、理论教育处、文艺处、党员教育处、对外对台宣传处、新闻处。1988年，增设研究室，承接原市委企业政治工作部研究室的工作；将对外对台宣传处更名为对外宣传处，文艺处更名为文教处；内设企业思想政治工作处。

1991年，市委对外宣传工作小组办公室改称市委对外宣传办公室，同时挂市政府新闻办公室名称，为副局级单位，由市委宣传部代管。1996年，市委宣传部内设办公室、干部处、调研处、宣传处(挂市国防教育办公室牌子)、新闻出版处、理论教育处、党员教育处、文艺处、企业思想政治工作处共9个职能处室，确定市委对外宣传办公室(市政府新闻办公室)为市委宣传部内设副局级机构。

2001年，市委宣传部内设办公室、干部处、调研处、宣传处、新闻出版处、理论教育处、党员教育处、文艺处。下设市委对外宣传办公室(市政府新闻办公室)；成立市哲学社会科学规划管理办公室，为全额预算管理县级事业单位。

2005年，撤销党员教育处，设立文化体制改革和发展办公室。2006年，增设网络管理处， 2008年，撤销网络管理处；成立济南市网络文化办公室，为部属全额预算管理副局级事业单位，并确定为参照公务员法管理事业单位；济南市哲学社会科学规划管理办公室确定为参照公务员法管理事业单位。至2010年，市委宣传部内设机构无变化。

第八章　统战工作

第一节　统战宣传与理论研究

一、统战宣传

1986年5月创刊《济南统战信息》，1987年创刊《济南统战》(季刊)。1986～2010年，编发《济南统战信息》1000余期，编发《济南统战》(季刊)96期。在《人民政协报》《联合日报》《济南日报》《中国统一战线》《山东统一战线》等各类报刊、媒体发表文章2500余篇。

加强重要时间节点宣传，筑牢统一战线团结奋斗的共同思想政治基础。1999年，从《济南统战》第二期开始，开辟纪念新中国成立50 周年、迎接澳门回归专栏，陆续编发部分纪念文章。2001年，围绕庆祝中国共产党建党80周年，编辑出版反映各界致力于中国特色社会主义事业决心和信心的《涌泉集》以及大型书画册《鹊华丹青》。2007年，在各民主党派换届前，以《我市多党合作事业蓬勃发展》为题，在《济南日报》、济南电视台、济南广播电台刊登、刊播评论员文章，宣传多党合作和政治协商制度，宣传民主党派围绕中心服务大局取得的重大成就。市委九次党代会召开前，协调新闻媒体，对全市统一战线八次党代会以来围绕中心、服务大局的工作进行全方位集中报道，展示统一战线在服务经济社会发展中的积极作用。2008年，围绕纪念中共中央发布“五一口号”60周年和纪念改革开放30周年，开展文艺演出、多党合作成果图片展、座谈会等以“风雨同舟、继往开来”为主题的系列纪念活动，结集出版《济南市纪念中共中央发布“五一口号”60周年多党合作成果图册》，策划拍摄并在济南电视台播放“改革开放30周年——中国有我”民营企业大型电视专题宣传片。2009年，围绕新中国成立60周年，人民政协成立、多党合作与政治协商制度确立60周年，编写《风雨同舟60年》系列丛书，并在《济南统战》开设纪念征文专栏。

市委统战部在实践创新的同时，总结经验，形成一批重要成果，丰富发展了统一战线理论。1983年11月，成立济南统战理论研究会，全市九个县区相继成立理论研究会。1986年，以非党知识分子为工作重点，总结5个学校和8个企业的成功经验。2004年，《“亲密接触”结硕果 “对口联系”促发展》《济南加强企业统战网络建设》等20余篇文章在《中国统一战线》《人民政协报》等媒体刊发。2006年，《济南市新社会阶层统战工作卓有成效》《以情暖心，以统聚力，济南市海外联谊会工作不断开创新局面》《济南市引导宗教界人士和信教群众奉献社会》《铁肩担重任，丹心映党旗》等10多篇稿件在中央统战部网站、《中国统一战线》、《人民政协报》、《山东统一战线》、《济南日报》等刊发。2009年，先后完成《增强党外人士参政议政履行职责的能力实现新提高》和《济南市统战宣传工作的有关情况》等多篇理论宣传文章。

对统战工作的好经验、好做法和涌现的先进典型进行宣传报道。2006年，围绕发展第一要务，编发《民营经济通讯》，对企业动态、政策时事、经营案例等及时传递剖析，先后对唐一林、彭海粟、李胜军、张成如、邢介平、陈法友等多位非公有制经济代表人士进行宣传报道，展示促进会会员企业和企业家的风采，促进沟通交流。协助市政协编辑出版《济南民营企业发展纪实》一书，为非公有制经济健康发展和非公有制代表人士健康成长营造良好的舆论氛围。

二、统战调研

（一）一线调研。每年制定下发《全市统战理论调研课题计划》，指导全市统战系统做好调研工作。由统战部部长带领市委统战部调研组，到县(市)区进行调研，通过召开座谈会、实地考察等形式，获得统战工作第一手资料。1986～2010年，形成《关于市政府部门与市级各民主党派开展对口联系工作的调研报告》《关于党外干部培养选拔情况的调查》《关于在参政议政工作中进一步发挥无党派代表人士作用的调查与思考》《非公有制经济组织人才队伍建设问题与建议》《关于宗教界代表人士“代表性”弱化问题的几点思考》《关于受聘于外商投资企业管理和技术人员基本情况的调研报告》等一批优秀调研成果。

2010年6月12日，中共济南市委非公有制经济组织工作委员会成立暨第一次全体委员会议召开

（二）理论研究。1990年，针对全市经济状况进行调查研究，提出多条对进一步深化改革开放具有重要借鉴意义的建议。1991年，围绕如何为企业服务，召开全市部分大中型企业研讨会，就统战工作如何为企业服务进行深入研讨。同年，理论调研成果《试论我国的多党合作制度》被编入《济南市社科规划重点课题成果集》。2004年，市委统战部调研文章《全面建设小康社会新阶段统一战线工作机制创新的紧迫性、必然性和初步探索》一文作为“全面建设小康社会新阶段统一战线研讨会”交流文章被中央统战部结集出书。2007年，撰写《创新城市民族工作思路，促进城市民族工作开展》《新世纪新阶段基层统战工作初探》两篇调研报告。《新时期济南统战工作的恢复和发展》被市政协文史委编入《风雨同舟50年》一

书。2008年，《关于支持民主党派加强自身建设的调查与思考》获中央统战部多党合作理论研究成果评比二等奖。1986～2010年，多篇调研成果受到市委、市政府主要领导批示，100余条意见、建议被纳入市委、市政府决策，并成为市委、市政府制定相关政策文件的主要依据。

（三）联合调研。2001年，市委统战部协调市委办公厅和市政府办公厅，建立联合调研制度，下发《关于市级各民主党派与市委市政府研究室开展联合调研的实施方案》，确定市级各民主党派与市委研究室和市政府研究室，组成联合调研组，围绕全市中心工作和社会热点问题开展联合调研，形成的调研报告分别呈送市委、市政府领导和相关部门，并作为市政协大会发言内容。2003年，联合调研成果《关于加速发展济南市装备制造业的调查和建议》获山东省政府调研成果评比一等奖。经过5年的探索实践和不断创新，2006年，市委办公厅、市政府办公厅联合下发《关于进一步加强与各民主党派开展联合调研工作的意见》，形成各民主党派与市委研究室、市政府研究室开展联合调研的长效机制。2008年，《关于加快济南物流产业发展的建议》获山东省政府调研成果评比三等奖。2010年，先后形成的10篇调研报告，由于数字准确、情况真实、问题尖锐、分析透彻、对策科学，成为市政协大会的重点发言内容，受到市委、市政府主要领导批示，其中的39条意见、建议被纳入市委、市政府决策，有4篇调研报告成为市委、市政府制定相关政策文件的主要依据。

第二节　民主党派工作

中国的8个民主党派，除台湾民主自治同盟外，其他7个民主党派在济南市设有地方组织，分别是：中国国民党革命委员会济南市委员会、中国民主同盟济南市委员会、中国民主建国会济南市委员会、中国民主促进会济南市委员会、中国农工民主党济南市委员会、中国致公党济南市委员会、九三学社济南市委员会。截至2010年，济南市7个民主党派共有成员4571人，基层组织252个。从事党(盟、会、社)务工作的专职人员82人。

一、坚持和完善多党合作和政治协商制度

1990年，市委制定下发《中共济南市委关于贯彻〈中共中央关于坚持和完善中国共产党领导的多党合作和政治协商制度的意见〉的实施意见》。2005年，制定下发《中共济南市委关于贯彻落实〈中共中央关于进一步加强中国共产党领导的多党合作和政治协商制度建设的意见〉的实施意见》，提出济南市贯彻落实的具体措施，对多党合作和政治协商的主要内容、形式及程序作出具体规定，推动济南市多党合作和政治协商制度的建设。

（一）建立完善协商制度。1986年后，市委先后制定下发一系列意见、规定和制度，推进政治协商制度化发展。2001年，围绕扩大各界人士知情和参与程度，对原有协商通报制度进行修订完善，形成由统战部代表市委牵头组织的情况通报制度。2010年，市委办公厅印发《中共济南市委同市各民主党派无党派人士政治协商的实施意见》，就协商原因、协商内容、协商对象、协商时间、协商方式、协商成果如何运用等问题进行明确，将政治协商纳入决策程序，将重大问题的协商置于决策之前和执行过程中。在协商程序上，坚持在每次重大问题协商讨论之前，由有关部门提前把协商讨论的主题、内容、材料告知和送达各民主党派负责人，使参加协商讨论的民主党派负责人有充分的时间思考有关内容，最大限度地反映其所代表的社会阶层意志，形成从会议安排、材料送达到听取意见、办复反馈等完整的协商程序。在政治协商内容方面，包括中共市委党代会报告、市委全委会报告、政府工作报告、重

要人事安排、国民经济和社会发展的中长期规划以及重要文件、重要情况以及重大的经济决策。在政治协商形式上，注重各种会议协商和书面建议。1986～2010年，先后建立健全双月座谈会、民主协商会、情况通报会、小范围谈心会、对口联系、特约参政、党外人士参加内外事活动、调研选题论证调度、联合调研等多项工作制度，不断推进多党合作和政治协商的制度化、规范化、程序化。其间，市委召开或委托市委统战部召开民主党派、工商联负责人和无党派人士民主协商会、情况通报会、座谈会200余次，就济南市的大政方针和重要人事安排与党外人士进行民主协商，并就重大问题进行座谈和通报，各级党委与民主党派、工商联、无党派代表人士的民主协商会、座谈会、情况通报会做到经常化、制度化。

（二）支持民主党派履行职能发挥作用。1986～2010年，各民主党派围绕全市工作大局，履行参政议政职能，就省会经济社会发展中的一些重大问题，调查研究，集思广益，提出大量切实可行的意见建议。2009年，全市民主党派、工商联各级组织和广大成员提出提案、议案和意见建议1078件，落实968件，其中222件进入各级党政决策，产生良好的经济效益、社会效益和政治效益。

二、加强政府与民主党派的联系

为充分发挥民主党派在促进全市经济社会发展中的作用，市政府先后于2003年、2009年制定《关于在政府工作中进一步加强同民主党派工商联联系的意见》《关于进一步加强政府与民主党派工商联联系的意见》，就进一步加强政府与民主党派的联系工作提出具体要求。

（一）健全政府有关部门与民主党派对口联系制度。1996年，开始协调政府有关部门加强同民主党派、工商联对口联系工作。2003年，制定《关于在政府工作中进一步加强同民主党派工商联联系的意见》，对对口联系制度进行完善，明确由市政府办公厅为对口联系工作的牵头部门，14个政府职能部门与民主党派开展对口联系工作，并对对口联系工作的内容、形式等提出具体要求。2008年，会同市政府办公厅，围绕完善市政府有关部门与民主党派对口联系制度落实情况进行调研。2009年，召开市级各民主党派、工商联和政府有关部门参加的对口联系座谈会，协调市政府办公厅制定《关于进一步加强政府与民主党派工商联联系的意见》，重新调整对口联系部门，对对口联系工作中资料送阅、通报协商、邀请参加会议和重大活动制度、自觉接受民主监督等问题作出详细规范，并将对口联系工作纳入对口政府部门的重要议事日程和年度工作目标，为对口联系工作提供制度保障，为民主党派开展调研、履行参政议政、民主监督职能创造有利条件。

（二）完善特约人员工作制度。2006年，市委统战部制定《关于进一步做好在各民主党派、工商联和无党派人士中聘请特约人员的意见》，对特约人员的聘请范围、基本条件、主要职责、基本权利、义务、聘请程序、组织管理、工作条件和工作待遇等进行明确规范，推进济南市特约人员工作的制度化、规范化建设。政府各有关部门将特约人员工作列入部门重要议事日程，形成一把手亲自抓，分管领导具体抓，相关责任部门负责组织联络的工作格局，建立健全特约人员学习制度、列席有关会议制度、建议反馈制度、工作总结制度、走访调研制度等。2010年，全市聘请特约人员单位增至11个，共聘请党外人士特约人员350余人。

三、支持和帮助民主党派加强自身建设

1986年后，市委从推进多党合作事业持续健康发展的高度，支持和协助民主党派加强自身建设，市委领导每年看望参加民主党派负责人暑期读书班的民主党派领导班子成员，参加座谈会，听取民主党派意见建议，就民主党

派加强自身建设，提高履职能力提出希望和要求。市委统战部建立市级各民主党派驻会领导联席会议制度，每月上旬第一个星期五召开会议，加强统战部与市级民主党派之间、市级各民主党派相互之间的沟通协调，及时总结交流各民主党派工作开展情况，协商解决民主党派工作中的重要问题，不断提高民主党派履职尽责水平。支持帮助民主党派加强思想引导，在民主党派开展政治交接主题学习教育活动、树立践行社会主义核心价值体系等系列学习教育活动，组织民主党派代表人士赴革命圣地开展传统教育。支持帮助民主党派加强领导班子建设，先后5次协助市级各民主党派召开代表大会，圆满完成换届任务。支持帮助民主党派加强基层组织建设，2003年，制定《关于加强民主党派基层组织建设的意见》，支持帮助民主党派提高基层组织建设的规范化、制度化水平。2005年，制定《关于协助市各民主党派加强领导班子后备干部队伍建设的意见(试行)》，指导协调各民主党派根据自身情况加强队伍建设。按照“三个为主”(以协商确定的范围和对象为主，以大中城市为主，以有代表性的人士为主)、注重质量、保持特色、组织发展与后备干部队伍建设相结合的原则，引导各民主党派把组织发展的重点对象放在具有较强代表性和影响力的高层次人才上，协助民主党派做好组织发展工作。2001～2007年，市财政先后拿出950万元，为各民主党派、工商联解决增拨专项经费、更换办公车辆、开展党外干部查体等实事。2006年，济南市7个民主党派市委会、市工商联、市台联和有关统战社团统一搬至新的办公大楼，民主党派机关办公条件进一步改善。

第三节　推荐非中共人士参加两会

1986～2010年，市委统战部积极推荐非中共人士参加全国、全省人大、政协两会，最大限度发挥非中共人士人才荟萃、智力密集的政治优势，先后推荐党外人士17人次参加全国人民代表大会，5人次参加全国政协会议，76人次参加全省人民代表大会，173人次参加全省政协会议。

第四节　港澳台胞和海外侨胞联谊

1986年，成立济南市海外联谊会。同年，对海外人士进行摸底调查，全市在海外的华人华侨近万人，侨眷港澳同胞家属1.5万多人，去台人员及其在济南亲属8000余人。至2010年，全市有华侨10万人，归侨、侨眷19万人，台湾籍同胞107人，台属约2万人，台资企业100多家，常住济南的台商200多人。

1986～2010年，济南市利用人缘、地缘、人文、历史、经济等各方面的优势，发挥海外联谊会等组织的作用，多渠道、多层次、多形式地开展广交、深交港澳台同胞和海外侨胞工作。市委、市政府领导亲自参加海外联谊会的重要活动，会见重要客人，结交海外朋友。市委统战部协调或协助各民主党派、工商联、有关统战团体、政府相关部门直接参与海外客人与团组的接待工作，或自行组团出访交流，构筑全市全方位海外联谊格局。市海外联谊会会长、副会长、理事先后组团或随团出访欧洲、北美、非洲、东南亚的几十个国家和中国港澳台等地区，看望港澳政协委员和海外理事，拜会澳门山东联谊会、冀鲁旅港同乡会、国务院驻港澳联络办协调部等团体和部门，与美国、韩国、日本、俄罗斯、新加坡等国家以及中国香港、澳门、台湾地区的社团建立较为密切的联系，实现联谊工作在地域范围、人员层次、资源领域、档次规模上的扩大、延伸和提高。以民族传统文化和济南泉城特色为优势，举办联谊活动，扩大联谊效果。1991年，组织国情同乐会，邀请十几个国家和地区的几十名嘉宾参加。为台湾旅美画家周小舟、马来西亚侨胞周方正举办画展，邀请美国休斯敦航空发射中心计算机系统处理中心杨炳顿博士到济南讲学，接待台湾“和平小天使”交流访问团、澳大利亚国际商会代表团等团体，增进港澳台和海外朋友对济南的了解。帮助港澳台和海外朋友解决困难，为他们在家乡的亲属落实政策，解决两地分居，安排子女就业，牵线搭桥，协助他们解决在济南投资、生活中的困难。

各级统战部门注重调动和激发“三胞”的爱国、爱乡热情，引导他们关心支持济南的经济社会发展。发挥海外联谊会等组织联系广泛的优势，主动参与和协办重大经贸活动，多次主动联系、邀请、组织会员及相关企业参加青岛小商品交易会、深圳洽谈会、厦门经贸洽谈会、济南金秋经贸洽谈会、香港招商会等经贸活动，多次组团出国进行经贸考察，帮助企业开拓国际市场。通过海联会理事、市政协委员、各民主党派、工商联有海外关系的成员，采取信函、电话、传真、电子邮件等方式，就有关招商引资事宜进行沟通和协商，成为济南市招商引资的重要信息渠道。至2010年，海联会及其理事通过各种渠道和方式共引进项目81个，累计引进资金1.2亿美元，协助济南市相关企业签订产品出口协议金额累计达2亿美元，在全市的对外开放、招商引资中发挥积极作用。

香港、澳门回归前，济南市通过广泛宣传、广交朋友、联络感情，增强港澳同胞的民族荣誉感和历史责任感，与各种阻碍祖国统一的势力作斗争，开展推介宣传“两个基本法”(《中华人民共和国香港特别行政区基本法》《中华人民共和国澳门特别行政区基本法》)活动，促进港澳平稳过渡和顺利回归。港澳回归后，有计划、有重点地开展港澳统战工作，不断团结和发展爱国、爱港、爱澳的力量，支持特区政府依照基本法施政，促进济南与港澳的经济文化交流和共同繁荣。

济南市对台工作贯彻“和平统一、一国两制”的基本方针和发展两岸关系推进祖国和平统一进程的八项主张，密切联系居住在济南市的台胞台属，团结联络台湾岛内、港澳及海外的台湾同胞，为反对“台独”、推动两岸和平发展和促进地方经济建设等方面开展工作。针对李登辉抛出的“两国论”和民进党的“台独”行径，济南市统一战线各界人士通过各种方式支持党和政府的原则立场，批判“台独”分子分裂祖国的言行，在全市、全社会形成“反独促统”的强大声势。为使广大台胞台属及时了解掌握党和国家的对台方针政策及两岸关系发展的最新动态，增强台胞台属做好对台工作的责任感、使命感，1986～2010年，市台联组织各种学习讲座、报告会、座谈会、知识竞赛3000余次，编发《济南台联工作》92期、《台情调研》41期，发放学习材料、书籍4.5万余册。市台办、市台联等单位重视对在济南台商做好教育引导、解疑释惑、稳定思想等工作，维护台商的合法权益，确保台资企业顺利发展，推动“以台引台”，做好吸引台资工作。同时做好在济南市居住的台胞和在济南读书台湾学生的工作，注意加强在港澳和海外的台湾社团工作，促进台湾同胞对“一个中国”的认同。

第五节 经济领域统战工作

1986年，召开全市企业统战工作会议，对全面开展企业统战工作进行思想动员。1986年后，济南市经济领域统战工作围绕经济建设这个中心，组织发动各界人士为振兴济南献计献策，多渠道、多层次地为发展生产力服务。全市各级工商联组织通过自办经济实体、开展经济、技术咨询和专业培训等方式，为社会主义经济建设服务，创造良好的经济效益和社会效益。

一、加强思想政治工作

市委统战部、市工商联通过在非公有制经济代表人士中开展“双思”(致富思源、富而思进)教育、“三结合”(把企业自身发展与国家发展结合起来，把个人富裕与全体人民的共同富裕结合起来，把遵循市场法则与发扬社会主义道德结合起来)教育、“爱国、敬业、守法、诚信”教育、“同进共富建小康”教育、争当中国特色社会主义事业优秀建设者活动、光彩事业活动等，做好非公有制经济代表人士的思想政治工作，提高他们的思想认识，增强他们发展事业的信心，引导非公有制经济代表人士拥护党的领导、热爱祖国、热爱社会主义、文明经营、依章纳税、遵纪守法。2006年后，市委统战部、市总工会、市经信委、市财政局、市工商局、市工商联等6部门(团体)在全市非公有制经济人士中连续开展三届“泉城优秀中国特色社会主义事业建设者”评选表彰活动，授予53人非公有制经济人士“泉城优秀中国特色社会主义事业建设者”称号，同时颁发济南市五一劳动奖章。

二、培养代表人士队伍

根据中共中央《关于工商联若干问题的请示》精神，济南市于1993年年底开始着力培养非公有制经济代表人士。随着非公有制经济的不断发展，一批有一定经济实力和社会影响的非公有制经济人士充实到代表人士队伍中。至2010年，全市建立起一支上千人的非公有制经济代表人士队伍。市委高度重视做好非公有制经济代表人士的政治安排。2010年，全市有432名非公有制经济人士担任各级人大代表、政协委员，有957名非公有制经济人士担任各级工商联主席、副主席、常委、执委。

三、开展光彩事业

1996年开始，市委统战部、市工商联教育引导非公有制经济人士积极投身扶贫“光彩事业”，深入开展“帮带致富工程”“下岗职工再就业工程”“光彩安居工程”等活动，推动光彩事业向纵深、广泛领域发展。至2010年，全市工商联会员企业已实施光彩项目241个，参与企业652家，到位资金14580万元，培训人数34860人，解决就业人数62220人，脱贫人数33057人，公益捐赠累计13093.65万元。光彩事业参与新农村项目建设149个，参与企业数325个，完成项目101个，村企结对146对，帮助脱贫1982户，到位资金13152.5万元。

第六节　党外干部选拔使用

1990年12月，市委组织部、统战部共同研究下发《关于选拔、培养和任用党外干部工作的意见》。1991年7月，召开全市组织部长、统战部长会议，专题研究党外干部实职安排工作，加大对党外干部的培养选拔力度，党外实职安排的数量逐年增加。1993年，全市有党外副市长1名、副局级以上党外领导干部4名、党外副县(区)长3名、县(市)区政府部门的党外负责人33人。1996年，市委一次安排6名副局级、1名正局级党外领导干部。1998年换届，全市10个县(市)区有6个配备党外副县(市)区长。2003年换届，全市10个县(市)区党外副县(市)区长全部配齐。2005年8月，通过组织选任、“一推双考”、公开选拔等多种形式，使一大批优秀党外干部脱颖而出，走上各级领导岗位。2006年，市委专门就党外副局级领导干部进行公开选拔，为市卫生局、市司法局、市审计局、市工商局、市食品药品监督管理局5个市直部门配备党外副局级领导干部。2008年，市委在公开选拔领导干部时专门设置2个副局级党外领导干部职位，配备两名41岁以下的党外干部担任市国土资源局、市食品药品监督管理局副局长。至2010年7月，济南市42个政府工作部门、10个县(市)区和高新区、有关市直单位共安排处级以上党外干部309人，其中：市政府工作部门、事业单位164人，各县(市)区政府部门、单位145人。有：民主党派成员135人，占43.7%；无党派人士174人，占56.3%；男179人、占57.9%，女130人、占42.1%；少数民族16人，占5.2%；副市长1名，党外县(市)区长9名，市直有关部门、单位配备副局级党外领导干部14名，正局级领导干部2名，政府工作部门正职1名。市政府工作部门领导班子中配备党外干部的比例为23.8%。人大、政协领导班子均按要求配齐党外干部。同时，通过组织推荐和公开选拔等方式，全市有8名党外干部先后到省直单位、省级民主党派机关担任领导职务，其中1人担任副省级领导职务。

第七节 党外知识分子工作

2010年，全市大专以上学历和中级以上职称的人才资源总量达30万人左右，其中党外知识分子占有近70%的比例，做好党外知识分子工作成为新时期统战工作的一项基础性工作。

1995年，济南市在省内率先建立党外知识分子联系点和联络员制度，根据形势变化先后5次对联系点和联络员队伍进行调整，到2010年，先后设立党外知识分子工作联系点5批共74个，聘请党外知识分子联络员5批共279人，以此为支撑，构建起全市党外知识分子和党外人才工作网络。2006年4月18日，济南市成立山东省统战系统第一个留学人员组织——济南留学人员联谊会；2010年，市委统战部增设党外知识分子工作处，增加职数，充实人员，明确职责，改变党外知识分子处与民族宗教处合署办公的状况，为做好党外知识分子工作奠定基础。广大党外知识分子在市委统战部的领导下，通过组织学习、参观考察、开展公益活动等先后开展党外知识分子建功立业活动、“爱泉城、建良言、做贡献”活动、为“十二五”规划实施献良策活动、“积极献良策 同心促发展”活动，围绕全市中心工作和热点难点问题，发挥优势建言献策，立足岗位建功立业，为全市经济社会又好又快发展做出积极贡献。在各项活动中，全市广大党外知识分子累计创造经济价值近10亿元，获各种专利1000余项，提出意见建议2200余条，党外人才提出的《党外人士谈南科大45名学生不参加高考》等12条建议被中央统战部采用，《关于把握信息化时代舆论主导权的建议》《关于取消医药行业外资企业超国民待遇的建议》《对电动汽车等新能源产品的补贴宜缓行》《环境处罚应引入“按日计罚”》等多条建议得到中央领导批示，并被中央有关部门采用；无党派人士提出的《关于发展区域银行和主银行体系，从机制上确保企业融资畅通，加快实现经济增长方式转变的建议》得到时任济南市委书记焉荣竹、市长张建国的重视并作出重要批示，《关于以私募基金推动济南产业结构调整和经济发展的建议》等一批意见建议得到各级领导的重视和批示，有的进入决策层面，在民主决策、科学决策中发挥重要作用。

同时，全市树立为党外知识分子真诚服务的观念，听取他们的意见和建议，反映他们的愿望和要求，维护他们的合法权益，帮助解决工作、生活中的具体困难和问题。对于留学人员反映济南留学人员创业园将从济南高新区划入历下区或历城区，给留学人员企业造成较大影响和损失一事，进行调查了解，撰写《呈阅件》向有关领导作汇报，最终成功争取到创业园仍归高新区管辖的结果，受到留学人员的欢迎。市委统战部坚持在活动中发现人才，培养人才，先后推荐80余名会员参加中央、省、市社会主义学院的培训，参加省委统战部、省司法厅联合举办的党外律师专题培训班，600余人参加市社会主义学院的培训班等。通过发现、教育、引进和培养人才，为统一战线各领域人事安排提供人才储备的同时，为济南经济社会发展提供人才支持。

至2010年年底，全市有1767名党外知识分子在各级人大、政协任职。其中：省级人大代表2人，政协委员10人；市级政协委员185人，人大代表18人；县区级政协委员926人，人大代表626人。有174人担任全市各级政府及有关部门单位的处级以上领导职务；有济南市专业技术拔尖人才23名、青年学术技术带头人22名。此外，各级统战部门重点联系和培养的党外知识分子骨干6000人左右。

第八节　民族宗教工作

一、民族工作

党的十一届三中全会后，济南市民族工作进入新的历史时期，市委、市政府加强对民族宗教工作的领导，纠正“左”的错误，平反冤假错案，处理历史遗留问题，使党的民族政策得以重新贯彻，少数民族的经济和文化事业有较快发展。1999年、2005年、2009年，济南市连续三次被国务院授予“全国民族团结进步模范集体”称号。

各级党委和政府把发展少数民族经济和社会事业列入国民经济和社会发展计划，在政策、资金等方面给予适当倾斜。1992年6月至1996年推动实施济南市规模最大的拆迁工程——济南回民小区建设工程，2006年着力推进社会主义新农村建设。至2010年年底，市区各少数民族比较集中的街道少数民族的生活水平基本接近汉族，农村少数民族聚居地区全部脱贫，全市民族村人均收入7890元，比2005年增长3310元，年均增长11.5%，接近全市农村人均水平。全市民族村全部实现“村村通”柏油路，90%的民族村用上自来水，70%的民族村接入有线电视，少数民族生活水平普遍提高。少数民族文化、体育、卫生等各项社会事业得到全面发展。

市委、市政府重视培养少数民族干部，加强对少数民族中青年干部的考察和培养，举办少数民族干部培训班，组织少数民族基层干部培训和挂职锻炼，使一批有知识、懂政策、有能力的少数民族干部走上领导岗位，一批少数民族人士和先进人物担任各级人大代表和政协委员。

二、宗教工作

1991年7月，济南市成立市委宗教工作领导小组，至2009年共召开会议3次。大部分县(市)区先后成立宗教工作领导小组，部分宗教工作任务较重的乡镇，还确定专职或兼职干部。2000年10月26日，济南市第一部综合性宗教地方法规——《济南市宗教事务管理条例》颁布施行，为济南市对宗教事务的依法行政、依法管理提供了重要法律依据。宗教界人士的社会政治地位不断提高，一批宗教界人士先后担任各级人大代表和政协委员。他们热心参加各级人大、政协的活动，积极反映宗教界的呼声，较好地发挥参政议政作用。指导、协助各宗教团体健全完善办公会议制度、学习和教务、财务、生活卫生、安全保卫、外事接待等各项管理制度，成立宗教房产管理小组，建立民主管理组织，强化内部团结和民主管理，宗教活动场所管理逐步纳入制度化、规范化轨道。支持各宗教团体根据各自宗教的特点和实际，广泛开展扶危济困、助残助学、“关爱老年人，真诚送温暖”、希望工程、“亚运会”捐助活动，南方雨雪冰冻灾害、汶川地震灾害、洪涝灾害等赈灾募捐活动，累计捐款、捐物200余万元。做好大型宗教活动期间的安全稳定工作，在复活节、圣母月、圣诞节、浴佛节、开斋节等各宗教重大传统节日及全国节假日期间，各级统战、宗教、公安、安全等部门密切配合，通力合作，确保宗教活动的安全有序。2006年，市中区政府经批准对郎茂山南麓地区进行开发，其中有千余座回民坟墓需要迁移，在市、区各有关方面的共同努力下，历时40余天，完成1567座坟墓的迁移工作，维护民族团结与社会稳定。先后接待美国、加拿大、澳大利亚、日本、伊朗、沙特、突尼斯、韩国、摩洛哥等外国及中国港澳台的宗教团体和宗教界人士、信徒3000余人次，以及上海、北京、天津、大连、郑州、贵阳、青岛、淄博、泰安、武汉、西安等内地宗教工作部门和团体的学习参观活动。2009年第十一届全运会期间，采取政府主导和社会参与相结合的方式，建立和完善多种形式、广泛覆盖的民族宗教服务工作网络，指导宗教界做好赛区宗教服务工作，共接待来自全国各地的宾客近2000人，圆满完成全运会民族宗教服务接待任务。

第九节　机　构

1983年，市委统战部内设秘书科、党派工商科、干部科、对台工作办公室，人员编制25人。1987年，市委统战部内设科室改为办公室、党派工商处、干部处、对台工作办公室，增设工商经济处、台胞接待办公室(与对台工作办公室合署)。

1990年，增设研究室。1996年，市委统战部内设办公室、党派处、调研宣传处、干部处、经济联络处、民族宗教处(挂党外知识分子工作处牌子)共6个职能处室。

2010年，市委统战部设立办公室、党派处、调研宣传处、干部处、经济联络处、民族宗教处、党外知识分子工作处，民族宗教处不再挂党外知识分子工作处牌子。

第九章　政法工作

第一节　维护政治安全和社会稳定

维护政治安全和社会稳定是政法委的重要职责之一。全市各级党委政法委和政法部门紧紧围绕党的中心工作，把维护社会稳定作为首要任务，贯彻落实中央和省委关于维护政治安全和社会稳定的一系列指示精神，全面落实一把手负总责的领导责任制。围绕每年“两会”、奥运火炬传递、北京奥运会、第十一届全运会等重大活动安全保卫，重大政治事件、“非典”等敏感时期社会政治稳定，不断加强隐蔽战线的斗争，有效防范和打击境内外敌对势力和敌对分子的渗透破坏活动；组织开展对各种不安定因素的反复排查化解工作，全面加强疏导教育，消除一大批安全隐患；从维护稳定大局出发，围绕体制改革、职工下岗、重点工程占地补偿、城区改造拆迁安置、城乡结合部治安秩序和农村干群关系紧张等突出问题，专门制定《济南市关于加强矛盾纠纷排查调处工作的意见》，指导各级成立矛盾纠纷排查调处工作机构，健全完善矛盾纠纷排查、预警、调处和处置等工作机制，加强全市矛盾纠纷信息网络系统建设，在市、县(市)区、乡镇(街道)、村(居)四级建立起矛盾调解网络。市和县(市)区全部成立“人民来访法律顾问室”，力求把矛盾纠纷解决在基层和内部。加强对宗教事务的管理，严厉打击处理各种非法宗教活动，防止邪教组织的扩散蔓延。按照中央和省、市统一部署，依法打击处理邪教组织，彻底摧毁其在济南市的组织体系，重大案件、重大问题基本查清；加强对邪教顽固分子和有现实活动的专案对象、重点人员的侦控，建立数据信息库，全力打好教育转化攻坚战，防止和减少社会危害。

第二节 “严打”整治斗争

1983年9月至1986年8月，根据中央和省委统一部署，组织全市政法部门开展为期三年的严厉打击严重刑事犯罪斗争，先后组织打击行动10余次，缴获各种枪支11支、子弹3075发、械斗凶器911件、淫秽物品8636件、赌具228副，赃款赃物共折款167.03万元，全市刑事案件发案率较“严打”前三年下降55.6%。

1987～1993年，总结前三年“严打”经验，从社会治安实际出发，确立“严打”不能松和“从重从快”方针不能变的原则，先后组织开展反盗窃、打流窜、打击流氓滋扰、扫除社会丑恶现象等专项斗争25次、集中打击行动47次和治安清查活动13次，分阶段有重点地开展破案会战、治安清查、抓捕逃犯等行动。1991年，坚持以反盗窃为重点，“破积案、抓逃犯、摧团伙、打流窜”，抽调570多名便衣警察和联防人员跟车上线和在公共复杂场所反扒窃，强化各种巡逻、守候、堵截、清查等措施，形成强大的斗争声势，收到良好效果。

1994年，按照全国、全省统一部署，针对社会治安突出问题，先后开展为期100天的“打团伙、抓逃犯、破大案”、打击伪造倒卖发票、打击走私贩私、打击假冒伪劣商品等专项斗争和40天严打集中统一行动、侦破大要案会战、打击车匪路霸和盗抢机动车犯罪、整治农村社会治安斗争。1995年，先后开展春季严打攻势、打击车匪路霸、维护夏季治安、打击盗窃机动车等6次专项斗争和7次集中打击行动。1996年4月20日至7月30日，在全市开展为期100天的严打统一行动。1997年，先后组织专项斗争和集中打击行动18次，抓获卖淫嫖娼、制黄贩黄、聚众赌博等违法犯罪嫌疑人1310名。1998年，组织开展70天春季严打斗争、40天严打集中行动、百日严打斗争和打击走私、盗窃、抢劫机动车等专项斗争，开展集中打击清查行动16次。1999～2000年，坚持经常性打击与集中打击相结合，先后组织开展打击盗抢“三车”(汽车、摩托车、自行车)、涉枪涉爆、追逃等16次专项斗争和30次集中打击行动。

2001～2004年，全市有计划、有步骤地组织开展严打整治斗争，严厉打击有组织犯罪、带黑社会性质的团伙犯罪和流氓恶势力犯罪，爆炸、杀人、抢劫、绑架等危害公共安全和侵害公民人身权利的严重暴力犯罪，抢夺、盗窃等严重影响群众安全感的多发性犯罪，有针对性地组织专项斗争21次和全市性治安清查行动31次，遏制刑事案件的高发态势。2005年，先后组织开展“春季严打”“夏季攻势”、打击“两抢一盗”(抢劫、抢夺和盗窃)等集中行动和专项行动，群众安全感达92.5%，济南市被确定为“联合国交通安全示范城市”。2006年，以创建“无黑恶犯罪县(市)区活动”为载体，深入排查打击黑恶势力，严打涉毒犯罪，确保全市社会治安秩序持续稳定。2007年，组织开展严打专项行动11次，全市有9个县(市)区实现无命案或命案全破，均为历年最好水平。2008年，深入开展打黑除恶专项行动，打掉犯罪集团535个，抓获团伙成员2175名，分别比2007年提高36.1%和42.8%。

2009年，深入开展严打整治和“全运净土”行动，全市破获刑事案件40371件，比2008年提高10.1%。深入组织开展整治交通治安秩序、整治油区治安、整治铁路治安、整治烟草经营专卖秩序以及盗窃破坏“三电”(电力、电信、广播电视)设施专项行动，一些影响省会治安的突出问题得到有效解决。2010年，有针对性地组织开展严打整治集中行动，全市刑事发案上升的态势得到有效遏制并出现下降拐点，抢劫、抢夺等严重影响群众安全感的多发性侵财案件比2009年分别下降30.5%和26%。

第三节 社会治安综合治理

1985～2010年，济南市社会治安综合治理工作主要经历六个发展阶段：1985～1990年，为抓基层、打基础和探索路子的起步阶段；1991～1994年，以中共中央、国务院和全国人大常委会关于加强社会治安综合治理的两个“决定”为标志，初步走上建章立制、全面发展的阶段；1995～2001年，社会治安综合治理工作取得长足发展，基本纳入法制化、制度化、规范化轨道阶段；2002年至2003年11月，按照中央和省、市委关于社会治安综合治理的决策部署，以加强基层基础建设为关键、以完善治安防控体系建设为重点，社会治安综合治理不断向纵深发展的深化阶段；2003年11月至2006年，提出“建设平安济南、打造全省首善之区”的奋斗目标，经济发展、政治民主、文化进步、社会稳定于一体的“大平安”概念进入视野，社会治安综合治理工作进入平安建设阶段；2006～2010年，随着平安济南建设三年目标的顺利实现，社会治安综合治理和平安建设进入巩固、深化、拓展和提高阶段。

1985年11月，市委下发《关于成立济南市综合治理社会治安领导小组的通知》。市社会治安综合治理领导小组成立后，贯彻中共中央关于综合治理的方针，针对全市社会治安形势以及安全防范等方面的不足和弱点，协调各部门齐抓共管，运用政治、经济、行政、法律、文化、教育等多种手段，整顿社会治安，打击和预防犯罪，先后开展加强基层基础建设，建立治安防范网络，进行重点区域、文化娱乐场所、重点部位的治安整顿治理、刑释解教人员的教育安置以及帮教违法青少年等工作，对维护社会稳定起到重要作用。为使全市社会治安综合治理工作逐步走向法制化、规范化、制度化轨道，真正形成全党动手、全民发动、全社会参与、全面治理的局面，1989年市委制定《关于加强社会治安综合治理的总体方案》。

1991年5月22日，市委决定成立济南市社会治安综合治理委员会(简称综治委)，下设办公室，与政法委合署办公。7月20日，市委、市政府印发《关于进一步加强社会治安综合治理的意见》。12月9日，市综治委研究制定《济南市1991～1995年社会治安综合治理规划》。1992年12月30日，市第十届人大常委会通过《济南市社会治安综合治理条例》。1994年7月，市委办公厅、市政府办公厅印发《济南市实行社会治安综合治理领导责任制实施细则》，落实社会治安综合治理领导责任制，加强综合治理组织机构建设、治安防范配套建设和重点专项治理活动，确定天桥区为山东省开展创建社会治安综合治理模范区的试点单位。

1995～1997年，广泛开展创建社会治安综合治理模范县(市)区活动，调整充实各级综合治理机构，加强基层基础建设和公共复杂场所的管理整顿。1996年，市综治委制定《济南市1996～2000年社会治安综合治理规划》。1998年，以开展创建“安全文明单位”为载体，按照“安全、文明、方便、卫生”的建设思路，对全市居民小区进行全面整顿。结合《济南市暂住人口管理办法》的颁布实施，健全专群结合的暂住人口管理机制。1999～2001年，各级综治委及综治办贯彻中共中央、国务院和全国人大常委会关于加强社会治安综合治理的两个“决定”和《济南市社会治安综合治理条例》，组织、协调、推动各级各部门落实社会治安综合治理工作措施。坚持打防并举、标本兼治、重在治本的方针，城市抓防范、农村抓整治、基层抓创安、队伍抓建设，探索市场经济条件下维护社会治安的有效途径和方法。2001年，人事部、中央综治委授予济南市“1997～2000年全国社会治安综合治理优秀单位”称号。全市9个县(市)区被山东省委、省政府命名为社会治安综合治理模范(先进)县(市)区。

2002年至2003年11月，围绕“实现新跨越、建设新泉城”的奋斗目标，推进“严打”整治斗争，加强治安防范，开展矛盾纠纷排查调处，强化基层基础工作。2003年11月，济南市率先在全省部署开展平安建设活动，工作任务由以维护社会治安秩序为主转向预防和化解各类社会矛盾，维护社会平安和谐稳定。

2004年2月19日，市委、市政府制定《关于建设“平安济南”的决定》，提出用三年时间，在全市集中开展建设“平安济南”活动。2月20日，市综治委制定《关于建设“平安济南”的实施意见》，明确提出：争取用两年时间，在全省率先实现省委、省政府提出的“平安山东”建设的各项目标，使10个县(市)区全部达到“平安县(市)区”标准，80%的乡镇(街道)达到“平安乡镇(街道)”标准，90%的村居等基层单位达到“平安基层单位”标准，把济南市建设成全国最稳定、最安全的城市之一。2004～2005年，全市各级各部门贯彻落实市委、市政府建设“平安济南”决定精神，把平安建设作为推进科学发展、构建和谐社会的重要举措，层层建立决策目标、执行责任、监督考核三大体系，平安建设领域不断拓展延伸，军地共建、企地共建、校地共建等城乡基层平安创建活动蓬勃开展，探索总结“综治固垒”工程、涉法涉诉工作站、信访代理、综治保险、保安驻村、创建平安家庭、基层创安动态升降级管理、“九位一体”[①]联合调处中心建设、创建梅兰邻里[②]、安全社区等一些在全国、全省有重大影响的经验，形成平安济南建设的品牌效应。群众安全感连续提升，全市10个县(市)区全部被省委、省政府授予“平安山东建设先进县(市)区”称号。2005年5月，济南市被中央综治委授予“2001～2004年度全国社会治安综合治理优秀城市”称号。2006年，市委办公厅、市政府办公厅转发《市委政法委、市综治委关于深入开展平安济南建设意见》，明确深化平安济南建设的总体思路和目标任务。市综治办制定《关于加强村居社会治安综合治理规范化建设的实施意见》，对基层综治工作机构设置(人员配备)、职责任务、工作制度、办事程序、队伍管理、基础设施等方面的规范化建设提出细化标准要求。10个县(市)区先后被省委、省政府授予平安建设先进县(市)区称号，其中章丘市、历下区、天桥区再次被省委、省政府命名为平安山东建设模范县(市)区；97.1%的城乡基层单位常年不发生刑事案件，实现省委、省政府确定的为期三年的平安建设总目标。

2008年，以北京奥运会安全保卫工作为主线，探索建立适应省会城市科学发展、和谐发展、率先发展要求的平安建设长效机制，做好奥运安保工作任务，平安济南建设各项工作取得进展。2009年，按照市委“保增长、保民生、保稳定、保全运”的要求，以实施“平安全运工程”为主线，以基层基础建设为重点，全面落实社会治安综合治理和平安建设的各项措施，进一步巩固和发展省城政治稳定、社会和谐、治安良好、人民群众安居乐业的好形势，为第十一届全运会的成功举办创造和谐稳定的社会环境。2010年，深入推进社会矛盾化解、社会管理创新、公正廉洁执法、政法机关党的建设“四项重点工作”，深入开展社会治安综合治理“基层基础建设年”活动，在全市建立乡镇(街道)综治工作中心126个，村居综治办4035个、综治工作站499个，企业综治工作室727个，探索建立多警联合巡逻、诉非联调、检调对接、执法监督、社会稳定风险评估、网格化社会管理、市场化技防建设等长效工作机制。

---

① 乡镇综治、司法所、法庭、信访、民政、公安、计生、土管、经管等部门。

② 槐荫区振兴街振兴社区从融洽邻里关系入手，在辖区内开展“梅兰邻里”创评活动。梅花和兰花是“花中四君子”中的两种，创建“梅兰邻里”工作品牌，让广大社区居民认识到“远亲不如近邻”，相互间和谐相处，平等沟通，互敬互爱，亲如一家。

第四节 执法督查

济南市委政法委从加强执法监督工作的制度化、程序化、规范化建设和提高公正执法能力入手，履行党委主管政法工作职能部门的职责任务，协助市委加强对全市政法部门执法工作的党内监督，创新工作方式，完善工作制度，规范工作流程。2005年，市委政法委制定《关于进一步加强执法监督工作，提高公正执法能力的意见》，明确执法监督工作的职责范围、方式方法。建立执法监督联席会议制度、执法档案制度、重特大案件破案奖励制度、案件督办督查制度、执法监督员制度，以及处理涉法涉诉问题工作的长效机制等，推进执法监督工作的制度化、规范化建设。

一、开展百案评查工作

1999年起，市委政法委把开展“百案评查”活动作为一项年度例行工作，每年组织一次，重点对群众关注的重大典型案件、领导批办的重点案件、重复上访的涉法信访案件进行评查。依照有关规定，市委政法委先后制定《执法情况通报制度》《案件评查实施办法》等规章制度，落实执法责任，确保法律正确实施。政法各部门结合工作实际，从侦查办案、批捕起诉、审判执行、监狱管理等各个环节制定出16项规章制度，形成监督制约体系。

二、建立执法档案

2005年2月，在槐荫区开展“执法档案”建设试点工作，槐荫区政法系统47个基层科所队庭室、734名执法干警全部建立“执法档案”。在试点的基础上，全市政法系统推广“执法档案”建设工作，初步形成对执法主体、执法行为、执法环节等各方面的考核评估、跟踪管理、监督制约格局。该做法被省委政法委以召开现场会的形式推广，被中央政法委以简报的形式刊发，《法制日报》头版头条予以刊登。

三、执法问题专项治理

加强对重点案件、重点执法环节的检查监督，先后开展清理刑事案件犯罪嫌疑人超期羁押、清理积案、专项检查、取保候审、保外就医(所外就医)案件在押人员集中处理、“走访千家企业、服务省会发展”等专项活动。1999年，对全市13起超过法定羁押期限案件进行梳理审查，使案件得到妥善处理，制定《关于严格执行刑事案件羁押期限的若干规定》，从根本上解决刑事案件犯罪嫌疑人超期羁押问题。为维护司法公正，保护当事人的合法权益，解决政法部门在办案中形成的积案问题，制定《关于开展积案清理活动的实施意见》，全市两级政法部门自查清理出超过法定期限而未办结的案件123起，两级政法委抽查各类案件1588起，发现积案23起，占调查总数的1.5%。对清理出的积案全部按法律规定进行整改。2002年，在全市范围内开展对“两保”案件的专项执法检查活动，共抽查案件643起，发现整改问题案件289起。2002年、2004年，先后两次组织开展在押人员集中处理活动，先后对988名、1106名在押人员进行逐人摸排登记和处理，为监所安全工作排除隐患。2005年，组织全市政法系统开展“走访千家企业、服务省会发展”活动，共走访1200多家企业，征集意见和建议7000余条，现场或限期解决问题3000多件，促进省会经济发展。

四、重大疑难案件协调 督办 奖励

高度重视涉及社会稳定、公共权益、群众利益的重特大案件的侦办、处理工作，严格案件协调、督办、奖励程序。1992年，市委政法委制定《关于协调重大疑难案件的意见》，就协调案件的原则、指导思想、案件范围、协调程序等作出明确规定。为严格司法程序和督办期限，确保司法公开公正，1998年，市委政

法委制定《关于协调重大疑难案件的规定》，保证协调案件的质量和效率。2005年，市委政法委制定《关于协调重大疑难案件实施办法》《案件督查实施办法》，进一步规范重大疑难案件协调工作。2006年，制定《济南市政法部门侦办重特大案件奖励办法实施细则》，对侦办重特大案件有功单位进行表彰奖励。

五、涉法涉诉信访工作

1999年10月，市委政法委制定《领导干部公开接访制度》。2000年3月，在市信访局设立人民来访法律顾问室，接待上访群众，依法处置群众上访案件。2004年，先后开展“集中处理涉法上访问题”和“集中处理重点涉法上访案件大会战”专项活动，全市共排查涉法上访案件359起，结案349起，结服331起，结服率92.3%。2005年，在全市开展“集中处理涉法涉诉信访突出问题”专项行动，全市共排查解决涉法信访案件559起，结案544起，结服531起，结服率95%。中央政法委交办的32起重点案件、省委政法委交办的22起重点案件全部结案。2006年，制定《关于建立政法机关群众涉法诉求工作站的意见》，在全市乡镇(街道)推动建立“政法机关群众涉法诉求工作站”，得到中央、省、市各级领导的肯定。2007年，在全市开展“集中排查化解涉法涉诉进京非正常访案件”专项活动，提前结服中央政法委交办的5起重点案件。4月2日，省委在济南召开全省建立群众涉法诉求工作站现场会。2008年，在全市政法系统深入开展“排查化解涉法涉诉重信重访”专项活动。2009年，开展以重复信访和非正常上访问题专项治理为重点的“信访积案化解年”活动，成立3个检查组，对11个县(市)区委政法委及所辖政法部门开展案件评查工作。2010年，立足于对各县(市)区及其所辖政法部门总体司法状况和整体执法工作的全面、综合、科学考评，探索建立公正司法考核体系，采取综合考核、业务考核、日常考核、群众满意度测评、社会评价等方式，对政法各部门的执法工作进行全面考评，全市涉及执法办案的群众有效投诉同比下降11.3%，涉法涉诉信访案件结案率同比上升9.8%，中央政法委交办济南市的重点案件全部办结。

六、接受社会监督

1998年4月，市委政法委制定《关于设立执法监督员的暂行规定》，从市人大代表、市政协委员、律师、大型国有企业负责人等社会各界人士中聘请26人，作为全市政法机关执法监督员。2000年8月，在全市范围内以党委政法委的名义设立“司法公开联系箱”163个，广泛征集群众对政法干警在执法工作中违法违纪行为的举报、对涉法疑难问题的求助、对政法工作的意见建议等。2003年，制定《关于建立执法监督员制度的规定》，聘请执法监督员，每年召开两次执法监督员座谈会，通报政法工作情况，提高政法工作透明度，主动接受社会监督，进一步完善执法监督员工作。

第五节　政法队伍建设

市委政法委始终把建设高素质政法队伍作为政法工作的重中之重，全面加强和推进政法队伍建设措施落实，政法队伍的创造力、凝聚力和战斗力不断增强。

1986年，把提高干警的政治和业务素质作为政法队伍建设的一项重要任务来抓，政法队伍的素质明显提升，政法系统6个局(院)被评为市级文明先进单位，其中，2个被评为“双文明”先进单位，13个集体、15名个人在全市“双文明”表彰大会上受到表彰。1988年，组织政法各部门以党的十三大精神为指针，坚持从严治警，进一步强化干警的改革意识、服务思想和群众观念，完善深化各项目标岗位责任制，采取法律专业证书学习、专业培训、短期培训等形式，对干警进行分层分批培训。同年，全市政法系统有55个集体和201名个人受到上级表彰。

1990年，组织政法各部门深入开展党的基本路线、坚持四项基本原则、反对资产阶级自由化教育，全心全意为人民服务的宗旨教育，职业道德、遵纪守法和廉洁勤政教育，开展学习宪法和专业法律法规的岗位练兵等活动。组织政法战线不同层次、不同类型的先进事迹报告团，在全市政法系统作巡回报告11场，5000余名干警受到教育。1993年，组织全市各级政法部门普遍开展“争先进、创一流”活动，进一步健全管理机制和监督约束机制，推行当事人评议办案人员、群众监督举报、案件评查、违法办案和错案追究等制度，提高干警办案效率和廉洁勤政的自觉性。广泛开展业务培训、岗位练兵活动，培养出一大批办案能手、技术骨干和业务尖子，全市政法部门有19个集体、21名干警受到省以上机关表彰。1994年，先后两次在全市政法系统集中开展思想纪律作风整顿，开展争先创优活动，涌现出194个先进集体、1641名先进工作者，其中有23个集体和28名个人受到省以上机关表彰奖励。

1995年，全市政法各部门按照创建一流政法队伍的目标和全方位目标管理的要求，加大内部管理制度改革力度，通过狠抓领导班子建设带动政法队伍建设，努力提高干警的政治素质和业务素质。市委政法委协助组织部门两次考查政法部门领导班子，9个县(市)区常委会配备政法委书记。建立健全对干警的录用、培训、晋升、违法违纪案件查究通报，规范办案程序，严格依法办事等规章制度，重点强化竞争激励机制，检查考核机制和内外监督制约机制，把队伍建设逐步纳入制度化、规范化、法制化的轨道。1996年，各级政法部门坚持以江泽民“严格执法，热情服务”题词总揽全局，深入开展“学题词、学交警、创一流”活动，干警政治、业务素质明显提高。结合公务员制度的贯彻实施，有11028名政法干警参加国家公务员过渡考核考试。1997年年初，在全市政法系统开展争先创优“双十佳”(十个先进集体、十个优秀干警)竞赛活动。各级政法部门普遍实行全方位目标管理责任制和领导任期责任制。在全市政法部门深入开展思想、纪律、作风整顿，排查出3个方面20多个执法和服务中存在的问题，并逐一梳理，提出整改意见和措施。1998年，在全市政法系统开展“争创人民满意政法单位(干警)”活动。1999年，制定下发《关于加强我市基层政法队伍建设的意见》，先后举办全市政法系统领导干部读书班、优秀年轻干部培训班。11月，省委政法委在济南市召开基层政法队伍建设经验交流会。2000年，全市政法系统贯彻市委“五年大变样，政法要先行”要求，提出“满意在政法、整体创一流，五年大变样、政法多贡献”口号。各级政法部门利用“创满意”活动这一载体，举办纪念江泽民为济南交警题词五周年、“万人评政法”等系列活动，推动“交警效应”向“政法效应”转变。

2001年，按照“政治建警、科技强警、科学用警”的思路，以提高政治和业务素质为重点，制定《关于加强和改进政法机关作风建设的意见》，要求各级政法部门和政法干警务必做到“十个严禁”①。组织全市政法调研信息宣传干部培训班、政法和综治基层干部培训班，提高干警的政治业务素质。2002年，重点围绕“人民满意政法单位”复查考核，制定“警示教育制度”“检查评议制度”“重大事项报告、查处制度”“打招呼、谈话、告诫制

① 十个严禁，即严禁接受案件相关人员的宴请送礼，严禁在办案中打骂体罚、刑讯逼供，严禁为黄赌毒等违法犯罪活动充当保护伞，严禁乱集资、乱收费和截留挪用罚没款、赃款赃物，严禁越权办案，严禁着警服在公共场所酗酒，严禁无证开车、酒后开车，严禁利用职权吃拿卡要和到消费场所无偿消费，严禁违反规定携带、保管、使用枪支，严禁无合法手续扣留、罚没款物。

度”“领导责任追究制度”等《预防政法干警违法违纪五项制度》。探索加强干警队伍、领导班子和内设机构三个方面“进出口”管理的有效途径，逐步建立起科学、规范、实用的长效管理机制。济南市《健全完善“进出口”管理机制，建设充满生机与活力的政法队伍》做法得到省委政法委的肯定。2003～2004年，全市政法系统广泛开展“公正执法树形象”集中教育活动，市委政法委研究制定《关于进一步加强政法队伍建设的意见》，组织开展“实现新跨越、建设新泉城，政法部门继续当先锋”大讨论，政法队伍服务发展、干事创业的精神风貌有新改观。2005年，结合保持共产党员先进性教育活动开展，在全市政法系统广泛开展“公正执法能力建设年”活动和为期半年的“规范执法行为，促进执法公正”专项整改活动，政法系统维护国家安全、驾驭社会治安局势、化解矛盾纠纷、保障社会公平正义和服务经济社会发展的能力进一步提高。

2006～2007年，在全市政法系统全面开展社会主义法治理念教育活动，先后举办全市政法领导干部社会主义法治理念进修班和新任县(市)区委政法委书记社会主义法治理念教育培训班，并组织全市政法干警参加全省社会主义法治理念教育考试。举办全市政法领导干部预防和处置公共事件能力专题培训班，取得明显成效。2008年，开展大学习大讨论和“讲文明、树新风、创品牌”活动，推出市公安局特警支队等在全国有重要影响的典型。2009年，围绕政法队伍在执法理念、执法方式、执法作风、执法能力、体制机制等方面存在的问题，制定《关于深入学习实践科学发展观，切实解决政法工作突出问题的意见》，在全市政法系统深入开展学习实践科学发展观活动。研究起草《关于加强县(市)区党委政法委建设的若干意见》，并会同市委组织部、市编办、市财政局联合行文下发。2010年，深入推进政法机关党的建设，开展创先争优活动，进一步激发党员干警的工作热情和积极性，政法工作的根基更加牢固。成立全市政法系统文学艺术体育联合会，加强政法文化建设，政法队伍整体素质得到全面提升。

第六节　机　构

1983年8月，中共济南市委政法委员会内设秘书科、政工科、调研室。1985年11月，市委成立济南市社会治安综合治理领导小组，下设办公室(由政法委管理)。1987年4月，将中共济南市委打击严重经济犯罪斗争领导小组办公室(简称打经办)由市纪委移交市委政法委管理。1990年6月，将打经办并入市委政法委，作为政法委的内部处室，对外仍称打经办。1991年5月，成立济南市社会治安综合治理委员会，下设办公室(简称综治办)，同市委政法委合署办公，同时撤销济南市社会治安综合治理领导小组；8月13日，市综治办设综合治理一处、综合治理二处。1996年11月，市委政法委机关内设办公室、调研宣传处、执法督查处、干部处共4个职能处室。市综治办设立综合处(挂指导处牌子)。2001年，市委政法委机关设办公室、调研宣传处、执法督查处、政治部(机关党总支的日常工作由政治部承担)共4个职能处室；市综治办设综合处、矛盾排查指导处2个职能处室。2005年9月16日，召开济南市法学会第四次会员代表大会。2007年，市委政法委员会(市社会治安综合治理委员会办公室)内设办公室、调研宣传处、执法督查处、政治部，市综治办(内设综合处和矛盾排查指导处)。至2010年，市委政法委内设机构无变化。

附：济南市法学会

1982年5月18日，济南市法学会成立，由市司法局代管，并召开第一次会员代表大会，选举产生一届理事会理事11人。1984年7月12日，市法学会召开第二次会员代表大会，选举产生二届理事会理事12人。1993年7月7日，市法学会召开第三次会员代表大会，选举产生三届理事会理事59人，常务理事29人。1997年5月在市司法局内设市法学会办公室，正处（县）级建制。2001年2月，市法学会办公室撤销。2004年12月，恢复市法学会，由市委有关领导联系、市委政法委代管；市法学会为正局级建制。2005年年初，成立法学会换届筹备领导小组，在驻济南党政军机关、人大、政协、群众团体、法律院校、科研机构、企事业单位等发展团体会员159个。2005年9月16日，法学会召开第四次会员代表大会，选举产生107名理事、48名常务理事和会长、常务副会长兼秘书长、副会长。2010年，明确市法学会机关为群众团体机关，内设综合部、研究部。

第十章 机构编制管理

第一节 机关事业单位机构改革

改革开放后，中央分别于1982年、1988年、1993年、1998年、2003年、2007年开展六次大规模机构改革。按照中央和省部署，济南市共进行机构改革五次。

一、1983年机构改革

根据省委办公厅《关于批复济南市市级党政机关机构改革方案的通知》，1983年济南市市级机关机构改革以减少部门头绪，减少领导层次，减少兼职副职，减少非专业人员为重点，力图通过改革，实现机构设置科学，职责分工明确，编制定员合理，领导班子精干，工作效率提高。

（一）市委工作部门。设办公室、研究室、组织部、宣传部、统战部、农村工作委员会(市政府农业委员会)、企业政治工作部、政法委员会。保留市委党史资料征集委员会，其办事机构在市委党校办公。保留市保密委员会，其办事机构在市委办公室办公。市委设老干部局，归市委组织部管理。保留中共济南市市级机关委员会。市档案局仍由市委秘书长管理，档案馆为事业单位，和档案局合署办公。

（二）市政府工作部门。设市政府办公室(市政府侨务办公室归秘书长管理)、计划委员会、经济委员会、科学技术委员会、城乡建设委员会、体育运动委员会、计划生育委员会、民族事务委员会(市政府宗教事务处与民族事务委员会合署办公)、民政局、公安局、司法局、人事局(编制委员会的办事机构设于人事局)、劳动局、财政税务局、审计局、工商行政管理局、统计局、物价局、物资局、第一商业局、第二商业局、对外贸易局、机械工业局、第一轻工业局、第二轻工业局、交通局、标准计量局、环境保护局、市政工程管理局、房产管理局、农牧渔业局、林业局、水利局、粮食局、多种经营社队企业局、教育局、卫生局、文化局、广播电视局、市政府外事办公室。

市政府原有工作部门中，一是将市冶金工业局、化学石油工业局、煤炭工业局、电子工业局、纺织工业局、建材工业局、建筑工程局、公用事业局分别改为市冶金工业公司、石油化学工业公司、煤炭工业公司、电子工业公司、纺织工业公司，归市经济委员会管理。供销社为合作经济组织。建筑材料工业公司、建筑工程总公司和公用事业总公司归市城乡建设委员会管理，食品协会仍与食品产销公司合署办公。二是撤销市政府参事室；撤销市委区街工作办公室、市文化教育委员会，工作由市政府办公室承担；撤销市财政贸易委员会，工作由市经济委员会承担；撤销区街生产服务局，其工作任务并入二轻局；撤销市出版办公室，成立山东人民出版社济南分社，为市委宣传部管理的事业单位；撤销市统建办公室，工作由市城市建设综合开发公司承担；撤销市蔬菜办公室，工作由蔬菜公司承担；撤销市文物管理委员会办公室，工作由市文化局承担。三是将市园林局、环境卫生管理局改为市园林管理处、环境卫生管理处，为城乡建设委员会管理的事业单位。市职工教育办公室归市经济委员会管理。保留市爱国卫生运动委员会，其办事机构设于市卫生局。市地震办公室为市科委所属事业单位。市地名办公室设在市城乡建设委。

(三)其他部门。市纪律检查委员会、市人大常委会、市政协、民主党派和人民团体，以及机关党委等组织机构，按照《中国共产党章程》(简称《党章》)、《中华人民共和国宪法》(简称《宪法》)和有关规定设置。

本次机构改革，市级党政工作部门由57个调整为49个(市委9个、市政府40个)。撤销非常设的委员会、领导小组及其办公室41个。市级领导干部由46人减为37人。市级党政群工作部门的领导干部，由360人减为242人。党政群机关(不含公、检、法、司)1982年年底实有人数4792人，新核定的编制为3138人，精简34.5%。

二、1996年机构改革

此次改革，党委机关机构改革的主要任务是：划清职责范围，减少职能交叉，适当调整机构，精简人员。政府机构改革的主要任务是：按照建立社会主义市场经济体制的要求，简政放权，转变职能，强化对国民经济和社会发展的规划、协调、宏观管理、监督检查和社会保障职能，调整归并业务相近和职能交叉重复的机构，将专业经济部门改为总会、总公司或国有资产经营总公司；通过“三定”(定机构、定职能、定编制)，合理配置和界定各部门的职能，理顺工作关系，精简内设机构和人员。城区机构改革是全市机构改革的重要组成部分，与市级机构改革统筹规划、同步进行。本着有利于城市整体发展、体现城市功能和特点的要求，合理划分市与区的事权关系，加强街道建设，增强城区的服务功能和经济功能。根据省委、省政府批复的《济南市机构改革实施方案》，市机构改革办公室拟定《济南市市级机构改革实施意见》和《济南市城区机构改革实施方案》，并于5月18日经中共济南市委六届四次全委会审议通过。5月19日，市委召开全市机构改革工作会议，对全市市区机构改革工作进行全面部署。市委、市政府同时批复市内四区(历下区、市中区、天桥区、槐荫区)的机构改革方案。至1997年，机构改革及“三定”(定机构、定职能、定编制)任务基本完成。

(一)市委、市政府工作机构。*撤销合并和重新组建的机构*。市委直属机关工作委员会与市政府机关工作委员会合并，组建中共济南市委市直机关工作委员会；市委企业思想政治工作办公室并入市委宣传部；市区街工业公司(局)并入市经济委员会；撤销市食品工业办公室，职能移交市经济委员会；市天然气开发利用办公室并入市公用事业管理局，油区工作办公室职能及承担油区工作的人员移交市经济委员会；撤销市整顿市容卫生秩序总指挥部办公室，职能移交市环境卫生管理局；撤销省会城乡大环境绿化总指挥部办公室，职能分别移交市园林局和市林业局，人员由市园林局负责接收安置。

改为总会和成建制改为经济实体的机构。市机械工业局、市纺织工业公司(局)、市石油化学工业公司(局)、市电子工业公司(局)、市建筑材料工业公司(局)分别改为市机械总会、市纺织总会、市石油化学总会、市电子总会、市建筑

材料总会，为市政府直属事业单位，保留局的牌子。撤销市第一轻工业局，建立市一轻国有资产经营总公司；撤销市第二轻工业局，组建市二轻工业总公司；撤销市物资局，组建市物资集团总公司；市汽车工业公司改称为市汽车工业总公司；市煤炭工业公司(局)改称为市煤炭工业总公司。撤销市第一商业局，组建市一商国有资产经营总公司；撤销市第二商业局，筹建市食品集团总公司。

改为合署办公和一个机构两块牌子的机构。市监察局与市纪律检查委员会机关合署，市社会治安综合治理委员会办公室与市委政法委员会合署，市机构编制委员会办公室与市人事局合署，市委农村工作委员会与市农业委员会一个机构、两块牌子，市政府宗教事务局与市民族事务委员会一个机构两块牌子，市政府台湾事务办公室与市委台湾工作办公室一个机构两块牌子，市版权局与市新闻出版局一个机构两块牌子，市贸易局与市财贸委员会一个机构两块牌子。

改变名称的机构。市城乡建设委员会改称市建设委员会，市矿产资源管理局改称市地质矿产局，市房地产管理局改称市房产管理局。

改为部门管理的机构。市委老干部局由市委组织部管理；市委、市政府信访局由市委办公厅、市政府办公厅管理，以市委办公厅管理为主；市物价局由市计划委员会管理；市人民防空委员会办公室、市建筑工程管理局由市建设委员会管理；市政府法制局、市政府研究室由市政府办公厅管理；市国有资产管理局由市财政局管理；市成人教育局(市职工教育办公室)改称市成人教育办公室，承担原成人教育局(职教办)的职能，由市教育委员会管理。

保留和暂维持现状的机构。保留市精神文明建设委员会办公室、市拥军优抚拥政爱民工作领导小组办公室、市气象局、市蔬菜办公室(原市蔬菜局)、市拆迁管理办公室(市房地产开发管理办公室)、市对外开放办公室、市外商投资企业管理办公室(原市外商投资企业管理局)、市工业重点建设领导小组办公室、市委对外宣传办公室(市政府新闻办公室)、市委机要局、市委保密委员会办公室(市政府保密局)、市税收财务物价大检查办公室、市经济技术协作办公室。因工作需要，市规划局、市土地管理局暂维持现状。

重新明确建制级别的机构。将市政府文卫办公室、市技术改造办公室、市城乡一体化办公室、市住房制度改革领导小组办公室、市商业网点办公室5个机构的建制级别理顺为处级，原副局级以上领导干部待遇不变。

调整后的市委、市政府组成机构。市委工作机构：办公厅、政策研究室、组织部、宣传部、统一战线工作部、政法委员会(市社会治安综合治理委员会办公室与其合署)、台湾工作办公室(市政府台湾事务办公室)、市直机关工作委员会、市委农村工作委员会(与市农业委员会一个机构两块牌子)、市委工交工作委员会(与市经济委员会合署)。市纪律检查委员会：市纪律检查委员会机关(市监察局与其合署)。

市政府工作机构：办公厅、计划委员会、经济委员会(市委工交工作委员会与其合署)、经济体制改革委员会、农业委员会(与市委农村工作委员会一个机构两块牌子)、教育委员会、科学技术委员会、对外经济贸易委员会、民族事务委员会(市政府宗教事务局)、公安局、国家安全局、监察局(与市纪律检查委员会机关合署)、民政局、司法局、财政局、人事局(机构编制委员会办公室与其合署)、劳动局、建设委员会、城市建设管理局、公用事业管理局、房产管理局、规划局(土地管理局与其合署)、地质矿产局、交通局、水利局、农业局、林业局、畜牧局、财贸委员会(贸易局)、粮食局、文化局、广播电视局、卫生局、体育运动委员会、计划生育委员会、审计局、统计局、工商行政管理局、技术监督局、乡镇企业管理局、环境保护局、旅游局、地方税务局、新闻出版局(版权局)、外事办公室、侨务办公室、口岸办公室。

另外，市农业高新技术产业开发区领导小组办公室改称市高新农业开发区管理委员会，与济南开发区管理委员会同为市政府派出机构。市档案局(馆)由局馆合一改为市委办公厅领导的局级事业单位，挂市档案局的牌子，授权行使有关行政管理职能。为适应城市建设和管理工作的需要，市园林局、市环境卫生管理局仍为市政府直属的局级事业单位，授权行使有关行政管理职能。

(二)按照《宪法》及有关章程设置的机构的改革。市人大常委会、市政协机关的机构改革，与党政机构改革同时部署，由市人大常委会、市政协按照中央和省委的文件精神分别提出改革意见，与市编委协商后提请市委审定。市人民法院、市人民检察院的机构改革，待中央和省委制定出改革方案后，再结合济南市情况组织实施。民主党派机关的机构改革，按照有利于坚持和完善中国共产党领导的多党合作和政治协商制度，有利于民主党派自身建设和更好地履行参政议政、民主监督职能。其人员编制可不作精简。工商联机关的机构改革，参照民主党派机关进行。社团机构的改革，在于理顺社团之间、社团与党政部门之间的关系，逐步克服行政化倾向。非常设机构大部分予以撤销，确需保留的改为议事协调或临时机构，一般不设实体办事机构，具体工作由有关部门承担。

改革调整后，市委、市政府设工作机构55个，部门管理机构9个。其中：市委设工作部门8个，均为局级建制；部门管理机构2个，保留局级建制。市政府设工作机构47个，均为局级建制；部门管理机构7个，市政府法制局、市政府研究室、市国有资产管理局为副局级建制，其余保留局级建制。改革后，机构总数比改革前减少19个，精简18.5%；配行政编制3895名，比改革前减少1328人，精简23.5%。通过改革，在转变职能、理顺关系、提高效率等方面取得阶段性成果。

三、2001年机构改革

2001年，根据省委、省政府和市委、市政府的统一部署要求，制定机构改革实施意见，成立市机构改革办公室，开始机构改革“三定”工作。至年底，市级党政机构改革基本完成。经过这次改革，市委、市政府机关人员编制总量分别按15%、30%的比例精简。政府人员编制由原来的2702人减少到1896人，减少806人，分流人员600人；结合机构改革，共划转部门职能34项，取消部门职能28项，取消行政审批370多项，减少政府办事环节和工作程序，实现年初提出的改革目标任务。

(一)市委机构改革。根据机构改革实施意见，市委机构改革坚持党的领导主要是政治、思想和组织领导的原则，坚持依党规定职能、按程序办事情的原则，坚持精简、统一、效能的原则进行。按照便于加强集中统一领导和有效开展工作的要求，合理调整和界定部门之间的职责权限，规范工作关系。改革调整后，市委设工作机构9个，部门管理机构4个，其建制级别均为局级。市委机构调整情况如下：

保留的机构。保留市纪律检查委员会机关(市监察局与其合署)、市委办公厅、市委政策研究室、市委组织部、市委宣传部、市委统一战线工作部、市委政法委员会(市社会治安综合治理委员会办公室与其合署)、市委市直机关工作委员会。

市委台湾工作办公室(挂市政府台湾事务办公室牌子)改为市委办公厅管理的机构。市委、市政府信访局由市委办公厅、市政府办公厅管理，改为以市委办公厅管理为主；市委老干部局由市委组织部管理。市档案馆为市委办公厅领导的事业单位，挂市档案局牌子，行使有关行政职能。

市委保密委员会办公室(挂市政府保密局牌子)、市委机要局为市委办公厅内设机构，原建制级别不变；市精神文明建设委员会办公室、市委对外宣传办公室(挂市政府新闻办公室牌子)为市委宣传部内设机构，原建制级别不变。

新组建的机构。组建市委企业工作委员会，为市委派出机构。市委农村工作领导小组办公室改为市农村工作办公室，为市委办公厅管理的机构。

撤销的机构。撤销市委工交工作委员会。撤销在市农业委员会挂的市委农村工作委员会牌子。

中共济南市委机构设置表

市纪律检查委员会机关	市委办公厅	市委政策研究室	市委组织部	市委宣传部	市委统战部	市委政法委员会	市委市直机关工作委员会	市委企业工作委员会

说明：

中共济南市委设置工作机构9个，纪律检查委员会机关与监察局合署办公；办公厅内设市委保密委员会办公室，保密办挂市政府保密局牌子，市委机要局；宣传部内设市精神文明建设委员会办公室、市委对外宣传办公室，外宣办挂市政府新闻办公室牌子；政法委与社会治安综合治理委员会办公室合署办公。

此外，设置部门管理机构4个：老干部局由组织部管理；信访局由市委办公厅、市政府办公厅管理，以市委办公厅管理为主；市农村工作办公室由市委办公厅管理；市委台湾工作办公室(挂市政府台湾事务办公室牌子)由市委办公厅管理

(二)市政府机构改革。根据《济南市人民政府改革实施意见》，此次政府机构改革围绕建立社会主义市场经济体制的目标，从理顺政企关系入手进行。改革内容主要是转变政府职能：改革行政审批制度；撤销工业经济部门，其行政管理职能划归政府综合经济部门承担；政府主管部门与所办经济实体和管理的直属企业彻底脱钩；完善国有企业监管方式；推进事业单位和后勤体制改革；积极培育和规范社会中介组织。改革调整后，市政府设工作部门32个(市监察局与市纪律检查委员会机关合署，列入市政府工作部门序列，不占政府机构限额)、办事机构5个、部门管理机构4个、议事协调机构的办事机构2个，共43个。另设派出机构3个。济南高新技术产业开发区管委会建制级别按有关规定管理，其余均为局级建制。市政府机构调整情况如下：

保留的部门。保留市政府办公厅、经济委员会、公安局、监察局(与市纪律检查委员会机关合署)、民政局、司法局、财政局、人事局(市机构编制委员会办公室与其合署)、劳动和社会保障局、建设委员会、环境保护局、规划局、交通局、水利局、农业局、林业局、粮食局、文化局(挂文物事业管理局牌子)、卫生局、广播电视局、计划生育委员会、审计局、统计局、旅游局、市政府外事办公室、市政府侨务办公室、市政府口岸办公室。

保留市物价局(由市发展计划委员会管理)、市国有资产管理局(挂市国有资产管理委员会办公室牌子，由市财政局管理)、市房产管理局(由市建设委员会管理)。

市工商行政管理局、市质量技术监督局、市药品监督管理局列入市政府工作部门，不计政府机构个数。

更改名称的部门。市计划委员会更名为市发展计划委员会。市对外经济贸易委员会更名为市对外贸易经济合作局。市教育委员会更名为市教育局。市科学技术委员会更名为市科学

技术局。市专利管理处更名为市知识产权局，为副局级全额预算管理事业单位，隶属市科学技术局管理。市体育运动委员会更名为市体育局。市民族事务委员会(市政府宗教事务局)更名为市民族宗教事务局。市城市建设管理局更名为市城市管理局，与市建设委员会合署。市乡镇企业局更名为市中小企业局，挂市乡镇企业局牌子。市财贸委员会更名为市政府财贸办公室，为市政府办事机构，不再挂市贸易局牌子。市政府法制局更名为市政府法制办公室，由市政府办公厅管理的机构改为市政府办事机构。市政府研究室更名为市政府调查研究室，仍由市政府办公厅管理。

撤销合并和新组建的部门。市地质矿产局与市土地局合并，组建市国土资源局。撤销市电子总会(局)和市信息化领导小组办公室，组建市信息产业局。撤销市农业委员会，职能分别移交市农业局和市农村工作办公室。撤销市经济体制改革委员会，组建市经济体制改革办公室(保留市经济研究中心牌子)，为市政府议事协调机构的办事机构。市人民防空办公室，由部门管理机构改为市政府人民防空工作主管部门，同时作为市国防动员委员会的办事机构。市新闻出版局(市版权局)改为市政府直属事业单位，与市出版社合署。市公用事业管理局改为市政府直属事业单位，授权行使行政管理职能。市畜牧局改为市畜牧办公室，市蔬菜局改为市蔬菜办公室，均使用事业编制，归市农业局管理。市建筑管理局改用事业编制，由市建设委员会管理。济南高新技术产业开发区管理委员会、济南经济开发区管理委员会、济南高新农业开发区管理委员会，为市政府派出机构。

其他工作部门的调整。组建市安全生产监督管理局，由市经济委员会负责管理。组建市招商局，为局级事业单位，隶属市对外贸易经济合作局管理。市成人教育局挂市成人教育办公室牌子，隶属市教育局管理。市经济技术协作办公室并入市经济委员会，为市经委的内设机构，保留市经协办的牌子。撤销市财政监督检查局，职能及人员并入市财政局。撤销市外商投资企业管理办公室，职能移交市对外贸易经济合作局。市对外开放办公室并入市对外贸易经济合作局，保留市对外开放办公室的牌子。市民政局挂市“双拥”办牌子，相关处室改为民政局内部机构。撤销市重点工程建设领导小组办公室，职能及人员并入市建设委员会。市供热管理办公室并入市公用事业管理局，市热电总公司隶属市公用事业管理局管理。组建市机械电子国有资产经营公司、市医药化学国有资产经营公司、市轻工业国有资产经营公司。三个国有资产经营公司均为企业，由市国资局会同有关部门组建。国有资产经营公司由市国资局授权经营国有资产。撤销市机械总会(局)，组建市机械电子工业协会(挂机械电子工业办公室牌子)。撤销市一轻国有资产经营总公司，与市二轻集团总公司行业管理职能合并，组建市轻工业协会(挂轻工业办公室牌子)。撤销市纺织总会(局)，组建市纺织工业协会(挂纺织工业办公室牌子)。撤销市石油化学总会(局)，组建市化学医药工业协会(挂化学医药工业办公室牌子)。撤销市煤炭工业总公司，组建市煤炭工业协会(挂煤炭工业办公室牌子)。撤销市建材总会(局)，组建市建筑材料工业协会。市二轻集体工业联社更名为市轻工集体企业联社，为局级事业单位。市机械电子、轻工、纺织、化学医药、煤炭、建材6个协会及轻工集体企业联社受市经济委员会管理。协会均使用事业编制。撤销市物资集团总公司，组建市物资流通协会。市商业联合会、市物资流通协会使用事业编制，受市政府财贸办公室管理。市一商国有资产经营总公司、市食品集团总公司(原二商局)的行政职能移交市财贸办公室。在市经委内部设立工交老干部管理局和在市财贸办公室内部设立财贸老干部管理局，均为副局级。

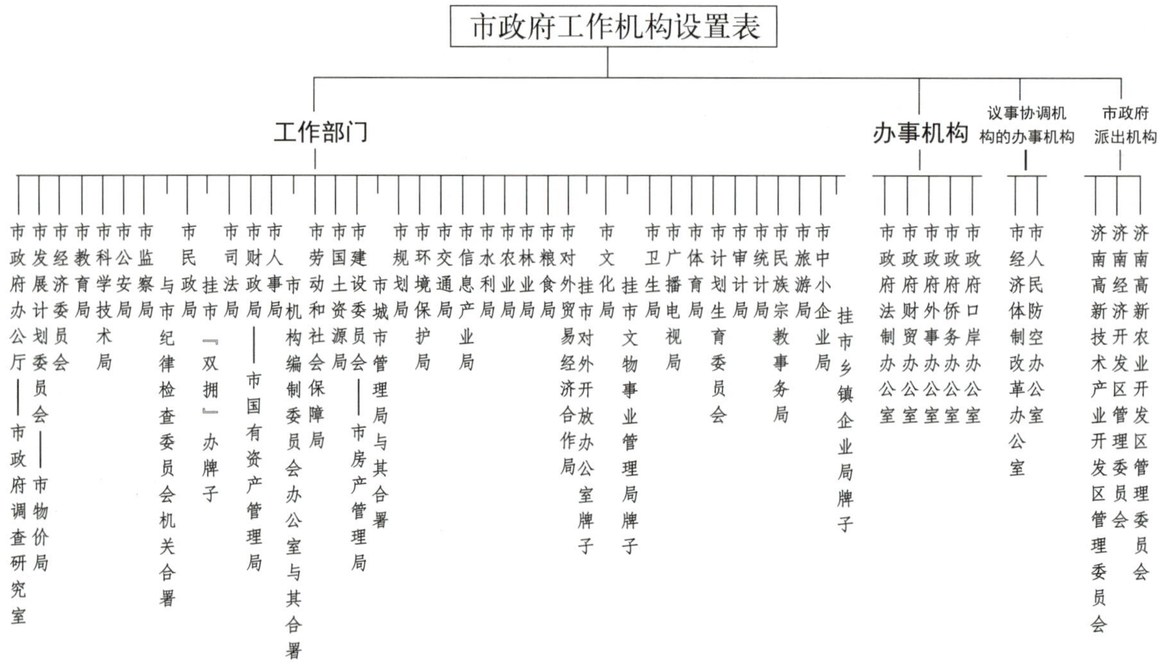

说明：

济南市人民政府设置工作部门32个（市监察局与市纪律检查委员会机关合署办公，列入市政府工作机构序列，不占机构数额），办事机构5个，部门管理机构4个，议事协调机构的办事机构2个 ，共43个；另设市政府派出机构3个。

另外，列入市政府工作部门，不计政府机构个数的3个：市工商局、市质量技术监督局、市药品监督管理局

四、2004年政府机构改革

此次政府机构改革围绕创新行政管理体制和运行机制，坚持精简、统一、效能和依法行政的原则展开。改革重点放在转变政府职能和部门职能界定上，切实解决体制不顺、机构重叠、职能交叉和管理中的越位、缺位、错位问题。

（一）名称、隶属关系不变的机构。保留市政府办公厅，为市政府工作部门。市行政审批服务中心明确为全额预算管理正局级事业单位，由市政府办公厅管理，不再挂市行政审批制度改革领导小组办公室牌子。保留市信息中心，为全额预算管理副局级事业单位，由市政府办公厅管理。撤销市政务中心建设指挥部办公室。

为加强驻京接待工作，市政府驻北京办事处明确为全额预算管理正局级事业单位，由市政府办公厅管理。保留市政府驻上海办事处，为全额预算管理副局级事业单位，由市政府办公厅管理。保留市政府驻广州办事处，兼负香港、澳门、深圳地区的信息搜集和接待工作，为全额预算管理副局级事业单位，由市政府办公厅管理。

保留市教育局，为市政府工作部门。为加强市委对教育工作的领导，加强学校思想政治工作和未成年人思想道德建设，组建中共济南市委教育工作委员会，为市委派出机构，与市教育局合署。撤销市成人教育局(市成人教育办公室)，职能并入教育局。保留市科学技术局，为市政府工作部门。保留市地震局、市知识产权局，为全额预算管理副局级事业单位，由市科技局管理。保留市公安局、市监察局(与市纪律检查委员会机关合署)、市司法局、市城市管理行政执法局(市城市管理监察总队)、市环境保护局、市水利局、市林业局、市文化局(挂文物事业管理局牌子)、市卫生局、市体育局、市广播电视局、市统计局、市民族宗教事务局、市旅游局、市粮食局，为市政府工作部门。保留市民政局(市拥军优属拥政爱民工作领导小组办公室)，为市政府工作部门。保留市民间组织管理局，为全额预算管理副局级事业单位，由市民政局管理。保留市财政局，为市政府工作

部门。撤销市会计管理局、市企业财务管理办公室、市农业税收征收管理局，职能并入市财政局，保留市农业税收征收管理局牌子。保留市工资发放管理中心，为全额预算管理副局级事业单位，由市财政局管理。保留市人事局，为市政府工作部门。市机构编制委员会办公室为市机构编制委员会的常设办事机构，既是市委的工作部门，也是市政府的工作部门，正局级建制，与市人事局合署。保留市人才交流服务中心，为全额预算管理副局级事业单位，由市人事局管理。保留市劳动和社会保障局，为市政府工作部门。保留市劳动就业办公室，为全额预算管理正局级事业单位，由市劳动和社会保障局管理；保留市社会劳动保险事业办公室、市机关事业单位社会保险办公室、市职工医疗保险管理办公室，均为全额预算管理副局级事业单位，由市劳动和社会保障局管理。保留市国土资源局，为市政府工作部门。保留市征地办公室，将市土地收购储备中心更名为市土地储备交易中心，市国土资源监察大队更名为市国土资源监察支队，均为全额预算管理副局级事业单位，由市国土资源局管理。保留市规划局，增挂市规划委员会办公室牌子，为市政府工作部门。保留市建设委员会，为市政府工作部门。撤销市房地产开发拆迁管理办公室、市建筑管理局，职能并入市建设委员会。市市政公用事业局、市市容环境卫生管理局、市园林管理局，均由市政府直属事业单位改为由市建设委员会管理的全额预算正局级事业单位。保留市交通局，为市政府工作部门。撤销市运输管理处(市港航监督处)，组建市交通局运输管理办公室，为全额预算管理副局级事业单位。将市公路管理局由县级改为副局级事业单位，经费类型不变，由市交通局管理。保留市信息产业局，为市政府工作部门，不再挂市信息化办公室牌子。保留市农业局，为市政府工作部门。撤销市蔬菜办公室、市棉花办公室，职能并入市农业局。市中小企业局(市乡镇企业局、市民营经济发展局)承担的县域经济指导职能，移交市委农村工作办公室。保留市对外贸易经济合作局，为市政府工作部门，不再挂市对外开放办公室牌子。撤销市政府口岸办公室，职能并入市对外贸易经济合作局。撤销市招商局，职能分别移交市发展和改革委员会和市对外贸易经济合作局。中国国际贸易促进委员会济南市分会不再由市对外贸易经济合作局代管，改为市政府直属事业单位，建制级别不变。保留市审计局，为市政府工作部门。保留市经济责任审计办公室，为全额预算管理副局级事业单位，由市审计局管理。保留市政府法制办公室、市政府外事办公室、市政府侨务办公室，为市政府办事机构。保留市人民防空办公室，为市政府议事协调机构的办事机构。保留市政府调查研究室，由市政府办公厅管理。保留市物价局，由市发展和改革委员会管理。保留市房产管理局，由市建设委员会管理。撤销市房产管理局所属的市住房制度改革办公室，市房产管理局挂市住房制度改革办公室牌子，不再保留市住房委员会办公室牌子。

保留济南高新技术产业开发区管理委员会、市农业高新技术开发区管理委员会，为市政府派出机构。济南经济开发区管理委员会不再作为市政府派出机构，交由长清区管理。

保留市政府资金结算中心、济南住房公积金管理中心、市气象局、市畜牧办公室、市史志办公室、市供销合作社，为市政府直属事业单位。

(二)名称、隶属关系变化的机构。市计划生育委员会更名为市人口和计划生育委员会，为市政府工作部门。市新闻出版局(市版权局)由市政府直属事业单位改为市政府工作部门。济南出版社为自收自支正局级事业单位，由市新闻出版局(市版权局)管理。市安全生产监督管理局不再由市经济委员会管理，改为市政府工作部门，同时为市安全生产委员会的常设办事机构。组建市安全生产监察支队，为全额预算管理副局级事业单位，由市安全生产监督管理局管理。

(三)撤销、合并及新组建的机构。组建市政府国有资产监督管理委员会，为市政府直属特设机构，市政府授权国资委代表国家履行国有资产出资人职责。撤销市国有资产管理局(市国有资产管理委员会办公室)。将原市国有资产管理局(市国有资产管理委员会办公室)承担的市属企业国有资产管理职责，市财政局指导监督市属企业国有资产管理工作职责，市政府有关部门、行业协会(行业管理办公室)承担的指导市属国有及国有控股企业改革和管理的职责，市委组织部部分企业领导人管理职责，原市经济体制改革办公室承担的研究推进国有经济战略性调整和国有大中型企业建立现代企业制度职责，市劳动和社会保障局承担的指导市属国有及国有控股企业职工工资政策，提出调节国有及国有控股企业收入分配措施的职责，划入市政府国有资产监督管理委员会。市政府国有资产监督管理委员会要统筹协调国有及国有控股企业改革改制及企业稳定工作，其他相关部门在统一协调下积极推进相关企业改革改制工作。同时，市政府国有资产监督管理委员会成立党委，履行市委规定的职责。不再组建市委企业工作委员会。

在市发展计划委员会基础上，组建市发展和改革委员会，为市政府工作部门。撤销市经济体制改革办公室(市经济研究中心)、市经济技术协作办公室，相关职能划入市发展和改革委员会。将原市发展计划委员会管理重要农产品(除主要粮食作物和棉花外)进出口计划及配额职能，划入市对外贸易经济合作局；老旧汽车更新管理职能划入市贸易服务局。市招商促进委员会办公室设在市发展和改革委员会。

整合相关职能组建新的市经济委员会，为市政府工作部门。承担工业结构调整、经济运行调节、多种所有制企业的宏观管理和指导、促进中小企业发展等职能。原市经济委员会承担的报省发展和改革委员会审批的企业重大技术改造投资管理职责划入市发展和改革委员会。原市经济委员会编报和实施重要工业品、原材料进出口计划等职能，划入市对外贸易经济合作局。

撤销市中小企业局(市乡镇企业局、市民营经济发展局)，市中小企业发展职能移交市经济委员会；民营经济发展职能以市经济委员会为主，与相关部门共同承担，县域经济指导职能移交市委农村工作办公室。

撤销市机械电子工业协会(市机械电子工业办公室)、市化学医药工业协会(市化学医药工业办公室)、市纺织工业协会(市纺织工业办公室)、市轻工业协会(市轻工业办公室)、市煤炭工业协会(市煤炭工业办公室)、市建材工业协会、市轻工集体企业联社，其行业管理和经济发展运行职能及机关离退休干部管理服务职能划入市经济委员会；国有独资和国有控股企业国有资产管理职能，参股企业国有股权管理职能以及指导企业离退休干部工作职能划入市政府国有资产监督管理委员会。

组建市贸易服务局，为市政府工作部门。撤销市政府财贸办公室，相关职能划入市贸易服务局。撤销市物资流通协会、市商业协会，其行业管理职能和经济发展运行及机关离退休干部管理服务职能划入市贸易服务局。国有独资和国有控股企业国有资产管理职能，参股企业国有股权管理职能以及指导企业离退休干部工作职能划入市政府国有资产监督管理委员会。原相关部门承担的有关贸易及服务业工作职能划入市贸易服务局。

组建市政府金融办公室，为市政府办事机构。原发展计划委员会、市政府财贸办公室、市经济体制改革办公室承担的金融机构协调服务职能划入市政府金融办公室。

通过这次改革，市政府设置办公厅和工作部门35个、直属特设机构1个、办事机构4个、部门管理机构3个、议事协调机构的办事机构1

个，共计44个。此外，设派出机构2个，具有行政管理职能的政府直属正局级事业单位7个。

济南市人民政府机构设置表

工作部门	直属特设机构	办事机构	议事协调机构办事机构
市政府办公厅	市政府国有资产监督管理委员会	市政府法制办公室	市人民防空办公室
市发展和改革委员会		市政府金融办公室	
市经济委员会		市政府外事办公室	
市教育局 与市委教育工作委员会合署		市政府侨务办公室	
市科学技术局			
市公安局			
市监察局 与市纪律检查委员会机关合署			
市民政局 挂市双拥办牌子			
市司法局			
市财政局			
市人事局 与市机构编制委员会办公室合署			
市劳动和社会保障局			
市国土资源局			
市规划局 挂市规划委员会办公室牌子			
市建设委员会			
市城市管理行政执法局 挂城市管理监察总队牌子			
市环境保护局			
市交通局			
市信息产业局			
市水利局			
市农业局			
市林业局			
市贸易服务局			
市对外贸易经济合作局			
市文化局 挂市文物事业管理局牌子			
市卫生局			
市体育局			
市广播电视局			
市人口和计划生育委员会			
市审计局			
市统计局			
市新闻出版局 挂市版权局牌子			
市安全生产监督管理局			
市民族宗教事务局			
市旅游局			
市粮食局			

说明：

1、济南市人民政府设置市政府办公厅和工作部门35个，直属特设机构1个，办事机构4个．市监察局与市纪律检查委员会机关合署，列市政府工作部门序列，不计入市政府机构个数。此外，设置部门管理机构3个：市政府调查研究室由市政府办公厅管理；市物价局由市发展和改革委员会管理；市房产管理局（挂市住房制度改革办公室牌子）由市建设委员会管理．设置议事协调机构的办事机构1个．以上共计44个。设置市政府派出机构2个：济南高新技术产业开发区管理委员会、市农业高新技术开发区管理委员会。

2、市政府直属正局级事业单位7个：市畜牧办公室、市政府资金结算中心、济南住房公积金管理中心、市气象局、市史志办公室、中国国际贸易促进委员会济南市分会、市供销社

五、2009年政府机构改革

此次改革坚持精简统一效能的原则，积极探索实行职能有机统一的大部门体制，主要任务是转变政府职能、理顺职责关系、明确强化责任、优化组织结构和严格控制机构编制。

（一）机构调整。组建市经济和信息化委员会。将市经济委员会除机电产品进出口管理和整顿规范市场经济秩序以外的职责、市信息产业局(市信息化办公室)的职责，整合划入市经济和信息化委员会。将市人民政府办公厅管理的济南市无线电管理办公室移交市经济和信息化委员会管理。不再保留市经济委员会、市信息产业局(市信息化办公室)。

组建市人力资源和社会保障局。将市人事局的职责、市劳动和社会保障局除境外就业机构和对外劳务管理以外的职责，整合划入市人力资源和社会保障局。组建市公务员局，由市人力资源和社会保障局管理。原与市人事局合署的市机构编制委员会办公室单独设置，列入党委机构序列。不再保留市人事局、市劳动和社会保障局。

组建市商务局。将市对外贸易经济合作局除口岸管理以外的职责、市贸易服务局的职责、原市经济委员会的机电产品进出口管理和整顿规范市场经济秩序职责、原市劳动和社会保障局的境外就业机构和对外劳务管理职责，整合划入市商务局。不再保留市对外贸易经济合作局、市贸易服务局。

组建市交通运输局。将市交通局的职责、市市政公用事业局的城市客运管理职责，整合划入市交通运输局。不再保留市交通局。

组建市文化广电新闻出版局。将市文化局、市广播电视局、市新闻出版局(市版权局)的职责，整合划入市文化广电新闻出版局。组建市文化市场综合行政执法局，与市文化广电新闻出版局合署。不再保留市文化局、市广播电视局、市新闻出版局(市版权局)。济南人民广播电台、济南电视台及原市广播电视局所属其他事业单位合并组建济南广播电视台，为市政府

直属正局级事业单位。

组建市城市管理局，市城市管理行政执法局(市城市管理行政执法总队)与其合署。将市市容环境卫生管理局的职责，市城市管理行政执法局(市城市管理行政执法总队)的职责，以及相关部门的城市管理职责，整合划入市城市管理局、市城市管理行政执法局(市城市管理行政执法总队)。不再保留市市容环境卫生管理局。

将市建设委员会更名为市城乡建设委员会。将原由省垂直管理的市食品药品监督管理局列入市政府工作部门。将市食品药品监督管理局食品安全综合协调、组织查处食品安全重大事故的职责，划入市卫生局。将市卫生局食品卫生许可、监管餐饮业、食堂等消费环节食品安全职责，划入市食品药品监督管理局。将市人民政府国有资产监督管理委员会由市政府直属特设机构调整为市政府工作部门。将市人民政府调查研究室更名为市人民政府研究室，由部门管理机构调整为市政府工作部门。将市人民政府侨务办公室、市人民政府法制办公室由市政府办事机构调整为市政府工作部门。将市人民防空办公室由议事协调机构的常设办事机构调整为市政府工作部门，不再挂市民防局牌子。将市人民政府金融办公室更名为市人民政府金融工作办公室，由市政府办事机构调整为市政府工作部门。将市房产管理局更名为市住房保障和房产管理局，由部门管理机构调整为市政府工作部门。将市物价局由部门管理机构调整为市政府工作部门。组建市人民政府口岸办公室，由市人民政府办公厅管理。原市对外贸易经济合作局的口岸管理职责整合划入市人民政府口岸办公室。将市农业局的农业综合开发管理职责划入市财政局。将市市政公用事业局由原市建设委员会管理的正局级事业单位调整为市政府直属正局级事业单位。将市园林管理局更名为市城市园林绿化局，由原市建设委员会管理的正局级事业单位调整为市政府直属正局级事业单位。将市地震局由市科学技术局管理的事业单位调整为市政府直属事业单位，建制级别由副局级调整为正局级。

(二)机构设置。市政府机构改革后，设置工作部门42个，不再划分组成部门、直属特设机构、办事机构等，统称为政府工作部门；设置部门管理机构2个(副局级建制)。

济南市人民政府机构设置表

工作部门
市人民政府办公厅
市发展和改革委员会
市经济和信息化委员会
市教育局
(与中共济南市委教育工作委员会合署)
市科学技术局
市公安局
市监察局
(与中共济南市纪律检查委员会机关合署)
市民政局
市司法局
市财政局
市人力资源和社会保障局
市国土资源局
市规划局
市城乡建设委员会
市城市管理局
(市城市管理行政执法局与其合署)
市环境保护局
市交通运输局
市水利局
市农业局
市林业局
市商务局
市文化广电新闻出版局
(市文化市场综合行政执法局与其合署)
市卫生局
市食品药品监督管理局
市体育局
市人口和计划生育委员会
市审计局
市统计局
市安全生产监督管理局
市民族宗教事务局
市旅游局
市粮食局
市人民政府外事办公室
市人民政府国有资产监督管理委员会
市人民政府研究室
市人民政府侨务办公室
市人民政府法制办公室
市人民防空办公室
市人民政府金融工作办公室
市住房保障和房产管理局
市物价局

说明：

济南市人民政府设置工作部门42个。市监察局与中共济南市纪律检查委员会机关合署办公，列入市政府工作部门序列，不计入政府机构个数；与市城市管理局合署的市城市管理行政执法局，与市文化广电新闻出版局合署的市文化市场综合行政执法局，计入政府机构个数；市城市管理行政执法局挂市城市管理行政执法总队牌子。设置部门管理机构2个：市政府口岸办公室由市政府办公厅管理，市公务员局由市人力资源和社会保障局管理至2010年3月底，市政府部门、部门管理机构、8个政府直属事业单位的“三定”规定定稿，4月16日前由市政府办公厅印发实施。此次改革，市政府部门共取消、下放、转移职责52项，加强宏观调控、环境保护、住房保障、促进就业、安全生产及食品药品安全监管等关系国计民生的职责56项。同时，结合市政府部门“三定”和职能调整，对14个部门的122家事业单位通过调整隶属关系、整建制划转等形式进行调整划转；对市公共客运管理中心等24家事业单位，根据主管部门行政职能的调整情况，进行相应调整理顺。至6月底，10个县(市) 区共244个部门、26个参照公务员法管理事业单位的“三定”规定全部印发实施。改革后，县(市)区政府工作部门在22～24个之间设置，均不突破山东省规定的机构限额，不再设置部门管理机构。县(市)区政府各部门共增加或划入职责243项，加强职责267项，取消或划出职责96项。同时，对承担行政职能的事业单位，结合这次机构改革，按照政事分开的原则进行清理和规范，各县(市)区共撤销事业单位211个(其中涉及调整行政职能事业单位74个)，新建93个，净减少118个。

六、事业单位改革

1993年9月13日，市编委、市财政局转发省编委、省财政厅《关于推进事业单位分类管理的通知》，明确主要根据职能任务和资金来源，将事业单位划分为企业化经营、自收自支、差额预算管理、全额预算管理四种类型，在机构编制等方面的管理上采取不同的方法和政策。

1998年10月国务院颁布《事业单位登记管理暂行条例》、2005年国家事业单位登记管理局颁布《事业单位登记管理暂行条例实施细则》，事业单位依法登记成为事业法人，具有法人地位、享有相应的权利、独立承担相应责任。1999年，组织召开全市专业技术人员暨事业单位人事制度改革工作会议。制定《关于事业单位人事制度改革试行意见(讨论稿)》，提出事业单位改革的总体思路。在探索事业单位管理体制上，探索组建事业集团，走集团化发展的新路子，先后组建济南园林开发建设集团、济南泉星种业集团和济南房地产开发建设集团。2001年，推进事业单位向自主经营、自负盈亏的企业法人实体转变，试行股份制运作形式，年内有市冶金科研所等15家比较大的事业单位改制为企业。2002年，结合事业单位法人登记，合并、撤销事业单位86家，精简事业编制和人员2000多人。同有关部门组织完成全市中小学教职工编制的核定工作以及部分科研、中介机构的转制改企。2003年，调研79家市直机关和576家事业单位，起草《关于加快推进事业单位改革的意见》，提出改变经费类型、脱钩改制、撤销合并和精简编制等四个类别事业单位改革意见。2004年，按照“脱钩、分类、放权、搞活”的原则，全年共撤销合并事业单位54个，精简事业编制793人。2005年，按照“理顺体制、调整布局、分类整合、优化配置”的思路，对19个市直部门所属的26所职业学校进行职业教育资源整合。2006年，成立市事业单位改革领导小组，研究拟订工作方案，完成市水质净化一厂等单位的改企转制任务。2007年，完成市城建材料开发服务中心等3个事业单位的改企转制。

七、县乡机构改革

(一)1994年县乡党政机构改革。根据省委、省政府统一部署，全市县乡党政机构改革自1993年12月全面启动，至1994年3月底基本结束。列入这次县乡机构改革范围的有6个县(市)区及111个乡镇。其中章丘市为全国经济强县和县级市，历城区参照一类县(甲)执行，长清县为二类县(甲)，平阴、济阳、商河三县为二类县(乙)。机构改革后，县直机关共设置工作机构193个，比改革前减少144个，精简42.2%；配备编制4000名，比改革前减少3316人，精简

45.3%。各县(市)区党委工作部门设办公室、组织部、宣传部、统战部、政法委员会；政府工作部门设办公室、工业经济委员会、经济体制改革委员会、农业委员会、计划委员会、城乡建设环境保护委员会、科学技术委员会、对外经济贸易委员会、教育委员会、商业委员会、计划生育委员会、公安局、司法局、民政局、人事局、劳动局、财政局、税务局、交通局、卫生局、审计局、工商行政管理局、土地矿产管理局、统计局、乡镇企业局、监察局。章丘市还设立环保局、公用事业管理局。同时，按照《党章》《宪法》及有关规定，各县(市)区设立纪律检查委员会、县直机关党委、人民法院、人民检察院、人民武装部、工会、共青团、妇联。乡镇统一按规定设置党政办公室、计划生育办公室、民政事务办公室、建设环保土地办公室、农业办公室、经济贸易办公室6个综合性办公室。共配备编制3748名，比改革前减少1706名，精简31.2%。县乡两级采取成建制转为企业和事业单位、安排到下属企事业单位、实行内部退养等做法，分流人员5022人；同时清退临时工和农民合同制工人2669人。这次机构改革的一个突出重点是转变县乡机关职能，将原来的商业、粮食、物资、轻工等专业经济管理部门整建制改建为具有企业法人资格的集团公司或总公司，原行使的行政职能确需保留的移交政府综合部门，对属于企业、市场或服务性的职能作相应转移，实现政府职能的初步转变；根据“小机构、大服务”的目标要求，组建综合管理农业和农村工作的农业委员会，将原来的涉农部门整建制改为事业单位，从事农业科技推广和社会化服务；进一步向乡镇放权，理顺县乡事权关系，凡县直部门设在乡镇、直接为农业生产和农村工作服务的分支机构，人财物全部下放乡镇管理，对上级规定不能下放的机构实行县、乡镇双重管理。

(二)2001年乡镇机构改革。根据省委鲁发〔2001〕5号文件规定，济南市将乡镇机构改革与事业单位机构改革统一部署，通盘进行。统一规定乡镇党委、政府合并设置5个综合性办公机构，行政编制总数精简20%。同时规定乡镇全额拨款事业单位设置不超过6个，全额拨款事业单位编制分别按30人、35人、40人配备。

(三)2006年乡镇机构改革。2006年，济南市实施以乡镇机构改革、财政体制改革和农村义务教育体制改革为主要内容的农村综合改革。乡镇机构改革稳妥完成，机构编制得到精简，人员管理实现实名制。先期进行乡镇机构改革的7个县(市)区乡镇党政领导班子，配备班子成员674人，比改革前减少173人，精简20.4%；机构比改革前减少219个，精简38.5%。全市乡镇核定行政编制2775人，比改革前减少301人，精简10.8%；核定事业编制2707人，比改革前减少2171人，精简44.6%。改革后共分流在编人员3871人，清理清退临时工435人。

(四)2010年乡镇机构改革。2010年10月，召开会议进行动员部署。11月初，批准各县(市)区乡镇机构改革方案，对全市现有55个乡镇全部进行改革，并将由乡镇改建的、涉农任务较重的22个街道，经县(市)区党委、政府同意，一并纳入改革，至11月底完成改革任务。改革的主要内容与成效体现在四个方面：

转变乡镇政府职能。推动乡镇转变抓经济的角色和方式，强化其社会管理和公共服务职能。重点建立健全乡镇农业技术推广、动植物疫病防控、农产品质量监管等公共服务体系，明确相关机构承担的职责；加大对各类农村经济组织的培育扶持力度。

创新乡镇基层管理体制。适度扩大乡镇行政管理权限，加大对乡镇财政支持力度，依法界定县(市)区、乡镇两级政府的职责，调整完善乡镇工作考核机制。完善乡镇与上级派驻机构相互支持、协调配合的工作机制和条块结合、以乡镇为主的管理体制。

规范乡镇行政事业机构设置。改革后，全市55个乡镇中，一类乡镇11个，二类乡镇40个，三类乡镇4个。列入改革范围的22个街道，一类街道6个，二类街道15个，三类街道1个。综合设置乡镇党政工作机构。一、二、三类乡镇行政机构统一设置党政办公室、经济发展办公室(挂安全生产监督管理办公室牌子)、社会事务办公室(挂人口和计划生育办公室牌子)、社会稳定办公室(挂社会治安综合治理办公室牌子)；一类乡镇增设村镇建设管理办公室。整合乡镇事业站所。一、二、三类乡镇事业单位统一设置财政所、计划生育服务站、文化服务中心、农业综合服务中心、人力资源社会保障服务中心；一类乡镇增设经济发展中心。规范街道机构设置。对由乡镇改建的街道，在体制、机制和机构设置上体现城镇化和城市化方向，设置专门承担城镇建设、城市管理和相关服务职责的机构。区别区和县(市)所辖街道的不同情况，确定县(市)所辖街道参照一类乡镇设置5个党政工作机构和6个财政拨款事业单位；区所辖街道与城区其他街道机构设置进行平衡，统一设置党工委办公室(挂行政办公室牌子)、社会事务科、城市管理科、经济发展科、政法科(挂社会治安综合治理办公室牌子)、计划生育科6个行政内设机构，统一设置社区服务中心(挂人力资源社会保障服务中心牌子)、财政所、文化服务中心、计划生育服务站、城市管理服务中心、经济发展中心6个财政拨款事业单位。

严格控制人员编制和领导职数。根据乡镇分类情况，严格按照乡镇行政编制不得突破上级核定的编制总额、事业编制不得突破现有规模的要求核定乡镇人员编制，并严格核定领导职数和鼓励交叉任职。改革后，全市55个乡镇共核定行政编制2168名、事业编制2114名、领导职数447名，分别比改革前减少15名、115名和48名。纳入改革范围的22个街道共核定行政编制746名，事业编制839名，领导职数181名。

第二节　机构编制管理

1987年12月17日，市编委、市计委、市委组织部、市人事局、市劳动局、市财政局、市统计局、人民银行济南市分行联合下发《关于国家机关、事业单位实行人员编制和工资基金统一管理的通知》。

1988年，编制管理工作重点围绕机构改革，进一步促进政府机关职能转变，改进事业单位管理办法，严格控制党政机关、事业单位机构和人员编制增长。年初，市编委在继续贯彻执行《中共中央、国务院关于制止机构、编制和干部队伍膨胀的通知》的同时，对全市500多个党政群机关、事业单位实行人员编制与工资基金统一管理，建立“人员编制工资基金管理簿”。通过严格审核各单位现有人员数和工资总额，健全机构、人员和工资基金台账，实现机构编制清、现有人员清、工资开支清。同年，全市党政群机关、事业单位新增机构141个，其中，县、局级工作部门4个，副局级工作单位3个，局级处室11个，局内部处室98个，县级事业单位1个，处(科)级事业单位24个；由县级升为局级、副局级事业单位6个。增加工作人员2895人(包括接收的军转干部、大中专毕业生)。对全市403个事业单位，采用不同的管理办法：凡列入财政支付全部经费的，从严控制；对实行有偿服务的科研单位和自收自支、自负盈亏的，适当放宽；对由财政实行差补的单位，逐步调整，使其向企业化管理过渡。

1989年年初，对全市党政群机关、事业单位的工资基金、人员编制进行全面审核，整理人员编制台账，并对当年劳动力工资进行预测摸底，编制下达1989年全市劳动力工资计划。全年共受理申报表554份，按规定批准编制448人。同年，制定下发《关于冻结我市各级国家机关机构编制的通知》，严格控制国家机关、事业单位机构编制膨胀，规定从1989年开始，暂停审批各级国家机关新增工作部门及其内部机构，以后不再设置由国家机关延伸的事业单位；各级国家机关的人员编制(包括事业编制)不再增加；根据上级文件规定，需要加强或新建部门也要从严掌握，必须坚持在同级党政机关内部带编调整；党政群机关使用的临时工作人员，一律占用本单位的编制总数。年内，机关增员比1988年减少70%。

1990年，在严格控制总量的前提下，逐步优化内部机构，对确需增加机构编制的，从现有总数内调剂，严格编制纪律，严格按规定审批机构编制，完成对市直机关137个部门人员结构比例的审定工作。对个别部门未经批准，擅自增设机构的行为进行纠正；对上下关系不顺、工作不够衔接和职能严重交叉重叠的机构进行调整；根据上级文件精神和工作需要，建立健全信访、法制、矿产资源管理、对外开放等方面的机构。同时，加强对全市事业单位的管理和调控工作。在抽查审定60个单位人员结构比例的基础上，对事业单位的机构编制适时进行调整。新成立事业单位21个，撤销2个，调整和明确规格的12个，调整隶属关系的2个，增加编制的10个，明确或增加内部机构的11个。

1991年，按照严格控制国家机关、事业单位机构编制膨胀和“控制总量、调整结构、保证重点、充实基层”原则，加强对人事计划的综合管理和机构编制宏观控制。省编委下达济南市国家机关、事业单位新增职工4287人，停止补充自然减员1904人，清退临时用工111人。市编委编制下达《1991年机关、事业单位职工人数和工资总额计划》，将增人计划和自然减员、清退临时用工计划捆绑计算，允许全年计划增加1272人，到年底实际增加2905人（接收统配统分的大、中专毕业生、军转干部3488人，招工招干888人，调入1570人，其他1379人，合计增加7325人；离退休2389人，退职、死亡166人，调出314人，其他减员1551人，合计减少4420人)。同年，对部分机关、事业单位机构编制进行调整、理顺：组建高新技术产业开发区建设管理委员会办公室、城乡一体化领导小组办公室和畜牧局；撤销市对外经济贸易委员会、对外贸易局、对外经济技术开发办公室，组建经贸合一的济南市对外经济贸易委员会，同时挂“济南市外商投资企业管理办公室”牌子，承担原来三部门以及外商投资企管理的工作职能；对全市500多个机关、事业单位进行划分审核，将22个具有行政管理职能的事业单位明确为处级，为原定为处级但职级未落实的22个管理型事业单位明确职级、待遇。贯彻中共中央《关于冻结机关事业单位机构编制的通知》精神，除经济建设急需的重点项目和部门外，其他单位的机构编制一概不予受理审批。

1992年，根据省委、省政府关于积极推进和扩大县乡行政管理体制改革试点要求，先后确定市环保局、市审计局、市纺织局、市粮食局、市一商局等5个市直部门，章丘、济阳、长清3个县(市)，市中、槐荫2个区和济阳镇等11个乡镇、司里街等8个街道为全市机构改革试点单位。在此基础上，全市各部门、单位积极转变职能，下放权力，撤并行政事业机构，兴办经济实体，安置机关富余人员。至年底，全市共撤并行政事业机构138个，兴办经济实体856个，成建制改建实体机构128个；共减少行政事业人员1724人。严格控制各级国家机关和财政拨款事业单位增加人员，当年全市增加13095人，其中国家机关增加4315人、事业单位增加8780人；减少9127人，其中国家机关减少4003人、事业单位减少5124人。增减相抵，净增3968人。

1993年，贯彻落实中共中央、山东省关于对党政群机构编制实行“冻结”，对事业单位机构实行原则“冻结”的通知精神，正确处理控制机构编制膨胀的发展第三产业、改革开放与社会全面进步服务的关系，对有关机构和编制进行审理：会同市公安局组建五区保安公司，并根据公安部《关于建立城市人民警察巡警体制的决定》，成立巡警队伍；设立济南市外商投资企业管理局，调整对外经济贸易委员会的机构编制；会同有关部门组建济南市农业高新技术产业开发区办公室；设置济南市口岸办公室，济南市政府驻厦门、威海办事处。年内，对不同类型、不同层次、不同区域的机关、事业单位实行分类、分层次管理。在综合平衡的基础上，下达1993年度全民所有制机关事业单位职工人数和工资总额计划。全市下达新增计划3370人(市直1286人，五区1067人，五县市1017人)。至年底，全市增加人员10712人，其中市直增加4068人；减少5876人，其中市直减少2574人，增减相抵，净增4836人，其中市直净增1494人。5月20日，市委组织部、市编制委员会、市人事局下发《关于加强领导干部职数控制和职级管理的通知》，要求严格控制职数，按照规定的职务系列、人员结构比例和领导职数限额配备干部。

1994年，省下达济南市计划增加职工人数2622人(市直1095人，五区925人，五县市602人)，至年底，全市实际减少398人，市直增加1189人(市中区、历下区、槐荫区、天桥区工商局划归市工商局管理)，五区增加394人，五县市减少1981人。年内，市委、市政府制定市直企业主管部门机构改革实行人员“三分流”的意见，其中确定化工局、纺织局、机械局、电子局、一轻局、二轻局、二商局等7个局先行一步。根据省编委确定的地、市级机构改革方案，提出各企业主管部门“三分流”改革的两种模式：一种是保留行业主管局，行使政府管理职能，留下一部分精干人员，其余人员组建行业的经贸总公司、置业总公司或其他经济实体；另一种是撤销企业主管局，组建本行业的国有资产经营公司，受市国有资产管理局委托开展管理经营，其人员一部分安置到国有资产经营公司，一部分安置到新组建的行业经贸总公司、置业总公司或其他经济实体。至年底，市化工局按照分流意见，初步完成“三分流”工作。根据国务院、省政府关于组建国家税务总局直属机构和地方税务局的实施意见，年内，各级机构编制管理部门核定审批济南市各级地方税务局的编制，同时对济南产权交易市场、市公安局巡警支队等120个单位的内部机构和人员编制进行审批。

1994年2月，中央编委印发《关于广州等十六市行政级别问题的通知》，明确济南市等十六个市的行政级别为副省级。1995年2月，中央编委印发《关于副省级市若干问题的意见》，济南等16市定为副省级后，仍为省辖市，由所在省的省委、省政府领导。这些市的机构改革方案仍由所在省审批，同时抄报中央编委备案。16市的经济管理权限按有关规定执行。1996年12月，省委组织部、省人事厅、省编办委联合印发《关于济南、青岛两市内设机构级别和干部管理等问题的通知》，明确济南、青岛两市行政级别提高后，市直属工作部门为副厅级，其内设机构称“处室”，为正处级；市辖区为副厅级，区直属工作部门和区辖街道为正处级；两市所辖的县和代管县级市仍为处级，其工作部门和所辖乡镇(街道)仍为科级；两市的市、区所属事业单位的级别原则不动。个别兼有行政职能的市、区直属事业单位，确需确定和提高级别的，需报经上一级机构编制主管机关批准。

1995年，根据机构改革总体部署，实行从紧审批政策，严格控制人员总量和消费基金增长，已经完成机构改革的党政群机关补充人员，在编制内按计划进行，并主要从机关富余人员、军转干部和符合条件的大中专毕业生中按有关规定选用，严格从社会上招收人员和从企业调入人员；事业单位补充人员，继续实行分类管理，严格控制全额拨款事业单位增加人员，对不适应国民经济和社会发展需要以及任务严重不足、长期不出成果、社会效益较差的事业单位，原则上只“出”不“进”；差额拨款的事业单位增加人员，主要用于加强基层和国家优先发展的行业；不需要财政负担的事业单位，尽量保证其对人才的需求。同年，省下达济南市计划增加职工人数5000人（市直1378人，5区1647人，5县市1975人），至年底，全市实际增加3126人，其中，市直增加1401人，5区增加1116人，5县(市) 增加609人。对有关机构进行调整理顺：撤销市委信访办公室、市政府信访办公室，成立中共济南市委、市政府信访局；对全市各级林业公安管理体制进行理顺，将清理整顿后保留的林业公安机构，列入各级公安机关序列，实行“双重领导、以地方为主”的管理体制；将济南高新技术产业开发区管理委员会、济南经济技术开发区管理委员会合并，组建济南开发区管理委员会，实行两区合一、一套机构。对济南市第二律师事务所等57个单位的内部机构和人员编制进行审批。

1996年，省下达济南市计划增加职工人数3900人，其中，市直1276人，5区1237人，5县(市)1387人。至年底，全市实际增加5201人，其中，市直增加2659人，5区增加1237人，5县(市)增加1305人。对有关机构进行调整理顺：根据市委、市政府、济南军分区《关于做好县(市)区人武部收归部队建制工作的实施意见》，为民兵武器装备库和民兵训练基地明确机构，配备编制；对市科技职工中专、章丘农机学校、济南第二职业高中等学校进行改制，并对济南第二职业中专、第五职业中专、第七职业中专、济南信息工程学校及济南第四十五中、第十八中等学校的管理体制、内设机构进行调整理顺，核定编制员额；对市直有关机关、事业单位的内设机构进行调整。

1997年，省下达济南市计划增加职工人数4140人，至年底，全市实际增加5223人。先后批准组建市农业科技信息中心、市交通稽查支队、市人防工程建设管理稽查大队、济南慈善总会办公室、济南市法律援助中心等一批为经济发展服务的社会保障机构和为市场经济运行服务的事业单位；调整撤销市物资协作办公室等一批职能任务萎缩的事业单位。

1998年，市委组织部、市人事局、市编委办公室印发《关于严格控制机关、事业单位补充工作人员的通知》，要求严控各级党政群机关和财政拨款事业单位的人员。完成地税局上划和济南监狱下划的交接工作以及工商所重新核定行政人员的编制工作；理顺城建监察机构，加强城建监督管理，组建市城建监察总队，建立三级城建管理体系。7月17日，市委组织部、市人事局、市财政局、市编委办公室印发《关于启用〈济南市机关事业单位人员编制管理簿〉的通知》，在全市各级党政群机关、人大、政协、法院、检察院、民主党派及各部门所属事业单位，按机关管理的经济实体启用“济南市机关事业单位人员编制管理簿”，要求单位撤销、合并、变更名称、内部人员变动，应及时到同级编制部门办理管理簿的注销、更换和人员增减手续。

1999年，开展清理清退临时工和乡镇人员分流工作，至年底全市共清理清退临时工和借调人员1.2万多人。济阳县结合机构改革，在行政机关率先进行人员轮岗分流工作。完成全市劳动和社会保障机构的调整移交以及工商行政管理机构的上划交接工作。1999年4月30日，市委办公厅、市政府办公厅转发市委组织部、市人事局、市编委办公室、市财政局《关于加强当前机构编制和人员管理有关问题的意见》，对机构审批、增人计划管理、人员编制和工资基金管理等作出明确规定，防止行政事业单位人员的盲目无序增长，行政机关人员呈现连年负增长。特别要求严格机构编制审批管理权限。按照分级管理原则，各县(市)区机关设立工作机构和副县级(含副县级)以上事业单位，须报市机构编制委员会办公室审理，由市机构编制委员会审批；各县(市)设立科级、副科级事业单位，应向市机构编制委员会办公室备案。济南开发区设立副县级(含副县级)以上机关、事业单位，须报市机构编制委员会审批。

2000年，全市共清理清退临时工和借调人员1.3万人。济阳县采取轮岗分流办法，有1936名行政人员走出机关，领办、创办经济实体。对市直部门机构设置及现行管理体制中职能交叉情况进行调查，制定济南市机构改革方案。先后3次召开区县编办座谈会，拟定《济南市城区及县(市)、乡镇机构改革的意见》。配合新一轮机构改革，分别制定《济南市机构编制管理暂行规定》《济南市市级党政机关机构改革人员分流意见》等9个管理性配套文件。完成市、区行政区划调整中机构编制的协调移交工作。

2002年，市编委印发《关于加强机构编制管理的通知》，严肃机构编制纪律，巩固机构改革成果。批准成立市会计管理中心、市农业税征收管理局和市住房公积金管理中心，完成工商行政管理、技术监督以及6区劳动保险体制上划工作。同年，印发《济南市机构编制委员会工作制度》，明确市机构编制委员会职责、管理权限和管理程序等内容，分别对机构设置、编制、领导职数、职能的审批权限作出明确规定。

2003年，完成市人大、政协机关以及群众团体机构改革任务。加强和规范城市管理综合执法，整合10多个部门的执法力量，组建济南市城市管理行政执法局；完成街道社区管理服务体系建设调研工作，提出街道社区管理服务机构调整意见；完成市政府资金结算中心设置组建工作。

2005年上半年，按照“理顺体制，调整布局，分类整合、优化配置”的工作思路，采取保留、合并、撤销等方式，对市属职业学校进行分类整合：

保留的学校。济南职业学院、济南人民警察职业培训学院、济南市交通局技工学校(济南市交通职工中等专业学校)、济南市体育运动学校(济南第五十中学)，其建制级别、经费类型、管理体制不变。

合并的学校。济南市财经学校、济南市市政公用事业技工学校(济南市市政公用事业职工中等专业学校)并入济南工程职业技术学院，由市教育局管理。济南艺术学校与济南第一职业中等专业学校合并，组建新的济南艺术学校，由市教育局管理。山东省济南卫生学校与济南市农业学校(济南市农业科学研究所)合并，组建新的山东省济南卫生学校，由市卫生局管理；山东省农业广播电视学校济南市分校与济南市农业学校分离，保留原建制级别，由市农业局管理。济南市石油化工技工学校、济南市粮食技工学校(济南市商务成人中等专业学校)、济南市商业技工学校(济南商业职业中等专业学校)并入济南市高级技工学校，实行市劳动和社会保障局与市教育局双重领导，以市劳动和社会保障局为主的管理体制。济南市第一商业职工中等专业学校(济南市第一商业技工学校、济南市商业贸易职业中等专业学校)、济南工艺美术学校与山东省商贸学校合并，组建新的山东省商贸学校，由历下区政府管理。上述被并入的学校，维持原经费类型不变，不再保留原名称和建制级别。

撤销的学校。撤销济南市农业机械化职工中等专业学校、济南市科技职工中等专业学校，其教职员工由主管部门负责安置。根据省编委《关于乡镇机关事业单位实行编制实名制管理的通知》，在全市乡镇机关事业单位实行编制实名制管理。年内，改革理顺城市规划管理、国土资源管理、城市管理行政执法和投融资体制，初步提出街道管理体制改革意见。

2006年，经市委、市编委研究批准，调整政府投融资、广播电视、文物事业等管理体制；理顺县(市)区所属省级经济开发区(工业园区)的管理体制和运行机制；撤销跑马岭管委会和济南市农业高新技术开发区管委会；增设市创新型城市建设推进委员会办公室等适应建设创新型城市需要的新机构。

2008年1月，市编委印发《关于全市党政群机关和事业单位实行机构编制实名制管理的通知》，决定在全市党政机关和事业单位推行机构编制实名制管理。实名制管理的主要内容是：机构编制情况，包括机构名称、机构性质、机构规格、批准机关及文号、组织机构代码、事业单位法人证书号、主要职责、内设机构、经费形式、编制种类、编制数额、实有人数、领导职数及实际配备数、非领导职数及实际配备数等；配备人员情况，包括人员姓名、性别、出生日期、身份证号、职务、是否在编、使用编制性质等。要求凡按规定设立的党政群机关和事业单位都要实行定编定员，确保具体机构设置与按规定审批的机构相一致、实有人员与批准的编制和领导职数相对应。并要求不涉及国家秘密的机构编制事项和人员配备情况，都要通过有效形式向社会公示。2月，市政府办公厅印发《关于贯彻鲁厅字〔2007〕11号文件精神进一步加强和完善机构编制管理工作的意见》，要求坚持机构编制集中统一管理的原则，严格执行机构编制审批制度和程序，从源头上控制机构编制增长。5月，市编委印发《济南市机构编制委员会工作规则(试行)》，对市编委会工作职责、管理权限及工作程序等作出明确规定。12月，市委办公厅、市政府办公厅印发《济南市行政机构编制管理规定(试行)》和《济南市事业单位机构编制管理规定(试行)》，对各级行政机构设置、职责配置、编制管理以及事业单位机构编制管理相关内容作出规定。围绕加快政府职能转变，研究提出工业管理、安全生产等职能调整的意见，建立维稳和应急机构，理顺公安管理体制；着眼规范事业单位机构编制管理，优化资源配置，对16个事业单位进行整合，对39个要素不全的单位进行要素补充完善。成立济南市奥林匹克中心、济南园博会管理中心。

2009年，市编委印发《关于进一步明确机构编制管理有关问题的通知》，要求2009年9月底前，各县(市)区要研究制定消化分流超编人员的具体措施和工作计划，报市编办同意后组织实施。明确要求市和县(市)区均要建立健全入(减)编审批和机构编制管理证制度。围绕南水北调、农高区等重点机构设置进行专题调研，提请市委、市政府和市编委研究设立南水北调工程管理局、济南市农科院；为支持高新区发展，规范济南高新区管委会内部机构设置，并对其所属事业单位进行理顺；理顺维护社会稳定工作体制，统一为各县(市)区设立维护社会稳定工作办公室。调整规范森林公安机构设置。同时，对政法工作机构、巡视工作机构、密码管理机构以及劳动争议调解仲裁机构等进行调整和完善。推进机关事业单位机构编制实名制，至9月全市实名制信息库共入库16.14万人。其中，市直机关事业单位5.23万人，县(市)区机关事业单位10.91万人。

2010年，坚持控制总量，盘活存量，对机构编制事项进行动态调整，全年审理调整机构编制事项50余项。对已实施国家基本药物制度的章丘市、槐荫区、天桥区所属18所乡镇卫生院按照新的标准重新核定编制，对22所社区卫生服务机构提出核编；加强县(市)区纪检监察机构，建立县(市)区信访事项复查复核工作机构，调整全市司法所管理体制；调整六区食品药品监督管理机构管理体制，完成三县一市食品药品监督管理机构移交工作。全年共为市直机关事业单位3600余名人员办理入(减)编手续。

第三节 事业单位登记管理

1997年5月6日，根据《山东省事业单位登记管理办法》，市编委印发《关于开展事业单位登记工作的通知》，在全市开展事业单位登记工作。同年，全市共有4558家事业单位，其中完成登记发证的4296家，撤并机构45家，217家机构因不具备条件暂缓登记。核定全市事业单位资产总额109.7亿元。事业单位依法办理登记后，领取“事业法人登记证”或“事业单位登记证”(简称“两证”)。全市事业单位登记管理制度基本建立。

1998年，对已登记注册的50家事业单位办理变更登记，调整合并事业单位20多家，撤销事业单位20多家。加强对“两证”的使用管理，从诉讼公证、人事管理等9个方面规范其作用。建立健全事业单位登记管理档案，设立登记实物档案和微机电子档案。2000年，结合事业单位法人登记，对职责任务萎缩的20多家事业单位予以撤销，对设置重复、职能任务相近的几家事业单位进行合并。2003年，完善事业单位档案登记管理，实现单位档案人工查询和电脑查询有机结合。

2006年，市编委办公室转发省编办等20 个部门《关于印发山东省事业单位法人监督管理工作联席会议制度的通知》，建立济南市事业单位法人监督管理工作联席会议制度。

2007年，贯彻执行国务院《事业单位登记管理暂行条例》及国家事业单位登记管理局《事业单位登记管理暂行条例实施细则》，探索实行网上登记。2008年4月，市编委办公室印发《济南市事业单位登记档案管理暂行办法》，实行网上登记，加强事业单位登记档案管理的规范化、制度化建设。

2009年，严格规范事业单位登记年检程序，全面推行网上登记。贯彻国家事业单位登记管理局《关于贯彻落实取消事业单位登记费并做好相关工作的通知》要求，自2009年1月1日起，在全市取消“事业单位登记费”。

2010年3月，全市登记事业单位法人488 家(含高新区)，12 家不需要参加年检，16家单位逾期未检，参加年检的共计460家单位，其中443家年检合格，17家因经营不善、产生负债等原因年检不合格，年检合格率96.3%。同年，为127家事业单位办理登记手续，其中12家单位办理设立登记，112家单位办理变更登记，3家单位办理注销登记；印发《关于对事业单位法人登记管理情况进行专项检查的通知》，对市委、市政府直属、市直各部门所属以及县(市)区直属和部门所属事业单位“双重法人”登记和乱挂牌子、乱刻印章情况进行专项检查。

第四节　机构编制监督检查

2005年12月，中央编办在《人民日报》公布机构编制管理“五不准”[①]，并宣布设立开通全国统一的“12310”举报电话。2006年，济南市开通“12310”举报电话。

2008年2月，市政府办公厅印发《关于贯彻鲁厅字〔2007〕11 号文件精神进一步加强和完善机构编制管理工作的意见》，要求加大机构编制监督检查力度，进一步健全完善机构编制监督检查工作机制；认真贯彻落实中央编办、监察部《机构编制监督检查工作暂行规定》，促进监督检查工作科学化、规范化、经常化；充分发挥“12310”机构编制举报电话作用，认真受理群众来信来访；机构编制、纪检监察等部门要密切配合，建立健全机构编制监督检查协调机制；加大对违反机构编制纪律问题的查处力度。同年，首次将机构编制工作纳入县(市)区领导班子年度考核综合指标体系。

2009年6月，中央纪委印发《机构编制违纪行为适用〈中国共产党纪律处分条例〉若干问题的解释》，对在机构编制违纪行为中负有责任的共产党员如何适用《党纪处分条例》追究党纪责任作出明确规定。9月，市纪委、市委组织部、市编委办公室印发通知，要求学习贯彻该解释，严肃查处机构编制违纪行为。同月，市编委下发《关于进一步明确机构编制管理有关问题的通知》，要求加强监督检查，严肃工

① 不准超编进人，不准擅自设立内设机构和提高内设机构的级别，不准违反领导职数配备的有关规定，不准越权审批机构编制，不准上级业务部门干预下级的机构编制。

作纪律。

2010年，制定《济南市机构编制委员会办公室“12310”举报电话受理工作管理办法(试行)》，明确“12310”举报电话受理内容以及办理、办结、督办、纪律和责任等。进一步畅通监督检查信息渠道，协调10个县(市)区开通举报专用电话，并指导制定《机构编制违规举报电话受理工作流程》。对市直16个部门所属34个事业单位进行例行检查，并对全市机构编制管理法规政策执行情况开展专项检查。

第五节　机　构

1983年12月7日，确定济南市编委办公室为市人事局内设机构。1989年11月23日，市编委办公室设综合计划处、机关机构编制管理处、事业机构编制管理处。

1997年1月30日，市机构编制委员会办公室和市人事局合署办公，是市机构编制委员会的常设办事机构，负责全市行政管理体制和机构改革以及机构编制的日常管理工作；设综合计划处、行政机构编制处、事业机构编制处3个职能处室。同年4月8日，建立济南市事业单位登记管理办公室，为全额预算管理的处级事业单位，与事业编制处合署办公。

2004年12月20日，市事业单位登记管理办公室更名为市事业单位登记管理局，为市编办所属全额预算管理副局级事业单位。12月30日，市机构编制委员会办公室内设机构编制一处、机构编制二处、机构编制三处共3个职能处室。

2008年4月27日，机构编制一处更名为综合处，挂监督检查处牌子；机构编制二处、机构编制三处分别更名为行政机构编制处、事业机构编制处，原承担的职责任务不变。10月12日，增设区县机构编制处。

2010年4月12日，设立济南市机构编制电子政务中心，为市编委办公室所属财政拨款正处级事业单位。4月13日，原与市人事局合署的济南市机构编制委员会办公室单独设置，负责全市行政管理体制和机构改革以及机构编制的日常管理工作。既是市委工作部门，也是市政府工作部门，列党委机构序列；内设综合处(加挂组织人事处牌子)、政策法规处、行政机构编制处、事业机构编制处、监督检查处共5个职能处室和市事业单位登记管理局(副局级)。

第十一章　市直机关党建工作

第一节　思想建设

1987年10月，市级机关党委召开思想政治研讨会，各直属机关党委、总支、支部负责人员和部分政工干部参加会议，探讨新时期机关党的思想政治工作新路子、新方法。

1988年7月，市级机关党委下发《关于深入学习社会主义初级阶段理论和党的基本路线的意见》，在市级机关开展社会主义初阶段理论和党的基本路线教育。

1990年3月，市委直属机关工委召开政治学习经验交流会，交流研讨各单位贯彻学习市委五届四次、五次全会精神的经验做法。

1991年4月～8月，市委直属机关开展社会主义思想教育活动，30个单位、3981人参加，受教育面98.1%。

2000年4月，市委市直机关工委制定下发

《关于认真学习贯彻“三个代表”重要思想和论述的通知》和《关于贯彻落实〈中共中央关于加强和改进思想政治工作的若干意见〉的意见》。

2005年1月～6月，市委市直机关工委在市直机关集中开展保持共产党员先进性教育活动。市直机关98个单位、1677个基层党组织(其中党委124个、总支106个、支部1447个)、2.95万名党员参加活动。

2006年3月，下发《关于在市直机关深入开展社会主义荣辱观教育的通知》，落实胡锦涛关于社会主义荣辱观的重要讲话精神。

2010年2月，制定下发《关于推进市直机关学习型党组织建设的实施意见》，组织指导机关各单位丰富学习内容、改进学习方法、拓展学习渠道、健全学习制度。12月，市委市直机关工委牵头开展“书香泉城，全民阅读进机关”系列活动。

第二节　组织建设

1988年12月，市委转发市委组织部和市级机关党委《关于加强和改进市直党政机关党的工作的意见》，决定撤销中共济南市级机关委员会，分别建立中共济南市委直属机关工作委员会和中共济南市人民政府机关工作委员会，作为市委的派出机构，分别领导市委直属机关和市政府机关党的工作。并委托市委机关工委领导市纪委、市人大、市政协和市法院、市检察院机关党的工作。

1991年8月，市委印发《关于加强县以上机关党的建设的意见》。

2000年5月，市委组织部、市直机关工委联合印发《〈中国共产党党和国家机关基层组织工作条例〉实施办法》。

2001年8月，市委组织部、市机构编制委员会办公室、市委市直机关工委联合下发《关于市直部门机关党组织党务干部配备的通知》，规定机关党委和机关党总支专职副书记为正处级领导职务，在核定的本部门处级领导职数之外单独配备。

2005年5月，市委组织部、市委市直机关工委联合印发《关于在市直机关开展争创“五个好”基层党组织和“五个好”党员活动的意见》，明确“五个好”基层党组织标准，即领导班子好、党员干部队伍好、工作机制好、工作业绩好、基层和群众反映好；“五个好”党员标准是政治素质好、工作业绩好、服务群众好、履行义务好、思想作风好。9月，市委办公厅、市委市直机关工委联合印发《关于实行市直机关党的工作责任制的规定》，明确提出部门党委(党组)书记是机关党建第一责任人，机关党组织负责人是机关党建直接责任人。

2007年4月，市委组织部、市委市直机关工委联合印发《关于建立市直机关党建工作考核评价机制的意见》，提出“对机关党建工作的考核评价，采取日常考核与检查考核相结合、定量评价与定性评价相结合的方法进行”。中央党校党建教研部将其作为基层党建优秀成果列入“全国基层党建经典案例”。

2008年2月，市委市直机关工委印发《关于在市直机关全面推行党组织、党员公开承诺制度的意见》。

2010年4月，市委市直机关工委举办“济南机关党建工作创新研讨会”，中央党校副校长、机关党委书记孙庆聚，省委常委、济南市委书记焉荣竹和中组部、中宣部、新华社等单位的领导、专家出席会议。9月，举办全国党建研究会机关专委会第三课题组“机关党组织服务中心、建设队伍、发挥作用研究”研讨会，4个中央部委，15个省、自治区、直辖市，10个副省级城市的66位代表参加会议，中央直属机关工委副书记赵凯评价济南“走出一条以打造品牌为抓手，争先锋创一流，服务中心促发展，推动党建走前头的机关党建新路子”。

第三节 作风建设

1989年4月，市委直属机关工委下发《关于机关党员廉洁勤政的若干规定(试行)》《关于加强机关党内监督的意见(试行)》《关于严格党的组织生活的若干规定(试行)》3个文件，加强市级机关思想建设和作风建设。

1997～2002年，市委市直机关工委组织市直机关各部门以建设廉洁、高效、务实、文明机关为目标，集中开展“创一流成绩、建文明机关”活动。1997年3月，市委办公厅转发市直机关工委《关于在市直机关开展“创一流成绩、建文明机关”活动实施意见》的通知。2002年，市委市直机关工委下发《关于在市直机关继续深入开展“做人民公仆、树良好形象、创一流成绩、建文明机关”的实施意见》。

2004年，在市直机关开展“创新型文明机关、建人民满意机关工作者队伍”活动。

2007年4月，市委办公厅转发《市委市直机关工委关于在市直机关广泛开展加强机关作风建设，为民务实清廉做表率促发展主题活动的实施意见》。9月，市委办公厅、市政府办公厅联合转发《市委市直机关工委关于深化“主题实践活动”，创建“两好一高”机关的意见》。

2008年，市直机关开展“建美丽泉城、迎和谐全运、机关当先锋”主题实践活动，为2009年第十一届全国运动会在济南举办营造良好的社会环境。2009年，深化“建美丽泉城、迎和谐全运、机关当先锋”主题实践活动，开展创建“机关党员先锋号”活动，以创建争当解放思想、推动发展、实践宗旨、志愿服务、廉政勤政、争先创优“六个先锋”为抓手，不断提高机关党员干部服务全市中心工作的水平。

2010年3月～5月，全市集中开展“执政为民、廉洁高效”集中教育活动，市委市直机关工委负责组织实施市直机关的教育活动。市直机关共有100个单位、30764名党员干部参加。6月，市委市直机关工委下发《关于在市直机关基层党组织和党员中深入开展创先争优活动、深化创建“机关党员先锋号”的实施意见》，启动市直机关创先争优活动。围绕学习实践科学发展观活动整改落实后续工作和深化拓展“执政为民、廉洁高效”集中教育活动，引导机关党组织和广大党员强党性、比奉献、促发展。

第四节 党风廉政建设

1994年，市委直属机关工委对机关党员领导干部贯彻执行中纪委关于县(处)级以上领导干部廉洁自律“新五条规定”和省纪委关于党政机关清正廉洁“十条规定”情况进行督促检查。

1999～2000年，市委直属机关工委先后制定《关于建立和实行谈话提醒制度的意见》《落实党风廉政建设责任制的实施办法》《对机关处以上领导干部实施跟踪监督的意见》，建立干部廉政档案和廉政鉴定制度。

2002年，组织第三届全市“廉洁勤政双十模范”评选推荐活动，市直机关7个先进集体和5名模范个人受到表彰。2004年5月，举办市直机关党内法规知识竞赛，34个单位组队参加比赛。

2007年，召开市直机关《惩防体系建设实施纲要》和贯彻执行《党内监督条例》工作座谈会。2008年，开展“廉政勤政示范岗”创建活动。2009年，编辑出刊市直机关警示教育透析——《警钟长鸣》，制定《市直机关工委构筑惩治预防体系，打造廉洁高效机关任务分解实施方案》，并纳入机关党建工作和工委机关年度考核评价范围。

2010年纪检监察派驻机构实行统一管理后，市直机关纪工委、监察室负责联系46个未统一管理部门的纪检监察工作。制定《关于加强市直机关廉政文化建设的实施意见》，协助市国税局建立廉政文化教育基地，在该局召开市直机关廉政文化建设现场会。

第五节　机　构

1989年3月，市级机关党委撤销，分别建立市委直属机关工委、市政府机关工委。1996年11月，市委直属机关工委和市政府机关工委合并，建立市委市直机关工作委员会。2001年，市委市直机关工委内设办公室、组织部(挂离退休干部工作处牌子)、宣传部、研究室、市直机关纪工委、市直机关工会与妇工委、市直机关团工委7个职能处室。济南市市直机关党员电化教育中心隶属市委市直机关工委管理，为全额预算管理县级事业单位。至2010年，市委市直机关工委内设机构无变化。

第十二章　信访工作

第一节　制度建设

1985年，市委、市政府信访科共同制定《关于市级机关归口分级处理人民来信和接待人民来访的规定》。1989年1月，市委、市政府信访办公室共同制定《信访工作岗位责任制》《处理信访问题工作规定》《接待人民来访工作制度》《信访工作人员守则》等13项业务制度，信访工作逐步规范化、制度化。1993年11月，市委办公厅、市政府办公厅根据《山东省信访处理暂行规定》和《山东省人民群众上访程序》，制定下发《济南市人民群众逐级上访实施细则》，进一步明确逐级上访的目的、程序，填写《上访答复意见》要求，规定办理群众逐级上访的工作程序以及追究责任制度。1995年，市委、市政府制定《关于进一步加强信访工作的意见》，市委办公厅制定《济南市信访工作目标管理奖惩试行办法》。处理群众来信来访、控制和减少群众集体越级上访、健全信访工作机构、加强基层信访工作等方面进一步规范。2000年，市信访局起草《济南市信访秩序管理规定(草案)》，经市法制办公室审查，按照立法程序于2001年4月2日经市政府常务会第22次会议审议通过，并于同年4月26日以济南市人民政府第174号令发布施行。6月4日，市委办公厅、市政府办公厅就贯彻实施《济南市信访秩序管理规定》下发通知，各级各部门组织学习宣传，并结合实际制定实施细则。2003年7月，市委办公厅、市政府办公厅下发《市级机关归口分工处理人民来信和接待人民来访的规定》。12月，下发《济南市办信“三见面”制度实施细则》。2004年8月，制定下发《关于建立群众集体上访接待处理工作长效机制的意见》，信访工作长效机制初步确立。2005年，市信访局制定《济南市处理群众来访工作程序(试行)》《济南市处理群众来信工作程序(试行)》《济南市信访督查督办工作规程(试行)》。

2005年6月，市委办公厅、市政府办公厅相继制定《市委、市政府领导同志信访接待日制度》《关于进一步完善县(市)区党政领导干部和县级以上党政工作部门领导干部信访接待日制度的意见》《济南市信访工作责任追究暂行办法》。2006年5月，市委办公厅、市政府办公厅下发《关于进一步加强信访工作的意见》，提出建立完善信访工作的领导体系和工作体制，明确各职能部门处理信访事项的责任分工，建立有效预防和化解矛盾纠纷的长效机制，建立科学合理的信访工作考核体系以及重视和加强信访干部队伍建设等。通过制定和完善信访工作各项制度措施，逐步形成科学完善的信访体系。市信访局进一步建立健全24项内部管理制度，编印《市信访局规章制度汇编》，内部运转机制更加规范。2007年，制定《关于健全和完善信访矛盾纠纷排查化解工作制度的意见》，建立排查梳理、受理报告、台账管理、化解调处、督办反馈、办结销号、逐月考核等工作制度。2008年，制定下发《关于在全市开展到省市及进京重复信访和非正常上访专项治理活动的方案》，排查梳理、集中交办重复信访和非正常访案件。探索信访工作新机制，会同市委政法委研究编制《处置非正常上访及群体性事件适用法律文件汇编》，进一步明确非正常上访和群体性事件处置工作应遵循的原则程序、方式方法和法律依据。2009年，制定下发《关于进一步加强四级信访组织网络建设的实施意见》《关于进一步推进四级信访组织建设的工作意见》。2010年，研究制定《济南市重大事项社会稳定风险评估化解备案规程》《市领导接访组织工作暂行办法》《济南市信访事项交办、报送办法》《重点来信事项办理工作目标考核办法》《济南市处理网上信访暂行办法》《济南市“精细化”办信细则》《关于规范投诉事项办理工作的意见》《济南市信访事项复查复核规程(试行)》《济南市信访事项终结认定暂行办法》《关于进一步加强进京非正常上访处置工作的意见》等多项规章制度，建立完善源头预防、基层基础、排查化解、受理办理、接访下访、督查督办、复查复核、非访处置、应急管理、责任追究等10项长效工作机制，形成各方面统筹兼顾、各环节紧密衔接的信访工作制度体系。

第二节 人民来信

1985～1994年，人民来信量大于人民来访量。来信内容由1988年前以反映历史遗留问题为主向现实问题转变。信访部门处理群众来信的立足点放在解决实际问题上，为民排忧解难。1988年5月，群众来信反映一名四川女子胡某被拐卖的情况，工作人员按照邮戳地址来到市中区二七派出所，与民警查找到写信人，仅用3小时将该妇女成功解救。两信访处按照事情紧急程度，采取“四种情况”(对前线战士、烈士子女、老职工、五保户、小学生等特殊群体的来信急办，对来信中涉及人身安全的急办，对雨季反映危房维修的急办，对群众联名信急办)急事急办、特事特办方法，帮助困难群体走出困境。

1995～1999年，人民来信量少于人民来访量。市信访局完善和规范办信工作程序，对人民群众每件来信按照“分级负责，归口办理”的原则，一般问题转交有关单位查办；重要问题摘报领导阅批，立案督办；联名来信视同集体来访，速报领导阅批或召集会议研究查处，办信工作人员根据领导或会议意见跟踪督查督办。建立和实行“三联单”交办制度、信访督查制度、信访回访制度、信访调研制度。1995年起，市信访局开始每月对群众直接写给市委书记、市长的来信进行综合分析，将有价值的重要信息(来信)附上原件报送市领导，特殊情况和急件随时上报，使领导能够通过信访渠道倾听群众对政府工作的批评建议。1998年，群众来信举报偷逃税款问题，市信访局整理来信上报市领导，市领导马上责成市税务部门开展调查，发现涉及重要经济案件的线索214件，共追回税款6394万元，为国家挽回经济损失1.1亿元。

2000～2005年，人民来信逐渐增加，其中建议类来信增多，占来信总量的9.92%。2000年，全市推行市中区办信工作“三见面”的经验，即：对群众来信做到同承办单位领导见面，当面交代任务，提出具体要求，落实办理责任；同承办人见面，及时掌握处理进展情况，紧跟督促，协调指导；同写信人见面，稳定写信人的情绪，及时解决群众反映的合理诉求。2001年4月，省信访局在济南市召开全省办信工作现场经验交流会。2002年，来信反映的城市问题首次超过农村问题。2003年，市委、市政府作出改善投资环境的决策，市信访局搜集相关群众来信，对到济南投资的企业家反映的问题开展专项调研。济南市委组建“发展环境投诉中心”，组织有关单位对投资环境进行重点治理，制定相关规定，促进全市投资环境的改善。2005年5月，市委办公厅转发市信访局与市邮政局《关于在全市范围内开通群众来信“绿色邮政”的通知》，在全市推行群众来信“绿色邮政”，即：群众寄往市、县、乡三级党委、人大、政府、纪委以及市、县党委、政府职能部门和法院、检察院反映问题或提出建议、意见的信件，只要在信封的右上角注明“群众来信”的，一律免贴邮票。同时，市政府门户网站设立“群众之声”网页，开设市长公开电话、公众热线电话，引导群众以理性合法的形式表达利益诉求，方便群众信访活动。全市呈现出来信增来访减的趋势。至2005年年底，按照“三见面”要求办理的群众来信达到11160件，做到群众来信事事有回音，件件有结果。

2006～2010年，全市信访总体呈现出信升访降的态势，人民来信总量约占来信来访总量的62%。在所有来信诉求中，建议类、检举揭发类来信呈下降趋势，2010年，仅占来信总量的3.49%和10.62%；求决类来信逐年增多，平均每年占来信总量的70%。市领导特别是市委、市政府主要领导阅批来信数量增多，平均每年300余件，办结率达90%以上。2006年，全面推进“绿色邮政”工程，坚持“绿色邮政”与办信“三见面”有机结合，“绿色邮政”来信占来信总量的比重不断上升，平均每年占45%以上。2007年，继续落实“三见面”制度和推行“一事一袋交办、表单流程办理”做法，进一步规范办信程序，得到国家信访局的肯定，并在2007年度《人民信访》予以刊发。根据国家信访局的有关要求，推行“网上信访”工作，增设人民建议征集专栏，畅通群众来信和办理两个渠道，引导群众由走访向“网”访、“信”访转变，由向领导个人反映向专门投诉机构反应转变。每年“网上信访”来信平均占全部来信的20%以上。10个县(市)区和高新区及12个来信量较大的市直部门安装统一的“网上信访”软件，实现与国家、省、市、县四级互联互通。2008年，总结推广市中区“信访事项调查笔录”和“信访事项谈话记录”的“两录制”做法，促进信访事项办理的规范化、精细化。2009年，推广办信工作“两录制”，并使之与“三见面”制度有机结合，形成长效机制。2010年，扩大网上信访覆盖范围，规范网上来信办理程序，提高办理效率和质量。绿色邮政及网上来信占到来信总量的85%。

第三节　人民来访

1985～1988年，人民来访(包括来信)的主要内容是反映冤假错案。这类来访和申诉信占到信访总量的1/3，主要涉及新中国成立初期的“三反”“五反”“公私合营”“反右”和城镇私房改造，1964年、1965年成户下乡要求回城，也有“文化大革命”中被错定性、错处理、错停发工资、遣返疏散，1971年的临时工转正等历史遗留问题。年均来信7585件，来访5150批次。截至1988年年底，涉及9668户、28215人的历史遗留问题得到妥善处理。

1989～1995年，人民来信来访内容由解决历史遗留问题为主向解决现实问题为主转变。群众主要反映物价上涨过快，旧城改造拆迁户要求回迁、土地纠纷、新建居民小区生活设施不配套，企业不景气、工资拖欠、破产企业职工生产生活困难，农村提留摊派、农民负担过重、宅基地纠纷、财务管理混乱、干群矛盾等问题。年均来信4898件，来访4426批次。

1989年春夏之交北京政治风波期间，济南市信访部门加强信息控制，协助党委、政府区分不同矛盾，采取既进行思想疏导，又解决实际问题的方式，使全市排查出的50起、1216人的集体上访问题得到妥善处理，避免事态失控。

1990年，槐荫区大金庄等5村村民集体上访，反映西郊腊山河东西两侧160.6公顷土地归属问题。市信访办公室会同民政、土地管理部门及槐荫区政府组成专案组进村入户做工作。经查该土地济南解放后一直归大金庄等5村所有，由于历史原因几经周折，该地最后由军队单位使用，未办任何手续。济南市本着尊重历史面对现实协商解决的原则，结合军地“双拥”活动，退还农民44.13公顷土地，省市政府共筹资668.8万元对尚未退还的土地作出补偿，妥善解决这一历史遗留问题。

1992年，在城市建设开发过程中，群众因对外迁不满引起的集体上访问题突出。市委、市政府提出3条意见：房屋开发是改革开放的重要内容之一，也是发展第三产业的需要，应认真搞好；凡群众需要外迁的工程，一定先抓房源建设，做到一次安置到位，尽量少给外迁户添麻烦；对新建小区要尽快配套，解决外迁群众的购物难、上学难、就医难、乘车难等问题。由于执行上述规定，当年第四季度因外迁引起的集体访明显减少。

1993～1995年，人民来访的主要内容是停产半停产企业职工欠发工资、医疗费不能报销，拆迁安置、补偿，东南外环路工程，农民负担过重等问题，共发生集体上访585批、12872人次。市委、市政府信访办在做好群众来访接待工作的同时，针对拆迁安置补偿问题深入到建委口有关部门开展专题调研，市政府以济政发〔1993〕39号文件规定，大幅度提高拆迁房屋的作价补偿费和异地安置面积，受到拆迁户拥护。针对企业亏损、职工生活困难问题，两信访办向市领导综合反映，市委常委会作出六大班子34名副市级以上领导干部帮助31个重点亏损企业和市直部门主要负责人帮助82个亏损企业扭亏为盈的决策，并责成市财政局、市劳动局、市总工会筹措资金，确保停产半停产企业职工的基本生活需要，帮助困难企业兴办第三产业，开拓生财之道，尽快走出困境。针对农民负担过重、某些基层干部作风不民主、经济不清等问题，信访部门深入重点县区，检查指导工作，使大量问题妥善处理在基层。

1996～1999年，群众集体访呈现出规模大、频率高、行为超常和有组织的特点。人民来访反映的主要内容是亏损企业欠发职工工资、退休人员退休金以及企业改革兼并破产引发的问题，农村基层干部思想作风、违法违纪、财务不清、提留摊派过重、加重农民负担以及近郊征地、占地引发的纠纷问题，城建改造过程中拆迁安置不到位、房屋质量差、设施不配套，原私房主要求调换房屋产权等问题。由于全市改革进入整体推进、重点突破的攻坚阶段，因利益格局调整产生的新矛盾通过信访反映出来，信访量增加，年均来信7112件，来访7145批次。

1996年1月，平阴县旧县乡部分群众因不满将该乡划归泰安市东平县的决定，到省进京上访，进而冲击、围攻平阴县党委、政府机关，形成群体性事态。省市采取措施，依法处理闹事者，并将上访群众接回，做好疏导教育工作，解决一些实际问题，平息事态。

1997年，全市集体访明显呈现数量多、规模大的特点，达到476批、12476人次。针对困难企业职工生产生活问题，市里设立帮困资金，向困难企业发放解困资金1200万元；通过兴办第三产业、劳务输出等措施，全年分流安置下岗职工4.6万人。针对农村来访问题，市信访局会同市委组织部、市农委等部门，累计派出5000名干部组成工作组下乡，帮助380多个村党支部、村委会班子进行整顿，废止加重农民负担的提留项目91个。针对城建拆迁问题，市信访局联合市建委开展“走访拆迁户，限期解难题”等活动，为群众提供咨询服务5000多人次，受理群众投诉2394件，解决住宅小区配套管理方面的问题970多件。针对原私房主要求调换房屋产权问题，市领导直接与群众对话，协调相关部门，为群众进行产权调换，促使问题得到根本解决。经全市信访部门协作配合，全年没有发生进京集体访。

其间，针对企业改制、职工下岗、基本生活保障等方面的问题，市信访局与市经委、劳动、财政、工会等部门联合开展调查研究，明确基本生活费、失业保障金、最低生活保障金3条保障线；实行离退休职工养老金社会化统筹发放，并结合产业结构调整，对部分企业实行“退二进三”“腾笼换业”；建立下岗职工再就业中心，帮助全市近10万下岗职工实现再就业，有效缓解企业职工的生活困难，减少由此引发的集体上访。

2000～2005年，人民来访的主要内容是在企业改制、产业结构调整中涉及的职工分流、下岗职工安置、基本生活保障金发放，破产企业拖欠职工工资、养老保险金和医疗保险，旧城改造、旧村改造拆迁补偿安置不当，城建重点工程资金不到位、拖欠工程款和进城农民工工资，居民小区供水、供电不足、行路难，农村干群矛盾等问题。年均来信6398件，来访5759起，越级信访量减少，县(市)区级信访量增加，并呈现出来信增来访减的趋势。这期间，涉及群体利益矛盾突出，反映的问题处理难度加大。2000年，由于群众反映涉法涉诉问题增多，市信访局与市司法局联合成立“济南市人民来访法律顾问室”。3月14日，在市委、市政府两个信访接待室正式挂牌工作，由市司法局从各律师事务所派素质高的律师帮助接待处理涉及法律问题的群众来访。6月，省信访局向全省推介济南法律顾问制度。2002年，全市逐步推行农村税费改革之时，个别乡镇、村庄仍存在变相收费问题，引起农民不满。接访人员做好来访群众的思想疏导，确保改革的顺利进行。2003年，针对职工劳动关系方面的问题，市经委、工会和劳动部门联合下发《关于企业与职工集中终止和解除劳动关系实行预告制度的通知》，进一步规范工作程序，尊重职工知情权和民主权，避免大量信访问题的发生。针对拖欠民工工资问题，市建委、市劳动保障局、市总工会、市清欠办、市建管局五部门联合下发《关于切实解决拖欠工程款及建筑民工工资有关问题的通知》，在项目资金审查、办理施工许可、签订用工合同等方面健全一系列的制度，对拖欠、克扣民工工资的严肃查处，因拖欠民工工资引发的上访问题明显减少。2004年，破产企业退休职工因医疗保险问题上访，接访人员以“信访信息直呈”等形式报送上级领导，市委、市政府筹措资金900余万元，使20户市属破产关闭企业3418名退休人员的医疗保险问题得到解决。同年，全市各级信访部门解决停水停电、工资拖欠、子女入学、生活困难等与群众生活相关问题300余件。市信访工作领导小组制定《关于建立群众集体上访接待处理工作长效机制的意见》，市信访局等有关单位制定重点时期《集体上访、异常上访处置预案》，明确接处工作程序和方法，并就各级领导到场接访和责任追究作出细化规定。2005年，群众信访活动重心下移，信访量增幅逐年上升的状况得到改变，到市来访比2004年减少28.9%，到市集体上访同比减少26.2%，到省集体上访同比减少29.7%，进京上访同比减少59.5%，在省、市领导机关滞留等异常上访同比减少40%，信访秩序明显好转。同年6月，市信访局与市司法局联合制定《济南市律师参与来访接待工作规则》，法律顾问室的职责更加明确。市司法局固定两名专职律师驻信访局长期接访。至2006年年底，人民来访法律顾问室共接待涉法信访事项11555件、17705人次，当场解答11105件，向有关部门提出司法建议书100余份，为来访群众代写法律文书212件，参与信访部门组织的涉法信访协调会、听证会80次，参与处理涉法信访案件的论证会460次，收到锦旗2面、感谢信28封。

2006～2010年，人民来访反应的主要问题是农村土地征用、企业改制、拆迁补偿安置、房产证办理、农民工工资拖欠、企业军转干部、小区管理、水库移民、部分原民办教师、非法融资等问题。全市信访总量、来访总量、到市以上集体访数量持续下降，年均来信6160件、来访3892批次，继续呈现来信增来访减的趋势。进京、到省非正常上访得到有效遏制，越级信访量减少，信访秩序明显好转，收到群众感谢信200余封、锦旗120余面。2006年，大信访格局进一步确立，尤其是在落实“属地管理”和“谁主管、谁负责”的原则上，全市各级各部门各负其责、条块结合、密切协作，形成强大的整体合力。在处理中石油山东分公司协解人员、省供销社协解人员、消费储值、企业军转干部、原8023部队退役人员、经租房户、南洋学校等跨地区串联上访问题中，有关区县落实属地管理责任，配合有关部门做好重点人员的稳定、教育等工作，为问题的解决提供重要保证。市国资委、市建委、市国土局、市人事局、市民政局、市委组织部、市委政法委、市房管局、市水利局等有关部门在处理有关方面突出问题中，发挥牵头作用。2007年，群众来访接待工作更加富有成效。规范工作程序，全年立案交办转送信访事项300多件，结案率95%。创新工作方法，先后探索出“三不、四要、五会”①和“五个一批”②等有针对性的接访工作法。通过加大接访处置力度，全年没有发生一起因接访不当而发生进京访和造成不良影响的情况。坚持接访前置，协调公安机关依法处理非正常上访和群体性事件，11月2日、12月5日两次化解西客站拆迁部分涉及人员堵路问题，妥善化解省内六地市企业军转人员大规模到省政府上访活动。2008年，基本形成齐抓共管、通力合作的大信访工作格局。针对北京奥运会、残奥会和三级“两会”等重点时期信访稳定工作，全市各级各部门全力做好重点时期信访稳定工作，加强矛盾纠纷排查化解及驻京值班工作等，奥运会期间坚持一天一排查、一调度，确保第一时间掌控动态、化解矛盾，市联席办、维稳办、信访局先后排查梳理交办1100余起重点案件，确保敏感时期的大局稳定。2009年，全年上访总量继续呈现“三下降一好转”(到省访同比下降、到市访同比下降、进京访同比下降，信访秩序明显好转)的态势，实现在第七届中国国际园林花卉博览会、新中国成立60周年庆典和全运会期间信访稳定工作的扎实有效。研究确定“抓好十个重点、实现五个提升，推动全市信访工作整体上档次、上水平”的工作思路和目标。2010年，信访形势在连续3年实现“三下降一好转”的基础上，继续保持稳步下降的态势。在上海世博会、广州亚运会等重大活动期间，市信访局全力以赴，确保敏感时期的信访稳定。信访问题主要集中在企业改制、城市拆迁、土地征用、劳动社保、非法集资、涉法涉诉等事关群众切身利益的民生问题。接访工作中全力抓好“三访”，将大批信访事项化解在基层：高度重视初访处理，按照“谁接待、谁处理、谁督办”的原则，做到“一条龙”服务。定期筛选重大疑难信访事项下访，变“接访局”为“工作局”。在西客站片区违法违章建筑拆除工作中，市信访局多次下访调研，与槐荫区共同研究对策，为拆迁居民争取最优惠的政策，实现西客站片区拆迁“零上访”。通过约访，使大部分上访多年的信访积案得以顺利结服。

---

① “三不”：不冷，即接待来访要热情；不烦，即接待来访要耐心；不推，即接待来访不推诿。“四要”：即接访程序要合法、来访案情要吃透、适用法律法规政策要把准、来访处置要恰当。“五会”：会听，要善于倾听访人反映问题；会说，要善于做说服解释工作；会导，要善于疏导和引导；会断，要善于判断是非；会调，要善于协调和调解。

② “五个一批”：实行领导包案重点解决一批；加强督查督办集中解决一批；结合先进性教育整改集中办理一批；社会力量参与分流消化一批；复查复核公开听证终结一批。

第四节　信访事项督查调研和绩效考核

一、重点疑难信访事项督查督办

1988年前，对历史遗留问题的督查工作，除少量领导批示、上级来函问题由信访部门查处督办外，大量信访问题由各专案班子审查处理。1988年后，随着群众反映现实问题增多，信访部门对于重要信访问题采取摘报、立案、发函等形式督办，特别重大的问题由领导出面接访或召集会议研究意见，成立专案小组协调有关单位查处、督办。2005年，新修订的《信访条例》实施后，督查督办工作进一步加强。2006年，逐步完善市级领导督办、督察专员督办、专项工作组督办、信访部门督办“四位一体”的信访事项督查督办机制。实行局级领导“月督一案”制度，先后开展集中督查、专项督查180余次，省、市交办的243件重点案件全部按期处结。2007年，开展重复信访问题专项治理活动，健全市、县、乡、村四级矛盾纠纷排查化解网络，全市共排查各类矛盾纠纷1200余件，及时化解700多件。2008年，开展下访督导活动。市委组织部从市直机关抽调82名干部，分为20个组，每组由1名局级干部带队，开展为期3个月的下访督导活动，推动信访稳定和奥运安保各项工作措施的落实。从4月份开始，全市开展重复信访和非正常上访专项治理活动，先后排查梳理、集中交办417件案件，并利用奥运会前的3个月集中开展“百日会战”，采取超常规措施，分类施治，一案一策，使多年积压的50余件“钉子案”“骨头案”得到有效化解，结案率和结服率分别达到100%和93.2%。2009年，市信访督查专员先后带队深入基层，开展集中专项督查、个案督查和热点问题督查调研300余人次。2010年，制定《关于进一步深入推进积案化解活动的意见》，推进信访积案化解，全年召开信访综合督导会议26次，重点个案协调会议132次，进一步消减全市信访积案存量。加大信访问题专项资金投入力度，在上级拨付信访专项资金95万元的基础上，市级拨付配套资金100万元，各县(市)区全部跟进，共追加配套资金489.4万元，用以解决重点疑难信访问题。

二、热点难点问题调研

2000年10月，针对城乡结合部稳定工作中存在的问题，市信访局会同市委组织部、市委政法委、市委党校对全市城乡结合部地区的乡镇、街道进行重点调研，撰写《关于城乡结合部稳定问题的调查报告》。2002年，在农村推行税费改革工作进程中，市信访局配合市农业局，撰写调研文章反映基层情况。2005年，针对建筑业民工上访、部分小区供电管理体制矛盾引发纠纷、职工医保等群众关心、领导关注的热点问题，市信访局开展调研30余次，推动政策的调整、完善和落实，促进问题的成批解决。2006～2007年，围绕农村土地征用、困难企业职工医保、农民工工资拖欠等热点问题组织调研20余次，市委、市政府领导先后批示30余次。2008年，把下访督导活动与调研工作相结合，建立社会稳定风险评估机制，从源头上预防、减少和消除社会稳定风险。由章丘市、长清区、市中区率先进行试点，对重大事项的稳定风险“先期预测、先期评估、先期化解”，促进信访问题从事后处理向源头预防的转变。2009年，从市直机关抽调干部，深入乡镇(街道)、行业单位现场调研督导400余次，调阅信访案卷1400余件。2010年，密切关注信访动态，及时组织专题调研。重点针对京沪高铁济南西客站拆迁安置、改制企业中小学退休教师待遇调整、网络维权对信访稳定工作的影响、出租车行业管理、市属困难企业普遍性信访隐患等全市重点、热点问题，组织专题调研，并从政策层面提出可行性建议，信访部门

“第二研究室”的作用得到充分体现。

三、信访工作理论研究

1997年10月，市信访局承办全国十五城市第十四次信访工作理论研讨会。哈尔滨、长春、沈阳、大连、青岛、西安、南京、成都、武汉、杭州、宁波、厦门、广州、深圳市信访局长参加会议。对集体访上升的成因分析及对策，如何更好地发挥信访职能作用解决社会热点问题，怎样有效地做到依法上访规范上访行为，新形势下怎样拓宽信访工作渠道延伸信访工作领域等问题进行研讨。2003年4月，市信访局撰写的《充分发挥部门综合优势，全力维护党政机关信访秩序》一文，在全省信访调研报告评选中获一等奖。

四、信访工作绩效考核

1988年，市委、市政府信访处开始对各县区、重点市直部门进行信访工作考核。1995年后，市信访局根据《信访条例》，按照既考核信访数量，又考核信访问题处理质量的原则，结合地域、人口总量、行业特点等因素科学设置考核指标和标准，每年制定《信访工作目标管理年度考评计分标准》，统筹考察信访工作绩效，从1998年开始每3年表彰一次。2006年，市信访局下发《关于开展信访工作创“四无月”活动的实施意见》，在全市范围内开展以“无到市以上重复访、无到省集体访、无进京访、无信访积案”为主要内容的信访工作创“四无”活动，每月进行一次考核，年终进行综合排名，作为全市信访工作考核表彰的依据。会同市纪委、市委组织部、市监察局、市人事局联合制定下发《济南市信访工作责任追究暂行办法》，从操作层面对信访工作责任追究作出明确规定，初步形成有奖有罚、赏罚分明的考核评价和责任奖惩体系。1995～2006年年底，全市共表彰先进单位295个、先进个人708名，1个基层单位因考核成绩差被通报批评。

五、信访工作问责机制

随着信访工作职能的转变，发挥“三项建议权”(提出改进工作建议、完善政策解决问题建议、给予行政处分建议)，从操作层面推动信访工作责任追究制度的落实。2006～2008年，狠抓“四无”考核，全面落实信访工作主体责任，信访源头得到有效遏制，并成立由纪检部门牵头的信访投诉监察工作小组，负责落实信访工作责任倒查和追究。在全市全方位考核目标中，信访工作列入“一票否决”考核范畴，加大信访工作问责力度，推动信访工作各责任主体责任的落实。2009年，修订《济南市信访工作责任追究办法》，对信访工作责任进行分解细化，使信访工作责任追究有据可依。2010年，建立情况通报、案件倒查、领导谈话等工作制度。

第五节　领导处理信访事项

1985～1987年，市领导阅批群众来信1345件，接待群众来访626人次。全市抽调1400名干部重点调查处理“文化大革命”中的冤假错案和历史遗留问题。1986年，省委副书记、市委书记姜春云阅批来信167件。市委、市政府领导多次研究信访工作，研究解决在1971年临时工转正中因派性或其他政治原因影响而未转正，原工商业者和错划“右派分子”在“文化大革命”中被停发、扣发工资人员无单位补发工资等案件。1987年，市领导研究解决重大信访问题138次，解决重点信访案件1345件和一批进京上访老户问题，处理35起群众集体上访。

1988～1994年，市领导共阅批群众来信3162件，接待群众来访6200余人次，研究处理重点信访案件559件。1990年8月1日，市委书记贺国强接待并听取市风动机械厂退休干部李宗唐关于抓好廉政建设、搞好民主评议干部等问题的批评建议，要求信访办将反映的问题提交有关部门迅速处理，并向来访人通报落实情况。

1995～2000年，市领导共阅批群众来信5120件，研究处理重点信访案件819件，市委常委会、书记办公会、市政府常务会议、市长办公会年均研究信访工作20次。市委书记孙淑义先后20次在全市重要会议上部署信访工作，解决信访问题。1997年，市委对各级党政领导亲自抓信访工作作出明确、具体的规定。市、县两级党政负责人都能做到每人每月处理一至数件群众来信来访反映的重点问题，全年累计阅批群众来信1746件，占来信总数的24.1%，接待群众来访192起，占来访总量的18.4%，协调处理信访案件467起。1999年，市长谢玉堂专门写《致各县(市)区长、政府各部门负责人的一封信》，要求各级以对人民群众切实负责的精神做好群众来信来访的处理工作。市委、市政府要求各级领导都要实行“一岗双责”，既对分管面的业务工作全面负责，也对分管面的信访工作全面负责。各县(市)区、市直各部门全年开展领导公开接访、集中接访、轮流值班接访等多种形式的接访活动621次，解决信访问题560个，公开接访工作逐步向乡镇、街道和企业延伸。

2001～2005年，市委、市政府领导研究信访工作68次，对信访工作批示210件，包案处理重要信访问题507个，接待处理群众集体上访341次。全市各级各部门领导共接访2562次，批阅来信6800件，解决信访问题2861个。45%的市直部门和大企业开展领导公开接访制度。2002年，信访工作领导责任制进一步落实。市、县两级党政主要负责人按照“分级负责，归口办理”“谁主管，谁负责”的原则，月督一案至数案形成制度。各县(市)区、市直部门采取领导公开接访，集中、轮流、预约接访、主动下访等形式处理信访问题。2003年，信访工作纳入全市全方位目标管理的重要内容。2004年，省委副书记、市委书记姜大明先后阅批群众来信100件，市长鲍志强先后12次召开现场办公会议研究重点信访案件。自9月先后梳理出重复到省市上访突出问题和不安定因素288件，全部进行登记造册，落实定任务、定包案领导、定承办人、定办结时限；包调查、包处理、包做疏导教育工作、包息诉罢访的“四定四包”措施。至年底，处结上访问题220件。

2006年6月12日，市委办公厅、市政府办公厅印发《市委、市政府领导同志信访接待日制度》和《关于进一步完善县(市)区党政领导干部和县级以上党政工作部门领导干部信访接待日制度的意见》，进一步完善信访工作长效机制。自7月1日开始，全市实行领导公开接访。2007年，实行领导包案制度，全年市、县两级党委、政府和部门领导包案处理信访问题1896件，处结率90%以上。2008年，全年市级领导公开接访38次，包案处理信访突出问题63件。2009年，市委书记焉荣竹、市长张建国阅批来信252件。焉荣竹多次在全市领导干部会议上强调信访稳定工作，并先后20余次就信访稳定工作作出批示。先后召开全市维护社会稳定工作会议、全市处理信访突出问题及群体性事件工作会议、全市“平安全运工程”动员大会、全市信访突出问题通报会议、全市解决信访突出问题联席会议等一系列全市性会议21次，有针对性地部署工作。为贯彻落实《中共中央、国务院关于进一步加强新时期信访工作的意见》和中央联席会议《关于领导干部定期接待群众来访的意见》精神，进一步推动领导干部定期接待群众来访工作规范化、制度化，结合济南市实际，济南市处理信访突出问题及群体性事件联席会议制定下发《关于领导干部定期接待群众来访的实施意见》。各县(市)区和市直部门领导开展县(市)区委书记和市直重点部门主要负责人公开接访活动，带动乡镇(街道)领导公开接访工作。全年接待群众来访1500余批，当场解决问题1100件。2010年，信访工作领导责任制进一步落实。市委书记焉荣竹、市长张建国全年批阅群众来信190余封，事事落实到位，件件及时反馈。市委、市政府其他领导一手抓专职工作，一手抓信访稳定，定期、公开接待群众来访，并直接包案处理重大信访问题。各县(市)区、市直部门领导对信访工作的重视程度不断提高，投入力度不断加大。为落实好市领导定期接待群众来访工作职责，市信访局制定《关于进一步加强接访工作的意见》《市领导定期接访组织工作暂行办法》，进一步推动领导接访的规范化、制度化，增强工作的实效性。市、县两级领导干部全年公开接待群众来访1000余批、7800余人次。

第六节 信访基层基础工作

1986～2010年，针对基层基础工作薄弱、信访秩序混乱、越级上访居高不下等问题，全市信访系统通过推进“两个下移”(把信访工作的工作重心下移到基层、把信访工作责任制重点下移到基层)，重点加强乡镇、街道和村居的工作力度，加强基层企事业单位的工作力度，做到关口前置，妥善解决群众信访问题。

1988年，全市开展创建“三无”(无越级上访、无重复信访、无信访积案)乡镇、街道活动。至1990年年底，全市“三无”乡镇达到55.3%，“三无”村达到85%。2000年，结合创建“三无”活动开展，针对越级上访、集体上访、重复上访情况，全市开展“三访”问题集中整治活动，成立各级领导小组，层层包案，强化包案处理措施，突击治理整顿，妥善解决一批老大难问题，“三无”乡镇、街道数量稳定在总数的80%左右。

2001年，针对群众集体上访反映的企业拖欠职工养老保险、欠发工资及下岗职工生活费问题，城建拆迁补偿安置不当及农村征地补偿不当、基层干群矛盾等问题，济南市成立矛盾纠纷排查调处领导小组，信访部门建立起覆盖城乡的矛盾纠纷排查调处工作网络。2003年开始，实行重点时期一周一排查，正常时期一月一排查、一汇总、一交办、一上报制度。2001～2005年，全市开展矛盾纠纷集中整治活动13次。

2002年，历下区、槐荫区进行“信访进社区”工作试点。历下区依托“社会矛盾调处中心”，建立区、街道、居委会三级组织网络，通过“社情民意信箱”等措施，及时为社区群众提供“一站式”信访服务；槐荫区在五里沟、振兴街等街道建立社区信访服务中心，将电子触摸屏等现代化设备引入社区信访管理，建立规范化处理信访工作的机制。2003年，信访工作进社区服务在全市各区展开。

2005年11月，全市信访工作会议介绍历下区和章丘市实行基层信访代理的做法。2006年，市信访局下发《关于印发〈信访代理工作实施意见〉的通知》，在全市推广。至2006年年底，10个县(市)区都依托各自的行政审批服务中心建立为民服务中心，95%的乡镇(街道)建立为民服务大厅，80%的村(居)建立为民服务代理室，聘请老党员、老干部、人大代表、政协委员、法律工作者为信访代理员，代表群众反映和解决利益诉求。各级信访代理机构累计受理代理事项18.6万件，办结15万件，回访满意率99%，基本实现小事不出村(居)、大事不出乡镇(街道)，群众生产生活困难有人管、有人办。市、县两级工会普遍设立职工诉求代理中心，全市7200个基层工会组织建立职工诉求代理制度，帮助企业职工依法维护合法权益。信访总量稳中有降，信访内容亦发生一定变化，人民群众通过信访渠道对各级党委、政府提出合理化建议的积极性提高，占信访总量的比重达到12.8%。

2007年，推行信访代理制度。全市95%以上的社区、村居依托为民代理服务站成立信访代理机构，各级工会组织全面推行职工诉求代理，各级政法机关建立健全群众涉法诉求代理工作站，先后总结推广章丘“信访代理”第一时间办理、第一时间解决等经验做法10余个，得到国家、省信访局的肯定，“信访代理”的经验做法被中央联席办、国家信访局在全国推广。

从2008年开始，济南市着力加强信访基层基础工作，把四级信访组织网络建设作为创建“和谐济南”的重要举措来抓。按照市委、市政府统一部署，市信访局制定《关于进一步加强信访组织网络建设的实施意见》《关于进一步推进信访组织网络建设的工作意见》等文件，明确“三有三落实”的建设标准。“三有”：有接待群众的办公场所和电话，办公场所要挂信访工作机构牌子，电话号码和机构地址要向社会公开，并配备必要的办公设施；有完备的工作制度，建立健全工作职责、行为规范等规章制度，将《信访条例》、中发〔2007〕5号文件等信访政策法规、信访工作领导小组名单和机构组织网络情况、工作职责、工作规程等全部上墙；有矛盾纠纷排查化解和明细的信访台账及各级工作人员档案册，配备专门的文件档案橱，信访工作会议记录、群众来访登记、接待处理情况记录等齐全完备，工作人员档案和卡片，统一制式，内容翔实。“三落实”：落实人员，要求将政治过硬、作风扎实、有一定政策水平、善于做群众工作的安排到各级信访工作岗位，确保各级都有足够的力量做信访工作；落实责任，明确各层级信访组织网络和工作人员职责，做到责任量化、明确到人，便于操作和考核；落实待遇，结合实际，在政治上、工作上给予信访干部一定待遇，强化业务培训，完善考核奖励机制，调动各级信访干部的积极性。各级各有关部门按照四级信访组织网络建设要求，围绕重心下移、关口前移，抓基层、打基础、建队伍这一思路，基层组织网络建设取得显著成绩。至2010年5月，全市有信访专兼职干部33495人，其中，村居24518人、镇街1766人、县区437人，市直部门640人、所属企事业单位3357人、下属企业班组2777人。乡镇(街道)信访办公室138个、村居信访工作站4900个、市直部门信访处(办)70个、企事业单位信访工作组1173个。全市形成市、县(市)区、乡镇(街道)、村(居)和系统、市直部门、企事业单位、车间班组及下属站点纵、横两个四级信访组织网络。

第七节　信访宣传

一、信访信息编报

针对企业关、停、并、转和产业的重大调整，城建重点工程，农村土地征用补偿和班子换届等排查出的苗头、倾向性问题开展工作，提出预测、预报意见，把“关口”前移。1995～2006年，市信访局共编写《信访情况》467期、《信访动态》492期、《信访信息直呈》239期、《来访摘报》218期、《信访专题报告》41份、《信访信息预报》54期、《维稳快报》58期、《联席会议简报》79期，及时反映、综合、分析、预报信访问题，为领导决策提供参考和依据。2007～2010年，市信访局编写《信访情况》《信访动态》《信访信息直呈》《联席会议简报》等共2700余期。2007年，针对企业军转干部、复退军人、经租房户、原民办教师等方面的突出问题，先后收集、报送各类预警信息800余件，协调有关方面启动应急预案80余次，确保全市未发生有影响的串联上访问题和群体性事件。2008年，开展干部下访调研督导活动，上报各类信访信息270余件。2009年，向市委办公厅、市政府办公厅报送重要信访信息100余件。2010年，各级各部门排查各类矛盾纠纷隐患1.62万余件，上报重要信息15件，有效避免信访矛盾纠纷问题演变升级。

二、法规制度宣传

采取集中宣传与针对性宣传相结合的方法，做好信访法规的宣传教育工作。每年4月份作为市、县(市)区信访法规集中宣传月，在公共场所和主要街道，通过文艺演出、散发宣传品、现场解答、接受记者采访等形式进行公开宣传。1995年，《信访条例》颁布后，全市信访系统共印发2万册；市信访局局长就全市贯彻“条例”问题在《济南日报》发表专题访谈录。2001年6月，为进一步宣传贯彻“条例”及与之相配套的《济南市信访秩序管理规定》，全市开展“以案释法”信访法规大型宣传和咨询活动，各级各部门发放《信访条例》《山东省信访规定》《济南市信访秩序管理规定》共3万册、信访法规明白纸30万张。2005年，国务院颁布新修订的《信访条例》后，市信访局把4月、5月作为“条例”集中宣传月，组织全市出动宣传车240辆，张贴“条例”及信访须知等18万张，发放明白纸85万份，并通过新闻媒体把市、县党委政府信访部门以及市直部门信访工作机构的通信地址、投诉电话、信访接待场所等相关事项向全社会公开。至2006年年底，全市通过各种新闻媒体发表文章、播发讲话50篇次，举办群众性文艺表演50场次，印发明白纸150万份。

三、舆论宣传和经验推广

2005年前，全市信访宣传工作以宣传贯彻国务院《信访条例》为重点，加强舆论引导，在探索信访工作新形式、新方法、新机制方面推广经验做法。全市有10余项信访工作经验做法在省以上推广。2006～2010年，全市信访宣传工作坚持围绕中心、服务大局，形成“领导干部重视信访宣传、信访干部热爱信访宣传、新闻记者热心信访宣传、人民群众喜欢信访宣传”的局面。5年中，全市在《中央联席会议简报》《人民信访》等中央级刊物发稿10余篇，在《大众日报》、《齐鲁晚报》、山东电视台、齐鲁电视台、《山东信访》等省级媒体刊物发稿200多条，在《济南日报》、《济南时报》、济南电视台及各级党委、政府专刊等市级媒体刊物发稿1000余条。其中，章丘市信访代理模式、办信工作“三见面”、四级信访组织网络建设、社会稳定风险评估化解机制等一批典型经验做法，经宣传报道，得到中央、省、市领导肯定，为推动全市信访工作整体上档次、上水平奠定基础。“济南信访”网站共发表各类文章2000余篇，有新闻稿件、理论探讨、经验交流、文苑作品、摄影图片、视频新闻等，浏览量2.24万人次。各县(市)区信访局加大信访网站建设，全市有4个县(市)区建立信访网站，初步形成网站集群。

第八节　机　构

1989年1月，市委、市政府分别建立市委信访办公室、市政府信访办公室(副局级)，各下设秘书处和接访办信处。1995年4月10日，撤销市委信访办公室、市政府信访办公室，成立中共济南市委、市政府信访局，规格为正局级，内设接访处、办信处、调研处和秘书处共4个业务处室。

2001年9月24日，市委、市政府信访局内设办公室、调研处、接访一处、接访二处、办信查办处共5个职能处室。2002年10月16日，设立济南市信访教育所，为全额预算管理县级事业单位。2004年9月30日，局机关支部委员会改建为局机关总支部委员会；12月30日，设立驻北京工作办公室，为处级全额预算管理事业单位。2007年9月6日，驻北京工作办公室由全额预算管理处级事业单位，调整为内设处级机构。2008年7月3日，设立市政府信访事项复查复核办公室(济南市政府信访事项听证办公室)；设立市信访局信访中心，为全额预算管理正处级事业单位。

第十三章 老干部工作

第一节 老干部政治待遇

一、提高离休干部待遇

1982～1995年，受市委组织部委托，按照《中共中央组织部关于行政十四级、十八级以上干部离休后分别按司局级和处级待遇的通知》《中共中央组织部、劳动人事部关于国营企业非国家机关行政级干部离休后分别享受司局级、处级待遇的通知》精神，为符合规定的离休干部办理提高待遇有关手续。1986～1988年，按照市委常务会议精神和市委、市政府《关于解决离休干部部分家属“农转非”问题的通知》要求，为符合规定的离休干部办理家属“农转非”手续。

二、易地安置离休干部管理

1983年起，按照《国务院办公厅转发〈劳动人事部、公安部、商业部、国家计委、城乡建设环境保护部关于离休干部跨省安置的补充规定〉的通知》要求，为符合规定的离休干部办理易地安置手续。1993年，与市委组织部、市人事局、市劳动局、市财政局、市卫生局联合转发《关于进一步做好离休干部易地安置工作的通知》，规定到济南市易地安置离休干部公用经费的标准为：省级干部每年800元，厅局级干部每年600元，其他干部每年400元。一次性安置费标准为：厅局级干部1万元，县处级干部6000元，一般干部3000元。接收单位向易地安置离休干部原单位收取一次性住院备用金，标准为每名离休干部1000元。2006年，一次性住院备用金提高到每人1万元。1993年开始，按照中央和省、市的有关要求，定期代表市委、市政府普遍走访看望易地安置离休干部。

三、军队离休干部管理

1991年，按照《中央办公厅、国务院办公厅、中央军委办公厅转发〈关于解决1981年前军队移交政府安置的离休干部待遇问题的请示〉的通知》精神，为符合规定的1981年年底之前军队移交政府安置的离休干部办理改办军队待遇的手续，并按照相关文件落实好他们的政治、生活待遇。

四、走访慰问老干部和情况通报制度

2004～2010年，以市委、市政府的名义，每年组织召开全市春节慰问老干部大会，市委、市政府主要领导出席会议并通报工作情况。2005年后，会议名称改为“全市春节慰问老干部暨情况通报会”。每逢重大节日，各级按干部管理权限，对老干部、老党员登门到户走访慰问。重要会议、重大活动都邀请老干部参加。

五、离退休干部暨老干部工作先进集体、先进个人表彰大会

1985年、1987年、1991年，以市委、市政府名义组织召开济南市离退休干部代表会议，对离休干部先进集体、离退休干部先进个人、老干部工作先进集体、老干部先进工作人员进行表彰。1995年、1998年，市委组织部、市委老干部局、市人事局以市委、市政府名义，组织召开济南市离退休干部代表会议。2003年12月，会议名称改为济南市离退休干部暨老干部

工作先进集体、先进个人表彰大会，每5年召开一次。

六、离退休干部党支部建设和思想政治建设

1990年，市委组织部、市委老干部局制定下发《济南市老干部党支部工作暂行条例》，明确老干部党支部的主要任务、组建原则、主要职责、工作制度等10条条例。2006年，制定下发《关于进一步加强离退休干部党支部建设的实施意见》，详细规定离退休干部党支部的组织建设、培训教育、发挥作用和考评表彰等制度。根据形势需要，每年组织开展多种形式的主题教育、征文竞赛、观摩学习等活动。2005年10月，中共济南市委老干部党校成立。县(市)区、部分乡镇、市直单位也先后成立本地(单位)老干部党校。市委老干部局依托市委老干部党校，每年举办2～4期全市老干部党支部书记培训班、各类老干部报告会。2007年，制定《济南市离退休干部党支部建设工作考评意见》，开展“济南市离退休干部党支部建设示范点”“五好”(支部班子好、党员队伍好、组织设置好、活动开展好、群众反映好)离退休干部党支部和“四好”(学习活动好、教育后代好、发挥作用好、保持本色好)离退休干部党员评选表彰活动。

第二节 老干部生活待遇

一、生活保障

1989年，依据《关于解决部分离休干部低工资问题的通知》，为抗日战争前期、后期和解放战争时期参加革命工作的离休干部提高工资额到87.5元、78元和70元。同年，依据《关于调整国家机关、企事业单位工作人员冬季宿舍取暖补贴标准的通知》，离休干部取暖补贴标准调整为每人每年24元。1989～1994年，为抗日战争时期参加工作的原行政十八级以上人员，供应冬季取暖用煤。1995～2002年，市财政拨款9500多万元，争取中央资金550万元，解决离休干部2000年年底以前的离休费和医疗费拖欠问题。1996～1999年，先后为企业离休干部增发基本养老金、生活补贴，发放电话费补助。1999年，根据市委会议精神，建立企业与机关事业单位离休干部生活待遇“基本持平、同步增长”的机制。2000～2001年，市财政拨款3667万元，先后4次为市属企业离休干部按级别解决生活补贴、住房补贴、职岗补贴等，解决企业与机关离休干部离休费不平衡问题。2001年、2003年，济南市先后制定《济南市市属企业离休干部医疗和统筹外生活经费筹集使用办法》《关于建立离休干部离休费、医疗费保障机制和财政支持机制的意见(试行)》。2007年，根据2005年制定的《关于规范市级机关事业单位工作人员补贴标准的规定》，为经济困难的市直部分自收自支事业单位离休干部发放统一生活补贴及节日福利补贴。2006年，印发《济南市市直行政事业单位人员住宅取暖补贴发放办法》，取暖补贴发放标准调整为：局级2200元、处级1700元、科级1300元。2007年，印发《关于发放市属企业离休干部取暖补贴问题的通知》，统一企业和机关事业单位离休干部住宅取暖补贴发放标准，为市属企业离休干部发放住宅取暖补贴。2010年，根据市政府常务会议精神，鉴于济南市升格为副省级城市后，机关和企事业单位离休干部之间工资待遇实际存在不平衡问题，为企业、部分事业单位离休干部发放并补发2009年、2010年基本持平待遇。2006～2010年，市财政共拨付专款198.31万元，用于全市移交各县(市)区的市属改制破产企业离休干部管理服务。2008～2010年，依托民政“贴心一键通”助老服务中心，为2742名离休干部安装“贴心一键通”服务器，救助急症离休干部66人次、为离休干部联系上门家政服务5000余人次。

二、医疗保障

离休干部看病就医坚持“从优”原则，因病施治，合理用药，医疗费按规定实报实销。1981年，下发《关于扩大医疗照顾范围的通知》，离休干部保健类别分为一类、二类保健。1986～1994年，依据《关于调整医疗保健范围的通知》，为符合享受一类、二类保健的离休干部办理相关医疗待遇。2002年，市财政拨付专项资金设立企业离休干部个人医疗账户金。同年，市财政拨专款首次对市属企业离休干部进行健康查体。此后，每年坚持对机关、企事业单位离休干部健康查体。2005年，下发《关于进一步做好市直离休干部医疗保健工作的通知》，将济南市离休干部全部纳入二类保健，实现离休干部医疗全程记账管理。2006年，确定副市级以上退休人员医疗参照离休干部用药标准执行，其看病、就医、住院实行记账管理办法；建立副市级以上退休人员大病报告制度、联系医生制度，恢复定期健康疗养制度。2007年，制定《〈关于进一步做好市直离休干部医疗保健工作的通知〉的补充规定》，将离休人员医疗费年度定额提高到2万元，建立离休人员个人医疗账户，扩大用药范围，提高部分特殊医疗费用报销标准。2009年，按照中组部《关于提高部分离休干部医疗待遇的通知》要求，为符合享受副省(部)长级和享受副司局级的离休干部提高医疗待遇。

三、困难救助

2006年，制定《济南市离休干部及遗属特殊困难专项救助办法》，对部分患有重大疾病、有特殊困难的离休干部及遗属进行救助。2007～2010年，共救助特困离休干部及遗属136名，支出财政资金110万元。每年春节前，市领导分别带队走访慰问红军时期老干部、市级老干部及遗属。

四、其他待遇

（一）离休干部用车。1983年，贯彻落实《关于做好离休老干部工作若干问题的规定》，厅局(地专)级以上离休老干部，按同级在职干部的配车规定配备车辆。老干部用车和为他们服务的车辆，有关部门列入计划，优先安排。1984年开始，济南市对享受地、市级待遇的以及红军时期参加革命工作的离休干部，每人每月发乘车费15元。1988～1989年，按照《关于解决部分离休干部待遇问题的通知》规定，为抗日战争时期参加革命、担任过县级职务的行政15级(企事业相似级)离休干部，办理厅局级医疗、乘车待遇。1996年后，贯彻落实《山东省省级机关小汽车定编配备和使用管理办法》，进一步规范离休干部用车标准。

（二）住房保障。1984年，济南市转发省委、省政府《关于做好离休老干部工作若干问题的规定》，各单位在分配新建住房时，对离休老干部按规定标准，优先照顾。1994年，市政府制定下发《济南市人民政府贯彻〈国务院关于深化城镇住房制度改革的决定〉的实施意见》，规定住房标准，并减免离休干部新增租金。随着形势变化，福利住房逐步过渡到货币购房。2000年，济南市印发《关于给离退休人员发放住房补贴的通知》，从1999年7月1日起，离休人员发放基本离休费10%的住房补贴。2002年，济南市印发《关于提高机关、事业单位离退休人员企业离休干部住房补贴比例的通知》，自2001年10月1日起，离休人员住房补贴比例由10%提高到35%。

（三）经费保障。1983年，济南市转发省委组织部、省人事厅、省财政厅《关于离休干部几项经费的列支标准和使用范围的通知》，规定离休干部公用经费、特需经费、业务经费、护理费列支、开支范围及标准。

公用经费。1983年，离休干部公用经费，按在职干部的标准，由所在单位列入预算。1990年，市地级(含享受待遇)的离休干部每人每年500元，县处级及以下离休干部每人每年400元。1994年，依据《关于提高市直单位老干部几项经费标准的通知》，调整离休干部公用经费，市地级(含享受待遇)的离休干部每人每年提高到600元，县处级及以下一般离休干部每人每年提高到500元。

特需经费。1983年，每人每年150元。1994年，提高到每人每年200元。2003年，贯彻落实《关于调整离休干部特需经费标准的通知》，调整为每人每年500元。

护理费。1983～2008年，按照上级有关文件精神，先后10次提高离休干部护理费标准，从最初的每人每月45元提高到每人每月600元。1989～1994年，为年高体弱、生活不能自理的离休干部审批护理补助费。2001年，贯彻落实《关于提高离休干部护理费标准及扩大发放护理费范围的通知》，济南市离休干部全部按参加革命工作时期享受不同的护理费标准。

(四)丧葬抚恤。1989年，依据《关于修订行政事业单位职工丧葬费开支规定的通知》，丧葬费标准调整为每人500元；1991年，副市级以上干部逝世后《济南日报》可登照片及生平；享受市地级待遇、正局级正职的干部逝世后，《济南日报》刊登逝世消息。2003年，依据《关于修订行政事业单位职工丧葬费补助标准的通知》，自2003年9月1日起，丧葬费补助标准为每人1000元，包干使用，节约归家属。

1986年，依据《关于调整军人、机关工作人员、参战民兵民工因公牺牲、病故一次抚恤金标准的通知》，离休干部病故的一次抚恤金，按其病故10个月工资计发。1994年，取消一次性抚恤金最高不得超过3000元的规定。1998年，企业离休干部去世后，有直系亲属的发给10个月全市1997年度职工平均工资的救济金。2004年10月1日起，机关、事业和企业单位离退休人员死亡一次性抚恤金标准调整为本人生前20个月基本离退休费。

第三节 宣传 调研 表彰

一、思想宣传

依托济南电视台、《济南日报》、《济南时报》、老干部工作信息网、《泉城老干部》等媒体，宣传老干部工作、离退休干部、老干部工作者。《泉城老干部》创刊于1987年，早期刊名为《泉城老干部工作》，内容着重于工作交流，主要刊发老干部工作相关文件及工作经验交流，双月刊。1997年2月，在当年第1期总第60期时，进行改版，增加知识性、趣味性内容，同时更名为《泉城老干部》，仍为双月刊。2005年，市委老干部局在互联网设立济南老干部工作信息网门户网站。

1998年10月10日，中共济南市委作出关于授予陈登汉“一心为民、忘我奋斗的共产党员”称号和开展向陈登汉学习活动的决定。10月21日，市委召开第八次离退休干部代表暨陈登汉命名表彰大会。市委宣传部组织市属各新闻单位进行大规模的宣传报道。《光明日报》、《农民日报》、《大众日报》、中央人民广播电台、山东人民广播电台、山东电视台进行采访报道。市吕剧团创作大型吕剧《彩石情》。市委组织部、市委宣传部、市委老干部局和历城区委联合组织“陈登汉事迹报告团”深入到机关、农村、企事业等单位巡回报告。2002年，开展纪念干部离退休制定建立20周年活动，编印老干部工作20年画册、老干部工作文件汇编，拍摄专题电视片，进行演讲比赛，对20年全市老干部工作进行汇总梳理和宣传。

二、调研工作

2002～2009年，先后有7篇调研文章在中共中央组织部优秀调研报告和全国老干部工作部门优秀调研成果评选中获奖。

2002～2009年市委老干部局获奖优秀调研成果一览表

表9—1—3

年 份	题 目	奖 项
2002	新形势下企业老干部工作研究课题报告	中组部年度优秀调研报告一等奖
2004	关于做好新形势下离退休干部党支部工作的调查与思考	中组部年度优秀调研报告三等奖
2005	关于“双高期”老干部管理服务工作的调查报告	中组部年度优秀调研报告三等奖
2006	关于做好移交和改制企业离休干部管理服务工作的调研报告	中组部年度优秀调研报告三等奖
2007	关于加强离退休干部党支部组织建设、培训教育、发挥作用、考评表彰“四项制度”建设的调查报告	中组部年度优秀调研报告二等奖
2008	依托社区做好“双高期”老干部医疗和生活服务工作的调查与思考	中组部年度优秀调研报告三等奖
2009	对加强退休干部服务管理宏观指导的调查与思考	年度全国老干部工作部门优秀调研成果

三、“双先”表彰

全市各级老干部工作部门恪尽职守、积极作为，广大离退休干部老有所为、助力泉城，老干部工作取得显著成效。2003～2009年，先后有41个老干部集体、51名老干部个人，18个老干部工作集体、15名老干部工作个人受到省以上表彰。

2003～2010年济南市老干部工作受中央和省委、省政府表彰情况统计表

表9—1—4

表彰时间	表彰会议	离退休干部				老干部工作	
		先进集体	先进支部	先进个人	优秀党员	先进单位	先进个人
2003年11月	全省离休退休干部暨老干部工作先进集体、先进个人表彰大会	6	—	10	—	9	7
2004年10月	全国老干部先进个人和先进离退休干部党支部表彰大会	—	1	2	—	—	—
2004年11月	省委组织部、省委老干部局《关于表彰全省先进离退休干部党支部和优秀离退休干部党员的决定》	—	11	—	13	—	—
2007年7月	全省离退休干部党支部建设座谈会进行表彰	—	14	—	14	—	—
2008年10月	全省离休退休干部暨老干部工作先进集体、先进个人表彰大会	8	—	10	—	9	8
2009年9月	全国先进离退休干部党支部和离退休干部先进个人表彰大会	—	1	2	—	—	—

第四节 老干部活动及作用发挥

一、老干部场所建设

自1986年济南市老干部活动室建立，至1990年全市共建老干部活动室155个，其中16个活动室被评为先进老干部活动室。2004年，按照《全省老干部活动中心工作标准》，加强全市老干部活动场所建设。2005年，制定《关于开展“老干部活动中心(室)达标单位”考核评审工作的意见》，制定济南市“老干部活动中心(室)达标单位”考核评审标准，开展创建“省级示范老干部活动中心”活动。济南市老干部活动中心等17个老干部活动中心(室)被评为市级示范活动中心(室)。2006年、2008年，济南市老干部活动中心等7个老干部活动中心被命名为“省级示范老干部活动中心”。济南市干休所、章丘市干休所被命名为“省级模范示范干休所”。2007年，济南市国资委老干部活动中心等6个老干部活动中心(室)被评为市级示范老干部活动中心(室)。至2010年，全市老干部活动场所总建筑面积113180平方米，日均活动人数8433人次；干休所5处；老年大学总建筑面积6.7万平方米，学员在读人数38120人。

二、老干部文体活动

1989年9月，市委、市政府等联合召开庆祝新中国成立40周年慰问老干部大会。1991年4月，成立“泉城老干部金秋艺术团”。同年12月，举办济南市首届老干部交谊舞、健身舞比赛。1996年，围绕建党、建军、国庆节和“九九”老人节等重大节日，开展走访慰问老红军、举行老红军座谈会和报告会、举办大型文艺演唱会、老干部书画展等一系列活动。1997年，举办全市离退休干部“迎回归、庆七一”文艺演唱会、书画展。同年10月，全省举办首届老干部文艺调演，济南市参选的2个文艺节目分获最高奖项。1998年，举办纪念济南解放50周年老干部书画展，展出作品800多幅。1999年，全年举办各类座谈会、文艺演唱会、体育运动会及书画展等共320余场次。2002年，举办全市老干部“迎十六大、庆国庆书画摄影作品展”和“喜迎党的十六大文艺演唱会”。2004年，参加全省离退休干部保健知识大赛，举办“趵突泉啤酒杯”全市离退休干部保健知识电视大奖赛，受到省大赛组委会表彰。2005年，全市开展纪念抗战胜利60周年活动，市委、市政府领导走访慰问抗日老战士，颁发抗战纪念章，举行座谈会、合唱比赛、书画展等。2005～2009年，济南市选送的节目在全省连续三届老干部文化艺术节上，均获团体一等奖、优秀节目奖等奖项。2008年，全市召开纪念济南解放60周年老干部座谈会、文艺晚会、庆祝大会、老干部书画展等，市委老干部局获优秀组织奖。2009年，举办“全市离退休干部纪念建国六十周年专场文艺演出”。

全市各级老干部活动中心、干休所、老年大学，每逢重大节日、重大活动期间，均组织开展各项活动。2006年，市老干部活动中心成立市老干部艺术团。市老干部书画研究会、市老艺术家协会在中心设有办公场地，市老干部诗词学会、市老干部京剧爱好者联谊会、市老干部门球俱乐部常年在中心活动。至2010年年底，市老干部活动中心举办门球比赛24届，象棋比赛23届，麻将比赛20届，钓鱼比赛9届；连续多年组织市老干部艺术团深入企业、社区、学校等基层进行社会公益演出；2010年，市老干部艺术团舞蹈队获第二届中国老年文化艺术节舞蹈大赛银奖。1984年，市干休所住所老干部牵头，成立七里山老年绿化队，至1994年发展到35人。至2010年年底，共为七里山修剪树木近10万棵，栽植树木2000多棵。

第五节　机　构

1983年8月17日，市委建立老干部局，列市委序列，为部局级单位，归口市委组织部，内设秘书科、安置管理科、生活管理科共3个业务科室。1986年1月11日，成立济南市老干部活动室，县级事业单位，隶属市委老干部局，为全额拨款事业单位。1987年7月27日，济南市老干部活动室设秘书科、服务科、维修管理科，为差额拨款事业单位。1983年10月30日，济南市干部休养所为县级单位、隶属市委老干部局。1987年11月10日，济南市干部休养所内设办公室、修缮管理科。

1988年7月9日，济南市老干部活动室更名为济南市老干部活动中心；9月23日，济南市老年人大学升为局级事业单位，归口市委组织部，由市委老干部局协助管理。1997年1月30日，中共济南市委老干部局由市委组织部管理，内设办公室、调研处、生活服务处、安置管理处共4个业务处室；2001年9月24日，内设办公室、综合处、生活服务处、安置管理处共4个业务处室；2008年7月25日，内设机构改为办公室、宣传调研处、生活待遇处、政治待遇处共4个业务处室。2010年10月13日，市老干部活动中心恢复为全额拨款事业单位；至12月底，全市各级直属单位内设老干部处(科)166个。

第十四章　保密工作

第一节　宣传教育

一、领导干部保密教育

(一)宣传教育活动。1987年3月21日，市委保密委在年度工作要点中提出："坚持不懈地抓好对领导干部的保密宣传教育，进一步加强市直机关特别是领导机关和领导干部的保密工作。"1995年后，把强化保密工作领导责任制作为开展保密工作的重点，普遍建立领导干部学习保密法规的制度。2000年7月11日，市保密局编印《领导干部保密知识读本》400册，发市级领导和市直各部门主要领导，为全市领导干部学习保密法规知识提供教材。2001年7月20日～24日，市委、市政府组织1.7万人分批分期到南郊宾馆参观由中央保密办、国家保密局主办的"警钟长鸣——窃密泄密案例展"，到场参观的市级领导41人，局级干部770人，处级干部4680人。2002年5月，市保密局将保密法规和中央、省、市制发的涉及保密工作的100个政策性文件汇编成册，供各级领导、重点涉密人员学习、参考。2005年5月，市保密局印制以"党政领导干部保密守则"为主要内容的保密书签2万套、宣传挂图5000幅，发全市党政机关处以上干部。同年9月26日～28日，组织市委保密委成员、市国家安全领导小组成员、市直部门主要负责人及各县(市)区委保密委主任、保密局长200余人参观全省"反渗透反窃密防泄密展览"。省委副书记、市委书记姜大明，市委副书记、市委保密委主任雷建国到场参观。2009年，组织市委保密委成员、各县(市)区保密局长、市直部门单位保密组织负责人、联系人和重点涉密人员270余人，观看省委保密委举办的泄密隐患现场演示。2010年5月20日，市委常委、秘书长、市委保密委主任孙晓刚向各县(市)

区委保密委员会发出“致各县(市)区委保密委员会主任的一封信”，要求用更多时间研究保密工作，用更强措施推动保密工作，用更多精力抓工作落实，确保不出问题。

(二)党校保密教育。1992年10月30日，市委保密委印发通知，要求各县(市)区委党校，落实省委保密委、省委党校《关于在各级党校干部培训班中增设保密教育课的通知》，在党校干部培训班中增设保密教育内容。1995年，市委党校确定专人兼职讲授保密教育课，至2010年，市委党校及10个县(市)区委党校相继开设保密教育课。2003年4月21日，市委保密委与市委党校联合印发《关于进一步加强我市党校保密教育工作的实施意见》，对党校保密教学计划、课时安排、师资配备、监督检查等提出要求。至2005年5月，市委保密办先后3次派员到市委党校检查保密教育情况，就教学计划、课时安排、学习材料、教育效果等，与党校有关领导和任课教师进行座谈，促进党校保密教育规范化发展。2006年11月，市委保密办与市委党校联合编发《济南市党校、行政学院保密教育教材纲要(试用本)》，在全市各级党校、行政学院使用。市委保密办为党校授课教师提供保密教材，共同研究不同班次、不同学员的保密教育内容和形式，派员到市、县(市)区委党校干部培训班授课，保证教育效果。2006～2010年，市、县两级党校安排保密教育课80余期(次)，受教育的市管和县(市)区管领导干部4500余人。

二、涉密人员、专兼职保密干部和公务员保密教育

1986年9月5日，市委保密委印发《关于全市保密干部培训工作的安排意见》，就各级各单位对保密干部的培训内容、培训方法等作出安排。1988年12月5日～8日，市委保密委举办学习《中华人民共和国保密法》(以下简称《保密法》)培训班，各级保密组织负责人和保密干部参加培训。1990年5月，市委保密委在全市开展为期1个月的保密工作理论研讨活动，各级专兼职保密干部通过深入调研写出一批有指导意义的保密工作论文。1999年9月3日，市委办公厅转发省委办公厅《关于组织学习〈海南席世国窃密案纪实〉文章进一步加强机关保密工作的通知》，要求各级各部门组织学习，引以为戒，强化措施，杜绝此类事件发生。2002年，市委保密办制作《公文流失触目惊心》的保密警示片，在县(市)区和部分市直部门中播放。2003年6月6日，为纪念《保密法》颁布15周年，市委保密办印发《关于开展学习〈保密法〉，争做合格公务员活动的通知》，组织机关干部“学好用好保密法，努力形成调研成果，指导工作”。在开展活动的1年零3个月时间内，全市400多个单位的3000余人参加保密法规的学习、讨论和工作调研，形成保密工作论文800余篇，市委保密办从中筛选86篇，汇编《保密工作实践与探索》一书发各单位。2004年4月～6月，市委保密办在全市开展“保密提醒”宣传教育活动，印制“保密提醒宣传贴”2万套，发至机关公务员，在机关内部电话机、计算机、传真机和复印机上广泛张贴，营造良好的保密提醒环境。2006年6月21日，市委保密委举行全市保密教育片放映会，播放由中央保密办组织摄制的《刘兵、龙向京泄密案》和《小心你的手机》，各县(市)区委保密委和保密部门负责人，市直各部门、国家秘密载体定点复制单位、武器装备科研生产单位保密组织负责人和分管保密工作的办公室主任共148人参加。2008年2月，市保密局将1999～2007年济南市制发并沿用的41个保密工作文件，以《济南市保密工作文件选编》形式汇编成册，发机关干部学习参考。12月4日，市委保密办举办全市保密干部培训班，讲授保密业务知识，并对参训的137名保密工作联系人、信息员在新形势下如何发挥职能作用提出具体要求。同年，组织市直部门单位参加省委保密办举办的网上保密

知识答题活动，完成答卷数千份。2009年，为解决机关单位人员保密意识淡薄、保密知识技能不足问题，开展全市党政机关保密知识技能教育活动，各县(市)区和市直95个机关单位开展保密教育，受教育者31.93万人次。2010年，组织开展全市保密承诺书签订人员知识竞赛活动，签订承诺书的117个机关单位12183人参加学习和答题，17名市级领导和80个机关单位的主要负责人带头参加活动，领导干部和涉密人员保密意识显著提高。8月25日，举办全市保密法学习宣讲培训班，培训专兼职保密干部200余人。同年，设计编印《保密工作手册》，将党政领导干部保密守则、涉密机关单位保密工作责任等保密常识辑入其中，发全市专兼职保密干部学习使用。

自2005年首期选调生保密教育培训班开课，至2010年年底，全市初任公务员、选调生、军转干部岗前保密教育培训得到有效落实，实现常态化、制度化。

三、职工群众保密教育

1988年7月8日，市委保密委组织各县区、市直部门、企事业单位干部职工收看保密教育片《为了国家利益》。1989年5月11日，市委办公厅、市政府办公厅召开贯彻实施《保密法》动员大会，各县区、市直机关和部分企业代表参加会议。1991年2月6日，市委保密办印发《关于表彰米寿波同学的通报》，号召全市广大干部职工、青少年学生学习米寿波同学自觉维护国家秘密安全的事迹，增强保密意识。3月20日，为纪念《保密法》实施两周年，市委保密委发出通知，要求各单位组织干部职工观看保密教育电视剧《RA窃密事件》，从中接受保密教育。8月底，全省保密宣传文艺汇演在济南举行，市曲艺团、话剧团参演的以保密工作为内容的《老古艳遇》《娘儿俩》《神力103》等4个剧目分获3项金奖和5项银奖。1993年9月3日，为纪念保密法颁布5周年，市委副书记、市委保密委主任孙常印在济南电视台发表《认真学习、宣传〈保密法〉，加强新时期保密工作》的电视讲话，号召全市广大干部群众学好用好《保密法》，做好新时期保密工作。1996年9月5日，为纪念《保密法》颁布8周年，市委常委、秘书长、市委保密委副主任赵正平在《济南日报》发表署名文章。1998年4月～7月，市委保密办组织各级保密组织参加全国“奥士达杯”保密法规知识竞赛活动，印制“保密法制教育考试试题”“涉密人员保密法规知识测验试题”“保密法规知识复习资料”等宣传教育材料。其间，共发放竞赛试卷8200份，收回有效答卷8149份。同年9月5日，省委常委、市委书记孙淑义在《济南日报》发表署名文章，纪念《保密法》颁布10周年。2002年7月15日至9月3日，市委保密办、市保密局在《济南日报》开辟专栏，相继刊发10篇保密知识文章。8～10月，市委保密办组织各级保密组织参加全省保密知识电视大奖赛活动，并获“优秀组织工作奖”。2003年9月4日，市委副书记、市委保密委主任雷建国在《济南日报》发表《深入学习贯彻〈保密法〉，大力推进新形势下的保密工作》署名文章，纪念《保密法》颁布15周年。2004年9月5日，省暨各市保密局、省属大企业在泉城广场联合举办“纪念《保密法》实施15周年——信息化网络化时代的保密工作”宣传展览，其中济南市制作26块展板参展。各市党委保密委主任、保密局长和各界群众5万人参加活动。9月，市委保密办根据省委保密委统一部署，组织各级保密组织参加“山东省纪念《保密法》实施15周年保密知识竞赛活动”，10个县(市)区、44个市直部门和17家市属重点企业参加活动，市委保密办共收到答题卡9458份。2006年，市委保密办与市电视台合作，制作完成自编自演的电视散文《我的保密情怀》，2007年5月在济南电视台先后播放两次，社会受众逾50万人。2008年9月，市委常委、秘书长、市委保密委主任孙晓刚在《济南日报》发表《强化保密意识，做好保密工作》署名文章，纪念《保密法》颁布20周年。2010年9月，市委保密办在《济南日报》先后刊发《新修订保密法加大对国家秘密保护力度——县级机关定密权被取消》《新修订的保密法增加计算机保密管理内容》2篇文章；制作《保密法》宣传展板17幅，分别在龙奥大厦和老市委大楼展览。

四、保密宣传教育规划实施

市保密局、市普法办分别于1991年、1996年、2001年、2006年，联合印发济南市“二五”“三五”“四五”“五五”期间《保密法制宣传教育规划》，对保密法制宣传教育工作的指导思想、任务要求、方法步骤、组织领导等作出具体安排。每个五年规划最后一年，按照上级保密部门要求，市委保密办、市保密局都组织对各部门单位贯彻实施规划情况进行检查验收，保证各项任务目标落到实处。

据统计，“一五”期间，市委保密办及各级保密组织编写保密形势和宣讲材料13万余字，在全市干部职工中先后播放保密教育片1496场，受教育者39.5万人次；举办全市性保密培训班9期，培训935人。“二五”期间，各单位创办保密宣传板报1650期，发放宣传材料1.78万份，举办保密知识图片展览180期，张贴宣传标语2.4万条，组织保密知识竞赛50场次、发放答题试卷5.7万份，举办保密知识培训班20期，组织保密教育文艺演出10场，播放保密教育录像片242场次，受教育人员15万人次。“三五”期间，全市举办各类保密培训班326期、法制专题讲座56场次，培训6900人；编制宣传板报213块，组织各类保密法制宣传教育活动29次；发放保密法制宣传教育材料6万份、保密教育录像带100盘，放映保密教育资料片223场次，受教育人员20万人次。“四五”期间，全市举办各类保密培训班、知识讲座290期次，发放保密宣传资料8万余份，播放保密教育片500场次，组织大型保密宣传教育活动7次，受教育人员15万人次，《保密法》及其配套法规在各单位的宣传教育面达98%。“五五”期间，全市举办各类保密培训班、知识讲座674期次，发放宣传资料10万余份，播放教育片302场次，市委保密办派员到市直单位、企业登门讲授保密课90余次，受教育人员50万人次。

1987～2010年，市委保密办、市保密局共印发《保密工作情况》《济南保密工作》150期，其中1987～1992年印发《保密工作情况》29期；1993年改版为《济南保密工作》，至2010年年底，共印发121期。

第二节　监督检查

一、全面检查

1986年，市委保密委分别印发通知，对全市党政机关半年和全年的保密制度、保密教育、保密组织等工作落实情况进行检查，在各单位自查基础上，市委保密办进行重点抽查。同年11月，由省委保密办、济南、德州、聊城、济南铁路局保密办组成检查组，先后到济南、德州、聊城和济南铁路局检查保密制度和保密机构建设、领导遵守保密制度以及内部文件管理情况等。1989年、1990年，市委保密委印发通知，连续对各级党政机关保密工作情况进行全面检查。1996年10月，市委保密委对全市153个党政群机关和大型企业开展保密工作大检查，并实行百分考核。1997年、1998年，组织10个县(市)区、140余个市直部门、47家大型企业开展保密工作全面自查，市保密局对部分单位进行重点抽查。1999年11月16日～25日，市保密局组成两个检查组，分别到10个县(市)区和保密要害部门检查保密工作。2000年5月29日至6月6日，市保密局组织力量先后到长清、平阴、天桥、市中、商河、历下6个县区，就省、市保密局部署的“计算机信息系统技术防范、规范定密和重点涉密人员教育与管理”等三项重点工作落实情况进行检查。2004年12月2日～3日，市保密局组织各县(市)区保密局长对全年保密工作进行互查。2005年7月20日，市委保密委在全市党政机关开展保密工作大检查。通过检查，组织市县两级机关(单位)保密组织对涉密人员教育、要害部门部位管理、涉密载体管理、涉密信息传输、涉密会议活动管理5方面97项内容逐项自查，促进市直部门(单位)新上防范措施79项，78%的问题在边查边改中得到解决。同时，征得改进保密工作的意见、建议98条，收集全市机关保密工作有关数据上万个。2006年11月，市委保密办、市保密局发出通知，要求各级保密部门和保密组织对照《山东省保密系统检查考核标准》组织自查，发现问题立即整改。12月6日至中旬，市委保密办、市保密局组织人员对部分县(市)区、市直部门进行重点抽查。2009年5月18日至9月11日，市委保密委组织在全市党政机关开展保密检查。各机关单位共自查计算机2万余台、移动存储介质6000多个。通过检查，解决问题192个，新上技防措施128项，一批泄密隐患得以消除。市保密局积极跟进服务，坚持检查与指导相结合，培训检查工作骨干1620余人，制发检查工具400套，为70多个单位答疑、协调解决各类问题300余件次，为36个部门单位协调配备检查和清除工具1711套。为保证检查工作质量，督导抽查40多个单位、305人使用的计算机477台、移动存储介质40个，对发现的隐患，及时提出整改意见。2010年，继续开展党政机关保密工作综合检查，全年各级保密组织共开展保密检查295次，发现并解决问题208个；市保密部门抽查86个机关单位的计算机575台、移动存储介质23个，书面反馈抽查结果并督促整改。

二、专项检查

(一)上级部署和会议精神贯彻情况检查。 1987年，为贯彻省委保密委《关于对市地以上领导机关进行保密检查的通知》精神，市委保密委印发《关于对市级机关进行保密检查的通知》。1997年5月6日～26日，市保密局先后到章丘、长清、平阴、济阳4县(市)检查贯彻落实全市保密工作会议精神情况，到部分企业调查了解商业秘密保护情况。2001年年初和8月，市保密局分别对部分县(市)区和市直部门贯彻落实省委办公厅《山东省党政机关绝密级文件管理规定》《关于加强县(市)区保密工作意见的通知》情况进行检查。12月30日，根据省委保密委通知和市委领导意见，市委保密委、市纪委联合发文，确定对党政领导干部保密工作责任制落实情况进行检查。在各单位自查基础上，2002年1月，市委保密委、市纪委组成联合检查组，抽查部分县(市)区、部门贯彻落实中央保密委员会《关于党政领导干部保密工作责任制的规定》情况。2004年6月14日～30日，市保密局派员到各县(市)区和保密要害部门，就贯彻落实省、市保密工作会议精神情况进行检查。

(二)计算机信息系统检查。 1990年7月20日，市委保密委确定由市安全局、市保密局、市电信局组成联合检查组，对全市各机关、企事业单位的传真机、电传机、国际直拨电话、联网计算机使用管理情况进行检查。1996年7月9日，市委保密办、市国家安全局联合发文，确定对部分要害部门(部位)办公自动化和通信设备的保密安全情况进行检查。1998年12月18日，市委保密委印发通知，要求各单位对能控制、修改、窃取接入互联网上计算机系统中存储的所有信息的“黑客”程序立即开展清查工作。通过各单位自查和重点抽查，未发现某黑客程序感染计算机系统问题。2003年6月20日，根据中央保密委和中央保密办、国家保密局有关通知要求，市委保密办、市保密局组织对全市党政机关、涉密单位计算机使用情况进行全面检查，及时消除失泄密隐患。7～8月，市保密局、市国家安全局、市信息产业局联合对全市党政机关、重要企事业单位计算机网络与信息安全情况进行全面调查。2004年3月，市保密局组织各级保密组织对本单位计算机及其网络使用情况进行保密检查，确保全国“两会”期间各级党政机关计算机及其网络保密安全。9月24日，会同省保密技术中心，对济南市山大路科技市场各类计算机设备的销售、安装、回收等情况进行保密安全检查。10月22日，根据省保密局统一部署，市保密局发出紧急通知，要求各级保密组织和保密部门对所属计算机信息系统防攻击防窃密情况进行自查。10月27日至11月10日，市保密局组成检查组到各县(市)区和保密要害部门进行重点抽查。2005年，组织开展涉密计算机及其网络信息保密管理专项检查4次，累计抽查政府网站和公共网站、网页1800多个，检查计算机2100台，网上检查时间900多个小时。2006年7月1日至11月10日，市保密局会同市委、市政府两家办公厅有关人员组成联合检查组，对全市党政专网节点单位进行全面检查。此外还组织对移动存储介质和互联网终端计算机保密检查，共检查局域网节点24个，计算机689台，移动存储介质80个，对发现的问题限期整改。2007年6月13日，市委保密委在全市各级各部门组织开展涉密载体和计算机信息系统的保密管理情况检查，市保密局重点抽查21个机关单位。2008年，市保密局组织对100余家单位的涉密计算机及移动存储介质、党政机关办公区域和其他涉密场所违规使用无线网络及设备的情况进行检查。2010年，组织政府信息公开保密审查、互联网信息保密、网络窃密泄密防范工作、电脑远程操控类产品采购使用情况专项检查，共检查机关单位门户网站82个、互联网站26个，信息2.6万条，计算机和移动存储介质366台(个)。

(三)涉密载体和国家秘密载体定点复制单位检查。1986年11月12日　市委保密办印发《关于对全市物资回收行业进行保密检查的意见》，对检查范围、内容、时间及组织工作提出明确要求。1998年3月16日，国家保密局等6部门《关于查缴泄密数据光盘的紧急通知》下发后，市委保密办于3月17日召开专门会议，对泄密光盘查缴工作作出具体部署。3月18日至4月9日，会同有关部门对泄密光盘购买使用单位和电子出版物市场进行拉网式检查，及时发现和消除失泄密隐患。2006年3月29日，市保密局组织各级保密部门和保密组织对照中央保密办、国家保密局《关于国家秘密载体保密管理的规定》要求，对本地区本部门的涉密文件资料在收发、传递、阅办、存放、销毁等环节的保密管理情况进行全面检查。2007年2月26日至3月15日，按照国家保密局、公安部、信息产业部、商务部、国家工商总局《关于开展集中清理取缔涉密文件资料交易的通知》精神，组织开展清理取缔涉密文件资料交易专项行动，检查旧书市场和再生资源集散市场及废品回收站点26个、书店(摊)60余个、互联网旧书网站200余个，查处非法交易的涉密文件资料110本。2010年9月10日，组织开展清理取缔涉密文件资料非法交易专项行动，共摸排废旧物资从业单位250余家，检查旧货市场、再生资源集散场所125个，旧书市场、旧书交易摊点19个；旧书交易网站44个，交易资料信息1万余条，累计网上检查110小时；发放“关于严禁交易国家秘密载体”的明白纸300份，收缴非法交易的涉密书籍、刊物、地图等37件。

(四)涉外保密管理情况检查。1986年6月，市委保密办印发中央保密委转发的外交部《驻外机构反映的失泄密事件》，要求各有关单位立即在保密干部和有关人员中组织传达、学习，开展自查，防止类似泄密事件发生。1989年3月，市委保密委确定由市委保密办、市外经委、市科委、市国家安全局、市公安局组成联合检查组，对全市涉外单位学习《保密法》、在涉外活动各个环节中采取的保密措施、保密组织作用发挥及保密规章制度贯彻落实等情况进行检查。1994年8月，市保密局对有关单位执行《山东省对外经济合作提供资料保密暂行规定》情况进行检查。1996年 1月，市保密局制定《涉外旅游接待定点单位保密工作验收标准(暂行)》，规范审批定点工作，并会同旅游、公安、安全等部门对全市涉外旅游接待定点单位进行为期12天的全面检查。2000年1月24日，市保密局、市统计局联合发文，要求各县(市)区保密、统计部门严格按照国家保密局、国家统计局相关精神，积极做好涉外社会调查活动审批和保密审查工作。2006年4月20日，市保密局发出《关于对全市涉外保密工作和新技术产品使用保密管理工作进行检查的通知》，要求各级各部门自查本单位涉外保密工作、涉外宣传教育情况及保密设施、技术防范情况等10方面内容。在此基础上，市保密局于5月上旬起组织力量到部分县(市)区、市直重点部门(单位)进行抽查。

(五)国家统一考试检查。2001年6月，市保密局组织力量对市招生部门保密制度、保密室等进行检查。从该年开始，对国家统一考试的保密监督检查逐步制度化。2004年5月24日，市委保密委转发国家保密局《关于贯彻“国家教育统一考试环境综合整治工作电视电话会议”精神的通知》，要求各级保密组织在高考等重要考试期间，积极配合教育等部门搞好保密检查和综合整治工作，确保国家统一考试顺利进行。9月18日～19日，按照省保密局和省司法厅统一部署，市保密局会同市司法局在全国司法考试济南考区试卷库房和考场进行保密安全监督检查，保证全国司法考试济南考区的保密安全。2005年5月27日，市保密局派员对市招生办、历城二中考卷库房保密安全管理工作进行检查验收。2006年6月7日～13日，按照全市统一部署，派员参加全市高考、中考期间联合值班；9月13日～16日，对国家司法考试济南考区的试卷库房进行保密检查，并协助市司法局做好试卷运送、保管等工作。2007年6月～9月，按照全市统一部署，分别派员对中考、国家医学考试、司法考试试卷保密室进行检查，参加联合值班、考场保密服务管理工作。2008年5月～9月，分别派员到市招生办检查中考、高考试卷存放室保密建设管理情况，会同有关方面对市自考办、招生办新建的保密试卷存放室进行检查验收，参与全国司法考试济南考点现场安全巡查和试卷押运工作，并对市司法局试卷存放室进行保密检查。2009年和2010年，继续对市人事考试中心和市招生办公室试卷保密室、市司法局保密试卷存放室进行检查验收，并参与高考、中考、司法考试试卷押运、联席保障值班和济南考区巡查等工作。

(六)保密法规制度落实情况检查。1989年9月，市委保密委组织全市各单位对《保密法》贯彻落实、保密制度建设和密级文件管理情况进行自查，并从10月下旬开始，对部分重点部门进行抽查。1994年6月至7月底，市保密局组织各县(市)区局和市直部门保密组织，对《新闻出版保密规定》《山东省涉密会议、活动保密工作暂行规定》《印刷、复印等行业复制国家秘密载体暂行管理办法》等保密法规执行情况进行监督检查。1995年10月11日，市委保密委对全市副局以上领导干部执行保密法规情况进行检查。1996年7月24日，省委检查组对济南市省部级领导干部执行保密法规情况进行保密检查。2002年12月16日～18日，市保密局派员到济阳县、章丘市、商河县检查部分县直单位保密制度建设、档案文书管理等情况。2007年9月11日，市保密局会同市信息化领导小组办公室转发国家保密局、国务院信息化工作办公室《电子政务保密管理指南》，要求各级保密组织和信息化工作主管部门结合本单位实际开展对照检查。2009年11月，市保密局发出通知，对在全市开展国家秘密载体销毁管理工作专项检查作出安排。11月26日，中央保密办、国家保密局检查组到济南检查《国家秘密载体销毁管理规定》贯彻落实情况。

1986～2010年济南市保密检查工作情况统计表

表9—1—5　　单位：项

年 份	检查类别			年 份	检查类别		
	小 计	综合检查	专项检查		小 计	综合检查	专项检查
1986	5	2	3	1999	3	2	1
1987	3	1	2	2000	6	1	5
1988	—	—	—	2001	6	2	4
1989	4	2	2	2002	7	4	3
1990	3	1	2	2003	3	—	3
1991	2	1	1	2004	7	2	5
1992	1	—	1	2005	10	1	9
1993	1	—	1	2006	7	1	6
1994	1	1	—	2007	5	—	5
1995	4	1	3	2008	6	1	5
1996	6	2	4	2009	3	1	2
1997	3	1	2	2010	7	1	6
1998	5	1	4	总 计	108	29	79

说明：以上数字为以市委保密委、市委保密办（市保密局）名义在全市组织开展的检查

第三节　保密管理

一、贯彻落实上级会议和领导批示精神

1986～2010年，市委保密委组织召开全市保密工作会议15次，传达全国、全省保密工作会议精神，总结上年工作，部署全年工作任务。市委保密办、市保密局召开全市保密局长会议37次，学习中央、省市领导讲话和上级有关会议文件，交流工作情况，就落实全市保密工作会议精神、完成全年任务目标提出具体措施意见。

1999年，贯彻落实江泽民对保密工作的重要批示精神和中央《关于加强新形势下保密工作的决定》。2008年，学习贯彻胡锦涛重要批示、中央保密委员会第一次会议和省市领导批示精神。

二、重要会议和重大活动保密管理

1986年11月3日，市委保密办、市国家安全局联合印发《关于美国太平洋舰队部分官兵来我市访问期间做好保密工作的紧急通知》，要求各县区委保密办、市直各部门保密委，在美国太平洋舰队部分官兵在济南参观游览期间，做好保密工作。1990年8月18日，市委办公厅、市政府办公厅转发市委保密办《关于认真做好亚运会期间保密工作的意见》，要求各级各单位结合实际认真贯彻执行。1991年9月，市委保密委发出通知，对做好世界旅游日庆祝活动暨首届中国旅游书画艺术节期间的保密工作提出具体要求。1993年4月9日，市保密局转发国家保密局《关于在机构改革中做好保密工作的通知》。1994年8月27日，市委办公厅、市政府办公厅转发市委保密办、市保密局《关于做

好1994济南金秋经贸洽谈会暨龙山文化艺术节保密工作的意见》，要求全市各级保密组织加强保密管理，确保对外洽谈和提供资料内容的安全保密。1998年，市委保密委印发《关于做好党代会等重要会议、活动期间保密工作的通知》，对制定保密工作预案、宣传报道及涉密载体管理等提出明确要求。2001年5月16日，市委办公厅、市政府办公厅转发市委保密委《关于做好机构改革中保密工作的意见》，要求各级各部门，对机构改革中的保密工作进行认真研究，就加强保密教育，做好涉密文件、资料和其他物品的清理、归档、移交、销毁以及对涉密人员的流动和管理等提出明确要求，确保机构改革中的保密工作有人管、不断线，确保涉密文件、资料和其他物品不失控、不丢失。2006年3月6日，市保密局就做好全国“两会”期间互联网网站或网页保密检查作出部署。2009年9月2日，市委保密委印发《关于认真做好全运会、园博会期间保密工作的通知》，要求各级各部门及全运会济南组委会、园博会组委会，切实加强对全运会、园博会期间保密工作的领导，做好保密教育、涉密文件资料管理、计算机及移动存储介质管理、涉密会议活动管理、涉外活动管理、新闻报道管理六方面工作，确保全运会、园博会期间保密工作万无一失。2010年1月7日，市委保密委印发《关于做好机构改革期间保密管理工作的通知》，对各部门单位做好机构改革期间保密工作提出五点要求。

三、重点领域保密管理

1986年4月，市委保密委、市委宣传部印发《关于新闻出版保密工作的若干规定》，要求各县区、各部门单位重视宣传报道中的保密问题，加强教育，严格把关，防止泄密事件发生。1987年5月，市委保密办发出通知，对新闻出版单位的保密检查作出安排，对检查内容、时间安排和组织工作提出具体要求。1988年7月21日，市委保密委印发《关于宾馆、饭店涉外接待安全保密管理的补充通知》，对加强宾馆、饭店、招待所的涉外安全保密管理，防范窃密和泄密事件发生提出明确要求。1989年2月28日，市委保密委通知要求各级各单位在编写《济南年鉴》部门稿件中，严格遵守《保密法》及中央和省、市有关涉外、科技、新闻出版、统计等保密规定，防止泄密。1990年5月2日，市委保密委通知要求新闻、文化单位和从事宣传报道活动的人员，做好国家安全机关秘密材料的保密工作，维护国家安全。1991年4月20日，市委保密委转发国家保密局《关于地方志编纂工作中有关保密问题的通知》，要求各级保密组织抓好志书的评议和审查，把好保密关。1995年8月25日，市保密局印发《济南市外商投资企业保密工作管理暂行规定》，对外资企业保密管理等内容作出具体规定。1996年，根据济南市涉外活动越来越多的状况，市委办公厅、市政府办公厅印发《济南市涉外保密管理暂行规定》，对涉外活动中的保密行为提出规范化要求。2005年9月7日，市委保密委印发《关于切实做好新形势下涉外保密工作的意见》，就加强涉外活动中的保密管理、宣传教育、保密设施和技术防范等六项工作提出要求。

四、定密工作管理

1986～1988年，《国家秘密及其密级具体范围的规定汇编(1986～2000)》还未制定前，市委保密办以搞好划密为重点，到基层单位进行调研，总结推广典型经验，加强指导，初步解决划密范围偏宽、密级偏高等问题。1989年，根据中央国家机关各业务主管部门制定的国家秘密及其密级的具体范围，各级各单位在市委保密办的具体指导下，依照法定程序，自上而下开展一系列研究确定本地区本部门本单位的属于国家秘密事项工作，定密制度逐步建立。1990年1月10日，市委保密办召开有关部门负责人会议，就贯彻执行国家保密局《国家秘密及其密级具体范围的规定》作出部署，开展依照法定程序确定密级工作，先后三次召开县区和市直部门会议进行部署，并到部分单位进行检查指导。1991年2月25日，市保密局转发国家保密局《关于审定行使确定密级权的通知》，要求各级保密组织今后在确定密级工作中，遇到属于有关部门主管业务方面的不明确事项，按法定程序向有确定密级权的主管机关报批。1992年3月20日，市委保密委召开市直机关保密工作会议，部署依法定密工作；6月8日至7月上旬，市保密局组织力量对10个县区和122个市直部门(单位)的定密工作进行检查验收。至年底，全市有80%的单位成立定密工作小组，依照保密范围开展对号入座、清理文件资料和修订相关制度等方面的工作。1996年，市保密局对各县(市)区五大班子定密工作情况进行摸底调查。从调查情况看，各县(市)区对划定的111个密件基本做到定密准确，程序规范，手续完备，管理严密。对个别单位存在的定密不及时、程序不规范等问题，提出整改意见。1998年3月，按照国家保密局统一部署，市委保密委就各级各单位1995～1997年三年期间的定密情况组织调查，摸清全市三年期间产生国家秘密事项的底数和分布情况。其中，依法重新确认秘密级以上国家秘密事项2.1万多项。1999年 1 月12日，根据市委保密委文件要求，市委保密办发文确定，建立审定国家秘密和界定密级制度，并实行“定密情况报告制度”。2000年9月14日，市保密局召开全市规范定密工作会议，各县(市)区交流开展规范定密工作的情况，对《全市规范定密工作暂行规定(讨论稿)》进行讨论。10月19日，市委办公厅、市政府办公厅印发《济南市规范国家秘密及其密级工作管理规定》。2001年10月，市保密局对市直各部门定密工作进行检查。2003年，市保密局对全市150多名定密审核员、责任人进行确定、登记，并分期分批进行培训。2006年11月29日，市保密局举办全市规范定密工作培训班，并派员到部分市直部门和县(市)区对规范定密工作进行现场指导。1999～2010年，市保密局每年都对上年度各机关单位定密情况开展定密统计年报工作，据此确定保密检查和管理重点，为实现对国家秘密动态管理打下基础。

五、涉密载体销毁管理

1986～1992年，各机关单位废旧公文统一送济南造纸厂、济南造纸研究所等定点单位进行销毁，市委保密办定期对全市物资回收行业进行保密检查。1993年2月13日，市委保密委印发通知，决定从发文之日起建立“济南市保密局公文监销站”，统一承担全市行政区域内所有党政机关、驻军、群众团体、企事业单位废旧公文的收购、监销工作。其间，指定历城区保密局代为管理公文监销站。2002年1月4日，市委办公厅、市政府办公厅联合印发《关于进一步加强全市各级党政机关废旧公文管理和销毁工作的通知》，对各级各单位密级文件、内部资料的管理和监销等提出明确要求。3月19日，济南市公文监销站新办公地点落成并正式投入使用。5月，市保密局会同省保密局、济南军区保密办有关人员到市部分废品收购站进行检查。2004年10月20日，依据国家保密局文件要求，市保密局发出通知，决定对各级各单位涉密信息设备、信息载体实行定点维修、回收、销毁和数据修复，以加强对处理国家秘密信息设备的保密管理。2005年5月24日，市公文监销站购置中型碎纸机并投入使用。6月中旬至7月上旬，市保密局组织力量对市区31家废旧物资收购站点进行保密检查，未发现机关内部公文流失现象。2008年5月29日至6月5日，市保密局先后对27家废品收购站(点)依法进行保密检查。同年9月4日，位于地下一层、面积56平方米的市公文监销站龙奥大厦办公场地得到落实。2009年，开展全市国家秘密载体销毁管理工作专项检查，抽查机关单位30多个；公文监销工作首次接受中央保密办、国家保密局抽查并得到充分肯定。

六、保密要害部门和涉密人员管理

1990年8月3日，市委转发市委保密委《关于做好副局级以上领导干部保密工作的意见(试行)》，对抓好全市副局级以上领导干部的保密工作提出要求。2001年6月4日，市委办公厅、市政府办公厅转发市保密局、市委组织部、市人事局联合制发的《济南市重点涉密人员教育与管理暂行规定》。2002年3月18日，市委保密办根据上级文件精神，专题研究保密要害部门部位的确定工作，确定市委办公厅等12个市直部门为保密要害部门；市级领导办公室、市委机要局，市直部门机要室、微机室、档案室和市属国家秘密载体定点复制单位为保密要害部位。2003年7月15日，市保密局与市委组织部、市人事局、市纪委、市监察局联合印发《济南市党政领导干部保密工作责任制实施办法》，对领导干部保密工作的责任范围、追究内容、追究程序和监督检查作出明确规定。9月28日，市委保密办印发《关于进一步加强保密要害部门管理的通知》，确定在保密要害部门中建立保密工作情况月报制度。2004年3月16日，市保密局召开保密要害部门工作座谈会，传达全国、全省保密工作会议精神，座谈讨论如何按照上级要求做好全年保密工作。2006年11月19日，召开保密要害部门负责人座谈会，传达省委保密委《关于防范计算机网络遭受攻击与窃密的紧急通知》《关于严格涉密文电管理的紧急通知》《关于切实加强保密工作确保党政军秘密安全的紧急通知》和市委领导批示精神，通报市保密局组织检查的情况，就落实好3个“紧急通知”提出要求。2007年3月，市委办公厅发出《关于加强对市级领导干部身边工作人员教育和管理的意见》，把“加强保密教育”和“严守秘密”分别作为对市级领导干部身边工作人员的5项教育内容和8条行为规范之一。11月19日，市委办公厅、市政府办公厅下发《关于认真做好保密要害部门、部位保密管理工作的通知》，对保密要害部门、部位的确定标准、确定程序、日常保密管理和涉密工作人员的范围、分类和审查等提出要求。2008年，完成市直机关保密要害部门部位确认和登记备案工作，审批确认市直112个部门(单位)的要害部门34个、要害部位189个，涉密人员915人。2009年4月20日，市委组织部、市保密局、市人事局联合印发《关于认真贯彻落实中共中央组织部等4部门〈关于组织开展保密承诺书签订工作的通知〉的通知》，对签订人员范围、签订内容、考核管理、组织管理、督促检查等工作提出要求。根据国家和省保密局统一部署，组织全市党政机关开展处以上领导干部和涉密人员保密承诺书签订工作。全市107个部门单位和10个县(市)区的12183人签订保密承诺书，副市级以上领导全部签订，在省内率先实现应签尽签。

七、保密法规制度建设

1990年2月5日，市委办公厅、市政府办公厅转发市委保密办、市国家安全局、市公安局、市电信局《关于用户传真机、电传机、国际直拨电话、联网电子计算机使用管理暂行规定的通知》。1993年1月～6月，市保密局分别转发国家保密局《泄密事件查处办法(试行)》《国家秘密设备、产品的保密规定》《涉密计算机系统口令字使用管理指南》和《对外经济合作提供资料保密暂行规定》，要求各级保密组织认真组织学习和贯彻。1994年6月20日，市委印发《关于进一步加强全市保密工作的意见》，这是“二五”期间第一个指导全市保密工作的重要文件。1995年2月8日，市保密局、济南海关联合转发省保密局《关于禁止邮寄或非法携运国家秘密文件、资料和其他物品出境的规定》。4月，市保密局印发《关于1995年实施执法责任制的意见》，确定全年执法责任制的指导思想、任务要求和工作措施。9月25日，市科委、市保密局联合转发国家科委、国家保密局《科学技术保密规定》。10月，市委保密委重新修订并印发保密守则，明确各级领导干部、重点涉密人员在公务和日常生活中应遵守的10条保密要求。1996年后，市委保密委按照中央和省委保密委部署，先后制定下发《济南市市级机关各部门保密工作职责》《领导干部保密守则》等规章。1997年，市委保密办、市保密局制订《保密工作细则》《保密技术检查设备使用管理制度(试行)》《济南市市级机关各部门保密工作职责》，要求各级各单位结合实际，贯彻执行。1998年1月4日，市委印发《关于贯彻实施〈中共中央关于加强新形势下保密工作的决定〉的意见》，对学习、宣传、贯彻中央“决定”作出具体部署。1999年4月30日，市委办公厅、市政府办公厅转发市委保密办、市保密局《关于加强涉密信息管理工作的意见》。2000年1月20日，市委保密委转发《中共中央保密委员会关于加强对绝密级文件管理的补充规定》，要求各级保密组织严格按照“补充规定”要求，加强绝密级文件管理。2001年1月17日，市委办公厅印发《济南市党委系统办公自动化网络管理补充规定》。2006年，市保密局转发《国家保密局关于加强新技术产品使用保密管理的通知》《山东省保密局关于加强全省电子政务专网及节点保密管理的意见》，为全市机关单位和县(市)区健全保密制度提供依据。制定《济南市重大失泄密事件应急预案(内部试行)》，为有效应对失泄密事件打下基础。2008年1月28日，市保密局转发国家保密局《涉及国家秘密的信息系统审批管理规定》。10月7日，市委办公厅、市政府办公厅发出《关于印发〈济南市党政机关保密管理办法〉的通知》。该办法共15章78条，从保密组织机构设置及职责、保密宣传教育、国家秘密载体保密管理、计算机信息系统保密管理等10多个方面，对全市党政机关单位保密管理作出规范。同年，参照1983年后国家、省、市制定的20多个文件规定，制定《市委办公厅涉密信息系统和信息设备使用规定》，填补省内此类制度空白。2010年1月20日，市保密局转发国家保密局《信息系统和信息设备使用保密管理规定》；4月，发出《关于实行保密工作信息计分办法的通知》，对保密工作信息报送和稿件计分办法提出具体要求。

2007年后，市保密局针对新形势下保密工作面临的新问题，先后就加强保密要害部门部位保密管理、涉密载体保密管理、计算机信息系统保密管理、电子政务保密管理等工作制定10项新制度，在全市党政机关开展保密制度规范化建设活动，举办市直机关单位保密制度建设业务培训班，在《济南保密工作》刊发机关单位保密制度范例，对机关保密制度规范化建设工作进行抽查并具体指导，至2010年，推动70%以上的机关单位实现保密制度规范化。此外，市保密局还不断完善执法程序，规范执法细节，制定并启用“济南市保密局行政处罚执法文书”，使保密行政执法工作得到进一步规范。

八、保密资质管理

1991年10月下旬，市保密局对全市印刷、复印行业执行国家保密局《关于印刷、复印等行业复制国家秘密载体暂行管理办法》情况进行检查。检查表明，受检单位对“办法”执行情况较好，普遍办理注册备案手续并能遵章守法。1993年3月22日，市保密局与市工商、公安、出版、文化、一轻局联合印发《关于统一颁发“济南市印刷、复印等行业注册备案证”的通知》，要求各级各部门进一步强化复制国家秘密载体的管理，切实维护好国家秘密安全。1996年，市保密局对19家国家秘密载体定点复制单位执行《印刷、复印等行业复制国家秘密载体暂行管理办法》情况进行专项检查，取消3家不具备条件单位的国家秘密载体定点复制单位资格。1999年12月25日～31日，市保密局对原有国家秘密载体定点复制单位的保密资质重新进行审查认证，确定市委机关印刷所、市政府机关印刷所、历城区机关印刷所、章丘市委机关印刷所、章丘市印刷厂、长清县委机关印刷所和济南军区陆军学院印刷所等7家国家秘密载体定点复制单位作为这次重新审批的定点复制单位。2000年8月，市保密局按照国家相关文件精神，对原有的7项行政审批项目进行清理。经市政府审议，确认市保密局依法具有“涉及国家秘密的通信、办公自动化和计算机信息系统投入使用审批、国家秘密载体定点复制单位审批和国家秘密载体出境审批”3项行政审批权限。同年，对全市申报国家秘密载体定点复制单位的7家印刷厂(所)进行审查，对其负责人和所在县(市)区保密局局长进行培训，签订保密责任书，重新核发许可证，并在《济南日报》予以公示。此后，国家秘密载体定点复制单位年审工作逐步规范。至2010年，市保密局每年对全市国家秘密载体定点复制单位开展年审工作，并适时对其各项保密工作进行年度检查，对存在问题的单位，及时提出整改建议，督促落实保密措施，消除隐患；对不具备条件的单位予以取消定点复制单位资格。2006年，对保密行政执法行为、执法主体、执法依据和执法程序进行梳理认定，共梳理认定行政许可、行政处罚、行政强制、行政确认和其他具体行政行为22项。2009年10月12日，根据市行政审批制度改革领导小组《市级审批事项清理意见》，市保密局行政审批事项保留1项——国家秘密载体定点复制单位审批；由市局初审后由上级业务部门审批事项1项——武器装备科研生产单位保密资格审核；日常行政管理事项2项——国家秘密载体出境许可证审批、涉密信息系统审批。2009年、2010年，市保密局分别召开全市国家秘密载体定点复制单位和军工科研生产单位负责人座谈会，传达贯彻中保委全体成员会议、省市保密工作会议精神，就计算机信息系统管理、保密制度规范化建设提出要求。此外，自2005年起，市保密局开展武器装备科研生产单位保密资格认证审查工作，至2010年共受理申报事项31项，完成26项。

第四节　技术防范

一、计算机信息系统管理和涉密网审查审批

2002年，按照“控制源头，加强检查，明确责任，落实制度”的原则，市保密局派员对市黄河河务局、市城管局等单位的计算机专网建设给予指导，提出有关网络安全保密要求。2005年2月和11月，根据市直有关单位申请，组织力量对市委组织部和济南萨博特种汽车有限公司提出的涉密网络规划设计方案分别进行初审，对两家申请单位拟建网络的物理安全、运行安全、信息安全提出相关技术要求，并对有关人员进行保密管理知识培训。2007年，全面推进涉密信息系统分级保护，完成全市计算机信息系统建设使用情况的调查统计和涉密信息系统分级保护备案工作，配合省保密局完成全市涉密信息系统技术测评、全运会指挥中心等通讯基础设施建设和济南市用户服务工作。2008年2月，完成县以上党政机关、企事业单位和国防科研生产单位内部办公计算机的核定和编号工作。2009年，制定全市涉密计算机登记备案和统一标识工作规范；组织完成全市机关单位涉密和内部计算机登记工作，登记备案计算机12001台；组织开展涉密计算机和移动存储介质统一标识工作，印发计算机和移动存储介质标识3.7万余套。2010年，对7家机关单位涉密和内部网络建设方案进行指导和论证。继续推动计算机及移动存储介质登记备案和统一标识工作，全市116个机关单位、19082台计算机、4849个存储介质实现登记备案和统一标识。

二、保密技术发展规划的制定与实施

依据国家和省保密部门《保密技术工作

发展规划》要求，市委保密委分别于1997年8月28日、2002年1月31日和2007年1月19日印发“九五”“十五”和“十一五”期间《济南市保密技术工作发展规划》，对不同时期全市保密科学技术发展的指导思想、基本原则、发展目标、任务要求和保障措施提出明确要求。2008年10月6日，市委保密委发出检查通知，对全市保密科学技术“十一五”发展规划中期检查工作作出部署，组织各单位对保密科技工作的组织领导和队伍建设、保密技术装备配备、保密技术检查工作开展、保密科技经费落实等四方面情况进行自查。市保密局从10月下旬，对部分县(市)区和市直部门(单位)进行抽查。“九五”期间，全市各级保密组织按照市委保密委提出的部署要求，抓好保密技术经费投入、硬件配备、人员培训和制度建设等工作，至2010年年底，各级各单位的保密技术规章制度更加完善，保密防范措施更加健全，保密技术检查手段进一步增强，全市保密技术工作的总体水平有较大提高。

三、保密技术产品配备与研发

1991年，市保密局与有关厂家配合，参与报警公文箱保密技术的研发工作。经国内权威部门鉴定和使用单位评议，普遍认为该报警箱“质量可靠，保密性能良好，国内领先”。1993年，在全市机关单位和市属大企业中推广一批经国家保密部门鉴定认可的保密技术设备。1994年，会同有关方面研制、改进保密技术新产品——电话防盗器。经省邮电管理部门技术鉴定，确认各项技术性能指标达到国家标准，同意作为入网设备在全省邮电网内推广使用。与此同时，市保密局协调、指导有关部门、单位配备视频同步干扰器、碎纸机、密码箱、保密电话、电话防窃听防盗器等保密设备近200套。1995～1998年，为市委、市政府主要领导配备保密文件橱、保密报警箱、防窃听电话机，并协助部分县(市)区和要害部门配备公文粉碎机。市财政拨出专款，为市级保密部门购置一批保密检查设备。2003年，市保密局先后购置涉密计算机信息系统检查工具、会议保密机等设备，保密技术检查能力有新提高。2004年，为确保废旧磁介质在销毁中的安全保密，市保密局会同有关方面联合研发SPF-01型硬盘消磁器和GHP-01型光盘销毁器，并通过中科院和国家保密局技术鉴定。中科院和国家保密局专家一致认为：SPF-01型消磁器设计“思路新颖，技术先进，填补国内空白”；GHP-01型光盘销毁器“设计合理，技术先进，属国内首创”，建议进一步做好两种新产品的应用推广工作。11月12日，市科技局向社会公布《2004年第三批高新技术产品目录》，SPF-01型硬盘消磁器名列其中。2006年5月25日，在全市科学技术大会上，市保密局研发的SPF-01型消磁器获济南市科学技术三等奖。2010年2月～4月，市保密局就市委重要会议场所购置手机屏蔽设备进行调研，提出购置建议并协助测试验收；各部门单位用于新配置保密技术设备的资金288.55万元，比2009年增加112.62万元。同年，为满足涉密人员掌握信息化条件下保密知识的需要，市保密局自行研制的计算机保密提醒屏保程序投入试用并进一步完善。该屏保程序含有10个板块40多幅精心设计、生动形象的图片和80多句保密提醒口诀。

第五节 机 构

一、市委保密委员会

1975年8月14日，市委重新建立市委保密委及其办事机构。1982年，市委保密办从市公安局收回市委管理，办公地点改设市委。2008年7月30日，市委保密委印发《中共济南市委保密委员会工作规则》。主要职责是：领导、管理全市保密工作；贯彻执行上级关于保密工作的方针、法规、指示；指导全市保密组织开展监督检查工作；研究解决保密工作遇到的重大问题；查处失、泄密事件。市委保密委员会建立后，坚持每年至少召开一次全体成员会议。至2010年，先后召开23次全体成员会议。其间，市委保密委进行人员调整17次。

二、保密工作部门

1990年5月19日，成立市保密局，为正局级单位，由市委、市政府双重领导。同年12月27日，市保密局内设秘书处、检查处。1996年11月26日，市编委印发《中共济南市委保密委员会办公室(济南市保密局)职能配置、内设机构和人员编制方案》，明确市委保密办、市保密局为市委保密委员会办事机构和市委、市政府主管全市保密工作的职能机构，内设秘书宣教处、法规技术处。1997年3月18日，成立济南市保密技术中心，为全额预算管理的处级事业单位，隶属市委保密委员会办公室、市保密局领导。2001年，在市级机关机构改革中，市保密局为市委办公厅内设机构(正局级)。

第十五章　党校工作

第一节　党校设施设备

一、校园基础建设

1994年，完成6000平方米综合楼主体建设和礼堂、餐厅、锅炉等配套设施的建设改造。1995年，完成图书馆、微机室、电教室、文化娱乐室、综合楼配套设施建设。1998年，对教学区空地实施全面绿化，到2001年校园绿化率达到40%。1997～2000年，集中改造旧校舍1.2万平方米，加层扩建新增教学公用面积4500平方米。2009年，建筑面积1.35万平方米的学术交流中心投入使用。2010年，市委党校新校区奠基。

二、信息化建设

20世纪90年代初期，信息化建设处于起步摸索阶段。1994年，新增微机应用课程，普及微机入门知识，校园信息化建设同时起步。1999年，建立微机室，配备微机31台，为校内13个部室配备微机，并对原有的20台微机进行升级。2000年，完成中央党校远程教学网工程，校园网建设正式启动。2001年，实现教学、办公信息在校园网上的实时发布，网上接收市委、市政府信息，与中央党校、省委党校、区县党校业务信息交流的网络化。10年间，通过不断升级校园网，引进多媒体教学设备，教学和办公数字化程度不断提高。2005年，在中央党校组织的华东片区党校数字化建设工作考核中，市委党校考核位次名列前茅；2006年，获首届全国党校系统远程教学网站管理使用优秀奖。

三、图书馆建设

1994年，市委党校图书馆馆舍面积800平方米，馆藏图书5万余册。有馆员9人，其中中级职称7人，初级职称1人。2001年10月图书馆简易版网站上线，2003年、2007年网站两次改版，增加自建数据库和知网数据库、万方数据库两种期刊数据。2005年，中央党校对全国副省级党校图书馆进行评估检查，进一步促进图书馆的全面发展。至2010年，馆舍面积扩大到1500平方米，馆藏纸质图书11万册，电子图书10万册，订购数据资源1万兆，同时全面建成图书馆采、编、流、借自动化管理系统；9名馆员中，副高级职称2人，中级职称5人。

第二节 师资队伍建设

1986～2010年，市委党校坚持把加强教职工队伍建设作为党校事业发展的关键来抓，努力打造一支高素质的教职工队伍。至2010年，共有教师60人。其中：博士1人，硕士研究生20人；教授8人，副教授17人。

一、教职工思想政治工作

1995年，开展“增强省会党校意识、争创一流党校”活动；1996年，开展以“优秀教学、优质服务”为主要内容的争创一流党校活动；1997年，开展以“优秀教学、优质服务、优良秩序、优美环境”为主要内容的精神文明创建活动；1998年，在全校副处级以上干部中开展以“振奋精神、转变作风、争创一流成绩、树立党校形象”为主题的思想作风整顿；1999年，开展以“讲学习、讲政治、讲正气”为主要内容的党性党风教育；2000年，开展“三讲”教育“回头看”活动；2002年，组织全体党员干部参加“理想信念、廉政纪律”主题教育活动；2006年，开展“学党章、守纪律、做表率、树形象”主题教育活动；2007年，开展“学习实践科学发展观——解放思想大讨论”活动；2010年，开展“执政为民、廉洁高效”集中教育和创先争优活动、“创一流干部教育学风，建风清气正党校”主题实践活动。

加强党风廉政建设，落实领导班子、领导干部党风廉政责任制，不断完善处级以上干部廉政档案，相继制定《关于加强作风建设的若干意见》《干部、教师和职工“10个不准”》《关于领导干部报告个人重大事项的实施意见》《关于实行党风廉政建设责任制的规定》《党员领导干部廉洁从政若干准则(试行)》《领导干部“一岗五责”实施办法》等制度和规定；开展警示教育，举办廉政讲座。2003年，市委党校获济南市党政机关第三届“廉洁勤政模范集体”称号，济南电视台拍摄《修身育人，厚德载物》专题片播放。加强干部管理，落实岗位责任制，坚持处级以上干部“一岗双责”制度，进行岗位目标责任制考核，制定“党委成员职责分工及工作任务分解明细表”，加强副处级以上干部岗位职责制度建设。加强考核制度建设，修订和制定《先进集体评选办法》《部室共性目标考核办法(试行)》《教师年度考核实施细则》《专业技术人员最低科研工作量制度》《教研骨干和学科带头人培养管理办法》《行政工作人员考核实施意见》《教师、行政管理人员职业道德规范》等制度。

二、教学科研队伍建设

(一)教师培养引进。1995年，制定三年培养计划，确定骨干教师名单，完善教师培养制度。1997年，制定“三三制”方案，即教师分批次安排课堂教学、科研和社会调研、下派挂职锻炼或脱产进修，半年至一年轮换一次，使教师在教学、科研、调研、社会实践中得到全面锻炼，提高综合素质和能力。1998年，制定《进一步加强教师队伍建设的意见》。1999年，制定《教研骨干和学科带头人培养管理办法》。2002年引进研究生2人，2006年引进硕士研究生3人。2008年，聘请国务院参事陈全生等18人为特聘、客座教授。

(二)教师培训锻炼。修订和制定《教师攻读硕士、博士研究生学位管理办法》《教师脱产进修暂行规定》，采取送出去脱产培训、在职攻读学位、到本校马列所和市情所兼职、到校外挂职、到著名高校做访问学者、出国培训等方式培训锻炼教师队伍。1999年，制定年轻教师换岗锻炼办法。2001年，选派1名教师到日本学习，有计划推出骨干中青年教师接受电视台、电台专题采访，安排18名优秀教师到深圳特区等地考察。2002年，组织9名教师赴奥地利、澳大利亚、新西兰、新加坡等国家学习考察，选派4名教师到基层挂职锻炼。2007年，选派1名教师到美国参加为期半年的培训，1名教师到中国人民大学做访问学者，1名青年教师到基层挂职锻炼。2008年，选派11名教师到上级党校和高校进修。2009年，选派12名教师到上级党校和高校等学习进修培训。1993～2010年，共有2名教师在职攻读博士学位，18名教师在职攻读硕士学位。

（三）专业技术职务评聘。开展专业技术岗位竞聘上岗和专业技术职务评审工作。制定《教师专业技术职务晋升申报推荐暂行办法》《教师专业技术职务低职高聘试点工作的实施意见》，2000年在新获副教授资格人员中实行竞聘上岗；2010年，首次开展专业技术人员竞聘工作，68名专业技术人员全部聘任，其中高级岗位29个。

（四）表彰奖励。1995年，1人获全省党校系统优秀教师，1人获全省党校系统先进个人。1999年，2人获全省党校系统优秀教师，2人获全省党校系统先进个人。2003年，4人入选全省“理论人才百人工程”，1人获全省党校系统优秀教师。2005年，9名教师分获中央党校远程教学资源片奖、全省党校系统优秀教师等称号，3人获全省党校系统先进工作者和全省党校行政后勤先进工作者。2006年，2人获全省党校系统优秀科研管理工作者。2008年，1人获国务院政府特殊津贴，1人获“全国统一战线干部教育教学改革优秀教师”，1人获山东省社会科学新秀奖。2009年，2人获全省党校系统优秀教师，1人获全省党校系统先进工作者，1人入选省高层次人才库。

第三节　干部培训

一、培训规模

1993～2010年，市委党校共举办各级各类班次426期，培训干部28330人次，平均每年举办班次24期、培训干部1570人左右。从培训人数来看，1993～1999年，共举办各类班次131期，培训干部8570人次，年培训规模在1200人左右，其中1996年最多，为1604人。2000年《中共中央关于面向二十一世纪加强党校工作的决定》(以下简称中发10号文件)颁布后，特别是2002年党的十六大提出大规模培训干部、大幅度提高干部队伍素质要求后，培训规模不断扩大。2000～2010年，共举办各类班次295期，培训干部19765人次，平均年培训1800人左右，其中2007年培训人数最多，为2572人。

二、班次体系

1993～2010年，市委党校以县局级、处级、科级党政干部，企业干部，专业技术人员为主要培训对象，主要举办培训班、进修班、专题班等，调训方式为分层次调训与分类别调训相结合。

（一）班次设置。培训班、进修班。根据地(市)级党校培训范围，举办各类培训班、进修班。1993～2010年主要举办市管领导干部班(1998年前为县局级领导干部班)、中青年干部班、处级干部班、乡镇街道干部班、科级干部班等。1993～1999年，举办县级事业单位领导人员班、高级知识分子班，以及各种分类别培训班等。2000年，市委党校班次进一步规范，分类别培训力度加大，与市委宣传部、市委政法委、市国资委、市妇联、市民族宗教事务局、济南警备区等部门，合作培训宣传干部、政法干部、企业干部、妇女干部、少数民族干部、警备区干部、学术技术带头人、选调生等，形成以市管干部班、中青年干部培训班、处级干部班、乡镇街道干部班等分层次培训班次为主，以分类别培训班次为辅，层级较为完备、类别较为丰富的班次体系。

专题班、轮训班、研讨班。根据中央、省市委文件精神，围绕市委、市政府中心工作，举办各种专题班、轮训班、研讨班等。1993年《邓小平文选》第三卷发行后，在全省党校系统率先举办县局级领导干部《邓小平文选》第三卷读书班；配合全市开展的“村办企业年”“市场效益年”活动，举办乡镇领导干部外向型经济培训班、百强村党支部书记外向型经济培训班、长清县万德镇企业干部培训班。1994年，举办宏观经济调控研讨班、现代企业制度研讨班。1997年，举办县局级党员领导干部学习中共十五大文件读书班。1999年，举办全市“三讲”教育理论骨干培训班。2002年，举办市管领导干部中共十六大文件读书班。2003年，举办市管领导干部学习贯彻“三个代表”重要思想轮训班、市管领导干部学习中共十六大文件读书班。2004年，举办全市领导干部科学发展观专题培训班。2007年，举办市管领导干部中共十七大精神轮训班。2008年，举办市管领导干部落实科学发展观专题研讨班、乡镇街道党政正职学习中共十七大精神培训班等。

(二)班次学制。市委党校各班次中，青年后备干部班学制最长，为半年至一年；科级班学制初为三个月，后逐步缩短为一个月；女中青年干部班初为两个月，后改为一个月；市管干部班、处级干部班多为一个半月，其他班次多在一个半月以下。

市委党校为“一校两院”体制，兼办市行政学院、市社会主义学院。行政学院主要举办初任公务员培训、处级干部(处级公务员)任职培训等，学制一个半月以下，由市人社局(原市人事局)负责调训；社会主义学院主要举办党外干部、民主党派干部、少数民族干部培训班等，学制两周以下，由市委统战部负责调训。

三、培训形式

围绕提升培训实效，不断探索创新培训形式，采取校内理论培训、军训、挂职锻炼、革命圣地党性锻炼、农村艰苦生活锻炼等形式。2003年，企业班赴香港培训。2004年，举办“双高人才”班出国培训。2008年后，逐步完善分阶段培训模式，即把学习培训分为理论教育、高校专业知识培训、革命圣地党性锻炼、社会实践调研等阶段。2009年，第十四期中青年干部班在分阶段培训的基础上实行“五个一周”培训模式，即一周军训、一周高校培训、一周“三同”[①]实践锻炼、一周异地革命传统教育、一周基层社会调研。

第四节　教学科研

一、教学工作

(一)教学内容。坚持对干部进行马克思主义基本理论和中国特色社会主义理论教育、市场经济条件下领导干部岗位职责能力教育、党性教育、党的建设教育。1993年，增加市场营销、公共关系、微机应用、社交礼仪等课程，聘请实际工作部门的领导干部到党校讲课。1994年，根据市委主要领导要求，深化教学改革，实现教学内容、课程设置规范化，班次设置、学制规范化。1995年，围绕贯彻落实《中国共产党党校工作暂行条例》，进一步完善以建设有中国特色社会主义理论为中心、以市场经济和党建理论为重点、以现代化建设所需要的专业知识为补充的教学内容体系。1999年，完成主体班次“三基本、五当代”[②]的教育体系设计。2000年中发10号文件颁布后，开始建立“一个中心、四个方面”的教学内容布局，即以邓小平理论和“三个代表”重要思想为中心，以理论基础、世界眼光、战略思维、党性修养四个方面为重点，横向扩展、纵向贯通，

① “三同”指学员到农村与农民同吃、同住、同劳动的体验式教学。

② 马列主义基本问题、毛泽东思想基本问题、邓小平理论基本问题，当代世界经济、当代世界政治、当代世界科技、当代世界思潮、当代世界军事。

更加强化干部能力培训。2004年后，把科学发展观作为重要培训内容。2008年《中国共产党党校工作条例》颁布后，着眼于提高党员领导干部的领导素质和执政能力，完善主体班次专题研讨制度，组织学员对济南经济社会发展重点难点问题进行研讨。加强行政学院、社会主义学院学科建设。行政学院构建完善以提高公务员素质和行政能力为核心，以公仆意识、政府管理、依法行政为重点的教学布局；社会主义学院以政治理论、党的统一战线理论与实践、参政议政、形势报告及济南市情为主要培训内容。

（二）教学方法。1997年，在县局级领导干部班、中青年干部培训班进行单元研讨式教学试点，在法学、领导学等学科进行案例教学试点。1998年，在主体班次推行案例教学、情景教学、答疑式教学等形式。2000～2007年，不断深化研究式教学，推进互动体验式教学方法改革，在主体班次开展并完善案例教学、情景模拟教学、现场体验教学，讲授式教学采用2+0.5模式(2小时授课加半小时与学员交流的模式)。2008年后，开发项目参与式教学、角色模拟案例教学，同时坚持举办“学员上讲台”、学员论坛，促进教师与学员、学员与学员的沟通交流，促进教学相长、学学相长。至2010年，在主体班次广泛采用互动式教学方法，开发一批新课程，收到良好的教学效果。同时，强化教学基地建设，在济南警备区建立国防教育基地，在中国重汽集团等骨干企业建立10个教学科研基地。

（三）教师队伍。利用社会资源，建立客座教授制度，构建“专兼结合”的教师队伍。聘请中央党校和国家行政学院及高校知名专家学者、市委市政府领导、市直部门有丰富经验的一把手担任客座教授到校讲课，举办领导干部讲坛、专家讲坛。2008年，聘请国务院参事陈全生等8人担任特聘教授，山东省商业集团总公司董事长、党委书记季缃绮等10人担任客座教授。至2010年，共有特聘教授8人，客座教授50余人。

组织教师参加校内外教学观摩竞赛。2003年，1名教师在全省党校系统课堂教学观摩竞赛中获一等奖；2002年、2006年、2009年，分别组织一届青年教师教学竞赛。2007年，召开全市党校系统教学科研工作会议。2008年，1名教师获全省党校系统教学竞赛一等奖。

二、科研工作

1995年《中国共产党党校工作暂行条例》颁布后，市委党校积极探索科研管理体制框架和工作新机制，不断加大科研管理体制创新力度，科研总体实力大幅提高，科研成果、课题立项、校外获奖、市情研究、学报出版等方面都有较大突破，科研整体水平位居全国同级党校前列。

（一）科研成果。1993～2010年，共取得各类科研成果(包括论文、著作、文集等)3000余项，在省级及以上刊物发表论文2000余篇，在《人民日报》《光明日报》《学习时报》《中共中央党校学报》《国家行政学院学报》《中央社会主义学院学报》等国家级报刊，CSSCI来源期刊及全国中心核心期刊发表了一批高层次文章，多篇文章被人大复印资料、《新华文摘》等全文转载或观点摘登。

（二）课题立项。1993～2010年，共立项市级以上课题200余项。其中，国家社科规划课题3项，分别为1997年立项的“济南交警现象研究”(作者张锋、张月琴)，2004年立项的“加强中国共产党执政能力建设问题研究”(作者刘晓钟)和“全球化与中国工人阶级历史主动性问题研究”(作者张吉清)；山东省社科规划课题、山东省软科学课题、全国党校系统重点课题、中央社会主义学院招标课题、国家行政学院系统重点调研课题等省部级课题181项。在济南市社科规划课题、济南市软科学课题及其他市级课题的申报工作中，重点课题的立项数量不断增加。2008年，获第七届全国党校系统课题项目中标奖。

（三）获奖情况。1993～2010年，共获市级以上科研奖项近600项。其中，省部级奖67项，包括山东省社科优秀成果奖26项(一等奖1项、二等奖7项、三等奖18项)，全国党校系统社科优秀成果奖21项(一等奖5项、二等奖9项、三等奖7项)，全国行政学院系统社科优秀成果奖、中央社院系统优秀课题奖及其他省部级科研奖20项。获全省党校系统优秀社科成果奖、济南市社科优秀成果奖等其他奖项500余项，其中，全省党校系统优秀社科成果奖82项，包括一等奖46项、二等奖27项、三等奖9项，获奖数量连续多年名列全省地市级党校前列；济南市社科优秀成果奖300余项，获奖数量连续多年名列全市各科研单位前列。2003年、2004年、2006年三次获全国党校系统科研工作组织奖。

（四）市情研究。坚持“立足济南、研究济南、服务济南”原则，紧紧围绕济南经济社会发展重大问题，开展应用性、对策性课题研究。2000年创办《领导参阅》，至2010年共编发140期，其中近50项市情研究成果得到省市领导肯定性批示。创刊首期刊发的《关于济南农业农村经济结构战略性调整的对策建议报告》，得到市委书记、副书记、市人大常委会主任等领导高度评价，据此济南现代农业定位为都市农业发展。2003年，提出“城乡一体化与农业产业化联动发展”，为工业化、信息化、城市化、农业现代化“四化”共同推进奠定基础。2004年，刊发的《构筑济南都市圈，打造省会城市群》是全省第一个系统研究济南都市圈问题的成果，吹响“济南都市圈”研究前奏。2006年，《关于济南都市圈都市农业发展对策建议》得到市委书记肯定性批示。

2000～2010年市委党校市情研究成果进入党委、政府决策情况一览表

表9—1—6

年 份	成果名称	作 者	批示领导
2000	《关于济南农业农村经济结构战略性调整的对策建议报告》	冯 雷 解 慧	孙淑义、李启万、赵正平
2001	《关于深化“蓝天工程”的建议》	朱文兴	谢玉堂
	《关于加快济南市纳米技术运用研究的建议》	迟兴臣	谢玉堂
	《借鉴苏南先进经验全方位实施济南外向带动战略》	马厚镛	张宗祥、孙常印
	《关于济南应对“入世”的几点建议》	迟兴臣	谢玉堂、李华理、王天义
2002	《关于济南市发展都市农业的对策建议报告》	朱文兴	赵正平
	《济南高新区迅速崛起的经验与启示》	刘晓钟	王存兴
2003	《关于城市人口节约用水的建议》	陈岱云	赵克志
	《对中国经济发展问题的新认识》	周天勇	王存兴
	《关于实施“走出去”战略的研究报告》	翟芳玲	王天义
	《关于加快培育济南市产权交易市场的建议》	吴学军	马纯济
	《关于济南市实现新跨越的战略机遇与对策问题研究》	张吉清	王 良
	《产业集群——济南市新型工业化的有效途径》	张吉清	徐华东

续表9—1—6—1

年 份	成果名称	作 者	批示领导
2003	《“土地股份制”是最佳的制度安排》	张吉清	徐华东、赵文朝
	《关于优化人口性别结构的对策建议》	陈岱云 张吉清	王军民
	《济南市社区建设的对策建议》	张吉清	雷建国
	《略论提升济南城市品位和形象的对策》	朱文兴	谢玉堂
	《济南市都市农业发展规划》	冯　雷	赵正平
	《农村税费改革后济南市乡镇财政展开调查研究报告》	冯　雷	马纯济
	《十六届三中全会的18个创新》	课题组	王　良
	《济南战略机遇问题研究》	张吉清	王　良
	《济南社区建设的对策建议》	张吉清	雷建国
	《关于济南市实施统筹城乡经济社会发展战略的对策建议报告》	冯　雷	王存兴
2004 至 2005	《构筑济南都市经济圈，打造省会城市群》	冯　雷	墨文川
	《关于大力发展循环经济把济南建设成为节约型、生态型、环保型城市的研究报告》	王克群	许立全、张印峰
	《关于济南市农业税减免对乡镇财政影响的调查与分析》	解　慧	张印峰
	《关于提高济南市工业自主创新能力的几点建议》	王克群	许立全
	《山东省经济发展中投入产出问题与对策研究》	翟芳玲	张高丽
	《农村税费改革对我省的影响及对策》	孙志华	陈延明
	《以科学发展观为指导实现济南工业经济的跨越式发展》	张吉清 鞠正江	杨佩钦
	《大力发展循环经济，建设节约型、生态型和环保型城市》	王克群	张印峰
	《统筹城乡发展，加快济南市全面小康社会进程》	冯　雷	赵文朝
	《发展济南循环经济》	王克群	许立全
	《关于实施农村生态能源工程建设、治理南部山区“农家乐”和农家饭店污染的建议》	朱文兴	姜大明、赵文朝
	《关于济南市都市圈现代农业发展超前定位在“都市农业”的建议报告》	冯　雷	姜大明、赵文朝
2006	《关于济南都市圈都市农业发展对策建议》	冯　雷	姜大明
	《关于加快推进济南工业经济发展的对策建议》	吴学军	张宗祥
	《抓住机遇，开挖京清运河，为省城济南和全省的经济腾飞、社会和谐再创新辉煌》	李殿奎	焉荣竹
2007	《关于济南市服务外包业发展的调查与思考》	翟芳玲	陈先运
2008	《关于济南市非公有制经济人士现状的调查与分析》	高　岩	徐长玉、刘少玲

续表9－1－6－2

年 份	成果名称	作 者	批示领导
2008	《关于济南文化建设的对策建议》	张月琴	王世敦
	《加大支持力度促进济南民营经济发展》	张月琴	王世敦
	《济南奥体中心赛后运营效率提升的“五化模式”及对策建议》	张志勇	张建国
	《济南市新能源产业发展的扶持政策建议》	吴学军	焉荣竹
2009	《创新社区管理体制，推进和谐社区建设》	王济萍	张建国、许立全、徐华东
2010	《济南发展现代都市农业研究报告》	冯　雷	赵文朝
	《关于进一步优化济南市发展软环境的几点建议》	吴学军	徐长玉
	《关于济南市软件产业发展的研究报告》	王　敏	王　良
	《关于提升工人阶级历史主动性的研究报告》	张吉清	王以才

（五）《中共济南市委党校学报》。其前身为创刊于1984年的《历山学刊》，1998年经新闻出版署批准获正式刊号。1999年，面向国内外公开出版发行，更名《中共济南市委党校 济南市行政学院 济南市社会主义学院学报》，2004年更名为《中共济南市委党校学报》。学报以“高举旗帜，关注热点；立足济南，面向全国；开放办刊，扶持新人”为办刊宗旨，突出对重大现实问题和战略问题的理论研究，强调为济南市经济社会发展服务，突出济南特色，办刊质量不断提高，被人大复印资料、《新华文摘》全文转载、观点摘登近200篇。1999～2005年，列全国副省级城市党校、行政学院学报排名首位。

第五节　学历教育

1985年，首次招收中央党校函授大专班学员，学制3年。1989年，首次招收中央党校函授本科班学员，学制2年半。2008年，两个班次均停招(其中1996年、2000～2003年市委党校未招生)。至2010年，共培训函授大专班学员2250人、函授本科班学员3669人。

1988年，首次举办济南市委党校大专班，至2000年停招，共培训学员6178人。1993年始，举办中央党校领导干部本科班，至2000年停招，共培训学员981人。同年，山东省委党校开始举办业余大专班，市委党校开始在济南市招收省委党校干部业余大专班学员，学制3年。2009年，业余大专班停止招生。至2010年，共培训大专班学员22853人，毕业学员22130人。

1994年，市委党校设立山东省委党校干部业余教育学院济南分院，开始在济南市招收省委党校干部业余本科班学员，学制2年半，至2010年，共培训本科班学员21707人，毕业学员20876人。同年起，举办其他三个班次，其中辽宁刊授党校续读专科班，学制1年半，在济南市招生，至1996年停招，共培训学员698人；山东省委党校农村干部专科班，学制3年，在济南市招生，至1997年停招，共培训学员1863人；领导干部在职研究生班，学制3年。至2010年共招收学员713人，已毕业462人。

1993～2010年市委党校学历教育情况统计表

表9—1—7　　　　单位：人

年 份	人 数	年 份	人 数	年 份	人 数
1993	842	1999	3576	2005	4506
1994	871	2000	3710	2006	5249
1995	1670	2001	2968	2007	4194
1996	2441	2002	4506	2008	3530
1997	4129	2003	4038	2009	2844
1998	3733	2004	4471	2010	2078

第六节　机　构

1986年6月，市委党校被省委干部教育工作领导小组、省委组织部、省编委批准为大专体制，按副市级配备校级领导班子。

1988年8月，市委决定市委党校兼办市行政学院。设办公室、组织人事处、总务处、基建办公室、教务处、函授处、学员工作处、图书资料室和哲学、政治经济学、科学社会主义、党史、党建、经济管理、行政管理、文史、法学9个教研室及理论研究室。1990年10月，市委决定市委党校兼办市社会主义学院。

1992年，市委党校设办公室、组织人事处、总务处、基建办公室、财务科、保卫科、教务处、函授处、学员工作处、图书资料室、党校工作处和哲学、政治经济学、科学社会主义、党史、党建、经济管理、行政管理、文史、法学等教研室及理论研究室21个处室(科)。同时，设纪委、机关党委、工会。

1995年，济南等16个城市市委党校在某些方面享受省级党校待遇。1996年，市委党校、市行政学院、市社会主义学院一套机构三块牌子，设中层副局级机构20个(办公室、组织人事部、行政管理部、教务部、党校工作部、学员管理部、干部业余教育工作部、三产管理办公室、科研部、哲学教研部、经济学教研部、科学社会主义教研部、中共党史教研部、党的建设教研部、经济管理教研部、行政管理教研部、政法教研部、基础教研部、马列主义研究所、图书馆)，直属处级机构2个(财务处、保卫处)，机关党委(总支)和纪检监察机构按有关规定设置；市委党校、市行政学院、市社会主义学院有关领导，办公室、组织人事部、行政管理部、教务部、党校工作部、学员管理部、干部业余教育工作部、三产管理办公室、财务处、保卫处等10个部室及机关党委、机关工会的干部列入参照公务员管理范围，其他部室和人员按事业单位管理。

2001年，撤销党史教研部、党建教研部及教务部内设的电教中心，组建党史党建教研部、信息网络部，均为副局级建制；撤销三产管理办公室，在行政管理部内设三产管理处，为处级建制；取消图书馆挂的济南市情研究所牌子，马列主义研究所增挂济南市情研究所牌子；原科研部内设的校刊编辑室更名为学报编辑部，仍为科级建制；办公室增设秘书科、接待科，均为科级建制。

至2010年年底，市委党校内设机构无变化。

第十六章 党史研究

第一节 党史资料征集

1982年党史部门成立后，通过到各级档案馆、博物馆、图书馆查阅历史档案和报刊资料，访问老干部，召开专题座谈会，组织撰写回忆录等方式，广泛征集、重点抢救、系统整理一批珍贵历史资料，为党史专题研究和党史基本著作编写等党史研究工作奠定基础。1983年，制定《中共济南地方党史资料(新中国成立前)专题征集提纲》，确定52个专题作为“重点征集、专题整理”对象，并对征集到的资料进行细致研究考证。至2002年年初，先后查阅档案报刊资料60余万份，召开老干部座谈会300多次，走访老干部1000多人次，征集拍摄资料照片5800余幅，形成录音(像)资料1600多盘，同时征集到部分实物资料。在征集整理的基础上，对一些重要专题资料、回忆资料、人物资料、大事记陆续结集出版。至2010年，编辑出版《济南党史研究》48期、回忆录《泉城风云》2辑，与市档案馆合作出版《济南革命历史档案资料选编》4辑、140万字。

1992年始，逐步实施党史工作重点的两个转移，即党史征集研究重心由民主革命时期为主向社会主义时期为主转移；以党史资料征集为主，向以党史研究为主转移。济南市党史资料征集工作随之由民主革命时期转移到社会主义时期，同时陆续启动民主革命时期地方党史正本的编写工作。根据党史基本著作和重要专题的编写需要，征集到大量相关资料。2008年7月，出版《抗战课题调研专题集》；10月，出版《社会主义时期党史资料专题集》；12月，出版《纪念济南解放60周年专题集》。2006年起，开展改革开放以来市委书记、县(市)区委书记口述史征编工作。2010年，编写完成《改革创新，振兴济南——姜春云同志兼任中共济南市委书记期间的工作访谈纪实》书稿。

第二节 地方党史研究

一、地方党史

2001年6月，出版《中共济南地方史(第一卷)》，该书经市委批准，由市委党史研究室编著，全书共计30万字，是第一部系统反映济南党组织在民主革命时期光辉历程和突出贡献的地方党史基本著作。2003年4月，出版《中共济南简史》，该书17万字，概要记述自中国共产党创建至党的十六大召开济南地方党组织80多年的奋斗史、发展史，是山东省首部中共地方简史。2001年启动《中共济南地方史(1949.10～1978.12)(第二卷)》编著，2004年经市委批准开始全书编写，2008年形成初稿，2009年印出征求意见稿第一稿，2010年3月完成征求意见稿第二稿，11月完成该书第三稿的修订工作。2005年9月，经市委批准启动《济南革命历史丛书》编纂工作，2006年6月出版，共20卷，是济南市民主革命时期党史研究成果的集成之作，被列入济南市社会科学规划重点研究项目。2005年完成《山东革命文化丛书》(共102册)中《济南共产党早期组织》《大革命时期的济南群众运动》《济南惨案》《济南死难烈士追记》《日军在济南的暴行》《济南战役》《济南的接收》《济南城市地下斗争》《学潮峰涌》(合著)9个分册的编写。2009年，启动《中共济南地方史(1978.12～)(第三卷)》征编工作。制订征编工作方案，开始有计划进行口述史征集、专题征编等工作。

二、地方组织史资料

1991年与市委组织部、市档案馆编辑出版《中共济南市组织史资料(1921～1987)(第一卷)》，收编1921年7月至1987年11月期间济南市党的组织机构沿革和领导人名录(包括新中国成立前政权、地方武装、群众团体)，同时收编1949年10月至1987年11月济南市政权系统、政协系统、地方军事系统、群众团体系统组织史资料。2001年，与市委组织部、市档案馆编辑出版《中共济南市组织史资料(1987～2000)(第二卷)》，收录1987年11月至2000年12月期间，济南市党组织、政权、地方军事、政协、群众团体系统的组织机构沿革和领导人名录，同时收录该时期部分企事业单位的组织史资料。1992年，与市委组织部、市档案馆编辑出版《山东省济南市企事业组织史资料》，收录1949年10月至1991年年底济南市辖和双重管理的相当县级(不包括已改为非县级的)以上企事业单位的演变及其党政机构沿革、主要领导人(地专级及市属正局级单位同时收编其副职)名录。以上3部组织史资料共计162万字。

三、地方党史大事记

先后完成民主革命时期和1949～1992年《中共济南党史大事记》征编出版。2008年3月，出

《中共济南历史大事记》丛书

版《中共济南历史大事记(1993.1～2005.12)》，计120万字；12月，出版专著《济南改革开放三十年》。2006年启动当年大事当年记。

四、党史人物传记

先后编辑出版《闪光的足迹》(1～3集)、《济南中共党史人物》(1、2集)和《济南英模》，收录700多个党史人物资料，计147万字。完成《王尽美传》《中共山东党史人物》《齐鲁共产党人》《人民英雄大典(山东卷)》《中共山东党史人物辞典》等收录的400多个济南党史人物传记的征编任务。

五、地方党史专题

先后出版《济南战役》(44万字)、《吴化文起义资料选》(19万字)、《济南情报站资料选》(16万字)、《坚强的战斗堡垒》(27万字)、《济南抗战风云录》(21万字)、《历下潜流》(21万字)、《济南的接管与社会改造》(41万字)、《济南改革开放系列丛书——辉煌二十年》(3册、80万字)、《世纪之交回首话济南》(33万字)等专题文集。完成《新时期农村变革(山东卷)》、《拨乱反正(山东卷)》、《山东沿海开放区发展纪实》、《中共山东地方史(第一卷)》、《共和国之最(济南部分)》、“三农”现代化丛书、《山东民营企业家画册》、《山东省依法治省战略的提出与实施》、《〈惩治和预防腐败体系实施纲要〉在山东的贯彻落实》、《省委在文化建设方面的重大决策及其影响》、《文化强省建设战略的提出及具体实践》、《新时期山东体育事业的发展现状与前瞻》等济南部分专题，以及中央党史研究室安排部署的《执政中国》专题《弘扬城市精神，建设文化济南》等专题，累计完成专题征编200多个。

六、专题调研和革命遗址普查

(一)抗战时期人口伤亡和财产损失课题调研。按照中央和省委统一部署，2006年10月至

2007年上半年，济南市全面开展抗战时期人口伤亡和财产损失课题调研工作。完成日本帝国主义在济南强掳和奴役劳工概况、日军在济南的细菌战机构及其活动、日军对济南女性的性侵犯、日本侵略者对济南经济的掠夺、日本帝国主义在济南的奴化教育、济南日本特务机关罪行、日军在济南设立的集中营、日军在济南的毒化战略、白骨累累“万人坑”、日军在济南各地制造的重大惨案等10个专题调研。在整理研究的基础上，2011年年底出版《济南市抗日战争时期人口伤亡和财产损失课题调研资料汇编》，全书上下两册100万字，由调研报告、专题资料、工作资料、重大惨案、人口伤亡名录、大事记6部分组成，并附相关历史图片，是济南市第一部全面揭露日本侵略者在济南实施残暴侵略统治的综合性史料书籍。

（二）革命遗址普查。2010年，成立济南市革命遗址普查工作领导小组，制订普查工作实施方案，经过3个月的实地勘查测量、查阅档案文献、调查走访和科学印证核实，全市共普查出革命遗址100处，形成全面、翔实、系统的汇总报表和档案材料。2011年6月出版《济南革命遗址概览》。

第三节 党史宣传教育

一、地方党史宣传教育作品

为加强对干部群众特别是青少年的理想信念和道德情操教育，先后编写出版《济南革命斗争故事选》、连环画《泉城春秋》(1、2集)、《四五烈士名垂千古》、《泺口英烈永芳千古》、《峰山烽火》、《小英雄秦培伦》等党史普及读本。与其他部门合作拍摄电视专题片《巍巍丰碑》(6集)、《伟大的胜利》(5集)、《光辉的历程》(8集)、《护城河畔的故事》、《红色党校的故事》(1集)和《南山根据地巡访记》(3集)、电视连续剧《古城新生》(6集)、电视片《浴血夺城记》(4集)、文献纪录片《南下》(6集)等。配合文化部门和编创人员开展党史题材的文艺创作，根据王尽美事迹编排京剧《晨钟》，根据济南战役史料编写纪实文学《虎啸泉城》、话剧《吴化文起义》，根据著名烈士傅健行事迹编写小说和电视剧《血泉》等一批党史艺术作品。

二、重要党史宣传教育活动

通过图片展览、报告会、座谈会、专题征文、党史知识竞赛、发表纪念文章等多种形式宣传地方党史，进行革命传统教育。先后在报纸、期刊、电台、电视台开辟党史专栏50多个，发表文章800余篇。与有关部门共同发起组成革命传统报告团，邀请老红军、老八路、老战士、老英雄参加，先后举行各种报告会1000余场。1991年，围绕建党70周年，参与筹办“中共山东党史展览”和“中共济南乡师党史展览”、《坚强的战斗堡垒》编写和电视专题片《巍巍丰碑》(6集)拍摄等。1995年，为纪念抗日战争胜利50周年，编辑出版《济南抗战风云录》。1998年，为纪念济南解放50周年，举办“济南战役文物图片资料展”“济南战役参战老战士书画作品展”，编辑出版《济南战役参战老战士书画集》，拍摄电视专题片《伟大的胜利》(5集)。2001年，举办纪念邓恩铭诞辰100周年座谈会和济南共产主义小组成立80周年座谈会、建党80周年知识竞赛等，拍摄电视专题片《光辉的历程》(8集)和《护城河畔的故事》。2002～2010年，先后举办“历史不能忘记”革命遗址图片展览、“党风楷模——周恩来”大型图片展览、“丹心昭日月，英名垂青史”济南革命先驱事迹图片展览、“毛主席在济南”图片展览、“纪念中国人民抗日战争暨山东战区接受日军投降60周年”历史资料实物展、“世纪伟人——邓小平”大型图片展、庆祝中国共产党成立85周年书画展览、济南市纪念红军长征胜利70周年图片展；开展纪念济南解放55周年“读家乡历史，建美好泉城”征文比赛、“中国共产党与中国现代化”征文、“和谐社会、和谐济南”征文、庆祝中国共产党成立85周年征文、纪念改革开放30周年学术征文、新中国成立60周年学术征文、纪念抗战胜利65周年征文活动；先后召开“邓小平南方谈话与改革开放新阶段”理论研讨会、济南市纪念毛泽东诞辰110周年座谈会、执政党与执政规律理论研讨会、济南市纪念建党82周年座谈会、纪念建党85周年暨长征胜利70周年研讨会、全市纪念改革开放30周年理论研讨会。

三、围绕大局开展党史宣传活动

先后与有关部门合作举办香港回归展、下派干部成果展、“五年大变样、三年看变化”——济南城建成就展、济南城市建设规划展、济南市城市总体规划展、济南市新城区规划公示展、“继承光荣传统、建设美好泉城”图片展、“弘扬济南精神、建设和谐泉城”摄影作品展等。承担济南市机关干部入党积极分子党史授课任务。

四、党史刊物和党史网站

《济南党史研究》创刊于1983年，出版31辑后停刊。2005年作为市委党史研究室和市党史学会的机关刊物复刊。2008年成为季刊，并被评为华东地区优秀党史期刊。“济南中共党史”网站于2004年6月30日开通。2005年4月在市委局域网上开通内部网站。2007年、2009年两次改版调整。在市委、市政府局域网开通“中国共产党史料在线”服务系统，收录电子党史书籍2万余册。

第四节　党史资政

充分发挥党史部门资政职能，围绕中心、服务大局，为全市经济社会发展提供有益借鉴。在城市大规模建设过程中，向市委提出开发利用济南党史资源特别是开展革命遗址保护等方面的意见建议，很多建议成为市委决策的重要参考。1991年，结合青年公园改造，修建四五烈士纪念碑。2004年5月，市委、市政府决定结合黄河公园建设，建立泺口九烈士纪念碑，市委党史研究室负责总的协调落实工作。2005年4月3日，市委、市政府在黄河公园举行泺口九烈士纪念碑揭幕仪式。2005年年底，泺口九烈士纪念碑被公布为济南市第二批市级爱国主义教育基地。2007年，结合趵突泉公园扩建，与有关部门联合建设济南惨案纪念堂，5月3日正式对外开放，并组织编写出版《五三祭》

2008年9月24日，济南解放60周年纪念大会在英雄山革命烈士陵园悼念广场举行

一书。同年，结合小清河改造筹备建设五柳闸中共济南市委重建旧址纪念亭。2009年9月，五柳闸市委重建旧址纪念碑和党史宣传教育长廊建设、展览布局等相关工作全部竣工。参与全市性党史党建宣讲和重大活动，2003年起参加全市邓小平理论研究重心研究及宣讲活动。

结合重要历史节点、重大历史事件、重大纪念活动，组织撰写相关资政文章。其中《济南开埠与区域现代化》等资政文章呈报市委领导参阅。在《济南日报》《济南通讯》《泉城党建》《山东党史》等报刊发表《从十五大到十六大济南党的建设大事记》《中国共产党加强自身建设的重要里程碑》《济南“自开商埠”百年回眸》《充分发挥党史资政育人作用，为推进党的先进性建设服务》《构建和谐社会——我党执政理念的升华》《中国共产党党章的历史演进与时代创新》《充分展示中国共产党先进性的三件大事》《济南共产党早期组织成立探源》等资政文章百余篇。

第五节 机 构

1985年3月22日，撤销中共济南市委党史资料征集委员会办公室，将中共济南市委党史资料征集委员会作为实体组织，内设秘书科、征集研究科、综合编辑室3个业务科室。1987年2月25日，内设处室调整为办公室、征集研究处、综合编辑处。1988年11月2日，内设处室调整为办公室、研究一处、研究二处。1991年8月12日增设党史宣传处。1991年，成立中共山东省党史陈列馆，为市委党史研究室直属正县级事业单位，其业务工作同时接受中共山东省委党史研究室指导，主要承办山东省及济南市党史宣传展览、党史党建纪念活动及文化展览，是山东省及济南市首批爱国主义教育基地和党员德育基地。

1996年11月26日，中共济南市委党史资料征集委员会更名为中共济南市委党史研究室，内设秘书处、研究一处、研究二处、宣传教育处共4个业务处室。

2000年12月，撤销研究一处、研究二处，建立党史研究处、党史资料管理处。2001年8月，市委党史研究室内设秘书处、党史研究处、党史资料管理处(挂党史宣传教育处牌子)共3个业务处室。至2010年，内设业务处室无变化。

第二篇　济南市人民代表大会

济南市人民代表大会是济南市地方国家权力机关，市人民代表大会常务委员会(简称市人大常委会)是济南市人民代表大会的常设机关。1987年11月，市人大常委会设有办公厅、政法工作委员会、财政经济工作委员会、教育科学文化卫生委员会、城市建设工作委员会。1988年11月，市人大常委会增设人事代表工作室。1989年，市人民代表大会设法制委员会、财政经济委员会、城乡建设环境保护委员会、教育科学文化卫生委员会；6月，撤销各工作委员会，设立法制工作室、财经工作室、城乡建设环境保护工作室、教育科学文化卫生工作室。1990年3月，市人民代表大会增设农村经济委员会、民族侨务外事委员会；6月，市人大常委会设立农村经济工作室、民族侨务外事工作室。1995年3月，设立法规工作室。2000年5月，市人民代表大会临时设立法规工作委员会。2001年2月，市人民代表大会增设法制委员会、内务司法委员会，市人大常委会设内务司法工作室。2003年8月，市人民代表大会设法规工作委员会，市人大常委会设法规工作室；同月，市人大常委会设研究室。至2010年，市人民代表大会设市人大法制委员会、教育科学文化卫生委员会、内务司法委员会、民族侨务外事委员会、城乡建设环境保护委员会、财政经济委员会、农村经济委员会。市人大常委会设办公厅、研究室、人事代表工作室、法制工作室、教育科学文化卫生工作室、内务司法工作室、民族侨务外事工作室、城乡建设环境保护工作室、财政经济工作室(预算工作室)、农村经济工作室、代表资格审查委员会。

自第九届人民代表大会始，济南市人民代表大会的依法召开和履行职权步入规范化轨道，每届任期5年。1986～2010年，各届人民代表大会共举行6届25次全体会议。

在每届市人民代表大会第一次会议上，选举产生地方国家政权机关，包括市人大常委会组成人员、市长和副市长、市中级人民法院院长、市人民检察院检察长，通过专门委员会组成人员，并选举产生出席山东省人民代表大会的人大代表。在每一次市人民代表大会上，审议、批准市人大常委会工作报告、市人民政府工作报告及市中级人民法院、市人民检察院工作报告，审查、批准国民经济和社会发展计(规)划、财政预算及其执行情况的报告；通过上述报告的决议；通过大会议案等。

在济南市改革开放和现代会建设中，市人大及其常委会肩负立法、监督、决定重大事项、人事任免等职权，通过依法制定地方性法规，听取和审议政府、法院、检察院的工作报告，审查、批准市国民经济和社会发展计划、财政预算和决算及其执行情况的报告，讨论、决定济南市政治、经济、社会、文化等领域的重大事项，依法任免国家机关领导人员和工作人员。

第一章　代表大会

济南市人民代表大会是济南市地方国家权力机关。自第九届人民代表大会始，每届任期5年。1986～2010年，各届人民代表大会共举行6届25次全体会议。

第一节　第九届人民代表大会

1982年3月换届产生。各选举单位分别召开人民代表大会、军人代表大会，选举产生代表600名。另外，根据工作需要，经山东省人民代表大会常务委员会同意，又增选23名，共有代表623名。其中：工人代表184名，占29.6%；农民代表122名，占19.6%；干部代表125名，占20%；知识分子代表75名，占12%；民主党派和无党派爱国人士代表34名，占5.5%；解放军代表17名，占2.7%；其他劳动人民代表60名，占9.6%；归国华侨和侨眷代表6名，占1%。代表中，中共党员占56.8%；妇女占26.5%；少数民族占4.5%。台湾籍代表3名。

第四次会议

1986年5月26日至6月1日举行。会议应到代表658名，实到代表583名。出席市政协七届四次会议全体委员列席会议。会议选举丁星才等63人组成大会主席团，选举龙启经为秘书长。会议听取济南市人民政府工作报告、关于济南市1986年国民经济和社会发展计划的报告、关于济南市1985年财政决算和1986年财政预算(草案)的报告、市人大常委会工作报告、市中级人民法院工作报告和市人民检察院工作报告。会议通过上述报告并分别作出相应决议。会议补选牛子重、刘振嵩为市第九届人大常委会副主任，补选8名市第九届人大常委会委员；决定任命翟永渟为济南市市长，赵传明、刘统侠为副市长。会议通过关于接受徐贞吉、张扬、王善志、王寿春辞去市第九届人大常委会副主任职务的请求和接受10人辞去市第九届人大常委会委员职务的请求的决议，关于接受何宗贵辞去济南市市长职务和刘耀华、谭庆琏辞去济南市副市长职务的请求的决议。会议共收到代表提出的议案24件。其中，《关于搞好小清河济南段污水处理，增强人民群众身体健康》一案经大会通过，决定交市政府进一步征求各方面意见后，提出方案，报市人大常委会审议；其余23件改作代表的建议和意见处理。会议收到代表提出的建议、批评和意见390件。

第五次会议

1987年4月7日～10日举行。会议应到代表651名，实到代表553名。出席市政协七届五次会议全体委员列席会议。会议选举于云亭等63人组成大会主席团，选举龙启经为秘书长。会议听取济南市人民政府工作报告、关于济南市1987年国民经济和社会发展计划的报告、关于济南市1986年财政决算和1987年财政预算(草案)的报告、市人大常委会工作报告、市中级人民法院工作报告和市人民检察院工作报告。会议通过上述报告并分别作出相应决议。会议共收到代表提出的议案28件。其中，《关于推广型煤、改善大气环境》经大会通过，决定交市政府进一步征求各方面意见后提出方案，报市人大常委会审议；其余27件改作代表建议和意见处理。会议收到代表提出的建议、批评和意见135件。

第九届人大常委会
主任、副主任任职情况
(1983.4～1988.1)

主　任：李元荣

副主任：龙启经（1987.7离职）

徐贞吉（1986.12离职）

张　扬（1986.12离职）

王善志（1986.12离职）

王寿春（1986.12离职）

艾鲁川

饶曼妮（女）

牛子重（1986.6任职）

刘振嵩（1986.6任职）

第二节　第十届人民代表大会

1988年1月换届产生。市十届人大代表用差额选举办法产生，共455名。其中，工农及其他劳动者171名，干部125名，知识分子89名，民主党派和无党派爱国人士55名，人民解放军驻济南部队10名，归侨、侨眷、台属5名。代表中，中共党员占67%，妇女占24%，少数民族占4%；中学以上文化程度的占93%，其中大专以上的占46%。代表的平均年龄为46.9岁。

济南市第十届人民代表大会下设6个专门委员会：法制委员会、财政经济委员会、城乡建设环境保护委员会、教育科学文化卫生委员会、农村经济委员会、民族侨务外事委员会。

第一次会议

1988年1月4日～13日举行。会议应到代表455名，实到代表423名。1月3日举行预备会议，选举于进渭等53人组成大会主席团，选举刘振嵩为秘书长。出席市政协八届一次会议的全体委员及市直各部门负责人列席会议。会议听取并审议济南市人民政府工作报告、关于济南市1987年国民经济和社会发展计划执行情况及1988年计划安排意见的报告、关于济南市1987年财政预算执行情况和1988年财政预算安排意见的报告、市人大常委会工作报告、市中级人民法院工作报告和市人民检察院工作报告。会议批准上述报告并分别作出决议。会议选举产生济南市出席山东省第七届人民代表大会代表81名；选举产生市十届人大常委会委员23名；选举李元荣为主任，刘振嵩、艾鲁川、郭德耀、王儒学、王忠堂、饶曼妮为副主任，王儒学为秘书长；选举翟永涥为济南市市长，赵传明、庄庆臣、张福山、谭永青、封居尚、刘统侠为副市长；选举王景文为市中级人民法院院长；选举徐世经为市人民检察院检察长。

第二次会议

1989年3月15日～20日举行。会议应到代表471名，实到代表436名。3月14日举行预备会议，选举于进渭等53人组成大会主席团，选举刘振嵩为秘书长。出席市政协八届二次会议的全体委员及市直各部门负责人列席会议。会议听取并审议济南市人民政府工作报告、关于济南市1989年国民经济和社会发展计划(草案)的报告、关于济南市1988年财政决算和1989年财政预算(草案)的报告、市人大常委会工作报告、市中级人民法院工作报告和市人民检察院工作报告。会议批准上述报告并分别作出决议。会议补选3名市十届人大常委会委员。会议通过关于设立济南市人民代表大会专门委员会的决定及各专门委员会组成人员名单。

第三次会议

1990年3月18日～23日举行。会议应到代表542名，实到代表496名。出席市政协八届三次会议的全体委员及市直各部门负责人列席会议。3月17日举行预备会议，选举马德贵等56人组成大会主席团，选举刘振嵩为大会秘书长。会议听取并审议济南市人民政府工作报告、关于济南市1990年国民经济和社会发展计划(草案)的报告、关于济南市1989年财政预算执行情况和1990年财政预算(草案)的报告、市人大常委会工作报告、市中级人民法院工作报告和市人民检察院工作报告。会议批准上述报告并分别作出决议。会议补选房立为市十届人大常委会副主任，补选1名市十届人大常委会委员。会议通过关于增设济南市人民代表大会农村经济委员会和民族侨务外事委员会的决定，并通过两个专门委员会组成人员名单。会议共收到代表提出的议案31件。经确定，将《关于加强民族工作》《关于加强济南市预算外资金管理》《关于解决乱集资、乱收费、乱罚款》《关于建议制订〈济南市文化市场管理办法〉》和《关于切实解决市区“上学难”问题》5件议案，作为大会议案，交市政府办理，办理情况由市人大有关专门委员会审议后，向市人大常委会报告。其余作为代表的建议和意见，交由市人大常委会办事机构、市政府及其所属工作部门研究处理并负责答复代表。

第四次会议

1991年4月3日～10日举行。会议应到代表541名，实到代表496名。出席市政协八届四次会议的全体委员及市直各部门负责人列席会议。4月2日举行预备会议，通过会议议程，选举马德贵等55人组成大会主席团，选举刘振嵩为大会秘书长。会议听取并审议关于济南市国民经济和社会发展十年规划及第八个五年计划纲要的报告、关于济南市1991年国民经济和社会发展计划草案的报告、关于济南市1990年财政决算和1991年财政预算草案的报告、市人大常委会工作报告、市中级人民法院工作报告、市人民检察院工作报告和关于《济南市人民代表大会议事规则(草案)》的说明。会议批准上述报告并分别作出决议。会议补选刘正宗、刘锡藩为市十届人大常委会副主任，补选4名市第十届人大常委会委员。会议共收到代表提出的议案60件。经确定，将《关于制定〈济南市国防教育实施办法〉的议案》《关于解决我市山区人畜吃水困难的议案》《关于加强农村医疗卫生工作的议案》《关于解决市郊县收看济南电视台节目难的议案》《关于解决平阴县人民收看济南电视台节目问题的议案》(两件并为1案)4件议案，作为大会议案，交市政府研究办理，由市人大有关专门委员会审议办理结果，并向市人大常委会和下次市人民代表大会提出报告。其余55件作为代表的重要建议、批评和意见，由市人大常委会办事机构分别交有关机关和组织研究处理，并负责答复代表。会议审议批准《济南市国民经济和社会发展十年规划及“八五”计划纲要》。

第五次会议

1992年3月17日～21日举行。会议应到代表540名，实到代表506名。出席市政协八届五次会议的全体委员及市直各部门负责人列席会议。3月16日举行预备会议，通过会议议程，选举马德贵等58人组成大会主席团，选举房立为大会秘书长。会议听取并审议济南市人民政府工作报告、关于济南市1991年国民经济和社会发展计划执行情况与1992年国民经济和社会发展计划(草案)的报告、关于济南市1991年财政预算执行情况和1992年财政预算(草案)的报告、市人大常委会工作报告、市中级人民法院工作报告和市人民检察院工作报告。会议批准上述报告并分别作出决议。会议共收到代表提出的议案26件。经确定，所提议案均不能形成大会议案，改作代表重要建议和意见，连同代表书面提出的304件建议、批评和意见，由市人大常委会办事机构分别交有关机关和组织研究处理，并负责答复代表。

第十届人大常委会
主任、副主任任职情况

(1988.1～1993.3)

主　任：李元荣

副主任：刘振嵩（1991.6病故）

艾鲁川
郭德耀
王儒学
王忠堂
饶曼妮（女）
房　立（1990.3任职）
刘正宗（1991.4任职）
刘锡藩（1991.4任职）

第三节　第十一届人民代表大会

1993年3月换届产生，有代表名额520名。各选举单位分别召开人民代表大会、军人代表大会，采取差额选举，无记名投票的方式选出市十一届人大代表514名，暂缺6名。其中：工农和其他劳动者186名，占36.2%；干部143名，占27.8%；知识分子114名，占22.2%；民主党派及无党派代表人士56名，占10.9%；人民解放军驻济南部队10名，占1.9%；归侨、侨眷5名，占1%。

济南市第十一届人民代表大会下设6个专门委员会：法制委员会、财政经济委员会、城乡建设环境保护委员会、教育科学文化卫生委员会、农村经济委员会、民族侨务外事委员会。

第一次会议

1993年3月5日～11日举行。会议应到代表514名，实到代表501名。出席市政协九届一次会议的全体委员及市直各部门主要负责人列席会议。3月4日举行预备会议，通过会议议程，选举57人组成大会主席团，选举房立为大会秘书长。会议听取并审议济南市人民政府工作报告、关于济南市1993年国民经济和社会发展计划(草案)的报告、关于济南市1992年财政决算和1993财政预算(草案)的报告、市人大常委会工作报告、市中级人民法院工作报告和市人民检察院工作报告。会议批准上述报告并分别作出决议。会议选举产生87名出席山东省第八届人民代表大会代表；选举产生市第十一届人大常委会，李启万为主任，刘正宗、刘锡藩、封居尚、徐世经、饶曼妮、朱继滨、曹守恭为副主任，曹守恭为秘书长(兼)；选举谢玉堂为济南市市长，张福山、谭永青、徐华东、王丕俊、李华理、刘克昌、赵志冰为副市长；选举周玉华为市中级人民法院院长，姜永生为市人民检察院检察长。会议通过济南市第十一届人民代表大会法制委员会、财政经济委员会、城乡建设环境保护委员会、教育科学文化卫生委员会、农村经济委员会、民族侨务外事委员会组成人员名单。会议共收到代表提出的议案61件。经确定，将《关于保护济南名泉的议案》和《关于保护卧虎山水库水质及南部山区环境的议案》作为大会议案，交市政府办理，并将办理情况向市人大常委会提出报告。其余所提议案改作重要建议、批评和意见，连同代表书面提出的173件建议、批评和意见，由市人大常委会办事机构分别交有关机关和组织研究处理，并负责答复代表。

第二次会议

1994年3月7日～11日举行。会议应到代表517名，实到代表472名。出席市政协九届二次会议的全体委员及市直各部门主要负责人列席会议。3月6日举行预备会议，通过会议议程，选举57人组成大会主席团，选举刘正宗为大会秘书长。会议听取和审议济南市人民政府工作报告、关于济南市1993年国民经济和社会发展计划执行情况与1994年计划(草案)的报告、关于济南市1993年财政决算和1994年财政预算(草案)的报告、市人大常委会工作报告、市中级人民法院工作报告和市人民检察院工作报告。会议批准上述报告并分别作出决议。会议共收到代表提出的议案40件。经确定，将《关于市区内禁止燃放烟花爆竹的议案》和《关于切实认真贯彻落实农业“两法”，增加农业科技投入，强化农业科技队伍建设的议案》作为大会议案，交市政府办理。其余所提议案改作重要建议、批评和意见，连同代表书面提出的164件建议、批评和意见，由市人大常委会办事机构分别交有关机关和组织研究处理，并负责答复代表。

第三次会议

1995年2月8日～13日举行。会议应到代表521名，实到代表503名。出席市政协九届三次会议的全体委员及市直各部门主要负责人列席会议。2月7日举行预备会议，通过会议议程，选举55人组成大会主席团，选举刘正宗为大会秘书长。会议听取并审议济南市人民政府工作报告、关于济南市1994年国民经济和社会发展计划执行情况与1995年计划(草案)的报告、关于济南市1994年财政预算执行情况和1995年财政预算(草案)的报告、市人大常委会工作报告、市中级人民法院工作报告和市人民检察院工作报告。会议批准上述报告并分别作出决议。会议共收到代表提出的议案50件。经确定，将《关于限制养犬的议案》作为大会议案，交由市政府办理，并将办理情况报市人大常委会审议决定。其余所提议案改作重要建议、批评和意见，连同代表书面提出的206件建议、批评和意见，由市人大常委会办事机构交有关机关和组织研究办理，并负责答复代表。

第四次会议

1996年3月4日～10日举行。会议应到代表531名，实到代表513名。出席市政协九届四次会议的全体委员及市直各部门主要负责人列席会议。3月3日举行预备会议，通过会议议程，选举58人组成大会主席团，选举刘正宗为大会秘书长。会议听取并审议关于济南市国民经济和社会发展第九个五年计划及2010年远景目标纲要的报告、关于济南市1995年国民经济和社会发展计划执行情况与1996年计划(草案)的报告、关于济南市1995年财政预算执行情况和1996年财政预算(草案)的报告、市人大常委会工作报告、市中级人民法院工作报告和市人民检察院工作报告。会议批准上述报告并分别作出决议。会议共收到代表提出的议案42件。经确定，所提议案均不能形成大会议案，改作代表的重要建议和意见，连同代表书面提出的208件建议、批评和意见，由市人大常委会办事机构分别交有关机关和部门组织研究办理，并负责答复代表。大会同意接受市人大常委会副主任、城乡建设环境保护委员会主任委员刘正宗及6名市人大常委会委员的辞职书。会议补选张福山、倪士崇、徐金荣、刘海亭为市人大常委会副主任，补选5名市人大常委会委员。

第五次会议

1997年2月24日至3月1日举行。会议应到代表535名，实到代表503名。出席市政协九届五次会议的全体委员及市直各部门主要负责人列席会议。2月23日举行预备会议，通过会议议程，选举60人组成大会主席团，选举张福山为大会秘书长。会议听取并审议市政府工作报告、关于济南市1996年国民经济和社会发展计划执行情况与1997年国民经济和社会发展计划(草案)的报告、关于济南市1996年财政预算执行情况和1997年财政预算(草案)的报告、市人大常委会工作报告、市中级人民法院工作报告和市人民检察院工作报告。会议通过上述报告并分别作出决议。会议共收到代表提出的议案24件。经确定，有4件拟作大会议案处理。其余20件改作代表的重要建议和意见，连同代表书面提出的建议、批评和意见共78件，由市人大常委会办事机构分别交有关机关和部门组织研究处理，并负责答复代表。会议补选栾毅昌为市人大常委会副主任。

第十一届人大常委会
主任、副主任任职情况
(1993.3～1998.2)

主　任：李启万

副主任：刘正宗（1996.3离职）

刘锡藩
封居尚
徐世经
饶曼妮（女）
朱继滨
曹守恭
张福山（1996.3任职）
倪士崇（1996.3任职）
徐金荣（1996.3任职）
刘海亭（1996.3任职）
栾毅昌（1997.3任职）

第四节　第十二届人民代表大会

1998年2月换届产生，有代表名额473名。各选举单位分别召开人民代表大会、军人代表大会，采取差额选举、无记名投票的方式，选出市十二届人大代表465名，暂缺8名。其中：工农和其他劳动者143名，占30.7%；干部185名，占39.8%；知识分子84名，占18%；民主党派及无党派人士39名，占8.4%；人民解放军驻济南部队10名，占2.2%；归侨、侨眷4名，占0.9%。至年底病故2名，调离本行政区域2名，实有代表461名。大会常务委员会组成人员40名，其中主任1名、副主任7名。

1998年2月济南市第十二届人民代表大会第一次会议召开时下设6个专门委员会：法制委员会、财政经济委员会、城乡建设环境保护委员会、教育科学文化卫生委员会、农村经济委员会、民族侨务外事委员会。2001年2月济南市第十二届人民代表大会第四次会议增设法制委员会，原法制委员会更名为内务司法委员会。

第一次会议

1998年2月20日～27日举行。会议应到代表465名，实到代表458名。出席市政协十届一次会议的全体委员及市直各部门负责人列席会议。2月19日举行预备会议，通过会议议程，选举73人组成大会主席团，张福山为大会秘书长。会议听取并审议济南市人民政府工作报告、关于济南市1997年国民经济和社会发展计划执行情况与1998年国民经济和社会发展计划(草案)的报告、关于济南市1997年财政预算执行情况和1998年财政预算(草案)的报告、市人大常委会工作报告、市中级人民法院工作报告和市人民检察院工作报告。会议通过上述报告并分别作出决议。会议共收到代表提出的议案60件。经确定，有1件拟作大会议案处理。其余59件所提议案改作代表的重要建议和意见，连同代表书面提出的建议、批评和意见72件，由市人大常委会办事机构分别交有关机关和部门、组织研究处理，并负责答复代表。会议选举李启万为济南市第十二届人大常委会主任，谭永青、封居尚、王宝玲、赵志冰、刘海亭、栾毅昌、董承铭为副主任，李法明为秘书长；选举31名常委会委员；选举谢玉堂为济南市市长，徐华东、李华理、刘克昌、陶安岭、马纯济、刘善友、王存兴、杨佩钦、刘荫岛为副市长；选举孙树宴为市中级人民法院院长；选举丁瑞云为市人民检察院检察长。会议通过济南市第十二届人民代表大会法制委员会、财政经济委员会、城乡建设环境保护委员会、教育科学文化卫生委员会、农村经济委员会、民族侨务外事委员会组成人员名单。选举产生济南市出席山东省第九届人民代表大会代表72名。

第二次会议

1999年2月25日至3月1日举行。会议应到代表463名，实到代表457名。出席市政协十届二次会议的全体委员及市直各部门负责人列席会议。2月24日举行预备会议，通过会议议程，选举59人组成大会主席团，谭永青为大会秘书长。会议听取并审议济南市人民政府工作报告、关于济南市1998年国民经济和社会发展计划执行情况与1999年国民经济和社会发展计划(草案)的报告、关于济南市1998年财政预算执行情况和1999年财政预算(草案)的报告、市人大常委会工作报告、市中级人民法院工作报告和市人民检察院工作报告。会议通过上述报告并分别作出决议。会议共收到代表提出的议案28件。经确定，有1件拟作大会议案处理。其余27件所提议案改作代表的重要建议和意见，连同代表书面提出的建议、批评和意见101件，由市人大常委会办事机构分别交有关机关和部门、组织研究处理，并负责答复代表。会议选举彭万生为市中级人民法院院长。市十二届人大常委会第六次会议关于接受李华理辞去济南市人民政府副市长职务的请求的决定向大会作备案报告(书面)。

第三次会议

2000年2月25日～29日举行。会议应到代表467名，实到代表437名。出席市政协十届三次会议的全体委员及市直各部门负责人列席会议。2月24日举行预备会议，通过会议议程，选举59人组成大会主席团，谭永青为大会秘书长。会议听取并审议济南市人民政府工作报告、关于济南市1999年国民经济和社会发展计划执行情况与2000年计划(草案)的报告、关于济南市1999年财政预算执行情况和2000年财政预算(草案)的报告、市人大常委会工作报告、市中级人民法院工作报告和市人民检察院工作报告。会议通过上述报告并分别作出相应决议。会议共收到代表提出的议案28件。经确定，28件议案全部改作代表的重要建议和意见，连同代表书面提出的建议、批评和意见196件，由市人大常委会办事机构分别交有关机关和部门、组织研究办理，并负责答复代表。会议补选朱文兴为市十二届人大常委会副主任。

第四次会议

2001年2月22日～27日举行。会议应到代表472名，实到代表450名。出席市政协十届四次会议的全体委员及市直各部门负责人列席会议。2月21日举行预备会议，通过会议议程，选举62人组成大会主席团，谭永青为大会秘书长。会议听取并审议关于济南市国民经济和社会发展第十个五年计划纲要的报告，审查、批准济南市国民经济和社会发展第十个五年计划纲要以及关于济南市2000年国民经济和社会发展计划执行情况和2001年计划(草案)的报告，关于济南市2000年财政预算执行情况和2001年财政预算(草案)的报告，市人大常委会工作报告、市中级人民法院工作报告和市人民检察院工作报告。会议通过上述报告并分别作出决议。会议审议市人大常委会关于提请审议《济南市制定地方性法规条例(草案)》的议案，通过《济南市制定地方性法规条例》。会议共收到代表提出的议案40件。经确定，40件议案全部改作代表的重要建议和意见，连同代表书面提出的建议、批评和意见220件，由市人大常委会办事机构分别交有关机关和部门组织研究办理，并负责答复代表。会议通过关于接受李启万辞去济南市第十二届人民代表大会常务委员会主任职务的请求的决定。会议补选段义和为市第十二届人大常委会主任，牛洪恩、王存兴、朱金河为副主任，雷杰为常务委员会委员，张宗祥为济南市副市长。会议表决通过济南市第十二届人民代表大会法制委员会、内务司法委员会组成人员名单。

第五次会议

2002年2月28日至3月5日举行。会议应到代表472名，实到代表447名。出席市政协十届五次会议的全体委员及市直各部门负责人列席会议。会议听取并审议济南市人民政府工作报告、关于济南市2001年国民经济和社会发展计划执行情况与2002年计划(草案)的报告、关于济南市2001年预算执行情况和2002年预算(草案)的报告、市人大常委会工作报告、市中级人民法院工作报告和市人民检察院工作报告。会议通过上述报告并分别作出相应决议。会议共收到代表提出的议案42件。经确定，42件议案全部改作代表的重要建议和意见，连同代表书面提出的建议、批评和意见183件，由市人大常委会办事机构分别交有关机关和部门研究办理，并负责答复代表。

第十二届人大常委会
主任、副主任任职情况

(1998.2～2003.2)

主　任：李启万（2001.2离职）
　　　　段义和（2001.2任职）
副主任：谭永青
　　　　封居尚
　　　　王宝玲（女）
　　　　赵志冰（女）
　　　　刘海亭
　　　　栾毅昌
　　　　董承铭
　　　　朱文兴（2000.2任职）
　　　　牛洪恩（2001.2任职）
　　　　王存兴（2001.2任职）
　　　　朱金河（2001.2任职）

第五节　第十三届人民代表大会

2003年2月换届产生，有代表名额473名。各选举单位分别召开人民代表大会、军人代表大会，采取差额选举，无记名投票的方式，选出市十三届人大代表468名，暂缺5名。其中：工农及其他劳动者144名，占30.8%；干部193名，占41.3%；知识分子83名，占17.7%；民主党派及无党派人士36名，占7.7%；军人10名，占2.1%；归侨侨眷2名，占0.4%。

济南市第十三届人民代表大会下设7个专门委员会：法制委员会、教育科学文化卫生委员会、内务司法委员会、民族侨务外事委员会、城乡建设环境保护委员会、财政经济委员会、农村经济委员会。

第一次会议

2003年2月19日～26日举行。会议应到代表468名，实到代表466名。出席市政协十一届一次会议的全体委员及市各有关方面负责人列席会议。2月19日举行预备会议，通过会议议程，选举74人组成大会主席团，谭永青为大会秘书长。会议听取并审议济南市人民政府工作报告、关于济南市2002年国民经济和社会发展计划执行情况与2003年计划(草案)的报告、关于济南市2002年预算执行情况和2003年预算(草案)的报告、市人大常委会工作报告、市中级人民法院工作报告和市人民检察院工作报告。会议通过上述报告并分别作出相应决议。会议共收到代表提出的议案62件。经确定，62件议案全部改作代表重要建议和意见，连同代表书面提出的建议、批评和意见112件，由市人大常委会办事机构分别交有关机关和部门研究办理，并负责答复代表。会议选举段义和为市第十三届人大常委会主任，李荣芝、牛洪恩、谢传仁、陶安岭、董承铭、王存兴、彭万生、朱文兴、朱金河、李德强为副主任，李法明为秘书长；选举30名常委会委员；选举鲍志强为济南市市长，郭作贵、杨佩钦、刘荫岛、王天义、张宗祥、邹世平、张泽为副市长；选举马永胜为市中级人民法院院长，丁瑞云为市人民检察院检察长。会议通过济南市第十三届人民代表大会法制委员会、教育科学文化卫生委员会、内务司法委员会、民族侨务外事委员会、城乡建设环境保护委员会、财政经济委员会、农村经济委员会组成人员名单。会议选举产生出席山东省第十届人民代表大会代表69名。

第二次会议

2004年1月30日至2月4日举行。会议应到代表468名，实到代表462名。出席市政协十一届二次会议的全体委员及市直各部门负责人列席会议。1月30日举行预备会议，通过会议议程，

选举72人组成大会主席团、李荣芝为大会秘书长。会议听取并审议市政府工作报告、关于济南市2003年国民经济和社会发展计划执行情况与2004年计划(草案)的报告、关于济南市2003年预算执行情况和2004年预算(草案)的报告、市人大常委会工作报告、市中级人民法院工作报告和市人民检察院工作报告。会议通过上述报告并分别作出相应决议。会议共收到代表提出的议案37件。经确定，37件议案全部改作重要代表建议和意见，连同代表书面提出的建议、批评和意见186件，共计223件，由市人大常委会办事机构分别交有关机关和部门、组织研究办理，并负责答复代表。

第三次会议

2005年1月26日～30日举行。会议应到代表466名，实到代表449名。出席市政协十一届三次会议的全体委员、市委各工作部门、市人大常委会工作机构、市政府有关部门负责人、担任过市级领导职务的人员、会议秘书处各组负责人等列席会议。1月25日举行预备会议，通过会议议程，选举73人组成大会主席团，李荣芝为大会秘书长。会议听取并审议市政府工作报告、关于济南市2004年国民经济和社会发展计划执行情况与2005年计划(草案)的报告、关于济南市2004年预算执行情况和2005年预算(草案)的报告、市人大常委会工作报告、市中级人民法院工作报告和市人民检察院工作报告。会议通过上述报告并分别作出相应决议。会议共收到代表提出的议案36件。经确定，36件议案全部改作重要代表建议和意见，连同代表书面提出的建议、批评和意见213件，共计349件，由市人大常委会办事机构分别交有关单位和部门研究办理，并负责答复代表。会议选举马纯济为市第十三届人大常委会副主任；选举李静为市中级人民法院院长；选举市第十三届人民代表大会民族侨务外事委员会主任委员1人。

第四次会议

2006年2月7日～11日举行。会议应到代表468名，实到代表453名。出席市政协十一届四次会议的全体委员、市委各工作部门、市人大常委会工作机构、市政府有关部门负责人、担任过市级领导职务的人员、会议秘书处各组负责人等列席会议。2月6日举行预备会议，通过会议议程，选举73人组成大会主席团，李荣芝兼任大会秘书长。会议听取并审议济南市人民政府工作报告、济南市国民经济和社会发展第十一个五年规划纲要、关于济南市2005年国民经济和社会发展计划执行情况与2006年计划(草案)的报告、关于济南市2005年预算执行情况和2006年预算(草案)的报告、市人大常委会工作报告、市中级人民法院工作报告和市人民检察院工作报告。会议通过上述报告并分别作出相应决议。会议共收到代表提出的议案16件。经确定，其中由章丘代表团提出的《关于章丘市撤市设区的议案》(1号)和济阳代表团提出的《关于济阳县撤县设区的议案》(2号)，直接交由市人民政府办理，办理情况报市人大常委会审议决定。其余14件议案作为重要代表建议和意见，连同代表书面提出的建议、批评和意见210件，共计226件，由市人大常委会办事机构分别交有关机关和部门组织研究办理，并负责答复代表。会议选举齐建民、孙培森为市第十三届人大常委会副主任；选举齐建民为市第十三届人大常委会秘书长；会议补充通过朱文兴为济南市第十三届人民代表大会教育科学文化卫生委员会主任委员，李德强为财政经济委员会主任委员；选举李法明为市第十三届人大常委会委员。会议通过关于接受牛洪恩辞去市第十三届人大常委会副主任、科学文化卫生委员会主任委员，王存兴辞去市第十三届人大常委会副主任、财政经济委员会主任委员，李法明辞去市第十三届人大常委会秘书长职务的请求的决定。

第五次会议

2007年3月23日～28日举行。会议应到代表472名，实到代表454名。3月23日举行预备会议，通过会议议程，选举76人组成的大会主席团，李荣芝兼任大会秘书长。会议听取并审议济南市人民政府工作报告、关于2006年国民经济和社会发展计划执行情况与2007年计划(草案)的报告、关于济南市2006年预算执行情况和2007年预算(草案)的报告、市人大常委会工作报告市中级人民法院工作报告和市人民检察院工作报告。会议通过上述报告并分别作出相应决议。会议共收到代表提出的议案20件。经确定，20件议案改作重要代表建议和意见，连同代表书面提出的建议、批评和意见共计354件，由市人大常委会办事机构分别交有关机关和部门组织研究办理，并负责答复代表。会议选举张建国为济南市市长；选举陈延河、牟陆阳为市第十三届人大常委会副主任；选举4名市第十三届人大常委会委员。会议通过关于接受鲍志强辞去济南市市长、朱金河辞去市第十三届人大常委会副主任、1人辞去市第十三届人大常委会委员职务的请求的决定。

第十三届人大常委会
主任、副主任任职情况
(2003.2～2008.1)

主　任：段义和（2007.7罢免）

副主任：牛洪恩（2006.2离职）

李荣芝（女）

马纯济（2005.1任职）

谢传仁

陶安岭

董承铭

王存兴（2006.2离职）

彭万生

朱文兴

朱金河（2007.3离职）

李德强

齐建民（2006.2～2007.10）

孙培森（2006.2任职）

牟陆阳（2007.3任职）

陈延河（2007.3任职）

第六节　第十四届人民代表大会

2008年1月换届产生，有代表名额504名。各选举单位分别召开人民代表大会、军人代表大会，采取差额选举、无记名投票的方式，选举出市十四届人民代表大会代表493名，空额11名。其中：工人、农民及其他劳动者164名，占33.3%；干部191名，占38.7%；知识分子83名，占16.8%，民主党派和无党派人士41名，占8.3%，解放军11名，占2.2%；归侨3名，占0.6%。

济南市第十四届人民代表大会下设7个专门委员会：法制委员会、教育科学文化卫生委员会、内务司法委员会、民族侨务外事委员会、城乡建设环境保护委员会、财政经济委员会、农村经济委员会。

第一次会议

2008年1月4日～8日举行。会议应到代表493名，实到代表470名。1月3日举行预备会议，通过会议议程，选举72人组成的大会主席团，谢传仁兼任大会秘书长。会议听取并审议济南市人民政府工作报告、关于2007年国民经济和社会发展计划执行情况与2008年计划(草案)的报告、关于济南市2007年预算执行情况和2008年预算(草案)的报告、市人大常委会工作报告、市中级人民法院工作报告和市人民检察院工作报告。会议通过上述报告并分别作出相应决议。会议共收到代表提出的议案16件。经确定，将《关于加快小清河综合整治及源头治理的议案》作为本次大会议案，交市人民政府办理，办理情况报市人大常委会审议决定。其余

15件议案改作重要代表建议和意见，连同代表书面提出的建议、批评和意见共计336件，由市人大常委会办事机构分别交有关机关和部门办理，并负责答复代表。会议选举张建国为济南市市长，殷鲁谦、陈先运、张宗祥、邹世平、赵文朝、齐建中、巩宪群为副市长；选举徐华东为市第十四届人大常委会主任，马纯济、刘善鹏、陈延河、牟陆阳、段青英为副主任，朱新海为秘书长；选举李静为市中级人民法院院长，郭鲁生为市人民检察院检察长。会议通过关于接受王天义辞去济南市副市长职务的请求的决定。

第二次会议

2009年1月13日～16日举行。会议应到代表492名，实到代表473名。1月12日举行预备会议，通过会议议程，选举69人组成的大会主席团，市人大常委会副主任刘善鹏兼任大会秘书长。会议听取并审议济南市人民政府工作报告、关于2008年国民经济和社会发展计划执行情况与2009年计划(草案)的报告、关于济南市2008年预算执行情况和2009年预算(草案)的报告、市人大常委会工作报告、市中级人民法院工作报告和市人民检察院工作报告。会议通过上述报告并分别作出相应决议。会议共收到代表提出的议案20件。经确定，均作为代表建议、批评和意见，由市人大常委会办事机构交有关机关或组织研究处理。会后由市人大常委会有关部门加强协调督办，及时将办理结果向代表作出答复。

第三次会议

2010年1月18日～22日举行。会议应到代表493名，实到代表479名。会议听取和审议济南市人民政府工作报告、关于济南市2009年国民经济和社会发展计划执行情况与2010年计划(草案)的报告、关于济南市2009年预算执行情况和2010年预算(草案)的报告、市人大常委会工作报告、市中级人民法院工作报告和市人民检察院工作报告。会议通过上述报告并分别作出相应决议。会议选举宋新生为市中级人民法院院长；补选冯宏、李巍、胡少平、徐长林为市第十四届人大常委会委员。会议共收到代表提出的议案18件。经确定均作为代表的建议、批评和意见，由市人大常委会办事机构交有关机关或组织研究处理。

第十四届人大常委会
主任、副主任任职情况

(2008.1～　)

主　任：徐华东

副主任：马纯济

刘善鹏

陈延河（2010.1罢免，开除党籍、开除公职）

牟陆阳

段青英（女）

第二章　人大常委会会议

第一节　第九届人大常委会会议

第二十次会议

1986年1月29日～30日举行。会议听取和审议市政府关于1985年国民经济和社会发展计划执行情况的汇报、《关于推选柳树荷花为济南市市树市花的议案》，通过《关于命名济南市市树市花的决定》。会议听取审议《济南市人民代表大会常务委员会关于听取工作报告和审议决定本市工作重大事项的暂行办法(草案)》，原则通过该办法。

第二十一次会议

1986年3月21日举行。会议听取和审议市人民检察院和市中级人民法院关于打击严重经济犯罪活动的情况汇报，通过关于召开市九届人大四次会议的决定，通过平阴县选举济南市第九届人民代表大会代表35名的决定。会议通过人事任免事项，决定翟永渟任济南市代理市长。

第二十二次会议

1986年4月14日举行。会议根据省人大常委会《关于增补省六届人大代表的通知》的规定，补选官云泮、陈宜忠，增选谭庆琏为济南市出席省第六届人民代表大会的代表。听取市人大常委会关于全市普法工作情况的汇报。

第二十三次会议

1986年5月6日举行。会议听取关于市九届人大四次会议筹备情况的汇报，听取关于市九届人大四次会议主席团、秘书长、代表资格审查委员会、议案审查委员会、预算委员会名单(草案)的说明，一致同意上述名单(草案)。会议讨论并原则通过市人大常委会工作报告(草案)，提交市九届人大四次会议审议。

第二十四次会议

1986年7月29日～30日举行。会议听取关于全市上半年国民经济和社会发展计划执行情况、关于全市审计工作情况、关于工商河综合治理情况的汇报，关于市人大代表持证检查工作的决定(草案)的说明。通过《关于济南市人民代表大会代表持证检查工作的决定》和《加强审计工作的决议》。会议通过对市政府、市法院、市检察院和市人大常委会34名工作人员的任免。

第二十五次会议

1986年9月26日～27日举行。会议听取市政府关于经济体制改革情况、关于贯彻实施《中华人民共和国经济合同法》情况的汇报，市法院关于经济审判工作情况的汇报。

第二十六次会议

1986年11月28日～29日举行。会议集中学习《中共中央关于社会主义精神文明建设指导方针的决议》。听取市政府关于调整济南市1986年财政预算的报告、市人大常委会关于全省选举工作会议精神济南市选举工作安排意见的汇报，决定任命济南市选举委员会、济南市人大常委会代表资格审查委员会的组成人员。会议通过人事任免事项。

第二十七次会议

1987年1月7日举行。会议听取市政府对《济南市关于游行示威的暂行规定(草案)》的说明。审议通过《济南市关于游行示威的暂行规定》，报请省人大常委会批准。

第二十八次会议

1987年1月15日～17日举行。会议传达学习中共中央1987年一号文件、中共济南市委四届八次全会文件，听取关于市政府1986年工作情况和1987年工作安排意见的汇报，审议《济南市九年制义务教育实施规划(草案)》，并作出批准决议，听取市政府关于市九届人大四次会议期间代表提出的建议、批评和意见办理情况的汇报，决定人事任免事项。

第二十九次会议

1987年2月26日～28日举行。会议传达中共中央1987年6号文件和中共济南市委《关于坚持四项基本原则、反对资产阶级自由化的几点意见》，学习全国人大常委会《关于加强法制教育维护安定团结的决定》，听取和审议市政府关于普法工作情况、关于城市建设工作情况、关于科技体制改革工作情况和办理市九届人大四次会议关于《治理小清河污染源议案》的情况汇报。会议决定于1987年4月上旬召开市九届人大五次会议。决定有关人事任免事项。

第三十次会议

1987年3月25日举行。会议听取市人大常委会关于县区、乡镇两级换届选举工作情况汇报、关于市九届人大五次会议筹备情况的汇报，通过大会议程(草案)，听取关于市九届人大五次会议主席团、秘书长、议案审查委员会和预算委员会名单(草案)的说明，同意上述名单(草案)。会议同意代表资格审查委员会关于代表变动情况的报告，原则通过市人大常委会工作报告，提交市九届人大五次会议审议。

第三十一次会议

1987年4月18日举行。会议传达六届全国人大五次会议精神，听取市政府关于调整济南市市区行政区划情况的汇报、《市人大常委会关于调整市区行政区划中有关人民代表大会的几个问题的决定(草案)》的说明，并通过该项决定。会议决定任命张福山、谭永青为济南市副市长；决定免去王炳琴、郭德耀济南市副市长职务。通过其他人事任免事项。

第三十二次会议

1987年5月28日～29日举行。会议传达省六届人大五次会议精神。听取市政府关于济南市固定资产投资“三保三压”情况和关于安全生产工作情况的汇报、关于济南市与加拿大里贾纳市建立友好城市关系的情况汇报，并作出相应的决议。听取《关于济南市第十届人民代表大会代表名额和选举问题的决议(草案)》的说明，通过该项决议。决定政府和检察院的人事任免。

第三十三次会议

1987年7月30日～31日举行。会议听取市政府关于济南市上半年国民经济和社会发展计划执行情况的汇报、关于贯彻执行《中华人民共和国土地管理法》的情况汇报、关于提请审议废止《济南市基本建设拆迁房屋暂行办法》等三个文件的汇报，市人大常委会关于增加济南市第十届人民代表大会代表名额的说明。通过《关于废止〈济南市基本建设拆迁房屋暂行办法〉等三个文件的决议》。通过对市政府、市法院和市检察院15名工作人员的任免。

第三十四次会议

1987年9月25日～26日举行。会议听取市政府关于抗洪救灾工作的情况汇报、关于普法工作的情况汇报、关于文物保护工作的情况汇报，关于提请审议废止《济南市防治大气污染奖惩暂行办法》等三个文件的汇报。会议审议通过《关于废止〈济南市防治大气污染奖惩暂行办法〉等三个文件的决议》。通过人事任免事项。

第三十五次会议

1987年11月24日～26日举行。会议学习讨论中共十三大文件。听取市政府关于今年城市建设工作情况和明年初步安排意见的汇报、关于财政预算执行情况的汇报、关于贯彻实施《中华人民共和国药品管理法》工作情况的汇报、关于市九届人大五次会议《关于推广型煤、改善大气环境的议案》落实情况的汇报以及市政府关于市九届人大五次会议期间代表提出的建议、批评和意见办理情况的汇报。会议作出关于济南市与巴布亚新几内亚首都地区建立友好城市关系的决议，通过市十届人大代表名额分配变动的决定。

第三十六次会议

1987年12月21日举行。会议听取关于市十届人大一次会议筹备情况的汇报，通过关于市十届人大代表资格的审查报告。决定济南市第十届人民代表大会第一次会议于1988年1月4日开幕，并通过大会议程(草案)。听取关于市十届人大一次会议主席团、秘书长、议案审查委员会和预算委员会名单(草案)的说明，原则通过市人大常委会工作报告(草案)，报市十届人大一次会议审议。通过人事任免事项。

第二节　第十届人大常委会会议

第一次会议

1988年1月20日举行。会议讨论市人大常委会1988年工作要点，通过《关于市九届人大常委会任命的市政府干部任职期限的决定》，通过有关人事任免事项。

第二次会议

1988年3月25日～26日举行。会议听取关于济南市1988年国民经济和社会发展计划(草案)的报告，关于济南市1987年财政决算和1988年财政预算(草案)的报告。会议分别作出批准上述两个报告的决议。

第三次会议

1988年5月20日～23日举行。副市长张福山受市长翟永溥委托，就关于提名市政府部分组成人员情况作出说明，并宣读提请任命的市政府秘书长、主任、局长名单。鉴于委员对提请任命的政府47名组成人员中两人的工作安排有不同意见，根据市人大常委会主任会议提议，对两人暂不进行表决。对其中45名政府组成人员进行投票表决。通过任命44人。会议通过市法院和检察院提请的人事任免事项，通过济南市第十届人大常委会代表资格审查委员会组成人员名单。

第四次会议

1988年7月18日～23日举行。会议听取关于上半年国民经济和社会发展计划执行情况的汇报、关于上半年经济体制改革情况的汇报、关于上半年外向型经济发展情况的汇报、关于实施《中华人民共和国治安管理处罚条例》情况的汇报、关于济南市城市总体规划执行情况的汇报和关于《济南市城市规划管理办法(草案)》的说明、关于实施九年制义务教育情况的汇报、关于办理《建议审定济南市市标议案》情况的汇报。宣读市人大常委会《议事规则》《人事任免暂行办法》《联系代表办法》三个草案。经过审议，通过《济南市城市规划管理办法》《关于批准调整〈济南市九年制义务教育实施规划〉的决议》《关于济南市市标的决定》，原则通过《济南市人民代表大会常务委员会议事规则》《济南市人民代表大会常务委员会关于人事任免暂行办法》《济南市人民代表大会常务委员会关于联系市人民代表办法》，通过市检察院提请的人事任免事项。

第五次会议

1988年9月26日～29日举行。会议听取关于《治理济南市大气污染议案》办理情况的汇报，就《济南市人民代表大会常务委员会监督司法工作暂行办法(草案)》所作的说明，就提请人事任命事项所作的报告，关于济南市普法工作情况的汇报，关于执行《中华人民共和国刑法》《中华人民共和国刑事诉讼法》《中华人民共和国民法通则》《中华人民共和国民事诉讼法(试行)》工作情况的汇报和关于经济检察工作情况的汇报，关于济南市民族工作情况的汇报、关于济南市贯彻执行《中华人民共和国婚姻法》和《中华人民共和国婚姻登记办法》情况的汇报、关于以“双放”为中心深化科技体制改革情况的汇报。审议通过《济南市人民代表大会常务委员会关于加强大气污染防治工作的决议》《济南市人民代表大会常务委员会监督司法工作暂行办法》。经投票表决，通过其他人事任免事项。

第六次会议

1988年11月24日～26日举行。会议学习全国人大常委会《关于加强民主法制维护安定团结保障改革和建设顺利进行的决定》和省人大常委会《关于学习贯彻党的十三届三中全会精神和全国人大常委会〈决定〉的决议》，听取关于1988年财政预算执行情况的汇报、关于今年税收工作情况的汇报、关于物价工作情况的汇报、关于市十届人大一次会议代表意见办理情况的汇报、关于城市建设工作情况的汇报、关于计划生育工作情况的汇报。通过《关于认真实施税法加强税务工作的决议》。通过对市法院、市检察院13名工作人员的任命。

第七次会议

1989年1月24日～26日举行。会议传达学习省人大工作经验交流会的主要文件，听取并审议关于济南市清理整顿公司工作的情况汇报、关于《对贫困山区制定和实行优惠政策议案》办理情况汇报、关于《维护历史文化名城、加强文物工作议案》办理情况汇报。通过《济南市人民代表大会常务委员会关于开展依法治市活动的决定》和《济南市人民代表大会常务委员会关于召开济南市第十届人民代表大会第二次会议的决定》。增选、补选刘子笃、谢传香为省七届人大代表，决定市政府2名干部的任命。

第八次会议

1989年3月1日举行。会议听取关于市十届人大二次会议筹备情况的汇报。审议并通过市十届人大常委会代表资格审查委员会关于补选代表的代表资格的审查报告，市十届人大二次会议建议议程，主席团、秘书长建议名单，预算委员会和议案审查委员会建议名单。会议通过市人大常委会关于提请市十届人大二次会议决定设立专门委员会的建议，原则通过市人大常委会工作报告。

第九次会议

1989年3月27日举行。会议审议并原则通过市人大常委会1989年工作要点。

第十次会议

1989年6月19日～21日举行。会议传达学习邓小平接见首都戒严部队军以上干部时的重要讲话和中央有关指示。通报济南市前段情况。听取并审议关于全市农业生产情况的汇报、关于廉政建设情况的汇报和关于审计工作情况的汇报。通过《济南市人民代表大会常务委员会议事规则(修订稿)》和《关于调整市人大常委会办事机构的决定》。会议决定市人大常委会、市政府、市法院和市检察院22名干部的任免。

第十一次会议

1989年8月21日～22日举行。会议听取并审议关于济南市治理经济环境、整顿经济秩序情况的汇报，关于1～7月份国民经济和社会发展计划执行情况的汇报，关于依法治市工作情况的汇报。决定市人大常委会办公厅干部的任命。

第十二次会议

1989年10月17日～19日举行。会议学习江泽民国庆40周年讲话，听取并审议关于1～9月份财政预算执行情况的汇报、关于贯彻执行《中华人民共和国土地管理法》情况的汇报、关于科技工作和下步工作意见的汇报、关于实施义务教育情况的汇报、关于经济检察工作情况的汇报。表决通过《关于加强土地管理工作的决议》。决定市法院、市检察院5名干部的任命。

第十三次会议

1989年12月18日～22日举行。会议听取并审议关于1989年城市建设工作情况及1990年工作设想的汇报，关于城市水资源开发利用工作情况的汇报，关于《解决市区住房特别困难户问题议案》办理情况的汇报，关于社会治安情况的汇报，关于贯彻实施《山东省计划生育条例》情况的汇报，关于济南市第十届人民代表大会第二次会议代表建议办理情况的汇报，关于《济南市历史文化名城保护规划》编制情况的说明，关于县乡换届选举工作安排意见的汇报。审议通过《关于同意济南市历史文化名城保护规划的决议》《关于办理市十届人大二次会议〈关于建议市人大设立农业委员会的议案〉的审议报告》《关于建立济南市选举工作委员会的决定》。增选徐建华为省七届人大代表。

第十四次会议

1990年2月13日举行。会议听取并审议关于济南市区划调整工作情况的汇报、关于《解决市区住房特别困难户议案》办理情况的汇报。听取关于新增加的市十届人大代表名额分配情况的报告。通过《济南市人民代表大会常务委员会关于召开市第十届人民代表大会第三次会议的决定》和《济南市人民代表大会常务委员会关于齐河县部分人大代表随区划调整划归历城区的决定》。决定市政府、市中级人民法院7名干部的任免。

第十五次会议

1990年3月9日～10日举行。会议听取关于市十届人大三次会议筹备工作情况的汇报、市人大常委会工作报告(草案)的汇报、关于《济南市园林绿化管理办法(草案)》的说明。表决通过《市人大常委会代表资格审查委员会关于代表资格的审查报告》《济南市第十届人民代表大会第三次会议主席团、秘书长建议名单》《济南市第十届人民代表大会第三次会议建议议程》，原则通过《济南市人大常委会工作报告》《济南市人大常委会1990年工作要点》。决定市人大常委会1名干部的任命。

第十六次会议

1990年5月22日～24日举行。会议听取并审议关于1990年1～4月份济南市经济工作情况的汇报、关于1989年财政决算的报告及1990年1～4月份财政情况的汇报、关于《济南市关于集会游行示威的若干规定(草案)》的说明及济南市社会治安工作和实施《中华人民共和国治安处罚条例》情况的汇报、关于《济南市职工教育条例(草案)》的说明、关于民族工作情况的汇报，听取关于济南市1989年财政决算的审查报告、关于《济南市园林绿化管理办法(草案)》修改情况的说明及审议结果的报告、关于《济南市关于集会游行示威的若干规定(草案)》的审议报告。表决通过《济南市关于集会游行示威的若干规定》《济南市园林绿化管理办法》《济南市人大常委会关于批准济南市1989年财政决算的决议》《济南市人大常委会关于增设市人大常委会农村经济工作室和民族侨务外事工作室的决定》。决定市人大常委会、市人民检察院18名干部的任命。

第十七次会议

1990年7月24日～25日举行。会议听取并审议关于对外经济开放工作情况的汇报、关于环境保护工作情况的汇报、关于《济南市大环境绿化建设规划方案》的汇报、关于教育工作情况的汇报，听取关于《济南市职工教育条例(草案)》修改情况的说明和审议结果的报告。通过《济南市职工教育条例》《济南市人大常委会主任会议议事规则》。决定市人民检察院2名干部的任免。

第十八次会议

1990年9月17日～19日举行。会议听取并审议关于廉政建设情况的汇报、关于五年普法规划完成情况的汇报、关于经济检察工作情况的汇报、关于《中华人民共和国行政诉讼法》实施前准备工作情况的汇报和关于市十届人大三次会议主席团交付的《切实解决市区上学难议案》审议结果的报告。通过市人大常委会关于《济南市大环境绿化建设方案》的决议。决定市政府、市中级人民法院15名干部的任免。

第十九次会议

1990年11月27日～29日举行。会议听取并审议关于1～10月份国民经济计划执行情况的汇报，关于1～10月份财政情况的汇报，关于“制止乱集资、乱收费、乱罚款”“加强预算外资金管理”“加强民族工作”“制定文化市场管理办法”四项议案办理情况的汇报和关于人代会代表意见办理情况的汇报，关于《济南市城市环境卫生管理办法(草案)》及其说明，关于《济南市科技“八五”规划纲要》及其说明。决定市人大常委会、市政府、市中级人民法院和市人民检察院9名干部的任免。

第二十次会议

1991年1月22日～25日举行。会议听取并审议关于《济南市城市建设统一拆迁管理办法(草案)》及其说明、关于《济南市“八五”科学技术发展规划纲要》及编制情况的说明、关于城市建设和管理工作情况的汇报、关于提请废止《济南市关于换发自行车牌照和打钢印号的通告》《济南市城市建设用地管理暂行办法》的报告和关于《济南市城市环境卫生管理办法(草案)》修改情况和审议结果的报告。表决通过《济南市城市环境卫生管理办法》《济南市人民代表大会议事规则(草案)》《关于召开济南市第十届人民代表大会第四次会议的决定》《关于批准〈济南市“八五”科学技术发展规划纲要〉的决议》《关于废止〈济南市关于换发自行车牌照和打钢印号的通告〉〈济南市建设用地管理暂行办法〉的决议》。补选赵玉美为省七届人大代表。决定市政府11名干部的任免。

第二十一次会议

1991年3月18日～19日举行。会议听取关于市十届人大四次会议筹备情况的汇报，听取并审议市人大常委会工作报告(草案)的汇报、关于市人大常委会1991年工作要点的汇报、《关于补选市人大代表的代表资格的审查报告》、关于在全市公民中开展法制宣传教育的第二个五年规划的汇报及《关于解决乱集资、乱收费、乱罚款议案》《关于加强济南市预算外资金管理议案》《关于建议制定〈济南市文化市场管理办法〉议案》《关于加强民族工作议案》审议结果的报告。表决通过《济南市人大常委会代表资格审查委员会关于补选代表的代表资格的审查报告》《济南市人大常委会关于在全市公民中开展第二个五年法制宣传教育的决议》《济南市人大常委会一九九一年工作要点》；通过《济南市十届人大四次会议议程(草案)》和《济南市十届人大四次会议主席团、秘书长名单(草案)》，提请市十届人大四次会议预备会议决定；通过《济南市人大常委会工作报告》，提请市十届人大四次会议审议；通过列席十届人大四次会议人员名单(草案)，提请市十届人大四次会议主席团决定。同意将市人大财经、教科文卫、民侨外委员会关于议案办理情况的审议报告提请市十届人大四次会议审议。决定市政府、市人民检察院4名干部的任免。

第二十二次会议

1991年5月16日～17日举行。会议听取并审议关于1～4月份工业生产情况的汇报、关于职业技术教育和成人教育情况的汇报、关于《中华人民共和国保护消费者合法权益条例》实施情况的汇报和关于交通工作情况的汇报、关于《济南市城市建设统一拆迁管理办法(草案)》修改情况和审议结果的报告。表决通过《济南市城市建设拆迁管理办法》。决定市人大常委会、市政府8名干部的任免。

第二十三次会议

1991年7月23日～26日举行。会议听取并审议关于济南市上半年计划执行情况的汇报、关于上半年财政预算执行情况和下半年工作意见的汇报、关于《济南市市场商品质量监督管理办法(草案)》的说明、关于前段治理“三乱”工作情况的汇报、关于《济南市城市总体规划》调整意见的说明、关于《济南市“八五”环境保护计划》的说明、关于环境保护工作情况的汇报、关于《中华人民共和国食品卫生法》实施情况的汇报和关于《济南市职工教育条例》贯彻实施情况的汇报。表决通过关于批准《济南市总体规划调整意见》和《济南市“八五”环境保护计划》的决议。决定市政府、市人民检察院8名干部的任免。

第二十四次会议

1991年9月23日～24日举行。会议听取并审议关于依法治市工作情况的汇报、关于贯彻落实《中华人民共和国传染病防治法》工作情况的汇报和关于《济南市实施〈山东省国防教育条例〉办法(草案)》的说明、《济南市市场商品质量监督管理办法(草案)》审议结果的报告。表决通过《济南市市场商品质量监督管理办法》。决定市人大常委会、市政府、市人民检察院13名干部的任免。

第二十五次会议

1991年11月25日～27日举行。会议听取并审议关于1～10月份财政预算执行情况和全年预计情况的汇报，关于三年来贯彻落实《中华人民共和国企业法》情况的汇报，关于农业生产情况的汇报，关于社会治安综合治理工作情况的汇报，关于反贪污、贿赂工作情况的汇报，关于办理“制定济南市国防教育实施办法”等5件议案情况的汇报和关于市十届人大四次会议期间代表建议、批评和意见办理情况的汇报。听取并审议关于《济南市国防教育若干规定(修改草案)》审议结果的报告。表决通过《济南市国防教育若干规定》，补选赵传明为省七届人民代表大会代表。

第二十六次会议

1992年1月15日～17日举行。会议听取并审议关于1991年城市建设工作情况及1992年工作安排的汇报、关于《济南市“八五”科技发展规划》1991年执行情况的汇报、关于贯彻实施《中华人民共和国标准计量法》工作情况的汇报和关于贯彻实施《中华人民共和国城市居民委员会组织法》情况的汇报。通过《济南市人大常委会关于动员全市人民齐心协力奔小康的决议》《济南市人大常委会关于召开市十届人民代表大会第五次会议的决定》。决定市政府7名干部的任免。

第二十七次会议

1992年2月24日～25日举行。会议听取关于市十届人大五次会议筹备工作情况的汇报，听取并审议关于补选代表的代表资格的审查报告、市人大常委会工作报告(草案)的汇报、关于《制定济南市国防教育实施办法议案》办理情况的审议报告、关于《解决市区住房特别困难户住房问题议案》办理情况的审议报告、关于《加强农村医疗卫生工作的议案》和关于《解决市县收看济南电视台节目难议案》办理情况的审议报告、关于《解决我市山区人畜吃水困难的议案》办理情况的审议报告。听取并审议市人大常委会1992年工作要点(草案)的汇报、关于《科技兴市山东试点带济南实施方案》修改情况的说明。依次表决通过市人大常委会工作报告，提请市十届人大五次会议审议；关于补选代表的代表资格的审查报告；关于制定济南市国防教育实施办法等五项议案办理情况的审议报告，决定将上述审议报告印发给市十届人大五次会议的代表；市十届人大五次会议议程草案和市十届人大五次会议主席团、秘书长名单草案，提请市十届人大五次会议预备会议选举；市十届人大五次会议列席人员名单(草案)，提请市十届人大五次会议主席团决定。通过市人大常委会关于改变召开市十届人大五次会议时间的决定；市人大常委会1992年工作要点；市人大常委会关于批准科技兴市山东试点带济南实施方案的决议。

第二十八次会议

1992年4月28日～30日举行。会议听取并审议关于一季度工业生产情况和二季度安排意见的汇报，关于1991年财政决算(草案)的报告、关于一季度财政收支情况的汇报和《济南市预算外资金管理办法(草案)》的说明、关于搞活流通实行“四放开”情况的汇报、关于实施《国务院农民承担费用和劳务管理条例》和《山东省农民负担管理条例》情况的汇报、关于《济南市城镇住房制度改革实施方案》编制说明和关于全民讨论房改方案情况及对方案的修改意见的汇报。表决通过《关于批准济南市1991年财政决算的决议》。决定市政府、市法院、市检察院20名干部的任免。

第二十九次会议

1992年6月25日～27日举行。会议听取并审议关于进一步扩大对外开放、加快外向型经济发展情况的汇报，关于农业生产情况的汇报，关于社会治安工作情况的汇报，关于贯彻实施《中华人民共和国森林法》工作情况的汇报，关于贯彻落实归侨侨眷权益保护法情况的汇报，关于《济南市预算外资金管理办法(草案)》修改情况和审议结果的报告。表决通过《济南市预算外资金管理办法》。决定市人大常委会、市政府9名干部的任免。

第三十次会议

1992年8月20日～21日举行。会议听取并审议关于贯彻实施《中华人民共和国企业法》及深化改革情况的汇报，关于发展第三产业情况的汇报、关于职业技术教育工作情况的汇报、关于实施《山东省文化市场管理条例》情况的汇报、关于贯彻实施《山东省民族工作条例》情况的汇报、关于《济南市古树名木管理办法(草案)》的说明。决定市政府1名干部的免职。

第三十一次会议

1992年10月20日～22日举行。会议听取并审议关于1～9月份国民经济和社会发展计划执行情况的汇报、关于1～9月份财政预算执行情况及全市财政状况预测的汇报、关于实施“二五”普法规划和依法治理工作情况的汇报、关于市十届人大五次会议代表建议办理情况的汇报、关于《济南市社会治安综合治理条例(草案)》的说明、关于《济南市古树名木保护管理办法(草案)》修改情况和审议结果的报告。经过表决，通过《济南市古树名木保护管理办法》，通过市选举委员会和市人大常委会代表资格审查委员会组成人员调整名单，通过《关于济南市十一届人民代表大会代表名额分配和选举问题的决议》。决定市法院、市检察院9名干部的任命。

第三十二次会议

1992年12月28日～30日举行。会议听取并审议关于农村工作和农业生产情况的汇报、关于1992年城市建设基本情况及1993年工作初步设想的汇报、关于环境保护“八五”计划执行情况的汇报、关于科技兴市方案实施情况的汇报、关于《济南市社会治安综合治理条例(草案)》修改情况和审议结果的报告。表决通过《济南市社会治安综合治理条例》。决定市政府8名干部的任免。

第三十三次会议

1993年2月12日～13日举行。会议听取关于市十一届人大一次会议筹备情况的汇报，关于市十一届人大代表资格审查情况的报告，关于市十一届人大一次会议主席团、秘书长名单(草案)的说明，关于市十一届人大一次会议议案审查委员会和预算委员会名单(草案)的汇报，关于市十一届人大一次会议列席人员名单(草案)的说明，宣读提交市十一届人大一次会议审议的市人大常委会工作报告(草案)。表决通过批准《关于济南市第十一届人民代表大会代表资格审查情况的报告》的决定，关于召开市十一届人民代表大会第一次会议的决定，市十一届人大一次会议议程(草案)，市十一届人大一次会议主席团、秘书长名单(草案)，议案审查委员会和预算委员会名单(草案)，市十一届人大一次会议列席人员名单(草案)。通过市人大常委会工作报告，提请市十一届人大一次会议审议。决定市人大常委会、市检察院16名干部的任免。

第三节　第十一届人大常委会会议

第一次会议

1993年4月10日～13日举行。会议学习八届全国人大一次会议精神及《中华人民共和国地方组织法》《济南市人大常委会议事规则》，听取关于市人大常委会1993年工作要点(草案)的汇报和《济南市人大常委会人事任免办法(草案)》的说明，关于《济南市商品交易市场管理办法(草案)》的说明，关于提请通过市十一届人大常委会代表资格审查委员会组成人员的报告。原则通过市人大常委会1993年工作要点，通过市十一届人大常委会代表资格审查委员会组成人员名单，市人大常委会关于对尚未任命的市政府组成人员继续履行职务的决定。决定市人大常委会和市政府33名干部的任免。

第二次会议

1993年6月7日～9日举行。会议听取关于减轻农民负担情况的汇报、关于旅游工作情况的汇报、关于体育工作情况的汇报、关于《中华人民共和国药品管理法》实施情况的汇报，关于《济南市人大常委会信访办理规定(草案)》的说明。表决通过《济南市人大常委会关于切实减轻农民负担的决议》《济南市人大常委会关于人民来信来访办理的规定》。决定市人大常委会、市政府、市法院、市检察院35名干部的任免。

第三次会议

1993年8月11日～14日举行。会议听取并审议关于1993年上半年国民经济和社会发展计划执行情况的汇报、关于1993年上半年财政预算执行情况和下半年所采取措施的汇报、关于社会治安工作情况的汇报、关于经济审判工作情况的汇报、关于《中华人民共和国经济合同法》实施情况的汇报、关于《保护济南名泉议案》和《保护卧虎山水库水质及南部山区环境议案》办理情况的汇报、关于《济南市园林绿化管理办法》和《济南市古树名木保护管理办法》实施情况的汇报、关于《济南市鼓励发展社区服务的若干规定(草案)》的说明、关于《济南市与韩国水原市建立友好城市关系的议案》的报告。通过济南市与韩国水原市建立友好城市关系的决议。决定市法院14名干部的任免。

第四次会议

1993年10月11日～14日举行。会议学习中央和省、市关于开展反腐败斗争的指示，听取并审议关于对外开放、发展外向型经济工作情况的汇报，关于外事工作情况的汇报，关于整顿金融秩序工作情况的汇报，关于市十一届人大一次会议代表建议、批评和意见办理情况的汇报，关于在市区实行人民警察巡察制度工作方案的汇报，关于反贪污贿赂工作情况的汇报，关于《济南市城市私有房屋管理办法(草案)》及其说明，关于《济南市发展社区服务的若干规定(修改草案)》审议结果的报告。通过《济南市人大常委会关于深入开展反腐败斗争加强廉政建设的决议》《济南市人大常委会关于在市区实行人民警察巡察制度的决定》《济南市发展社区服务的若干规定》。决定市人大常委会、市政府、市法院8名干部的任免。

第五次会议

1993年12月9日～11日举行。会议听取并审议关于“科技兴市”方案和“八五”科技发展规划实施情况的汇报、关于农业生产情况的汇报、关于普法和依法治市工作情况的汇报、关于《中华人民共和国村民委员会组织法》实施情况的汇报、关于《中华人民共和国土地管理法》实施情况的汇报、关于变更1993年市级财政收支预算的报告、关于《济南市城市供水管理办法(草案)》及其说明、关于《济南市城市私有房屋管理办法(修改草案)》审议结果的报告、关于《济南市人民代表大会代表工作条例(草案)》及其说明。通过《济南市城市私有房屋管理办法》《济南市人民代表大会代表工作条例》《关于变更1993年市级财政收支预算的决议》《关于在国家机关中实行执法责任制的决定》。决定市法院、市检察院16名干部的任命。

第六次会议

1994年2月1日～3日举行。会议听取关于市十一届人大二次会议筹备情况的汇报、关于城市建设和管理工作情况的汇报、关于《济南市城市供水管理办法(草案)》修改情况和审议结果的报告、关于《解决山区人畜吃水困难议案》办理情况的汇报、关于市十届人大四次会议主席团交付的《关于解决我市山区人畜吃水困难议案》办理情况的审议报告、《关于办理市人大代表建议、批评和意见的规定(草案)》的说明、关于补选代表的代表资格的审查报告、关于提请补选省八届人大代表的报告以及关于市人大常委会工作报告(草案)。表决通过《济南市城市供水管理办法》《关于办理市人大代表建议、批评和意见的规定》《关于市十一届人大二次会议召开日期的决定》《关于解决我市山区人畜吃水困难议案办理情况的审议报告》《关于补选代表的代表资格的审查报告》《济南市人大常委会1994年工作要点》。通过市十一届人大二次会议议程(草案)，主席团、秘书长名单(草案)，列席人员名单(草案)，市人大常委会工作报告(草案)。补选李明德为省八届人大代表。

第七次会议

1994年4月13日～15日举行。会议听取和审议关于物价工作情况的汇报、关于房改工作情况的汇报、关于企业安全生产工作情况的汇报、关于反腐倡廉工作情况的汇报、关于民族工作情况的汇报、关于建立济南市地方立法咨询委员会情况的报告、关于《济南市民办学校管理办法(草案)》的说明、关于《济南市建筑市场管理办法(草案)》的说明、关于《济南市禁止燃放烟花爆竹的规定(草案)》的说明、关于《济南市禁止燃放烟花爆竹的规定(草案)》审议结果的报告。表决通过《济南市禁止燃放烟花爆竹的规定》。决定市法院、市检察院9名干部的任命。

第八次会议

1994年6月15日～18日举行。听取和审议关于财税体制改革情况的汇报、关于金融体制改革情况的汇报、关于实施《中华人民共和国矿产资源法》情况的汇报、关于实施《中华人民共和国科技进步法》情况的汇报、关于《保护卧虎山水库水质及南部山区环境的议案》办理情况的汇报、关于《济南市烟尘污染防治办法(草案)》的说明、关于《济南市水土保持办法(草案)》的说明、关于《济南市实施〈残疾人权益保障法〉若干规定(草案)》的说明、关于《济南市电力管理条例(草案)》的说明、关于《济南市民办学校管理办法(草案)》审议结果的报告、关于《济南市建筑市场管理办法(草案)》审议结果的报告和关于《济南市烟尘污染防治办法(草案)》审议结果的报告。表决通过《济南市民办学校管理办法》《济南市建筑市场管理办法》《济南市烟尘污染防治办法》。决定市政府、市检察院7名干部的任免。

第九次会议

1994年8月16日～19日举行。会议听取并审议关于《济南市城市公有房屋管理办法(草案)》的说明、关于《济南市行政村档案管理办法(草案)》的说明、关于《济南市水土保持办法(草案)》修改情况和审议结果的报告、关于《济南市电力管理条例(草案)》修改情况和审议结果的报告、关于《济南市保障残疾人合法权益的若干规定(草案)》修改情况和审议结果的报告、关于《济南市行政村档案管理办法(草案)》修改情况和审议结果的报告、关于《济南市人大常委会关于反馈决议决定和视察审议意见执行办理情况的试行办法(草案)》的说明、关于《济南市人大常委会关于组织市人大代表评议政府有关职能部门工作的实施意见(草案)》的汇报、关于《济南市与俄罗斯下诺夫哥罗德市建立友好城市关系的议案》的报告、关于社会治安情况的汇报、关于上半年国民经济和社会发展计划执行情况的汇报、关上半年财政预算执行情况的汇报、关于上半年开展“管理效益年”活动及扭亏工作的情况汇报。通过《济南市电力管理条例》《济南市水土保持管理办法》《济南市保障残疾人合法权益的若干规定》《济南市行政村档案管理办法》，通过《济南市人大常委会关于反馈决议决定和视察审议意见执行办理情况的试行办法》《关于组织市人大代表评议政府有关职能部门工作的实施意见的决议》和《关于济南市与俄罗斯下诺夫哥罗德市建立友好城市关系的决议》。决定市政府3名干部的任免。

第十次会议

1994年10月17日～19日举行。会议听取并审议关于《中华人民共和国企业法》和《全民所有制工业企业转换经营机制条例》实施情况的汇报、关于全市教育工作情况的汇报、关于全市开展侨务工作情况的汇报，关于市十一届人大二次会议期间代表建议、批评和意见办理情况的汇报、关于《解决市郊县收看济南电视台节目难的议案》办理情况的汇报、关于在国家机关中实行执法责任制情况的汇报、关于《济南市技术市场管理办法(草案)》的说明、关于《济南市经纪人管理条例(草案)》的说明、关于《济南市城市公有房屋管理办法(草案)》修改情况和审议结果的报告。通过《济南市经纪人管理条例》《济南市城市公有房屋管理办法》。决定市法院、市检察院4名干部的任命。

第十一次会议

1994年12月19日～21日举行。会议听取并审议关于全市农业生产和“村办企业年”活动情况的汇报、关于市十一届人大二次会议主席团交付的“二号议案”办理情况的汇报、关于城市规划建设和管理工作情况的汇报、关于《市区禁止燃放烟花爆竹议案》办理情况的汇报、关于市人大代表评议政府有关职能部门工作情况的汇报、关于制定《济南市国有土地使用权出让办法(草案)》的说明、关于《济南市技术市场管理办法(草案)》修改情况和审议结果的报告。通过《市人大法制委员会关于十一届人大二次会议主席团交付的关于市区禁止燃放烟花爆竹的议案办理情况的审议报告》《济南市技术市场管理办法》《济南市人民代表大会常务委员会关于召开济南市第十一届人民代表大会第三次会议的决定》。决定市政府1名干部的任命。

第十二会议

1995年1月19日～21日举行。会议听取关于市十一届人大三次会议筹备情况的汇报、《关于补选代表的代表资格的审查报告(草案)》和《关于提请补选省第八届人代表的报告》《市人大常委会1995年工作要点》。通过市十一届人大第三次会议议程(草案)，大会主席团、秘书长名单草案，列席人员名单草案，市人大常委会1995年工作要点；原则通过市人大常委会工作报告(草案)。

第十三次会议

1995年3月14日～16日举行。会议听取和审议关于《中华人民共和国教师法》实施情况的汇报，关于商贸市场发展情况的汇报及《济南市商业网点管理条例(草案)》的说明，关于物价工作情况的汇报，关于反贪污贿赂工作情况的汇报及关于提请建立济南市高新技术产业开发区人民检察院、济南市姚家地区人民检察院的报告，关于《济南市城镇国有土地使用权出让办法(草案)》修改情况和审议结果的报告，关于《济南市民营科技企业管理办法(草案)》的说明。表决通过《济南市城镇国有土地使用权出让办法》，通过关于批准济南市人民检察院设立济南市高新技术产业开发区人民检察院、济南市姚家地区人民检察院的决定。决定市政府1名干部的任命。

第十四次会议

1995年5月16日～18日举行。会议听取和审议关于《中华人民共和国三资企业法》实施情况的汇报、关于旅游资源开发利用管理和管理工作情况的汇报、关于《保护卧虎山水库水质及南部山区环境议案》办理情况的汇报、关于《保护名泉议案》办理情况的汇报、关于小清河济南段治理方案的汇报、关于执行工作情况的汇报、关于《济南市民营科技企业管理办法(草案)》修改情况和审议结果的报告、关于《济南市商业网点管理条例(草案)》修改情况和审议结果的报告，关于《济南市城市建设拆迁管理办法(修正案)》的说明、关于制定《济南市消防管理条例(草案)》的说明。表决通过《济南市民营科技企业管理办法》《关于修改〈济南市城市建设拆迁管理办法〉的决定》。决定市法院、市检察院22名干部的任命，补选王静侠为市人大常委会委员。

第十五次会议

1995年7月18日～21日举行。会议听取和审议关于上半年国民经济和社会发展计划执行情况的汇报、关于1994年市级财政决算的报告和上半年财政情况的汇报、关于1994年市级财政决算的审查报告、关于贯彻实施《中华人民共和国劳动法》情况的汇报、关于《中华人民共和国食品卫生法》实施情况的汇报、关于《解决市郊县收看济南电视台节目难议案》办理情况的汇报、关于《解决市郊县收看济南电视台节目难议案》办理情况的审议报告。表决通过《济南市公民义务献血办法》《济南市养犬管理办法》《济南市商业网点管理办法》，通过《市人大教科文卫委员会关于〈解决市郊县收看济南电视台节目难议案〉办理情况的审议报告》《济南市人大常委会批准1994年济南市市级财政决算的决议》和《济南市人大常委会人事任免和监督暂行办法》。

第十六次会议

1995年9月18日～21日举行。会议听取和审议关于贯彻实施《中华人民共和国公司法》的情况的汇报、关于外事工作情况的汇报、关于乡镇企业发展情况的汇报、关于市十一届人大三次会议期间代表建议、批评和意见办理情况的汇报、关于组织人大代表评议市政府职能部门工作、检查市国家机关实施执法责任制情况和被任命干部进行述职的实施意见的汇报、关于《济南市个体工商户管理规定(草案)》修改情况和审议结果的报告、关于《济南市划拨土地使用权管理办法(草案)》修改情况和审议结果的报告、关于《济南市职业病防治卫生监督条例(草案)》修改情况和审议结果的报告。表决通过《济南市个体工商户管理规定》《济南市划拨土地使用权管理办法》《济南市职业病防治卫生监督条例》，通过《济南市与以色列卢德市建立友好城市关系的决议》和《组织人大代表评议市政府职能部门工作、检查市国家机关实施执法责任制情况和被任命干部进行述职的实施意见的决议》，补选省八届人大代表，补选市人大有关专门委员会副主任委员、委员，任命沈建国为济南市副市长。

第十七次会议

1995年11月27日至12月1日举行。会议听取和审议关于国有企业扭亏工作情况的汇报、关于农业和农村经济工作情况的汇报和关于《切实认真贯彻落实农业‘两法’，增加农业科技投入，强化农业科技队伍建设的议案》办理情况的汇报、关于城市规划建设管理工作情况的汇报、关于《切实贯彻落实‘两法’，增加农业科技投入，强化农业科技队伍建设的议案》办理情况的审议报告、关于《限制养犬的议案》办理情况的汇报、关于《限制养犬的议案》办理情况的审议报告、关于《济南市市政工程设施管理条例(草案)》修改情况和审议结果的报告、关于《济南市城市中小学校校舍场地管理办法(草案)》修改情况和审议结果的报告。会议表决通过《市人大农经委员会关于〈切实贯彻落实农业‘两法’增加农业科技投入，强化农业科技队伍建设的议案〉办理情况的审议报告》《市人大法制委员会关于〈限制养犬的议案〉办理情况的审议报告》《济南市市政工程设施管理条例》《济南市城市中小学校校舍场地管理办法》《济南市实施〈中华人民共和国红十字会法〉办法》。决定市人大2名、市政府2名、市法院1名、市检察院3名干部的任免。

第十八次会议

1996年1月30日～31日举行。会议听取关于市十一届人大四次会议筹备情况的汇报、《关于补选代表的代表资格的审查报告(草案)》、《济南市人大常委会工作报告(草案)》、《济南市人大常委会1996年工作要点》、关于市人大代表评议市政府有关部门工作整改情况的汇报、关于组织人大代表评议市政府职能部门工作情况的汇报。通过市人大常委会1996年工作要点；补选省人大代表名单；任命市人大常委会干部1名。

第十九次会议

1996年2月2日举行。会议听取和通过关于补选市十一届人民代表大会代表的代表资格的审查报告；市十一届人大四次会议主席团、秘书长名单(草案)，设立市人大常委会法规工作室的决定。

第二十次会议

1996年3月28日～29日举行。会议听取和审议关于贯彻实施《中华人民共和国统计法》情况的汇报、关于全市实施“二五”普法规划情况的汇报、关于《济南市公共场所禁止吸烟规定(草案)》审议结果的报告、关于《济南市城市绿化管理办法(草案)》的说明、关于《济南市基本菜田管理办法(草案)》的说明。表决通过《济南市公共场所禁止吸烟规定》。接受张福山辞去济南市副市长职务的请求，决定市人大常委会14名、市政府6名、市检察院2名干部的任免。

第二十一次会议

1996年5月28日～30日举行。会议听取和审议关于济南市1995年市级财政决算(草案)报告、关于对济南市1995年度本级财政预算执行情况的审计工作报告、关于1995年市级财政决算(草案)的审查报告、关于畜牧业生产和工作情况的汇报、关于济南市科技工作情况的汇报、关于开展“严打”斗争情况的汇报、关于《济南市城市绿化管理办法(草案)》修改情况和审议结果的报告、关于《济南市基本菜田管理办法(草案)》修改情况和审议结果的报告、关于制定《济南市义务兵优待和退伍安置办法(草案)》的说明、关于《济南市私营企业管理规定(草案)》的说明及关于《城市节约用水管理办法(草案)》的说明。表决通过济南市1995年市级财政决算的决议、《济南市城市绿化管理办法》《济南市基本菜田管理办法》，通过张福山为市十一届人大常委会代表资格审查委员会主任委员。

第二十二次会议

1996年7月23日～26日举行。会议听取和审议关于济南市1996年上半年国民经济和社会发展计划执行情况的汇报，关于济南市1996年上半年财政预算执行情况的汇报，关于《保护卧虎山水库水质及南部山区环境议案》办理情况的汇报，关于《保护济南名泉议案》办理情况的汇报，关于济南市贯彻宗教法律法规情况的汇报，关于制定在全市开展法制宣传教育第三个五年规划的汇报，关于组织人大代表评议市政府有关职能部门、市中级人民法院、市人民检察院工作实施意见的汇报，关于许可逮捕市十一届人大代表某某某的决定的说明，关于《济南市义务兵优待和退伍安置办法(草案)》修改情况和审议结果的报告，关于《济南市私营企业管理规定(草案)》修改情况和审议结果的报告，关于《济南市城市节约用水管理办法(草案)》修改情况和审议结果的报告，关于《济南市燃气管理条例(草案)》的说明和关于《济南市公共场所治安管理办法(草案)》的说明。会议表决通过在公民中开展第三个五年法制宣传教育的决议，关于组织人大代表评议市政府有关职能部门、市中级人民法院、市人民检察院工作的实施意见，关于确认许可逮捕市十一届人大代表某某某的决定，《济南市义务兵优待和退伍安置办法》《济南市私营企业管理规定》《济南市城市节约用水管理办法》。决定市政府2名干部的任命。

第二十三次会议

1996年9月24日～27日举行。会议听取和审议关于《济南市燃气管理条例(草案)》修改情况和审议结果的报告、关于《济南市公共场所治安管理办法(草案)》修改情况和审议结果的报告、关于《济南市职工教育条例修正案(草案)》的说明、关于《济南市城镇企业职工养老保险条例(草案)》的说明及关于《济南市国有企业法定代表人离任经济责任审计监督条例(草案)》的说明。表决通过《济南市燃气管理条例》《济南市公共场所管理办法》《济南市职工教育条例》。

第二十四次会议

1996年11月26日～29日举行。会议听取和审议关于城市规划建设管理工作情况的汇报，关于贯彻实施《中华人民共和国审计法》情况的汇报，关于办理市十一届人大四次会议代表建议、批评和意见情况的汇报，关于市人大代表评议市政府有关部门工作整改情况的汇报，关于落实人大代表评议市法院意见、建议整改情况的汇报，关于认真办理人大代表评议市检察院工作的意见建议加强整改工作的情况报告，关于组织人大代表评议市政府有关部门和“两院”工作情况的汇报，关于《济南市城镇企业职工养老保险条例(草案)》修改情况和审议结果的报告，关于《济南市国有企业法定代表人离任经济责任审计监督条例(草案)》修改情况和审议结果的报告及关于制定《济南市市区停车场管理办法(草案)》情况的说明。表决通过《济南市城镇企业职工基本养老保险条例》《济南市国有企业法定代表人离任经济责任审计监督条例》。

第二十五次会议

1997年1月29日～30日举行。会议听取关于市十一届人大五次会议筹备情况的汇报、关于补选市十一届人大代表的代表资格的审查报告(草案)，关于市十一届人大五次会议主席团、秘书长名单(草案)的说明和关于市十一届人大五次会议列席人员名单(草案)的说明、关于市人大常委会工作报告(草案)的汇报，关于市人大常委会1997年工作要点(草案)的汇报、关于评选市先进人大代表小组和优秀人大代表情况的说明。依次通过关于补选市十一届人大代表的代表资格的审查报告，市人大常委会关于召开济南市第十一届五次会议的决定，市十一届人大五次会议主席团、秘书长名单(草案)和列席人员名单(草案)，市人大常委会1997年工作要点，关于表彰先进人大代表组和优秀人大代表的决定。补选市十一届人民代表大会代表5名；决定免去董绍诚的副市长职务。

第二十六次会议

1997年3月26日～27日举行。会议听取关于全市开展第三个五年法制宣传教育工作情况的汇报、关于矿产资源管理情况的汇报。表决通过市人大常委会关于修改《济南市城市公有房屋管理办法》等13件地方性法规的决定，批准张福荣辞去市中区人民检察院检察长职务的请求。

第二十七次会议

1997年5月27日～29日举行。会议听取和审议关于济南市1996年市级财政决算(草案)的报告、关于对济南市1996年度市级财政预算执行和其他财政收支情况的审计工作报告、关于1996年市级财政决算(草案)的审查报告、关于《济南市名泉保护管理办法(草案)》的说明、关于《济南市名泉保护管理办法(草案)》修改情况和审议结果的报告、关于《济南市名泉保护管理办法(修改草案)》修改情况的说明、关于《济南市资源综合利用条例(草案)》的说明、关于《济南市资源综合利用条例(草案)》修改情况和审议结果的报告、关于《济南市资源综合利用条例(修改草案)》修改情况的说明。表决通过济南市1996年市级财政决算的决议、《济南市资源综合利用条例》和《济南市名泉保护管理办法》。决定市检察院4名，市中区、历下区检察院各1名干部的任免。

第二十八次会议

1997年7月21日～25日举行。会议听取和审议关于济南市1997年上半年国民经济和社会发展计划执行情况的汇报、关于济南市1997年1月～6月份财政预算执行情况的汇报、关于个体私营经济法律法规实施情况的汇报、关于济南市社会治安综合治理工作情况的汇报、关于全市国家机关执法责任制实施情况和考核评选情况的汇报、关于《济南市市场商品质量监督管理办法(修订草案)》的说明、关于《济南市市场商品质量监督管理办法(修订草案)》修改情况和审议结果的报告、关于《济南市市场商品质量监督管理办法(修订草案修改稿)》修改情况的说明、关于《济南市科技进步条例(草案)》的说明、关于《济南市科学技术进步条例(草案)》修改情况和审议结果的报告、关于《济南市科学技术进步条例(修改草案)》修改情况的说明、关于《济南市环境卫生管理办法(修订草案)》的说明、关于《济南市城市环境卫生管理办法(修订草案)》修改情况和审议结果的报告、关于《济南市城市环境卫生管理办法(修订草案修改稿)》修改情况的说明。表决通过修订的《济南市城市环境卫生管理办法》《济南市市场商品质量监督管理办法》《济南市科学技术进步条例》，通过关于表彰执法责任制先进单位的决定，决定市政府9名干部的任免。

第二十九次会议

1997年9月15日～19日举行。会议听取和审议关于市级机构改革情况的汇报、关于全市《中华人民共和国三资企业法》实施情况的汇报、关于全市贯彻《山东省旅游管理条例》情况的汇报、关于全市民族工作情况的汇报、关于《保护济南名泉议案》办理情况的汇报、关于《济南市城市总体规划(1996～2010年)(草案)》编制情况的报告、关于市十一届人大一次会议通过的《保护济南名泉议案》办理情况审议结果的报告、关于《济南市城市自来水管理办法修正案(草案)》的说明、关于《〈济南市城市自来水供水管理办法〉修正案(草案)》修改情况和审议结果的报告、关于《济南市人民代表大会常务委员会关于修改〈济南市城市自来水供水管理办法〉的决定(草案)》的修改情况的说明、关于《济南市电力管理条例修正案(草案)》的说明、关于《济南市电力管理条例(修正案草案)》修改情况和审议结果的报告、关于《济南市人民代表大会常务委员会关于修改〈济南市电力管理条例〉的决定(草案)》修改情况的说明、关于对《济南市城市规划管理办法(修订草案)》有关情况的说明、关于《济南市城市规划管理办法(修订草案)》修改情况和审议结果的报告、关于《济南市城市规划管理办法(修订草案修改稿)》修改情况的说明、关于《济南市预算外资金管理办法(修订草案)》的说明、关于《济南市预算外资金管理办法(修订草案)》修改情况和审议结果的报告、关于《济南市预算外资金管理办法(修订草案)》修改情况的说明、关于《济南市外来人员务工管理条例(草案)》的说明、关于《济南市外来人员务工管理条例(草案)》修改情况和审议结果的报告、关于《济南市外来人员务工管理条例(修改草案)》修改情况的说明。表决通过市人大常委会关于对《济南市城市总体规划(1996～2010年)(草案)》审查的决议，关于《济南市自来水供水管理办法》的决定，关于修改《济南市电力管理条例》的决定；表决通过《济南市预算外资金管理办法(修订稿)》《济南市城市规划管理办法(修订稿)》《济南市外来人员务工管理条例》。

第三十次会议

1997年11月18日～19日举行。听取和审议关于全市农田水利基本建设的汇报、济南市人民政府关于市十一届人大五次会议代表建议、批评和意见办理情况的汇报、关于《保护卧虎山水库水质及南部山区环境的议案》办理情况的汇报、关于惩治腐败工作情况的报告、关于1998年全市人大换届选举工作安排意见的汇报、关于对《济南市矿产资源管理办法(草案)》有关情况的说明、关于《济南市矿产资源管理办法(草案)》修改情况和审议结果的报告、关于《济南市矿产资源管理规定(修改草案)》修改情况的说明。表决通过《济南市矿产资源管理规定》。表决通过市人大常委会关于济南市第十二届人民代表大会代表名额分配和选举问题的决议；通过市中级人民法院提请任免的38名干部名单。

第三十一次会议

1998年2月24日～25日举行。会议听取关于市十二届人大一次会议筹备情况的汇报，关于市十二届人大代表资格审查情况的报告，关于市十二届人大一次会议主席团、秘书长名单(草案)的说明和关于市十二届人大一次会议列席人员名单(草案)的说明，关于市人大常委会工作报告起草情况的汇报。通过市人大常委会关于召开济南市第十二届人民代表大会第一次会议的决定；表决通过将提交市十二届人大一次会议预备会议通过的市十二届人大一次会议议程(草案)；将提交市十二届人大一次会议预备会议选举的市第十二届人代会第一次会议主席团、秘书长名单(草案)，议案审查委员会名单(草案)，计划预算审查委员会名单(草案)；通过市十二届人大一次会议列席人员名单；原则通过市人大常委会工作报告，并授权市人大常委会主任会议再作进一步修改审定后，提交市十二届人大一次会议审议。决定任命，荣义为市人大常委会民族侨务外事工作室主任；孙树宴为市中级人民法院副院长、审判委员会委员，代理院长；丁瑞云为市人民检察院副检察长、检察委员会委员，代理检察长。批准任命各县(市)区人民检察院检察长共10名。

第四节　第十二届人大常委会会议

第一次会议

1998年4月27日～30日举行。会议听取关于市人大常委会1998年工作要点起草情况的说明，关于《城市环境保护规划(草案)》编制情况的汇报，关于《办理市人大代表建议、批评和意见的规定(修订草案)》的说明，关于《讨论决定重大事项的规定(草案)》的说明，关于《城镇企业职工基本养老保险条例(修正案草案)》的说明，关于市区停车场管理办法(草案)的说明，关于市人大常委会主任会议提请的人事任免报告，关于代表资格审查委员会组成人员的报告，关于《提请人事任命议案》的报告，关于提请免职的报告。表决通过市人大常委会主任会议提请的有关人事任免人员名单、市政府提请的新一届市政府组成人员名单；通过市十二届人大常委会代表资格审查委员会组成人员名单；通过市人大常委会1998年工作要点；通过《关于批准济南市城市环境保护规划的决议》；通过市人大常委会关于办理市人大代表建议、批评和意见的规定修订案；通过《济南市城镇企业职工基本养老保险条例(修正案)》。

第二次会议

1998年6月2日～5日举行。会议听取关于济南市1997年度市级预算执行和其他财政收支情况的审计工作报告、关于济南市1997年市级财政决算(草案)的报告、关于济南市1997年市级财政决算(草案)的审查报告，关于实施《中华人民共和国义务教育法》情况的汇报，关于济南市110报警服务台建设工作情况的汇报、关于打击制销假冒劣商品行为的情况汇报、关于修订后的《中华人民共和国刑法》和《中华人民共和国刑事诉讼法》贯彻执行情况的汇报、关于《深化完善执法责任制的决定(草案)》的说明、关于《在全市组织开展评选“人民好公仆”活动的决定(草案)》的说明、关于《济南市市区停车场规划建设管理办法(草案)》修改情况和审议结果的报告、关于《济南市地名管理规定(草案)》编制情况的说明、关于《济南市道路旅客运输管理条例(草案)》编制情况的说明、关于市人大常委会主任会议提请的人事免职报告。依次表决通过关于批准济南市1997年市级财政决算的决议、关于深化完善执法责任制的决定、关于在全市组织开展评选“人民好公仆”活动的决定，通过《市人大常委会讨论决定重大事项的规定》《济南市市区停车场规划建设管理办法》。表决通过有关人员免职名单。

第三次会议

1998年7月14日～17日举行。会议听取关于济南市1998年上半年国民经济和社会发展计划执行情况的汇报、关于1998年上半年财政预算执行情况的汇报、关于全市再就业工作情况的汇报、关于济南市个体私营经济发展情况的汇报、关于济南市社区卫生服务工作情况的汇报、关于今年以来全市社会治安情况的汇报，对上述工作汇报进行审议。听取关于《济南市地名管理规定(草案)》修改情况和审议结果的报告、关于《济南市道路旅客运输管理条例(草案)》修改情况和审议结果的报告。对《济南市职业技能鉴定管理条例》《济南市农村“四荒”资源开发管理条例》《济南市集中供热管理条例》3件法规草案，听取有关部门所作的说明。表决通过《济南市地名管理办法》《济南市道路旅客运输管理条例》2件地方性法规。通过有关人事任免决定。

第四次会议

1998年9月14日～16日举行。会议听取关于贯彻实施《山东省民族工作条例》情况汇报、关于《济南市城市规划管理办法》实施情况的汇报、关于全市企业改制工作情况的汇报、关于全市对外经贸工作运行情况汇报、关于惩治腐败查办经济犯罪工作的报告，对上述工作汇报进行审议。听取关于提请审议《设立济南市“十八岁成人节”议案》的说明和关于对《济南市职业技能鉴定管理条例(草案)》修改情况和审议结果的报告、关于《济南市供热管理条例(草案)》修改情况和审议结果的报告、关于《济南市农村“四荒”资源开发管理条例(草案)》修改情况和审议结果的报告。会议对《济南市文物保护管理规定》《济南市散装水泥管理条例》两件法规草案，听取有关部门作的说明。表决通过《济南市职业技能鉴定管理条例》《济南市集中供热管理条例》《济南市农村四荒资源开发管理条例》3件地方性法规。通过《关于设立“十八岁成人节”的决定》，确定每年9月24日为济南市18岁成人节。通过有关人事任免决定。

第五次会议

1998年11月17日～19日举行。会议听取关于《中华人民共和国价格法》贯彻实施情况的汇报，关于《中华人民共和国统计法》实施情况的汇报，关于济南市城市规划建设管理工作情况的汇报，关于农村经济发展和奔小康情况的汇报，关于办理代表意见、批评和建议情况的汇报，关于市十二届人大一次会议代表第240号建议办理情况的汇报，关于市十二届人大一次会议以来代表建议办理工作情况的汇报、关于1999年全市乡镇人大换届选举工作安排情况的汇报，关于《济南市文物保护管理若干规定(草案)》修改情况和审议结果的报告，关于《济南市发展散装水泥管理规定(草案)》修改情况和审议结果的报告。分发市政府关于市十二届人大一次会议期间5件代表议案转作重要建议办理的办理和落实情况报告，济南市第十二届人大常委会地方立法规划。通过《济南市文物保护管理规定》《济南市发展散装水泥管理规定》2件地方性法规。通过有关人事任命事项。

第六次会议

1999年1月26日～27日举行。会议听取关于济南市第十二届人民代表大会第二次会议筹备情况的汇报，审议通过市十二届人大二次会议议程(草案)，决定提请市十二届人大二次会议预备会议通过；表决通过提请市十二届人大二次会议预备会议选举的主席团、秘书长名单(草案)；听取关于补选代表的代表资格的审查报告；审议决定市十二届人大二次会议列席人员名单；通过关于召开市十二届人大二次会议的决定；审议通过《济南市人民代表大会常务委员会工作报告稿》，决定提请市十二届人大二次会议审议。审议通过市人大常委会1999年工作要点；审议通过决定提请市十二届人大二次会议审议的《济南市人民代表大会议事规则(草案)》。审议《济南市人民代表大会常务委员会议事规则(修订稿)》，责成常委会办事机构作进一步修改后提请下次常委会会议审议。决定接受李华理辞去市政府副市长职务的请求；通过市法院有关人事任免。

第七次会议

1999年3月23日～24日举行。会议听取关于济南市社会治安情况的汇报、关于济南市打击走私犯罪活动情况的汇报、关于济南市《中华人民共和国老年人权益保障法》实施情况的汇报、关于济南市实施《中华人民共和国归侨侨眷权益保护法》情况的汇报，对上述报告进行审议。听取关于全市乡镇人大换届选举工作情况的汇报、关于《济南市人民代表大会常务委员会议事规则(修订稿)》修改情况的说明。听取有关部门对《济南市民用爆炸物品安全监督管理办法(草案)》《济南市性病防治条例(草案)》的说明，并进行初审，决定交有关专门委员会作进一步修改，向下次常委会会议提出修改情况和审议结果的报告。表决通过《济南市人民代表大会常务委员会议事规则》。

第八次会议

1999年5月25日～28日举行。会议听取关于济南市1998年度市级预算执行和其他财政收支情况的审计工作报告、关于济南市1998年市级财政决算(草案)的报告、关于济南市1998年市级财政决算(草案)的审查报告、关于《济南市城市环境卫生管理办法》实施情况的汇报、关于《中华人民共和国土地管理法》贯彻实施情况的汇报、关于音像市场管理情况汇报、关于《济南市人民代表大会常务委员会代表评议工作条例(试行)(草案)》的说明、关于《济南市性病防治条例(草案)》修改情况和审议结果的报告、关于《济南市民用爆炸物品安全监督管理办法(草案)》修改情况和审议结果的报告，并对上述汇报和说明、报告进行分组审议。听取有关部门对《济南市促进企业技术进步条例(草案)》《济南市公共客运交通管理条例(草案)》的说明，并进行初审，决定交有关专门委员会作进一步修改，向下次常委会会议提出修改情况和审议结果的报告。表决通过《关于批准济南市1998年市级财政决算的决议》《关于济南市与土耳其伊兹密特市建立友好城市关系的决议》，通过《济南市民用爆炸物品安全监督管理办法》《济南市性病防治条例》。通过《济南市人民代表大会常务委员会代表评议工作条例》。通过市检察院有关人事任免事项。

第九次会议

1999年7月27日～29日举行。会议听取关于济南市1999年上半年国民经济和社会发展计划执行情况的汇报，关于济南市1999年上半年财政预算执行情况和下半年收入预测情况的汇报，关于实施《中华人民共和国科技进步法》《山东省科技进步条例》《济南市科技进步条例》情况的汇报，关于《保护卧虎山水库水质及南部山区环境的议案》办理情况的汇报，关于《加强住宅小区规划建设、管理的议案》办理情况的汇报，关于《加强小清河济南市城区段管理的议案》办理情况的汇报，对上述报告进行审议。听取关于《济南市促进企业技术进步条例(草案)》修改情况和审议结果的报告，关于《济南市城市公共客运交通管理条例(草案)》修改情况和审议结果的报告，对上述汇报和说明、报告进行分组审议。听取有关部门对《济南市油区工作管理工作办法(草案)》《济南市森林资源保护管理办法(草案)》《济南市保障老年人合法权益若干规定(草案)》《济南市城市市容管理条例(草案)》进行初审，决定交有关专门委员会作进一步修改，向下次常委会议提出修改情况和审议结果的报告。表决通过关于济南市与法国雷恩市建立友好城市关系的决议，通过《济南市促进企业技术进步条例》《济南市公共客运交通管理条例》，报请省人大常委会批准后颁布实施。通过有关人事任免事项。

第十次会议

1999年9月14日～17日举行。会议听取关于《济南市城市规划管理办法》实施情况的汇报、关于国有企业解困工作情况的汇报、关于地方志工作情况的汇报、关于民事审判工作情况的汇报、关于监所检察工作情况的汇报，对上述报告进行分组审议。审议市人大常委会关于组织人大代表评议市政府有关职能部门工作的实施方案、关于《济南市油区工作管理办法(草案)》修改情况和审议结果的报告、关于《济南市森林资源保护管理办法(草案)》修改情况和审议结果的报告、关于《济南市保障老年人合法权益若干规定(草案)》修改情况和审议结果的报告、关于《济南市城市市容管理条例(草案)》修改情况和审议结果的报告。对《济南市执法责任制条例(草案)》《济南市执法违法责任追究办法(草案)》《济南市城市生活饮用水水源污染防治办法(草案)》《济南市旅游业管理条例(草案)》进行初审，决定交有关专门委员会作进一步修改，向下次常委会议提出修改情况和审议结果的报告。表决通过《济南市城市市容管理条例》《济南市油区工作管理办法》《济南市森林资源保护管理办法》《济南市保障老年人合法权益若干规定》，报请省人大常委会批准后颁布实施。表决通过《关于接受周振安同志辞去市人大常委会委员职务的决定》《关于组织代表评议市政府有关职能部门工作的实施方案》。通过有关人事任免事项。

第十一次会议

1999年11月29日至12月2日举行。会议听取关于《中华人民共和国消费者权益保护法》实施情况的汇报，关于《济南市名泉保护管理办法》实施情况的汇报，关于济南市粮食流通体制改革有关问题的汇报，关于济南市城市规划建设管理情况的汇报，关于国有企业改制情况的汇报，关于推进农业产业化经营和城乡一体化建设情况的汇报，关于市十二届人大二次会议代表建议、批评和意见办理情况的报告，关于《公民旁听市人民代表大会常务委员会会议的决定(草案)》的说明，关于《济南市执法责任制条例(草案)》《济南市执法违法责任追究办法(草案)》修改情况和审议结果的报告，关于《济南市城市生活饮用水水源污染防治办法(草案)》修改情况和审议结果的报告，关于《济南市旅游业管理条例(草案)》修改情况和审议结果的报告。书面分发关于办理人大代表建议情况的报告、关于市十二届人大二次会议以来代表建议办理工作情况的汇报。依次表决通过《关于公民旁听市人民代表大会常务委员会会议的决定》和《关于确认主任会议〈关于许可对市十二届人大代表某某某依法采取拘留、逮捕措施的决定〉的决定》。通过《济南市执法责任制条例》《济南市执法违法责任追究办法》和《济南市旅游业管理条例》。对《济南市城市生活饮用水水源污染防治办法》暂不表决，建议由市政府重新划定保护区范围，报经省政府审批后再提请常委会会议审议表决。会议补选李连元为省九届人大代表。

第十二次会议

2000年1月25日～26日举行。会议听取关于市十二届人大三次会议筹备情况的汇报，审议通过市十二届人大三次会议议程(草案)，决定提请市十二届人大三次会议预备会议通过；表决通过提请市十二届人大三次会议预备会议选举的主席团、秘书长名单(草案)；听取关于补选代表的代表资格的审查报告；审议决定市十二届人大三次会议列席人员名单；通过关于召开市十二届人大三次会议的决定；审议通过《济南市人民代表大会常务委员会工作报告稿》，决定提请市十二届人大三次会议审议。会议审议通过市人大常委会2000年工作要点；听取关于市十一届人大五次会议通过的《关于加强住宅小区规划、建设和管理的议案》办理情况审议结果的报告，同意向市十二届人大三次会议报告(书面)；听取和审议关于市民政局等6部门整改工作情况、关于行政区域调整交接工作情况汇报和关于《济南市城市建设拆迁条例(草案)》的说明。通过有关人事任免事项。

第十三次会议

2000年3月28日～29日举行。会议听取和审议关于全市社会治安工作情况的汇报、关于市场建设情况的汇报、关于《济南市城市建设拆迁条例(草案)》修改情况和审议结果的报告、关于《济南市大气污染防治条例(草案)》的说明。通过有关人事任免事项。有10位公民首次旁听市人大常委会会议。

第十四次会议

2000年5月30日至6月1日举行。会议听取审议关于1999年市级财政决算(草案)的报告、关于1999年度市级财政预算执行和其他财政收支情况的审计工作报告、关于1999年市级财政决算(草案)的审查报告、关于实施《山东省宗教活动场所管理办法》情况的汇报、关于《济南市社会保障基金审计监督办法(草案)》的说明、关于《济南市城市生活垃圾管理办法(草案)》的说明、关于《济南市农村成人教育若干规定(草案)》的说明、关于《济南市宗教事务管理条例(草案)》的说明、关于《济南市大气污染防治条例(草案)》修改情况和审议结果的报告。表决通过《关于批准济南市1999年市级财政决算的决议》《关于设立济南市人大常委会法规工作委员会的决定》，通过《济南市大气污染防治条例》。通过有关人事任免事项。

第十五次会议

2000年7月25日～27日举行。会议听取关于上半年国民经济和社会发展计划执行情况的汇报、关于上半年预算执行情况的报告、关于组织人大代表评议市政府有关职能部门工作的实施方案汇报、关于《济南市村集体经济组织财务管理条例(草案)》的说明、关于《济南市档案管理若干规定(草案)》的说明，对上述法规(草案)提出审议情况的报告。听取关于《济南市社会保障基金审计监督办法(草案修改稿)》修改情况和审议结果的报告、关于《济南市城市生活垃圾管理办法(草案修改稿)》修改情况和审议结果的报告、关于《济南市农村成人教育若干规定(草案修改稿)》修改情况和审议结果的报告。市人大财政经济委员会、城建环保委员会、教科文卫委员会，分别向会议提出审议情况的报告。会议对上述汇报、报告和议案进行分组审议。会议表决通过关于组织人大代表评议市政府有关职能部门工作的实施方案、《济南市社会保障基金审计监督办法》、《济南市城市生活垃圾管理办法》、《济南市农村成人教育若干规定》。会议对《济南市村集体经济组织财物管理条例(草案)》和《济南市档案管理若干规定(草案)》进行初审，决定交由法规工作室统一审议，并向下次常委会会议提出修改情况和审议结果的报告。决定任命王天义为济南市副市长、龚秋水为市司法局局长。通过有关人事任免事项。

第十六次会议

2000年9月26日～29日举行。会议听取和审议关于《济南市市级预算审查监督条例(草案)》的说明、关于《济南市规章备案审查规定(草案)》的说明、关于《济南市市政工程设施管理条例(修订草案)》的说明、关于《济南市宗教事务管理条例(草案)》审议结果的报告和关于《济南市档案管理若干规定(草案)》审议结果的报告、关于《济南市和芬兰万达市缔结友好城市关系议案》的报告；有关人事任免的报告。听取关于《济南市城市规划管理办法》实施情况的汇报、关于惩治腐败查办职务犯罪工作的汇报、关于财政预算执行情况审计整改工作的汇报、关于实施《中华人民共和国商检法》《中华人民共和国国境卫生检疫法》《中华人民共和国进出境动植物检疫法》工作情况的汇报和关于贯彻《中共中央国务院关于深化教育改革全面推进素质教育的决定》情况的汇报。对上述工作汇报、法规(草案)及说明、报告、议案进行分组审议。表决通过《济南市宗教事务管理条例》《济南市档案管理若干规定》和《济南市规章备案审查规定》。表决通过关于济南市与芬兰万达市建立友好城市关系的决议。决定接受翟黎明辞去市人大常委会委员和市法制委员会委员职务的请求。任命邹世平为市政府秘书长、王宏炜为市工商行政管理局局长。通过有关人事任免事项。

第十七次会议

2000年11月27日至12月1日举行。会议听取关于全市“十五”计划编制情况的汇报。分组审议《“十五”计划纲要(草案)》和《“十五”计划主要指标》《“十五”计划重点建设项目》等专题规划，原则同意纲要(草案)提出的主要目标任务和措施，拟提请市十二届人民代表大会第四次会议审议。听取关于《济南市制定地方性法规条例(草案)》的说明、关于《济南市教育督导条例(草案)》的说明、关于《济南市市级预算审查监督条例(草案)》《济南市村集体经济组织财务管理条例(草案)》《济南市市政工程设施管理条例(修订草案)》审议结果的报告、关于《济南市“三五”依法治市纲要》起草情况的说明。分组审议上述法规(草案)和关于贯彻实施《济南市“三五”依法治市纲要》的决定草案。听取关于济南市城市规划建设管理情况汇报、关于贯彻落实《中共中央、国务院关于加强技术创新，发展高科技，实现产业化的决定》情况的汇报、关于实施《中华人民共和国森林法》工作情况的汇报、《关于治理我市大气污染议案》办理情况的汇报、关于市十二届人大三次会议代表建议、批评和意见办理情况的汇报，市法院、市人大人事代表工作室的书面报告。分组审议上述汇报和报告。听取市监察局局长胡占平、市外经外贸委主任孟建新、市交通局局长刘曰鑫、市房管局局长李虎山、市广播电视局局长孙强、市文化局局长王善桐、市畜牧局局长张德泽所作的述职报告，对上述述职人员依法履行职责情况，向会议提交调查报告。会议对述职报告和调查报告进行审议。表决通过《济南市市级预算审查监督条例》《济南市市政工程设施管理条例》《济南市村集体财务管理条例》三项地方性法规，报请省人大常委会批准后颁布实施。通过《关于贯彻实施〈济南市“三五”依法治市纲要〉的决定》。对于初审的《济南市教育督导规定(草案)》，决定交法规工作委员会审议修改，并向下次常委会会议提出审议结果的报告。对《济南市制定地方性法规条例(草案)》，同意作为市人大常委会议案提交市十二届人民代表大会第四次会议审议。

第十八次会议

2001年2月1日～2日举行。会议听取关于济南市第十二届人民代表大会第四次会议筹备情况的汇报；审议通过市十二届人大四次会议议程(草案)，决定提请市十二届人大四次会议预备会议通过；表决通过市十二届人大四次会议预备会议选举的主席团秘书长名单(草案)；审议决定市十二届人大四次会议列席人员名单；通过关于召开市十二届人大四次会议的决定；审议通过市十二届人大四次会议关于增设市人大法制委员会及法制委员会更名为内务司法委员会的决定(草案)；听取关于补选代表的代表资格的审查报告；审议通过《济南市人民代表大会常务委员会工作报告稿》，决定提请市十二届人大四次会议审议；通过市人大常委会2001年工作要点；听取关于评选济南市“人民好公仆”情况的汇报，作出《济南市人民代表大会常务委员会关于授予万秀水等十五名同志“济南市人民好公仆”荣誉称号的决定》；听取和审议《关于治理我市大气污染的议案》办理情况审议结果的报告，同意向市十二届人大四次会议报告(书面)；听取和审议关于人大代表评议政府部门工作整改情况的汇报；审议《济南市教育督导条例(草案修改稿)》；通过济南市人民代表大会常务委员会《关于确认主任会议〈关于许可对邵某某采取拘留、逮捕强制措施的决定〉的决定》。通过《济南市教育督导条例》，报请省人大常委会批准后颁布实施。通过有关人事任免事项。

第十九次会议

2001年3月29日举行。听取和审议关于外事工作情况汇报和海关2000年执法工作情况汇报。通过有关人事任免事项，决定接受王存兴辞去济南市副市长职务的请求。

第二十次会议

2001年5月16日～18日举行。会议听取和审议关于2000年市级财政决算(草案)的报告、关于2000年市级财政预算执行情况的审计报告、关于济南市2000年市级财政决算(草案)的审查报告。通过市人大常务委员会关于批准济南市2000年市级财政决算的决议。审议《济南市促进乡镇企业发展若干规定(草案)》《济南市人才市场管理条例(草案)》《济南市城市环境卫生设施管理办法(草案)》。通过有关人事任免事项。根据市政府请求，对机构职能变动注销职务人员进行备案。

第二十一次会议

2001年7月24日～27日举行。会议听取和审议关于2001年上半年国民经济和社会发展计划执行情况的汇报、关于2001年上半年财政预算执行情况的报告、关于反腐败源头治理工作开展情况的汇报、关于严打整治和社会治安工作情况的汇报、关于实施《中华人民共和国专利法》和《山东省专利保护条例》情况的汇报、关于实施《中华人民共和国矿产资源法》情况的汇报。通过关于在全市公民中开展第四个五年法制宣传教育的决议。审议《关于组织人大代表评议市政府有关职能部门工作的实施方案》的说明，并通过实施方案。审议《济南市水资源管理办法(草案)》《济南市献血管理若干规定(草案)》《济南市促进乡镇企业发展若干规定(草案修改稿)》《济南市人才市场管理条例(草案修改稿)》《济南市城市环境卫生设施管理办法(草案修改稿)》。通过《济南市促进乡镇企业发展若干规定》《济南市人才市场管理条例》《济南市城市环境卫生设施管理办法》和修改《济南市城市中小学校校舍场地管理办法》。通过有关人事任免事项。

第二十二次会议

2001年9月18日～20日举行。会议听取和审议关于计划生育工作情况的汇报、关于打击假冒伪劣整顿市场经济秩序工作情况的汇报、关于全市发展个体私营经济工作情况的汇报、关于实施《中华人民共和国招标投标法》情况的汇报、关于实施《济南市农村“四荒”资源开发管理条例》情况的汇报、关于行政审判工作情况的汇报、关于评选先进人大代表组和优秀人大代表情况的说明。通过关于表彰先进人大代表组和优秀人大代表的决定。审议《济南市城市建设档案管理规定(草案)》《济南市献血管理若干规定(草案修改稿)》《济南市水资源管理办法(草案修改稿)》。通过《济南市献血管理若干规定》《济南市水资源管理办法》。通过关于接受胡志明辞去市十二届人大常委会委员职务和李景全辞去市十二届人大常委会委员、农村经济委员会委员的请求决定。

第二十三次会议

2001年11月27日～29日举行。听取和审议关于市政府机构改革情况的汇报，关于城市规划、建设和管理情况的汇报，关于代表建议、批评和意见办理情况的汇报，关于组织市人大代表评议政府有关职能部门工作情况的汇报，关于市经委等四部门整改工作情况的汇报，关于2002年全市乡镇人大换届选举工作安排情况的汇报。审议《济南市城市建设档案管理规定(草案修改稿)》。通过《济南市城市建设档案管理规定》。通过有关人事任免事项。

第二十四次会议

2002年1月31日举行。会议听取关于济南市第十二届人民代表大会第五次会议筹备情况的汇报，审议通过市十二届人大五次会议议程(草案)，决定提请市十二届人大五次会议预备会议通过；表决通过提请市十二届人大五次会议预备会议选举的主席团、秘书长名单(草案)；审议决定市十二届人大五次会议列席人员名单；通过关于召开市十二届人大五次会议的决定；听取关于补选代表的代表资格的审查报告；审议通过《济南市人民代表大会常务委员会工作报告》稿，决定提请市十二届人大五次会议审议。审议通过市人大常委会2002年工作要点，表决通过关于废止《济南市城市房屋拆迁管理条例》的决定。通过有关人事任免事项。

第二十五次会议

2002年4月11日～12日举行。会议听取和审议关于整治和规范药品市场情况的汇报，关于安全生产监督管理工作情况的汇报。听取关于全市乡镇人大换届选举工作情况的汇报，审议关于废止《济南市商业网点管理办法》和《济南市市场商品质量监督管理办法》的决定，通过关于废止《济南市市场商品质量监督管理办法》的决定，审议《济南市城市公有房屋管理办法(修正案草案)》和《济南市城市私有房屋管理办法(修正案草案)》。通过有关人事任免事项。

第二十六次会议

2002年6月19日～21日举行。会议听取并审议关于2001年市级财政决算(草案)的报告，关于2001年市级财政预算执行情况和其他财政收支情况的审计报告，关于2001年市级决算(草案)的审查报告，关于环境保护工作情况的汇报，关于《中华人民共和国归侨侨眷权益保护法》实施情况的汇报，关于《中华人民共和国产品质量法》实施情况的汇报，关于查办职务犯罪工作情况的汇报，关于《济南市合同格式条款监督条例(草案)》的说明，关于《济南市水土保持管理办法(修订案草案)》的说明，关于《济南市城市公有房屋管理办法(修正案草案)》和《济南市城市私有房屋管理办法(修正案草案)》审议结果的报告，关于废止《济南市商业网点管理办法》的决定(草案)的说明，关于确认主任会议《关于许可对市十二届人大代表郭某依法采取拘留、逮捕措施的决定》的决定(草案)的说明。对上述汇报、报告进行分组审议。表决通过《关于批准济南市2001年市级财政决算的决议》，通过关于修改《济南市城市公有房屋管理办法》和《济南市城市私有房屋管理办法》的决定，通过关于确认主任会议《关于许可对市十二届人大代表郭某依法采取拘留、逮捕措施的决定》的决定。对《济南市合同格式条款监督条例(草案)》和《济南市水土保持管理办法(修订草案)》进行初审。通过有关人事任免事项。

第二十七次会议

2002年7月20日～22日举行。会议听取和审议关于2002年1月～7月份国民经济和社会发展计划执行情况的汇报，关于2002年1月～7月份预算执行情况的汇报，关于社会治安和严打整治工作情况的汇报，关于畜牧业发展情况的汇报，关于《济南高新技术产业开发区条例(草案)》的说明，关于《废止〈济南市资源综合利用条例〉的议案》的说明，关于《济南市水土保持管理办法修订案(草案修改稿)》和《济南市合同格式条款监督条例(草案修改稿)》审议结果的报告，关于确认主任会议《关于许可对市十二届人大代表孟某某依法采取刑事强制措施的决定》的决定(草案)的说明。对上述汇报、报告进行分组审议。表决通过关于废止《济南市资源综合利用条例》的决定、《济南市水土保持管理办法修订案》《济南市合同格式条款监督条例》，以上法规和决定报请省人大常委会批准后颁布实施。通过关于确认主任会议《关于许可对市十二届人大代表孟某某依法采取刑事强制措施的决定》的决定。对《济南高新技术产业开发区条例(草案)》进行初审。通过有关人事任免事项。

第二十八次会议

2002年10月17日举行。会议听取和审议关于城市规划建设和管理情况的汇报，关于民事审判工作情况的汇报，关于《济南市保障残疾人合法权益若干规定(修订草案)》的说明，关于《济南高新技术产业开发区条例(草案)》修改情况的汇报。对上述汇报进行分组审议。表决通过修订后的《济南市保障残疾人合法权益若干规定》。对《济南高新技术产业开发区条例(草案)》进行审议。

第二十九次会议

2002年12月18日～19日举行。会议听取和审议关于人大代表建议、批评和意见办理情况的汇报，关于全市县级以上人大换届选举工作情况的汇报，关于确认主任会议《关于许可对市人大代表孙某某采取取保候审措施的决定》的决定(草案)的说明，关于《济南高新技术产业开发区条例(草案)》审议结果的报告，审议关于召开济南市第十三届人民代表大会第一次会议的决定(草案)。市中级人民法院、市人大常委会人事代表工作室对办理人大代表建议情况向会议提交书面报告。对上述汇报和决定进行分组审议。表决通过《关于召开济南市第十三届人民代表大会第一次会议的决定》、关于确认主任会议《关于许可对市十二届人大代表孙某某采取取保候审措施的决定》的决定，通过《济南高新技术产业开发区条例》，并报请省人大常委会批准后颁布实施。根据市长谢玉堂提请，决定任命鲍志强为市政府副市长。通过市法院和市检察院有关人事任免事项。

第三十次会议

2003年1月7日举行。通过有关人事任免事项。

第三十一次会议

2003年1月29日举行。会议听取关于市十三届人代会第一次会议筹备情况的汇报，关于市十三届人代会第一次会议主席团、秘书长名单(草案)的说明，关于市十三届人代会第一次会议议案审查委员会、计划预算审查委员会组成人员名单(草案)的说明，关于市十三届人代会第一次会议列席人员名单(草案)的说明，关于市十三届人代会代表资格审查情况的报告，关于市人大常委会工作报告起草情况的说明，关于2003年全市县级人大代表换届选举工作情况的汇报。对上述汇报、报告进行分组审议。表决通过市十三届人大一次会议召开时间和地点的决定，市十三届人大一次会议列席人员名单；通过决定提请市十三届人大一次会议预备会议的市十三届人大一次会议议程(草案)，主席团、秘书长名单(草案)，议案审查委员会组成人员名单，计划预算审查委员会组成人员名单；通过《济南市人民代表大会常务委员会工作报告》稿，将提交市十三届人大一次会议审议。

第五节 第十三届人大常委会会议

第一次会议

2003年2月28日举行。表决通过有关人事任免事项。

第二次会议

2003年4月24日举行。会议听取关于提请市人大常委会代表资格审查委员会组成人员的报告，关于刑事检察工作情况的汇报，关于《济南市地名管理办法(修订草案)》的说明，对上述汇报、报告进行分组审议。表决通过市人大常委会2003年工作要点和有关人事任免事项。

第三次会议

2003年6月3日举行，通过人事任免事项。

第四次会议

2003年6月24日～25日举行。会议听取关于济南市2002年市级决算(草案)的报告，关于济南市2002年度市级财政预算执行和其他财政收支情况审计的工作报告，关于济南市2002年市级决算(草案)的审查报告，关于《中华人民共和国土地管理法》实施情况的汇报，关于刑事审判工作情况的汇报，关于《济南市地名管理办法(修订草案)》审议结果的报告，关于《济南市人民代表大会常务委员会议事规则》等四项制度修改情况和《济南市人民代表大会常务委员会组成人员守则(草案)》的说明，对上述汇报、报告进行分组审议。表决通过关于批准济南市2002年市级决算的决议(草案)、《济南市地名管理办法》《济南市人民代表大会常务委员会议事规则》《济南市人民代表大会常务委员会人事任免和监督暂行办法》《济南市人民代表大会代表工作条例》《济南市人民代表大会常务委员会关于办理市人大代表建议、批评和意见的规定》《济南市人民代表大会常务委员会组成人员守则》。通过有关人事任免事项。

第五次会议

2003年8月26日举行。会议听取关于2003年1月～7月国民经济和社会发展计划执行情况的汇报、关于2003年1月～7月预算执行情况的汇报、关于国有资产监督管理工作情况的汇报、关于社会治安工作情况的汇报、关于《济南市预防职务犯罪工作条例(草案)》的说明、关于《济南市烟草专卖管理条例(草案)》的说明。对上述汇报、报告进行审议。通过有关人事任免事项。

第六次会议

2003年10月30日～31日举行。会议听取关于工业经济发展情况的汇报、关于对外经贸工作情况的汇报、关于城市规划建设和管理情况的汇报。对上述汇报、报告进行分组审议。表决通过关于设立市人大常委会研究室的决定，通过《济南市预防职务犯罪工作条例》和《济南市烟草专卖管理条例》。通过有关人事任免事项。

第七次会议

2003年12月25日～26日举行。会议听取关于贯彻实施《中华人民共和国传染病防治法》情况的汇报，关于市十三届人大一次会议以来代表建议办理情况的报告，听取市药品监督管理局局长孙承祥、市公安局局长孟富强、市环境保护局局长陈世深、市交通局局长孙明明、市中小企业局局长张本胜的述职报告。对上述汇报、报告进行分组审议。表决通过关于召市十三届人大二次会议的决定。

第八次会议

2004年1月15日举行。会议听取关于市十三届人大二次会议筹备情况的汇报，关于市十三届人大二次会议主席团、秘书长名单(草案)的说明，关于市十三届人大二次会议列席人员名单(草案)的说明，关于市十三届大代表资格审查情况的报告。对上述汇报、报告进行分组审议。表决通过市十三届人大二次会议列席人员名单；通过决定提请市十三届人大二次会议预备会议的市十三届人大二次会议议程(草案)，主席团、秘书长名单(草案)，通过《济南市人民代表大会常务委员会工作报告(表决稿)》，并决定提交市十三届人大二次会议审议。

第九次会议

2004年3月26日举行。会议听取关于优化经济发展环境情况的汇报、关于打击经济犯罪工作情况的汇报、关于补选的市十三届人民代表大会代表的代表资格的审查报告，对上述汇报、报告进行分组审查。表决通过《济南市预防职务犯罪工作条例》《济南市烟草专卖管理条例》。通过有关人事任免事项。

第十次会议

2004年5月26日～27日举行。会议听取关于济南市2003年市级决算(草案)的报告、关于济南市2003年度市级财政预算执行和其他财政收支情况的审计工作报告、关于济南市2003年市级决算(草案)的审查报告、关于统筹城乡发展促进农民增收工作汇报，关于提请审议金旅辞去省十届人大代表职务请求的报告的说明。对上述汇报、报告、说明进行分组审议。表决通过关于批准济南市2003年市级决算的决议(草案)，《关于接受金旅辞去省十届人大代表职务请求的决定(草案)》，《关于许可对市十三届人大代表谢某采取拘留措施的决定(草案)》。通过有关人事任免事项。

第十一次会议

2004年6月18日举行。通过有关人事任免事项。

第十二次会议

2004年7月28日～29日举行。会议听取关于2004年上半年国民经济和社会发展计划执行情况的报告、关于2004年上半年预算执行情况的汇报、关于审判监督工作情况的汇报、关于《济南市与澳大利亚郡德勒普市和德国奥格斯堡市建立友好城市关系议案》的报告、关于提请审议《济南市发展社区服务的若干规定(草案)》等十三件地方性法规修正案的说明、关于《济南市新型墙体材料发展应用与建筑节能管理条例(草案)》修改情况的汇报。对上述汇报、报告进行分组审议。表决通过关于2004年代表评议工作的实施方案、关于2004年述职评议工作的实施方案、关于济南市与澳大利亚郡德勒普市和德国奥格斯保市建立友好城市关系的决议(草案)。通过关于修改《济南市发展社区服务的若干规定》等十三件地方性法规的决定草案。通过有关人事任免事项。

第十三次会议

2004年9月8日举行。会议听取关于机构改革情况的汇报并进行审议。通过有关人事任免事项。

第十四次会议

2004年9月27日～29日举行。会议听取关于教育工作情况汇报、关于贯彻《中华人民共和国土地管理法》情况汇报、关于《济南市授予荣誉市民称号规定(草案)》的说明、关于《济南市限制燃放烟花爆竹的管理规定(草案)》的说明、关于《济南市新型墙体材料发展应用与建筑节能管理条例(草案)》审议结果的报告，听取市科技局局长冯光文、市体育局局长初伟、市司法局局长龚秋水、市民政局局长孙竹兮、市旅游局局长王建国、市工商局局长王宏炜、市粮食局局长张大印、市农业局局长李吉乾所作的述职报告。对上述汇报、报告、说明进行分组审议。表决通过《济南市限制燃放烟花爆竹的管理规定》《济南市授予荣誉市民称号规定》及《济南市新型墙体材料发展应用与建筑节能管理条例》。表决通过关于终止谢某市十三届人大代表资格的决议(草案)。通过有关人事任免事项。

第十五次会议

2004年11月15日～16日举行。会议听取关于市十三届人大二次会议以来代表建议、批评和意见办理情况的汇报，关于城市规划工作情况的汇报，关于质量技术监督管理工作情况的汇报，关于信息产业发展情况的汇报，关于预防职务犯罪工作情况的汇报，关于预算执行审计问题整改情况的汇报。对上述汇报进行审议。表决通过关于召开济南市第十三届人民代表大会第三次会议的决定(草案)。

第十六次会议

2005年1月11日举行。会议听取关于市十三届人大三次会议筹备情况的汇报，关于孙淑义、马永胜的代表资格终止的报告和关于补选代表的代表资格的审查报告，关于济南市人大常委会工作报告稿起草情况的说明，关于废止《济南市义务兵优待和退伍安置办法》的说明。对上述汇报、报告、说明进行分组审议。表决通过市十三届人大三次会议列席人员名单，市十三届人大常委会代表资格审查委员会关于补选代表代表资格的审查报告，市人大常委会2005年工作要点，关于废止《济南市义务兵优待和退伍安置办法》的决定。通过决定提请市十三届人大三次会议预备会议表决的市十三届人大三次会议议程(草案)，主席团、秘书长名单(草案)，通过《济南市人民代表大会常务委员会工作报告稿》，并决定提交市十三届人大三次会议审议。

第十七次会议

2005年3月24日～25日举行。会议传达十届全国人大三次会议精神，听取关于城市建设重点工程情况的汇报、关于贯彻实施《中华人民共和国台胞投资保护法》情况的汇报、关于废止《济南市外来务工人员管理条例》等五件地方性法规的说明。对上述汇报、报告、说明进行分组审议。表决通过关于废止《济南市外来务工人员管理条例》、关于废止《济南市城镇国有土地使用权出让办法》、关于废止《济南市职业病防治卫生监督条例》、关于废止《济南市经纪人管理条例》、关于废止《济南市国防教育若干规定》等五项法规的决定(草案)。通过有关人事任免事项。

第十八次会议

2005年5月26日～27日举行。会议听取关于济南市2004年市级决算(草案)的报告，关于济南市2004年度市级财政预算执行和其他财政收支情况的审计工作报告，关于济南市2004年市级决算(草案)的审查报告，关于高新区建设发展情况的汇报，关于王希伟、李平、李国勋济南市第十三届人大代表资格终止的报告，关于《济南市名泉保护条例(草案)》的说明。对上述汇报、报告、说明进行分组审议。表决通过关于批准济南市2004年市级决算的决议，通过关于终止王希伟、李平、李国勋济南市第十三届人大代表资格的决议。通过有关人事任免事项。

第十九次会议

2005年7月20日～21日举行。会议听取关于2005年上半年国民经济和社会发展计划执行情况的报告、关于2005年上半年预算执行情况的报告、关于贯彻实施《中华人民共和国土地管理法》情况的汇报、关于2005年代表评议和述职评议工作实施方案的情况说明、关于执行工作情况的汇报、关于《济南市名泉保护条例(草案)》审议结果的报告、关于《济南市农村公路管理条例(草案)》的说明、关于《济南市工会条例(草案)》的说明。对上述汇报、报告、说明进行分组审议。表决通过《济南市名泉保护条例(表决稿)》。通过关于2005年代表评议工作的实施方案、关于2005年述职评议工作的实施方案。通过有关人事任免事项。

第二十次会议

2005年9月27日～29日举行。会议听取关于济南市安全生产监管工作情况的汇报、关于全市畜牧业发展情况的汇报、关于宋保平市十三届人大代表资格终止的报告、关于《济南市城市客运出租汽车管理条例(草案)》的说明、关于《济南市农村公路管理条例(草案)》和《济南市工会条例(草案)》审议结果的报告，市发改委主任王辉、市人事局局长曹长财、市文化局局长邹卫平、市劳动和社会保障局局长王玉振、市国土资源局局长刘西安、市建设委员会主任田庄、市林业局局长韩子奎、市人口和计生委主任卞允斗、市审计局局长纪宝华所作的述职报告。对上述汇报、报告、说明进行分组审议。表决通过《济南市农村公路管理条例(表决稿)》《济南市工会条例(表决稿)》。表决通过关于宋保平市十三届人大代表资格终止的决议。

第二十一次会议

2005年11月29日～30日举行。会议听取关于济南市“十一五”规划编制情况的汇报，关于济南市旧村(居)改造情况的汇报，关于济南市国有资产监管工作的报告，关于2004年度市级预算执行和财政收支审计查出问题整改情况的报告，关于市十三届人大三次会议以来代表建议、批评和意见办理情况的汇报，关于提请确认市人大常委会主任会议《关于许可依法拘留市十三届人大代表刘某某的决定》的说明，关于《济南市城市客运出租汽车管理条例(草案)》审议结果的报告。对上述汇报、报告、说明进行审议。表决通过关于召开市十三届人大四次会议的决定，通过关于确认主任会议《关于许可依法拘留市十三届人大代表刘某某的决定》的决定。通过有关人事任免事项。

第二十二次会议

2006年1月11日～12日举行。会议听取关于济南市第十三届人民代表大会第四次会议筹备情况的汇报、关于刘某某代表资格终止的报告和关于补选代表的代表资格的审查报告、关于市人大常委会工作报告稿起草情况的说明、关于《济南市城市总体规划(2005～2020年)》修编情况的汇报。对上述汇报、报告、说明进行分组审议。表决通过市十三届人大四次会议列席人员名单，关于刘某某市十三届人大代表资格终止的决议，市十三届人大常委会代表资格审查委员会关于补选的代表的代表资格的审查报告，市人大常委会2006年工作要点，关于对《济南市城市总体规划(2005～2020年)》审查的决议，《济南市城市客运出租汽车管理条例》。通过决定提请市十三届人大四次会议预备会议表决的市十三届人大四次会议议程(草案)，选举的主席团、秘书长名单(草案)，通过《济南市人民代表大会常务委员会工作报告》，并决定提交市十三届人大四次会议审议。

第二十三次会议

2006年3月28日～29日举行。会议传达十届全国人大四次会议精神；听取关于科技自主创新情况的汇报、关于贯彻实施《中华人民共和国土地管理法》情况的汇报、关于新型农村合作医疗工作情况的汇报、关于《济南市燃气安全管理条例(草案)》审议结果的报告、关于废止《济南市民营科技企业管理办法》和《济南市技术市场管理办法》两件地方性法规的说明、关于《济南市志愿服务条例(草案)》的说明。对上述汇报、报告、说明进行分组审议。表决通过《济南市燃气安全管理条例》；通过关于废止《济南市民营科技企业管理办法》和关于废止《济南市技术市场管理办法》的决定，通过关于接受齐建民辞去市十三届人大常务委员会委员职务请求的决议、关于调整市人大常委会代表资格审查委员会副主任委员职务的报告。通过有关人事任免事项。

第二十四次会议

2006年5月25日～26日举行。会议听取关于济南市2005年市级决算(草案)的报告、关于济南市2005年度市级财政预算执行和其他财政收支情况的审计工作报告、关于济南市2005年市级决算(草案)的审查报告、关于“四五”普法和“三五”依法治市工作情况的汇报、关于推进社会主义新农村建设情况的汇报、关于济南市外事工作情况的汇报、关于《济南市志愿服务条例(草案)》审议结果的报告、关于在全市公民中开展第五个五年法制宣传教育的决议、关于贯彻实施《济南市“四五”依法治市纲要》的决定(草案)的说明。对上述汇报、报告、说明进行分组审议。表决通过关于批准济南市2005年市级决算的决议，通过关于在全市开展第五个五年法制宣传教育的决议(草案)、关于贯彻实施《济南市“四五”依法治市纲要》的决定(草案)、《济南市志愿服务条例》。通过有关人事任免事项。

第二十五次会议

2006年7月25日～26日举行。会议听取关于2006年上半年国民经济和社会发展计划执行情况的报告、关于2006年上半年预算执行情况的报告、关于体育工作情况的汇报、关于全市检察机关反贪污贿赂工作情况的汇报、关于2006年代表评议和述职评议工作实施方案的情况说明、关于《济南市与乌克兰哈尔科夫市缔结友好城市关系的议案》报告、关于《济南市养犬管理规定(草案)》起草过程及有关情况的说明。对上述汇报、报告、说明进行分组审议。表决通过《济南市人大常委会2006年述职评议工作实施方案(草案)》，通过济南市与乌克兰哈尔科夫市缔结友好城市关系的决议(草案)。通过有关人事任免事项。

第二十六次会议

2006年9月27日～29日举行。会议听取关于服务业发展情况的汇报、关于《济南市养犬管理规定(草案)》修改情况的汇报、关于《济南市城市道路井盖设施管理规定(草案)》的说明。对上述汇报、报告、说明进行分组审议。听取市规划局局长王新文、市城市管理行政执法局局长张俊、市水利局局长孟庆斌、市对外贸易经济合作局局长孟祥桓、市卫生局局长贾堂宏、市统计局局长王祯祥、市民族宗教事务局局长杨学英所作的述职报告

第二十七次会议

2006年11月29日～30日举行。会议听取关于代表建议办理情况的汇报、关于2005年度市级预算执行审计查出问题整改情况的报告、关于住房公积金管理和使用情况的汇报、关于提请审议《济南市人大常委会关于表彰先进人大代表小组和优秀人大代表的决定(草案)》的说明、关于《济南市养犬管理规定(草案)》审议结果的报告、关于《济南市城市环境卫生管理条例(草案)》的说明、关于《济南市旅游业管理条例(修订草案)》的说明。对上述汇报、报告、说明进行审议。表决通过关于召开市十三届人大四次会议的决定，通过关于确认主任会议《关于许可依法拘留市十三届人大代表刘某某的决定》的决定。通过有关人事任免事项。

第二十八次会议

2007年1月18日举行。会议听取和审议关于市十三届人大四次会议主席团交付审议的第

1号和第2号议案办理情况审查结果的报告、关于《济南市城市环境卫生管理条例(草案)》和《济南市旅游业管理条例(修订草案)》审议结果的报告、关于提请补选出席山东省第十届人民代表大会代表的说明。对上述报告、说明进行分组审议。表决通过关于调整市十三届人大会五次会议时间的决定(草案)，关于市十三届人大四次会议主席团交付审议的第1号和第2号议案办理情况审议结果的报告、市人大常委会2007年工作要点(草案)、《济南市城市环境卫生管理条例(表决稿)》和《济南市旅游管理条例(表决稿)》。通过有关人事任免事项。

第二十九次会议

2007年3月5日举行。通过有关人事任免事项。

第三十次会议

2007年3月19日举行。会议传达十届全国人大五次会议精神；听取和审议关于市十三届人大会五次会议筹备情况的汇报、关于补选代表的代表资格的审查报告。对上述报告及市十三届人大五次会议议程(草案)，主席团、秘书长名单(草案)，列席人员名单(草案)及市人大常委会工作报告稿进行分组审议。表决通过决定提请市十三届人大五次会议预备会议表决的市十三届人大五次会议议程(草案)，市十三届人大五次会议主席团、秘书长名单(草案)，市十三届人大五次会议列席人员名单(草案)，市人大常委会工作报告及关于补选代表的代表资格的审查报告。

第三十一次会议

2007年4月17日举行。会议听取和审议关于济南市侨务工作情况的报告、关于《济南市城镇企业职工基本养老保险条例(修订草案)》的说明。对上述报告、说明及修订草案进行分组审议。通过有关人事任免事项。

第三十二次会议

2007年5月30日举行。会议听取和审议关于济南市金融业发展情况的报告，关于济南市贯彻《中华人民共和国节约能源法》情况的检查报告。会议对上述报告进行分组审议。通过有关人事任免事项。

第三十三次会议

2007年7月16日举行。通过有关人事任免事项。

第三十四次会议

2007年7月26日～27日举行。会议听取和审议关于《济南市文物保护规定(草案)》起草情况的说明、关于2006年市级决算(草案)的报告、关于2006年市级预算执行和其他财政收支的审计工作报告、关于济南市2006年市级决算(草案)的审查报告、关于检查济南市实施《中华人民共和国道路交通安全法》情况的报告、关于《济南市城镇企业职工基本养老保险条例(修订草案)》审议结果的报告。对上述报告、说明进行分组审议。通过有关人事任免事项。

第三十五次会议

2007年8月10日举行。会议听取关于2007～2008年全市人大换届选举工作安排意见的报告、关于《提请济南市与以色列卡法萨巴市缔结友好城市关系议案》的报告。表决通过关于2007～2008年全市人大换届选举工作的安排意见、关于济南市与以色列卡法萨巴市缔结友好城市关系的决议。

第三十六次会议

2007年9月11日举行。通过有关人事任免事项。

第三十七次会议

2007年9月26日～27日举行。会议听取关于2007年1月～8月份全市国民经济和社会发展计划执行情况的报告、关于2007年1月～8月份全市预算执行情况的报告、关于全市社会保险工作情况的报告、全市现代农业发展情况的报告、关于全市农村基础教育工作情况的报告、关于全市农村医疗卫生工作情况的报告、关于全市农村自来水工程建设情况的报告、关于《济南市文物保护规定(草案)》审议结果的报告。对上述报告进行分组审议。表决通过《济南市文物保护规定(表决稿)》。通过有关人事任免事项。

第三十八次会议

2007年10月19日举行。通过有关人事任免事项。

第三十九次会议

2007年11月12日举行。通过有关人事任免事项。

第四十次会议

2007年11月28日～29日举行。会议听取关于代表建议、批评和意见办理情况的报告，关于2006年度市级预算执行和其他财政收支审计查出问题整改情况的报告，关于高新区建设发展情况的报告，关于全市县、乡人大代表换届选举情况的报告。对上述报告进行分组审议。表决通过关于召开市十四届人大一次会议的决定(草案)。通过有关人事任免事项。

第四十一次会议

2007年12月17日举行。通过有关人事任免事项。

第六节 第十四届人大常委会会议

第一次会议

2008年1月29日举行。会议听取和审议关于提请通过市十四届人大常委会代表资格审查委员会组成人员名单的报告，关于《提请任命市政府组成人员的议案》，审议市十四届人大常委会2008年工作要点(草案)。表决通过市十四届人大常委会2008年工作要点(草案)、市十四届人大常委会代表资格审查委员会组成人员名单(草案)。通过有关人事任免事项。

第二次会议

2008年2月22日举行。会议听取《济南市人民代表大会常务委员会议事规则(修订草案)》的说明，审议并表决通过《济南市人民代表大会常务委员会议事规则(修订草案)》。通过有关人事任免事项。

第三次会议

2008年3月27日举行。会议传达十一届全国人大一次会议精神；听取和审议关于实施《济南妇女发展纲要》和《济南儿童发展纲要》工作情况的报告、关于全市科技创新体系及创新型城市建设工作情况的报告。听取关于《济南市人民代表大会常务委员会人事任免和监督办法(修订草案)》的说明，审议并表决通过。

第四次会议

2008年4月24日举行。会议听取和审议关于全市贯彻实施《中华人民共和国土地管理法》情况的报告，听取《济南市城乡规划条例(草案)》说明、关于废止《济南市建筑市场管理办法》的说明。审议并表决通过关于废止《济南市建筑市场管理办法》的决定，审议《济南市城乡规划条例(草案)》。

第五次会议

2008年5月29日举行。会议听取和审议关于全市社区卫生工作情况的报告、关于全市老年人权益保障工作情况的报告、关于全市物价工作情况的汇报、关于全市水利建设情况的报告。听取关于《济南市人民代表大会常务委员会关于办理市人大代表建议、批评和意见的规定》修订情况的说明和关于《济南市人民代表大会常务委员会关于许可对市十四届人大代表刘某某采取取保候审措施的决定(草案)》的说明。审议并表决通过上述草案。通过有关人事任免事项。

第六次会议

2008年7月10日～11日举行。会议听取和审议关于全市食品安全工作情况的报告、关于全市旅游工作情况的报告、关于2007年市级决算(草案)和2008年上半年预算执行情况的报告、关于2007年预算执行和其他财政收支情况的审计报告、关于2007年市级决算(草案)的审查报告、关于检查全市贯彻实施《中华人民共和国治安管理处罚法》情况的报告、关于《济南市城乡规划条例(草案)》审议结果的报告。审议并表决通过关于批准济南市2007年市级决算的决议(草案)、《济南市城乡规划条例(表决稿)》。

第七次会议

2008年9月25日～26日举行。会议听取和审议关于济南市2008年上半年国民经济和社会发展计划执行和"十一五"规划实施中期评估情况的报告、关于《加快小清河综合整治及源头治理的议案》办理情况的报告、关于全市体育工作及其全运会有关筹备情况的报告、关于全市"五五"普法依法治理工作情况的报告、关于全市节能减排工作情况的报告、关于检查济南市贯彻实施《中华人民共和国环境保护法》情况的报告。听取关于《济南市房屋登记条例(草案)》的说明、关于终止刘某某等市十四届人大代表资格的报告(草案)。审议并表决通过关于终止刘某某、李某某、叶某市十四届人大代表资格的决议(草案)，审议《济南市房屋登记条例(草案)》。通过有关人事任免事项。

第八次会议

2008年10月23日举行。会议听取和审议关于全市重点工程建设情况的报告、关于济南高新技术产业开发区建设与发展情况的报告。听取关于确认主任会议《关于许可对市十四届人大代表张某某依法采取取保候审措施的决定》的决定(草案)的说明、关于《济南市城市集中供热管理条例(修正案草案)》的说明。通过有关人事事项。

第九次会议

2008年11月27日举行。会议听取和审议关于市十四届人大一次会议以来代表建议办理情况的报告、关于全市安全生产监督管理工作情况的报告、关于检查济南市贯彻实施《中华人民共和国森林法》情况的报告。听取关于提请废止《济南市民用爆炸物品安全监督管理办法》的说明、关于《济南市汽车维修管理条例(草案)》的说明、关于《济南市房屋登记条例(草案)》审议结果的报告。审议市政府关于《提请废止〈济南市民用爆炸物品安全监督管理办法〉的议案》，审议并表决通过关于废止《济南市民用爆炸物品安全监督管理办法》的决定(草案)。审议并表决通过《济南市房屋登记条例(表决稿)》，审议《济南市汽车维修管理条例(草案)》。审议并通过关于召开市十四届人大二次会议的决定(草案)。

第十次会议

2008年12月28日举行。会议听取和审议关于市十四届人大二次会议筹备情况的报告，关于补选代表的代表资格的审查报告。书面印发并审议市十四届人大二次会议议程(草案)、主席团和秘书长名单(草案)、列席人员名单(草案)、市人大常委会工作报告(草案)、关于接受殷鲁谦辞去济南市副市长职务的请求的决定。表决通过市十四届人大二次会议议程(草案)，市十四届人大二次会议主席团、秘书长名单(草案)，市十四届人大二次会议列席人员名单(草案)，关于补选的代表的代表资格的审查报告(草案)，市人大常委会工作报告(草案)，关于接受殷鲁谦辞去副市长职务的请求的决定(草案)。通过有关人事任免事项。

第十一次会议

2009年2月24日举行。会议传达学习省十一届人大二次会议精神，听取和审议市政府关于济南市2007年度市级预算执行和其他财政收支审计查出问题整改情况的报告，审议并表决通过《济南市汽车维修管理条例(草案修改稿)》。通过有关人事任免事项。

第十二次会议

2009年4月8日举行。会议传达学习十一届全国人大二次会议精神，听取和审议市政府关于全市外经贸工作情况的报告和市人大常委会执法检查组关于检查全市贯彻实施《中华人民共和国法官法》和《中华人民共和国检察官法》情况的报告。审议并表决通过关于废止《济南市职工教育条例》的决定(草案)和关于修改《济南市职业技能鉴定管理条例》 等4件地方性法规的决定(草案)、《济南市各级人民代表大会常务委员会规范性文件备案审查工作规则(草案)》《济南市人民代表大会常务委员会关于为顺利筹备和成功举办全运会、园博会进一步加强法治环境建设的决议(草案)》。通过有关人事任免事项。

第十三次会议

2009年5月7日举行。会议听取和审议市政府关于济南市全运会筹备工作完成情况和园博会筹备工作完成情况的报告、关于《济南市与佛得角普拉亚市缔结友好城市关系的议案》。表决通过关于《济南市与佛得角普拉亚市缔结友好城市关系的决议(草案)》；审议并表决通过关于确认主任会议关于《许可对市十四届人大代表朱某某依法采取刑事拘留措施的决定》的决定(草案)，审议《济南市机动车排气污染防治条例(草案)》。通过有关人事事项。

第十四次会议

2009年7月21日举行。会议听取和审议市政府关于济南市侨务工作情况的汇报、关于济南市2009年上半年国民经济和社会发展计划执行情况的报告、关于济南市2008年市级决算(草案)和2009年上半年预算执行情况的报告、关于济南市2008年度市级预算执行和其他财政收支情况的审计工作报告、关于济南市2008年市级决算(草案)的审查报告，审查批准济南市2008年市级决算。听取和审议市政府关于济南市2009年地方债券收支安排及市级预算调整方案的报告、关于济南市2009年地方政府债券收支安排及市级预算调整方案的审查报告，审查批准济南市2009年地方政府债券收支安排及市级预算调整方案。听取和审议市政府关于《济南市与白俄罗斯维捷布斯克市缔结友好城市关系的议案》，表决通过关于《济南市与白俄罗斯维捷布斯克市缔结友好城市关系的决议(草案)》。审议并表决通过关于确认主任会议《关于授予莱因哈特·莫瑟尔先生济南市荣誉市民称号的决定》的决定(草案)。审议《济南市企事业单位民主管理条例(草案)》。审议并表决通过《济南市机动车排气污染防治条例(草案修改稿)》。通过有关人事任免事项。

第十五次会议

2009年11月20日举行。会议听取和审议市政府关于市十四届人大二次会议以来代表建议、批评和意见办理情况的报告，关于全市农业工作情况的报告，市人大常委会执法检查组关于检查济南市贯彻实施《中华人民共和国产品质量法》《中华人民共和国计量法》工作情况的报告；审议市法院、市人大常委会人事代表工作室关于办理市十四届人大二次会议以来代表建议、批评和意见办理情况的报告和市人大常委会法制工作室关于规范性文件备案审查工作情况的报告，审议《济南市户外广告管理条例(草案)》。审议并表决通过《济南市企事业单位民主管理条例(草案修改稿)》、关于确认主任会议《关于许可对市十四届人大代表陶某某依法采取强制措施的决定》的决定(草案)。

第十六次会议

2009年12月18日举行。会议审议并表决通过关于召开市十四届人大三次会议的决定。听取和审议市政府关于《加快小清河综合整治及源头治理议案》办理情况的报告、关于《罢免郭某某省十一届人大代表职务的议案》，决定罢免郭某某的人大代表职务。审议关于开展“迎两会、讲文明、我为泉城添光彩”活动有关情况的书面汇报。通过有关人事任免事项。

第十七次会议

2010年1月11日举行。会议听取和审议关于市十四届人大三次会议筹备情况的报告，审议并通过市十四届人大三次会议议程(草案)，市十四届人大三次会议主席团、秘书长名单(草案)，市十四届人大常委会代表资格审查委员会关于补选代表的代表资格审查报告，关于罢免潘某省十一届人大代表职务的决议，审议决定市十四届人大三次会议列席人员名单，审议并原则通过市人大常委会工作报告。投票表决人事任免事项。

第十八次会议

2010年1月14日举行。会议听取审议并表决通过市十四届人大常委会代表资格审查委员会关于终止陈某某市十四届人大代表职务的报告、市十四届人大常委会主任会议关于《罢免刘某某省十一届人大代表职务的议案》。表决通过市十四届人大常委会代表资格审查委员会关于市十四届人民代表大会代表资格的审查报告。

第十九次会议

2010年3月24日举行。会议传达学习十一届全国人大三次会议精神，听取并审议市政府关于济南市2008年度市级预算执行和其他财政收支审计查出问题整改情况的报告。通过人事任免事项。

第二十次会议

2010年5月20日举行。会议听取并审议市政府关于全市规划工作情况的报告、关于《废止〈济南市划拨土地使用权管理办法〉的议案》。通过人事任免事项。

第二十一次会议

2010年6月25日举行。会议听取和审议市人大常委会执法检查组关于检查济南市贯彻实施《中华人民共和国消防法》情况的报告和贯彻实施《中华人民共和国公路法》《济南市农村公路管理条例》情况的报告。通过人事任免事项。

第二十二次会议

2010年7月30日举行。会议听取审议市政府关于2010年上半年国民经济和社会发展计划执行情况的报告、关于2009年市级决算草案和2010年上半年预算执行情况的报告、关于2010年地方政府债券收支安排及市级预算调整方案的报告、关于2009年度市级预算执行和其他财政收支情况的审计工作报告、关于济南高新区产业发展情况的报告、关于全市畜牧兽医工作情况的报告、市人大财经委员会关于济南市2009年市级决算(草案)的审查报告，初审《济南市妇女权益保障若干规定(草案)》。通过人事任免事项。

第二十三次会议

2010年9月28日举行。会议听取审议市政府关于外事工作情况的报告、关于商事审判工作情况的报告、关于反渎职侵权工作情况的报告、关于补选的市十四届人民代表大会代表资格的审查报告、关于提请补选省十一届人大代表的说明，审议通过《济南市户外广告设置管理条例》。通过人事任免事项。

第二十四次会议

2010年10月27日举行。会议听取审议市政府关于全市工业经济发展情况的报告；听取审议并表决通过关于废止《济南市私营企业管理规定》等两件地方性法规的决定和关于修改《济南市城镇企业职工基本养老保险条例》等23件地方性法规的决定。通过人事任免事项。

第二十五次会议

2010年11月25日举行。会议听取审议市政府关于市十四届人大三次会议以来代表建议办理情况的报告、市政府关于加快全市文化发展及第十届中国艺术节有关筹备工作情况的报告、关于全市义务教育均衡发展情况的报告、关于小清河议案办理情况的报告、关于《济南市妇女权益保障若干规定(草案)》审议结果的报告。表决通过《济南市妇女权益保障若干规定》。审议市法院、市人大常委会人事代表工作室关于市十四届人大三次会议以来代表建议办理情况的书面报告。

第二十六次会议

2010年12月21日举行。会议听取审议市政府关于济南市国民经济和社会发展第十二个五年规划纲要编制情况的报告。审议并表决通过关于召开市十四届人大四次会议的决定。

济南市地方性法规汇编

附：

1988～2010年济南市人大及其常务委员会制定地方性法规一览表

表9—2—1

序号	法规名称	市人大或其常委会通过时间	省人大常委会批准时间	实施时间	备 注
1	济南市城市规划管理办法	1988-07-23	1988-09-24	1988-09-24	已失效，1997-09-19修订
2	济南市关于集会游行示威的若干规定	1990-05-24	1990-06-27	1990-06-27	
3	济南市园林绿化管理办法	1990-05-24	1990-06-27	1990-06-27	已失效，1996-06-15废止
4	济南市职工教育条例	1990-07-25	1990-08-30	1990-08-30	已失效，1996-09-27修正，2001-05-18修正，2009-04-08废止
5	济南市城市环境卫生管理办法	1991-01-25	1991-03-15	1991-05-01	已失效，1997-07-25修订
6	济南市城市建设拆迁管理办法	1991-05-17	1991-06-22	1991-06-22	已失效，1995-05-18修正，2000-09-01废止
7	济南市市场商品质量监督管理办法	1991-09-24	1991-10-22	1992-01-01	已失效，1997-07-25修订
8	济南市国防教育若干规定	1991-11-27	1991-12-20	1991-12-20	已失效，2005-03-25废止
9	济南市预算外资金管理办法	1992-06-27	1993-07-29	1993-07-29	已失效，1997-09-19修订
10	济南市古树名木保护管理办法	1992-10-22	1992-11-21	1992-11-21	2010-10-27修正
11	济南市社会治安综合治理条例	1992-12-30	1993-03-05	1993-03-05	2010-10-27修正
12	济南市发展社区服务的若干规定	1993-10-14	1993-11-18	1993-11-18	2004-07-30修正
13	济南市城市私有房屋管理办法	1993-12-11	1994-01-17	1994-01-17	已失效，1997-03-27修正，2002-06-21修正，2009-05-01废止
14	济南市城市自来水供水管理办法	1994-02-03	1994-04-21	1994-04-21	1997-09-19修正，2004-07-30修正，2010-10-27修正
15	济南市禁止燃放烟花爆竹的规定	1994-04-15	1994-06-14	1994-09-01	已失效，1997-03-27修正，2001-05-18修正，2004-09-29废止
16	济南市民办学校管理办法	1994-06-18	1994-08-09	1994-08-09	1997-03-27修正，2010-10-27修正
17	济南市建筑市场管理办法	1994-06-18	1994-08-09	1994-08-09	已失效，1997-03-27修正，2008-04-24废止

续表9—2—1—1

序号	法规名称	市人大或其常委会通过时间	省人大常委会批准时间	实施时间	备注
18	济南市烟尘污染防治办法	1994-06-18	1994-08-09	1994-08-09	已失效，1997-03-27修正，2000-09-01废止
19	济南市电力管理条例	1994-08-19	1994-10-13	1995-01-01	1997-07-19修正
20	济南市水土保持管理办法	1994-08-19	1994-10-13	1994-11-01	已失效，2001-05-18修正，2002-08-22修订
21	济南市保障残疾人合法权益的若干规定	1994-08-19	1994-10-13	1994-10-13	已失效，2002-10-17修订
22	济南市行政村档案管理办法	1994-08-19	1994-10-13	1995-01-01	
23	济南市城市公有房屋管理办法	1994-10-19	1994-12-06	1994-12-06	已失效，1997-03-27修正，2002-06-21修正，2009-05-01废止
24	济南市经纪人管理条例	1994-10-19	1994-12-06	1994-12-06	已失效，1997-03-27修正，2001-05-18修正，2005-03-25废止
25	济南市技术市场管理办法	1994-12-21	1995-04-08	1995-04-08	已失效，2001-05-18修正，2006-03-29废止
26	济南市城镇国有土地使用权出让办法	1995-03-16	1995-04-08	1995-04-08	已失效，1997-03-27修正，2001-05-18修正，2005-03-25废止
27	关于修改《济南市城市建设拆迁管理办法》的决定 附：济南市城市建设拆迁管理办法	1995-05-18	1995-06-14	1995-06-14	已失效，2000-09-01废止
28	济南市民营科技企业管理办法	1995-05-18	1995-06-14	1995-06-14	已失效，2006-03-29废止
29	济南市城市商业网点管理办法	1995-07-21	1995-08-16	1995-08-16	已失效，1997-03-27修正，2002-06-21废止
30	济南市养犬管理办法	1995-07-21	1995-08-16	1995-12-01	已失效，1997-03-27修正，2007-05-01废止
31	济南市公民义务献血办法	1995-07-21	1995-08-16	1996-01-01	已失效，1997-03-27修正，2001-09-20废止
32	济南市个体工商户管理规定	1995-09-21	1995-10-12	1995-10-12	2001-05-18修正，2010-10-27修正
33	济南市职业病防治卫生监督条例	1995-09-21	1995-10-12	1996-01-01	已失效，2005-03-25废止
34	济南市划拨土地使用权管理办法	1995-09-21	1995-10-12	1995-10-12	已失效，1997-03-27修正，2001-05-18修正，2010-05-20废止
35	济南市实施《中华人民共和国红十字会法》办法	1995-11-30	1995-12-14	1995-12-14	2010-10-27修正
36	济南市市政工程设施管理条例	1995-11-30	1995-12-14	1995-12-14	已失效，1997-03-27修正，2000-12-01修订

续表9-2-1-2

序号	法规名称	市人大或其常委会通过时间	省人大常委会批准时间	实施时间	备 注
37	济南市城市中小学校校舍场地管理办法	1995-11-30	1995-12-14	1996-04-01	2001-07-27修正，2010-10-27修正
38	济南市公共场所禁止吸烟的规定	1996-03-29	1996-04-17	1996-05-31	2001-05-18修正，2010-10-27修正
39	济南市城市绿化管理办法	1996-05-30	1996-06-15	1996-06-15	同时废止《济南市园林绿化管理办法》，2001-05-18修正，2004-07-30修正，2009-04-08修正
40	济南市基本菜田管理办法	1996-05-30	1996-06-15	1996-06-15	2001-05-18修正，2010-10-27修正
41	济南市私营企业管理规定	1996-07-26	1996-08-11	1996-08-11	已失效，2001-05-18修正，2010-10-27废止
42	济南市义务兵优待和退伍安置办法	1996-07-26	1996-08-11	1996-08-11	已失效，2001-05-18修正，2005-01-01废止
43	济南市城市节约用水管理办法	1996-07-26	1996-08-11	1997-01-01	2001-05-18修正
44	济南市燃气管理条例	1996-09-27	1996-10-14	1997-01-01	已失效，2006-07-01废止
45	济南市公共场所治安管理办法	1996-09-27	1996-10-14	1997-01-01	2004-07-30修正
46	关于修改《济南市职工教育条例》的决定 附：济南市职工教育条例	1996-09-27	1996-10-14	1996-10-14	已失效，2001-05-18修正，2009-05-27废止
47	济南市城镇企业职工基本养老保险条例	1996-11-28	1996-12-14	1997-01-01	已失效，1998-04-30修正，2001-05-18修正，2007-07-27修订
48	济南市国有企业法定代表人离任经济责任审计监督条例	1996-11-28	1996-12-14	1997-03-01	已失效，2001-05-18修正，2010-10-27废止
49	关于修改《济南市城市公有房屋管理办法》等十三件地方性法规的决定	1997-03-27	1997-04-04	1997-04-04	
50	济南市名泉保护管理办法	1997-05-29	1997-06-06	1997-06-06	已失效，2005-09-29废止
51	济南市资源综合利用条例	1997-05-29	1997-06-06	1998-01-01	已失效，2002-08-22废止
52	济南市城市环境卫生管理办法(修订)	1997-07-25	1997-08-16	1997-08-16	已失效，2004-07-30修正，2007-05-01废止
53	济南市科学技术进步条例	1997-07-25	1997-08-16	1997-08-16	2001-05-18修正
54	济南市市场商品质量监督管理办法(修订)	1997-07-25	1997-08-16	1997-10-01	已失效，2002-04-12废止

续表9—2—1—3

序号	法规名称	市人大或其常委会通过时间	省人大常委会批准时间	实施时间	备 注
55	济南市城市规划管理办法(修订)	1997-09-19	1997-10-15	1998-01-01	已失效，2001-05-18修正，2008-10-01废止
56	济南市预算外资金管理办法(修订)	1997-09-19	1997-10-15	1998-01-01	
57	关于修改《济南市城市自来水供水管理办法》的决定 附：济南市城市自来水供水管理办法	1997-09-19	1997-10-15	1997-10-15	
58	关于修改《济南市电力管理条例》的决定 附：济南市电力管理条例	1997-09-19	1997-10-15	1998-01-01	
59	济南市外来人员务工管理条例	1997-09-19	1997-12-13	1998-01-01	已失效，2001-05-18修正，2005-03-25废止
60	济南市矿产资源管理规定	1997-11-19	1997-12-13	1998-01-01	2004-07-30修正，2010-10-27修正
61	关于修改《济南市城镇企业职工基本养老保险条例》的决定 附：济南市城镇企业职工基本养老保险条例	1998-04-30	1998-06-12	1998-06-12	已失效，2008-07-27修订
62	济南市人民代表大会常务委员会讨论重大事项的规定	1998-06-05	1998-06-12	1998-06-12	
63	济南市市区停车场规划建设和管理办法	1998-06-05	1998-08-14	1998-10-01	2001-05-18修正
64	济南市道路旅客运输管理条例	1998-07-17	1998-08-14	1999-01-01	2001-05-18修正，2010-10-27修正
65	济南市地名管理办法	1998-07-17	1998-08-14	1998-10-01	已失效，2001-05-18修正，2003-06-25修订
66	济南市城市集中供热管理条例	1998-09-16	1998-10-12	1998-10-12	2001-05-18修正，2004-07-30修正，2008-10-23修正，2010-10-27修正
67	济南市职业技能鉴定管理条例	1998-09-16	1998-10-12	1999-01-01	2001-05-18修正，2004-07-30修正，2009-04-08修正
68	济南市农村四荒资源开发管理条例	1998-09-16	1998-11-21	1998-11-21	2001-05-18修正，2010-10-27修正
69	济南市文物保护管理规定	1998-11-19	1998-12-25	1998-12-25	已失效，2001-05-18修正，2007-09-27废止
70	济南市发展散装水泥管理规定	1998-11-19	1999-08-22	1999-08-22	2010-10-27修正
71	济南市性病防治条例	1999-05-28	1999-06-18	1999-10-01	2009-04-08修正
72	济南市民用爆炸物品安全监督管理办法	1999-05-28	1999-06-18	1999-09-01	已失效，2008-11-27废止

续表9—2—1—4

序号	法规名称	市人大或其常委会通过时间	省人大常委会批准时间	实施时间	备　注
73	济南市促进企业技术进步条例	1999-07-29	1999-08-22	1999-08-22	2004-07-30修正
74	济南市城市公共客运交通管理条例	1999-07-29	1999-08-22	1999-08-22	2004-07-30修正
75	济南市城市市容管理条例	1999-09-17	1999-10-25	1999-12-01	2010-10-27修正
76	济南市森林资源保护管理办法	1999-09-17	1999-10-25	2000-01-01	2004-07-30修正
77	济南市保障老年人合法权益若干规定	1999-09-17	1999-12-16	1999-12-16	2010-10-27修正
78	济南市油区工作管理办法	1999-09-17	1999-10-25	1999-10-25	2001-05-18修正，2009-04-08修正
79	济南市执法责任制条例	1999-12-02	1999-12-16	2000-01-01	
80	济南市执法违法责任追究办法	1999-12-02	1999-12-16	2000-01-01	
81	济南市旅游业管理条例	1999-12-02	1999-12-16	2000-01-01	已失效，2004-07-30修正，2007-05-01废止
82	济南市城市房屋拆迁管理条例	2000-03-30	2000-06-30	2000-09-01	同时废止《济南市城市建设扩迁管理办法》，2002-01-31废止
83	济南市大气污染防治条例	2000-06-01	2000-06-30	2000-09-01	同时废止《济南市烟尘污染防治办法》
84	济南市社会保障基金审计监督办法	2000-07-27	2000-08-25	2000-08-25	
85	济南市农村成人教育若干规定	2000-07-27	2000-08-25	2000-08-25	
86	济南市城市生活垃圾管理办法	2000-07-27	2000-08-25	2000-09-01	已失效，2004-07-30修正，2007-05-01废止
87	济南市宗教事务管理条例	2000-09-29	2000-10-26	2000-10-26	2010-10-27修正
88	济南市档案管理若干规定	2000-09-29	2000-10-26	2000-10-26	
89	济南市市级预算审查监督条例	2000-12-01	2000-12-22	2001-01-01	
90	济南市市政工程设施管理条例(修订)	2000-12-01	2000-12-22	2001-01-01	2010-10-27修正
91	济南市村集体财务管理条例	2000-12-01	2000-12-22	2001-01-01	
92	济南市教育督导条例	2001-02-02	2001-04-06	2001-05-01	
93	济南市制定地方性法规条例	2001-02-27	2001-04-06	2001-04-06	市十二届人大四次会议通过
94	关于修改《济南市经纪人管理条例》等四件地方性法规的决定	2001-05-18	2001-06-15	2001-06-15	

续表9—2—1—5

序号	法规名称	市人大或其常委会通过时间	省人大常委会批准时间	实施时间	备 注
95	关于修改《济南市职工教育条例》等二十三件地方性法规的决定	2001-05-18	2001-06-15	2001-06-15	
96	济南市促进乡镇企业发展若干规定	2001-07-27	2001-08-18	2001-09-01	
97	济南市人才市场管理条例	2001-07-27	2001-08-18	2001-09-01	
98	济南市城市环境卫生设施管理办法	2001-07-27	2001-08-18	2001-09-01	已失效，2007-05-01废止
99	关于修改《济南市城市中小学校校舍场地管理办法》的决定 附：济南市城市中小学校校舍场地管理办法	2001-07-27	2001-08-18	2001-08-18	
100	济南市水资源管理办法	2001-09-20	2001-10 -28	2001-11-01	
101	济南市献血管理若干规定	2001-09-20	2001-10-28	2001-11-01	同时废止《济南市公民义务献血办法》
102	济南市城市建设档案管理规定	2001-11-29	2001-12-07	2002-01-01	
103	关于废止《济南市城市房屋拆迁管理条例》的决定	2002-01-31	2002-03-19	2002-03-19	
104	关于废止《济南市市场商品质量监督管理办法》的决定	2002-04-12	2002-05-16	2002-05-16	
105	关于废止《济南市城市商业网点管理办法》的决定	2002-06-21	2002-07-27	2002-07-27	
106	关于修改《济南市城市私有房屋管理办法》的决定 附：济南市城市私有房屋管理办法	2002-06-21	2002-07-27	2002-07-27	已失效，2009-05-01废止
107	关于修改《济南市城市公有房屋管理办法》的决定 附：济南市城市公有房屋管理办法	2002-06-21	2002-07-27	2002-07-27	已失效，2009-05-01废止
108	关于废止《济南市资源综合利用条例》的决定	2002-08-22	2002-09-28	2002-09-28	
109	济南市水土保持管理办法(修订)	2002-08-22	2002-09-28	2002-11-01	2010-10-27修正
110	济南市保障残疾人合法权益的若干规定(修订)	2002-10-17	2002-11-22	2002-11-22	
111	济南高新技术产业开发区条例	2002-12-19	2003-01-12	2003-03-01	
112	济南市地名管理办法(修订)	2003-06-25	2003-07-25	2003-10-01	2010-10-27修正

续表9-2-1-6

序号	法规名称	市人大或其常委会通过时间	省人大常委会批准时间	实施时间	备　注
113	济南市烟草专卖管理条例	2003-10-31	2003-11-28	2003-12-01	2010-10-27修正
114	济南市预防职务犯罪工作条例	2003-10-31	2003-11-28	2004-01-01	
115	关于修改《济南市发展社区服务的若干规定》等十三件地方性法规的决定	2004-07-30	2004-09-23	2004-09-23	
116	济南市新型墙体材料发展应用与建筑节能管理条例	2004-09-29	2004-11-25	2005-01-01	
117	济南市授予荣誉市民称号规定	2004-09-29	2004-11-25	2005-01-01	
118	济南市限制燃放烟花爆竹的管理规定	2004-09-29	2004-11-25	2005-01-01	同时废止《济南市禁止燃放烟花爆竹的规定》，2010-10-27修正
119	关于废止《济南市义务兵优待和退伍安置办法》的决定	2005-01-10	2005-03-31	2005-03-31	
120	关于废止《济南市外来人员务工管理条例》的决定	2005-03-25	2005-05-27	2005-05-27	
121	关于废止《济南市职业病防治卫生监督条例》的决定	2005-03-25	2005-05-27	2005-05-27	
122	关于废止《济南市经纪人管理条例》的决定	2005-03-25	2005-05-27	2005-05-27	
123	关于废止《济南市国防教育若干规定》的决定	2005-03-25	2005-05-27	2005-05-27	
124	关于废止《济南市城镇国有土地使用权出让办法》的决定	2005-03-25	2005-05-27	2005-05-27	
125	济南市名泉保护条例	2005-07-22	2005-09-29	2005-09-29	同时废止《济南市名泉保护管理办法》
126	济南市农村公路管理条例	2005-09-29	2005-11-25	2006-01-01	
127	济南市工会条例	2005-09-29	2005-11-25	2006-01-01	
128	济南市城市客运出租汽车管理条例	2006-01-12	2006-03-30	2006-03-30	
129	济南市燃气安全管理条例	2006-03-29	2006-05-25	2006-07-01	同时废止《济南市燃气管理条例》
130	关于废止《济南市技术市场管理办法》的决定	2006-03-29	2006-05-25	2006-05-25	
131	关于废止《济南市民营科技企业管理办法》的决定	2006-03-29	2006-05-25	2006-05-25	
132	济南市志愿服务条例	2006-05-26	2006-07-28	2006-10-01	

续表9—2—1—7

序号	法规名称	市人大或其常委会通过时间	省人大常委会批准时间	实施时间	备 注
133	济南市养犬管理规定	2006-11-30	2007-03-21	2007-05-01	同时废止《济南市养犬管理办法》
134	济南市城市道路井盖设施管理规定	2006-11-30	2007-03-21	2007-05-01	
135	济南市旅游管理条例	2007-01-18	2007-03-21	2007-05-01	同时废止《济南市旅游业管理条例》
136	济南市城市环境卫生管理条例	2007-01-18	2007-03-21	2007-05-01	同时废止《济南市城市环境卫生管理条例》《济南市城市生活垃圾管理办法》《济南市城市环境卫生设施管理办法》
137	济南市城镇企业职工基本养老保险条例(修订)	2007-07-27	2007-09-21	2008-01-01	2010-10-27修正
138	济南市文物保护规定	2007-09-27	2007-11-23	2008-01-01	同时废止《济南市文物保护管理规定》
139	关于废止《济南市建筑市场管理办法》的决定	2008-04-24	2008-05-29	2008-05-29	
140	济南市城乡规划条例	2008-07-11	2008-08-01	2008-10-01	1998-01-01实施的《济南市城市规划管理办法》同时废止
141	关于修改《济南市城市集中供热管理条例》的决定	2008-10-23	2008-11-27	2008-11-27	
142	济南市房屋登记条例	2008-11-27	2009-01-08	2009-05-01	1994年实施的《济南市城市私有房屋管理办法》《济南市城市公有房屋管理办法》同时废止
143	关于废止《济南市民用爆炸物品安全监督管理办法》的决定	2008-11-27	2009-01-08	2009-01-08	
144	济南市汽车维修管理条例	2009-02-24	2009-03-27	2009-07-01	
145	关于废止《济南市职工教育条例》的决定	2009-04-08	2009-05-27	2009-05-27	
146	关于修改《济南市职业技能鉴定管理条例》等四件地方性法规的决定	2009-04-08	2009-05-27	2009-05-27	
147	济南市机动车排气污染防治条例	2009-07-21	2009-09-25	2009-09-25	
148	济南市企业民主管理条例	2009-11-20	2010-03-31	2010-05-01	
149	关于废止《济南市划拨土地使用权管理办法》的决定	2010-05-20	2010-07-30	2010-07-30	

续表9—2—1—8

序号	法规名称	市人大或其常委会通过时间	省人大常委会批准时间	实施时间	备注
150	济南市户外广告设置管理条例	2010-09-28	2010-11-25	2011-03-01	1999年实施的《济南市城市市容管理条例》中有关户外广告设置管理的规定，自本条例施行之日起停止执行
151	关于废止《济南市私营企业管理规定》等两件地方性法规的决定	2010-10-27	2010-11-25	2010-11-25	
152	关于修改《济南市城镇企业职工基本养老保险条例》等二十三件地方性法规的决定	2010-10-27	2010-11-25	2010-11-25	

说明：1.序号49十三件地方性法规分别是济南市城市公有房屋管理办法、济南市城市私有房屋管理办法、济南市烟尘污染防治办法、济南市市政工程设施管理条例、济南市城镇国有土地使用权出让办法、济南市划拨土地使用权管理办法、济南市经纪人管理条例、济南市城市商业网点管理办法、济南市建筑市场管理办法、济南市民办学校管理办法、济南市养犬管理办法济南市禁止燃放烟花爆竹的规定、济南市公民义务献血办法。

2.序号98四件地方性法规分别是济南市经纪人管理条例、济南市城镇国有土地使用权出让办法、济南市划拨土地使用权管理办法、济南市油区工作管理办法。

3.序号99二十三件地方法规分别是、济南市职工教育条例、济南市禁止燃放烟花爆竹的规定、济南市水土保持管理办法、济南市技术市场管理办法、济南市个体工商户管理规定、济南市城市绿化管理办法、济南市城镇企业职工基本养老保险条例、济南市科学技术进步条例、济南市城市规划管理办法、济南市外来人员务工管理条例、济南市市区停车场规划建设和管理办法、济南市道路旅客运输管理条例、济南市地名管理办法、济南市城市集中供热管理条例、济南市职业技能鉴定管理条例、济南市农村四荒资源开发管理条例、济南市文物保护管理规定、济南市基本菜田管理办法、济南市私营企业管理规定、济南市义务兵优待和退伍安置办法、济南市城市节约用水管理办法、济南市国有企业法定代表人离任经济责任审计监督条例、济南市公共场所禁止吸烟的规定。

4.序号115十三件地方性法规分别是济南市发展社区服务的若干规定、济南市公共场所治安管理办法、济南市职业技能鉴定管理条例、济南市旅游业管理条例、济南市矿产资源管理规定、济南市城市绿化管理办法、济南市城市环境卫生管理办法、济南市城市生活垃圾管理办法、济南市城市自来水供水管理办法、济南市城市集中供热管理条例、济南市城市公共客运交通管理条例、济南市促进企业技术进步条例、济南市森林资源保护管理办法。

5.序号146四件地方性法规分别是济南市职业技能鉴定管理条例、济南市性病防治条例、济南市油区工作管理办法、济南市城市绿化管理办法。

6.序号151两件地方性法规分别是济南市私营企业管理规定、济南市国有企业法定代表人离任经济责任审计监督条例。

7.序号152二十三件地方性法规分别是济南市城镇企业职工基本养老保险条例(修订)、济南市限制燃放烟花爆竹的管理规定、济南市公共场所禁止吸烟的规定、济南市地名管理办法(修订)、济南市矿产资源管理规定、济南市烟草专卖管理条例、济南市民办学校管理办法、济南市保障老年人合法权益若干规定、济南市宗教事务管理条例、济南市古树名木保护管理办法、济南市城市市容管理条例、济南市个体工商户管理规定、济南市水土保持管理办法(修订)、济南市农村四荒资源开发管理条例、济南市实施《中华人民共和国红十字会法》办法、济南市城市中小学校校舍场地管理办法、济南市社会治安综合治理条例、济南市城市自来水供水管理办法、济南市城市集中供热管理条例、济南市市政工程设施管理条例(修订)、济南市道路旅客运输管理条例、济南市发展散装水泥管理规定、济南市基本菜田管理办法

第三篇　人民政府

1983年4月，济南市第九届人民代表大会第一次会议召开。市长李元荣作《政府工作报告》，对市八届人大期间的政府工作进行总结。会议选举济南市第九届人民政府组成人员，何宗贵任市长。

1988年1月，济南市第十届人民代表大会第一次会议召开。市长翟永溥作《政府工作报告》，对市九届人大期间的政府工作进行总结。报告指出，上届市政府带领全市人民以经济建设为中心，坚持四项基本原则，坚持改革开放，圆满完成"六五"计划和"七五"计划前两年的各项任务，社会主义物质文明和精神文明建设都取得具有开创意义的新成就。报告强调在今后的五年中，要加快和深化改革，扩大开放，以保证到1992年全市国民生产总值达到104亿元，从而为到本世纪末实现第三个翻番，人民生活达到小康水平的目标打下坚实的基础。会议选举济南市第十届人民政府市长、副市长，翟永溥任市长。

1993年3月，济南市第十一届人民代表大会第一次会议召开。市长谢玉堂作《政府工作报告》。报告对市政府的工作进行回顾，指出过去的五年是济南经济和社会事业发展较快的五年，政治稳定、社会安定，国民经济稳步发展，胜利完成"七五"计划和"八五"计划前两年的任务，在建设有中国特色社会主义道路上迈出了坚实的一步。报告在肯定成绩的同时也实事求是地指出了存在的困难和问题，强调要正视这些问题，采取有力措施，认真加以解决，推动济南各项事业更快更好地发展。会议选举济南市第十一届人民政府市长、副市长，谢玉堂任市长。

1998年2月，济南市第十二届人民代表大会第一次会议召开。市长谢玉堂作《政府工作报告》。会议高度评价了五年来的政府工作，认为这五年中全市人民围绕改革和发展两大主题，解放思想，抓住机遇，圆满完成"八五"计划。地区生产总值比1980年翻了3番，经济综合实力由1993年全国50强城市第38位，进入到全国219个地级以上城市的18强。会议根据"九五"计划要求和2010年规划纲要，提出今后五年全市国民经济和社会发展总的指导思想和任务：高举邓小平理论伟大旗帜，贯彻落实中共十五大精神，贯彻落实中共山东省委对济南"五年大变样"工作的指示，面向新世纪，把握新机遇，努力开创工作新局面，逐步把济南建设成实力雄厚、辐射带动能力较强的经济中心，科技教育发达、文化事业繁荣的科技文化中心，金融市场完善、融资能力较强的金融中心，功能完善、辐射力较强的商业中心，网络健全、信息畅通的信息中心，泉城特色明显、人文和自然景观交相辉映的旅游中心，构筑现代化省会城市框架，为2010年基本实现现代化目标奠定基础。会议选举济南市第十二届人民政府市长、副市长，谢玉堂任市长。

2003年2月，济南市第十三届人民代表大会第一次会议召开。代市长鲍志强作《政府工作报告》。报告指出过去五年全市人民高举邓小平理论伟大旗帜，实践"三个代表"重要思想，围绕实现济南"五年大变样"的战略目标，实施科技、产业、制度、环境四个创新，全市综合经济实力显著增强，城市面貌发生重大变化，综合服务功能更加完善，省会现代化建设取得重要的阶段性成果。国民经济跃上新台阶，经济总体实力显著增强。这五年是济南发展史上最好的时期之一。2002年，全市实现地区生产总值1200亿元，年均增长12.9%；地方财政一般预算收入66.25亿元，年均增长17.3%，经济结构调整取得显著成效。会议选举济南市第十三届人民政府市长、副市长，鲍志强任市长。

2008年1月，济南市第十四届人民代表大会第一次会议召开。市长张建国作《政府工作报告》。报告指出过去五年是全市推进省会现代化建设取得显著成效的五年，全市人民以邓小平理论和“三个代表”重要思想为指导，深入落实科学发展观，坚决贯彻国家宏观调控政策，发挥省城优势，发展省会经济，着力改善民生，促进社会和谐，较好完成市十三届人大一次会议确定的目标任务。2007年，完成生产总值2558亿元，人均生产总值5370美元，均比2002年实现翻番。地方财政一般预算收入完成156.7亿元，是2002年的2.37倍。会议选举济南市第十四届人民政府市长、副市长，张建国任市长。

第一章 机 构

第一节 市政府领导成员

第九届人民政府

1983年4月，济南市第九届人民代表大会第一次会议选举产生济南市第九届人民政府组成人员。9月，市委公布第九届市人民政府党组成员。1986年6月，市九届四次人民代表大会选举翟永淳为市长。至1988年，市人民政府序列局级工作部门48个，另有29个序列外工作部门和3个比委办局低半格的工作部门。

第九届人民政府
市长、副市长任职情况
(1983.4～1988.1)

市　长：何宗贵（满族，1986.3离职）
翟永渟（1986.3代理，6月任职）
副市长：王炳琴（1987.4离职）
孙志超（1983.9离职）
庄庆臣
郭德耀（1987.4离职）
封居尚
刘耀华（1983.7～1986.6）
谭庆琏（1984.9～1986.4）
赵传明（1986.6任职）
刘统侠（1986.6任职）
张福山（1987.4任职）
谭永青（1987.4任职）

第十届人民政府

1988年1月，济南市第十届人民代表大会第一次会议选举产生济南市第十届人民政府组成人员。会后，市委公布第十届市人民政府党组成员。至1993年，市人民政府序列局级工作部门48个；序列外局级工作部门11个，副局级工作部门24个；市属副局级以上事业单位36个，市属经济组织14个。

第十届人民政府
市长、副市长任职情况
(1988.1～1993.3)

市　长：翟永渟（1992.6离职）
谢玉堂（1992.6代理）
副市长：赵传明（1992.6离职）

庄庆臣（1991.7离职）
张福山
谭永青
封居尚
刘统侠（1992.12离职）
徐克勤（1990.8～1992.8）
王丕俊（1991.7任职）
徐会三（1991.7～1992.10）
谢玉堂（1992.6任职）
徐华东（1992.12任职）
李华理（1992.12任职）

第十一届人民政府

1993年3月，济南市第十一届人民代表大会第一次会议选举产生济南市第十一届人民政府组成人员。会后，市委公布第十一届市人民政府党组成员。至1998年，市人民政府序列局级部门54个，部门管理机构8个；市属副局级以上事业单位46个，市属局级经济组织12个。

第十一届人民政府
市长、副市长任职情况
（1993.3～1998.2）

市　长：谢玉堂
副市长：张福山（1996.3离职）
谭永青
徐华东
王丕俊
李华理
刘克昌
赵志冰（女）
陈国栋（1993.10任职）
董绍诚（1994.12～1997.1）
沈建国（女，1995.9任职）

第十二届人民政府

1998年2月，济南市第十二届人民代表大会第一次会议选举产生济南市第十二届人民政府组成人员。会后，市委公布第十二届市人民政府党组成员。1998年，市政府设工作机构54个，部门管理机构8个；市属副局级以上事业单位46个，市属局级经济组织12个；另有省直管部门19个。2001年机构改革，市人民政府机构设置体系，设市长1人，副市长9人，秘书长1人，副秘书长12人。市政府设工作部门32个（市监察局与市纪律检查委员会机关合署，列入市政府工作机构序列，不占机构数额），办事机构5个，议事协调机构的办事机构2个；设市政府派出机构3个；列入市政府工作部门，不计政府机构个数的3个；市属副局级以上事业单位48个。

第十二届人民政府
市长、副市长任职情况
（1998.2～2003.2）

市　长：谢玉堂（2003.1离职）
鲍志强（2003.1代理）
副市长：徐华东
李华理（1999.1离职）
刘克昌
陶安岭
马纯济（2000.9离职）
刘善友
王存兴（2001.2离职）
杨佩钦
刘荫岛
刚占标（1999.1～2000.6）
王天义（2000.6任职）
张宗祥（2001.2任职）
王以才（2002.1～2005.3挂职）
鲍志强（2002.12任职）

第十三届人民政府

2003年2月19日～26日，济南市第十三届人民代表大会第一次会议选举产生济南市第十三届人民政府组成人员。会后，市委公布第十三届市人民政府党组成员。2003年，市政府设工作部门33个(市监察局与市纪律检查委员会机关合署，列入市政府工作机构序列，不占机构数额)，办事机构7个，部门管理机构5个，共45个；设议事协调机构的办事机构2个，市政府派出机构3个；列入市政府工作部门，不计政府机构个数的3个；市属副局级以上事业单位52个。

第十三届人民政府
市长、副市长任职情况
(2003.2～2008.1)

市　长：鲍志强（2007.3离职）
　　　　张建国（2007.3任职）
副市长：杨鲁豫（2003.5～2007.4）
　　　　郭作贵（2007.12开除党籍、开除公职）
　　　　王以才（2005.3任职）
　　　　杨佩钦（2007.4离职）
　　　　刘荫岛（2007.10病故）
　　　　王天义（2007.12离职）
　　　　张宗祥
　　　　邹世平
　　　　张　泽（女）
　　　　刘善鹏（2003.10任职）
　　　　赵文朝（2003.10任职）
　　　　殷鲁谦（2007.4任职）

第十四届人民政府

2008年1月4日～8日，济南市第十四届人民代表大会第一次会议选举产生济南市第十四届人民政府组成人员。会后，市委公布第十四届市政府党组成员。2008年，市政府设置机构43个，其中政府办公厅和工作部门34个，直属特设机构1个，办事机构3个，部门管理机构3个，议事协调机构的办事机构1个，派出机构1个(高新区)；市政府直属正局级事业单位16个，部门所属正局级事业单位13个。

第十四届人民政府
市长、副市长任职情况
(2008.1～　)

市　长：张建国
副市长：殷鲁谦
　　　　王　良（2008.12任职）
　　　　申长友（2009.7任职）
　　　　陈先运
　　　　张宗祥
　　　　邹世平
　　　　赵文朝
　　　　齐建中
　　　　巩宪群（女）

第二节　市政府工作部门

1983年，济南市市级机关机构改革，市政府设办公室、计划委员会、经济委员会、科学技术委员会、城乡建设委员会、体育运动委员会、计划生育委员会、民族事务委员会(市政府宗教事务处与民族事务委员会合署办公)、民政局、公安局、司法局、人事局(编制委员会的办事机构设于人事局)、劳动局、财政税务局、审计局、工商行政管理局、统计局、物价局、物资局、第一商业局、第二商业局、对外贸易局、机械工业局、第一轻工业局、第二轻工业局、交通局、标准计量局、环境保护局、市政工程管理局、房产管理局、农牧渔业局、林业局、水利局、粮食局、多种经营社队企业局、教育局、卫生局、文化局、广播电视局、市政府外事办公室。

1996年，济南市市级机关机构改革，市政府设工作机构47个，均为局级建制；部门管理机构7个，市政府法制局、市政府研究室、市国有资产管理局为副局级建制，其余保留局级建制。

2001年，济南市市级机关机构改革，市政府设工作部门32个(市监察局与市纪律检查委员会机关合署，列入市政府工作部门序列，不占政府机构限额)，办事机构5个，部门管理机构4个，议事协调机构的办事机构2个，共43个；另设派出机构3个。济南高新技术产业开发区管委会建制级别按有关规定管理，其余均为局级建制。

2004年，济南市市级机关机构改革，市政府设置办公厅和工作部门35个，直属特设机构1个，办事机构4个，部门管理机构3个，议事协调机构的办事机构1个，共44个。此外，设派出机构2个，具有行政管理职能的政府直属正局级事业单位7个。

2009年，济南市政府机构改革，市政府设政府办公厅、发展和改革委员会、经济和信息化委员会、教育局(与中共济南市委教育工作委员会合署)、科技局、公安局、监察局、民政局、司法局、财政局、人力资源和社会保障局、国土资源局、规划局、城乡建设委员会、城市管理局(与市城市管理行政执法局合署)、环境保护局、交通运输局、水利局、农业局、林业局、商务局、文化广电新闻出版局(与市文化市场综合行政执法局合署)、卫生局、市食品药品监督管理局、体育局、人口和计划生育委员会、审计局、统计局、安全生产监督管理局、民族宗教事务局、旅游局、粮食局、政府外事办公室、政府国有资产监督管理委员会、政府研究室、政府侨务办公室、政府法制办公室、人民防空办公室、政府金融工作办公室、住房保障和房产管理局、物价局。

第三节 市政府办公厅内设机构

1987年3月，市政府办公室升格为市政府办公厅，内设秘书处、监察室、综合一处、综合二处、综合三处、房管基建处、驻外机构处、新闻处。

1988年1月始，市政府陆续设立驻北京、上海、广州、青岛、深圳、海口、厦门、威海办事处。1989年1月，设立市政府信访办公室、接待处，为副局级单位。1990年4月，设立法制局，为副局级单位。1991年6月，设立文教卫生办公室，为副局级单位。1996年12月，设立济南市信息化工作领导小组办公室。

2001年，办公厅内设秘书处、综合处、财政外经处、计划工交处、农业贸易处、城建城管处、社会事业处、新闻信息处、市长公开电话值班室、行政处、组织人事处11个职能处室和离退休干部工作处、市政府督查室、市政府接待处、市打击走私综合治理领导小组办公室、市无线电管理委员会办公室。

2010年，市政府办公厅设秘书处、综合处、政务一处、政务二处、政务三处、政务四处、政务五处、政务六处、政务七处、信息处、电子政务处、行政处、组织人事处(挂驻外机构管理处牌子)13个职能处室和离退休干部处、市政府应急管理办公室(市政府总值班室)、市政府督查室(市政府市民服务热线办公室)、市政府接待办公室、市打击走私办公室。

第二章　市政府全体(扩大)会议

第一节　第十届市政府全体(扩大)会议

第一次会议

1988年1月14日，第十届市政府召开第一次全体(扩大)会议。会议主要有三项内容：通报市长、副市长的工作分工；通过《关于市政府和领导同志几项工作制度的规定》《市政府全体会议制度》《市政府常务会议制度》等8项制度；就必须着力抓好的几项工作做出安排。市长翟永溥指出，人民政府受人民委托执掌政权，理应代表人民的利益，按照人民的愿望行事；必须进一步改变政府的思维方式和工作方式，实行政务公开化，以减少决策失误，提高政府威望和办事效率。

第二次会议

1988年7月1日，市政府召开第二次全体(扩大)会议。通报上半年政府工作情况，分析全市形势，提出下半年工作意见。市长翟永溥就下半年深化改革、经济工作、外向型经济问题，建设廉洁、高效、遵纪守法的政府机关问题等发表讲话。

第三次会议

1989年1月16日，市政府召开第三次全体(扩大)会议。总结1988年政府工作，提出1989年政府工作意见。市长翟永溥要求在新的一年里重点抓好治理整顿、改革开放、经济工作、城市基础设施建设、科技教育和社会主义精神文明建设。

第四次会议

1989年3月13日，市政府召开第四次全体(扩大)会议。讨论通过市政府向市人大十届二次会议所作的《政府工作报告》《济南市1989年国民经济和社会发展计划(草案)的报告》《济南市1988年财政决算和1989年财政预算(草案)的报告》。

第五次会议

1989年7月29日，市政府召开第五次全体(扩大)会议。总结1989年上半年政府工作，研究部署下半年任务。

第六次会议

1990年1月17日，市政府召开第六次全体(扩大)会议。副市长赵传明受市长翟永溥委托在会上讲话。会议总结过去一年政府工作，部署1990年工作任务。指出1989年在政治上遇到严重干扰，经济上遇到特大旱灾、资金短缺、市场疲软等严重困难。各级政府坚持“一个中心、两个基本点”的基本路线，经济建设和社会各项事业都有新的发展。1990年，要以稳定为前提，以经济建设为中心，坚定不移地执行治理整顿方针，继续深化改革，扩大对外开放，坚持“科技兴市”，强化精神文明建设，促进国民经济持续、稳定、协调发展。

第七次会议

1990年3月15日，市政府召开第七次全体(扩大)会议。讨论并通过市政府提交市人大十届三次会议审议的《政府工作报告》《1990年国民经济和社会发展计划(草案)报告》和《1989年财政决算和1990年财政预算(草案)的报告》。

第八次会议

1990年7月11日，市政府召开第八次全体(扩大)会议。通报上半年政府工作，分析形势，进一步明确下半年任务。市长翟永溥对下半年政府工作提出具体要求：集中力量抓好经济工作，千方百计扭转工业生产被动局面；增强整体开放意识，进一步扩大对外开放；以创建国家卫生城市为动力，进一步提高城市综合管理水平；继续深化经济体制改革，增强经济发展活力；大力发展科技教育事业、抓紧实施“科技兴市”的规划方案；毫不放松地做好稳定工作，巩固发展安定团结的政治局面。

第九次会议

1991年1月10日，市政府召开第九次全体(扩大)会议。回顾过去一年政府工作，根据中共十三届七中全会和市委五届六次全委(扩大)会议精神，分析形势，统一思想，明确1991年的工作任务。市长翟永溥指出，1991年政府工作要继续坚定不移地贯彻执行党的基本路线，以保持稳定为前提，以经济建设为中心，以解决经济生活中的深层次问题为重点，积极推进治理整顿和深化改革，进一步扩大对外开放，大力加强民主法制建设，强化思想政治工作，把全市两个文明建设提高到新水平。

第十次会议

1991年3月30日，市政府召开第十次全体(扩大)会议。讨论市政府提交市人大十届四次会议审议的《济南市国民经济和社会发展十年规划及第八个五年计划纲要的报告(草案)》《济南市1991年国民经济和社会发展计划报告(草案)》《济南市1990年财政决算和1991年财政预算的报告(草案)》。常务副市长赵传明就3个报告起草过程作出说明，并就政府工作以及市人代会期间注意事项提出意见。经过与会人员讨论，一致同意将3个报告(草案)作文字修改后，提交市人大十届四次会议审议。

第十一次会议

1991年7月29日，市政府召开第十一次全体(扩大)会议。总结上半年政府工作，安排部署下半年任务。市长翟永溥在肯定上半年政府工作基本成绩后，指出：继续打好提高经济效益的总体战；扎扎实实地做好防汛救灾工作；加强城市社会化服务体系建设；进一步扩大对外开放；抓好高技术产业开发区建设；抓好城市基础设施和重点项目建设；进一步深化各项改革；加强社会主义精神文明建设。

第十二次会议

1992年3月10日，市政府召开第十二次全体(扩大)会议。讨论市政府提交市人大十届五次会议审议的《政府工作报告》《济南市1992年国民经济和社会发展计划报告(草案)》《济南市1991年财政决算和1992年财政预算的报告(草案)》。市长翟永溥就《政府工作报告》起草过程和修改情况作出说明，就认真学习贯彻邓小平视察南方重要谈话，抓好政府工作提出意见。经过与会人员讨论，一致同意将3个报告(草案)作文字修改后，提交市人大十届五次会议审议。

第十三次会议

1992年7月22日，市政府召开第十三次全体(扩大)会议。总结上半年政府工作，安排部署下半年任务。代市长谢玉堂在会上讲话，肯定上半年政府工作成绩，总结基本经验；强调政府下半年工作思路及重点。指出：下半年政府工作总的思路是抬龙头，壮龙身，展两翼，伸长腿，展开腾飞之势，加快经济发展。“抬龙头”，即加快高新技术产业开发区建设，争取短期内有重大突破；“壮龙身”，即加强城市基础设施建设，为改革开放和经济发展提供强有力的物质支撑；“展两翼”，即城市经济、农村经济一齐展翅，同步发展；“伸长腿”，即外经外贸迈开大步，走向世界，积极参与国际竞争。会议要求各级政府努力加强自身建设，认真转变作风，大力发扬求实创新精神，同心同德、真抓实干，开创政府工作崭新局面。

第十四次会议

1993年1月11日，市政府召开第十四次全体(扩大)会议。总结去年政府工作，安排部署新一年工作任务。代市长谢玉堂在会上讲话，肯定1992年工作成绩，指出1993年的政府工作要继续突出经济建设中心，把全市经济发展的思路要求概括为“抬龙头、壮龙身、展两翼、伸长腿、摆龙尾”15个字。即把济南高新技术产业开发区作为全市经济发展的“龙头”，齐心合力把“龙头”抬起来，带动全市经济快速健康发展；“壮龙身”就是要搞好城市的基础设施建设，在提高城市综合服务功能方面再有一个大发展；“展两翼”就是使城乡经济都有较大发展，市委关于在全市开展“村办企业年”活动的决定、市政府关于在城市经济工作中广泛开展“市场效益年”活动的决定，是全市城乡经济工作的大纲；“伸长腿”，就是把外经外贸工作伸向基层，伸到广阔的农村和企业；伸到国外去，伸到沿海、沿边、特区去；“摆龙尾”就是使全市集体经济欠发达的经济“三类村”尽快摆脱贫困落后局面。会议要求各级领导干部进一步转变作风，真抓实干，艰苦创业，带领全市人民开创济南工作新局面。

第二节 第十一届市政府全体(扩大)会议

第一次会议

1993年7月15日～17日，市政府召开新一届政府第一次全体(扩大)会议。总结上半年政府工作，安排部署下半年任务。市长谢玉堂肯定上半年政府工作成绩，总结基本经验；指出下半年政府工作要解放思想，“敢”字当头，勇于实现新跨越，提出五个“敢不敢”，即敢不敢在全国同类大中城市经济发展行列中确立自己的领先地位；敢不敢在改革的大潮中开辟具有自己特色的新航线；敢不敢以最快的攻势从四个方面抢占经济发展快车道；敢不敢在产业交叉延伸上开辟新领域；敢不敢在城市建设上争创全国一流水平。会议要求各级政府整顿作风，强化纪律，大力发扬艰苦创业、真抓实干、高标高效、争创一流的精神，团结带领全市人民，战胜困难，确保完成和超额完成全年各项奋斗目标。

第二次会议

1994年2月17日～18日，市政府召开第二次全体(扩大)会议。讨论通过提交市人大十一届二次会议审议的《政府工作报告(讨论稿)》。市长谢玉堂就充分发挥政治优势，进一步发扬务实作风，狠抓各项工作的落实讲了五个方面问题：进一步解放思想、保持良好精神状态，是狠抓落实的前提；紧紧依靠广大群众，是狠抓落实的根本；大兴调查研究之风，是狠抓落实的基础；明确责任，分工负责，是狠抓落实的关键；转变工作作风，提高工作效率和质量，是狠抓落实的保证。会议要求各级政府各级领导以实干精神，脚踏实地地开创政府工作新局面。

第三次会议

1994年7月14日～15日，市政府召开第三次全体(扩大)会议。总结回顾上半年政府工作情况，安排部署下半年工作任务。市长谢玉堂肯定上半年政府工作成绩，提出下半年五个方面工作任务：以提高效益为重点，切实抓好工业生产和农村经济工作，把搞好“管理效益年”活动作为工交战线的突出任务，推动“村办企业年”活动深入开展；以建立现代企业制度为重点，全面深化改革；以办好金秋经贸洽谈会为重点，全力打好对外开放的总体战，集中力量实施“一二三工程”，加快实施“千人出国门”和“万人搞四学”战略；以建设市场为重点，把第三产业发展推向新高潮；以解放思想科学求实的态度，提前搞好“九五”规划。常务副市长张福山就搞好“九五”规划的编制工作作出部署。

第四次会议

1995年1月18日，市政府召开第四次全体(扩大)会议。总结上年政府工作，讨论修改《政府工作报告》。市长谢玉堂作题为《统一思想，总揽全局，推动全市经济持续快速健康发展》的讲话，肯定1994年的工作成绩，提出深化改革、扩大开放、加快发展第三产业是1995年政府工作的三大重点。在深化改革方面，重点抓好国有企业的改制转机；在扩大开放方面，着力实现“三个突破”[①]；在加快发展第三产业方面，重点抓好“五项工作”[②]。会议要求各级各部门必须统一思想，奋发进取，始终保持良好的精神状态，以强烈的事业心和高度的责任感，扎实工作，狠抓落实，确保各项奋斗目标的顺利实现。

第五次会议

1995年7月20日，市政府召开第五次全体(扩大)会议。总结检查上半年政府工作，安排部署下半年工作任务。市长谢玉堂就敢打必胜，争创一流，全面实现全年的各项奋斗目标讲话。肯定上半年工作成绩，提出要“跳出济南看济南”，切实增强省会意识，努力争创一流工作成绩。会议要求各级政府和各级领导干部发扬知难而进的精神，树立敢打必胜的信心，团结一致，扎实工作，争创一流，全面完成或超额完成各项目标任务，把全市两个文明建设提高到新水平。

第六次会议

1996年2月8日，市政府召开第六次全体(扩大)会议。讨论提请市人大十一届四次会议审议的《政府工作报告》(济南市国民经济和社会发展第九个五年计划及2010年远景目标纲要)。市长谢玉堂提出四点意见：扎扎实实抓好经济工作，夺取“九五”计划开门红，特别是在培植壮大新的经济增长点、开展“管理效益年”活动，企业技术改造、扭亏增盈等方面，要落实责任，强化措施，毫不放松地抓紧抓好；切实搞好市场供应和市场管理，确保群众生活需要，要按照确保供应、丰富市场、稳定物价、维护市场秩序的要求，在组织货源、品种调剂、投放市场等方面抓好落实；加强城市管理和社会治安管理，创造良好的社会环境；关心群众生活，使全市人民过一个欢乐、祥和、俭朴的春节。

第七次会议

1996年7月19日，市政府召开第七次全体(扩大)会议。总结检查上半年政府工作，安排部署下半年工作任务。市长谢玉堂发表讲话，提出下半年全市经济工作要有新进展，对外开放要有新突破，城市建设要有新变化，精神文明建设要上新台阶，各项工作要争创一流，完成和超额完成年初提出的各项任务，夺取“九五”开篇年的全面胜利。会议要求市政府各部门要统一思想，认清形势，明确任务，转变作风，狠抓落实，努力实现“九五”开篇年的各项奋斗目标。

第八次会议

1997年1月30日，市政府召开第八次全体(扩大)会议。讨论并原则通过提请市人代会审议

① 自营出口要有大的突破；在提高利用外资的水平和效益上要有大的突破；三资企业的“四率”要有大的突破。

② 抓大型商贸设施建设；抓市场建设；抓“腾笼换业”；抓城市管理和便民服务；抓好当前，规划长远。

的《政府工作报告》。市长谢玉堂对《政府工作报告》起草情况作简要说明并就怎样完成好1997年的任务讲话。指出：要明确政府的基本职责，集中精力抓大事，全力以赴攻难关；对经济建设这个中心不能冲击，不能代替，不能干扰，更不准破坏；要解放思想，抢抓机遇，争做贡献，干好本职工作，站好最后一班岗。强调要向人民作出庄严的承诺。市民政局提出的为民解难的十项服务，是政府通过权力服务直接为民办事的一种好形式，建议先在政府部门推广。政府各部门要在新的一年里开展适合自己特点的为民服务活动。行业的社会承诺服务必须得到业务上级的认可，一定要处理好同上级部门的关系。政府将采用不同形式调度推动向社会承诺的深入发展，并把它作为一项为民服务的政治制度，结合推行目标责任制，抓好这项工作。

第九次会议

1997年7月24日，市政府召开第九次全体(扩大)会议，就贯彻落实省委常委(扩大)会议精神、开拓市场和做好转岗就业工作作出部署。市长谢玉堂指出，省委书记吴官正提出“力争用五年左右的时间，使济南的城市面貌有一个较大改观，综合经济实力和服务功能得到明显提高”要求，并召开省委常委扩大会议，专门研究如何加快济南发展问题。谢玉堂对市计委、体改委、经委、财贸委、外经贸委、农委、建委以及科技、教育和社会事业系统的具体工作进行部署，指出市场已经成为整个经济全局的中心环节，全市各级政府、各部门，尤其是各经济综合部门和经济主管局，必须把开拓和占领市场作为下半年经济工作的主要任务。经委、财委、外经贸委三大系统要积极配合，探索新时期工商贸联手的新路子，推动全市经济有一个大的飞跃。安置好企业转岗职工，是下半年政府工作的一个重点，各级政府要全力以赴搞好转岗就业安置工作。

第十次会议

1998年1月22日，市政府召开第十次全体(扩大)会议。讨论并原则通过提请市人大十二届一次会议审议的《政府工作报告》。市长谢玉堂对《政府工作报告》起草情况作简要说明。

第三节　第十二届市政府全体(扩大)会议

第一次会议

1998年4月2日，市政府召开新一届政府第一次全体(扩大)会议。讨论《济南市人民政府关于发扬党的优良传统进一步改进领导作风的决定》《济南市国家机关处级干部廉洁勤政行为规范》。市长谢玉堂指出，要树立新一届政府的新形象，建设一个团结、高效、务实、进取的政府。本届政府的目标和任务是把济南“五年大变样”的历史重任胜利完成。针对学习贯彻两个文件，提出以下要求：要认真学好这两个文件。要善于结合实际，着眼于解决好本部门、本单位的实际问题，切实解决好宗旨意识和责任意识，真正树起“团结、务实、高效、进取”的政府部门形象。认真开展一次机关作风整顿。在全市政府机关形成讲团结、讲大局、讲奉献、讲原则的良好风尚。要加强监督约束。纪检监察机关和人事部门要定期不定期地对各部门实施情况进行检查监督，各部门要将监督实施情况列入年度考核内容，作为任免、奖惩干部的重要依据。要善于抓典型。要切实抓好跟踪检查，及时总结典型，既抓正面，又抓反面。

第二次会议

1999年1月26日，市政府召开第二次全体(扩大)会议。讨论并原则通过提请市人代会审议的《政府工作报告》。市长谢玉堂就报告起草修改情况作简要说明，并强调代表政府所做的报告必须对省委要求的济南五年大变样负责；必须对人大常委会负责——依法行使权力，严格依法办事；必须对政府自身负责——严格规范政府的自身行为，下决心把本届政府建成一个团结、务实、高效、进取的政府。

第三次会议

2000年1月27日，市政府召开第三次全体(扩大)会议。讨论并原则通过即将提交市人大十二届三次会议审议的《政府工作报告》，对2000年的工作目标和重点任务作出安排部署。市长谢玉堂就《政府工作报告》起草情况作简要说明，就济南市在国际化战略中面临的紧迫任务发表讲话。指出必须解决三方面的问题：要从思想上真正确立开放意识，要瞄准世界先进水平，高起点、大跨度地发展自己，才能尽快缩小差距，实现现代化的目标；要强化对外开放的责任制，要集中研究对外开放问题，把济南市入世后面临的形势和任务研究透，落实责任制；对于已确定的县(市)区重点进军非洲、市属工业重点进军拉丁美洲的工作任务，要抓紧落实，争取早出成果。

第四次会议

2000年10月9日～10日，市政府召开第四次全体(扩大)会议。研究部署第四季度政府工作，就如何集中精力抓好当年最后3个月的经济工作进行重点研究。市长谢玉堂出席会议并讲话。着重强调济南“五年大变样”中的“三个定位”工作，即在综合经济实力大变样的定位中要集中力量、集中资金全力推动工业经济的快速发展；城市面貌大变样的定位任务是要突出抓好旧城改造、促进房地产开发的路子；城市综合服务功能大变样的定位任务必须以市场建设为主要方向。

第五次会议

2001年1月17日～18日，市政府召开第五次全体(扩大)会议。讨论并原则通过即将提交市人大十二届四次会议审议的《关于济南市国民经济和社会发展第十个五年计划纲要(草案)的报告》。市长谢玉堂就报告起草情况作简要说明，就济南市招商引资工作作出讲话。指出，搞好招商引资是今年的中心工作之一，是济南市“十五”期间经济工作的重中之重。要求各级各部门要尽快分解目标、落实责任，要抓住春节期间有利时机广泛招商引资，要加强考核督促，要切实兑现奖惩。

第六次会议

2001年5月22日～24日，市政府召开第六次全体(扩大)会议。重点对2001年全市经济工作进行安排部署。市长谢玉堂讲话，从如何抓好招商引资和开拓国内外市场、大力构筑人才战略高地、巩固工业的主导产业地位、发展以市场建设和旅游产业为重点的第三产业等四个方面，要求全市上下坚持继承创新，不断档地抓好全年经济工作。强调下半年要把招商引资和开拓市场一起抓，政府搭台、企业唱戏。牵头单位要拉出招商引资和市场营销的部门和企业的单子，做好协调工作，为市内企业走向京沪穗等国内市场、开辟国际市场打开通道。对人才引进工作，强调构筑人才战略高地。全市经济工作重心要放在发展壮大工业经济上。在第三产业上要突出抓好市场建设和旅游产业，使济南市在全省的商贸、旅游中心地位更为显著。要把旅游业作为全市的支柱产业看待，建设全省旅游中心，争创中国最佳旅游城市。

第七次会议

2001年6月30日至7月1日，市政府召开第七次全体(扩大)会议。与会人员集体收看江泽民在中国共产党建党八十周年庆祝大会上的重要讲话，总结上半年全市招商引资情况，部署下半年招商引资工作。市长谢玉堂出席会议并讲话，指出：要学习好、领会好、贯彻好、落实好江泽民讲话精神，抓好经济工作中带有全局性的招商引资工作，要提高对招商引资工作的认识，大招商、大引资，促进济南的大发展、大兴旺，是政府全体成员共同的政治责任。要再发动、再落实、勤督查、抓考核，全面完成招商引资目标任务。

第八次会议

2001年9月27日，市政府召开第八次全体(扩大)会议。会议总结分析了前三季度全市经济社会发展情况，对下一步工业发展进行部署。市长谢玉堂出席会议并讲话，指出：必须把促进先进生产力的发展摆到一切工作的第一位来落实，必须把工业经济作为全市国民经济的支柱产业大力强化，实现工业经济的全面快速发展，是“十五”经济的重要任务，必须毫不放松地抓紧进行，在第四季度的经济工作中，要围绕完成年初制定的各项主要经济指标，以开拓市场、招商引资和下派工作为切入点，形成工业经济发展的合力，为全市今后加快工业结构的调整优化升级创造良好条件。

第九次会议

2002年1月25日，市政府召开第九次全体(扩大)会议。主要任务是贯彻落实省政府全体(扩大)会议精神和研究安排一季度全市经济工作。市长谢玉堂出席会议并讲话。指出今年是实现济南“五年大变样”的决胜之年，必须坚持真抓实干的工作作风。政府部门的各级领导干部要切实转变工作作风，大兴调查研究之风，正确处理好中心工作和业务工作的关系、经济工作和一般工作的关系、深入实际和克服文山会海的关系以及上下之间的关系，把各项工作真正落到实处，下功夫抓出实效。

第十次会议

2002年2月21日～22日，市政府召开第十次全体(扩大)会议。就《政府工作报告(讨论稿)》进行分组讨论，安排部署对济南市民营经济发展全面调研工作，传达贯彻全国金融工作会议精神。常务副市长徐华东就《政府工作报告(讨论稿)》起草过程、框架内容和几个重点问题作具体说明，与会人员对报告原则同意，并提出许多建设性意见和建议。会后根据意见和建议对《政府工作报告(讨论稿)》作进一步修改，提交即将召开的市人大十二届五次会议审议。市长谢玉堂出席会议，着重对济南市民营经济发展进行全面调研问题作出讲话。

第十一次会议

2002年9月29日，市政府召开第十一次全体(扩大)会议。就如何加大招商引资工作力度，为加快济南工业化进程提供强力支撑进行专题研究。市长谢玉堂出席会议并讲话。强调当前经济工作的重点是工业，工业化和城镇化是一个因果关系。工业化是城镇化的大前提，没有工业化，就没有城镇化；没有城镇化，就不会有济南市的城市化。工业立市、立县、立乡，首要的任务是发展工业化。要把政府部门招商引资的重点放在工业立市上，以此考核政府部门的工作水平、领导能力。

第四节　第十三届市政府全体(扩大)会议

第一次会议

2003年6月13日，市政府举行换届后的第一次全体(扩大)会议。主要任务是深入贯彻省委八届五次全会和省委工作会议精神，解放思想，干事创业，加快转变政府职能，不断优化发展环境，建设廉洁、勤政、务实、高效的政府。市长鲍志强在会上讲话，副市长杨鲁豫主持会议，市纪委书记徐长玉应邀列席会议。会议听取市监察局关于济南市廉政工作情况汇报，通过《市政府工作规则》。鲍志强指出在今后工作中，要在以下五个方面谋求新突破：要统一思想，充分认识加快政府职能转变的必要性和紧迫性；要明确方向，把握市场经济条件下政府职能新定位；要改革创新，建立务实高效的政府新机制；要提高素质，树立廉洁勤政的政府新形象；要加强领导，确保政府职能转变取得新成效。强调加快行政体制创新，转变政府职能，是一项长期、艰巨而又紧迫的任务。要有强烈的责任感和紧迫感，按照市政府的统一部署，开拓创新，知难而进，把推进服务型政府建设工作落实到加快改革、开放、发展的各项工作之中，以崭新的面貌和优质的服务创造优良的发展环境，为全市经济和社会持续快速健康发展做出应有的贡献。

第二次会议

2004年1月15日，市政府召开第二次全体(扩大)会议。讨论并原则通过提请市人大十三届二次会议审议的《政府工作报告(讨论稿)》。市长鲍志强主持会议并讲话，强调2004年工作必须把握的指导原则：坚持加快发展不动摇，这是总基调；坚持全面、协调、可持续发展观，强调经济和社会的全面发展；坚持用改革、创新和市场的办法解决问题；坚持从实际出发，狠抓关键环节，强调突出战略重点、创新发展优势；坚持把实现好、发展好人民群众的根本利益作为各项工作的出发点和落脚点；坚持真抓实干、务求实效的作风，强调抓落实、办实事，艰苦创业。

第三次会议

2005年1月10日，市政府召开第三次全体(扩大)会议。讨论并原则通过《政府工作报告(讨论稿)》，决定进一步修改和完善后提交市人大十三届三次会议审议。市长鲍志强主持会议，就《政府工作报告(讨论稿)》的起草、修改等过程作出说明，并对全市做好第一季度工作提出要求。各级各部门要本着抓早、抓实、抓好的要求，扎扎实实做好一季度的各项工作。要集中精力开好“两会”；保证各项工作有新气象；确保社会稳定和安全，努力争取各项工作在一季度开好局。

第四次会议

2005年12月9日，市政府第四次全体(扩大)会议召开。讨论并原则通过《济南市“十一五”规划纲要(草案)》。市长鲍志强主持会议，并对如何做好年前各项工作提出要求。决定《济南市“十一五”规划纲要(草案)》进一步修改和完善后提交市委全委会审定，提交市人大十三届四次会议审议。要求各级各部门做好与纲要的充分衔接，做到突出精神实质衔接、突出重点规划衔接、突出阶段实施衔接，为顺利实施“十一五”规划开好局、起好步。

第五次会议

2006年1月24日，市政府召开第五次全体(扩大)会议。讨论并原则通过《政府工作报告(讨论稿)》。市长鲍志强主持会议，并就做好一季度政府工作提出要求。决定《政府工作报告(讨论稿)》进一步修改和完善后，提交市人大十三届四次会议审议。要求各级各部门确保完成一季度主要经济指标，做到快节奏抓好常规工作、大力度抓好项目推进、着力突破难点问题，保证各项工作按照预期目标有序推进。

第六次会议

2007年3月16日，市政府召开第六次全体(扩大)会议。讨论并原则通过《政府工作报告(讨论稿)》。代市长张建国主持会议，并就做好当前工作和加强政府自身建设提出要求。指出，要搞好经济运行监控分析，拿出切实可行的对策措施，努力突破难点，确保全年各项工作按照预期目标和进度有序进行；要扎实做好安全稳定工作，严格落实责任制，强化社会治安综合治理，加强对工业生产、公共场所消防和食品药品安全等重点领域的监管，坚决防止各类重特大安全事故发生；要抓好各项工作落实，特别是对新农村建设、自主创新、节能降耗等重大课题，对产业结构、老城提升、区域经济等重大任务，都要有阶段目标、有质量进度要求、有责任分工的具体安排；要切实加强政府自身建设，大力弘扬求真务实的工作作风，努力建设行为规范、公正透明、勤政高效、清正廉洁、人民群众满意的政府。

第七次会议

2007年12月17日，市政府召开第七次全体(扩大)会议。讨论并原则通过《政府工作报告(征求意见稿)》。市长张建国主持会议，并就做好当前工作提出要求。指出各级各部门要把学习贯彻中共十七大和中央经济工作会议精神作为首要政治任务，结合实际，学深学透，力求在改善民生、结构调整、节能减排、自主创新、公共安全、社会稳定等方面研究破题，切实把握好工作方向和着力点；认真做好总结分析和规划研究，精心安排好未来5年及明年的工作；始终保持奋发有为的精神状态，把各项工作抓实、抓细、抓到位，确保完成全年各项目标任务。

第五节 第十四届市政府全体(扩大)会议

第一次会议

2008年2月13日，市政府召开换届后的第一次全体(扩大)会议。市长张建国出席会议并讲话。指出，抓好上半年特别是一季度工作，要统筹安排，突出重点，强化措施，整体推进。就如何做好本届政府开局之年的工作，向政府系统广大干部提出四点要求：要不辱使命，大兴执政为民之风；要解放思想，大兴科学发展之风；要狠抓落实，大兴求真务实之风；要严格自律，大兴廉洁勤政之风。

第二次会议

2008年8月6日，市政府召开第二次全体(扩大)会议。对学习贯彻省委、市委工作会议精神，做好下半年经济社会发展各项工作提出要求。市长张建国出席会议并讲话。指出当前政府工作的首要任务就是要抓好市委工作会议精神的贯彻落实。市政府各部门和县(市)区政府、高新区管委会要迅速召开党组会和全体干部会议，学习传达省委、市委工作会议文件，深刻领会，全面把握，切实把思想认识统一到省委、市委决策部署上来。

第三次会议

2009年1月6日，市政府召开第三次全体(扩大)会议。讨论并原则通过《政府工作报告(征求意见稿)》。市长张建国主持会议，并就做好当前工作提出要求：第一，切实抓好第一季度工作。各级各部门要按照抓早、抓紧、抓实、抓好的要求，确保完成一季度主要经济指标。要快节奏抓好常规工作，科学安排好节日生产、节日市场、会展旅游等季节性较强的工作，特别要高度关注工业经济，努力为企业搞好协调服务，帮助企业解决问题。要扎实抓好农业生产，确保粮食增产。要尽快启动房地产市场，切实做好保障性住房、廉租房建设和旧城改造等工作。要集中精力抓好重大投资项目建设，各有关部门要协调配合，抓紧完善项目建设手续，保障各项重点建设有序推进。第二，确保群众过一个欢乐、祥和、平安的春节。要高度重视社会民生问题，重点做好城乡困难群体和弱势群体帮扶工作，确保水电气热供应，保障城乡居民生活。要保障市场供应，确保不断档脱销。要扎实做好春节期间安全生产工作，毫不放松地抓好节日安全生产、公共场所消防、春运交通和旅游安全、烟花爆竹等危险品的安全监管，严防重特大安全事故和治安案件的发生。要严格执行廉洁自律各项规定，严格控制年底各类评比表彰活动，坚决抵制腐败行为和奢侈浪费。第三，努力建言献策开好两会，共同把全市经济社会发展大计研究好、落实好。

第四次会议

2009年6月10日，市政府召开全体扩大会议。原则通过《市政府党组关于贯彻落实科学发展观情况的分析检查报告》。市长张建国主持会议并就进一步搞好学习实践活动提出要求。指出，各级各部门要以分析检查报告为指导，结合本单位实际不断深化学习，切实把认识统一到科学发展观的本质要求上来，统一到正确认识发展中的问题上来，认真研究整改措施，确保各项整改任务落实到位。要按照中央“四明确一公开”和市委“四个贯穿始终”的要求，更加突出实践，更加注重实效，善始善终抓好整改落实阶段工作。

第五次会议

2010年1月9日，市政府召开第五次全体(扩大)会议。讨论并原则通过将《政府工作报告》提交市人大十四届三次会议审议。市长张建国主持会议，并就做好当前工作提出要求。指出，各级各部门认真学习贯彻中共十七大和十七届三中、四中全会及中央、省、市经济工作会议精神，科学判断形势，把握宏观取向，明确工作重点，在新的起点上推动全市经济社会更好更快发展。当前要突出抓好农业生产、经济运行调节、重大项目策划储备和开工建设、低收入群体和困难群众救济救助、安全生产和社会稳定及政府机构改革等各项重点工作，为确保完成全年各项目标任务奠定坚实基础。

第三章　施政纪要

第一节　第九届市政府施政纪要

济南市第九届人民政府以经济建设为中心，坚持四项基本原则，坚持改革开放，完成“六五”计划和“七五”计划前两年各项任务。社会总产值、地区生产总值在1986年提前4年实现比1980年第一个翻番的战略目标，工农业总产值、国民收入在1987年提前3年实现第一个翻番。1987年，济南市实现地区生产总值84.5亿元，同比增长12.2%。

一、工业

1987年，济南市实现工业总产值“过百亿”奋斗目标，完成107.63亿元。规模以上工业企业达到2004家，实现规模以上工业总产值88.2亿元、工业增加值27.24亿元。重工业优势进一步发挥，轻纺工业取得重大进展，区街、乡村工业迅速崛起，工业内部结构和各种比例关系日趋合理。全市乡镇以上独立核算工业企业实现利税比1982年增长107%；全民工业劳动生产率增长43.4%。产品质量稳定提高，产品更新换代步伐加快。5年开发研制新产品2000余种，有400余种获得省以上优质产品称号。累计完成技改项目930个，投资9.36亿元，一批重点工程相继建成投产，全市经济实力进一步壮大。

二、农业

1987年，全市农林牧渔业总产值完成24.65亿元，其中农业总产值19.5亿元。粮食总产量167.25万吨。农村产业结构进一步优化，由过去单一粮棉种植转向多种经营和贸工农综合发展，以大城市为依托的开放式城郊型经济格局正在形成。多种经营总收入28亿元，比1982年增长2.4倍。乡村工业异军突起，成为农村商品经济的一大支柱，产值比1986年增长54.5%，比1982年翻两番。菜、肉、蛋、奶、鱼、果六大商品生产基地初具规模，产量较大幅度增长。农村商品率71.8%，全市40%的农业劳动力转向非农生产。

三、财经 商贸 信息 流通

流通渠道不断拓宽，多种所有制商业发展，形成国营、集体、个体一起上，互相竞争、互相补充、互相促进的新局面。1987年，全市商业服务业网点比1982年增加两倍，农贸市场增加122处；个体经营户5.6万户，比1982年增长5倍。城乡市场繁荣，商品比较丰富。全市社会商品零售总额33.2亿元，比1986年增长13%，比1982年增长1倍。财税、金融工作在融通资金、扶持生产、培植财源、增收节支等方面取得显著成效。财政收入完成8.9亿元，增长10.7%，实现当年收支基本平衡。全市第三产业增加值26.74亿元，从业人员58万人。出口商品收购值5.7亿元，比1986年增长23.9%，比1982年翻一番。全市有生产出口商品企业159家，初步形成工贸、农贸、技贸联合的生产体系。出口产品286种，远销120多个国家和地区。5年间，通过多种形式，完成利用外资项目54个，利用外资额度5400万美元，技术引进170项，利用外汇1.4亿美元。

四、教育 科技 卫生 体育 文化

教育事业发展较快，教育经费逐年增加。5年间用于中小学校舍改造的直接投资7205万元，办学条件明显改善，农村中小学校舍“六配套”基本实现。全市城乡按期完成普及小学教育的任务，九年制义务教育正在实施，幼儿教育、特殊儿童教育发展迅速。市区初、高中分设和城乡分级办学、分级管理的体制改革基本完成。市区各类中等职业技术学校在校生占整个高中阶段在校生的比例，1987年达到50.3%，提前实现国家职业教育发展目标。高考录取人数比1986年增长12.7%，比1982年增长24.4%。5年共完成科研成果983项，其中72项达到国际先进水平，134项获得部、省科技进步奖。科技成果推广应用率由1982年68%提高到1987年80%，取得明显的经济效益和社会效益。组建科研生产联合体68个，民办科研机构26个。5年引进各类专业技术干部3200多人，4000多名“星期日工程师”①为振兴农村经济施展才干。医疗卫生事业有较大发展，传染病、地方病防治和除害防疫工作成效显著。计划生育工作走在全省前列，全市人口自然增长率得到有效控制。体育工作在普及的基础上不断提高运动水平，5年间共夺得省级以上运动会金牌987枚。文化艺术方面，推出一批在国内外有一定影响的新作品、新节目。

五、建设 环保

5年间，城市建设和管理不断创新。用于道路、桥梁建设的投资1.8亿元。先后拓宽、新建道路47条，新建铁路立交和市区桥梁19座，

① 又称科技人员业余兼职，主要是指各类专业技术人员、经营管理人才通过事先联系利用星期天或节假日等业余时间，在完成本职工作，不侵害国家和单位技术、经济利益的前提下，为民营经济和各类企业提供无偿和有偿服务。

公交营运线路总长度增长54%，新增地下排污管道181公里，初步改变市区内外道路不畅和一些地段污水明排横溢现象。引黄一期工程、卧虎山和东郊引水工程基本完成，新增日供水能力30万立方米。城市气化率27%，集中供热面积不断扩大。先后兴建七里山、甸柳庄、毕家洼等一批配套比较齐全的居住小区，成街连片改造顺河街、舜井街、朝山街、天成路和陈家楼等一批旧街坊和棚户区，城区面貌有很大改变。人防工程平战结合利用率30%，进入全国先进行列。一批比较严重污染源的治理初见成效，工商河得到初步整治。1987年，全市绿化覆盖率由1982年的15%上升为26%。完成环城公园、解放阁、万竹园、五龙潭公园一期等工程，形成以湖山泉林为特色、融风景名胜古迹为一体的园林绿化中心。

六、社会生活

5年间，全市通过各种渠道共安排就业劳动力13.6万人，城镇青年就业问题基本得到解决。1987年，城市居民人均可支配收入1057.48元，农民人均纯收入593.3元。1987年年末城乡居民储蓄余额比1986年增长29.4%，为1982年的4.7倍。全市5年新建住宅387万平方米，群众居住条件有所改善。居民穿着更加讲究，食品结构不断改善，居民家用电器拥有量不断增加。开展多种形式的文明共建活动，1987年全市涌现出军民文明共建和文明“窗口”建设先进单位600个，五好家庭34.9万户。供电、供水、公交、燃料等十大行业“创十佳”优质服务竞赛活动取得可喜成果。公安、司法、国家安全等部门依法从重从快打击各种刑事犯罪活动和严重经济犯罪活动，社会治安秩序明显好转。

第二节 第十届市政府施政纪要

济南市第十届人民政府，顺利完成“七五”计划和“八五”计划前两年的任务。

一、国民经济

围绕搞好国有大中型企业、加快农村经济和第三产业发展，理清思路，调整结构，努力提高经济效益，全市经济发展实现速度与效益、第二产业与第三产业、内向型经济与外向型经济、城市经济与农村经济同步增长，济南市进入全国城市经济和社会发展综合实力“50强”行列。1992年，完成地区生产总值207.84亿元，比1991年增长22.8%。地方财政收入15.23亿元，增长13.3%，5年累计上交国家34.5亿元。实现全社会固定资产投资50.1亿元，5年累计投入163.8亿元，先后完成一批基础工业项目和城市基础设施建设。工业生产有较大发展，1992年全市工业总产值完成303.33亿元，规模以上工业实现总产值236.4亿元、工业增加值60.16亿元。5年间累计完成技术改造投资37.5亿元，为前5年的2.3倍。农业基础进一步强化，高产优质高效农业发展有良好开端。全市实现农业总产值29.01亿元。农村大批劳动力转向二、三产业，乡镇企业出现超常规、跳跃式发展的好势头。乡镇工业总产值145.7亿元，是1987年的5.3倍，城乡社会化服务体系不断完善。全市第三产业增加值81.73亿元，社会消费品零售总额完成73.29亿元。1992年，城市居民人均可支配收入2148.49元，农民人均纯收入865.3元；城乡居民人均居住面积分别为7.7平方米和21.1平方米。群众消费结构明显变化，吃穿用各类消费品档次有较大提高，彩电、冰箱、照相机等拥有量比1987年成倍增长，录像机、空调机等高档消费品开始进入居民家庭。

二、改革开放

以解放和发展社会生产力为目的，全面推进城市综合改革。围绕搞好国有大中型企业、转换企业经营机制，认真实施对企业两轮承包经营责任制，积极推行企业内部三项制度改革，进行股份制等多种形式的改革试点。企业兼并联合进展较快，具有一定规模的企业集团发展到52家。商业、供销、物资企业全部实行“四放开”，60%以上的国合商业小企业实行“公有民营”。农村经济体制改革，继续稳定完善以家庭联产承包为主的责任制和统分结合的双层经营体制。5年间，特别是划入沿海经济开放区以来，济南市对外经济技术交往日益活跃，外向型经济发展取得突破性进展。利用外资规模和领域迅速扩大。至1992年，累计批准三资企业625家，嫁接改造老企业500多家，合同利用外资额2.62亿美元，为1987年的7倍。农村开放步伐明显加快，1992年新举办三资企业243家，合同利用外资额1.48亿美元，超过前12年的总和。外贸出口大幅度增长，1992年完成出口供货值21.5亿元，是1987年的3.5倍，全市自营出口企业发展到9家。对外工程承包、劳务合作、旅游等非贸易创汇有较大发展，境外兴办企业开始起步。

三、科技 教育

面向经济建设主战场，科技工作共完成科技成果1483项，实施火炬计划99项，星火计划185项，推广重点科技成果160项，科技兴农、兴工、兴第三产业都取得较大进展。1991年，济南市高新技术产业开发区被批准为国家级开发区，至1992年，开发区1.76平方公里科技新园区的道路建设基本完成，认定高新技术企业48家，高技术产品74项。教育工作，加快教育体制改革，开拓多渠道、多形式办学路子，各级各类教育出现协调发展、全面提高的新局面。各级政府积极为教育办实事，全市人民踊跃捐资助学，参加“希望工程”建设，城乡多渠道筹集资金3.6亿元，新建校舍78万平方米，完成校舍改造41万平方米，办学条件明显改善。人才交流不断扩大，5年共引进各类人才5000多人，提供一批经济建设急需的专业人才。

四、建设 环保

5年间共筹集建设资金27亿元，先后拓宽改造泺源大街、明湖路等主次干道40多条，新建八一立交桥、辛庄高架桥等一批桥梁。完成济青高速公路济南第一合同段，北西外环路建设基本竣工。新建扩建的火车东站、南站和长途汽车站投入运营。济南机场建成通航，并被批准为国际空港。济南邮政枢纽投入使用，程控电话交换机总容量13.69万门，市区全部实现程控化。新辟公共汽电车营运线路8条，新增线路180公里。管道煤气、集中供热面积不断增加，居民燃气率达到56%。建成引黄保泉一期工程，全市日供水能力84万立方米。人防工程建设坚持平战结合，扩大使用领域，工程利用率42.5%。建筑业有很大发展，房地产开发进展较快，先后建成燕子山、八里洼等18个住宅小区，房屋面积增加522万平方米，安置住房特困户2072户。认真实施《中华人民共和国城市规划法》，完成城市总体规划的调整、分区规划和一批详细规划的编制，提高城市规划管理水平。对一批较大污染源进行治理，有效地控制环境污染。制订实施《城市大环境绿化规划方案》，城市公共绿地面积694万平方米，比1987年增长59.1%；园林建设呈现出新的特色，全市绿化、净化、美化水平登上新的台阶。加强城市环境卫生综合整治，广泛深入开展爱国卫生运动，城市整体卫生水平不断提高。1992年，济南市被国家命名为“洁净城市”，再次进入全国“十佳”卫生城市行列。

五、社会事业

广泛开展社会主义、爱国主义和党的基本路线教育，新闻出版、广播电视、文化艺术部门突出经济建设这个中心，大力宣扬各条战线涌现出的先进典型和新鲜经验，创作出一批优秀作品。发扬拥军优属、拥政爱民的光荣传统，掀起双拥共建热潮，荣复转退军人安置工作取得新成绩，1992年济南市被命名为全国“双拥模范城”。认真实施“二五”普法和依法治市规划，加强民主与法制建设，坚持依法行政，制定和实施一批地方法规，涌现出一批依法治厂、治村、治校的典型，特别是章丘市依法治村的成功经验在全省、全国推广。计划生育工作坚持“三为主”的方针，狠抓后进面的转化，1992年全市人口自然增长率控制在3.37‰以内，实现人口控制目标。

第三节 第十一届市政府施政纪要

济南市第十一届人民政府全面贯彻落实中共十四大精神，围绕改革和发展两大主题，解放思想，抓住机遇，全面推进社会主义物质文明和精神文明建设，完成“八五”计划，顺利启动实施“九五”计划。

一、国民经济

地区生产总值比1980年翻3番，经济综合实力由1993年全国50强城市第38位进入到全国219个地级以上城市的19强行列，社会主义现代化建设进入新阶段。1993～1997年，全市地区生产总值平均每年以100多亿元的速度增加，1997年达到709.95亿元；人均地区生产总值12995元。第一、二、三次产业增加值5年普遍翻一番。1997年，全市地域内财政收入119.8亿元，是1992年的4.2倍，年均递增33.3%；地方财政收入31.64亿元，按可比口径计算是1992年的4倍，年均递增32%。

农业和农村经济有长足发展。新增节水灌溉面积6.6万公顷，治理荒山、荒地、荒滩、荒水面积5.5万公顷，建成吨粮田10万公顷，蔬菜基地5.4万公顷，果品基地4万公顷。粮食连续4年创历史最高产量，肉类、奶类、水产品、蔬菜等连续5年创历史最高产量。1997年，农业机械总动力258.5万千瓦；农产品商品率65.3%；科技贡献率47%，提高10个百分点；农业劳动生产率人均8713元，是1992年的2.5倍；乡镇企业发展迅速，1997年完成营业收入721.7亿元，是1992年的5.3倍，157家乡镇企业进入全国大中型乡镇企业行列。农民人均纯收入从1992年的865.3元提高到1997年的2600元。1993年起，先后下派大批干部帮助济阳、商河两县发展经济，取得初步成效。1997年，4个县(市)区财政收入过亿元，县(市)区地区生产总值占全市的比重上升为56%；地方财政收入占全市的比重达到48.7%，比1992年提高12.2个百分点。

工业经济保持良好的发展趋势。对工业经济结构进行战略性调整，在全国率先探索银企联手，扶持18个企业集团发展规模经济，深入开展“管理效益年”活动，实施名牌战略、市场开拓战略和科技带动战略，工业经济的运行质量明显提高。5年投入技改资金137亿元，改造50个较大工业项目。1997年，全市完成工业总产值897.59亿元、增加值278.87亿元，规模以上工业实现总产值603.3亿元、增加值194.42亿元。18个重点企业集团完成工业增加值、实现销售收入和利税分别占全市乡及乡以上工业的53.1%、54.7%和69.6%，规模经济的带动效应日益突出。

第三产业保持强劲的发展势头。建设、改造和扩展北园路、济洛路、花园路、张庄路、经十西路5大市场群，新建206个专业批发市场，343处农产品市场，培育74处大型农村集贸市场，市场总数达到768处，经营面积821万平方米；改造、新建大观园、人民商场、华联、银座、贵和等11座商场或商业大厦，发展连锁超市、便民连锁店310家，商业街189条，构筑起以专业批发市场为主体的省会大流通框架。1997年，全市社会消费品零售总额261.9亿元，是1992年的3.57倍；市场商品成交额302亿元，是1992年的13倍。

交通运输业基本形成铁路、航空、公路为

一体的综合运输体系。金融保险业新增驻济南银行16家，非银行金融机构43家，1997年年末存款余额633.6亿元，贷款余额519.2亿元，分别是1992年的3.5倍和2.9倍。邮电业进入繁盛时期，1997年长途交换机总容量达到9万路端，本地网电话交换机总容量72.43万门，邮电业务总收入13.5亿元，分别是1992年的10倍、6倍和5.3倍。旅游业成长起来，向观光、商务、休闲、度假、购物旅游和开发旅游产品等多结构的新旅游体系迈进，1997年接待境外游客8.75万人次，国内游客600万人次，旅游业总收入5年增长8倍。信息产业蓬勃发展，先后启动金卡、金桥、金企、金农等“金”系列工程，信息业先导倍增功能不断增强，成为最具优势的产业群。开通国际互联网济南信息港、国际经贸信息网，开创济南与国际共享信息资源的新局面。有线电视网、计算机网相继开通，形成“三网开泰”的信息高速公路体系。人才信息网络管理系统、公安交通信息化管理系统、城市供水收费系统、液化气卡基收费系统居国内领先水平。软件产业长足进步，齐鲁软件园被命名为国家高新技术产业软件园，成为全国4家国家级软件园之一。1997年，全市信息产业收入超过66亿元。

二、对外开放与园区建设

努力拓宽招商引资领域，不断提高利用外资水平，大力开拓国际市场，推进经济与国际接轨，济南开始迈步走向世界。1997年，实现进出口总额10.42亿美元，其中出口5.14亿美元。实际利用外资4.52亿美元，是1992年的15.6倍，5年累计达到14.09亿美元，年均递增73.2%。年末累计注册外商投资企业1561家，是1992年的2.5倍，一批知名跨国大公司落户济南。1997年，三资企业实现产值123亿元，实现利税6.04亿元，分别是1992年的10倍和9.9倍。自营进出口企业由1992年的4家发展到近百家。1997年出口创汇6.7亿美元，是1992年的10倍，5年累计创汇19.9亿美元，年均递增58.4%，出口国家和地区发展到104个。在世界30多个国家和地区兴办海外企业167家。

“两区一园”建设初具规模。5年共投入“两区一园”建设资金23.8亿元，基本完成济南开发区的地下设施和道路建设，高新农业开发区和济南民营科技园设施建设完成进度要求。济南高新技术开发区的轻骑工业园、小鸭工业园等项目已成规模，认定高新技术企业204家，高新技术产品355种，实施各种科技计划项目419个，引进外资项目155个。高新农业开发区建成植物组培中心、良种包衣加工、现代化奶牛场和全自控智能温室等高科技重点项目，建设一批优质高效农业示范基地。济南民营科技产业园进园企业70多家，形成以人工智能、生物制药、精细化工、新材料为主体的高新技术产业格局。

三、体制改革

按照建立社会主义市场经济体制的要求，各项改革全面推进，经济市场化进程明显加快，国民经济市场化程度进一步提高。农村改革继续深入。在稳定和完善家庭联产承包责任制的基础上，统分结合的双层经营体制得到巩固，农业适度规模经营有良好开端。农村社会养老保险制度发展很快，全市近百万农民投保。乡镇企业股份制改革步伐加快，农村各类经济组织形式由初级向较高水平转变。对大批荒山、荒地、荒滩、荒水实行产权拍卖、租赁和承包。以国有大中型企业为重点，全面落实“抓大放小”和“三改一加强”的方针，加快建立现代企业制度。列入国家、省市试点的33户企业完成改制任务。全市组建股份有限公司30家，有限责任公司317家，其中3户上市、5户上柜交易，募集资金20亿元；市属中小企业改制面达到83.6%，在公有制实现形式上做出有效尝试。以落实优化资本结构试点政策为契机，进一步优化产业和企业组织结构，通过联合、兼并、破产，对144家企业进行结构调整，推动生产要素的流动和重组，1996年、1997年，盘活各类资产51.6亿元，冲销呆、坏账准备金9.36亿元。行业调整迈出坚实步子，一轻国有资产公司正式挂牌，纺织、化工、建材、一商、二商等实施全行业重组，机械、电子等行业改革正在运作，纺织行业初步走出困境。以公有制为主体、多种经济成分共同发展的格局进一步展开。中外合资经济、混合经济、个体私营经济得到长足发展。1997年年末，注册个体私营企业25.9万户，销售收入153.8亿元，分别是1992年的3.4倍和14.9倍，成为济南市新的经济增长点。政府机构改革稳步进行，国家公务员制度实现顺利过渡。加强宏观调控力度，5年全市共完成固定资产投资619.8亿元，年均递增34%，投资结构明显优化。全市社会商品零售物价涨幅由1992年的9.3%下降为1997年的1.5%，居民消费价格指数由10.4%下降到2.9%。

四、建设 环保

高起点修订城市总体规划，全面构画出现代化省会城市的蓝图。投入重点工程建设资金115亿元，建成一大批重大基础设施和形象工程，城市面貌和功能发生巨大变化。先后完成济南火车站改造，建成济南国际机场一期工程，开工建设二期工程。拓宽改造220、104国道济南段，002省道市区至仲宫段、038省道商河段、106省道济南段；建成济青高速公路济南段，新建和拓宽改造济南外环路、北园路等50多条主次干道，拓宽改造市区4大出入口，新建全福立交桥等40余座永久性桥梁，扩建道路面积212万平方米，全市人均拥有道路面积11.1平方米。济南绕城高速公路、京福高速公路济南段、顺河街高架路加紧建设。140多座高层建筑拔地而起；“灯亮”“造绿”工程的实施和名胜、风景区的整治，进一步塑造现代化省会城市的新形象。5年中恢复名泉12处，建成“三街一团”霓虹灯街，植树211万株，1997年种植草坪60万平方米，市区绿化覆盖率31%，人均公共绿地面积5.01平方米。新建扩建一批供热设施，集中联片供热面积1500万平方米。建成管道煤气工程和管道液化气一期工程，城市气化率80%。加大大气污染、水污染、噪音污染治理力度，建成济南污水处理厂、垃圾无害化处理厂等一批环保设施，关停和搬迁一批污染严重企业，完成600多个污染项目治理，环境质量有所改善。完成小清河济南段综合治理一期工程。加强小城镇建设，城镇化水平达到35.36%。

五、科技 教育 文化 卫生 体育

实施“科教兴市”战略，5年共投资104亿元，实施火炬计划项目400项、星火项目449项、产学研项目649项，完成科技项目1328项，其中国家级224项、省级604项，开发新产品2990项。民营科技企业1400家。济南市被国家科委评为全国科技兴市先进市，10个县(市)区全部成为全国科技工作先进县区。各级各类教育得到较大发展。初步建立起政府投入为主，多渠道筹集教育经费的新体制；全面完成“双基”任务，特殊教育、幼儿教育明显加强，中小学素质教育开始纳入法制轨道；职业教育有新发展，职业学校在校生占高中阶段在校生比例达72.1%；市属高校和师范院校教育质量和办学效益有新提高。文艺事业进一步发展，基本形成市县乡村四级群众文化网络，编排演出一批优秀剧目。5年中市、县(市)区两级财政对科技、教育、文化等事业投入26亿元，年均递增25%。卫生事业得到长足发展，10个县(市)区提前3年达到人人享有初级卫生保健目标，全市达到“爱婴市”标准，社区卫生服务事业成效明显。广泛开展全民健身活动，体育事业取得新的进展。计划生育工作连续5年完成省计划指标，全市人口自然增长率控制在5‰以内。

六、精神文明与民主法制建设

提高省会的精神文明建设水平作为一项战略性任务，坚持两手抓、两手都要硬。明确提出“增强省会意识、争创一流成绩”，从窗口行业突破，广泛开展群众性精神文明创建活动、“行风万人评”活动和“社会承诺服务”活动，开展学习英雄模范活动，创文明城市、建文明行业、当文明市民成为精神文明建设的主旋律。江泽民亲自为之题词“严格执法、热情服务”的济南交警，成为全国精神文明建设的一面红旗；济南工商银行文明用语服务、济南民政系统为民解难服务成为全国精神文明建设的榜样。“双拥模范城”实现“三连冠”，获全国十佳卫生城市称号。廉政建设、反腐败斗争有效推进，狠抓领导干部廉洁自律和大案要案查处，强化社会、舆论监督，不正之风得到遏制。民主法制建设进一步加强，依法治市全面展开。各级政府认真执行人民代表大会决议，坚持同人民政协、各民主党派协商的制度。5年间，市政府系统接办的全国、省市人大代表、政协委员提出的4398件建议提案全部办结。高度重视群众来信来访工作，解决一批群众反映较大的实际问题。加强地方法规制度建设，5年共提请人大审议通过地方性法规55件，制定发布行政规章96件，完成“二五”普法任务，“三五”普法正在实施，公民法制观念得到增强。重视维护社会稳定工作，加快刑侦体制改革，建立防暴支队、巡警支队，开通110报警台，改善公安装备条件，加大社会治安综合治理力度，严厉打击各类犯罪活动和社会丑恶现象。

七、人民生活

5年间，全市新建住宅892万平方米，改造棚户区249万平方米，改善城市居民的居住条件。1997年，市区人均居住面积8.1平方米，农民人均居住面积27.1平方米。大力实施安居工程，在全国率先完成住房特困户的解困工作。1997年，实施送温暖工程，全市筹集资金5000多万元，为市区107所中小学一次性解决冬季供暖问题，取暖面积近40万平方米。把实施再就业工程作为事关改革、发展和稳定全局的大事，通过政府、部门、单位三结合，腾“笼”换业、优二兴三和面向市场广开门路，5年共安置下岗待业职工15.5万人次。1997年，城镇登记失业率控制在3.38%以下。城镇居民最低生活保障金制度于1996年制定实施，1997年适当提高标准，已发放保障救助金1883万元，16万城镇居民得到及时救助。黄河滩区群众搬迁工作进展较快，数万户滩区群众过上安稳生活。城乡“菜篮子”“米袋子”供应充足，商品丰富，群众收入增加。5年间，城市居民人均可支配收入年均实际递增9.1%。1997年年末城乡居民存款余额320亿元，是1992年的3倍，人均储蓄5831元；有60个乡镇实现小康目标。

第四节 第十二届市政府施政纪要

济南市第十二届人民政府围绕实现济南“五年大变样”的战略目标，实施科技、产业、制度、环境四个创新，全市综合经济实力显著增强，城市面貌发生重大变化，综合服务功能更加完善，省会现代化建设取得重要的阶段性成果。

一、国民经济

2002年，全市实现地区生产总值1190.1亿元，年均增长12.9%；地方财政一般预算收入66.25亿元，年均增长17.3%；全社会固定资产投资404.7亿元，年均增长17.2%。经济结构调整取得显著成效，三次产业的比重由11.6:46.2:42.2调整为8.2:41.8:50。所有制结构有所改善，形成多种经济成分共同发展的新格局，非公有制经济增加值占地区生产总值的比重达到33%。企业规模结构不断优化，规模以上工业企业实现销售收入、利税，分别是5年前的1.7倍和1.6倍；技术结构得到提升，高新技术产业增加值占全市规模以上工业增加值的比重上升到23.16%。

二、体制改革

国有企业改革力度加大，现代企业制度建设稳步推进，企业的市场主体地位基本确立，投资主体多元化开始形成。对7大企业集团实行国有资产授权经营，组建6家国有资本营运机构，初步建立国有资本营运监管体系。通过债转股，5年累计为企业减负31.2亿元，企业负债率下降，资产质量明显提高。落实农村第二轮土地承包制度，全面实施农村税费改革。要素市场得到长足发展，技术市场基本形成，劳动力、人才市场成为人力资源配置的主要载体，住房市场进一步发育，资金市场不断成熟，2002年，全市存贷款余额均超过2000亿元。推进社会保障制度改革，全市城镇社会保险体系初步建立，社会救助体系不断完善，社区建设成效明显。新一轮政府机构改革顺利完成，政府职能进一步转变，清理取消审批项目617项，政府提速有良好开端。

三、外向型经济

实施经济国际化战略，外向型经济有新发展。2002年，全市进出口总额15亿美元，其中出口额7亿美元。对外承包工程和劳务合作营业额9000万美元，年均增长48.3%；到济南投资的世界500强企业达到13家。

四、建设环保旅游

5年间，城市建设累计投资595亿元，是上一个5年的3.5倍。人口城镇化率由35.4%提高到49.7%。城市交通设施建设加快。新建、改建绕城高速等市区50多条主次干道和一批国道、省道干线公路、山区公路，完成济南机场主跑道及联络道扩建工程，陆路、空运能力增强。城市各项配套设施建设取得重大进展，建成总库容近1亿立方米的鹊山、玉清湖两座水库，完成小清河济南段干流治理工程，配套完善污水处理和垃圾无害化处理系统，城市用气普及率、热化率分别为94%和38.2%。采取有效措施治理大气污染，2002年市区空气质量二级以上天数比1998年增加173天。泉城特色建设迈出新步伐，对三大名胜进行扩建整治，抢救修复一批被占压、填埋的名泉。泉城旅游品牌不断提升，年接待游客突破千万人次大关。大规模开展城市绿化工程建设，城市绿地覆盖率和人均公共绿地面积分别为37%和7.8平方米。数字化城市建设取得可喜成果，信息化基础设施达到全国先进水平。

五、科技 教育 文化 卫生 体育

科技投入增加，创新步伐加快，科技三项经费年均增长30%，取得重要科技成果1000多项，专利申请总量14821件，高新技术开发区作为科技创新“龙头”和载体的作用日益明显。各级各类教育发展加快，市区基本普及高中阶段教育，普通高考升学率由5年前的46%提高到79.9%，全市社会力量办学院校从308所发展到442所，全社会终身教育体系逐步形成。文化事业不断繁荣，涌现出一大批优秀剧目，获得省和国家级奖励539项，文物保护与考古发掘取得重大进展。社区卫生服务保持全国领先水平，新型卫生监督体系形成。计划生育工作取得明显成效，人口自然增长率连续5年控制在5‰以内，全市平均预期寿命达到74.3岁。群众体育跨入全国先进行列，竞技体育先后获省级以上比赛金牌438枚。

六、人民生活

2002年，城镇居民人均可支配收入8982元、农民人均纯收入3356元，分别比1997年增长61.2%和29.1%。城乡居民储蓄存款643.9亿元，比1997年翻了一番。城市恩格尔系数从41.8%下降到32.9%，农村恩格尔系数从51.2%

下降到39.8%。平均每百户城市居民家庭拥有电话95.3部、移动电话71.9部、家用电脑32.4台。城市居民人均住宅使用面积17.7平方米，农村居民人均生活用房面积30.6平方米，分别比1997年增加9.6平方米和3.5平方米。5年实现城镇就业、再就业18万人，城镇登记失业率控制在4%以内，城镇居民最低生活保障金由120元提高到208元，保障范围扩大，基本实现应保尽保。

第五节　第十三届市政府施政纪要

济南市第十三届人民政府贯彻国家宏观调控政策，发挥省城优势，发展省会经济，着力改善民生，促进社会和谐，全面完成市十三届人大一次会议确定的目标任务。

一、国民经济

2007年，全市实现地区生产总值2500.1亿元，比2002年实现翻番。地方财政一般预算收入完成157亿元，是2002年的2.37倍。结构调整取得积极变化，三次产业比例为5.89:45.53:48.58，现代服务业占服务业增加值比重为43.8%，高新技术产值比重、非公有制经济比重分别为35.3%、39.8%，提高11.3和7.8个百分点。济钢、山水等一批重点企业加快发展，浪潮、力诺等一批高新技术企业茁壮成长，重汽等一批企业摆脱困境焕发生机，成为全市工业经济支柱。投资结构趋向合理，累计完成固定资产投资1151.7亿元。经济效益明显提高，规模以上工业经济效益综合指数260%，利税、利润分别是2002年的3.6倍和5.5倍。2007年实现社会消费品零售总额1103亿元，是2002年的2.5倍。贯彻中央支持“三农”各项政策，实施支农投入、农民增收“1020”和“6521”工程等系列惠农措施，市财政累计支农投入33.2亿元，是前5年的5.72倍。大力实施新农村建设“十大行动”，农村生产生活条件明显改善，村村通沥青(水泥)路率、通客车率和通自来水率分别为99.1%、99.7%和90.9%；新农合参合率、五保户供养率分别为96%、70%。大力发展现代农业，农业科技推广和服务体系逐步健全，粮食总产268万吨，总产和单产连续5年双增。农业结构调整和产业化经营稳步推进，畜牧、蔬菜、林果产值均有较大提高，规模以上农业龙头企业发展到205家，53%的农户纳入产业化经营。全面取消农业税及附加，农村义务教育各项政策全面落实。实现城乡用电同网同价。基础设施延伸、产业转移及中心镇建设步伐加快，章丘等县(市)城市建设发生明显变化，县域财力较快增长，区域发展协调性逐步增强。

鼓励自主创新的体制政策日趋完善，“政企产学研金”自主创新模式逐步形成，知识产权保护力度加大。累计研发投入167.3亿元，取得重要科技成果1226项，申请专利30420项，新增省级以上企业技术中心29个、工程技术研究中心48个、驰名商标12个。济南市跻身中国服务外包基地城市、国家软件出口创新基地和国家知识产权工作示范城市行列，国家信息通信国际创新园落户济南。严格限制“两高”产业发展，加快淘汰落后产能，实施百项重大节能示范工程，涌现出一批循环经济亮点，万元生产总值能耗、主要污染物排放强度均呈下降趋势。生态环境不断改善，2007年空气质量良好以上天数比率85%以上。地下水水质良好，河道截污和污水处理工程加快推进。开发复垦整理土地1.95万公顷，恢复治理矿山572万平方米，推进南部山区水源涵养和生态保护建设，全市森林覆盖率26.6%，提高6.3个百分点。开放型经济步伐加快，累计实际利用外商直接投资15.3亿美元，年均增长19.4%，现代服务业、基础设施实际利用外资增长较快。对外贸易迈上新台阶，实现进出口总额62.18亿美元，是2002年的4倍，机电产品、高新技术产品出口比重加大。“走出去”取得积极进展，科教文卫等领域对外交流不断扩大。

二、城市建设

实施“东拓、西进、南控、北跨、中疏”城市空间战略和“新区开发、老城提升、两翼展开、整体推进”发展思路，城市发展框架基本拉开。完成新一轮城市规划修编，编制完成南部山区分区规划和重点区域控制性规划、北跨地区发展战略规划，中心城区首次实现控制性详细规划全覆盖，新农村建设规划全面展开，城乡规划体系基本形成。累计投资1179.2亿元，实施城市建设“十大工程”，加快推进城市基础设施建设，经十路、经一路、济泺路、旅游路、顺河高架路北延、济菏和济莱高速、济南机场扩建等一批重点工程相继建成，高标准完成104国道、102和103省道路段改造。高新区新区、大学科技园初具规模。奥体中心、绕城高速大北环、济阳黄河大桥、北园大街快速路等重点工程加快推进。大明湖扩建、小清河综合整治工程相继开工。改善背街小巷面貌环境，对违法违章建设、破损山体和市容环境展开全面整治。供电能力提高76%，连续10年零拉路限电。城市集中供热普及率、燃气气化率、绿化覆盖率分别为52.6%、98.5%和36.8%，新增绿化面积1652万平方米，人均公共绿地9.5平方米，提高21.8%。推动城市管理重心下移，初步形成“两级政府、三级管理、四级网络”城市管理体制。积极推进市政环卫作业市场化，全面推行城市管理综合执法，网格化数字化管理平台初步形成。

三、体制改革

实施行政机构和行政审批制度改革，精简职能错位交叉机构31个，依法取消行政许可事项695项，对政府规章、规范性文件、执法行为和收费项目作全面清理；实施政府资金、行政事业资产管理制度改革，规范行政支出，降低行政成本；实施政府投融资体制改革，提高资金使用效益，防控财政风险；实施财税体制和统计制度改革，激发区域发展活力。完成乡镇机构改革，农村综合改革扎实推进。完善国有资产监管体制，加大国企改革重组力度，上市公司实现股权分置，支持重汽在香港成功上市，完成粮食流通体制改革，推动公用事业改革步伐。

四、民主法治与精神文明建设

坚持依法行政，推进法治政府建设，行政执法责任制全面落实，民主科学决策水平进一步提高。累计办理人大代表建议1645件、政协提案2525件。社会管理和基层服务网络逐步健全，涌现出青年公园街道应急机制进社区、泉城义工等便民服务典型。“五五”普法全面启动，公民法律意识显著增强。群众性文明创建活动广泛开展，“诚信、创新、和谐”的城市精神深入人心，创城“百件实事”成效显著。高度重视信访工作，加强矛盾纠纷排查调处，积极预防、疏导和化解社会矛盾。食品药品监管工作取得新成效。深入推进平安济南建设，社会治安秩序总体良好。经受“7·18”暴雨洪灾重大考验，处置应急突发事件能力逐步增强。深入开展安全生产专项整治活动，安全生产形势基本稳定。人民防空建设不断加强，国防教育和双拥共建成效显著，获全国双拥模范城五连冠。廉政建设和反腐败斗争不断深入。

五、社会生活

强化社会管理和公共服务，累计完成社会事业投资472亿元。教育布局结构趋向合理，农村教育振兴行动成效显著。农村义务教育“两免一补”全面落实，城市义务教育阶段学杂费全部免除，困难家庭学生免除课本费、补助寄宿生活费，建立起高等教育、中等职业教育和高中阶段家庭困难学生资助政策体系，在全国率先取消外来务工子女借读费，进城务工子女教育问题得到有效解决。适龄儿童入学率、小学毕业生升学率、小学在校生巩固率均为

100%，高中阶段教育普及率提高到90.1%，职业教育和成人教育蓬勃发展，普通高等教育在校生44万人，是2002年的2.1倍。抗击“非典”取得胜利，公共卫生体系不断健全，市疾病预防控制中心建成使用，县(市)区全部建立疾病预防控制和医疗救治体系，全面完成乡镇卫生院改造，新建社区卫生服务机构36个。在全省率先实施“惠民医疗工程”。文化事业和文化产业加快发展，推出一批文化艺术精品，获国际金奖6项、省以上奖励800余项。济南国际幽默艺术周、泉城大舞台等成为知名文化品牌。竞技体育水平不断提高，获省级以上比赛金牌915.5枚，成功承办亚洲杯足球赛等大型赛事，第十一届全运会主赛区筹备工作顺利推进。实施人才强市战略，人才队伍建设成效显著，科技人才和企业家队伍不断壮大。人口自然增长率控制在5‰以内，人口素质进一步提高。

2007年，城市居民可支配收入18005.1元，年均增长12%；农民人均纯收入6300.1元，年均增长13%，连续4年实现两位数增长。物价保持基本稳定。汽车、住房、文化、教育、旅游、健身等支出比重提高。城乡居民恩格尔系数分别为31.5%、37.5%。城镇安置就业、再就业累计60万人次，登记失业率控制在3.8%以内。转移农村劳动力累计79.4万人次。社会保障门类增加、标准提高、覆盖面扩大，城市居民最低生活保障标准由208元提高到280元，城乡居民享受最低生活保障人数分别达78.4万人次和37万人次。住房保障体系逐步完善，住房公积金制度覆盖面扩大，大力推动棚户区改造，经济适用房、拆迁安置房累计竣工330万平方米，廉租房制度受助家庭累计8000户次。农民居住条件得到改善，城市居民人均住房使用面积21平方米，比2002年增加3.3平方米。

第六节 第十四届市政府施政纪要

济南市第十四届人民政府按照“维护省城稳定、发展省会经济、建设美丽泉城”的总体思路，解放思想，提升境界，抢抓机遇，积极作为，全面完成“十一五”规划确定的各项目标任务。

一、国民经济

2010年，全市生产总值3910.5亿元，比“十五”期末翻一番，年均增长13.9%；地方财政一般预算收入266.1亿元，是“十五”期末的2.5倍，年均增长20.2%；社会消费品零售总额1725.5亿元，是“十五”期末的2.1倍，年均增长16.4%；全社会固定资产投资累计完成1987.4亿元，是“十五”时期的2.6倍，年均增长18%。产业结构发生积极变化，三次产业比例由2005年的7.28:45.90:46.82调整为2010年的5.50:41.87:52.63。现代服务业占服务业比重达到44.6%，比“十五”期末提高2.8个百分点，金融、信息、旅游产业年均增长超过20%。工业结构优化提升，形成交通装备、电子信息、机械装备3个过1000亿元的主导产业，高新技术产业产值跨上2000亿元新台阶，占工业总产值的比重达到41.5%，比“十五”期末提高11.4个百分点，新信息、新能源、生物医药、高端装备制造等战略性新兴产业加快发展。创新驱动能力增强，深入开展国家知识产权工作示范城市、国家创新型城市、中国软件名城等试点工作，综合性国家高技术产业基地、国家创新药物孵化基地和国家综合性新药研发技术大平台建设加快推进。5年间新增市级以上企业技术中心110家、工程技术中心133家、创新型企业104家，专利四项指标居全省首位。

“十一五”期间，市级财政“三农”支出65.9亿元，是“十五”时期的3倍。2010年粮食总产289.4万吨，连续8年丰产丰收。建设都市农业园区和特色品牌基地77个，规模以上农业龙头企业350家。新农村建设“十大行动”全面完成，基本实现村村通柏油(水泥)路、通客车、通有线电视和新农合全覆盖，自来水入村率超过95%，五保对象集中供养率75.8%。完成38个小城镇建设任务，启动农村整村改造迁建项目326个，新建农村住房16.4万户、改造危房2.6万户。实施农村扶贫开发项目210个，基本消除年纯收入1000元以下的绝对贫困人口。“百库除险”工程全面完成，治理水土流失4.2万公顷，发展节水灌溉1.27万公顷。防治美国白蛾、秸秆利用禁烧工作成效显著，重大动物疫病防控扎实有效。章丘市连续6年跻身全国中小城市科学发展百强县市。

二、建设 环保

5年间累计投入2000亿元，比“十五”时期翻一番。完成新一轮城市总体规划、土地利用和矿产资源总体规划修编，实现中心城区控规全覆盖，城乡规划体系基本形成。全面推进老城区改造提升，突出抓好棚户区、城中村和危旧简易楼改造。启动三大新区建设，东部新区奥体文博片区初具规模，西部新区西客站片区建设全面展开，滨河新区小清河综合整治工程扎实推进，16个城市综合体招商建设顺利，拉开城市发展新框架。京沪高铁济南段铺轨完工，济菏高速、绕城大北环、北园快速路、二环东路高架、济阳和建邦黄河大桥等工程竣工。建成“两横三纵”快速公交网，城市公共交通年客运量8.64亿人次。5年间累计投入131亿元加强市政“四供两排”设施建设，是“十五”时期的2.9倍。升级改造67个供水低压片区管网，完成济西应急供水一期工程，新建及改建热源厂13座、污水处理厂7座。济南电网完成投资107.7亿元，供电能力达到450万千瓦，比“十五”期末提高70%。大明湖扩建改造完成，护城河全线通航，趵突泉连续7年喷涌。启动国家森林城市创建活动，城市绿化覆盖率37%。持续推进城市环境综合整治，实施城市绿化、美化、净化、亮化工程，开展城管“十大行动、百件实事”活动，完成108座破损山体治理，市区空气质量逐步改善。

三、体制改革

市、县、镇(乡)三级机构改革顺利完成，审批制度改革不断深入，市级行政审批由436项减少到93项，压减审批环节236个、办理时限1332个工作日，废止政府规章15件、规范性文件105件。深化政府资金、行政事业资产管理和投融资体制改革，整合集中17项财政专项资金，98户市级行政事业单位资产统一运营管理，市公共资源交易平台建成运行。国有企业改革取得重要进展，非公经济比重达到42.6%。粮食流通体制改革全面完成。

四、外向型经济

开放型经济深入发展，2010年实现进出口总额74.3亿美元，实际使用外资10.4亿美元。机电产品、高新技术产品出口占比分别为61.8%和11.8%，比“十五”期末提高27.3和8.3个百分点。累计完成对外承包和劳务合作营业额52.3亿美元。服务外包成为外向型经济发展新亮点，占全省比重的40%。缔结友好合作城市关系17对，开通济南至日本大阪包机、中华台北直航。

五、政务建设与精神文明建设

深入推进政务公开，推行重大决策公示、评估和听证制度，“五五”普法任务全面完成。5年间办理人大代表建议1808件、政协委员提案2526件。建立行政执法电子监察系统，梳理规范处罚事项4326项。推进采购代理机构竞争制度和电子化政府采购平台建设，5年间节约资金11.1亿元。开通12345市民服务热线，开展“下基层、解难题、办实事”“执政为民、廉洁高效”和“创先争优”活动。组建公共资源交易服务中心，加强监察审计监督，廉政建设不断加强。深入推进平安济南建设，依法打击各类违法犯罪活动。广泛开展“迎全运、讲文明、树新风”等精神文明创建活动，涌现出泉城义工、贴心民政、阳光大姐等一批全国有影响的知名品牌和郑承镇、刘振华、刘延宝等先进道德模范，历下、市中、槐荫、章丘被评为国家、省级和谐社区建设示范单位，在全国公共文明指数测评中位次大幅前移。国防教育和双拥共建成效显著，获双拥模范城六连冠。圆满完成四川省北川县擂鼓镇、北川县城灾后重建和对口援藏、援疆、帮扶重庆的各项任务。

六、社会生活

2010年，城市居民人均可支配收入和农民人均纯收入分别为25321元和8903元，年均增长13.3%和13.1%。居民消费价格总水平上涨2.1%。5年间新增城镇就业67.8万人，农村富余劳动力转移就业88.8万人次，城镇登记失业率控制在4%以内。市财政5年投入社保资金83.4亿元，是“十五”时期的2倍。企业退休养老金从“十五”期末月均782元提高到1520元，城乡低保实现应保尽保，新型农村养老保险参保人数达到82万人，农民工参加医疗、工伤保险人数达到37.2万人和54万人。启动38个集中片区和34个零星片区棚户区改造，开工建设安置房290万平方米，解决6万户18.3万困难群众住房问题。启动沁园新居等6个公共租赁住房项目，总建筑面积140万平方米，向7339户家庭发放廉租住房补贴6110万元。

推进“5150引才计划”，引进海内外高层次人才99人，16人进入“新世纪百千万人才工程”。推进幼儿园标准化建设和中小学校舍安全工程，努力解决外来务工子女入学难问题，对农村困难学生和涉农专业学生实行免学费政策，全市普及高中阶段教育。认真落实国家基本药物制度，在全省率先实施“惠民医疗工程”，新农合政府补助标准每人每年120元。实施“卫生强基工程”，建成2366个标准化村卫生室和252所城市社区卫生服务中心(站)，有效防控甲型流感等重大疫情疫病。努力稳定低生育水平，人口自然增长率控制在2.78‰以内。繁荣发展文化事业和文化产业，启动“3810”工程，完成60个乡镇综合文化站及3400个农家书屋建设。成功举办第五届中国京剧艺术节和首届中国非物质文化遗产博览会，府学文庙修缮工程竣工，公共博物馆免费开放，创作推出《天下泉城》等一批优秀作品。完成第十一届全国运动会济南主赛区各项筹办工作。济南市运动员在北京奥运会、广州亚运会、全运会等大型比赛中获金牌79枚，实现历史新突破。

第四章　政务综合协调

第一节　信息调研

1986年始，围绕改革、调整、经济社会发展和人民生活、群众心理等进行系统调查，提出一些重要意见和建议。

一、第十届市政府调研工作

1988年，市社科所、市经济研究中心、市政府办公厅研究室等联合全市有关调研机构，完成胶济六市战略发展比较研究、济南经济社会发展战略纲要及八个子战略、外向型经济发展战略等课题的研究。市委、市政府办公厅联合发出通知，对济南如何加强同省内东西部的横向经济联合、如何建立济南大市场等八个题目进行调查研究，取得较好效果。围绕人民群众普遍关心的市场供应、物价管理、住房改革、综合治理等问题开展调研工作。

1989年，全市完成较大研究课题有：济南“四十年透视”“济南工业结构调查规划”“整顿市场秩序、完善计划指导下的市场体系——关于进一步培育发育济南市场初探”“城镇土地有偿使用研究报告”“关于领导干部知识结构调整与更新问题的探讨”“县市区党政领导干部选任方法及相应制度研究”等。同时，在行政区划、农业结构、市场物价、城市供水、城市绿化、城市人口、社会治安、劳动就业、经济后进地区转化等方面，进行广泛调查研究，完成一批应用性调研报告。

1990年，完成一批有深度、有指导意义的调研报告。主要有：《济南市产业结构调整优化研究》《特试企业情况调查》《流通体制改革调查》《关于农村社会化服务体系调查》《企业兼并情况调查》《企业内部分配情况调查》《土地适度规模经营调查》《出口创汇企业调查》《深化农村改革、发展农业生产调查》《建筑管理行业管理调查》《饮食服务行业管理调查》《农村双层经营体制改革调查》《减轻农民负担调查》《关于农业综合开发调查》《乡镇企业调查》《水资源现状调查》《企业法制建设调查》《住房制度改革调查》《整顿批发市场情况调查》《关于庭院经济发展现状调查》等。

1991年，市政府办公厅共编发各类信息稿件1751条，91.4万字。其中：报国务院办公厅117条，被采用45条；报省政府办公厅528条，被采用184条；供领导参阅945条，领导批示率48.8%；下发信息366条。全年共收到外地信息800余条，其中编发84条供领导参阅；向各地发送信息600余条。

1992年，市政府办公厅共编发各类信息1826条，115万字。其中：报国务院办公厅127条，采用54条；报省政府办公厅436条，采用191条；供领导参阅883条，批示20条；下发信息380条。

二、第十一届市政府调研工作

1993年，全年共编发各类政务信息3220条，其中上报国务院办公厅148条，被采用52条，居全省各市地首位；上报省政府办公厅561条，被采用202条；专供领导参阅信息被省、市领导批示和引用、进入领导决策参考的约占编发总数的1/3。全年编发调研刊物《供参阅》30期，其中专供市领导参阅的特刊20期，领导批示12期。

1994年，全市政府系统信息调研工作重点是加强工作网络建设。信息调研工作联系点达到150多个，健全信息及调研成果规范化报送制度化。通过市政务信息期刊，全年编发各类政务信息2914条。其中市领导批示49条，国务院办公厅采用84条，国办采用信息量在全省17市地中名列第一；省政府办公厅采用357条。全年完成各类调研材料45件，编发《供参阅》35期。

1995年，全年共编发各类政务信息3170条，国务院办公厅采用59条，省政府办公厅采用312条，市级领导批示政务信息106条。编发《供参阅》54期，18篇参阅文章被领导批示。

1996年，全年共编发政务信息3309条。其中上报国务院办公厅、省政府办公厅信息采用量分别为74条和226条，分别占年度目标的115%和103%，全年市领导批示重要信息153条，占年度目标的129.6%。全年编发《供参阅》63期，超额完成全年目标。

1997年，全年共编发政务信息2900多条。其中被国务院办公厅采用64条，被省政府办公厅采用231条，市级以上领导批示132条。全年编发调研稿件33篇，被领导决策参考达60%，16篇被省以上刊物登载；《关于我市河道水质污染情况调查》《我市水资源情况的调查与思考》两篇得到省长李春亭批示；《我市部分股份制企业董事长、总经理谈股份制改革》受到中组部赴鲁调研组的好评；《副省级城市财税比较分析》为省委调查组帮助济南市解决有关实际问题，及时提供了基础材料。

三、第十二届市政府调研工作

1998年，全年完成调研报告31件，省市政府领导批示24件。《赴苏浙乡镇企业考察》为济南市乡镇企业二次创业提供有益启示。《济南市再就业工作调查》和《加快我市租赁业发展的思考与建议》被评为全省政府调研系统优秀成果一、二等奖。全年编发各类信息3000条，其中：报国务院办公厅470条，省政府办公厅860条；供市级领导参阅信息1870条，其中领导批示92条；下发交流信息1100多条。全年起草综合文稿81件。其中领导讲话65件、会议纪要9件、政府文件3件、各类年鉴4件。

1999年，全年完成调研报告39件，省市政府领导批示率75%；编发调研稿件46件。其中，《关于个体私营经济发展环境的调查》被副省长林书香作批示，在省政府调研期刊上刊登，被评为全省政府系统优秀调研成果一等奖。全年上报国务院办公厅、省政府办公厅信息采用170条，居全省17市地先进行列；编发有决策参考价值的专供市级领导参阅信息1273条；编发重要情况和问题类专报信息199期，市政府领导几乎每期都作重要批示；编发政府系统交流信息1500多条。全年完成全市综合性文字材料90多件，约45万字。其中领导讲话材料64件，约30万字。

2000年，全年编发、上报各类信息4496条，被国务院和省政府两办公厅采用145条，市领导批示79条。全年完成调研报告30篇，领导批示率70%。与山东师范大学合作完成《21世纪济南市城市化发展战略对策研究》，与市政协组织有关专家完成《加快济南市服务贸易国际化进程的研究》，与市社科联共同举办应对WTO研讨会。全年为市政府领导起草讲话和综合文稿224篇，约110万字。

2001年，全年编发各类政务信息2652条，占年度目标的102%。其中专供、专报市级领导参阅信息710条，领导批示106条，占年度目标的177%。编发供部门和基层交流信息1250条。上报国务院办公厅、省政府办公厅信息采用量119条。全年完成调研报告22件，占年度目标的138%。其中市级领导批示和采纳观点的15件，占68%。牵头完成软科学课题4件。《西方国家文化产业发展现状简析及对我市文化产业发展的思考》《关于市场建设与发展情况的调查》分别获省政府系统优秀调研成果一、二等奖。全年完成市政府领导讲话、工作报告156件，近百万字。先后到天津、上海、福建、广州、南京、厦门、青岛等地考察调研，形成《天津旧城改造考察报告》《青岛市大工业考察报告》等。《关于加快卫星城市和中心镇工业化与城市化问题的考察报告》受到市长谢玉堂肯定。

2002年，全年完成调研报告34件。其中市级领导批示和采纳观点的22件，省政府采纳观点的5件。协助办公厅成功组织全市民营经济调研活动，对各县(市)区、各部门形成的44件调研报告及时汇编。对国有企事业改制及民营有关体制政策问题作系统调查研究，参与全市农村税费改革调研督导。在省政府优秀调研成果评选中，获一等奖1篇，二等奖2篇。在全市软科学课题成果评选中，获二等奖(软课题最高奖)1个，三等奖2个。编发《供参阅》20期，调研稿件35篇。完成市政府领导讲话、工作报告、向省政府汇报等综合文稿144篇，其他文稿79篇，共120万字。新闻信息处共编辑信息2000余条，在全省保持先进。

四、第十三届市政府调研工作

2003年，完成《关于“大抓工业、抓大工业”的调查与思考》《关于转变政府职能的十项改革方案》《全市执法队伍情况的调研》《关于深化政府行政体制改革需要研究的几个问题》等调研报告21件，其中市领导批示和采纳观点的15件，省政府采纳观点的8件，在省市刊物发表的6件。编写《供参阅》12期，计10万字。组织起草《关于济南高新技术产业开发区行使市级管理权限试行意见》《济南市工业经济发展“2133”工程规划》《关于建立健全社会保障体系的思索》等重要文件和文稿。全年共编辑各类信息2800多条，被各级领导批示80余条(次)，被国务院办公厅及省政府采用200余条(次)，省政府采用条数和分值均居全省第一；共起草各类讲话216篇，80余万字。

2004年，全年共参加市长、副市长调研活动17次，接待中央、省、外地市有关部门调研考察团10余次。按照省市领导批示牵头组织和参与调研活动12次，完成调研报告16件，市级领导批示和采纳观点的13件；编发《供参阅》11期，约8万字。其中《关于市政府2003年转变职能重大改革措施实施情况的调研》《国有劣势企业退出市场研究》和《关于树立和落实科学发展观促进经济与社会全面进步的调研报告》等受到市委、市政府领导的高度重视。在全省政府系统调研成果评选中，获一等奖1个，二等奖2个。全年共编辑政务信息2800余条，被省、市领导批示93条(次)；被国务院办公厅和省政府采用194条(次)。全年共完成领导讲话114篇，成稿约56万字。

2005年，全年共完成调研报告19件，形成文字材料14万字，市领导批示和采纳观点的14件。其中《关于中小企业融资难问题的调查》《关于城乡结合部土地利用情况的调查》《关于济南市行政职能交叉主要问题的调研报告》《关于天桥区城镇居民最低生活保障工作的调查与思考》等受到领导重视。4件成果在全省政府系统优秀调研成果评选中获奖。参加市长、副市长重要调研活动12次，配合接待省、外地市调研考察活动10多次。全年共编辑政务信息2900余条，被省、市领导批示82条(次)；国务院采用17条，省政府采用149条。

2006年，全年共组织重要专题调研17次，完成调研报告15件，约10万字，市领导批示和采纳观点的12件，在国家、省刊物发表5件。其中，《槐荫区青年公园街道办事处“安全社区”建设情况的调研与思考》《济南市开展社区卫生服务情况的调研报告》《关于加快济南市区域金融中心建设的调研》《从历下区数字化城市管理模式看我市城市管理体制改革》等受到领导重视。5件成果在全省政府系统优秀调研成果评选中获奖。全年共编辑政务信息4543条，被省、市领导批示91条，国务院采用16条，3条信息被国务院领导批示。

2007年，全年共起草领导讲话及其他文稿440多篇，组织开展重点专题调研17项，撰写调研报告14篇，编发《供参阅》6期，市政府领导批示和采纳率80%。其中《关于加强国有资源和资产有偿使用收入管理的调研报告》《统一内外资企业所得税率对我市利用外资的影响和对策》《推进农村土地流转加快发展现代农业》《关于第十一届全运会济南赛区筹备工作的思考与建议》等调研报告，对实际工作产生积极影响。5篇调研成果在全省政府系统优秀调研成果评选中获奖。全年共编辑政务信息4438条，其中市领导批示98条(次)；上报国务院信息被采用9条，条数和分数均居全省前列；上报省政府信息被采用157条。增设《互联网信息摘要》刊物，共编发25期，其中市领导批示8期。

五、第十四届市政府调研工作

2008年，全年共起草领导讲话及其他综合文稿580多篇、270多万字；制定政策性文件7件；组织开展重点专题调研29项，撰写调研报告31篇、30多万字。其中《深化城市管理体制改革，建立城市管理长效机制》《上海推进要素型产业集群发展研究》《目前房地产形势分析及对策》《加快结构调整优化升级，再造市属国有企业发展新优势》等对实际工作产生积极影响。5篇调研成果在全省政府系统优秀调研成果评选中获奖。全年共编发各类政务信息740

期、5100多条。其中：市领导批示123条；上报国务院信息被采用9条；上报省政府信息被采用162条，其中省领导批示8条。

2009年，全年共完成领导讲话及各类综合文稿783篇、322万字，完成市政府党组、办公厅党组深入学习实践科学发展观活动各类材料75件；制定政策性文件6件；编辑《供参阅》16期；撰写调研报告35篇，90%以上调研成果进入领导决策，3篇调研成果在全省政府系统优秀调研成果评选中获奖；协调6家媒体“开门写报告”，征集市民对起草政府工作报告的意见建议17595条。全年共编发各类政务信息刊物860期、5200多条；上报省政府信息1100条，被采用220条，上报国务院办公厅信息被采用25条，国务院、省、市领导批示150条(次)。

2010年，全年完成领导讲话等综合文稿2160篇，650万字。起草审修新闻稿件、政府文件及其他综合文稿426篇，695万字。开展专题调研58次，形成调研报告65篇，领导批示率和采用率为98%。开展战略性新兴产业、低碳经济研究等10个重点课题调研活动，完成“蚁族”聚居区大学毕业生生活状况、郑州新区考察等市领导交办的调研课题14个，撰写调研报告33篇、专报29篇，37万字，编发《供参阅》26期。《济南市知识产权战略研究》获济南市科技进步二等奖，有5篇调研报告被省政府《决策参阅》刊发。《打造24小时不下班的服务型政府》调研报告被国务院研究室刊用。开展“我为《政府工作报告》建言献策”活动，通过济南政府网、12345市民服务热线等4家市级媒体和《齐鲁晚报》《山东商报》《生活日报》等省级媒体，征集意见建议11大类26887条。编发各类信息594期7000条，市领导批示121条；上报省政府信息被采用175条，省政府领导批示7条；上报国务院办公厅信息被采用32条，国务院领导批示12条。新编发《政府网情》11期。

第二节　政务公开

1986年始，历届市政府把政务公开化作为建设廉洁奉公、民主开明政府的一项重要措施。1988年，市政府第一次全体会议作出实行政务公开、接受群众监督的决定，制定《新闻发布会制度》《对话制度》等8项制度。按照政务公开要求，充实加强市长公开电话值班室，在报纸、电台、电视台开辟《市长与市民》专栏，实行市长信访接待日制度、12345市民服务热线等，多渠道、多形式与市民沟通情况，对重大政策制定、重大问题决策，事前广泛听取社会各界的意见、建议，邀集各方代表参政议政。

一、市长公开电话

1988年，市政府第二次常务会议决定，设立市长公开电话，电话号码20358，并于1月25日正式对外办公。市长公开电话值班室工作人员受市长、副市长委托，接收电话，按规定程序处理群众反映和领导交办的事宜。值班室实行24小时值班制度。对群众提出的问题和意见，能够当时答复的，当即予以答复；对群众反映的比较重大的问题，由市政府领导直接接话或由值班室摘要呈送市长、分管副市长签署意见后办理。市长公开电话在《济南日报》开辟专栏，公开报道带有普遍性问题的办理情况，宣传和解释有关政策、法令。当年市长公开电话值班室接收群众电话1.4万余人次，为群众解决实际困难5000余件。1989年，全年共受理群众电话11562人次，转各县、区政府和市政府有关部门处理的8649件，处结8303件，处结率96%，基本做到件件有回音，事事有着落。同时，市长公开电话值班室加强协调、督办工作，对跨部门或职责不清的问题，直接出面协调组织有关部门共同解决；对一些紧急问题，跟踪催办，抓紧落实；市长公开电话将社会各方面反映的有价值的信息及时向市政府领导反映，为领导正确决策服务。1990年，市长公开电话值班室共接听群众电话12083人次，整理成书面意见7185件转交各区县政府和市政府有关部门处理。1991年，市长公开电话共接收群众和基层单位来话10469人次，答复和办理10259件，办复率98%。在有关部门配合下，为群众、为基层办实事，解决具体困难4000余件。以市长电话值班为主组织编写《济南市民办事指南》，介绍与市民工作、生活及社会活动有关的27个方面的办事机构职能、服务范围和办事程序。1992年，市长公开电话共接听群众和基层单位来话11257人次，答复和办理11121件，办复率98.8%。在有关部门配合下，为群众、为基层办实事，解决具体困难4820件。承接部分人大代表建议和政协委员提案办理工作，共办理市人大代表建议327件，省人大代表建议、省政协委员提案89件。

1993年，市长公开电话共受理基层和人民群众电话13785人次，整理书面意见7531件转交有关部门进行处理。市长公开电话在市区各街道办事处聘请52位市长公开电话联络员，印发《济南市人民政府市长公开电话联络员工作细则》。市内五区和章丘市均设立区(市)长公开电话，与市长公开电话形成上下相通、左右相连的公开电话网络。1994年，市长公开电话值班室共受理群众和基层来话1.5万余人次，整理书面意见7473件转交有关部门处理。全年为群众解决实际困难4000余件。1995年，全年共受理基层和群众电话1.5万余人次，编印《市长公开电话摘报》27期，呈送市政府领导批示件815件。与新闻宣传单位密切联系，通过报纸、电视、电台播(刊)出53篇(次)宣传政府为解决群众关心的热点难点问题所采取的措施和解决情况。1996年，市长公开电话全年共接听受理基层和群众电话2万余人次，95%进行认真办理和圆满回复。在市长公开电话增设三方通话功能，使来话人、承办部门和市长公开电话三方直接通话，解答群众的问题。编印《济南市民常用急用电话号码》，印制10万份分送给广大群众。

1998年，市长公开电话值班室改进转办方法，加大督查力度，办理效率和质量均有明显提高。全年共接听基层和人民群众来话2万余人次，整理书面转办意见5031件，市政府领导批示处理意见847件，年终处结率98%，较好地处理孩子入学、排污管道堵塞、垃圾死角清理等一大批关系群众切身利益的问题。1999年，全年共接听基层和群众电话2万余人次，整理书面转办意见5183件，处结4924件，处结率95%。在网上设立市长公开信箱，拓宽群众反映意见的渠道，改进市长电话的转办方式。对群众反映的问题，随时通过济南市政务办公服务系统，以“市长公开电话急办件”形式，及时转至有关责任部门进行办理。编印《市长公开电话摘报》21期，及时反映热点难点问题。组织110社会联动工作，制定《济南市110报警服务社会联动工作考核标准及办法》。2000年，市长公开电话值班人员对市民通过市长公开电话和网上市长公开信箱(mayor@jinan.gov.cn)反映的意见和建议进行概括和归纳，广泛听取群众意见；加强110报警服务社会联动工作检查、考核和表彰工作，深化社会联动服务，提高处置突发事件能力；密切与新闻媒体联系，加大新闻曝光查办力度。全年共接听基层和群众电话2万余人次，接收市长公开信箱电子邮件3000多件，整理书面转办意见5123件，处结率95%，现场处理问题200人次。2001年，下发《关于进一步做好网上“市长信箱”来信办理工作细则》，将一条线路开通为两条线路，每天接听电话由原来100多个增加到200多个。对转办件和领导批示件采取不同督办方式，加强现场督办协调，把新闻媒体曝光问题纳入工作范围，加大110报警服务和社会联动工作力度，提高市长公开电话办理时效性。全年共受理市长公开电话2.4万次，直接答复2.04万次，转有关部门处理3611件，办结3376件，办结率93.5%；接受市长信箱电子邮件1894件，回复率100%，转办216件，办结206件，办结率95.4%；转办媒体曝光问题147件，办理140件，办结率95.2%，市政府领导批示办结率100%。

2003年，全年共受理电话2.2万人次，直接答复1.7万余件，形成《市长公开电话急办件》，转有关部门处理5000多件，办结率95%。接收市长信箱电子邮件1840件，回复率100%；转办1568件，办结1500件，办结率95.6%。转办媒体曝光问题184件，办结172件，办结率94.2%。呈领导批示42件，办结42件，办结率100%。整理呈报群众建议10件，经市领导批示采纳4件。在郑州召开的“全国部分城市市长公开电话第十次年会”上作经验介绍。2004年，全年共受理群众电话2.6万人次，直接答复2万件，转有关部门处理6000件，办结率96%；接受市长信箱电子邮件4000件，回复率100%；转办2880件，办结率93%。转办媒体曝光问题618件，办结563件，办结率91%；呈市领导批示35件，办结35件，办结率100%；整理群众建议15件，经市领导批示采纳9件。通过市政府公共信息网公布受理和处理问题3000余件。2005年，共受理群众反映的各类问题2.3万件，直接答复1.9万件，转有关部门处理4000件，办结率92.5%。接受市长信箱电子邮件3382件，回复率100%；转办媒体曝光问题618件，办结563件；呈市领导批示16件，办结16件。与有关处室合作编写《济南市突发公共事件总体应急预案》，对各类专项预案和部门预案进行梳理和登记。全年共编写各类预警信息9件，协助领导处置突发事件12起，协调有关部门处置一般突发事件21起。2006年，全年共受理群众反映的各类问题1.8万余件，直接答复1.45万件，转有关部门处理3580件，办结率93%。接受群众电子邮件2700件，回复率100%，办结率92.2%。办理媒体曝光问题240余件，办结率95%。全年协助领导处置各类突发事件17起，协调有关部门处置一般突发事件21起，向国务院应急办和省政府办公厅分别报送信息1件和8件。2007年，全年共受理群众反映问题1.2万件，直接处理7600件，转县(市)区政府和有关部门处理4600件，其中办理群众来信26件，省长信箱交办件127件。向社会公开办理结果500余条，编写《市长公开电话摘报》25期。

二、12345市民服务热线

2008年9月26日，12345市民服务热线正式开通，该热线在原市长公开电话基础上扩容升级、资源整合后，坚持以人为本、服务和保障民生的宗旨，认真受理、热情服务、多方联动、快速办理，协调各单位处理一大批热点、难点问题，对解决群众困难、维护社会和谐稳定发挥积极作用。全年共受理市民来电、来信(市长电子信箱)近24万件，按时办结22.3万件，办结率超过93%，回复率100%；召开各类协调会、现场办公会等110余次；编写《专报》《通报》《简报》40期，市政府主要领导批示24次。2009年，12345市民服务热线全年共受理市民来电(来信)93.5万件，日均受理2700余件，每天通话总时长180小时，办结率97%，回复率100%，群众满意率98%；形成工作汇报、领导讲话、经验介绍材料260余篇、150余万字，编发《简报》《专报》《通报》210余期。2010年，12345市民服务热线全年受理市民来电(来信)105万件、短信1万余条，日均受理诉求近3000件，日均通话时长超过180小时，办结率97%、回复率100%，为市领导提供社情民意信息365篇，各类专报159期。“一话通”工作经验在全省群众工作会议上作介绍，国务院研究室和省委政策研究室、省政府研究室到济南进行调研总结。

第三节 政务督查

一、政务督查制度

市政府办公厅督查室建立于1993年，政务督查工作的主要责任制度有：领导责任制度，各级各部门的党政一把手是抓政务督查落实的第一责任人；督查网络制度，在全市各县(市)区、市政府各部门、各大企业普遍建立督查机构和专、兼职工作人员，充分发挥督查网络的作用开展联合督查，形成上下配合、高效协调、运转快捷、反馈灵敏的大督查格局；综合报告制度，市政府下发重要文件、召开重要会议后，凡要求报告落实情况的，必须在规定时限内报送。此外，还有专题反馈制度和情况通报制度。

二、政务督查工作

2000年，政务督查工作突出重点，对市政府部署的旧城改造、铁路沿线容貌整治、一环九射造绿工程等重点工作，采取现场督查、跟踪查办，一督到底的方式抓落实，保证全市重要建设任务的完成。全年共督促、落实市政府常务会、市长办公会确定事项22件，办结率98%；办理省政府督查件60件，办结率100%；办理市领导批件769件，转办率100%；办理省市人大代表建议、政协委员提案880件，满意率和基本满意率为97%；编发《济南政务督查》31期，其中市长谢玉堂批示11期。

2001年，全年下发各类督查通知260项；督促落实市政府全体会、常务会、市长办公会议确定事项110项，对77件以市政府名义下发的文件执行情况进行督促检查和反馈；办理省政府督查件33件，办结率100%；办理市领导批件742件，办结率98%；办理省、市人大代表建议、政协委员提案1102件，满意或基本满意率100%；办理市长“直通车”信件170件，转办率100%。

2002年，拓宽督查渠道，采取多种形式，深入基层督查，发现带有普遍性的问题，及时反馈，真正取得督查的主动权，保证政令畅通。全年办理省、市人大代表建议、提案1942件，满意率100%；办理省、市领导批件912件，转办率100%，办结率95%。“市长直通车”所反映的问题件件有落实，事事有回音。撰写督查情况报告、建议提案答复等文字材料16万字。

2003年，全年共督促落实市政府全体会议、常务会议、市长办公会议21次，确定事项101项；对市政府下发的14个需督查的文件进行督促检查并反馈；办理省、市领导批件120余件，办结率100%；办理省、市人大代表建议、政协委员提案887件，满意率99%。协调落实和安排省、市人大、政协各类检查、视察活动22次。编发《济南政务督查》9期，形成各类文字材料22万字。组织作息制度改革的全面调查，并提交改革方案。加强对政府系统督查工作的指导，与市人大人事代表工作室联合举办政府系统办理建议、提案工作人员培训班。

2004年，全年共下发各类督查通知800余个，到有关部门现场督促检查50余次。督促落实市政府常务会议10次、市长办公会议18次、确定事项80余项，形成各类会议反馈报告21期。对市政府下发的19个文件落实情况进行督促检查。办理省、市领导批件230余件，转办率100%，办结率100%。办理省市两级人大代表建议和政协委员提案810余件，满意率和基本满意率为99%。编发《济南政务督查》13期，形成各类文字材料20余万字。接待省、市人大、政协各类检查、视察，安排有关会议活动30余次。开展媒体反映情况督查工作，为开拓督查办理渠道进行有益尝试。

2005年，全年共督办市政府常务会议、市长办公会议、市政府专题会议等30次，立项督查会议议题80个，督办会议确定事项216项；办理省、市领导批件210件，督办市政府下发各类文件58件；办理全国、省、市建议、提案

992件，督办《政府工作报告》、科技大会、协税护税等专项督查20余项，编发《济南政务督查》28期，形成督查反馈报告、督查调研报告、代表委员答复意见等材料39万余字；组织协调全国、省和市人大代表、政协委员视察检查，市人大、市政协各类会议等活动50余次。督查工作突出关系全市经济社会发展、体现群众切身利益的热点难点问题，对117个重大固定资产投资项目进行全过程跟踪督查，推动这些大项目早落地、早投产、早见效。

2006年，全年共督办市政府常务会议、市长办公会议、市政府专题会议等20次，督办会议确定事项216项；督办市政府下发各类文件26件，办理省、市领导批件168件，专办率100%，办结率100%；办理全国、省、市建议、提案914件；督办《政府工作报告》、创建国家环保模范城市、固定资产投资项目落地等专项督查20余项；下发督查督办通知1980个，编发《济南政务督查》33期，形成督查反馈报告、督查调研报告、代表委员答复意见和省政协提案工作交流会议等文字材料32万余字；组织协调全国、省、市人大代表、政协委员视察检查及市人大、市政协各类会议等活动71次。

2007年，全年共督办市长办公会议、市政府专题会议23次，立项督查会议议题89个，督办会议确定事项200项。办理省、市领导批示170件，办理省政府专项督查10件，督办市政府下发各类文件42件，办理全国、省、市建议、提案920件，满意和基本满意率为98%。督办《政府工作报告》、全市民营经济工作会议等专项督查20余项。下发督查督办通知1800余件，编发《济南政务督查》25期，形成文件32件。现场督查20余次，组织协调全国、省、市人大代表、政协委员视察检查活动62次。

2008年，全年共督办市长办公会议、市政府常务会议、市政府专题会议议题35个，督办会议确定事项400余项；办理省、市领导批件140余件，办理省政府专项督查14项，督办市政府下发各类文件39件；办理省、市建议和提案934件，满意和基本满意率为98%。督办《政府工作报告》、为民12件实事、迎全运建设工程和综合整治重点推进项目等专项工作12项，组织协调全国、省、市人大代表、政协委员视察检查及市人大、市政协各类会议等活动100余次。

2009年，全年共督办市政府常务会议、市政府专题会议议题53个，督办会议确定事项86项，办理省、市领导批件116件，办理省政府专项督查6项，督办市政府下发各类文件20个，办理省、市建议、提案918件，满意和基本满意率为98%。督办《政府工作报告》、政府承诺为群众办9件实事、迎全运城市环境综合整治等专项工作12项，下发督查督办通知1100余个，编发《济南政务督查》等通报、专报185期，编发济政办督字文件15个，形成各类文字材料30余万字，到现场和基层督促检查120余次，组织协调全国、省、市人大代表、政协委员视察检查活动和市人大、市政协各类会议30余次，通过报纸、电视等新闻媒体报道政务督查事项85篇(次)。

2010年，全年督办市政府常务会议、市政府专题会议确定事项18项，督办《政府工作报告》、为民办12件实事等专项工作53项，办理省、市领导批示事项92件。办理省、市建议、提案978件，满意和基本满意率为99%。协调服务全国、省、市人大代表、政协委员视察检查活动和市人大、市政协各类会议60余次。开展联合督查、现场督查22次，编发《济南政务督查》32期，编发济政办督字文件13个，通过报纸、电视等新闻媒体报道政务督查事项47篇(次)，形成各种文字材料25万余字。

第四节　行政审批制度改革

2000年7月，济南市政府部署开展行政审批制度改革工作，确定以审批事项清理为突破口。清理的基本原则为：对不属于政府职能及不应由政府直接管理的事项，与法律、法规或国家有关规定相抵触的审批事项，自行设立的事项一律取消审批；同一事项国内其他同类城市不再实施审批的，济南市不再审批；对济南市法规、规章和文件确定的审批事项，能够实施事后监管的，一律取消审批，实施事后监管；对国家和省有关规定要求地方政府审批但没有指标、额度限制的事项，国家和省有关规定要求必须符合一定条件才能进行资格、资质认定或实行年审、年检的事项，能取消审批的要取消审批，能实行登记、备案制的实行登记、备案制，简化行政审批程序，减少行政审批环节；凡能够合并的行政审批行为要合并进行；能够由一个部门审批的事项，不再由两个以上部门审批。清理的总体目标是“在全面清理行政审批行为的基础上，基本完成市政府各部门的行政审批制度改革，取消40%以上的审批事项”。2001～2010年，济南市按照过时取消、合并简化、整合下放、适用保留的原则，先后6次对行政审批事项进行清理精减。

2001年，由市法制局牵头，监察、物价等部门参与，共清理行政审批项目1063项，涉及60个市级部门，第一批取消374项，减幅为35.2%。2002年1月，市政府发布《济南市行政审批制度改革若干规定》，第二批取消行政审批事项125项，精简比例45.7%。为深化行政审批制度改革，加快政府职能转变，推进服务型政府建设，济南市行政审批服务中心(以下简称市审批中心)于2002年8月1日正式成立并对外运行，内设综合处、调研处、督查处共3个业务处室；12月，对保留的614项行政审批事项进行第三批清理，取消行政审批事项118项。2003年，市政府清理取消市级第四批61项行政审批事项。6月，市政府下发《关于公布市级第五批取消的行政审批事项的通告》，取消审批事项17项。同年，市审批中心被正式确定为由市政府办公厅管理的正局级事业单位，设综合、调研、督查3个处；设有55个窗口，110个工位。2007年6月，市审批中心被列入山东省实施服务标准化试点先行单位，成立由市政府副秘书长、市审批中心主任为组长的服务标准化领导小组，形成包括审批事项、服务流程、行为规范、考核监督在内的管理和服务标准。2008年，对行政审批项目进行第六批清理，市级行政审批由过去的436项减少合并为94项；同年，中共济南市委制定《关于构筑惩治预防体系、打造廉洁高效济南的意见》，市政府成立由常务副市长任组长的行政审批制度改革工作领导小组。推进具有行政审批职能部门内部整合集中，将本单位行政审批职能向一个处室集中，成立审批处(办)，整合后其他处室不再行使审批职能；推进具有行政审批职能部门向审批中心大厅集中，全市36个具有行政审批服务职能部门窗口、236项审批服务事项进驻市审批中心大厅，实现审批项目进中心大厅到位，审批权限授权窗口到位。市市政公用局、市环卫局、市外经贸局、市工商局、市建委等部门单位成立审批办(处)。推进审批服务“一门通”，要求企业、固定资产投资审批链条上的部门和项目必须进厅，实行窗口受理、内部流传，确保审批服务事项的受理、审核、签批、发证全过程在审批中心大厅实现“一门通”“一站式”服务，解决“两头办理”“体外循环”问题。2009年11月，市审批中心服务标准化试点工作顺利通过省标准化验收组验收。2009年，市政府办公厅下发《关于开展行政审批代办服务工作的通知》，对济南区域范围内的固定资产投资项目、内资企业设立和外商投资企业，提供“一条龙”全程无偿代办服务。建立“三联审批”机制；成立市建设项目施工图联合审查办公室，将市规划局等7个需要审图的部门集中起来，实行“一门受理”联合审查，图纸由原来的8套改为4套，审图时限由原来的60多个工作日减少到20个工作日；依据市政务专网，建立以审批中心平台为依托，覆盖市政府各部门、各县(市)区的网上审批服务大厅，实现市政府、

2009年3月31日，济南市召开行政审批工作会议

县(市)区政府和市政府部门间的“一网式”协同办公。以各县(市)区分中心为平台，在各乡镇(街道)建立为民服务大厅，各村(居)设立为民服务室，构建市、县(市)区、乡镇(街道)、村(居)四级为民服务体系。2010年，市行政审批大厅进驻36个市直部门(单位)的236项审批服务事项，其中审批事项170项，服务事项66项，除槐荫区以外的9个县(市)区都设立行政审批服务大厅，97.9%的进厅审批服务事项实行“一门通”；按照“最大限度地方便服务对象，最大限度地简化审批环节，最大限度地提高办事效率”的原则，市行政审批中心压减审批环节236个、申请材料681个、审批时限1104个工作日，实现审批服务流程的优化再造。至2010年，全市已有135个乡镇(街道)建立为民服务大厅，3326个村(居)设立为民服务室，行政审批制度改革惠及基层群众。

第五节 应急处置

2007年2月，市政府应急管理办公室成立，挂市政府总值班室牌子，内设值守处、处置协调处、指导处，主要承担政府值班、应急管理、市长公开电话等工作。市应急预案库汇集各类应急预案120余件，其中市总体应急预案1件，市专项应急预案17件，市政府部门预案80余件，县(市)区政府(含高新区管委会)总体预案11件。各乡镇(街道)和各类企事业单位均制订应急预案，基本形成覆盖全市各级各类突发事件的应急预案体系。市中、槐荫、历城、长清、济阳5个县区组建应急管理办公室，部分乡镇(街道)、重点企事业单位明确应急管理办事机构，初步形成分类管理、分级负责、条块结合、属地为主的应急管理体制。规范突发事件信息报告工作，对各类突发公共事件的分类与分级、信息报告的内容和方式、责任主体、时限要求等内容进行明确。加强突发事件监测预警和预防工作，自然灾害、事故灾难、公共卫生事件、社会治安事件方面的监测预警网络体系进一步完善。组织编印100万册《汛期安全知识手册》，免费发放至每个家庭。组织市地震局、红十字会等单位举办应急救护培训进社区活动，推广槐荫区青年公园街道办事处“安全社区”建设经验。

2008年，市政府应急办建立预案备案制度，对总体预案、专项预案、部门预案进行分类管理。市应急预案库汇集各类预案130余件，其中市总体应急预案1件，市专项应急预案21件，市政府部门预案100余件。新制定和修订防汛、城市防汛、粮食供应、生活必需品供应、安全生产、环保、城市供水等7部专项预案。成立由市长张建国任组长、44个相关部门主要领导为成员的市突发公共事件领导小组。发出《关于县(市)区政府设立应急管理办公室的通知》，对县(市)区政府设立应急管理办公室的规格、编制、职能作出明确规定，10个县(市)区全部成立正处(科)级的专职行政编制应急管理工作机构。明确各乡镇(街道)应急管理领导机构和相关责任人员，编制全市应急管理通讯录。会同气象部门建立气象灾害预警信号发布制度，明确和规范市电台、电视台及各通讯运营企业预警信号发布流程、时限及频次。先后与市地震局、红十字会等单位多次联合开展应急救护培训进社区、进企业、进学校、进家庭活动。编印《市民防灾应急手册》，首批印制20万册，免费发放到市内五区市民家庭。与《济南日报》联合举办《突发事件应对法》知识问答活动，回收市民答题卡7000余份。举办为期一周的全市领导干部应急管理培训班，全市分管应急管理工作的县(市)区长和市政府有关部门负责人共49人参加培训。加强应急值守，确保联络畅通。应急值守人员24小时坚守岗位，对来电来文认真记录，及时报告，全年接听来电1.5万余次，接收处理来文800余件。年内，配合协调处置“4·28”胶济铁路事件，参与抗震救灾工作。妥善处置“5·21”消防烈士善后工作及“10·10”煤气泄漏事件。认真处置“7·27”和“11·11”奥体火灾事故。

2009年，全面推进应急管理各项保障服务工作，确保国庆60周年庆典、全运会、园博会等各个重要敏感期安全稳定。调整充实由市长张建国任组长、46个相关部门主要领导为成员的市突发事件领导小组。各县(市)区政府应急办进一步充实工作人员，市直重点部门建立健全专门应急管理办事机构，涵盖灾害救助、气象安全、抗震救灾、防汛抗旱、森林防火、安全生产、公共卫生、公安消防、反恐怖等各个领域。各级政府和有关部门实行政务值班和应急管理有机结合，明确信息报告责任主体，加强对各类突发事件的分析研判，提高综合预测预警水平。气象部门建立短时临近预报预警系统和交通气象服务平台，地震部门建设启用市地震监测中心，交警部门升级改造交通卡口实时监控系统。市政府应急办与市委宣传部、安监、气象、公安等紧密联系单位建立信息报告人制度，组织有关部门对各类突发事件面临的形势、发展趋势及其成因进行分析研究，提出对策措施，有效防范应对各类突发事件。依托市公安消防支队组建市应急救援支队，全市10个县(市)区和高新区均成立应急救援大队；调整强化防汛抗旱、抗震救灾、市政工程、环境保护、医疗卫生等专业救援抢险队伍和企事业单位专兼职应急队伍；成立由37名专家组成的市政府应急管理专家组，为应急决策提供有力支持。建设4处市级机关防空防灾应急避难场所，市内6个区和高新区分别建立各自的区级机关防空防灾应急避难场所。推动应急管理科普宣教和培训工作开展，在全国首个“防灾减灾日”举办《突发事件应对法》和“防灾减灾日”大型宣传活动。免费向社会公众发放《市民防灾应急手册》30万册。先后举办全市应急管理干部培训班和全市领导干部应急管理专题报告会，对500余名领导干部进行应急管理培训。以“进农村、进社区、进企业、进学校”为切入点，推动应急管理示范点建设。年内，先后发生人感染高致病性禽流感、“5·9”强降雨、“7·28”煤气管道泄漏、甲型H1N1流感疫情、“11·11”暴雪等突发事件，均得到妥善处置。

2010年，应急办接听群众来电1.3万余次，运转承办各类文件、电报等7000余次，填报重要来宾报告单，各县(市)区政府和政府各部门主要负责人出差(出访)、休假报告单等1300余件，协同市信访局工作人员填制市政府每日门前群众上访情况300余件，协调接访单位40余个，整理编发值班报告50余期，接报各类突发事件信息50余件。下发《关于做好汛期气象灾害预警信号发布工作的通知》，协调防汛、市政公用、经信、城管等相关部门，对《济南市防汛应急预案》进行重新修订，印发《济南市内河防汛应急预案》；初步完成《济南市燃气安全事件应急预案》《济南市处置电网大面积停电事件应急预案》《济南市冬季清雪除冰应急预案》等多部市级专项预案的修订审核工作。协调公安、交通运输、济南机场、山东高速集团等单位制定《济南市极端天气机场滞留旅客安全服务保障工作方案》。有针对性地组织开展森林火灾、抗震抢险、消防疏散、城市防汛、危化品泄漏抢险、药品安全等应急预案演练70余次。依托市委党校建立济南市应急管理培训基地，举办各级各部门应急管理干部培训班。全年编发《应急管理工作动态》30余期，刊发稿件150余篇，其中在《山东省应急管理工作动态》刊发稿件28篇。年内，妥善应对处置

"2·10"大雪、"6·17"强降雨、"8·20"东外环山体滑坡、"8·26"燃气泄漏、"11·10"燃气调压站火灾、"12·1"段店汽配城火灾等30余起突发事件。

第五章　政府法制

第一节　依法行政

1991年始，市政府连续印发3个依法行政五年规划，系统、全面地部署推进依法行政的目标任务。国务院《全面推进依法行政实施纲要》《关于加强市县政府依法行政的决定》和《关于加强法治政府建设的意见》相继颁布后，市政府制定《贯彻落实〈国务院全面推进依法行政实施纲要〉的意见》《进一步加强政府法制工作的意见》，每年召开全市依法行政工作会议或政府法制工作会议，部署全市依法行政工作。

2005年8月30日，市政府办公厅印发《关于成立济南市贯彻〈全面推进依法行政实施纲要〉工作领导小组的通知》，成立以市长鲍志强为组长、各相关单位负责人为成员的依法行政领导小组。领导小组办公室设在市法制办，市法制办主任兼任办公室主任。各县(市)区及市直部门相继成立主要负责人任组长的依法行政领导小组，全市逐步形成一级抓一级、逐级抓落实的组织领导体系。

2004年，市政府办公厅下发《关于成立济南市人民政府法制咨询委员会的通知》，确定成立济南市人民政府法制咨询委员会，定位为市政府重大决策服务的高层次法律咨询机构。文件规定5类重大法律问题可以由法制咨询委员会提供咨询意见和建议。法制咨询委员会由市政府聘请法律、经济等方面的专家学者、资深律师组成。法制咨询委员会的组织联络工作由市法制办负责，具体工作由市政府法制研究中心承担。

2005年后，根据依法行政实践需要，制定《济南市执法责任制条例》《济南市行政审批制度改革若干规定》《济南市规范性文件管理规定》《济南市实施〈行政复议条例〉规定》《济南市人民政府重大社会事项决策听证暂行办法》等。按照《国务院全面推进依法行政实施纲要》，建立依法行政定期报告制度和考核评议制度，要求各县(市)区政府每年向本级人代会或其常委会和市政府报告推进依法行政的情况，政府各部门向同级人民政府报告推进依法行政的情况。市政府每年对各县(市)区政府和市政府各部门依法行政工作情况进行考核评议，并将考核结果进行通报。

2008年始，市委、市政府将依法行政考核纳入全市科学发展综合考核评价体系，作为考核县(市)区政府、市直部门工作的重要内容。每年初，按照市委、市政府安排部署，市法制办根据全市推进依法行政的总体进程和具体情况，制定印发本年度依法行政考核内容和评分标准。考核内容主要包括依法行政工作领导机构建设情况、年度依法行政或政府法制工作要点落实情况、领导集体学法情况、落实规范性文件管理情况、行政执法规范监督情况、行政复议工作情况、依法行政和政府法制工作信息报送情况等。

第二节　地方政府立法

济南市政府法制机构成立后，第一件由政府法制机构审查制定的规章性质的政府文件产生于1987年，即《济南市暂住人口租赁私房管理办法》。济南市第一件地方性法规——《济南市城市规划管理办法》产生于1988年9月24日，是济南政府立法工作的起点。以此为标志，济南地方政府立法工作进入起步阶段。在此阶段，政府倡导以“行政手段、经济手段、法律手段”管理城市、经济及其他社会活动，加快地方立法成为当时强化政府法制工作的任务。至1990年，济南市先后制定政府规章52件，地方性法规1件。

1991～2000年，济南市的立法工作主要具有以下特点：一是立法数量大。10年中，共制定地方性法规87件，政府规章169件。二是立法面广。涉及经济、城建、公安、交通、劳动、民政、科技、教育、文化、卫生、农业、林业、水利等方面。三是政府立法工作基本使政府多项管理活动做到有法可依。此阶段立法方式以部门起草的较多，联合起草、法制机构直接起草的较少，部分立法有部门利益化的倾向。

2000～2010年，政府立法工作出现四大转变：一是立法理念从注重数量向注重质量转变。济南市制定地方性法规41件，政府立法的思路强调“少而精”，不盲目追求数量，强化质量，加强立法工作的调研。二是立法内容从单纯规范管理向规范管理与规范自身并重转变。立法内容由过去的重权力、轻义务，重许可、轻服务，重处罚、轻管理，开始向重视规范部门自身行为转变，逐步扭转“三重三轻”现象。三是立法重点由调整部门利益关系向调整群众利益关系方面转变。先后制定、修订《济南市城市房屋拆迁管理办法》《济南市统一征用土地办法》《济南市城镇最低收入家庭廉租房管理办法》《济南市城镇职工大额医疗费救助试行办法》《济南市城镇职工基本医疗保险管理暂行办法》《济南市牛羊屠宰经营管理办法》《济南市按比例安排残疾人就业若干规定》等法规规章。

第三节　规范性文件管理

1992年，济南市制定《济南市规范性文件备案监督管理规定》，建立规范性文件备案制度。2002年，修订《济南市规范性文件备案审查办法》，规定：市政府部门代市政府和市政府办公厅草拟以及自行制发的规范性文件，先由市政府法制办进行合法性审查后再按程序行文，确立规范性文件事前审查制度。2004年，制定《济南市规范性文件管理规定》，对市政府及各部门发布的规范性文件全部实行事前审查制度。市法制办下发《关于印发规范性文件送审和备案格式的通知》，对相关文书进行统一规范。2007年，对《济南市规范性文件管理规定》进行修订，健全完善济南市规范性文件管理制度；同年，全面清理市政府自济南解放后制发的规范性文件，对保留的161件设立不超过5年的有效期。2008年，创新文件管理制度，印发《济南市行政机关制定规范性文件指导规则》，加强对各级机关起草制定规范性文件工作的规范和指导，推进规范性文件制定工作的科学化、制度化进程。2010年，对61个部门正在执行的文件进行全面梳理，清理698个文件，保留593件、废止105件。

第四节　行政执法监督

一、执法人员资格管理

1993年3月22日，市政府发布《济南市行政执法证件管理办法》，确定凡济南市依据法律、法规、规章直接进行社会管理活动的行政机关的行政执法人员和法律法规授权执法单位的人员，必须依照该办法领取济南市行政执法证，并持证执法。该办法规定行政执法人员的资格审查、全市执法证件的发放及日常管理和使用监督由市政府法制局统一负责。对颁发执法证件的程序、补发证件、收回证件、暂扣或吊销证件的分工和程序作出明确规定，确立表明身份、资格审查、培训考核及动态管理等制度。《山东省行政执法证件管理办法》发布实施后，全省统一使用山东省行政执法证，济南市于1998年组织对全市所有行政执法人员进行换发证件前的统一考试，考试通过的人员，方能换发证件。2008年，市法制办组织全市执法人员换发全省统一的IC卡执法证，所有执法人员信息全部录入山东省行政执法证件管理信息系统，实现执法证件管理的数字化、信息化和网络化。2010年，市法制办组织对市级执法部门4237张到期证件进行审验，收回93张，注销156张，实现行政执法证件的动态管理。

市法制办每年组织“行政执法资格培训”活动，对申领人员进行公共法律知识培训。培训内容包括《政府法制概论》《法学基础理论》《行政执法理念》《行政执法实务》《行政权力救济》等。1993～2010年，通过全市统一执法资格培训考核的行政执法人员13926人。

二、规范行政执法

1991年10月，济南市政府制定《济南市行政执法监督暂行规定》，对行政执法监督的内容、方式，行政执法监督机构的具体职责以及在行政执法检查中发现问题的处理等方面作出规定。市法制办每年都有计划地组织开展或与其他部门联合开展行政执法检查活动。1998年8月，济南市发布《济南市行政执法投诉办法》，同时公布济南市及县(市)区政府法制机构和市政府部分主要行政执法部门的行政执法投诉电话号码。2005年11月，对57个市直执法部门的行政许可、行政处罚、行政征收、行政强制、行政给付、行政确认、行政裁决及其他具体行政行为等八类执法行为进行全面清理，对实施行政行为的75个执法主体依法确认。2008年5月，市法制办联合市监察局制定《关于开展规范行政处罚裁量权工作的实施意见》，选择部分执法部门开展行政处罚自由裁量权标准试点工作。同年，市法制办制定下发《济南市行政处罚案卷评查标准(试行)》和《济南市行政许可案卷评查标准(试行)》，细化评查办法和评查标准，并从50多个部门中抽查行政处罚、行政许可案卷307卷进行评查。对评查情况在全市范围内进行通报，并就部分案卷中存在的问题提出整改建议。此后，案卷评查形成制度化。2009年5月，市政府办公厅转发市法制办和市监察局联合制定的《济南市开展梳理和规范行政处罚事项工作实施方案》，对市级行政处罚事项清理工作作出安排部署，清理结果通过《济南市人民政府关于公布市级行政处罚事项梳理和规范结果的决定》公布。对继续实施的行政执法事项实行编码制度，建立数据库实施动态管理，规定今后未经编码确认的行政执法项目不能实施。2010年2月，市法制办与济南市监察局联合制发《济南市规范涉企执法检查的意见》，对涉企执法检查行为进行规范，建立涉企执法检查计划管理、登记管理、检查结果反馈和预警管理、投诉管理四项制度，对检查环节、步骤进行具体规定，有效规范涉企执法检查行为，控制检查频次。同年，市法制办下发《关于进一步做好行政处罚裁量标准细化工作的通知》，对细化行政处罚裁量标准工作在市级执法部门中全面推开，经过细化，全市2864项行政处罚事项共细化为1.46万项具体裁量标准，使行政处罚更具有可操作性，促进执法人员廉洁公正执法，对相对人更加公平、公正。7月，下发37种行政处罚文书示范文本，包括案件登记表、立案审批表、询问笔录、实施行政强制措施通知书、行政处罚告知书、行政处罚决定书等，以办案节点的形式固化执法流程，并要求提高行政处罚文书制作质量，增强文书

2010年9月15日，济南市召开全市行政执法电子监察系统建设及监督实施工作会议

说理性。9月，市法制办下发《济南市行政执法电子监察系统建设及监督实施方案》，牵头建设行政执法电子监察系统，至年底，全市38个执法部门中，34个部门的运行系统搭建完成，各部门的运行数据信息同步输入完毕，进入试运行阶段。

三、相对集中行政处罚权

2001年，济南市政府在城市管理领域开展相对集中行政处罚权试点工作，由市法制办牵头负责实施方案的制定和相关具体工作。市法制办制定出符合济南实际情况的试点工作方案，经市委、市政府研究通过后，以《关于开展城市管理相对集中行政处罚权试点工作的请示》形式经省政府报国务院。2002年6月，国务院法制办以《关于在山东省济南市开展相对集中行政处罚权试点工作的复函》函复省法制办，批准济南市开展相对集中行政处罚权试点工作。随后，市法制办起草《济南市关于公布城市管理相对集中行政处罚规定的通告》和《济南市城市管理综合执法暂行规定》，济南市城市管理综合执法机关负责实施市容环境卫生管理、环境保护管理、市政公用设施管理、房屋管理、园林绿化管理、工商行政管理、公安交通管理、城市规划管理、开发拆迁管理、人防建设管理和建筑管理等方面法律、法规、规章规定的行政处罚权，并对处罚权进行详细列举。行政处罚相对集中后，原有的行政主管部门不得再行使由综合执法机关集中行使的行政处罚权。同时，市法制办会同市编办等有关部门促进城市管理综合执法局成立，对全市470多名城市管理执法人员进行轮训，并加强对城市管理综合执法工作的指导。2009年，根据《中共济南市委、济南市人民政府关于印发〈济南市人民政府机构改革实施意见〉的通知》，济南市成立文化市场综合行政执法局，在全市文化市场管理领域实行相对集中行政处罚。市法制办起草制定《文化市场执法相对集中行政处罚权工作方案》，经市委、市政府研究通过后报省政府。2010年6月27日，山东省政府正式批准济南市文化市场管理领域开展相对集中行政处罚权工作。8月23日，济南市政府下发《济南市人民政府关于文化市场管理领域实施相对集中行政处罚权工作的通知》，对文化市场相对集中行政处罚权作出规定。

第五节 行政复议应诉

1990年7月25日，贯彻《中华人民共和国行政诉讼法》的要求，济南市编办印发《关于市政府法制局内部机构设置的批复》，同意设立监督复议处，具体负责行政复议工作。1991年6月，市法制办以市政府办公厅名义印发《贯彻实施〈中华人民共和国行政复议条例〉的通知》，对各级各部门开展行政复议工作提出具体要求。1992年2月，对全市贯彻《中华人民共和国行政复议条例》情况进行专项大检查。1993年，对《中华人民共和国行政复议条例》实施两年来的情况进行全面总结分析。1996年11月26日，市编办印发《济南市人民政府法制局职能配置、内设机构和人员编制方案》，单独设立复议应诉处。

从1999年《中华人民共和国行政复议法》颁布实施至2004年，行政复议工作进入一个快速发展时期，受理的行政复议案件数量迅速增加，案件难度不断增大。市法制办复议工作的重点是着力提高办案质量，办理日益增多的复议案件。

2005～2009年，行政复议工作的重点是进一步完善复议工作制度和办案程序，发挥行政复议联系党委政府和人民群众的桥梁作用，使行政复议成为解决行政争议的主渠道。

2010年，省政府批复《济南市行政复议委员会试点方案》，行政复议工作进入新的阶段。

第六节　法制研究与宣传

以《中华人民共和国行政诉讼法》《中华人民共和国行政处罚法》《中华人民共和国行政复议法》以及《中华人民共和国行政许可法》等法律的颁布实施为契机，市法制办采取各种形式加强普法和法制宣传，大力弘扬法治精神，积极营造依法行政的良好氛围和全社会遵法、守法、依法维权的良好环境。围绕政府职能转变、体制机制创新等焦点、难点问题，市法制办先后开展城市管理综合执法、集体土地流转、《中华人民共和国物权法》对政府管理影响等方面的理论研究。按照推行电子政务的要求，2004年9月，济南市政府法制信息网开通运行，成为宣传政府法制工作的主要平台之一。2006年4月，与山东大学法学院合作建立政府法制研究实践基地，借助外脑提高政府法制研究水平。2009年5月，市法制办筹备成立济南市行政法学会，组织会员开展多种形式的研究活动，对政府法制实践工作起到有益补充。同年，市法制办主办的《济南政府法制》杂志创刊，为内部资料性季刊，平均每期发行量约800册，主要内容为宣传推进依法行政的法律法规，交流推进依法行政和政府法制工作经验做法，为政府法制战线搭建沟通交流的平台和展示风采的窗口。至2010年年底，《济南政府法制》共出版8期，刊发文章200余篇。

2009年5月21日，济南市召开行政法学会成立大会

第七节　机　构

1986年6月25日，济南市政府办公室内设经济法规科。1987年3月，原市政府办公室经济法规科升格为市政府办公厅法规处。1990年4月25日，成立市政府法制局，为副局级单位，由市政府办公厅代管，撤销市政府办公厅法规处，人员编制划归市政府法制局；7月25日，市政府法制局内设法规处、监督复议处和办公室。1996年11月26日，市政府法制局内设办公室、法规处、监督检查处、复议应诉处共4个职能处室。

2001年8月9日，市政府法制局更名为市政府法制办公室，内设秘书处、法规处、监督协调处、复议应诉处(挂市政府行政复议办公室牌子)共4个职能处室。2002年3月26日，设立市政府法制研究中心，为市政府法制办公室所属的全额预算管理县级事业单位。2004年12月30日，市政府法制办公室为市政府办事机构，内设秘书处(人事处)、法规处、监督协调处、复议应诉处(市政府行政复议办公室)、规范性文件审查处共5个职能处室。

2010年4月7日，设立市政府法制办公室，为市政府工作部门，内设秘书处(挂组织人事处牌子)、法规处、监督协调处、复议立案及应诉指导处(挂市政府行政复议办公室牌子)、复议案件审理处、规范性文件审查处共6个职能处室。

第四篇 人 事

第一章 人事制度改革

1984年，根据中共中央组织部、劳动人事部《关于整顿“以工代干”问题的通知》和省人事局、省劳动局《关于制定〈吸收录用干部工作的暂行办法〉的通知》，完成“以工代干”的整顿工作，为10672人办理转干手续；为工商银行、农业银行、保险公司、财政税务等4个业务部门吸收录用186名干部。为适应工厂、企业用人制度改革，与有关部门共同拟定《关于改革工厂、企业干部人事劳动制度和管理体制的意见》。至年底，全市有104个市属企业分别采取民主选举、招聘、自荐、厂长“组阁”等方法产生厂级领导干部，占297个市属企业的35%。财贸系统的饮食、洗染、照相、理发、旅社等行业的领导班子普遍实行民主选举，一批懂技术、会管理的优秀干部选拔到领导岗位上来。按干部队伍“四化”要求，根据省委组织部和省人事厅指示，对三县一郊乡镇干部实行选聘合同制，采取公开报名，统一考试、考核、择优录用的原则，共选聘乡镇干部503人。这些干部全部实行合同制，不办理转干部手续，不迁户口。

1994年，根据省人事厅、省计委、省教委《关于做好今年从优秀民办教师中选招公办教师工作的通知》，济南市从民办教师中选招公办教师工作自1994年5月中旬开始，至12月底结束，通过进行政治、思想和业务考核，择优选招公办教师1024人。

1996年，济南市先后印发《济南市实施国家公务员制度人员过渡办法》《关于市直机关工作人员向国家公务员过渡中实行任职回避的通知》《关于机关现有工作人员向国家公务员和机关工作者过渡有关问题的通知》，对国家公务员过渡的实施范围、方法步骤、要求等进行具体规定。

1997年，根据《国家公务员考试录用暂行规定》，济南市市直机关、各县(市)区直机关及乡镇机关新进人员实行考试录用。全年共为市直机关和各县(市)区和乡镇机关招录公务员232人。

2001年，济南市制定《济南市党政机关机构改革人员分流有关问题的说明》，共为市政府系列部门分流人员370名。

2003年，做好历城区、章丘市、济阳县、商河县药监局垂直上划人员移交工作，共为94人办理移交手续。以“争创全国一流队伍”为出发点，配合市执法局做好城管执法队伍组建工作。6月，经过考试、考核，原城建监察系统400多人择优过渡为城市管理行政执法人员；8月，从2002年公务员候录库中为市执法局招考24名法律、中文、外语、信息工程、城市规划、城市建设与管理、园林、环保等专业的执法人员工作；会同全市2003年度招考国家公务员和机关工作者工作，面向社会招考执法人员116名。

2004年，根据《济南市人民政府机构改革实施意见》，研究制定《市政府机构改革人员选配安置实施意见》，按照科学配置、优化结构的要求，为市国资委、贸易服务局、金融办、政府资金结算中心、市级机关事务管理局、市安全生产监察支队6个单位择优选配235名工作人员。按主要职能部门接收安置的办法，优先办理1146名撤并单位离退休人员的移交手续。按照总量控制、合理调配的要求，为26个撤并的市直单位562名处级以下在职人员全部落实接收单位，办理交接手续。按照整建制移交和实行部门负责安置的办法，为20个撤并事业单位382名在职人员落实接收单位。做好长清区、平阴县药监局垂直上划人员移交工作，共为39人办理移交手续。

2005年，根据《济南市人民政府办公厅关于济南铁路分局驻济中小学移交地方教育行政部门管理有关问题的通知》精神，共为济南铁路第一中学257人办理移交市教育局管理的手续；为济南铁路司机学校254人办理移交市劳动和社会保障局管理的手续。7月，市政府印发《关于市属职业教育资源整合的意见》，按照保留、合并、撤销等方式，对市属职业学校分类整合，共为10所学校，1022名在职人员，348名离退休人员办理移交手续。其中：市教育局接收整合学校6所，接收在职人员667人，离退休人员257人；市劳动和社会保障局接收整合学校3所，接收在职人员211人，离退休人员51人；市卫生局接收整合学校1所，接收在职人员144人，离退休人员40人。12月12日，中共济南市委办公厅、市政府办公厅联合下发《关于加强市级机关和事业单位调入人员审批管理的意见》，文件对审批管理原则、范围、程序等进行规定，同时成立市市级机关和事业单位调入人员审批领导小组，具体负责市级机关和事业单位调入人员审批工作。12月26日，市市级机关和事业单位调入人员审批领导小组下发《济南市市级机关和事业单位调入人员审批管理办法》，进一步明确调入人员审批程序。

2006年，根据市编委《关于调整各区规划分局管理体制和机构编制的批复》，撤销市规划局所属各区7个规划分局，设立5个派出规划管理处，共为其划转工作人员71人。根据2006年8月5日全市人事调配工作会议精神，坚持因事择人、科学选配、分批到位的原则，共为市旧城改造投融资管理中心、市西区投融资管理中心2个新建单位选配工作人员55人。根据2006年第43次市委常委会要求，撤销市农业高新技术开发区和济南跑马岭景区开发建设管理委员会，共为2个单位分流安置人员55人，其中，高新开发区管委会安置10人，市发改委安置8人，市农业局安置10人，市林业局安置12人，市科技局安置7人，市水利局安置8人。同年12月19日，市人事局、市监察局联合下发《关于转发山东省人事厅山东省监察厅〈关于开展全省事业单位进人管理专项检查的通知〉的通知》，要求对事业单位进人管理方面的政策法规贯彻执行情况、公开招聘实施情况、事业单位进人情况进行逐一检查。

2007年6月30日，市人事局制定《关于印发〈济南市事业单位公开招聘人员实施意见〉的通知》，就事业单位公开招聘人员的实施范围、组织管理、招聘条件和程序等进行明确规定。9月14日，市委办公厅、市政府办公厅制定《转发市人事局关于事业单位推行人员聘用制度的实施意见的通知》，全市各级各类事业单位(参照公务员制度管理的事业单位以及转制为企业的除外)及其在编在职人员全部实行聘用制，实现事业单位人事管理由身份管理向岗位管理转变，由行政任用关系向平等协商的聘用关系转变，建立起单位自主用人、人员自主择业和能进能出、能上能下、充满生机与活力的人事管理制度，促进事业单位良性发展和人的全面发展。根据九届市委第12次常委会议关于六区公安分局移交市公安局垂直管理的决议精神，为六区公安分局4902名在职人员和995名离退休人员办理人员移交到市公安局管理的手续。为市市政公用事业局、市民政局、市药监局等所属单位323人办理人员选配、人员划转手续。

2008年3月10日，市委组织部、市人事局制定《关于印发〈关于进一步加强市直机关事业单位人员录用调配工作管理的意见〉的通知》，文件就录用调配的原则、办法、审批程序、纪律等做出明确规定和说明。3月24日，市委组织部、市人事局制定《关于市属事业单位新进人员公开招聘工作的通知》，文件就市属事业单位公开招聘工作的组织、方法步骤、范围和条件等进行明确规定。2008年，全市首次实行事业单位公开招聘工作，全年共为101家市属事业单位公开招聘人员360人，招聘人员中硕士以上学历占56%，有力地促进事业单位工作人员整体素质提升和结构优化。9月2日，市人事局制定《关于市属事业单位安排高校毕业生参加就业见习有关问题的通知》，文件对市属事业单位如何申请见习基地、确定见习人员程序及考核鉴定等次3个方面进行明确规定。9月8日，市委组织部、市人事局制定《关于市属事业单位聘用高层次紧缺人才有关问题的通知》，文件对市属事业单位聘用高层次紧缺人才的范围、选聘方式、办理程序等进行明确规定。为迎接第十一届全国运动会，为做好体育场、体育馆、游泳馆、网球馆的管理和运营工作，2008年11月，设立济南奥林匹克体育中心。共为该中心公开招聘人员28人，从系统内选配人员8人，为全运会的顺利召开提供人员保证。

2009年2月24日，市委组织部、市人事局制定《关于进一步做好市属事业单位公开招聘工作的通知》，文件在总结以往市属事业单位公开招聘人员工作的基础上，对公开招聘人员范围、方式、条件及相关政策，公开招聘工作的组织方式，公开招聘工作的方法和程序等进行进一步细化。3月25日，市委组织部、市人事局制定《关于进一步做好市直机关事业单位人员调配工作的通知》，文件提出7个“严格”的明确要求，对允许调入的4种情况5类人员进行明确界定，对人员调配条件、范围、程序、审批权限、报批材料等进行明确规定。6月27日，市纪委、市委组织部、市监督局、市人事局4部门联合制定《关于进一步做好县(市)区属事业单位公开招聘工作的通知》，从5个方面对县(市)区属事业单位公开招聘工作进行规范。9月，济南国际园博园正式向社会开放，为适应国际园博园建设、管理和运营工作需要，为该单位从系统内选配工作人员24名。

2010年7月6日，市委组织部、市人力资源和社会保障局制定《关于加强机关事业单位调配人员材料审核有关事宜的通知》，就事业单位调入工作人员和工勤人员审核档案及有关材料做出明确规定。8月21日，市政府制定《济南市随军家属就业安置暂行办法》，文件就随军家属就业安置的对象、原则、程序以及扶持政策做出明确规定。文件自2010年10月1日起施行。

第二章 人力资源开发与管理

第一节 人事考试录用调配

1992年11月，济南市人事局考试中心成立(加挂考试录用处牌子)，为正县级事业单位，编制10人。办公地址设在八一立交桥劳动服务大厦七楼。11月，全国会计专业技术资格考试在济南首次开考。考务工作由济南市财政局会计处负责，证书发放工作由考试中心负责。同月，全国审计专业技术资格考试在济南首次开考。

1993年1月，全市首次开始全市各系列不具备规定学历人员申报晋升高、中级专业技术职务参评资格专业考试，考试中心负责组织实施工作。同月，根据国务院深化职称改革的精神和两年来经济员资格考试的试点经验，决定在经济专业人员中实行中、初级专业技术资格考试制度。济南市考务工作由考试中心负责。

1994年1月，全市各系列不具备规定学历人员申报晋升高、中级专业技术职务参评资格专业考试增加答辩和纸笔考试环节，考试中心负责组织实施。

1995年9月，全省技术工人等级考试首次开考，济南市技工考核办公室设在考试中心。

1996年1月，济南市取消全市各系列不具备规定学历人员申报晋升高、中级专业技术职务参评资格专业考试。2月，考试中心办公地址迁至经四路人才市场四楼。11月6日，全国考试录用工作会议在济南明湖大酒店召开。会议主要围绕如何进一步加强考务管理、提高考试业务技能开展。

1997年9月，技术工人等级考试每两年组织一次。10月，济南市公务员考试首次大规模组织，分为笔试和面试两个环节，笔试分为两个科目：公共基础知识和专业知识。公共基础知识由考试中心负责，专业知识和面试由用人单位负责。

1999年1月1日起，各地、各部门组织的职称外语考试即行停止。开始实行全国专业技术人员职称外语等级统一考试。

2000年起，全省会计专业技术资格考试的组织管理工作，由省人事厅为主负责；有关考务工作，由省人事考试中心承担，省财政厅参与报名条件资格审查并负责考前培训、考试用书的征订、发行等有关工作。6月，公务员考试科目改为行政职业能力测试和申论，笔试和面试由考试中心负责组织，面试考官由用人单位和组织人事部门构成。

2002年，市委组织部、市人事局与中国人民大学、中国政法大学、哈尔滨工业大学、北京师范大学分别联合举办财政学、法律、结构工程、英语语言教学等专业研究生课程进修班。具体报名及培训管理工作由考试中心负责，共有500多人参加学习。

2003年5月，根据《中华人民共和国保守国家秘密法》第十条规定，国家保密局会同人事部制定《人事工作中国家秘密及其密级具体范围的规定》，考试中心按照文件要求制定相关保密制度。9月，考试中心办公地址迁至经十路人才市场。同月，市人事局考试中心与北京师范大学、首都医科大学合作在济南市教育学院、济南市卫生人才交流中心联合举办研究生进修班。

2006年4月，济南市市直公务员录用考试面试考官选拔工作首次实行异地交流制度。同月，根据中组部关于完善党政领导干部竞争上岗命题的要求，启动建设党政领导干部竞争上岗题库。5月，济南市人事局考试中心更名为济南市人事考试中心，挂济南市领导干部考试测评中心牌子，隶属关系、建制级别、人员编制不变，领导干部考试测评业务接受市委组织部领导。11月4日，2006年全国经济专业技术资格考试举行，全市共报考3684人。

2007年4月8日，济南市招考公务员考试笔试举行，全市共报考17740人，参与265个职位的竞争。5月19日，全国会计专业技术资格考试举行，共有9011人报考。6月，首次开通全国各类职(执)业资格和专业技术资格考试网上报名系统。12月，根据中组部印发《关于进一步加强全国领导干部选拔考试通用题库建设的意见》，为进一步推进干部人事制度改革，完善公开选拔、竞争上岗办法，提高领导干部考试与测评工作的科学化、规范化、制度化水平，考试中心组织多名专家进行领导干部选拔考试通用题库建设工作。

2008年3月，济南市公务员招考报考总人数为21188人。4月6日，2008年全国专业技术人员职称外语等级考试举行，全市共报考5480人。5月，2009年度全国卫生专业技术资格考试设置

114个专业，分笔试和人机对话两种形式。全市共报考6568人，其中参加笔试的5264人，参加机考的1304人。6月，济南市市属事业单位公开招聘工作人员考试首次开考，全市报考总人数为8009人。考试科目分为教育教学类专业基础知识(A类)、职业能力测验(B类)。7月，考试中心新保密室正式启用。7～9月，开展“抓工作纪律、抓考风考纪、树考试品牌”活动，并提出考试中心工作人员“八不准”行为守则。9月6日，2008年度全国会计专业技术资格考试举行。报考总人数为9276人。9月7日，济南市2008年退役士兵安置文化考试举行，全市共报考1093人。9月，2007～2008年度机关事业单位工人技术等级岗位考核理论考试于9月20日、21日、27日、28日分四个批次举行，全市共报考4773人，涉及168个工种，共设置154个考场，分别由济南市卫生学校、市第九职业中专学校、济南市军转培训中心3个考点承办。其中涉及报考人数较多的76个工种，4502名考生于9月20日、21日在市卫生学校、九职专两个考点参加理论考试。其余92个工种271名考生于9月27日、28日在市军转培训中心参加考试。考试考务工作由市人事考试中心负责组织，全市统一考试时间、统一试卷、统一标准进行。9月25日，济南市2008年度转业干部安置笔试举行，全市共报考1081人。11月1日，2008年全国经济专业技术资格考试举行，全市共报考3184人。11月30日，中央机关及其直属机构2009年度考试录用公务员笔试举行。全省共报考8万余人，在济南、青岛、淄博、济宁分别设立考点。在济南考区共报考1万多人，由市考试中心负责考试考务工作，也是全市首次组织中央机关及其直属机构2009年度考试录用公务员笔试工作。12月27日，2008年济南市公务员登记资格考试举行，全市共报考557人。12月27日，2008年度济南市卫生局所属事业单位公开招聘人员笔试举行，全市共报考1321人，其中A类(卫生医学类)463人、B类(卫生护理类)332人、C类(非医学护理类)526人。

2009年1月17日，2008年度济南市专业技术人员专业考试举行。全市共报考946人。其中：卫生系列300人，采用人机对话的形式考试；档案系列22人，新闻系列30人，图书资料系列10人，建筑工程系列584人，采用纸笔作答的方式考试。2月，根据人力资源和社会保障部、工业和信息化部、公安部、国家公务员局《关于加强防范和打击利用无线电设备及互联网在公务员录用考试中进行作弊活动的通知》，市人事局、市公安局联合下文。同月，根据《财政部、国家发展和改革委员会关于公布取消和停止征收100项行政事业性收费项目的通知》文件规定，自2009年1月1日起，取消和停止征收职称外语等级考试合格证书、专业技术人员职业资格证书、专业技术人员计算机能力考试合格证书、职业资格证书工本费。3月，2009年济南市考试录用公务员报名考试人数为28118人。4月19日，2009年济南奥林匹克体育中心公开招聘工作人员笔试顺利进行，全市共报考3892人。4月24日～25日，济南市考试录用公务员面试在市委党校进行。经过省人事厅统一评阅笔试试题，1335人进入面试，全市面试考务工作由考试中心统一组织，面试试题由省人事厅统一提供，面试考官实行异地交流。面试采取结构化面试，统一时间、统一试题、统一要求、全封闭进行。5月，根据中央保密委员会办公室、国家保密局《关于进一步加强国家统一考试保密管理工作的通知》和卫生部《卫生专业技术资格考试保密室设置有关要求》精神，市保密局对考试中心保密室进行检查，符合国家要求，发放验收证书。5月16日，2009年全国会计专业技术资格考试举行，全市报考10300人。6月14日，济南市2009年全国首次选聘高校毕业生到村任职笔试举行，全市共报考2985人。同日，济南市参照公务员法管理事业单位人员登记资格考试举行，全市参考2141人。6月21日，2009年济南市市属事业单位公开招聘工作人员笔试举行，全市共报考10593人。6月28日，2009年济南市招募“三支一扶”大学生笔试举行，全市共报考1250人。8月8日，2009年成品油税费改革税务部门接收人员笔试举行，济南市负责承担2556人的笔试任务。考试考务工作由省人事考试中心统一协调，市人事考试中心负责具体组织，全省统一考试时间、统一试卷、统一标准进行。9月12日，济南市2009年退役士兵安置文化考试举行，全市共报考1343人(含平阴)。12月，市人事局和市教育局联合下发《关于进一步做好人事考试考务工作的通知》。中组部、人力资源社会保障部印发《公务员录用考试违纪违规行为处理办法(试行)》的通知，并首次启用“公务员录用考试违纪违规行为告知书”。各类人事考试总人数突破11万人，创历史之最。社会化命题方面，为55个市直部门组织竞争上岗的命题、监考及阅卷等工作。

2010年4月，2010年济南市考试录用公务员报名考试人数为31540人。全市考务工作由考试中心按照省统一部署安排实施。6月，根据《关于更新全国专业技术人员计算机应用能力考试题库的通知》要求，全市自7月1日起停止使用旧题库，启用新题库。12月5日，中央机关及其直属机构2011年度考试录用公务员济南考区顺利进行，共组织考生43923人。

第二节　人力资源市场

一、人力资源市场窗口服务

1985年，济南市相继建立在职技术工人交流服务所和劳动服务职业介绍所，开办劳务市场。劳务市场实现“单位、指标、政策、报名、录用”五公开，供需双方相互选择。

1989年，市劳动服务总公司成立劳务市场管理处，负责指导、协调全市劳务市场工作。全市全年劳务市场服务机构30个。1990年，劳务市场更名为职业介绍所，负责指导、管理劳务市场的日常工作。全市劳务市场服务机构发展到88个。全年到劳务市场登记的社会劳动力4.89万人，已介绍职业的3.36万人。

1993年，劳动部门全部建立职业介绍所，乡镇建立劳动服务站。

1994年，对市职业介绍所进行扩建，成立市职业介绍中心，场地扩大到500平方米，配备大屏幕电子显示屏。实行“求职用工登记、办理招工手续、劳动合同签证、养老失业保险、审批使用农民临时工”的“一条龙”服务。全市建立以市、县(市)区劳动部门11个职业介绍所、106个乡镇劳动服务站为主和142个民办劳务中介为补充的职业介绍服务网络。

1999年，济南市被劳动部列为全国劳动力市场“三化”(科学化、规范化、现代化)建设试点城市。2001年6月，济南市劳动力市场三化建设通过省劳动保障厅验收。

2002年，全年通过劳动力市场窗口为10万人次的城乡求职人员提供就业服务，共组织招收各类城乡求职人员7.8万人次。

2004年7月，取消山东省外出人员就业登记证卡、外来人员就业登记证。2005年，济南市职业介绍中心被劳动和社会保障部评为全国劳动保障系统2004～2005年度优质服务窗口单位。

2006年2月，济南市举办“再就业援助月暨春风行动”招聘活动。全市共组织涉及餐饮、加工制造等领域的46家用人单位提供9631个岗位，共有18200人参加应聘，现场达成就业意向7112个。济南市职业介绍中心加挂“济南高级技能人才市场”牌子，设立专门窗口，专人负责，为专业技能人才提供专项服务。

2008年1月，与《济南日报》联合开办“就业直通车”专栏，为下岗失业人员搭起就业桥梁，提供就业信息。6～7月，两次赴四川重灾区开展“爱心就业岗位援助活动”，招聘灾区民众109人，帮助部分灾区人民解决灾后生存和生活问题。

2009年8月，济南市职业介绍中心迁至七里河路2-2号，更名为“济南市人力资源市场”。共设有13个服务窗口，保留原有窗口职能：求职推荐、用工招聘、录用备案、人事代理、服务台。

2010年1月，举办“2010就业援助月专项招聘活动”。2月，举办“春风行动系列招聘活动”。3月，举办“2010庆‘三八’女性就业岗位与创业项目专场推介会”。

二、就业服务制度改革

1978～1991年是逐步推进经济体制改革并形成双轨制经济体制的时期，与双轨制经济体制相适应形成双轨制的就业制度改革。一方面，在传统国有企业内部逐步推行合同制，“新人新办法，老人老办法”，没有实施实质性的变革；另一方面，在私营经济等新兴经济领域实施的主要是市场化配置劳动力资源的方式。

1980年8月，提出解决就业问题的根本途径，“在国家统筹规划和指导下，实行劳动部门介绍就业、自愿组织起来就业和自谋职业相结合”的“三结合”就业方针。

1992～2001年，济南市实行以再就业工程为中心的就业制度改革。

2002年后，济南市实行以构建积极就业政策为中心的就业制度改革。2004年年初，市人力资源市场取消个人求职收费。

2009年7月，市人力资源市场取消现场招聘单位席位费。

三、劳动力备案管理

根据《山东省劳动力市场管理条例》规定(1998年11月21日省九届人大常委会第五次会议通过，2004年11月25日省十届人大常委第十一次会议修正)，用人单位招用人员后，应当在30日内填写由省劳动行政部门统一印制的招用人员登记表，并接待被招用人员的相关证件，办理录用备案手续，作为订立劳动合同及签证、办理社会保险等手续的依据。

1993年，为91家用人单位办理录用手续537人次。1994年，为314家用人单位办理录用手续1261人次。1995年，为328家用人单位办理录用手续2069人次。1996年，为184家用人单位办理录用手续2154人次。2000年，办理录用手续1930人次。2001年，办理录用手续1231人次。2002年，办理录用手续3093人次。2003年，为1122家用人单位办理录用手续4485人次。2006年，为1242家用人单位办理录用手续6806人次。2008年，为1756家用人单位办理录用手续13345人次。2010年，为1723家用人单位办理录用手续12468人次。

第三节 引进外国专家工作

1987年5月，成立济南市引进国外智力工作领导小组，领导小组下设办公室(设在市科委)，组织专门班子进行引进国外智力工作。

1990年9月，济南市推荐的济南电影机械厂日本专家横川外二，获国家“友谊奖”。

1991年4月，根据《关于建立济南市引进国外智力领导小组办公室的批复》，为适应对外开放的需要，建立济南市引进国外智力领导小组办公室，为县级事业单位，编制5人，经费列财政开支，隶属市人事局管理。7月，成立济南国际人才交流协会。

1997年9月，济南市推荐的轻骑集团德国专家杰哈德·克林克，获国家“友谊奖”。

1998年10月，济南市推荐的历城区日本专家盐崎三郎，获“齐鲁友谊奖”。

2000年9月，济南市推荐的小鸭集团德国专家理查德·格拉夫，获“齐鲁友谊奖”。

2001年9月，济南市推荐的小鸭集团德国专家理查德·格拉夫，获国家“友谊奖”。同年，成立市外国专家局，规格由处级升为副局级。

2002年9月，国家外国专家局批准成立“国家软件人才培训基地(济南)”。12月，济南市推荐的济南圣泉集团股份有限公司俄罗斯专家拉卡伊·列奥尼特，获“齐鲁友谊奖”。

2004年11月，济南市推荐的小鸭集团德国专家迪特尔·梅纳特、济南市中心医院澳大利亚专家俞镔，获“齐鲁友谊奖”。

2005年8月，国家外国专家局正式批复济南市引智项目计划单列的申请。11月，济南市推荐的西门子变压器有限公司德国专家魏思博、山东蓝金生物工程有限公司德国专家孔庆忠，获“齐鲁友谊奖”。

2006年11月，济南市推荐的海乐·西亚泽食品有限公司德国专家海科·格雷泽，获“齐鲁友谊奖”。12月，济南市地方引智机构自助网站获全国引智系统“十佳网站”称号。

2007年11月，济南市推荐的NEC软件(济南)有限公司日本专家木田桥龙，获“齐鲁友谊奖”。

2008年6月，济南市设立“泉城友谊奖”。山东百川同创能源有限公司“兆瓦级农业废弃物气体发电装置”，获“国家引进国外智力示范单位”称号。8月，根据《关于对申请在当地办理外国专家来华工作许可和外国专家证的批复》，省外国专家局同意济南市受理当地外国专家来华工作许可和外国专家证的申办业务。9月，根据《关于同意在济南市建立中日IT桥梁工程师交流示范基地的批复》，国家外国专家局同意在济南市建立“中日IT桥梁工程师交流示范基地”。同月，济南市推荐的山东力诺瑞特新能源有限公司法国专家丹尼尔·鲁贝克，获国家“友谊奖”。11月，济南市推荐的山东力诺瑞特新能源有限公司法国专家丹尼尔·鲁贝克、山东省药学科学院美国专家夏尔宁、齐鲁软件园发展中心日本专家泽井洋，获“齐鲁友谊奖”。济南市地方引智机构自助网站获全国引智系统“十佳网站”称号。

2009年5月，第一届“泉城友谊奖”颁奖仪式在舜耕山庄举行，12名外国专家获奖。10月，山东力诺瑞特新能源有限公司“太阳能与建筑一体化”，获“国家引进国外智力示范单位”称号。济南市推荐的采埃孚商用车转向机(山东)公司德国专家德莱孚·普莱葛、济南轻骑标致摩托车有限公司法国专家葛圣威、济南市公共交通总公司科学技术研究院巴西专家保罗·卡斯图尼奥，获“齐鲁友谊奖”。济南市推荐的山东力诺瑞特新能源有限公司法国专家丹尼尔·鲁贝克，获国家“友谊奖”。12月，济南植物园管理处“花卉苗木国外新成果示范推广基地”被命名为“山东省引智成果示范推广基地”。

2010年6月，市外国专家局下设外国专家管理处、国际交流与合作处。10月，济南市推荐的山东鲁能恩翼帕瓦电机有限公司日本专家富士卓司，获“齐鲁友谊奖”。济南市推荐的中国重汽集团奥地利专家莱因哈特·莫瑟尔，获国家“友谊奖”。

第四节　留学回国人员服务工作

1991年6月，人事部下发《关于建立济南留学回国人员工作站的意见》；8月，建立济南留学回国人员工作站，为县级事业单位，编制5名，列财政开支，隶属市人事局，是济南市留学回国工作的主要管理和服务机构。2008年5月更名为济南留学回国工作办公室，人员编制12人，配主任1人、副主任2人。

一、创业载体建设与创业扶持

1992年10月，济南高新技术创业服务中心在济南高新区建成，1998年被科技部认定为国家级高新技术创业服务中心，1999年5月济南留学人员创业园在创业服务中心挂牌成立，2000年被科技部、人事部、教育部、外专局联合批准为全国首批国家留学人员创业园示范建设试点。

1994年，市政府下发《关于鼓励出国留学人员来济南工作的若干规定》，提出凡公派或自费出国学习取得学士学位以上或在国内已取得中级以上专业技术职务任职资格并到国外进修对口专业取得一定成果的留学人员，均可到济南进行技术转让、技术入股、项目承包，也可自办、合办民间科技企业、股份制企业，还可以个人或国(境)外注册公司的名义在济南投资。

2002年7月，人事部下发《关于同意与济南市人民政府共建中国济南留学人员创业的复函》，人事部与市政府共建留学人员创业园。2002年申请专项经费300万元，用于扶持中国济南留学人员创业园发展建设。2003年为中国济南留学人员创业园申请专项资金300万元用于济南高层次人才公寓建设，为10名到济南创业、工作的留学回国人员申请安家费26万元。

2004年9月，“济南高层次人才公寓”竣工，58位留学创业人才入住。至2010年，济南留创园共有孵化面积12.6万平方米，先后吸引美国、日本、英国、法国、德国、瑞士、加拿大、俄罗斯等17个国家和地区的211名留学归国人员创办的174家企业，其中博士88人占42%、硕士94人占45%。园区内聚集各类高级科研人员1700多人，其中博士275人、硕士530人。在孵高科技项目400余项，涉及光机电一体化、电子信息技术、生物医药、新材料、新能源等新兴领域，其中近100个项目达到国内外领先水平，申报专利700余项，累计为174家次留学人员企业返还高新区企业税收财政扶持资金507.27万元。其中：2008～2009年28家留学人员企业获得研发项目经费支持200万元；为留学人员企业提供房租减免优惠43万元。累计组织留学人员企业申报各级各类项目计划145项，获得2756万元资金支持；仅2009年申报各级各类项目计划38项，获得资助1007万元。

2004年，成立中国济南留学人员创业园腊山创业区、中国济南留学人员创业园美里湖创业区，并报人事部备案，作为中国济南留学人员创业园的分支机构。

2005年，为中国济南留学人员创业园美里湖创业区申请专项经费100万元，为16名在济南创业留学人员申请安家费46万元。

2006年，市财政批专款120万元支持中国济南留学人员创业园、槐荫区美里湖留学人员创业区、市中区腊山留学人员创业区进行配套设施建设。其中，槐荫区美里湖留学人员创业区50万元；中国济南留学人员创业园、市中区腊山留学人员创业区各35万元，为15名在济南创业留学人员申请安家费44万元。

2008年3月，成立中国济南留学人员创业园历下创业区，并报人事部备案，作为中国济南留学人员创业园的分支机构。同年，为济南海外科技人才创业基地(北美)申请启动经费40万元，为中国济南留学人员创业园美里湖创业区申请专项经费30万元，为10名到济南创业和工作的留学回国人员申请安家费19万元。

2009年12月，根据《关于确定2009年度中国留学人员回国创业启动支持计划入选创业项目及经费划拨有关问题的通知》，济南市推荐的留学人员李晓戈获得人社部优秀创业项目支持，获得资助经费20万元。

2010年，为济南市留学人员企业申请到人力资源和社会保障部各项资助经费共计108万元，其中，海外赤子为国服务行动计划资助经费10万元，留学人员择优项目资助经费28万元，回国创业启动支持计划资助经费70万元。

二、海外人才交流与引进

1992年，为让国外留学人员了解济南市情和有关政策，制定《济南市招聘国外留学回国人员的政策规定》，刊登在《光明日报》和美国“留美刊物”上，在国内外引起强烈反响，收到美国、德国、日本等国家40多名留学人员的回信。

2000年，采取组团出国招聘、在互联网发布需求信息等多种形式，引进国内外高层次人才，特别是吸引留学生和国外各类专家到济南工作。

2001年8月，市政府印发《关于鼓励出国留学人员到济南工作的若干规定的补充规定的通知》，在政策上为到济南创业和工作的留学人员提供更多支持。2002年10月，为吸引海外留学人员到济南创业和服务，推动济南市留学回国工作，市政府下发《关于印发济南市引进海外留学人员规定和济南市引进高层次急需人才规定的通知》，多方面制定优惠政策，支持鼓励海外留学人员到济南创业和工作。

2002年12月，承办第二届“海洽会”，共邀请18个国家、20多个海外留学生组织的320名海外留学人员和企业家，携带600多个高新技术和专利项目参加大会。

2004年3月，济南市参加人事部等六部委在北京举办的“中国留学人员回国创业成就展”，通过组织园区和留学人员企业参会布展，广泛宣传济南的留学回国创业政策和环境。同年，在济南建立“国外学历学位认证”申请材料验证点，承办第三届“海洽会”，共邀请18个国家240名海外留学人员和46位海外企业家，携带500多个高新技术和专利项目参加大会。7月，市政府办公厅印发《关于转发市人事局等部门济南市留学人员回国服务工作联席会议制度的通知》，初步建立支持海外留学人员到济南创业和服务的工作协调机制。

2006年9月，组织“济南市劳动力资源考察团”赴日本、韩国考察，其间，市政府与中国留日同学总会就共建济南留日科技人才创业基地签订“共建协议”。11月，承办“中国山东第四届海内外高端人才交流暨技术项目洽谈会”，共邀请18个国家521名海内外高端人才携带1197个高新技术和专利项目参加大会。

2008年11月，济南市承办“中国山东第五届海内外高端人才交流暨技术项目洽谈会”，邀请海外高层次留学人员281人，外国专家110人，国内博士后158人；签订正式合作协议60项，协议标的额达25.34亿元。

2009年4月，市委、市政府制定《中共济南市委 济南市人民政府关于进一步加强海内外高层次人才引进工作的意见》，就进一步加强海内外高层次人才引进明确指导思想、基本原则和目标任务，“5150引才计划”①开始组织实施。5月，市政府下发《济南市人民政府关于印发济南市引进海内外高层次人才规定的通知》，进一步加大引进海外高层次留学人员到济南创业和服务的工作力度。

2010年11月，济南市承办“中国山东第六届海内外高端人才交流暨技术项目洽谈会”，邀请60名海外高层次留学人员参加签署合作意向16个，投资额度为1.05亿元。同年，启动实施“百千万引才工程”，用5年时间，面向海内外，分“百、千、万”三个层面引进万余名高层次人才，其中重点实施“百”层次的“5150引才计划”。拓宽引才渠道，组织3个代表团分赴欧洲，美、加、日、韩开展引才推介活动，成功举办9场留学人员创新创业恳谈会暨“5150引才计划”推介会，600余名海外留学人员、专家学者参加活动；在法兰克福、巴黎、硅谷、纽约、多伦多、大阪等地设立6个“中国济南海外人才联络处”，与美国华人工商促进会、加拿大专业人士协会、中国留日同学总会、韩中文化协会等30多家海外商会侨团建立协作机制，为济南市海外引才搭建平台。加强载体建设，济南高新区入选省首批海外高层次人才创新创业基地。深化高层次人才服务，开通绿色通道，配备创业助理，为引进人才在出入境管理、户籍办理、工商税务、子女入学等方面，提供全方位、全过程的优质服务。全市共引进3批“5150”高层次人才99人，其中，4人入选国家“千人计划”，13人入选省“万人计划”第一层次，73人带成果带资金到济南创业，获政府扶持资金9300多万元，并被授予“泉城特聘

① 通过引才和引智相结合的方式，利用5年时间，重点引进和支持150名能够提高城市竞争力、推动高新技术产业发展的高层次创新创业人才，其中进入各类园区创业发展的高层次人才要达到100人。

专家”称号。

第五节 高层次人才引进

2001～2005年，实施“双引工程”和千名留学人才聚集计划，“十五”期间，全市共接收外地生源本科以上学历毕业生19556人，其中博士生31人，硕士生766人；引进各类外国专家2000多人次，完成引智项目450多项；引进归国留学人员1310人(含硕士以上研究生310人)，其他高级科技人员1000多人；从美国、加拿大等国家选聘海外客座专家10人，从国内院校选聘专家103人。加强人才培养工作，先后组织实施“112育才工程”“双高人才”培训工程、“四百人才聚集工程”，2004年全面启动党政人才能力提升、企业家培养、“泉城学者”系列人才开发、高技能人才振兴、农村实用人才培训“五大工程”，探索实施“山东大学服务省会济南行动计划”。“十五”期间，先后有2400多名党政人才和4000余名企业年轻管理人员参加MBA、EMBA、MPA等课程和国(境)外培训；14万多名党政人才参加各种知识更新培训；全市企业职工参加在岗培训50多万人次；农村实用人才接受各种形式培训90多万人次，其中3万多人获得“绿色证书”、2万名农村青年接受各种形式的学历教育，有11163人取得农民技术职称。

2006～2010年，济南市人才结构趋向合理，人才数量稳步上升，人才队伍建设取得可喜成果。抓住金融危机带来的人才抄底机遇，实施“5150引才计划”，制定引进人才的优惠政策，引进海内外高层次人才99名。引进的高层次人才普遍成为新兴经济领域创业的领军人物。以提高专业水平和创新能力为核心，全面加强专业技术人才队伍建设，全市专业技术人才36.8万人，高、中、初级专业技术人才比为1:2.3:3，结构比例趋于合理。“新世纪百千万人才工程”实现零突破，有突出贡献的中青年专家20人，享受国务院特殊津贴专家110人。加大博士后研究人员招收和培养力度，先后设立9家博士后科研工作站，累计招收博士后研究人员51名。发挥留学人员创业园的示范带动作用，形成“以园带区、有园无界、辐射全市”的格局，各创业园区已入驻留学回国人员企业190家，在孵项目500余项，其中近100个项目达到国内外领先水平，聚集各类高层次人才1800多人。坚持把引进国外先进技术项目与引进高层次人才有机结合起来，争取上级引智经费1200万元，实施国外先进技术项目155个，引进急需的外国专家628名，先后有2名专家获国家友谊奖、10名获齐鲁友谊奖、13名获泉城友谊奖，引智工作走在全省前列。从健全培养、选拔、评价机制入手，把高技能人才作为推动转方式调结构的重要支撑，全市高技能人才总量达13.4万人，占技术工人总数的28.1%，高技能人才万人比高于全国、全省平均水平。建立健全高技能人才培养培训和多元化评价体系，全力打造“泉城金蓝领”培训品牌，首席技师工作站增至13家。

第六节 军队转业干部安置

一、转业安置

2000年6月16日，全市军转安置工作会议召开。济南市首次施行考试考核分配转业干部办法，按照“公开、平等、竞争、择优”的原则，政法和工商、税务等八个部门共有115个职位和省直单位同步进行考试。

2001年6月7日，全市贯彻全国军转安置工作暨表彰会议精神会议召开。对全市23名模范军队转业干部、25个全市军转安置工作先进单位、20名全市先进军转工作者进行表彰。12月5日，市委办公厅、市政府办公厅联合下发《济南市军队转业干部安置暂行办法》。

2004年8月6日，全市2004年度军队转业干部安置工作会议召开，对符合进市区计划安置的军转干部实行“四公开”“一监督”的考试考核办法。

2006年，1479名计划分配转业干部，分职务层次，按照名次公开选择单位。

2008年2月14日，济南市2007年度军转干部公务员专业培训班开学。共有241人参加培训，培训时间为一个半月。10月9日～12日，济南市2008年度军转干部安置去向选择会召开。1227名计划分配转业干部，分职务层次，按照名次公开选择单位。

2009年6月2日～3日，第五次全国军转表彰大会暨2009年军转安置工作会议在北京举行。济南市军队转业干部安置办公室被评为全国军转安置工作先进单位，市公安局刑警五大队政委刘爱华被评为全国模范军队转业干部。7月29日，2009年军转安置工作会议在济南召开。济南市中级人民法院隋登科等8人被评为全省模范军队转业干部，济南市公安局等4家单位被评为全省军队转业干部安置工作先进单位，济南市军转办郑义亭等5人被评为全省先进军转工作者。9月16日，市委办公厅、市政府办公厅印发《济南市2009年军队转业干部安置工作实施意见》。9月17日，济南市召开军转表彰大会暨2009年军转安置工作会议。对济南市军转工作中涌现出的先进单位和个人进行表彰，授予马晓丽等30人“济南市模范军队转业干部”称号，授予市公安局交警支队等30个单位“济南市军队转业干部安置工作先进单位”称号，授予刘玉志等30人“济南市先进军转工作者”称号。10月13日～15日，在山东法官学院教学中心召开济南市2009年军转干部安置去向选择会，701名计划分配转业干部按名次公开选择单位。

二、自主择业

2001年，济南市自主择业军队转业干部管理服务中心成立，为全额预算管理县级事业单位，编制6人。主要职责是负责自主择业军队转业干部的退役金核发、住房、医疗、社会保障、择业指导、就业培训、档案接管等方面的管理服务工作。同年，济南市共接收自主择业军队转业干部104人。

2002年，济南市共接收自主择业军队转业干部137人。退役金总额205万元，人均月退役金1642.6元，年住房补贴总额43.4万元，人均月住房补贴369.29元，年公费医疗总额6.9万元。

2003年，济南市共接收自主择业军队转业干部200人。退役金总额487.2万元，人均月退役金1684.5元，年住房补贴总额103.3万元，人均月住房补贴374.44元，年公费医疗总额16.1万元。

2004年，对2001年、2002年度转业的自主择业军队转业干部增发退役金。全年共接收自主择业军队转业干部323人。退役金总额为920.4万元，人均月退役金1739.27元，年住房补贴总额193万元，人均月住房补贴383.81元，年公费医疗总额29.3万元。

2005年，济南市共接收自主择业军队转业干部189人。退役金总额1783.2万元，人均月退役金1947.6元，年住房补贴总额364.9万元，人均月住房补贴419.38元，年公费医疗总额50.8万元。

2006年，济南市共接收自主择业军队转业干部86人。退役金总额3763万元，人均月退役金3314.8元，年住房补贴总额461.8万元，人均月住房补贴427.58元，年公费医疗总额63万元。

2007年，对济南市自主择业军转干部的退役金进行调整并建立生活性补贴。测算并落实全市符合享受独生子女父母奖励规定的自主择业军队转业干部的独生子女费。落实“调整增加自主择业转业干部退役金”和“建立生活性补贴”。共接收自主择业军队转业干部89人。退役金总额4167.2万元，人均月退役金3368.3元，年住房补贴总额663.4万元，人均月住房补贴427.92元，年公费医疗总额68.7万元，年独生子女费总额13775元，年取暖费总额为161.8

万元。

2008年，济南市自主择业军队转业干部管理服务中心人员编制由6人增为15人。全年济南市共接收自主择业军队转业干部65人。退役金总额4611.1万元，人均月退役金3437元，年住房补贴总额789.6万元，人均月住房补贴427.98元，年公费医疗总额74.6万元，年独生子女费总额11215元，年取暖费总额为179.5万元。

2009年，对济南市自主择业军转干部退役金计发基数中的津贴补贴项目进行规范和调整。规定从2006起补发住房补贴差额共计727.7万元。落实“调整规范自主择业军队转业干部退役金计发基数中的津贴补贴项目”工作。2009年济南市共接收自主择业军队转业干部32人。退役金总额7318.3万元，人均月退役金4622.9元。住房补贴总额为1519.2万元，(其中2009年应发791.5万元，从2006起补发住房补贴差额727.7万元)，人均月住房补贴583.89元，年公费医疗总额79.1万元，年独生子女费总额9850元，年取暖费总额为190.2万元。

2010年，济南市组织2008年以后转业的自主择业军转干部报名参加网络培训。(2010年以后，网络培训作为每年例行工作)。全年共接收自主择业军队转业干部43人。退役金总额6811.51万元，人均月退役金4679.5元。2010年住房补贴总额为840.4万元，人均月住房补贴604.1元，年公费医疗总额83.9万元，年独生子女费总额6875元，年取暖费总额为195.2万元。

第七节　大中专毕业生分配与就业指导

1997年2月24日，济南市非师范类专业划归人事部门负责。同时，济南市人事局成立毕业生分配处。主要负责非师范类大、中专毕业生和研究生的分配管理工作。5月7日，济南市大中专学校毕业生分配工作领导小组成立。领导小组的日常工作分别由市人事局和市教委承担。市人事局负责非师范类毕业生的分配，市教委负责师范类毕业生的分配。

1999年6月，市政府《转发省政府〈关于做好2000年大中专毕业生就业工作的通知〉的通知》，进一步深化毕业生就业制度改革，高校毕业生实行面向全省自主择业，双向选择；高职毕业生和普通中专毕业生实行介绍就业的办法；省内院校毕业生在省内就业，使用全省统一凭证，对毕业生就业协议书实行鉴证制度。

2000年，济南市同意山东外事翻译学院小语种毕业生在济南市就业，由市人事局按有关规定办理就业手续。

2002年7月10日，市政府调整确定济南市高等学校高校毕业生就业工作领导小组成员。副市长徐华东任组长、副市长刘萌岛任副组长。领导小组办公室设在市人事局，由王义来兼任办公室主任。7月12日，济南市引进高层次人才实行“不限时间、不限计划、不限生源、不限学校”“先落户后就业”政策；对省级优秀毕业生和特困家庭毕业生实行指令性分配和重点帮助就业；鼓励毕业生到外省市就业、自谋职业和参加继续教育，并为参加继续教育的毕业生保留派遣资格。

2003年3月28日，市人事局与山东科技大学签署联合举办大专升本科、中专升本科和中专升大专的学历班协议。规定就读期间延缓毕业生派遣期限，保留派遣资格，毕业后政府人事部门按后学历为其办理派遣手续。首次招生650人，涉及计算机、英语、企业管理、财会等8个专业。以提升学历教育，缓解就业压力。

2004年8月，团市委、市人事局、市财政局联合下发《关于选派大学毕业生到农村基层参加志愿服务活动的意见》，共同开展“选派大学毕业生志愿服务农村基层活动”，并成立济南市大学生志愿服务农村基层活动领导小组。首批招募的50名大学毕业生主要到济南市乡镇基层单位的村委会、企业、学校、卫生站、农业推广站从事为期1年的支教、支医、支农、扶贫以及社会事务和管理等方面的志愿服务工作。10月，省政府授予济南市人事局“山东省就业再就业先进单位”称号。12月，市政府决定对愿意到济南市就业的本科以上学历且取得学士学位的毕业生，采取先接收后推荐、先储备后使用的方式积极吸纳和引进。

2006年1月，济南市毕业生信息报送、求职择业、用人单位招聘、接收毕业生等就业管理工作都将依托“山东高校毕业生就业信息网”进行。9月8日，济南市成立“三支一扶”工作领导小组及协调管理办公室，由市人事局、市教委、市财政局、市农业局、市卫生局、市扶贫办和团市委有关负责人组成。同日，济南市启动“三支一扶”计划，首批招募200名毕业生到乡镇从事为期两年的支农、支教、支医和扶贫工作，占全省总数的1/5。按照省委、省政府《关于引导和鼓励高校毕业生面向基层就业的意见》精神，济南市从2006年起，连续5年组织开展高校毕业生到乡镇从事支教、支农、支医和扶贫等工作，即“三支一扶”计划。服务期限为2年(支医3年)。其间享受一定的生活、交通补贴等待遇。服务期满后进入市场自主择业，享受一定优惠政策。12月14日，济南市高校毕业生就业工作领导小组成立。

2007年1月31日，根据《济南市深化户籍制度改革暂行办法》有关规定，市人事局、市教育局、市公安局联合下发《关于印发〈济南市普通大中专院校毕业生接收落户实施细则〉的通知》，首次对毕业生落户地点、范围进行明确，简化落户程序，规范落户办法。5月，省人事厅授予市人事局“山东省普通高校毕业生就业工作先进集体”称号。6月12日上午，2007年全市普通高校毕业生就业工作会议在舜耕会堂召开。6月12日下午，在舜耕会堂举行“三支一扶”大学生事迹报告会。11月26日，经第102次市长办公会研究决定，自2008年起，济南市每年将组织300名毕业生参加就业见习。其间，毕业生按当地最低工资标准享受基本生活补贴及人身意外伤害保险、住院医疗保险，所需费用由市财政和见习单位按5:5的比例负担。期满后，见习基地将接收70%左右的见习毕业生。11月27日，市人事局、市教育局、市财政局、市劳动和社会保障局联合下发《关于组织济南生源未就业高校毕业生参加就业见习的工作意见》。

2008年，《中国人事报》以《青春，在新农村建设中闪光》为题，在第三版整版刊登济南市“三支一扶”工作开展情况。济南市《“三支一扶”工作纪实片》，在2008年全国高校毕业生“三支一扶”计划实施工作会议上进行交流，做法得到人事部肯定。9月，下发《关于市属事业单位安排高校毕业生参加就业见习有关问题的通知》，并组织济南市毕业生就业见习基地启动仪式，向首批14家行业具有代表性、需求专业门类多的知名企业进行授牌。

2010年6月23日，济南市批准山东电力建设第一工程公司等45家单位为第三批济南市高校毕业生就业见习基地，并予以授牌。至12月底，全市共有高校毕业生就业见习基地95家。6月25日，全市高校毕业生就业工作会议召开，确定“0531”高校毕业生就业推进行动。“0”即力争特困家庭未就业高校毕业生“动态消零”；“5”即实施“岗位拓展计划、创业引领计划、就业服务计划、就业见习计划、就业培训计划”等五个计划；“3”即积极实施“三支一扶”等基层服务项目，招募300名高校毕业生到乡镇基层从事支农、支教、支医和扶贫志愿服务活动；“1”即一个目标：年底实现总体就业率达80%以上，并且使有就业意愿的离校未就业毕业生都能组织参与到相关就业准备活动中、得到免费的公共就业服务。由济南市组织招募的281名“三支一扶”学生，经过报名、网上审核、现场确认、考试、面试、体检、岗前培训等环节，于8月1日前，到服务地从事支农、支教、支医和扶贫工作。至2010年年底，济南市共有530名“三支一扶”大学生在农村基层服务。8月底前，全市10个县(市)区在130个街道办事处(乡镇)建立高校毕业生就业服务中心。自9月20日起，济南高校毕业生就业信息网、济南市人力资源和社会保障网实现济南生源高校毕业生档案网上查询。2010年离校未就业济南生源毕业生可通过“济南高校毕业生就业信息网”点击“档案查询”功能或“济南市人力资源和社会保障网”点击网上办事“档案查询”功能，输入姓名和毕业院校，查询本人档案去向，结束长达十多年高校毕业生现场和电话咨询查询档案去向的历史。10月25日，第十七届全国副省级城市高校毕业生就业联席会议在济南召开。11月30日，济南市首家大学生创业孵化基地“六福国际商业广场”在济阳县揭牌成立。12月31日，作为济南市首批高校毕业生就业见习基地的山东三箭置业集团有限公司被人力资源和社会保障部批准为首批“高校毕业生就业见习国家级示范单位”，是济南市唯一获此殊荣的单位。

第八节 专业技术人员评聘与管理

1990年6月，市科学技术干部处由市科委成建制移交市人事局，市人事局成立科技干部处，负责全市职称评审、职称考试、继续教育、专家管理及引智等工作。

1993年2月，召开市职称改革领导小组会议，全市职称改革转入正常评审阶段。4月，市职称改革领导小组印发《济南市专业技术职务评聘工作试行意见》，在全国较早实行“评聘分开”制度。

1997年，市编委印发《关于印发济南市人事局(济南市机构编制委员会办公室)职能配置、内设机构和人员编制方案的通知》，科技干部处更名为职称专家处，负责全市职称改革、专业技术人员备案及档案管理和专家服务等。

1998年2月，经人事部、全国博士后管理委员会批准，中国轻骑集团有限公司成立博士后科研工作站，济南市博士后工作正式启动。

2000年4月至2010年9月，市人事局协助山东小鸭集团有限责任公司、济南高新技术产业开发区、济南正昊化纤新材料有限公司、济南市环境监测中心站、济南市供排水监测中心、济南重工股份有限公司6家企事业单位设立博士后科研工作站。

2001年8月，根据济南市机构编制委员会《关于印发济南市人事局(济南市机构编制委员会办公室)职能配置、内设机构和人员编制规定的通知》，职称专家处更名为专业技术人员管理处。负责综合管理全市专业技术人员队伍建设和职称改革工作。

2007年1月，济南市成立事业单位岗位设置管理工作小组，岗位设置管理工作正式启动。2008年4月，印发《济南市事业单位岗位设置管理实施意见》。

2008年4月，省人事厅印发《关于公布我省2007年“新世纪百千万人才工程”国家级人选的通知》，济南二机床集团有限公司江秀花成为济南市第一位入选“新世纪百千万人才工程”国家级人选的专业技术人才。7月，省人事厅将浪潮集团有限公司、济南钢铁集团总公司、山东中创软件工程股份有限公司、中国重型汽车集团有限公司4家省属企业博士后科研工作站划归济南市管理。

2008年11月至2009年8月，全面审核市直事业单位的岗位设置方案。2009年年初，全面审核各县(市)区事业单位的岗位设置方案。2009年8月，按照市政府提出的“积极稳妥、试点先行、逐步推进”的要求，事业单位专业技术岗位聘用工作全面推开。

2008～2010年年底，济南市累计引进博士后人员57人。在出站的博士后中，有1人成为享受国务院颁发政府特殊津贴专家，1人获得省有突出贡献的中青年专家荣誉称号，5人成为省青年科技基金获得者；全市博士后在站期间主持、参与完成“863”计划项目4项，其他国家级重大项目11项，省部级科研项目33项；获得发明专利 31项，实用新型专利10项；科研成果获国家级奖励3项，省部级奖励16项；科研项目取得经济效益7348.5万元。

至2010年年底，在已核准的382个市直事业单位中有84%的单位和93%的人员完成首次聘用，其中正高级513人、副高级3861人、中级7755人、初级18013人；在各县(市)区，有1025个事业单位完成首次竞聘，占总数37%。

2000～2010年济南市专业技术人才增长及总量情况表

表9—4—1　　单位：人

项目 年份	新增高级	新增中级	专技人才总量
2000	1528	5487	250000
2001	1386	4114	270000
2002	2477	4891	280000
2003	1922	4081	300000
2004	1795	4192	310000
2005	1064	3515	320000
2006	969	1788	330000
2007	755	1353	340000
2008	661	1324	350000
2009	643	1733	360000
2010	589	1621	370000
合计	13789	34099	3480000

第三章　人事任免奖惩

第一节　公务员考录

根据《国家公务员录用暂行办法》，按照全省统一部署，济南市于1997年上半年首次组织公务员公开招考。招考工作坚持公开、平等、竞争、择优的原则，打破地域身份界限，允许符合条件的国家正式干部，聘任制干部，全民所有制、集体所有制和个体私营企业正式在职人员，1997年优秀大专以上学历应届毕业生报考市级机关，报考乡镇机关不受户口性质限制、农民可以报考。全市报考公务员人数达4700余人。这次招考共为52个部门招考公务员和机关工作者258名，其中市直机关192人，章丘、平阴、长清三县市66人。全市报名人数与录取人数之比为18:1。全市有9名考生因体检不合格被取消录用资格，有7名考生因考核不合格被取消录用资格。

1998年，根据省统一部署，加强国家公务员录用管理工作。为电子局等6个部门，录用7

名国家公务员；为济阳、商河、平阴、章丘4县(市)公安基层派出所招考录用人民警察129名；为市消防支队考录公安地方编制消防警察17名；对148名市公安警校毕业生进行国家公务员录用考试资格审查，并办理录用手续。同年，首次举办公务员面试考官培训，共培训面试考官52名。按照公务员录用规定，通过考试、考核为章丘市、平阴县、济阳县、商河县招录129名人民警察。

2000年，完成济钢公安处改制录警工作，考试录用人民警察49名。根据省人事厅、省工商局《关于做好全省工商行政管理所录用国家公务员工作的通知》要求，组织工商系统从现公务员岗位上的非公务员身份人员中考试录用国家公务员报名考试录用工作。

2001年，为市公安系统考录人民警察246名。完成济南监狱560名机关工作人员过渡国家公务员的档案审核工作。

2003年，22个市直部门、9个县(市)区符合条件者参加公务员招考。全市拟录用人员为519人，其中市直部门148人、市国税局15人、县(市)区356人。按照公开、平等、竞争、择优的原则，全市共有11150人报名，10916人参加笔试，1483人参加面试，549人进入考核体检范围，考核体检不合格46人，依次递补23人；6月，对原城建监察系统400多名人员，经过考试、考核，择优过渡为城市管理行政执法人员。8月，从2002年公务员候录库中为市执法局招考24名具有法律、中文、外语、信息工程、城市规划、城市建设与管理、园林、环保等专业的执法人员。会同全市公务员考录工作，面向社会招考执法人员116名。2004年共考选509名国家公务员。

2005年，坚持“凡进必考”，按照公开、公平、公正的原则，为市直、县乡机关招录131名国家公务员，招考工作走上制度化、规范化轨道。

2006年，是实施《中华人民共和国公务员法》的第一年，济南市高度重视该法的实施工作。公务员招录坚持“凡进必考”，公开、公平、公正地在11617名报考者中考选237名国家公务员。2007年，全市招考公务员261名。

2008年，首次实行面试考官异地选派，邀请人大代表、政协委员和媒体记者现场监督。全年为市直机关和县(市)区乡镇机关招考公务员373人(含人民警察140人)。2009年，全市共招录公务员545人。

2010年，全市面向社会考录公务员577人。坚持面向基层，先后为济南市委组织部、市纪委、市编办等市直机关录用有基层工作经历人员，全市录用有基层工作经历人员比例超过60%。

第二节　考核奖惩

一、考核

1995年2月24日，市委组织部、市人事局印发《关于对济南市党政群机关干部人员考核的实施意见》。3月16日市委、市政府批转市委组织部、市人事局《关于对济南市党政群机关干部人员考核的实施意见》，决定成立济南市机关工作人员考核委员会。对党政群机关工作人员进行考核，主要是为机关工作人员的奖惩、培训、辞退以及调整职务、级别和工资提供依据。

1995～2009年济南市行政机关人员考核情况表

表9—4—2　　　　单位：人

年份	考核	优秀等次	称职等次	基本称职等次	给予考验期	不称职等次	未定等次
1995	24916	3626	20809	0	0	27	454
1996	25233	3784	21032	0	8	24	385
1997	21689	3225	17944	—	3	11	401
1998	21845	3183	18404	—	8	23	—
1999	22388	3238	18831	—	7	—	—
2000	21937	3183	0	22	—	9	—
2001	20273	2975	17579	—	—	12	—
2002	19679	2755	16137	—	—	2	—
2003	19705	2762	16223	2	—	4	711
2004	20280	2776	16938	8	—	7	—
2005	20280	2776	17489	8	0	7	0
2006	20715	2880	0	—	—	5	—
2008	5716	1069	0	1	—	—	29
2009	15600	2836	12474	0	0	0	290

二、奖惩

1988年，市政府进一步贯彻执行山东省人民政府颁布的《山东省国家行政机关工作人员奖惩试行办法》和有关规定，结合机关岗位责任制的考核评比，于年底奖励市级先进单位20个，先进集体25个，区、县、局级先进集体542个。受奖励人员5739人，占机关、事业单位职工总数的5.7%，其中，记功557人，记大功112人，升级39人，通令嘉奖9人，授予先进工作者称号5022人。市政府还紧密配合全市中心任务、重点工程建设的完成，改进奖励办法，在“年终总评奖”基础上，又进行“经常及时奖”。对在兴建八一立交桥工程、环城公园建设、工商河治理、市容综合治理和引水工程建设中成绩突出的30个单位、47名个人分别授予锦旗，给予晋升工资、记功、记大功等奖励。

1988年，全市受行政处分人数为56人，占机关、事业单位职工总数0.05%，其中，受警告处分14人，记过处分16人，记大过处分6人，降级处分5人，降职处分1人，撤职处分2人，开除留用察看处分8人，开除处分4人。

1989年，市政府奖励市级先进单位17个，先进集体33个。受奖励人员64人。其中，记功22人，记大功7人，奖励升级31人，通令嘉奖4人。全市受行政处分的人数为122人。其中，受警告处分14人，记过处分23人，记大过处分32人，降级处分11人，降职处分4人，撤职处分18人，开除留用察看处分9人，开除处分11人。

1990年，市政府奖励市级先进单位20个、先进集体30个，受奖励的个人65人。其中，记功23人，记大功7人，奖励升级35人。全市行政机关、事业单位行政案件立案审查的247件，已结案201件。受行政处分的人数为163人，其中受降级以上处分的86人、受记大过以下处分的77人。在受处分的干部中，县级干部6人，科级干部48人，一般干部109人。

1991年，市政府对在国民经济建设和社会发展事业中做出突出贡献的1447个先进单位、118个先进集体、867名先进个人进行表彰奖励。在受表彰的先进个人中，记功40人， 记大功3人，奖励晋级81人。1991年，全市行政监察机关立案调查的案件579件，已结案418件。受行政处分的工作人员412人，其中县级干部5人，科级干部67人，一般干部340人。

1992年，市政府转发山东省人民政府《批转省人事局关于进一步加强国家行政机关奖励表彰管理工作的报告的通知》，规定奖励表彰的范围要严格控制；奖励表彰要实行计划管理，严格审批程序；严格掌握评选比例并控制各类表彰会议的召开。年内，市委、市政府对在经济建设和社会事业中做出突出贡献的单位和个人进行表彰奖励。其中先进单位183个、先进集体98个、先进个人66人。在受表彰的先进个人中，记功3人，记大功13人，晋升一级工资14人，市级劳动模范11人，推荐省政府授予荣誉称号1人。同时命名表彰“优秀乡镇企业家”160人，“第三批市级企业技术拔尖人才”27人。年内，市政府制定《关于对做出突出贡献的科技人才实行重奖的暂行办法》，对在生产和科研领域创造丰硕成果的山东医科大学教授王慧才、济南第一机床厂易炜里、济南衡器厂陈正、济南市农科所叶秋林等分别奖励20万元、5.84万元、7.8万元和1万元。同年，全市行政监察机关立案调查的案件127件，结案117件。受行政处分工作人员106人，其中县级干部7人，乡科级干部23人， 一般干部76人；移交司法机关处理12人。

1993年，市委、市政府制定《关于进一步完善机关目标管理责任制的意见》，对岗位目标的制定、考核和奖惩工作提出具体要求。市委组织部和市人事局制定《党政机关工作目标管理责任制考核办法和共性目标考核计分标准》。在推荐考核的基础上，评选表彰29个岗位责任制先进单位、41个先进集体和68名奖励晋级人员。同年，完成系统表彰、市政府表彰和省级表彰奖励的政策修订和实施工作，审批表彰市级先进集体33个，先进单位105个，奖励晋级114人，记大功8人，记功14人；系统先进个人204人，先进集体46个；省级先进集体28个，先进个人116人。

1994年，市委、市政府以及各系统对在经济建设和各项事业中做出突出贡献的单位和个人进行表彰奖励。被表彰的先进单位68个，先进集体42个，记三等功的集体1个；奖励晋级71人，记三等功15人。系统表彰先进集体135个，先进个人655人，记三等功16人。年内，市纪检、监察部门查处政纪类案件246起。经审查、审理，受警告处分10人，记过4人，记大过6人，降级1人，撤职3人，开除留用察看2人，开除2人。

1995年，中共济南市委、市政府及有关部门继续对在经济建设和社会发展事业中做出突出贡献的单位和个人实施表彰奖励，其中，命名表彰城市美容师100人， 优秀企业家216人，自学杰出人才10人；表彰先进单位314个，先进个人1089人，记三等功19人。部门表彰先进集体128个，嘉奖546人，记三等功72人。同年，市纪检、监察机关立案查处各类案件662起，涉及副厅级干部2人，县局级干部32人，处科级干部142人，一般干部和其他人员486人。全年共结案604起，处分县局级以上干部30人，处科级干部51人，一般干部及其他人员347人。

1996年，按照《国家公务员奖励暂行规定》，市政府对在经济和社会发展中做出突出成绩的12个单位进行表彰奖励，对699人进行嘉奖，为39人记三等功，为10人记二等功。各系统表彰先进单位40个，嘉奖300人，为42人记三等功。处理判缓人员惩戒7人，辞退5人。

1997年，按照《国家公务员奖励暂行规定》，对579人进行嘉奖，为69人记三等功，为10人记二等功。惩戒5人，违纪辞退6人，处理惩戒咨询26人次，受理人事申诉案件12起。

1998年，按照《国家公务员奖励暂行规

定》，市政府对在经济和社会发展中做出突出成绩的72个单位进行表彰奖励，对320人进行嘉奖，为102人记三等功，为57人记二等功。各系统表彰先进单位169个，嘉奖2450人，为731人记三等功。开除公职4人，受理撤职处分3人，辞职5人，辞退9人，受理人事申诉案件6起，受理各类惩戒咨询34起，给予其他惩戒行政处分的8人次。

1999年，济南市组织开展评选“人民满意的公务员”活动。市委宣传部和市人事局先后制定下发《关于继续深入开展做人民满意的公务员活动的通知》和《关于在全市开展评选人民满意的公务员和人民满意的公务员集体活动的通知》，推广平阴县、市公安局、市民政局、市司法局开展创人民满意活动的经验。经层层推荐，评选出12名市级“人民满意的公务员”和12个“人民满意的公务员集体”，进行表彰。同年，按照《国家公务员奖励暂行规定》，市政府对在经济和社会发展中做出突出成绩的单位、个人进行表彰奖励，对574人进行嘉奖，为356人记三等功，为27人记二等功。各系统表彰先进单位273个，嘉奖4612人，为2915人记三等功。办理审核辞职手续8人，辞退3人，撤职处分2人，开除5人，办理年终考核不称职降级手续10人，受理人事争议案件8起。

2000年，按照《国家公务员奖励暂行规定》，市政府对在经济和社会发展中做出突出成绩的单位个人进行表彰奖励。审核市政府及部门表彰奖励92件，审核省及部级表彰的15件，表彰奖励先进集体312人，其中记二等功的11个；表彰奖励先进个人3671人，其中记二等功的10人；记三等功的671人。办理审核辞职手续6人，辞退13人，撤职处分4人，开除3人；受理人事争议案件11起，涉及判缓、劳动教养手续8人。

2001年，审核市政府及部门表彰奖励107件；审报省部级先进集体1个；表彰奖励先进集体969个；表彰奖励先进个人4002人次，其中记个人二等功的56人，记个人三等功的471人。办理审核辞职手续8人，辞退3人，撤职处分1人，开除2人，受理人事争议案件8起，涉及判缓、劳动教养手续3人。

2003年，制定《济南市行政奖励规定》，组织抗“非典”先进典型和第二届“人民满意公务员”和“人民满意公务员集体”的表彰奖励。全年共组织行政奖励57项，表彰先进集体559个，记一等功集体3个，二等功50个；先进个人19975人，记一等功4人，二等功83人，三等功4741人。发行政奖励经费26.7万元(余23万元)。

2005年，共组织行政奖励48项，表彰先进集体372个，先进个人880人，其中记二等功28人、三等功200人、嘉奖54人。

2006年，共组织行政奖励表彰活动41项，其中以市委、市政府名义表彰5项；主办部门与市人事局联合表彰16项；办理推荐由上级党委、政府及其工作部门与人事部门联合表彰20项。共表彰先进集体448个，其中记集体二等功10个，记集体三等功21个；表彰先进个人1471人，其中记二等功37人、记三等功255人、嘉奖164人。

2007年，共组织行政奖励表彰活动78项，其中以市委、市政府名义表彰8项；主办部门与市人事局联合表彰28项；办理推荐由上级党委、政府及其工作部门与人事部门联合表彰42项。共表彰先进集体1023个，其中记集体二等功18个、记集体三等功24个；表彰先进个人2428人，其中记一等功2人、记二等功83人、记三等功666人、嘉奖728人。

2008年，共审核行政奖励表彰活动44项，比2007年度减少44%，共表彰先进集体723个、先进个人1427人，其中济南市表彰记二等功101人、记三等功307人。

2009年，规范和控制表彰项目，各类表彰比2008年度减少28.6%。办理推荐由上级党委、政府及其工作部门与人事部门联合表彰29项，办理市政府表彰5项，办理部门表彰11项。按照省里要求及分配济南市的名额，组织完成全省“人民满意的公务员”和“人民满意的公务员集体”推荐评选工作。

2010年，全年共审核行政奖励表彰活动56项，比2009年度多11项，其中以市级表彰10项，比2009年度多5项；主办部门与市人事局联合表彰13项，比2009年多2项；办理推荐报上级表彰项目33项，比2009年多4项。其中，为北京残奥会和济南园博会进行专项表彰。对县(市)区的行政奖励表彰工作进行初步调研。

第三节 人事任免与辞退

一、任免

1988年，市政府按照《中华人民共和国地方各级人民代表大会和地方各级人民政府组织法》及《济南市县级以上各级人民政府任免工作人员试行办法》的有关规定，根据经济建设和行政管理工作的需要，调整各级领导班子。共办理行政任免173人(任137人，免36人)，其中经市人大常委会决定任免在市政府序列委办局正职工作人员47人（任45人，免2人）。被市人大常委会任命45名工作人员，平均年龄51.2岁，中青年干部占62%；大专以上学历22人，占48.9%；高中和中专学历18人，占40%，初中7人。任免在市政府序列的委办局副职以及市政府其他工作部门的行政领导59人（任45人，免14人）；县级企事业单位的行政正职47人(任27人，免20人)；批准招标聘任产生的企事业单位行政正职20人。

1989年，市政府共办理行政任免128人(任96人，免32人）。其中经市人大常委会决定任免的市政府序列的委办局正职工作人员5人(任4人，免1人）；任免在市政府序列的委办局副职以及市政府其他工作部门的行政工作人员73人(任53人，免20人）；任免县级企事业单位的行政正职45人(任34人，免11人)；批准招标聘任产生的企事业单位行政正职5人。

1990年，市政府共办理行政任免193人(任147人，免46人)。其中经市人民政府审议通过，并经市人民代表大会常务委员会决定任命的副市长1人，正局级职务4人；市人民政府决定任命的正局级职务11人， 免2人；任命副局级职务77人，免13人；任命县级企事业单位行政正职54人，免31人。

1991年，市政府共办理行政任免189人(任147人，免42人)，其中经市人大常委会决定任免市政府序列的委办局正职工作人员25人(任15人，免10人)；任免在市政府序列的委办局副职及市政府其他工作部门行政工人员106人(任91人，免15人）；任免县级企事业单位的行政正职58人(任41人，免17人)。

1992年，市人民政府共办理行政任免190人(任133人，免57人)，其中经市人大常委会决定任免的市政府序列的委办局正职工作人员10人(任6人，免4人）；任免在市政府序列的委办局副职及市政府其他工作部门行政工作人员111人(任84人，免27人)；任免县级企事业单位行政正职69人(任43人，免26人）。

1993年，市政府共办理行政任免236人(任177人，免59人)，其中经市人大常委会决定任免的市政府序列的委办局正职工作人员55人(任53人，免2人)；任免在市政府序列的委办局副职及市政府其他工作部门行政工作人员140人(任98人，免42人)；任免县级企事业单位行政正职39人(任24人，免15人)。

1994年，市政府共办理行政任免77人次 (任47人次，免30人次)，其中经市人大常委会决定任免的市政府序列的委办局正职工作人员7人(任4人，免3人)；任免在市政府序列的委办局副职及市政府其他工作部门的行政工作人员60人(任38人，免22人)；任免县级企事业单位行政正职10人(任5人，免5人)。

1995年，市政府共办理行政任免37人次 (任28人次，免9人次)。其中经市人大常委会决定任免的市政府序列的委办局正职工作人员4人(任2人，免2人）；市政府任免的市政府序列的委办局副职及政府其他工作部门的行政工作人员26人(任21人，免5人）；任免县级企事业单位行政正职7人(任5人，免2人)。

1996年，市政府共办理行政任免169人次(任122人次，免47人次）。其中经市人大常委会决定任免的政府序列的委办局正职工作人员18人次(任10人次，免8人次）；市政府任免的市政府序列的委办局副职及政府其他工作部门行政工作人员151人次(任96人次，免55人次）；任免县级企事业单位行政正职26人次(任23人次，免3人次)。

1997年，市政府共办理行政任免87人次 (任61人次，免26人次）。其中经市人大常委会决定任免的政府序列的委办局正职工作人员10人次(任5人次，免5人次)；市政府任免的市政府序列的委办局副职及政府其他工作部门的行政工作人员59人次(任41人次，免18人次)；任免市管企业董事长、董事、监事会主席、监事会副主席、监事、厂长、副厂长18人次(任15人次，免3人次)。

1998年，市政府共办理行政任免305人次(任239人次，免职66人次)。其中报请市人大常委会决定任免的政府序列的委办局正职工作人员47人次；由市政府直接任免的市政府序列的委办局副职及政府其他工作部门行政工作人员258人次(任192人次，免66人次)。

1999年，市政府共办理行政任免100人次(任75人次，免职25人次)。其中报请市人大常委会决定任免的政府序列的委办局正职工作人员4人次；由市政府直接任免的市政府序列的委办局副职及政府其他部门行政工作人员96人次(任72人次，免24人次)。

2000～2010年济南市行政任免情况表

表9—4—3　　　　单位：人次

年 份	任 免	任 命	免 职
2000	136	107	29
2001	457	291	166
2002	85	67	18
2003	245	147	98
2004	292	195	97
2005	152	99	53
2006	263	187	76
2007	245	160	85
2008	293	187	106
2009	287	168	119
2010	420	281	139

二、辞退

1996年，辞退5人。1997年，辞退6人。1998年，辞退9人。1999年，辞退3人。2000年，辞退13人。2001年，辞退3人。2002年4月11日，下发《济南市人事局关于加强对辞职、辞退人员管理的有关问题的通知》，进一步规范全市专业技术人员和管理人员辞职、辞退管理中的有关问题。2007年，市直机关辞退科级以下公务员2人。2008年，市直机关辞退科级以下公务员4人。2009年7月24日，人力资源和社会保障部印发《公务员辞退规定(试行)》，对公务员辞退的相关问题做出明确规定。10月14日，济南市人力资源和社会保障局转发《公务员辞退规定(试行)》。

第四章 公务员管理

第一节 职位设置与人员过渡

1988年，历下区、槐荫区分别在东关和振兴街两个街道办事处进行街道政治体制改革试点，探索城区基层政权建设新路子。本着党政分开、政企分开、理顺关系、转变职能原则，改革街道办事处机构设置。振兴街街道办事处建立党群和行政两个工作系统，并在行政工作系统内分设经济管理部门和社会服务管理部门。东关街道办事处合并、精简原有机构，组成党务、行政、经济、社会服务四个工作系统，并重新确定工作范围，制定和完善工作细则。改革干部人事管理制度。街道办事处选拔干部，由过去的委任制改为聘任制。实行公开招标、优化组合，根据工作量合理调整工作人员，实行定岗定责。振兴街街道办事处工作人员由43人减为37人，东关街道办事处工作人员由124人减为70人。对精减的人员，有的解聘辞退，有的下厂代职或派往新组织的经济实体。通过改革试点，街道办事处综合管理服务功能和范围不断延伸、拓宽，使街道办事处由区的派出机构逐步向基层政权机构的方向发展。

1994年10月，济南石油化学工业局率先在全市工交系统进行机关内部机构改革、人员“三分流”①的改革试点，历时两个月，于12月中旬全面结束。分流后的局机关实行一个班子，三套人马，各司其职，机关管理处室由原来的20个精减到10个，人员由90人精减到45人，机关工作效率和办事质量有明显提高。经贸总公司和置业公司也呈现良好发展势头。

1996年5月19日，全市机构改革暨推行国家公务员制度工作会议召开。济南市先后制定印发《济南市实施国家公务员制度人员过渡办法》《关于市直机关工作人员向国家公务员过渡中实行任职回避的通知》《关于机关现有工作人员向国家公务员和机关工作者过渡有关问题的通知》，对国家公务员过渡的实施范围、方法步骤、要求等进行具体规定。8月25日，全市机关现有工作人员向国家公务员和机关工作者过渡考试工作开始。首批5751人参加考试。整个考试工作分5批进行，共有126个单位25823人参加，及格率为99.83%。8月30日，市委、市政府召开全市推行机构改革暨国家公务员制度参照管理工作会议。

1998年，做好工商等部门国家公务员过渡。1999年，顺利完成全市劳动和社会保障机构的调整移交以及工商行政管理机构的上划交接工作。2001年，完成济钢公安处成立鲍山分局后人员的移交工作；完成安全生产监督管理局人员的移交工作。2003年6月，对原城建监察系统400多名人员，经过考试、考核，择优过渡

① 把局机关人员分为继续履行政府行业管理职能；以原有局供销公司为依托成立经贸总公司，主要从事对内、对外经济贸易，总公司下设5个分公司，实行独立核算，自主经营；成立置业公司，主要从事房地产开发和第三产业。

为城市管理行政执法人员。完成市药品监督管理局和各县(市)区药品监督管理局人员垂直上划移交工作。

2004年，通过改革撤销合并职能交叉、错位的各类工作机构29个，需要新建12个，增减相抵后精简17个，精简幅度18%。这次机构改革按照“以人为本、妥善安置、先立后破、分期到位、统一调配、优化结构”的原则，先期按时完成3个新建单位176名人员选配工作，保证新建机构正常运转；优先办理29个撤并单位1146名离退休人员移交工作，确保老干部工作有人抓、有人管；坚持整体性一次安置、职能划转归口安置和适当超编安置原则，为29个撤并单位562名现有在职人员全部落实接收单位，整个改革真正做到思想不散、工作不断、秩序不乱。

2006年1月1日起，《中华人民共和国公务员法》正式实施。济南市成立以市政府主要负责人为组长的市实施公务员法领导小组，通过调查研究和统计分析，对83个市直机关和59个副局级以上事业单位公务员管理情况进行内部梳理，摸清济南市公务员队伍的底数，找准存在主要矛盾和问题，提出初步解决意见，为实施公务员法奠定坚实基础。9月，济南市在全省率先召开会议，对实施公务员法工作做出全面部署。10月和11月，又分别组织召开市直机关和县(市)区公务员登记工作会议。10月24日，市委下发《济南市实施〈中华人民共和国公务员法〉工作方案》，严格界定济南市公务员登记的范围、对象、条件，明确工作程序和管理权限等。在登记工作中，按照先易后难、稳慎处理、逐级负责、组织登记原则，坚持原则不动摇，执行政策不走样，履行程序不变通，确保登记工作顺利进行。至年底，市直机关登记工作完成，县(市)区登记接近尾声。

2007年，全市各级人事部门和组织部门联合开展公务员登记工作。至年底，全市公务员登记完成。按照政策规定，对符合登记条件人员，确定职务与级别。事业单位参照公务员法管理工作稳步推进，申报审核工作有序进行。根据九届市委第十二次常委会议关于六区公安分局移交市公安局垂直管理的决议精神，为市公安局六区公安分局4902名在职人员和995名离退休人员办理人员划转手续。

2008年，按照先理顺关系再逐步消化解决原则，研究提出济南市公务员登记遗留问题处理意见和人员分流安置方案，对560名符合登记资格考试条件的人员组织考试和登记。推进事业单位参照公务员法管理工作，市直40个、县(市)区121个事业单位经省人事厅批复，人员过渡登记工作稳步进行。

2009年，做好公务员登记遗留问题处理工作，为555名考试合格人员进行公务员登记审批。针对不符合公务员登记条件的人员，制定《济南市公务员登记遗留问题处理意见》。至年底，为2006年以后进入机关的军转干部、选调生、考录公务员等1252人进行公务员登记。组织全市8个森林公安机构人员的过渡考试和考核工作，为50人进行登记。完成参照管理单位人员资格审查、过渡考试及登记审批。研究制定《济南市参照管理单位人员登记工作方案》，对全市164个参照管理单位的3729人进行资格审查；完成2139名参照管理人员资格考试。为27个单位符合登记条件的975人进行登记审批。

2010年，为707名公务员和33名参照管理人员办理登记手续，对2163人的公务员登记表进行重新审批，完成全市森林公安机构33人考核考试过渡登记工作。

第二节　法规制定及实施

1986年12月24日，中共济南市委提出《关于改革干部制度、进一步加强领导班子建设的意见》，就坚持干部“四化”(革命化、年轻化、知识化、专业化)建设、建立健全干部考核制度、实行干部交流、干部培训制度和领导干部离任审计评议制度等提出10条意见。

1987年5月22日，中共济南市委、市人民政府制定《关于贯彻〈中共中央、国务院关于制止机构、编制和干部队伍膨胀的通知〉的意见》，提出今后不再成立非常设机构，各部门与单位的干部指标应与工人指标分开。

1990年，针对一些单位、部门在任免干部和干部宏观管理中存在的问题，进行深入调查。制定下发《关于加强干部管理工作的意见》，对干部任免实行综合宏观管理，完善干部任免备案制度。

1992年5月，中共山东省委、省政府批准济南为公务员制度试点城市。为加强对试点工作的领导，为全省建立推行公务员制度提供经验，市委、市政府成立济南市公务员制度试点工作领导小组及其办公室，7月1日，办公室正式开始工作。根据《国家公务员暂行条例》(草案)，拟定《济南市国家行政机关公务员制度试行方案》和考试录用、考核、职务升降、任免、回避5个单项法规以及政府现有人员向公务员过渡的试行办法；确定市环保局、市审计局为公务员制度试点先行单位，两个单位按照《国家公务员暂行条例(草案)》的要求，分别拟定“三定”(定职能、定机构、定编制)工作方案；举办公务员制度试点工作骨干培训班，市属五县、五区和市政府有关部门组织人事处长共31人参加培训。

1998年，为迎接新一轮机构改革，贯彻山东省人事厅、省编制委员会办公室《关于暂停新增机构的通知》和《关于清理清退机关事业单位临时人员和超编计划人员的通知》精神，着手开展机关事业单位人员分流工作，首先在济阳县和市一商局、市粮食局等部门进行离岗分流试点，取得初步成效。至年底，市直、县(市)区已轮岗分流1600多人。乡镇清理清退临时工和借调人员1800多人。

2006年1月1日起，《中华人民共和国公务员法》正式实施。济南市成立以市政府主要负责人为组长的市实施公务员法领导小组，并下发实施意见。10月24日，市委下发《济南市实施〈中华人民共和国公务员法〉工作方案》，严格界定济南市公务员登记的范围、对象、条件，明确工作程序和管理权限等。

第五章　机关事业单位工资福利待遇

第一节　工　资

一、工资改革

(一)1993年工资制度改革。根据国务院规定，从1993年9月30日起，对国家机关、事业单位工作人员工资制度进行第三次改革。机关工作人员工资制度改革原则：贯彻按劳分配原则，克服平均主义；建立符合机关特点的工资制度；机关与企业、事业单位实行不同的工资制度；机关工作人员的工资应根据经济的发展，有计划地增长，并在此基础上建立正常增资制度；根据职工生活费用价格指数的变动情况定期进行调整，保障工作人员的实际生活水平不因物价上涨而降低。同时，将现行发放的工资外补贴纳入工资；改革地区工资类别制度和津贴制度。改革主要内容：机关工作人员(除工勤人员外)实行职级工资制。其工资按不同职能，分为职务工资、级别工资、基础工资和工龄工资四个部分；建立正常增资制度；实行地区津贴制度；整顿津贴；改革奖金制度；改革机关工人工资制度；离退休人员不实行职级工资制度，参照同职务在职人员的增资水平，适当增加离退休费。事业单位工作人员工资制度改革原则：在科学分类基础上，依据按劳分配原则建立体现事业单位不同类型、不同行业特点的工资制度和津贴、奖金制度，与机关的工资脱钩；加大工资中活的部分，使工作人员的报酬与其实际贡献紧密结合起来，同时将一部分物价、福利性补贴纳入工资；建立正常增加工资制度；对不同类型事业单位实行分类管理；建立地区津贴制度。改革主要内容：根据事业单位特点和经费来源的不同，对全额拨款、差额拨款、自收自支三种不同类型的事业单位，实行不同管理办法；专业技术人员分别实行五种不同类型的工资制度；管理人员实行职员职务等级工资制；工人分别实行技术工人和普通工人工资制度；改革奖励制度；建立正常增资机制和地区津贴制度；离退休人员不实行新工资制度，参照同职务在职人员的增资水平，适当增加离退休费。

1994年2月25日，中央机构编制委员会确定济南等全国16个城市的行政级别为副省级，机关工作人员工资从3月起，比照国务院直属机构工作人员的工资标准执行。市长、副市长分别执行副省、正厅的职务工资标准；正局长(区长)、副局长(副区长)的职务工资标准分别比副厅、正处的职务工资标准高一档。处长及以下职务执行国务院部委相同职务的工资标准。

(二)2006年工资制度改革。2006年，开展改革机关事业单位工作人员工资制度和规范公务员收入分配秩序，新中国成立以来第四次大规模的工资改革。机关公务员实行职级工资制，基本工资由职务工资和级别工资构成；机关技术工人实行岗位技术等级工资制，基本工资由技术等级工资和岗位工资构成；普通工人实行岗位工资制，基本工资由岗位工资构成。事业单位实行岗位绩效工资制度，事业单位基本工资由岗位工资和薪级工资构成。7月，济南市制定《济南市机关事业单位工资制度改革实施意见》，并设计开发测算和自动校验程序。完成对所有从事工资工作人员进行政策和工资套改软件操作的培训。

按照国家和山东省的规定，济南市局级以上公务员的职务工资按以下办法确定：市长、副市长、局长(区长)、副局长(副区长)分别按副省、正厅、副厅、正处领导职务套改；巡视员、副巡视员分别按副厅非领导职务工资、正处领导职务工资套改；处长及以下职务人员按正厅级建制单位的相同职务人员套改。级别工资按下列办法确定：市长、副市长分别按副省、正厅套改；局长(区长)和巡视员、副局长(副区长)和副巡视员分别在按副厅、正处套改级别工资的基础上高定一个级别，级别工资就近就高套入相应的工资标准；处长及以下职务人员按正厅级建制单位相同职务人员套改。局级事业单位中的正局、副局按副厅、正处套改工资，其岗位工资正局在副厅的基础上增加130元，副局在正处基础上增加100元。

二、工资调整

(一)调整基本工资。1997年7月1日起，根据人事部、财政部和省人事厅、省财政厅文件规定，按照月人均20元提高工资标准。职务工资和津贴部分按国家规定的构成比例相应提高。同时，对新参加工作人员，按照不同的学历层次，相应提高试用期、见习期和初期工资标准。

1999年7月1日起，根据国务院办公厅和省人事厅、省财政厅文件规定，按月人均120元提高工资标准。职务工资和津贴部分按国家规定的构成比例相应提高。同时，对新参加工作人员，按照不同的学历层次，相应提高试用期、见习期和初期工资标准。

2001年1月1日起，根据国务院办公厅和省人事厅、省财政厅文件规定，按月人均100元提高工资标准。职务工资和津贴部分按国家规定的构成比例相应提高。同时，对新参加工作人员，按照不同的学历层次，相应提高试用期、见习期和初期工资标准。

2001年10月1日起，根据国务院办公厅和省政府办公厅文件规定，按月人均80元提高工资标准。职务工资和津贴部分按国家规定的构成比例相应提高。同时，对新参加工作人员，按照不同的学历层次，相应提高试用期、见习期和初期工资标准。

国务院办公厅和省政府办公厅鲁政办发文件规定，2003年7月1日起，按月人均50元提高工资标准。职务工资和津贴部分按国家规定的构成比例相应提高。同时，对新参加工作人员，按照不同的学历层次，相应提高试用期、见习期和初期工资标准。

(二)调整津贴补贴标准。职务补贴。1992年1月起实施第一次职务补贴，在机关事业单位工作人员中实行职务补贴。同时为离退休人员发放相应数额的生活补贴。1992年12月起实施第二次职务补贴，调整机关事业单位工作人员职务补贴和离退休人员生活费。1995年10月起实施第三次职务补贴，调整市直机关事业单位工作人员职务补贴，并相应增发离退休人员生活补贴。2001年12月起，将省委、省政府研究决定三次职务补贴，按职务归并为一个标准。

岗位津贴。1990年，为全市公安、国家安全和劳教系统干警提高值勤岗位津贴，月增加津贴额9.15万元，人均15元。2004年12月起，经市委研究同意，参照鲁人发〔2004〕30号文件规定的标准，在济南市机关事业单位实行岗位津贴。

福利费。1994年1月1日起，离休、退休人员福利费暂按每人每月8元提取。

驻济南补贴。1998年1月起，给离退休人员增发补贴，标准为每人每月36元。2004年12月，调整为每人每月56元。

地方福利补贴。1997年，将现行的交通补贴、洗理费、粮油补贴、房租补贴、粮价补贴、开放城市补贴、误餐补贴七种津贴补贴合并，合并后统称为地方福利补贴，标准为每人每月125元。

保留津贴。根据市委研究意见，机关工作人员的每人每月140元；事业单位每人120元。

职岗补贴。根据市委研究意见，市直机关副局以上人员自2001年12月起实行职岗补贴。每人每月标准为副局级135元，正局级150元，副市级165元，正市级180元。

三、其他工资变动情况

1986年7月，济南市市区由五类工资区调为六类工资区。

2000年1月，济南市行政单位人员实行财政统一发放工资。

2009年，结合事业单位人事制度改革，为全市核准的3000多个事业单位岗位实行新的工资标准；制定《济南市义务教育学校绩效工资实施办法》，对基层医疗卫生单位现有人员和工资情况进行调查摸底，为全面推行绩效工资制奠定基础。

2010年，市及各县(市)区均按照不低于当地公务员平均工资水平的标准，兑现义务教育学校教师的绩效工资，公共卫生和基层医疗卫生事业单位的绩效工资实施工作顺利启动；结合机关事业单位综合信息管理系统建设，工资福利业务全部实现信息化，管理水平和质量明显提高。

第二节 福利待遇

一、假期待遇

(一)病假期间生活待遇。根据1981年文件规定：工作人员病假在两个月以内的，照发原工资，超过两个月的，从第三个月起，工作年限不满10年的，按本人工资的90%发给，工作年限满10年及其以上的，发100%工资；病假超过六个月的，从第七个月起，工作年限不满10年的，按本人工资的70%发给，工作年限满10年以及以上的，按本人工资的80%发给。工作人员病假期间继续享受职务补贴和所在单位的生活福利待遇。

（二）产假待遇。1988年国务院第9号令规定：女职工产假为90天，其中产前休假15天。难产的，增加产假15天。多胞胎生育的，每多生育一个婴儿，增加产假15天。2012年国务院第619号令规定：女职工生育享受98天产假，其中产前可以休假15天；难产的，增加产假15天；生育多胞胎的，每多生育1个婴儿，增加产假15天。山东省人口与计划生育条例规定：女方晚育的，除国家规定的产假外，增加产假60日，并给予男方护理假7日，增加的产假、护理假，视为出勤，工资照发，福利待遇不变。

（三）探亲假待遇。根据1981年文件规定：凡在国家机关、人民团体和全民所有制企业、事业单位工作满一年的固定职工，与配偶不住在一起，又不能在公休假日团聚的，可以享受本规定探望配偶的待遇；与父亲、母亲都不在一起，又不能在公休假日团聚的，可以享受本规定探望父母的待遇。但是，职工与父亲或与母亲一方能够在公休假日团聚的，不能享受本规定探望父母的待遇。职工探望配偶的，每年给予一方探亲假一次，假期为30天；未婚职工探望父母，原则上每年一次假期为20天。如果因为工作需要，本单位当年不能给予假期，或者职工自愿两年探亲一次，可以两年给假一次，假期为45天。已婚职工探望父母的，每四年给假一次，假期为20天。职工在规定的探亲假期和路程假期内，按照本人的标准工资发给工资。

（四）婚丧假。根据1980年文件规定：工作人员本人结婚或职工直系亲属（父母、配偶和子女）死亡时，可以根据具体情况，由本单位行政领导批准，酌情给予一至三天的假期。男女双方按晚婚（男满25周岁，女满23岁以上）要求结婚的，增加婚假两周。夫妇双方不在一地工作的结婚的，或工作人员去外地料理直系亲属丧事的，可根据路程远近另外给予路程假。工作人员在被批准的婚丧假和路程假期间，工资照发。

（五）年休假。根据2008年人事部令第9号规定：机关事业单位工作人员连续工作1年以上的，享受带薪年休假。累计工作已满1年不满10年的，年休假5天；已满10年不满20年的，年休假10天；已满20年的，年休假15天。工作人员工作年限满1年、满10年、满20年后，从下月起享受相应的年休假天数。机关、事业单位应当根据工作人员应休未休的年休假天数，对其支付年休假工资报酬：每应休未休1天，按照本人应休年休假当年日工资收入的300%支付，其中包含工作人员正常工作期间的工资收入。

二、抚恤

（一）丧葬费。1989年文件规定：国家机关、民主党派、人民团体、事业单位的干部职工（包括离、退休）逝世后，不分职务级别，每人500元。开支内容包括：服务、整容、遗体运送、临时寄存、火化、骨灰盒及存放等费用。自2003年9月1日起，将丧葬费的标准定为1000元，包干使用，节约归家属。

（二）抚恤。*机关发放标准*。根据1986年文件规定：因公牺牲的，按其牺牲时计发基数20个月的标准发放。病故的，按其病故时计发基数10个月的标准发放，但最高不得超过3000元。1993年工资制度改革后，取消1986年对国家机关工作人员病故后一次性抚恤金最高数额不得超过3000元的规定。2004年10月1日起，一次性抚恤金按照以下标准执行：因公牺牲的为本人生前40个月的基本离退休费，病故的为本人生前20个月的基本离退休费。

事业发放标准。根据1994年文件规定：事业单位工作人员和离退休人员死亡一次性抚恤金发放标准：革命烈士，为本人生前40个月工资，因公死亡，为本人生前20个月工资，病

故，为本人生前10个月工资。取消1986年对病故后一次性抚恤金最高数额不得超过3000元的规定。根据1978年文件规定，办理退职的人员牺牲、病故后可以按本人退职时计发的基本退职费和历次按国家规定增发的退职费之和发给一次性抚恤金。2004年10月1日起，一次性抚恤金按照以下标准执行：因公牺牲的为本人生前40个月的基本离退休费，病故的为本人生前20个月的基本离退休费。

(三)遗属生活困难补助。根据2005年文件规定：符合生活困难补助条件的遗属，不分农村居民、城镇居民，每人每月补助标准均按户籍所在地政府公布的城镇居民最低生活保障线标准执行。遗属生活困难补助标准，随城镇居民最低生活保障线标准的调整相应进行调整。

第六章　机　构

第一节　行政机关

一、济南市人事局

1986年，市人事局内设秘书科、干部调配科、奖惩任免科、老干部服务处(科级)、工资福利处(与老干部服务处合署办公)、军转干部安置办公室、编委办公室、科技干部处(科级)共8个业务科室，人员编制55人。1987年2月，原有科室改为办公室、干部调配处、奖惩任免处、老干部服务处、工资福利处(与老干部服务处合署办公)、干部教育处、市军队转业干部安置办公室、市编制委员会办公室；11月，设老干部工作处，撤销与工资福利处合署的原老干部服务处。1989年2月，设调研处。1990年9月，设科技干部处。1991年3月，设考试录用处，与调配处合署办公。1995年2月，济南市人事局定为副厅级，内设机构为处级。1996年12月，设毕业生分配处。

2001年8月，市人事局内设办公室、综合计划处(挂信息处牌子)、政策法规处、录用调配处(挂人事争议仲裁处牌子)、公务员管理处、工资福利与离退休处、教育培训处、专业技术人员管理处、毕业生就业处、行政机构编制处、事业机构编制处、市军官转业安置办公室共12个职能处室，以及市外国专家局(副局级)、机关党委(人事处与其合署)，行政编制62人，离退休干部工作人员编制3人，工勤人员编制7人，人员编制72人。

2010年，市人事局内设办公室、政策法规处、录用调配处、公务员管理处、工资福利与离退休处、教育培训处、专业技术人员管理处、毕业生就业指导处、人事争议仲裁处、市军官转业安置办公室、发展规划处、机构编制一处、机构编制二处、机构编制三处共14个职能处室，以及市外国专家局(副局级)、机关党委(人事处)，行政编制89人，工勤人员编制7人。

二、济南市劳动和社会保障局

1986年，济南市劳动局内设秘书科、政工科、计划科、工资科、调配科、培训科、劳动安全监察科、锅炉压力容器安全监察科、矿山安全监察室、市安全生产委员会办公室、市劳动争议仲裁委员会办公室共11个职能科室，人员编制70人。1987年3月，市劳动局秘书科更名为办公室，政工科更名为组织人事处，其余科室直接更名为处。1988年12月，设调研处。

1989年5月，设老干部处。1990年4月，设信访处，与有关处室合署。1991年8月，矿山安全监察室更名为矿山安全监察处；设劳动争议仲裁处，对外使用市劳动争议仲裁委员会办公室的名称。1994年7月，增设劳动监察处、外商投资企业劳动管理处(与调配处合署办公)。

1996年，市劳动局内设办公室、组织人事处(挂离退休干部工作处牌子)、法规处、综合计划与工资处、劳动力管理处(挂外商投资企业劳动管理处牌子)、职业技能开发处、劳动争议处理处(挂济南市劳动争议仲裁委员会办公室牌子)、劳动监察处、社会保险福利处、财务审计处、职业安全卫生监察处、锅炉压力容器安全监察处、矿山安全卫生监察处、信访处共14个职能处室，人员编制89人。1999年4月，市及县(市)区劳动局更名为劳动和社会保障局；5月，机关编制由89人增为93人。1999年7月，成立中共济南市劳动和社会保障局委员会，撤销中共济南市劳动局委员会。2000年11月，机关编制由93人减为75人。

2001年9月，市劳动和社会保障局内设12个职能处室，配行政编制58人，离退休干部工作人员编制6人，工勤人员编制6人，人员编制70人。2004年12月，市劳动和社会保障局增设工伤保险处，内设办公室、政策法规处、劳动工资处(外商投资企业劳动管理处)、劳动争议处理处、 养老和失业保险处、医疗生育保险处、农村社会保险处、工伤保险处、基金监督管理处、监督监察处、培训就业处、信访处、组织人事处(离退休干部处)共13个职能处室，配行政编制58人，离退休干部工作人员编制5人，工勤人员编制6人，人员编制69人。2007年9月，配行政编制63人，工勤人员6人，机关编制总额69人。2009年2月，劳动争议处理处加挂济南市劳动争议仲裁委员会办公室牌子，作为市劳动争议仲裁委员会的办事机构，增编后，行政编制由63人增加为68人。

三、济南市人力资源和社会保障局

2009年12月，组建市人力资源和社会保障局，不再保留市人事局、市劳动和社会保障局，组建市公务员局，由市人力资源和社会保障局管理；市人力资源和社会保障局内设办公室、政策法规处、组织人事处、发展规划处、财务审计处、就业促进处(挂高校毕业生就业处牌子)、人力资源市场管理处、市军官转业安置办公室、职业能力建设处、专业技术人员管理处、事业单位人事管理处、劳动关系处、工资福利处、养老保险处(挂失业保险处牌子)、医疗保险处、工伤保险处、农村社会保险处、社会保险基金监督处、调解仲裁管理处、劳动监察处(挂信访处牌子)、市外国专家局(副局级)、离退休干部处共22个业务处室，并设立党委，人员编制135人。

第二节　直属机构

一、济南市人事局直属机构

1986～2009年，因人事管理工作需要，市人事局属下的事业单位由1985年的2个(济南市人才交流服务中心、济南市军队转业干部培训中心)调整至7个。

1986年6月，济南市人才交流服务中心定为县级事业单位。1988年11月，济南市军队转业干部培训中心为县级事业单位。1991年8月，建立济南留学回国人员工作站，为县级事业单位，人员编制5人，列财政开支。1992年11月，建立济南市机关事业单位社会保险事业办公室，为局领导的副局级事业单位；成立济南市人事局考试中心，为局所属县级事业单位，人员编制10人。1996年12月，设立中国济南企业管理人才市场管理委员会办公室，与“济南市人才交流服务中心”“济南市人才中心”合署办公，为副局级事业单位。1998年11月，建立济南市人事局信息化中心，同时挂市人事局信息处牌子，为全额预算管理的县级事业单位，人员编制10人。1999年5月，济南市机关事业单位社会保险事业办公室整建制划归市劳动和社会保障局管理。

2001年12月，建立济南市自主择业军队转业干部管理服务中心，为全额预算管理县级事业单位，人员编制6人。2004年12月，市军队转业干部培训中心的人员编制由52人减为27人；济南市人事局考试中心人员编制由10人增为20人；济南市人才交流服务中心的人员编制由30人增为45人。

2006年5月，济南市人事局考试中心更名为济南市人事考试中心，挂济南市领导干部考试测评中心牌子。2008年5月，济南留学回国人员工作站更名为济南留学回国工作办公室，人员编制由5人增为12人；济南市自主择业军队转业干部管理服务中心人员编制由6人增为15人。济南市军队转业干部培训中心人员编制由27人减为11人。2009年2月，济南市人才市场建立，市人才交流服务中心(济南市人才市场管理办公室)更名为济南市人才服务局，不再挂济南市人才市场管理办公室牌子，为局所属财政拨款副局级事业单位。

二、济南市劳动和社会保障局直属机构

1986～2009年，因工作需要，市劳动和社会保障局下属的事业单位由1985年的5个(市劳动服务公司、市劳动就业训练中心、市劳动局技校、市劳动保护教育中心又称市劳动安全卫生检测站、市锅炉压力容器检验所)调整至12个。

1986年8月，设立市劳动保险事业管理处，正职享受副县级待遇，暂定人员编制20人；市劳动服务公司人员编制由35人增为41人。1987年7月，建立济南市劳动服务开发中心，列事业编制15人，为科级事业单位，归市劳动服务公司管理，实行企业化管理；11月，市劳动局技工学校人员编制由94人增为173人，其中含实习工厂人员编制30人；市锅炉压力容器检验所事业编制由30人增为50人。1988年6月，建立济南市技工学校招生办公室，为所属的科级事业单位，编制5人，经费自筹。1989年1月，济南市劳动服务公司改为济南市劳动服务总公司；2月，市劳动保护教育中心、市劳动安全卫生检测站人员编制由15人增为25人(教育中心8人，检测站17人)；12月，济南市锅炉压力容器检验所编制由50人增为80人。

1990年3月，济南市劳动服务总公司为局级事业单位。10月，济南市锅炉压力容器检验所更名为济南市锅炉压力容器检验研究所，为全民所有制独立科研机构，隶属市劳动局领导，业务上接受市科委的指导。该所人员编制80人。1991年1月，济南市劳动保险事业管理处升格为副局级事业单位。1993年2月，济南市社会劳动保险事业处更名为济南市社会劳动保险事业办公室，为副局级；12月，济南市锅炉压力容器检验研究所由科级调整为县级事业单位。

1996年10月，市社会劳动保险事业办公室人员编制由21名增为37名。1997年9月，建立济南市职业技能鉴定中心，为市劳动局所属的自收自支的县级事业单位，人员编制15人；建立济南市劳动监察大队，为市劳动局所属的差额预算管理的县级事业单位，编制25人。1999年5月，市人事局管理的济南市机关事业单位社会保险事业办公室，民政局管理的济南市农村养老保险事业处划归市劳动和社会保障局管理；市机关事业单位社会保险事业办公室，副局级全额预算管理事业单位，人员编制15人；市农村养老保险事业处，副县级全额预算管理事业单位，人员编制10人。

2000年3月，市社会劳动保险事业办公室人员编制由37人增为87人；9月，市劳动保护教育中心(市劳动安全卫生检测站)明确为县级事业单位；10月，济南市劳动局技工学校更名为济南

市技工学校；11月，市劳动保护教育中心划归市经济委员会管理；市锅炉压力容器检验所、市劳动安全卫生检测站更名为市特种设备检测站，划归市技术监督局管理；市劳动服务总公司、市社会劳动保险事业办公室、市劳动监察大队经费类型由自收自支、差额管理改为全额预算管理；12月，建立济南市职工医疗保险管理办公室，为全额预算管理副局级事业单位，人员编制50人；济南市机关事业单位社会保险事业办公室人员编制由15人增为20人。2001年1月，济南市劳动局技工学校更名为济南市技工学校；济南市劳动就业训练中心并入济南市技工学校，保留市劳动就业训练中心名称；济南市技工学校人员编制由173人增为240人；5月，市劳动监察大队人员编制由25人增至26人；市农村社会养老保险事业管理处人员编制由10人增至11人；9月，济南市劳动服务总公司更名为济南市劳动就业办公室；12月，市劳动就业办公室人员编制由87人减为80人；市职工医疗保险管理办公室人员编制由50人增为57人。

2002年7月，六区社保机构垂直管理后，其名称为济南市社会劳动保险事业办公室历下、市中、天桥、槐荫、历城、高新技术开发区办事处；市农村社会养老保险事业管理处更名为市农村社会保险办公室，为全额预算管理县级事业单位；建立济南市劳动保障信息网络中心，为全额预算管理县级事业单位，人员编制22人。2003年2月，省政府同意将济南市技工学校改建为济南市高级技工学校，学校改建后为全额拨款副厅级单位。2005年7月，济南市石油化工技工学校、济南市粮食技工学校(济南市商务成人中等专业学校)、济南市商业技工学校(济南市商业职业中等专业学校)并入济南市高级技工学校；9月，济南铁路高级技工学校(济南铁路司机学校、济南铁路高级技术学校)移交济南市管理；10月，省政府同意济南市高级技工学校更名为济南技术学院。

2006年4月，明确济南铁路高级技工学校为全额预算管理正处级事业单位，隶属市劳动和社会保障局管理，配事业编制254人；7月，济南市劳动监察大队更名为济南市劳动保障监察支队。2007年2月，济南技术学院人员编制维持530人不变，其中全额编制305人，差额编制225人；6月，市劳动保障监察支队为市劳动和社会保障局所属全额预算管理副局级事业单位，核定编制50人；7月，市政府同意济南铁路高级技工学校加挂“济南铁路学校”校名。2008年11月，市劳动保障监察支队被批准为参照管理事业单位。2009年6月，省政府同意将济南技术学院改建为济南市技师学院。

三、济南市人力资源和社会保障局直属机构

2009年12月，市人力资源和社会保障局有下属事业单位19个：市劳动就业办公室、市人才服务局、市社会劳动保险事业办公室、市机关事业单位社会保险事业办公室、市职工医疗保险管理办公室、市劳动保障监察支队、市人事考试中心、济南留学回国工作办公室、市人事信息化中心、市自主择业军队转业干部管理服务中心、市军队转业干部培训中心、市农村社会保险办公室、市职业技能鉴定中心、市劳动保障信息网络中心、市人才市场、市技师学院、济南铁路高级技工学校、市劳动服务开发中心、市技工学校招生办公室。

2010年4月，设市劳动人事争议仲裁院，为财政拨款副局级事业单位，核定事业编制30人。

第五篇　外事台港澳侨事务

第一章　外　事

中共十一届三中全会后，随着中国对外开放政策不断深入，济南市对外交往工作进入一个新阶段。20世纪80年代至90年代，到访的国际友人多来自于中国周边和其他第三世界国家。21世纪，济南市对外开放水平有质的飞跃，外事活动日益活跃，对外交往领域空前扩大，交往范围拓展至各大洲的国家和地区，其中以欧美等发达国家居多，成为济南市对外交往的重要渠道。

第一节　到访 出访

1986～2010年，先后有25个国家的37位外国政要到济南市参观访问，其他重要的到访团组有部长级政府要员62批，重要党宾48批354人次，外交使节140批1380人次，国际组织、友好协会及团体机构58批519人次，前政要、友好人士和知名人士33批1000余人次，经贸科技、文化、教育、体育团体151批3912人次。1987～2010年，济南市市级领导、副市级领导出访102批次。

1986～2010年各国官方到济南访问情况表

表9—5—1

官方	时间	国别(地区)	人数	交往情况摘要
政要	1986-05-25～29	新加坡	8	第二副总理王鼎昌，交流经济、技术、贸易
	1987-03-04～05	美国	140	国务卿舒尔茨，到济南访问
	1987-07-06～07	柬埔寨	9	政府代表团到济南访问
	1987-08-29至09-02	新加坡	7	第二副总理王鼎昌，参观工厂、学校
	1988-05-09～13	洪都拉斯	19	国民议会副议长何赛·安东尼奥·费尔南德斯，参观长清县城关镇后三村
	1988-05-11～12	爱尔兰	21	总统帕特里克·约翰·希勒里，参观济南国棉一厂、经五路小学
	1989-05-27～29	柬埔寨	18	主席诺罗敦·西哈努克亲王观看杂技演出、参观济南轻骑摩托车总厂
	1989-09-13～16	朝鲜	6	劳动党中央委员会委员、最高人民会议副议长孙圣弼，参观济南轻骑摩托车总厂、济南第一棉纺织厂、济南刺绣厂

续表9—5—1—1

官方	时间	国别(地区)	人数	交往情况摘要
政要	1991-06-01～02	巴布亚新几内亚	10	总督塞雷·艾里，参观济南国棉一厂和济南钟表厂
	1991-10-07～08	朝鲜	133	劳动党中央委员会总书记、朝鲜民主主义共和国主席金日成，参观济南机床二厂、汽车制造总厂
	1992-04-20～26	奥地利	15	联邦议会常务副议长施图岑贝格，考察山东省中医医院、北园镇清河村
	1992-05-26～29	朝鲜	10	最高人民会议议长杨亨燮，参观济南第二机床厂、济南汽车制造总厂党家庄分厂
	1993-04-04	奥地利	76	总理弗朗茨·弗拉尼茨，参加中国重汽集团成立十周年庆祝大会，参观济南汽车制造总厂党家庄分厂
	1993-04-22	新加坡	36	总理吴作栋，参观济南浪潮集团
	1994-02-24～25	越南	21	共产党中央政治局委员、国会主席农德孟，考察济南轻骑摩托车总厂、北园镇清河村
	1994-10-02～04	新加坡	24	政府内阁资政李光耀，参观济南第一机床厂
	1994-10-08～10	格鲁吉亚	7	议会议长戈古阿泽，参观山东大学、北园镇清河村
	1995-07-04～06	马里	4	国民议会议长迪亚洛，到济南访问
	1995-09-21～22	奥地利	123	总统托马斯·克莱斯蒂尔参观中国重型汽车集团公司技术中心及斯太尔卡车总装生产车间、济南污水处理厂
	1996-11-08～10	津巴布韦	22	副总统穆增达参观中国重汽集团济南汽车制造厂、中国轻骑集团
	1996-10-13～16	新加坡	43	副总理李显龙参加济南八达豪运旅游汽车有限公司二期投入剪彩仪式，参观中国轻骑集团
	1999-05-23～24	越南	16	共产党中央政治局委员、常务副总理阮晋勇到济南进行友好访问
	2000-04-22～25	奥地利	24	联邦议会议长、奥中友协监护会副主席哈塞尔巴赫到济南访问
	2000-11-06～08	乌拉圭	—	副总统兼国会主席路易斯·耶罗参观中国轻骑集团
	2002-07-14	哥伦比亚	—	参议长卡洛斯·加西亚参观农业高新技术开发区
	2002-11-19～20	乌克兰	54	总统列昂尼德·达尼洛维奇·库奇马到济南访问
	2003-08-02	越南	13	国会副主席张光得参观趵突泉、泉城广场和济南城市规划展
	2003-09-13	波黑	6	副总统伊万·托姆连诺维奇参观佳宝工业园
	2003-10	乌克兰	—	副总理兼乌中经贸委员会主席德·塔巴奇尼克出席在济南举办的乌克兰科技园暨高科技成果洽谈交易会
	2004-05-28～30	坦桑尼亚	31	总统本杰明·威廉·姆卡帕参观市高新技术开发区、黄河水利工程、市少年宫及青年公园社区

续表9—5—1—2

官方	时间	国别(地区)	人数	交往情况摘要
政要	2005-07-06～07	赞比亚	9	议长姆瓦纳姆·万布瓦参观济南高新技术开发区、轻骑集团发动机厂和佛山苑居民社区
	2006-04-21～24	佛得角	—	国民议会第一副议长马里奥·马托斯参观考察中国重汽集团、山水集团和济南四建集团
	2006-09-07	卢森堡	52	大公（国家元首)亨利到济南访问
	2008-08-15	密克罗尼西亚	6	总统伊曼纽尔·莫里参观考察济南力诺集团和百脉泉
	2007-06-07	纽埃	11	总理米提塔伊昂伊梅尼·扬·维维安参观考察高新技术开发区和力诺集团
	2008-09-19	尼日尔	21	总理赛义尼·奥马鲁参观力诺集团
	2008-10-27	佛得角	5	教育、科技和文化部部长费尔南达·马克斯及驻华大使儒利奥·德莫赖斯考察济南大学
	2009-03-17～21	朝鲜	45	内阁总理金英日到济南访问
	2010-04-13～18	荷兰	41	海尔德兰省代省长范海琳参观力诺集团和济钢集团
	2010-05-27	白俄罗斯	13	维捷布斯克州副州长奥·谢·马茨凯维奇参观中白高科技园
	2010-08-23	巴西	9	奥萨斯科市副市长法伊萨奥·吉利就济南高新技术开发区的规划设计、城市规划信息技术及贸易供应、通讯信息技术等领域寻求合作
	2010-09-02	密克罗尼西亚	6	副总统阿利克参观考察章丘市绣惠镇玉米高产创建基地和大葱基地
	2010-10-29	奥地利	3	上奥州常务副州长黑泽尔、奥地利驻华大使公使施泰纳参观龙奥大厦城市规划展厅、济南公交公司公共交通和新能源汽车展厅
党宾	1987-05-29至06-02	洪都拉斯	6	民党主席埃弗拉岗·迪亚斯到济南友好访问
	1989-05-03～07	南非	4	共产党总书记乔·斯洛参观山东师范大学、济南第一棉纺织厂、济南轻骑摩托车总厂、大明湖
	1991-10-07～08	朝鲜	133	劳动党中央委员会总书记、朝鲜民主主义共和国主席金日成到济南访问
	1992-06-24～26	厄瓜多尔	3	共产党总书记雷尔·毛杰参观山东师范大学、济南轻骑摩托车总厂
	1992-10-10～13	多米尼加	4	劳动党主席何塞·冈萨雷斯·埃斯皮诺萨参观济南钟表厂、济南第二机床厂、济南轻骑摩托车总厂等
	1993-10-28～29	南非		共产党总书记恩夸库拉参观济南第一机床厂、济南轻骑摩托车总厂
	1993-11-11～13	墨西哥	5	民主革命党总书记马里奥·召塞多参观济南轻骑摩托车总厂、济南市制锦市小学

续表9—5—1—3

官方	时间	国别(地区)	人数	交往情况摘要
党宾	1994-02-24～25	越南	21	共产党中央政治局委员、国会主席农德孟到济南访问
	1996-10-16～18	韩国	58	新政治国民会议总裁金大中到济南访问
	2002-02-27	尼日利亚	10	人民民主党总书记文森特·奥布拉雷参观幼儿园、农民家庭、村办企业，并向辛庄幼儿园捐款
	2005-07-15	印度	2	共产党总书记普拉卡什·卡拉特与中央委员、全印民主妇女联合会主席苏巴希妮·阿里了解济南市农村基层党的组织建设及先进性教育的情况
	2005-10-26～28	多哥	4	人民联盟总书记达马·德拉玛尼参观高新技术开发区、轻骑集团
	2006-07-08	摩洛哥	6	进步与社会主义党总书记伊斯梅尔·阿拉维参观佛山苑小区
	2010-03	越南	27	劳动联合总会机关工会主席杜玉贤考察济南高新区齐鲁软件园
驻华使节	1988-11-16～19	奥地利	2	大使吴迈到济南参观访问
	1990-02-19～20	埃及 卡塔尔 沙特	5	埃及驻华大使巴德尔·哈马德、卡塔尔国驻华大使艾福德、沙特阿拉伯王国驻华商务代表处首席代表陶菲克·哈立德·阿里迈达参观济南清真南大寺、清真女寺和济南柴油机厂及大明湖公园
	1991-03-11～14	英国	14	大使阿兰·唐纳德参加中英合资经营“山东乐富门烟草有限公司”的签字仪式
	1993-02-07～10	澳大利亚	5	大使雷涛乐参观济南轻骑摩托车总厂、济南钟表厂
	1993-07-23～24	新加坡	4	大使郑东发同山东省及济南市经委就经济技术合作项目进行商谈
	1994-05-16～18	德国	3	大使傅泰民参观济南考格尔汽车改装厂及大明湖
	1994-06-26～28	马来西亚	3	大使达图诺尔·阿德南及梁毓方夫妇参观济南轻骑集团、机床一厂
	1994-12-12～15	以色列	3	大使本·亚可夫与山东省计委、农业厅等进行会谈
	1995-05-22	巴基斯坦	2	大使阿希拉夫·卡齐到济南访问
	1996-03-29至04-04	韩国	2	大使郑钟旭到济南访问
	1996-05-13～14	法国	3	大使弗郎索瓦·白乐尚到济南访问
	1997-04-03～04	加拿大	2	大使豪沃德·贝祥到济南访问
	1997-10-07～10	日本	3	大使佐藤嘉恭参观山东松下映像产业有限公司
	1998-04-01～04	荷兰	4	大使伍思德参观山东松下映像产业有限公司
	1998-05-13	南斯拉夫	12	大使翁科维奇参加南斯拉夫海默法姆制药公司与济南市医药局合资制药企业的开业典礼，就济南市与南斯拉夫在其他方面合作的可能性进行探讨

续表9—5—1—4

官方	时间	国别(地区)	人数	交往情况摘要
驻华使节	1998-06-14～18	坦桑尼亚	—	大使伊迪参观轻骑集团、元首针织股份有限公司、山东松下映像产业有限公司
	1998-09-21～24	南斯拉夫	1	大使翁科维奇参加1998济南金秋经贸洽谈会、参观济南市与南斯拉夫合资的医药公司
	1999-09-21～23	卢旺达	3	大使瓦朗斯·穆尼亚巴吉沙为参加济南金秋经贸洽谈会
	1999-09-21～23	孟加拉	3	大使法鲁克参加济南金秋经贸洽谈会
	1999-09-21～24	巴布亚新几内亚	1	大使巴尼·朗盖普参加济南金秋经贸洽谈会
	2000-03-20～22	尼日利亚	8	大使阿德萨金与济南市20多家单位就双方的经贸合作进行洽谈，参观中国轻骑集团（济南）
	2000-04-10	欧盟13国	18	驻华使节团到济南访问
	2000-06-18	乌拉圭	17	大使阿尔瓦罗·阿尔瓦雷斯到济南访问
	2000-07-06～07	埃塞俄比亚	—	大使巴莱马参观济南农业高新技术开发区、济南元首针织股份有限公司和济南裘革制品厂
	2001-04-23～24	埃及	2	大使穆罕默德·努曼与市经委、市外经贸局及有关企业进行会谈
	2001-06-06～11	南斯拉夫	9	大使朱克奇参观中南合作项目济南海默法姆制药有限公司
	2001-11-30至12-01	韩国	7	大使金夏中参观济南高新技术产业开发区软件园
	2001-2-16～18	奥地利	11	大使博天豪与市计委、市环保局、市文化局等单位进行会谈并参观市农工商集团
	2002-07-07	南斯拉夫	5	大使朱克奇就合资项目海默法姆制药公司的合作问题交换看法
	2002-10-31	乌克兰	3	大使列兹尼克参观济南中乌高科技合作园
	2003-09-05～06	津巴布韦	2	大使克里斯托弗·哈蒂库里·穆茨万格瓦参加济南国际旅游交易会开幕式，考察济南重汽集团党家庄分厂
	2003-10-20～22	印尼	7	大使阿·库斯蒂亚参观济南大学，考察济南二建集团，并参加印尼华人陈士良夫妇捐赠阳光大姐万德妇女创业与发展基金及捐赠春蕾女童资金共计人民币70余万元的捐赠仪式
	2004-02-24	澳大利亚	4	大使唐茂思了解山东省经济社会发展形势和长远规划，特别是外经贸和经济合作发展
	2004-05-24	欧盟	—	欧盟驻华代表团团长、大使高胜在山东大学以“欧盟东扩”为主题进行演讲
	2005-10-20～22	乌克兰	3	大使谢尔盖·卡梅舍夫参加山东(济南)友好城市旅游大会，参观中乌高科技园和济南法因数控公司，考察济南与乌克兰合作的生产水力切割机项目

续表9—5—1—5

官方	时间	国别(地区)	人数	交往情况摘要
驻华使节	2005-10-20～24	印尼	3	临时代办谭舵到济南参加山东(济南)友好城市旅游大会
	2007-04-03～06	以色列	2	大使海逸达访问济南
	2007-05-23	法国	6	大使苏和参加法语联盟济南揭幕仪式
	2007-07-27	佛得角	3	大使儒利奥·德莫赖斯就济南市与佛得角首都普拉亚市建立友好合作关系的可能性进行探讨
	2007-09-07～09	韩国	4	驻青岛总领事金善兴参加2007中韩城市经济交流会议暨第七届中国(济南)国际旅游交易会开幕式
	2008-04-09	以色列	2	大使安泰毅出席以色列中国人民友好交流历史图片展开幕式、考察高新区和齐鲁软件园
	2008-04-24	瑞士	–	大使丹特·马提内利到济南访问
	2008-06-30	澳大利亚	5	大使芮捷锐参加济南市商业银行与澳大利亚联邦银行股权认购和深化合作签约仪式，参观济钢集团和山东大学
	2009-06-26	蒙古	3	大使嘎·巴特苏赫探讨与蒙古前杭爱省省会建立友好城市、开展经济、文化等多领域交流的可行性
	2010-01-29	韩国	8	大使柳佑益考察济南市的园林建设和城市面貌
	2010-03-19	韩国	3	大使张鑫森考察城市建设
	2010-04-14～15	奥地利	25	大使赛迪科参加中奥合资公司华泰保尔灌溉设备工程有限公司10周年庆典暨新厂区启用仪式
	2010-07-02至07-06	佛得角	4	使馆一秘乔治·席尔瓦参加2011年中国(济南)国际儿童联欢节，观看书画摄影展及中国文化展示，进行体育交流
	2010-07-12～14	日本	3	驻青岛总领事斋藤法雄参加山口市与济南市结好25周年庆祝宴会和友好植树仪式等庆祝活动

1986～2010年济南市市级领导出访情况表

表9—5—2

时间	人数	国别	出访情况
1990-10-22至11-05	–	日本	山东沿海城市代表团对日本进行访问，副团长翟永涔在日本经济恳谈会上发表讲话
1993-04-04～23	24	新加坡 马来西亚 泰国	以谢玉堂为团长的代表团进行招商及考察活动
1993-06-22至07-13	7	俄罗斯 乌克兰	以李启万为团长的代表团在俄罗斯召开“济南招商说明会”
1994-06-11～24	12	美国	以谢玉堂为团长的考察团分别在萨克拉门托市、旧金山市和洛杉矶市举办招商说明会，签署合资、合作项目协议书、意向书58个，投资总额达4.5亿美元

续表9—5—2—1

时间	人数	国别	出访情况
1994-06-15～16	12	美国	以谢玉堂为团长的代表团出席萨克拉门托市政议会，通过两市自缔结友好城市以来重要交流活动议案
1996-01-05～23	10	德国	以谢玉堂为团长的代表团参观西门子公司，就德方与济南变压器厂扩大合作生产规模事宜进行商定，并参观齐格公司
1998-07-27至08-06	–	日本	以谢玉堂为团长的代表团考察日本的松下、铃木、住友、君是等跨国公司，就合作项目进行洽谈
2000-06-24至07-05	12	澳大利亚 新西兰	以孙淑义为团长的代表团访问澳大利亚南澳洲技术园区、新西兰的一家农场、澳中集团等10家单位和公司，达成一批经济合作项目和意向
2001-06-09～28	10	巴西 乌拉圭	以孙淑义为团长的代表团在巴西期间，济南三力工业集团与巴西弗诺里亚诺波利斯市签署友好经贸交流备忘录并商定在该市设点办厂，山东小鸭集团就在巴西设立经销中心与巴方进行洽谈。在乌拉圭期间，山东小鸭集团与乌拉圭二十一世纪集团商定在乌建立组装厂及销售部，济南三力工业集团与乌拉圭-中国商会商定在乌建立太阳能玻璃管厂
2001-06-11～28	11	俄罗斯 白俄罗斯 乌克兰	以李启万为团长的代表团在乌克兰期间，就在济南建立中乌高科技合作园与乌方进行商谈，并与赫尔松市市长阿尔金斯就两市建立友好协作城市关系进行探讨。在俄罗斯期间与下诺夫哥罗德市市长、议会议长举行圆桌会议，就两市今后经贸、科技、文化、教育等方面的交流进行会谈
2001-08-25至09-07	8	芬兰 瑞典 德国	以谢玉堂为团长的代表团在芬兰期间，与万达市市长共同签署《中国济南市与芬兰万达市缔结友好城市关系协议书》。在瑞典期间，就中国重汽集团与沃尔沃公司合资生产卡车项目的有关具体事宜进行落实。在德国期间，就济南重汽集团与沃尔沃合作项目进行洽谈，还就济南汽车改装厂与德国考格尔公司的合作项目进行商谈
2002-01-06～17	9	澳大利亚 新西兰	以孙常印为团长的代表团考察了解两国经济、教育发展和双边贸易情况，拓展双方的经贸往来渠道
2004-10-12	–	德国	以鲍志强为团长的代表团拜会西门子集团副总裁、董事局成员沙立夫博士。沙立夫博士做出三项承诺:一是将现有西门子变压器公司的产量在2年内翻一番。二是与济南市政府、市中区政府建立更广泛的合作关系，使西门子的输变电产业以及相关产业逐步探讨合作的可能性。三是建立政府高层与西门子高层的绿色通道及对话机制
2004-11-23至12-04	5	韩国、日本	以姜大明为团长的代表团拜会韩国水原、仁川、大邱市政府，拜会日本和歌山市政府，考察相关企业

续表9－5－2－2

时间	人数	国别	出访情况
2005-05-06～18	7	南非、埃及	以徐华东为团长的代表团与南非西开普省和埃及米尼亚省相关部门进行工作会谈，拜会中国驻开普敦总领事馆，考察两国的经济和社会发展状况、投资环境及消费结构，特别是济南产品在两个国家的潜在市场需求。与外方就轻骑摩托车在南非和埃及销售及生产合作事宜、济南连发医用塑料厂在南非生产一次性采血针和一次性注射器、葡萄酒酿制等项目进行洽谈，达成初步合作意向
2007-06-11～21	12	韩国、日本	以张建国为团长的代表团在韩国期间，拜会水原市政府，与水原市金容西市长进行友好会谈，与水原市商工会议所禹凤济会长等水原市主要经济团体和企业界代表举行恳谈会，参观SKC水原工场、水原华城和水原市环境事业所
2008-10-20～30	6	日本、韩国	以焉荣竹为团长的代表团在日本期间，会见和歌山市议会议长远藤富士雄等政界领导和友好人士，参加两市缔结友好城市关系25周年纪念活动。在新潟市期间，会见新潟市市长篠田昭、议长田村清，签署《中国济南市与日本新潟市友好交流备忘录》，确立未来两市友好交流发展框架。在韩国期间，会见水原市市长金容西、议长洪基宪，考察三星电子、水原世界杯赛场及环境事业所，在加强两市在大型国际赛事及体育场馆赛后管理及园林建设等方面合作达成共识
2010-05-12～20	10	澳大利亚、新西兰	以张建国为团长的代表团在澳大利亚悉尼期间，代表团参加2010中国济南(悉尼)对外经贸合作项目推介会，并同时举行济南澳洲合作项目签约仪式。代表团出席齐鲁银行与澳洲联邦银行深化合作框架协议签约仪式，并考察皮克赫斯特老年护理中心、悉尼奥林匹克太阳能村、悉尼循环水处理厂等。在新西兰惠灵顿市、奥克兰市期间，代表团先后与艾狄士公司和恒天然公司举行工作会谈，推动农牧场建设、奶制品加工等领域的合作项目
2010-09-09～19	6	荷兰、波兰	以焉荣竹为团长的代表团在荷兰期间，与荷兰经济事务部企业创新司司长博格坎普女士就双方经贸方面的合作进行交流，访问友好合作城市奈梅亨市，参观奈梅亨拉得邦大学、恩智浦半导体公司，并与常务副市长波特·基尼就两市今后正式建立友好城市关系事宜进行探讨。在波兰期间，代表团考察环达通大型购物中心，并与环达通公司总裁阿什克那日就在济南高新区投资建立大型购物中心和国际公寓项目进行座谈，访问波兰什切青市，与什切青市市长克里斯特克就双方建立友好城市关系事宜进行座谈，并签署建立友好城市关系意向书，参观波铁集团什切青铁路货运工厂，参加北车集团与波铁货运集团合资公司筹备处揭牌剪彩仪式

第二节　国际友好城市

改革开放初期，为加强国际交流与合作，配合国家总体外交，济南市在1983～1988年间与6个城市结为友好城市关系。当时主要以政府间的友好访问为主，教育与文化的交流辅之。1993～2000年，济南市与各友城开展全方位的交流与合作，高层领导互访频繁，经贸、文化、教育领域的交流活跃。2001年后，济南市以高层交流与经贸招商结合为主，有目的、有选择地加强对口交流与合作，同时发挥向周边城市的辐射作用，形成全方位、多层次、宽领域的对外交流格局。至2010年，济南与16个城市结为友好城市关系。

1982～2010年济南市与国际友城市交流情况

表9—5—3

国家名称	城 市	结好时间	到 访	出 访
日本	和歌山市	1983-01-14	1982～2010年，济南市共接待代表团122批1431人次	1983～2010年，济南市代表团共35批260人次出访
英国	考文垂市	1983-10-03	1983～2010年，济南市共接待代表团60批492人次	1983～2010年，济南市政府代表团共17批142人次出访。经贸团组8个，人数49人；文化民间团组共10个，127人次
日本	山口市	1985-09-20	1983～2010年，济南市共接待代表团78批1198人次	1983～2010年，济南市代表团共48批360人次出访
美国	萨克拉门托市	1985-05-29	1985～2010年，济南市共接待各类团组46批911人次	1985～2010年，济南市各类团组27批296人次出访
加拿大	里贾纳市	1987-08-10	1987～2010年，济南市共接待代表团30批207人次	1987～2009年，济南市共派各类团组14批118人次出访
巴布亚新几内亚	莫尔兹比港	1988-09-28	1988～2010年间，接待代表团3批14人次	1988～2010年间，济南市共派遣5批49人次出访
韩国	水原市	1993-10-27	1993～2010年，济南市共接待各类到访团组82批881人次	1993～2010年，济南市出访水原市的各类团组共计48批520人次
俄罗斯	下诺夫哥罗德市	1994-09-25	1994～2010年，济南市共接待代表团12批96人次	1994～2010年，济南市代表团共16批112人次出访
芬兰	万达市	2001-08-27	2001～2010年，济南市共接待代表团16批162人次	2001～2010年，济南市代表团共9批56人次出访
法国	雷恩市	2002-07-17	2002～2010年，济南市共接待代表团28批442人次	2002～2010年，济南市政府出访代表团13批93人次
澳大利亚	郡德勒普市	2004-09-04	2004～2010年，共接待各类团组14批102人次	2004～2010年，济南市派往各类团组8批66人次
德国	奥格斯堡市	2004-10-10	2003～2010年，济南市共接待代表团18批192人次	2003～2010年，济南市代表团11批51人次出访

续表9-5-3

国家名称	城　市	结好时间	到　访	出　访
乌克兰	哈尔科夫市	2007-05-23	2007～2010年，济南市共接待代表团5批47人次	2007～2010年，济南市代表团共5批31人次出访
以色列	卡法萨巴市	2009-05-11	2005～2010年，济南市共接待到访团组共计12批48人次	2005～2010年，济南市代表团共3批18人次出访
白俄罗斯	维捷布斯克市	2009-09-20	2006～2010年，共接待4批到访团组	2009年4月，济南代表团1批出访
佛得角	普拉亚市	2009-09-22	自结好至2010年，济南市共接待代表团5批23人次	自结好至2010年，济南市出访团组1批6人次

第三节　因公出国(境)管理

一、因公出国(境)审批

1990年，济南市获得因公出国(境)审批权。同年2月，国务院批准济南划入山东半岛沿海经济开放区，享受沿海开放区有关政策。山东省政府明确济南市可自行审批辖区县处级及以下干部带队、10人以下的经贸团组，市以上干部带队、在外时间1年以上、10人以上经贸团组和非经贸团组仍报省审批。

1994年4月，山东省政府明确济南市可自行审批辖区20人以内县处级及以下干部带队的经贸团组和非经贸团组。

2000年12月，国务院明确副省级城市的副厅级人员出国，经市外办审核后报市主管领导审批；处级及以下人员出国，由市外办审批。

2001年4月，山东省明确副省级城市的县处级及以下人员出国，由市外办审批；副厅级人员出国，报市主管领导审批；正厅级人员出国，由市政府统筹规划、综合协调，经市政府审定后，报省政府审批。辖区副厅局级及其以下人员参加省外跨地区团组的出国事项，按审批权限办理审核、审批和报批手续。8月，济南市下发《关于贯彻落实全国外事管理工作的若干规定的实施意见》，明确上述规定，界定外事事项审批权限和监督机制。

2005年7月，山东省政府向济南市下放20人以上的大型经贸、培训团组及出国(境)时间超过半年的团组和人员的审批权，以上团组由济南市审批后报省外办备案。

2006年，济南市提出切实增强出访实效性，坚持少、小、精的组团原则，对非经贸类出访实行计划管理、从严审核出访热点国家团组、完善出访报告制度、强化审核把关和监督检查、进一步加强对有关政策规定的要求。

二、护照及通行证

1978～1990年，济南市没有护照审核权，因公出访由省外办统一发照。1990～2007年，济南市获护照审核权。2007年12月，济南市因公护照颁发、签证自办业务启动。2008年1月28日，制作颁发济南市第一本因公出国护照。2008年后，济南市开始实施电子护照。至2010年年底，共颁发各类证照2674本。

2007年前，济南市没有因公赴港澳通行证颁发及签注权。2007年8月13日，国务院港澳事务办公室下发《关于同意授权济南市外办签发因公赴港澳通行证及签注权的复函》，为济南市因公赴港澳人员签发因公往来香港澳门特别行政区通行证及签注。至2010年年底，共颁发因公赴港澳通行证350本，办理签注410份。

三、签证

2007年前，济南市无签证自办权，因公出国团组签证由山东省政府驻京办事处(以下简称省驻京办)签证处代办。这一时期，济南市的出访单位自行将出访材料送到省驻京办签证处，如果向一些热点或敏感国家驻华使馆及某些未建交国家(以上国家简称统办国家)的驻华代表机构申办签证，由省驻京办签证处统一送到外交部代为办理，向其他国家(非统办国家)申请签证则由省驻京办直接送使馆办理，并由省驻京办签证处负责邀请函和签证事项表的审核。济南市于2007年12月5日正式启动签证自办工作，济南市因公出国团组签证送外交部领事司统一申办。市外办规定全市市直各部门、各单位选派专人统一负责本部门、本单位因公出国人员的因公签证申办工作，并实施持证上岗管理制度，负责向市外办申请办理因公出国签证。

第四节　涉外管理

一、对外邀请

随着对外开放的深入和经济社会的发展，到济南外国人逐年增多。1990年2月19日，国务院正式批准将济南市划入沿海经济开放区，并执行沿海经济开放区的有关政策规定。同年6月9日，外交部正式授权济南市政府对外直接发邀请函电和通知签证函电，审批和办理邀请外国人到济南的有关事宜。1990年7月，济南市开始统一办理全市的对外邀请事务。

1990年业务开展初期，办理对外邀请手续繁多。1993年5月，对外邀请审批实行表格化报批，各邀请单位只需填写邀请外国人抵华审批表，不再层层正式行文，简化报批手续，提高效率。1998年5月，进一步明确济南市邀请外国人抵华工作的审批机关、审批权限、申报程序和有关注意事项。

1999年6月11日，外交部将济南市列为“二类被授权单位”，具有一、二次签证的通知权和半年或一年有效多次签证的建议权。

随着改革开放的日益扩大，对外邀请数量逐年增多。1990年邀请外国人47批、149人，2000年达到241批、466人，2009年达到648批、1099人。受理非洲国家特别是尼日利亚人员到华申请明显激增，约占济南市邀请总量的1/4，其中绝大部分来华目的明确，有实质性交流；巴基斯坦、伊朗等亚洲国家来华从事商贸的人员占济南市邀请总量的1/5，呈现逐年上升趋势；各邀请单位通过网络渠道结识并邀请国外人员来华的情况明显增多。济南市与中国驻外使领馆建立沟通渠道，定期汇总相关信息。

2008年，济南市在奥运会期间取消企业等非签证授权单位的邀请权，暂停互免签国的免签政策，将特别规定国家由原来的6个增加到13个，对特殊国家人员抵华、多次抵华外国人申办邀请函从严控制，全力保障奥运会安全举办。同年，济南市开始对信誉好的企业实行邀请直通车政策，享受这一政策的企业可以不经过区(县)政府审核直接办理邀请函业务，确定首批12家企业作为试点，并对企业的办理员进行对外邀请工作培训。

二、驻济南外国专家管理

济南市外专工作始于1981年。此后，济南市每年召开全市外事工作会议，都对外专工作情况进行情况通报和工作部署。

20世纪80年代初期，到济南的外国专家绝大多数为随项目和合同而至的经济专家，最多时达近百人。常驻专家比较集中的有：济南针织厂与日本郡事株式会社合作生产针织内衣项目、济南汽车总厂与罗马尼亚布拉索夫卡车厂合作生产“罗曼”载重汽车项目、济南涤纶工程(济南化纤总公司)齐鲁30万吨乙烯工程配套项目(全套设备从日本引进，并采用部分美国技术，总投资12亿元人民币，其中外汇部分1亿美元)、济青公路项目(世界银行对中国第三批公路贷款项目之一，总投资27亿元人民币)、济南市电信局从德国西门子公司引进程控电话交换机项目等。

1989年4月8日，在济南洗衣机厂召开由28家涉外单位参加的济南市第一次外专工作研讨会。

1997年6月，济南市进一步明确职责，加强对在济南外国专家工作的管理，调动和发挥外国专家的积极性，为济南市的经济建设服务起到积极作用。12月23日，市政府在明湖大酒店举办济南市首批“外国专家证”颁证仪式暨新年招待会，市政府向为济南市建设做出贡献的10名外国专家颁发首批外国专家证。

2006年7月，济南市外国专家管理工作改由市人事局外国专家局牵头，市公安局等部门协调开展工作。

三、涉外案(事)件管理

1986～2010年，济南市发生的涉外案(事)件数量较少，主要包括非法居留、非法入境、漏报户口、外国人在济南被盗案件、治安纠纷、交通肇事、意外死亡等类案件。

20世纪80年代初期，到济南的外国人主要有四类：自费到济南旅游的外宾，占到济南外国人总数的88%；进行技术、贸易交流的外国专家；外国驻华使领馆的官员；外国留学生。由于开放点不多，开放程度不高，到济南外国人的活动都是精心组织安排的，很少发生涉外案(事)件。

1990年2月19日，国务院正式批准将济南市划入沿海经济开放区，落户济南的外资企业和外国人也越来越多，外国人在济南的活动范围和自由度扩大，涉外案(事)件增多。济南市从20世纪90年代后期开始谋划构建涉外安全工作网络。1998年4月，济南市明确处理涉外案(事)件的原则方法和将建立涉外案(事)件处理工作联席会议制度。

2000年美国“9·11”事件后，国际反恐形势日益严峻。境内的外国人越来越多，单个案例处理不好，有可能发展到涉外群体事件，使事件升级；涉外案(事)件容易与境内邪教势力、“民运”势力和民族分裂势力相互交织，使事件更加复杂；信息时代使境内发生的涉外案(事)件在国际上的传播速度更快，范围更广，容易被境外别有用心的敌对势力所利用。2007年3月，济南市成立市涉外突发事件应急领导小组，并明确各成员单位的职责，建立早期预警、分级响应、应急处置、应急保障、监督管理等五个机制，明确涉外案(事)件的应急处置原则和处置规程。

四、外国记者管理

济南市的外国记者接待和管理工作按照国家有关政策和导向开展工作。伴随着济南社会经济的高速发展，济南的国际知名度和关注度也逐渐提高。境外媒体对济南市的采访也渐渐由采访人、采访事向关注市容市貌和优秀产业转变。2008年，日本NHK电视台对济南市的动漫、太阳能产业进行采访，并且选在黄金时段播出。至2010年，济南市已经建立完善的外国记者管理和舆论引导联席会议机制，在应对境外媒体的问题上采取服务和管理并举，引导和规范共用的方针，不断改善济南市的对外交往形象。

五、境外非政府组织管理

济南市境外非政府组织管理工作始于2006年8月，截至2010年，登记在册的境外非政府组织有49个。境外非政府组织在济南的活动范围主要是技术合作、友好交流、体育、环保、公益等领域。

六、领事工作

21世纪初，济南市与韩国、日本驻青岛总领馆交往频繁、合作密切，对促进双方的交流与合作起到作用。2009年10月9日，日本总领事馆授予济南市国际交流服务中心因私签证代办权。2010年3月31日，韩国总领事馆授予济南市国际交流服务中心因私签证代办权。8月4日，外交部领事司正式下文授予济南市领事认证自办权。至2010年年底，共为全市各界人士办理各类民事、商业领事认证文书876份。

第五节 机 构

1986年，济南市政府外事办公室内设秘书科、宣传科、涉外业务科。1987年，市外办设秘书处、接待处、涉外处。

1996年，市外办保留秘书处、涉外处；增设新闻调研处，并将原来的接待处职能进一步细化，分设亚洲非洲处、欧洲美洲大洋洲处，职能处室增至5个。

2001年，市外办内设秘书处、出国管理处(挂领事处牌子)、亚洲非洲处、欧洲美洲大洋洲处，将原由市政府办公厅承担的全市县处级及其以下人员因公出国审批的职能划归市政府外事办公室，将与国家、省外国专家局相对应的部分外国专家管理职能移交市人事局。

2004年，市外办列为市政府办事机构，内设秘书处、出国管理处(领事处、市政府港澳事务办公室)、亚洲非洲处、欧洲美洲大洋洲处共4个职能处室。

2007年，市外办列入政府组成部门，内设职能处室不变。

2008年，市外办增设涉外礼宾处、综合处2个职能处室。

2010年，市外办被列为市政府工作部门，内设秘书处、出国管理处、亚洲非洲处(港澳事务处)、欧洲美洲大洋洲处、涉外礼宾处、综合处共6个职能处室。

附：济南市人民对外友好协会

1987年6月13日，济南市人民对外友好协会成立。会址设在济南市经二路193号，与市外办合署办公。协会由31名理事组成，姜春云任名誉会长，翟永淳任会长，贺国强、刘耀华、孟云、张福山任副会长，王启玉任秘书长，叶述先、史文良任顾问。友协下设办公室，市外办接待处为具体办事机构，负责日常工作。2000年2月1日，明确济南市人民对外友好协会办公室建制级别为县级，列全额预算管理，事业编制5人，领导职数为主任 1人、副主任1人。2006年7月31日，济南市人民对外友好协会加挂济南市外事服务中心牌子，编制由5人增为15人。2006年11月17日，济南市人民对外友好协会内部机构设综合科、业务科、接待科，均为科级，配科长3人。2007年6月25日，济南市人民对外友好协会不再挂“济南市外事服务中心”牌子，改挂“济南市外事翻译中心”，编制由 15人增为25人。下设办公室，负责日常工作；设立综合科、业务科和接待科3个科室，人员编制25 人。

第二章 台湾事务

第一节 济台经济交流合作

自20世纪80年代中期，济南与台湾地区的经济交流日益密切，台商到济南投资、开办企业、考察经贸、洽谈生意逐年增多，2010年累计批准台资项目729个，项目总投资20.6亿美元。

1988～2010年济台经济交流合作情况

表9－5－4

时 间	交流合作情况
1988	台商与济南签订合资合作项目4项，投资额达710万美元
1989	百余名台商到济南考察投资环境，与济南市5家企业签订合同7项，投资额466万美元
1990	有千余名台商和台商团组到济南南咨询、考察投资环境，市政府共批准台资(合资、合作、独资)企业22家，总投资额为2763万美元
1991	1500多名台商到济南考察经贸、洽谈生意，市政府共批准台资(合资、合作、独资)企业44家，总投资额6000多万美元
1992	3619名台商到济南考察经贸、洽谈生意，台商经贸团组11个；市政府批准台资(合资、合作、独资) 企业94家，总投资额9606万美元， 利用台资3551.5万美元
1993	台资企业实现工业总产值2.6亿元，出口供货值1.2亿元，出口创汇2240多万美元
1994	新批台资企业69家，其中独资33家、合资33家、合作3家，利用台资5723.8万美元
1995	新批台资企业48家，其中独资25家，合资合作23家，总投资额9386.5万美元，利用台资4389万美元
1996	新批台资企业22家，其中合资12家，独资10家，总投资额2987.77万美元，利用台资2633.9万美元
1997	接待台湾工商界到济南考察团组6批200多人，重点到济南开发区、济南工业园台商投资区、大型企业集团进行考察；全年批准台资企业10家，总投资额达1120万美元
1998	接待台湾工商界到济南考察3430人次，其中团组20个，审批成立台资企业14家，投资总额1031.9万美元，合同利用台资871.4万美元
1999	审批成立台资企业11家，投资总额951.01万美元，合同利用台资938.82万美元，组织赴台经贸团组3个21人次
2000	接待台湾工商界到济南考察团组20个、3430人。审批成立台资企业14家， 投资总额1031.9万美元，合同利用台资871.4万美元
2001	新批台资项目16项，总投资额4810万美元，合同利用台资4048万美元
2002	新批台资项目26个，总投资额8553万美元，合同台资7041万美元，实际利用台资7097万美元；牵线搭桥促成招商合同台资额2460.9万美元，实际利用台资1560万美元
2003	首次实现台商投资总额过亿美元
2004	新批台资项目32个，投资总额16134万美元，合同台资额13850万美元，全年实际利用台资11553万美元，投资总额1000万美元以上的项目4个；台商投资总额、合同台资额和实际利用台资“三过亿”
2005	全年新批台资项目18个，投资总额2.8亿美元、合同台资2.3亿美元、实际利用1.6亿美元。
2006	批台资项目29个，投资总额1.62亿美元，合同利用台资额1.54亿美元，实际利用台资0.86亿美元
2007	新批台资项目18个，投资总额7632万美元，合同台资额6533万美元，实际利用台资4781万美元
2008	全市新批台资项目6个，增资项目13个，投资总额3266.5万美元，合同台资额3230.8万美元，实际利用台资3151.8万美元

续表9—5—4

时 间	交流合作情况
2009	全市新批台资项目18个，增资项目1个，投资总额10673.43万美元，合同台资额6683.43万美元，实际利用台资额3652.43万美元
2010	新批台资项目17个，增资项目12个，投资总额7595.51万美元，合同台资额7072万美元，实际利用台资5676.14万美元

第二节　济台科教文体交流合作

自2004年7月至2010年年底，济南市共与台湾在科教文体等方面开展近40次交流合作，共有1600余人参加活动。

2004～2010年济台科教文体合作交流情况表

表9—5—5

时间	合作交流主体	人数	交流事项
2004-07-19～26	台湾基隆二信高中师生	20	到济南参加“相聚泉城，你我同行”首届济南—台湾中学生夏令营，是济南市首次举办对台青少年交流活动
2004-10-25至11-01	济南市曲艺团	7	赴台举办“齐风鲁韵——山东曲艺赴台演出周”活动，先后在台北和基隆演出5场
2005-01-24至02-04	山东省实验中学师生及教育工作者等	22	赴台参加“相约台湾”台湾—济南中学生冬令营，是山东省首次组织中学生团组赴台交流活动
2005-04-16～20	桃园县女企业家联谊会参访团	20	到济南与济南市妇联及济南市部分杰出女企业家举行交流联谊活动，是首个到济南参访交流的台湾妇女团组
2005-06-23～30	台北曲艺团	11	到济南开展交流演出及专业研讨
2005-08-12～20	台湾16所高等学府的师生	46	到济南参加“海峡两岸大学生儒家思想与中华文化研习营”活动
2005-08-18～22	台湾新竹忠信学校师生	21	到济南参加“亲近中华文化齐鲁行”第二届济南·台湾中学生夏令营，忠信学校先后与省实验中学和济南一中缔结友好学校
2005-11-11	台湾佛教慈济骨髓干细胞中心	5	向山东省红十字会捐献造血干细胞，用于救治济南一位24岁患白血病的青年，是山东省接受的首例台胞骨髓捐献
2006-09-04～07	台湾农业界专家、学者、农会、农场、农产企业负责人	83	到济南参加“2006济南·台湾农业科技合作交流会”
2007-06-13～15	台湾IT产业、现代制造业和生物医药等人员到济南	356	参加“首届鲁台科技交流合作周”

续表9—5—5—1

时间	合作交流主体	人数	交流事项
2007-07-21～29	台湾中华中等教育学会、海峡两岸教育交流促进协会、台北成功高中、新竹忠信学校、醒悟技术学院等30余所学校和教育机构	124	到济南参加第四届“齐鲁风·两岸情”济南—台湾中学生夏令营暨海峡两岸(济南)中学教育校长论坛，本届活动被列入国台办重点交流项目
2007-07-30至08-12	省实验中学、济南外国语学校、济钢高中、历城二中、济阳一中等学校师生	129	赴台参加第四届“相约台湾”济南中学生赴台夏令营
2007-08-05～13	台湾大学、成功大学、政治大学等台湾知名院校的师生	58	到济南参加“齐鲁风情”两岸大学生中华文化研习营活动
2008-06-19～26	基隆市警察之友协会	17	到济南参访交流，是山东省首个到访的台湾现职警务团组
2008-07-02～10	台东大学、澎湖科技大学、高雄师范大学等23所台湾高等院校师生	40	到济南参加第三届“齐鲁风情·共享奥运”两岸大学生中华文化研习营
2008-07-14～21	台湾“中国大陆青年研究文教基金会”、台北成功高中、台中明台高中、新竹忠信学校、高雄凤山高中等师生	92	到济南参加第五届“齐鲁风·两岸情”济南—台湾中学生共享奥运夏令营暨海峡两岸(济南)青少年教育研讨会，该届活动被列入国台办重点交流项目
2008-08-07～11	台湾基隆市市长张通荣率基隆市环保参访团	6	到济南考察济南市环保工作并开展城市交流活动
2008-09-28	台湾苗栗县山东同乡会	3	台胞王文德到济南将140余件以记载孙中山先生革命事迹为主的大型历史资料图片捐赠给市图书馆
2008-12-02～09	张建国率济南市城市发展交流团	5	赴台与300余名台湾政治、经济等各界知名人士洽谈交流，达成合作意向9个，协议投资5亿美元
2009-07-13～21	台湾大陆青年研究文教基金会、新竹忠信学校、台北县南山中学、中华华夏文化交流协会等师生及教育工作者	77	到济南参加第六届“齐鲁风·两岸情”济南—台湾中学生夏令营暨海峡两岸(济南)高级中学校长研讨会
2009-09-22	台湾“立法委员”廖国栋等	10	到济南参加第七届中国(济南)国际园林花卉博览会
2009-09-27	济南市教育参访团	47	赴台参加“两岸师生联合祭孔尊师大典”，是近60年台湾民间规模最大的一次祭孔活动

续表9—5—5—2

时间	合作交流主体	人数	交流事项
2009-12-01～08	济南市杂技团	52	在台北县演出三场大型京剧意象杂技剧《齐风鲁韵·粉墨》，是山东省杂技艺术第一次赴台演出，也是山东省第一个整台原创剧目赴台演出
2010-03-22～31	焉荣竹率团	48	赴台举办济南城市建设与发展说明会

第三节 涉台服务

1987年年底，台湾开放岛内民众赴祖国大陆探亲。

1988年7月，国务院公布《关于鼓励台湾同胞投资的规定》，两岸经济贸易合作蓬勃展开。同年，济南市制定《关于深化我市台胞接待工作的意见》《欢迎台胞到济南投资》等若干规定，年内全市共接待回乡探亲台胞3000多人次，为400多户失散亲人的台胞台属沟通联系，有125人去境外会见台湾亲友。

1989年，章丘台胞王济刚继1984年向家乡捐赠一部轿车后，又向家乡台联会捐赠“丰田”12座豪华型面包车一部。

1990年，编印《济南投资指南》《欢迎台胞到济南投资》《投资与贸易》等宣传品，宣传对台胞投资的优惠政策和投资环境，全年共帮助台胞台属调解家庭纠纷94起；解决实际困难278件，寻找亲人147人。同年4月，有“飞白草书之仙”之称的85岁台湾同胞张心固携37幅“飞白草”书法作品到济南办展，展后将展品捐赠济南市博物馆。

1991年，济南市制定《济南市有关部门接待台胞职责范围》《济南市接待台胞工作规程》《赴台工作规程》《台胞定居工作规程》《关于台胞来大陆进行专业考察、交流活动、加强管理的若干规定》。

1992年，济南市各级台办为到济南台胞在吃、住、行等方面提供方便，解决急需机(车)票216张，出车接送322人次，帮助寻找亲人96人次，咨询有关房地产、婚姻关系等问题223件。

1994年，走访调查台资企业130多家，为4家台资企业办理申请贷款手续，为31家台资企业办理认定手续，为50多名台商办理多次出入境手续。

1996年，全年为15家台资企业办理认定手续，解决台资企业纠纷9起，处理突发事件2起；帮助台胞解决车(船)票40张，出车67次，寻找亲人35人次，处理台胞台属家庭纠纷18起；向台胞赠送宣传品374件，赠送实物礼品78件，折款6635元。

1998年，对全市110家台资企业逐户走访调查，召开台商座谈会、恳谈会，为台商协调解决投诉案12起，解决实际困难20多件。

1999年9月23日，成立济南市台胞投资企业协会，台商王克璋当选为协会第一届会长，有会员单位50家。

2004年，济南市投资综合环境排名被台湾电机电子同业公会提升23位，与一些沿海先进城市同列为“极力推荐城市”。

2006年，先后建立山东省(济南)台湾工业园和山东省(章丘)台湾工业园。截至年底，加上位于济阳的山东省(济北) 台湾工业园，济南辖区内省级台湾工业园已达3家。市台办获得“全省对台经济工作先进单位”，章丘市、济阳县被授予“全省对台招商引资标兵单位”称号。

2007年，省台办批准在平阴县设立全省第一家省级台湾农业园，为开展对台农业招商创设载体。台湾电电公会在2007年中国大陆投资环境与风险调查报告中，把济南评为第四位“值得推荐城市”，其中“最适宜服务业投资城市”“最具有诚信道德、价值观”和“当地政府鼓励台商自创品牌”3个主题入评十优。

2008年，完善和加强济南市对台工作领导小组、涉台突发事件处理工作协调小组、台商投诉协调领导小组的机构和职能建设，健全相关制度和工作预案。

2009年，济南台北实现直航。9月2日，济南台北直航定期航班首航。济南市与台湾各领域的交流合作进入快速发展轨道。

2010年，下发《济南市人民政府关于促进台商投资与台资企业发展的意见》，为支持台资企业更好更快发展提供政策保障。开通“12345台胞服务热线”，使12345热线成为连接市政府与广大台胞台商的桥梁。12月18日，台湾长荣航空公司开通台北至济南往返航线，这是济南市首次引进的台湾地区航空公司。

第四节　对台宣传

1987年，开放台胞来大陆探亲，当年有195名台胞到济南探亲。各级对台工作部门，逐一登门拜会，帮助解决困难，当面宣传祖国大陆的发展成就。

1988年，到济南探亲台胞迅速增加到3242人次，编印《山东同胞探亲手册》，通过各级对台工作部门赠送到探亲台胞手中，宣传山东宣传济南。

1989～1999年，到济南探亲台胞每年近万人。市、县(市)区、镇(街道)设立三级台属联络小组，形成工作网络。

1999年5月25日，济南市台属联谊会成立，各县(市、区)也相应成立台属联谊会。同年12月4日，济南市台属联谊会艺术团成立。

2000年，台湾《现代时事》杂志用20个版面、3万余字、20余幅图片介绍济南；台湾《工商时报》连续用专版分别刊发济南市市长谢玉堂的署名文章《充满生机的投资热土——济南》等，介绍济南的社会、经济、文化情况。

2001年，各级党校涉台教育开课率90%以上，大中小学涉台教育全面铺开；制作完成“济南台湾事务在线”网页，并登录济南信息港政府上网工程。

2003年，中央电视台4套节目播出济南市台协会长王克璋专访节目，由台商介绍济南的投资环境、地域优势和文化特色。邀请台湾《工商时报》及海峡之声广播电台、中央人民广播

2010年7月23日，山东航空公司开通济南至台中直航航线

电台记者到济南采访。

2004年，“济南与台湾”网站与台湾网络媒体“两岸热线”合作，发布交流和经济合作信息，展示济南市社会经济发展成就。邀请台湾《经济日报》、TVBS电视台、东森电视台、年代电视台、中天电视台等十余家有影响力的新闻媒体到济南采访。

2006年，中央人民广播电台、海峡之声、山东电视台、全国各大主要涉台网站等各类媒体和台湾中天新闻、东森电视台等媒体频繁参与采访全市涉台交流活动，发布重要涉台新闻稿件1000余篇(条)，全方位展示济南形象。

2007年，完成制作《台湾同胞济南实用手册》，利用济南市重要外宣杂志《品味济南》制作《台商在济》专刊，面向36个国家和地区发行，集中展示驻济南台商的精神面貌和济南市优质、高效的涉台服务工作。

2008年，组织接待台湾驻港传媒及香港涉台媒体主管参访团一行20人到济南参访。

2009年7月，济南市赴台参加台北县贡寮海洋音乐祭宣传报道活动。同时，济南市台办与台湾《中国时报》签订协议，在该报大陆版开设济南专版，利用中国时报的影响力集中宣传推介济南市投资环境，为入岛宣传搭建新的平台。

2010年1月，同到访的台湾基隆市啄木鸟合唱团联合举办“两岸同曲文艺晚会”，济南广播电台实现对台联合现场直播。10月27日，济南市政府新闻办、市台办、市广播电台与海峡之声广播电台首次联袂，利用海峡之声广播电台特有对台广播这一平台和优势，市广播电台与海峡之声广播电台联合对“鲁台经贸文化交流周暨2010台湾名品博览会”开幕式盛况进行现场直播，宣传推介济南市良好的投资环境。

第五节 机 构

1981年3月2日，中共济南市委对台工作小组成立。1986年5月2日，市委对台工作小组下设工作办公室和宣传办公室。1987年2月25日，将原科室改为对台工作办公室。

1988年9月23日，将市委对台工作小组下设的工作办公室和宣传办公室合并，建立中共济南市委对台工作办公室(对外使用“济南市人民政府台湾事务办公室”名义)，作为市委管理对台事务的工作机构(正局级)，归口市委统部管理。1988年11月17日，市委对台工作办公室内设秘书处、宣传教育处、联络处。1996年11月26日，市委对台工作办公室内设秘书处、调研宣传处、经济处、联络处共4个业务处室。

2001年8月9日，中共济南市委台湾工作办公室由市委办公厅管理，挂济南市人民政府台湾事务办公室牌子，内设秘书处、宣传调研处、经济处、联络处共4个业务处室。2004年12月20日，增设交往交流处。2010年，市台办内设秘书处、宣传调研处、经济处、联络处、交往交流处共5个业务处室。

第三章 华侨与港澳事务

1986～2000年，济南市形成打破地域界限，面向海外3000万侨胞及港澳同胞开展大侨务工作的指导思想。1987年，济南市(包括中央和省驻济南单位、大专院校)的归侨、侨眷共有737人。其中：男420人，女317人；归侨165人，侨眷572人；大专文化程度以上的480人，中专文化程度257人。具有高级职称的323人，约占归侨、侨眷知识分子总的44%；中级职称的278人，约占38%。这些归侨、侨眷知识分子绝大多数是新中国培养起来的，从国外回济南定居的知识分子很少。其中：在大专院校工作的95名，约占归侨、侨眷知识分子总数的13%；在科研部门工作的51名，约占7%；在卫生部门工作的39名。

2001～2010年，济南市以国内侨务工作为基础、国外侨务工作为主导的指导思想，创新侨务工作思路，开展社区侨务、引资引智、华文教育等工作，探索并成功举办一系列侨务品牌活动。2010年年底，济南市有海外侨胞6万人，分布在世界51个国家和地区，以美国、加拿大、日本、东南亚等国家居多；国内共有归侨侨眷5万多人，其中归侨400多人，分布在10个县(市)区，其中，历下区、天桥区、槐荫区数量较多。全市注册侨资企业1100多家(按统计口径，港澳投资属外资)，主要来自美国、加拿大、日本、韩国、中国香港等31个国家和地区，经营范围涉及机电、化工、纺织、房地产、医疗卫生、餐饮和电子信息、生物医药、环保高科技等多个行业。全市侨资企业数量占外资企业总数的68%，注册资本占全市外资企业注册资本总额的61%。济南市有回国留学人员创办的企业400多家，主要分布在高新区和县区创业园区。

第一节　华侨投资

1985年7月15日，济南市第一家侨资企业——香港同胞投资的济南喜来多有限公司成立。据1999年8月统计，济南市华侨华人科技专家回国创办高新技术企业共10家，主要分布涉及电子信息、计算机、生物工程、新材料、食品机械等技术领域。企业规模以中、小型为主。投资者为美国、日本、西班牙等国家和中国香港地区的华侨华人。美国华侨、博士张璇1996年投资兴建集研究与开发、中试、生产与质检三位一体的重组DNA制药企业——山东格兰百克生物制药有限公司，是当时山东省最大的高科技产品项目，也是当时省内引进唯一的国外技术的基因工程制药企业。

2000年前，华侨企业主要投资纺织、轻工、化工、机械、电子、建材、房地产和餐饮娱乐等行业。2000年后，逐步扩展到基础工业、农业、城市基础设施、能源、交通、高新技术产业等。其中高新技术企业分量加大。中国加入WTO后，海外新华侨、华人不断回国创业，出现传统产业与高新技术产业齐头并进的可喜局面。出现以技术入股，集体股东入股，创业团队投资等新模式。如，法国华侨华人会以会员自愿入股的形式在济南市投资旧城改造，成立华黎房地产公司，在经一路延长线东部建设巴黎一条街。美籍华人张建力1995年回国投资传统的纺织行业，2000年开始转向高新技术产业，率领美国硅谷高科技创业团队成立山东新通宽带技术有限公司。改革开放后，济南市赴海外新移民逐年增加，这部分拥有国外先进技术、先进管理经验的新华侨华人回国投资创业的比例逐年上升，在济南市投资的新华侨企业约占全市侨资企业总数的12%，成为济南市经济发展新的增长点。新华侨华人发挥其国际背景广泛的优势，不断引荐海外华侨华人、跨国公司代表到济南考察。经济南市新侨付立杰引荐协调，高新区和齐鲁化纤公司与世界500强美国杜邦公司亚太地区总裁就PTA、PX项目在香港和济南进行多次洽谈合作。尤其是2009年济南市实施“5150”人才计划以来，海外高层次人才创办企业数量迅速增长，不完全统计全市华侨华人高层次人才企业达400余家。晶正电子、戈尔特西斯科技有限公司，NEC中国(济南)有限公司，都是新华侨华人创办的高新技术企业。

至2010年，济南市侨资企业已经占全市外资企业总数的61%，投资总额达19亿多美元，占全市外资企业的68%。全市侨资企业，主要来自英国、美国、法国、奥地利、日本等国家和中国香港地区，涉及机电、化工、纺织、房地产、医疗卫生、餐饮、科技等十几个领域。至2010年年底，济南市累计批准设立侨资企业1105家(包含侨商以内资注册)，利用外资近50亿美元。其中华侨、华人、港澳同胞投资企业占全市三资企业总数和注册外资总数的70%和61%。从资金来自地域看，全市侨商主要来自美国、德国、加拿大、日本、新加坡、巴西、中国香港等30多个国家和地区。投资的商人以中国香港地区、美国为主。其中，香港约占65%，美国约占15%，日本及东南亚国家约占10%，西欧国家约占5%，其他国家和地区占5%。投资领域涉及传统制造业、高新技术、现代服务业等多个领域。前几年主要投资纺织、轻工、化工、机械、电子、建材、房地产和餐饮娱乐等行业。而后逐步扩展到基础工业、农业、城市基础设施、能源、交通、高新技术产业等。其中高新技术企业分量加大。为引进海外高层次留学人员，济南高新技术开发区在工商注册、厂房、税收等制定7部分23条优惠政策。

第二节 华侨智力引进

20世纪90年代，主要是海外侨胞与国内的学术交流。

1993年8月，台湾食品工业发展研究所董事长马保之、所长刘廷英、研究员张炳扬与美国国际农业生命科学发展研究专家左天觉举行报告会，济南侨办与济南科协组织省、市食品行业120多人参加报告会。9月，香港伟易集团工学硕士张晋岚等2人到济南，就引黄二期工程、城市污水及工业污水处理与自来水公司进行交流。1995年7月，香港精工发品有限公司董事长、博士赵振国向济南市60多位企业中层以上管理人员讲解企业管理学。9月，暨南大学香港校友会廖德荣教授为历下区机关部门负责人讲解国际贸易和国际投资。同月，济南侨办组织涉外律师事务所30多位律师与到访的美国大律师公会律师、华人曹心姝进行学术交流，双方签订“关于建立友好合作关系相互委托办理法律事务的意向书”。10月，加拿大温哥华中国大专院校校友会妇女访问团一行11人，与济南市女领导干部联谊会就妇女解放运动、男女平等、工资分配、儿童就学等有关问题进行座谈。1996年4月，全美山东同乡联合总会秘书长、企业管理学博士刘一忠与山东省社会科学院就企业管理方面进行交流。同月4月，美国商业服务集团李东良会计师与济南市会计师事务所中美之间有关会计业务的合作进行交流与探讨。1997年6月，美国AMD公司高级工程师王宇博士与山东松下电视机厂、市电子局及其下属部分企业的工程技术人员进行座谈，对济南市电子产业中的技术发展方面的问题提出一些建议和意见；到济南智能精密仪器厂参观，并就在海外寻找解决有关产品关键部位计算机芯片生产技术问题进行探讨。9月，美国哈佛大学微生物实验室研究员、博士顾继东介绍到济南市农业高新技术产业开发区，做环境保护及生物技术方面的学术报告，同与会的30多位科技管理人员进行交流。1998年，济南市侨办采取将引智纳入年度工作目标，责任到人；召开引智专题会议，提高社会引智意识；深入调研，建立引智项目和海外人才库；确定联系点引智单位，以及坚持边实践边总结提高等五项措施，引进农业、商贸、计算机模糊控制理论等领域的7名科技专家，交流项目6个。

2001年后，济南市先后与国侨办、省侨办、海外华侨华人团体等联合举办“中国济南创业与投资国际合作周”侨务品牌活动。利用“合作周”品牌先后举办“中国济南海外学人联谊总会成立大会暨项目洽谈会”“齐鲁发展与跨国公司合作论坛”等大型活动6次、专业论坛23场。

2003年，济南侨办为济南高新区推荐聘任客座专家、海外顾问，这些专家为高新区招商引资引智、引荐跨国公司、吸引人才、提供信息发挥重要作用。

2005～2006年，由国侨办经科司主办，济南侨办与济南高新区承办“首届华侨华人专业人士回国创业研习班”“第二期华侨华人专业人士回国创业研习班”。活动以自主创新为主旋律，锁定科技创新重点领域，推进自主知识产权项目产业化，推动国内企业吸收消化再创新。借助高新区全省智力技术密集优势，邀请海外100多位携带自主知识产权项目并有回国创业意向的高层次人才到济南研习交流。先后举办16场创业辅导，4场高新技术项目洽谈会。海外学员携带电子信息、生物制药、循环经济等216个项目与驻济南500多家企业进行项目对接，达成协议、意向80多项。

2008年9月，“第四届华商科技创新合作交流会”在济南举办。共签订各类合同11项、协议11项，总投资达21.5亿美元，协议合同外资12.8亿美元，另有76个项目确定了合作意向。

2009年5月，连续第三届“中国济南海外创新项目交流会”在舜耕山庄开幕。来自欧美、东南亚6个国家的50余位华人商业科技精英、知名华商出席交流会。

2010年9月，“第五届华商企业科技创新合作交流会”在济南举行，共签订合作意向、协议签约项目26个，总投资15亿美元，其中外资7亿美元。

2000～2010年，为济南高新区、中国重汽、力诺集团、济南钢铁、齐鲁化纤等132家企业引荐联络人才500多人次，举办专业技术讲座102场，解决企业技术难题100多个，协助扩大企业出口2亿美元，完成引智项目96个。通过“三支人才队伍”，海外“人才链”扩大和延伸了侨务工作舞台，侨办也成为济南市联络海外人才的“工作站”。

山东(济北)华侨工业园于2006年10月在济阳县挂牌。这是山东省侨办批准在济南市设立的首家省级华侨工业园，位于济北经济开发区内，划分为食品、纺织、电子、机械、医药、化工等六大产业区。园区内有捷阳家纺、克莱特服饰有限公司等13家侨资企业，是承接各类华侨华人投资项目特别是传统产业项目的特色园区。

第三节　为侨服务

一、侨务信访

1978～1990年，华侨要求落实政策的信访量较大。1991～2000年，归侨侨眷职工下岗、再就业信访量较大，寻求生活困难救助的较多。尤其是1995～1998年，由于企业改革不断深入，处在转轨中许多大中型企业经营不善，归侨侨眷职工下岗、待业，生活发生困难的信访明显增加，济南市侨务信访总量每年都在300件左右，其中信80件，访200件左右，上下波动不超过5%，信访处结率都在97%以上。2001～2010年，济南市侨办进一步规范侨务信访工作，侨务信访处结率基本在97%以上。2002年和2007年，济南市侨办被国侨办授予“全国侨务信访工作先进单位”称号。据统计，1996～2010年，济南侨务部门共接待处理侨务信访3400件，为归侨侨眷解决侨房拆迁安置、子女升学就业、农转非、就医等方面的实事2600多件，扶持贫困侨户232户，发放慰问金22.6万元。

二、维护归侨侨眷权益

1985～1986年年底，市侨办集中落实处理华侨房屋产权遗留问题，为全市82户、9522.37平方米华侨私房，8户、1155.62平方米代管户，2户、459.06平方米土改房发还产权。1996年，济南侨办改变侨务部门开展护侨工作的思路，建立由劳动、人事、民政、教育、公安等11个涉侨部门参加的依法护侨联席会议制度，共同商讨侨务执法中的有关问题。2006年，济南市又增加市法院、市检察院、市发改委等部门为联席会议成员单位，成员单位增加到15个部门，扩大覆盖面，强化全市侨法执法联席会议制度。

三、完善侨务政策

2003年，市政府办公厅下发《济南市深化社区侨务工作的意见》，有侧重点地扶持贫困归侨侨眷、服务早期老归侨和新华侨华人专业人士眷属。2004年，针对部分国企效益不好、早期归侨职工生活困难实际，由市财政、劳动、侨办联合制定《济南市早期归国华侨企业退休职工生活困难补贴的发放办法》，由市财政拨出专项资金，对全市120名早期归侨退休职工补贴每人每月50元。2005年全国侨务工作会议后，市委、市政府两家办公厅联合下发《关于加强新形势下侨务工作的意见》，明确要求“采取多种形式，广泛宣传涉侨法律法规，提高各级各部门依法行政、依法护侨的意识，增强海外侨胞和归侨侨眷依法维护自身权益的意识”。2006年，促成《济南市困难企业早期归国华侨大病救助实施办法》的制定，市财政每年安排专项资金救助生病住院的贫困归侨。2007年，将早期归侨退休职工补贴每人每月50元这一补贴标准提高到150元。

2005～2010年，累计安置下岗归侨侨眷职工160多名，再就业培训300多人次，为35户归侨侨眷办理低保手续，102名“三侨考生”享受升学加分照顾，为归侨纪瑞钦等11人解决大病救助金12万元，解决朝鲜归侨金昌福、尼加拉瓜华人刘洪等拆迁补偿7户，补偿金共计123万元。

四、服务侨商侨企

1986年10月21日，济南市政府同意市侨办成立中国旅行济南分社，1992年3月1日济南市政府决定将社中国旅行社济南分社划归市侨办管理。

1991年在历下区侨办所属历下华侨医药店基础上更名成立“济南华侨医药发展公司”，2004年9月公司改制为有限责任公司。

济南市从1983年成立第一家侨属企业起，到1996年，全市共有侨办、侨属企业(不包括侨属个体和私营企业)42家，总投资960万元，有职工440余人，归侨、侨眷子女职工约占15%，年产值2000万元，利税50余万元。1997年，济南有华侨、华人、港澳同胞投资的企业1192家，约占三资企业总数的一半多。1997～2005年，济南市侨办开展“为侨资企业服务行动年”活动，1999年3月30日成立“济南市侨商促进会”，建立“济南市侨商法律服务中心”，设立侨资企业联系点，为侨资企业服务。1998年4月25日，济南市侨办直属企业济南华侨服务公司召开职工动员大会，成立由各公司各方代表组成的改制筹委会，进行改制试点。

2007年确定中心医院、市中医医院为济南市侨商定点医院，为华侨、华人、港澳同胞提供疾病治疗、应急救治、健康检查和医疗咨询等医疗保健服务。2002～2010年，先后举办9期“侨商杯”高尔夫友谊赛，增进侨商相互之间的了解和沟通。丰富侨商的业余文化生活，每逢中秋佳节、春节等传统节日，组织“侨商中秋恳亲会”“迎新联谊会”等，适时组织侨商赴外地考察参观，组织爬山、打靶、乒乓球、羽毛球等文化娱乐活动。市侨办协调有关部门帮侨资企业处理解决涉侨侵权案件和经济纠纷15件，帮助侨资企业争取银行贷款、落实出口退税政策、协调拆迁营业房等实际问题56件，为侨资企业挽回经济损失210万元、追回欠款32万元，落实优惠政策12项，提供法律、工商、税务、劳动等方面咨询服务29次，走访侨资企业82家。

第四节　华侨团体

一、济南市侨商会

前身是济南市侨商促进会，于1999年3月成立，宗旨是团结侨商，维护权益，排忧解难，协调服务，促进发展。2005年10月，经济南市民间组织管理局批准，更名为济南市侨商会。2010年12月16日，济南市侨商会举行第四届换届会议暨四届一次理事会，吴立春连任理事会会长。

二、济南市海外交流协会

1994年9月26日，济南市海外交流协会举行成立大会，全市侨界人士150多人出席大会。截至年底，有会员114人。协会章程规定，本协会由济南市各界人士组成的全市性民间团体。宗旨：广泛联系海外华侨、华人、港澳同胞及其他各界人士及其团体，增进友好情谊，发展合作交流。

三、中国济南海外学人联谊总会

2001年8月，中国济南海外学人联合总会在香港注册成立，宗旨是增进济南与海外专业人士高层次经贸科技合作交流，促进济南与世界各国、各地区之间的友好合作。“总会”聘任香港华润集团总裁宁高宁、美国Avant公司(美国先驱公司)董事长徐建国、美国华尔街穆迪投资公司副总裁翟华明任名誉会长，加拿大麦克马斯特大学教授、美国Nanovation公司高级副总裁黄卫平任会长，美国拟通宽带有限公司总裁张建力任常务副会长。

第五节 机 构

1984年，济南市第九届人民政府设立侨务办公室，内设秘书、侨政、联络共3个科室。1985年12月增设经济科。1986年市侨办共有秘书科、侨政科、联络科、经济科共4个科室。1987年2月25日，市侨办内设各科统一改为处。1988年，市侨办机关内设秘书处、侨政处、经济处、联络处共4个业务处室。

1996年，确定济南市侨务办公室为市政府办事机构，内设秘书处、国外和港澳工作处、侨政处、经济处共4个业务处室。

2001年，侨政处改为国内侨务工作处、经济处改为宣传调研处。2004年机构改革，保留济南市人民政府侨务办公室，为市政府办事机构，内设秘书处、宣传调研处、国外和港澳侨务工作处、国内侨务工作处共4个业务处室。

2010年，确定市侨办为市政府工作部门，内设秘书处、国内处、国外和港澳工作处、经济科技处共4个业务处室。

第六篇　民主党派

第一章　中国国民党革命委员会济南市委员会

第一节　代表大会

中国国民党革命委员会济南市委员会(简称民革济南市委)成立于1984年7月。第一次代表大会出席代表74人，选举产生第一届委员会委员19人、常务委员9人，主任委员胡理修，副主任委员姜信南、熊顺义、曾天民(兼秘书长)。在1988年5月17日一届五次全委扩大会议上，补选王世墉为代理主任委员。1986～2010年，民革济南市委先后召开五次代表大会，选举产生第二至六届委员会和领导班子。

第二次代表大会

1988年10月28日至11月1日，民革济南市第二次代表大会召开。出席大会代表88人。大会审议通过曾天民所作的第一届委员会工作报告，选举产生第二届委员会委员22人、常务委员9人。选举曾天民为主任委员，姜嘉定、李德强、乔鸿儒、王井养为副主任委员，任命金世昌为秘书长。推举王世墉为名誉主任委员、熊顺义为名誉副主任委员。

第三次代表大会

1992年5月9日～11日，民革济南市第三次代表大会召开。出席大会代表96人。大会审议通过姜嘉定所作的第二届委员会工作报告，选举产生第三届委员会委员23人、常务委员9人，选举曾天民为主任委员，姜嘉定、李德强、乔鸿儒、王井养为副主任委员，任命金世昌为秘书长；推举熊顺义为名誉副主任委员。

第四次代表大会

1997年4月19日～22日，民革济南市第四次代表大会召开。出席大会代表92人。大会审议通过姜嘉定所作的第三届委员会工作报告，选举产生第四届委员会委员23人、常务委员9人，选举姜嘉定为主任委员，李德强、王井养、崔守华、唐增瀛为副主任委员，任命张乃仁为秘书长；推举乔鸿儒为名誉副主任委员。

第五次代表大会

2001年12月26日～29日，民革济南市第五次代表大会召开。出席大会代表91人。大会审议通过姜嘉定所作的第四届委员会工作报告；选举产生第五届委员会委员25人、常务委员13人，选举李德强为主任委员，张乃仁、崔守华、唐增瀛、聂爱华为副主任委员，任命张乃仁为秘书长(兼)；推举姜嘉定为名誉主任委员，乔鸿儒为名誉副主任委员。

第六次代表大会

2007年5月8日～10日，民革济南市第六次代表大会召开。出席大会代表107人。大会审议通过李德强所作的第五届委员会工作报告，选举产生第六届委员会委员25人、常务委员13人。选举李德强为主任委员，聂爱华、丁毅、王伯之、臧浩为副主任委员；推举张乃仁为驻会领导。

第二节　组织建设

1979年，恢复建立民革济南市委组织，有支部8个，党员86人，平均年龄70岁。1980年12月，成立筹备委员会。至1984年民革济南市委成立时，已有党员156人，支部10个。1987年，完成支部换届，成立3个支部，1个小组。1989年8月，对基层组织按系统或业务归口进行调整和换届选举，共撤销4个支部、1个小组，新建7个支部、1个小组。

1990年，贯彻民革七届二中全会坚持以巩固为主的方针，适当放慢发展速度，全年发展党员4名。将原汽总直属小组改建为支部。

1991年，对基层19个支部进行调整、换届，撤销5个支部，成立8个支部和2个直属小组，制定《民革济南市委员会基层支部工作细则(试行)》。

1992年12月，下发《民革济南市委员会区工作委员会工作暂行条例(试行)》，先后成立槐荫区工作委员会、历下区工作委员会。

1993年7月、11月，先后建立天桥、市中两个区工作委员会。

1994年2月23日，召开三届四次全委会，补选姜嘉定为主任委员。市中医医院支部和济南市中山业余学院被评为全省民革工作先进集体，市中医医院支部获全国民革先进支部称号。

1997年是民革市委“政治交接年”。4月，召开民革济南市第四次代表大会，选举产生第四届委员会。新一届委员会当选委员全部为大中专学历或中高级以上职称，平均年龄下降14.1岁，主委、副主委、秘书长平均年龄下降6.8岁。

1998年，制定、完善《民革济南市委基层组织工作实施细则(试行)》和《联系基层制度》；成立济南大学支部。

1999年是民革“基层组织建设年”。按照“撤、并、建”的思路，对基层组织进行调整，撤销3个支部、2个小组，成立6个支部，顺利完成组织换届。

2001年是“基层创优年”。9月，举办基层创优研讨班，就基层创优工作进行总结和交流。

2003年，完成基层组织换届，撤销市邮政局和市中医务支部，济南大学支部转往省民革。

2005年，坚持重点发展“双高双有”(高层次、高素质，有影响、有代表性)人才和突出民革特色原则，发展党员23名。

2006年完成基层组织换届。10月，撤销市中区工委，成立市中区总支部；11月，先后撤销天桥、槐荫、历下区工委，相继成立天桥区总支部、槐荫区总支部、历下区总支部。

2007年5月，民革济南市委设参政议政、祖国统一、社会服务、社会联络、专家咨询5个工作委员会。

2009年11月，召开基层组织工作研讨会，学习传达《济南市民主党派组织工作座谈会纪要》《民革中央关于进一步做好组织发展工作若干问题的意见》，推动市民革组织发展、后备干部队伍建设和基层组织建设。

2010年7月，民革济南市历城区总支部成立，12月历城支部成立。全年发展党员28名，全部为大学以上学历或中级以上职称，平均年龄37.8岁。济南八中支部被民革中央授予“民革全国基层工作先进组织”，张乃仁获“民革全国基层工作先进个人”，聂爱华获“民革全国优秀女党员”。

1986～2010年民革济南市委组织建设情况统计表

表9－6－1

年 份	基层组织(个)				区工委(个)	新发展党员数(人)	年末党员数(人)
	总 数	总支部	支 部	小 组			
1986	12	0	12	0	0	33	231
1987	16	0	15	1	0	27	249
1988	16	0	15	1	0	27	270
1989	19	0	18	1	0	33	285
1990	19	0	19	0	0	5	283
1991	24	0	22	2	0	10	288
1992	24	0	22	2	2	7	285
1993	24	0	22	2	4	21	303
1994	24	0	22	2	4	4	301
1995	24	0	22	2	4	14	305
1996	24	0	22	2	4	13	319
1997	24	0	22	2	4	0	317
1998	25	0	23	2	4	28	337
1999	26	0	26	0	4	14	339
2000	26	0	26	0	4	17	349
2001	26	0	26	0	4	8	357
2002	26	0	26	0	4	22	367
2003	23	0	23	0	4	20	373
2004	23	0	23	0	4	20	390
2005	23	0	23	0	4	23	405
2006	28	4	24	0	0	36	439
2007	28	4	24	0	0	0	427
2008	28	4	24	0	0	21	441
2009	28	4	24	0	0	0	440
2010	30	5	25	0	0	28	459

第三节　参政议政

1986～2010年，民革济南市委领导积极参加由中共市委、市政府召开的高层双月座谈、情况通报、政治协商等会议，就有关重大问题和重要事项建言献策；党员参政议政意识和能力不断增强，市委会组织开展各种形式的社会调研，就全市经济社会发展提出意见建议，充分发挥参政议政、民主监督职能。

1986年1月，副主委曾天民向市政协提出开发利用历城区遥墙镇鸭旺口地热资源的建议，并在市政协支持和安排下，由其主持实地考察，研讨论证，提出可行性建议。10月，济南市在鸭旺口打出第一眼热水井。

1989年，市民革党员有省、市、区(县)人大代表12人，省、市、区(县)政协委员42人。在各级人大、政协会议期间，共提出提案和建议80余件。其中曾天民主委《关于长孝水源地开发的建议》得到市政府、市政协重视，市政协两次召开论证会。

1990年，市民革党员有省、市人大代表和政协委员20人，区(县)人大代表、政协委员29人，其中县政协副主席1人，区政协常委7人。两会期间共提出提案和建议82件。民革市委领导在中共市委召开的双月座谈会上，提出政府要增加农业投入和重视棉花生产的意见，并于会后组织调研，写出《关于济南市发展棉花生产的建议》，得到中共市委、市政府的重视，批转市棉办研究，提出办理意见。年内，民革市委向政府举荐民革党员参加监察工作，其中1人被任命为区监察局副局长，3人被市、区监察局聘为特邀监察员，1人被聘为市自来水公司特邀监督员。

1992年，各级人大代表、政协委员和特邀监察员、法律监督员共提出提案和建议71件。其中，主委曾天民提出的《应重视济南南部山区建立渗水工程》和曾天民、乔鸿儒、钟企新联合提出的《严格管理生物制品的生产和临床应用》两件提案，被市政协评为第八届委员会优秀提案。

1993年，向各级人大、政协提出提案和建议39件。民革市委在市政协九届一次会议上作题为《关于发挥离退休人员作用的几点意见》的发言。

1994年，在市政协九届二次会议上，民革市委提出《采取有效措施，促进我市三资企业健康发展》的提案。担任各级人大代表、政协委员、政府部门领导职务和特邀监察员的民革党员，共写提案、议案7件。

1995年是民革市委“爱我中华年”，在市政协九届三次会议上，民革市委5件集体提案全部被列为市重点提案。其中围绕建立济南“五三”惨案纪念物所作的大会发言《重温历史，激发爱国主义热情》，受到市领导高度重视，当年予以落实，市政府组织有关部门在环城公园建立济南“五三”惨案纪念碑，成为全市重要的爱国主义教育基地。7月，民革市委成立参政议政工作委员会，建立双月参政议政日制度。

1996年，民革市委在市政协九届四次会议上提出《开展全民性礼仪教育，促进社会主义精神文明建设》提案，被列为济南市“创建文明城市，争做文明市民”活动的重要内容。在中共市委就《济南市“九五”期间精神文明建设规划(草案)》征求民主党派意见的座谈会上，民革市委提出五项补充修改意见基本被采纳。年内，向各级人大、政协提出提案50余件、建议30余条，其中以民革市委名义提出的3件提案均被列为重点提案。

1997年，机关设立议政调研处，配备专职干部负责参政议政工作。基层在原来“一人一案”活动基础上，开展“一支部一精品提案”“一区工委一调研报告”活动。在市政协九届五次全委会上，民革市委提出《关于在精神文明建设中发挥民主党派作用的建议》《建设文明城市，争做文明市民，喜迎香港回归》《实行殡葬改革，倡导文明风气》3件提案。其中，第一项提案被市政协评为优秀集体提案。在优秀提案表彰大会上，民革市委作运用提案参政议政的典型发言。

1998年，针对废弃塑料制品造成严重环境污染的现状，民革市委作题为《消除白色污染，变废为宝》的政协大会发言，市长谢玉堂当场批示开展该项目。10月，一家利用废旧塑料生产优质汽油、柴油的工厂在西郊正式开工生产，每年可为济南消化600吨～800吨废旧塑料。1999年，民革市委对白色污染继续追踪调研，在市政协十届二次会议上，作题为《继续加强措施，消除白色污染》的大会发言，再次受到市长谢玉堂批示，决定停止一次性发泡塑料餐具新建生产项目的审批，推广使用可降解制品。

2000年是民革市委“参政议政年”，成立以专业人才为骨干的外经贸和精细化工两个调研组。在市政协十届三次会议上，民革市委集体提案11件，立案10件，个人提案65件，立案52件。《关于强化济南市地下管网建设管理的建议》和《推广应用地热分户计量冷暖联供新技术》两件集体提案，市政府分别作出答复。9月，民革市委举办参政议政研讨班。

2001年，在市政协十届四次会议上，民革市委作题为《关于加快发展我市电子商务的几点建议》的发言，并提交13件集体提案、43件个人提案。

2002年，在市政协十届五次会议上，民革市委作题为《加快城市路桥建设，带动济南经济发展》的大会发言。民革共提交《应对电能表等重要计量器具进行依法管理》及个人提案《关于不合格桶装矿泉水(纯净水)及水桶的建议》《取消路边乞丐，维护省城形象》等集体提案8件、个人提案48件，收到市政府及各有关部门书面答复23件。

2003年，在市政协十一届一次会议上，民革市委提交集体提案7件。其中《我市医疗垃圾应实行集中处置的建议》得到有关部门和新闻媒体关注，齐鲁电视台《提案追踪》栏目围绕该提案作专题报道；《加快我市现代物流业发展的几点建议》被评为市政协2003年度优秀提案。同年，民革在各级人大、政协共提交提案、建议70余件，完成调研报告12篇。

2004年，在市政协十一届三次会议上，民革市委提交《济南市招商引资工作的思考与对策》《济南市在走新型工业化道路中注重处理好几大关系的建议》等大会发言2件、集体提案7件。在全国政协会议上，李德强主委提交提案2件。在省、市、区各级政协会议上，共交提案91件。民革市委与其他民主党派就加速发展济南市装备制造业开展联合调研，调研报告在省、市均获一等奖。

2005年，民革市委向全国政协提交提案3件，向省政协提交提案5件。其中张乃仁副主委在省政协九届三次会议上提出的《关于建立“双向论证”机制的建议》被省委统战部评为山东省民主党派优秀提案。在市政协十一届三次会议上，民革共提交大会发言2件，集体提案7件，个人提案14件，连续两年立案率100%。其中，集体提案《在我市经济生活中应弘扬诚信的几点建议》和个人提案《关于我市加大扬尘污染防治力度的建议》被评为济南市优秀提案。

2006年10月，民革各级组织和党员中的人大代表、政协委员共提交议案和提案84件。李德强主委在全国政协十届四次会议上提交的《关于对推进社会主义新农村建设的几点建议》，被全国政协选送为现场办理的重点提案。在市政协十一届四次会议上，民革市委大会发言《发展我市县域经济的几点建议》被列为市政协主席重点督办提案，《做足文化产业，提升我市形象》的集体提案被推荐为济南市民主党派、工商联参政议政优秀调研成果和民革全国优秀提案。4月，民革中央在历城区召开全国民革系统“秸秆生物反应堆技术推广”现场会，民革市委以呈阅件形式向中共市委提交《关于在我市农业中大力推广秸秆生物反应堆技术》的书面报告，省委副书记、市委书记姜大明作出批示。

2007年，在市政协十一届五次会议上，提交大会发言1件、书面发言4件、集体提案7件。其中《发展产业集聚是我市区域经济发展和产业布局的重要模式》被评为优秀提案。年内，在各级政协会议上共提交提案87件，其中提交省政协1件。

2008年，在市政协会上提交大会发言1件、书面发言5件、集体提案7件。其中《加快我市现代服务业发展的几点思考与建议》被确定为主席、副主席重点督办提案，并被市发改委编制服务业发展规划时吸取和采纳。

2009年，在各级人大、政协会上共提交集体和个人提案80余件。其中在市政协十二届二次会议上提交的8件集体提案，全部获分管市长批示；《推进产业集聚，增强我市县域经济整体竞争力》被评为市政协主席重点督办提案。

2010年，在市政协十二届三次会议上，民革市委共提交大会发言1件、书面发言5件、集体提案8件。其中2件提案由分管副市长批示，3件提案纳入市政府决策，2件提案在新闻媒体上摘要刊登，《继续保持投资强劲势头，推动省会建设发展再上新水平》提案被确定为市政协主席重点督办提案。

第四节　社会服务

1986年9月7日，民革市委在济南宾馆举行中山业余学校建校5周年庆祝大会。中山业校由民革市委创立于1981年4月，至1988年共毕业391个班，学员19124人。其中1988年毕业、结业79个班，3799人。年底在校学员1326人，设38个班，共10余个专业。

1987年5月，民革市委创办中山诊所，至1988年年底，就诊患者8000多人次。

1989年，济南民革中山业余艺术团成立。

1990年3月，民革市委从中国农科院购进棉花良种150公斤送到济阳县回河乡，帮其建立棉花良种繁育基地。8月，经市教委批准，中山业校改为中山业余学院，由民革市委两名副主委兼管学院工作。当年招收新生1009人，开设8个专业、27个班，在校学员1210人，被民革中央评为全国办学先进集体。

1992年，长清支部创办长清中山诊所。

1994年，建立由机关干部组成的“自办经济服务实体工作小组”。9月，在1994济南金秋经贸洽谈会期间，民革市委邀请6名外商到济南参加“一会一节”活动，引进外资，建立独资企业1处。配合济南市机关干部学微机活动，中山业余学院投资15万元，建成计算机实验室，短期培训机关干部130人、社会青年70人，并开办计算机中专学历班。中山诊所全年应诊5000余人次。

1995年，民革市委开办济南中山武术培训学校、济南中山文化艺术传播中心和济南中山实业公司。济南中山业余学院经山东省教委批准，更名为济南市中山进修学院。11月，组织以市中医医院支部为主体的专家医疗队到商河县中医院进行义诊和咨询服务，并帮助该院建章立制。党员李庆胜义务辅导的两名实验中学学生，在加拿大多伦多举行的第36届世界中学生国际奥林匹克数学竞赛中，为中国队夺得1枚金牌、1枚银牌。

1996年4月，民革市委开办济南中山翻译中心和济南中山石油润滑油供应站两个经济实体。济南中山诊所全年诊治病人8000余人次。民革党员赵宝凯为保卫国家财产不顾个人安危，勇敢与不法分子斗争，抓获罪犯，受到济南钢铁集团总公司的通报表彰和物质奖励。

1997年，济南中山进修学院响应市政府号召，为下岗职工举办再就业前的短期培训，实行减半收费，被市成教局确定为“济南市再就业培训定点单位”，并分别被民革中央和民革山东省委评为民革全国办学先进单位和山东省民革办学先进单位。

1998年，中山进修学院参加1998成教爱心行动，免费对下岗职工提供再就业培训。中山诊所全年诊治病人1万余人次。8月，长江、松花江、嫩江流域发生特大洪灾，民革市委开展“给灾区人民送温暖”活动。

1999年，省实验中学支部主委李庆胜指导的学生在国际中学生奥林匹克数学竞赛中获满分金奖、最高分银奖等，被评为济南市专业技术拔尖人才，被民革中央授予“全国优秀基层党务工作者”称号。

2000年，组织党员中的专业人才深入学校及区县所辖村镇，开展送医下乡、义务诊治、科技咨询服务，总计500余人次。

2003年春，民革市委成立“非典”防治工作领导小组，号召党员主动做好防范工作。

2004年是民革市委“服务中心年”。7月，济南民革与沈阳、长春等8个城市民革组织联合举办“民革北方八城市风光摄影展”，宣传和推介济南的悠久历史文化、优美自然风光和崭新城市面貌。

2005年6月、11月，与秦皇岛等8个城市民革市委携手，分别在秦皇岛、杭州举办“民革北方九城市旅游风光摄影展”。年内开展义诊咨询、科技下乡、文艺演出等公益活动5次。历下区工委向历城区西营镇西岭角村小学捐款捐物4万余元。市中医医院支部和马厚强分别被民革中央授予民革全国社会服务工作先进集体和先进个人，倪秀珍被民革中央评为“民革全国优秀宣传干部”。

2006年，与沈阳、长春等10城市民革市委联合在广西桂林举办“民革北方十城市风光摄影展”。民革党员秘如沿10年来坚持组织省市有关书画人员，到阳信县聋童学校开展助残活动，累计捐画450余幅，募捐助学40余万元。

2007年，济南遭遇“7·18”暴雨后，党员黄大亮、马金姝、袁洁等始终战斗在防病抗灾第一线，为确保济南市大灾之后无大疫和灾民生活尽快安置做出贡献。

2008年，四川汶川特大地震发生后，民革市委立即发出“抗震救灾，爱在行动，民革在行动”倡议，组织机关和党员向灾区人民捐赠款物20余万元。民革党员杨一伟奔赴抗灾第一线，工作表现突出，受到济南市援川建设前方指挥部通令嘉奖，被省人事厅、省建设厅给予先进个人二等功嘉奖。历下区总支、天桥区总支和乔小明、杨一伟、李迎春、赵焰等4名党员被民革山东省委评为抗震救灾先进集体和个人。

2009年8月，民革市委编撰出版了大型系列丛书《风雨同舟六十年·民革卷》，全书20多万字，作为新中国成立六十年来民主党派发展的重要史料，向新中国成立60周年献礼。

2010年，民革市委作为承办单位，先后在济南、广州举办“民革北方城市第八届旅游风光摄影展”。民革中央《团结报》头版以《小照片成就社会活动新品牌》进行报道。民革市委被民革中央授予“民革地市级组织思想，宣传工作先进集体”“学习践行社会主义核心价值体系先进组织”。

第五节　促进祖国统一

1986～2010年，民革市委充分利用亲情优势和海外联系广泛的优势，请进来，走出去，通过开展富有成效的特色活动，加强两岸经济文化往来，促进两岸交流与合作。

1986年，组织党员开展广交朋友的涉外联谊活动，全年给海外亲友写信98封。为纪念孙中山先生诞辰120周年，由民革市委和副主委曾天民建议，市委、市政府决定将市中心“人民公园”恢复为“中山公园”名称。11月12日，举行揭幕仪式，民革市委中山书画社、市政协祖国统一工作委员会、南京黄埔军校同学会山东组等联合举办的纪念孙中山先生诞辰120周年书画、图片展览同时在中山公园开幕，参观者上万人次。

1987年10月，主委胡理修主持举行80多位台属参加的“台属迎亲恳谈会”。

1988年，经市民革党员牵线搭桥，32名台胞台属与台湾亲人取得联系，其中去香港会亲的台属6人次，回大陆探亲的台胞26人次。民革市委成立台属联系组，每月定期活动，学习和平统一祖国的方针政策，交谈出国会亲访友和接待回大陆探亲家人的体会，增强台属统一祖国的信念。

1989年1月、11月，民革市委先后举办两场台情报告会，请市台办主任介绍台湾形势、对台政策以及做好接待工作的有关事项，参加报告会的台属200余人。9月14日，民革市委祖国统一联谊委员会邀请台属、侨属100多人举行台属中秋茶话会。年内共接待台湾亲友36人次。

1990年9月，台湾“老马篮球队”应邀到济南进行友好访问，民革市委参加接待，并在天桥体育馆组织友谊比赛。全年民革市委共接待台胞(包括两个团体)126人。

1991年，民革市委成立法律咨询服务部和促进祖国统一诗友联谊社。制定《祖国统一联络委员会工作细则》，加强民革市委、支部与台属的联系，全年共接待台胞20余人和台胞团体1个。

1992年，民革市委先后召开台属座谈会3次，加强与台属联系。9月，组织召开“三胞仲秋茶话会”，介绍济南对外开放的优惠政策和济南经济建设、改革开放的发展情况。

1997年，民革市委把迎香港回归作为全年工作重点，向全市民革党员发出开展“我为香港回归做件事”活动的倡议。举办“迎港回归”联欢会、“迎回归，话统一”报告会、“庆回归，爱祖国”歌咏大会和“迎回归”笔会等一系列“迎港回归”活动。

2000年3月，民革市委就台湾地区产生新的领导人召开座谈会，坚决拥护中共台办和国务院台办发表的声明，并发出《关于组织学习宣传〈一个中国的原则与台湾问题〉白皮书的通知》。5月，由民革市委副主委李德强牵头邀请台湾近30位书画界知名人士到济南访问。12月，民革市委接待台湾著名画家、大学教授金哲夫先生一行，促进两岸书画界的交流。

2002年8月13日，民革市委领导参加市级民主党派、工商联座谈会，声讨台湾当局领导人陈水扁分裂祖国的“台独”言论。10月26日，主委李德强会见台湾澹宁书法学会山东访问一行37人，举办书画笔会。

2003年，民革市委坚持“和平统一、一国两制”的基本方针和中共中央对台工作的主张和意见，积极开展两岸交流，年内共接待台胞来团来访5次。国庆节前夕，以“迎国庆，促统一”为主题，举办大型书法展览。

2004年6月，受民革中央委托，邀请台湾中华花艺文教基金会花艺专家一行37人，在趵突泉公园举办“两岸中华插花艺术交流展”。

2005年，深入学习和贯彻胡锦涛“四点意见”和《中华人民共和国反分裂国家法》，深刻理解中共中央对台方针政策和对台工作精神。主委李德强以《立国法、反“台独”、促统一》为题发表专门讲话。11月，赴奉化市就如何利用政党特色优势，搭建两岸沟通平台、吸引台资、引进项目等情况进行学习考察，并与正在奉化洽谈项目的台湾客人进行情况交流。

2006年，民革市委在《济南民革简讯》《济南民革》杂志上分别发表《陈水扁终止“国统会”难挡两岸大势》《2005年台湾政局及两岸关系综述》等文章，并组织召开台情报告会、举办“迎国庆促统一”台属茶话会等。主委李德强会见基隆市“议会”参访团一行30余人。副主委兼秘书长张乃仁随山东学者交流团赴台，与“国立”台北历史博物馆馆长黄永川进行文化学术交流，并互赠画作。

2007年，接待台湾“齐鲁文化之旅”参访团。

2008年1月，在庆祝民革诞辰60周年大会上，以反映海峡两岸骨肉相连、人民盼望团聚与统一为主题，民革市委机关集体创作并演出独幕话剧《月是故乡明》。年内共接待5个台湾到济南参访团，参加民革华东地区对台工作研讨会，与民革山东省委联合举办台情报告会，邀请省台办分管领导就台湾政局和两岸关系有关问题作专题报告。

2009年8月，民革市委组织党员为台湾遭受“莫拉克”台风袭击的受灾同胞进行爱心捐款。11月，济南市台属联谊会召开第三届台属代表大会，主委王伯之当选第三届理事会会长，副主委丁毅当选副会长。8月，在市台联第六届一次理事会上，副主委聂爱华当选为市台湾同胞联谊会副会长。年内共接待三批台湾到济南参访团。

2010年4月，应台湾基隆市议会邀请，主委王伯之随市人大参访团到台湾进行为期8天的交流，并拜访中国国民党副主席、中国台商发展协会理事长蒋孝严先生。6月，与市台办召开座谈会，就驻济南台商的现状、济台合作前景等问题进行调研。

第二章　中国民主同盟济南市委员会

第一节　代表大会

1986～2010年，中国民主同盟会济南市委员会(简称民盟济南市委)先后召开第五至第九次会员代表大会，选举产生市民盟济南市各届委员会和领导班子。

第五次代表大会

1988年9月21日～24日，民盟济南市第五次代表大会召开。出席大会代表121名。大会审议通过李昌义代表第六届委员会所作的工作报告，选举产生由33人组成的民盟济南市第七届委员会，主任委员秦西灿，副主任委员王耀生、李奇瑞、李昌义、姚敦义、孙玉琳，顾问王尧羲、张淑梅。

第六次代表大会

1992年7月4日～6日，民盟济南市第六次代表大召开。出席大会代表116名。大会审议通过姚敦义代表市民盟第七届委员会所做的工作报告，选举产生由33人组成的民盟济南市第八届委员会。主任委员姚敦义，副主任委员王耀生、李奇瑞、孙玉琳、赵延铸、王伦善。名誉主委秦西灿，顾问王尧羲、张淑梅、仝献昶。

第七次代表大会

1997年5月5日～7日，民盟济南市第七次代表大会召开。出席大会代表124名。大会审议通过王耀生代表第八届委员会所作的《承前启后，继往开来，以崭新的姿态跨入21世纪》的工作报告，选举产生民盟济南市第九届委员会。主任委员姚敦义，副主任委员孙玉琳、赵延铸、王伦善、刘荫岛、徐宗臻、滕德良，秘书长张廷和。名誉主委秦西灿、王耀生。

第八次代表大会

2002年1月11日～13日，民盟济南市第八次代表大会召开。出席大会代表134人。大会审议并通过姚敦义代表民盟济南市第九届委员会所作的题为《与时俱进，开拓创新，努力建设高素质的参政党队伍》的工作报告；选举产生由33人组成的民盟济南市第十届委员会。选举刘荫岛为主任委员，安利国、崔大庸、范艳玲、王锡宏为副主任委员；任命曹临春为秘书长；推举姚敦义、王耀生为名誉主任委员。

第九次代表大会

2007年4月25日～27日，民盟济南市第九次代表大会召开，137名代表出席会议。大会审议通过安利国代表十届委员会所作的《开拓创新，务实进取，为构建和谐济南贡献力量》的工作报告，选举产生民盟济南市第十一届委员会委员35人，常委17人。主任委员崔大庸，副主任委员安利国、王锡宏、曹临春、潘宏兰、张怀成，秘书长朱荣清。

第二节 组织建设

1986年，民盟济南市委共有盟员496人，基层组织50个，其中支部25个、基层小组25个。

1988年1月16日，召开民盟济南市代表会议，出席会议代表110人，增补4名委员、2名常委，选举出席民盟山东省第四次代表大会代表29人，通过出席民盟第六次全国代表大会代表建议名单。9月，召开民盟济南市第五次代表大会。

1989年，新建民盟市中、天桥、历下、槐荫区工作委员会，新建、改建支部(小组)5个 。

1991年，先后建立机车工厂支部、文艺总支、第三制药厂小组，改建济南第四十七中学、第四十四中学支部。

1992年年底，共有基层支部委员会50个、直属小组15个，盟员676人。1994年，新建4个基层支部和1个小组。1995年年初，召开民盟全市组织工作会议，深入贯彻《民盟中央关于加强自身建设的若干意见》，建立50多人的后备干部队伍。8月，举办新盟员学习班、盟员骨干培训班。

1997年年内完成4个区工委、30个支部(小组)换届。 撤销历下、天桥、槐荫等6个退休人员组成的支部。民盟机关增设议政调研室。全市共有74个基层组织，其中区工委4个、总支4个、支部(小组)66个，有盟员776人。

1998年，新建职工科技大学直属小组和律师支部2个支部(小组)，济南回民中学和济南八中直属小组改建为支部。12月，盟市委组织召开全市基层工作交流会议。

1999年年初，制定《民盟济南市委关于加强基层组织建设的意见》。

2001年3月，对民盟历下、市中、槐荫、天桥四区工委班子进行调整。全年有3个支部进行换届改选，发展新盟员15人，办理退盟1人。至年底，盟市委下辖区工委4个、总支3个、支部56个、直属小组9个，共有盟员850人。

2002年，开展领导班子建设、机关建设和制度建设活动，对会议制度、财务制度等进行修订和完善，机关干部进行竞争上岗和干部交流；调整充实学习委员会、参政议政委员会、妇女工作委员会，制定各专门委员会工作通则；调整部分基层组织的管理，任命新的四区工委领导班子，有17个盟市委直属支部充实到各区工委，市直支部由42个减少到25个。至年末，共有基层组织65个，盟员846人。

2003年，发展盟员40人，新建支部1个，合并支部(小组)6个，民盟济南大学支部划归省民盟管理。

2004年，民盟历城支部升格为民盟历城总支，下设两个支部。

2005年8月，按照市委统战部及盟市委的安排，研究制定关于市民盟后备干部队伍建设的意见。民盟济南教育学院支部被评选为全盟先进基层组织。新建天桥区、二十一中两个支部。

2006年，撤销市图书馆支部，并入市群众艺术馆支部；撤销民盟十二职专支部，并入市中区支部；科技总支新建科技第四支部；新建民盟济南第十二中学支部。9月，民盟槐荫、市中、历下、天桥区工委分别进行换届，并更名为区基层委员会，从盟市委的派出机构成为盟市委的一级组织。

2007年，民盟济南市十一届委员会设立学习委员会、社会发展服务委员会、社会文化教育委员会、妇女委员会、经济科技委员会等五个专门委员会。制定《专门委员会工作通则》。1月28日，民盟章丘市支部改为民盟章丘市基层委员会，下设两个支部。

2008年，盟市委开展“创建活力支部，争做优秀盟员”活动，提出促进基层组织工作的“七化”目标，即学习方式多样化、民主生活制度化、盟员联系经常化、成员发展规范化、宣传报道信息化、参政议政集体化和社会服务具体化，同时对优秀盟员提出具体明确的标准。原民盟济南第四十中学支部与原民盟二十四中学小组合并成立济南泉城中学支部，新建民盟高新区支部。

2009年，新建长清区支部和历城区总支综合支部，原教育学院支部和原职工科技大学支部合并成立职业学院总支。

2010年，全市共有6个基层委员会、3个总支、66个支部(小组)，有盟员1052人。

第三节 参政议政

1986～1988年，民盟市委主要负责人定期参加中共市委召开的“双月座谈会”，就全市的大政方针进行协商、监督。盟员中当选为全国、省、市、区(县)各级人大代表和政协委员的有70人，他们就济南市的经济建设、体制改革、教育、科技、文化、卫生、统一战线等方面的工作提出意见和建议135条(项)。民盟济南市委组织对职称评定工作的调查，提出《关于职称评定工作的意见和建议》，分别报送省、市教委和民盟中央。

1989年，全市民盟盟员中有17人当选为全国、省、市、区人大代表，有52人任省、市、区政协委员。在市政协八届二次会议上，民盟组的政协委员提出各种提案、建议、意见20余项，其中关于加强对成人教育管理、关于市政建设等提案受到市有关部门重视，并得到落实。

1990年，盟员共向各级人代会、政协会提出提案、建议150余条，多数得到落实。民盟市委积极举荐符合条件的盟员担任政府实职，有2名盟员被聘为市、区特邀监察员，2名盟员任区级政府机关领导职务。

1991年，在市政协八届四次会议期间，共提出4项提案和2项建议。其中《大力发展我市农村初级职业教育》《大力加强我市公交事业》《完善我市棉花生产专业体系》等提案，受到市政府及市教委、市建委、市公用事业局、市供销社等有关部门的重视并被采纳、落实。担任各级人大代表、政协委员的盟员，全年提出各类意见、建议、提案110余条(项)，绝大部分得到落实。

1992年，全市民盟盟员中担任各级人大代表和政协委员的有78人，共提出建议、提案56份，在市政协八届五次全委会上以民盟济南市委的名义提交提案4份。其中《关于建立我市联合防雹体系的建议》引起市政府领导的重视。

1993年，全市民盟盟员中有80人担任新换届的各级人大代表和政协委员，1人被聘为省、市政府两级督学，2人被聘为市特邀监察员，3人被聘为区特邀监察员，1人被聘为市特邀审计员。全年市民盟共提出建议、提案698条，在市政协九届一次会议期间提建议提案47条，其中以民盟济南市委名义提交提案4份，《关于立即制止棉花生产滑坡的建议》提案受到市政府领导的肯定。年内，向市政协提交《立即刹住公费出国旅游的建议》提案。4月，对中小学课业负担和青少年违纪犯罪情况组成专门班子进行调研，提出《关于青少年违纪犯罪情况的调查与思考》《关于全面落实教育方针、加强素质教育、减轻学生负担的建议》两份调查报告。

1994年，在市政协九届二次会议期间提建议提案52条，其中以民盟济南市委名义提交《关于稳定我市大中小学教师队伍的几点建议》等提案4份。以市民盟副主委孙玉琳为主撰写的《关于保护利用水资源的建议》提案获山东省优秀提案奖。市民盟成立提案工作小组。

1995年，民盟市委《关于尽快实现我市开发区教育设施配套的建议》在市政协九届三次会议上作大会发言。9月，民盟市委召集文教界盟内专家，参加文教工作座谈会，对全市文化教育“九五”规划和2010年远景目标进行讨论，提出建议。各区工委、各基层组织广泛开展提一条建议、办一件实事、做一件好事“三个一”活动，收集意见建议百余条。

1996年年初，民盟市委召开首次“参政议政献计献策工作经验交流会”。2月，向市政协九届四次全委会提交提案2份。其中《强化政府行为，采取有力措施，加快我市薄弱初中建设》提案作大会发言。5月，与市教委建立对口联系制度。

1997年2月，在市政协九届五次全委会上，民盟市委作《健全多渠道筹措教育经费机制，稳步增加教育投入》的大会发言，并提交《关于发展我市特殊教育事业的几点建议》集体提案。全市盟员中，担任全国、省、市、区级人大代表32人；担任省、市、区政协委员134人。

1998年，在市人大十二届一次会议上，民盟市委副主委刘荫岛当选为济南市人民政府副市长。年内，共向市政协提交提案34件，内容涉及教育、环保、文艺、下岗再就业、民族宗教、外贸出口等许多领域。在市政协十届一次全会上，民盟市委作题为《对济南市高等教育改革和发展的建议》的大会发言；提交《开拓进取，迎接挑战，素质教育是关键》等提案。会议期间，市民盟政协委员18人提出提案28件。

1999年年初，在市政协十届二次全委会上，民盟市委作题为《环境保护与可持续发展》的大会发言，提交《加大学校、家庭、社会“三结合”教育力度，加强对青少年的教育管理工作》等提案。

2000年，在市政协十届三次全委会上，民盟市委作《关于我市一轻工业产品结构调整的建议》的大会发言，同时提交《坚持“十六字”方针，促进民办基础教育发展》《构建适应现代教育需要的中小学教师队伍》等集体提案4件。同年，盟市委调整参政议政委员会，成立教文卫和经科法两个提案小组。

2001年，在市政协十届四次全会上，民盟市委作《建设区域性金融中心，促进我市经济持续快速健康发展》的大会发言，提交集体提案12件。

2002年，在市政协十届五次全会上，民盟市委作《我市城市化应在全省率先实行数字化》的大会发言，向大会提交提案7件。民盟市委在市政协十届三次、五次会议期间提出的《坚持“十六字”方针，促进民办基础教育发展》和《加强济南南部山区生态环境保护》两件提案被市政协评为优秀提案，另有《关于开发洛庄汉墓旅游资源的建议》等5件盟员个人提案获奖。盟市委制定《市民盟参政议政工作激励办法》。

2003年，在市政协十一届一次会议上，民盟市委大会发言《让济南市的优秀建筑“靓”起来》被评为优秀提案；提交《巩固蓝天工程成果，创建美好生态城市》《关于发展济南市职业教育的建议》等集体提案。4月，盟市委召开参政议政表彰会。围绕城市建设、黄河开发与保护、新课程改革等工作开展专题调研。

2004年，在市政协十一届二次会议上，民盟市委作《关于将济南市建设成为区域性旅游消费中心的建议》的大会发言，并提交集体提案4件。《加快实施分质供水，提高居民生活质量》获市政协优秀提案。6月初，民盟市委在省市高校和科研机构中聘请9位盟外专家，成立市民盟参政议政专家组。中共市委统战部将市民盟的这一做法在市级各民主党派进行推广。组织部分盟内外专家围绕促进都市农业发展、城市建设和城市管理等课题进行调研，与对口联系部门市环保局联合开展关于加快济南市创建国家环保模范城工作的调研。

2005年，在市政协十一届三次会议上，民盟市委作《关于促进我市创建国家环保模范城市建设的几点建议》的大会发言，并提交《关于加快济南市都市农业发展的建议》等集体提案4件。3月，经盟市委十届十三次常委会审议通过正式下发《民盟济南市委参政议政调研工作激励办法》。组织民盟参政议政专家组围绕职业教育、区域诚信体制建设、气象灾害应急体系建设等课题组织开展调研。

2006年，在市政协十一届四次会议上，盟市委作题为《整合资源加大投入，推动我市职业教育改革与发展》的大会发言，并提交《关于建立健全我市信用体系的建议》等集体提案3件。年内，围绕社会主义新农村建设、环保工作、城市供排水建设等问题开展座谈调研。制定《进一步加强民盟济南市委参政议政工作方案》，从领导机制、调研课题的实施和管理机制、激励保障机制、参政议政人才机制等方面进行规范化建设。

2007年，在市政协十一届五次会议上，民盟市委作《加快市内河道综合治理，建设生态良好的泉城济南》的大会发言，并提交《关于把济南市建成国家级住宅产业化试点城市的建议》《完善社区公共文化服务体系，促进和谐济南建设》等集体提案6件。

2008年，在各级人大、政协换届中，市民盟有省人大代表1人，市人大代表5人，区县人大代表10人；省政协委员2人，市政协委员28人，区县政协委员61人。在市政协十二届一次会议上，民盟市委作《加强历史文化保护利用，充分彰显名城特色魅力》的大会发言，共提交集体提案8件。下半年，开展“深入贯彻落实科学发展观，为济南又好又快发展献计策”活动，收到提案素材50余篇。7月，民盟市委被民盟山东省委评为2008年度反映社情民意信息工作先进集体。

2009年，在市政协十二届二次会议上，民盟市委作《壮大商务楼宇经济，推动我市现代服务业快速发展》的大会发言，并提交集体提案8件。市民盟《关于在民用建筑中全方位推广使用建筑节能产品的建议》《对新农村建设扶持资金进行集中管理使用的建议》等参政议政信息被民盟中央《民盟信息》采用，实现零的突破。民盟市委被评为民盟山东省2009年度反映社情民意信息工作先进集体。

2010年，在市政协十二届三次会议上，民盟市委作《关于促进我市二环路及北园高架路两侧产业发展的建议》的大会发言，提交《关于保障城市河道景观用水的建议》《关于加强农村环境保护工作的建议》等集体提案7件。

第四节　社会服务

1981～1988年，民盟市委面向社会办学，主办的北京自修大学济南分校共举办各类大中专班、高教自学考试辅导班。1984年起，市民盟连续4年被市教委评为“社会力量办学先进单位”。1988年9月，民盟市委与民盟山东省委合办中国军地两用人才大学济南分校。

1989年，开展“三胞”联谊活动，组织有“三胞”关系的盟员参加“政策学习会”和“台湾形势及接待台胞有关政策专题报告会”，发动组织盟员与港澳台及海外亲友广泛开展通信联系，宣传和平统一的方针、政策，介绍家乡的变化和祖国改革新貌。

1990年，民盟市委主办军地两用人才培训学院和光明业余学院。4月，民盟市委与共青团济南市委联合组织医务界专家，赴章丘县文祖镇义务巡诊，为中学生、教育工作者查体诊病，免费发放药品。6月1日，民盟市委妇委会组织市中心医院、市第四人民医院、市第五人民医院等4所医院的盟员(专家)，举行庆“六一”少年儿童义务保健咨询活动。

1991年，民盟市委将商河县张坊乡列为重点支农扶贫点，与团市委合作，组织医务界盟员专家组成医疗队，为近200名乡镇干部和修河民工查体诊病；赠送500册农业技术及其他专业书籍。

1992年，民盟市委与民盟市中区工委协同配合成立初中同步辅导业余学校，招收学生900人。

1993年“六一”儿童节前夕，民盟市委妇委会组织12名盟员医务专家为儿童义诊。7月成立“李清照辛弃疾研究所”。

1995年1月，民盟市委号召全市盟员向“希望工程”献爱心，全市700余名盟员共向济阳县姜集乡中小学捐赠课内外读物3500册，各种学习用品2400余件。

1996年年初，与市中区工委联合组成“民盟济南市委教育教学学习辅导团”，义务辅导71中青年教师。5月，市教委批准市民盟创办济南市第一所“民办公助”全日制寄宿学校——济南盟光高级中学。市民盟还主办“民盟济南市飞机场职业技术培训中心”。

1999年，与柳埠一中结成扶农对子，制订扶农方案，组织盟内医务专家为师生义诊。

2000年5月，与市农工党两家妇委会，在儿童乐园联合举行庆“六一”义诊咨询服务活动。

2004年，举办“迎六一，向山村小学生献爱心”活动，邀请章丘市黑峪村小学学生游览泉城、参观山东省科技馆。开展教育帮扶工作为历城区彩石乡中学无偿提供北大附中远程教育优质资源软件。

2005年“六一”前夕，民盟市委在章丘市黑峪村小学举办“与山村小学生共庆‘六一’儿童节”活动。购置双杠、篮球、乒乓球台等体育器材及教学用具10余套，并捐赠部分图书。

2007年，民盟市委响应民盟中央开展“农村教育烛光行动”的号召，与吴家堡镇西堡小学结成帮扶对子。民盟市中区基层委员会连续三年开展“爱心助学活动”。与二七新村街道联合，启动“服务进社区，携手筑和谐”活动，义务组织开展各类保健知识讲座、法律咨询、技能培训等教育活动。

2008年汶川地震发生后，组织盟员以各种形式投入抗震救灾，通过不同渠道向灾区捐款捐物。全市盟员踊跃参与民盟中央“灾后重建家园，爱心汇成希望”活动，缴纳“特别盟费”，支援灾区重建。盟市委编发《情系汶川——抗震救灾专集》。

2009年，民盟市委承担完成10名甘肃省贫困地区骨干教师为期1个月的培训任务。

第三章　中国民主建国会济南市委员会

第一节　代表大会

1986～2010年，中国民主建国会济南市委员会(简称民建济南市委)先后召开第五至第九次会员代表大会，选举产生市民建第七至第十一届委员会和领导班子。

第五次代表大会

1988年12月9日～12日，民建济南市第五次会员代表大会召开。出席大会代表95人。大会听取和通过民建济南市第六届委员会主任委员艾鲁川所作的工作报告；选出第七届民建市委会委员31人、顾问15人。七届委员会第一次会议选举艾鲁川为主任委员，张东木、张致祥、邵仁先、陈伯振、晋林硅、须景贤为副主任委员，张致祥兼秘书长。

第六次代表大会

1992年7月8日～11日，民建济南市第六次代表大会召开。出席大会代表117人。大会审议并通过张致祥副主委代表民建济南市第七届委员会所作的题为《坚持党的基本路线，再接再厉，同心同德，为进一步发挥参政党作用贡献力量》的工作报告；选举产生由31人组成的民建济南市第八届委员会，八届委员会第一次会议选举艾鲁川为主任委员，张致祥、汤家永、邵仁先、滕复来为副主任委员，邵仁先兼秘书长。

第七次代表大会

1997年4月22日～25日，民建济南市第七次代表大会召开。出席大会代表125人。大会听取并通过张致祥副主委代表民建济南市第八届委员会所作的题为《发挥参政党职能，为两个文明建设贡献力量》的工作报告；选举产生由31人组成的民建济南市第九届委员会。在九届一次全委会上，选举汤家永为主任委员，邵仁先、岳书元为副主任委员，推举张致祥为名誉副主任委员。

第八次代表大会

2002年1月8日～10日，民建济南市第八次代表大会召开。出席大会代表125人。市政协副主席、市民建主委汤家永代表民建济南市第九届委员会作题为《发挥参政党职能，为两个文明建设贡献力量》的工作报告。大会审议并通过第九届委员会工作报告；选举产生由30人组成的民建济南市第十届委员会。在十届一次全委会上，选举产生由13人组成的常务委员会，选举王可敏为主任委员，郇起鸿、邢乐成、岳书元、王建森为副主任委员，任命刘燕为秘书长，推举汤家永为名誉主任委员，张致祥为名誉副主任委员。

第九次代表大会

2007年4月24日～25日，民建济南市第九次代表大会召开。出席大会代表130人。大会审议并通过市政协副主席、市民建主委王可敏代表十届委员会所作的题为《切实发挥参政党职能、为全面建设小康社会贡献力量》的工作报告；选举产生由35人组成的民建济南市第十一届委员会。在十一届一次全委会议上，选举产生十一届常务委员会，选举王可敏为主任委员，郇起鸿、邢乐成、王建森、刘燕、王传秋为副主任委员，任命丁保国为秘书长。

第二节 组织建设

1959年5月至1992年6月，民建济南市委和市工商联合署办公，1992年6月后不再合署。

1986年，市民建发展会员53名，新建支部12个，并对全部会员建卡立档。

1987年，成立民建济南铸造锻压机械研究所支部、济南医药站综合支部、济南第五棉纺厂装饰分厂小组、济南交电站小组、建联中药店小组5个基层支部(小组)。

1989年，成立民建济南市天桥区总支、历下区总支、市中区总支、槐荫区总支，新成立支部委员会5个、小组5个。

1991年，成立民建济南第一机床厂支部。

1992年，成立民建浪潮支部。

1993年，市会机关由原来4个处改为1室2处。

1994年，对所属55个支部、4个总支的领导班子进行调整，新建支部1个。对全体会员重新登记，并编印《市民建全体会员登记册》。

1995年5月，民建山东工业大学小组(3人)移交民建山东省委。

1996年，新成立市工商联机关支部、锅炉检验所小组、市复合包装印刷厂小组，撤销建联药店支部和建联茶叶店小组。

1997年，对4个区总支、1个区支部、9个企业和系统支部进行换届或调整。

1999年，成立民建济南市历城区总支委员会。

2002年确定为“基层组织工作年”。新成立市直属支部，市民建老龄工作委员会、妇女工作委员会。

2004年，围绕民建中央确定的“基层组织建设年”开展活动。年内新成立民建济南市市直总支委员会，下发《民建济南市委关于进一步加强组织建设的实施意见》。

2005年，成立金融支部、高新技术开发区支部和章丘小组；成立市民建文化艺术委员会。

2006年，天桥、市中、槐荫、历城、历下、市直6个总支先后召开会员代表大会，选举产生新一届总支委员会。完成对15个基层支部的调整工作。新成立市民建法制委员会和经济支部。济南市公开选拔非中共党员副局级领导干部，会员王建森、王翠香经选拔分别担任市工商局、市司法局副局长。

2007年4月，召开民建济南市第九次会员代表大会。

2008年，成立民建济南市章丘支部。

2009年，成立市民建人口与资源环境委员会，撤销参政议政工作委员会。编纂出版丛书《风雨同舟60年·民建卷》。

2010年，按照整合资源、区域化管理原则，对19个老支部进行"撤、并、合"，成立机械行业、轻工行业和商贸行业支部。市中区总支被民建中央评为全国先进基层组织，会员王琳、刘岩被评为全国先进个人。

1986～2010年民建济南市委发展会员情况表

表9—6—2

年 份	发展会员人数	年 份	发展会员人数
1986	53	1999	40
1987	44	2000	28
1988	27	2001	22
1989	60	2002	15
1990	6	2003	55
1991	7	2004	43
1992	29	2005	49
1993	43	2006	26
1994	36	2007	46
1995	18	2008	43
1996	17	2009	59
1997	21	2010	47
1998	20		

第三节　参政议政

1986～2010年，民建济南市委积极参加中共济南市委、市政府组织召开的情况通报会、民主协商会、意见征求会、走访座谈会，充分利用各种政治沟通渠道，就济南市经济社会发展、政府工作报告、城市规划、重要人事安排等重大问题的决策进行协商、发表意见。充分利用人大、政协两个平台进行参政议政、建言献策。

1986年，《关于当前中药工作中的主要问题和改进建议》和《关于发展我省茶叶商品经济》《促进乡镇企业振兴的建议》得到重视和采纳。

1987年，配合市政协工商工作组对部分食品企业进行调研，向市政府提出《关于对我市糕点行业产销情况的考察报告》，建议受到副市长庄庆臣专门批示，并指示有关部门加以采纳。

1989年，提出涉及全市性建议5项，其中《关于对我市工业污水治理、废水回收利用，以利节水保泉、减少污染的建议》《有关我市开展双增双节问题的建议》两项建议，中共市委书记贺国强和市长翟永溥分别作出批示，并指示有关部门加以采纳。

1990年，协助省民建组织关于商品流通问题的调查座谈会5次，就如何发挥国营商业主渠道作用、加强工商协作、理顺工商关系、加强市场及物价管理、进一步搞活流通促进生产等方面的问题向政府有关部门提出建议，得到有关部门的重视和采纳。

1991年，与市政协经科委、市财委联合提出的《关于改造与建设大观园商场的建议》和《关于市商业储运公司工业品贸易中心改建为工业品批发市场的建议》，被有关部门采纳并实施。

1992年，在市政协八届五次全委会上，民建作题为《发挥参政党职能，为搞好国营大中型企业献计出力》的发言，并以民建市委的名义提出两项提案，均得到落实。在民建中央召开的“献计出力”活动先进集体和先进个人表彰会上，济南市有6个民建支部和6名会员受到表彰。

1993年，在市政协九届一次会议上，民建市委作题为《关于加速更新现代化纺织生产设备、调整产品结构、用以质取胜战略，提高产品档次，为参与国内外市场竞争创建有利条件》的大会发言，受到市领导和委员的好评。5月，市委会组团赴俄罗斯经贸洽谈，对北京至莫斯科国际列车上的治安混乱状况向民建中央写出书面意见，引起铁道部、公安部的高度关注并专门复函民建市委表示感谢。

1994年，成立议政调研工作委员会，整合和加强会内参政议政工作水平。在市政协九届二次会议上，民建市民建作题为《做好提高产品质量工作，促进社会生产力发展》大会发言，并提交关于《严厉打击假冒伪劣商品制售者违法行为》《改进增值税统一发票，以便工商业使用》等5项提案。年内，全市民建会员在各级人大、政协会议上共提出建议、提案160余条(项)，80%得到落实和办理，收到较好的社会效益。

1995年，会员中的人大代表、政协委员在省、市、区人大、政协会议期间共提建议、提案55条，其中以民建市委名义在市政协九届三次会议上提交提案7件。会员中的人大代表在市人大十一届三次会议上的《关于严禁在市区内养犬》建议，被予以立案并实施。

1996年，市民建会员的人大代表、政协委员，在省、市人大、政协会议期间共提建议、提案83件，其中以民建市委名义在市政协九届四次会议上提交提案10件，以《关于顺河街高架路的几点建议》为题作大会发言。

1997年，在市政协九届五次会议上，民建市委向大会提交集体提案4件、个人提案43件，其中4项提案得到有关部门现场办理，7项提案被市政协评为优秀提案。会员中的人大代表在市人大十一届五次会议上提出的《关于进一步加快个体私营经济发展》议案中部分意见被吸收进济南市委、市政府联合下发的《关于进一步加快个体私营经济发展的决定》中。

1998年，在市政协十届一次会议上，以《依法治市要从提高领导干部的法制观念和依法办事能力做起》为题作大会发言，市长谢玉堂对此作出批示。《齐鲁晚报》《济南时报》对会员在市政协会议上提出的《建议规范对企业下岗职工的政策性文件》和《应尽快制定法规文件，规范零工劳务市场》两件提案作了报道。

1999年，在市政协十届二次会议上向大会提交集体提案9件。市民建《创造泉城特色的几点思考》大会发言，得到市长谢玉堂批示。《关于依法整顿我市调味品市场，保障市民身体健康，促进调味品行业发展》的专题调研报告得到副市长刘善友批示，有关部门根据所提建议进行专项检查治理。《关于加大清查我市闲置、撂荒土地工作力度的建议》的提案，市土地局研究采纳后在全市开展闲置、撂荒土地的清查工作。

2000年，在市政协十届三次会议上共提交集体提案6件，《关于加快我市新型墙体材料工业发展的建议》大会发言得到市长谢玉堂批示。

2001年，在市政协十届四次会议上提交提案9件，并作《关于加快推进济南城市化进程的建议》大会发言。其中《在〈济南日报〉设立“政府公报”专栏，增加政策透明度》的提案，被列为会议重点提案，市政府领导予以批办。

2002年，在市政协十届五次会议上作题为《关于加快发展我市都市农业的建议》大会发言。向大会提交《关于搞好我市财源建设，壮大财政实力的建议》《关于加快我市会计委派制度进程的建议》等7件集体提案。在市十届政协优秀提案和先进承办单位表彰会上，有2件民建集体提案和8件民建个人提案获优秀奖。

2003年，在市政协十一届一次会议上，民建市委作《引入市场机制，开发四荒资源》大会发言，并提交集体提案10件、个人提案47件。其中《大力提倡和推进城郊秸杆利用，减少环境污染》的集体提案和《关于我市企业改制工作的几点建议》《发挥房产协会作用、提高经营城市水平》被大会评为优秀提案。《关于在我市实行“早九晚五”作息制度的建议》集体提案得到市长鲍志强专门批示，并提交市长常务会议研究，最终确定上午8:30、下午5时的作息制度。与民建山东省委联合开展济南市“留学人员创业园现状”调研，《关于加快发展“留学人员创业园”的建议》调查报告受到省长韩寓群的重视和批示。

2004年，在市政协十一届二次会议上，民建市委作题为《以人为本，协调发展，实现我市保泉供水双赢》大会发言，被市政协列为2004年重点办理提案，市长办公会专题研究并分步实施。《关于进一步加强我市生猪屠宰管理，杜绝私屠滥宰产品流入市场的建议》《关于在我市解禁燃放烟花爆竹，限时、限点燃放的建议》，被市政协评为大会优秀提案。

2005年，在济南科学发展座谈会上，民建市委提出的“建设区域性经济金融中心”建议，得到中共市委书记姜大明批示。在市政协十一届三次会议上，市民建提交集体提案8件，有3件提案纳入党政部门决策。市民建《关于在我市实行“早九晚五”作息制度的建议》《关于优化我市工业经济发展环境的建议》《发展农村经济，增加农民收入的几点建议》和《引入市场机制，开发四荒资源》被民建山东省委评为参政议政优秀成果。《关于在我市建立会计委派制度的建议》获省委统战部优秀提案奖。市民建被评为全省民主党派优秀提案先进集体。

2006年，在市政协十一届四次会议上，民建市委提交集体提案8件、个人提案32件，并以《关于我市建设区域金融中心的建议》为题作大会发言。市委会制定《参政议政工作机制》，得到中共市委统战部推广。

2007年，在市政协十一届五次会议上，以《关于进一步加快发展济南城市现代服务业的几点建议》为题作大会发言。在民建山东省委调研成果评比中，获参政议政优秀成果二等奖；集体提案《关于无公害蔬菜生产和流通管理的建议》获市政协优秀提案奖。济南“7·18”暴雨过后“关于加强我市泄洪能力”的社情民意得到市领导批示，有关建议被纳入济南市防洪应急预案。

2008年，在市政协十二届一次会议上，市民建共提交集体提案11件，会员个人提案38件。大会发言《创一流产业，造动漫航母》被市政协列为主席重点督办提案。组织会员中的企业家、律师就新《中华人民共和国劳动合同法》实施情况进行座谈，征求意见和建议，形成书面材料，由会内全国人大代表以建议的形式提交全国人大。

2009年，在市政协十二届二次会议上，市民建作题为《充分发挥比较优势，努力打造中国软件名城》大会发言，7件集体提案全部得到市政府的答复并给予落实。《关于加强党政部门领导干部问责制的建议》得到中共市委书记焉荣竹的批示，促成《济南市党政领导干部问责实施办法》的制定。

2010年，在市委、市政府高层协商会提出的有关“十二五”规划的建议和政府工作报告征求意见活动中，民建关于济南市北跨发展、省会城市圈建设、增加农民经营性转移性收入的建议被采纳。在市政协十二届三次会议上，提交集体提案12件，并以《调整结构，优化布局，实现工业强市》为题作大会发言。12件集体提案全部得到市政府答复并给予积极落实，其中《疏导结合，搞好马路市场整治》提案，被确定为政协主席重点督办提案。

第四节　社会服务

1986年，开办培训班，举办专业知识讲座，全年共培训学员和待业青年1000余人。

1987年，发动会员围绕“双增双节”和“百、千、万”活动发挥专长，贡献力量。

1988年，为区街乡镇企业提供经营和技术指导的咨询项目37个，协助会员在章丘县、槐荫区、天桥区筹建工厂、商店5处。

1989年，与工商联共同举办会计、厨师、中医、商业知识、经济管理、外贸出口单证培训班7个、经济类大专班5个，当年培训学员2491人。

1991年，围绕民建中央提出的“质量、品种、效益年”，组织会员开展活动，会员提出合理建议750条，被有关单位采纳652条，创经济效益4000余万元。

1992年，成立市民建经济技术开发公司，开展招商引资工作。

1993年，市民建组织会员企业家赴俄罗斯沃罗涅日市进行经贸考察、洽谈，经市民建联系，俄罗斯沃罗涅日市企业家代表团分别与济南油漆厂、济南塑料五厂等单位签订合作协议。

1994年6月，市民建派出工作人员赴俄罗斯沃罗涅日市开展经贸工作，经牵线，沃罗涅日市有关企业分别与济阳县、平阴县合资创办中俄华特鞋业针织有限公司和中华易达金属轻化加工有限公司，与济南油漆厂、塑料五厂、万隆公司等单位合资在沃罗涅日市建立鲁特公司。这是中国在该市创办的第一家中俄合资企业。

1995年7月，经市委会牵线搭桥，济南市口岸办公室与俄罗斯伏尔加—第涅波尔航空公司达成济南—乌里扬诺夫斯克通航协议。

1996年，开办民建济南职业技术培训学校。同年，由市民建牵线搭桥促成的济南到莫斯科货运包机航线正式通航，这是中国继天津到莫斯科货运包机航线开通后第二条至莫斯科的货运包机航线。

1997年，会员所办私营企业安排下岗职工500余名；会员捐款20余万元用于支援贫困地区和小清河工程建设；市民建所办的民建济南职业技术培训学校和鲁艺书画院为社会培训各类技术人才500余人。

1998年，在抗洪救灾活动中，全市会员共捐款捐物50余万元。

1999年，会员所办私营企业为社会提供就业岗位900余个，安排下岗职工700余名。会员所办学校免费培训下岗职工300余名，并向历城南部山区贫困学校捐助教学设备、桌椅等物品价值3万余元。

2000年，由市民建牵头，省交通旅行社与菏泽交通运输公司达成合作协议，开通7条旅游客运线路。开办民建济南市职业技能培训学校。

2001年，经市劳动局批准，所办济南民建职业技能培训学校新增4个专业，新培训学员200多人。

2003年抗击“非典”期间，民建基层支部和会员先后捐款捐物200多万元。全年会员企业共吸纳下岗职工160人，所办技能学校义务培训下岗职工30余人。会员和各级组织引进资金3000多万元。

2004年，在章丘市文祖镇黄露泉村建立市民建扶贫基地，并确定扶贫工作整村推进的模式。开展捐资助学活动，救助章丘市36名高中贫困生。2004年各级组织和会员共引资1.2亿元，会员企业吸纳下岗职工近200人。

2005年，全年共募集社会和会员捐款30万元用于章丘市黄露泉村扶贫基地建设。10月，民建中央副主席陈明德出席在黄露泉村举行的扶贫基地落成仪式并给予高度评价。各总支、支部及会员共引进项目签订合作协议金额6000余万元，会员所办学校培训下岗职工、进城务工劳动力800多人，会员所办企业安排下岗职工再就业近500人。

2006年，筹集善款 2.5万元救助困难家庭学生。会员所办学校培训下岗职工、进城务工劳动力800余人，会员所办企业安排下岗职工再就业1000余人次。各总支、支部及会员全年招商引资签订合作协议金额6.4亿元，实际到位资金4.5亿元。

2007年，各区总支、支部及会员招商引资合同金额2.2亿元，到位1.1亿元。会员企业年内安排下岗职工360人，安排就业2000余人。

2008年，南方部分地区遭受冰雪灾害后，会员以各种形式和渠道捐款捐物30余万元。汶川地震发生后，向灾区捐购活动板房57套，成为济南市认购活动板房的第一家单位。 联合《齐鲁晚报》举办“于红梅师生赈灾义演音乐会”，演出收入全部捐献给地震灾区。会员和会员企业共向地震灾区捐款捐物600余万元。与济南市女企业家协会等单位联合举办“火柴天堂”公益活动，募集善款近万元全部捐献给儿童福利院。

2009年，为减轻国际金融危机影响造成的社会就业压力，企业委员会向会员企业发出“不裁员、不减薪、应对挑战、共克时艰”的倡议，会员企业当年新增就业人员5000余人。举办“天使之翼”慈善拍卖晚会，筹集爱心捐款3.2万元捐赠给育园学校和济南市社会福利院。各区总支和会员在招商引资工作中引进项目、签订合同金额3.26亿元，实际利用资金2.45亿元。

2010年，西南五省特大干旱、玉树地震等自然灾害后，各基层组织和会员通过“思源·甘泉”行动及各种方式和渠道，向干旱和地震灾区累计捐款240余万元。与多家单位联合举办“火柴天堂”和“天使之翼”公益活动，筹资30余万元捐赠给济南市儿童福利院和困难学生。全年以会员为主招商引资5亿多元，会员企业新安置就业人员近千人。

第四章　中国民主促进会济南市委员会

第一节　代表大会

1986～2010年，中国民主促进会济南市委员会(以下简称民进市委)先后召开第二至第六次会员代表大会，选举产生民进济南市委各届委员会和领导班子。

第二次代表大会

1988年9月27日～29日，民进济南市第二次会员代表大会召开。出席大会代表110人。民进济南市第三届委员会副主任委员黄道农作工作报告。大会选举产生由19人组成的民进济南市第四届委员会委员。在四届委员会第一次会议上，选举产生由9人组成的常务委员会，选举黄道农为主任委员，查国华、刘育民为副主任委员，推举孙保钧为名誉主任委员，赵光第、莫泽丰、邢国珍、张励夫为顾问。

第三次代表大会

1992年4月24日～27日，民进济南市第三次代表大会召开。出席大会代表91人。民进济南市第四届委员会主任委员黄道农作题为《坚持中国共产党的领导、坚持社会主义道路、为进一步发挥参政党的作用而奋斗》的工作报告。大会选举产生由21人组成的民进济南市第五届委员会。在五届委员会第一次会议上，选举产生由9人组成的常务委员会，选举黄道农为主任委员，查国华、刘育民为副主任委员；推举孙保钧为名誉主任委员，赵光第、莫泽丰、邢国珍为顾问。

第四次代表大会

1997年5月16日～19日，民进济南市第四次代表大会召开，出席大会代表100人。民进济南市第五届委员会副主任委员刘育民作题为《承前启后，团结奋进，开创民进工作的新局面》的工作报告。大会选举产生由23人组成的民进济南市第六届委员会。在六届委员会第一次会议上，选举产生由9人组成的常务委员会，选举孟涛为主任委员，李永祥、苗德荣、张卫星为副主任委员，徐建范为秘书长；推举孙保钧、黄道农、查国华为名誉主任委员，刘育民为名誉副主任委员。

第五次代表大会

2001年12月23日～26日，民进济南市第五次代表大会召开。出席大会代表110人。民进济南市第六届委员会副主任委员苗德荣作题为《坚定信念，开拓进取，同心同德，再谱新章》的工作报告。大会选举产生由25人组成的民进济南市第七届委员会委员。在七届一次全委会议上选举产生由11人组成的常务委员会，选举孟涛为主任委员，康庄、朋星、张卫星为副主任委员，徐建范为秘书长；继续推举孙保钧、查国华为名誉主任委员，刘育民为名誉副主任委员。

第六次代表大会

2007年5月11日～12日，民进济南市第六次代表大会召开。出席会议代表120人。大会审议通过民进济南市第七届委员会副主任委员康庄所作的题为《团结务实，开拓创新，为建设高素质参政党努力奋斗》的工作报告；选举产生由27人组成的民进济南市第八届委员会；通过大会决议。在八届一次全委会议上，选举产生由15人组成的常务委员会，选举金德岭为主任委员，朋星、张卫星、邓相超、刘海萍为副主任委员，任命黄明为秘书长。

第二节 组织建设

1986年，全市共有民进会员204人，民进基层组织15个。

1987年，成立济南文化出版支部和山东师范大学支部，新建济南六十八中学小组。1987年前，民进山东省级组织尚未建立，民进济南市委还承担烟台、淄博、聊城、德州等地的组织发展工作。1987年，民进山东省委工作委员会成立。11月，向省工委转出省直单位会员61人。至年底，全市共有基层支部16个，小组1个，会员200人。

1989年，对15个基层支部进行改选，1个支部进行调整，将文化出版支部调整为新华书店支部，市直文化支部，历下文化馆支部，全年新建基层支部4个。

1991年，新建民进济南第三职业中专和济南第三十四中学支部。1992年，新建民进济南教育学院支部。1993年，新建民进文化东路小学支部。1994年，成立民进济南历下区总支、济南盲哑学校支部、济南天桥区总支。1996年，新建民进济南大学支部。1997年，新建民进济南教学研究室联合支部和民进槐荫区支部。

1998年，建立市委委员联系基层支部制度，加强会的基层组织建设。

1999年，新建市中心医院、济南钢铁集团、济南外国语学校3个支部。全年共有6个支部，22名会员受到民进省委会表彰。

2000年，新成立民进济南第十五中学支部，并调整民进历下区总支。制定主委会组成人员联系基层支部制度。

2001年，新建天桥区综合支部。

2002年，新建民进市中区总支部和民进槐荫区总支部。

2004年，参加民进中央开展的"基层组织建设年"活动，有14个支部被省民进评为先进支部，111人被评为省先进会员，12个支部被市委会评为先进支部。

2005年，新建历城区总支(下设历城区综合、教育和文化三个支部)和历下区综合支部、市立三院支部。

2006年，举办新会员培训班，对26名新会员进行会史、会章等传统教育。合并历下小学联合支部、十亩园支部、文东小学支部为历下教育联合支部。

2008年，成立民进济南历元学校支部，14个支部被评为省先进基层组织，66名会员获省民进先进会员称号。

2010年，民进济南市委被民进中央授予"民进全国先进地方组织"称号。同年，济南历下区总支等15个基层组织获省民进"先进基层组织"称号；108名会员被评为市民进先进会员。至年底，全市共有基层组织50个，其中总支5个，支部45个；会员711人。

1986～2010年民进济南市委组织建设情况表

表9—6—3

年份	基层组织(个)				新发展会员(人)	会员总数(人)
	总数	总支	支部	小组		
1986	15	—	—	—	49	204
1987	17	—	16	1	62	200
1988	18	—	17	1	56	255
1989	25	—	24	1	39	294
1990	27	—	26	1	8	298
1991	29	—	28	1	25	318
1992	30	—	29	1	21	332
1993	31	—	30	1	34	360
1994	34	2	31	1	19	373
1995	34	2	31	1	18	402
1996	35	2	32	1	19	418
1997	36	2	33	1	18	424
1998	36	2	33	1	28	452

续表9-6-3

年 份	基层组织(个)				新发展会员(人)	会员总数(人)
	总 数	总 支	支 部	小 组		
1999	38	2	36	—	28	476
2000	39	2	37	—	31	503
2001	40	2	38	—	22	517
2002	46	4	42	—	31	543
2003	45	4	41	—	28	552
2004	45	4	41	—	24	576
2005	50	5	45	—	22	597
2006	48	5	43	—	32	614
2007	49	5	44	—	19	639
2008	50	5	45	—	29	659
2009	50	5	45	—	22	679
2010	50	5	45	—	30	711

第三节 参政议政

1986年，分别在平阴县、长清县调查了解两县语文、外语、生物等学科的师资、设备、教学状况，并写出调查报告，提出改进意见，报送省、市教育部门。

1987年3月，双“提高城市绿化和生态效应”为主题，组织向市政府献计献策研究论证会。

1988年3月，发起召开出版工作改革研讨会，就出版、发行工作的改革进行讨论，提出意见。

1989年，提出建议、提案11件。9月，组织会员参加市政协组织的对中小学德育工作的调研活动，提出关于加强中小学德育工作的建议。11月29日，召开出版发行工作调研会，民进中央副主席楚庄出席会议并讲话，形成《关于改进出版发行工作的调查报告》。

1990年，在市政协八届三次会议上，作题为《关于加强农村职业教育有关问题》的大会发言，在各级政协会议上提出提案、建议、意见30余条。3月上旬，与市政协、市民盟组织联合调研组，赴历城区、商河县的4所农业中专调研，写出《关于农村职业教育的联合调查报告》。

1992年，在各级人大和政协会议上共提出意见、建议24件，集体提案《关于强化政府对教育事业发展和改革中的统筹领导与管理的建议》和会员提出的《关于加强济微路交通治安的建议》被评为市政协八届委员会优秀提案。

1993年，共有32名民进会员担任各级人大代表、政协委员。先后召开2次参政议政座谈会，交流经验体会。在各级人大、政协会议上，共提出提案(议案) 87件，建议6条。11月，与市工商联共同举办“图书市场的现状与发展”研讨会，形成《关于加强图书市场的整顿和管理的建议》，报送有关单位。

1994年3月，在市政协九届二次会议上，提出《关于图书市场的现状与发展的建议》等3件提案。议政调研工作委员会举办“议政日”活动4次，组织系列专项调研活动。5～6月，调研小组赴章丘市、长清县了解农业科技人员及农村社会化服务体系的现状，所提出的建议被《济南市人民政府关于科教兴农实施意见》采纳。11月，组织两个调研小组，就济南市图书事业的发展情况进行调研。共提出提案、建议66件(份)，有5位会员的提案受到市政协提名表扬。

1995年5月16日～17日，与市政协社会文教委员会联合举办“学习贯彻《教育法》、促进济南市教育的改革和发展”专题研讨会。在各级人大和政协会议上共提出议案、提案85项，建议10条。在市政协九届三次会议上作《加大政府投入，强化内部改革，充分发挥图书馆在两个文明建设中的重要作用》大会发言，妇委会提出的《关于济南市社会福利院的现状及改善医疗生活条件的建议》，受到市政府重视，并决定加大对济南市社会福利院的资金投入。

1996年5月，与济南市教委建立对口联系制度。

1997年2月，在市政协九届五次会议上，作题为《关于搞好我市农村文化基础设施建设，加快农村精神文明建设步伐》的大会发言。在各级人大、政协会议上，共提出提案68件，建议10条。集体提案《加快农村精神文明建设步伐》和会员6件提案被市政协评为优秀提案。

1998年2月，在市政协十届一次会议上，作题为《对我市市区中小学布局调整工作的建议》的大会发言，市长谢玉堂当即签发办理意见。在各级人大、政协会议上，共提出提案58件。10月，以“保护青少年身心健康，切实遏制未成年人犯罪率上升的势头”和“为我市个体私营经济和中小企业创造良好的融资环境”为主题进行社会调查，并写出调研报告，送政府有关部门。

1999年2月，在市政协十届二次会议上，作题为《创造良好的融资环境，促进个体私营经济健康发展》的大会发言，市长谢玉堂当场签发意见，指示分管副市长协调办理。在各基层支部开展“一支部一建议”活动，在各级人大、政协会议上共提出提案、议案78件。

2000年，在市政协十届三次会议上，作题为《对实施济南医药行业“十五”至2015年发展规划纲要的建议》的大会发言，市长谢玉堂对该提案予以批示。在各级人大、政协会议上，共提出提案、议案110余件。

2001年，在市政协十届四次会议上，作题为《适应新形势要求，加速发展我市民办教育》的大会发言。会员在各级人大、政协会议上共提出提案、议案100余件。

2002年，在市政协十届五次会议上，作题为《关于我市文化建设的几点建议》的大会发言。在各级人大、政协会议上共提出议案、提案50余件。集体提案《加强济南市文化建设》和3份个人提案分别被评为市政协十届委员会优秀提案。

2003年两会期间，向市人大提交建议案3件，向市政协提交集体提案5件、个人提案28件；集体提案《发挥历史文化名城效应，促进济南发展》在市政协十一届一次会议上被评为优秀提案。下半年，以“坚持教育公平化原则，促进济南市义务教育均衡发展”为主题开展专题调研，提出实现义务教育均衡发展的7项措施。

2004年，在省、市人大和市、区政协会议上共提出集体提案和个人建议、提案90件。提交市政协集体提案11份，全部立案。其中《加强个人所得税征管制度》被评为市政协优秀提案。邀请11位会内外专家、学者组建参政议政特邀研究员小组；与济南教育学院共同完成专项研究课题“济南民办教育的现状、问题与对策”。

2005年，在各级人大、政协会议上，共提交集体、个人提案、建议98件。在市政协十一届三次会议上作题为《提高城市文化品位，促进济南经济发展》的大会发言。《关于国民教育资源向农村倾斜的建议》由市政协主席、副主席领衔督办，并被评为市政协优秀提案。1个总支和11名会员分别被评为民进山东省委参政议政工作先进集体和先进个人。

2006年，在各级人大、政协会议上，共提交集体、个人提案、建议99件。提交市政协的11件集体提案全部立案。在市政协十一届四次会议上，市委会作题为《关于进一步推进城乡义务教育均衡发展的建议》的大会发言。制定调研课题立项制度和表彰奖励制度，加强参政议政工作委员会的职能作用，分别围绕济南市工业节能降耗、新农村建设、耕地质量保护、农村学前教育、农村妇女素质教育、失地农民就业培训、外派劳务等问题进行调查研究。参加市级民主党派的联合调研，参与起草《关于大力推进科技兴农，促进社会主义新农村建设的建议》调研报告。

2007年，向市政协十一届五次会议提交集体提案12件，其中《多策并举，加大我市工业节能降耗力度》被评为市政协优秀提案。在各级人大、政协会议上提出建议、提案94件。在全市民主党派工商联参政议政优秀调研成果表彰大会上，民进市委会获“优秀调研成果集体奖”，9人获先进个人奖。

2008年，向市政协十二届一次会议提交集体提案14件，其中《加快推进医保工作，在我市实行“全民医保”的建议》被评为市政协优秀提案。会员中的人大代表、政协委员在各级人大、政协会议上共提交建议、提案141件。会员中人大代表联名多位人大代表提出的《关于加快小清河综合整治及源头治理的建议》被列为市人大十四届一次会议的唯一议案；会员中的市人大代表提出的建议中有5件被市人大列为重点督办建议；汶川地震发生次日，会员中的政协委员即向山东省政协提交《关于对全省中小学校尽快进行安全和校舍建筑质量检查的建议》，省政协对此以最快的速度报送山东省政府，随后上报全国政协。省建设厅经专题研究，于5月底宣布全面启动对山东省既有建筑的抗震普查。会员中省政协委员的提案《关于加强农村环境污染治理的建议》被省政协十届一次会议确定为16件重点提案之一。5月，成立教育专业委员会。

2009年，在各级人大、政协会议上共提交建议、提案172件，其中提交市政协十二届二次会议集体提案14件，并作题为《关于创建完善产业链条，主动和其他五市实现对接，推进“省会城市群”建设步伐的建议》的大会发言。成立由五区总支成员组成的联合调研组，就“关于济南市城市文化建设”主题调研和2010年市政协大会发言展开调研，形成《在现代发展中重构济南城市文化精神和城市品牌特色》研究报告。

2010年，在各级人大、政协会议上共提交建议、提案167件，提交市政协十二届三次会议集体提案10件，并作题为《借全运会成功举办之势，提升济南城市文化品牌》的大会发言。就“解读两会、聚焦民生、关注热点”整理编印4万多字的《2010年度议政调研参考资料》，确定“大力发展都市农业”“以承办第十一届中国艺术节为契机，提升城市文化品位”和“推进家庭建设”3项主题调研，组建3个调研小组。最终形成《科学规划、对接融合、完善体系，促进我市都市农业全面发展》等11项集体提案。会员中有各级人大代表、政协委员74人次，占10.4%；有12人担任副处级以上政府实职。槐荫支部会员张薏被评为“泉城十大杰出青年”。

第四节 社会服务

1987年起，连续三年组织会员中教学经验和知识丰富的教师，在暑假期间，赴平阴、长清等县举办暑期师资讲座，接受培训的教师共360余人。

1988年，主办济南民进求实业余学校，年内有会计师培训班、工业企业管理大专班、财会中专班、高考文化补习班的337名学生结业。年底有电大班3个、中专班2个，在校生213人。

1989年，民进求实业余学校有电大班8个（包括工业管理、财会、土建、法律、外经贸5

个专业)、中专幼师班2个，在校电大学员357人、中专学员67人。被市教委批准为社会办学首批换照单位。8月，配合基层支部，在北园镇中心小学举办为期2个月的书法、美术班2个，培训学员100余人。

1990年，在民进求实业余学校新设成人高考辅导班1个，招生59人。三胞联络工委在有三胞关系的会员中开展“一封信”活动，向海外亲人宣传济南市对外开放的新形势和发展外向型经济所采取的优惠政策。

1992年8月，成立济南民进科教咨询服务部，为农村提供科技咨询和培训农业科技人才，先后到长清、济阳、章丘等县(市)举办科技讲座12次，培训干部、群众1000余人。向部分乡镇提供专用化肥100余吨和农业科技书籍一宗，并为历城区遥墙镇农业科教培训中心引进专业教师6名。民进求实业校年内开办土木建筑、外经外贸等4个专业，毕业学员174人。

1993年，将原“济南民进科教咨询服务部”扩展为“济南民进实业公司”，至年底，共完成营业额126万元，上缴国家税金1.25万元。

1994年下半年，发动会员开展“献爱心、手拉手”支援农村教育捐款活动，将价值4000余元的图书、录放机捐赠给章丘市枣园镇中心小学。

1995年3月，民进求实文化科技培训学校开办“少儿英语培训”，200余名学生参加学习。会员中的科技人员，深入农村发展粮油菜城郊型立体农业及小麦高产节水栽培，推广使用面积近6万公顷，创社会效益5000万元。在民进山东省委召开的为两个文明建设服务的先进支部、先进会员大会上，民进济南市委所属的11个支部、78名会员受到表彰。

1997年，会员张可柱被授予市“百佳教师”称号，并参加“百佳教师”先进事迹宣讲团。11月中旬，主委孟涛随中共济南市委统战部组织的学习考察团，赴厦门、泉州和福州三地市进行招商引资。

1999年，组织会员到历城区遥墙镇开展“文化下乡”活动，为农民送春联、写春联，送科技图书下乡，并邀请省柳子剧团为农民作专场演出。10月，响应民进中央的号召，发动会员开展“尊师重教一元钱奉献”捐款活动。

2002年，在原济南民进书画研究会的基础上成立济南民进书画院。成员40余人。为庆祝中共十六大召开和济南民进成立45周年，出版画册——《济南民进书画院作品选》。民进天桥区总支在天桥区官扎营社区、无影山社区、济南第四十六中学、桑梓店镇周闫小学等建起流动图书室，促进社区和校园文化建设。

2003年，创办“济南市民进假日培训学校”。会员多渠道招商引资，引进资金668万元。8月、10月，民进市委会、民进假日学校分别在假日学校少儿活动中心、洪家楼小学、青龙街小学举办“当前小学生文化艺术教育的理念与方法”公益讲座。

2005年，全面启动“服务社会4+1行动”(搞一次社会调查、下一次乡、进一次社区、帮扶一个(人)点)。组织专家免费举办“当前小学生的学习理念与对策”“新课程与教师专业发展”等专题教育讲座会员个人开办的学校、企业通过捐款捐资、免费培训、投资公益事业、安置下岗职工等形式为社会做出贡献。其中捐款投资共计30多万元，安置下岗职工35人。

2006年，向历城区西营镇中心小学捐赠书报，设立“商报爱心书屋”和“作家书屋”。引进企业3万元善款为西营镇龙湾小学捐助图书3000余册。民进会员、山东森信建筑工程有限公司总经理扈长全获“全国服务农村青年转移就业先进个人”称号。

2007年，中国人民解放军建军80周年前夕，组织书画院部分书画家到济南部队某部慰问子弟兵，共创作书画作品70余幅。邀请著名诗人、中国诗歌学会副秘书长桑恒昌和著名作家刘照如为西营中学举行专题报告会，并向学校捐赠图书和学生校服。组织会内优秀教师到天桥区桑梓店镇中心小学听课、评课，并就教学、科研等与该校老师进行座谈交流。会内专家学者多次参加《山东商报》主办的“成功父母大课堂”，现场为家长咨询指导、解答问题；会员及市委会机关在各级各类捐助活动中捐款万余元；会员招商引资约4200万元，培训下岗职工、帮助下岗职工再就业300余人，直接安置下岗职工110人。

2008年，汶川地震发生后，市委会各级组织和会员累计捐款26万余元。会内书画家积极参加各级各类书画捐助和作品义卖活动，共捐出作品46幅。在12月召开的民进全国抗震救灾先进集体和优秀会员表彰会上，民进济南市委等24个组织受到表扬。年内，会员及市委会机关在各级各类捐助活动中捐款共30万余元；会员招商引资约4亿元，帮助下岗职工再就业337人，减免培训费6万元，直接安置下岗职工53人。

2010年，开展“好作品献给青少年2010年济南市作家、音乐家进校园”系列活动，设立“济南市作家、音乐家进校园示范基地”和“作家书架”。共向学校捐赠书籍5000余册。将“济南市流动青少年宫”引进西营学校，送教送课到西营学校，捐赠图书千余册。向贫困地区、困难群体和灾区捐款1万余元；举办公益活动27次，捐书1万余册，价值10余万元；捐赠书画作品110件；安置下岗职工95人，累计培训230人次，减免培训费用8万余元。会员招商引资近5亿元。

第五章 中国农工民主党济南市委员会

第一节 代表大会

1986～2010年，中国农工民主党济南市委员会(简称农工党济南市委)先后召开第一至第六次代表大会，选举产生农工党济南市委各届委员会和领导班子。

第二次代表大会

1988年8月23日～25日，农工党济南市第二次代表大会召开。86名代表出席大会。大会审议通过农工党济南市第四届委员会工作报告，选举产生农工党济南市第五届委员会。选举李清岷为主任委员，赵德昌(兼秘书长)、龚鹏基、刘佩森、邵琦、翟月娴为副主任委员。陈景法为名誉主任委员，赵继光为顾问。

第三次代表大会

1992年5月5日～7日，农工党济南市第三次代表大会召开。91名代表出席大会。大会审议通过农工党济南市第五届委员会工作报告，选举产生农工党济南市第六届委员会。选举李清岷为主任委员，赵德昌、龚鹏基、刘佩森、邵琦、宫兰芳为副主任委员，吴金景为秘书长。陈景法为名誉主任委员，赵继光为顾问。

第四次代表大会

1997年5月9日～11日，农工党济南市第四次代表大会召开。100名代表出席大会。大会审议通过第六届委员会工作报告，选举产生第七届委员会。选举赵志冰为主任委员，周振安、宫兰芳、张庆德、李耀、王玉为副主任委员，吴金景为秘书长。推举李清岷为名誉主任委员，赵德昌、龚鹏基、刘佩森、邵琦为名誉副主任委员。

第五次代表大会

2002年1月18日～20日，农工党济南市第五次代表大会召开。113名代表出席大会。大会审议通过农工党济南市第七届委员会工作报告，选举产生农工党济南市第八届委员会。选举刘子栋为主任委员，周振安、张庆德、王玉、李肇元、姚桂琴为副主任委员，任命牛光昇为秘书长。推举赵志冰为名誉主任委员，继续推举李清岷为名誉主任委员，赵德昌、龚鹏基、刘佩森、邵琦为名誉副主任委员。

第六次代表大会

2007年5月15日～17日，农工党济南市第六次代表大会召开。125名代表出席大会。大会审议通过农工党济南市第八届委员会工作报告，选举产生农工党济南市第九届委员会。选举刘子栋为主任委员，周振安、王玉、李肇元、姚桂琴、段林为副主任委员，任命张连岭为秘书长。

第二节　组织建设

1984年，市委会受农工党中央委托，筹建农工党山东省委，选派干部分别赴德州、烟台、潍坊、淄博四市与当地统战部、卫生局等单位联系沟通，并将工作进展情况成文报告农工党中央、山东省委统战部和中共市委统战部。

1990年，新建市儿童医院、长清县医院支部和济南铁路中心医院小组。1991年，成立农工党历下、天桥、槐荫3个区总支委员会。

1992年，成立农工党市中区总支。

1994年，市委会有21个基层支部完成换届任务。市妇幼保健院、前进诊所、天桥医院支部和历下总支被农工党山东省委评为基层组织工作先进单位，4名党员被评为先进个人。

1995年，经市农工党六届十二次全委会选举，增补常委1名、委员4名。成立农工党市立一院、市立三院、皮防院支部和农工党市委机关支部。

1997年2月，市委会增选市委委员5人，其中副主委1人，成立6个专门工作委员会。

1999年，在农工党山东省先进集体和个人表彰会上，市委会所属的5个基层支部和18名党员被授予先进集体和优秀党员称号。

2000年，市委会进行届中微调，增选市委委员3名、常委2名。5月，市委会获农工党中央“组织建设成绩奖”。

2001年，成立农工党山东省柳子剧团支部。12月，农工党市立三院支部被农工党中央授予“先进基层组织”称号。

2005年，农工党员刘振华被授予第四十届南丁格尔奖，国家主席胡锦涛为其颁发奖章。2006年，王玉获省人事厅中青年专家突出贡献奖、济南市科技创新特等奖。刘振华获“全国三八红旗手”称号。

2008年，将原厂企支部调整为园林支部和艺术支部，注销前进诊所支部。5月，召开农工党济南市第六次代表大会。

2010年，农工党组织发展界别增加环境保护和人口资源领域的代表性人士。注销市直综合支部，在原有人员基础上，成立市属一、二、三支部；新成立建设行业支部和槐荫区综合支部。至年底，市委会机关设办公室、宣传(议政调研)处、组织处3个处室，编制10人。

1986～2010年农工党济南市委组织建设情况表

表9—6—4　　　　单位：个、人

年份	基层组织				新发展党员	年末党员数
	总数	总支	支部	小组		
1986	19	0	14	5	62	317
1987	19	0	14	5	22	246
1988	19	0	14	5	58	289
1989	24	0	20	4	69	372
1990	25	0	22	3	11	378
1991	28	4	22	2	6	376
1992	28	4	22	2	27	401
1993	28	4	23	1	12	410
1994	28	4	23	1	38	442
1995	31	4	27	0	31	469
1996	31	4	27	0	19	474
1997	31	4	27	0	16	498
1998	31	4	27	0	24	521
1999	31	4	27	0	19	538
2000	31	4	27	0	16	552
2001	32	4	28	0	9	550
2002	32	4	28	0	16	563
2003	33	4	29	0	39	609
2004	33	4	29	0	28	609
2005	36	5	31	0	15	611
2006	36	5	31	0	16	616
2007	36	5	31	0	18	630
2008	36	5	31	0	34	636
2009	35	5	30	0	21	657
2010	39	5	34	0	21	661

第三节　参政议政

1986～2010年，农工党市委主要负责人积极参加中共济南市委定期召开的“双月座谈会”和情况通报会，为济南市的社会稳定和经济发展建言献策。

1988年，农工党员中当选为县级以上人大代表的15人，任县级以上政协委员的36人。

1989年，全国人大代表李清岷提出的有关城市建设管理中土地管理、水资源管理、交通运输管理等方面的问题和建议，引起国务院重视。

1990年，农工党员中的人大代表、政协委员向各级人大、政协提出提案81件。

1991年，在市政协八届四次会议上，农工党市委提交《关于农村卫生工作改革的建议》《关于建立省、市卫生专科学校的建议》等4项提案。

1992年，在市政协八届五次会议上，提交提案4件，其中《关于建立济南市中心血库的建议》被市政协定为重点提案。在政协济南市第八届委员会优秀提案表彰会上，市农工党《面向农村、深化医疗卫生改革》和李清岷《为解决市区南北交通问题，建议尽快打通纬六路》提案被评为优秀提案。

1993年，全市农工党员中有35人出任各级政协委员，5人被选为各级人大代表。在市政协九届一次会议上，作题为《计划生育必须提高人口素质》大会发言；提交《保住泉城明珠，维护泉城风貌——大明湖公园应尽快制定保护规划》《禁止燃放鞭炮的建议》2件提案。

1994年，在市政协九届二次会议上，提交《关于在农村开展婚前检查》等3件提案；作题为《关于医疗消费中的问题和建议》的大会发言。农工党市委主委李清岷在省政协全会上的提案被评为优秀提案。

1995年2月，在市政协九届三次会议上，提交《关于控制“面的”增加，大力发展交通设施是解决我市交通问题的根本出路》等3件提案；作题为《关于在我市农村全面开展婚前健康检查的建议》大会发言。8月，与市卫生局建立对口联系制度，是与政府部门建立联系制度的第一个市级民主党派。

1996年3月，在市政协九届四次会议上，提交《现代化城市的交通运输必须具备快速运输系统，我市应尽快制定快速运输系统的规划》等4件提案；作题为《继续深化改革，尽量降低医疗收费，切实保障人民健康——关于医疗费用偏高的分析与建议》的大会发言。

1997年，在市政协九届五次会议上，提交《关于解决济南市东关大街、花园庄路口卡脖路段交通堵塞问题的建议》等3件提案；作题为《关于加强我市环境保护工作的建议》大会发言。

1998年，在市政协十届一次会议上，提交《关于重视城市大气污染以及加强环境质量综合治理的建议》等4件提案；作题为《关于进一步加强我市农村合作医疗工作的几点建议》大会发言。

1999年，在中共济南市委召开的庆祝人民政协成立50周年大会上，主委赵志冰作《承前启后，继往开来》发言。在市政协十届二次会议上，提交《关于成立济南市人体器官、遗体捐献机构的建议》等4件集体提案。作题为《节水保泉的重要举措——关于加快我市中水工程建设的建议》大会发言。市长谢玉堂对发言作出批示。

2000年，在市政协十届三次会议上，提交《未雨绸缪，尽快完善济南市的排泄洪体系》等3件集体提案；作题为《抓住机遇，大力发展我市中药产品》的大会发言。市长谢玉堂对发言作出批示。市人大常委会副主任、市农工党主委赵志冰代表市级各民主党派联合调研组在市政协会议上作题为《关于加快我市科教兴农发展的几点建议》大会发言。

2001年，市政协十届四次会议上，提交《关于提高市区道路工程质量的建议》等5件提案，并就如何进一步加强济南市社区卫生服务工作作大会发言。市农工党与市建委开展联合调研，形成《树立经营城市理念，搞好我市城市建设》的调研报告。

2002年，在市政协十届五次会议上，提交《关于我市建设系统搞好经营城市的建议》等7件提案。其中《关于我市建设系统搞好经营城市的建议》《关于利用盐碱地创建中药材种植基地的建议》被评为优秀提案。

2003年，在市政协十一届一次会议上，提交《立足建设生态城市，促进济南可持续发展》等5件提案。其中《立足建设生态城市，促进济南可持续发展》被市政协评为优秀提案。

2004年，在市政协十一届二次会议上，提交《关于进一步做好济南区域卫生规划的建议》等3件提案。齐鲁电视台提案追踪栏目对《关于进一步做好济南区域卫生规划的建议》作追踪报道。

2005年，在市政协十一届三次会议上，提交《关于实施城乡统筹，健全完善我市农村医疗服务和保障体系的建议》等提案。其中《关于实施城乡统筹，健全完善我市农村医疗服务和保障体系的建议》被评为优秀提案。在全省民主党派提案评选活动中，《关于建设系统搞好“经营城市”的建议》被评为优秀提案，市委会被评为参政议政先进集体。

2006年，在市政协十一届四次会议上，提交《关于加强济南市食品药品监督管理力度的建议》等5件提案，均被确定为重点提案。《关于济南市医疗保险实施情况及建议》提案作为市政协两位副主席的重点督办提案。农工党员中的人大代表、政协委员在市“两会”上提交提案、议案27件。在市级民主党派、工商联近五年参政议政优秀成果评选中，市委会10件提案被评为优秀调研成果。

2007年，在市政协十一届五次会议上，提交《新型农村合作医疗目前面临的问题及建议》等6件提案。其中《关于进一步加强艾滋病防治工作的建议》被市政协评为优秀提案，《关于加强我市乡镇卫生院建设的建议》作为市政协的主席督办提案。

2008年，在市政协十二届一次会议上，提交《关于进一步加强城市管理工作的建议》等8件集体提案。

2009年，在市政协十二届二次会议上，提交《关于进一步做好我市农村医疗保障和医疗卫生服务工作的建议》等6件集体提案。

2010年，在市政协十二届三次会议上，作题为《关于加大我市城区地下空间资源开发管理力度的建议》大会发言；提交《关于促进我市慈善事业发展的建议》等6件集体提案。各级农工党员中的政协委员提出30余件提案。市委会制定《农工党济南市委参政议政工作表彰奖励办法》。

第四节 社会服务

1987年，农工党市委组织赴平阴县义诊咨询8次，其中学术讲座3次，受益人数700余人。继续办好前进诊所，上半年协助诊所购房屋1处。全年门诊量3万余人次。

1988年，农工党济南市委开办的前进义务学校助产士班155名学员获国家承认的中专学历证书。

1991年，农工党市委及所属各总支、支部开展义诊和义务咨询活动39次，受益近万人。前进诊所全年门诊总数2.6万余人次。

1992年10月，成立济南前进科技开发中心。年底，成立农工党济南前进卫生学校。

1993年，农工党济南前进卫生学校经市教委批准，完成首届招生。

1994年，农工党市委在节假日和麦收前后组织医疗队赴工厂、学校、幼儿园、部队和农村开展义诊和咨询活动20余次。农工党济南市委前进诊所获济南市统一战线奖励基金会奖励。

1995年，与济南电视台联合拍摄15集电视系列医学教育片《家庭幸福话保健》。此片获全国第六届优秀电视教育片三等奖。为纪念抗日战争胜利50周年，在农工党市委倡导下，市级各民主党派、工商联组织赴革命老区(蒙阴)慰问团，慰问支前模范“沂蒙六姐妹”等老英雄、老模范，并为他们及当地群众义诊300余人次。

1996年，与济南人民广播电台联办“1053健康热线”医疗服务节目。市委会两次组织医疗队开展医疗咨询服务，义诊咨询700余人次。前进诊所建立儿童弱视防治中心。

2000年，组织部分专家连续一个多月到市级民主党派历城柳埠扶农基地卫生院坐诊。

2001年，农工党市委开展第13届“国际科学与和平周”专家义诊和法律咨询服务。之后，市委会每年都开展一届“国际科学与和平周”义诊咨询活动。7月，市委会被农工党中央授予“国际科学与和平周活动先进集体”称号。农工党济南市委前进诊所被农工党中央授予“先进集体”称号。

2002年，农工党中央主办的中国初级卫生保健基金会在济南设立办事处，并授权市委会主办的前进诊所为该基金会的定点医疗机构。

2003年，在防治“非典”工作中，有17名医务界的党员战斗在“抗非”第一线。

2004年，联系外资签约项目4个，实际到位资金1000万元。农工党市委被农工党中央授予为经济建设服务、为社会服务先进集体。

2006年 11月10日，农工党山东省委、济南市委在中心医院联合举办第18届“国际科学与和平周暨山东省高血压防治教育进万家大行动”启动仪式和义诊活动。

2007年11月14日，在长清区举办第19届“国际科学与和平周”活动暨牵手社区防治高血压教育行动。

2008年，农工党市委定点帮扶长清区孝里镇卫生院，向该院提供退役口腔治疗椅3台等，价值约10万元。11月，农工党市委在西堡小学开展首届“中国环境与健康宣传周”活动。

2010年6月4日，在长清孝里镇卫生院举办第三届“中国环境与健康宣传周”活动。

第六章　中国致公党济南市委员会

第一节　代表大会

1987年12月，致公党济南市工作委员会成立。至2010年，共召开四次代表(党员)大会，分别选举产生致公党济南市委各届委员会和领导班子。

第一次代表大会

1991年12月20日～21日，致公党济南市第一次党员大会召开。市属9个基层组织的80名党员出席大会。大会听取并通过沈嘉琪代表致公党济南市工作委员会所作的《高举爱国主义和社会主义的旗帜，致力为公，开拓进取》的工作报告；选举产生由11人组成的致公党济南市第一届委员会。在致公党济南市一届一次全委会议上，推选沈嘉琪为主任委员，郑承荣、朱俊为副主任委员。

第二次代表大会

1997年4月26日～29日，致公党济南市第二次党员大会召开。市属7个基层组织的98名党员出席大会。大会审议通过沈嘉琪代表致公党济南市第一届委员会所作的《致力为公，务实创新，为实现我市跨世纪的宏伟纲领而奋斗》的工作报告；选举产生出席致公党山东省第二次代表大会代表25名；选举产生由11人组成的致公党济南市第二届委员会。在致公党济南市二届一次全委会议上，选举沈嘉琪为主任委员，王国才、吕健为副主任委员，推举郑承荣、朱俊为名誉副主任委员。

第三次代表大会

2002年1月15日～17日，致公党济南市第三次代表大会召开。市属9个基层组织的80名党员代表出席大会。大会审议通过沈嘉琪代表致公党济南市第二届委员会所作的《与时俱进，开拓创新，为我市经济振兴和社会进步贡献力量》的工作报告；选举产生出席致公党山东省第三次代表大会代表26名；选举产生由15人组成的致公党济南市第三届委员会。在致公党济南市三届一次全委会议上，选举9人为常务委员，选举包怡斐为主任委员，樊兆民、吕健、黄荣为副主任委员，任命黄荣为秘书长(兼)，推举沈嘉琪为名誉主任委员，郑承荣、朱俊为名誉副主任委员。

第四次代表大会

2007年5月13日～14日，致公党济南市第四次代表大会召开。市属12个基层组织的86名党员代表出席大会。大会审议通过包怡斐代表致公党济南市第三届委员会所作的《以科学发展观为指导，为现代化省会城市建设贡献力量》的工作报告；选举产生出席致公党山东省第四次代表大会代表28名；选举产生由21人组成的致公党济南市第四届委员会。在致公党济南市四届一次全委会议上，选举13人为常务委员，选举赵家军为主任委员，樊兆民、黄荣、毕玉平、刘作宗为副主任委员，任命黄荣为秘书长(兼)。

第二节　组织建设

1985年10月，致公党中央在济南发展党员，建立地方组织。12月16日，致公党中央发展沈嘉琪、黄和妙、郑承荣、栾汝珠、林瑞英、于秀英6人为济南市首批中国致公党党员。1986年1月5日，致公党济南市筹备小组成立，郑承荣任组长。至1987年年底，共发展党员36人。

1987年12月8日，致公党济南市工作委员会成立，沈嘉琪任主任委员，王树棠、郑承荣任副主任委员。1988年，组建山东工业大学、山东大学、山东医科大学3个支部。1989年，建立市中心医院、省歌舞剧院、天桥区、槐荫区4个支部。同年9月，设立市工委妇女工作组。1991年，成立历下区总支和历下区支部。至年底，辖总支1个、支部8个，有党员97人。

1994年4月，山东大学、山东工业大学、山东医科大学和山东省歌舞剧院4个支部划归致公党山东省委管理。1995年5月，组建市中区支部和山东省立医院支部。至1996年年底，下辖总支1个、支部6个，有党员99人。

2000年9月，成立济南大学支部。2001年9月，成立济南师范学校支部。至年底，下辖总支1个、支部8个，有党员139人。

2002年4月，成立天桥区总支部，下辖天桥区支部、济南师范学校支部；6月，成立槐荫区总支部，下辖槐荫区支部、山东省立医院支部；7月，成立历城区支部。2003年9月，济南大学支部转归致公党山东省委管理。2005年12月，成立高新技术开发区支部。至2006年年底，下辖总支3个、支部9个，有党员217人。

2010年9月，成立市中区总支部和律师会计师支部。至2010年年底，市致公党内设办公室(议政调研处)1个处室，设有专门工作委员会5个，分别为：参政议政工作委员会、海外联谊工作委员会、社会服务工作委员会、妇女工作委员会和文化艺术工作委员会。下辖总支4个、支部10个；共有党员286人，其中女党员129人。党员中：大学以上文化的258人，占90.2%；中级以上职称的249人，占87.1%，其中高级职称165人；有“侨”“海”关系的199人，占69.6%，其中归侨14人。党员界别构成：教育界46人，占16.1%；医卫界106人，占37.1%；科技界16人，占5.6%；担任政府部门职务的24人，占8.4%；经济界57人，占19.9%；律师、会计师等行业的37人，占12.9%。

致公党济南市各级组织和党员积极开展创先争优活动，历下区支部于2000年、2005年两次被致公党中央表彰为“优秀基层组织”；2004年，省立医院支部被评为“全省民主党派为经济建设服务先进集体”；2006年，市中区支部被表彰为“全省民主党派基层组织建设先进集体”；2010年，省立医院支部被致公党中央表彰为先进集体，先后有100余名党员被评为致公党中央、省、市优秀党员。

第三节 参政议政

1988年，市致公党有13名党员担任省、市、区人大代表和政协委员，在各级人大、政协会议上共提出提案15件。1989年，市致公党担任各级人大代表、政协委员的党员由13人增至25人，在各级人大、政协会议上提出提案13件。沈嘉琪《关于促进廉政建设》的提案，得到市监察局的重视。1991年，市致公党32名人大代表和政协委员，在各级人大、政协会议和高层次协商座谈会上，共提出议案、提案、建议60件。沈嘉琪、郑承荣在市政协八届四次会议上《关于在我市建立祖代鸡场》的提案，被有关单位采纳并组织实施。

1992年，市致公党在市政协八届五次会议上《关于发展我市外向型经济的几点建议》大会发言，被评为市政协八届委员会优秀提案。1993年3月，在市政协九届一次会议上，沈嘉琪当选为市政协第九届委员会副主席。同年，市致公党29名人大代表和政协委员，在各级人大、政协会议上共提出提案12件、议案3件。有5名党员被聘为市特邀监察员、特邀审计员、执法监督员。1994年，市致公党在市政协九届二次会议上提交大会发言《树立整体开放意识，加速我市对外开放》和集体提案《关于办好我市三资企业的九条建议》。1995年，市致公党在市政协九届三次会议上作《关于对我市外商投资重点企业发展态势的分析和建议》大会发言；提交《关于在我市繁华地段修建地下过街通道及地下停车场的建议》《关于县级机构改革应注意发挥农口各局的行政职能和作用的建议》等提案。党员中的人大代表、政协委员在各级人大、政协会议上共提交议案、提案38件。同年，市致公党成立参政议政委员会，召开2次调研工作会议并深入开展调研活动。

1996年，市致公党在市政协九届四次会议上作《关于加快发展旅游产业、建设具有泉城特色的旅游名城》的大会发言，提交《关于建议制定济南市城市风貌保护管理办法》《关于学习、宣传港澳基本法的建议》《关于保泉绿化，创建环境优良先进市的建议》等集体提案，得到市领导的重视。1997年，市致公党在市政协九届五次会议上《开发利用黄河滩区，建设啤酒大麦生产基地的建议》的大会发言和《建议将每年4月第二周定为济南的爱泉周》《关于开发利用黄河滩区，建设啤酒大麦生产基地的建议》等3件集体提案以及党员8件个人提案，分别得到有关部门的答复或采纳。1998年2月，在市政协第十届一次会议上，沈嘉琪当选为市政协第十届委员会副主席。市致公党在市政协十届一次会议上作《采取果断措施治理我市环境空气强污染》的大会发言。1999年，市致公党在市政协十届二次会议上作《发展节水灌溉，促进农业持续高效发展》的大会发言，《使我市成为绿色汽车推广运用试验示范城市》提案被列为会议优秀提案上报省政协。2000年，市致公党在市政协十届三次会议上作《对我市机械工业产品结构调整的看法和建议》的大会发言，《对外商投资企业进一步做好服务的建议》提案得到有关部门的重视。

2001年，市致公党在市政协十届四次会议上，提交大会发言2件、集体提案4件。大会发言《大力发展环保产业，培育新的经济增长点》与集体提案《关于大力推进我市环境卫生综合治理的建议》被确定为会议重点提案。2002年，市致公党制定《关于加强参政议政工作的意见》，调整充实参政议政工作委员会，完善工作职责。2003年，各级人大、政协换届，致公党党员中，新任省人大代表2人、省政协委员3人、市政协委员11人、区人大代表

3人、区政协委员21人。当年在各级人大、政协会议上共提交议案、提案、建议75件。2004年，市致公党向市政协十一届二次会议提交大会发言2件、集体提案4件，其中《完善我市农村集体土地使用权流转机制的建议》被评为会议优秀提案。2005年，市致公党向市政协十一届三次会议提交大会发言3件、集体提案4件。其中，《抓住机遇，加快我市汽车零部件生产的建议》《关于统筹我市南部山区发展的建议》《进一步加强我市农产品质量安全管理工作的建议》引起市政府有关部门以及新闻媒体的重视和关注。年底，市致公党被授予“山东省民主党派优秀提案先进集体”称号；《进一步促进知识产权工作快速发展的建议》被评为全省民主党派优秀提案。

2006年，市致公党向市政协十一届四次会议提交大会发言3件、集体提案5件。其中1件被列为重点提案、1件被列为重要提案。《实施“走出去”发展战略，实现外经贸新突破》等多件提案得到市政府有关领导批示。党员中的人大代表、政协委员在各级人大、政协会议上提出议案、提案、建议70余件。《关于建立我国生态安全评价制度的建议》等2件调研成果，被致公党中央作为全国政协十届四次会议大会发言和集体提案。市致公党向中共济南市委呈报的《关于硕德公司农业产业化经营模式的情况调查》，得到市长鲍志强、市委副书记雷建国、副市长赵文朝批示。市致公党和历下区总支部、历城区支部被评为济南市民主党派、工商联参政议政优秀调研成果先进集体，7名党员被评为先进个人，《优化土地处置、推进企业改制》等10件提案被评为优秀调研成果。

2007年，致公党市委向市政协十一届五次会议提交大会发言1件、书面发言2件、集体提案4件，《创新招商引资模式，促进区域经济发展》被评为市政协优秀提案。党员中的人大代表、政协委员在各级“两会”上提出议案、提案、建议40余件，樊兆民的提案《关于加强医疗广告管理的几点建议》被评为省政协优秀提案；吕健的提案《关于打击代开发票违法活动的建议》和高华新的提案《关于济南市部分企业退休老工人医疗费报销问题的建议》被评为市政协优秀提案。

2008年，各级人大、政协换届，致公党员中新当选全国人大代表1人、市人大代表1人、省政协委员5人、市政协委员13人、区政协委员24人。市致公党向市政协十二届一次会议提交大会发言1件、书面发言1件、集体提案5件。集体提案《大力发展服务外包产业的几点建议》被评为市政协优秀提案，市政协组成专门调研组进行调研。在市政协立法前协商会上，市致公党就《济南市公园管理办法(草案)》提出意见建议20余条，得到重视和采纳。

2009年，致公党市委向市政协十二届二次会议提交大会发言2件、集体提案5件，集体提案《大力发展我市养老服务业的几点建议》被评为市政协优秀提案。党员中的人大代表、政协委员在各级人大、政协会议上提出议案、提案、建议50余件。赵家军的提案《关于全面推广数字化城市管理的建议》被评为市政协优秀提案。市致公党调研课题《关于加快发展我省服务外包产业的建议》和《关于新形势下促进我省农民持续增收的建议》被致公党山东省委采用为省政协会议集体提案，《关于农业保险发展问题的建议》被致公党中央采用为全国政协会议书面发言和集体提案。市致公党开展“我为应对国际金融危机影响献一策”活动，征集并及时反映党员提出的建议、意见10余条，徐宝健被致公党中央表彰为“参政议政先进个人”。

2010年，致公党市委有42名党员担任各级人大代表、政协委员。其中：全国人大代表1人、市人大代表1人，省政协委员5人、市政协委员16人、区政协委员26人；担任省特邀监督员1人，市特邀监察员2人，市特邀审计员1人。在市政协十二届三次会议上，市致公党提交大会发言1件、书面发言1件、集体提案6件，其中《关于大力发展战略性新兴产业，加快向创新型经济转型的建议》被评为市政协优秀提案，其建议内容被市政府纳入“十二五”规划；《积极推动省会城市群经济圈发展的建议》被市政府编制《济南市都市圈规划》时予以借鉴和采纳。党员中的人大代表、政协委员在各级人大、政协会议上提出议案、提案、建议57件。市致公党组织党员围绕“十二五”规划编制、校园安全防护、新农村建设等问题提出意见建议，《农村宅基地利用问题与对策》等信息被致公党中央采用。

第四节　社会服务

1988年老人节期间，致公党市委组织义务医疗队，为天桥区北园镇和工人新村敬老院的18位老人进行义务查体。1989年6月30日，市致公党天桥区支部开展医疗咨询服务，为港澳台属和军烈属诊病110人次。1990年，市致公党组织20余名党员专家在市政协大楼前开展中西医、科技、音乐、幼教等方面的咨询服务。

1991年，致公党市委组织9名党员专家赴济阳县石桥镇为灾民义诊，共接诊525人次，治疗牲口8头。向济阳县提供鲤鱼种苗和果树食心虫诱蕊；协助历城区生化厂开发生产饲料级肌醇正式投产；协助历城区唐王镇兴建1座年产500吨的饲料酵母厂；协助历城区仲宫镇筹建“仲艺鹅肥肝食品有限公司”。1993年，市致公党开展社会办学服务，举办2期英语培训班。当年，党员获国家教委科技进步奖2项，省科委技术进步奖和省、市技术成果奖多项，发表专著2部，撰写论文30余篇。4人获国务院特殊贡献津贴。1995年，市致公党与段店镇油牌赵村建立联系，指导该村试种优良品种济糯香稻3.3公顷，取得较好的经济效益。

1996年，市致公党员隋大争协助有关部门完成2000公斤啤酒大麦良种“济啤01号”调种任务，播种20余公顷。高华新编撰的《山东农村经济改革与发展新探索》一书，得到社会高度评价。1997年，市致公党槐荫区支部组织14名党员专家赴长清县马山镇进行义诊活动，诊治病人140余人次。王国才设计的“推拿手法测定仪”获国家发明四等奖。1999年，隋大争帮助河北省任邱县发展畜牧业生产，被该县领导誉为“引进一名人才，搞活全县经济”的典型。2000年，市致公党省立医院支部组织13名党员专家到历城区柳埠镇开展义诊活动，共接诊80余人，完成眼科手术2例。同年，顾元威被授予“济南市专业技术拔尖人才”称号。

2001年，市致公党省立医院支部组织12名党员专家赴新汶矿业集团总公司为矿工和当地群众义诊。2002年 8月5日，市致公党和市民建一起慰问在高温酷暑下坚持施工的济南市“信博会”国际会展中心工地的建设者。2003年，张才擎获致公党中央抗击“非典”先进个人；林殿杰、明强获致公党山东省委抗击“非典”先进个人。2005年，市致公党党员聂鸿立主办的山东艺术设计学院免收100名贫困学生学费30万元；徐国卫向北京大学图书馆捐赠180种共300余张金石拓片。

2006年，济南师范学校支部到长清区崮云湖小学开展支教活动，建立对口支教关系；市中区支部与市中区十六里河镇青桐山村建立对口帮扶关系；槐荫区支部为长清区归德镇坦山小学捐赠书籍和学习用品；聂鸿立主办的山东艺术设计学院免收100名贫困学生学费60万元；于保法获“中国青年志愿者行动贡献奖”。

2007年，致公党市委组织10名专家参加致公党山东省委社会服务专家团，赴菏泽为数百名群众开展农科、医疗、法律咨询服务。历下区总支成立致公党历下智力服务团，为社会提供智力服务。省立医院支部组织10名专家赴沾化县开展义诊活动，接诊180余人。中心医院支部与历城区支部联合组织11名专家在历城区人民医院开展献爱心义诊活动。聂鸿立主办的山东艺术设计学院启动“阳光助学工程”，为20名贫困学生提供20万元助学支持。韩吉书为市区周边农户无偿提供8万元种苗。于保法设立保法奖学金，每年资助高中冲刺阶段学生3万元。周长鹏在济南大学设立豪才奖学金，16名品学兼优的学生获奖。王伟引介日本友人为“春蕾计划”捐款6500元。

2008年，市致公党员为汶川地震灾区累计捐款20.56万元，捐赠药品、物品价值67.53万元。省立医院支部党员全力救治灾区到济南的伤员，济南师范学校支部党员为灾区到济南就学学生义务教学、缝补衣服、进行心理辅导。袁武杰获中国致公党抗震救灾突出贡献奖，22人被致公党中央表彰为抗震救灾先进个人，市致公党、历城区支部和6名党员被致公党山东省委表彰为抗震救灾先进集体、先进个人。市致公党与省科技馆在历城区仲宫镇高而办事处联合开展科普大篷车进山区科普宣传、捐书助学献爱心活动。省立医院支部10余位党员专家参加省致公党“农村医疗卫生专家讲师团”，赴陵县、乐陵、禹城、武城等地授课和义诊，培训农村医疗卫生人员1500余人次。省立医院支部组织5名党员赴沾化县开展义诊活动，举办业务讲座，接诊300余人。市中心医院支部组织7名党员赴历城区仲宫镇高而卫生院开展义诊活动，接诊100余人。市中区支部组织慰问京沪高速铁路建设指挥部。济南师范学校支部组织党员到北园镇柳云小学捐助生活艰辛的单亲家庭学生。曲芳获“山东省春蕾计划爱心使者”称号。

2009年，组建“医疗卫生专家讲师团”，分两次为历城区培训基层卫生技术人员300余名；联合致公党山东省委为商河县龙桑寺镇捐建“致公爱心图书室”，捐赠图书3000余册和电脑1台。天桥区支部、济南师范学校支部和市中心医院支部联合在天桥区丁屯小学开展捐书助学、爱心义诊和学术讲座系列公益活动，捐建“致公图书社”和“致公党天桥区总支部爱心助学基地”。济南师范学校支部两赴崮云湖小学，开展捐书和学术讲座活动。聂鸿立发起、主办全省大学生创业讲坛，积极组织、参加纪念新中国成立60周年百老书画展。周长鹏联系济南法学会和济南律师协会，在全运会前发起、承办“全运会法律保障研讨会”。张立敬为历城区高尔办事处南邱村捐助扶贫款5000元。

2010年，致公党市委给长清区张夏镇中心小学捐赠价值约2万元的图书和文具用品。市致公党联合市侨办两赴商河县韩庙乡开展“侨爱工程——送岗下乡”和“侨爱工程——送书下乡”捐赠活动，捐赠价值1万余元的图书。市致公党组织党员为玉树地震灾区捐款捐物，党员袁武杰捐献价值约30万元的药品。市致公党医疗卫生专家讲师团组织7名专家赴历城区，培训基层临床专业技术人员180余名。济南师范学校支部为长清区5所小学近150名教师举办教师礼仪讲座。天桥区支部联合天桥区总工会、市渣土办，向天桥区23名特困职工发放救助金2.3万元。

第五节 海外联谊

1986～2010年，与济南市涉侨部门建立“五侨”联系制度，先后接待美国、澳大利亚、加拿大、印尼、日本等国家以及中国港澳台地区的高层人士、客商、党员亲友300余人次，先后有200余人次赴海外探亲、讲学、考察和访问，介绍100余位客商到济南考察。

1989年，市致公党为山东省水产局冷库引进外资130万美元。翁沅庆为重汽联营公司引进奥地利产品，由奥地利政府提供低息贷款签约合同3000万元。1990年8月，市致公党接待日本大阪市新日中文化交流促进会会长西内冬子一行4人在济南考察，并草签中日合作接受日本国疗养病员赴华就医的协作意向书。当年，为烟台水产合作项目引进外资100万美元；接待归国探亲、观光的海外亲人及港澳台同胞18人。1992年，市致公党在党员中开展献一条计策、传递一条信息、介绍一位人才、引进一个项目、推销一种产品的“五个一”活动。为发展济南市外向型经济牵线搭桥、洽谈项目20余项，向有关部门提供进出口信息12项，其中4项签约项目引进外资136.5万美元，8项签订意向书。洽谈济南化肥厂引进200万美元年产12万吨的美国尿素设备合资项目。

1996年8月29日～31日，济南市第五次归侨侨眷代表大会召开，黄和妙当选为济南市侨联第五届副主席。

1999年，与市人大民侨外委员会、市政府侨务办公室、市政协台港澳侨委员会、市侨联等涉侨单位建立联系制度。2000年7月23日～25日，全国政协常委、致公党中央副主席吴明熹到济南视察海外联谊工作，与市致公党领导和部分党员进行座谈。9月11日，市“五侨”联合举办联欢会，纪念《中华人民共和国归侨、侨眷权益保护法》颁布10周年。10月2日～5日，市致公党秘书长黄荣赴京参加中国致公党成立75周年庆典活动，并拜会美国、加拿大、荷兰等国家、地区和组织的20多位海外高层人士，赠送济南市招商项目资料。当年，向海外人士、亲友发出邀请函15封，促成印尼、马来西亚等国家的5名客商参加“2000济南金秋经贸洽谈会”。

2001年3月20日～23日，承办“中国致公党地区性海外联谊工作座谈会”，致公党中央和北京、上海等12个省、市地方组织的20多名代表参加会议。2003年1月21日～22日，济南市第六次归侨侨眷代表大会召开，宋跃群当选为市侨联第六届副主席。当年，市致公党接待美国旺达高级国际贸易公司总裁王榴泉先生、法国勒芒大学校长帕特里克·端纳、台湾著名企业家、教育家王乃昌博士以及德国、荷兰、日本等国家、台湾地区的海外客商和党员亲朋20余人；共引进项目4项，总投资人民币420万元。2005年，接待海外客商10余人次；引进项目13个，总投资美元2900万元、人民币1200万元。9月23日，山东省客属联谊会成立，邹汪元、王崇义、侯廷芳当选为第一届理事会理事。

2006年，市“五侨”部门联合制定《济南市“五侨”联席会议制度》，联合举办“济南市侨界迎春联欢会”“庆国庆、迎中秋侨界联谊会”，联合组织归侨侨眷130余人游览大明湖公园。4月16日，全国人大常委会副委员长韩启德一行到济南检查《中华人民共和国归侨侨眷权益保护法》贯彻执行情况。年内引介海内外客商签署投资及合作意向7项。

2007年，联合“五侨”部门举办“2007济南侨界新春联欢会”“ 2007和谐侨界迎中秋、庆国庆恳谈会”“2007侨界欢声颂和谐联谊晚会”。当年，接待海外客商10余位，引介签署投资及合作意向10余项。

2008年，联合“五侨”部门举办“济南市归侨侨眷迎新春电影招待会”“济南侨界迎中秋话开放联谊会”“侨法宣传月”和“侨爱工程——送温暖医疗队专家义诊活动”。接待海内外友人10余位，引介签署投资项目及合作意向6项，引进3450万美元、人民币800万元。

2009年，开展海外联谊重点对象普查工作，共确定重点海外联系社团25个、海外联系个人18人，向市委统战部推荐“海外华侨华人代表人士百千工程”人选2人。联合市“五侨”部门举办“2009济南市侨界知名人士新春招待酒会”“暖侨心”健康免费查体等活动，为100余名老归侨免费体检。

2010年，联合市“五侨”部门开展侨情调研、招商引资、接待到访、归侨侨眷迎春联谊等活动。参与接待国际洪门中华总会2010年齐鲁文化参访团客人。槐荫区支部与区侨联联合成立“侨界心理健康咨询服务中心”，联合举办“侨界救护知识讲座”。年内，完成1000万元以上招商引资项目2个。闫薇被致公党中央表彰为海外联络工作先进个人。

第七章 九三学社济南市委员会

第一节 代表大会

1986～2010年，九三学社济南市委员会先后召开第五至第九次代表大会，分别选举产生各届委员会和领导成员。

第五次代表大会

1988年8月17日～19日，九三学社济南市第五次代表大会召开。大会审议并通过张秀民代表九三学社济南市第四届委员会所作的工作报告，选举产生由17人组成的九三学社济南市第五届委员会，选举产生出席九三学社山东省第二次代表大会的代表10人，选举苗鹤庚为主任委员，季韵音、吴泽浩、周光裕、张秀民(兼秘书长)为副主任委员。

第六次代表大会

1992年6月30日至7月2日，九三学社济南市第六次代表大会召开。出席大会的代表81人。大会审议并通过季韵音代表九三学社济南市第五届委员会所作的题为《坚持中共领导，发挥九三优势，为改革开放和经济建设而努力奋斗》的工作报告；选举产生由19人组成的第六届委员会，选举季韵音为主任委员，吴泽浩、赵洪太、杨永诚、张秀民、高夙胜为副主任委员，推举苗鹤庚为名誉主任委员。

第七次代表大会

1997年5月13日～15日，九三学社济南市第七次代表大会召开。出席大会的代表91人。大会听取、审议并通过吴泽浩代表九三学社济南市第六届委员会所作的题为《加强自身建设，履行参政党职能，为实现跨世纪宏伟目标而奋斗》的工作报告；选举产生由21人组成的九三学社济南市第七届委员会，选举吴泽浩为主任委员，高夙胜、党新明、沈启贤、韩克胜、李景全为副主任委员，党新明兼任秘书长；推举苗鹤庚、季韵音名誉主任委员，赵洪太、杨永诚、张秀民为名誉副主任委员。

第八次代表大会

2001年12月21日～23日，九三学社济南市第八次代表大会召开，出席大会的代表95人。大会听取、审议并通过吴泽浩代表九三学社济南市第七届委员会所作的题为《努力建设高素质参政党，为实现新世纪宏伟目标而奋斗》的工作报告；选举产生由23人组成的九三学社济南市第八届委员会，选举出席九三学社山东省第四次代表大会的代表14人；选举吴泽浩为主任委员，何楠、韩克胜、李景全、李正文、刘梦海为副主任委员，任命王建平为秘书长；推举季韵音为名誉主任委员，赵洪太、杨永诚、张秀民为名誉副主任委员。

第九次代表大会

2007年4月28日～29日，九三学社济南市第九次代表大会召开。出席大会的代表107人。大会审议并通过主委吴泽浩代表九三学社济南市第八届委员会作的题为《继承传统，履行职能，为建设和谐济南贡献力量》的工作报告和第九次代表大会决议；选举产生由27人组成的九三学社济南市第九届委员会。在九届一次全委会议上，选举产生由15人组成的常务委员会，选举刘梦海为主任委员，李景全、段青英、田洁、刘化民、牟国营为副主任委员，任命陈宁宁为秘书长。

第二节　组织建设

1954年，成立九三学社济南直属小组，有社员4人。1956年11月，成立九三学社济南分社筹备委员会。1958年11月召开全体社员大会，选举产生九三学社济南分社第一届委员会。1984年7月3日～5日，召开全体社员大会，改建九三学社济南市委员会。

1988年，发展社员36人；将济南钢铁厂和历城区两个直属小组改建为支社；新制定主委会、常委会和委员会等会议制度，规定不同的权限范围。

1990年，相继成立九三学社济南市经济科技工作委员会、妇女工作委员会、海外联谊工作委员会；新建济南铁路综合支社、济南铸锻机械研究所支社和济南半导体研究所直属小组等3个基层组织。全年发展社员7人。至年底，社市委共有基层组织12个，社员187人。

1992年，新建组织工作委员会；全年发展社员7人，至年底，共有支社9个、小组3个，社员199人。

1994年，完成济南柴油机厂小组改建支社和济南铁路支社的换届改选工作。全年发展社员24人。至年底，社市委会下辖支社10个、小组2个，社员共236人。

1995年，成立槐荫区基层委员会、济南联合大学和济南机车工厂支社。

1996年，建立市中区、历下区基层委员会，有6个支社完成换届工作。全年共发展社员13名，平均年龄39.6岁。至年底，社市委辖基层委员会3个、支社13个、直属小组2个，社员共262人。

1999年，在九三学社山东省委召开的表彰会上，九三学社济南市天桥支社获先进基层组织称号；沈启贤、张希舜、吕洁、段青英4人获优秀社员称号。

2000年，在九三学社中央召开的组织工作会议上，九三学社济南市天桥区支社被评为“先进基层组织”。吴泽浩、李景全、王玉志、田洁被评为济南市第六批专业技术拔尖人才。年内共发展新社员16人。

2001年年末，社市委下辖基层委员会3个、支社14个，有社员315人。

2005年，社市委市中区基层委员会被社中央授予先进基层组织，6名社员被社中央授予优秀社员称号；全年发展社员18名，其中高级职称14名。至年底，共有社员352人，其中高级职称214人，占61%。

2006年，市中区基层委员会获2006年山东省民主党派基层经验交流先进集体、1人获先进个人荣誉。

2008年，发展社员19名，全市社员人数407人，其中省人大代表2人，省政协委员2人；市人大常委会副主任1名，市政协副秘书长1名，市政协委员19名(其中常委6名)；区级人大代表、政协委员37名，其中副区长1名，区政协副主席2名。社员中有市级拔尖人才5名，青年学术带头人3名。

2010年，发展社员22名。至年底，有社员454名。其中具有高级职称的256人，占社员总数的56.4%，社员平均年龄53.9岁。届别分布：科技界235人，占总数的51.8%；医药卫生界72人，占总数的15.9%；高等教育界12人，占总数的2.7%；政府机关56人，占总数的12.3%；其他79人，占总数17.4%。有基层组织22个，其中基层委员会5个、支社17个。槐荫区基层委员会获“社中央优秀基层组织”称号。

第三节　参政议政

1988年，市九三学社46名社员分别担任各级人大代表、政协委员，领导成员积极参加中共济南市委召开的“双月座谈会”以及经济战略咨询和城市规划建设等会议，提出意见和建议。

1989年，在中共山东省委、中共济南市委召开的座谈会上和省、市、区人大、政协会议上，共提出有关廉政建设、经济建设和科学、文化、教育、卫生以及群众生活等诸多方面的意见、建议和议案、提案82项(件)。1990年，提出议案、提案35件。

1991年，九三学社济南市委负责人参加中共济南市委召开的民主党派、无党派人士座谈会7次，提出意见、建议8条，市九三学社社员中的44名人大代表和政协委员在市人大、政协会议上，提出议案、提案、建议51件(项)。

1992年，市九三学社社员在各级人大、政协会议上，共提出议案、提案、建议51件；铁路支社楼方均等社员，通过九三学社中央，向国务院提出保留和继续使用洛口黄河铁路桥的建议，经山东省政府重新组织专家论证，上报国务院，采纳这一建议，将全部拆除的计划改为小部分拆除，并为计划中的济邯铁路使用。据铁道部测算，可节约资金2.5亿元。

1993年，在市政协九届一次会议上，社市委以《居安思危》为题作大会发言；会议期间共提出3项提案。对中共济南市第六次党代会工作报告，提出6条意见和建议。市九三学社社员中各级人大代表、政协委员共49人，提出议案、提案、建议50件。

1994年，在市政协九届二次会议上，以《建议研究经济周期波动在我市的表现和对策》为题作大会发言，提出议案、提案、建议49件(项)。

1995年，社市委成立参政议政委员会，向市政府提交《充分利用长效水系，杜绝水资源外流》的建议；在市政协九届三次会议上，社市委以《封闭市区水厂，开发市外水厂，保证我市泉水常年喷涌》为题作大会发言，并提交提案2件，个人提案21件。

1996年，在市政协九届四次会议上，社市委以《我市粉煤灰综合利用亟待加强领导》为题作大会发言，并提交集体提案2件、社员个人提案25件。与市科委建立对口联系制度。

1997年，在市政协九届五次会议上，社市委以《充分发挥现有电力作用，促进社会经济发展》为题作大会发言，并提交2份集体提案；《关于增加玉符河流域下泄流弃水可利用量研究》的建议，经市政府批准，列为市科委软课题研究项目。与政府有关部门共同促成《济南市资源综合利用条例》地方法规的制定。在10月召开的市政协优秀提案表彰会上，社市委提出的《关于对我市资源综合利用工作加强领导，尽快制定地方法规》提案，被评为优秀提案。在市政协九届五次会议上，社员吴泽浩当选为政协济南市第九届委员会副主席。

1998年，与市政协经济科技委员会、市科委等单位联合进行“我市高新技术及其产业发展情况”、与市政协学习提案委员会联合开展“开发利用我市狼猫山水库水资源”、与市其他民主党派联合对“我市农业产业化发展情况”的调研活动，形成的调查报告均受到中共市委、市政府领导重视。在市政协十届一次会议上，以《加强依法治水，合理调配资源，保护泉城特色》为题作大会发言，并提交集体提案6件。

1999年，围绕全市工业、农业、科技等开展调研活动7次，完成调研报告5篇。在市政协十届二次会议上，社市委以《加快技术创新体系建设，促进科教兴市战略发展》为题作大会发言，并被列为大会一号提案，受到市政府领导重视。提交党派集体提案6件。

2000年，开展调研活动5次，完成调研报告4篇。与市政协经济科技委员会联合进行“农业产业结构调整”的调研；与市政协学习提案委员会联合进行“加速我市电力城网改造的建议”的调查；参加市委统战部组织的“加入WTO，健全济南与市场经济接轨的市场化服务体系研究”的联合调研。在市政协十届三次会议上，社市委以《加快电子行业结构调整，促进我市经济快速发展》为题作大会发言，受到市政府领导重视；提交集体提案6件。全市307名社员中，共有41人次担任各级人大代表、政协委员；4人担任各级特邀监察员、审计员；3人被中共市委统战部聘为知识分子联络员。

2001年，在各级人大、政协会议上，社成员中的人大代表、政协委员共提出提案、建议100余件，其中在市政协十届四次会议上，社市委《关于发展我市软件产业的建议》大会发言得到中共市委、市政府的重视；社市委提交集体提案7件，个人提案64件，其中张希舜委员1人提交提案50份，创下市政协个人提案数量之最，被誉为“提案大王”。

2002年，在各级人大、政协会议上，共提出提案、建议90多件。在市政协十届五次会议上，社市委《迎接挑战，勇于创新，加快民营科技企业发展》的大会发言，受到中共市委、市政府的重视；同时，提交集体提案6件、个人提案60多件。在市政协举办的十届委员会优秀提案评选中，社市委《对狼猫山水库水资源充分利用的建议》《关于加快我市电力城网建设改造的建议》被评为优秀提案。

2003年，社员中新当选全国人大代表2人、市级人大代表4人，4人担任省级政协委员，13人担任市级政协委员，28人担任区级政协委员。在市政协十一届一次会议上，社市委作《关于发展我市城郊经济的建议》的大会发言；提交集体提案6件，社员个人提交提案、议案60余件。

2004年，在市政协十一届二次会议上，社市委《营造良好社会环境，促进民营经济健康发展》的大会发言，受到中共市委、市政府重视。社市委共提交集体提案6件。在市人大、政协两会上市社员个人提案、议案、建议60余件。

2005年，在市政协十一届三次会议上，社市委《坚持科学发展观合理解决我市南部山区控制与发展问题》提案被评为优秀提案。社市委提交集体提案5件，社员提交个人提案、议案、建议70余件。

2006年，在市政协十一届四次会议上，提交《关于济南市文化产业的调查与建议》等6件提案。《我省自主创新环境的研究》被选为社省委2006年申报课题之一。《旅游业应成为济南市的新兴支柱产业》成为中共济南市委“建议直通车”上报材料。

2007年，在市政协十一届五次会议上，社市委提交《加强精神卫生工作促进我市和谐社会建设》等8件集体提案。天桥区基层委员会《关于提高济南市科学技术奖励力度，充分调动全市科技人员积极性的建议》被社市委作为“直通车”建议上报中共济南市委统战部。市中区基层委员会张晓东《关于加大我省重大科技经济计划项目知识产权管理的建议》成为社省委2007年度中标课题。集体提案《关于把旅游业发展成济南的新兴支柱产业》、个人提案《完善养路护路机制，巩固“村村通”成果》《关于为困难户孩子办理医保的建议》被评为市政协十一届五次会议优秀提案。市九三学社主委挂帅市级各民主党派联合调研组，对济南市信息产业发展进行联合调研，撰写的调研报告《关于加快我市信息产业发展的几点思考和建议》，在市政协十二届一次会议上作大会发言。

2008年，在市政协十二届一次会议上，社市委《关注民生，改善民生，加强保障性住房建设——加快解决城镇中低收入群体住房困难》大会发言引起政府重视和社会各界关注。会上，共提交集体提案5件，其中《关于加强全运会期间我市交通组织的建议》被市政协列为重点督办提案予以落实办理。

2009年，调研报告《广引海外高层次人才，助推经济文化强市建设》，作为2009年市政协十二届二次会议上的大会发言，被列为市委答复的唯一一件重点提案。社市委承担的项目“快速提高济南市公共交通分担率的管理策略研究”获济南市科技进步三等奖，“进出口动物源性食品中重金属污染的防控管理研究”成果达到国际先进水平。

2010年，调研报告《让森林走进城市，让城市拥抱森林》作为市政协十二届三次全会上的大会发言，受到市委、市政府的高度重视。在《关于创建国家森林城市，建设森林泉城的意见》《济南市城市森林建设总体规划纲要》中，大量采纳九三学社提出的建议。制定《九三学社济南市委关于进一步加强与政府对口联系的意见》，明确对口联系主要内容和形式。社市委承担的项目《快速提高济南市公共交通分担率的管理策略研究》获济南市科技进步三等奖，《进出口动物源性食品中重金属污染的防控管理研究》成果达到国际先进水平。

第四节 社会服务

1985～1988年，九三学社济南市科技咨询服务部开办青少年英语、建筑工程预算、电工技术等6个专业培训班。

1989年4月27日～6月27日，九三学社济南市委会同市对外经济贸易委员会开办涉外法律培训班，培训学员30人。1月、6月，与市红十字会、市医学科学研究所、市中心医院联合举办心肺脑急救与复苏培训班2期，培训学员140人。组织社员3人为淄博市淄川区双凤化工厂进行科技咨询，完成新建一座化工厂的设计和设备安装任务。

1990年，科技咨询服务部为济南轻工化学总厂提出污染源治理方案，对章丘县海联机械加工厂进行考察和技术咨询，帮助七贤镇双龙村考察论证化工产品新项目、为平阴阿胶厂提供经济信息服务、为省建材学院安装电视共用天线。

1991年，市九三学社妇女委员会和铁路综合支社分别组织医务界社员60余人次到槐荫区敬老院和济南铁路局大修处工地为孤寡老人和第一线工人查体治病387人次。

1992年，科技咨询服务部先后为济南市部分乡镇企业提供科技项目21项，并深入部分企业帮助解决技术难题。

1993年，科技咨询服务部共完成科技服务项目15个；济南九三科技开发公司集资47万元，与九三学社山东省委、济宁市委联合在北京兴办“华荣宾馆”。下半年，成立九三学社济南市建筑设计事务所，至年底，共承揽设计项目8个，设计建筑面积1.6万平方米。

1994年，九三学社济南市委推荐外派人员8人，牵线搭桥促成经贸项目1个，引进资金140万港币，合资成立的济南宏捷装饰有限公司于10月正式开业。

1995年，九三学社济南市建筑设计事务所共承接并完成7栋楼房设计，设计面积2万余平方米，总产值18万元。

1996年，九三学社济南市委3次组织技术人员赴章丘市，为乡镇企业进行技术咨询、提供项目；济钢支社在该厂“降成本，献良策”活动中，提出建议22条；经九三学社社员牵线搭桥，引进450万港币，建立济南精工发品有限公司。

1997年，九三学社济南市委及所属基层组织共组织下乡义诊、科技咨询服务等活动9次；购买优良兔、羊种送给南部山区农民。

1998年3月，九三学社济南市委与九三学社山东省委在济南市植物园联合举行义务医疗咨询活动，义诊500余人次。8月，组织和动员社员参加抗洪赈灾捐助活动，捐款4万多元，捐献棉衣被300余件。

1999年，在参与扶农基地建设中，与市农校在提供技术服务、技术指导等方面开展合作，为扶农点建成蔬菜大棚10个。

2001年，社市委参加市政协经科委组织的“乡镇企业二次创业”“我市中小国有企业的改制”等调研活动。申报软科学研究项目1项，对全市民营科技企业在新世纪的发展战略进行研究。

2002年，社市委成立经济科技工作委员会，其主要任务是开展调查研究，参政议政；组织攻关科研课题，进行信息技术咨询等活动，推进科技创新，促使科技成果向现实生产力的转化。

2003年，社市委号召全体社员贯彻国务院关于防治“非典”的系列部署要求，利用《济南九三》宣传社员的先进事迹，及时了解社员思想、身体等状况，致电慰问成员中一线医务人员，组织成员和机关干部参加各类捐助活动，社内部分书画家义务捐赠书画30余幅。社成员中的民营企业家和经济界人士全年招商引资3亿多元。

2005年，社市委组织开展扶贫救助捐资助学活动。肖东杰获“济南市十大优秀青年知识分子”称号。

2006年，与社省委在泉城广场联合举办科普知识展览、健康咨询、义诊和向基层卫生院捐献医疗设备等活动。

2007年，社员中1人获省科学技术奖，1人获市科学技术奖；4人获省部级表彰，2人获市级表彰，2人获区级表彰。社员共为全市引进资金1.3亿元。

2008年，启动阳光助学，捐助爱心书屋。社市委发起“捐出两本书，传递一份爱，成就一个梦想”公益活动。在六一儿童节前夕，为天桥区大桥镇丁屯小学筹建“爱心书屋”。

2009年，在槐荫区吴家堡镇举行主题为“情系九三、服务三农”的社会服务活动。来自天桥区卫生局、市中心医院和济南医院的10余名医疗专家，为大高村的农民提供健康查体和医疗咨询服务，并发放宣传手册和价值几千元的常用药品和书籍。5月27日，举办“阳光助学再行动，科普进学堂”社会公益活动，给天桥区大桥镇丁屯小学捐赠体育用品和学习用品。

2010年盛夏时节，九三学社济南市委举办“为西客站建设者送清凉”社会服务活动。部分九三学社医务界成员还为西客站建设工人进行义诊。社市委被九三学社中央委员会授予“全国社会服务工作先进集体”称号。

第十卷

政协 群团

ZHENG XIE QUN TUAN

单位审稿、撰稿人员名单

人民政协

审稿人：李慎生　乔　谦

撰稿人：陈利伟　尹永俊　马思超　蔡　凤　程禹铭　崔克军　赵俊明
刘　玲　祝春华

群众团体

审稿人（按姓名笔画为序）：刘书笙　闫　刚　刘延国　刘成海　孙君涛　刘　勤
邹卫平　吴玉明　李兴家　陈建文　赵　毅　袁淑玲
曹永明

撰稿人（按姓名笔画为序）：于明燕　王光华　王金波　王育林　王树生　孔　倩
卢召民　左付朋　田海英　张　丰　张　进　张佃水
杜　侃　李　凯　李宪波　张攀峰　苑　红　金德荣
欧士博　施泉玉　赵　媛　高　峰　徐　倩　鹿　凯

第一篇　人民政协

1986年，政协济南市委员会与市委建立双月座谈会制度，市政协第七届委员会通过定期参加双月座谈会以及各种形式的协商会、情况通报会等，就全市改革、两个文明建设、开展“双增双节”运动以及群众生活中的一些重要问题进行讨论，提出意见、建议和批评，协商监督工作日趋制度化、经常化。1990年12月14日～16日，中共济南市委首次召开全市政协工作会议，集中研究如何加强党对政协工作的领导，进一步坚持和完善政治协商、民主监督制度，更好地发挥人民政协的职能作用。市政协第八届委员会分别就治理整顿、国家产业政策的贯彻实施、国民经济和社会发展“八五”计划和十年规划纲要、民族宗教等问题，与市委、市政府协商，有效发挥了协商监督作用。市政协第九届委员会围绕国民经济和社会发展“九五”计划及2010年远景目标纲要、社会主义精神文明建设规划等重大事项和《济南市城市总体规划(1996～2010)》等30多个政策、法规性文件，进行协商和研讨论证。1996年，通过各专门委员会，按界别组织委员与政府有关部门进行不同层次的中小型、专业性、对口双向的协商活动，拓宽履行职能的渠道。市政协第十届委员会从全市发展大局出发，抓住带有战略性、全局性、超前性的重要问题，如工农业经济结构战略性调整，外向型经济、民营经济和高新技术产业发展，科教兴市、依法治市等进行协商讨论。2001年5月22日，中共济南市委召开全市政协工作会议，研究部署新形势下进一步加强和改进政协工作的意见与措施，会议印发《中共济南市委关于进一步加强人民政协工作的意见》《济南市人民政府关于支持市政协履行政治协商、民主监督、参政议政职能的决定》。同年，在全国地方政协工作经验座谈会上，济南市政协作《努力实现高层次政治协商》典型发言。市政协第十一届委员会围绕推进省会经济社会又好又快发展，组织全体会议全面协商、常委会议重点协商、主席会议专题协商、专门委员会会议对口协商等各种形式，政治协商更加扎实广泛。2006年7月21日，中共济南市委召开全市政协工作会议，学习贯彻《中共中央关于加强人民政协工作的意见》和全省政协工作会议精神，研究部署进一步加强政协工作的任务措施，会议印发《中共济南市委关于贯彻落实〈中共中央关于加强人民政协工作的意见〉的实施意见》《济南市人民政

1987年后的市政协办公地——市中区纬二路78号

府关于支持人民政协履行职能的意见》。自2006年始，探索开展立法前协商，2007年市政府、市政协办公厅联合印发《济南市立法前协商工作规则》，2008年与市人大常委会协商形成制度：立法协商项目在第一次提交市人大常委会议审议(一审)之后，第二次提交审议(二审)之前，与市政协协商座谈、征求意见。至2010年，共协商法规项目10余项。新华社记者为此撰写《济南市建立立法前协商制度提高立法质量》，刊发在供中央领导参阅的《国内动态清样》上。市政协第十二届委员会从完善好基本政治制度的高度，组织各民主党派、无党派人士参与全市重要方针政策和重大决策部署的协商议政活动，不断丰富协商形式，拓宽协商内容，增强协商成效，推动协商意见进入决策程序。

1986～2010年，济南市政协经历第七届至第十二届委员会。历届市政协委员会高举爱国主义、社会主义伟大旗帜，把握团结和民主两大主题，围绕全市不同时期中心工作，把握济南改革开放和现代化建设的阶段性特征，发挥大团结、大联合组织作用，巩固和扩大爱国统一战线，履行政治协商、民主监督、参政议政职能，汇聚省会现代化建设强大合力，促进和谐济南建设，为推动全市经济、政治、文化、社会和生态文明建设作出重要贡献。

第一章　政协济南市委员会全体会议

1986～2010年，政协济南市委员会共举行6届25次全体会议。

第一节　第七届委员会全体会议

第四次会议

1986年5月26日～31日举行。会议听取和审议常委会工作报告，确定今后工作任务。全体委员列席市九届人大四次会议。听取和讨论政府工作报告和其他有关报告。对全市经济、科技、教育体制改革，对外开放、对内搞活、城市建设、加强社会主义精神文明建设等方面，提出意见和建议。会议决定接受张骏等12人的辞职申请，选举陈宝玺为市政协主席。通过大会决议。

第五次会议

1987年4月6日～9日举行。中共济南市委、市纪委、市人大常委会、市政府、军分区、市法院、市检察院有关人员出席大会。市政协原主席和各民主党派负责人应邀参加大会。县、区政协，县、区统战部及市直各有关部门负责人列席大会。会议听取和审议常委会工作报告，确定今后工作任务。全体委员列席市九届人大五次会议。会议增选王炳琴、诸葛士廉、王世墉、姚兆迪为市政协副主席，增选常务委员2人。

政协济南市第七届委员会
主席、副主席任职情况
(1983.4～1988.1)

主　席：张　骏（1986.5离职）
　　　　陈宝玺（1986.5任职）
副主席：陈宝玺（1986.5离职）
　　　　刘献林（1986.5离职）
　　　　唐升华
　　　　伊觉非
　　　　吴鸣岗

张东木
尚兰亭（1984.9离职）
龚文涛（1986.5离职）
王耀生
李清岷
陈景法
王砚耕（1986.5任职）
冯德英（1986.5任职）
王炳琴（1987.4任职）
诸葛士廉（1987.4任职）
王世墉（1987.4任职）
姚兆迪（1987.4任职）

第二节　第八届委员会全体会议

第一次会议

1988年1月3日～8日举行。应出席委员541人，实到531人。会议听取和审议常委会工作报告，确定今后工作任务。全体委员列席市十届人大一次会议。听取和讨论政府工作报告和其他有关报告。对济南市政治、经济、文化等方面重大问题，提出280条意见和建议，提出改进工作提案264件。以投票方式选举产生市政协第八届委员会。刘耀华当选为主席，王砚耕、王炳琴、张明山、吴鸣岗、张东木、诸葛士廉、冯德英、王耀生、李清岷、陈景法、王世墉、姚兆迪当选为副主席；选举秘书长1人，常务委员60人。

第二次会议

1989年3月14日～19日举行。应出席委员545人，实到508人。会议听取审议常委会工作报告、关于八届一次会议以来提案工作情况报告，确定今后工作任务。全体委员列席市十届人大二次会议。听取并讨论政府工作报告和其他有关报告。围绕治理整顿、深化改革、廉政建设、科技教育、文化卫生、城市环保等方面的问题，会议共收到委员提案472件。会议增选市政协八届常务委员会委员2人。通过《中国人民政治协商会议山东省济南市第八届委员会第二次会议决议》。

第三次会议

1990年3月17日～22日举行。应出席委员573人，实到528人。会议听取审议常委会工作报告、关于八届二次会议以来提案工作情况报告，确定今后工作任务。全体委员列席市十届人大三次会议。听取并讨论政府工作报告和《中共中央关于坚持和完善中国共产党领导的多党合作和政治协商制度的意见》。会议共收到提案595件。会议增选王书华、杨永诚、尚林杰为市政协八届常务委员会委员。通过《中国人民政治协商会议山东省济南市第八届委员会第三次会议决议》。

第四次会议

1991年4月2日～8日举行。应出席委员571人，实到538人。会议听取审议常委会工作报告、关于八届三次会议以来的提案工作情况报告，确定今后工作任务。全体委员列席市十届人大四次会议。听取并讨论《关于济南市国民经济和社会发展十年规划和第八个五年计划纲要的报告》及其他各项报告。会议共收到委员提案618件，经审查立案585件。市民盟、民建、民进、农工党、致公党分别作大会发言。会议增补惠熙和为市政协副主席兼秘书长，增补常务委员5人。

第五次会议

1992年3月16日～20日举行。应出席委员569人，实到541人。会议听取审议常委会工作报告、关于八届四次会议以来提案工作情况报告，确定今后工作任务。全体委员列席市十届人大五次会议。对市政府工作报告、济南市1992年国民经济和社会发展计划(草案)的报告、济南市1991年财政决算和1992年财政预算(草案)的报告、市中级人民法院工作报告和市人民检察院工作报告等进行协商讨论。市级6个民主党派、工商联和民委作大会专题发言。会议共收到委员提案354件，经审查立案340件，作为人民来信等方式处理14件。

政协济南市第八届委员会
主席、副主席任职情况
(1988.1～1993.3)

主　席：刘耀华
副主席：王砚耕
王炳琴
张明山
吴鸣岗
张东木
诸葛士廉
冯德英
王耀生
李清岷
陈景法
王世墉
姚兆迪
惠熙和（1991.4任职）

第三节　第九届委员会全体会议

第一次会议

1993年3月4日～9日举行。会议听取审议常委会工作报告、关于提案工作情况报告，确定今后工作任务。全体委员列席市十一届人大一次会议。听取并讨论政府工作报告及其他各项报告。市级七个民主党派的负责人作大会发言。以投票方式选举产生市政协第九届委员会主席、副主席、秘书长和常务委员。刘耀华当选为主席，张明山、郑树龙、姚兆迪、张钰、任荷舫、汤家永、姚敦义、查国华、沈嘉琪当选为副主席；选举秘书长1人，常务委员81人。市政协第九届委员会共设30个界别，九届一次会议共有委员539人，其中第八届委员会继任委员235人。

第二次会议

1994年3月6日～10日举行。应出席委员544人，实到513人。会议听取审议常委会工作报告、关于提案工作情况的报告，确定今后工作任务。全体委员列席市十一届人大二次会议。对市政府工作报告及其他各项报告、市中级人民法院工作报告和市人民检察院工作报告等进行协商讨论。市级6个民主党派、工商联作大会专题发言。会议共收到委员提案420件，立案412件，现场办案20件。

第三次会议

1995年2月7日～11日举行。应出席委员551人，实到536人。会议听取审议常委会工作报告、关于提案工作情况报告，确定今后工作任务。全体委员列席市十一届人大三次会议。听取并讨论市政府工作报告及其他各项报告、市中级人民法院工作报告和市人民检察院工作报告等。会议共收到委员提案474件，确定立案449件，现场办案13件。增选蒋丽芸为市政协九届委员会常务委员。通过市政协九届三次会议决议。

第四次会议

1996年3月3日～8日举行。应出席委员562人，实到538人。会议听取审议常委会工作报告、关于提案工作情况报告，确定今后工作任务。全体委员列席市十一届人大四次会议。听取并协商讨论关于济南市国民经济和社会发展第九个五年计划及2010年远景目标纲要的报告、市中级人民法院工作报告和市人民检察院工作报告。会议共收到委员提案486件，审查立案459件，现场办案15件。会议增选邢玉墀、张印峰、王宝玲、尚林杰为市政协九届委员会副主席，增选常务委员10人；大会同意张明山、郑树龙不再担任市政协副主席职务。通过市政协九届四次会议决议。

第五次会议

1997年2月23日～27日举行。应出席委员565人，实到543人。会议听取审议常委会工作报告、关于提案工作情况报告，确定今后工作任务。全体委员列席市十一届人大五次会议。听取并协商讨论市政府工作报告及其他报告、市中级人民法院工作报告和市人民检察院工作报告。会议共收到委员提案475件，审查立案429件，现场办案9件。会议增选吴泽浩为市政协九届委员会副主席，通过市政协九届五次会议决议。

政协济南市第九届委员会主席、副主席任职情况

(1993.3～1998.2)

主　席：刘耀华

副主席：张明山（1996.3离职）

郑树龙（1996.3离职）

姚兆迪

张　钰

任荷舫

汤家永

姚敦义

查国华

沈嘉琪

邢玉墀（1996.3任职）

张印峰（1996.3任职）

王宝玲（女，1996.3任职）

尚林杰（1996.3任职）

吴泽浩（1997.2任职）

第四节　第十届委员会全体会议

第一次会议

1998年2月19日～25日举行。应出席委员539人，实到533人。会议听取审议常委会工作报告、关于提案工作情况报告，确定今后工作任务。全体委员列席市十二届人大一次会议。听取并协商讨论市政府工作报告及其他有关报告、市人大常委会工作报告、市中级人民法院工作报告和市人民检察院工作报告。会议共收到委员提案394件，审查立案332件，现场办案11件。会议选举产生市政协十届委员会成员，孙常印当选为主席，任荷舫、张印峰、饶曼妮、姚兆迪、汤家永、姚敦义、沈嘉琪、尚林杰、吴泽浩当选为副主席；选举秘书长1人、常务委员83人。通过市政协十届一次会议决议。

第二次会议

1999年2月24日～28日举行。应出席委员552人，实到522人。会议听取审议常委会工作报告、关于提案工作情况报告，确定今后工作任务。全体委员列席市十二届人大二次会议。听取并协商讨论市政府工作报告及其他有关报告、市人大常委会工作报告、市中级人民法院工作报告和市人民检察院工作报告。会议通过表决增选市政协十届委员会常务委员3人。审议通过市政协十届二次会议决议。

第三次会议

2000年2月24日～28日举行。应出席委员552人，实到535人。会议听取审议常委会工作报告、关于提案工作情况报告，确定今后工作任务。全体委员列席市十二届人大三次会议。围绕市政府工作报告和市政协常委会工作报告进行广泛讨论，提出意见和建议。会议增选李长水、褚玉颜为市政协十届委员会副主席。通过市政协十届三次会议决议。

第四次会议

2001年2月21日～26日举行。应出席委员576人，实到551人。会议听取审议常委会工作报告、关于提案工作情况报告，确定今后工作任

务。全体委员列席市十二届人大四次会议。会议增选孟宪杰为市政协十届委员会副主席，增选常务委员1人。通过市政协十届四次会议决议。

第五次会议

2002年2月28日至3月4日召开。应出席委员576人，实到529人。会议听取审议常委会工作报告、关于提案工作情况报告，确定今后工作任务。全体委员列席市十二届人大五次会议。协商讨论市政府工作报告和其他各项报告。会议补选王忠林为市政协十届委员会秘书长。审议通过市政协十届五次会议决议。

政协济南市第十届委员会
主席、副主席任职情况
（1998.2～2003.2）

主　席：孙常印

副主席：任荷舫
张印峰
饶曼妮（女）
姚兆迪
汤家永
姚敦义
沈嘉琪
尚林杰
吴泽浩
李长水（2000.2～2002.3）
褚玉颜（女，2000.2任职）
孟宪杰（2001.2任职）

第五节　第十一届委员会全体会议

第一次会议

2003年2月19日～24日召开。应出席委员570人，实到561人。会议听取审议常委会工作报告、关于提案工作情况报告，确定今后工作任务。全体委员列席市十三届人大一次会议。听取并协商讨论市政府工作报告及其他有关报告、市人大常委会工作报告、市中级人民法院工作报告和市人民检察院工作报告。会议共收到委员提案536件，审查立案501件，现场办案25件。会议选举产生市政协十一届委员会成员，徐华东当选为主席，张印峰、饶曼妮、吴泽浩、孟宪杰、李兴春、孟涛、王可敏、刘子栋、包怡斐、高元坤当选为副主席，选举秘书长1人、常务委员102人。

第二次会议

2004年1月30日至2月3日召开。应出席委员572人，实到559人。会议听取审议常委会工作报告、关于提案工作情况报告，确定今后工作任务。全体委员列席市十三届人大二次会议。协商讨论市政府工作报告和其他有关报告。审议通过市政协十一届二次会议决议等事项。

第三次会议

2005年1月25日～29日召开。应出席委员579人，实到548人。会议听取审议常委会工作报告、关于提案工作情况报告，确定今后工作任务。全体委员列席市十三届人大三次会议。协商讨论市政府工作报告和其他有关报告。同意饶曼妮辞去十一届市政协副主席职务，增选王世敦为市政协十一届委员会副主席，增选卢化俊、巩宪群、张龙军、范艳玲为十一届市政协常务委员。审议通过市政协十一届三次会议决议等事项。

第四次会议

2006年2月6日～10日召开。应出席委员580人，实到565人。会议听取审议常委会工作报告、关于提案工作情况报告，确定今后工作任务。全体委员列席市十三届人大四次会议。协商讨论市政府工作报告和其他有关报告。增选傅振宽为十一届市政协常务委员，同意孙培森、徐长林、宋跃群辞去十一届市政协常务委员职务。审议通过市政协十一届四次会议决议等事项。

第五次会议

2007年3月23日～27日召开。应出席委员591人，实到571人。会议听取审议常委会工作报告、关于提案工作情况报告，确定今后工作任务。全体委员列席市十三届人大五次会议。协商讨论市政府工作报告和其他有关报告。补选杨庆林、胡占平为市政协十一届委员会副主席；张印峰不再担任副主席职务。审议通过市政协十一届五次会议决议等事项。

政协济南市第十一届委员会
主席、副主席任职情况
(2003.2～2008.1)

主　席：徐华东
副主席：张印峰（2007.3离职）
吴泽浩
孟宪杰
李兴春（2007.11开除党籍、开除公职）
饶曼妮（女，2004.9离职）
孟　涛（2006.12病故）
王可敏
刘子栋
包怡斐（女）
高元坤
王世敦（2005.1任职）
杨庆林（2007.3任职）
胡占平（2007.3任职）

第六节　第十二届委员会全体会议

第一次会议

2008年1月3日～7日召开。应出席委员 572人，实到568人。会议听取审议常委会工作报告、关于提案工作情况报告，确定今后工作任务。全体委员列席市十四届人大一次会议。协商讨论市政府工作报告和其他有关报告。会议选举产生市政协第十二届委员会成员，徐长玉当选为主席，王世敦、王可敏、刘子栋、高元坤、杨庆林、胡占平、刘少玲、崔大庸当选为副主席，选举秘书长1人、常务委员100人。审议通过市政协十二届一次会议决议等事项。

第二次会议

2009年1月12日～15日召开。应出席委员573人，实到532人。会议听取审议常委会工作报告、关于提案工作情况报告，确定今后工作任务。全体委员列席市十四届人大二次会议。补选钱道书为市政协十二届委员会常务委员。审议通过市政协十二届二次会议决议等事项。

第三次会议

2010年1月17日～20日召开。应出席委员585人，实到556人。会议听取审议常委会工作报告、关于提案工作情况报告，确定今后工作任务。全体委员列席市十四届人大三次会议。对市政府2009年的工作给予充分肯定，对报告提出的济南市2010年经济社会发展目标任务表示赞同和拥护。审议通过市政协十二届三次会议决议等事项。

政协济南市第十二届委员会
主席、副主席任职情况
(2008.1～　)

主　席：徐长玉
副主席：王世敦
王可敏
刘子栋（2010.1开除公职）
高元坤（2010.1离职）
杨庆林
胡占平
刘少玲（女）
崔大庸

第二章 市政协常务委员会会议及主席会议

1983年，政协济南市第七届委员会决定建立学习委员会、文史资料研究委员会、提案工作委员会、祖国统一工作委员会和科学技术委员会等11个工作组。

1988年1月3日～8日，政协济南市第八届委员会第一次会议召开。以投票方式选举产生市政协第八届委员会主席、副主席、秘书长和常务委员。八届四次常委会议讨论决定八届委员会下设办公厅和学习提案、文史资料、经济科技、社会文教、三胞联谊5个专门委员会，办公厅下设行政处、秘书处、 综合处、人事处、老干部处。

1993年3月4日～9日，政协济南市第九届委员会第一次会议召开。以投票方式选举产生市政协第九届委员会主席、副主席、秘书长和常务委员。九届委员会下设办公厅、学习提案委员会、文史资料委员会、经济科技委员会、社会文教委员会和三胞联谊委员会。办公厅下设秘书处、综合处、人事处、行政处、老干部处，各专门委员会下设办公室，为日常办事机构。

1998年2月19日～25日，政协济南市第十届委员会第一次会议召开。以投票方式选举产生市政协第十届委员会主席、副主席、秘书长和常务委员。十届委员会下设办公厅、学习提案委员会、经济科技委员会、人口资源环境委员会(2001年1月设立)、社会文教委员会、三胞联谊委员会和文史资料委员会。办公厅下设秘书处、综合处、人事处、行政处、老干部处，各专门委员会下设办公室，为日常办事机构。

2003年2月19日～24日，政协济南市第十一届委员会第一次会议召开。会议选举产生市政协十一届委员会主席、副主席、秘书长和常务委员。十一届委员会下设办公厅、研究室(2003年8月设立)、学习提案委员会(2003年8月更名为提案委员会)、经济科技委员会、人口资源环境委员会、社会文教(法制)委员会(2003年8月调整为社会文教委员会增挂社会法制委员会牌子)、台港澳侨和外事委员会、文史资料委员会。办公厅下设秘书处、综合处(2003年8月撤销)、人事处(机关党委与其合署办公)、行政处(2003年8月更名为行政保卫处，挂接待处牌子)、政协委员活动工作处(2003年8月设立)、老干部处(2003年8月更名为离退休人员工作处)，研究室下设办公室(2004年12月增设)，各专门委员会下设办公室，为日常办事机构。

2008年1月3日～7日，政协济南市第十二届委员会第一次会议召开。选举产生市政协第十二届委员会主席、副主席、秘书长和常务委员。十二届委员会下设办公厅、研究室、提案委员会、经济科技委员会、人口资源环境委员会、社会文教委员会(社会法制委员会)、台港澳侨和外事委员会、文史资料委员会。办公厅下设秘书处、人事处(机关党委)、行政保卫处(接待处)、政协委员活动工作处、离退休人员工作处，研究室和各专门委员会下设办公室，为日常办事机构。

第一节 第七届常务委员会会议

第十三次会议

1986年3月22日召开。会议传达学习全国政协召开的地方政协工作座谈会精神和习仲勋在座谈会上的重要讲话。决定政协济南市第七届委员会第四次全体会议于5月下旬召开。

第十四次会议

1986年5月13日召开。会议决定5月26日～31日召开市政协七届四次全体会议。讨论并原则通过市政协常委会一年来的工作报告、提案委员会关于提案处理情况的报告和文史资料委员会工作报告。审议通过增补19名市政协七届委员会委员。

第十五次会议

1986年5月29日召开。会议听取市委副书记贺国强讲话。审议有关人事事项等。

第十六次会议

1986年5月30日召开。会议听取并讨论提案工作报告(草案)，讨论市政协七届四次会议决议(草案)、市政协七届四次会议闭幕会(草案)。

第十七次会议

1986年6月27日召开。会议讨论通过市政协1986年下半年工作要点。决定撤销经济工商工作组，建立经济建设工作组和工商工作组。调整部分工作组领导成员名单。

第十八次会议

1986年9月19日召开。会议传达贯彻全省市、县政协工作座谈会精神，听取赴潍坊市、诸城县学习情况的汇报。

第十九次会议

1986年11月14日召开。会议邀请市委副书记贺国强传达中共十二届六中全会精神。

第二十次会议

1987年1月8日召开。会议传达学习中共济南市委四届八次会议精神。

第二十一次会议

1987年3月27日召开。会议讨论通过市政协常委会工作报告，决定4月6日召开市政协七届五次全体会议。

第二十三次会议

1987年6月9日召开。会议传达学习中共中央〔1987〕第十六号文件精神，通报市政协上半年工作情况，对下半年的工作做出安排。

第二节　第八届常务委员会会议

第一次会议

1988年2月5日召开。会议传达省政协六届一次全体会议和六届一次常委会议精神，讨论市政协1988年工作要点(草案)；确定建立经济建设、财贸、城建、农林水、科技、文化、教育、医药卫生、体育、法制、妇女、民族宗教、华侨13个工作组，讨论通过各工作组正、副组长的任命事项。

第二次会议

1988年7月2日召开。会议通报全市发展外向型经济的情况和采取的措施，与会委员进行讨论，并向市委、市政府写出报告，从发展济南市外向型经济的基本设想等4个方面提出建议。

第三次会议

1988年11月5日召开。会议通过《关于贯彻执行中共十三届三中全会精神的决议》，听取关于济南市经济工作的报告，就贯彻执行中共十三届三中全会精神提出意见和建议。

第四次会议

1988年12月27日召开。会议讨论通过市政协关于积极参加治理经济环境，整顿经济秩序，全面深化改革的意见。讨论决定八届委员会建立学习提案、文史资料、经济科技、社会文教和三胞联谊委员会5个专门委员会，并通过各专委会正副主任、委员及市政协副秘书长、办公厅正副主任的人事任命名单。原则通过市政协常务委员会工作规则和专门委员会组织通则。通过向市委、市政府提出的《关于加强女干部的培养选拔工作、促进妇女参政议政的建议案》。

第五次会议

1989年3月3日～4日召开。会议原则通过市政协八届二次全委会议方案及其他有关事项、市政协第八届常委会有关工作报告。同意增补8位市政协委员，通过增选市政协常务委员候选人名单和选举办法。决定3月14日～19日召开市政协八届二次全体委员会议。

第六次会议

1989年3月17日召开。会议决定任命民革济南市委副主委李德强、民建济南市委副主委张致祥、民进济南市委副主委查国华、九三学社济南市委副主委季韵音兼任政协济南市第八届委员会副秘书长。

第七次会议

1989年5月9日～10日召开。会议传达学习省政协六届六次常委会议精神。听取关于济南市农业生产情况的通报和关于农业生产情况的调查报告。原则通过市政协年度工作要点，就加强济南市农业生产的问题进行讨论并提出建议。

第八次会议

1989年6月23日召开。会议传达学习邓小平在接见首都戒严部队军以上干部时的讲话和李鹏、姚依林在国务院各部门负责人会议上的讲话及中央有关文件，通过《关于学习贯彻邓小平同志重要讲话的决议》。

第九次会议

1989年7月17日～20日召开。会议学习贯彻中共十三届四中全会、市委五届三次全委(扩大)会议和省政协六届七次常委会议精神。通过《认真学习中共十三届四中全会精神，协助党和政府抓好当前四件大事》的报告。研究部署下半年工作任务。

第十次会议

1989年12月19日～22日召开。会议学习中共十三届五中全会和市委五届四次全委（扩大）会议精神，提出贯彻措施。讨论《济南市1990年国民经济和社会发展计划安排的意见(草案)》。

第十一次会议

1990年3月6日～7日召开。会议原则通过市政协八届三次全委会议方案，市政协第八届常委会向三次全委会议提交的工作报告等。同意增补34名市政协委员，通过增选市政协常务委员候选人名单和选举办法。决定3月17日～22日召开市政协八届三次全委会议。

第十二次会议

1990年3月20日召开。会议听取关于市政协八届三次会议期间分组讨论市政协常委会工作报告、市政府关于济南市国民经济和社会发展十年规划及第八个五年计划纲要的报告和其他有关事项情况的汇报。讨论通过市政协八届三次会议决议(草案)。

第十三次会议

1990年7月24日日～26日召开。会议传达学习全国和省、市统战工作会议精神及省政协六届十一、十二次常委会议精神。学习中共十三届六中全会决定和省、市委的贯彻意见。讨论通过《政协济南市委员会关于加强政治协商、民主监督的暂行规定》。

第十四次会议

1990年11月29日～30日召开。会议传达全省政协工作会议精神和省政协六届十三次常委会议精神，学习讨论省委书记姜春云、省长赵志浩、省政协主席李子超在全省政协工作会议上的讲话精神。

第十五次会议

1990年12月27日召开。会议传达学习市委五届六次会议精神和全市政协工作会议精神。免去陈淮的秘书长职务，由惠熙和代行秘书长职务。

第十六次会议

1991年1月25日～26日召开。会议听取市委关于学习中共十三届七中全会精神的意见。分组学习讨论中共十三届七中全会通过的《中共中央关于制定国民经济和社会发展十年规划和“八五”计划的建议》、江泽民在全会结束时的重要讲话和李鹏对该建议所作的说明。

第十七次会议

1991年3月20日～22日召开。会议听取市委五届七次全委会议精神的传达报告、关于《济南市国民经济和社会发展十年规划及第八个五年计划纲要(草案)》的讲话、市计委关于该纲要(草案)起草过程和有关情况的说明。讨论该纲要(草案)和《关于济南市国民经济和社会发展十年规划和第八个五年计划纲要的报告(征求意见稿)》，对该纲要(草案)提出意见。

第十八次会议

1991年4月5日召开。会议听取市政协八届四次会议各组讨论情况的汇报，协商增补市政协常委会组成人员候选人名单(草案)，审议市政协八届四次会议决议(草案)。

第十九次会议

1991年6月28日召开。会议传达学习全国和省市统战、对台、宗教工作会议精神，听取济南市创建“双拥模范城”情况通报。对市政协进一步学习贯彻好三个会议精神和开展“双拥模范城”活动作出安排。

第二十次会议

1991年9月11日～13日召开。会议传达学习省政协六届十七次常委会议精神，听取关于全市年初以来国民经济计划执行情况的通报，审议通过有关人事任免事项。形成《关于大力推进济南市大中型企业技术改造的建议案》。

第二十一次会议

1991年12月27日～28日召开。会议传达中共十三届八中全会文件和省委五届七次全委(扩大)会议、市委五届八次全委会议精神，听取关于济南市农业生产和农村工作情况的通报。

第二十二次会议

1992年2月20日召开。会议审议通过市政协八届五次会议方案及其他有关事项。决定市政协八届五次会议于3月16日～20日举行。

第二十三次会议

1992年3月19日召开。会议听取市政协八届五次会议委员分组讨论情况的汇报，研究通过市政协八届五次会议决议(草案)。

第二十四次会议

1992年5月15日～16日召开。会议传达学习省政协六届二十一次常委会议精神。列席市委“双月座谈会”，听取当前政治经济形势和全市对外开放工作会议精神。

第二十五次会议

1992年9月26日召开。会议学习座谈《全民所有制工业企业转换经营机制条例》。听取关于济南市经济体制改革情况和今后意见的通报、关于济南市贯彻该条例的情况和今后意见的通报。

第二十六次会议

1992年11月24日～26日召开。会议学习中共十四大精神和市委五届九次全委(扩大)会议、省政协六届二十三次常委会议精神。市级各民主党派负责人就深入学习贯彻中共十四大报告畅谈体会，围绕建立社会主义市场经济体制、加快改革开放、做好政协工作等问题发言。通过《关于学习贯彻中共十四大精神的决议》。

第二十七次会议

1993年2月16日～17日召开。会议听取关于市政协八届常委会工作报告(草案)的汇报，关于市政协九届委员会的参加单位、名额分配和组成人员名单(草案)的说明及其他各项说明和汇报，分别通过有关事项。决定市政协九届一次全体委员会议于3月4日召开。

第三节 第九届常务委员会会议

第一次会议

1993年5月20日～21日召开。会议学习讨论李瑞环在全国政协八届一次常委会议上的讲话。审议通过《济南市第九届委员会常务委员会工作规则》《政协济南市第九届委员会专门委员会组织通则》《济南市政协第九届委员会常务委员会专门委员会设置的决定》及各专门委员会主任、副主任、委员名单，副秘书长和办公厅主任、副主任名单。

第二次会议

1993年7月22日～24日召开。会议传达市委、市政府关于贯彻中央经济工作指示的意见，通报全市经济工作情况。学习全国政协八届二次常委会议精神。实地察看历城区柳埠镇、西营镇山区综合治理情况，研究通过《关于加强我市南部山区综合治理工作的建议》。

第三次会议

1993年11月10日～12日召开。会议传达学习《中共中央关于学习〈邓小平文选〉第三卷的决定》、江泽民在学习《邓小平文选》第三卷报告会上的讲话和在全国统战工作会议上的讲话精神，传达贯彻中共济南市第六次代表大会精神，通报全市廉政建设和反腐败斗争的情况。讨论通过《关于学习贯彻中共济南市第六次代表大会精神的决议》，审议通过《关于我市青少年违法犯罪情况的调查报告》和《关于加强我市国有工业企业管理工作的建议》。

第四次会议

1994年1月28日～29日召开。会议听取关于召开市政协九届二次会议有关事项的汇报，听取关于增补政协委员的说明，并通过以上有关事项。

第五次会议

1994年3月8日召开。会议审议通过市政协1994年工作要点，审议市政协九届二次会议决议(草案)，酝酿提出增补市政协九届委员会常务委员候选人名单及其选举办法(草案)。

第六次会议

1994年3月9召开。会议听取关于市政协九届二次全委会议上分组讨论情况的汇报。

第七次会议

1994年5月11日～13日召开。会议传达全市对外开放工作会议和省政协七届六次常委会议精神。审议通过《关于我市个体私营经济发展的现状和几点建议》。分组学习讨论李瑞环在全国政协八届二次会议上的讲话精神和经过八届二次会议修订的《政协章程》。

第八次会议

1994年10月27日～28日召开。会议学习《中共中央关于加强党的建设几个重大问题的决定》。通报全市廉政建设情况、全市对外经贸工作发展情况。

第九次会议

1995年1月5日～6日召开。会议传达学习全国地方政协工作经验座谈会、省政协七届八次常委会议和市委六届二次全委会议精神。审议通过市政协常委会工作报告(讨论稿)和关于召开市政协九届三次会议的各项事项。通过增补委员名单。

第十次会议

1995年2月9日召开。会议审议关于增选市政协九届委员会常委会委员候选人协商名单(草案)、选举办法(草案)、市政协九届三次会议决议(草案)，审议通过《政协济南市委员会一九九五年工作要点》和有关人事任免事项。

第十一次会议

1995年2月10日召开。会议听取市政协九届三次会议期间委员们分组讨论情况的汇报。

第十二次会议

1995年5月10日～11日召开。会议听取关于济南市社会治安综合治理、民族宗教、重点工程建设情况的通报，视察济南污水处理厂一期工程和济南火车站改建工程。围绕团结稳定议题进行分组讨论，提出建议。

第十三次会议

1995年10月10日～12日召开。会议听取关于制定和实施济南市“九五”计划及2010年远景目标有关问题的通报、《济南市国民经济和社会发展第九个五年计划及2010年远景目标纲要》的情况汇报。围绕经济和社会发展的一些重要问题提出意见和建议。通过《政协济南市委员会关于贯彻执行〈政协全国委员会关于政治协商、民主监督、参政议政的规定〉的实施意见》和《关于加强政协济南市第九届委员会常务委员会建设的若干规定》。

第十四次会议

1996年2月7日～8日召开。会议审议通过市政协常委会工作报告(讨论稿)和关于召开市政协九届四次会议的各项事项。通过增补政协委员名单和不再担任市政协委员的名单，通过《政协济南市委员会提案工作条例》和《政协济南市委员会关于征集办理党派、团体提案的实施办法》等。

第十五次会议

1996年3月2日召开。会议审议通过市政协九届委员会增补委员名单。

第十六次会议

1996年3月6日召开。会议审议通过不再担任市政协委员的名单，审议提请全体会议通过关于不再担任市政协副主席、常务委员职务的名单(草案)，审议增选市政协副主席、常务委员候选人协商名单(草案)和选举办法(草案)，讨论市政协九届四次会议决议(草案)，审定市政协1996年工作要点。

第十七次会议

1996年3月6日召开。会议听取市政协九届四次会议期间委员们分组讨论情况的汇报。

第十八次会议

1996年5月14日～15日召开。会议传达省政协七届十七次常委会议精神，听取关于全市个体私营经济发展情况通报，讨论《济南市关于加快个体私营经济发展的决定(征求意见稿)》并提出意见建议。通过有关人事任免事项。其间，视察济南塑料三厂青宁乡生产基地、济南绿色兔业开发有限公司、济阳平原水库、济南三株药业有限公司总厂等。

第十九次会议

1996年11月14日～15日召开。会议学习贯彻中共十四届六中全会精神、市委六届五次全委会议精神，听取精神文明建设情况通报。学习讨论《中共济南市委关于学习贯彻〈中共中央关于加强社会主义精神文明建设若干重要问题的决议〉的实施意见》及《济南市“九五”期间社会主义精神文明建设规划》。

第二十次会议

1997年1月21日召开。会议审议通过关于召开市政协九届五次会议的有关事项，通过增补委员名单和市政协1997年工作要点。

第二十一次会议

1997年2月25日召开。会议审议提请全体会议通过的增选市政协九届委员会副主席、常务委员候选人协商名单(草案)和选举办法(草案)，讨论市政协九届五次会议决议(草案)等事项。

第二十二次会议

1997年2月26日召开。会议听取市政协九届五次会议期间委员们分组讨论情况的汇报。

第二十三次会议

1997年7月8日～9日召开。会议传达讨论省委常委扩大会议精神，听取济南市乡镇企业发展情况的通报。

第二十四次会议

1997年10月8日～9日召开。会议传达学习中共十五大精神、省政协七届二十六次常委会议精神。联系实际进行讨论，并赴市高新农业开发区进行实地视察。

第二十五次会议

1998年1月24日～25日召开。会议传达全国政协八届二十三次常委会议精神。审议通过市政协九届常务委员会工作报告和关于提案工作情况的报告。通过关于召开市政协十届一次会议的有关事项、《关于授权主席会议审议政协第九届济南市委员会常务委员会第二十五次会议未尽事宜的决定(草案)》和人事任免事项。决定市政协十届一次会议于2月19日召开。

第四节 第十届常务委员会会议

第一次会议

1998年5月7日～8日召开。会议听取关于济南市实施再就业工程情况的汇报，审议通过《关于深入推进济南市再就业工作的建议》《政协第十届济南市委员会常务委员会工作规则》《政协第十届济南市委员会关于加强自身建设的规定》《政协第十届济南市委员会专门委员会组织通则》。决定各专门委员会的设置，通过副秘书长和各委员会组成人员名单等。

第二次会议

1998年7月7日～8日召开。会议听取关于经济运行情况和今后工作安排及个体私营经济发展的情况通报。审议通过《关于进一步加快济南市个体私营经济发展的几点建议》。其间，考察章丘市刁镇炊具总厂、章丘市化工实验厂等个体私营企业和镇、村办企业。

第三次会议

1998年11月3日～5日召开。会议传达学习江泽民在中共十五届三中全会闭幕时的讲话、全国政协九届三次常委会议和省政协八届三次常委会议精神。听取济南市“科教兴市”战略实施情况的通报。审议通过《关于加快济南市高新技术产业发展的几点建议》《关于济南市教育发展问题的几点建议》。25位常委和列席会议的委员围绕进一步推动“科教兴市”战略的实施，促进全市经济和社会发展等问题进行大会发言。

第四次会议

1999年1月14日～15日举行。会议审议通过关于召开市政协十届二次会议有关事项，协商决定增补3人为市政协十届委员会委员，听取关于全市廉政建设和社会治安情况的通报。决定市政协十届二次会议于2月24日召开。

第五次会议

1999年2月26日举行。会议审议市政协十届二次会议增选常务委员候选人协商名单(草案)和选举办法(草案)，审议通过市政协十届二次会议决议(草案)。

第六次会议

1999年2月26日举行。会议听取关于市政协十届二次会议各组讨论情况的汇报。

第七次会议

1999年6月10日～11日举行。会议传达学习江泽民近期几次重要讲话精神、省政协八届六次常委会精神。听取关于乡镇企业二次创业情况的通报、当前国际形势的报告。考察6家乡镇企业，围绕进一步加快济南乡镇企业发展问题进行讨论，提出建议。审议通过《关于济南市乡镇企业二次创业的几点建议》的调查报告。

第八次会议

1999年10月21日～22日召开。会议学习中共十五届四中全会、全国政协九届七次常委会和省政协八届七次常委会议精神。审议通过《关于贯彻中共十五届四中全会精神，深化济南市国有企业改革和发展的几点建议》和有关人事事项。15位政协常委和列席会议的委员围绕深化国有企业改革问题进行大会发言。

第九次会议

2000年1月13日～14日召开。会议听取关于1999年政府工作情况的通报和《政府工作报告》起草情况的说明、市中级人民法院关于执法工作的情况通报。审议通过关于召开市政协十届三次全委会议的有关事项。

第十次会议

2000年2月24日召开。会议听取关于补选市政协十届委员会副主席情况的说明。审议通过选举办法(草案)和候选人协商名单。

第十一次会议

2000年2月26日召开。会议听取各小组讨论情况的汇报，审议《市政协十届三次会议决议(草案)》。

第十二次会议

2000年5月24日～25日召开。会议学习江泽民在江苏、浙江、上海考察工作时的讲话。听取关于农村经济结构调整实施情况的通报、关于社会治安情况的通报。实地考察济阳县农村经济结构调整的情况。审议通过《关于推进我市农业和农村经济结构战略性调整的建议》

和《关于加强和改进我市教育工作的几点建议》。通过有关人事事项。

第十三次会议

2000年9月14日～15日召开。会议听取市政府关于商贸流通业发展情况的通报。审议通过《关于进一步发展我市商贸流通业的几点建议》和修订的《政协济南市委员会提案工作条例》。

第十四次会议

2001年1月9日～10日召开。会议听取关于济南市“十五”计划纲要(草案)报告起草情况的说明、关于济南市2000年度检察工作的通报。审议通过关于召开市政协十届四次会议的有关事项，通过关于增补市政协十届委员会委员名单以及辞去市政协十届委员会委员、常务委员职务名单，通过关于撤销罗列市政协十届委员会委员、常务委员资格及市政协学习提案委员会副主任和倪文治十届市政协委员资格的决定。

第十五次会议

2001年2月23日召开。会议听取关于市政协十届四次会议增选副主席、常务委员选举方法(草案)和候选人协商名单(草案)的说明。审议通过关于撤销谢凤桥十届市政协委员资格的决定。

第十六次会议

2001年2月25日召开。会议听取关于各小组讨论情况的汇报，审议通过《关于增设市政协人口资源环境委员会的决定》及人事安排事项。

第十七次会议

2001年5月10日～11日召开。会议听取市政府关于济南市2001年第一季度经济运行情况的通报以及市公安局关于济南市“严打”情况的通报。审议通过《关于推进我市国有中小工业企业改革与发展的建议》《关于我市未成年人违法犯罪情况的调查报告》《关于增选李凤美等同志任人口资源环境委员会兼职副主任的决定》《关于增补都兴佳同志任社会文教委员会兼职副主任的决定》。其间，与会人员赴商河县进行视察，听取关于商河县经济运行情况的通报。

第十八次会议

2001年7月6日召开。会议学习江泽民在庆祝中国共产党成立80周年大会上的讲话和全国政协九届十四次常委会议、省政协八届十六次常委会议精神。听取市纪委就济南市上半年廉政建设情况所作的通报。审议通过增补王忠林为市政协十届委员会委员、关于侯佐昌不再担任市政协秘书长职务的建议、关于王忠林担任市政协代理秘书长的决定。

第十九次会议

2001年10月19日～20日召开。会议学习中共十五届六中全会和省、市委七届七次全会精神。审议通过《关于加快我市旅游产业发展的几点建议》和有关人事任免事项。

第二十次会议

2002年1月24日～25日召开。会议听取市政府工作报告起草情况的说明。传达学习全国地方政协工作经验座谈会精神。通过关于召开市政协十届五次会议的有关事项，审议通过市政协2002年工作要点。决定市政协十届五次会议于2月28日至3月4日举行。

第二十一次会议

2002年2月28日召开。会议审议通过《市政协十届五次会议补选秘书长选举办法(草案)》《补选秘书长候选人名单》《关于撤销王丁成政协济南市第十届委员会委员资格及文史资料委员会副主任职务，撤销刘传俊、王存胜政协济南市第十届委员会委员资格的决定(草案)》《辞去政协济南市第十届委员会委员职务的名单(草案)》。

第二十二次会议

2002年3月3日召开。会议听取关于市政协十届五次大会期间小组讨论情况的汇报。

第二十三次会议

2002年6月11日～12日召开。会议传达学习省八次党代会精神。审议通过《关于加快济南交通装备产业发展的几点建议》，听取关于上半年经济运行情况和下半年经济工作安排的通报、关于交通基础设施建设情况的汇报。其间，视察重汽集团和绕城高速公路南线。

第二十四次会议

2002年9月28日召开。会议传达学习中共中央办公厅和省、市委关于加强学习《江泽民论有中国特色社会主义(专题摘要)》的通知精神。听取社区建设工作情况通报，专题审议并通过《关于推进我市社区建设的几点建议》。

第二十五次会议

2002年11月26日召开。会议传达学习中共十六大精神。市级各民主党派、工商联负责人分别发言。审议通过《关于学习和贯彻中国共产党第十六次全国代表大会精神的决议》。

第二十六次会议

2003年1月24日举行。会议听取关于召开市政协十一届一次会议有关事项的说明。审议通过市政协十届委员会常务委员会工作报告和关于提案工作情况的报告。通过有关人事事项。决定市政协十一届一次会议于2月19日召开。

第五节　第十一届常务委员会会议

第一次会议

2003年5月9日召开。会议传达学习全国“两会”、省政协九届一次会议及市八次常代会精神。审议通过《政协济南市委员会常务委员会工作规则》《关于加强政协济南市委员会常务委员会自身建设的意见》《政协济南市委员会专门委员会组织通则》《关于政协第十一届济南市委员会设置专门委员会的决定》《政协第十一届济南市委员会副秘书长名单》《政协第十一届济南市委员会专门委员会主任、副主任名单》，决定市政协十一届委员会增补委员2名。

第二次会议

2003年7月16日召开。会议听取关于济南市当前和今后一个时期城市规划建设情况的通报。传达学习省、市委工作会议精神。审议通过《政协济南市委员会常务委员会关于认真学习胡锦涛同志“七一”重要讲话兴起学习贯彻“三个代表”重要思想新高潮的决议》和《关于进一步推进我市农村扶贫开发工作的建议》《关于加强历史文化名城保护与加快文化基础设施建设的建议》两个建议案。

第三次会议

2003年9月29日召开。会议审议通过《关于加快我市东部产业带生态环境建设的建议》《关于加快我市县域工业经济发展的几点建议》两个建议案。

第四次会议

2003年12月24日召开。会议听取市中级人民法院院长马永胜、市人民检察院检察长丁瑞云的工作情况通报。通过关于召开市政协十一届二次会议的决议和其他有关事项。审议通过市政协十一届常委会关于设立研究室的决定、关于学习提案委员会更名为提案委员会的决定。决定市政协十一届二次会议于2004年1月30日召开。

第五次会议

2004年2月1日召开。会议审议通过市政协十一届常委会2004年要点，审议市政协十一届二次会议有关决议(草案)和《关于十一届二次会议提案审查情况的报告(草案)》等，原则同意并决定提交全体会议表决。

第六次会议

2004年4月29日召开。会议听取济南炼油厂和济南正昊化纤新材料有限公司关于石化—化纤产业链建设情况的汇报，实地考察两家企业的生产经营情况。审议通过《关于加快济南市石化—化纤产业链建设的建议案》《关于促进济南市就业和再就业工作的建议案》。

第七次会议

2004年6月29日召开。会议听取关于济南市经济运行和城市建设情况通报，审议通过有关人事任免等事项。

第八次会议

2004年9月29日召开。会议传达学习中共十六届四中全会精神和胡锦涛在庆祝人民政协成立55周年大会上的重要讲话。审议通过《政协济南市委员会关于学习贯彻中共十六届四中全会精神的意见》和《关于优化环境推进全市民营经济发展的建议案》。

第九次会议

2004年12月28日召开。听取关于济南市经济工作运行情况的通报、关于全市法院工作情况的通报、关于全市检察工作情况的通报。通过关于召开市政协十一届三次会议的决定和其他有关事项。决定十一届市政协增补11名委员，同意3名委员辞去市政协十一届委员会委员职务。决定市政协十一届三次会议于2005年1月25日召开。

第十次会议

2005年1月26日召开。会议审议有关人事安排事项和市政协常委会2005年工作要点。

第十一次会议

2005年1月27日召开。会议听取关于小组讨论情况的综合汇报。审议市政协十一届三次会议有关决议(草案)和《关于十一届三次会议提案审查情况的报告(草案)》，常委会原则同意，并决定提交全体会议表决。

第十二次会议

2005年3月25日召开。会议传达学习全国政协十届三次会议和十届全国人大三次会议精神，听取关于济南市“十一五”规划编制准备情况的通报。

第十三次会议

2005年6月29日召开。会议听取关于济南市2005年1月～5月份经济运行情况的通报。审议通过《关于济南钢铁产业链建设的建议案》《关于加快我市城市卫生服务体系建设的建议案》和市政协《全体会议工作规则》《常务委员会工作规则》《专门委员会组织通则》《提案工作条例》。

第十四次会议

2005年9月28日召开。会议听取关于济南市“十一五”规划编制工作情况的通报。

第十五次会议

2005年11月29日召开。会议听取关于济南市2005年政府办理市政协提案工作情况的通报。审议通过有关人事任免事项。听取市民政局、市工商局关于2005年工作情况的汇报，并对其工作进行民主评议投票。

第十六次会议

2006年1月5日召开。会议听取关于全市法院工作情况的通报、全市检察工作情况的通报。通过关于召开市政协十一届四次会议的决定和其他有关事项。决定增补孔祥雨、齐振虎、远宏、武桂荣、赵忠诚、黄利群、蒋君为市政协十一届委员会委员，同意孙培森、徐长林、宋跃群、吕相军辞去市政协十一届委员会委员职务。决定市政协十一届四次会议于2月6日召开。

第十七次会议

2006年2月8日召开。会议审议并原则通过常务委员会候选人协商名单和选举办法(草案)，审议通过有关人事事项和《政协济南市委员会常务委员会2006年工作要点(草案)》。

第十八次会议

2006年2月9日召开。会议听取关于小组讨论情况的综合汇报。审议市政协十一届四次会议有关决议(草案)和《中国人民政治协商会议第十一届济南市委员会提案委员会关于十一届四次会议提案审查情况的报告(草案)》。

第十九次会议

2006年3月23日召开。会议传达学习全国“两会”精神和《中共中央关于加强人民政协工作的意见》。审议通过《政协济南市委员会常务委员会关于学习贯彻〈中共中央关于加强人民政协工作的意见〉的决定》。

第二十次会议

2006年6月23日召开。会议听取关于全市社会主义新农村建设的情况通报。审议通过《关于加快我市社会主义新农村建设的建议案》。

第二十一次会议

2006年11月9日召开。会议传达学习中共十六届六中全会和市委八届七次全委会议精神。听取市委、市政府关于市政协十一届四次会议提案办理工作情况的通报。审议通过市政协关于民主评议部分承办单位提案办理工作情况的报告。

第二十二次会议

2007年1月24日召开。会议听取市政府关于2006年全市经济运行情况的通报以及市中级人民法院、市人民检察院关于2006年工作情况的通报。审议通过有关人事任免事项。

第二十三次会议

2007年3月19日召开。会议传达学习全国“两会”精神。审议通过关于召开市政协十一届五次会议的决定及有关事项。决定增补王建、王宏伟、王培铭、由沛、冯承强、杨庆林、杨殿明、郝建华、胡占平、袁子辉、徐宏伟、常传华为市政协十一届委员会委员；同意孟祥桓辞去市政协十一届委员会委员职务。

第二十四次会议

2007年3月24日召开。会议审议候选人协商名单、辞去市政协副主席职务名单、选举办法(草案)等，审议通过市政协常委会2007年工作要点。

第二十五次会议

2007年3月25日召开。会议听取市政协十一届五次会议综合情况的汇报。审议市政协十一届五次会议有关决议(草案)，审议通过关于市政协十一届五次会议提案审查情况的报告(草案)。

第二十六次会议

2007年7月2日召开。会议传达学习省九次党代会精神。听取市政府关于全市社会主义新农村建设情况的通报，审议通过《政协济南市委员会关于加大扶贫开发力度，促进区域经济协调发展的建议案》。

第二十七次会议

2007年11月16日召开。会议传达学习中共十七大、全国政协常委会议、省政协常委会议和市委九届二次全会精神。审议通过《政协济南市委员会关于学习贯彻中国共产党第十七次全国代表大会精神的决议》和有关人事事项。听取市委办公厅、市政府办公厅关于市政协十一届五次会议提案办理工作情况的通报。

第二十八次会议

2007年12月11日召开。会议审议通过市政协十一届常委会两个工作报告(草案)和报告人。审议通过关于召开市政协十二届一次会议的决定等有关事宜、有关人事事项和关于授权主席会议审议本次常委会议未尽事宜的决定，书面通报市中级人民法院、市人民检察院的工作情况。

第二十九次会议

2007年12月27日召开。会议审议通过《政协第十二届济南市委员会第一次会议选举办法(草案)》，审议通过吴泽浩、包怡斐为政协第十二届济南市委员会委员。

第六节 第十二届常务委员会会议

第一次会议

2008年1月7日召开。会议审议通过市政协十二届委员会副秘书长名单、市政协十二届常委会关于设置专门委员会的决定及其组成人员、市政协常委会2008年工作要点。

第二次会议

2008年6月30日召开。会议听取关于上半年经济社会发展情况和抗震救灾工作情况的通报，审议通过《关于进一步推进我市农业产业化经营的建议案》。

第三次会议

2008年10月30日召开。会议传达学习中共十七届三中全会精神和全国政协十一届三次常委会议、省政协十届四次常委会议精神。听取市委办公厅、市政府办公厅关于2008年政协提案办理情况的通报。审议通过有关人事任免事项，同意王永金辞去市政协十二届委员会委员职务。

第四次会议

2008年12月23日召开。会议审议通过关于召开市政协十二届二次会议的决定和有关事项。市中级人民法院、市人民检察院书面通报2008年工作情况。决定增补王树福、钱道书为市政协十二届委员会委员。

第五次会议

2009年1月12日召开。会议审议并原则通过市政协常委人选协商名单和选举办法(草案)等。

第六次会议

2009年1月14日召开。会议听取委员分组讨论情况的综合汇报。审议并原则通过市政协十二届二次会议有关决议(草案)和关于市政协十二届二次会议提案审查情况的报告(草案)，审议通过市政协常委会2009年工作要点。

第七次会议

2009年3月25日召开。会议传达学习全国人大十一届二次会议和全国政协十一届二次会议精神。

第八次会议

2009年6月25日召开。会议传达学习全国政协十一届六次常委会议精神，审议通过《关于进一步推进我市服务业发展的建议案》。

第九次会议

2009年10月10日召开。会议传达学习中共十七届四中全会、胡锦涛在庆祝人民政协成立60周年大会上的讲话、省委九届八次全体会议和市委九届七次全体会议精神。审议通过《关于进一步完善我市社会保障体系的建议》和有关人事事项。

第十次会议

2009年12月9日召开。会议听取市中级人民法院、市人民检察院关于“两院”工作情况的通报，听取市委办公厅、市政府办公厅关于2009年政协提案办理情况的通报，审议通过关于召开市政协十二届三次会议的决定和其他有关事项。

第十一次会议

2010年1月8日召开。会议审议通过关于召开市政协十二届三次会议的有关事项、常务委员会2010年工作要点和有关人事事项。书面通报市发改委等部门办理落实市政协有关建议案的情况。

第十二次会议

2010年1月14日召开。会议审议通过有关人事事项。

第十三次会议

2010年1月19日召开。会议听取关于市政协十二届三次会议情况的综合汇报。审议并原则通过市政协十二届委员会有关决议(草案)、关于市政协十二届三次会议提案审查情况的报告(草案)。

第十四次会议

2010年3月18日召开。会议传达学习全国人大十一届三次会议和全国政协十一届三次会议精神。

第十五次会议

2010年7月9日召开。会议传达学习市委九届八次全体会议精神。听取关于全市上半年经济运行情况的通报。审议通过《关于促进我市城市综合体与城市交通及基础设施协调发展的建议案》和《关于加强我市基层农业科技推广体系建设的建议案》。

第十六次会议

2010年10月26日召开。会议听取市委办公厅、市政府办公厅关于2010年政协提案办理情况的通报。审议通过《关于加快我市公共文化服务体系建设的建议案》和《关于我市新兴能源产业基地建设的建议案》。

第十七次会议

2010年12月10日召开。会议传达学习中共十七届五中全会、省委九届十一次全会和市委九届九次全会精神及全国政协十一届十一次常委会议、省政协十届十五次常委会议精神。听取关于济南市“十二五”规划纲要编制情况的通报。

第七节 市政协主席会议

市政协主席会议一般每月举行一次，必要时可临时召集。市政协主席会议的主要任务包括：学习贯彻中共中央、全国政协和省市决策部署、会议精神、领导讲话及关于人民政协工作的理论政策；安排协商活动，对重大方针政策和经济社会发展中的重大问题提出意见、建议和建议案；审议以市政协或常务委员会名义向市委、市政府提出的建议案；研究审议召开常委会、全委会有关事项；研究有关人事事项等。

一、第七届委员会主席会议

1986年3月至1987年12月，市政协七届委员会共召开15次主席会议。主要有：1986年，研究关于召开“济南各界人士为‘四化’作贡献表彰大会”有关事项，讨论咨询工作情况等。1987年，学习讨论中共十三大精神，听取关于全省政协工作组会议精神的汇报、关于抗洪救灾情况的通报、关于“四化”经验交流会筹备方案的汇报，审议通过关于建立委员活动组的决定，研究主席工作分工等。

二、第八届委员会主席会议

1988年1月至1993年2月，市政协八届委员会共召开主席会议55次。主要有：1988年，传达学习中共十三届二中全会精神，讨论向市委报送的《关于加强和改进全市人民政协工作的意见(讨论稿)》。1989年，学习贯彻中共十三届四中、五中全会精神，审议通过秘书长工作规则，讨论关于加强中小学德育工作的几点建议和关于全市清理固定资产投资在建项目情况、市场物价管理情况的调查报告，听取市计委关于压缩城市基建情况的汇报。1990年，学习讨论《中共中央关于坚持和完善中国共产党领导的多党合作和政治协商制度的意见》，研究《政协济南市委员会关于加强政治协商、民主监督暂行规定》、关于市政协委员视察的安排意见(讨论稿)和关于济南地方产品产销情况、国家茶叶政策实施情况的调查报告。1991年，审议市政协与市人大“关于加强联系的办法”等四个文件，听取关于全市乡镇街道办事处有关政协工作座谈会的准备情况汇报、关于北京画展情况介绍，研究关于召开部分历史文化名城人民政协联席会议第二次会议的方案。1992年至1993年2月，审议关于加快乡镇工业产品结构调整步伐的意见和建议，审定市政协第八届委员会表彰委员优秀提案的有关问题和评选优秀提案的工作方案，听取委员活动之家有关情况汇报，研究市政协机关办经济科技咨询服务实体事宜。

三、第九届委员会主席会议

1993年3月至1998年2月，市政协九届委员会共召开主席会议51次。主要有：1993年，商定主席、副主席工作分工，审议常务委员会工作规则和专门委员会组织通则(讨论稿)、关于专门委员会设置的决定、《纪念毛泽东诞辰一百周年，市暨十县(市)区政协书画展览方案》以及《关于青少年违法犯罪情况、南部山区综合治理工作、加强国有工业企业管理工作的建议案(草案)》，审议《关于在召开市政协九届二次会议之前开展委员视察活动的通知》，听取关于委员信函调查反馈意见汇总的有关情况等。1994年，审议关于个体私营经济发展、外来流动人口管理情况的调查报告(讨论稿)和市政协委员视察工作的暂行规定(讨论稿)，审定关于创办济南文教学院的事宜。1995年，审议《政协济南市委员会贯彻执行〈政协全国委员会关于政治协商、民主监督、参政议政的规定〉的实施意见(讨论稿)》和加强市政协常务委员会建设的若干规定(讨论稿)，审定关于济南市城市社区体育情况的调查报告和《关于在召开市政协九届四次会议之前开展委员视察活动的通知》。1996年，审议《提案工作条例》和《征集办理党派团体提案的实施办法(讨论稿)》，审定关于城区医院现状的调查报告和召开全国部分城市政协秘书工作研讨会第四次会议的方案。1997年，审议《关于召开全市政协工作会议的方案》，审定《济南市政协评选优秀提案和先进承办单位工作方案》及有关事宜等。

四、第十届委员会主席会议

1998年2月至2003年1月，市政协十届委员会共召开主席会议45次。主要有：1998年，研究确定主席、副主席分工意见，审议通过主席会议制度、关于召开全国16城市政协工作第十四次协作会议工作方案以及关于加强城区流动人口和特殊人群计划生育管理的建议，审议常务委员会工作规则、专门委员会组织工作通则和关于加强常务委员会自身建设的若干规定以及加快个体私营经济发展的几点建议。1999年，审议关于乡镇企业二次创业、实施依法治市、国有企业改革和发展以及主席和副主席联系县(市)区政协工作的意见、庆祝人民政协成立50周年活动安排意见，审定对济南化肥厂的调查报告《深化两本管理 创新企业制度 构筑竞争优势》。2000年，审议《关于推进农业和农村经济结构战略性调整、加强和改进教育工作、发展商贸流通业、加强文化设施建设的建议案(草案)》和提案工作条例修正案，协商讨论济南国民经济和社会发展第十个五年计划纲要及其主要指标的编制情况。2001年，审议通过全市政协工作会议方案和《关于加快外向型经济发展、旅游业发展的建议案》，听取关于赴香港参加香港济南联谊总会成立大会的情况汇报，审议关于推进国有中小工业企业改革与发展、未成年人违法犯罪情况的建议。2002年，审议《关于加快交通装备产业发展、社区建设、物价工作的建议案(草案)》，听取市劳动和社会保障局关于医疗制度改革情况通报，讨论审定《济南市政协工作概览》书稿。

五、第十一届委员会主席会议

2003年2月至2008年1月，市政协十一届委员会共召开主席会议61次。主要有：2003年，审定市政协十一届委员会主席、副主席分工和联系县(市)区政协的建议、主席会议规则、表彰优秀提案的实施办法，审议常务委员会工作规则和专门委员会组织通则修订稿、加强常务委员会自身建设的意见及推进农村扶贫开发工作、加强文化基础设施建设与加强历史文化名城保护、加快县域工业经济等建议案，审议关于承办山东省17市政协工作联谊会第六次会议暨省市政协书画联谊会济南会议方案，邀请市政府通报防治“非典”工作的情况。2004年，审议通过关于加快石化——化纤产业链建设、促进就业再就业工作、推进信息资源整合、加快体育设施建设等建议案，学习贯彻政协章程有关事项，审定庆祝人民政协成立55周年座谈会等方案，听取市规划局关于济南市城市总体规划(2005～2020年)情况的通报。2005年，审议通过委员视察工作办法、联系委员和管理委员办法、联系港澳委员办法等制度及关于加快济南山大路科技商务区规划建设、西部城区发展中加强生态环境建设等建议案，审议全体会议和常务委员会议工作规则、提案工作条例(修订草案)及关于济南钢铁产业链建设、国有工业企业改革改制等建议案(草案)，审议对市民政局、工商局进行民主评议的实施方案(草案)，听取市发改委关于济南市“十一五”规划编制工作情况的通报，受市政协常委会委托审议通过关于民主评议市民政局、工商局2005年工作的报告。2006年，传达学习《中共中央关于加强人民政协工作的意见》，审议通过2006年市政协分层次督办提案方案、成立济南经济社会研究会的方案和关于建设全市农业高新技术开发区商河基地、物流业发展、促进新型农村合作医疗试点工作等建议案。2007年，审议通过关于筹备召开全国副省级城市政协专题研讨会议、全国副省级城市政协研究室主任座谈会议、全国部分历史文化名城政协联系会第十七次会议的方案(草案)以及关于争取开发建设“济北新区”、推进发供电设备制造产业发展建设电力装备生产基地等建议案，审议《政协济南市委员会常务委员会第二十八次会议关于授权主席会议审议本次常委会议未尽事宜的决定(草案)》。

六、第十二届委员会主席会议

2008年1月至2010年12月，市政协十二届委员会共召开主席会议31次。主要有：2008年，审议主席副主席分工、设置专门委员会的决定(草案)、政协委员履行职责的试行规定(草案)、新任委员学习培训班实施方案(草案)、主席会议督办重点提案的暂行办法(草案)和《关于推进农业产业化经营、改进城市管理工作的建议案(草案)》。2009年，听取关于贯彻《中共中央办公厅关于进一步清理规范党委、人大、政协和法院、检察院系统评比达标表彰活动的通知》精神和庆祝人民政协成立60周年活动安排意见的汇报，审议《政协第十二届济南市委员会文史资料工作届期(2008～2012年)规划(草案)》和关于房地产业持续健康发展、服务业发展、重大事项社会稳定风险评估化解机制、完善社会保障体系、发展都市农业、打破交通瓶颈加快推进济南黄河以北地区城市化进程等建议案(草案)，专题协商《济南市南部山区保护与发展规划》，研究“2009济南政协发展论坛”方案。2010年，审议通过关于政协委员履职情况统计与表彰的实施细则，审议关于委员界别活动组开展工作的意见和关于增强重点产业配套能力壮大优势产业集群、实施国家基本药物制度、基层农业科技推广服务体系、城市综合体与城市交通及基础设施协调发展、公共文化服务体系、新能源产业基地、“十二五”期间扶贫开发等建议案(草案)，研究“2010济南政协发展论坛”方案。

第三章　市政协常委会主要工作

第一节　学习工作

组织和推动政协委员在自愿基础上进行学习，是人民政协的一项重要任务。为引导和帮助委员明确责任、提高履行职能的能力与水平，市政协建立经常性的学习制度，通过例会、党组会、中心组、直属学习组、暑期读书会、报告会、印发学习材料等形式，组织推动广大委员和政协各参加单位，认真学习马列主义、毛泽东思想、邓小平理论、“三个代表”重要思想、科学发展观，学习党的路线方针政策、时事政治和政协、统战理论，学习有关法律法规和其他方面知识，使全市各界人士不断解放思想，更新观念，提高认识，适应形势任务发展的要求。

七届市政协学习了中共十一届三中全会以来的一系列重要文件，不断强化改革意识、商品意识和省会城市意识；学习党对政协统战工作的政策，通过举办讲座、举行统战理论研讨会等，澄清和消除社会上对政协统战工作的模糊认识和错误看法，加深对人民政协工作性质、地位和作用的认识。八届市政协坚持理论联系实际和自己提出问题、自己分析问题、自己解决问题的原则，着重学习社会主义初级阶段理论和“一个中心、两个基本点”的基本路线、“三个有利于”的客观标准、“两手抓”的战略方针，《中共中央关于坚持和完善中国共产党领导的多党合作和政治协商制度的意见》，1992年邓小平视察南方重要谈话和中共十四大精神，对改革开放和社会主义现代化建设的方向目标更加坚定和自信。九届市政协以邓小平建设有中国特色社会主义理论为主要内容，组织学习中共十四大和十五大精神，学习江泽民“讲学习、讲政治、讲正气”的重要指示，学习中央领导关于政协工作的一系列重要讲话和《政协全国委员会关于政治协商、民主监督、参政议政的规定》。十届市政协组织学习邓小平理论、“三个代表”重要思想，中共十五大、十六大和江泽民在庆祝人民政协成立50周年大会上的讲话，党的路线方针政策、统战政协理论、社会主义市场经济知识等。1999年，在批驳李登辉分裂祖国的“两国论”和揭批邪教组织的政治斗争中，组织学习中共中央和省、市委的指示精神，引导委员在重大方针政策、重大事件、重大问题上，自觉与党中央保持高度一致。十一届市政协组织学习中共十六大、十七大精神，“三个代表”重要思想，胡锦涛关于贯彻落实科学发展观、构建社会主义和谐社会等重大战略思想，《中共中央关于进一步加强中国共产党领导的多党合作和政治协商制度建设的意见》、2004年修订的《政协章程》以及胡锦涛在庆祝人民政协成立55周年大会上的讲话。2006年，中央颁发《关于加强人民政协工作的意见》后，市政协把学习贯彻中央《关于加强人民政协工作的意见》作为一项长期任务，切实抓紧抓好。2006年、2007年，连续举办学习报告会，并通过知识竞赛、座谈研讨等深化学习；十二届市政协坚持把创建学习型政协组织作为重要目标，引导委员学习中国特色社会主义理论体系和社会主义核心价值体系，胡锦涛在庆祝人民政协成立60周年大会上的重要讲话，中央和省、市委的重大方针政策、决策部署，人民政协的理论和规章制度，自觉运用马克思主义中国化的最新成果指导工作，进一步巩固了全市各界人士团结奋斗的共同思想政治基础。2010年，根据中央和全国政协的要求，对全市贯彻落实《关于加强人民政协工作的意见》情况进行自查，并根据市委统一部署，对全市各县(市)区贯彻落实情况进行检查。

为深化学习成效，市政协不断建立健全学习制度，开展丰富多彩的学习活动。1986年，会同市委统战部召开有关部门负责人会议，成立委员联络小组，联络小组在本单位党委的领导下，开展学习、协商监督和咨询服务活动。1987年2月起，每月举办一次委员集中学习活动；3月，经主席会议研究通过《市政协关于建立政协委员学习活动日制度的决定》。1993年，市政协成立学习指导组，市级各民主党派、工商联分别成立10个委员学习组，组织指导开展学习活动。1998年，先后举办两期新任委员培训班，深入学习人民政协的基本理论。2001年7月，组织部分常委、委员和机关全体工作人员举行座谈会，集体收听、收看江泽民在庆祝中国共产党成立80周年大会上的讲话实况。2004年6月，举办济南市领导干部学习政协章程报告会，全国政协办公厅研究室主任卞晋平为全市领导干部、市政协常委和部分委员作了辅导报告。2008年，举办十二届市政协新任委员培训班，8名港澳委员首次参加此类学习培训。为促进学习，市政协编印了大量学习资料。其中，1988～1998年，市政协共编印《学习参考资料》100余期，近4万份；十届市政协印发了《政协委员手册》《李瑞环主席近期讲话》等学习材料。至2010年，十一届、十二届市政协编印《学习参考》10期。同时，为全体委员订阅《人民政协报》《中国政协》《联合日报》《春秋》等报刊，发放《济南政协》《济南文史》等学习资料。市政协注意把学习与参观考察、理论研讨、总结工作相结合，深化了成效，增进了共识。

1993年，市政协建立中心学习组，由市政协主席会议成员、副秘书长、办公厅和各专门委员会专职负责人以及市级各党派团体主要负责人组成，主席会议和中心组定期或不定期组织学习。1986～2010年，市政协每年坚持举办暑期读书会，共举办25期，参加人员有市政协领导和市级各民主党派、有关人民团体、县(市)区政协主要负责人等，采用个人自学、座谈讨论、参观考察、辅导讲座等形式，集中学习中央和省、市委的重大部署及关于做好政协工作的指示精神。至2010年，市委、市政府主要领导每年都到会看望学员并通报全市经济工作运行情况。

第二节　调研工作

市政协七届委员会把开展专题调查作为提高协商监督质量的重要途径，主要以13个政协工作组为依托开展工作。各工作组围绕教育改革、城市建设、经济发展、医疗卫生等，开展专题考察和科学论证71次，就实施九年制义务教育、改善农村医疗卫生组织状况、提高个体开业行医质量、工商河治理、解放阁建设和地下水资源、鸭旺口地热开发等提出建议，得到重视和采纳。1986年，市政协组织1900余人次，深入乡镇街区对384个单位进行调查摸底和项目科学论证，提供科技经济咨询服务。1987年，市政协围绕“双增双节”，力争全市工业总产值过百亿，推动市、区、县政协委员、各民主党派和各界人士，开展“百、千、万”活动。其中，围绕发展外向型经济、加强纺织机械仿制及引进设备、技术的消化吸收等开展的专题调查提出合理化建议52条，被市政府采纳23条。

市政协八届委员会围绕治理经济环境、整顿经济秩序、科教兴农、工商企业经济效益、医疗市场整顿、纠正行业不正之风、城市基础设施建设、高新技术开发区建设、商业和服务网点建设、市区住房制度改革方案等课题，共开展专题调查70余次，研讨论证150余次，提出调查报告和建议案60余份。1988年，围绕全市改革、“两个文明”建设和治理整顿工作、建立商品流通大市场、振兴中医中药等进行专题调研论证。1989年，针对批判资产阶级自由化思潮、“菜篮子”工程、长孝水源地开发利用及供水保泉、加强中小学德育工作等提出专项建议。1990年，通过对24家三资企业调研，提出的济南外向型经济发展的基本构想、掌握国际市场信息、按经济规律办事和加速改善投资环境等建议，为促进济南三资企业发展提供参考。1991年，围绕农村卫生、文化、计划生育开展了系列调研，分别形成专项调查报告。1992年，针对县、乡反映的乡镇企业产品结构调整进展缓慢问题开展的调研，为壮大全市乡镇企业固定资产投资、推动建立十大夜市及人民商场和百货大楼等推行股份制发挥积极作用。

市政协九届委员会围绕全市发展的重要问题，共组织专题调查33次，研讨论证70次，撰写调查报告54份。内容涉及国有企业改革、加快农业产业化进程、南部山区和商北涝洼地治理开发、农业科技推广应用、农村计划生育、发展个体私营经济和三资企业管理、城市规划建设与管理、发展第三产业和市场建设、教育卫生事业发展、基层组织和政权建设以及贯彻落实党的民族、宗教政策等，对党政机关和有关部门实行科学决策和正确指导工作发挥积极作用。主要有：1994年围绕做好部分国有大中型企业的扭亏工作、加快个体私营经济发展。1995年围绕二轻系统以强带弱搞活企业、制定《济南市国民经济和社会发展第九个五年计划及2010年远景目标纲要》。1996年围绕“四荒”(荒山、荒沟、荒丘、荒滩)拍卖和综合治理工作等提出的建议案和调研报告等。

市政协十届委员会坚持适度超前、建言在先的原则，形成以重要课题为纽带、以专门委员会为依托的工作机制。共开展专题调研78次，举行研讨论证52次，形成建议案30余个、调研报告60余份。1998年，针对国有企业下岗职工再就业工程实施情况、个体私营经济发展调研，形成建议案。1999年，组织委员和专家学者深入到一轻、二轻、机械、纺织、化工、建材等6个行业的30多个企业，进行专题调查，提出《关于贯彻中共十五届四中全会精神，深化我市国有企业改革和发展的几点建议》。2000年，就全市农业和农村经济结构战略性调整形成建议案，以市委文件转发全市。2001年，围绕未成年人违法犯罪情况、加快推进外向型经济发展、加快旅游产业发展及社区建设工作等进行调研，提出意见和建议。

市政协十一届委员会确立“注重系列选题、注重整合力量、注重结合例会、注重成果转化”的总体调研思路，围绕工业强市、“三农”问题、城市规划建设与管理等课题开展系列调研，形成建议案和调研报告43份。其中实施工业强市战略方面，就发电成套设备制造、钢铁、电子信息等工业产业链的打造与延伸，建设现代制造业基地等提出的建议，进入济南市“十一五”规划。2003年，针对农村扶贫开发调研形成的建议案，被市政府采纳，促使全市当年筹资近5亿元实施产业扶贫，“一县十三乡”(一县指商河县，十三乡指分布在平阴、历城、章丘、济阳的13乡镇)4年后脱贫目标如期实现。2007年，市政协关于加大农村扶贫开发力度促进社会经济协调发展的建议被市政府采纳。此外，关于文化设施建设和历史文化名城保护工作的调研成果，促进济南府学文庙修缮工作的启动；关于全市现代物流业发展和社会主义新农村建设的调研成果，得到市委、市政府的肯定；关于“新农合”工作的调研成果，对全市新型农村合作医疗制度的建立起到了良好的促进作用；关于开展社会救助工作的调研成果，启动了“惠民医疗工程”，对部分特困群众就医用药实行减免优惠。

市政协十二届委员会坚持高层次选题、坚持少数人调研多数人论证、坚持建直言献准策、坚持多方转化调研成果“四个坚持”的调研思路，围绕科学发展主题和加快转变经济发展方式主线，重点就调整优化农业产业结构、建设高端高质高效现代工业体系、促进服务业发展等，共开展专题调研近40项，形成建议案、调研报告30余份。2008年，创办“济南政协发展论坛”，至2010年，先后就经济文化强市建设、省会服务业发展、省会文化建设课题进行协商议政，提升建言质量，深化议政成效。发展服务业方面，提出加快旅游业、房地产业、城市综合体建设与发展以及提升文化创意产业和物流业发展水平等建议。发展现代农业方面，提出推进农业产业化经营和集体林权制度改革、农村扶贫开发、发展都市农业等建议。加快工业优化升级方面，提出关于节能减排、发展新型能源产业、推进住宅产业化、壮大优势产业集群的建议。同时，围绕推进重大事项社会稳定风险评估化解机制、加强和完善全市社会保障体系、实施国家基本药物制度、加快推进济南新型农村社会养老保险全覆盖进程等，深入调研，形成建议案。2009年，针对济南黄河以北地区发展，建议打破交通瓶颈、加快推进黄河以北地区城市化进程的建议，促成济南客运中心至济阳汽车站、天桥区泺口汽车站至桑梓店等多条公交线路开通或延伸。2010年，针对公共文化服务体系建设的建议，推动全市投入5600万元、分3年实施“以奖代补”政策。

第三节　视察工作

市政协七届委员会对全市教育、卫生、城建、工业、农业、科技、财贸、环保、文化、民族宗教等工作进行视察。1986年4月，市政协经济工商组通过对济南市人民商场的视察，正式与人民商场确立了共建文明店的关系。

市政协八届委员会围绕深化企业改革、山区绿化和小流域治理、第三产业发展、市场供应、高新技术产业开发区规划建设、扶贫路建设、泉群保护管理、十佳卫生城市创建、引黄保泉工程等，共组织200余次视察，所提建议得到市委、市政府和有关部门的高度重视。1991年，针对人民法庭建设视察形成《关于视察人民法庭建设情况的报告》，得到重视采纳。1992年，配合创建全国十佳卫生城市工作，组织政协委员对市容市貌和环境卫生进行视察，就创建卫生城市急需解决的几个问题向市委提出建议。

市政协九届委员会围绕国有企业改革、加快农业产业化进程、南部山区开发、农业科技推广应用、农村计划生育、发展个体私营经济和三资企业管理、城市规划建设管理、发展第三产业和市场建设、教育卫生事业发展、基层组织和政权建设、贯彻落实党的民族宗教政策等，共组织视察活动120余次。1995年，在视察薄弱初中时提出薄弱初中校舍简陋紧缺、学校经费短缺等问题，引起市委的高度重视，推动全市薄弱初中的建设步伐。1996年，针对城区和农村的文化设施建设、知识产权保护工作分别进行视察，形成专项视察报告报送市委。1997年，就110报警服务台等系统建设情况、社区卫生服务工作形成视察报告。

市政协十届委员会围绕全市中心工作和社会各界关注的热点难点问题，组织委员对高新技术产业开发区建设、“一环九射”造绿工程、水库水资源开发利用、公路交通主枢纽规划、重点工程建设、社会保险工作、卫生系统容貌工程、国有企业改革发展、乡镇企业二次创业、农业现代化建设、成人教育、体育设施建设等开展视察100余次。1998年，联合市外企局，对西门子变压器有限公司、济南轻骑铃木摩托车有限公司等外商投资项目形象工程企业进行视察。2000年，《关于“蓝天工程”实施情况的视察报告》，从近期、长期和体制建设三方面提出意见建议。

市政协十一届委员会围绕关系全市经济社会发展全局的重大问题和民本民生的热点难点问题，组织委员就工业经济运行、民营经济发展、城市建设规划与重点工程建设、教育事业改革与发展、帮扶下岗职工再就业、禽流感防治、黄河标准化堤防建设与开发利用、街巷环境综合整治、全民健身、科技自主创新、农业产业化建设、新材料与新能源开发、平安济南和文明济南建设、秸秆综合利用、妇女儿童权益保护、食品药品安全等开展视察活动200余次。2004年，视察黄河堤防工程形成《关于黄河济南段标准化堤防建设征地补偿问题的几点建议》的提案。2006年，视察社会信用体系建设形成《关于推进我市信用体系建设的建议》的提案。

市政协十二届委员会把组织委员视察作为履行职能的一项政治活动，围绕工业循环经济、金融商务中心区建设、发电设备制造产业龙头企业发展、农业科技示范园区建设、城市环境综合整治、生态园林建设、城市公共交通设施建设、服务外包业和金融服务业发展、棚户区改造、背街小巷灯亮工程、留守和流动儿童教育管理、社会稳定和奥运安保、十一届全运会筹办、甲流防控等开展视察150余次。2009年，提出关于天桥区区域内三轮机动车违章出租运营状况的反映和建议。加大创新力度，健全完善委员跨县(市)区视察制度，探索开展驻县(市)区的市政协委员视察本辖区工作等形式。

第四节 提案工作

提案委员会负责提案征集、审查、交办、督办等日常工作。

1986～1987年，市政协七届委员会共收到提案410件，全部办复。为加强提案办理工作，市人大、市政府、市政协联合召开人大代表建议和政协委员提案交办工作会议。对重点提案，组织提案人和承办单位直接对话，或组织研讨论证，共同协商，保证办理提案的质量。

市政协八届委员会共收到提案2985件，审查立案2532件，所有提案全部办复。为保证提案办理工作的顺利进行，会同市委、市人大、市政府联合制定《济南市办理人大代表建议和政协委员提案暂行办法》《关于民主党派提案的实施办法》，使提案办理逐步走向经常化、规范化和制度化。在办理形式上，采取领导亲自动手办理、跟踪催办和现场办理相结合、承办单位和提案人直接见面协商办理，对一些重要提案组织办理后视察等形式，提高提案办理质量和速度。市级各民主党派、有关人民团体充分发挥集体优势，深入调查研究，以党派团体名义提出了一些高质量的集体提案。市政协会同市政府召开提案工作经验交流会，进一步健全政府系统和所属各部门办理提案工作网络。1992年，评选出34件优秀提案。

市政协九届委员会共收到提案2520件，立案2310件，所有提案全部办复。政协委员围绕全市中心工作和群众普遍关心的重要问题建言献策，为深化改革和两个文明建设作出积极贡献。制定《政协济南市委员会提案工作条例》，修订《政协济南市委员会关于征集办理党派团体提案的实施办法(试行)》。党政领导共批阅党派团体和委员提案160余件，市政协组织现场办案84件。1997年，召开市政协优秀提案和先进承办单位表彰大会，对市政协九届委员会提案工作进行回顾总结。

市政协十届委员会共收到提案2601件，经审查立案2319件，所有提案全部办复。市政协重点抓好提案运作程序的规范化、制度化建设，采取加强指导、严格筛选、完善制度、搞好服务的方法，着力提升提案质量、办理质量和服务质量。各承办单位采取现场办案、协商座谈办案、联合办案、登门征求意见等方式，加大办案力度，提高办案效果。有关部门就下岗职工再就业、中小学生“减负”、治理“白色污染”等问题，到市政协全委会现场办理提案99件。修订《提案工作条例》，通过《市政协领导同志检查督办提案工作制度》，印发《书写提案的说明》《提案审查立案标准》《优秀提案评选标准》《先进承办单位评选标准》等。与济南人民广播电台联合开办“政协委员视点”栏目，邀请委员到直播室，就有关经济社会发展问题及市民关心的热点问题进行讨论。配合省政协提案委员会，为齐鲁电视台开办的《提案追踪》栏目提供提案线索。2002年9月，召开优秀提案和先进承办单位表彰会，对《实施保泉工程建设美好泉城》等51件提案和市政府办公厅等28个先进单位进行表彰。开发编制《济南市政协提案管理系统》微机应用程序，实现在互联网上交办、公布重要提案及办理复文。

市政协十一届委员会共收到提案2889件，经审查立案2713件，所有提案均办复。市政协通过高层次督办重点提案、跟踪督办往年提案、与市委市政府督查室联合督办的方式，不断改进督办方式，加大督办力度。主席会议成员坚持领衔督办发展物流园区、推进城乡义务教育均衡发展等重点提案；选取跨年度落实的提案，如理顺城乡公交运行体制、府学文庙修复等，进行跟踪督办。制定《关于民主党派和参加政协的人民团体提案工作的实施办法》，修订完善《政协主席、副主席、秘书长督办提案工作制度》《关于评选表彰优秀提案的实施办法》《关于提案审查的实施细则》等规章制度。市委办公厅、市政府办公厅分别联合行文印发《政协济南市委员会办公厅关于办理政协提案的意见》《政协济南市委员会提案工作条例》。对提案管理软件系统进行升级改进，实现提案的网上提交。2003年起，每年对优秀提案进行评比和表彰，共有120件提案受到表彰。2006年起，连续几年通过驻济南十多家新闻媒体面向社会公开征集提案线索2300余条，分类整理后，或作委员撰写提案参考，或作调研参考题目，或作群众意见转有关部门。2007年，对提案办理工作进行总结，对各承办单位对往年答复为“正在解决或列入计划准备解决”的B类提案进行梳理，根据落实进展情况向提案者进行了二次答复。

市政协十二届委员会共收到提案1861件，经审查立案1745件，所有提案均办复，共有156件优秀提案在政协全体会议上受到表彰。政协委员围绕举办全运会、园博会等，提出的关于提高城市建设管理水平、完善交通管理体系、整治建筑渣土等提案，得到市委、市政府的重视和采纳。市政协十二届委员会把提高提案质量作为工作着力点，分别召开全市政协提案工作、办理工作、提高提案工作服务质量等三次专题会议，开展市情通报会、报告会、界别视察等活动。主席会议成员就加强城市文化建设等42件重点提案开展督办活动，得到较好落实。制定《关于主席会议督办重点提案的暂行办法》《提案质量标准(试行)》《提案办理质量标准(试行)》，修订《关于评选表彰优秀提案和先进提案承办单位、先进提案工作者的暂行办法》《提案审查工作细则》。2009年，在互联网上增设提案线索征集平台，全天候向社会公开征集提案线索，共征集提案线索3000余条。2010年，首次组织委员对72家党政部门的提案办理工作进行民主评议，100多名委员现场对承办提案较多的市公安局、规划局、交通运输局和市政公用事业局进行重点测评，4家单位均被评议为优秀提案承办单位。

第五节 港澳台侨和对外交往工作

市政协七届委员会设祖国统一工作委员会，根据中共中央海外统战方针政策，重点做好对“一国两制”科学构想的宣传。自1986年起，通过举行台海形势报告会、纪念活动、在香港海外侨胞杂志发表宣传文章等形式，宣传党的对台方针政策，宣传祖国建设的大好形势。组织在济南港澳同胞、台胞、侨胞及亲属参加中秋、春节等传统节日联欢活动。举办“济南市台胞集邮展览”“海峡两岸书画展”，广交朋友、联络友谊。围绕纪念孙中山诞辰一百二十周年，举办报告会、各界人士座谈会和书画展，联合市民革和黄埔同学会向市委、市政府提议中山公园恢复名称并为恢复修建中山公园召开远景规划论证会。加强与台湾同胞、港澳同胞和海外侨胞的联系，为去台人员寻找在大陆的亲属以及去台亲人通信、通汇和境外会亲提供帮助，为“三引进”牵线搭桥。1987年11月，台湾开放岛内民众赴大陆探亲后，接待台胞到济南探亲和各项涉台事务日渐增多。

1988年，市政协八届委员会设立三胞联谊委员会，首次邀请香港籍知名人士担任市政协委员。1990年，香港海外侨胞杂志社在五年一度的评奖活动中，向市政协颁发“桑梓情怀”奖。把联谊交友与“三引进”工作相结合，先后12次参加省、市在济南、深圳、青岛和香港等地举办的经贸洽谈活动，联系国际知名企业代表近2000人次参加洽谈活动，促进18个对外经贸合资项目的签约，利用外资额3100多万美元。开展请“三胞”委员写家信、引项目等活动，委员李水帧与在台亲属联系促成了宝岛大酒店、永固企业有限公司等四家台资企业的建立；台湾南昌事业有限公司与商河签订投资合作合同，并为济南市残疾人联合会捐赠300把轮椅；促成香港天成发展有限公司等几十家企业谈成合资、合作和技术转让项目。至1992年，会同有关部门联络和接待海外来访团体成员及“三胞”3000多人次，同美国纽约同乡会、日本中华总会、冀鲁旅港同乡会等13个国家和地区的20多个华侨社团建立联系。举办各种“三胞”联谊活动，对到济南探亲、旅游、投资的三胞朋友和海外友人宣传党和国家对台、对外方针政策，介绍祖国改革开放和现代化建设的大好形势，加深了解，联络友谊，广交朋友。

市政协九届委员会港澳委员数量不断增多，到九届五次会议时增至18人。5年中，由市政协牵头组团出访8次，访问美国等10余个国家；接待来自16个国家和地区的友好人士3000余人次。1994年，市政协成立亚太地区开放联络办公室，邀请港澳委员向县(市)区商务部门和企业介绍亚太有关国家和地区的政治、经济、文化概况和华侨分布特点，派员参与济南赴新加坡等国家和地区的经贸活动，协助有关部门在境外建立经贸机构。协助签订各种合同25项，其中外资项目18项，利用外资6635万美元。在“1994济南金秋经贸洽谈会暨龙山文化艺术节”期间，市政协牵头，协同有关部门组织“四国两地”(韩国、新加坡、马来西亚、泰国和中国台湾、香港地区)客商经贸信息发布会，签订合同协议33项，总投资额1.03亿美元，其中利用外资6722万美元。1996年8月，市政协主席刘耀华率团到俄罗斯下诺夫哥罗德市进行经贸考察，就共同投资在俄设立中国餐馆、合作生产钾肥联合体包装用塑料编织袋等项目签署协议书或意向书。1997年，参加“青交会”，牵线引进泰国正大集团在长清县投资7000万元人民币兴建饲料厂项目。市政协18名港澳委员中先后有14名在济南投资共计1.2亿美元，兴办合资、独资企业25家。

市政协十届委员会设立台港澳侨和外事委员会。1998～2002年，共接待到济南经贸洽谈、科技文化交流、参观考察的国际友人、港澳台同胞和华人华侨4000余人次，以组团和参团的形式出访欧洲、澳大利亚、东南亚及港澳台地区。主要有：1998年，香港知名画家梁洁华在济南留下作品《济南如画》。1999年11月，首次以市政协名义组团赴港澳看望港澳委员。2000年7月，市政协主席孙常印率团访问德国莱比锡市和英国考文垂市，与考文垂市签署两市友好会谈备忘录。2001年4月，在香港成立“香港—济南联谊总会”，引介港澳台地区和海外客商到济南进行经贸考察。配合济南金秋经贸洽谈会邀请500多位海内外客商参会，邀请澳大利亚澳中集团董事局主席金凯平和金融专家作《走向澳洲》专题报告，促成历下区与香港中升集团签约开发解放阁片区，济阳县与加拿大国际投资公司、森瑞思国际实业公司合资兴建科技工业园区等20余项独资、合资项目；帮助平阴金达橡塑厂与缅甸凯马工业有限公司在缅甸仰光合资兴建鲁缅工业有限公司；推介济南市第二建筑公司承建印尼驻中国大使馆及大使官邸项目；组织协助港澳委员在平阴县、济阳县捐资兴建两所“希望学校”，并设立奖学金。2001年，会同市政协文史委、市外企局联合编辑出版《开放的热风——济南三资企业风采录》。

2003年起，市政协十一届委员会聘请往届港澳委员和长期驻济南海外华侨华人代表为政协台港澳侨工作顾问，进一步加强与海内外人士的联谊交流。5年来，接待港澳台同胞和海外友好人士600多人次，组团或参团出访了有关国家和地区，与香港华侨华人总会等20多个友好社团建立了经常性联系和交往。2003年，市政协副主席、市文联主席吴泽浩率济南市书法家代表团赴韩国访问，与水原市书法协会共同举办中韩书法交流展，并参加了两市结好10周年庆祝活动。2005年5月，赴香港协助组织香港济南联谊总会换届会议。济南市、香港中联办、新华社亚太分社等单位领导及香港政商界知名人士100多人出席会议，在港招商的市长鲍志强为大会致辞。同年，市政协主席徐华东率团对南非和埃及进行考察访问，发布了济南对外招商项目，与外方就轻骑摩托车在南非和埃及销售及生产合作事宜、济南连发医用塑料厂在南非建厂等项目达成合作意向。2007年，组织“庆祝香港回归十周年座谈会”和“庆祝香港回归十周年书画笔会”。积极做好安商、助商、扶商工作，牵线促成港澳委员自己投资或引介投资项目过百亿元，港华燃气投资有限公司、香港南益集团、三庆置业集团、安莉芳集团、山东大鲁阁织染工业有限公司等10多家港澳委员、顾问企业成长为省、市级行业领军龙头企业。

市政协十二届委员会通过香港济南联谊总会等，加强与香港华侨华人总会、澳门山东联谊会以及海外友好社团的联系与交往；出访部分友好城市和港澳台地区，接待到济南进行经贸考察、文化交流的港澳台同胞和海外友好人士，扩大济南对外影响。组织港澳委员和在济南外资企业代表，考察城市规划和重点项目建设情况，为招商引资牵线搭桥。2009年，市政协十二届一次会议首次聘请4位在济南投资的台湾籍特邀顾问。2010年6月，市政协主席徐长玉率济南市友好经贸考察团赴美国、加拿大、中国香港访问，出席在美国萨克拉门托市举办的两市结好25周年庆祝活动，签署《济南萨克拉门托结好25周年友好会谈备忘录》。至2010年，市政协发动和支持港澳委员和海外顾问捐款捐物2000多万元，修建了7所贫困地区中小学，成立了4支教育基金共计300多万元。其中，港澳委员和海外顾问为汶川特大地震捐款捐物达400多万元。

第六节　文史资料工作

1986～2010年，市政协文史委组织各级政协委员及其联系的各界人士撰写亲历、亲见、亲闻的第一手资料，客观记述济南近现代史上重大历史事件和重要历史人物。通过组织调研、座谈等参政议政活动，拓展人民政协工作新领域，发挥"存史、资政、团结、育人"的社会功能。

1986～1995年，市政协共编辑出版《济南文史资料选辑》5辑。1987～1999年，共编辑出版专题图书17本，主要有《济南"五三"惨案亲历记》《济南战役亲历记》《济南老字号》《济南日特机关罪行录》《遐迩闻名的祥字号》《解放前济南的学校》《济南文苑漫忆》《济南97小名士》《鲁政厦门人物谱》《风雨同舟50年》等，内容涉及济南的政治、经济、军事、科技、文化、教育等各个方面。2001年起，开始征集出版文史资料系列丛书，出版《可爱的济南(第一辑)》(5卷)。2002年，出版《可爱的济南(第二辑)》(7卷)。2003年，出版《新世纪济南文史资料(第一辑)》(3卷)。2004年，出版《20世纪济南文史资料文库》(6卷)，为纪念济南开埠百年出版《济南开埠与地方经济》。2005年，出版《新世纪济南文史资料(第二辑)》(3卷)。2006年，出版《新世纪济南文史资料(第三辑)》(3卷)。2007年，出版《济南老街史话》(4卷)。2008年，与小清河投融资中心合作出版《济南小清河历史文化》(9卷)，与市侨联合作出版《新济南亲历亲见亲闻书系》之《侨心无悔》。2009年，与市级各民主党派、工商联合作出版《风雨同舟60年》(8卷)。2010年，与各县(市)区政协合作出版《济南区域文史存珍》(10卷)。

1997年，济南市政协文史资料委员会创办《济南文史》杂志(季刊)。后逐步开设历史足音、往事追怀、人物春秋、史海钩沉、济南档案等栏目，逢重大历史事件或重要历史人物纪念日则开辟专栏发表系列文章。至2010年，《济南文史》杂志共出版49期，总计发表文稿500多万字，史料图片1600多幅。与县(市)区政协合作征编《济南名胜古迹词典》《20世纪济南文史资料文库》《济南区域文史存珍》等。

第七节　反映社情民意信息工作

市政协把反映社情民意作为履行职能的一项经常性、基础性工作，通过会议、委员活动日、简报和信函、走访、聘任特邀信息员等渠道和形式，加强社情民意的收集和反馈工作，协助党委、政府做协调关系、化解矛盾、凝心聚力、促进稳定的工作。1987年2月，七届市政协举行第一次委员活动日，听取委员意见和建议，至1987年年底，七届市政协共举行委员活动日9次。八届、九届市政协不定期举办委员活动日。1993～1997年，九届市政协每年第三季度以信函方式对100名左右政协委员进行询访调查，每年收集委员反映的各类信息200多条，经分类整理后，以《部分政协委员对当前一些问题的情况和意见》报送市委主要领导。委员们反映的惩治腐败和廉政建设、精神文明建设、城市规划建设、平抑物价、改善投资环境等问题，得到重视和采纳。

1994年，八届全国政协正式提出反映社情民意信息工作后，市政协的反映社情民意信息工作制度化、规范化、程序化水平不断提高，工作成效更加显著。1995年12月，首次召开全市政协信息工作座谈会，探讨政协信息工作的特点、规律以及建立济南市政协信息网络、信息工作人员队伍等问题。1996年，创办《济南社情民意》刊物，不定期向全国政协、省政协和市委、市政府报送社情民意信息。

十届市政协召开全市政协信息工作会议，制定《政协济南市委员会关于加强信息工作的意见》，组建社情民意工作队伍，在政协委员和市级各民主党派、县(市)区政协中聘请社情民意信息员。通过不定期举办主席接待委员日活动、向委员发放《社情民意信笺》、开通社情民意公开电话和电子信箱、及时整理委员会议活动发言，广辟信息来源，共收集各类信息600余件。及时将收集到的信息通过《济南社情民意》和“市长直通车”热线报送上级政协和市委、市政府，减轻农民负担、加大节水保泉力度、入世呼唤加快民营科技企业发展等信息得到重视和采纳。

十一届市政协期间，于2004年承办全国政协第九期信息采编工作培训班。经主席会议审议通过，制定《政协济南市委员会反映社情民意信息工作办法》。每年收集社情民意信息200余条，通过《济南社情民意》报送信息近百条，许多意见建议纳入中央和省、市领导决策。关于公布人大代表联系电话、政府投资项目逐步实行社会化管理等信息被全国政协单篇采用报送中央政治局领导，《关注当前物价上涨问题》综合报送中央领导并得到国务院主要负责人批示。围绕抗击“非典”和防治禽流感等紧急情况编报了一批具有较高价值的信息，《广大农民急切盼望政府采取措施帮助解决麦收遇到的实际问题》得到山东省委书记张高丽等领导批示，有关部门迅速采取措施保障小麦联合收割机跨区作业，为顺利完成麦收发挥了重要作用。

十二届市政协制定《关于改进和加强信息工作的暂行办法》《特邀信息员聘请管理办法(试行)》《反映社情民意信息工作先进单位、先进个人和优秀信息评比表彰暂行办法》，落实信息收集和采用情况季度通报制度，每年收集信息200余条，编辑报送信息近百条。2008年，围绕抗震救灾，委员们反映的救援中注意窒息人员复活的可能性、关于灾后重建的紧急建议等问题，得到全国政协采用，报送国家抗震救灾指挥部和国家减灾委。关于小清河整治中保留运河通航功能的信息得到有关部门的采纳，在河道整治和景观桥建设时都为运河通航留下充足空间。关于推动济南台北虚拟直航的建议得到市领导批示，为实现济南与台北的直航发挥了积极作用。

第二篇　群众团体

第一章　济南市总工会

第一节　代表大会

1986～2010年，先后召开济南市工会第十二至第十五次代表大会，分别选举产生各届委员会及其领导成员。

第十二次代表大会

1989年12月15日～18日，市工会第十二次代表大会召开。出席大会代表450人。市总工会主席刘锡藩代表第十一届委员会作题为《团结带领全市职工发扬工人阶级光荣传统，在建设泉城、振兴济南中发挥主力军作用》的工作报告。大会选举产生市总工会第十二届委员会和经费审查委员会，选举主席1人，副主席4人。

第十三次代表大会

1996年11月13日～16日，市工会第十三次代表大会召开。出席大会代表500人。市人大常委会副主任、市总工会主席刘海亭代表第十二届委员会作题为《动员全市职工发挥主力军作用，为实现“九五”计划和跨世纪宏伟目标而努力奋斗》的工作报告。大会选举产生市总工会第十三届委员会和经费审查委员会，选举主席1人，副主席4人。

第十四次代表大会

2003年7月14日～16日，市工会第十四次代表大会召开。出席大会代表460人。市人大常委会副主任、市总工会主席朱金河代表第十三届委员会作题为《服务大局抓维权、干事创业促发展，努力开创全市工会工作新局面》的工作报告。大会选举出席省工会十二大代表；选举产生市总工会第十四届委员会和经费审查委员会，选举主席1人，副主席4人。

第十五次代表大会

2008年5月5日～7日，市工会第十五次代表大会召开。出席大会代表491人。市委常委、大会主席团常务主席王以才代表第十四届委员会作题为《组织起来、切实维权，为泉城的稳定发展建设做出新贡献》的工作报告。大会选举出席省工会十三大代表；选举产生市总工会第十五届委员会和经费审查委员会，选举主席1人，副主席5人。

第二节　组织建设

市总工会和各级工会组织团结带领全市广大职工，牢固树立中国特色社会主义工会维权观，按照“组织起来、切实维权”的总体要求，加强工会组织建设，全面履行职能，积极开展“党工共建”“基层组织建设年”“建会维权，职工进家”“集中建会”等活动，至2010年，市总工会辖11个县(市)区总工会、24个局(公司)工会和15个大企业工会；全市有基层工会组织1.76万个，工会会员214.3万人，其中女会员78.29万人。

一、组织建设及会员发展

1986～2010年，全市工会组织建设及会员发展工作，可分为四个阶段：

第一阶段：1986～1993年。这一阶段工会组建和会员发展的主体是乡镇企业工会、机关工会建设，外资企业建会开始起步。1991年，市总工会与市委组织部等部门联合下发机关建立工会的意见，与市外经贸委联合下发在外商投资企业中建立工会的意见。至1993年年底，全市共建机关工会251个、乡镇企业工会199个、外资企业工会91个。

第二阶段：1994～1999年。这一阶段乡镇企业、外资企业建会蓬勃开展，并探索开展私营企业建会工作。1994年，根据中央办公厅、国务院办公厅文件精神，市总工会和各级工会对全市外商投资企业多次进行调查研究，摸清情况，掌握问题，提出对策意见，并向市委作专题汇报；与六个单位联合下发关于加强外商投资企业工会工作的文件，召开外商投资企业建会工作会议，提出要求；建立进度通报制度，实行目标责任制。各县区局(公司)工会，深入外商投资企业进行帮助指导，工会组建步伐明显加快。1995年起，市总工会制定县区局工会在外商投资企业、乡镇企业组建工会的考核指标，建立定期统计、通报制度，随时掌握全市外商投资企业、乡镇企业工会组建情况，及时进行监督检查。建立市外商投资业工会工作委员会，宣传《中华人民共和国工会法》《外商投资企业工会条例》，推动工作开展。至1999年，全市外商投资企业累计建会593个，私营企业累计建会481个，乡镇企业累计建会583个。

第三阶段：2000～2005年。这一阶段工会组建工作的特点是私营企业成为建会工作主体，同时抓好市场、社区、楼宇等区域性工会联合会建设。其间，市总工会把做好新建企业工会组建工作作为工作的重中之重。2001年，召开全市新建企业暨社区工会工作会议，把规模较大的新建企业、经济科技园区、商贸市场、乡镇(街道)、社区作为组建工会的重点，采取政策引导、典型引路、信息服务、主动协调、加强调度等措施，使这项工作走在全省前列。在全省新建企业工会工作会议上，市委和市总工会多次作大会典型发言。2004年，在全市开展“基层组织建设年”活动，探索建会工作新思路、新举措，加强对基层建会工作的激励和指导，重点抓五个方面：按照大企业独立建会，小企业依托商场、商业街、社区、楼宇联合建会的思路，加强新建企业建会工作；加强改革改制企业工会组织的规范重建工作；采取挂靠企业工会、社区工会、机关工会等方式，加强建筑、商贸、保安、家政等行业进城务工人员的工会组建工作，切实保障进城务工人员的合法利益；开展建立乡镇总工会试点工作，在历下区姚家镇建立全省第一家乡镇总工会；加强基层工会组织规范化建设。2005年，在全市深入开展“建会维权，职工进家”活动。

第四阶段：2006～2010年。这一阶段工会组建工作特点是在保持工会组织数和会员数快速发展的基础上，以建立山东省第一家沃尔玛、肯德基工会为亮点工作，扎实推动劳务派遣公司等新组织建会，积极吸纳农民工加入工会组织，工会组织覆盖面、影响力进一步加大。全市工会以外资、私营企业和建筑、服务行业为重点，创新工会组建形式和方法，工会组建率和职工入会率进一步提高，工会组建工作在组建模式、组建手段、入会方式和组织体制上实现新的发展。贯彻中共中央总书记胡锦涛关于外资及企业工会组织建设的重要批示精神，狠抓外企建会工作。按照“扩大覆盖面、增强凝聚力”的要求，深入开展“集中建会活动”和外商投资企业“建会攻坚月”等活动，2006年，建立沃尔玛在山东省的第一家工会组织，并选派工会工作指导员、建立协商沟通制度，这些做法得到中共中央政治局委员、中华全国总工会主席王兆国的肯定。2007年，以麦当劳建会为突破口，推进外资企业建会工作深入开展。扎实开展以组织农民工加入工会为主要内容的“工地建工会”活动和农民工源头入会试点，探索方便农民工建会入会的组织形式、方式渠道和管理办法，完善农民工建会入会机制。创新建会形式，通过建立区域性、行业性基层工会联合会，推动园区工会联合会建设，实现工会组织的二次覆盖。制定《关于在全市开展劳务派遣公司建会工作的意见》《关于进一步吸收劳务派遣工加入工会组织的意见》等文件，推动出租车和劳务派遣公司等新社会组织的建会工作。2009年、2010年，市委相继下发《中共济南市委关于加强和改进新形势下群团工作的意见》《中共济南市委关于加强新形势下党建带群团建设工作的意见》，对工会等群团部门的组织发展、干部配备等工作作出明确规定。

二、干部教育培训和干部协管工作

（一）干部教育培训工作。20世纪90年代，以学习贯彻《中华人民共和国劳动法》《中华人民共和国工会法》及工会业务知识为主题，通过开办工会领导干部和专职工会干部适应性岗位培训班，抓好工会干部培训工作。2000年后，每年组织举办全市新任工会主席培训班及乡镇(街道)初任工会干部培训班，加强对基层工会主席的普遍培训。通过赴北京、上海等经济发达地区开办工会主席培训班，丰富工会干部视野，拓宽工会干部思路。把工会组织建设、民主管理及厂务公开、集体合同、工会法律工作及工会保障工作等工会业务知识与贯彻落实历届全国、省、市党代会重要精神结合起来，确保工会工作始终围绕中心，服务大局。

（二）工会干部协管工作。1986年，市总工会与市委组织部联合下发《关于工会协助党委管理工会干部的意见》。1989年，贯彻落实《中共中央关于加强和改善党对工会、共青团、妇联工作领导的通知》，强化全市工会干部配备工作。1997年，市委下发《关于进一步加强新时期工会工作的意见》，规定在经济发达、职工人数较多的地方提名党委常委候选人时，应考虑同级工会的党员主要负责人。符合条件的工会主席，也可任同级人大常委会、政协副职。职工人数比较集中的局(公司)工会和系统工会主席，经市委同意，可按同级党政副职配备，是党员的要进入同级党委领导班子。1998年，经市委批准，全市8个局工会主席为济南市副局级领导干部。2009年，《中共济南市委关于加强和改进新形势下群团工作的意见》明确规定，县(市)区工会主席没有进同级党委、人大、政协班子的，根据工作需要，可以由县(市)区委、人大、政协领导班子成员兼任，促进各县(市)区按同级党政副职待遇配备工会主席工作开展。

三、模范职工之家建设和规范化建设工作

全市工会组织的模范职工之家建设和规范化建设工作分为三个阶段。第一个阶段是20世纪90年代开展的建设“职工之家”升级活动。按照统一要求，分类指导，重点突破，逐步推进的指导思想，通过开展建家自检自查活动，推动全市基层工会达到建家基本要求。第二个阶段是2005年开始的“三级联创”工作，即县(市)区总工会争创先进县(市)区工会，乡镇(街道)工会争创示范乡镇(街道)工会，基层工会争创信得过基层工会。通过明确“三级联创”活动标准，开展考核验收工作，推动各级工会组织规范化建设深入发展。第三个阶段，2010年下发《济南市总工会关于开展工会规范化建设活动的实施意见(试行)》，就工会组织规范化建设的活动范围、活动内容、活动方式、评定方法均作出规定，规定县(市)区总工会、局(公司)工会、大企业工会、乡镇(街道)工会、社区(村)工会、机关事业单位工会、基层企业工会七种工会的规范化达标标准。同时，以全市乡镇机

构改革为契机，就乡镇(街道)工会干部设置问题加强与组织部、编办等部门进行沟通协调。《中共济南市委、济南市人民政府关于进一步深化乡镇机构改革的实施意见》明确规定，乡镇(街道)等群团组织机构设置及领导人配备按各自章程执行，乡镇(街道)工会机构设置和干部配备工作明显增强，规范化建设工作得到提升。至2010年，全市141个乡镇(街道)中：共建立总工会85个，工会工作委员会56个，其中，26个乡镇(街道)配备专职副职级的工会主席，76个乡镇(街道)由副书记兼任工会主席，25个乡镇(街道)由组织委员、副镇长等兼任工会主席；配备专职副主席或工会干事的乡镇(街道)128个，占乡镇(街道)总数的91%。

第三节 建功立业系列活动

1986～2010年，全市各级工会组织围绕经济社会发展大局和全市中心工作，以社会主义劳动竞赛为主要载体，以岗位练兵和技术比武、技术革新和技术协作、合理化建议等为主要形式，大力开展群众性建功立业、劳动竞赛系列活动，团结动员职工为经济社会发展作出贡献。

1986年，广泛开展厂长(经理)竞赛活动，抓厂长带职工，促进经济效益和厂长素质提高。全市职工提出合理化建议9.04万条，实施1.52万条，节约和创造价值10896万元。职工技协活动取得新发展，全市基层工会技协组织308个，技协队伍3100人。市职工技协9个专业队，全年完成重点攻关47项，创造可计算价值300多万元，同时为基层培训技术工人527人。

1987～1990年，开展以提高质量、降低成本为主要内容的“双增双节”(增产节约、增收节支)运动，组织多方位、多层次、多种形式的劳动竞赛。1987年3月起，在供电、供水、燃气、邮政等九大行业开展以改善服务态度、提高服务质量、转变服务作风为内容的跨行业优质服务“十佳”[①]竞赛活动。1990年，成立济南市劳动竞赛委员会，90%的市属以上企业建立竞赛领导机构，形成从上到下的竞赛网络。全年职工提合理化建议13.43万条，采纳实施4.27万条，创造价值1.49亿元。全市技协组织开展技术攻关683项，推广新技术207项，举办各种培训班617次，培训人员2.73万人次，为12个停产、半停产企业解决困难。在市总工会组织的迎“五一”学雷锋做贡献便民服务活动中，27个系统的215个基层技协组织和3600名技协会员参加活动，进行技术咨询8691项，技术服务1305项，小修理4500件，无偿服务总额4万元。

1991年，开展以“质量、品种、效益年”为主要内容的劳动竞赛、合理化建议和发明创造活动。上半年发动职工开展“我怎样为‘质量、品种、效益年’做贡献”大讨论，全市50万职工和1400个企事业单位参加。组织两次“质量、品种、效益年”活动经验交流会。1992年，以搞好大中型企业为中心环节，围绕“提高质量、技术进步、增加品种，提高效益”，广泛开展“奋战九二年，打好工业效益翻身仗”劳动竞赛。1994年，以市场经济为导向，围绕开发新产品、增加新花色，提高质量、降低消耗、扩大销售和“一创两迎”(创国家卫生城市、迎新中国成立45周年、迎金秋经贸洽谈会)开展劳动竞赛。全市职工提合理化建议6.75万条，采纳实施2.5万条，创经济效益6159.7万元。

1995～1997年，各级工会以提高经济效益为中心，以“双增双节”为重点，结合“企业创效益、班组创先进、岗位创一流”活动，开展“四创、四降”[②]劳动竞赛。其间，全市职

① 最佳服务指标、最佳服务措施、最佳服务质量、最佳服务态度、最佳服务作风、最佳服务信誉、最佳服务管理、最佳社会效益、最佳协作配合、最佳文明环境。

② 创优、创先、创新、创最佳效益和降成本、降消耗、降积压、降亏损。

工提合理化建议23.69万条，采纳11.35万条，实施5.17万条，技术革新3524项，节约和创造价值7.39亿元。组织技术攻关4280项，技术咨询1312项，技术开发121项，技术服务2171项，技术扶贫100项，节约和创造价值5亿元。组织技术培训1410期，5.76万名职工参加培训。组织技术比武850项，参加人数25.3万人次。市总工会会同有关部门连续3年开展全市技术比武，共有30个工种(次)的技术比赛，有254名职工被评为技术能手，有30人被授予“市十大杰出技术能手”称号，有1人被评为全国技术能手。

1998～2002年，开展“为建设现代化省会城市建功立业系列活动”。全市职工提合理化建议49.36万条，技术革新5673项，节约和创造价值21.34亿元。各级工会举办技术比武3487项，参赛人数73.77万人次。继续会同有关部门举办市级技术比赛，1999年，为比武产生的十大杰出技术能手颁发建功立业劳动奖章。2000年，市总工会召开全市群众性经济技术创新工作会议，表彰百项合理化建议优秀成果，“经济技术创新工程”成为组织引导职工为企事业发展建功立业的新载体。2002年，开展“济南五年大变样，职工做贡献”活动，评选表彰“百项创新成果”和“百名创新能手”。

2003～2005年，围绕“实现新跨越，建设新泉城”目标，在全市职工中开展以“五个一”[①]活动为主要形式的职工经济技术创新活动。职工提合理化建议53.53万条，采纳15.81万条，节约和创造经济价值18.08亿元；实现技术创新和改进5744项，节约和创造经济价值11.07亿元。组织技术比武、练兵活动10344项，开展岗位专业知识竞赛活动5721项，参加职工76.1万人次。2003年，组织车、钳、铣、焊四个代表队参加全省职工职业技能大赛，焊工队获全省团体第三名。2004年，深入开展“学振超、练绝活、强素质、创一流”活动，评选表彰62个班组(工段)为“济南市职工创新示范岗”，102人为“济南市职工创新能手”，10人为“济南市十佳职工创新标兵”。1名职工被评为“全国职工创新能手”、1个班组被评为“全国职工创新示范岗”；15名职工、7个班组分获“山东省职工创新能手”“山东省职工创新示范岗”称号。2005年，开展职工经济技术创新“十、百、千”活动，即以促进职工技术学习、技术练兵、技术比武和技能升级为出发点，以评选表彰十名“创新标兵”、百家“创新示范岗”和千名“创新能手”为载体，开展争当首席技师活动，促进高技能人才队伍建设。组织开展金融系统职工业务三项技能大赛、建筑业职业技能大赛、公共交通驾驶员职业技能大赛、中药专业技能大赛。评选表彰10名“济南市十佳职工创新标兵”，同时授予济南市五一劳动奖章，表彰121个“创新示范岗”和1008名“职工创新能手”。

2006～2008年，组织实施以“建功‘十一五’，建设新泉城”为主题的“建功立业”工程，推动重点项目建设和重点工作开展。其间，市总工会与30多个市直部门合作共建，在551项重点工作、重点工程项目中开展以“保重点、创一流、比贡献”为主题的建功立业竞赛活动，参与“建功立业”工程的职工520万人次，全市组织职工职业技能竞赛810项次，其中3.2万名职工通过技能竞赛晋升职业资格等级；提合理化建议40万条，采纳实施14万条，创造或节约价值16.5亿元；评选表彰市建功立业先进集体391个、标兵集体165个，建功立业先进个人1217人、标兵303人。2006年，组织全市职工开展“工人有技术才能更有力量”大讨论活动。2007年7月4日，在济南炼油厂组织召开全市工会实施“建功立业”工程现场经验交流会。

① 全年开展一次岗位技能比武活动，一次岗位专业知识竞赛活动，一次创新成果评比活动，一次优质高产劳动竞赛活动，一次合理化建议活动。

2009年，以创建“工人先锋号”为载体，以促进全运会重点工程建设、窗口服务行业优质文明服务和促进企业稳定发展为重点，开展“同舟共济保增长、建功立业促发展”竞赛活动。在全运会场馆建设、城市基础设施、第七届园博会等80项重点建设项目和窗口服务行业，组织开展“建美丽泉城、迎和谐全运”为主题的建功立业竞赛活动。积极开展职工经济技术创新活动，全市工会共组织开展建功立业竞赛305项，参赛职工40万人；职工职业技能竞赛430项，参赛职工36万人。评选表彰“同舟共济保增长，建功立业促发展”竞赛活动先进集体95个、先进个人190名。

2010年，以创建“工人先锋号”为载体，以促进“拓展城市发展空间，打造现代产业体系”重点工程建设、窗口服务行业优质文明服务和促进企业又好又快发展为重点，开展“转方式、调结构、促增长”建功立业竞赛活动。重点组织开展京沪高铁济南西客站片区工程建功立业竞赛活动和城市客运出租车、公交车企业争创“工人先锋号”车队(线路)竞赛活动。全市各级工会共组织开展重点工程、重点工作建功立业竞赛334项，参赛职工76万人；职工职业技能竞赛230项，参赛职工25万人；提合理化建议12万条，采纳4.5万条，创造价值6亿元。

第四节 职工思想教育

1986～1993年，广泛开展“四有”(有理想、有道德、有文化、有纪律)职工队伍建设活动，促进职工队伍精神文明建设。1986年，组织以职业道德为主题的先进模范事迹报告会，听众近3万人。1987年，在职工中开展坚持四项基本原则教育，促进职工以主人翁的态度参加改革，推动改革。1990年，开展以“人均日节约一元钱”为主题的竞赛活动，推动全市“双增双节”活动深入开展。1991年，省总工会授予济南市10个单位“培育四有职工队伍先进单位集体”称号，授予106人“学雷锋，做铁人积极分子”称号。

1994年，贯彻全国宣传思想工作会议和中央关于开展爱国教育的精神，在职工中广泛开展爱国主义、集体主义、社会主义教育以及形势教育、法制教育和职业道德教育。

1997年，全市各级工会对职工进行爱国主义、热爱中国共产党的教育，加强职业道德建设等系列活动，并进行首次济南市职业道德建设“双十佳”评选。至2010年，共评选出中国石化集团济南炼油厂等140个职业道德建设十佳单位，刘荣等140人为职业道德建设十佳标兵。

2003年，组织参加全国职工学习中共十六大精神百题竞赛活动，全市50万职工参赛，占职工总数的80%以上，市总工会获全国竞赛活动山东赛区优秀组织奖，4个县区局工会获组织奖，26名职工分获一、二、三等奖。组织全市工会干部职工参加省总工会开展的学习中共十六大精神征文活动，共收到征文100余篇，其中10余篇在《山东工人报》发表。

2007年，加强社会公德、家庭美德、职业道德和社会主义荣辱观为主要内容的公民道德建设，市总工会授予李长清等200人济南市职业道德模范奖。

2008年，调研撰写《济南市农民工素质教育调查报告》；在全市开展职工队伍思想状况调研，形成《济南市职工思想状况调查报告》。

2008～2010年，市总工会共建“职工书屋”420家，为一线职工学习阅读提供有利条件。2010年，市总工会授予济南市公交公司第二公共汽车公司职工书屋等150家单位济南市优秀“职工书屋”称号。

第五节 职工民主管理

一、职工代表大会制度

1986年9月，中共中央、国务院颁发《全民所有制工业企业职工代表大会条例》《全民所有制工业企业厂长工作条例》《中国共产党全民所有制工业企业基层组织工作条例》，在全民所有制企业普遍实行厂长负责制，同时建立职工代表大会制度，为厂长正确决策、统一指挥提供基础和保证，建立起经营者同生产者相互依靠、亲密合作的新型关系。全市各级工会认真贯彻“三个条例”，行使职工代表大会的审议权、监督权和维护职工合法权益的权利。市总工会、市委企业政治部、市经济委员会联合下发《关于组织1986年度职工代表大会工作总结、检查、评比、表彰的通知》。

1987年，市总工会对全市10个系统和10个不同类型的单位推行职工代表大会情况进行检查；对市机械局、市纺织公司等12个系统的23个全民所有制大中型企业贯彻“三个条例”情况进行调研，多数企业在实行厂长负责制同时与职工民主管理工作相结合，职代会各项职权得到落实。全市40个县、区、局(公司)和1200个基层单位分别进行自查和系统之间的互查，评选出35个民主管理先进单位和210名优秀职工代表。

1991年，市总工会与市委组织部等7个部门联合下发《关于在全市开展职工民主管理达标的意见》和实施细则，把民主管理达标纳入企业党务工作目标，并与企业经营管理有机结合。全市1804个县属以上企业中，有70%的单位开展达标活动，其中604个企业达到验收标准。市总工会和22个县、区、局(公司)工会召开经验交流会。印发《关于职工代表培训工作的意见》，1991～1992年，对全市6万名职工代表进行系统培训。

1993年，市总工会同市体改委围绕股份制企业民主管理进行调查研究，制定《关于在股份制试点企业加强职工民主管理的意见》。

1997年，市总工会与市委组织部、市经委联合制定《济南市职代会民主评议企业领导干部实施细则》，要求公有制企业每年都应召开职工代表大会对企业领导干部进行民主评议，评议结果报上级干部主管部门和上级工会，为合理使用干部提供依据。全市列入评议范围的919家企业，有899家进行民主评议，占97.8%，共评议副厂级以上领导干部4326人。经过评议、考核。调整企业领导班子118个，占评议总数的13.2%；调整领导干部315人，占7.3%；有67名领导干部被降、免职；新提拔使用干部130人。

1998年，市委下发《关于全心全意依靠职工群众办企业的意见》，市总工会下发《关于职工代表大会民主评议企业领导干部的补充意见》，职代会民主评议企业领导工作进一步完善。全市列入评议范围的919家企业有911家进行民主评议，占99%，共评议副厂级以上领导干部5199人。坚持民主评议与班子调整和干部奖惩任免相结合，新提拔使用干部153人，有56名领导干部被降、免职。职代会制度进一步规范，企业重大问题、企业招待费使用情况坚持向职代会报告。

2002年，各级工会在国有企事业单位加强职代会制度建设，使职代会内容不断充实丰富，全市有1883个企事业单位建立招待费向职代会报告制度、1990个建立民主评议领导干部制度；私营企业分别有337家和286家建立这两项制度。

2003年，市总工会开展职工代表大会制度规范化创建活动，要求在三年内全市国有、集体及其控股企业和事业单位职代会规范化建设达到90%以上，并决定每年评比表彰。

2005年，根据《中华全国总工会办公厅关于成立全总参与国有企业重组改制和关闭破产工作领导小组有关问题的通知》精神，市总工会成立参与国有企业重组改制和关闭破产领导小组及办公室，下发文件，对工会参与国有企业重组改制和关闭破产工作提出明确要求。市总工会组成工会参与改革改制专题调研组，深入到市国资委、槐荫区、市中区等单位进行调研。根据调研情况，提出加强源头参与、落实职代会职权、推进国有企业改革顺利进行的意见。2006年11月20日，在国务院召开的研究从源头和制度上防范化解企业职工群体事件会议上，王兆国等中央领导对济南市工会参与企业改制发挥职代会作用的做法先后作出批示，予以肯定。按照“积极推进，重在建制，严格规范，保证质量”的原则，在非公有制企业推行厂务公开民主管理。市总工会先在章丘市刁镇进行区域性职工代表大会试点，后经广泛调研论证，制定《关于印发〈济南市区域性职工代表大会规定(暂行)〉的通知》，推行区域性、行业性职代会制度，以职代会为基本载体的厂务公开民主管理工作深入开展。

2003～2008年，全市共有35家企事业单位获山东省职工代表大会优秀星单位称号，有13家企事业单位获山东省依靠职工办企事业先进单位称号，13位企事业单位主要负责人获山东省依靠职工办企事业优秀个人称号。2004～2010年，全市有656个基层单位获职工代表大会规范化先进单位称号，92个单位被评为市依靠职工办企事业先进单位，88人被评为市依靠职工办企事业优秀个人。

2008～2010年，与贯彻落实《济南市企业民主管理条例》相结合，开展职代会规范化建设活动，提高职代会质量水平，维护职工的知情权、参与权、表达权和监督权。

二、厂务公开制度

自1998年推行厂务公开制度至2010年，全市厂务公开民主管理工作经历调研试点、全面推开、纵深发展、规范提高四个发展阶段。

(一)调研试点阶段。1998年11月，市委组织部分工业局和企业的纪检干部，到河北省石家庄市、天津市学习厂务公开经验。1999年1月，市委工交工委、市总工会、市经委联合制定下发《关于在全市工交系统国有企业中实行厂务公开民主管理制度的实施意见》，当月召开“全市工交系统推行厂务公开民主管理制度动员大会”，确定9个局进行试点，推行厂务公开制度启动。5月，成立市厂务公开领导小组，领导小组办公室设在市总工会，负责日常工作。领导小组制定下发《关于在全市推行厂务公开的实施意见》，提出“试点探索、全面推行、规范提高”的三年工作规划，并确定首先在全市国有、集体及其控股企业展开试点。10月，在济南钢铁集团召开第一次经验交流会，总结推广济南钢铁集团、济南锅炉集团等单位的经验做法。至年底，全市10个县(市)区、35个局(公司)全部成立厂务公开领导小组和办事机构。

(二)全面推开阶段。2000年年初，市纪委、市经委、市总工会联合召开“全市职工民主管理工作会议”，对厂务公开工作进一步部署，突出工作重点，实行分类指导。制定《济南市厂务公开标准》和《济南市厂务公开百分考核办法》，使厂务公开工作有章可循。在全省率先推行事业单位公开制度，制定下发《关于在事业单位推行事务公开民主管理制度的意见》，并在市中心医院召开“全市事务公开民主管理现场经验交流会”，推动教育、卫生、环卫、园林等事业单位全面推行事务公开制度，实现厂务公开制度在事业单位的拓展延伸。2001年8月，召开全市厂务公开经验交流暨表彰会，总结经验，就提高对厂务公开的认识、加强厂务公开规范化制度化建设、向企业经营管理领域延伸、搞好考核等提出要求。

(三)纵深发展阶段。2002～2005年，厂务公开民主管理工作进一步向非公有制企业延伸和发展。2002年，济南钢铁集团总公司等17家企事业单位获山东省厂务公开民主管理先进单位称号。2003年4月8日，济南市全国厂务公开协调小组被授予全国推行厂务公开工作先进单位，济南钢铁集团被授予全国厂务公开工作先进单位。12月，市委办公厅、市政府办公厅转发市纪委等六部门《关于深入实行厂务公开制度的意见》，在巩固深化国有集体企业工作的同时，大力推动非公有制企业厂务公开工作。市总工会召开深化厂务公开现场经验交流会，并会同有关部门对全市进行重点检查，推动厂务公开工作的制度化、规范化。2004年，全省厂务公开民主管理经验交流会在济南钢铁集团召开。2005年，借鉴ISO 9000标准，进一步巩固和深化厂务公开工作。

(四)规范提高阶段。2006～2010年，全市厂务公开民主管理取得突破性进展，公开内容不仅涵盖“五重一大”[①]以及涉及职工切身利益和领导人员廉洁自律等方面的内容，还把党的基层组织建设(党务公开)、工会组织建设、企业文化活动、公益活动吸纳进去，丰富厂务公开的内容。2006年，国有、集体企业开展“点题公开”试点活动，非公企业紧紧围绕涉及职工切身利益的主要问题和涉及企业发展的重大问题，组织职工开展民主管理，中国重型汽车集团有限公司等16个企事业单位获山东省厂务公开民主管理工作先进单位称号，田克君等23人获山东省厂务公开民主管理工作先进个人。2007年5月19日，山东黄台发电厂获全国厂务公开民主管理先进单位称号；7月16日，全市厂务公开民主管理现场经验交流会在济南钢铁集团召开，济南钢铁集团、山东黄台火力发电厂、章丘市总工会等单位作经验介绍。2008年4月15日，全市深化企事业厂务公开民主管理经验交流会在济南第四人民医院召开，市卫生局党委、平阴县委等作大会发言。2008年起，厂务公开纳入市委、市政府健全推动科学发展促进社会和谐综合考核评价体系和全市构筑惩治预防体系，健全考核监督制度。2010年11月4日，中国重汽集团获全国厂务公开民主管理先进单位称号；济南供电公司等17个企事业单位获山东省厂务公开民主管理工作先进单位称号，陈荣等21人获山东省厂务公开民主管理工作先进个人。

三、平等协商和集体合同制度

根据劳动部、全国总工会、国家经贸委、中国企业家协会《关于逐步实行集体协商和集体合同制度的通知》要求，所有企业要实行平等协商和签订集体合同制度，用以调整劳动关系，促进企业的改革和发展。1995年，市总工会在历城区召开推行集团合同试点现场经验交流会，通过平等协商、签订集体合同，使企业经营者和劳动者明确各自权利义务。1996年，全市签订集体合同的企业644家。1997年，建立平等协商制度和签订集体合同的单位1604家，占建工会企业总数的93.3%，职工覆盖率95.9%。1998年，达到1724家，占建工会企业总数的98.3%，职工覆盖率98.5%。各级工会更加注重集体合同的质量和履行。市总工会制定下发《关于完善平等协商和集体合同制度的意见(试行)》，对平等协商和签订集体合同工作从内容到程序都提出具体要求；会同市劳动局、市经委对全市平等协商和集体合同制度的建立及履行情况进行检查，推动工作开展。2001年，各级工会在企业特别是非公有制企业中注重抓集体合同的签订工作，在已签订集体合同的单位注重抓规范兑现。全市国有、集体及其控股企业签订集体合同的98%，新建企业85%。2004年，推进集体合同和工资集体协商工作，全市国有、集体及其控股企业建制率98%，职工覆盖率93%；签订区域性、行业性集体合同119个，覆盖私营、民营等非公小企业2428个，覆盖职工8.1万人；独立签订工资集体协议的企业480多家，覆盖职工22.5万人。2006年，贯彻实施新修订的《集体合同规定》，推行平等协商集体合同制度和女职工特殊权益保护专项集体合同制度，配合劳动部门实施“劳动合同三年

① 重大决策、重大技术改造、重大建设项目、重要管理问题、重要人事任免和大额资金使用。

计划”，提高劳动合同的签订率和履约率。

四、职工董事、监事制度

1993年，配合国有企业股份制试点，注重职工董事、职工监事制度建立，基本实现企业改制与建立职工董事、监事制度同步到位。12月，市总工会、市体改委联合下发《关于股份制试点企业加强职工民主管理的意见》，重点解决两个问题：国有资产为主体的试点企业，工会负责人要以职工代表身份进入公司董事会，监事会中应有一定数量的职工代表任监事；重申职工代表大会是国有控股的试点企业实行职工民主管理的基本形式。1996年，33家现代企业制度试点单位的职工代表全部进入董事会，工会主席进入董事会的有18家，正副主席进入监事会的有20家。1997～2001年，市总工会与市委组织部、市体改委、市经委、市工商局、市审计局联合举办四期短训班，集中培训职工董事、职工监事451人次。改制较多的区县局工会，分别举办培训班，累计培训职工董事、职工监事579人次。1998年5月，市委转发《关于在企业改制中推进工会改革和建设的意见》，印发《中共济南市委关于全心全意依靠职工群众办企业的意见》，对职工代表进董事会、监事会，由过去“国有资产为主体的试点企业”扩大为“公有产权占主导地位的公司制企业董事会和监事会中应当有职工代表参加”，为集体企业改制建立职工董事、监事制度提供依据。1999年，在国有独资和国有控股企业中，职工代表进入董事会的有49家，进入监事会的有66家，分别占61%和81%。2000年，市总工会会同市委组织部、市经委印发《关于转发〈关于建立健全公司制企业职工董事和职工监事制度的意见〉的通知》，对完善公司法人治理结构、落实公司制企业职工民主管理制度、建立健全职工董事和职工监事制度提出具体要求。国有独资和国有控股企业中，职工代表进入董事会的67家，进入监事会的70家，分别占93.1%和97.2%。2001年，制定《济南市职工董事、职工监事制度实施细则》，促进职工董事、职工监事制度的落实。2002年，全市国有独资和国有、集体及其控股公司建立职工董事、监事制度的达到98%，其他公司制企业建立职工董事、监事制度的达到80%。2006年，转发中华全国总工会《关于进一步推行职工董事、职工监事制度的意见》，就推行职工董事、职工监事制度提出要求。2007年，1052家公司制企业建立职工董事、职工监事制度，94%以上的职工董事、职工监事经职代会选举产生。

五、法规制定与实施

2008年，市总工会向市委和市人大委员会提出制定条例的立法建议，并列入当年立法调研计划。2009年11月20日，济南市第十四届人大常委会第十五次会议和2010年3月31日山东省第十一届人大常委会第十六次会议分别审议通过和批准《济南市企业民主管理条例》(以下简称《条例》)，自2010年5月1日起实行。2010年5月7日，市委召开学习宣传贯彻《条例》动员大会，提出学习宣传贯彻要求。5月10日，全国厂务公开协调小组办公室编辑专刊简报，全文刊发该条例，并加发编者按语。市总工会会同市纪委、市委组织部等联合印发《关于学习宣传贯彻〈济南市企业民主管理条例〉的通知》，要求全市各有关部门充分认识实行《条例》的重要意义，认真把握《条例》的基本要求，深入做好《条例》宣传培训工作。

六、联席会议制度

2002年，市总工会与市劳动保障局、市企业家协会联合制定《济南市协调劳动关系三方会议制度》，对三方会议的人员组成、职责任务、协调内容、工作原则、会议制度等作出明确规定，并召开全市第一次三方协商会议。2003年，组织召开第二次会议，专门就推进工资集体协商工作进行研究部署。全市签订集体合同的企业7198家，其中有410家企业工会与企业行政进行平等协商，签订工资集体协议。

2004年，市政府发出《关于建立市政府与市总工会联席会议制度的通知》，建立政府和工会召开联席会议制度。7月1日，市政府与市总工会联席会议第一次会议，就如何在国企改革中更好地发挥厂务公开民主管理作用等问题进行研究，形成会议纪要。2005年9月27日，召开第二次联席会议，就劳模服务、促进再就业和推进劳动合同工作三年行动计划等重点工作进行研究，制定相关措施。2006年3月24日，召开第三次联席会议，就农民工合法权益维护问题进行研究。2007年9月20日，召开第四次联席会议，就深入开展“万家企业创和谐”活动进行研究。2009年4月20日，召开第五次联席会议。会议确定：加强组织领导，原则同意将原市万家企业创和谐活动领导小组、全市厂务公开民主管理领导小组合并，成立由市委、市政府分管负责人任正、副组长，市总工会及市有关部门相关负责人为成员的济南市厂务公开民主管理(创建劳动关系和谐企业)领导小组；明确职责，强化工作协调；突出重点，确保活动实效。

第六节 劳模评选与管理

一、推荐全国、全省劳模参评

1986～2010年，市总工会严格条件，严格程序，积极向全国、全省申报推荐在各条战线涌现出来的先进单位、模范个人。其间，全市共推荐、评选全国劳动模范、先进工作者62人，全国五一劳动奖状先进单位(集体、班组)24个，全国五一劳动奖章获得者108人；推荐、评选全省劳动模范、先进工作者417人(含单独命名劳动模范、部分职工劳动模范和计划生育劳动模范)，富民兴鲁劳动奖状先进单位(集体、班组)124个，富民兴鲁劳动奖章获得者848人。2008年，推荐、评选全国工人先锋号先进集体(班组)5个，山东省“工人先锋号”先进集体(班组)15个。2009年，推荐、评选全国“工人先锋号”4个，山东省“工人先锋号”14个。2010年，推荐、评选山东省“工人先锋号”先进集体(班组)14个。

1986～2010年济南市全国、省劳动模范等推荐评选情况统计表

表10—2—1

年 份	全国劳动模范、先进工作者	全国五一劳动奖状先进单位（班组）	全国五一劳动奖章获得者	省劳动模范、先进工作者	省富民兴鲁劳动奖状先进单位（班组）	省富民兴鲁劳动奖章获得者
1986	—	—	5	56	—	—
1987	—	1	6	1(单独命名)	9	71
1988	—	—	5	9	9	60
1989	13	—	—	52	—	—
1990	—	1	5	—	10	55
1991	—	1	5	—	10	55
1992	—	1	7	45	—	—
1993	—	2	5	—	9	43
1994	—	—	—	—	8	47

续表10-2-1

年 份	全国劳动模范、先进工作者	全国五一劳动奖状先进单位（班组）	全国五一劳动奖章获得者	省劳动模范、先进工作者	省富民兴鲁劳动奖状先进单位（班组）	省富民兴鲁劳动奖章获得者
1995	9	—	—	59	—	—
1996	—	2	3	—	—	46
1997	—	2	5	—	—	—
1998	—	2	4	48	—	—
1999	—	1	7	—	9	48
2000	14	—	—	—	7	46
2001	—	—	6	—	7	48
2002	—	2	6	3	7	46
2003	—	1	7	75	—	—
2004	—	2	6	—	6	47
2005	13	—	—	—	6	47
2006	—	1	7	—	6	47
2007	—	2	6	—	6	48
2008	—	2	6	69	—	—
2009	—	1	7	—	7	47
2010	13	—	—	—	8	47
合 计	62	24	108	417	124	848

说明：山东省劳动模范数字1986年、1989年为山东省职工劳动模范，1988年为山东省部分职工劳动模范和计划生育劳动模范，2002年为山东省下岗职工再就业劳动模范

二、市级评选表彰

1986年，命名表彰120名职工劳动模范和30个先进班组，组织“济南市职工先进事迹报告团”，深入基层巡回作报告35场，听众3.1万人次。1987年，评选表彰两个文明建设先进个人494名、先进单位(集体)421个。1988年，授予93名山东省富民兴鲁劳动奖章获得者“济南市劳动模范”称号。1990年，表彰先进生产(工作)者448名、先进集体60个。

1991年，表彰劳动模范69名，先进集体34个。市总工会组织“先进模范人物事迹报告团”，在13个县、区、局(公司)举办报告会14场，听众1万多人次。1994年，表彰劳动模范150名，先进单位、先进集体50个。

1997年，表彰劳动模范303名。全国劳动模范王静侠被评为“全国十大杰出工人”。市总工会组织劳模先进事迹报告团；举办劳模事迹报告会和劳动模范风采摄影巡回展出；与济南人民广播电台联合开设《劳模风采》栏目，宣传劳模先进事迹。

1999年，市总工会召开首次建功立业劳动奖章(状)表彰大会，表彰建功立业劳动奖章获得者305名，建功立业劳动奖先进单位(班组)40个，对10名优秀一线职工授予“济南市十大杰出职工”称号。

2000年，表彰劳动模范208名。同年起，每年五一前夕都召开济南市庆祝五一国际劳动节

暨劳动模范表彰(颁奖)大会，由市六大班子领导为劳动模范等先进个人颁奖。

2001年，表彰五一劳动奖章获得者215名，五一劳动奖状先进单位(班组)40个，命名济南市十大杰出职工。会同市委党史研究室编辑出版《济南英模》一书，广泛宣传劳模先进事迹；在泉城广场举办庆五一劳动模范风采摄影展，中央电视台《新闻联播》栏目予以报道。

2002年，表彰五一劳动奖章获得者209名，五一劳动奖状先进单位(集体)55个。2003年，表彰五一劳动奖章获得者220名，五一劳动奖状先进单位(集体)56个。

2004年，表彰劳动模范300名；在山东省第十个环卫工人节前夕，表彰在环卫一线作出突出成绩的19人为济南市劳动模范；市总工会、市委宣传部、市广播电视局、济南日报报业集团联合表彰“济南十大杰出职工”，并于10月15日召开命名表彰大会。2005年，五一劳动奖章获得者341名，评选表彰五一劳动奖状先进单位38个、先进集体39个。

2006年，评选表彰五一劳动奖章获得者247名，五一劳动奖状先进单位(集体)79个。2007年，评选表彰五一劳动奖章获得者162名，五一劳动奖状先进单位(班组)95个；评选表彰劳动模范和先进工作者309人。2008年，评选表彰五一劳动奖章获得者318名、五一劳动奖状先进单位(集体)169个、工人先锋号95个。2009年，专项表彰全运会济南市劳动模范、先进工作者129名；评选表彰工人先锋号105个。2010年，评选表彰五一劳动奖章获得者200名、五一劳动奖状先进单位60个、工人先锋号100个。

三、劳模管理与服务

1991年，开展劳模建档工作，为新中国成立后近800名省劳模建立档案。

1995年，会同有关部门为320名省以上劳模优惠安装住宅电话，为部分全国劳模办理二类保健待遇，为市级以上劳模开办补充养老保险，为57名全国劳模免费赠订全年《济南日报》。

1997年，为近400名省级以上劳模办理享受离退休荣誉津贴，为41名市级劳模办理劳模补充养老保险，为129名离退休劳模解决医疗费报销问题。

1998年，全市省级以上劳模享受离退休劳模荣誉津贴的达437人。向市财政争取劳模困难救助金21.7万元，救助困难劳模217人。

1999年，组织劳模参观城市建设，会同有关部门开办《泉城英模》电台栏目。向市财政争取劳模困难救助金24万元，救助困难劳模240人。

2000年，对市级以上劳模生活困难和欠报销医药费情况进行全面调查，向市财政争取劳模困难补助金29.4万元，救助困难劳模294人。

2001年，向市财政争取劳模困难补助金23.6万元，救助困难劳模236人。五一节前夕，在中华全国总工会、省总工会和民政部、省民政厅开展的“爱心献劳模”活动中，按照每人2000元～3000元的标准，共向全市14名特困全国劳模和省劳模发放3万元困难资助款。组织劳模开展赴桂林、北海、南宁、越南考察、学习的短期疗休养活动。

2002年，开展省级以上劳模、先进工作者基本状况调查，健全省以上劳模档案。向市财政申请救助款23.4万元，救助困难劳模 234人。配合中华全国总工会、省总工会和市领导走访困难劳模家庭14户，发放慰问金2.8万元。组织百名劳模赴香港参加纪念香港回归5周年游览活动。

2003年，向市财政申请劳模救助款32.9万元，救助帮扶困难劳模329名；省福彩中心组织“爱心献劳模”活动，向困难劳模发放救助款10万元，救助困难劳模100名；五一节前夕，为75名全国劳模发放慰问金3.75万元；七一前夕，组织党员劳模座谈会，向困难劳模发放救助金1.18万元。9月，组织部分劳模赴新疆、甘肃等地进行短期疗休养活动。

2004年，多渠道筹资84.08万元，救助、帮扶困难劳模633人。五一节前夕，走访慰问困难劳模家庭，为困难劳模发放慰问金2万元。进行市劳模调查摸底，完成资格确认、统计汇总、计算机录入工作，将新中国成立后36次表彰的19164人次劳模情况全部录入微机。为600余名市级以上劳模进行健康查体，为6000余名劳模发放市工人医院专用就诊证，组织47名劳模赴四川、云南进行短期疗休养。

2005年1月，成立济南市劳动模范协会，发展会员863名。筹资95.76万元，救助、帮扶困难劳模724人。筹资3.75万元，为符合投保条件的1632名市级以上劳模办理职工重大疾病和意外伤害补充保险；为先模人物办理市工人医院专用医疗就诊证1500余个，组织三级劳模健康查体600余人；为全市88名全国劳模过生日；组织78名劳模分赴新疆、云南、湖南等地进行短期参观学习和疗休养活动。

2006年，推动市政府制定《济南市劳动模范先进工作者评选管理暂行办法》，劳模管理步入法制化、程序化、规范化轨道。筹资101.61万元，救助、帮扶困难劳模794人；筹资3.61万元，为1571名符合投保条件的劳模办理职工重大疾病和意外伤害保险；组织860名劳模到市工人医院进行健康查体；组织150名劳模赴云南、江西、贵州等地参观考察和短期疗休养；为全国劳模过生日。

2007年，筹资106.14万元，救助、帮扶困难劳模991人次。筹资3.4万元，为1700名市级以上劳模办理“劳动模范疾病住院、意外伤害住院互助保障项目”会员入会手续，在一年保期内出现赔付项目的，每人最高可获7600元赔付，全年有13人获赔付，赔付资金1.49万元。组织910名市级以上劳模、先进工作者到市工人医院进行健康查体。组织劳模、先进工作者开展短期疗休养活动，共组织112名劳模赴云南、湖南、福建、广西、东北等地参观考察。为67名全国劳模过生日。

2008年，印发《济南市五一劳动奖章奖状评选管理暂行办法》。筹资137.09万元，救助、帮扶困难劳模1079人次；组织52名劳模赴张家界、云南、重庆短期疗休养；组织700余名困难企业劳模和农民劳模进行健康查体；为52名全国劳模过生日。

2009年，筹资154.33万元，救助、帮扶困难劳模1097人次。组织89名劳模分三批赴湖南、广西、浙江、上海、新疆等地进行短期疗休养。组织开展“庆国庆走访慰问劳动模范”系列活动，组织620余名困难企业市以上劳模进行健康查体；走访慰问生活困难和工作在生产建设一线的劳模、知名老劳模50名，每人发放慰问金1000元；组织100名劳模参观园博园、济南奥体中心体育场馆、大明湖扩建工程；组织30名劳模参加第十一届全国运动会开幕式。

2010年，筹资148.78万元，救助、帮扶困难劳模1072人次；组织困难企业市劳模和农民劳模进行健康查体；组织近百名先模人物分三批赴青海、张家界、井冈山进行短期疗休养。

第七节　职工保障服务

1986～1992年，处于改革初期，经济发展仍具有较强的计划性，全市大部分企业发展态势良好，但也有企业出现停产停工情形，部分职工生活出现困难。1990年，市总工会成立关心停产半停产企业职工生活领导小组和办公室，积极做好停产半停产企业职工生活工作。会同市劳动局开展调研，提出全市医疗保险制度改革意见。开展为职工送温暖活动，1991年春节期间救助特困职工9612户。救助受灾职工，1987年济南市遭遇暴雨后，积极参与救灾，保障职工基本生活，帮助企业恢复生产。1991年济阳、章丘、商河三县受灾后，工会拨出12万元支援受灾企业职工，全市各级工会向灾区捐款86万元，捐衣物17.3万件。

1992～1997年，部分国有企业和城镇企业受结构调整、市场变化等原因的影响，生产经营陷入困境，下岗职工逐年增多，停、减发职工工资和离退休金问题越来越突出，开展多种形式救助，拓宽救助渠道，帮助职工解决实际困难成为工会帮扶工作的重要内容。1993年，市总工会参与市政府关于新的职工基本养老医疗保险办法的制定，就涉及职工切身利益问题提出的修改意见多数被采纳。同年，成立济南市职工互助互济会，发展会员30万人，筹集资金320万元。1994年，根据全国总工会要求，将一年一度的送温暖活动拓展为“送温暖工程”。1995年，市总工会同市房改办下发文件，作出对生活困难职工缓交新增租金的规定，为3580户困难职工家庭办理缓交租金手续。1996年，全市建立特困职工档案4591份，向4572名特困职工发放特困证，使其在经营就业、子女入托上学等方面享受优惠照顾。1997年，筹集资金1372万元，救助特困职工46907户，走访慰问离退休职工42350户。市总工会获“全国工会实施送温暖工程先进单位”。是年，各级工会安置下岗职工11.36万人，市总工会获“山东省支持再就业先进单位”称号。全国工会促进再就业经验交流和研讨会在济南召开，市总工会和槐荫区总工会分别介绍经验。

1998～2002年，针对前期帮扶工作主要集中在生活救助、临时救助，而不能从根本上改变职工群众生活困境的问题，积极转变工作思路，将促进下岗职工再就业放到突出位置，变“输血”式救助为“造血”式救助，通过各种方式，拓宽就业渠道，促进下岗职工再就业。1998年，市总工会职业介绍总站与县区局及903个基层工会联网。10个市和县区工人文化宫、职工学校建起再就业培训基地。各级工会办培训班421次，培训下岗职工21070人，安置下岗职工15620人。1999～2001年，全市共培训下岗、转岗职工4.4万名，帮助3.37万下岗职工实现再就业。2002年，市总工会注册“泉城温暖家政服务社”，各级工会建立充实职业介绍机构，完善职工就业信息网路，并把家政服务、第三产业作为安置下岗职工再就业的重点，全市各级工会共培训下岗、转岗职工6380人，帮助5130名下岗职工实现再就业。继续开展送温暖工程，5年共筹集资金3883万元，走访和慰问下岗、困难职工22.2万户(次)。2002年，走访企业588家，走访慰问困难职工3.5万多人，结对帮扶3645户，发行“送温暖工程”邮资明信片64万枚。市总工会被授予“全国总工会实施送温暖工程先进单位”称号。广泛开展助学活动，会同市教委等单位，5年先后资助716名特困职工子女上大学。1999～2001年，分别为2214户、1351户、1287户特困职工办理缓缴新增房租手续。2002年，为12733名困难职工年检或新办特困证，并初步实现特困职工档案的动态化、规范化和网络化。

2002～2010年，保障帮扶工作主要是以帮扶中心为龙头，多渠道、多层次拓展帮扶领域，增强帮扶工作实效，送温暖活动、金秋助学活动、促进再就业工作、特困职工管理等各项工作都向着制度化、规范化发展。

规范帮扶中心建设。2002年，成立市困难职工帮扶中心。2003年，10个县(市)区、20个局(公司)建立困难职工帮扶中心，乡镇(街道)、基层企业建立361个困难职工帮扶工作站，形成全市三级工会帮扶工作网络。2004年，建立济南市惠工人力资源服务中心、济南市惠工平民大药房两个服务实体。2005年，市困难职工帮扶中心被中华全国总工会首批公布为合格单位，并在全省困难职工帮扶中心现场会和全省保障工作会议上作经验介绍。2006年9月，中共中央政治局委员、中华全国总工会主席王兆国视察市总工会帮扶中心，对各项工作给予肯定，并给予专项帮扶资金50万元。

开展“工字号”创业工程。2004年，启动“工字号”创业工程，依靠政府支持、各届参与和创业带头人的努力，促进下岗失业人员再就业。当年共建再就业培训基地22个，为下岗失业人员提供专业实用技能培训60余个，培训23125人，培训后安置10191人；创办“工字号”创业基地127个，安置下岗失业人员12232人，4个示范基地受到中华全国总工会表彰，32个示范基地受到省总工会表彰。王兆国在济南视察时，对工字号工程、困难救助工作给予高度评价。2006年，对“工字号”创业基地实行“A”级认证管理，为31名“工字号”创业人员提供资金支持105万元。全市新建“工字号”创业基地1102个，吸纳安置下岗失业人员4049名，帮助2115个“零就业”家庭实现就业，培训下岗失业人员、农民工、创业带头人2.7万人，举办“工字号”招聘活动4次，为1.9万人提供就业岗位和就业指导。承办小额担保贷款工作，为下岗失业人员自主创业提供资金保障。2007年，探索实施订单式职业介绍，开展月嫂等专业免费培训；发放小额贷款416万元，扶持139名下岗失业人员成功创业，市总工会在全国工会小额贷款培训研讨会上做典型发言。2010年，培植“工字号”基地318个，安置城镇人员就业7916人；发放小额贴息贷款220万元、小额借款58万元，帮扶70余名下岗失业人员、返乡农民工、失地农民和困难职工实现自主创业。

开展送温暖工程。2003年，筹集送温暖专项资金500万元，结对帮扶3645户。从送温暖基金中拿出30万资金，为特困职工自谋职业提供无息借款。会同通信公司联合开展“阳光公话”活动，为300名下岗和困难职工免费安装公用电话。2007年，筹资1307万元，走访慰问1.5万人，全市42个系统的500家单位参加“交一次特别会费献爱心活动”，共募集救助金170万元。2009年，开展“扶贫济困解难事、温暖和谐进万家”活动，筹集款物1254.7万元，慰问困难企业318个、困难职工20624户。2010年，筹集款物1120余万元，慰问困难企业267家、困难职工13429人、困难劳模1060户、农民工1387人。

开展“金秋助学”活动。2005年，将助学活动命名为“金秋助学”活动。2003～2006年，共筹资384.7万元，先后资助2355名困难职工和特困家庭子女上大学。2007年，筹资41万元，资助222名特困职工子女上大学；与有关方面联合筹资70万元，资助农民工子女上学。2008年，筹集资金63.6万元，开展金秋助学活动，启动英才助飞活动，救助困难职工子女374人。2009年，开展金秋助学、六一帮扶送教育活动，筹集发放助学金67.4万元，实施英才助飞行动，跟踪救助116名特困职工家庭大学生。

2005年8月14日，济南市总工会开展“金秋助学”活动。图为资助特困职工子女上大学资金发放仪式

完善困难职工档案管理。2003年，建立完善特困职工档案动态网络制度，为1.3万户特困职工家庭办理发放特困证，为特困职工争取用水补贴，新增房租减免、子女入学费用减免等优惠。2004年，特困职工证办理标准由人均月收入96元提高到208元。2007年，根据调整后的最低生活保障标准，为13010户特困职工办理特困证。2008年，为12487户特困职工家庭办理特困证，其中8044户特困职工享受水费补贴46.8万元。

推进职工互助保障工作。2003年，开展职工补充保险工作，全市有25个单位、5108名职工参保，完成赔付5例，赔付金额3.6万元，省总工会在济南召开职工补充保险工作现场会。2007年，全市585家基层单位、12.2万职工加入职工互助保障项目，救助会员405例，救助金额102.2万元。2009年，入会人数达到12.72万人，救助635人次，支付救助金151.2万元。2010年，共救助626人次，支出救助金167.7万元。

开展农民工维权服务。2006年，首次将农民工维权纳入保障帮扶工作，通过与市政府联席会议等有效机制，多渠道解决农民工面临的工资拖欠、劳动合同签订率低等问题，向农民工开展“五送”(送清凉、送安全、送健康、送文化、送法律)服务。2010年，开展“农民工援助行动”，共援助农民工72531名，市总工会保障部被评为全国工会“千万农民工援助行动”先进单位。

第八节 职工信访

1986～1991年，密切联系职工群众，建立走访、定点联系、处理职工来信来访、主席接待日等制度。1986年，受理来信来访646件，处结率98%，依法为职工出庭12起。1988年，受理来信来访954件，处结率90%，提供法律咨询147次。1989年，受理来信来访701件，处结率95%，为职工代理诉讼20件，开展法律咨询活动180项。1990年，受理来信来访468件，处结率94%，为职工代理诉讼24起，代书诉状16件，提供法律咨询167件。1991年，受理来信来访428件，处结率95%，为职工代理诉讼13起。

1992～1993年，学习宣传贯彻新修改的《中华人民共和国工会法》，加大源头参与力度，参与市政府关于新的职工基本养老保险办法的制定。坚持重大信访案件主席接待处理制度。1993年，接待职工来信来访738件，集体访22起，处结率92%，提供法律咨询214次。

1994～1996年，各级工会积极参与和职工利益密切相关的医疗、养老、待业、工伤、女职工生育保险、住房制度改革等政策法规的研究制定。举办劳动争议调解员资格培训班9期，724人获劳动争议调解员资格证。建立劳动争议调解委员会1666个，占应建总数的95%。1994年，接待职工来信来访677件，职工集体来访32件，代理职工诉讼5件，处结率95%。1995年，接待信访872件，集体上访28起，代理职工诉讼5件，处结率95%。1996年，参与调解劳动争议600多起，成功率85%。

1997～2002年，各级工会建立健全劳动法律监督网络和劳动争议调解网络，及时纠正用人单位的违规行为；坚持“预防为主、调解为主、基层为主”原则，积极参与劳动争议调解。全市80%的单位建立劳动法律监督检查委员会，95%的单位建立劳动争议调解委员会，基本形成市、县(市)区、企业三级劳动法律监督和劳动争议调解网络，80%以上的劳动争议在基层通过调解得到解决。会同劳动保障行政部门开展劳动法律执法监督、检查，维护职工合法权益。1997年，受理来信来访1782人次，职工集体来访26起，处结率95%以上。1998年，受理来信来访3020人次，职工集体来访86起，信访处结率95%。1999年，受理来信来访3600人次，职工集体来访44起，信访处结率95%以上；各级工会参与调解劳动争议100多起，结案率85%。2001年，受理来信来访1060人次，职工集体来访29起，信访处结率96%。2002年，受理来信来访2064人次，信访处结率95%。

深入实施法律援助，对经济上困难的职工提供法律援助服务。1997～1998年，免费代理劳动争议诉讼16起。1999年，制定《济南市工会法律援助暂行办法》，成立市总工会法律援助办公室和济南市泉汇法律服务所，率先在全省工会系统实施法律援助。市总工会为此拨出援助资金30万元。同年，代理职工劳动争议、民事代理和经济代理等案48件，其中免费代理32件，提供援助资金1万余元。在全省工会法律工作会议上，该项工作被誉为“为职工办实事，为政府分忧、为工会树形象”的形象工程。通过法律援助，1998～2001年共为职工挽回经济损失540多万元。

2003～2005年，加强协调劳动关系机制建设，进一步健全劳动争议调解组织，会同劳动保障部门开展劳动法律执法监督、检查，完善法律援助机制建设。与石家庄、温州等市总工会建立城际间进城务工人员法律援助互动机制；联合市法律援助中心，开展困难职工法律援助活动，2004年，免费为94名困难职工提供法律服务；2005年，与200名特困职工签订法律援助顾问协议书。2003年，接待职工来访1410起，处理来信50件，处结率95%。2004年，受理职工来信来访来电2272件次，处结率97%。2005年，接待职工来信来访来电2128件次，处结率96%。

2006～2008年，在全国率先实行“职工诉求代理制”，引导职工群众通过正常渠道反映合理诉求，预防和化解矛盾纠纷，维护社会稳定。中共中央政治局委员、中华全国总工会主席王兆国对这项工作给予高度评价，省委副书记、市委书记姜大明三次作出批示予以肯定，新华社、《工人日报》等多家新闻媒体作经验性推介报道。2006年，在全国率先实施三级工会“职工诉求代理制”。市总工会和县区局两级工会受理群体性职工诉求103件，涉及职工7860人；成功解决89件，涉及职工7062人。2007年，不断健全“职工诉求代理制”工作网络，完善工作机制，规范运作程序，拓宽解决渠道，全市乡镇(街道)工会全部达到有专人负责、有接待场所、有工作制度、有工作网络、有代理事项档案的标准。国有、集体企业工会职工诉求代理建制率91%，私营、外资企业工会建制率63%。市总工会被评为“全省工会信访职工热线工作先进单位”。2008年，建立完善职工信访预警和信息报告制度、调查核实制度、协调呈报制度和回访督查制度，全年接待受理职工来访、投诉582人次，其中集体访18起，均予以答复、转办、督办；处理职工来信23封、咨询电话1657人次，处结率98%；解答法律咨询236人次，为150名特困职工签订法律援助协议书，为其提供1年的免费法律服务。

2009年，市总工会把服务全运会、园博会，完成“四保”(保增长、保民生、保稳定、保全运)中心任务作为重中之重，加强源头参与促进维权维稳。制定《关于进一步规范用人单位裁减人员的意见》和《在全市开展关爱与奉献活动的意见》。成立市工会维稳工作领导小组，办公室设在市总工会困难职工帮扶中心，具体负责、督促检查全市工会维稳工作。全市受理职工来访、热线电话1225人次，职工来信31封，处结率98%。2010年，全市各级工会以“事要解决”为总抓手，贯彻落实全市信访稳定工作会议工作部署和中华全国总工会、省总工会职工信访稳定工作要求，加强与市直相关部门的沟通协调配合，做好矛盾纠纷排查化解。全年收到职工来信21件，接待受理职工来访、投诉917人次，其中集体访15起，均予以答复、转办、督办；接听热线电话650次；为156名特困职工提供免费法律服务。

第九节　女职工工作

一、组织建设与维权

1989年11月，市总工会女职工委员会成立。至年底，全市建女职工委员会1119个，占应建数的98.2%，专兼职女工干部2338人，女职工积极分子13709人。各级工会女职工委员会按照市总工会《关于工会女职工组织建设与工会组织建设同步组建的意见》要求，突出建会重点领域，健全激励机制，把工会女职工组织建设纳入“建会维权、职工进家”“工地建工会”等集中建会活动，积极推进基层工会特别是非公有制企业和乡镇(街道)工会女职工组织建设。至2010年，全市共有基层工会女职工组织17047个，组建率100%，专兼职女工干部17714人。

二、主要活动

(一)维护女职工合法权益。1996年，市总工会女职委通过召开座谈会、发放调查问卷、实地考察等形式，在部分县(市)区总工会、局(公司)工会所属的基层企业开展女职工权益情况调查，在每个单位选择女职工较集中的10～20

个企业，每个企业选择60～100名女职工参加调查并填写调查问卷。

1998年，市劳动局、市总工会联合召开女职工劳动保护工作现场会，总结《女职工劳动保护规定》颁布十年来全市在学习、宣传、贯彻实施中的成绩、经验以及存在的问题，并对不同类型的企业如何进一步做好女职工劳动保护工作作出具体部署。

2001年10月～11月，在全市女职工和新建企业经营者中开展“AB”杯全市女职工权益知识答卷活动。全市21万女职工参加，占女职工总数的81%；新建企业经营者参与率80%，答卷正确率在90%以上。

2006年，市总工会、市劳动和社会保障局、市经委联合下发《关于签订女职工特殊权益保护专项集体合同的意见》，全面推行女职工特殊权益专项集体合同工作。至2010年，全市共签订女职工权益保护专项集体合同7758份，覆盖企业10353家。

2007年，市总工会女职委联合济南妇科医院，在全市女职工中开展“十分钟，护一生”万名女职工免费妇科查体活动。至2010年，共为15320名困难女职工、女农民工免费妇科查体，查出不同程度的妇科疾病3611人，其中查出乳腺癌5例、宫颈癌3例。

（二）女职工爱心帮扶。2001年，市总工会女职委在全市开展“节约十元钱，捐助献爱心”活动，筹集资金126万元，建立“济南市姐妹帮扶互助金”，并制定《济南市姐妹帮扶互助金管理使用实施细则》，对互助金的救助范围、管理使用、救助程序等作出明确规定。2006年，与省总工会女工部、市妇幼保健院联合举办下岗失业女职工、女农民工免费“月嫂”“家宴嫂”等家政服务员培训班，培训下岗失业女职工360人次，实现全员再就业。同年，在全市集中开展“女职工团体特种疾病互助保障”工作，凡年满18～60周岁、身体健康、能够正常工作和生活的在职女职工都可入会。互助费每份20元，每人最高保障金额1.5万元。女职工在确诊初患原发性子宫癌、子宫颈癌、卵巢癌、输卵管癌、阴道癌中的一种或多种时，一次性给付保障金1万元。

（三）开展女职工素质提升、岗位建功等活动。1989年，开展女职工建功立业活动和党的基本路线教育。在“四爱一学”(热爱党、热爱社会主义、热爱祖国、热爱解放军、学习雷锋)活动中，15502女职工登台演讲十年改革带来的变化。在省演讲比赛中，有5人获奖；在全市双节百日竞赛活动中，女职工提合理化建议34647条，被采纳7253条，创造价值789万元。下半年，开展女职工生育价值生养基金补偿大讨论。全市各级工会召开研讨会698次，参加人数3.4万人，收集论文1745篇，对现行生育补偿办法和以后补偿方案在理论和实践上提出建议。

1990年，开展女职工“关心大家，理好小家，争做双文明建设能手”竞赛活动。各县(区)、局(公司)基层工会女职工委员会结合本地区、本行业特点，开展形式多样的竞赛活动。如汽车改装公司开展“我为汽改增效益，争做双文明建设女能手”竞赛，济南第一棉纺织厂开展“我为一棉创优质，增效益巾帼建功竞赛”等。

1991年“三八”妇女节期间，市总工会组织女能手事迹报告会，巡回报告56场，听众4万余人。全市女职工在“关心大家，理好小家，争做双文明建设能手”活动中，有92%以上的女职工参加“质量、品种、效益年”大讨论，成立学习雷锋小组4543个，做好人好事15.2万件，评出女能手7561人。这一活动得到省总工会肯定，并在华东六省一市和省总女职委扩大会议上介绍经验。

1997年，开展“双文明建功立业竞赛”事迹演讲活动。

1999年，开展以“强素质、做贡献”为主题的“四个一”活动，即读一本好书，接受一次文化技术培训，精通一门业务技术，参加一个高层次学历教育。市总工会女职委组织跨世纪女性素质知识竞赛，全市县(市)区总工会，局(公司)、大企业工会111人参加预赛，18个单位进入决赛。

2005年，举办“全市女职工书法、绘画、摄影展览”，全市25个单位、208名女职工参加，共征集作品358件，其中书法作品37件，绘画作品186件，摄影作品135件。

2007年，举办全市女职工“强素质促和谐”技能展示会，通过28块女职工工作展板和12个现场技能展示节目，展示女职工在强素质、建功业、树形象、创佳绩中的主人翁精神。

2008年，举办“迎和谐全运、建美丽泉城”女职工演讲比赛，全市35个系统和单位的2300余名选手参加，经过26场次选拔比赛，有60名选手进入预赛，18名选手进入决赛。

2009年，举办“济南市女职工‘迎全运，展风采’健身操大赛”，经层层选拔，共25个系统、31支代表队进入预赛，18支代表队进入最后决赛。

2005～2010年，连续开展以文明职工家庭创建、未成年人思想道德教育、计划生育、女性形象、家庭理财等为主要内容的“关爱女性、关注家庭、关注健康”女职工素质教育流动课堂活动，累计发放素质教育手册11.5万册、光盘5000张、知识答卷2万份。2010年11月，由中华全国总工会女职工部和全国心系组委会联合开展的“心系女性——依法维权”宣传教育活动在济南市启动，共发放女性形象宣传册5万册、宣传画100套、配套光盘50盘，举办培训讲座35场次。

2010年，市总工会女职委在全市开展纪念“三八”国际劳动妇女节100周年系列活动：与济南市工人运动研究会联合开展纪念“三八”国际劳动妇女节100周年征文活动，共报送征文293篇；“三八”节期间，市总工会女职工委员会召开四届二次会议，表彰2009年度全市先进女职工集体和个人；召开“共庆‘三八’百年、共谋和谐发展”女劳模、女企业家代表座谈会；开展“万名女职工免费妇科查体活动”。

第十节　职工文体活动

1986年12月，开展全市职工读书演讲比赛，有62个单位、300余名职工参加。1991年，举办济南市企业职工艺术团队文艺调演，60多个企业单位参加，并选出优秀节目参加省第三届文化艺术节专题演出。1992年，在济南第二工人文化宫举行民间艺术表演和花灯会展览等系列活动。1993年，组织开展纪念毛泽东诞辰100周年文艺演唱会和硬笔书法比赛。

1997年，举办“济南市职工职业道德建设格言硬笔书法展”“迎接香港回归祖国知识学习与竞赛活动”“人民商场杯”济南市第八套广播体操比赛等系列活动。1998年，举办“群康杯”象棋比赛，300余人参加；举办足球乙级队联赛，15支球队参赛。1999年，举办“庆祝建国50周年，迎接澳门回归”美术作品展，50个系统、200多幅作品参展。2001年，组织十五计划纲要知识竞赛，并选出优秀选手参加省总工会“八喜”杯山东职工党建知识竞赛。

2002年，组织参与山东省第四届职工运动会，组队参加田径、篮球、围棋、拔河、健美操全部五个项目的比赛，分获团体总分第一名、金牌总数第一名和运动会优秀组织奖、体育道德风尚奖、运动会特别贡献奖。市总工会和全市的6个基层工会、15名职工分别被省总工会、省体育局、省经济贸易委员会授予“山东省职工体育先进单位”和“山东省职工体育先进个人”称号。同年，举办“庆国庆、迎十六大”济南市职工文艺晚会。

2003年，开展“解放思想谋发展、与时俱进建小康”主题教育活动，举办济南市职工“我们这样奔小康”演讲比赛，53名职工参赛。同年，组织全市庆祝“五一”劳动节职工书画展活动，共收到参展作品1500余幅，33个系统的200多个单位职工参加。

2004年，举办“劳动颂歌献泉城”文艺晚会，济钢合唱团等13个单位参加演出。同年，举办象棋、健美操、乒乓球三项比赛，1000余人参赛。

2005年，市总工会成立济南市美术委员会、书法协会、健身俱乐部、球类委员会、摄影委员会。

2009年，宣传和组织观看电影《铁人》，举行“庆祝新中国成立60周年理论研讨会征文活动”“庆祝新中国成立60周年红色歌曲大家唱活动”。同年，组织全市职工乒乓球比赛。

2010年，开展“全市职工健身活动月”活动，全市80%的基层工会组织开展丰富多彩的职工体育健身活动，有5个基层工会组织举办职工运动会，15个单位举办羽毛球、乒乓球、篮球、乒乓球等单项体育比赛，31个单位组织职工开展健步走、登山比赛，25个单位推广广播体操和工间操，参加职工30万人次。

第十一节　机　构

一、行政单位

1985年，市总工会内设办公室、组织部、宣教部、生产部、生活保险部、民主管理部、女工部、财务部共8个职能部室。

1996年11月，市总工会机关内设办公室、政策研究室、组织部(挂离退休干部工作处牌子)、民主管理部、宣教文体部、生产保护部、保障工作部、法律工作部、财务部、经费审查办公室、女职工部共11个职能部室，机关党委(总支)和纪检检查机构按有关规定设置。

2003年7月至2010年，市总工会机关内设办公室、政策研究室、组织部(挂离退休干部工作处牌子)、宣传教育部、生产保护部、保障工作部、民主管理部、法律工作部、财务部、经费审查办公室、女职工部共11个职能部室。

二、事业单位

1985年，市总工会所属事业单位为：济南工人文化宫、济南第二工人文化宫、济南市总工会干部中等专业学校、济南职工业余大学、济南市总工会工运研究室、济南市职工技术协作委员会办公室、济南市总工会直属基层工作委员会、济南市总工会劳动生活服务公司、济南市总工会基建办公室、济南市总工会法律顾问处。1986年，撤销济南市总工会劳动生活服务公司。

1996年，撤销济南市总工会工运研究室、法律顾问处、基建办公室。1997年，设立济南市总工会事业发展部，为全额预算管理的县级事业单位。1998年，设立济南市总工会职工之家服务中心，为差额预算管理的副县级事业单位。1999年，设立济南市职工对外交流中心和济南市总工会职工消费合作社，均为自收自支县级事业单位。

2001年，将济南市职工大学(济南市工会中等专业学校)由市总工会管理划归市教育委员会管理。2005年，设立济南市总工会困难职工帮扶中心，为全额预算管理处级事业单位。

至2010年，市总工会共下属济南工人文化宫、济南第二工人文化宫、济南市总工会职工技协办公室、济南市总工会事业发展部、济南市总工会职工之家服务中心、济南市总工会直属工会工作委员会、济南市总工会困难职工帮扶中心7个事业单位。

第二章　共青团济南市委员会

第一节　代表大会

1986～2010年，共青团济南市委员会(简称团市委)先后召开共青团济南市第十一至十五次代表大会，选举产生各届委员会和领导成员。

第十一次代表大会

1987年3月27日～28日，共青团济南市第十一次代表大会召开。到会代表700名，代表全市26.6万名团员。从大鸣代表共青团济南市第十届委员会作题为《团结全市青年，争做四有新人，为加速泉城两个文明建设贡献青春和力量》的工作报告。大会选举产生共青团济南市第十一届委员会委员60人、候补委员6人；选举书记1人，副书记3人。

第十二次代表大会

1992年4月19日～21日，共青团济南市第十二次代表大会召开。到会代表800名。张辉代表共青团济南市第十一届委员会作题为《牢记党的嘱托，团结带领青年在"改革创新、振兴济南"的实践中锻炼成才，建功立业》的工作报告。大会选举产生共青团济南市第十二届委员会委员47人、候补委员13人；选举书记1人，副书记3人。

第十三次代表大会

1997年4月5日～7日，共青团济南市第十三次代表大会召开。到会代表599名。李胜利代表共青团济南市第十二届委员会作题为《开风气之先，创时代业绩，团结带领全市青年在实现跨世纪宏伟目标的实践中建功成才》的工作报告。大会选举产生共青团济南市第十三届委员会委员45人、候补委员25人；选举书记1人，副书记3人。

第十四次代表大会

2002年9月23日～24日，共青团济南市第十四次代表大会召开。到会代表600名。张伟代表共青团济南市第十三届委员会作题为《高举邓小平理论伟大旗帜，实践"三个代表"重要思想，团结带领全市团员青年为建设现代化省会城市而努力奋斗》的工作报告。大会选举产生共青团济南市第十四届委员会委员45 人、候补委员25人；选举书记1人，副书记4人。

第十五次代表大会

2007年9月14日～16日，共青团济南市第十五次代表大会召开。到会代表592名，代表全市32万名团员。孔杰代表共青团济南市第十四届委员会作题为《奏响青春强音，建设和谐泉城，团结带领团员青年在建设现代化省会城市的历史征程中勇立新功》的工作报告。大会选举产生共青团济南市第十五届委员会委员45人、候补委员25人；选举书记1人，副书记4人。

第二节　组织建设

一、团员队伍建设

1987年年初，团市委下发《关于做好我市八七年团员发展工作的意见》。1988年10月起，按照团的十二大《关于实行团员证制度的决议》，在全市实行团员证制度，停止使用团员组织介绍信和颁发团员超龄纪念证。

1994年，团市委下发《关于发展团员工作的意见》，确定到1997年年底，团员数量要突破35万名，团青比例达到27%。将发展团员和要达到的团青比例，列入团的工作考核，实行一票否决。

1997年后，团市委健全完善“三会一课”(团支委会、团小组会、团支部大会，团课)制度，加强团员中国特色社会主义理论教育，用科学理论武装团员青年头脑。同时，做好“双推”工作，力争使28岁以下青年入党经过各级团组织的推荐；积极做好推荐优秀青年人才工作，使更多的青年人才走上领导岗位。1997～2008年，全市共有31.7万名优秀青年加入团组织，有4.6万名优秀青年经团组织推荐入党。90年代后，团市委始终把推荐优秀少先队员做团的发展对象工作作为加强团队衔接、壮大团员队伍的一项重要举措。至2010年年底，全市有团员32.7万人。

二、团干部队伍建设

1986年，把团干部的工作实绩与向党委推荐、提拔、转行挂钩，团干部的工作考核制度和管理档案工作逐步建立完善。

1987年，在团干部队伍中开展狠抓坚持四项基本原则、坚持改革开放两个基本点的教育活动。同年起，团干部培训工作开始走向制度化。

1990年8月，市委组织部印发《济南市团干部管理暂行条例》，对团干部管理权限、机构编制、配备、选拔、使用、待遇、考核、奖惩、培训、输送等作出明确规定。

2000年，团市委与市委组织部联合下发《关于进一步加强共青团干部队伍建设的意见》，就做好团干部的选拔、管理、培养和输送工作以及加大团干部协管力度，作出明确规定。

2002年，团市委印发《共青团济南市委关于加强和改进团的作风建设的决定》，在全市开展“团的作风年”活动，要求各级团干部进一步牢固“团结青年”和“服务青年”意识，树立团组织新形象。

2004年，团市委与市委组织部联合发文，将村级后备干部培养工作与加强农村基层团组织建设有机结合，积极构建村团支部书记、科技副主任、青年星火带头人“三位一体”的农村团组织格局。

三、团的基层组织建设

1986年，开展“争创先进团支部”活动，提出先进团支部的五项条件，即思想政治工作好、新长征突击手活动好、带领青年学习好、组织建设好和团结青年好。20世纪80年代后期，开展“农村团的建设”活动，各级团组织调整团支部1123个。全市农村一类团支部由1403个上升到1637个，三类团支部由594个降至276个，消灭团组织空白点105个。

1988年，下发《关于基层团组织活动经费的若干规定》，为基层团组织解决活动经费提供依据。在继续强化团组织系统的同时，扩展以青联、学联为龙头的青年社团系统，构建青年工作运行双轨制。同年，市电信局成立全国第一家企业青联；全市共成立青年科技协会、青年管理协会等青年社团、兴趣组织、联谊会500余个。

1989年、1990年，团市委先后制定《共青团专兼职青年工作者条例》《济南市农村团支部工作条例》《关于在农村推广“工作目标责任制”和开展团支部达标升级的意见》等，为基层团组织优化环境；编辑出版《改革与探索》《城区青年》《企业共青团最佳活动方案》《团支部书记工作指南》等书，为基层工作提供理论实践指导。1990年，全市有70%的团支部书记落实经济报酬，44%的村团支部书记参加村委会和支委会，各级团委专职干部配备率达89%以上。1991年，各县区“党团双向目标责任制”落实率达75%以上。1992年，90%以上的农村和区街团组织与党组织签订“党团双向目标责任书”。团中央推广济南市在区街推行“党团双向目标责任制”的经验。1993年，采取直接建团、区域建团、挂靠建团等多种形式，开展在乡村企业、三资企业和个体私营企业等新兴经济组织的建团工作，年内全市新兴经济组织建团率达到45%以上。1994年，突出抓三资企业、股份制企业、企业集团和乡镇企业的建团工作，为解决28～35周岁青年无组织依托问题，建立青年管理者、青年科技工作者协会。

1994年12月，在济南市团员代表会议上，团市委提出进一步加强基层团组织建设的意见，要求各级团组织牢固树立基层第一的观念，一级抓一级，工作到支部，为基层组织创造良好的政策、工作环境；当年，共举办基层团委书记、团支部书记培训班6期，对"松、散、瘫"团支部班子进行整改，选拔一批能带领青年脱贫致富奔小康的"小能人"担任农村团支部书记，70%以上的农村团支部书记进入村级领导班子。20世纪90年代后期，随着体制转轨和社会转型，各种新的经济和社会组织大量涌现，产生许多社会管理的空白点和团组织的"盲点"。各级团组织坚持党建带团建，加强团的组织建设。在农村按照"组织随人走，团在实体建"的建团方针，大力推行村团支部书记进"两委"和"三位一体"做法；有针对性地开展三资企业、乡村企业、私营企业等新经济组织的建团工作，全市新经济组织建团率达到65%。

1998年起，连续三年开展"基础建设年"活动，开展以"班子建设好、主题活动好、支部建设好、阵地建设好"为主要内容和标准的创建"五四红旗团委"活动。

2000年，市委下发《关于转发市青少年工作领导小组〈关于进一步加强青少年工作的意见〉的通知》，市委组织部和团市委联合下发《关于贯彻落实〈省委组织部、团省委关于进一步加强共青团干部队伍建设的意见〉的意见》和《关于进一步加强社区党建带团建工作的意见》，为团的事业发展奠定基础。

2001年，企业共青团工作运行、农村小城镇团建、社区青少年工作体系构建、学校团组织整体化建设和新型经济社会组织建团工作取得阶段性成果。农村逐步完善以党组织为核心的基层团组织建设，50%以上的团支部推行"三位一体"做法。在95%以上的社区建立团工委，在60%以上的新型社会组织建立团组织。

2005年起，团市委相继开展"基层建设年""服务基层年"活动。在农村，加大村团组织干部培养力度，提高基层团干部的领导和组织能力。在社区，继续推广历下区鞭指巷社区团支部模式，召开全市社区团建工作推进会。市区建立社区团支部246个，团组织覆盖面达70%。在新型社会组织领域，直属管理7所民办高校和章丘华电、将军控股等单位团组织，近2万名团员纳入团市委管理体系。涌现出全国"五四"红旗团委标兵——济南市供电局团委，全国"五四"红旗团支部——历下区鞭指巷社区团支部等一批先进典型。

2008年，团市委研究制定《关于以改革创新精神全面加强全市基层党建带团建工作的意见》，明确全市团的思想建设、组织建设、班子建设、队伍建设、制度建设和作风建设六项工作任务，力争用2～3年的时间，完成全市基层团组织"五个有"(有一个好的领导班子特别是一个好的带头人、有一支能够发挥模范带头作用的团员队伍、有围绕党的中心工作且适合团员青年特点的活动、有一套行之有效的团组织工作制度、有保证团组织工作正常开展的必要经费和活动阵地)建设任务，创建一批以"四个好"(班子建设好、主题活动好、支部建设好、阵地建设好)为标准的"五四红旗团委"，推动基层团建工作发展。至2010年年底，全市共有团委605个，团总支688个，团支部7389个。

第三节　宣传教育与培训

一、宣传教育

(一)思想教育。1988年，团市委对广大团员特别是团干部进行社会主义初级阶段党的基本路线和基本知识教育。1990年，团市委在农村青年中开展社会主义思想教育活动。80年代，各级团组织以共产主义思想为核心，以总结推广各方面的先进典型、模范人物为动力，大力推行职业道德教育。90年代后，各级团组织通过开展争创文明岗位、争当服务新星、争当青年岗位能手、创建青年文明号等活动，倡导职业文明，不断提高青年的思想觉悟和文化素质。

（二）主题活动。“学雷锋”活动。1990年3月2日，团市委召开大会，表彰见义勇为、舍己救人的团员青年17名，授予“泉城好青年”称号。3月5日，全市50万军民走上街头，参加团市委组织的“雷锋在我心中，奉献在泉城”学雷锋奉献日活动。1991年起，“学雷锋、学赖宁、学典型”活动逐步向经常化、制度化、规范化发展。2003年，在全市开展以“弘扬雷锋精神，投身志愿服务，推动泉城两个文明建设”为主题的纪念学雷锋活动40周年系列活动。

其他主题活动。1988年1月17日，团市委组织10万余名青少年参加“友爱在泉城”宣传日活动，向市民散发宣传品5万余份。1990年，在全市青少年中开展以“奉献在泉城”为主题的系列思想教育活动。活动以“学马列、学国情、学雷锋、学赖宁、学典型”为主要内容。1994年，开展“跨世纪泉城青年形象大讨论”活动。在团报团刊及社会新闻媒体设立专栏、专题，在基层单位广泛征集和评选“跨世纪青年精神”“青年之歌”，召开“跨世纪泉城青年形象大讨论”经验交流会等。1995年，开展以“构筑精神支柱，塑造崭新形象”为主题的系列教育活动。在全市组织开展纪念反法西斯战争和抗日战争胜利50周年演讲会，老英雄报告会、座谈会等爱国主义教育活动。1996～2000年，连续五年开展以“迎接世纪挑战，塑造崭新形象”为主题的系列教育活动。1998年9月16日，市十二届人大常委会第四次会议审议通过《关于设立“济南市十八岁成人节”决定》，确定每年9月24日为“济南市十八岁成人节”。9月24日，团市委组织2000余名学生在解放阁举行全市第一个“十八岁成人节”宣誓仪式。此后，每年9月24日都举行“十八岁成人节”活动。2000年起，团市委、市青联采取多种方式，开展反邪教活动。2003年5月，在青少年中开展“勇抗非典，青春建功”主题活动。2004年4月～9月，响应“迎亚足赛，创文明城”主题行动，开展系列活动。2006年，广泛开展“知荣辱，树新风”主题实践活动；在全市开展向泉城好青年孟帅、张红瑞学习教育实践活动。

（三）团报团刊。《济南团讯》。创刊于1950年3月5日。“文化大革命”期间中止办刊，1973年复刊。1988年起，《济南团讯》由不定期刊物改为月刊。

《济南共青团》。1993年10月，由团市委主办的《团内快讯》创刊，16开本，每期16页，半月刊。至1997年年底，共出版88期。1998年起更名《济南共青团》，月刊，封面封底均为彩色铜版纸胶印，内芯为32页16开胶印。1999年开始，团市委以《济南共青团》特刊形式，每季出一期《济南青少年》。

《山东青年报〈济南青年〉》。2003年1月起，团市委联合山东青年报社，编辑出版《山东青年报·济南青年》专刊，每月一期，以反映济南青年的思想、工作、生活和济南风土人情为主要内容，面向全省发行。

二、团干部培训

1986年，团市委向基层团组织下发市委组织部〔1985〕115号文件，着眼于培养“懂管理能开创”的基层团的领导骨干，市团校开办团干部中专班，设行政管理专业。同时，采取多种形式，培训基层团干部2000余人。1987年，各级团组织利用流动团校、乡镇团校、集中培训、以会代训等方式，对大部分专职团干部和基层团支部书记进行较为系统、及时的业务培训。团干部培训工作从这一年开始走向制度化。20世纪80年代末90年代初，引导和促使团干部由单一青年工作型向一专多能“复合型”转变，由封闭团务型向社会开放型转变，层层举办团干部理论学习、经济管理、英语、微机等专业培训班。1990年，市团校共举办培训班49期，培训团干部2841人。1994～1995年，全市有2万名专兼职团干部接受各种形式的培训。2002年，团干部培训首次纳入市委组织部干部培训总体计划，先后在上海青年管理干部学院等地举办培训班11期，培训团干部400余人。2005年，全市60名农村团支部书记考取省青年管理干部学院农村优秀团支部书记大专班。至2010年，市团校共举办团干培训班、研讨班、专修班等各类培训班315期，培训团干部5.11万人次。

第四节 社会实践与创优活动

一、共青团的青工工作

（一）青工技术学习与技术比武。1986～1988年，团市委、市总工会、市劳动局等联合举行第二至四届青工技术比武活动，其中第二届比武活动全市有34个系统、1327个企业的94393人参加基层练兵比武，有2100名选手参加市级67个工种比武；第三届比武活动全市有1478个企业的3万多名青工参加基层练兵比武，有21个系统的2755名青工参加市级90个工种的比武，1125名选手取得双合格成绩。在第四届青工技术比武的同时，团市委和市乡镇企业局联合举办首届乡镇企业青工技术比武。1993年，团市委、济南制药厂联合举办济南市“甘泉杯”青工岗位大比武活动，全市结合生产开展青工大比武942场次，涉及162个工种，参与企业达到82%，参加比武活动的青工16万人次，其中有215名青工获各赛区工种比武第一名。90年代中期后，全市青工技术学习、技术比武活动范围、行业、工种、技术级别都有很大拓展。

（二）青年突击队（手）。1991年，建立青年突击队94支、青年文明岗427个，青工完成革新改造、发明创造成果633项，突击劳动义务奉献工时12万个，创造经济价值300多万元。

1992年，团市委、市经委在全市工业战线青工中开展以“我为效益献青春，千队竞赛夺红旗”为主题的“济炼杯”青年突击队竞赛活动。各级团组织成立青年突击队1014个，组织主题劳动竞赛活动300个，开展生产突击活动1.87万项，义务奉献工时80万个，创建“青字号”项目870多项。

（三）岗位竞赛活动。“五小”智慧杯竞赛。该活动是以“小发明、小革新、小改造、小设计、小建议”为主要内容的创造发明活动。“七五”期间，全市实现“五小”成果8万余项，创价值8000万元。

“振兴泉城创一流，争建七五第一功”竞赛活动。1986年4月，团市委等五部门联合下发《关于在全市青年中开展“振兴泉城创一流，争建‘七五’第一功”竞赛活动的意见》。全市有40个系统的2685个单位团组织开展活动2898项，52万名青年投入竞赛，成立“共青团号”岗位、机台、班组16179个，承建“青”字号工程755项，造价1583万元，提合理化建议31325条，被采纳4336条，实现“五小”成果12562项，其中填补省、市空白618项，共创增产节约价值13495.17万元。1987年在该活动基础上，开展以“增产节约创一流，振兴泉城建新功”为主题的系列竞赛活动。1989年，第一棉纺织厂团委、汽车制造总厂团委被团省委授予“七五功勋杯”红旗单位，第四棉纺织厂细纱挡车工王静侠等15名青工获“七五”立功个人称号。

“奉献在泉城”系列竞赛活动。1990年，团市委、市经委等六部门联合开展“奉献在泉城”系列竞赛活动。全市90%以上的企业团组织，50万名城乡青年参加活动近万个，实现“五小”成果9312项，实现经济效益5772万元，双增双节、修旧利废节约价值5432万元。

“青年质量攻关年”竞赛活动。1991年，团市委、市经委、市财委、市质量管理协会在全市各级团组织和广大青年中开展“青年质量攻关年”竞赛活动。全市90%以上的企业团组织、近50万青工参加活动，共实现“五小”成果13810项，创名优新产品282个，举办各类技术培训班1013期，培训青工48066人次，41人获“山东省技术能手”称号；承担“急、难、险、重”任务2139项，完成青年工程971项，实现价值9213万元。

“青年科技攻关年”竞赛活动。1992年，团市委、市经委、市科委、市财委和市科协在全市开展“青年科技攻关年”活动。全市各级团组织和广大青年开展各类活动近万个，近90%以上的企业团组织、近50万青工参加活动，共实现“五小”成果11860项，开发名优新产品372项，举办各类技术培训班1256期，培训青工56014人次，参加各类技术比武的青工6213人次，承担“急、难、新、险、重”任务2412项，完成青年工程870项，活动中创造价值7316万元。

“青春立功”活动。1993年，全市各级团组织结合本行业特点，开展“青春立功”活动。在工业战线，着重组织开展“电信杯”青年全优岗活动；在农业战线上，组织开展走好“三条路子”(即组织青年参与区域性、外向型规模经营；带领青年向“四荒”、三类村等农村薄弱环节进军；大力兴办团办实体)，健全“五个保障体系”(培训、示范、队伍、政策、服务体系)为主要内容的系列活动；在窗口行业，组织开展以完善“共青团挂牌服务”和争创“华联杯”青年文明号为重要内容的系列活动；在机关事业单位组织开展“四学、三增强”(学外语、学微机、学驾驶、学管理，增强公仆意识、效率意识、成才意识)活动；在亏损企业，组织开展“扭亏增盈在今朝”活动；在个体青年中，组织开展“三比”(比守法纳税、比文明经营、比优质服务)活动；在青联委员和各个协会中开展“青春战八五、奉献在本职”活动；在学校开展“走青春路，做育花人”的活动。同年，全市90%以上的团组织近百万青年，开展各类活动近万个，共实现“五小”成果40591项，增创价值9405万元，完成急难险重任务7091项，义务奉献工时50万个，举办各类培训班5201期，培训青工40万人次，参加各类技术比武的青工近10万人次。1994年上半年，各级团组织选树全优示范岗1560个，评出各种操作能手3859名，完成“五小”成果14132项，增创价值3.8亿元，有2000余支青年突击队活跃在第一线，完成急难险重任务20892项，义务奉献工时900万个。1996年1月，团市委对济南市“青春立功”活动先进集体、先进个人进行表彰。

“一争一创”活动。1995年年初，团市委、市经委、市劳动局、市乡镇企业局在全市工业企业青工中开展“争当青年岗位能手、创建青年全优岗(文明号)”(简称“一争一创”)活动。活动以“敬业、爱岗、达标、创优、成才、立功”为基本内容，以提高产品质量和经济效益为重点。1997年10月16日～17日，在二机床集团公司召开“一争一创”工作会议，会议下发《济南市人民政府办公厅转发市经委等5部门关于组织开展争当“青年岗位操作能手、青年技术创新能手”活动的报告的通知》。1998～2010年，先后9次对“杰出青年岗位能手”和“杰出青年技术创新能手”进行表彰奖励。

创建青年文明号活动。自1994年开展创建“青年文明号”活动，至2010年，全市共创建市级以上青年文明号1509个，其中国家级60个、省级226个；涌现出市级以上青年岗位能手2400余名，其中省级以上30余名。

其他活动。2005年，团市委在全市青工战线组织开展安全生产杯、技能振兴杯、青年文明杯、节能降耗杯、科技创新杯等“五杯”竞赛活动。2006年起，团市委开展“奋战十一五，青年建功勋”活动。通过带动企业开展岗位练兵、技术比武、五小成果、青年安全生产示范岗创建等活动，引导青年职工立足岗位，学习新知识，掌握新技能。

二、共青团的青农工作

（一）发展农业生产。1992年7月至1996年12月，团市委先后召开五次全市团的经济工作会议，实现团的经济工作由“间接参与”向“直接参与”战略转移的农村团的经济工作思路。1996年，要求各级团组织重点抓好“十个一”①工程。2000年后，团市委以一号文件形式，加大对农村基层团的工作的领导和指导力度，扎实开展服务新农村团建基础工程，围绕农村青年增收成才，实施“科技兴农，青年当先”“小能人计划”、富余青年劳动力转移“三条路子”，并先后开展农村贫困青年技能培训“春晖行动”、城市团组织送知识下乡“春风行动”。

（二）科技兴农。1988年始，全市农村各级团组织开展以培养“农村青年科技星火带头人”、推广及应用农业实用新技术为主要内容的“科技兴农、青年当先”活动。1991年，团市委、市科委和市农委联合在农村各级团组织中开展每个村建立一支青年科技服务队、确定一块科技示范田、建立一个科技服务站、推广一项先进的农业技术、帮助每名青年掌握一项实用技术、每个乡镇团委创建一项青年工程的“六个一”活动。

1994年，全市各级团组织和科委、农委等部门围绕服务农村青年、服务农村经济，共成立以科技服务站(队)为主要形式的科技服务组织3000个；确立培养县级以上青年星火带头人3700名；举办农业新技术培训班4000期，受训人数50万人次，使1万多名青年掌握两门以上实用技术；推广应用农业新技术、新成果40多项；建立青年科技示范基地2700处，总面积超过1400公顷。市政府对在“科技兴农、青年当先”活动中表现突出的长清县青年农民崔延庚等10人授予“农村青年科技星火带头人标兵”称号。

1998年，团市委推出以推进济南市农业产业化建设为重点，以科技为先导，重点抓好“五个一”②工作计划，全年共培养各级青年星火带头人1000余名，其中历城区青年农民吕仁祥被团中央、科技部评为“全国青年星火带头人标兵”，长清县青年农民王玉梅、章丘市青年农民刘鹏被授予“全国青年星火带头人”称号，天桥区青年农民尚建利获省级“青年星火带头人标兵”称号。团市委成立济南市“青年星火带头人”协会和10个青年专业协会。2001年9月，团中央在济南市召开中国青年科技创新行动——金桥计划现场经验交流会，济南市作交流发言。

2006年，团市委下发《关于团结带领农村广大团员青年为建设社会主义新农村做贡献的决定》。至2007年，组织10万名农村青年开展科技培训传播活动，扶持1万名农村青年成为在二、三产业创业致富的“小老板”“小能人”，帮助10万名农村青年实现转移就业。

（三）植树造林。1986年，团市委广泛发动沿黄地区17个乡镇，807个村的青少年，在黄河200公里的沿线上营造防护林带，共营造片林

---

① 培养一批创办或领办科技项目的青年星火带头人；向社会公开招募一支有专业技术特长、乐于志愿奉献的青年科技志愿者队伍；成立一批青年科技专业协会；健全完善一批青年科技服务站(队)；建立一批青年科技示范基地；推广一批农业科技项目或农业高新技术；建成一批多功能的青年科技文化园；推出一批工作规范、制度健全、效果突出的乡镇和一批推行团支部书记、村科技副主任、青年星火带头人“三位一体”做法的团支部。

② 培养一批青年星火带头人，领办一批科技推广项目，创建一批青年科技图书站(书屋)，成立并抓好一批青年专业协会，建设一批推行团支部书记、青年星火带头人、村两委成员“三位一体”的农村团支部。

2670公顷，农田林网6667公顷，农桐、农果间作1333公顷，植树800万株。

进入90年代，在营造青年黄河防护林的同时，开展“营建‘五四’林场，消灭宜林荒山”活动。至1994年年底，全市农村山区团组织和团员青年共完成造林面积近6000公顷，兴建“青字号”工程696处，营建“五四”林场172处。1993年12月，团市委被团省委、省林业局等四家单位命名为“绿化工作先进单位”。2003年起，全市各级团组织广泛开展“让青春染绿泉城”——济南市青少年绿色行动。2003年，团市委被评为“全国保护母亲河行动先进集体”。2003～2008年，新建青少年绿化基地260余处。2009年11月，保护母亲河工程山东济南项目——解放军青年林通过验收。

三、团的社区工作

1997年起，团市委以创建“青年文明社区”为主题，广泛开展“真情在社区”“周六志愿行动”“科普活动宣传月”“青年文明社区大家乐”等系列活动。2000年，团市委以青年志愿服务为载体，进一步加强社区阵地网络建设，建立健全以街道团工委为核心的社区团组织网络，探索推广社区青年工作委员会、社区少年儿童工作委员会等社区新型青少年工作组织模式。当年，在全市5区49个街道建立青年志愿者服务中心、服务站和爱心社(爱心辅导站)，初步形成社区青年志愿服务网络体系。2001年，深化“青年文明社区”建设，建立青年志愿者服务中心、服务站和爱心社(爱心辅导站) 63个，全市社区建站率83%。“一助一”结对服务社区内优抚对象达到67%。2006年4月，济南市社区志愿服务和谐行动启动。至2010年，社区志愿服务站建站率达到100%，社区注册志愿者1.68万人。

四、青少年维权工作

1988年6月，团市委在全省率先成立权益部。1989年、1991年，《山东省未成年人保护条例》《中华人民共和国未成年人保护法》(简称“一法一条例”)相继颁布。各级团组织举办大型宣传活动两次，2万人上街宣传，印发“一法一条例”2万册，宣传单8万张。1991年3月24日，在全国维权工作先进集体、先进个人表彰会上，济南团市委被团中央评为先进集体。1996年，有2000多名离退休干部参加各级关心下一代工作委员会。1999年，团市委、市综治办共同牵头，在公、检、法、司、广电、工商、质量技术监督7个行业启动“青少年维权岗”创建活动。2001年9月，全省青少年权益保护工作暨创建优秀“青少年维权岗”现场推进会在济南召开，全市8个单位被评为省级优秀“青少年维权岗”。11月起，省暨济南市启动“青少年安全放心网吧”创建活动。2002 年，举行山东省暨济南市“为了明天”青少年普法宣教活动。市未成年人保护委员会办公室被评为“全国未成年人保护工作先进集体”；全市涌现出3名“山东省杰出青年卫士”、4名“山东省优秀青年卫士”，7个国家级优秀“青少年维权岗”。2004年，团市委开通济南市青少年服务热线(1603000)、全省首家外来务工青年服务热线(2661157)和济南市青少年维权网站。2004年、2006年，团市委相继成立济南市外来务工青年维权服务站和济南市进城务工青年法律服务团，为进城务工青年提供免费法律咨询和援助。2007年，团市委积极推进12355青少年服务台建设。至2010年年底，全市共创建市级以上优秀“青少年维权岗”251个，其中国家级12个，省级37个，市级202个。

五、共青团的学校工作

1987年5月6日，团市委、市教委主办济南市中学生歌咏比赛，济南三中、山东师范大学附属中学、山东省实验中学等获一等奖。同年，根据团省委、省教育厅在全省中学生中开展“奋飞之鹰”教育活动的部署，各中学团委围绕“立志”“成才”，组织开展系列教育活动，全市28个活动被评为省级“奋飞之鹰最佳教育活动”。1998年起，每年9月24日都举行“济南市十八岁成人节”活动。2006年11月3日至12月23日，团市委、市教育局、市学联联合主办“首届济南市民办高校大学生文化艺术节”。2008年10月26日，由团市委、市教育局等主办，山东协和职业技术学院承办的“第二届济南市大学生文化艺术节暨首届大学生旅游节”开幕。

六、服务青年就业创业工作

1998年5月，团市委联合TCL集团开展支持下岗青工再就业活动，由TCL集团出资20万元，举行“济南市十佳青工再就业明星”及“济南市再就业好新闻评选”等活动。2003年起，实施青春创业行动。团市委启动“青春创业行动‘111’计划”(即扶持100名“小老板”创业，帮助1000名青年就业或再就业，对10000名青年进行创业培训)，成立具有独立法人资格的济南青春创业小老板服务中心(后变更为济南青春创业服务中心)，开设“济南青春创业网”，由将军集团出资设立启动资金为20万元的“青春创业行动基金”，启动“助您踏上成功路”系列公益培训活动；命名“齐鲁软件园”“济南留学人员创业园”为青春创业行动示范基地，成立“济南市青年人力资源研究中心”，为青年创业就业提供理论指导；创立济南青年创业协会，引导青年自主创业。团市委成立青春创业指导中心16个，服务站98个。采取培训就业一体化的“订单式”培训方式，与济南市建筑管理局联合创办面向外来务工青年的“鲁班夜校”；与济南保安服务总公司合作，培训保安400人；与济南蓝翔技校合作，设立500万元的济南市农村青年劳动力转移就业培训“蓝翔基金”，有300多名农村失地青年参加此项专业技能培训。至2010年，团市委青春创业行动累计为青年提供创业项目117个，安置城镇就业1.3万人，培训青工3.45万人次，扶持创业青年987人。团市委先后被评为“山东省青春创业行动优秀组织单位”和“全国青年创业行动优秀组织单位”，并连续两年被市政府评为“就业再就业工作先进单位”。

第五节　青年志愿者服务活动

济南市志愿服务活动自1994年起开始实施。至2010年，全市共注册志愿者38.35万人，直属志愿服务组织72个，志愿者服务队1174支、服务站1317个、服务基地120个，每年经常参加活动的志愿者50万人次。1996年，志愿者林健和市助残家教服务总团代表王晓真入选由10人组成的全国青年志愿者事迹报告团，济南市被团中央确定为全国青年志愿者城市公益服务十个重点城市之一，团市委获全国青年志愿者行动优秀组织奖。

“一助一”助残家教活动。1994年1月开始，团市委以因身体残疾无法进入学校学习的残疾少年儿童为服务对象，开展“一助一”助残家教活动。参加义务助残家教的青年志愿者由最初的500名，发展到3000名。受助残疾儿童几百名，受助范围由市区辐射到各县(市)政府驻地。至2000年，首批受助残疾儿童大部分进入学校学习，少数不能入校的也达到同年级学生学习水平。

林健爱心热线。济南姑娘林健是一名尿毒症患者，依靠血液透析维持生命。从7岁被查出患有先天性免疫功能障碍时起，曾先后做过三次骨髓穿刺、两次肝脏穿刺、一次肿瘤摘除、十五次体外震波碎石，1998年又作肾脏移植等，为帮助有心理疾病的人，于1995年创立山东省第一条志愿者家庭心理咨询热线，先后接听数以万计的电话，成为一名出色的志愿者。1996年，林健获全国十大杰出青年志愿者个人称号。

“爱心慰老”和拥军优属活动。1996年，团市委在全市推广济南工行经二纬十二路储蓄所“岗上文明服务，岗下志愿奉献”，把“青年文明号”与“青年志愿者行动”有机结合的经验做法。1998年7月，团市委组织市、区两级青年志愿者和卫生、供电、通信、自来水、煤气等窗口行业的青年志愿者，在窗口行业推出以“岗上文明服务，岗下志愿奉献”为内容，以老干部和军烈属家庭为服务对象的志愿服务活动，组织开展医疗卫生、供水供电、煤气用具维修、送煤气罐等服务以及卫生扫除、家政、陪护等服务；组织卫生系统的青年志愿者为本系统的离退休老干部服务，结成“职业道德建设忘年交”关系，志愿者在服务的同时，从老医务工作者身上学到医德、医技，自身素质得到提高；在教育系统，推出“丹心奉献育花人”活动，青年志愿者在服务过程中接受老教育工作者的教育和熏陶。

科技兴农志愿行动。1996年始，团市委组织各县(市)区团组织和青年志愿服务组织，招募科技青年志愿者组建服务队，开展科技兴农志愿行动。各级团组织借助驻区和当地科技力量，通过与帮扶对象“一助一”结对、青年星火带头人协会服务、赶科技大集、建立科技示范基地、“科技大篷车”等形式，定期为农民开展志愿服务，帮助他们上项目，搞攻关，解决生产经营中的难题，帮助贫困村庄发展优质高效农业。有2500名青年志愿者参与活动，帮扶对象涉及40多个乡镇。

青年志愿者交通助学岗活动。1997年，团市委组织各区和公安、教育系统的团组织和青年志愿者，在全市中小学门口设立50处交通助学岗，并建立醒目标志。团市委制定交通助学岗管理办法，各区及公安、教育系统的团组织与公安(以交警、巡警为主)、教育系统的青年志愿者签订目标责任书，青年志愿者按值班表轮流执勤，维护交通秩序，为中小学生上学和放学提供安全交通环境。

周六志愿行动。1999年3月开始，团市委、市青年志愿者协会以“爱我家园、美化泉城”为主题，推出社会性公益活动——周六志愿行动。活动以社区居民为服务对象，根据社会的难点、热点问题，每周确定一个主题，由《济南时报》发布启事，公布活动内容、时间、地点、要求及报名热线，公开向社会招募志愿者。至2000年年底，共开展活动103期，参与活动志愿者超过20万人次。先后开展医疗卫生、环境清洁、绿化美化、家电维修、自来水、供电、煤气用具维护保养等志愿服务。

节水保泉。2001年，济南市各级团组织和志愿者联合有关职能部门，先后开展“节水保泉，爱我家园”“投身节水保泉，建设美好泉城”等主题系列活动；组织节水保泉漫画征文大赛、志愿者节水进社区、节水进校园、泉池清理、“泉之颂”歌舞晚会等活动；成立“节水宣传”“泉池清理”“节水监督”三支志愿者服务队，宣传节水理念，普及节水知识。2003年起，联合市水利局、市节水办等开展创建“节水型社区”活动。

志愿消防服务。2001年，市志愿者协会与市消防局配合，建立全国第一个志愿者消防站——济南永安志愿者消防站。志愿者消防站由现役士兵和经过系统培训的注册志愿者组成，志愿者承担消防任务，并在宣传消防知识、传播志愿服务精神方面发挥示范带头作用，被团中央评为全国百优志愿服务集体。《人民日报》《大众日报》《人民公安报》等多家新闻媒体予以报道。

2008年5月9日，山东消防部队首个注册志愿服务联络站在高新区消防大队成立。联络站在完成防火、灭火和抢险救援工作任务的同时，组织官兵开展社区便民、消防宣传、救助失学儿童、帮扶孤寡老人等志愿服务活动。

成人预备期志愿活动。2001年始，启动中学生成人预备期志愿服务集中行动月活动，中学生在团市委的统一组织下，利用周末时间为社会志愿服务48小时，以此作为18岁成人时

向社会的献礼。志愿活动内容包括：节水保泉宣传，植绿护绿，监督检查浪费水、污染水行为，开展“帮困助残、尊老爱幼、尊师重教”活动，组织适龄青年为困难家庭、残疾人义务家教等。

“迎亚足赛，创文明城，我做志愿者”志愿服务。2004年4月8日，在亚足赛百日倒计时之际，济南市“迎亚足赛、创文明城，我做志愿者”志愿服务行动授旗仪式在解放阁广场举行，济南市“迎亚足赛、创文明城”10项主题行动之一的志愿服务行动全面启动。仪式结束后，1000名志愿者在环城公园开展环保志愿服务，对护城河两岸的路面、台阶、“白色树挂”“白色垃圾”和河道中的污染物进行清理。7月16日，“迎亚足赛、创文明城、我做志愿者”济南市亚足赛志愿者誓师暨风采展示大会在泉城广场召开。共有3000名志愿者参加此次活动。

大学毕业生志愿服务农村基层活动。2004年8月，团市委联合市人事局、市财政局下发《关于选派大学毕业生到农村基层参加志愿服务活动的意见》，对活动的指导思想、选拔方式及选拔条件、相关支持政策、组织领导、工作要求作出明确规定，为志愿服务农村基层的大学生志愿者提供一定的财政补贴，为其服务期满后就业、招考提供一定优惠条件，实现济南市推进志愿者行动的政策性突破。2005年3月，首批50名大学生志愿者奔赴农村基层，从事为期一年的支教、支医、支农、扶贫以及社会事务和管理等方面的志愿服务。2006年，有60名大学生作为活动志愿者，奔赴农村基层。

“庆奥运、保畅通”和谐交通志愿服务。2008年北京奥运会举办期间，团市委联合市文明办、市政公用局、市教育局、《济南时报》、公交总公司等联合开展“庆奥运、保畅通”和谐交通志愿服务活动。全市3800名志愿者开展维持秩序、公交安保、文明宣传等志愿服务。至8月下旬，在市区公交车和站点上岗服务3.2万人次。8月31日，全市“庆奥运、保畅通”和谐交通志愿服务总结表彰大会举行，市志愿者工作指导中心、《济南时报》泉城义工志愿服务联络站、市公交总公司二公司等14家单位获优秀组织奖；泉城义工梅小兵等100名个人被评为优秀志愿者(义工)。

“拥抱全运、志愿济南”主题活动。2009年，第十一届全运会在山东举行。团市委、市志愿者协会在全市开展“情系奥运、相约全运”济南市城市志愿者文明服务活动。2008～2009年的周六、周日，在火车站、汽车站、飞机场、大型广场、公园、社区、大型商场等公共场所开展服务活动。2008年10月，济南市召开全民迎全运动员大会。团市委代表群团组织向全市发出“建美丽泉城、迎和谐全运”倡议。12月5日，庆祝12·5国际志愿者日暨济南市“全运文明在传递”活动启动仪式在泉城广场启动。

“泉城义工在行动”系列活动。2004年5月，市文明办、团市委、济南时报共同组建济南时报志愿服务联络站。联络站成立后，先后联合市公安局、市老龄办等发起“关爱父亲母亲”“左邻右舍一家亲”“泉城无贼”等公益活动。2005年8月21日，济南时报志愿服务联络站正式推出“泉城义工在行动”系列主题活动。活动从广场到社区，从多项主题活动到专题月，至2010年开展近200期，参与义工超过2万人次。2006年3月，济南时报志愿服务联络站被共青团中央和中国青年志愿者协会授予“中国十大杰出青年志愿服务集体”称号。《人民日报》、新华社、《大众日报》、山东电视台等多家媒体先后报道“泉城义工”系列活动。

第十一届全运会志愿服务工作。2009年，市志愿者工作指导中心加强完善队伍建设和机制建设，全部工作人员充实到第十一届全运会济南赛区组委会志愿者工作部，全力以赴做好济南赛区志愿者工作的规划、实施、调度和管理。以“拥抱全运、志愿济南”为主题，扎实做好志愿者招募、审核、培训、演练、上岗各个环节的工作，动员和组织全市11万名志愿者，为济南赛区16个竞赛项目、27个全运村岗位、100个城市文明岗和1000个社会服务站，累计提供500万小时的志愿服务，赢得赛区志愿服务“大金牌”，受到国家体育总局等各级领导、参赛人员及各地来宾好评。市志愿者指导中心被市委、市政府授予“第十一届全运会筹办工作先进集体”。

第六节 青联学联与少先队工作

一、济南市青年联合会

(一)代表大会。1988～2009年，市青联先后召开第六至第十届委员会第一次会议，分别选举产生市青联新一届领导机构，丛大鸣、张辉、李胜利、张伟、孔杰先后当选为市青联主席。至2010年，市青联共有13个青年社团组织。

(二)主要工作与活动。*统战工作*。1992年，市青联对全市各族各界优秀人才进行摸底调查，并增选一批少数民族和宗教界的青联委员。1993年，市青联与市民委开展全市各族青年团结进步表彰活动。1999年，市青联在全市开展信教青年调查，组织部分信教青年与团省委领导座谈；调研形成《济南地区信教青年调查报告》。自1999年始，按照团中央《关于实施民族地区少数民族共青团干部“培养计划”的意见》，团市委先后接受多名少数民族挂职干部。1999年7月至2001年8月，市青联通过组织座谈会、广场文化活动等，团结带领广大青年深入揭批邪教的本质和危害，崇尚科学，传播文明，反对邪教，维护稳定。

外事工作和港澳台工作。1990～2010年，市青联先后接待日本、美国、俄罗斯、朝鲜、韩国、加拿大、澳大利亚、叙利亚、古巴等国家的青年友好访华团和中国香港、澳门、台湾青年的交流访问活动；同时，济南青年包括企业管理、文化艺术、教育科研等行业的青年考察团也相继赴上述国家和地区，以及新加坡进行研修、演出和友好交流访问。

参政议政。1986年6月，组织各界青年开展“我为市长当参谋，振兴济南作贡献”活动，2000余名青年围绕政治经济体制改革，城市规划、建设和管理科技、文化、教育事业发展以及群众物质文化需求等问题，提出建议3000多条。1989年，联合有关部门举行1978～1988泉城10大景观(建筑)评选活动。2003年，联合有关部门举行“五年大变样”十佳建设工程(景观)评选活动。同年4月，团市委、市青联主办“泉城青年论坛”，内容包括时事、政治、经济、科技、文化、教育、城市建设、环境保护等青年关注的热点问题，每期一个主题，不定期举办。

服务经济建设。1986年起，市青联在全市青联委员和团体会员中开展“为‘七五’建设出成果作贡献”竞赛系列活动。1990年，在委员中开展“我为泉城多奉献，争建九〇第一功”竞赛活动。4～12月，举办“对外开放知识竞赛”“济南市国际友好城市摄影交流展”“济南市青少年英语、日语大奖赛”“泉城青年新姿出口时装表演”“泉城集邮家汇集泉城集邮展览”“济南市九十年代进出口产品展销会”等活动。

1991年，在青联委员和青年知识分子中开展“为质量品种效益年献计献策献力”竞赛活动。1992年，在青联委员中开展“振兴泉城我有责，科技攻关立功业”活动。1999年3月，市青联制定下发《关于在青联委员中开展“青春展风采，五年大变样”主题竞赛活动的安排意见》，动员组织青联委员重点围绕经济发展、城市建设、科教文卫等方面做好岗位建功、社会奉献。

2001年9月，团中央在济南召开现场会，学习推广济南市实施“金桥计划”工作与经验。全市各级团组织实施“青年科技创新行动——金桥计划”，推动人才与项目对接、成果与市场联系、科研与产业结合。借助高校团委的力量，积极促进企业与驻济南大中专院校以及科研所建立长期的技术成果转让和技术合作关系。在全市90%以上的大中型企业成立青年创新协会、科技攻关小组等各类科技创新组织1000余个。2002年，全面实施金桥计划，推进青年科技创新行动。推广“长清模式”，以发挥共青团组织“金桥”作用为主要内容，组织青年专家科技服务团，为农村经济发展、企业技术创新及高新科技园区提供人才、项目、信息、资金等服务，在科研院所、大专院校与企业之间牵线搭桥。长清区各级团组织成立青年科技服务队268支，与132个农业项目结成科技帮扶对子。

2004年10月31日，“2004中国(济南)IT行业青年精英论坛”在济南开幕。自2006年开始，主办单位每年在济南举办一次“中国百名IT青年精英论坛”。

二、济南市学生联合会

(一)代表大会。1986～2009年，市学联先后召开第五至第九次代表大会，分别选举产生新一届市学联领导机构，张伟、袁晓东、于阳、许梅、郭慧分别当选为市学联主席。至2010年，市学联下属的全市性学生社团组织有济南市中学生记者团、济南市中学生文学社和济南市中学生文艺、体育、书法、美术、摄影协会。

(二)主要工作与活动。*思想教育活动。*20世纪80年代后期，在全市大、中学校开展“知我泉城、爱我泉城”“自觉反演变，当好接班人”“争做泉城未来建设者”“奋飞之鹰”等系列主题教育活动。1988年，市学联在山东省实验中学召开纪念五四运动69周年“忆传统、谈理想、话实践”两代人座谈会。在1989年春夏之交北京政治风波期间，市学联与市属大、中学校建立热线电话，在全市大、中学生中开展“三热爱”(热爱祖国、热爱社会主义制度、热爱党)主题教育活动。进入90年代，市学联以爱国主义教育为主题，以邓小平建设有中国特色社会主义理论为重点，引导广大学生进一步树立共产主义理想，坚定社会主义信念。先后开展“学英模、讲奉献”为主题的学习徐洪刚、孔繁森等先进人物活动，利用“五四”“一二·九”、香港回归、澳门回归等重要契机，多次组织爱国主义教育活动。1991年，市学联以“献出同龄人的一片爱”为主题，开展帮助灾区中小学生重返校园活动。1993年，组织开展“学两史、知国情”“社会主义基本理论”知识竞赛、“百部爱国主义影片观评”和纪念毛泽东诞辰100周年活动。同年，在全市大、中学生中开展向身患绝症不屈服、胸怀大志刻苦学习的崔玲梅同学学习活动。1994年《爱国主义教育实施纲要》颁发后，市学联参与“爱国主义教育百题知识竞赛”“百首爱国主义歌曲大联唱”等主题教育活动。1995年、1996年，开展纪念抗战胜利50周年、长征胜利60周年纪念活动，举办篝火晚会、“重走长征路”夏令营、革命传统教育报告会等。1997年，开展以“迎回归”为主题的“万名大中学生签名赠言”“香港百年知识竞赛”“文化艺术节”等系列教育活动。济南八中与香港汉华中学携手开展“心脉相通——爱我中华”活动。香港回归前夕，济南八中一行10人将他们用216条红领巾、4000枚团徽制作的一面五星红旗运往香港，两校师生共同将这一面特殊国旗送给解放军驻港部队，表达两地青少年的殷殷爱国之情。1998年，以纪念济南解放50周年和改革开放20周年为契机，集中开展爱国主义、集体主义、社会主义及改革开放系列教育活动。配合团市委开展“一助一”助残家教活动、为下岗职工子女义务家教等青年志愿者活动。1999年5月～6月，在以美国为首的北约袭击中国驻南联盟大使馆事件发生后，团市委、市学联、市关工委组织有关专家到校园，举办多场形势教育报告会。

*社会实践教育活动。*1987年，市学联组

织“知我泉城，爱我泉城，建我泉城”为主题的社会考察活动。7月，组织开展济南市优秀中学生干部夏令营活动。1989年起，市学联坚持“受教育、长才干、做贡献”的指导方针，围绕“争做泉城未来合格建设者”主题，开展社会考察、志愿服务、公益服务、勤工助学等多种形式的社会实践活动。1990年7月～8月，组织开展“希望杯”社会实践活动，全市近20万大、中学生参加。同年，开展暑期“万名中学生建设营”和“暑期大学生自行车社会考察团”等活动。1991年，以农村中学为重点，开展以搞一个培训中心、建一个实习基地、请一名指导老师、举办一次培训班、掌握一门专业技术为主要内容的“五个一”活动，市学联牵头举办农村实用技术培训班322个，有2万名中学生参加培训。在市区中学生中开展“为重点工程献青春洒汗水”活动，组织5000名中学生利用暑假参加“重点工程劳动营”，到经七路义务劳动一星期。暑假期间，组织100多名大专学生干部到商河县、济南第一机床厂、济南第一棉纺织厂等单位进行为期半个月的挂职锻炼。1992年暑期，各县区组织开展“万名中学生实用技术培训营”“万名中学生社会考察营”“万名中学生科技实践营”“万名中学生军训营”等活动。同年，市学联对20名学习刻苦，成绩优秀，且有一技之长的中学生授予“未来建设者之星”称号。1993年，市区中学生积极参加“重点工程劳动营”，先后有5000名中学生到外环路建设工地参加义务劳动，近万名学生参加“双拥模范城”创建活动。1994年年初，全市大中学生志愿服务总团成立，下设学生志愿服务队20余支，济南市大中学生志愿者活动进入长期、稳定发展时期。城区中学广泛建立中学生实践教育基地，组织科技实践教育和“重点工程劳动营”活动；农村中学实践教育与国家“绿色证书”工程接轨，进行实用技术和劳动技能培训和教育。1995年，突出科技文化服务，开展“1995大中学生扫盲活动”，全市有8个单位、15名学校团干部、10名学生受到团省委表彰奖励。1996年，开展中学生跨世纪技能大赛、“泉城新貌”摄影比赛，涌现出200余名“泉城未来建设者之星”。在同年举行的全省中学生跨世纪实践技能大赛中，济南市获一等奖、特等奖15个，其中有2名获单项冠军的同学被授予“省新长征突击手”称号。1997年，组织济南大学30名学生赴平阴等地开展以科技、文化、卫生“三下乡”为主题的社会实践活动，有20名中学生和15名教师分别被评为省级社会实践优秀学生和优秀指导者。1998年起，暑期“三下乡”活动、“中学生回乡创业计划”、十八岁成人仪式教育等社会实践活动更加深入广泛，促进了中学生实践技能和综合素质的提高。2000年，团市委被团省委授予暑期“三下乡”活动优秀组织单位。2003年5月15日，团市委、市青联、市学联等单位共同举办“济南青少年预防非典型性肺炎知识竞赛”，全市近20万青少年通过答卷、网上答题等形式参加竞赛。

校园文化活动。1986年11月，团市委、市学联在市青少年宫举行以“团结、友爱、成才”为主题的济南市首届学生联欢节。1987年，举办全市中学生“五四”歌咏大会、纪念“一二·九”运动学生联欢会、中学生“珍珠泉杯”时装大奖赛及中学生美术、书法、摄影大奖赛等活动。1988年，先后举办济南市中学生“保险杯”歌手大奖赛、青少年友爱之行夏令营等活动。11月28日，第二届学生联欢节在近20所学校同时开幕，内容有文艺演出、演讲、球类比赛、棋类比赛等10余个项目，近5000名学生参加活动。1990年年初，市学联与有关部门联合，在大、中学生中开展“唱雷锋之歌，做雷锋式的好学生”活动。泉城中学生“雷锋之歌”演唱会多次在省市电视台播出。1991年，开展以“我所喜爱的书”为题的读书评书活动。济南第五十一中学被评为全国读书评书活动先进集体。1993年，以“中学生文化艺术节”为龙头，开展“读好书、唱好歌、看好片”

活动。1995年，举办以讴歌改革开放以来泉城巨大发展为主要内容的“泉城新貌”中学生摄影比赛。1996年，开展以“学微机、学普通话、学外语、学书法”为主要内容的“四学”活动。1998年，组织开展济南市首届中学生辩论赛、中学生税法知识竞赛等活动。2006年11月3日，由团市委、市教育局、市学联共同主办的首届济南市民办高校大学生文化艺术节开幕。2008年10月26日，团市委、市教育局、市旅游局、市学联等单位共同主办以“迎和谐全运，展青春风采”为主题的“特星风采”第二届济南市大学生文化艺术节暨首届大学生旅游节。

关心和服务学生。市学联始终把关心学生生活、维护学生利益作为一项重要职责，以心理咨询、济困助学、勤工助学、课外培训为重点，努力为学生成长成才创造良好的环境和条件。开设“中学生热线电话”，为中学生学习、就业当参谋，作指导。1992年，山东师范大学附属中学团委、校学生会成立全省首家中学生心理咨询中心，开设当时全国唯一的中学生“轻轻语”心理咨询信箱。各校学生会还组织学生参加宿舍、食堂管理，引导学生自己动手，改善学习和生活条件。1998年起，团市委、市学联广泛开展为下岗职工子女义务家教活动，天桥区团委还专门建立“爱心基金”，为特困学生提供助学金。2008年5月13日，团市委、市学联在济南职业学院、济南圣翰职业学院等高校举办8场“赢在起跑”济南市大学生职业规划公益讲座，为大学生就业提供指导和帮助。

三、中国少年先锋队济南市工作委员会

（一）代表大会。1985～2006年，先后召开中国少年先锋队济南市第一至第五次代表大会，分别选举产生各届少先队工作委员会和红领巾理事会。

（二）主要活动。庆“六一”活动。1988年6月1日，省暨济南市举行少先队员“庆六一、话未来”庆祝联欢会，全市五区三县少先队员和辅导员代表共600人参加。1996年5月30日，团省委、省教委、团市委、市教委、市少工委共同举办济南市庆“六一”少先队阅队式，全省近2000名少先队员参加活动。2000年5月31日，济南市庆“六一”暨儿童歌舞团建团六周年少儿音乐会在南郊宾馆举行。举行少儿音乐会，在济南市尚属首次。2003年6月1日，团市委、市教育局、市少工委与舜网联合举办欢庆“六一”儿童节、健康文明网上行活动。2008年5月29日，省、市少工委联合开展山东省暨济南市“鲁川少年心连心，关爱灾区小伙伴”活动，济南市少年儿童代表与四川灾区在济南就诊的30名小伙伴，共庆“六一”儿童节；5月30日，团省委、省教育厅、省少工委和团市委联合开展的“手拉手、心连心、共建美好家园”山东省暨济南市庆“六一”活动在大明湖小学举行。

争做“四有小金星”活动。1986年，开展“万枚四有小金星奖章”活动，共评出开展活动红旗区、县3个，最佳活动400个，四有金星队员2500名，活动指导奖50个。

“济南小名士”评选活动。1986年起，市少工委每年在全市少先队员中开展“济南小名士”评选活动。至2010年，共评选出1000余名。

“学赖宁、学十佳，争做泉城好少年”系列教育活动。1989年10月21日，团市委、市少工委召开“学十佳，学边荣唐”大会。1990年1月6日，为贯彻落实中央和省关于“学赖宁、学十佳”的指示精神，市少工委配合济南电视台制作以“全国十佳少先队员”边荣唐为原型的三集电视片《少年启示录》，与市少年儿童话剧团配合排出以边荣唐为原型的话剧《小小男子汉》。市少工委还在9所小学进行少先队德育试点工作，从少先队的组织形式、主题教育、学校德育管理体制等方面进行探讨；举办“好队长”学校；成立“红领巾记者团”，并举办小记者作品展览。年内评出好活动67项，表彰先进集

体35个，授予113名少先队员学赖宁小骏马奖，树立区、县总辅导员标兵1名，大、中队辅导员标兵各1名。在教育活动中，市少工委被全国少工委命名为“全国学赖宁活动先进单位”。

中国少年雏鹰行动——生存与发展跨世纪行动计划。1998年，以提高少年儿童整体素质为目标，全面实施“雏鹰奖章争章卡”技能达标活动，全市少先队员参加率100%，达标率60%，获章率10%。之后，全面启动“雏鹰假日小队手拉手文明行动”。2000～2003年，以“五自”(自学、自理、自护、自强、自律)实践活动为基本内容，广泛开展“少年雏鹰行动”。团市委、市教委联合下发《关于进一步深化雏鹰争章活动的意见》，使雏鹰争章活动进一步规范和普及。以植绿护绿参与容貌工程为主要内容的“假日雏鹰小队”活动全面展开。

“红领巾星期六”行动。1995年年初，团市委、市少工委、市教委、市委党史委等单位联合开展以“升国旗、唱国歌、观党史、做好事”为主要内容的爱国主义教育——“红领巾星期六行动”。该活动由市少工委统一调度，各县(市)区少工委具体组织协调，各学校采取接力式组织学生参加，规定每个周六上午8时由一所小学的百余名少先队员在省党史馆门前广场开展活动。1996年，在原有活动基础上增加瞻仰“五三”惨案纪念碑内容；在全市成立“红领巾星期六行动”教育基地2处。

“济南市红领巾文化艺术节”。2005年10月，团市委、市教育局、市少工委联合在济南市汇文中学举办首届“济南市红领巾文化艺术节”开幕式暨2005年济南市少先队鼓号操大赛。来自全市各县(市)区的11支鼓号、管乐队伍参加比赛。后相继举办小甲A足球比赛和“节约、和谐、发展”济南市少儿摄影比赛。2007年10月，第二届济南市红领巾文化艺术节开幕式暨2007年济南市少先队鼓号操大赛在济南汇文实验学校举行。

“母亲节贺卡设计大赛”活动。从2003年起，为教育青少年爱父母、爱亲人、爱他人，倡导“孝心、爱心”文化，市关工委、团市委、市邮政局、市少工委等每年举办“母亲节贺卡设计大赛”。至2008年，共举办六届，超过20万名中小学生参加比赛。

第七节 希望工程筹资救助

1992年10月，团市委、市青联成立济南市希望工程领导小组，下设办公室，设在团市委权益部；同月，团市委面向社会开展百万爱心行动。至年底共收到集体、个人捐资33万元，帮助农村贫困地区500余名失辍学少年儿童重返校园。此后，全市各希望工程实施县(市)区相继成立希望工程领导小组，负责组织本县(市)区希望工程的实施工作。

1993～1999年，团市委组织社会各界开展“包助一名失学儿童”“团员青年一元钱，救助千名好少年”“党团支部献爱心、失学孩子返校园”“千名干部下乡包村驻点包乡助学”“1+1助学行动”“建希望小学”“城乡团组织包乡助学”“希望工程爱心筑校(助学)”“存上压岁钱，救助小伙伴”“让贫困地区的孩子有书读、捐建希望书库”“希望工程爱心储蓄”“1998希望工程救灾劝募”“建立希望工程劝募工作站”“为黄河滩区失去家园、校园的孩子们紧急救助”“心灵之约文化演艺中心义演”等系列活动，共为希望工程捐款899.74万元；救助失(辍)学少年儿童5895名重返校园；新建和援建希望小学34所并为多所乡村小学改造危旧校舍，改善办学条件；捐建希望书库31个。团市委获全国“希望工程攻坚奖”等多个奖项。

2000年，希望工程重点转向“希望之星”跟踪培养、希望小学捐建和希望小学师资培训。至2010年，共筹款759.6万元，建立、援建希望小学18所，电脑教室12个，希望小学体育室1个，希望书库22个。通过实施开展“金龙鱼农民工子女助学金暨济南市希望工程助学进城计划”“希望工程圆梦大学”“慈心一日捐”“志愿者招募”“希望工程15周年系列纪念活动”“爱心认亲，社会为家——结对百名震区孤儿，希望工程助孤在行动”“共青团青春助学行动”等公益活动，使数千名贫困农民工子女、灾区孤儿、灾区小学和特困大学生得到救助和资助。市希望工程办公室获中国青基会“金龙鱼助学基金”优秀管理奖。

第八节　青少年先模评选

一、“泉城十大杰出青年”评选

1987年，团市委组织开展首届“泉城十大杰出青年”评选活动。之后，每一年或两年举办一次评选。至2010年，共举办评选活动19次。

1987～2010年济南市“泉城十大杰出青年”一览表

表10—2—2

年 份	名 单
1987	赵玉美、邓宝金、侯秉山、赵建国、张梅、孙隶红、石莉、于瑞群、孙伟国、邢爱泉
1988	付小娟、赵建华、孟 燕、郑亚龙、张建生、苏玉良、张梁、王 玲、董凡玉、吕平
1989	丁钢、刘儒水、李峰、赵铁锁、李秀美、韩相河、杨冬梅、赵平年、彭作生、侯新社
1990	王长智、李爱琴、于励力、李美、米双林、杨光新、沈迎、徐长林、范特立、高军
1992	马保山、王静侠、田茂才、李鹏、黎青、林萍、贾世禄、贾堂宏、曹鸿年、彭新勇
1994	于孝海、王玉、王京娥、吕素宝、杜吉昌、李茂年、肖琳、陆霓、赵文孝、梁鑫
1996	耿超、王愿红、林健、马光业、张玲、韩兴明、李学元、白龙、牛振清、郭连海
1998	王吉鑫、王洪鹏、刘子栋、刘合军、池召霞、阎莉、蒋向波、喻祖民、窦庆福、路美荣
2000	王利民、王振军、刘清波、刘盛儒、李宗宝、李荣德、含笑、祝天勇、秦贵昌、曹晓岩
2001	王革、王雪广、刘庆勇、陈晨、周亮、袁小东、高新亮、钱保歧、崔大勇、焦自春
2002	建芳、马莉、王卫东、李永东、李玉亭、肖光、张晗、菅轮、温磊、蔡东
2003	刘蒙、刘继萍、杜喜亮、何娜、张斌、张德慧、 贾如意、韩彬、董云波 、谭光
2004	于晓伟、王明寿、刘宝顺、何庆旭、张杰、李国强、李春燕、苏国海、韩春亭、黑伟钰
2005	方辉、王长江、王京先、王念强、王铁、刘继民、齐志强、张新红、李孝平、蒋君
2006	王琳、维波、石庆刚、纪东明、张萍、范恩军、郑军、钟淑健、董一鸣、韩春银
2007	王冰、王向东、王淑一、田绍奎、吕晓磊、张庆、张其翔、杨兴存、高强、董蒲
2008	于海、牛志轶、刘家昌、孙燕、郑希鹏、姜建生、赵言民、海沫、袁洪全、高翔
2009	阮师漫、杨晓东、刘庆生 、李洪伟、耿金碧、王铁庆、庚强斌、贺华军、赵军营、韩鲁娜
2010	马晋、王宏杰、王德勇、毛蕾、杜雁飞、李元超、闵伟、张薏、曹慧子、董先锐

二、济南市优秀青年知识分子

1998年开始，团市委组织开展“济南市优秀青年知识分子”评选活动，命名表彰济南市优秀青年知识分子标兵和济南市优秀青年知识分子。至2010年，共举办六届评选活动，其中每届表彰济南市优秀青年知识分子标兵10名，济南市优秀青年知识分子10～40名不等。

第一至六届“济南市优秀青年知识分子标兵”一览表

表10—2—3

年 份	届 次	名 单
1998	第一届	杨福安、刘子栋、路美荣、王新春、孙洪波、苏梦槐、贾瑞宝、王健利、李承刚、刘元琦
2000	第二届	万海山、伦立军、刘庆亮、孙世辉、杨文、张华、张琳、段辉文、贾如意、崔建明
2003	第三届	李明业、刘卫红、邢建平、崔波、武继锋、张德顺、王国德、杜世勇、王可、孙玉萍
2006	第四届	王钦军、刘建东、李勇、李胜、肖东杰、张金宝、陈五升、罗德军、黄蓓、袭跃军
2008	第五届	王建军、孙迎辉、刘旭辉、刘晓东、齐尚峰、肖燕、齐臻、庚强斌、胡延萍、崔家新
2009	第六届	刘 强、刘华水、孙海港、张 波、李树强、杨晓刚、陈冬梅 、宫本水、黎 军、魏东晓

三、“济南小名士”

1986年起，市少工委每年在全市少先队员中开展“济南小名士”评选活动。评选条件：年龄14岁以下，在少先队活动中做出优异成绩，在两个文明建设中做出突出贡献，在国际比赛中获各种奖励，在全国比赛中获三等奖以上，在省级比赛中获二等奖以上，在市级比赛中获一等奖以上的少先队员。“济南小名士”的命名每年举行一次。至2010年，共举办“济南小名士”评选活动17届，1000多名优秀少年儿童获此称号。

四、济南市“十佳(优秀)少先队员”

1985年济南市第一次少先队代表大会起，至2009年共评选9次，185名少先队员获此称号。

五、济南市优秀少先队辅导员

1985年济南市第一次少先队代表大会起，至2010年共评选9次，361名少先队辅导员获此称号。

第九节　青少年文体活动

一、课外文化学习

1979年起，团市委、市新华书店每年都向中小学生推荐部分优秀图书，各级团队组织采取班会、书评、故事会、新书介绍等形式，广泛开展读书活动。

1993年8月，团市委受市政府委托，在市团校举办首期外经贸青年培训班。培训班面向社会招生，在469名报名考生中择优录取学员76名。

1998年年初，在全市开展“城乡结对共建青年科技图书站”活动。在40%的乡镇建起高标准的青年科技图书站，藏书量2000册以上，有专门的青年科技服务队伍，有集书刊借阅、出租、销售和科技咨询、培训、推广于一体的综合服务功能。根据各受助单位对图书站的管理以及发挥作用情况和各捐助单位活动开展情况，评选表彰“十佳青年科技图书站”和“共建青年科技图书站突出贡献奖”单位。活动被评为1998年山东省共青团精品活动。

1999～2000年，团市委联合市委宣传部、市教委、市文化局等，开展以“学习新知识，迈向新世纪”为主题的济南市青少年新世纪读书计划。同时，发动社会力量，帮助基层建立读书阵地，共建新世纪书屋140处。各级团组织还以活动为先导，分阶段确定主题，举办“新世纪论坛”“读者沙龙”“读友星期日”“青少年读书夏令营”以及专家指导讨论等读书活动。

2003年开始，团市委多次邀请国内知名专家学者、企业家、著名运动员等，分别以青年关注的热点问题为主题，举办多期泉城青年论坛。

2004年10月，团市委承办由中宣部、中央文明办、团中央、教育部等共同主办的以“传承中华文化立志学习成才”为主题的“青春中华”首届中国青少年读书周活动。全国23个省的青年代表约240人参加读书周活动，30万人次青少年参与。

二、文体竞赛和文化娱乐活动

1987年，组织“济南市青年演讲团”深入基层，宣传党的十三大精神。1988年4月，团市委组织开展面向全省的“鲁”字杯山东省青年时装设计大奖赛，有4000余件作品参赛。举办健美操大赛、普通话大赛、现代舞大赛、中学生歌手大赛、体育知识大赛、青少年夏令营旅游周等多项文化活动。基层团组织建立青少年文化社团、兴趣小组500多个。

1990年4月～8月，团市委、市经委、市科委等六家单位联合举办“泉城青年生活用品设计大赛”，共收到参赛作品484件，66件作品分获一、二、三等奖和鼓励奖。

1994年，中共中央印发《爱国主义教育实施纲要》后，团市委先后组织“爱国爱家爱心奉献，为你为他共创未来”演讲会、“迎国庆、话爱国”青年先模人物座谈会、“读好书、唱好歌、看好片”和“三歌”(厂歌、校歌、村歌)评选等活动。1997年后，各级团组织抓住香港和澳门回归、庆祝新中国成立50周年、五四运动80周年等有利时机，结合青少年特点，广泛开展丰富多彩的文化活动。

三、青少年文化艺术节

1987年5月，团市委、市文化局等联合主办“泉城青少年文化艺术节”，历时1个月，全市共有10万名青少年参加活动。

1989年5月，举办济南市第二届“潇洒泉城1989”青少年文化艺术节，开展活动30多项，有20万名青少年参加活动，12个基层团委面向全国、全省、全市招标承办12项文化比赛或展览。

1992年5月，团市委、市青联、市学联、市少工委以建团70周年为契机，联合举办济南市青少年科技文化艺术节。团市委举办“新老团干同忆传统、共话改革”、泉城“十大杰出青年”评选、“学党史”万人答卷竞赛、省城青年“青春风采”大赛等10项活动，基层团组织承办全市青年卡拉0K比赛、“青春与奋斗”演讲比赛等10余项活动。

1997年4月起，团市委以庆祝“五四”青年节暨建团75周年为契机，举办以“庆五四、迎回归”为主题、历时两个月的青少年文化艺术节。组织开展“迎香港回归，促祖国统一”知识竞赛、泉城青年迎回归大联欢、“颂中华、迎回归”青少年演讲比赛、中学生香港百年知识竞赛、驻济南中专学生迎回归文艺汇演、万名学生签名赠言、泉城万名少年儿童手抄报大赛等11项活动，参加人数20万人。

1999年，各级团组织以庆祝五四运动80周年、庆祝新中国成立50周年和迎澳门回归为契机，组织开展“两庆一迎”济南市青少年科技文化节系列活动，以“爱家乡、爱泉城、爱祖国”为主题，组织开展17项主题鲜明、生动活泼的专项活动。

2003～2004年，团市委分别以“青春泉城”“时尚泉城”为主题开展青少年文化行动。着力塑造时尚文化，组织开展泉城青年灵通短信创意大赛、济南市小甲A足球比赛等活动。

2006～2007年，先后承办两届中国济南国际儿童联欢节，来自15个国家和地区的代表团和200多名儿童欢聚济南，参加为期3天的联欢活动。该活动由中国友协、中国贸促会、全国少工委、中国青少年宫协会、济南市政府共同主办，团市委、市贸促会、市旅游局承办，是当年市委、市政府确定的对外开放重点工作，也是国内最大规模的城市国际儿童节。2006年、2008年，团市委、市学联先后开展两届济南市大学生科技文化艺术节活动。2007年10月，举办济南市红领巾文化艺术节，吸引几十万少先队员参与。

四、举办相亲大会和集体婚礼

20世纪80年代起，团市委、市青联联合有关部门和媒体，举办婚介活动和大型集体婚礼。1980年11月，团市委、市青联联合市总工会、市妇联成立济南市婚姻介绍所。1986～1989年，团市委、市青联每年举办一次集体婚礼。1991年，市青联所属婚姻介绍所接待大龄青年503名，先后安排170对青年男女见面接触，举办两次集体婚礼。2007～2008年，团市委联合有关单位举办中国济南情大红鹰玫瑰婚典，每年为百对新人举办集体婚礼。2006～2008年，团市委联合《生活日报》等单位每年举办2～3次相亲大会，每次现场相亲的人员都多达万人。

五、活动阵地建设

1985年，全市100多个企业团组织先后与历城、章丘、长清、平阴四县山区的14个乡40多个村的团支部开展对口支援城乡联谊活动。至1987年，全市建“家”率90.4%，其中199个被评为省级“红旗青年之家”。

1989年5月4日，团市委成立济南市青少年问题科学研究所、齐鲁青少年发展咨询中心。在团校，成立青春书刊社，为全市青少年办借阅证5000张。

1995～1997年，团市委在全市各级团组织中开展城乡结对共建农村青年科技图书站活动，三年间，各县(市)区通过自筹、与市直各单位共建等方式建立青年科技图书站(屋)300余个。1998年，团市委命名全市第一个青年文化广场——舜玉广场。1999年，泉城广场、赤霞广场、洪楼广场等9个广场相继被命名为第二批青年文化广场。

2000年10月24日，济南市新世纪青少年读书俱乐部成立。俱乐部建立“专家指导团”“读书时空网站”“读书协作服务网”“新世纪书屋”“读书活动中心”“读书热线”等服务机构。在“读书时空”(http：//www.readsky.com)网站建有俱乐部动态、新书预览等栏目，定期开展知识竞赛、读书沙龙等活动。

2001年4月初，按照团中央关于建立“红色网站”要求，团市委建立“济南共青团网站”(http://www.jnyl.org.cn)，开辟网上青少年思想政治教育阵地。2008年5月4日，网址改为http://www.jn54.org.cn 。

第十节 机 构

1986年，共青团济南市委内设办公室、组织部、调研室、宣传部、工农青年部、统战部、学校部共7个业务部室，下属市团校、市少年宫、济南儿童歌舞团3个事业单位。1988年6月，学校部改为基层工作指导部，工农青年部改为事业开发部，统战部改为联络部，调研室改为研究室，建立青少年权益保护部。团市委设办公室、研究室、事业开发部、组织部、联络部、基层工作指导部、宣传部和青少年权益部共6部2室。1991年9月，增设青农部，成为7部2室。1992年1月，市关心下一代工作委员会成立，办公室职能由团市委承担，因未设单独编制，市关工委办公室与团市委权益部合署办公。12月，撤销事业开发部，增设学少部。1996年，基层部与青农部合并，成立工农青年部，团市委内设办公室、组织部、宣传部、工农青年部、学少部、统战联络部、研究室和权益部共6部2室。2004年，市关工委办公室与团市委学少部合署办公；同年，增设2名行政编制负责市关工委办公室工作。2005年1月，市关工委办公室单独设立。2006年10月，成立济南市志愿者工作指导中心，为团市委所属全额预算管理正处级事业单位。2008年，团市委机关内设办公室、组织部、宣传部、学少部、统战联络部、研究室、权益部、工农青年部8个部室，同时承担市关心下一代工作委员会办公室职能；下属市团校(青年学院)、市青少年宫及市志愿者工作指导中心3个全额拨款正处级事业单位。至2010年年底，团市委业务处室无变化。

第三章　济南市妇女联合会

第一节　代表大会

1986～2010年，济南市妇女联合会(简称市妇联)先后召开市妇女第九至十二次代表大会，选举产生各届执行委员会和领导成员。

第九次代表大会

1988年9月15日～17日，市妇女第九次代表大会召开。出席大会的正式代表320名，特邀代表20名，列席代表10名。市妇联主任王宝玲代表市妇联第八届执行委员会作题为《改革创新团结奋斗建设泉城，把妇女解放事业推向新阶段》的报告。大会选举产生由53人组成的济南市妇联第九届执行委员会。九届一次执委会议选举主任1人、副主任2人、常委9人。

第十次代表大会

1993年9月25日～27日，济南市妇女第十次代表大会召开。出席大会的正式代表195名，特邀、列席代表17名。市妇联主任王宝玲代表市妇联第九届执行委员会作题为《全市妇女团结起来，为建设现代化泉城，推进社会进步再立新功》的报告。大会选举产生由34人组成的济南市妇联第十届执行委员会。十届一次执委会议选举主席1人、副主席2人、常委12人。

第十一次代表大会

2002年9月27日～29日，市妇女第十一次代表大会召开。出席大会的正式代表350名，特邀代表4名。市妇联主席雷杰代表市妇联第十届执行委员会作题为《全面贯彻“三个代表”重要思想，凝聚泉城妇女为建设现代化省会城市而奋斗》的报告。大会选举产生由51人组成的济南市妇联第十一届执行委员会。市妇联十一届一次执委会议选举出主席1人、副主席4人、常委14人。

第十二次代表大会

2007年11月21日～23日，市妇女第十二次代表大会召开。出席大会的正式代表400名，特邀代表4名。市委常委、市妇联主席雷杰代表市妇联第十一届执行委员会向大会作题为《高举中国特色社会主义伟大旗帜，团结凝聚全市妇女为维护省城稳定、发展省会经济、建设美丽泉城而努力奋斗》的报告。大会选举产生由61人组成的济南市妇联第十二届执行委员会。市妇联十二届一次执委会议选举主席1人、副主席4人、常委14人。

第二节　参与经济建设

1986～2010年，在农村妇女中开展以“学文化、学技术，比成绩、比贡献”为主要内容的“双学双比”竞赛活动，在城镇职业妇女中开展“巾帼建功”活动，并根据不同时期工作重点赋予活动新的内容，使其成为团结动员城乡妇女投身经济建设的有效载体。

一、发动农村妇女投身经济建设

1986年，开展扫盲和学技术活动，利用妇女之家、女子学校、科技夜校等，组织文化学习班1832期、技术培训班2980期，29.84万名妇女参加学习。动员妇女冲破小农经济束缚，组织40万名青壮年妇女参加200多个项目的商品生产，年收入1000元以上的妇女25.8万人。1987～1988年，组织妇女发展庭院经济、水产养殖、林果、畜牧业和刺绣、草柳编织等各种加工项目近200种，农村妇女商品生产创造的总价值约计8.5亿元，占农村商品生产总值的40%。各级妇联建立扶贫点167个，扶贫小组、致富协会267个，结姊妹对3656对。开展“中华女子爱国储蓄”活动，参加妇女66万人，储蓄额8500万元。1989年，开展以“学文化、学技术，比成绩、比贡献”为主要内容的“双学双比”竞赛活动。1989～1993年，围绕发展高产、优质、高效农业，开展种粮、植棉能手赛；围绕农村大绿化工程，开展“三八”绿色能手赛；围绕发展庭院经济，开展庭院经济万元户女状元赛；围绕发展外向型经济，开展巧手创汇赛。1993年，“双学”的重点转向高层次、高科技和新品种使用、新技术推广的“两高、两新”，开展“争做科技女状元赛”，参赛妇女占农村妇女劳力的80%以上，四级妇联组织共抓庭院经济示范村900个，涌现出11名省级女农民企业家和31名“双学双比”女能手。1994年，开展学历教育，1063名妇女参加农广校、农函大学习。庭院经济向区域化、规模化、专业化发展，庭院经济开发户75.77万户。1996年，实施骨干带动战略，300多个龙头项目辐射到2338个村。开展手拉手、一帮一、巾帼联手奔小康活动，各级建立扶贫联系点378个，结对14060个，1.8万名妇女脱贫。1997～2000年，在全市开展“十万农家女十项农业重大技术推广”工作，加强妇女科技骨干队伍建设。1999年，市委办公厅转发《市妇联关于进一步加强农村妇女工作的意见》。1999～2001年，开展“创科技大户、抓龙头项目、建妇字号基地”活动，建妇字号基地358个，培养年纯收入5万元以上的大户421个，兴办龙头项目113个。市妇联在济阳县垛石镇建成“三八”科技精品园。2002～2005年，市妇联联合7部门实施“巾帼科技致富工程”，在全市选择树立有产业特色、科技含量高、经营规模大的专业村，带领妇女发展一村一品特色经济，提高产业化经营水平，全市培养巾帼致富专业村323个。2003年，全国妇联“巾帼信息桥”项目落户章丘，当年帮助农村妇女实现销售收入300万元。2006年4月18日，市妇联举行“巾帼新农民大课堂”启动暨民俗手工制作培训班开班仪式。2007年，市妇联与市计生协联合下发《关于为农村妇女提供技能培训劳务介绍服务的实施意见》，依托“阳光大姐”，为农村妇女提供技能培训、住宿、岗前查体、安置就业等免费服务，帮助更多妇女转移就业。全年共涌现出全国、省级“双学双比”先进集体和个人25个。2008年，开展“信贷助推农村妇女创业行动”，在政策上优先、优惠为农村创业妇女提供信贷，各级共培训妇女5.29万人次，新扶持培育“妇字号”龙头企业和科技示范基地581个，帮助农村妇女解决贷款1417.7万元。2009年，全年共培训妇女20万人次，组织科技下乡75场次，受益妇女9.2万人。2010年，积极争取妇女小额担保贷款政策倾斜，贷款最高额度由5万元提高到8万元，受益范围由城镇妇女拓展到农村妇女。全年共培训农村妇女8.8万人次。

二、发动职业女性投身经济建设

1986年，组织广大职业女性开展“我为企业节百元，增收节支多贡献”，“献一计，节百元，从我做起做贡献”竞赛活动。1987～1990年，各级妇联组织发动城乡广大妇女开展形式多样的生产节约活动，参赛女职工28.6万余人，提合理化建议3.1万条，节约价值5058万元。1991年，市妇联提出在女职工较集中的窗口行业和生产班组开展“为泉城‘八五’增效益”活动，向不同行业妇女提出“科技发明、质量攻关、优质服务、增收节支、科学管理”5个竞赛项目。1992年，开展“五学五比争创五能手，为泉城‘八五’增效益”活动，全市31万妇女参加。1993年，市妇联提出“五学、五比、促五敢，巾帼标兵多贡献”①劳动竞赛；围绕市场经济对劳动力素质要求，组织女职工学技术，增强竞争能力；围绕提高产品质量，开展岗位建功赛、技术表演赛、提合理化建议、节约光荣赛、发明创造赛等。1994年，开展我为企业献一计、争当节约女能手、科技明星杯、园丁杯、白衣天使杯等特色活动。1995年，以“立足岗位苦练兵，献计献策促稳定，为迎世妇会立新功”为重点，开展读书演讲、事迹报告会、技术比武、成果展示、经验交流等活动。1996年，市妇联在全国率先开展“巾帼建功示范岗”争创活动，发动职业妇女岗位练兵、岗位成才、岗位建功。1997～1998年，继续开展争创“巾帼建功示范岗”活动，市妇联两年命名104个单位为市级巾帼建功示范岗。1999年，市妇联制定《巾帼文明示范岗管理办法》，与市人事局、市总工会联合下发《关于评选表彰市巾帼文明示范岗标兵集体和巾帼岗位明星的意见》，进一步完善表彰奖励机制。2000年，将“巾帼文明示范岗”创建活动拓展到专业市场从业妇女。2001年，巾帼文明示范岗活动更加广泛，全市涌现出市级以上文明示范岗63个，其中全国文明示范岗6个，全国先进个人2名。在政法系统选择树立“巾帼建功十大标兵”。2002年，市妇联进一步深化教科文卫、公检法司、工商税务、金融公用等领域中的“巾帼文明示范岗”创建活动。2004年，全国妇联将“巾帼文明示范岗”统一更名为“巾帼文明岗”。围绕工业强市和“创城”主题行动开展“迎亚足赛、创文明城、巾帼文明岗在行动”系列活动，激励广大女职工岗位建功立业。2005年，全市涌现出全国级文明岗29个，省级85个，市级440个。2006年3月1日，济南市女企业家协会成立大会在省农行大厦举行。2007年，修改制定《济南市巾帼文明岗管理办法》。当年共评选表彰市级“巾帼文明岗”60个；推荐表彰全国级、省级巾帼建功先进集体和个人50个，数量之多创历年之最。2008年3月31日，市妇联开展“争创巾帼文明岗，优质服务迎全运”主题活动，展示泉城妇女良好的职业道德、职业技能和时代风貌，使广大妇女情系全运，服务全运，走进全运。2009年，围绕贯彻落实全市迎办全运“微笑服务”主题活动动员大会和迎全运倒计时30天动员誓师大会精神，在全市巾帼文明岗中启动“微笑服务迎全运”主题活动。2010年10月，由市妇联、市政协文史资料委员会联合编撰的《巾帼风采》一书出版发行。该书填补济南妇女史料征集空白的同时，为妇女工作与文史资料工作结合做出有益探索。

三、推动妇女就业创业

1995年，针对企业改制出现大量下岗职工的状况，市妇联对下岗女工进行择业观教育和实用技术培训。1996年，与市劳动局、市总工会联合开展大型职业介绍周、介绍日活动，有5924名女性求职者填写招工招聘登记表，663人与用工单位签订正式协议。全年安置下岗职工5.5万人，其中女性占60%。1997年，市妇联在全市培养树立一批再就业妇女先进典型，组织事迹报告会12场次。引导街区妇女利用政府提供的优惠政策，创办“三八”服务公司425个、劳动服务企业24个，安置下岗女工2262

① 学政治理论、学文化科学、学现代技术、学市场经营、学先进管理，比觉悟、比知识、比质量、比服务、比效益，敢想、敢干、敢试、敢闯、敢冒。

人次。1998年，市妇联成立择业指导、技能培训、牵线搭桥、协调服务为主要职能的下岗女工再就业服务中心。2000年，按照市委、市政府加强社区建设的要求，实施“巾帼社区服务工程”。市妇联与6部门联合下发《关于实施巾帼社区服务工程，推动社区建设和下岗女工再就业工作的意见》，提出妇女再就业工作“面向社会、服务社区、走进家庭、便捷百姓”。2001年10月，市妇联成立“阳光大姐”家政服务社。同时成立妇女培训学校，对下岗女工进行职业道德和业务培训，当年为700余名下岗女工求职登记，培训服务员700余人次，介绍200多名下岗女工和农村女青年持证家政服务。之后，市妇联以阳光大姐家政服务有限公司为依托，打造“阳光大姐”服务品牌，推动了全市妇女就业创业。2003年年底，市妇联提出以创业带动就业。2004年，市妇联与10部门联合下发《关于促进妇女创业与再就业工作的意见》，整合社会资源，面向妇女开展创业培训。2006年3月1日，市妇联承接政府政策性小额贷款工作在全市启动。7月26日，市妇联争取中国妇女基金会玫琳凯妇女创业项目基金10万元，扶持10名妇女创业。2008年，全年培训妇女8386人，安置妇女5.69万人次，为家政服务员创造收入3848.67万元，1名家政服务员获首届全国优秀农民工称号，共扶持739名城乡妇女创业，带动4200人就业。继续承接政府政策性小额贷款工作，为79人办理贷款247万元。2009年，全年共安置就业21814人，为家庭服务员创造收入7000万元，同比分别增长77%和49%。培训转移农村失地妇女和返乡女农民工10万人。开展信贷助推妇女创业行动，与企业联合开展“万名女性就业创业工程”，为城乡创业妇女协调解决贷款2459.6万元。2010年，市妇联与市财政局等四部门联合出台文件，将妇女小额担保贷款最高额度由5万元提高到8万元（男性最高贷款额度仍为5万元），受益范围由城镇妇女拓展到农村创业妇女。全年共为2000余名妇女协调解决创业贷款1.8亿余元。

附：“阳光大姐”品牌创建

2001年10月，市妇联成立“阳光大姐”家政服务社，各县(市)区妇联建立分支机构。2002年7月“阳光大姐”家政服务社改名济南市阳光大姐家政服务中心，并在工商部门注册“阳光大姐”商标。市妇联以“阳光大姐”家政服务中心为载体，推进妇女就业工作的全面开展。当年培训下岗、失业妇女及农村服务员4008人，安置下岗、失业女工2962人，为4027个家庭提供优质服务，形成1500人的固定家政服务员队伍。2004年1月，“阳光大姐”进行改制，成立阳光大姐服务有限责任公司，实现由行政推动到市场推动的转变。2005年，公司通过ISO 9001:2000国际质量管理体系认证。经市教育局批准，阳光大姐培训学校正式成立。在全市家政服务业中率先成立职业资格鉴定所，168名家政服务员经过培训通过中高级职业资格鉴定。67名家政服务员获市以上荣誉称号，培养星级服务员100人。“阳光大姐”获“全国优秀民办职业介绍机构”“全国家庭服务业优秀企业”称号。2006年，“阳光大姐”培训妇女6746人次，安置3.18万人次，为家政服务员发放工资、创造收入2100万元。1月15日，经市劳动和社会保障局资格认定，“济南阳光大姐职业技能鉴定所”正式挂牌，成为全国首家获职业鉴定资格的家政服务机构。3月2日，“阳光大姐”举行“通过ISO 9001国际质量管理体系认证暨阳光大姐培训学校、阳光大姐职业技能鉴定所”成立仪式，新建成的1600平方米综合服务楼同时启用。11月8日，“阳光大姐”被评为2006年山东省服务名牌，同时被认定为山东省著名商标。2007年，“阳光大姐”共培训妇女7527人次，安置56653人次，签订合同22167份，为家政服务员创造收入3470万元。4月6日，“阳光大姐”在全国率先推行家政服务员持“双证”(上岗证和职业资格证)上岗制度。2009年6月28日，中共中央政治局常委、国务院总理温家宝到阳光大姐服务有限责任公司视察，亲切看望家政服务员，对“阳光大姐”工作给予充分肯定。8月11日，济南阳光大姐通过国家级服务标准化试点验收，省质量技术监督局受国家标准化管理委员会委托，组织专家组对济南阳光大姐国家级、省级服务标准化试点单位工作情况进行终期验收。2010年，阳光大姐共培训妇女19876人，安置妇女就业36711人，为91364户家庭提供服务，为家政服务员创造收入9702.9万元，同比分别增长28.2%、68.3%、30.5%和38.6%。2月4日，阳光大姐中国驰名商标授牌仪式暨千名优秀家庭服务员表彰大会在舜耕会堂举行。8月3日，阳光大姐企业社会责任报告发布会召开，正式向社会发布2001～2009年《企业社会责任报告》。这是阳光大姐首份企业社会责任报告，也是全国家庭服务业首份企业社会责任报告。

第三节　参与精神文明建设

1986～2010年，实施家庭文明工程、开展文明家庭创建、“美在家庭”等活动，组织巾帼文明队开展社会服务活动，群众性精神文明创建活动成效显著，家庭在精神文明建设中的作用日益凸显。

一、文明素质教育

1986年，各级妇联深入开展“三学两比”(学政治、学文化、学科学技术，比中国女排的拼搏精神、比南疆将士的吃苦精神)活动，激励广大妇女提高自身素质。1987年，市妇联在全市城乡妇女中开展“四自”(自尊、自信、自立、自强)、“四有”(有理想、有道德、有文化、有纪律)教育，帮助广大妇女树立马克思主义妇女观、价值观，争作“四有”新女性。1988年，各级妇联开展多层次、多形式的提高妇女素质成果展示活动，全市有7500多人脱盲，2400多人获大、中专毕业证书，30万人掌握1～2项实用技术。全市涌现出众多优秀生产能手、优秀节约能手、优秀致富能手和优秀厂长(经理)。1996年，市妇联开展巾帼文明行动年活动，抓好“四个教育”(道德素质教育、理想信念教育、科技文化教育和法制教育)，提高家庭成员的整体素质。1999年，按照市委、市政府争创文明城市的要求，市妇联实施家庭文明工程。10月16日，在刚刚建成开放的泉城广场上为112对新人举办“1999泉城世纪集体婚礼”，移风易俗，倡树新风。2001年，以“跨入新世纪，建设新济南，争做新女性”为主题，实施女性素质工程，开展社区妇女思想道德教育，向广大妇女和家庭成员深入进行社会公德、职业道德、家庭美德教育，倡导热爱社区、热心公益、扶贫帮困、无私奉献的精神。2004年，在全市妇女中开展理想信念、爱国主义、形势任务、民主法制、反邪教等宣传教育，引导妇女树立正确的世界观、人生观和价值观。2005年，市妇联围绕“党员先进性教育”活动，突出选树典型，团结凝聚广大妇女在建设现代化省会城市中贡献智慧和力量。2006年，树立首届“十佳泉城经济女性”“泉城十佳家教好妈妈”等优秀典型，杨文获全国“十大杰出母亲”称号。2月28日，由市妇联主办、济南舜网承办的“泉城女性网”正式开通。2007年，开展“创和谐家庭 建和谐济南”文化广场系列活动，先后举办20次专场演出，丰富市民业余文化生活。2008年10月23日，市妇联在舜耕山庄举行纪念改革开放30周年“颐莲杯”演讲比赛决赛。2009年3月7日，市妇联、市中区妇联在济南市妇女儿童活动中心文化广场联合开展“讲文明、树新风、创平安、百万妇女迎全运”活动，成立巾帼志愿者服务队，向全市妇女和家庭发出“当好东道主，为平安全运作贡献”的倡议。2010年4月7日，市妇联下发《关于开展“共沐书香 亲子读书”活动的通知》，在全市开展“共沐书香 亲子读书”活动。

二、双拥工作

1986年，全市各级妇联成立拥军优属小组4744个，走访慰问军属13250户，给“两山”(老山、者阴山)前线将士写慰问信3万余封，送锦旗100多面，在广大妇女中开展“一封信”“一件慰问品”“学战士精神，做时代新人”“向模范烈士母亲学习”等活动。1991年，全市各级妇联共成立“三八”送温暖小组4339个，义务拆洗被褥8000件，做衣服1.38万件，送慰问品6万件，慰问烈军属9561户，办好事3000件。1996年，市妇联响应市委、市政府争创双拥模范城三连冠号召，开展拥军优属、双拥共建活动，在广大妇女中开展争当好军(警)嫂活动，“八一”前夕市妇联命名表彰30名好军嫂。2002年，各级妇联为驻地官兵送去鞋垫5000余双，拆洗被褥500余套，缝补衣服300余件，义务理发2000余人次，举办军民共建联欢会50余场。市妇联“阳光大姐”安置下岗军属60余名。2003年，市妇联和市双拥办联合开展“‘阳光大姐’献爱心、送温暖到军营”活动。市妇联“阳光大姐”的20名服务员到著名的“英勇顽强岱崮连”，帮助连队官兵清洗衣物，缝补被褥、衣服，打扫卫生。2005年，市妇联联合市双拥办表彰“十佳好军嫂”和“十佳兵妈妈”。2006年8月1日，市妇联、市民政局、济南警备区政治部联合评选出“十佳好军嫂”“十佳兵妈妈”。由市妇联推荐的黄桂梅获省“十佳好军嫂”称号。

三、尊老敬老

自2000年起，市妇联围绕老人的衣、食、住、医、乐，在全市家庭成员中开展以“四个享有”(根据家庭条件，让老人享有较好的衣食，享有满意的住所，享有基本的医疗，享有好的精神生活)为主要内容的“尊老敬老、爱心献老人”活动。结合为老年人办好事、实事，开展“让老人住正房好房”“我为老人换新装”“巾帼爱心献夕阳”“陪老人谈天说地、聊国家大事”，以及针对孤寡老人的“一帮一、一助一”巾帼文明队志愿者活动。2002年“七一”期间，市妇联组织“阳光大姐”的优秀服务员为干休一所老红军、老干部义务上门服务，并向他们赠送家政服务亲情卡，定期为他们服务。全市各级妇联组织利用母亲节、老人节，开展各类走访慰问活动，为老年人免费查体，开设保健知识讲座，提供科学的保健和健身方法，为孤寡老人提供房屋修缮服务、拆洗被褥等，给老人们送去温馨与关怀；加强宣传教育，通过报纸、电视等媒体开辟专栏或人物专访，宣传尊老敬老爱老先进典型人物的先进事迹，对群众反映大、社会影响坏的反面典型，通过黑板报、宣传栏和新闻媒体进行抨击，强化社会舆论导向，在全社会形成“尊老敬老光荣，不赡养老人可耻”的舆论氛围。2006年12月27日，市妇联、市委老干部局、市老龄委办公室、市老年体协联合举办全市“百对恩爱夫妻健康形象大使”颁奖大会，由市妇联推荐的61对夫妇获“恩爱夫妻健康形象大使”称号。2007年8月19日，由市妇联、省慈善总会主办，章丘市妇联、齐长城景区管理处承办的“恩爱夫妻七夕赏七星”大型公益活动在风景优美的七星台举办，来自全市的百对金婚、银婚夫妇参加活动。

四、文明家庭创建活动

自20世纪50年代开始，市妇联响应全国妇联号召，开展以“家庭邻里团结好，家庭生活安排好，帮助亲人生产、工作、学习好，家庭卫生好，学习和教育子女好”为内容的“五好”家庭评选活动。1966年，“五好”家庭评选中止，1979年3月重新开始。至1996年，累计评选“五好家庭”75万户，邓宝金家庭获全国第三届美好家庭银奖。1996年，将文明家庭、五好家庭、五好文明家庭等统一为“文明家庭”，将评选条件修改为：爱国守法，热心公益好；学习进取，爱岗敬业好(农村定为学习技术，科学致富好)；男女平等，尊老爱幼好；移风易俗，少生优育好；勤俭持家，保护环境好。2001～2002年，市妇联组织开展“万户文明家庭评选”活动。2002年国际家庭日前夕，市妇联召开全市文明家庭评比新闻发布会，共表彰文明家庭9653户。2003年，为引导广大妇女和家庭成员抗击“非典”，市妇联在全市开展“我爱泉城，我爱我家，百万家庭文明行”和“百万妇女健身计划”的“双百万”活动。倡导爱国卫生、全民健身和科普宣传“三项活动进家庭”，引导全市妇女和家庭全面净化美化生活环境，不断提高身体素质，增强科学意识，树立科学、文明、健康、环保的生活方式。2004年，围绕市委、市政府“迎亚足赛，创文明城”要求，在全市开展“我爱泉城，我爱我家，百万家庭文明行”活动，创建“绿色家庭”、学习型家庭和温馨大家园。实施“迎亚足赛，百万妇女健身行动”，各级妇联组织开展健身操(球)、柔力球、太极剑(扇)、秧歌舞蹈等形式多样的健身和展示活动。设立“家庭卫生清扫月”，组织发动妇女和家庭成员在搞好家庭卫生的同时，开展“楼道革命”“庭院革命”，清除楼道内的乱贴乱画、乱堆乱放，清理街巷、社区等公共环境，清洁公共设施，定期“净山”、捡拾白色垃圾。2005年，市妇联开展社区宣传巡讲，邀请文明家庭代表，卫生保健、婚姻家庭、社科理论等方面的专家学者，组建巡讲团，深入社区宣传济南精神、宣传公民道德建设内涵，宣传卫生保健、科学生活、家庭环保知识以及科学教子的方法等。推动城市精神进社区、先进文化进社区、法律知识进社区、卫生健康进社区、绿色环保进社区，教育引导广大妇女和家庭成员弘扬“诚信、创新、和谐”的城市精神，培养良好的道德品质、文明行为和文明、健康、科学的生活方式。2006年5月19日，市妇联与《济南日报》联合举办“知荣明耻进家庭”座谈会，邀请家教专家，齐鲁好家长，泉城十佳家教好妈妈、好孩子进行座谈。2007年2月28日，由市妇联、市文明办、市社科联、市民政局、市文化局、市广电局、济南日报报业集团联合在全市开展的“创和谐家庭，建和谐济南”主题行动启动仪式暨“弘扬母爱精神，促进和谐建设”中国十大杰出母亲杨文事迹报告会举行。2008年4月10日，市妇联在全市家庭中开展“创和谐家庭，迎和谐全运，建美丽泉城”主题活动。2009年7月7日，由市妇联、市文明办主办，槐荫区妇联、区文明办承办的“相约全运·文明礼仪知识社区巡讲”活动启动仪式在槐荫区营市东街社区举行。2010年5月14日，中宣部、全国妇联等部委联合组成的全国五好文明家庭创建活动协调小组命名济南市为全国创建学习型家庭示范市。

五、“美在家庭”创建活动

1997年，市妇联在全市开展以“三化”(居室庭院净化、绿化、美化)、“四改”(改水、改厕、改灶、改圈)、“五育进家”(思想道德教育、科技知识教育、法律知识教育、尊老爱幼教育、“三优”知识教育)为主要内容的“美在家庭”创建活动。1998年4月，市文明家庭创建活动协调小组制定下发《济南市“美在家庭”活动实施意见》，引导人们从美化家庭，改变落后生活方式做起，以治理城乡家庭居住环境脏、乱、差为突破口，破除旧的生活习俗，搞好居室、庭院、楼道、街道的净化、绿化、美化，建设健康向上、格调高雅的家庭文化。2001年8月，市文明家庭创建活动协调小组制定下发《济南市2001～2005年“美在家庭”活动实施意见》，推动“美在家庭”活动在全市深化普及。围绕“美化生活环境、创造富裕生活、弘扬家庭美德、建设家庭文化”，抓好生活环境净化、绿化、美化，推进家庭生活文明化、家庭教育科学化、家庭成员知识化。2000～2002年，配合市委、市政府“蓝天工程”和“造绿工程”，市妇联在广大家庭和妇女中开展“美在家庭”活动，相继开展“容貌工程进家庭、蓝天工程立新功”“绿化进庭院”“妇女、家园、环境”“家庭文明卫生宣传月”等植树护绿、节水保泉系列活动。2003年，市妇联开展家庭美德教育、文明生活理念教育、儿童家庭教育等活动，将传统美德与时代要求相结合，把“八荣八耻”纳入家庭美德建设。至2007年，全市共评出省级“美在家庭”活动先进单位(组织)18个，“美在家庭”示范县(市)区3个，示范乡(镇、街)5个，示范村43个；市级“美在家庭”示范县10个，示范乡(镇、街)60个，示范村139个。2006年4月2日，市妇联举行“‘知荣明耻’从家庭做起——十佳家教好妈妈社区巡讲活动”启动仪式，组织十佳家教好妈妈深入到全市社区、村庄进行巡回宣讲。2007年5月13日，市妇联与市建委、市市政公用事业局联合表彰“十佳城市节水模范家庭”。2008年2月28日，由市妇联、市文明办、市广电局、济南日报报业集团联合开展的家庭美德“双十佳”评选结果揭晓。2010年3月23日，省暨济南市妇联、文明办、经信委联合启动山东省“低碳家庭·时尚生活”主题活动。

六、巾帼文明队

2001年，市妇联在全省率先成立巾帼文明队。8月22日，省妇联主席赵玉兰将全省第一面巾帼文明队旗帜授予济南市妇联。市妇联向十个县(市)区授旗，在全市建立起以社区妇联、村妇代会为核心，以妇联、妇代会成员为主体，以社区、家庭为阵地，吸收妇女骨干参与，面向社区、服务社区的“巾帼文明队”。至2005年，全市共组建各类巾帼文明队7000支，队员10万人。围绕建设和谐济南，巾帼文明队每天定时在社区巡逻，调解家庭邻里纠纷，对婆媳不和、邻里不和的家庭上门进行教育，配合党委政府做好维护社会稳定的工作。2006年3月12日，市妇联组织市直机关女干部、女公安干警、女大学生、企业女职工、巾帼文明队代表和文明家庭代表及市妇联机关全体工作人员200余人到经十西路腊山北坡参加义务植树活动。5月8日，由市妇联、市总工会、团市委、市科协联合主办的“‘知我济南、爱我家园’文明交通礼让志愿者社区行”活动启动。8月17日，市妇联组织巾帼文明队及“平安家庭”代表等千余人到经十东路西首鏊角山进行雨季绿化活动。9月29日，市妇联组织巾帼文明队积极参与《济南市志愿服务条例》宣传活动。12月5日，市妇联组织100余名巾帼文明队队员与来自全市各行各业的万名志愿者共同参加“国际志愿者日省暨济南市万人长跑活动”。

第四节　维护妇女儿童合法权益

1986～2010年，发挥妇女儿童工作委员会办公室作用，通过“两纲”实施，为妇女儿童服务，依法维护妇女儿童合法权益，关注弱势群体，不断拓展救助受益面，在促进社会公平、维护社会稳定中发挥作用。

一、“两纲”实施

1994年4月19日，济南市妇女儿童工作委员会正式成立。年内，县(市)区妇女儿童工作委员会全部成立。1996年，市政府印发《济南妇女发展纲要(1996～2000年)》和《济南市儿童事业发展“九五”规划(1996～2000年)》，对“九五”期间济南市妇女儿童发展提出具体目标。至2000年，全市共有女干部6.78万人，占干部总数的38.03%；市级党政干部24人，其中女领导干部1人；10个县(市)区党政领导班子配备女性成员达到100%；市直、县(市)区党政部门女干部配备率分别达到48%和49.4%，分别比1995年提高23个和10个百分点；12个市直部门配备正职女领导，比1995年增加10人；女后备干部比例达到23.8%；发展女党员比例为

27.3%，比1995年提高4.2个百分点；县级人大女代表比例为26.26%；市、县两级政协女委员比例分别为22.63%和22.56%。女性进村“两委”比例为100%。市、县两级成立职业介绍中心11个，企事业单位、社会团体开办职业介绍所22个，介绍安置妇女就业8万人。累计组织20万职工参加再就业工程，分流转岗20万人，其中女性占58%。农村妇女接受实用技术培训和高新技术培训分别为90%和30%以上；2597名妇女获绿色证书，16134名妇女获农民技术员称号。全市孕产妇保健覆盖率93.3%，农村妇女住院分娩率94.88%，孕产妇死亡率21.73/10万，4个月内婴儿母乳喂养率达到98.97%，县级妇幼保健院开展婚前医学检查率达到100%，人口出生率9.86‰，人口自然增长率3.89‰。市妇联与市检察院、法院、司法局联合成立济南市妇女法律援助中心、2024148妇女法律热线、济南市家庭暴力伤情鉴定中心，在维护妇女权益方面发挥重要作用。制定《济南市预防和制止家庭暴力暂行规定》，把预防和制止家庭暴力问题纳入社会治安综合治理的范畴。

2002年1月，市政府颁布《济南妇女发展纲要(2001～2010年)》和《济南儿童发展纲要(2001～2010年)》。至2005年，市级4大班子配备4名女领导干部；10个县(市)区4大班子配备45名女领导干部，配备率100%；市直、县(市)区党政部门女干部配备率分别为67.4%和60.6%；全市130个乡镇(街)配备15名正职女干部。发展女党员占发展党员总数的30.1%。妇女参与经济发展取得明显成效。各级贯彻实施《中华人民共和国妇女权益保障法》《中华人民共和国劳动法》《中华人民共和国工会法》，不断拓宽妇女就业、再就业领域，累计分流安置下岗失业女职工8.3万人次，妇女从业人员占从业人员总数的42.8%，开展劳动执法检查，维护女职工合法权益，城镇执行职工“四期”(经期、孕期、哺乳期、更年期)劳动保护规定和禁止安排女职工从事禁忌劳动规定的企业比重均达95%。妇女儿童受教育程度稳步提升。全市适龄女童入学率和初中阶段女生入学率分别达到99.95%和98.88%。全市基本普及学前一年教育，农村儿童学前一年受教育率97.8%，中小学幼儿园家长学校普及率100%，比2001年分别提高5.35个和3个百分点。成年妇女识字率提高到90%以上，青壮年妇女识字率达到97.5%，广大妇女的文化知识水平不断提高。妇女儿童卫生健康状况不断改善。农村高危孕产妇住院分娩率、孕产妇非住院分娩中消毒接生率均为100%。农村孕产妇住院分娩率为99.22%，农村孕产妇保健覆盖率为96.5%，与2001年相比分别提高1.17个和2.95个百分点。0～4个月婴儿母乳喂养率比2001年提高12.26个百分点，达到93.63%。婴儿死亡率和5岁以下儿童死亡率均得到有效控制，2005年分别降至10.04‰和11.56‰。已婚育龄妇女计划生育知识普及率和避孕措施、知情选择受教育比例均为100%。妇女儿童人身权利得到较好维护。建立健全妇女儿童社会化维权网络，市及各县(市)区均成立妇女法律援助中心、妇女信访投诉中心，开设妇女法律服务热线，市妇联成立全省首家反家庭暴力妇女庇护中心、外来务工妇女之家、家庭暴力伤情鉴定诊治中心，开通“2024148”妇女维权热线，在全市开展“零家庭暴力社区(村庄)”和“平安家庭”创建活动。各级政法机关打击拐卖妇女、卖淫嫖娼、家庭暴力等违法犯罪行为。全市共破获强奸妇女案件572起、拐卖妇女儿童案件230起，侵害妇女权益的婚姻家庭、继承等案件的受理率达到100%。妇女儿童生存发展环境进一步优化。男女平等、儿童优先的观念深入人心，妇女儿童文化娱乐生活日趋活跃。

2006年9月11日～12日，国务院妇女儿童工作委员会督导组一行对省、市《妇女儿童发展纲要》实施情况进行检查督导。在《妇女儿童发展纲要》52项国家级主要目标中，济南市有23项提前达到2010年目标；28项达到2005年进度目标。至年底，全市10个县(市)区党委全部配备女干部，其中7名是新增的年轻女干部；64个乡镇配备79名女干部，配备率100%。2007年，大力推动“两纲”实施，在县(市)区人大、政府、政协换届中，10个县(市)区共配备女领导44名，几大班子女干部配备率达95%，女人大代表、女政协委员的比例明显增加。2008年3月27日，济南市十四届人大常委会第三次会议听取和审议副市长邹世平代表市政府所作的关于实施《济南妇女发展纲要》和《济南儿童发展纲要》情况的专项工作报告。5月29日，召开全市妇女儿童工作会议，调整济南市妇女儿童工作委员会；确定2008年为妇女儿童要办的十件实事；以市委、市政府名义对50个妇女儿童工作先进集体和10名妇女儿童工作先进个人进行表彰，并以妇女儿童工作委员会名义表彰90名妇女儿童工作先进个人。2009年3月25日，《济南市实施〈中华人民共和国妇女权益保障法〉办法》立法调研工作正式启动，市妇联、众成仁和律师事务所联合成立立法起草小组。2010年11月25日，市十四届人大常委会举行第二十五次会议表决通过《济南市妇女权益保障若干规定》。

二、政策、法律援助

1986年，市妇联接待来信来访395件，处结390件，处结率98.73%。1989年，建立妇女儿童生活服务中心(站)80个，市、区县妇联接待来信来访846件，处结率99.8%。协助有关部门解救被拐卖妇女60名。1998年，与市中级人民法院联合开展“双聘”活动，139名妇联干部被聘为法院特邀陪审员，30名法官被聘为法律顾问。妇联系统特邀陪审员参加审理涉及妇女儿童权益的刑事、民事案件100余起，有16起积压多年的疑难案件得到解决。1999年，针对下岗女工等弱势群体，聘请资深法律工作者成立“巾帼法律服务队”，为妇女群众提供现场咨询、电话解答、代拟法律文书等法律帮助。2000年1月，市妇联、公安、检察、法院等部门联合下发《济南市预防和制止家庭暴力暂行规定》，在山东省较早制定反家暴文件，为反家暴工作提供依据。2002年，加强社区维权建设，建立“三站一园”(社区妇女活动站、社区妇女维权站、“阳光大姐”家政服务站，社区阳光家教亲子园)，半数以上社区健全妇女维权网络，建立402个妇女维权站；开通泉城妇女网，开展网上信访咨询；“148”妇女法律热线为妇女提供法律咨询12635人次；法律援助中心为253名妇女提供法律帮助；各级“家庭暴力伤情鉴定中心”为116名受家庭暴力伤害妇女进行伤情鉴定。全市有130名妇联干部被聘为法院特邀陪审员，参加涉及妇女权益的刑事、民事案件审理147件，22名法官、律师被聘为法律顾问。5月，成立市“阳光大姐”家政服务社“巾帼法律服务站”，聘请17位法律工作者开展法律咨询、代拟法律文书等维权服务。2003年，市及区县妇联普遍建立妇女儿童信访投诉中心，全市93%的社区建立妇女儿童维权站，共接待信访556件，其中来访287件，来电230件，来信34封，网上咨询5件。2004年，建立完善信访工作例会制度，共接待信访602件，其中来访318件、电话咨询246件、来信35封、网上咨询和建议3件，处结率达98%以上。各级“家庭暴力伤情鉴定中心”共为22名受家庭暴力伤害的妇女进行伤情鉴定。133名妇联干部被聘为法院特邀陪审员，参与涉及妇女权益的刑事、民事案件81件。2月，与市综治办、市民政局联合下发《关于深入开展创建“零家庭暴力社区”工作的意见》，在全市普遍开展“零家庭暴力社区”创建活动，成立全省第一家“反家庭暴力妇女庇护中心”，为因遭受严重的家庭暴力、被逐出家门的妇女提供临时庇护服务。2005年，接待信访案件554件，其中来访274件、来电255件、来信24件、网上咨询1件，处结率达到98%。8月，市妇联、市民政局联合下发《关于加强对单亲特困母亲家庭实施救助的通知》，将单亲特困母亲的住房、子女教育、就医等方面的救助工作纳入政府社会救助体系，全市共救助单亲特困母亲280名，发放救助金22.5万元。2006年，接待信访案件951件，其中来访378人次，来电553件，来信20件，处结率98%。在信访案件中，婚姻家庭类600件，占信访总数的63.09%；劳动和社会保障类89件，占9.36%；综合类216件，占22.71%；财产权益类40件，占4.21%；人身权利类3件，占0.32%；文化教育类3件，占0.32%。2月28日，市妇联开通12338妇女维权热线，推出妇女维权发言人制度，为妇女群众提供法律咨询和维权帮助553人次。2007年1月8日，市妇联协调市劳动和社会保障局制定《关于做好单亲特困母亲就业创业工作的意见》，建立起对单亲特困母亲就业援助的长效机制。全年共救助单亲特困母亲3364名，救助金额241.1万元。在全市建立完善反家暴联动机制，将家庭暴力纳入公安机关的接警处理范围。全年接待信访案件882件，其中来访351件、来电494件、来信31件、网上咨询6件，处结率98%以上。2008年1月15日，市妇联、市民政局等部门启动救助单亲特困母亲专项行动。全市拨付20万元福彩基金，对330户单亲特困母亲家庭展开春节前集中救助。2009年1月15日，市妇联组织启动“关爱单亲特困母亲、送温暖、献爱心”春节慰问活动，筹集21.5万资金集中对全市121户贫困家庭和50名单亲特困母亲进行专项救助。加强维权工作力量、创新工作载体、改进工作方法，市、县(市)区两级妇联共接待信访案件1469件，处结率100%。3月28日，济南市妇女儿童法律援助律师团成立。2010年年初，争取20万元福彩资金和价值4.8万元的慈善物资，对单亲特困母亲家庭进行专项救助。12338妇女维权热线实现从市级到11个县(市)区的全覆盖。全年接待信访1018件，处结率100%。市妇联获“全国维护妇女儿童权益先进集体”称号，被市委、市政府评为信访工作先进单位。

三、“平安家庭”创建

2005年，市妇联与市综治办联合下发《关于开展平安家庭创建活动的意见》。2006年9月1日～2日，全国妇联、中央综治办“平安家庭”创建活动现场推进会在济南市召开，济南市获全国“平安家庭”创建活动先进市称号，济南市妇联获全国“平安家庭”创建活动先进集体称号。2007年，评选表彰在“平安家庭”创建活动中作出突出贡献的20个示范社区、20个示范村庄和100名先进个人。2008年，评选表彰“平安家庭”创建活动先进集体20个、先进协调单位10个和“平安家庭”标兵户100户。

第五节　儿童工作

1986～2010年，积极推进儿童家庭教育工作，树典型，推经验。通过援助成立春蕾学校、春蕾班，资助女大学生等形式，不断拓展救助面，将更多的关爱送到贫困儿童、女大学生中。充分发挥妇女儿童活动阵地作用，提高妇女儿童综合素质。

一、儿童家庭教育

1986～1987年，召开“市家庭教育理论研讨会”，围绕独生子女的特点和家长对独生子女教育的心理特点开展理论研究。召开“全市独生子女教育经验交流会”，推广教子有方的好家长、优秀家庭辅导员和家庭教育先进单位的经验做法。推进家教辅导站、咨询站、散居儿童服务站建设。举办专题讲座17讲，宣传咨询活动21次，编印教材5000册。1988年，在全市开展“争做为国教子好妈妈”活动，组织20多名专家教授开展大型咨询活动，为家长解答家庭教育疑难问题。市妇联通报表彰50所优秀家长学校和100名为国教子好妈妈，各区县表彰1000余名为国教子好妈妈。1989年，召开“家庭教育工作现场交流会”，推广先进经验，培养为国教子好妈妈典型86名。1990年，开展“好妈妈、好孩子双戴花活动”，为100名好妈妈、好孩子戴光荣花，评选表彰家庭教育工作先进单位50个。1991～1992年，开展“为国教子、全家光荣户达标竞赛”和“为国教子、成果展示”活动。1993年，开展“三小”服务活动，即发动家庭、居委会成立小托儿所、小饭桌、小学生接送辅导站，帮助家长解决3岁以下幼儿就近入托和小学三年级以下学生午餐、自我管理问题。历下、市中、槐荫、天桥区建起小托儿所610处，收托婴幼儿2533名；建小饭桌171个，就餐学生1037名；建立小学生接送辅导站355个。1994～2001年，按照“五有、三统一”(有领导、有计划、有教材、有师资、有场地，统一计划、统一教材、统一评比)的要求，继续开展“为国教子、以德育人”和“优生、优育、优教知识进家庭”等活动。1994年，梁子羽家庭被全国妇联评为“全国教子有方优秀家庭”，历下区获“全国儿童少年工作先进区”。1996年，天桥区王伟被全国妇联、国家教委评为“全国优秀家长”，徐生三等6人被授予“全国家庭教育工作园丁奖”。2002～2003年，市妇联联合市教育局、团市委等部门在全市实施“小公民”道德建设计划，推出“小公民”社会道德“五小”行动①。2004年，成立济南市家庭教育研究工作委员会，进一步推进家庭教育工作。2006年11月20日，济南市申报省级“十一五”期间家教课题11项，其中市妇联承担农村留守儿童家教课题研究。2007年5月30日，济南市庆祝“六一”国际儿童节暨家庭教育指导中心(成长驿站)成立大会在市妇女儿童活动中心举行。2008年 3月1日，市妇联以“争做合格家长，培养合格人才，创建和谐家庭”为主题，在槐荫区营市街街道绿园社区举行成长驿站——家庭教育大讲堂巡讲启动仪式。2009年4月1日，由市妇联主办、市家庭教育指导中心和市妇女儿童活动中心承办的“2009非凡宝宝风采展示”活动拉开序幕。系列活动历时5个月，共有1316名宝宝报名参赛，169名宝宝当选“2009非凡宝宝”。2010年8月9日，济南市家庭教育指导中心(成长驿站)“快乐吧”“流动留守儿童快乐成长活动站”“英才助飞”助学活动社会实践基地成立并举行揭牌仪式。

二、“春蕾计划”

1994年，市妇联在全市启动以救助失、辍学女童重返校园，资助贫困女童完成学业的“春蕾计划”。至1996年，全社会为辍学女童捐款26.5万元，办起“春蕾班”3个，资助1544名辍学女童重返校园。1997年，市妇联联合济南日报社、泉城周报社共同发起“救助一个女童、献出一份爱心，春蕾资助热线结对”活动，至年底，有763名失辍学女童得到捐助，捐资总额16.08万元。1998年，开设“春蕾热线”，进一步扩大“春蕾计划”影响力，全年各级妇联共收到捐款82.4万元，救助辍学女童3700名。1999年，创办济南市第一所“春蕾小学”，解决400余名农村儿童上学问题。2000～2005年，制定《济南市“春蕾计划”实施管理办法》，在全省率先将资助面从农村拓展到城市贫困家庭，开展“让春蕾计划走进单亲特困下岗女工家庭”“巾帼文明示范岗牵手城市单亲特困女童”“互联网上救助”等系列活动。印尼籍华人陈士良夫妇和沃尔玛公司各捐款20万元，用于资助城市单亲特困女童。协调争取省慈善总会拨专款3.52万元，为352名孤儿办理专门保险。山东英才学院出资40万元，

① 五小行动：在家庭做孝顺父母、关心亲人、勤俭节约、热爱劳动的“小帮手”；在社会做热爱祖国、文明礼貌、诚实守信、遵纪守法的“小标兵”；在学校做团结友爱、互相帮助、尊重他人、善于合作的“小伙伴”；在社区和公共场所做爱护公物、讲究卫生、保护环境、遵守秩序的“小卫士”；在独处时做胸怀开阔、心理健康、勤奋自立、勇于创新的“小主人”。

设立资助女大学生专项资金。2006年5月28日，市妇联在平阴县玫瑰镇胡庄小学举行全市庆“六一”关爱农村留守儿童主题活动。农村留守儿童、成长伙伴及家长代表共300余人参加活动。8月23日，市妇联举行“女企业家捐助春蕾女大学生”活动，市女企业家协会副会长、山东碧通通信技术有限公司总经理耿金碧出资2万元，资助20名春蕾女大学生。10月9日，市妇联与沙鸥国际训练机构联合在长清区双泉乡柳杭小学捐助成立全市首个农村留守儿童春蕾班。2008年5月22日，济南市第十二个“春蕾班”——“泉城女警爱心春蕾班”捐助仪式在济阳县曲堤镇姜集小学举行。9月8日，市妇联与市总工会、团市委、市科协、市残联等共同启动“英才助飞”助学活动，市妇联将12名符合“春蕾计划”援助规定、考上“211工程”院校的女大学生作为重点援助对象，为每位学生提供1500元～2000元的助学金。9月11日，济南市第四所春蕾小学——历城区彩石镇宅科小学援建项目竣工，操场、中小学革命传统教育基地等基础设施建设完成。该春蕾小学由北京空中信使科技有限公司总裁周云帆、景小海夫妇出资20万元援建。11月12日，由社会爱心人士安女士个人出资捐建的济南市第十五个春蕾班成立。与传统形式上的春蕾班不同，这是济南市首个由不同地区的女童组建起来的特殊“班级”。12月10日，由省妇联、省直机关妇工委、济南市妇联、齐鲁电视台共同举办的恒爱行动——寻找“爱心妈妈”为地震灾区孤困儿童编织爱心毛衣捐赠仪式在省妇女儿童活动中心举行，全市爱心妈妈共编织、捐赠毛衣2860件。市妇联被省妇联、省儿童少年福利基金会评为“山东省春蕾计划工作先进集体”。2009年，中国儿童少年基金会投资13万元，为济南市建立首个农村留守(流动)儿童“阳光图书馆”。省政协委员、香港德辉(国际)集团有限公司董事局主席蔡淑好出资4.36万元捐建“淑好爱心春蕾班”。全市共资助春蕾女童1839人，资助金额52.6万元，其中，市妇联资助女童352名，资助金额21.8万元。2010年，全年筹集资金303.74万元，帮扶贫困妇女2462名，资助春蕾女童1721人，对2555名初、高中女毕业生进行免费实用技术培训。

三、妇女儿童活动阵地建设

济南市妇女儿童活动中心始建于1987年，前身是济南妇女儿童文化宫和济南市儿童乐园。2002年，济南市儿童乐园与妇女儿童文化宫合并，组建济南市妇女儿童活动中心。2003年11月，妇女儿童活动中心进行扩建改造，2005年5月竣工。中心由1995年的10多个专业80个培训班，年培训学员3000余人次，发展到4大门类60个专业260多个培训班，年培训人数1.3万人次。创办文学苑、少儿棋苑、阳光少儿合唱团等20余个活动社团。其中“红舞鞋舞蹈团”曾应邀参加人民大会堂和中南海演出，受到国家领导人接见。“爱乐合唱团”多次到各地进行专业演出，成为文化交流的友好使者。2006年5月31日，市妇女儿童活动中心“七色光”游乐园正式启用，并在“六一”期间免费向少年儿童开放。8月12日，第二届中国(国际)吉他节在市妇女儿童活动中心举行。2007年3月4日，市妇女儿童活动中心健身俱乐部正式开业。7月11日，“泉城笑脸墙”在市妇女儿童活动中心广场亮相。8～12日，由中国音乐家协会、中国音协吉他学会、省广电局、省文联、市妇联等单位共同主办的第三届中国吉他文化节在市妇女儿童活动中心成功举办，来自全国各地的吉他爱好者和艺术家700多人参加活动。2009年10月12日，市妇女儿童健身中心启用，正式向社会开放。妇女儿童健身中心主要包括室内网球馆、室内羽毛球馆和室外健身场所3个部分，总面积1.2万平方米，总投资2000万元。10月28日，在第十一届全运会闭幕式上，济南妇女儿童活动中心获组委会大型活动部颁发的文艺表演优秀组织单位、文艺表演优秀参演单位奖。市妇联被评为第十一届全运会筹办工作先进单位。

第六节　机　构

1986年，市妇联设办公室、组织联络部、宣传教育部、儿童少年工作部、维护妇女儿童权益部共5个部室。1992年，增设信访处，同时成立妇女儿童科技开发中心。1996年，市妇联机关设办公室、研究室、组织联络部、宣教部、权益部、儿童工作部、城乡部共7个职能部室，市妇女儿童工作委员会办公室设在市妇联。

2003年，市妇联设办公室、研究室、组织联络部、宣传部、发展部、权益部、儿童部共7个部室；市妇女儿童工作委员会办公室设在市妇联，济南市妇女儿童活动中心是济南市妇联下属的全额拨款事业单位。至2010年年底，市妇联内设业务部室无变化。

第四章　济南市工商业联合会

第一节　代表大会

1986～2010年，济南市工商业联合会(简称市工商联)先后召开第八至第十二次会员代表大会，选举产生市工商联各届委员会及其领导班子。

第八次会员代表大会

1988年12月9日～12日，市工商联第八次会员代表大会召开。出席大会代表178人。大会审议通过艾鲁川代表第七届执委会所作的工作报告，选举产生第八届执行委员会委员55人，推举李元荣为市工商联名誉主任委员。在八届执委会第一次会议上，选举张东木为主任委员，艾鲁川等7人为副主任委员，陈伯振为秘书长。

第九次会员代表大会

1993年8月26日～28日，市工商联第九次会员代表大会召开。出席大会代表188人。大会审议通过尚林杰代表市工商联第八届执委会所作的工作报告；选举产生由60人组成的市工商联第九届执行委员会和由13人组成的常委会。在九届执委会第一次会议上，选举张东木为会长，尚林杰等9人为副会长，庞怀金为秘书长。推举李元荣、汪江为市工商联第九届名誉会长，聘请张秉书等15人为顾问。

第十次会员代表大会

1997年4月28日～30日，市工商联第十次会员代表大会召开。出席大会代表243人。大会审议通过尚林杰代表市工商联第九届执委会向大会所作的工作报告；选举产生由72人组成的第十届执行委员会。在市工商联十届一次执委会上，选举尚林杰为会长，郑长才等11人为副会长，赵万里为秘书长。推举李元荣、张东木、马占山为名誉会长，徐永志为顾问。

第十一次会员代表大会

2002年5月9日～10日，市工商联第十一次会员代表大会召开。出席大会代表317人。大会审议通过市工商联第十届执委会工作报告；通过大会决议，进一步明确市工商联工作的方向和任务。选举产生市工商联第十一届执行委员会委员152名，其中非公有制经济代表人士121名。在十一届一次执委会议上，选举高元坤为会长，沈磊等17人为副会长，程兴华为秘书长。

第十二次会员代表大会

2007年6月21日，市工商联第十二次会员代表大会召开。出席大会代表400余人。大会审议通过市工商联第十一届执行委员会工作报告，选举产生由199名委员组成的市工商联第十二届执委会。在十二届一次执委会议上，选举高元坤为会长，沈磊等20人为副会长，孙立玉为秘书长。同时，大会选举产生济南总商会领导班子。

第二节　组织建设

1985年7月始，市工商联改变单一的工商业者会员结构，开始吸收各类工商企业会员。

1986年，建立基层组织37个。至年底共有基层组织105个、1556人。

1987年，恢复历城区、章丘县、长清县、平阴县工商业联合会，长清县、历城区建立筹委会。对自办企业进行清产核资。出版《济南市工商史料(第一辑)》。

1989年，在4个市区新建企业基层小组17个，调整小组54个。5月31日，章丘县工商联召开第六届会员代表大会。10月10日，历城区工商联召开第二届会员代表大会。至此，全市除济阳县、商河县皆恢复工商联组织。

1990年，共有基层组织69个(含区工商联5个、县工商联3个)、会员2305个(含企业会员645个、团体会员6个)。

1991年下半年，因工商联政策调整，暂停发展新会员。至年底，共有会员1610个、企业会员676家。

1992年，从组织结构调整入手，逐步实现工商联职能和工作重点的转变。4月，中共济南市委统战部和省、市工商联联合在历城区进行2个月的工作试点。至年底，全市共有县(市)、区工商联10个，会员2999个。

1993年8月，市工商联召开第九届会员代表大会，完成换届。各县(市)区工商联年内全部召开会员代表大会，全年共吸收新会员1038个。至年底，共有县(市)区工商联10个，会员4036个。9月，根据全国工商联第七届会员代表大会通过的《中国工商业联合会章程》规定，市工商联并称济南总商会。10月，成立中共济南市工商联（济南总商会）党组。市、县(市)区工商联共有自办企业10家。完成《济南工商文史资料》第一辑的审订和第二辑的组稿工作。

1994年，发展新会员896个，历下区、市中区、章丘市工商联并称区、市商会。各区、县(市)工商联共有自办企业12家。全市年末共有会员4932个，以非公有制经济成分为主体。

1995年，建立工商联基层组织15个，基层组织总数达到138个。年末共有会员5658个(包括企业、团体、个人会员)，下属会办企业2家、公司2个、成人教育学院1处。

1996年，会员企业建联中药材店发展到10个连锁店。区、县(市)工商联会办企业12家。年末会员总数6015个。

1997年，召开市工商联第十届会员代表大会。10个县(市)、区工商联也在上半年先后召开会员代表大会，完成换届任务。机关增设对外联络处。至年底，全市会员总数6403个。

1998年，建立济南市第一家同业公会——市中区餐饮业同业公会，在天桥区建立北园商会。年末会员总数7314个。

1999年，新建乡镇分会31个。年末，全市有基层分会180个、会员7604个。

2000年，建立人事管理和会员管理两大数据库，分会总数149个。天桥区工商联建立起全市第一个村级商会——新城商会。会办企业建联中药店改制为济南市建联中药有限公司。年末会员总数7726个。

2001年，加快同业公会和基层分会建设步伐，全市共成立同业公会9家，涉及小商品、运输、服装、电器、装饰、餐饮等领域。年末会员总数8096个。

2002年，吸收济南民营经济促进会和泉州商会为团体会员。召开市工商联第十一届会员代表大会。10个县(市)、区工商联先后完成换届任务。成立7个工作委员会，建立新的工作机制。年末会员总数8282个、基层组织126个。

2003年，加强基层工商联分会和同业商会建设，全市共建立区级同业商会12家。成立市工商联酒店用品业同业商会。会办企业——济南建联中药有限公司发展到25个连锁店。年末会员总数8708个，并建起会员信息数据库。

2004年，召开全市同业商会会长座谈会和基层组织工作现场会。成立市工商联古玩字画业商会和酒店同业商会。年末会员总数8511个。

2005年，建成立市工商联模具行业商会，成为济南市制造行业的首家行业商会。年末，全市有会员8726家、基层商会组织129家。

2006年，成立济南高新区工商联和市工商联供应商商会。建立非公有制经济代表人士档案数据库。年末会员总数9226个。

2008年，全市有县区级工商联11个；乡镇基层商会131个，占全市乡镇(街道)总数的98.5%；市级行业商会4家，县区级行业商会15家。年末有会员9635个、企业会员4076家。

2009年，新建乡镇基层商会3个，全市乡镇(街道)建会率100%；新建县区级行业商会6家，县区级行业商会总数21家。模具行业商会成功承办中国模具协会标准件委员会2009年年会。年末有会员10335个，其中企业会员4776家，占会员总数的46.2%。

2010年，全市有会员10382个，其中企业会员4498个，占会员总数的43%；县区级行业商会达到25家。指导成立济南温岭商会、济南聊城商会、济南临沂商会、济南梁山商会等4家异地商会。

第三节　参政议政

1986年，配合市政协经济工商组，就企业管理、经营服务等，提出建议30条。

1987年，《关于对我市糕点行业产销情况的考察报告》得到市领导批示。协助党委落实各项统战工作遗留问题。有120人被推选为各级人大代表、政协委员。艾鲁川当选为山东省工商联主任委员。

1988年，对市财贸办公室《关于建立济南商品流通大市场的初步意见》进行研讨论证。对全市物价、工资和治理经济环境等问题形成调查专题报告。

1989年，中共市委书记贺国强、市长翟永浡分别对《关于对我市工业污水治理、废水回收利用，以利节水保泉、减少污染的建议》《有关我市开展双增双节问题的建议》作出批示。与市政协联合向中共济南市委、市政府提出《关于济南市市场、物价管理情况的调查报告》和《关于济南部分农用物资专营情况的调查报告》。

1990年，先后8次参加中共济南市委召开的党外人士“双月座谈会”和市政府召开的经济论证会。向中共市委、市政府提出《关于调整产品结构、发展工业生产、协调工商关系、降低消耗、开展“一查三批”的建议》《关于对我市小商品生产和流通问题的调查报告》和《对我市地产品销售情况的调查报告》。

1991年，邀请20家企业负责人座谈，分析济南市企业面临的问题，提出10项建议。各级政协委员共提出提案16项。1992年，在市政协八届五次会议上，提出7项书面建议。1993年，对10家合资企业进行调研，形成《关于我市外商投资企业情况的调查》报告。提出议案、提案和书面建议40余份。1994年，在各级人大、政协会议上，提出提案20余项。先拍召开3次非公有制经济人士专题调研座谈会。1995年，在各级人大、政协会议上，共提出议、提案54项。在市人大第十一届三次会议上提出的《尽快开通“120”专线电话，改善急救中心医疗条件和设施议案》，很快得到实施。

1996年，对政府、人大有关个体私营经济发展、管理的政策、规定草案进行研讨，共提出13项建议，部分建议得到采纳。开展调研活动16次，共提议案、提案150余项，均得到答复或被采纳。1997年，提出议案、提案180余项，建议130余条。配合市工商局围绕全市非公有制经济发展开展专题调研。1998年，在市政协十届一次会议上，提出提案20余项。向市政府提出关于全市个体私营经济扶持政策方面的建议31条。1999年，在各级人大、政协会议上共提提案80余件。创办《泉城商会》会刊。

2000年，在市政协十届三次会议上，市工商联作《引导私营企业积极参与国有企业改革》的大会发言，建议市政府着重从尽快制定有关产权交易的地方性法规等4个方面入手，为私营企业参与国企改革创造有利条件。这一发言被济南市全国人大代表作为议案提交九届全国人大三次会议，受到国家经贸委重视。

2001年，在市政协十届四次会议上，共提出提案179项，《关于担保机构的建议》经市政府批复，有关部门付诸实施。该项提案被全国《民营经济内参》选登。历城区工商联《进一步优化投资环境，促进经济更快发展》的团体提案被列为区政协会议一号提案。2002年，全市工商联系统共提出提案197项，开展专题调研30余次。2003年，共有368名会员在各级人大、政协中当选为代表或安排为委员。《开展百家民营企业评政府活动》提案，被评为市政协优秀提案。参与由省委统战部、省社会主义学院组织的“关于新的社会阶层与统一战线”专题调研。2004年，团体提案《关于完善房地产地方法规，改进行政管理的建议》被评为市政协优秀提案。在《泉城商会》刊物设立优秀提案选登栏目。2005年，会同市发改委形成《关于加快我市非公有经济发展的调研报告》。

2006年，《关于认真贯彻落实国务院关于鼓励支持和引导个体私营等非公有制经济发展的若干意见的建议》被评为优秀提案，列为市政协主席督办重点提案。有关城市失业率指标、建设济南模具城等方面的建议被济南市国民经济和社会发展“十一五”规划纲要采纳。

2007年，完成“民营企业履行社会责任”统计工作。团体提案《关于加大非公企业就业人员社保工作力度的建议》被评为市政协优秀提案。组织部分民营企业家参加城市规划和重点项目考察活动。

2008年，开展对《中华人民共和国劳动合同法》实施后出现新情况的调研，并在全国人大常委会副委员长华建敏在济南视察期间就民营企业落实情况进行汇报。完成“民营企业融资问题”等8个课题调研。组织部分民营企业家参加《济南市企业和企业经营者权益保护条例》立法调研活动和市纪委关于优化民营经济发展环境的专题调研。在市政协十二届一次会议上《关于设立济南市义务工作日》提案，被有关媒体作为有创意的提案进行跟踪报道。

2009年，配合完成全国工商联和国务院法制办调研组仲裁法律制度的推广与应用调研。在市政协十二届二次会议上，提案《关于强力推进我市民营企业上市融资，利用资本市场加快发展的建议》团体提案，市政府专门召开企业上市工作会议，并制定工作意见。

2010年，在市政协十二届三次会议上，共提交团体提案5个、大会发言2个。其中《以城市综合体建设为引擎，强力推进省会经济发展和现代化建设》的大会发言，得到市委领导重视和关注；《关于开设“政协视窗”专栏的建议》被评为优秀提案，并被确定为市政协主席督办提案。

第四节　社会公益事业

1986年，实施“星火计划”，支援乡镇、区街企业，共承担55个项目，派出咨询人员200多人次。

1987年，围绕“双增双节”提出合理化建议388条。协助乡镇、区街筹建多家新企业，试制新产品。为乡镇、区街企业提供生产技术、生产工艺、产品质量咨询服务。

1989年，与市民建共同承接经济与技术咨询项目83个，558人次参加服务。

1990年，承接技术咨询项目68个，参加咨询服务人员400余人次。市工商联有长期咨询单位21个，派驻长期咨询服务的工商联会员29人。

1995年，非公有制经济人士为扶贫、助学、助残、帮助贫困地区振兴经济以及各类公益事业捐款、捐物110万元。

1996年，会员企业为扶贫、助学、助残、赈灾及其他社会公益、福利事业捐款9273.8万元，同时资助20余名失学、辍学儿童重返校园。

1997年，为小清河治理工程捐款600万元，为社会公益事业捐款、捐物200万元， 资助300余名贫困、失学儿童重返校园。与市劳动服务总公司合作，组织100家工商联会员企业举办招用下岗职工洽谈会，有3016名下岗职工签订应聘合同书。会员企业全年向社会公益事业累计捐款、捐物3000万元。

1997年开始，实施“帮带致富工程”。发动全市3200多名会员参加“帮带”活动，至2002年共“帮带”贫困户、未富户32382户，帮扶资金5200万元，提供致富信息12208条，帮扶新上项目4070个，安排就业16151人。

1998年，组织民营企业招聘下岗职工洽谈会，1017家会员企业新安置下岗职工7006人。在抗洪救灾活动中，会员企业捐款捐物折合人民币近3000万元。1999年，对工商联会员企业“参与下岗职工再就业”“帮带致富”工程双十佳标兵进行命名表彰。2000年，历城区工商联副会长、山东大强实业集团总经理冯钦柱出资8500万元，支持本村改造工程。

2003年，引导会员参与抗击“非典”斗争，发放宣传材料2000余份，捐款捐物200余万元。

2004年，市工商联与市民政局等部门联合举办“济南市首届退役士兵、军嫂与民营企业双向选择洽谈会”等招聘活动两次，达成就业意向1414人，被济南市委、市政府授予2004年度“双拥工作模范单位”称号。会员企业投资扶贫项目6个，投资金额1000万元。为济南市社会福利院“福娃艺术团”成立捐赠现金4.82万元。

2005年，实施以商河县为基地、以特困户危房改造为重点的“光彩安居工程”，捐资额20万元。与有关部门共同组织招聘活动3次，共达成就业意向6432个。8家企业受到省工商联、省总工会表彰。会员企业向公益事业捐款捐物超过1350万元。

2006年，会员企业为“光彩安居工程”捐款80多万元。在省工商联组织开展的“民企帮村”活动中，有8家市工商联会员单位和7名会员个人受到表彰。会同市劳动局、市总工会、市民政局等举办招聘会9场， 达成就业意向25193个。有5家会员企业被省劳动厅等部门授予“就业与社会保障先进单位”称号。

2007年，“光彩安居工程”募集资金40多万元。开展“民企帮村”活动，共为贫困农村修路、 打井、架桥等捐资2000万元；资助农村困难群众8129户，特困学生2349名， 帮扶弱势群体1260人，捐赠共计659万元；在结对帮扶的农村上项目112个，投资3800万元，实现用工7028人，为农村增收4527万元；通过与农户结成利益共同体，带动20万户农户增加额外收益1.2亿元；在农村建种养殖加工基地20个，面积637.33公顷，涉及717个村、19690户，近7万人，使农民增收3000万元。被省工商联评为“民企帮村”工作先进单位。与市劳动局、市总工会等部门共同举办招聘会3场，达成就业意向3650个。

2008年，四川汶川特大地震发生后，组织563家会员企业捐款捐物3988.5万元，其中超过100万元的9家。136家会员企业先后参与各类招聘会6次，提供岗位6000个。

2009年，市工商联开展不裁员倡议活动，新华社《每日电讯》头版对此编发特别报道。

组织企业参与“济南民营企业招聘周”“为四川地震灾区提供爱心援助岗位”“与青春同行——全省高校毕业生就业助推百日攻坚”等系列活动，提供就业岗位1.6万个。

2010年，启动“感恩行动”，圣泉集团及全体员工为首批176名生活困难的“三老”(为共和国做出重大贡献的老革命、老党员、老模范)人员捐助320万元。全市工商联系统落实该项捐助资金近700万元。非公经济人士参与各项公益慈善事业捐款捐物1770万元；投资捐资6000多万元支援新农村建设。

第五节　服务经济发展和为会员服务

1986年，为市、区工商企业开展经济咨询活动，协助区、街兴办起多家企业，创办《信息服务》。开办培训班，培训学员和待业青年1000余人。对市工商联原自办企业组织机构进行改组，更名为济南市建联茶叶经理部、济南市建联纺织品经理部。帮助各区工商联开办企业3家。成立市工商联企业管理委员会。

1987年，积极开展经济咨询服务，有100多条被采纳和实施，获效益600万元。举办各类专业培训班17个、技术讲座5次。组织企业参加全国工商联在石家庄举办的首届商品交易会，与无锡市工商联联合在济南市举办“纺织品展销订货会”。出版《信息服务》15期。

1988年，为区街乡镇企业提供经营和技术指导咨询项目37个，协助会员筹建工厂、商店5处。开展工商专业培训，举办各类培训班17个(期)，学员3761人。承办北京经济函授大学济南建联分校经济管理专业。市教育委员会授予北京经济函授大学济南建联分校“社会力量办学先进单位”称号。

1989年，与市民建共同举办单证培训班7个、经济类大专班5个，当年共培训学员2491人。组织4家企业参加华东六省一市工商联第三届商品交易会。建立济南工商学院。经市教委批准，函授大学建联分校纳入学院系列。市、县工商联共有自办企业13家，会办企业工商开发公司和经济技术咨询公司分别于当年12月31日和10月26日撤销。

1990年，组织1家企业参加“山东省工商联科技新成果洽谈会”，成交额1086万元。协助济南国际贸易中心举办“全国名优特新生活用品大联展”。对工商联自办企业进行整顿，建联中药材经理部被全国工商联评为“工商联文明企业”。

1991年，协助筹备“华东六省一市工商联第五届商品交易会”等多次展会，成交额1107.59万元。为企业牵线搭桥，与台商洽谈电话机外壳技术等合作项目4个。

1992年，与国贸大厦联合举办“全国名优服装鞋帽展销订货会”等4项大型商贸活动，国贸大厦全年营业额首次突破两亿元。组织企业参加“华东六省一市第六届商品交易会”等经贸洽谈会。组织会员企业赴东南亚、泰国进行商务考察。7月，成立济南工商联咨询公司。

1993年，组织企业参加“华东六省一市工商联(商会) 第七届商品交易会”，协助国贸大厦举办系列经贸活动。为会员企业融通贷款16万元。提供经济信息800余条，接待商务洽谈500余人次。与美国加州奥普杰尔公司签订互为商务代理委托书。

1994年，与国贸大厦联合举办展销活动，举办济南市首届民营企业科技成果、人才、经贸洽谈会，成交项目1000多个。由市工商联建议，经市政府和金融主管部门批准，成立济南市万紫巷城市信用合作社。组织企业赴韩国、中国香港地区考察并达成合作开发项目3个。成立济南市进出口公司建联分公司。

1995年，成立济南市非公有制企业职称改革领导小组、济南市非公有制企业工程技术职务初级评审委员会，为15名非公有制企业工程技术人员评定初级职务资格。协助济南市律师事务所成立非公有制企业法律事务部。成立济南市工商联非公有制企业档案服务中心；成立济南市工商联会员出国(境)政审办公室，为数十名非公有制经济人士办理出国(境) 政审手续。达成异地经贸合作协议30多个，协议金额2300万元。新西兰中华总商会与济南市工商联(济南总商会)结为友好商会。

1996年，为会员提供法律咨询400余人次，为会员企业提合理化建议200余条， 帮助会员融资1226万元；成立两家会员互助金会，为会员企业解决贷款620万元。举办各类培训班70期，培训人员3000人次。组织“济南商会经贸考察团”赴新西兰、澳大利亚、朝鲜进行商务考察和洽谈。促成汕头市3个县级市的28家企业在山东大学建立“广货商城”展销。组织会员参加各类经贸活动10余次，签订经贸合作项目14个，贸易成交额100余万元。

1997年，为会员企业解决生产经营难题400余件(次)，提供法律咨询300余宗，为企业挽回经济损失40万元，为14名非公有制经济人士办理出国(境)政审；成立济南仲裁委员会驻济南总商会仲裁联络处，开展经济仲裁工作。100名民营企业家参加省工商联和省外经委举办的“欧共体——亚洲投资伙伴计划项目推介会”，有5家民营企业在会上达成合作项目。组织会员企业参加市政府举办的国有企业资产重组洽谈会，20余家会员企业与国有、集体企业实现资产重组。

1998年，组织77家非公有制会员企业参加“1998济南产权交易暨城乡一体化洽谈会”，有22家非公有制会员企业和济南市的国有企业签订合作、收购意向和协议，有5家签订合同。与南昌、长春、泉州等城市商会结为友好商会；与印尼和中国台湾、香港等国家和地区进行经贸信息交流，组织会员企业参加“1998葡萄牙—北京贸易展谈会”等活动。

1999年，与中国农业银行山东省分行营业部签署支持私营企业发展合作协议，安排5000万元贷款优先解决济南市个体私营企业发展的资金需求。与澳大利亚澳中工商会、深圳市总商会、哈尔滨市总商会、西安总商会、温州总商会等结为友好总商会。组织经贸参访团赴台湾进行经贸考察，建立与台湾商会间的联系。组织会员企业参加山东冠县“1999梨花节招商引资洽谈会”等活动，达成合作意向13项。协助大兴安岭地区商会、哈尔滨和大庆市政府到济南举办招商活动。

2000年，组织企业参加“南京金秋经贸洽谈会”等多次经贸洽谈会，共签订合作意向44份、意向金额1000万元。为部分会员办理专业技术职务资格证书，为企业出国人员办理政审手续。组织企业对南非、肯尼亚、埃及进行经贸考察，签订5项协议。参与港商投资300万美元建造跑马岭云顶娱乐城及青年公寓的协议签订工作。与大连、南京、温州等城市商会建立友好商会关系。

2001年，组织会员企业参加“第八届天津商品交易会”等多个招商引资洽谈会，到浙江等地进行经贸考察，达成4项合作意向。组织企业参加第六届世界华商大会，提供30个对接项目。组织首次民营企业代表人士健康查体活动，举办法律专题服务咨询会、入世知识讲座、电子商务知识讲座4期。为企业争取贷款1200万元。承办华商大会德国、澳大利亚等6国43个外商代表在济南的观光和商务洽谈活动。与海口市和长沙市工商联建立友好商会关系。

2002年，为会员企业解决贷款1亿多元，省建行与大型民营企业签订7.5亿元的贷款协议。组织企业参加“全国知名民营企业南昌项目洽谈会”，达成多个合作项目。成功举办和参加“中印合作洽谈会”等经贸活动，促成10多个合作项目。协助温州总商会举办“温州市民营企业成果巡回展”。

2003年，由市工商联牵头，联合力诺、舜华园、夕阳红等3家会员企业，共同出资1亿元成立济南市工商企业担保投资有限公司。组织会员企业参加“第七届中国东西部合作与投资贸易洽谈会”等10余项国内外经贸洽谈交流活动，协助福州市工商联成立“济南市福州投资企业商会”。全市工商联系统共引进项目29个，实施项目23个，合同资金近8亿元，实际到位资金1.8亿元。

2004年，采取市场运作和无偿服务相结合的办法，培训1600余名企业家和专业人员。成立法律咨询服务中心，为企业挽回经济损失1000余万元。与信用合作社深化“联户联保”贷款办法，联户联保贷款总户数3150户，使用贷款额2.1亿元。为65家民营企业的创业人员提供档案服务。与市企业家协会等有关部门合作，为首批10家企业评定信用等级，其中会员企业4家。与新疆建设兵团的阿拉尔市、石河子市、五家渠市以及安徽省阜阳市商会结为友好商会。召开市工商联“1+1”[①]招商引资现场经验交流会，全市工商联会员企业招商引资超过5亿元人民币。

2005年，创办民营经济发展“泉城论坛”，先后举办3期，700多人参加。发挥合作律师事务所、仲裁机构的资源优势，为企业挽回经济损失2000万元。各区县都结合当地实际成立相应的维权服务机构。为100多家民营企业开展免费档案管理指导服务。接待内蒙古等十几家工商联和澳大利亚、中国香港、中国台湾等国家和地区商会组织的访问团，达成合作意向5项。组织10家会员企业赴西安参加全国民营企业合作交流会，会员企业圣泉集团与西安市签订2亿元的投资意向。会员企业引进项目28个，招商引资超过2.5亿元。

2006年，与市政协文史委联合编辑出版《济南民营企业发展纪实》，收录介绍民营企业37家。在第二届新疆贸易洽谈会上，会员企业达成2亿元的天然气发电项目。接待香港山东商会来访。

2007年，组织召开全市民营工业经济发展座谈会，市长张建国、市政府有关部门负责人与民营制造业50家企业的负责人座谈，为企业解决10多个具体问题。成立济南仲裁委驻商会仲裁中心，建立各县(市)区工商联仲裁联络站。举办“济南市民营企业档案员培训班”，组织“总部经济”“营销策划”等专题培训班。接待日本山口县贸易振兴机构等外地商会、社团10余批次，组织80多家会员企业参加全国工商联组织的“第九届环渤海地区民营经济经贸合作洽谈会”等，达成合作意向30多个，意向资金6亿多元。

2008年，为20余家会员企业解决贷款6000多万元，为多家会员企业达成贷款意向1.2亿元。多次组织召开民营企业发展座谈会，多条意见被纳入市政府《关于促进中小企业又好又快发展的意见》。开展非公有制企业创建文明单位活动，市工商联作为全市非公有制企业文明单位评选活动的组织和初审单位，推荐21家市级文明单位。此项活动被评选为全国工商联2008年度工作“十大亮点”之一。联合济南电视台共同策划拍摄30集“改革开放30周年——中国有我”民营企业大型电视专题宣传片。组织50多家会员企业参加“中国东西部民营经济合作发展论坛”等8次国内外经贸活动，达成项目意向20多个。建立工商联系统招商引资项目库，召开“1+1”招商引资表彰会。

2009年，搭建信息服务平台，归纳整理中央及地方制定的各类政策，及时准确地传递给行业和企业。搭建融资服务平台，指导区县成立银企协会、银企联谊会，会员企业与相关金融机构签订6亿多元的贷款合同。搭建仲裁法律服务平台，完善济南仲裁委驻工商联仲裁中心的各项仲裁机制，为会员企业避免和挽回经

① 充分利用工商联会员企业对外联系广泛，对内熟悉情况的优势，以自身企业、企业所在地和各类经济园区为载体，积极牵线搭桥、寻求合作，每一会员引进一家以上海内外企业到济南市投资兴业。

济损失3000多万元。搭建经贸联络平台，接待海内外经贸考察团20余个。组织企业出访16批次，参加“中国东西部民营经济合作与投资贸易洽谈会”等10余次国内外经贸活动。各级工商联组织和会员企业引进引办项目124个，引进资金4.93亿元。

2010年，成立直属会员商会，聘请11个政府部门负责人任顾问。组织民营企业赴商河县考察温泉开发利用项目，投资6亿多元。加强银企合作，为中小企业解决小额贷款130多次、9700万元。齐鲁银行共为全市工商联系统及各类商会授信14.2亿元，实际发放贷款7.5亿元。组织企业参加“2010年民营企业招聘周”活动，帮助近千人实现就业。组织企业分别参加“第六届新疆喀什·中亚南亚商品交易会”等8次国内外经贸活动，达成项目意向20多个。签订投资重庆意向书12.8亿元。商会及会员共引进、合办项目55个，引进市外资金12亿元。

第五章 济南市科学技术协会

第一节 代表大会

1986～2010年，济南市科学技术协会(简称市科协)先后召开第三至第七次代表大会，选举产生市科协各届委员会及其领导成员。

第三次代表大会

1987年1月，市科协第三次代表大会召开。大会选举市科协第三届委员会，选举主席1人、副主席4人。

第四次代表大会

1991年11月28日～30日，市科协第四次代表大会召开。451名正式代表、43名特邀代表出席大会。大会审议通过第三届全委会工作报告，选举产生由90人组成的市科协第四届委员会。在四届一次全委会议上，选举产生由21名委员组成的常委会，选举主席1人、副主席3人。

第五次代表大会

1996年10月19日～21日，市科协第五次代表大会召开。大会审议通过第四届委员会工作报告；审议通过《济南市科学技术协会章程》；选举产生由81人组成的市科协第五届委员会。在五届一次全委会上，选举产生由27人组成的常委会，选举主席1人、副主席3人。通过授予中国科协委员、副市长赵志冰，中科院院士、山东大学原副校长蒋民华教授市科协名誉主席的决定。

第六次代表大会

2001年11月27日～29日，市科协第六次代表大会召开。466名代表出席大会。大会审议通过第五届委员会工作报告和《济南市科学技术协会章程(修改草案)》；选举产生由81人组成的市科协第六届委员会。在六届一次全委会上，选举产生由27人组成的常委会，选举主席1人、副主席3人。通过授予中科院院士蒋民华教授、副市长王天义博士为市科协名誉主席的决定。

第七次代表大会

2006年11月1日～3日，市科协第七次代表大会召开。大会审议通过市科协第六届委员会工作报告，选举产生市科协第七届委员会。选举主席1人、副主席5人。

第二节　主要活动

详见《济南市志(1986～2010)•第七册》“科普”部分。

第三节　机　构

1986年，市科协内设办公室、学会工作部、科普工作部、组织工作部共4个部室；下设市科学技术宣传馆、市科技咨询服务中心、市锦绣川科技开发服务中心3个事业单位。

1992年，增设科技培训部。至2010年，市科协机关设办公室、科普部、学会部、企业部、组织部、国际部、市反邪教办公室共7个部室；下辖市科技馆、市科技咨询中心、市科技活动中心3个直属事业单位。

第六章　济南市社会科学界联合会

第一节　代表大会

1986～2010年，济南市社会科学界联合会(简称市社科联)先后召开市社科联第二至第四次会员代表大会，选举产生市社科联各届委员会及其领导成员。

第二次会员代表大会

1987年3月25日，市社科联第二次会员代表大会召开。大会审议通过第一届委员会工作报告，修改《济南市社会科学界联合会章程》，选举产生由59人组成的市社科联第二届委员会。聘请刘耀华为名誉主席，选举主席1人、副主席2人。

第三次会员代表大会

1996年12月6日，市社科联第三次会员代表大会召开。来自市社科联所属42个学会、协会、研究会和全市各行各业社科工作者代表217人参加大会。大会审议通过第二届委员会工作报告和《济南市社会科学界联合会章程(修改草案)》；选举产生由59人组成的市社科联第三届委员，选举主席1人，副主席3人。

第四次会员代表大会

2002年10月9日，市社科联第四次会员代表大会召开。来自全市42个学会、10个县(市)区和市直有关部门的代表171人参加大会。大会审议通过市社科联第三届委员会工作报告和《济南市社会科学界联合会章程(修改草案)》；选举产生由60人组成的市社科联第四届委员会，选举主席1人、副主席3人。

第二节　主要活动

一、社科队伍建设

1986年，市社科联下属学会、研究会7个。至2010年年底，下属学会、协会、研究会发展到44个，其中包括学会25个、协会10个、研究会9个，有会员约3万人，涵盖哲学、政治学、经济学、历史学、文学、教育学、管理学等社会科学门类，全市形成以社科联为中心，各学会、协会、研究会为网络的社会科学学术研究和交流活动体系，组成一支学科齐全、门类众多、人才荟萃的社会科学队伍。围绕学会建设管理，重点开展“学会调研年”“学会建设年”“学会创新发展年”等主题活动，使其真正成为组织机构健全、规章制度完善、功能作用到位的社团组织。2003～2007年，举办三届“双十佳”评选活动，评选出30个先进学会和30名优秀社科工作者，举办多期学会骨干秘书长培训班。2010年7月，成立学会党支部。市税务学会、市教育学会、市图书馆学会、市外商投资协会等10余家学会先后被评为“全国大中城市先进学会”“标兵学会”。

二、社科基地建设

2003年，市社科联与市图书馆联合成立济南市社会科学文献资料基地，90万册中文图书、视听文献及多媒体电子阅览室无偿向社科研究人员开放，开辟了社科研究人员资料查阅的“绿色通道”。2004年，在济南大学建立“济南市社科教育调研基地”，主要承担重大理论与实践问题的申报研究，并形成成果。定期组织开展报告会、研究会、学术讲座等活动，增进高层次专家学者的交流和合作。

三、社科知识普及

1986～2010年，共编辑出版刊物《社科论坛》169期；组织编辑出版《济南市社会主义精神文明建设理论研讨会论文选》《前进中的沉思》《以德治国的理论与实践》《邓小平理论与济南改革实践》等专著20余部；先后在槐荫区裕园、营市街绿园两个社区建立社科普及示范社区，两处基地分获2007年度、2008年度“山东省社会科学普及周优秀奖励项目”；邀请全国高等院校、科研机构的专家学者纪宝成、李燕杰、于丹等到济南作学术报告。指导鼓励所属学会办好学会会刊，扶持开展学术讲座、知识竞赛、编写科普读物、咨询服务等多种科普活动。其间，市社科联及各学会、协会、研究会共举办科普培训450期，培训人员8.5万人次；举办科普讲座830场(次)，听众80万人次。

开展社科调查、宣传活动。1989年10月至1990年6月，由市社科联牵头，山东医科大学、市教委、市社科所、市青少年问题研究所等5个单位组成联合调查组，对济南市青少年思想行为状况及原因进行调查分析。调查组先后深入2个街道的6所中学、2所小学，向3119名学生、1184名学生家长、123名班主任教师和572名学生班长进行无记名问卷调查，形成《济南市当前青少年思想行为状况及原因分析调查报告》，共3.5万字。经专家鉴定，该报告“具有社会价值、理论价值、科学价值和实践价值”。1990年4月，邀请全国著名人口学家、中国人民大学教授邬沧萍到济南为全市县处级以上党政领导干部和计划生育专职人员作题为《中国国情中的人口》的学术报告。1991年6月～9月，市档案学会与市档案局联合组织《中华人民共和国档案法》知识竞赛活动，全市5000名档案工作者参加竞赛。决赛由中央电视台注明播音员赵忠祥主持，并先后在省、市电视台播放。8～11月，市图书馆学会协助市图书馆组织市教委、市文化局、市卫生局和市总工会4个系统的基层图书馆，开展济南市首届图书业务竞赛活动。1991年8月27日、31日，市社科联和市科学社会主义学会组织部分长期从事科学社会主义教育或研究的会员分别到济南机车工厂和济南炼油厂，与厂中层以上管理干部、工人代表进行座谈，回答他们提出的关于社会主义制度的前途命运；共产党的领导地位；共产主义理想、道德；实现共产主义远大理想；党群、干群关系；工人阶级主人翁地位；改革开放的具体政策等20多个热点和疑难问题。1993年，市金融学会组织会员深入基层进行调研，对深化全市金融体制改革提出对策和建议，写出一批高质量的调查报告。另外，市金融学会还就中国“复关”后经济运行和企业发展将会产生哪些影响的问题，组织会员写出《恢复关贸总协定地位对我国信贷资金管理体制的影响和对策》《重返关贸总协定对我国金融业的影响及对策》两篇调查报告。1993年上半年，金融系统存款下降，货币回笼减少，信贷能力减弱，出现经济高速发展与金融紧运行相伴并存的严峻局面。市金融学会组织市人民银行和市工商银行部分会员，深入企业和基层银行调查研究，写出《对济南市上半年经济金融运行形势的分析和下半年的趋势展望》的调查报告。1996年3月，市社科联与省社联联合，组织省、市部分社会科学工作者和专家、教授，就新时期社会主义精神文明建设的经验、做法及遇到的新情况、新问题进行调查研究。1998年，市监察学会组织《中华人民共和国行政监察法》颁布实施一周年知识竞赛，发放学习材料2万册，全市15万人参赛。市图书馆学会组织会员及会员单位参加“三下乡”活动，帮助长清县崮山镇建立文化馆图书室；向历城区孙村镇和章丘市埠村捐赠科技书刊2500册。市价格学会组织全体会员走上街头，运用图片、实物、案例、宣传材料等形式，向群众宣传普及《中华人民共和国价格法》。

2004年，策划开展以“树立和落实科学发展观，构建社会主义和谐社会”为主题的社会科学普及周活动。按照“围绕主题，共同参与，形成声势，扩大影响”原则，实施省、市联动，以集中性的宣传普及活动为突破口，凸显干部群众关心的热点难点问题和为经济社会文化发展服务的重点问题的宣传普及。至2010年已连续举办7届，组织讲座、报告会、科普展览等60余场次，开展现场咨询服务40余场次，内容涉及政治、经济、文学艺术、家庭教育、饮食文化、心理保健等内容，累计直接受众20万人次。2008年5月，市委宣传部、市社科联牵头策划组织“人文济南”讲坛活动。著名教育家、书法家欧阳中石以《我是在济南成长的》作开坛之讲。2008～2010年，相继开展《中国人的家族情结》《济南历史文化与现代旅游》《济南的城市变迁》《济南近现代工商业文化发展漫谈》《小清河与济南》等讲座40余场，对济南悠久的历史、丰富的人文资源进行挖掘宣传，展示济南城市鲜明的时代精神、浓厚的人文底蕴和独特的文化魅力。

出版社科普及宣传读物。1999～2000年，市社科联组织市社科界专家、学者和部分社科工作者编纂出版《邓小平理论与济南改革实践》丛书(共7卷)，即《农村改革》《国有企业改革》《精神文明建设》《对外开放》《党的建设》《社会发展》《发展战略》。丛书总字数140万字，其中第1～5卷于1999年9月出版，第6～7卷于2000年9月出版，共发行1.12万册。2001年，市委宣传部、市社科联在全市开展“学习贯彻‘以德治国’方略，全面推进精神文明建设”论文征集评选活动，从中选出97篇，汇编《以德治国的理论与实践》一书。2007年，组织编纂《诚信·创新·和谐——济南城市精神的探索与实践》一书。全书分筹划探索、集思广益、阐释解读、感召践行4篇，共40多万字。

建立社科普及示范社区。2007年，选择槐荫区裕园社区，以“人文社区、和谐裕园”为主题，投入部分启动资金，采取共建的方式，建立省暨济南市首个社科普及示范社区，把社科普及“进机关、进农村、进企业、进学校、进社区”活动引向深入。根据不同受众的需求，开展成长角、市民大讲堂、专家咨询团进社区等活动，实现社科普及多形式、宽领域的渗透。“社科普及裕园示范社区建设”获2007年山东省社会科学普及周优秀奖励项目。2008年，在槐荫营市街绿园社区建立新的示范基地，先后策划开展“三德教育”论坛、“社区邻里文化节”“书香家庭书画展”“爱党、爱国、爱军—红嫂颂”等系列活动。“绿园社科普及示范基地的创建”获2008年山东省社科普及周优秀奖励项目。

四、社科理论研讨和课题研究

1986～2010年，市社科联发挥纽带作用，整合社科资源，开展跨行业、跨系统、跨部门的横向联合，把活动的着眼点放在济南经济、文化和社会发展的需求上，力求学术活动体现济南特色，为济南发展服务。先后召开“济南市深化企业改革理论研讨会”“纪念济南解放四十周年”“济南城市精神专题研讨”等座谈会、研讨会723次，交流学术论文和科研成果15940篇(项)。

2002～2004年，市社科联与市委宣传部、市文明办等单位联合开展济南城市精神大讨论活动。前后历时近两年，从历史文化、社会经济、精神文明和人文环境四个专题进行研究探讨，先后有100余名专家参加研讨，提交论文60余篇。其间，开通新闻热线，听取市民意见，收到电函300余个(封)。市委书记姜大明、市长鲍志强先后作出批示。从专家分题研讨、市民参与讨论到领导宏观指导，最终概括出“诚信、创新、和谐”六字精神。其中“诚信”是济南人民非常突出的特质，既是齐鲁文化长期熏陶的结果，也是市场经济条件下商业理性的价值取向；“创新”表达了济南人民各个历史阶段积极探索、勇于进取、敢领风气之先的创新行为和精神追求，也是当前全力推进各项事业的强烈历史责任；“和谐”反映了济南城市区位自然、人伦和睦包容的实际状况，是对十六届四中全会提出的建设“和谐社会”要求的积极体现。

2005年始，市社科联组织举办社科界主题学术年活动。2005年主题学术年会以“诚信、创新、和谐”为主题，分设“以人为本与诚信济南”“改革发展与创新济南”“和谐社会与文明济南”3个专题会议。至2010年，先后召开专题研讨会30余次，提交研讨论文200余篇。2007年5月，市社科联牵头成立济南市社科专家咨询团，为全市经济社会发展建言献策、解惑释疑和开展咨询服务。组成人员既包括社科界不同学科的专家学者，也吸收少量的领导干部和不同行业的实际工作者，实行双向服务，动态管理。咨询团成立后，围绕全市经济社会发展中心工作，先后承担完成“发挥省城优势，做大做强济南经济”“济南市文化产业发展理论与实证研究”“济南阳光大姐创业调研”等市级重点课题20余项。其中，对济南市妇联创建“阳光大姐”促进妇女就业创业的调研活动，省市专家学者从不同角度对阳光大姐进行现状分析和问题研究，提出解决问题和今后的发展意见、建议，同时为阳光大姐提炼出“爱心+责任”的经营服务理念，撰写的《让阳光照耀千家万户》调研报告，相继被《求是》《大众日报》《济南日报》《济南通讯》转发。

五、社科评奖

济南市社会科学优秀成果奖是市委、市政府于1983年批准设立的济南市社会科学最高奖项，由市社科联具体组织承办。1989～2010年，每年组织一次，共组织评奖活动21次，共评出市级社科优秀成果1628项，其中突出贡献奖37项，一等奖114项，二等奖362项，三等奖1115项。

第三节 机 构

1982年8月，济南市社会科学界联合会成立。1996年，市社科联机关内设办公室、学会科普部2个部室。2005年9月，机关增加行政编制3人，增编后机关编制总数13人(其中行政编12人，工勤编1人)。2010年，机关行政编由14名增至15名。

第七章　济南市文学艺术界联合会

第一节　代表大会

1986～2010年，济南市文学艺术界联合会(简称市文联)先后召开第二至第五次文学艺术界代表大会，选举产生市文联各届委员会及其领导成员。

第二次代表大会

1987年8月14日～15日，市文联第二次代表大会召开。大会选举产生市文联第二届委员会，选举主席1人、副主席3人，有委员65人、常务委员11人，聘请冯德英为名誉主席。

第三次代表大会

1996年11月28日～29日，市文联第三次代表大会召开，217名代表出席大会。大会审议通过吴泽浩代表市文联第二届委员会所作的工作报告；审议通过修改后的《济南市文学艺术界联合会章程》；根据文联章程和法定程序，聘请高洁、王汇川、蒙沙、张晓、任远、丛耸为顾问，选举产生市文联第三届委员会，选举主席1人、副主席6人。

第四次代表大会

2002年9月20日～21日，市文联第四次代表大会召开，259名代表出席大会。大会审议通过市文联第三届委员会工作报告；讨论通过修改后的《济南市文学艺术界联合会章程》；选举产生市文联第四届领导机构。选举主席1人、副主席7人。

第五次代表大会

2010年11月29日至12月1日，市文联第五次代表大会召开。大会听取、审议并通过市文联第四届委员会工作报告；修改并通过《济南市文学艺术界联合会章程》；选举产生市文联第五届委员会，选举主席1人、副主席12人。

第二节　主要活动

一、第二次文代会期间

1989年9月22日，市委、市政府举行济南市“首届泉城文艺创作奖”颁奖大会，表彰奖励7个创作集体和156名专业、业余作者创作的135件作品，其中荣誉奖16件，一等奖8件，二等奖33件，三等奖69件，文学评论奖7件，民间文学奖2件。54件优秀作品参加“首届山东省泰山文艺创作奖”评奖活动，有11件作品获奖。其中市杂技团的杂技节目《蹬板凳》、任宝祯等人创作的笛子独奏曲《向往》获一等奖，肖江等人创作的歌曲《庄稼人》、陈左黄的篆刻、李慎武的山东琴书《亲上亲》获二等奖。

其间，张海迪长篇小说《轮椅上的梦》被翻译成韩语和日语出版，获“庄重文文学奖”。郭慎娟的《知识的罪与罚》获全国优秀报告文学奖；李根红的诗集《母亲河》、严民的长篇小说《洗礼》、刘玉民的长篇小说《羊角号》、赵鹤翔的报告文学《情的诗歌》等入选省精品工程或获省文学精品奖。《当代小说》坚持纯文学的办刊宗旨，先后获山东省文学期刊二等奖(一等奖空缺)、华东六省市优秀期刊三等奖、山东省社科类期刊质量评估优秀期刊。

1992年9月，由中国文联主办，市文联承办的“全国文联改革研讨会”在济南召开，28个省、市、自治区和部分大中城市、企业和县(市)区文联负责人80多人出席会议。

1993年12月，由中国书协和市文联共同主办的“毛泽东书法艺术研讨会”在济南召开，中国书协领导及著名专家学者、书法家欧阳中石、刘艺等40多人出席会议。

1995年12月27日，市委宣传部、市文联共同主办济南市文学座谈会。

二、第三次文代会期间

1997～2002年，市文联共创作长篇小说、影视文学作品等200余部(篇)和一大批优秀美术、书法、摄影作品。其中收录全市改革开放以来近200件、60余万字的《济南优秀文艺作品选》出版，全面展示济南市文艺创作的成就；刘玉民的长篇小说《骚动之秋》获第四届茅盾文学奖，填补山东省在该奖项上的空白；张海迪的散文集《生命的追问》获全国“五个一工程”奖；杨剑鸣为主创的电视连续剧《警方110》获广播电影电视部、文化部、中国电视艺术学术委员会金鹰奖一等奖；罗珠的长篇小说《大水》、于艾香的长篇小说《女书记》、王欣的长篇小说《九班宣言》等分获省文学精品奖及山东省50年优秀儿童文学奖；任远的散文集《北方的榆树》、刘玉栋的中篇小说《我们分到了土地》、于艾香的中篇小说《对门》分获省首届“齐鲁文学奖”；在省第二届刘勰文艺评论奖评选中，崔苇的专著《审美的批评》、丛弇的专著《古今艺术纵论》获文艺评论著作入选作品奖。

2001年，开展首届“济南文艺奖”评选，推出美术、书法、摄影、文学、音乐5个门类的评奖活动，共有李兆虬的国画《魏晋风度》，于剑波的行书作品，王淮贵的摄影《农民戏班子》，于艾香的长篇小说《女书记》，胥正君作词、艾力作曲的歌曲《唱给妈妈的歌》等33件作品获奖。

三、第四次文代会期间

2006年，路也的散文集《我的城堡》、逄金一的散文集《双倍的生活》、刘玉栋的短篇小说《给马兰姑姑押车》、刘照如的短篇小说《鲜花盛开的草帽》、王秀梅的中篇小说《彼岸的舞台》、鞠慧的长篇小说《杏花如雨》、崔苇的评论集《夕阳和旭日》获山东省第二届齐鲁文学奖，刘照如的短篇小说《在那桃花盛开的地方》、方远的中篇小说《门缝儿里的爱情》、路也的诗集《我的子虚之镇乌有之乡》获“泰山文艺奖”文学创作奖。2007年，张继编剧的电视连续剧《乡村爱情1》获全国第十届精神文明建设“五个一精品工程奖”优秀奖，在第三届全国电视剧风云盛典颁奖仪式上获最佳编剧奖和全国收视十佳电视剧奖，由他创作的电视剧《石榴花开》《乡村爱情2》《玫瑰园里的老少爷儿们》等相继播出；同年，李菡散文集《淡香水》获冰心图书奖，刘照如的散文集《往事或杜撰》获全国孙犁散文奖二等奖，张法贵的长篇儿童小说《美丽的大森林》获“绿我中华”全国征文金奖；刘玉民的长篇小说《过龙兵》、鞠慧的长篇小说《杏花如雨》获省精品工程奖，赵鹤祥的文学艺术集《养澈集》获第四届山东省刘勰文艺评论奖。

2002年6月8日，由中国书协主办、省书协协办、市书协承办的全国第四届刻字艺术展开幕式及作品集首发式在济南文联大厦举行。中国书协、省文联、省书协及北京、河北、海南、湖北、福建、广西、辽宁等省市文联、书协的领导及获奖代表共500余人参加。此次共展出从全国3000多件作品中遴选出来的260余件作品。

2003年3月9日，由中国摄影家协会、济南市委宣传部主办，市文联、省摄影家协会、市摄影家协会共同承办的“第20届全国摄影艺术巡回展”，在山东东方现代艺术馆举行，展出作品900余幅。巡展期间，海外摄影大师和国内摄影界权威人士及部分获奖者亲临现场，并举办系列摄影讲座及交流活动。6月13日，济南市文艺界知名人士创作成果档案资料捐赠活动在济南文联大厦举行。吴泽浩、张仲亭、刘玉民、孙国章、王欣、孙丽、赵鹤祥、郭廓、赵和琪、曾毅、严民、刘志钰、史雅珍、张国英、韦辛夷、王金年、刘化民、杨剑鸣、于艾香、崔苇、姜文浩、吴建军、李福增等23人捐赠包括个人传记、艺术传录、文学名著、诗歌名篇、书画精品等800多件。7月18日，由全国政协书画室和省政协书画室共同主办的“当代国画优秀作品展——山东作品展”在全国政协礼堂举行，中共中央政治局常委、全国政协主席贾庆林，全国政协副主席王忠禹、李蒙，全国政协秘书长郑万通，中国文联、文化部、山东省领导以及启功、华君武等著名艺术家400多人参加开幕式。济南市吴泽浩、张登堂两位画家参展。8月17日，“当代国画优秀作品展——山东作品展”吴泽浩、张登堂汇报展在济南画院举行，各界人士800多人参加开幕式。

2004年3月27日，由中国摄影家协会、市委宣传部、市文联主办的首届全国女摄影家协会会员作品展在山东现代艺术馆举行。此次共征集全国100多位女摄影家的400多幅作品，其中展出作品200幅，17件作品分获金、银、铜奖，60幅作品获优秀奖。活动期间，来自全国的100多位女摄影家和省市摄影家分赴高新区、企业、学校、建筑工地开展采风创作活动。

2005年5月23日，由市委宣传部、市文联、市作协联合主办的“塞风诗歌研讨会”在济南舜耕山庄举行，中国作协书记处书记、中国诗歌学会常务副会长吉狄马加等领导和省市文艺界专家80多人出席活动。

2006年4月1日，刘玉民长篇小说《过龙兵》研讨会在中国现代文学馆召开。研讨会由中国作协创研部、人民文学出版社、中国作家杂志社、市委宣传部、市文联共同主办，就《过龙兵》的创作思路、特点，以及叙事、人物等方面进行探讨。

2008年，设立济南市“泉城文艺奖”，分设艺术作品奖、文学创作奖、艺术突出贡献奖。2010年，组织首届评选，郭文秋、刘礼、孙丽3人获艺术突出贡献奖，《梅庄旧事》等21件作品获“文学创作奖”，电视纪录片《天下泉城》等58件作品获“艺术作品奖”。评奖同时，开展征集泉城文艺奖“标识”和“奖杯”活动。

2009年，张仲亭书法作品——杜甫诗《望岳》在第十一届全运会开幕式文艺表演显示屏上投放展示。年底，十一运会开幕式主创团队代表向其颁发荣誉证书。

第三节　机　构

1986年，市文联内设办公室、协会工作部、文学创作研究室、《泉城》文艺编辑部共4个部门；并将济南市8个文艺工作者协会分别改名为作家协会、摄影家协会、舞蹈家协会、戏剧家协会、美术家协会、曲艺家协会、音乐家协会、书法家协会。2002年，市文联机关设办公室、协会部、组联部3个行政部门，下属《当代小说》编辑部、文学创作研究室、文学艺术交流培训中心3个事业单位。2010年，市文联内设办公室、协会工作部、组织联络部；下属济南市文学创作研究室、《当代小说》编辑部、济南市文学艺术交流培训中心3个事业单位。

第八章 济南市归国华侨联合会

第一节 代表大会

1986～2010年，济南市归国华侨联合会(简称市侨联)先后召开第四至第七次归侨侨眷代表大会，选举产生市侨联各届委员会及其领导班子。

第四次代表大会

1989年12月5日～7日，市第四次归侨侨眷代表大会召开。出席大会的代表240人。市侨联副主席饶曼妮代表市侨联第三届委员会作题为《团结一致，同心同德，为振兴济南、建设四化而努力奋斗》的工作报告。大会选举产生济南市归国华侨联合会第四届委员会委员50名，选举主席1人(不驻会)、副主席5人(含不驻会副主席3人)。

第五次代表大会

1996年8月30日～31日，市第五次归侨侨眷代表大会召开。出席大会的代表174人。市侨联主席胡宏智代表市侨联第四届委员会作题为《开拓侨联工作新局面，为振兴济南做贡献》的工作报告。大会选举产生济南市归国华侨联合会第五届委员会委员46名，选举主席1人、副主席4人(含不驻会副主席2人)。

2008年11月，济南市召开第七次归侨侨眷代表大会

第六次代表大会

2003年1月20日～21日，市第六次归侨侨眷代表大会召开。出席大会的代表212人。市侨联主席张威仪代表市侨联第五届委员会作题为《与时俱进，凝聚侨心，全面开创新世纪侨联工作新局面》的工作报告。大会选举产生济南市侨联第六届委员会委员42名，选举主席1人、副主席1人。

第七次代表大会

2008年11月10日～11日，市第七次归侨侨眷代表大会召开。出席大会的代表220人。市侨联主席吴玉明代表市侨联第六届委员会作题为《发挥优势，创新发展，为实现侨联事业新跨越而努力奋斗》的工作报告。大会选举产生济南市侨联第七届委员会委员47名，选举主席1人、副主席3人(含不驻会副主席2人)。

第二节 主要活动

1988年，全市有归侨358人、侨眷8200人。至2010年，有归侨1000余人、侨眷20万余人。

一、权益维护

1986～2010年，通过人大代表建议和政协委员提案形式，维护侨界群众合法权益30件次。1991年上半年，两次召开侨界各级人大代表、政协委员座谈会，讨论修改《山东省归侨侨眷权益保护法实施办法(草案)》。2000～2004

年，通过人大代表建议、政协委员提案的形式，多次呼吁有关部门解决企业早期归侨退休生活困难补贴发放问题，至2004年11月得到妥善解决，企业早期归侨退休生活困难补贴由市财政统一发放，标准定为每人每月50元。2007年提高到150元。2007年，在省政协九届五次会议上，侨界委员《发挥济南龙头作用，振兴山东旅游业发展》提案，得到省长韩寓群肯定，当场批转有关部门办理。

二、服务经济建设

1986～2010年，市侨联共参与招商引资活动42次，引进项目79个，累计引进资金3.37亿美元，促成合作协议139个，解决困扰侨资侨商企业发展的问题143个。

1986年1月，由侨胞、台胞自愿集资于1985年2月创办的宝岛实业公司，改名济南华侨商社。1988年4月，市侨联在全市组织“我为发展外向型经济做什么”大讨论活动，发动归侨侨眷利用海外关系，为招商引资牵线搭桥。上半年分别参加青岛交易会、“珠海之春”贸易洽谈会和深圳贸易洽谈会，介绍100余名港澳客商参观济南展区。至年底，全市侨属企业达到11家。1989年2月，在山东省第七次对外经贸洽谈会上，联络海外企业29家，结识7个国家41位客商，促成项目11个，签订协议1个。1990年上半年，在山东省第八次对外经贸洽谈会和深圳贸易洽谈会上，联系客商100余人，促成有关市属企业与外商签订意向书51个，合同、协议49项，总金额6230万美元。年内，引进合资企业5家，利用外资3280万美元，出口成交额1.9亿元。1991年年初，在全市开展“五个一”活动，动员归侨侨眷为实现“八五”计划贡献一计、传达一条信息、介绍一个客商、引进一个项目、推荐一种产品。年内，2家市侨联企业、3家区侨属企业分别落成。

1992年4月，先后参加香港“1992济南经贸洽谈会”、青岛经贸洽谈会和第二届泉城金秋经贸洽谈会，联络联系港澳台地区客商1000余名，促成济南烟酒站与香港毕氏海外有限公司签订“济南舜帝大厦”建设协议、与香港仲常发展有限公司签订高档家居批发意向书，两个项目总投资8510万元。10月，组织市属有关企业厂长经理20人，赴佳木斯和俄罗斯哈巴罗夫斯克进行过境贸易考察，在黑河市建立代办处，开展边境贸易和旅游、投资中介服务。

1993年4月，参加“1993济南(香港)经贸洽谈会”，引荐海外客商到长清、平阴参观考察，促成合资项目1个，介绍外贸项目2个。6月，组织到济南参加庆祝市侨联成立30周年活动的海外侨胞举办经贸洽谈会，签订投资意向1个，签署1项20万美元的购货合同。1994年9月，组织5名印尼归侨带着20个项目到印尼招商，先后举办宣传说明会9次，促成印尼雅加达陈玉云与山东省昌乐县五图镇达成生产蓝宝石首饰合作协议；印尼国民福利基金会与济南市卫生局达成合作协议，市卫生局派中医到印尼坐诊、讲学。年底，引进合资项目2个、外资28万美元。1995年，市侨联作为“1995济南金秋经贸洽谈会”联络组成员单位，邀请美国、日本、泰国、印尼、奥地利、马来西亚等国家和中国香港地区的31位客商到济南参加洽谈会，签订投资意向6个。同年，对市侨联下属企业进行整顿，关停企业2家，整顿企业2家。

1996年，开展引资金、引项目、引人才“三引进”活动，全年介绍客商400余人到济南参观考察，达成合作协议12个。1997年，邀请海外及港澳台地区客商140人到济南考察洽商，引进项目3个，合同利用外资450万美元。同年，市侨联成立济南华侨康复医学研究所。1998年4月，协同市外经委带领济南轻骑摩托车股份有限公司、济南四建(集团)有限责任公司、济南民天面粉有限责任公司等企业参加在上海举办的土耳其投资环境说明会，引进项目12个。1999年，先后参加“1999北京(济南)招商会”“1999中国厦门投资贸易招商会”“1999

济南金秋经贸洽谈会”，共邀请参会客商110名，介绍项目8个，达成合作意向2个，合同利用外资3000万美元。2000年，在全市侨界开展“为济南经济跨世纪腾飞做贡献”活动，共收到经济信息30条，促成合作意向15个，引进项目12个，引进外资170万美元，增加出口4000万美元。下半年，组织市属造纸、服装企业赴非洲考察产业转移项目，达成协议6项。2001年，开展“以侨引侨”和“以侨引外”活动，全年引荐海外客商210名，引进项目20个，引进资金300万元，促成外资企业深圳富亿城机电设备有限公司与侨属企业槐荫华侨机电公司合作。

2002年，引荐300名海外客商到济南考察洽商，介绍项目15个，引进外资320万美元，内资530万元。2003年，促成济南建联中药饮片和力诺药业集团产品出口；为济南民天集团(面粉)有限公司联系印尼客商，促成80万美元面粉出口业务。2004年6月，协调市教委等单位，确立济南世纪英华学校为外商子弟定点学校，解决济南及周边地区外商和外企白领人士子女就学难问题。10月，扶持济南瑞德机械有限公司、济南康大福食品有限公司产品出口美国。年底，引办项目——法国华侨华人会、香港兆祥实业公司投资的经一路房地产项目完成前期运作，开工建设。

2005年8月，参与市政府赴香港招商推介会，引荐30位海外知名客商，推出招商项目10个。9月，组织200名海外客商参加济南市招商项目推介会、济南高新区项目推介会和章丘市招商项目推介会，促成香港钧帝集团与章丘市政府签订房地产项目框架协议两个。10月，组织市土地、规划、城建等部门及部分房地产开发企业到欧洲考察城市建设，洽谈巴黎花园房地产合作项目。

2006年，分别赴日本和中国香港、台湾招商考察。在日本期间，参加“2006中国济南(日本)投资说明会”；在香港期间，协调香港部分实业家和友人参加“2006济南(香港)经贸洽谈会”，促成香港中国康都控股集团有限公司投入1280万美元注册资金，开发济南欧洲城房地产项目。

2007年，协调海外企业、侨团、国内侨资企业参与市区棚户区改造，先后联系香港康都国际控股集团、福建泉州私营企业协会、福建利嘉集团考察馆驿街、解放阁、魏家庄等棚户区，与香港康都控股集团达成济南市棚户区改造合作意向。6月，随市政府代表团赴香港和日本开展经贸交流活动，分别参加“2007济南(香港)经贸合作项目推介会”和“2007济南(日本)经贸合作项目推介会”，参观香港和日本部分企业，达成部分合作协议。

2008年，赴香港参加经贸交流活动，100多名香港企业家及经济界知名人士参加推介会。共签约项目26个，签约总额20.9亿美元。在香港期间，协调市长张建国与香港(济南)联谊会的香港企业家会面，促成香港集胜集团与济南市天桥区棚户区改造项目的签约。6月12日，协助举办“2008海内外华商促进环渤海经济发展(中国·山东)大会”，协调与会客商考察济南高新区及齐鲁软件园。

2009年，先后促成中美合资企业——晟朗能源科技有限公司落户商河、泓阳动漫影视有限公司落户历城。6月5日，陪同以泰国华侨协会主席、泰长兴化学工业有限公司董事长余声清为团长的泰国华侨协会考察团一行34人，到济南高新区考察相关投资项目。6月21～29日，带领区县侨联赴福建厦门和石狮等地考察房地产项目，考察了泉州晋江的舒华体育用品有限公司、福清的亚通新材料科技股份有限公司、长乐的侨隆福利包装彩印有限公司等，重点了解这些企业的经营状况及应对金融危机的对策措施。

2010年4月，济南市侨联商会成立。先后赴闽、台招商，推介项目40余个，达成投资意向3个；接待意大利华侨陈田忠先生、香港马泰华侨华人联合会会长骆汉生先生等6个批次的侨客商到济南参观考察。12月，赴厦门和泉州举办投资合作说明会，签订合作协议项目8个，投资额近210亿元。招商会结束后，福建汇侨投资发展有限公司与长清区签订投资35亿元的大柿子园旧城改造项目。

三、为侨服务和捐赠活动

1986～2010年，市侨联围绕凝聚侨心、活跃生活、促进和谐，组织侨界群众春游、国内游、出国游等活动47次，参与人员4000人次；组织侨界小学生夏令营20次，参与人员563人次；利用春节、中秋节等传统节日，组织联欢会、茶话会、登山节等活动77次，参与人员7500人次；元旦、春节走访困难归侨侨眷3385户(次)，接待来信来访892人(件)次，慰问困难归侨侨眷946户(次)，发放慰问金180余万元。

1986年7月，在全市侨务战线开展向侨眷、辽宁省台安县医院外科医生潘恩良学习活动。1988年2月，济南华侨福利基金会正式成立。8月27日，举行成立大会。至年底，共收到国内外企业、归侨侨眷、海外华人华侨捐款3.2万元。8月，组建团员由60名归侨侨眷组成的“侨声”合唱团。合唱团排演的声乐曲《侨歌》，在山东省首届“泉城之秋”合唱节上获演出二等奖。同年，全市有6名侨眷被命名为省级专业技术拔尖人才。

1989年7月，号召全市归侨侨眷开展向海外亲友寄一封信活动，介绍北京春夏之交政治风波的真相，宣传中国形势和改革开放政策不变、党的侨务政策不变等。至9月底，共向海外邮寄信件900封。1990年11月25日，与市侨办联合举办《中华人民共和国归侨侨眷权益保护法》宣传咨询活动，发放宣传资料3000份，解答有关升学、就业、自费留学、侨房政策及海外亲友投资等方面的问题700余个。12月，分别在历下、天桥、槐荫三区开展《中华人民共和国归侨侨眷权益保护法》巡回宣传咨询活动。1991年年初，在全市开展为侨胞服务、为基层服务、为经济建设服务“三服务”竞赛活动，走访归侨侨眷330户，解决实际困难40件，组织各类服务活动40次，引进合资企业4家。1993年8月10日，香港齐鲁国际贸易有限公司董事长李振德捐资人民币10万元，设立“李振德奖学金”，用于奖励济南一中年度优秀学生和优秀教职工。

1997年，开展“察侨情、办实事、爱侨为侨”服务活动，全年解决侨界群众生产生活方面的困难问题36件。1998年5月，印尼发生骚乱。针对济南印尼归侨侨眷较多、人心不稳情况，组织印尼归侨侨眷召开座谈会、形势报告会，传达市委、市政府对全市印尼归侨侨眷及海外亲友的关心和慰问，并邀请省侨联主席林淑娘通报印尼局势，稳定印尼归侨情绪。下半年，济南市侨界中老年业余艺术团开始筹建，1999年改名市侨联艺术团，由侨界文艺爱好者20人组成。至2005年，共参加大型演出活动29次。2000年编排的印尼舞蹈《跳吧，唱吧》参加全国首届中老年广场舞蹈大赛，获二等奖。2003年编排的舞蹈《蜡烛舞》参加全省老年文艺汇演，获银奖；参加全市老年艺术节大赛，获金奖。2002年，开展“维护侨益年”活动，全年共为归侨侨眷、侨商解决涉侨权益方面的问题50件。2003年，在全市开展困难归侨调查活动，共走访调查困难归侨侨眷60户，建立困难归侨救助档案。香港恒丰科技有限公司董事局副主席陈吟挥女士捐赠人民币100万元，设立“陈吟挥基金”，用其产生的利息，资助济

2003年，陈吟挥捐资38万建成平阴希望学校

南市困难归侨侨眷和农村优秀困难小学生。同年，陈吟挥女士捐资38万元在平阴设立侨心小学1所，并每年出资资助品学兼优的学生，累计出资10余万元。2004年12月，建立济南市归侨侨眷活动中心，作为接访侨界群众和侨联艺术团活动的场所。实施留学生关爱工程，在济南籍留学生相对集中的国家，委托当地有实力的爱国华侨社团或企业设立海外留学生关爱中心，为留学生提供应急事件处理、学习生活援助、升学移民咨询等非营利性的义务援助。11月26日，山东省首家海外留学生关爱中心——墨尔本中国济南(侨)留学生关爱中心在澳大利亚墨尔本澳中集团总部挂牌成立。《人民日报》《济南日报》《澳洲侨报》及中国侨联网站、山东侨联网站对此作专题报道。

2005年3月，设立主席接待日，每月第一个星期五侨联主席在市归侨侨眷活动中心接待侨界群众，全年接待侨界群众100人次，解决问题30件，群众满意率100%。11月，在法国巴黎成立济南市第二个留学生关爱中心——巴黎中国济南(侨)留学生关爱中心。6月，济南市侨联青年委员会成立，由34名委员组成。8月，组织侨界群众自费到韩国探亲交流，并由此开始每年一次组织归侨侨眷出境探亲交流。

2006年3月22日，成立济南市留学人员眷属联谊会。3月、6月分别成立英国“中国济南(侨)留学生关爱中心”和日本“中国济南(侨)留学生关爱中心”。7月12日，成立济南市侨联法律事务部，免费提供法律咨询和援助。9月，成立老年大学归侨班，引导侨界群众老有所学。

2007年，法国侨商蔡长洪捐资人民币20万元，在天桥区大桥镇建设侨心小学1所，法国侨商麻积柱捐资20万元人民币，在章丘市文祖镇建设侨心小学1所。5月，在美国旧金山市成立“济南·美国留学生关爱中心”，海外留学生关爱中心达到5家；7月，与市劳动就业办公室、市职业介绍中心达成建立“归侨侨眷及其子女就业直通车”服务机制的意向，解决侨界子女就业问题，全年提供岗位53个。协调市财政出资对老归侨进行大病救助。10月组织老归侨健康查体并形成常态。针对老归侨家中无人照料的情况，实行社区帮困机制，解除其实际困难。

2008年4月，开展侨史资料征集活动，10月编印出版《侨心无悔》一书。会同市人大及有关单位，建立起涉侨房产拆迁会商机制。组件助侨志愿者队伍，为侨界群众提供各类服务。与济南慈善总会合作，成立了济南慈善总会海外捐赠分会，为副会长王世敦、副会长吴玉明，吸纳海内外侨商的慈善捐赠用于公益事业。

2009年，荷兰侨商林太找、林太松兄弟捐资人民币30万元，在济阳县回河镇中心小学基础上扩建侨心小学1所，命名为林柯侨心小学。4月，设立侨商会馆，为住济侨商联谊提供交流平台。聘请侨界医疗专家设立“名医热线”免费为侨服务。开展“英才助飞”活动，对侨界贫困大学生提供爱心资助。启动海归专家学者考察活动，为城市发展建设建言献策。开始每年为70岁以上老归侨集中祝寿活动。

2010年11月，市侨联商会副会长、山东同力科技有限公司董事长刘运智捐资20万元人民币，在济南市仲宫镇穆家小学基础上扩建侨心小学1所，命名为同力侨心小学。编印《归侨名录》一书，开展“侨联示范社区”创建活动，授牌历下、市中、天桥、槐荫四个区为“侨联示范社区”。

四、联谊交流

1986～2010年，市侨联接待印尼、韩国等16个国家和中国香港、澳门地区的华人华侨和社团4700余人次；随团、组团出访过美国、法国等14个国家和中国香港、澳门地区。在国内与上级侨联及各省市侨联联络联谊，保持与哈尔滨等21个市侨联的联络联系和互访交流，并与乌鲁木齐等10个地市侨联缔结友好关系。

1990年暑假期间，组织济南市归侨侨眷子女，赴南京、无锡、苏州、宜兴等地联谊。7月

24日，香港广播电视有限公司董事长、香港邵氏影业公司董事长邵逸夫访问山东大学，向该校捐赠500万港元用于兴建山东大学科学馆。同月，济南市印尼归侨联谊会成立。1993年6月15日，召开市侨联成立30周年庆祝大会，印尼、韩国、日本、英国、美国及中国香港的侨胞代表出席大会。1995年暑假期间，组织20名侨界子女参加“侨界中小学生夏令营”，赴荣城、威海、石岛等地参观。1996年9月，组织老归侨探亲团赴印尼探亲联络，共走访30个城市，拜会印尼大企业集团——哈拉班集团总裁陈子兴及中华总会等华侨华人组织负责人，接触各界人士1000余人，发放介绍济南的小册子500份。

1998年10月济南金秋经贸洽谈会期间，通过旅法福建同乡会介绍，邀请在上海随法国总理访问的法国Roches国际学校校长明斯基到济南访问，使该校与济南育英中学缔结友好学校。1999年6月，组织由市中区教委、育英中学组成的“赴法教育友好访问团”到法国考察基础教育、职业教育。下半年，随市政协访问团赴香港、澳门联谊交流，联络新老侨友110人。2000年，实施对外联络计划，开展“以侨引侨”活动。6月，组织50名归侨侨眷赴香港、澳门和深圳参观考察。

2002年，先后组团访问英国、法国、德国、意大利、奥地利和中国香港、澳门，与110个国外侨团和国内侨联组织保持交流沟通。10月，应邀参加香港侨友社成立20周年庆典。2003年，建立海外联系名册，收录150多个海外社团。组织3个访问团赴韩国、澳大利亚、新西兰及中国香港、澳门，与当地华侨华人社团交流联谊。开通济南侨联信息网，开展对外网上联络。同年，与云南昆明市、重庆沙坪坝区、新疆乌鲁木齐市侨联缔结友好侨联。2004年9月，随市政府招商团赴香港、澳门招商考察，与当地侨团、侨领交流沟通，发放“济南侨情市况”宣传资料200份。11月，组团赴澳大利亚、新西兰考察访问，与澳大利亚墨尔本澳中集团签署建立中国济南(侨)留学生关爱中心合作协议。

2005年5月，与德州市、聊城市侨联联合举办三市侨界书画巡回展，参展作品200幅。全年接待包括海外客属侨领齐鲁行访问团、菲华各界联合会、香港慈善总会、世界客属总商会、法国华侨华人会等团体及来自美国、加拿大、印尼等国家和中国港澳地区的客商20批次、300余人。共组团随团出访4次，访问法国、德国、奥地利、荷兰、意大利、丹麦、瑞典等国家和中国香港地区。同年起，每年开展“春踏青、夏消暑、秋赏月、冬品茗”联谊活动。

2006年，为庆祝中国共产党成立85周年、中国侨联成立50周年，举办济南、日照、菏泽、德州四市侨界书画展，参展作品130余幅；举办“省市侨联迎国庆暨庆祝中国侨联成立五十周年联欢会”，300余名侨界群众参加；组织部分外籍女企业家、女留学生、归侨侨眷中的女性代表，举办“济南——我们共同的家”中外妇女庆“三八”联欢会，中外各界妇女200余人参加联欢。7月，匈牙利青少年交流团一行20人到济南，进行为期5天的交流访问，并举办“2006中国·济南国际儿童联欢节暨儿童用品博览会”。

2007年2月，与市外经贸部门联合举办“2007外商投资企业迎春联谊会”，来自美、英、法、德、意、日、澳等50多个国家的300余名外资企业、侨资企业代表及部分国际友人参加活动。5月，随省侨联赴美访问团到美国旧金山和洛杉矶访问。6月，参加“2007济南国际儿童联欢节暨儿童用品博览会”，接待匈牙利儿童访问团一行30人。8月，组织青少年文化交流团一行30人，赴匈牙利、奥地利、意大利等国进行为期12天的交流访问。10月，联合市外经贸局、市文联、市外企协会等单位举办“济南外商投资企业书画摄影展”，参展企业50家。9月初和10月底，分别参与组织“外商投资企业文化节开幕式暨中韩企业家高尔夫球对抗赛”和“济南外商投资企业文化建设高层论坛”。

2008年7月，与省台联、省青联、山东师范大学、山东建筑大学、山东中医药大学联合举办以“龙脉相传、青春中华”为主题的“2008台胞青年千人夏令营山东分营联欢晚会”，来自中国香港、澳门及旅居6个国家的40多名台胞青年和部分驻济南高校青年学生参加活动。7月，开展“亲情中华”活动，接待匈牙利青少年文化交流团一行20人。

2009年，分别举办“济南侨界知名人士新春招待酒会”“驻济外企迎新春联谊会”和“驻济外国友人迎圣诞新年联谊会”。3月，组织全市侨界青年进行以“全民健身、和谐全运”为主题的侨界青年迎全运乒乓球友谊赛。4月，组织驻济南部分归侨侨眷赴日本自费探亲交流。7月，与南昌市侨联、西班牙华侨华人协会缔结友好关系。8月，组织青少年文化交流团，赴匈牙利进行为期12天的文化交流，与奥地利维也纳音乐学院师生及当地青少年进行联欢。9月，在济南组织召开首届鲁辽吉黑省会城市暨口岸城市侨联工作协作会，启动四省侨联城市协作机制。

2010年，先后组织“有乐同响——乐动时代”“红歌走进外企”“心系泉城展风采”“百侨低碳绿色植树”“侨界特色厨艺展示”等联谊活动或公益活动，参与人数1000余人次。9月，组织归侨侨眷赴台湾考察，拜访了台湾中华侨联总会，受到理事长简汉生等的热烈欢迎。

第三节 机 构

1979年4月，济南市归国华侨联合会机构恢复，设编制5人。同年，市侨联整顿恢复山东师范学院等8个侨联小组。1983年，市侨联内设办公室。1985年，历下、槐荫、天桥、市中4个区级侨联相继成立。2005年6月，市侨联青年委员会成立，属非法人社会团体。同年，章丘市侨联成立。2007年，商河县侨联成立。

第九章 济南市台湾同胞联谊会

第一节 代表会议

1986～2010年，济南市台湾同胞联谊会(简称市台联)先后召开第三至第六次济南市台湾同胞代表会议，选举产生各届理事会和领导成员。

第三次代表会议

1988年10月25日～26日，第三次济南市台湾同胞代表会议召开。93名台胞台属代表出席会议。市台联会长李惠宗代表第二届理事会作工作报告。会议选举产生市台联第三届理事会理事19人；选举会长1人、副会长4人。会议审议通过《济南市台湾同胞联谊会章程》。根据章程规定，将去台人员亲属纳入市台联工作范围，济南市台湾同胞联谊会是全市台湾同胞和去台人员亲属(简称台属)的爱国民众团体。

第四次代表会议

1991年12月5日～6日，第四次济南市台湾同胞代表会议召开。95名台胞台属代表出席会议。市台联会长高锦松代表第三届理事会作工作报告。会议选举产生市台联第四届理事会理事24人；选举会长1人、副会长4人。

第五次代表会议

1996年4月25日～26日，第五次济南市台湾同胞代表会议召开。89名台胞台属代表出席会议。市台联会长高锦松代表第四届理事会作题为《为振兴中华，促进祖国和平统一大业做贡献》的工作报告。会议选举产生市台联第五届理事会理事19名；选举会长1人、副会长4人。

第六次代表会议

2009年8月27日～28日，第六次济南市台湾同胞代表会议召开。125名台胞台属代表出席会议。市台联会长高锦松代表第五届理事会作题为《与时俱进，求真务实，进一步开创台联工作新局面》的工作报告。会议选举产生市台联第六届理事会理事21名；选举会长1人、副会长4人。会议审议通过关于委托济南市台联第六届理事会修改《济南市台湾同胞联谊会章程》的决议。

第二节　主要活动

济南市是山东省台湾省籍同胞居住较为集中的地区。1937年始，陆续有台湾同胞到济南定居，至1982年发展为38户、81人(含第二代、第三代台籍台胞22户、63人)，其中高山族6户、17人。至2010年，全市共有台籍同胞87户、119人，其中高山族20户、27人；台属4000余户、2万多人。

一、宣传教育

市台联坚持把政策理论宣传放在首要位置，在每年年初的会长办公会、理事(扩大)会上，都把学习政策和形势任务教育列入重要内容。1986～2010年，组织各种学习讲座、报告会、座谈会、培训班、知识竞赛2000余次，编发《济南台联工作》92期、《台情调研》41期，发放学习材料、书籍3万册。

1986年5月，市台联召开“济南市台胞为祖国做贡献经验交流会”，并向全省台胞发出倡议书。同年，创办《济南台联工作》。1987年11月，推荐李惠宗、高锦松、吴远潮等5名台胞参加济南市各界人士为振兴中华统一祖国服务经验交流大会。同年，《济南台联工作》阅读范围由台联理事扩大到全市台胞。

1988年，协助省台联编印《赤子情》，展现台胞风采。8月，组织济南市青少年台胞参加全国台联举办的“世界华人小学生作文大赛”。

1989年6月，市台联召开理事会，学习《告全体共产党员和全国人民书》、邓小平重要讲话和党的十三届四中全会公报，并针对台湾岛内和海外一些宣传机构蛊惑人心的反动宣传，开展“写家信报平安”活动。

1992年，组织全市台胞学习讨论中共十四大会议精神，济南铁路局“三八红旗手”“优秀共产党员”、台胞黄桂兰作典型发言。同年，全市台联系统共举办座谈会185次。

1993年4月“汪辜会谈”后，市台联随即开展宣传活动。1994年，贯彻《爱国主义实施纲要》，进行爱国主义教育，选派8名台胞青少年参加省台联组织的“甲午战争100周年纪念活动”，撰写《甲午战争百年祭感想》。

1995年2月，在全市台胞台属中开展学习江泽民《为促进祖国和平统一大业的完成而继续奋斗》重要讲话精神活动，全市台联系统举办报告会、座谈会等111次；通过《台联工作》选登编印“八项主张和看法”问答、“两岸经贸展望”“关于两岸关系走向”等专题4期、5000余份。9月，组织100多名台胞台属参观“纪念世界反法西斯战争和中国抗日战争胜利五十周年大型展览和齐鲁文化展”，并向台籍青少年赠送《国威》《中华之最》《中外记者笔下的第二次世界大战》等爱国主义教育图书。10月，推荐5名台胞台属参加市委统战部开展的全市统一战线为经济建设服务先进个人评选活动。

1997年，组织台胞台属参观“庆祝香港回归祖国图片展”，编辑“香港回归对两岸关系影响”、香港基本法知识、贯彻落实中共十五大精神等学习材料4000份。7月，市台联专职干部参加全国台联组织的“香港回归与祖国统一”征文活动，2篇文章获优秀奖。10月，张惠华被评为“山东省精神文明建设先进台胞”。1998年，组织台胞家庭观看《阿里山的女儿》。

1999年5月，召开台胞台属座谈会，批驳李登辉的“两国论”，反对“台独”分裂言行。10月，在全市台胞台属中开展以新中国成立五十年巨大变化和澳门、台湾知识为内容的读书答卷活动，2000多名台胞台属参加答题。2000年2月《一个中国原则与台湾问题》白皮书发表后，组织住济台胞召开座谈会学习讨论。3月，结合台湾地区选举，与市政协港澳台委员会联合举办“对台形势教育报告会”。

2001年4月，组织台胞台属参加“统一战线知识竞赛”活动。7月，在全省开展的“为祖国统一大业和现代化建设做贡献”评比中，济南市5名优秀中青年台胞被评为先进台胞。2002年8月，举办座谈会，强烈谴责陈水扁分裂祖国的“一边一国”和“公投立法”等“台独”言论。同时，向新闻媒体投稿，表达住济台胞台属心声，《济南日报》刊登题为《我市台胞台属强烈谴责陈水扁“台独”言论》的报道。

2003年1月，召开台联理事扩大会议，座谈学习胡锦涛提出的“四点意见”[①]。5月，举办“学习十六大精神”知识答卷活动。7月，开展学习贯彻“三个代表”重要思想活动，学习《胡锦涛同志“七一”重要讲话学习辅导》及《“三个代表”重要思想学习纲要》等有关文件。12月，市台联创办《台情调研》刊物。

2004年5月，组织台联理事学习中共中央台办、国务院台办就两岸关系发表的“5·17受权声明”。11月，推荐3名台胞出席全省台胞“为经济建设和祖国统一服务”表彰大会。2005年3月，举办学习《反分裂国家法》座谈会。4月，组织台胞台属集中观看中共中央总书记胡锦涛在人民大会堂会见中国国民党主席连战实录。5月，组织台胞中共党员开展保持共产党员先进性教育活动。11月，全国台联会长梁国扬在山东调研期间，组织30多名台胞听取其所作的《深入贯彻中央对台方针政策，做好新形势下对台工作》专题报告。

2006年、2007年，重点开展中青年台胞台属的培养工作，举办“台胞台属中青年骨干培训班”，并到政治素质好、有培养前途的中青年台胞单位不定期走访，及时了解掌握他们的思想和工作情况。2006年“七一”前夕，举办台胞台属中共党员座谈会，纪念中国共产党建党85周年。

2008年，为纪念改革开放30周年和《告台湾同胞书》发表30周年，在全市台胞台属中开展纪念征文活动，其中《腾飞的祖国》《纪念告台湾同胞书》发表30周年感言等多篇文章被全国台联、省台联评为优秀征文。12月，举办第三期济南市台胞台属中青年骨干培训班，听取《回顾与展望——聆听改革开放30年的足音》《台湾局势与两岸关系》专题讲座。

2009年，举办庆祝中华人民共和国成立60周年座谈会，撰写《光辉的历程，共同的记忆》等稿件12篇。12月，举办第四期济南市台胞台属中青年骨干培训班。

2010年，召开理事扩大会议，学习胡锦涛“12·31”重要讲话精神。10月，举办第五期台胞台属中青年骨干培训班，理事会成员和台胞台属骨干40人参加培训。

---

① 四点意见：要始终坚持一个中国原则；要大力促进两岸的经济文化交流；要深入贯彻寄希望于台湾人民的方针；要团结两岸同胞共同推进中华民族的伟大复兴。

二、团结服务

1986～2010年，累计走访慰问困难台胞台属2585户(次)，接待来信来访1980人(件)次，为台胞台属寻找岛内、大陆失散亲人32人次，帮助下岗台胞台属实现再就业110人次，鼓励协助台胞自主创业10人次，累计发放补助金4万元。

1987年，落实中共中央关于对台胞“一视同仁，在各方面优先照顾”政策，向有关部门和单位反应台胞在工作、生活等方面实际问题68件，解决62件；推荐7名在职台胞接受大学教育。1988年，帮助济南市困难台籍老兵及部分老台胞实现首次赴台探亲。1989年，开展“关爱困难台胞、台胞遗属”活动。1991年起，坚持每年对台胞工作、学习、生活状况进行调查，并建立台胞档案。

1993年，与回台定居台胞建立热线联系，鼓励他们发挥自身优势“以台引台”，邀请更多岛内台胞到济南求学、投资、建厂、定居。1994年，为6名台胞发放成人教育补助金3万元。

1995年，在全市开展“台胞台属服务年”活动，接待、走访台胞台属429人，帮助解决纠纷、困难461件；重阳节前夕，为60岁以上老台胞台属举行生日茶话会。

1998年，协助翁逢郎、翁建民父子和庄炎树夫妻两户台胞办理赴台定居手续。2月，开展“下岗和特困台胞情况”及“当前热点、难点、焦点问题”专题调研活动，为台胞台属反映、解决困难26件。帮助5名台胞再就业，鼓励2名台胞实现自主创业。

2002年，宣传贯彻《中华人民共和国台湾同胞投资保护法》及其实施细则，帮助住济台胞、台商解决购房、投资、经济纠纷35件。7月，与山东画报社影像中心联合举办“庆七一、情系台胞”艺术摄影活动。11月，帮助台胞翁建平配偶解决户口问题。2004年起，市台联坚持每年开展为全市台胞台属“送温暖”系列活动，为老台胞、生活困难台胞台属进行健康查体；同年，帮助台胞台属解决经营、经济纠纷32件。2005年，贯彻落实全国政协主席贾庆林“关于妥善解决老台胞生活困难问题”的重要批示精神，集中开展调查，形成《济南市定居台胞生活情况调查报告》。

2006年、2007年，开展“为台胞排忧解难服务年”活动，帮助台胞解决户籍变更、申请廉租房补助、落实台籍考生升学、帮助台商解决经济纠纷等实事67件次。2006年6月，联络市台办、市台资企业协会、各大院校，了解济南市台资企业及求学台湾学生的经营、学习等情况，形成“常住大陆台胞工作”调查报告。2007年“三八”节期间，开展“送健康送温暖”活动，为全市20多位女台胞进行健康体检。

2008年，为两名台籍考生落实高考优先录取工作；帮助老台胞申请城市居民最低生活保障金；年内，共为台胞办实事43件次。

2009年3月，走访济南市台商企业，对其在生产经营中遇到的困难和问题，及时反映，帮助解决；6月，为济南市赴台定居人员协调解决退休养老金领取问题；年内，共为台胞台属台商办实事47件次。

2010年8月，先后深入槐荫、历城等区县台资企业调研，其在生产经营中遇到的困难和问题。全年走访慰问台胞台属家庭50余户，为台胞台属台商办实事35件次。

三、联谊交流

1986～2010年，接待到济南市寻祖、探亲、访友、观光、洽谈贸易的岛内外台胞、社团5700多人次。加强台联系统横向联系，积极参加全国省会城市及大中城市台联工作经验交流会，保持与北京、天津、上海、陕西、浙江、江西以及哈尔滨、长春、南京、成都、沈阳、广州、深圳、厦门、福州、烟台、青岛等省市台联的联系和互访交流。

1987年，承办山东省第三届台胞青年夏令营，组织26名青年台胞赴趵突泉、千佛山、大明湖、曲阜、泰安参观。1988年，组织济南市台胞、海外侨胞举办“泉城‘思乡杯’集邮展览”，展出23部、150框、4000个贴片、近万枚台湾出版的邮票。1989年8月，组织12名台胞台属赴烟台学习考察。10月，组织台胞台属观看为十一届亚运会集资义演的台湾艺术团演出，并与艺术团进行联谊活动。全年接待、探望到大陆观光、经商、探亲台胞64人次。1991年4月，接待美国萨克拉门托市工商协会访华团一行27人。1992年8月，市台联举办济南市台湾同胞联谊会成立10周年纪念活动。

1993年7月，接待第十届台胞青年夏令营济南分营。1994年2月，与台湾“台商国际企业协会”签订“友好交流交往协议书”。全年接待到济南市探亲、旅游、考察的台胞486次。

1995年6月，接待全国台联副会长石四皓和福建省台联学习考察团。1996年，接待辽宁省台联、马鞍山市台联赴鲁学习参观团。1998年，接待全国台联组织的来自美国、日本、巴西、巴拉圭、法国等国家和中国台湾地区的“台胞国庆参观团”一行66人。1999年10月，市台联举办“爱我中华”知识竞赛，市属9个县(市)区台联和台胞组成10支代表队，共100多人参加。2000年，组织台胞参观台湾画家王农画展。2001年“七一”，市台联组稿参加中共山东省委统战系统书画展。

2001年5月，邀请台湾“中华两岸文经交流促进会”发起人钱中培、台湾中国统一联盟台中分会会长林景坤一行5人到济南访问交流。8月，接待第六届“和平小天使”台湾访问团。2002年8月，举办“纪念市台联成立20周年”茶话会。2003年7月，落实全国台联“上海会议”精神，深入各县(市)区台联和有关高校，对驻济南台资企业和在校台生情况进行调研。2005年，配合省台联，组织148名台湾学生进行“长清自然文化一日行”活动。

2006年3月5日，组织台胞台属少年儿童及其家长近40人游览药山森林公园。2007年2月，组织

2010年，台湾基隆啄木鸟艺术团到济南市交流演出

市台胞台属100多人观看由全国政协副主席、著名台籍人士张克辉原作改编的电影《云水谣》。

2008年5月12日四川省汶川市特大地震发生后，市台联第一时间致电成都市台联，询问当地台胞受灾情况。全市台胞台属以各种形式向灾区捐款1.5万元。

2009年7月，全国台联2009年台胞青年千人夏令营山东省分营在济南开营，台湾10所大专院校的34名学生到济南市访问，市台联派专人随团做好接待工作。8月，市台联和住济台胞台属向台湾南部遭受“莫拉克”台风灾害的同胞捐款13101元。9月，举办“庆国庆、话中秋、迎全运”联欢会，全市台胞台属、台商台生60余人，欢聚一堂，共度佳节。

2010年1月，组织济南市台胞台属1000多人，观看台湾基隆市啄木鸟合唱团文化艺术交流演出。6月，组织全市台胞少年儿童参观山东省科技馆。7月，接待台湾10所大专院校的34名学生到济南市参观访问。9月，邀请济南市40多位台胞台属、台商台生代表在大明湖举办“迎中秋话团圆”联谊活动。10月，组织济南市20多位老台胞台属游览红叶谷，欢度重阳节。

四、参政议政

1986～2010年，住济台胞中有各级人大代表、政协委员、青联委员38人，其中，全国人大代表1人，省、市人大代表6人，省、市、区政协委员17人，省、市青联委员14人；提交各

项议案、提案390件。

2000年，市台联理事、政协委员张惠铭被市监察局聘为“百家企业评议政府”评议代表。2001年，市政协委员韩晗撰写《关于在二环路段建立更多环线公交的建议》提案，台胞张斌提出《建立泉城济南自身文化特点的建议》。9月，推荐的两名驻济南台商当选济南市海外联谊会理事。

2005年，向台胞台属发出“我为泉城献计策”倡议，李培源、赵旭生、余子仁、张惠华、王秀兰、王鲁生、曲海鹏等撰写书面提案，就济南市经济建设和人民群众普遍关心的问题，提出意见、建议。2006年，台胞台属中的政协委员、人大代表为构建和谐社会建言献策，撰写提案20余件。

2009年12月，结合济南市海外联谊会换届，先后深入10家台资企业进行考察，推荐济南市台胞中的优秀代表人士，两名台胞当选海联会理事。

2010年，全年共收到台胞有深度、有价值的意见建议18项，人大、政协议案提案10件。

五、服务经济

1986～2010年，市台联发挥自身优势向台湾团体和企业发出邀请信5800余封；组织参与招商引资活动175次，引进项目367个，达成合作意向561个，引进资金4亿元人民币，帮助台资、外资、台胞台属企业解决困难700余件。

1988年，与市台办联合举办“对台经贸工作专题报告会”。1990年5月，与政府有关部门共同召开全市台胞台属、归侨侨眷动员大会，发出《关于认真做好对台经贸工作的意见》。8月，召开三届六次理事会，号召全市台胞台属开展“一封信”活动。同年，市台联成立对外经济联络委员会，各县(市)区相应成立联络组，全年为济南市企业牵线搭桥146次，签订经贸意向10个，金额220万元。

1991年，全市台联系统以不同形式开展“三个一”活动，即写一封家信、传递一条信息、引进一个项目。市台联在《济南台联工作》上连载“台胞投资问答”等有关政策资料。1992年，全年市台联系统接待台胞1035人次，牵线搭桥200余次，签订合同23个，达成投资协议30个，金额达650万美元；新办经济实体2个。

1994年，在济南舜耕山庄举办“广交八方友”联谊酒会，邀请中国台湾、香港、澳门和日本、马来西亚等地客商70多人，签订合资项目16个，金额91万美元。5月，帮助韩国亚古鲁都乳业株式会社在济南投资办厂。

1998年，随市委统战部赴厦门参加“厦门对台商交易会”“1998厦门经贸洽谈会”，邀请台湾工商界30多人赴济南考察，签订协议6个，金额170万美元。1999年，开展引资金、引项目、引人才“三引进”活动，组织召开第一届、第二届“台湾企业家赴济南经贸考察洽谈会”，邀请台商80余人参观考察，50多家企业参与洽谈，签订合资、合作、贸易协议12个，金额5587万元。12月，召开“济南市台联招商引资恳谈会”。

2001年，组织召开第三届、第四届“台湾企业家赴济南经贸洽谈会”，到会台商30人，省内企业界人士100多人参加洽谈，达成合资、合作意向20多个，金额4557万元。2002年，邀请台湾七鹏机械工业股份有限公司等9家台商到济南市考察临港开发东区，就电子、机械、化工、橡胶制品方面的合作进行洽谈，签订投资合作意向7个，利用外资359.65万美元。

2008年6月，接待台湾汉磊科技股份有限公司一行，与济南晶恒电子有限公司洽谈合作事宜。

2009年3月，为应对国际金融危机影响，走访济南市台商企业，对其在生产经营中遇到的困难和问题，及时反映，帮助解决。2010年8月，市台联组织赴台经贸考察，拜会台湾华侨救国联合总会，参观台湾佳庆建设开发公司等多家企业，并介绍济南市经济社会事业发展情况。

第十章　济南市残疾人联合会

第一节　代表大会

1986～2010年，济南市残疾人联合会(简称市残联)先后召开济南市第五届盲人聋哑人代表会议和市残联第一至第五次代表大会，选举产生各届残疾人联合会主席团及其办事机构。

第五届盲人聋哑人代表会议

1986年6月4日～6日，济南市第五届盲人聋哑人代表会议召开。出席会议代表198人。会议选出协会委员49名，选举主席1人、副主席3人。

第一次代表大会

1990年8月7日～9日，市残联第一次代表大会召开。出席大会代表168人，代表中各类残疾人85人，占代表总数的50.6%。大会审议通过胡应松所作的工作报告，选举产生市残联第一届主席团委员77人，其中各类残疾人委员50人，占主席团总数的65%；选举主席1人、副主席7人，聘请翟永浡为名誉主席。召开首届主席团第一次会议，产生市残联执行理事会。

第二次代表大会

1993年6月16日～18日，市残联第二次代表大会召开。出席大会代表170人，其中残疾人代表占代表总数的50%以上。大会审议通过胡应松代表市残联第一届主席团所作的工作报告；选举产生市残联第二届主席团委员82名，推选出席省第二届残疾人代表大会的代表12名，推荐省残联主席团委员候选人6名；选举主席1人、副主席7人；聘请王怀远、谢玉堂为名誉主席，赵正平、曹守恭、张钰为名誉副主席；推举市残联执行理事会理事长1人。

第三次代表大会

1998年5月26日～28日，市残联第三次代表大会召开。出席大会代表164人，其中各类残疾人86人(含智力和精神残疾人亲友)，占代表总数的52.43%。大会审议通过胡应松代表市残联第二届主席团所作的工作报告；选举产生市残联第三届主席团委员79名，选举出席山东省第三届残疾人代表大会代表12名，推荐省残联第三届主席团委员候选人6名；选举主席1人、副主席7人；聘请刘耀华为名誉主席，任荷舫为名誉副主席；推举市残联执行理事会理事长1人。根据《中国残疾人联合会章程》，会议期间成立聋人协会、盲人协会、肢残人协会、智力残疾人及亲友会、精神残疾人及亲友会，通过各协会章程实施细则，并选举产生各协会主席、副主席。

第四次代表大会

2003年6月26日～27日，市残联第四次代表大会召开。出席大会代表218人，其中残疾人代表123人(含智力和精神残疾人亲友)，占代表总数的56.4%。大会审议通过刘书笙代表市残联第三届主席团作的工作报告；选举产生市残联第四届主席团委员40人，推选出席省第四届残疾人代表大会的代表15人；选举主席1人、副主席3人；推举市残联执行理事会理事长1人。选举产生聋人协会等协会主席、副主席。

第五次代表大会

2008年3月24日～26日，市残联第五次代表大会召开。出席大会代表385人，其中残疾人代

表241人(含智力和精神残疾人亲友)，占代表总数的62.5%以上。大会审议通过刘书笙代表市残联第四届主席团作的工作报告；选举产生市残联第五届主席团委员59人，推选出席省第五届残疾人代表大会的代表19人；选举主席1人、副主席3人；推举市残联执行理事会理事长1人。选举产生聋人协会等协会主席、副主席。

第二节　残疾人康复

市残联成立初，设立康复部，主要职责是组织制定和实施残疾人康复工作计划；指导各县(市)区和残疾人康复机构的业务工作；协调有关部门开展残疾预防工作；推广高新科技成果在康复领域的应用；组织康复人才培训；负责无障碍设施建设的推进。2003年，更名为康复处。

一、残疾人状况

1990年，全市残疾人约23万多人，占全市总人口的4.48%，其中，听力语言残疾7.2万人，视力残疾3万人，肢体残疾4.4万人，智力残疾4万人，精神残疾1.1万人，综合残疾3.3万人。

2006年，根据山东省第二次全国残疾人抽样调查数据，全市共有残疾人32.89万人，占全市总人口的5.45%。其中：农村残疾人21.29万人，占全市残疾人总数的64.7%；城镇残疾人11.61万人，占35.3%。

2008年，全市共有残疾人32.89万人，占全市总人口的5.45%。

二、康复机构和组织

(一)领导协调机构。1991年，成立由市卫生局、市民政局、市教委、市财政局、市残联等有关部门组成的济南市残疾人“三项康复”(白内障复明、聋儿语训、儿麻矫治)工作办公室。1994年5月，更名为济南市残疾人康复工作办公室(简称市康复办)。至2010年，市康复办成员单位扩大到11个。

(二)社区康复组织。“八五”期间，全市建成社区康复站36处，社区康复工作开始起步。“九五”期间，社区康复工作逐步发展，市及各县(市)区依托医疗保健网、社区服务网、残疾人组织和残疾人家庭组织实施社区康复工作。县(市)区建立康复服务指导部、站，部分街道和乡镇建立社区康复站，并配备部分康复器材，对社区残疾人开展康复需求调查、摸底、建档工作。

2003年，市残联提出建立社会化残疾人康复工作体系总体思路。进一步规范市级11个康复中心组织机构，各县(市)区依托综合服务中心、辖区医院等资源设立县(市)区级康复中心。依托社区卫生站建立康复指导站，设立康复指导医生，开展康复需求调查，建立康复训练档案，进行康复训练和服务。各县(市)区通过整合、利用老年星光之家、社区卫生服务中心、乡镇卫生院，建立康复指导站90个、康复站210个，配备专兼职的康复指导医生和康复服务员150名。11月，全国残疾人社区工作现场会在济南召开，推广济南开展社区残疾人工作的经验做法。副市长张泽代表济南市作题为《精心打造“我的兄弟姐妹”主题品牌，全力构筑社区残疾人温馨家园》的典型发言。中国残联理事长汤小泉指出，济南经验的核心是弘扬“一个理念”，实施“两个整合”。“一个理念”是指“我的兄弟姐妹”，其核心价值定位在全心全意为残疾人办实事、办好事上，通过弘扬“我的兄弟姐妹”理念，解决社区残疾人工作发展中的认识问题；“两个整合”就是通过社区就业与配备社区残协专职干事(联络员)的整合解决社区残疾人工作中的人员问题，通过实施社区残疾人工作场所与“星光计划”站点的整合，解决社区残疾人工作中的场地问题。

2004年，市残联确定为“入户下乡康复年”，与市财政局、市卫生局联合下发《关于实施残疾人康复工程的意见》《关于2004年开展入户下乡为残疾人提供康复服务活动的方案》《关于选配残疾人康复指导医生、康复服务员的意见(试行)》，规定今后每年康复服务工作经费，由市财政承担1/3、市和县(市)区残联残保金承担2/3，从根本上解决康复服务经费来源问题，为全市残疾人康复服务工作发展提供保障。

2005年，与市财政局联合下发《济南市社区残疾人康复训练与服务购买康复成果实施细则》，2005～2010年，每年购买社区康复训练成果都在1500例以上，探索残疾人康复需求申报、任务分解、专家鉴定和购买康复成果的长效机制。2006年12月，在天津召开的全国残疾人社区康复示范区培育工作大会上，济南市介绍残疾人社区康复工作经验。

2006年，开展创建全国、全省残疾人社区康复示范县(市)区活动。2007年，历下区获第一批“全国残疾人社区康复示范区”称号。2008年12月，市中区、槐荫区和章丘市被命名为“山东省残疾人社区康复示范区(市)”。

2009年，市残联、市卫生局、市民政局制定“社区康复年”实施方案，成立领导小组，召开全市康复工作会议。结合全国、全省残疾人社区康复示范县(市)区创建活动，通过以点带面、典型引路，扩大服务覆盖面，充实服务内容，提高服务质量，建立长效机制，确保社区康复服务体系长期有效运行。2010年，为确保基本实现“人人享有康复服务”目标，市残联将同年定为残疾人“人人享有康复服务”年，召开动员大会，制定《关于开展济南市残疾人“人人享有康复服务”年活动的实施意见》，明确活动的任务目标、实施步骤和各部门职责，提出五项具体措施，组织全市脑瘫、视力、智力等10位不同专业的康复专家撰写《济南市残疾人“人人享有康复服务”指南》知识读本，印制3万册，发放到各康复机构及残疾人手中。全年为各类残疾人提供社区康复服务7万余人次，通过检查验收，各县(市)区初步达到“人人享有康复服务”的目标要求。2010年，章丘市获第二批“全国残疾人社区康复示范市”称号；济阳县获第二批“山东省残疾人社区康复示范县”称号。至2010年年底，全市共配备康复指导医生118名，康复服务员143名，康复协调员494名；建立残疾人康复指导站131个、康复站1347个，提前完成“十一五”期间任务。

三、视力和肢体残疾康复

1992年，市“三康办”先后在市立二院、市儿童医院分别成立“济南市白内障复明中心”和“济南市儿麻矫治中心”。2002年，确定济南医院为“济南市残疾人医疗康复中心”，主要承担肢体残疾人康复技术指导、培训、示范和社区指导、咨询服务等任务。

(一)儿麻矫治手术。1992年，市政府办公厅转发市卫生局、市教委、市民政局、市残联《关于突击开展小儿麻痹后遗症矫治工作的意见》。市“三康办”组织8名专家，先后赴平阴、章丘、商河、济阳、长清突击开展儿麻矫治手术。共组织4380名患者参加预检，通过三级筛选，专家鉴定，适应手术者369人，当年对169名患者实施手术。

(二)白内障复明救助。“视觉第一中国行动”。该项目是中国与国际红十字会合作开展的全球最大规模的防盲治盲行动。项目分两期执行，一期从1997～2002年，二期从2002～2007年。全市共对1500余例白内障患者进行筛查，对适合手术条件的512例患者实施复明手术。

“‘我的兄弟姐妹’千人复明”活动。2004年，市残联、市财政局、市卫生局、市残疾人福利基金会共同筹资150万元，在全市范围内联合开展“‘我的兄弟姐妹’千人复明”活动。各县(市)区残联对2300多名患者进行筛查，指定8家手术医院对符合术前指征的707例贫困白内障患者实施复明手术。

“我的兄弟姐妹”万人康复救助工程。2006年始，连续三年组织实施“我的兄弟姐妹”万人康复救助工程——白内障复明项目。

2009年制定《济南市贫困白内障患者“光明工程”规划(2008～2012年)》，对章丘市、长清区500名贫困白内障患者实施免费复明手术。积极开展创建白内障无障碍县(市)区工作，2009～2010年，10个县(市)区分别被命名为“全国白内障无障碍示范区”。

全国“百万贫困白内障患者复明工程”。自2009年始，连续三年落实全国“百万贫困白内障患者复明工程”项目，市残联、市卫生局联合下发《关于做好“济南市贫困白内障患者复明项目”筛查工作的通知》，对各县(市)区分管理事长、康复科长进行专项培训。

(三)低视力康复。1993年，低视力康复起步。市“三康办”在市第二人民医院建立“济南市低视力防治康复中心”。“十五”期间，依托该院成立“济南市低视力配镜中心”。“八五”至“十一五”期间，共开展低视力康复1175例。

(四)肢残人假肢、矫形器装配。“九五”至“十一五”期间，通过实施“长江新里程计划项目一、二期”，香港慈善家李嘉诚先生捐助项目、国家彩票公益金项目，“我的兄弟姐妹”万人康复救助工程，市残联依托省残联假肢站进行假肢、矫形器装配工作，共为肢残人装配假肢1955例。

“八五”至“十一五”期间济南市视力和肢体残疾康复情况统计表

表10-2-4　　单位：例

期间 康复项目	八五	九五	十五	十一五
白内障复明手术	4780	9177	9913	20178
儿麻矫治手术	574	243	—	—
低视力康复	56	143	394	582
假肢、矫形器装配	—	195	783	977

(五)“5·12”四川地震伤员康复救助。2008年，会同卫生部门制定《关于做好四川地震伤员医疗救治和康复工作的通知》，对伤残人员康复需求和康复器材的需求等进行摸底调查，市残联组织有关康复机构及康复工程技术专家，为灾区50名有康复需求的伤员精心赶制87件辅助器具，其中轮椅24件、双拐24副、助行器14辆、矫形器25件。

四、听力语言残疾康复

1991年，依托市中心医院成立“济南市聋儿听力语言康复技术指导中心”。为全面提高聋儿语训质量，中心及各语训班(点)定期组织聋儿家长培训班。聋儿语训工作取得较好的成绩，也涌现出一批经过语言训练后，回归正常生活的优秀人才。聋人运动员张君被选入国家队参加第十届世界聋人田径运动会并取得跳远第三名的成绩；兰珍妮绘画作品参加“瑞航杯”国际儿童画展获一等奖，还获得全国第六届十佳少年称号和宋庆龄奖学金。

“十一五”期间举办首届听力语言康复教师职业技能选拔赛。2008年开始实施“山东省万名聋儿启聪工程”，对375名符合条件的贫困聋儿配戴助听器。按照中残联项目办下发的“听力重建，启聪行动”项目要求，制定落实国家《残疾人事业彩票公益金聋儿康复项目实施方案》，完成各项任务。

“八五”至“十一五”期间，济南市共完成聋儿语训1546例，其中“八五”时期402例、“九五”时期391例、“十五”时期397例、“十一五”时期356例。

五、精神残疾康复

“八五”期间，依托济南市精神病防治中心建立济南市精神卫生康复指导中心，依托济南市精神病院建立济南市精神卫生康复中心。

长清县作为济南市“九五”精神病防治康复工作任务县，开展精神病摸底筛查工作，共调查近50万人，筛查出可疑精神病人3200余人，占全县总人口的0.64%，基本达到国家要求。“十五”期间，精神病防治康复任务县增至长清、天桥、章丘、平阴等4个区县，从2005年始在上述4个县市区开展为400名贫困精神病人免费服药工作。2004年建立明天孤独症儿童康复中心，制定实施《关于对我市特困家庭孤独症儿童免费康复培训的暂行办法》，开始进行孤独症儿童康复训练工作。“十一五”期间，精神病防治康复工作实现全覆盖。在十个县(市)区全面开展社会化、综合性、开放式的精神病防治康复工作，覆盖人口590.1万。全市完成摸底筛查、建档立卡工作。2005年制定《济南市残联、卫生局关于开展为300名贫困精神病人免费服药活动的实施方案》。2007年市残联、市卫生局制定《关于在全市开展贫困精神病人免费服药活动的补充意见》。先后为5800名贫困精神病人实施免费服药，为190名贫困精神病人实施免费住院治疗救助。济南市被中残联定为“全国孤独症儿童康复训练试点城市”，明天儿童康复中心确定为“全国孤独症儿童定点康复机构”。

2009年6月1日，以中国残联康复部主任尤红为组长，有全国精神病防治康复专家、财务审计专家、辅助器具专家为成员的检查组一行6人，对天桥区残疾人事业彩票公益金贫困精神病患者医疗救助和辅助器具配发项目执行情况进行中期检查，受到好评。

六、智力残疾预防与训练

“八五”期间，依托济南市社会福利院建立济南市弱智儿童康复站。“九五”期间，认真贯彻《食盐加碘消除缺乏危害的管理条例》，市残联、卫生等部门联合签发《关于在缺碘地区开展特需人群补用碘油工作的通知》，市政府为补碘工作匹配18万元专项经费，通过努力工作，使全市特需人群补碘率达到95%以上。“十五”“十一五”期间，将智力残疾儿童康复训练列为社区康复训练与服务的重点项目，依托特教学校、社区和家庭对14岁以下的智力残疾儿童进行康复训练，并逐渐建立康复救助机制，开展贫困智力残疾儿童机构内系统康复训练和救助。

七、残疾儿童康复救助工程

“十一五”期间，济南市实施国家、省、市残疾儿童康复救助项目，共救助1494名，其中：脑瘫儿童康复训练393名，智力残疾儿童康复训练525名，孤独症儿童康复训练486名，低视力儿童90名。2005年3月，市残联制定《关于对我市特困家庭孤独症儿童免费康复培训的暂行办法》。2005～2007年，对济南市部分特困家庭的孤独症儿童免费培训，每期3个月，每名儿童补助康复经费3600元。自2006年开始，根据省残联、省财政厅《山东省贫困残疾儿童康复救助工程(项目)实施方案》及济南市实施万人康复救助工程的意见，济南市实施残疾儿童康复救助工程，救助标准：脑瘫和孤独症儿童每人每年2400元、智力残疾儿童每人每年1200元。2009年，市残联、市财政局联合下发《济南市贫困残疾儿童康复救助工程(项目)实施方案》。救助标准：脑瘫和孤独症儿童每人每年2400元，智力残疾儿童每人每年1200元，聋儿语训每人每年2000元，低视力儿童每人230元的助视器。

八、残疾人医疗康复救助

2004年，市残联、市财政局、市残疾人福利基金会制定《关于为贫困残疾人实施大病救助的暂行办法》，每年由市、区两级财政和市残疾人福利基金会拨付专项资金，用于救助发生重大疾病的贫困残疾人。2008年6月23日，制定《关于救助济南市农村持证残疾人加入新型农村合作医疗的实施意见》，资助贫困持证农村残疾人加入新农合。

九、康复人才培养

“九五”期间，加强对康复人员的培训，

特别是对聋儿语训教师的培训，共培训110人。

“十五”期间，组织专家编写《济南市残疾人康复指导医生培训材料》《康复知识通俗读本》，承办“中国残联/香港复康会第六期全国县级康复人员培训班”，市和县(市)区残联以康复政策、康复知识、工作要求、表格及训练档案的填写、康复训练与服务等相关内容为重点，举办各类培训班15期，印发《康复知识通俗读本》2万本。2005年11月29日，市残疾人康复工作办公室主办、市残疾人康复中心承办“建本杯”济南市首届残疾人康复知识竞赛，并在济南电视台播出。

“十一五”期间，制定《济南市残联系统康复人才培养规划(2005～2015)》。利用以会代培、集中培训、讲座、外出学习等形式，对康复管理人员及社区康复人员、残疾人及其亲属进行康复政策、康复知识、康复基本技能、疾病预防知识等方面的培训，举办“新增精神病防治康复任务县(市)区管理人员、专业技术人员培训班”“济南市创建残疾人社区康复示范区业务培训班”、盲人定向行走管理人员、训练指导师培训班、残疾人辅助器具评估适配培训班、康复服务员培训班，并给予记学分，共计培训10264人次。

2008年10月14日～18日，承办“第二期全国残疾人康复咨询培训班”，全国30个省、自治区、直辖市以及新疆生产建设兵团、黑龙江农垦总局残联康复部负责人、省级残联康复直属单位负责人和专兼职省级残疾人康复协会秘书长60余人，以及山东省、济南市残联系统40余名康复管理人员参加为期4天的培训。

十、济南市盲人按摩指导中心

济南市盲人按摩指导中心成立于2007年7月，系全额预算管理正处级事业单位，编制25人，内设综合科、教育培训科、就业指导科和行业管理科。

2007年12月12日，市残联下发《关于建立盲人按摩指导中心有关问题的通知》，推动全市盲人按摩工作发展，构建盲人按摩指导网络。至2008年6月30日，除高新区外，其他10个县(市)区均挂牌成立区级盲人按摩指导中心，配备专人负责具体工作。通过评选，全市8家盲人按摩机构被评选为盲人按摩示范店。

开展盲人保健按摩、盲人计算机、盲人定向行走、“全国盲人医疗按摩人员考试”考生考前培训班等技能培训班，逐步完善多渠道、多形式的盲人培训工作体系。至2010年年底，累计培训盲人保健按摩100人、盲人计算机操作60人，参加“全国盲人医疗按摩人员考试”考生考前培训30人，培训定向行走训练300余人。经过培训考试合格的盲人学员，颁发市人力资源和社会保障局颁发的劳动职业技能资格证书和市残联颁发的结业证书。

2010年10月15日，市盲人按摩指导中心服务网开通，是全国第三家、全省首家盲人信息无障碍网站。山东电视台、济南电视台等多家媒体进行报道。

十一、济南市残疾人康复中心

(一)机构。1989年，济南市聋儿康复中心成立，1999年，更名为市残疾人康复中心。2007年，市残疾人康复中心重新确定业务工作职责：负责全市残疾人康复需求的调查和动态管理工作；指导残疾人社区康复训练与服务；开展心理咨询工作；指导县(市)区残疾人康复中心、有关康复机构、社区康复业务工作；负责全市残疾人康复服务员的管理、培训工作；开展孤独症、智障儿童、听力适配等康复训练项目；管理、指导县(市)区残疾人辅助器具服务站工作，做好残疾人辅助器具的宣传、评估适配、供应、维修、研制等工作。

(二)开展社区康复工作。购买社区残疾人康复成果。2007年，市残疾人康复中心组织开展购买社区残疾人康复成果工作，经严格初审后将合格的“济南市残疾人社区康复训练花名册”报至济南市残疾人康复中心。至2010年，共购买成果7926例，主要包括安装假肢、矫形器，配戴助视器、盲人行走训练等。

2007～2010年市残疾人康复中心购买社区残疾人康复成果情况统计表

表10—2—5

年 份	购买成果数(例)	拨付资金(元)
2007	1932	206693
2008	2106	296120
2009	1700	289508
2010	2188	353472
合 计	7926	1145793

示范办(镇)康复服务员管理培训。2007年，为解决乡镇(街道)康复服务人员少、工作量大的问题，市残疾人康复中心争取市财政局和市残联支持，解决康复服务员工资待遇问题，建立专、兼职康复服务员队伍。2009年起，市残疾人康复中心采取三级管理两级培训的方式，每年对示范办(镇)的康复服务员开展不少于两期的培训，年中测评，年底考核。培训班聘请市级专家重点对肢体残疾人、智力残疾儿童、脑瘫儿童、听力言语障碍儿童、精神残疾等基本康复知识和辅助器具的评估适配进行授课，做到学以致用、学用结合。2009年，全市康复服务员共143名，其中专职108人，兼职35人。至2010年，共培训示范街(镇)康复服务员140人次。

“我的兄弟姐妹”日间照料站。2007年全国智力和精神残疾人托养服务工作会议召开后，市残疾人康复中心先后赴广州及香港等地考察学习，于同年12月3日建立“我的兄弟姐妹”日间照料站市级示范点3处。2008年，先后建成县(市)区级日间照料站11处。市残疾人康复中心加强对各级日间照料站工作的检查、督导，完善内部规范化管理，较好的发挥市级“我的兄弟姐妹”日间照料站示范点的示范、辐射作用，为残疾人提供高质量的托养服务。至2010年，共照料残疾人1451人次。

2007～2010年“我的兄弟姐妹”日间照料站情况统计表

表10—2—6

年 份	建站总数(处)	照料人数(人)
2007	3	70
2008	13	520
2009	13	450
2010	13	411
合 计	42	1451

(三)残疾人辅助器具服务。 残疾人辅助器具服务机构。2005年前，全市残疾人辅助器具服务主要由济南市康华残疾人用品用具供应服务站负责。2005年，济南市康华残疾人用品用具供应服务站更名为济南市残疾人用品用具供应服务站，机构性质为民非企业，由市残疾人康复中心负责管理，主要展示和销售轮椅、拐杖等助行器具和坐便器等生活器具。2007年，由于事业单位不允许搞经营活动，市残疾人康复中心注销市残疾人用品用具供应站，原有业务划归市残疾人康复中心辅具科。2007年11月，建立济南瑞峰听力技术服务中心，2008年10月，成立济南市低视力助视器验配中心，2010年11月，建立肢体残疾人辅助器具评估适配中心。至2010年年底，市残疾人辅助器具服务展厅使用面积近300平方米，现有辅助器具样品4大类200多个品种，并负责对全市残疾人辅助器具服务机构进行管理。

开展残疾人辅助器具评估适配工作。2007年，市残疾人康复中心提出强化辅助器具技术力量，采取走出去、请进来的模式对中心工作人员进行培训。先后派出人员参加中残联举办的评估适配培训班。2008年后，适时举办全市评估适配培训班，提高基层工作人员业务水平，树立评估适配的工作理念，实现从简单配发到评估适配工作理念和方式的转变。

残疾人辅助器具服务网络建设。根据中残联《关于进一步加强残疾人辅助器具服务工作的意见》精神，统一县(市)区级辅助器具服务机构建站标准，建立和完善全市残疾人辅助器具服务体系。2007年在全市10个县(市)区建立辅助器具服务站，2008年为县(市)区级辅助器具服务站免费配发4大类80种辅具样品，并统一进行挂牌。2009年，在提前完成中国残疾人辅助器具中心提出的网络建设目标的基础上，又率先在办(镇)和社区建立50个辅具服务分站，并免费配发4大类16种辅具样品。

实施残疾人辅具器具进家庭工程。2006年，组织“万人康复救助行动”，将价值19万元的2020件简易康复器材入户和102辆轮椅配发至残疾人手中。2008年，开展残疾人康复训练器具进千家工程。筹资21万元，为1000个肢体残疾人贫困家庭配发3292件辅助器具。2009年，开展康复训练器具进万家工程。培训各县(市)区辅助器具服务站站长、康复指导医生和康复服务员、康复协调员及村医等，共计1360人。筹资120万元，为10636个贫困肢体残疾人家庭免费配发21300件康复训练器具。为方便基层残疾人辅助器具技术人员学习辅助器具使用知识，指导残疾人正确使用辅助器具，市残疾人康复中心组织专业技术人员编写《肢体残疾人家庭康复器材使用手册》，并免费配发给基层残疾人辅助器具技术人员。2010年，市残疾人康复中心继续大力实施济南市残疾人辅助器具进万家工程。为12705个贫困肢体残疾人家庭免费配发19335件辅助器具。自2008年起，该项工作连续3年被市政府确定为为民办的100件实事之一。

(四) 开展残疾儿童康复工作。济南市明天儿童康复中心。成立于2004年12月，面积1200平方米，是一所从事孤独症儿童康复的非营利康复教育专业机构，可同时接纳80名孤独症儿童进行康复训练，自2005年起由市残疾人康复中心进行业务指导。中心有受过专业培训、康复经验丰富的师资队伍51人，其中专职教师45名、科研管理人员2名、后勤人员4名。2009年4月，被评为山东省优秀残疾人之家。同年，被确定为山东省贫困残疾儿童康复救助工程孤独症康复训练基地，被中国残联确定为全国孤独症儿童康复训练定点机构。至2010年，共康复孤独症儿童651人次，其中济南市贫困孤独症儿童救助项目290人次，并承担2010～2012年国家贫困孤独症儿童抢救性康复救助项目25名。

2005～2010年济南市残疾人康复中心孤独症康复人数统计表

表10—2—7

年 份	救助项目(个)	培训(人次)
2005	–	45
2006	20	65
2007	40	103
2008	40	122
2009	40	136
2010	40	180
合计	180	651

济南市启明星儿童康复中心。2007年12月3日成立，隶属市残疾人康复中心，是一所从事学前心智障碍及心智发育迟缓教育康复的非营利性专业康复教育机构，并承担市级日间照料工作。针对学前智障儿童认知、情感、技能等方面发展的特点，自成立初，就引进并运用台湾最先进的发展性双溪课程。2008年12月，中心被省残联评为山东省残疾人托养服务示范基地；2009年4月，被省政府残疾人工作委员会评为“山东省优秀残疾人之家”；2010年12月3日，申办为公办幼儿园，更名济南市启明星康复幼儿园，填补济南市智障儿童学龄前教育空白。

2008～2010年济南市残疾人康复中心智障儿童康复情况汇总表

表10—2—8 单位：人

年 份	山东省贫困智力残疾儿童康复救助	济南市特困智力残疾儿童康复救助	济南市贫困智力残疾儿童康复救助	培训人数
2008	—	30	—	43
2009	10	30	—	52
2010	—	30	10	55
合计	10	90	10	150

十二、济南市按摩医院

前身是济南市盲人按摩诊所，成立于1976年7月15日。1979年，交由市民政局按事业单位统一管理。1986年5月，更名为济南市按摩医院。1992年3月，划归市残联管理。1995年10月，确立为全民所有制事业单位，实行差额预算管理。2010年8月6日，由五里牌坊18号搬迁至经六路136号新址，占地面积1362平方米，建筑面积4362平方米。

（一）医疗技术。1986年，医院有职工41人，医务人员33人，其中盲残27人；有床位30张，其中按摩床26张、电疗床4张。设有按摩科、电疗科、针灸科、X线室、中西药房、诊断室等。2004年5月2日，参加在香港召开的第七届世界盲人联盟亚太区盲人按摩研讨会，进行按摩手法交流，现场演示“膊运法治疗急性腰扭伤”。2008年5月，作为特邀代表参加第九届世界盲人联盟亚太区盲人按摩研讨会，院长蔡中在会上作题为《四步推拿法结合康复训练治疗小儿脑性瘫痪98例临床观察》报告。2010年，医院共有职工70人，设门诊部、针推部、康复部、住院部、医务科、办公室等，购置原装进口飞利浦DR、B超、生化检验、进口骨密度仪、进口GE850C型臂、颈腰椎多功能牵引床、偏振光疼痛治疗仪等先进诊疗设备，开展推拿、针灸、理疗、脑瘫康复等医疗项目，并配备盲道、扶手等无障碍设施。10月14日，市按摩医院取得二级中医专科医院职业资格。

（二）脑瘫儿童康复。2006年6月，市按摩医院成立“济南市中医康复治疗中心”，承担贫困脑瘫儿童康复救助任务。2007年5月，中心被中残联确定为“长江新里程计划项目”第二期全国脑瘫儿童推广引导式教育康复机构，并承担60名贫困脑瘫儿童康复训练任务。2007年11月，被确立为“济南市我的兄弟姐妹日间照料站”“山东大学护理学院儿童脑瘫三级干预模式研究基地”。2009年6月，被省残联确定为“山东省贫困残疾儿童康复救助工程康复训练基地”。2010年6月，举办全国脑瘫康复技术培训班，来自全国的80多名康复技术人员参加。培训班结束后，中国残联正式将医院确定为全国脑瘫儿童引导式教育资源中心(全国第3家)，面向全国推广脑瘫儿童引导式教育，并接受全国康复技术人员进修、培训。至2010年，共康复救助贫困脑瘫儿童435人次，举办家长培训班150余期，免费培训家长4500余人次，获“山东省优秀残疾人之家”“青年文明号”等称号。

第三节 残疾人教育培训与就业

一、残疾人教育救助

2003年，市残联制定《关于救助贫困残疾学生和奖励残疾大学生的暂行办法》，对贫困残疾大学生开始实施求助。2007年，制定《关于救助贫困残疾学生和奖励残疾大学生的办法》，规定对接受义务教育的贫困残疾学生，每年救助200元；对接受普通中等教育和职业中等教育(含技工学校)的贫困残疾学生每年救助600元；对接受普通高等教育、高等职业教育的贫困残疾大专生(含高级技工学校、技术学院、技师学院的高级班学生)每年救助2000元，本科生每年救助2500元，研究生每年救助3000元。并对贫困残疾家庭子女参照以上教育层次的救助标准给予救助。2008年，制定《关于扩大贫困残疾学生及残疾人家庭子女市级救助范围的通知》，将所有本科以上残疾学生和考取“211工程”院校的残疾人家庭子女纳入市级求助范围。至2010年，全市共投入救助资金1155.12万元，救助贫困残疾学生、残疾子女12137人次。

二、残疾人培训

市残联先后制定《济南市残疾人及残疾人工作者培训管理办法》《“我的兄弟姐妹”教育资源站建设实施方案》，先后建立市级“我的兄弟姐妹”培训基地7处、县(市)区级25处，形成横向到边、纵向到底的残疾人培训网络。至2010年，累计培训残疾人10余万人次。

三、残疾人就业

市残联会同有关部门先后制定《关于开展创建“残疾人充分就业社区”活动的实施意见》《关于扶持残疾人个人或自愿组织起来经营的办法》《关于城镇贫困残疾人从事个体私营企业缴纳基本养老保险和基本医疗保险给予适当补贴的管理办法》等政策，并通过政策落实，促进残疾人就业，累计有5万余人次残疾人实现各种形式的就业。

1995年，济南市开展实施残疾人按比例就业工作。1996～2001年，累计征收残疾人就业保障金不足1000万元，按比例安排残疾人就业1000余名。2002年，先后修订《济南市保障残疾人合法权益的若干规定》，制定《济南市按比例安排残疾人就业的若干规定》(市政府第189号令)，将残疾人按比例就业工作纳入法制化轨道。2003年，济南市在全省率先实施由地税部门代征残疾人就业保障金，当年收缴2430万元。

2002～2010年，全市累计开展残疾人就业服务5万余人次；组织大型残疾人专场招聘会、“送岗位下乡”招聘会300余场(次)；按比例安排残疾人就业7500余人次；举办各类残疾人岗前、岗中技能培训班，直接安置近千名残疾人就业；通过实施“长江高科技助残就业项目”和创建“我的兄弟姐妹”东方道迩白领就业基地，使近千名残疾人得到机械制图、动漫、平面设计、电子商务等专业培训，400余名残疾人实现高层次就业；建立“我的兄弟姐妹”智力和精神残疾人庇护所示范点10余处，每年对400余名智力、精神残疾人提供过渡性就业服务。

四、残疾人扶贫

市残联先后制定《关于在全市各级机关党员干部中开展“情系我的兄弟姐妹，帮扶贫困残疾人”脱贫致富奔小康活动的意见》《关于扶持我市农村残疾人扶贫开发基地建设的意见》等。至2010年，在全市建立“我的兄弟姐妹”扶贫开发基地95处，基本实现“一乡(镇)、一基地”的目标，直接安置1425名残疾人就业，辐射带动2375户残疾人家庭脱贫。投入资金4672万元，为3229户农村贫困残疾人危房户新建住房，新建住房总面积20.66万平方米。

2007年起，在农村贫困残疾人家庭中实施“一建三改”(建沼气池，改圈、改厕、改厨)工程，改善居住条件和生活环境，提高农村贫困残疾人生活质量。至2010年，共投入600万元，使4000户农村贫困残疾人实现“家居温暖清洁化，庭院经济高效化，农业生产无害化，农村环境优良化”。

五、残疾人社会保障

1997～2000年，市残联主要通过安排康复扶贫贷款开展残疾人扶贫工作，先后投入945万元资金，扶持11340名残疾人脱贫。2003年后，通过实施助残“百户安居”工程、创建“我的兄弟姐妹——捐助便利店”、创建“农村残疾人扶贫开发基地”等活动，投入930万元，为779户农村贫困残疾人修缮、新建濒危倒塌房屋；创建48家农村残疾人扶贫开发基地安置并带动1120名贫困残疾人脱贫；投入200余万元，建成14处捐助便利店，救助贫困残疾人17845人次。2010年，根据市委、市政府《关于加快推进残疾人事业全面发展的意见》精神，市残联与市财政局、市民政局联合制定下发《济南市贫困重度残疾人生活补贴发放管理办法》，明确自2010年1月份起，对城乡贫困重度残疾人在享受民政部门低保和分类施保的基础上每人每月再给予不低于50元的生活补贴。

六、残疾人托养

率先在全省建立“我的兄弟姐妹”庇护所和日间照料站等残疾人托养服务机构。根据市文明办、市残联等7部门联合下发的《关于加强我市智力和精神残疾人庇护就业和日间照料服务的意见》，积极推进残疾人托养机构建设，先后建立庇护所和日间照料站22处，服务对象为在就业年龄段内(男16～59岁，女16～49岁)无业的三、四级智力和稳定期精神残疾人；以过渡性就业为主，职业康复训练为辅的托养机构，设有康复室、娱疗室、图书室以及工疗、农疗场所，对残疾人进行基本的技能培训和康复训练，为顺利融入社会打下基础。在全市22处庇护所和日间照料站里，共有庇护人员420人，照料对象490人。这项工作的开展，不仅使残疾人实现过渡性就业或教育康复，还使不少残疾人亲友们解脱出来更好地参与社会。

七、济南市残疾人劳动就业管理服务中心

2002年3月26日，成立济南市残疾人劳动就业管理服务中心。主要职责是开展残疾人劳动力资源和社会用工调查，组织残疾人求职登记、劳动能力评估、失业登记等残疾人就业服务工作；落实残疾人按比例安排就业情况，收取残疾人就业保障金。2009年，被省残疾人工作委员会授予“山东省优秀残疾人之家”称号。至2010年年底，全市10个县(市)建成残疾人劳动就业服务机构。

第四节 残疾人维权与保障

一、残疾人政策法规建设

1994年8月，根据《中华人民共和国残疾人保障法》和《山东省实施〈中华人民共和国残疾人保障法〉办法》，制定《济南市保障残疾人合法权益的若干规定》。后予2002年进行修订。2008年，根据《中华人民共和国残疾人保障法》和《山东省残疾人优惠扶持规定》，济南市制定《济南市残疾人优惠扶持规定》，2009年1月1日起施行。

二、志愿者助残工作

2003年，市残联建立助残志愿者联络总站，县(市)区残联建立助残志愿者联络站，乡镇(街道)残联建立助残志愿者联络分站，社区和村建立助残志愿者联络点，残联系统助残志愿者网络初步建立。2005年，市残联下发《关于进一步健全全市残联系统助残志愿者网络站和组织网络的通知》，统一规范全市残联系统助残志愿者联络站组织网络名称，调整和完善市、县(市)区、乡镇(街道)、城市社区和村四级助残志愿者组织机构；2006年，下发《关于进一步加强全市残联系统助残志愿者联络站组织网络建设的通知》，规范助残志愿者注册登记工作。2008年，市残联、志愿者协会下发《关于成立济南市“我的兄弟姐妹”志愿服务团的通知》，成立济南市“我的兄弟姐妹”志愿服务团，各县(市)区残联、各级志愿服务成立“我的

兄弟姐妹”助残志愿服务队，形成志愿助残服务网络。

三、残疾人家庭无障碍设施改造

2008年，市残联试点开展残疾人家庭无障碍改造工作，主要包括卫生间蹲便改坐便，安装抓杆、扶手；改造无障碍浴室，加装浴凳或沐浴椅；建设无障碍坡道；对有需求的困难残疾人家庭，配备轮椅等，推进无障碍设施向残疾人家庭延伸，改善生活状况，减轻家庭负担，方便残疾人家庭生活，实现家庭生活无障碍，至2010年，共为城区1370户残疾人家庭实施无障碍改造，为4925户聋人家庭配备、安装爱心闪光门铃，为8359名视力一、二级残疾人配备多功能歪倒自动语音报警手杖，为1334户农村残疾人家庭配置活动坐便器。

四、残疾人维权

2002年，与市司法局共同成立“济南市残疾人法律援助联络处”，由众诚律师集团的律师每周三上午免费为残疾人提供法律咨询服务。完善市、县(市)区两级残疾人维权机构建设。2003年，市残联启动“权益保障年”活动，开展了以“进社区、进家庭、进单位、进学校，送康复、送教育、送岗位、送科技、送温暖、送法律服务”为主要内容的“四进六送”活动，全面推进残疾人权益保障工作。加强“我的兄弟姐妹”维权岗建设，逐步强化残疾人维权岗职能，全市各乡镇(街道)均建立“我的兄弟姐妹”维权岗。

第五节　残疾人文体活动

一、我的兄弟姐妹艺术团

济南市残疾人艺术团成立于1988年9月19日。2002年，中国残疾人福利基金会理事长、中国残联主席邓朴方为济南残疾人事业题词“我的兄弟姐妹”。2003年3月，更名为济南我的兄弟姐妹艺术团，并依法注册为民办非营利性组织，隶属于济南市残联。艺术团旨在用特殊艺术的形式，展现残疾人自强不屈的精神，宣传残疾人事业。

1989年，聋人舞蹈《藕歌》参加第二届中国艺术节演出，这是济南市唯一参加艺术节的节目，也是济南市第一个参加中国艺术节的节目。1990年，为“康复国际亚太地区残疾人第九届大会”“联合国发展中国家残疾人事业国家协调会议”进行演出，应邀参加第五、六届中国上海国际文化艺术节、孔子文化节、中央电视台、山东卫视、济南电视台、上海卫视、浙江卫视、湖南卫视等国内外重大文艺演出(展播)活动。2006年7月，“我的兄弟姐妹”艺术团应法国ChanDanse des Sourds联合会邀请，赴法国巴黎参加首届国际聋哑人《寂静的节日》专场特殊艺术演出，在国际上展示济南市残疾人事业的发展成果和残疾人文化艺术，获世界聋人协会最高荣誉奖。2007年春节期间，受英国CORNER公司邀请，艺术团一行28人赴英国伦敦进行友好交流演出。演出结束后，进行残疾人手工艺品现场拍卖、义卖活动，向国际友人展示“我的兄弟姐妹”在艺术创作和手工艺品加工方面的特殊技能。2008年，先后以章丘籍北京残奥会冠军郑元超和自强模范盲人按摩师陈欣为原型，组织编创现代吕剧《龙泉梦》和《我的兄弟姐妹》，用山东吕剧的艺术形式，讲述残疾人在各级党委、政府以及社会各界的帮助下克服困难、自主创业的感人故事。

2006年，艺术团获市级“青年文明号”称号。创建山东手语爱心社，参与主编并出版《中国手语常用300句》和《中英常用手语》工具书，与山东大学医科大学护理学院协作《护患临床手语教学》，受到国际、国内和省内专家的关注和好评。2001～2010年，艺术团共向社会公共服务窗口和各年龄段学生3.5万余人次进行手语培训。

至2010年，艺术团有盲人、聋人、肢残人舞蹈、声乐、器乐(特艺)演员50余人，共举办电视文艺晚会及专场演出1000余场，保留节目有聋人舞蹈、肢残人舞蹈、盲人肢残人声乐、小品等20余个。表演作品多次获文化部、民政部、国家教委、国家广电总局和中国残疾人联合会颁发的各类奖项，演员受到党和国家、省、市领导的亲切接见和鼓励，《人民日报》(海外版)、《光明日报》、《中国残疾人》等媒体均进行过报道和介绍。是中国残疾人第一部舞剧《光明之恋》主演、主创群体，是全国最早表演聋人舞蹈《千手观音》的艺术团体。

二、残疾人体育竞赛

1994年，市残疾人体育协会被批准登记为法人社团。1998年10月，市残联、市体委、市残疾人体育协会共同举办首届济南市残疾人运动会。

2000年10月，济南市盲人柔道运动员崔宝佶在第十一届残奥会上，获男子盲人柔道73公斤级银牌。

2001年7月，济南市聋人田径运动员张珺在意大利罗马举行的第十九届世界聋人奥运会上获女子三级跳远银牌(破世界纪录)、跳高第4名。

2002年4月14日～19日，市残联承办“2002年全国残疾人田径、柔道、举重锦标赛暨世锦赛选拔赛”；9月，济南市盲人运动员崔娜在2002年世界盲人柔道锦标赛中获铜牌；9月8日～13日，组织14名智力残疾运动员参加第三届全国特奥会，获9枚金牌、14枚银牌、13枚铜牌，并获“体育道德风尚奖”；10月，济南市盲人运动员崔宝佶在第八届远南残运会上获柔道73公斤级金牌，肢残运动员吕晓磊获乒乓球团体金牌，TT10级、公开赛2枚银牌。

2003年4月18日～23日，市残联在省第六届残疾人运动会上获团体总分第1名。5月，济南市被省政府授予“全省发展残疾人体育事业突出贡献奖”；8月，市残联被省残联、省体育局授予“全省残疾人体育先进单位”称号。

2004年12月31日，省人事厅、省残联为在十二届残奥会上做出突出贡献的济南市残联记集体二等功。

2005年1月28日，省政府授予济南市“振兴山东省残疾人体育突出贡献奖”称号。

2006年，举办济南市残疾人综合性运动会。全市10个县(市)区和由济南市特教中心学校为主组成市直代表团共11个代表团、405名运动员、教练员、工作人员参加4个大项，139个小项的比赛。1人1次破全国纪录，13人17次破全省纪录。同年，组队参加在烟台市举办的山东省第七届残疾人运动会，济南市代表团获团体总分第1名，并以76金26银16铜成绩，获奖牌榜第2名；章丘、历城运动员郑元超、井普春参加全国第七届残疾人运动会自行车决赛，取得3金、4银，并打破1公里竞速世界纪录；在全国第四届特奥会上，济南特奥运动员获金牌12枚、银牌12枚、铜牌4枚(山东省共获25金、18银、17铜)。

2007年11月10日～11日，济南市首届特殊奥林匹克运动会举行，全市11个代表团的340名运动员、教练员、裁判员及工作人员参加田径、乒乓球、趣味性体育比赛。同年，组队参加2007年(上海)世界特奥运动会，获4枚金牌、2枚银牌、2枚铜牌的优异成绩，市政府批准给市残疾人体育协会进行奖励，并记集体二等功。全年向国家队、省队输送优秀残疾人运动员30余名，参加世界及4次全国10个大项目的集训、比赛；有16名优秀残疾人运动员随山东代表团参加全国第七届残运会中的7大个项目的比赛，取得8枚金牌、6枚银牌，4人5次打破全国纪录。

在2008年北京残奥会上，代表中国参赛的济南残疾人运动员崔娜、吕晓磊、郑元超，取2金1银1铜的佳绩。同年，成功举办2008年济南市残疾人游泳锦标赛；历下区残联、市中区残联、槐荫区残联分别代表山东省参加全国特奥足球锦标赛、东亚特奥游泳比赛，全国特奥自行车比赛，取得8金、10银、10铜的好成绩。

2010年8月，济南市残疾人田径运动会举办，11个县(市)区、300余人参加比赛。10月，组队参加山东省第八届残疾人运动会。全市49名优秀残疾人运动员参加田径、游泳、自行车、盲人柔道、盲人门球和聋人足球的比赛，获奖牌68枚，其中金牌46枚、银牌13枚、铜牌9枚。同月，组队代表山东省参加在福州市举办的第五届全国特奥运动会。济南市泺源学校和育园学校派出14名运动员组队参加特奥田径、特奥游泳、特奥轮滑项目比赛，共取得21枚金牌、6枚银牌、5枚铜牌(山东代表队共获金牌28枚)。同年，济南市有6人次优秀运动员参加全国残疾人田径、游泳、柔道、自行车锦标赛，共取得六个全国以上体育比赛第1名。其中崔娜在2010年全国残疾人盲人柔道锦标赛中获女子63公斤级第1名；郑元超在2010年全国残疾人自行车锦标赛中获LC4级500米场地赛第1名和公路赛1000米第2名；李超获2010年全国残疾人锦标赛暨亚运会选拔赛T44级400米第1名、100米第2名；杨明琦获全国(青、少年组)残疾人锦标赛F36级铅球、铁饼、标枪三个第1名。崔娜、吕晓磊、赵裔卿、郑元超代表国家参加2010年亚洲残疾人运动会，在盲人柔道、乒乓球、自行车项目中获2金、2银。

第六节　残疾人事业宣传与品牌建设

一、残疾人事业宣传

1996年12月，市残联在济南电视台综合频道《每周新闻综述》栏目开播手语节目，济南市成为山东省内第一个开播手语节目的城市。

2005年，组织参加“2005年度山东省残疾人事业好新闻”评选活动。本次评选济南市选送电视、广播、文字、图片类参评作品13件，获一等奖1件，二等奖3件，三等奖2件，优秀奖7件。在17地市获奖面最大，作品质量最高。

2006年11月，编辑、出版《“我的兄弟姐妹”在泉城的怀抱中——济南市残疾人事业“十五”纪实》大型画册。

2006年，市残联举办“我的兄弟姐妹”首届摄影大赛，共收到参赛作品268件，评出一等奖3件，二等奖6件，三等奖12件，优秀奖21件。组织参加“2006年度山东省残疾人事业好新闻”评选活动，共选送电视、广播、文字、图片类参评作品11件，全部获奖，其中二等奖4件，三等奖2件，优秀奖5件；完成“为了我的兄弟姐妹”光盘制作。

2007年，在山东省残疾人事业好新闻评选活动中，济南市选送电视、广播、文字、图片类参评作品9件，全部获奖，其中一等奖2件，三等奖3件，优秀奖4件。市残联获“2007年度山东省残疾人事业好新闻”评选组织奖。

2008年，在济南电视台新闻频道开辟《情系我的兄弟姐妹》专栏节目，开创全省乃至全国省会城市主流新闻媒体主流频道定期开播残疾人电视专栏节目的先河。

2009年，联合市委宣传部、市文明办、市新闻工作者协会、市新闻学会，共同举办年度残疾人事业好新闻评选活动，评出文字类、广播类、电视类、摄影类共88件获奖作品。组织参加“2009年度山东省残疾人事业好新闻”评选活动，5件作品获奖，其中一等奖1件、二等奖3件、三等奖1件。

二、品牌建设

2002年年初，经市残联充分酝酿和多方论证，由全国知名人士张海迪提出，济南市人民政府认可，中国残联主席邓朴方题词，确立济南市残疾人事业“我的兄弟姐妹”主题品牌，并将这个品牌的核心价值定位在“全心全意为残疾人办实事、办好事”上，济南市残疾人事业开始走上“我的兄弟姐妹”品牌路。

2003年11月29日，全国社区残疾人工作现场会在济南召开，济南市“一个理念，两个整合”的社区残疾人工作经验推向全国，“我的兄弟姐妹”品牌开始享誉全国。

2004年，中国残联将第十四次“全国助残日”主题确定为“情系我的兄弟姐妹——帮扶贫困残疾人”，标志着济南市提出的“我的兄弟姐妹”品牌正式推向全国。

第七节 残疾人福利基金

1987年5月16日，济南市残疾人福利基金会成立。2003年12月1日，基金会在山东省民间组织管理局注册。2010年，市残疾人福利基金会秘书处下设综合部、项目部、策划部、艺术团、农疗基地5个部门，有工作人员13人。

一、资金募集

2002年5月12日，基金会在省体育中心举办“我的兄弟姐妹”大型公益演唱会，募集资金200余万元。9月13日，基金会向国家工商行政管理总局商标局提出“我的兄弟姐妹”商标注册申请。2003年12月21日，该商标正式被核准注册，“我的兄弟姐妹”品牌成为受法律保护的残疾人事业品牌。2004年6月1日，国务院颁布《基金会管理条例》。社会各界累计捐款(物)97万元。2010年1月16日，上海增爱基金会与美国LDS慈善协会“健行中国”行动向济南市残疾人福利基金会捐赠200辆轮椅、200件助行器等辅助器具，同时爱心企业也为贫困残疾学生送去10万元助学金。5月15日，由济南市残联、山东电视台联合主办，市残疾人福利基金会承办的“我的兄弟姐妹”爱心助残大型公益音乐会在山东电视台1200平方米演播厅举办，30余家爱心企业积极奉献爱心，共募集资金340万元。

二、救助活动

1987～2010年，累计募集资金(物资)2400余万元。支出救助资金1700余万元，全部用于百户安居、“我的兄弟姐妹”捐助便利店、各类救助项目等残疾人福利事业，12万余人次贫困残疾人从中受益。

2004年，在全市开展的“迎亚足赛，创文明城”活动中，基金会发动开展“一助一”救助贫困残疾学生活动，有170名残疾人工作者与贫困残疾学生结成“一助一”帮扶对子，救助资金3万余万元。至2010年，“一助一”救助活动仍在继续实施，累计受益贫困残疾学生200余人。

2008年12月1日，市残联组织开展“情系我的兄弟姐妹，送温暖进千家”活动，走访慰问市中区十六里河街道石匣村贫困残疾人家庭，为他们送去过冬生活用品和慰问金。

2009年11月6日，举办首届“我的兄弟姐妹”红色集体婚礼，免费为11对残疾新人举行集体婚礼。10余家爱心单位积极捐款捐物，提供服务。

2010年，协调长沙和琦装饰工程公司捐赠20万元建立“泉城光明行”救助基金，济南爱尔眼科医院具体实施，帮助200名贫困残疾人重见光明。9月26日，第二届济南“我的兄弟姐妹”红色集体婚礼在英雄山赤霞广场举行，16对残疾新人喜结连理。10余家爱心单位积极捐款捐物，提供服务。全市10余家媒体对婚礼进行连续报道。

第八节 机 构

1990年7月12日，济南市残疾人联合会成立，为全市性残疾人事业团体，副局级单位，由市民政局代管，设办公室、群工部、基金部、康复部、文体宣传部。

1996年12月，市残联升格为正局级，业务上接受市政府指导，内设办公室、组织联络部、康复部、教育就业部、宣传文体部、计财部6个业务处室，事业编制总额35人(含工勤人员编制3人)，其中，理事长1人(正局级)，副理事长2人(副局级)，处级领导职数11人。

2003年7月30日，市残联内设办公室、组织联络维权处、康复处、教育就业处、宣传文体处、对处交流发展处共6个业务处室；配事业编32人(含离退休干部工作人员编制1人，工勤人员编制3人)。领导职数配理事长1人，副理事长3人；处级领导职数10人。下设济南市残疾人劳动就业管理服务中心、济南市盲人按摩指导中心、济南市残疾人康复中心、济南市按摩医院4个直属事业单位。

至2010年，市残联内设机构无变化。

第十一章 济南市红十字会

第一节 代表大会

1986～2010年，济南市红十字会先后召开第四至第七次会员代表大会，分别选举产生各届理事会及其领导成员。

第四次会员代表大会

1988年4月11日，市政府办公厅下发《关于调整济南市红十字会理事会成员的通知》，对济南市红十字会理事会成员进行调整。选举产生46人组成的第四届理事会，选举会长1人、副会长8人。

第五次会员代表大会

1993年11月19日，市红十字会第五次会员代表大会召开，203名代表参加会议。大会选举产生58人组成的第五届理事会，选举会长1人、副会长12人。

第六次会员代表大会

1999年4月29日，市红十字会第六次会员代表大会召开。大会选举产生79人组成的第六届理事会，选举会长1人、副会长12人。聘请谢玉堂为名誉会长，张钰为名誉副会长。

第七次会员代表大会

2005年10月21日，市红十字会第七次会员代表大会召开。大会选举产生120人组成的第七届理事会，选举会长1人、常务副会长1人、副会长10人。聘请姜大明为名誉会长。审议通过《济南市红十字会2006～2010年工作规划》。

第二节 救援 救护 救助

一、救灾募捐

1987年8月26日，天桥区、长清县遭受暴雨、龙卷风袭击，市红十字会医院组成救护队赶赴灾区，抢救受伤群众。市红十字会单位和会员全年共捐款2.11万元，捐赠衣物折价4.13万元。1992年1月18日，台湾曹氏基金会向市红十字会捐赠161辆轮椅，价值12.4万元。

1993年7月，章丘市、济阳县、商河县等地遭受冰雹、暴雨袭击。市红十字会共接收捐款5万元、被服5000多件、粮食2万公斤，全部发放到灾区。

1994年8月，济阳县发生雹灾、涝灾，省红十字会、市红十字会向灾区调拨救灾款3000元、被服400件、面粉5000公斤。红十字会国际联合会派国际考察员到灾区视察，并调拨价值22.5万元的药品、面粉等救灾物资。8月22日，市红十字会、市财政局、市旅游局、中国银行济南分行联合下发《关于在主要涉外场所试设立红十字募捐箱的通知》。9月，市红十字会在齐鲁宾馆、舜耕山庄、珍珠大酒店、明湖大酒店、济南饭店、济南机场6处涉外场所试设“红十字募捐箱”。市红十字会全年共接受国际国内捐赠物资总价值20万元。

1997年12月9日，吉林通化康威药业公司向市红十字会捐赠价值100万元的药品，用于支持红十字事业。同年夏，济南市历城区南部山区、章丘市和长清县部分地区遭受特大暴风雨袭击，荷兰、德国政府通过红十字会国际联合会向受灾地区捐赠面粉、棉被、药品等物资，总价值29万元。市红十字会全年共募集款物144.6万元，1万多人受益。

1998年1月，张北地震发生后，市红十字会募集救灾款10万元，药品、食品、被服等救灾物资折价45万元，分三批运送到地震灾区。夏，长江流域发生严重水灾。8月12日～26日，市红十字会先后向荆江、九江等灾区运送物资5批，总价值500多万元。同年11月，云南丽江地区宁蒗县发生地震后，市红十字会募集到价值10.94万元的被服、药品等物资，紧急空运到受灾地区。12月2日，在中国红十字会举行的抗洪抗震救灾总结表彰大会上，唐辉(济南)等5人被授予“抗洪抗震救灾先进个人”称号。

1996年2月1日，济南市红十字会发放国际联合会救灾物品

1999年，济南市历城区、章丘市等地遭受自然灾害，市红十字会募集款物126.8万余元，救助1.1万多户受灾群众。

2003年“非典”期间，市红十字会联合济南市血站在泉城广场开展抗击“非典”无偿献血和募捐活动，接收捐款48万余元，物资折合17万元，字画152幅，为一线医护人员捐赠1902万元集体保险。同年2月24日，新疆巴楚—伽师地区发生6.8级地震，市红十字会为灾区募集救灾款70多万元、被服4万件。10月10日，菏泽市东明县发生水灾，市红十字会向灾区拨付救灾款5万元，棉被折价1万元。

2004年12月26日，印度洋地区发生大地震及海啸。市红十字会共接收救灾款510万元、物资价值40万元。2005年4月30日，省红十字会召开支援印度洋海啸灾区募捐活动总结表彰会议。济南市6个单位和常毅等6人被授予突出贡献奖。

2007年7月18日17时，济南市区遭遇超强特大暴雨，约33万群众受灾，直接经济损失约13.2亿元。23日，市红十字会走访慰问天桥区、历下区受灾特困居民，送去价值12万元的衣物、药品和面粉。8月21日，省红十字会将中国国电集团公司捐赠的100万元救灾款，分配济南市50万元，由市红十字会招标采购面粉用于救助受灾群众。

2008年5月12日，四川省阿坝藏族羌族自治州汶川县发生8.0级特大地震。16日，市红十字会向灾区紧急调运首批救灾物资。同日，市红十字会联合济南新闻广播电台发起“向灾区捐赠万台收音机”活动，募集资金35万元，用其采购收音机1万台，全部捐给灾区。22日，由市委宣传部、市文明办、市文化局、市广播电视局、市文联等主办，市红十字会和济南电视台承办的“我们血脉相连”大型抗震救灾特别节目，在济南电视台演播大厅举行。6月6日，市红十字会联合市书法家协会，举行“爱心献北川——济南市书法家协会抗震救灾书法募捐义卖活动”。9月19日，省红十字会下发《关于表彰支援四川抗震救灾先进集体、先进个人的决定》，市红十字会获“支援四川抗震救灾突出贡献特等奖”(集体奖)，刘晓荣、刘成海获“支援四川抗震救灾突出贡献特等奖”(个人奖)，山东省实验中学等16个单位获“支援四川抗震救灾先进集体”，张进等23人获“支援四川抗震救灾先进个人”，刘柳、徐萍等111人获“支援四川抗震救灾优秀志愿者”。

2009年8月12日，台湾及东南沿海地区遭受台风灾害，市红十字会向社会各界发出紧急募捐呼吁。11月11日，市红十字会向灾区捐赠20万元救灾款。

2010年，西南地区发生特大旱灾。3月27日，市红十字会将爱心企业捐赠的100吨瓶装矿泉水，通过陆路运输直发昆明，经昆明市红十字会，分发给石林彝族自治县实验中学和陆美邑中心小学。同年4月14日，青海省玉树藏族自治州发生地震后，市红十字会向社会发出紧急募捐呼吁。5～7月，市红十字会系统将656.79万元救灾款全部调拨到灾区。

二、救护培训

1989年2月25日，市公安局、市交通局、市红十字会联合下发《关于对汽车司机进行卫生救护训练的通知》，要求司机学习卫生救护技术，计划三年内完成对全市9万多名司机的培训。至年底，培训汽车驾驶员5000余名。同年，市红十字会在三个区四个街道组建群众性卫生救护网，每个居民小组为一个救护点。1992年，历城区、济阳县、商河县红十字会为1.05万名驾驶员培训卫生救护知识。1993年，济南市共17.75万人次参加初级卫生知识培训，8344人次参加心肺复苏和创伤急救“四大技术”(止血、包扎、固定、搬运)培训，建立救护站612个。1997年，市红十字会开展对驻市区建筑工地一线工人的卫生救护培训，共为55个建筑公司、540余个施工工地培训现场急救员1200多名。

2004年，共举办师资培训班3期，培训全市131所中小学校教师154名。同年6月24日，市红十字会成立初级卫生救护专家委员会，由医疗、安全、消防、交通、地震等行业的39位专家组成。委员会成员参与电台讲座、编审教材、撰写科普文章、开展救护培训等工作。9月28日，初级卫生救护专家委员会编写的新版《初级卫生救护培训教材》出版。

2005年9月10日，省暨济南市红十字会在赤霞广场举行“世界急救日”纪念活动，为市民提供急救知识咨询服务，进行心肺复苏操作演练，发放急救知识宣传品。2006年 9月9日，省暨济南市红十字会在华联广场举行“拯救生命、一视同仁”“世界急救日”主题宣传纪念活动。2007年7月23日，国务委员兼国务院秘书长华建敏视察济南市社区，现场观摩红十字会卫生救护培训工作。

三、救助活动

(一)人道救助。1994年4月18日，市红十字会发起“救助孤残儿童活动”，帮助患有严重残疾的孤儿免费实施康复手术。1998年，市红十字会为12名被遗弃的孤残儿童找到自己的家或收养家庭。至年底，共有14名严重残疾孤儿通过康复手术恢复生活自理能力。

2004年4月，市红十字会联合《济南时报》《都市女报》发起救助苯丙酮尿症患儿活动，建立专项基金，对全市筛查出患有此类疾病的孩子实施免费治疗。5月30日，市红十字会、市卫生局、市儿童医院联合举行“六一”期间特困家庭住院儿童捐助活动，共筹集资金15万元。

2005年6月10日，市红十字会与市卫生局、市妇幼保健院、三箭集团联合举行“特困家庭妇女大病住院治疗救助金”设立启动仪式。共募集救助金100万元，对济南市特困家庭妇女患大病者实施救助。同时，济南市妇幼保健院命名济南市红十字会妇幼保健院揭牌。2007年12月3日，市红十字会参与由山东省红十字博爱基金会、山东电视台《民生直通车》联合发起的“关注民生，温暖泉城行动”公益活动，资助市内五区100户贫困家庭。2009年1月19日，市红十字会走访慰问天桥区官扎营社区特困家庭，为每户发放2000元慰问金，并送去食用油、面粉、棉被等物品。2010年1月14日，市红十字会启动“春节送温暖，博爱在泉城”救助月活动，向各县(市)区红十字会发放面粉、食用油、棉被等物品。

(二)爱心助学。自1994年起，市红十字会开展“手拉手献爱心”活动，组织市区学校、学生和贫穷地区学校、学生结成“对子”，市区各学校的红十字青少年自愿向贫穷地区学校捐赠学习用具、衣服和现金。至1996年，市区学校结“对子”36对，学生结“对子”95782对，通信24482件；共捐赠衣物173608件、学习用具272133件、现金33881元、学生桌凳102套、投影机1台、录像机3台，总价值114.6万元，使4.5万名贫困学生受益。

2006年2月8日，市红十字会、市文明办、团市委、市教育局和《济南时报》联合启动“春天行动”公益活动，资助单亲无亲特困家庭未成年孩子上学，先后募集救助金数百万元，资助困难家庭学生数千名。

2010年9月24日，市红十字会与济南建设银行联合举行“济南大学贫困新生助学金”发放仪式，为该校100位贫困新生发放15万元助学金。

第三节　献血与遗体捐献

一、无偿献血

1986年6月19日，济南市公民义务献血动员大会在八一礼堂召开，动员全市公民有计划地开展义务献血。全市全年共有1596人献血31.92万毫升。1992年5月，市红十字会在全市开展“无偿献血宣传周”活动，年内共有5030人参加义务献血，总采血量686万毫升，其中无偿献血3630人，献血量72.6万毫升，占总采血量的10.6%。1996年1月18日，济南市召开《济南市公民义务献血办法》实施动员大会，号召全社会积极行动起来，落实献血办法。在1997年召开的全国无偿献血表彰大会上，济南市等9个城市获无偿献血先进城市称号，9人获无偿献血金杯奖。济南市全年无偿献血累计1万人次，献血量200多万毫升。2004年11月，济南市获卫生部、中国红十字会总会、解放军总后勤部卫生部联合表彰的全国无偿献血先进城市。

二、造血干细胞、遗体(角膜)及器官捐献

(一)造血干细胞捐献。2001年2月7日，市红十字会启动筹建骨髓库工作，由济南市中心医院承担采集血样标本，全年共采集骨髓血样标本400余份。2005年4月5日，省红十字会同意济南市红十字会建立中国造血干细胞捐献者资料库山东省分库济南市工作站。2009年4月29日，市红十字会在洪楼广场组织“捐髓救人，奉献爱心”造血干细胞血样采集活动，现场采集血样200余份。2010年4月23日，济南市首例非血缘关系造血干细胞捐献成功实现，捐献志愿者张志文获由中国造血干细胞捐献者资料库管理中心颁发的荣誉证书和奖章，并被省红十字会授予荣誉会员。

(二)遗体及器官(角膜)捐献。2000年4月29日，市红十字会与济南电视台联合举办电视访谈节目《真情缘》，宣传捐献遗体(角膜)、器官、骨髓工作。是月，历下区张燕申请登记捐献角膜、骨髓、遗体，成为济南市第一位申请登记志愿捐献者。5月1日～8日，市红十字会开展“支持捐献角膜、骨髓、遗体行动万人签名”活动，共有1.2万人签名，800多人办理遗体捐献登记。2003年5月5日，济南第一中学教师丁士华因患肺癌病逝，遗体被山东大学医

学院接收，用于医学教育，成为《山东省遗体捐献条例》颁布后济南市捐献遗体的第一人。2005年11月22日，市红十字会举行“留下我的爱”遗体捐献志愿者联谊会。2009年9月21日，济南市实现首例角膜捐献。

第四节　红十字运动传播

1986年，全市共有红十字会组织516个，团体会员6414个，会员39101人，其中红十字青少年14336人。1987年，市红十字会积极协助台胞家属查人转信，共查人120人次，转信12封，为台胞家属查明6人； 同年11月，海峡两岸开放互通信件后，台属通过市红十字会转出“寻人卡”177件，台胞通过国际红十字会香港办事处转来查找济南市亲人178件，共查找到129人。1989年6月底，市红十字会通过国际红十字会香港办事处转出“寻人卡”215件，市红十字会收到台胞查找本市亲人的“寻人卡”275件，查到138件。1990年3月3日，市红十字会成立志愿工作者协会，公布实施《济南市红十字会志愿工作者协会暂行工作条例》。1991年7月～9月，市红十字会组织《无私奉献在人间——济南市红十字会两网建设纪实》电视纪实片拍摄；11月23日，成立市红十字会厂矿企业工作委员会；12月10日，市红十字会拍摄的电视片《春满人间》参加中国红十字总会展评，获凌子风、谢添等著名艺术家好评。1992年，全市30410人次红十字会会员、红十字青少年为孤寡老人和残疾人做好事10335件。1995年，市红十字会共有基层组织1508个，会员160221人。2000年5月8日，在泉城广场举办山东省暨济南市红十字会纪念“5·8”世界红十字日活动，社会各界人士参加活动并现场参与捐献角膜、骨髓、遗体签名活动。

2004年3月10日，在泉城广场举行山东省暨济南市红十字会“奉献百年间，博爱在泉城”纪念中国红十字会成立100周年大型庆祝活动；6月20日，在赤霞广场举行济南市红十字志愿者活动启动仪式，向10家红十字志愿者服务基地授旗，驻济南10个单位成为首批红十字志愿工作者基地，山东大学等10个单位的4.6万

2009年12月4日，山东省暨济南市遗体捐献纪念碑落成典礼在长清区山东福寿园举行

人成为首批红十字志愿者；9月1日，市红十字会官方网站开通。

2005年10月，市红十字会与市社会科学院共同撰写的理论专著《红十字精神与建设和谐社会》由济南出版社出版发行。中国红十字会总会会长彭珮云题写书名。2007年5月8日，在泉城广场举行主题为"关注农民健康——百万红十字志愿者大型募捐暨新农合募捐活动"，省市领导、爱心企业代表、红十字志愿者等1000余人参加活动，接受捐赠款物78万元。

2009年5月8日，市红十字会联合市文明办在济南电视台演播大厅举办"爱心永驻现场直播晚会"，纪念"5·8"世界红十字日和抗震救灾一周年。

2010年3月6日，市红十字会和济南广播电视台联合开办的公益节目《红十字在行动》，在济南人民广播电台新闻频道开播。

第五节　机　构

1985～2003年7月，市红十字会在市卫生局代管下工作。1993年5月5日，中国红十字会总会授予济南市红十字会办公室、天桥区红十字会、长清县红十字会等为全国先进集体，史文良等18人为全国先进会员。1995年1月20日，成立市红十字会事业发展中心，为自收自支的副县级事业单位，人员编制20人。1996年，济南市槐荫区红十字会获1993～1995年度中国红十字会先进集体称号。

2003年7月30日，市红十字会由市卫生局管理改为由市政府领导联系，编制8人，列入群众团体机关序列，经费由市财政全额拨付。2005年上半年县(市)区红十字会实现独立建制，同时建立救灾备灾中心(物资储备站)。

2006年10月24日，市红十字会领导职数设会长1人(由市政府领导兼任)、常务副会长1人(正局级)、副会长1人(副局级)、处长(主任)2人、副处长(副主任)2人，人员编制增至14人。内部机构设办公室和赈灾业务处，下设济南市红十字会事业发展中心，为差额预算管理正处级事业单位。同年8月14日，市红十字会获全国红十字卫生救护工作先进集体称号。

2010年10月13日，市红十字会机关人员编制由14名增至26名(含工勤人员2名)；增配秘书长1名(正处级)；赈灾业务处更名为赈灾与救济处，增设事业发展处，核增处长1名、副处长1名；市红十字会事业发展中心更名为市红十字会救灾备灾中心。

第十一卷

法治 军事

FA ZHI JUN SHI

单位审稿、撰稿人员名单

公安局

审稿人：刘新云　窦庆福

撰稿人：庞　勇　田　丽　闫　军　徐从芳　申小雷

检察院

审稿人：王保新

撰稿人：王海力　胡林泉　刘　军　林　栋　庞兴昱

法院

审稿人：李　勇　刘延杰

撰稿人：毕惠岩　李富建　陈俊海　王　倩

司法局

审稿人：肖　阳

撰稿人：张遵升　周　晖　金昭鑫　范艳平　李程程

济南警备区

审稿人：崔春荣

撰稿人：张宗超　史本波

济南武警支队

审稿人：臧金友　郭英福

审稿人：刘建军　孙建新　朱国明　卢　荻　高　峰

人防办

审稿人：魏　军

撰稿人：王玉金　张　涛　刘国星　张旭军　陈　娟

第一篇　公　安

第一章　惩罚犯罪

1986～2010年，全市共立各类刑事案件402532起，破获280138起，破案率69.6%。其中，杀人案件1983起，破获1714起；伤害案件17653起，破获15667起；强奸案件3699起，破获3170起；抢劫案件15373起，破获8306起；抢夺案件13560起，破获4380起；盗窃案件289078起，破获135434起；诈骗案件23668起，破获13682起。

第一节　刑侦改革

一、刑侦机构改革

1993年，山东省公安厅在全国率先提出改革和加强刑侦工作的实施意见，重点是在各级刑侦部门实行队建制。7月21日，济南市公安局统一规范全市刑事侦查机构名称，济南市公安局刑警大队改称为济南市公安局刑事警察支队。

1997年10月，济南市公安局召开全市公安派出所和刑事侦查工作会议。改革侦查破案体制，科学划分责任区，建立覆盖社会面的刑警队；改革侦查、预审分设的工作体制，实行侦审一体化，提高办案效率；改革破案运行机制，以岗位责任制为核心，实行竞争激励与责任约束相结合，全面启动刑侦队伍内部活力。提高侦查破案水平，做到快破案、多破案、破大案，惩罚刑事犯罪活动，增强群众安全感。这次改革，调整派出所工作重点，改变过去重惩罚轻防范、忽视基础工作，造成管辖区内人口状况不清、治安情况不明的状况；确定派出所管理、防范为主要任务，以发案少、秩序好、群众满意为目标，提高管理、控制辖区治安能力。刑侦工作改革与派出所工作改革同步进行，同时运作，协调发展，建立起科学、严密、高效惩罚防范整体布局，提高战斗力。

1997年12月12日，济南市机构编制委员会下发《关于市、区公安刑侦机构设置的批复》，市公安局设刑警支队(副局级建制)，配备警力251名。内设办公室、政治处、第一侦查大队(暴力案件侦查大队)、第二侦查大队(盗窃案件侦查大队)、第三侦查大队(缉毒大队)、第四侦查大队(经济犯罪案件侦查大队)、第五侦查大队(刑侦基础工作大队)、第六侦查大队(预审大队)、第七侦查大队(刑事科学技术研究所)，共9个处级单位；第一、第二、第四、第五、第六侦查大队分别内设3个、2个、3个、2个、2个中队，第三侦查大队内设缉毒中队、戒毒所，第七侦查大队内设痕检室、法医室、化验室、照相室、资料室、警犬队，共20个中队(室、所)，均为科级建制。历下、市中、槐荫、天桥、历城五区公安分局设刑警大队(均为副处级建制)，均内设秘书科、机动侦查中队、经济案件侦查中队、预审中队、刑事技术中队，并分别下设5个、5个、4个、5个、5个责任区刑警中队(均为科级建制)；公交分局设刑警大队(副处级建制)，内设秘书科、出租车案件侦查中队、扒窃案件侦查中队、刑事技术中队(均为科级建制)。章丘、长清、济阳、商河、平阴设刑警大队(均为副科级建制)，均内设秘书科、机动侦查中队、经济案件侦查中队、预审中队、刑事技术中队，并分别下设4个、4个、4个、4个、3个责任区刑警中队(各科、中队均为股级建制)。12月25日，审处政审科、刑审科划入刑警支队。至1997年年底，全市共有117个基层刑侦队(科、室、所)，区公安分局和县(市)公安局刑警大队责任区刑警中队43个，市公安局刑警支队，区公安分局和县(市)公安局刑警大队专业科(中队、室、所)74个。

2006年6月，市公安局在刑警支队探索实行实战单位探长制、专业部门负责制的体制模式。刑警支队内设3个业务处(综合处、情报信息处、案件督办处)，3个侦查大队(第一、二、三侦查大队均为暴力犯罪侦查大队)，3个专业大队(反恐怖大队、毒品犯罪侦查大队、有组织犯罪侦查大队)，一个刑科所(刑事科学技术研究所)，共计10个处级单位，下设19个科(室、队)，37个探组。

2008年9月26日，在原刑警支队毒品犯罪侦查大队基础上组建市公安局禁毒支队，为市公安局直属机构。2009年12月2日，将反恐怖大队(原属刑警支队)更名为市公安局反恐怖支队 。

二、加强刑侦力量

1997年10月，历下、历城区公安分局和长清县公安局率先改革刑侦工作体制，建立覆盖社会面的刑警队，对领导干部实行竞争上岗。年底，全市刑侦工作改革基本完成。通过竞争上岗、组织考察任命，从各警种选拔一大批德才兼备、年富力强、有一定侦查工作经验的人员调整到各级刑侦部门领导岗位，从各警种抽调部分年轻民警充实刑侦队伍，院校毕业生重点分配到刑侦队伍锻炼。市公安局刑警支队民警由改革前的162人增加到196人，各区公安分局刑警大队民警人数均增加到69人以上，各县(市)公安局刑警大队民警人数均增加到40人以上，全市刑警人数由改革前的408人增加到950人。各责任区刑警中队相继解决独立办公用房，设立审讯室、阅览室、健身房、小食堂，配备办案车辆、电话、传真机等必备工作用具。

2004年8月，以老刑警刘爱华为主要成员，抽调专门技术人才，成立“刘爱华工作室”，负责运用信息技术服务破案、追逃等工作。2005年5月，以心理学专业硕士研究生刘旭华为主要成员，成立“刘旭华工作室”，负责犯罪心理研究、危机处置谈判、民警心理健康咨询、心理网站建设更新。

2007年12月，济南市刑侦部门民警总数1104人。其中，刑警支队336人，历下、市中、槐荫3个区刑警大队民警人数均超过100人。

第二节 惩罚刑事犯罪斗争

一、案发形势

1986年，济南市共发各类刑事案件953起，其中重特大案件228起，是继1983年全国“严打”后，发案率最低的一年。1987年起，杀人、伤害、抢劫、强奸等暴力性犯罪案件呈上升趋势，暴力犯罪比较突出，且性质趋向严重。1988年发案1671起，比1987年增长624起，涨幅59.6%。1990年发案4694起，比1989年上升40.1%，形成1983年严打后第一个发案高峰期。

1990年后，在全市刑事案件总数大幅下降的情况下，暴力犯罪势头增长。从1991年开始持续严打，全市发案数量开始逐年下降，1991年比1990年下降17.6%；1992年比1991年下降17%；1993年比1992年下降8.9%，为1990年后全市刑事发案最低点。

1995年前后，全市刑事发案出现大幅增加，1994年发案3144起，比1993年上升7.6%；1995年发案6179起，比1994年上升96.5%，其中杀人、伤害、抢劫、强奸等暴力性案件1066起。全市公安机关加大严打力度，持续开展严打专项斗争。1995～1999年，全市刑事案件发案保持在一个较稳定的状态，发案在6179起至7328起之间，杀人、伤害、抢劫、强奸等暴力性案件发案总量一直在1100起左右，没有出现大的起伏。

进入21世纪后，刑事犯罪总量逐年上升。2000年，全市刑事发案总量首次突破1万起，共发刑事案件12025起，比1999年上升72%。2001年发案16848起，比2000年上升40.4%；2002年发案20377起，比2001年上升20.9%；2003年发案24803起，比2002年上升21.7%；2004年发案27827起，比2003年上升12.2%。

随着刑侦工作改革，严打斗争力度逐年加大，现代科学技术手段在侦查破案中得到广泛应用，有效惩罚各类刑事犯罪活动，2004～2007年，刑事案件逐年增加的势头得到有效遏制，全市刑事案件发案趋于稳定，2005年发案30977起，比2004年上升11.3%；2006年发案30380起，比2005年下降2%。2007年杀人、伤害、抢劫、强奸等暴力性案件发案2815起，呈现缓慢上升趋势，增长幅度不大。

2008年，全市公安信息化建设力度加大，对多年的案件信息进行整合梳理，加强对如实立案的监督力度，全年立案40645起，比2007年增加8619起，同比上升26.9%；暴力性案件发案3544起，同比上升25.9%。2009年，全市共立刑事案件55656起，发案总量达到历史最高值，其中暴力性案件发案3515起，与2008年发案持平。2010年，全市立案有所下降，共立案52357起，比2009年下降6%；其中，暴力犯罪案件发案2840起，同比下降19.2%，下降幅度较大。

二、犯罪特征

（一）刑事犯罪总量居高不下。1986～2009年，全市刑事犯罪总量由每年953起上升到5.5万余起，上升约58倍。20世纪80年代初，全市出现第一次犯罪高峰，经过1983年严打后，发案进入一个短暂的低谷，80年代末至90年代初出现第二次犯罪高峰(1990年发案4694起)。2000年，全市发案突破1万起，以后发案逐年大幅攀升，2005年，全市发案突破3万起，出现改革开放后刑事犯罪发案第三次高峰。2006年、2007年发案较为稳定，从2008年开始发案逐年增加，2009年发案55656起，2010年案发数量有所下降。

（二）刑事犯罪危害程度增强。随着犯罪总量的不断上升，犯罪危害程度也呈现同步增强。1986年后，杀人、伤害、强奸、放火、爆炸、绑架、劫持、抢劫等8类严重危害社会治安的犯罪活动呈现大幅上升趋势。由1986年的200余起上升到2008年的3500余起，上升17.5倍。同时，重特大案件也呈现上升趋势，由1986年的228起增长到2002年的9984起，上升43.7倍，高于同期刑事犯罪总量的上升幅度。1999年后，重特大案件发案逐年直线上升。

（三）犯罪内容扩展，犯罪类型增多。随着社会矛盾的复杂化，刑事犯罪的内容也发生演变，新型犯罪不断出现，种类不断增多。

侵财性犯罪。1990年后，盗窃、抢劫、抢夺、诈骗等侵财性犯罪案件占全部刑事案件的比重一直保持在80%左右。在侵财性犯罪案件中，抢夺、诈骗案件2000年后发案量增加。1986年发案32起，到1999年发案631起，2000年增加到1089起，上升幅度较大。2009年达到5990起，比1986年上升187倍，增长速度远大于其他类案件。

有组织犯罪。1997～2005年，全市共打掉犯罪团伙3304个，抓获团伙成员12992名，其中黑社会性质组织和黑恶势力团伙犯罪活动十分突出，社会危害巨大。2000年年底至2002年12月两年间，全市打掉黑恶势力团伙84个。2000年后，犯罪嫌疑人孙某某纠集一帮“两劳”(劳动改造、劳动教养)无业人员，经常敲诈勒索、聚众斗殴、霸占市场。2002年12月2日，市公安局刑警支队根据线索，在孙某某准备交易枪支时将其抓获，当场缴获五连发猎枪1支、子弹5发。随后，侦查员连续作战，分别将主干成员抓获。经查，该黑恶势力团伙成员多达30余人，2000年后，交叉结伙，实施绑架敲诈、抢劫、强奸、诈骗、伤害、寻衅滋事等作案70余起。

绑架、涉枪犯罪。1998～2005年，全市共发绑架案件94起，涉枪案件45起，成为严重危害社会治安的突出问题。2002年11月，犯罪嫌疑人孙某某因经营不善导致公司负债累累，遂产生绑架王某勒索钱财的念头，并纠合常某某、张某事先踩点、准备凶器等。2003年1月14日8时30分左右，犯罪嫌疑人孙某某、常某某、张某手持左轮手枪、匕首等凶器在济南市葛家庄中国银行宿舍停车场内，将王某劫持到事先准备好的面包车上，绑架至市中区郎茂山小区一住宅内，威胁王某向其家属索要赎金50万元。市公安局刑警支队组织警力，历经1天多的缜密侦查，迅速将孙某某等三名绑匪抓获，成功解救人质。2005年3月10日16时40分左右，两名犯罪嫌疑人绑架任某儿子，勒索赎金80万元。市公安局从刑警支队、行动技术支队抽调精干力量会同历下公安分局开展案件侦破工作，确定李某某(男，41岁，历城大正小区人，个体经营石材厂)、赵某某(男，46岁，历城彩石乡西小龙村人，无业)有重大作案嫌疑。3月11日晚，调集刑警支队、防暴支队、消防分局、历下公安分局、历城公安分局、章丘市公安局等单位警力在李某某住处，将两名犯罪嫌疑人抓获，缴获全部赎金。

恐怖犯罪。2000年后，爆炸、投毒、放火等案件增多。2000～2005年，全市共发生爆炸案件69起，投毒案件85起，放火案件451起，严重危害人民群众的生命财产安全。市公安局刑警支队会同各公安分局先后破获“2004·1·2”解放东路恐吓电话案、“2004·4·13”千佛山东路恐吓爆炸案、“2004·4·15”劫持绑架案、“2005·3·15”历下大润发商场恐吓爆炸案等多起影响恶劣的案件。

智能犯罪。随着数字时代、信息时代的到来，以电脑、网络犯罪为主要特征的智能犯罪已成为新的犯罪形式，现代科学技术被犯罪分子所利用，特别是网络犯罪的形式趋向多样化，突出表现为黑客侵入、金融诈骗、色情引诱、教唆犯罪、侵犯知识产权等，不仅比普通的犯罪造成的经济损失大，而且社会危害程度严重。2003年1月，犯罪嫌疑人赵某某(男，1978年9月9日生，北京市密云县人)通过编制黑客程序“期货精灵”，用来窃取他人账号、密码和网上期货交易信息。同年2月14日，赵某某利用窃取的30多名用户重要信息，登录10多名资金多的账户，共盗用资金逾千万元，导致齐鲁期货公司、河南“中期”期货公司客户蒙受巨大经济损失。一时间，期货业内一片恐慌，中国证监会称其为中国期货系统内第一起恶性案件。市公安刑警支队，历经一个多月的侦查工作，于2003年3月17日，在北京市某期货经纪有限公司附近将赵某某抓获。经审查，赵某某对其犯罪事实供认不讳。

第三节 惩罚犯罪专项斗争

1986年，全市刑侦部门贯彻执行依法“从重从快”严打方针，在调查研究基础上，组织查禁赌博活动、惩罚重新犯罪分子、反盗窃、反破坏社会治安秩序和清查惩罚流窜犯等5次专项斗争，全年共破获刑事案件791起，破案率83%；其中破获重大刑事案件204起，破案率89.5%，共抓获各类犯罪分子2787名，打掉各类犯罪团伙66个，抓获团伙成员186名，缴获赃款赃物价值52万元。1987年，针对不同时期社会治安出现的突出问题，先后组织开展侦破盗窃汽车挡风玻璃和洒硫酸伤害妇女系列案件以及“反扒窃”“抓现行、破案件、挖窝子、打流窜”“惩罚流氓滋扰、扫除社会丑恶现象”等一系列专项斗争，全年共破获各类刑事案件875起。1988年，先后组织开展“打盗窃、反抢劫、抓流窜”、惩罚“两拦一滋”(拦路抢劫、拦路抢奸和寻衅滋事)等7次专项斗争和6次集中惩罚行动，全年共破获各类刑事案件1294起，比1987年提高47.9%，其中破获重大刑事案件437起，同比提高100.5%；及时破获杀害街头露宿人员案、甸柳新村奸杀幼女案、“9·29”恐吓信案等一批影响大、危害大的刑事案件，有效震慑了犯罪。针对反革命和刑事犯罪分子的破坏活动有所抬头、刑事案件发案上升的突出问题，先后组织开展“惩罚流窜犯”“侦查破案、惩罚现行、安全防范”“打流窜、反盗窃、挖窝子、摧团伙”“扫黄”“除六害”破案会战等5次专项斗争和7次集中惩罚行动。特别是1989年春节后，针对杀人、抢劫等重、特大案件猛增势头，集中优势兵力开展大规模的破案会战，集中破获一批危害大、影响坏的重大凶杀案，对稳定全市的治安局势起到重要作用。1989年，共破获各类刑事案件1797起，比1988年提高38.9%，其中破获重大刑事案件747起，同比提高70.9%，惩罚处理各类违法犯罪人员4143人，同比提高48%，摧毁各类刑事犯罪团伙469个，同比提高41.7%。

进入20世纪90年代后，济南作为省会城市，随着流动人口的增多，流窜犯罪开始猖獗，犯罪主体中外来人员所占比重越来越大。流窜犯罪人员行踪诡秘，异地奔袭，连环犯罪，袭击目标多数不确定，往往见财起意，突发性很强。案件往往没有明显的因果关系。同时，人员流动性大，犯罪嫌疑人采取“闪电式”突袭，不留现场，不留痕迹，一经得手就逃之夭夭。全市流窜犯罪从过去的盗窃、诈骗为主扩大到杀人、抢劫、强奸等暴力性犯罪领域。1990年，全市发案大幅上升，共发案4694起，比1989年上升83.4%。针对这一严峻犯罪形势，按照全省、全市统一部署，本着“什么犯罪突出，就惩罚什么”的原则，全年先后组织开展严打斗争2个战役、“除六害”“反盗窃、打流窜、挖团伙”、惩罚盗抢自行车犯罪、惩罚盗割通信电力设施犯罪、反扒窃等6次专项惩罚行动。7月25日至9月25日，在全市范围集中开展惩罚犯罪破案会战。在7月17日～20日开展的一次集中行动中，抓获犯罪分子396名，追捕逃犯8名，摧毁犯罪团伙105个，抓获团伙成员383人。全年共破获各类刑事案件2388起，同比提高32.9%，其中重、特大刑事案件829起，同比提高11%，摧毁各类犯罪团伙546个，同比提高16.4%。先后侦破1989年“2·5”女中学生被杀割头案、1990年“3·31”伪造中央四部特别通行证案等一批危害大、影响大的案件，挖出一批隐藏较深的犯罪分子。

1991年始，发案总量逐年回落，全年发案3866起，同比下降17.6%；1992年发案3209起，同比下降17%；1993年发案2922起，同比下降8.9%；1994年，发案3144起，同比上升7%，发案总量开始呈现上升趋势。1995年，全市各类刑事犯罪出现普遍高发态势，全年共发案6137起，比1994年上升95.2%，犯罪总量大幅增加。1995年全市共破获各类刑事案件3658起，同比提高30.4%；破获重特大案件1580起，同比提高34.4%。

1996年，在发案总量得到有效遏制的情况下，全年破案大幅提升，全市共破获各类刑事案件5108起，破案率73%。

1997年，全市以刑侦工作改革为突破口，组织开展冬季、春季严打整治等8次专项斗争和集中惩罚行动，一举打掉以王某某、左某为首的2个危害一方的流氓恶势力团伙。同时，以“破大案、打团伙、追逃犯”为重点，大力加强侦查破案。全年共侦破各类刑事案件5074起，其中重特大案件1777起；抓获各类违法犯罪嫌疑人3289名，其中逃犯288名；摧毁各类犯罪集团430个，抓获成员1784名。1998年，先后组织开展以惩罚流窜犯罪为重点的专项行动、“反抢劫、打盗窃、抓流窜”集中行动、以惩罚“两拦一滋”为重点的专项斗争、以“抢包、扒窃、流窜犯、流氓滋扰”为重点的集中惩罚行动、“百日严打斗争”等一系列有针对性的严打专项行动。全市共破获各类刑事案件6426起，其中破获重特大案件2498起，盗抢案件2655起，抢劫案件

285起，伤害案件420起，强奸案件153起，诈骗案件347起，抢夺案件68起。

20世纪90年代末，济南市有组织犯罪日趋严重，其中带有黑社会性质组织犯罪较为突出，严重危害着人民群众的生命财产安全。2000年12月，公安部在全国范围内开展“打黑除恶”专项斗争，济南市刑警支队抽调有丰富办案经验的刑警60余名，历时9个多月，一举打掉徐某某为首的黑社会性质特大犯罪集团，是新中国成立后山东省打掉的首例黑社会性质犯罪组织，在社会上引起强烈反响。

进入21世纪，智能犯罪日益突显，犯罪分子利用现代高科技手段进行作案，与传统的犯罪活动相比，具有犯罪主体智商高，犯罪手段隐蔽，传播速度快，危害区域广，危害后果严重等特点。公安部在全国推广破案追逃新机制，创建全国在逃人员信息系统，将所有在逃人员上网追逃，利用网络科技打破地域限制，动用全国警力追捕各地逃犯。2000年，全市刑事案件发案12025起，比1999年上升72%，犯罪形势十分严峻。为有效惩罚犯罪活动嚣张气焰，济南市刑侦部门坚持“快破案、多破案、破现案、破大案”的方针，综合运用“三大战术”“六种打法”，把严重暴力犯罪、系列犯罪、流窜犯罪、有组织犯罪、重大侵财犯罪和重大逃犯作为主攻方向。全年共侦破各类刑事案件8260起，同比提高57.9%，抓获各类犯罪嫌疑人4486名，其中抓捕逃犯502名、流窜犯1031名；查破犯罪团伙304个，抓获成员1170名；惩罚处理人员2255名。随着惩罚效能的提高，2000～2004年，全市共破获刑事案件55403起。2005年，全市共破获刑事案件20271起。2006年，全市共发各类刑事案件30380起，破获案件20502起，惩罚处理犯罪嫌疑人5712名。2007年，全市共发生各类刑事案件32029起，破获案件24328起；共打掉黑恶势力犯罪团伙85个，抓获成员483名，破获各类涉黑涉恶犯罪案件572起；共破获各类命案149起，其中现案137起，现案破案率95.1%；惩罚处理犯罪嫌疑人6128名，追捕逃犯2961名。成功侦破商河“2·14”抢劫杀人案、天桥“2·18”强奸杀人案、历下“3·14”故意杀人案、历城“7·29”抢劫杀人案、槐荫“8·28”故意杀人案、市中“7·9”爆炸杀人案、“11·29”故意杀人案及章丘三起持枪抢劫杀人系列案件。2008年，济南市刑侦部门围绕“奥运安保”主线，发挥严打主力军作用，全年共破获各类刑事案件37335起，惩罚处理犯罪嫌疑人9131名。

2009年，围绕“全运安保”主线，严厉惩罚各类刑事犯罪活动。全年共破获各类刑事案件39669起，惩罚处理人员11396名，抓获逃犯4727名。

2010年，全年共破获各类刑事案件35391起，惩罚处理犯罪嫌疑人10874名，抓获逃犯4572名(其中公安部A级逃犯2名、省级督捕逃犯2名)。探索和创新情报信息“服务一线、服务实战”的工作模式。分析串并全市疑难案件、多发性系列案件117串、1233起，抓获犯罪嫌疑人572人，破获案件1300余起。根据实战需要，探索创新，总结提炼信息技战法、“网上作战”技战法，获省公安厅、公安部科技进步奖，被公安部编入《全国优秀“网上作战”典型技战法汇编》在全国推广应用。

第四节 惩罚经济犯罪

2001年，济南市经济犯罪侦查支队成立，先后组织开展以惩罚变相传销及非法吸收公众存款的“猎狐行动”、惩罚侵犯知识产权犯罪“山鹰行动”、惩罚制售假发票“捕鼠行动”、惩罚涉盐犯罪专项整治行动、整顿土地市场秩序专项行动、惩罚假币犯罪“09行动”、惩罚侵犯知识产权和假冒伪劣商品“亮剑”行动、惩罚银行卡犯罪等一系列专项行动。2001～2010年，共受理各类经济犯罪案件9356起，立案8605起，涉案金额167.34亿元；

破案7520起，挽回经济损失28.62亿元，惩罚处理4595人，移送检察机关审查起诉2733人。

一、侦破企业内部经济犯罪案件

1986～2000年，经济保卫处主要负责侦办企业内部发生的经济犯罪案件，其中以合同诈骗案为主，共破获案件1206起，涉案金额2.14亿元。1986年，破获济南市建筑管理局被河北涿县三联实业经销公司石某某以代购1000吨钢材为名，签订假合同骗走预付款40万元案，追回赃款赃物折款30万元。1988年，破获济南石油化学工业公司被北京市赵某某等人以购原料为名骗走341万元案件，所骗款项全部追回。1990年，破获商河县供销社化肥款被骗案，涉案金额24.48万元；山东电视机厂被骗50台电视机案，赃款赃物全部追回。1993年，破获济南市物资局外资投资公司汽车被骗案、济南医疗器械站X光机被骗案，为企业挽回经济损失100余万元。1994年，破获济南外贸物资总公司货款被骗案等，为企业挽回经济损失40余万元。1995年，破获济南医疗器械站、市化轻公司、市木材公司、市工轻化学总厂等经济诈骗案件，为企业挽回经济损失69余万元。

二、惩罚金融诈骗和涉众型犯罪

2002～2005年，全市公安机关经侦部门共立案436起，涉案金额19.25亿元，追缴赃款赃物折合人民币3.2亿元，惩罚处理各类犯罪嫌疑人285人，维护了金融秩序和经济安全。2007年，破获“1·10”轻骑集团对外贸易公司特大信用证诈骗案以及涉案金额3000余万元的“12·12”金融票据诈骗系列案。2008年，在14天内成功破获涉案金额590余万元的“5·13”特大票据诈骗案，共追缴赃款赃物268.2万余元，移诉犯罪嫌疑人9人。2009年，侦破刘某某特大金融诈骗案，1030万元损失全部追回。2010年10月底，在“惩罚银行卡犯罪”专项行动中，全市受理银行卡案466起，立案447起，移诉293起，抓获犯罪嫌疑人50人，上网逃犯41人，逮捕38人，捣毁窝点9个，抓获犯罪团伙3个，收缴银行卡688张，涉案金额1882.60万元，挽回经济损失267.56万元。先后破获蒋某某犯罪集团特大伪造银行卡案、陈某某等人妨害信用卡管理案等一批重特大案件。

三、惩罚涉税犯罪

2002～2003年年底，共开展专项行动28次，受理涉税案件63起，立案60起，破案45起，涉案金额1201.5万元，挽回经济损失215.94万元，惩罚处理犯罪嫌疑人31人。2004年，在全市范围内开展惩罚虚开货物运输发票和制售假发票违法犯罪活动的专项整治行动。2005年1月、7月分别在全市范围内开展为期一周的惩罚制售假发票“捕鼠行动”。2006年，全市共立制售假发票案件13起，破案13起，涉案金额18万元，挽回损失9.77万元，处理犯罪嫌疑人15人，逮捕7人，移诉案件11起，移诉10人。2010年，开展惩罚整治发票犯罪深入行动，全市共破获发票犯罪案件73起，打掉犯罪集团34个，抓获涉案人员175人，捣毁印制、储藏假发票窝点85处(大型印制窝点6处、小型印制窝点36处、信息窝点3处、储藏窝点40处)，缴获假发票1384.84万份。“深入行动”百日决战战果突出，先后破获案件56起，打掉团伙20个，抓获涉案人员109人，捣毁各类型窝点61处，收缴假发票1125.14万份。

四、惩罚传销犯罪

2002～2010年，全市经侦部门共立惩罚传销类、经济犯罪类案件343起，破案343起，涉案金额11.23亿元，追缴金额1.38亿元，涉及31940人，教育遣返9847人，抓获703人，惩罚处理153人。

五、惩罚侵犯知识产权犯罪

2002～2010年，全市经侦部门共受理侵犯知识产权犯罪类案件145起，立案120起，破案114起，涉案金额2940余万元，挽回经济损失1750余万元，惩罚处理132人。

六、惩罚土地违法犯罪

2002～2010年，针对非法占地、非法转让土地使用权现象较为严重的问题，全市各级公安经侦部门配合土地稽查部门加大对全市土地市场秩序的整顿力度。先后组织出动警力1200余人次，进行现场法制教育和宣传36次；配合土地监察部门稽查土地违法案件1800余起，训诫违法人员500余人，查处违法用地800余万平方米，挽回和避免经济损失3700余万元。对市国土资源局移送查处的156起旧村(居)改造中涉嫌土地违法犯罪案件依法进行立案侦查，移诉127起，违反城市规划的非法建筑全部拆除，维护了土地市场秩序。

七、惩罚涉盐违法犯罪

2007～2010年，配合济南盐务局对盐业市场进行整顿，先后出动警力580余人次，开展盐业市场检查130次，查处运输、贩卖私盐220起。立案侦查非法经营盐业案件105起，移诉92起，打掉犯罪团伙35个，摧毁非法经营食盐窝点90余处，共缴获私盐2800余吨，成功侦办张某某等非法经营食盐案。

八、区域协作

2002～2010年，共接待全国经侦系统各单位办案人员2800余人次，办理协查各类经济犯罪案件1342起，协助抓获经济犯罪嫌疑人163名，协助制作各类调查取证材料3046份，追回赃款赃物价值6170余万元。

第五节　惩罚毒品犯罪

1997年12月，市公安局成立缉毒大队，以惩罚吸贩毒活动为重点的禁毒工作全面展开。1997～1998年，全市各级公安机关共破获各类毒品案件28起，抓获贩毒犯罪嫌疑人11人，查获吸毒人员61人；缴获海洛因22千克，杜冷丁141支；刑事拘留25人，逮捕10人，劳教4人，行政拘留3人，批评教育30人。

1999年，根据公安部“包头会议”精神，缉毒大队组织各有关职能部门，开始创建“无毒社区”工作，有针对性地开展惩罚毒品犯罪和禁毒教育宣传活动。全市共破获各类毒品案件45起，抓获犯罪嫌疑人12人；刑事拘留11人，逮捕8人，劳教1人；缴获海洛因23克、杜冷丁638支。

2000年，加强堵截盘查工作，针对吸贩毒人员易藏身的娱乐场所、租赁房屋、外来人口密集区等地方，组织治安清查10余次。根据济南市毒品违法犯罪主要表现为零包贩卖的贩吸毒特点，刑警重点打零包、摧团伙。全市全年共侦破毒品案件62起，抓获贩毒分子16人，查获吸毒人员21人，打掉犯罪集团4个，铲除罂粟1500余株。

2001年，开展吸毒人员普查工作，强化惩罚力度，破获一批毒品案件。全市共铲除毒品违法犯罪团伙7个，破获毒品犯罪案件32起，刑事拘留26人，取保候审11人，劳动教养4人，缴获海洛因40.68克、罂粟种子4千克、罂粟壳3.5千克，查封违规销售的醋酸酐20余吨，铲除罂粟3107株。

2002年2月，国家禁毒委、省禁毒委召开禁毒工作电视电话会议，部署开展禁毒严打整治专项斗争。全市共破获毒品案件102起，抓获犯罪嫌疑人109人，摧毁犯罪集团4个，缴获海洛因4080.14克、摇头丸851粒、大麻3克、杜冷丁436支；刑事拘留28人，其中逮捕移诉8人。

2003年4月始，先后组织开展麻黄素专项核查行动、惩罚制贩走私苯丙胺专项行动、调查苯基丙酮、胡椒基甲基酮等易制毒化学品生产经营专项行动，摧毁一批贩毒窝点，整治一批存在吸贩毒问题的歌舞娱乐场所，破获一批吸贩毒案件。全市摧毁毒品犯罪集团5个，破获毒品案件127起，惩罚处理犯罪嫌疑人46人(逮捕移诉24人、取保候审15人、强制戒毒5人、限期戒毒1人、移交1人)；抓获逃犯7人，搜集涉毒情报资料51份，缴获海洛因63.53克、海洛因勾兑液21支、摇头丸48粒、杜冷丁70余支、甲基苯丙胺(冰毒)16.39克、氯胺酮(K粉)28.4克、大麻酚1.34克。

2004年，将禁毒工作所需经费列入财政预算，各县(市)区成立禁毒委员会，制定《济南市2004～2008年禁毒工作规划》。至12月，连续开展“遏制毒源专项行动”和“扫毒专项行动”。全市共打掉毒品犯罪集团7个，破获毒品案件164起，抓获各类犯罪嫌疑人112人，逮捕移诉22人，强制戒毒32人，限期戒毒6人，搜集涉毒情报资料166份，缴获海洛因1403.13克，摇头丸176粒，氯胺酮(K粉)10余克，铲除非法种植罂粟2000余株。

2005年4月，市公安局召开专门会议，对开展禁毒人民战争进行动员部署。全年全市公安机关共打掉贩毒集团14个，破获毒品案件202起，抓获毒品违法犯罪人员223人，同比上升99.1%(其中吸毒人员117人，同比上升178%)；逮捕27人，强制戒毒90人，缴获海洛因58.1克、摇头丸5200余粒、氯胺酮(K粉)8377.9克、甲基苯丙胺(冰毒)191.2克、麻古5200余粒。

2006年6月3日，市禁毒委员会举办全市禁毒人民战争新闻发布会暨全市“禁毒宣传月”启动仪式，通报济南市禁毒斗争形势和禁毒工作取得的重大战果，现场展示缴获的毒品实物，中央、省、市20余家新闻媒体的记者参加发布会。6月26日，市禁毒委召开全市深入推进禁毒人民战争电视电话会议。2006年，全市共破获毒品案件36起，抓获毒品违法犯罪人员230人(其中吸毒人员192人)，逮捕31人，强制戒毒118人，缴获海洛因288.1克、摇头丸1213.5粒、氯胺酮(K粉)126克、甲基苯丙胺(冰毒)392.5克、麻古1086粒、罂粟300余株，麻醉药品针剂1912支、片剂2837片，丁丙诺啡舌下片4000余片；缴获枪支3支、弓弩2支、管制刀具1宗。

2007年6月22日，市禁毒委召开深化济南市禁毒人民战争电视电话会议。市公安局始终以遏制毒品来源、遏制毒品危害和遏制新吸毒人员的滋生为目标，开展“禁种铲毒专项行动”“涉毒娱乐场所专项整治行动”，坚持缉毒专案侦查与惩罚零星贩毒活动并重，在缉毒破案、禁吸戒毒、缴毒数量等方面取得显著实效。2007年，全市共打掉各类毒品犯罪集团8个，破获刑事案件19起，指导、协助各区公安分局、县(市)公安局破获吸贩毒等各类刑事案件15起，完成上级交办、外地协查案件9起，惩罚处理犯罪嫌疑人31人，其中逮捕16人、取保候审9人、强制戒毒3人、其他3人。

2008年，开展禁种铲毒和禁吸戒毒工作，为北京奥运会和青岛奥帆赛顺利召开创造良好的社会治安环境，建设“平安济南”。全市全年共破获各类涉毒案件213起，抓获毒品犯罪嫌疑人316人，缴获易制毒化学品16.94吨，缴获各类毒品7051.11克，铲除罂粟5575株。破获毒品案件数、惩罚处理人员数、缴获毒品数分别同比增长88.5%、57.21%、367.5%，均位居全省前三名，禁毒人民战争取得阶段性成果。

2009年，全市各级公安禁毒部门紧紧围绕建设“平安和谐济南”、打造“全运无毒赛区”中心工作，以“打团伙，摧网络，破大案，抓毒枭，缴毒资”为主攻方向，以深入推进禁毒人民战争向纵深发展为目标，精心组织部署，履行职责，综合因情施策，全力遏制毒品来源、毒品危害和新吸毒人员滋生，为庆祝国庆60周年活动和全运会的成功举办创造和谐稳定的社会治安环境。2009年，全市共破获各类毒品违法犯罪案件386起(刑事案件200起、行政案件186起)，破获毒品目标案件7起(公安部2起、省公安厅5起)；抓获毒品违法犯罪嫌疑人423人，抓获吸毒人员1109人(社区戒毒948人、强制隔离戒毒102人、假名假址59人)，打掉制毒、贩毒、吸毒犯罪集团18个；缴获甲基苯丙胺(冰毒)2956.27克、海洛因55.28克、麻古537片、氯胺酮(K粉)53.87克、摇头丸20粒、杜冷丁2568支、其他毒品60.45克、铲除罂粟2万余株。

2010年，先后组织召开全市禁毒严打整治电视电话会议、全市刑侦禁毒工作会议，研究部署深化禁毒人民战争。市公安局始终坚持“情报信息主导警务”的侦查理念，依托“大情报”信息系统，狠抓禁毒情报“网上研判、网上作战、网上查控”三个关键环节，探索禁毒新型技战法，带动和促进缉毒工作信息化、信息工作实战化，增强缉毒侦查工作的“软实力”，初步实现由“常规技战法”到打“科技仗、信息仗”的转变，在丰富缉毒侦查手段、创新缉毒侦查模式、提高缉毒侦查谋略方面有新突破。2010年，全市破获毒品案件495起，同比增长27.2%；破获公安部毒品目标案件1起，省公安厅毒品目标案件4起；惩罚处理毒品违法犯罪嫌疑人543名，同比增长23.7%；抓获吸毒人员937名；打掉制毒、贩毒、吸毒犯罪集团12个，缴获毒品2246克。

第六节　惩罚恐怖犯罪

2002年7月，市公安局成立反恐怖大队，负责搜集研判各类涉恐情报信息，协调督导全市反恐成员单位开展反恐怖工作，至2010年，编写制定各类综合性反恐怖预案13个，组织各类大型反恐怖演练4次，参与侦破各类暴力恐怖性案件156起，抓获犯罪嫌疑人228人。

2003年12月2日，反恐大队在山东省消防训练基地举行代号为“泉城2003”的反恐怖综合演练，分为商场内爆炸装置的排除、化工厂恐怖爆炸事件现场处置和楼寓内劫持人质事件现场处置三部分。市公安局各部门、武警济南支队、市卫生局约800余人参加演练，动用消防、防暴、排爆、救护、现场勘察、通信指挥等各类车辆120余辆，频率干扰仪、排爆机器人、水炮枪等高科技仪器在演练中首次亮相。

2005年2月14日，济阳县发生一起劫持人质案件。在参战干警和嫌疑人亲属多次规劝无效的情况下，2月16日凌晨3时，反恐怖大队决定使用武力攻击，射伤并控制犯罪嫌疑人，受害人被成功转移。

2006年1月6日，经过30个小时的奋战，破获一起绑架学生索要赎金案，4名犯罪嫌疑人全部落网。

2008年6月30日，按照省反恐怖协调小组统一部署，反恐大队成功组织“泰山2008”反恐演习。调集刑警、武警、特警、巡警、治安、交警、消防、市中公安分局等有关警种和部门以及卫生、市政、电力等反恐成员单位的应急力量1000余人，动用消防、防暴、排爆、救护、现场勘察、通信指挥等各类车辆100余辆。8月6日9时51分，济南长途客运西站的客车司机吉某(男，河南商丘县人)报案称：在其所驾驶的客车行李仓内发现一个爆燃装置。案件发生在奥运会开幕前夕，案情重大。按照市公安局和刑警支队统一部署，反恐大队抽调人员参与破案。通过走访调查，确定张某某具有重大作案动机。在张某某欲实施遥控纵火时将其抓获。16时，其同伙被抓获。

2009年10月，第十一届全运会在济南召开。为确保全运会的顺利进行，反恐怖大队组织人员起草《济南市公安局十一届全运会反恐处突演练方案》，先后组织、协调各单位、警种开展反恐演练41次，综合演练16次。

2009年12月，市刑警支队反恐怖大队更名为市公安局反恐怖支队。2010年8月，反恐怖支队独立办公后，进一步加强反恐应急训练演练，协调督促有关单位、警种加强应对恐怖袭击的技战术训练。消防支队在长城炼油厂开展灭火救援综合实战演练；经文保支队组织联通公司、口腔医院、传染病医院、广播电视局、济南技术学院等单位进行演练；公用事业组织济南水业集团、泓泉制水公司、济华燃气公司等进行防投毒和爆炸演练。菲律宾“8·23”劫持人质事件发生后，武警支队、反恐怖支队组织进行处置劫持人质事件演练。

第七节　重大刑事案件

特大杀人碎尸案

1989年1月7日9时，济南市天桥区公安分局工人新村北村派出所接到报案：辖区内发生特大杀人碎尸案。市公安局刑警大队，天桥区公安分局侦查、技术人员立即赶赴现场，迅速展开侦破工作。案发后十几个小时，就将案情查明：1月6日下午，济南鲁光灯具厂工人刘某某(男，26岁，标山小区9号楼3单元407室)，伙同济南毛巾厂工人王某某(男，26岁)、田某(男，26岁)以谈买卖为名将山东省庆云县小郑乡农民葛某某(男，45岁)和莱芜市颜庄镇农民魏某某(男，40岁)诱骗至刘某家中。3人一齐动手，将葛、魏两人身上携带的1万余元现金洗劫后将其杀害，并于当晚将两尸体分别碎尸15块和8块，放进两个柳条包内，一个藏匿于家中床下，另一个扔到标山桥北的工商河内。3人杀人后，携王某之妻带赃款于1月7日晨潜逃。案情查明后，市公安局刑警大队立即发出通缉三人的紧急通报，并部署力量架网控制。1989年3月1日，刘某、田某被抓获归案，一年后，王某落网。

伪造中央四部特别通行证案

1990年3月31日，身穿一身警服、自称王某某的犯罪分子，在济南市天桥塑料印刷厂取走伪造的中华人民共和国公安部刑侦局工作证50个，中华人民共和国公安部、国防部、铁道部、交通部特别通行证4个以及“四部”锌版公章印模各1枚。4个特别通行证上分别印有持证人“王某某，公安部刑侦局高级侦探”“徐某，公安部刑侦局高级侦探”“张某某，公安部刑侦局侦探”“王某某，公安部刑侦局侦察员”等，贴有持证人一寸免冠照片。并印有“持该证可以在国内任何地方自由出入，乘坐车船免票，可逮捕、搜查一切人员”等所谓规定。案发后，市公安局立即组织优势力量，采取专门工作与群众路线相结合的方针，全面部署侦破。用6天时间破获这起特大案件，将作案分子王某某、王某某、于某某抓获归案，并缴获伪造的全部证件、印模和伪造的国防部、公安部介绍信，伪造的山东省公安厅、济南市公安局、齐齐哈尔市公安局公章以及作案用的警服、电击手枪等罪证，消除一个重大治安隐患。经审查，王某某，男，28岁，山东省东平县老湖镇王李屯人；其他两犯罪嫌疑人均是王某某的亲属。1991年6月，济南市天桥区人民法院以伪造证件罪、盗窃罪、诈骗罪、重婚罪判处王某某有期徒刑20年，以伪造证件罪判处王某某有期徒刑2年，以伪造印章罪判处于某某有期徒刑4年。

商河特大报复杀人案

1994年2月27日凌晨1时许，商河县胡集乡南谢村发生一起特大杀人案。犯罪分子一次将该村村民李某某弟兄两家祖孙三代13口全部杀死，受害人最大的50岁，最小的仅2岁。案情重大，市公安局迅速调集刑警支队、商河县公安局130余名精干力量成立专案组，全力以赴投入侦破。专案组综合现场勘查和调查访问获取的情况，初步分析认为此案性质系仇杀。专案干警通过对南谢村村民和知情人的调查走访，获取重要线索：1992年，死者李某某与本村村民李某某因土地、用水等纠纷发生过多次争执殴斗。1993年，两人在农田再次发生争执，李某某用铁锨将李某某右臂砸伤，李某某因此赔偿1万余元，后来，李某某之兄到派出所告发李某某，加深两家矛盾。同年秋，李某某一家食用自留地的大白菜后全家中毒，确诊系食用农药中毒，认为是李某某所为，曾扬言不惜结下世仇“拾掇”李某某，自己不行便雇人。专案组分析案情，认为李某某具有重大杀人嫌疑，决定重点围绕李某某的亲属朋友开展侦察。参战民警通过深入调查了解到：死者李某某1991年10月曾对李某某之妻图谋不轨遭拒绝，进一步证实两家积怨极深，李某某的杀人嫌疑上升。专案组抓住战机，采取果断措施，对嫌疑人李某某传讯。审查民警巧妙运用审讯策略开展政策攻势，3月1日，李某某低头认罪，坦白交代杀人全过程。李某某为报复受害人，于案发前一个月便开始制订杀人计划，准备作案工具，考虑到自己与李某某弟兄两家人员体力对比，李某某把作案时间确定在零点以后受害人两家熟睡无反抗之时，先杀壮劳力，后杀女性再杀儿童。1994年2月27日凌晨，李某某携带铁棍等凶器潜入受害人家中将两家13口人全部杀死。根据案犯的供述，专案组获取杀人凶器、血衣等罪证。至此，这起山东省历史上罕见的特大杀人案件告破。罪犯李某某被依法判处死刑，执行枪决。

特大车匪路霸系列案

1995年1月20日8时许，一辆德州至临清的客车行至夏津路段时，车上四名男青年突然掏出匕首威逼洗劫车上40余名乘客现金7000余元，捅伤6人，并在光天化日之下将1名女青年轮奸。距此案前三天的1月17日，五名车匪从河北衡水上车，窜上石家庄至景县的客车，捅伤乘客4人，洗劫现金1.3万余元。2月17日和3月8日，四名车匪手持钢珠枪、匕首，分别在济南至滨州、菏泽至济南的客车上捅伤4名乘客，抢劫现金1.5万余元。“2·17”案件发生后，市公安局成立由刑警支队和济阳县公安局60余名民警组成的专案组迅速投入侦破。专案组通过现场勘查，走访乘客获取的线索，对案犯特征、作案手段规律进行详细分析，认为这是一个有组织、有预谋的犯罪团伙，“2·17”“3·8”“1·20”案件很可能是这伙人所为。专案组兵分两路，一路对220、104、308国道和公路严密查访，跟车上线抓现行，一路对济南所有汽车站点进行秘密侦查，重点摸清“凹形脸”和“疤瘌脸”的情况。经过周密调查，专案民警查明“凹形脸”系郭某某，外号大山，家住天桥区洛口附近，经常在天桥长途汽车站上车。侦查人员顺线追踪，在德州、衡水两地警方的配合下，一举将藏匿在德州“艳阳春”饭店的元凶郭某某抓获。经审讯，案犯交代伙同辽宁、甘肃、河北、德州、济南犯罪分子王某、于某某、马某某、于某某等17人先后在北京、石家庄、济南等地持刀抢劫作案20起，轮奸妇女、抢劫现金8万余元的犯罪事实。郭某某落网后，济南公安机关联合行动，将漏网的其他案犯李某某(疤瘌脸)、李某某、于某某、于某等案犯一网打尽，彻底捣毁这个嚣张一时的特大车匪路霸团伙。

1996年4月12日，在济南至济宁的长途客车上，4名犯罪分子盗窃乘客现金4.5万元后逃窜。案发后，市公安局刑警支队与长清县公安局联合成立专案组，迅速展开工作。经调查，专案组分析认为“4·12”车匪路霸盗窃案与1995年5月30日济南至青岛长途客车上割包盗窃乘客现金32.6万元特大案件系一伙犯罪分子所为，决定并案侦查。经过大量查证，5月上旬确定1995年“5·30”特大案件重大犯罪嫌疑人之一为江某某(男，20岁，平阴县人)，专案刑警兵分两路抓捕江某某，经过10余天工作，终于发现其堂兄江某某(男，29岁)和江某某(男，31岁)长期结伙外出，经济暴富，且二人在泰安、平阴县城均有租房，有重大犯罪嫌疑。25日，参战刑警根据线索，迅速出击，在平阴一摩托车修理部一举抓获江某某、江某某。经进一步侦查、审查，证实“4·12”、1995“5·30”两起大案均为江某某等10人所为。参战刑警又连续奋战一个多月，将张某某、赵某某等10余名犯罪嫌疑人从泰安等地抓获归案。经审查，以江某某为首的这伙车匪路霸分子自1994年以来，交叉结伙，先后在104国道、济青高速公路、济王公路及济南至聊城长途客车上抢劫盗窃作案59起(其中重特大案件41起)，获赃款赃物83万余元。

齐鲁文物第一案

2003年2月下旬，济南市公安局刑警支队获悉情报：章丘人刘某某倒卖几件洛庄汉墓出土文物，下线是淄博人胡某某。侦查人员查明刘某某所卖青铜器物件特征确是洛庄汉墓出土的青铜器文物。3月1日深夜，侦查人员在章丘市绣惠镇秘捕刘某某，并供出郑某某。3月2日22时许，郑某某驾驶摩托车回到家门口，刚一下车就被早已埋伏的刑警抓个正着。经过审讯较量，郑某某交代他伙同门某某于1999年6月盗掘洛庄汉墓中花瓶状、盆状、鼎状青铜器共计15件的犯罪事实。3月6日，侦查人员赶赴淄博，将此案重要犯罪嫌疑人胡某某抓获归案。胡某某供称已将6件文物以4万元的价格通过中间人介绍倒卖给淄博人吴某某。经过侦控、追踪、守候，侦查人员于4月2日在淄博将吴某某抓获。6月10日，侦查人员在山东省水利设计院农场将此案重要犯罪嫌疑人门某某抓获。经过审讯，在证据面前，门某某交代伙同郑某某盗窃洛庄汉墓的犯罪事实。经过近5个月缜密侦查，郑某某、门某某、刘某某、马某某、胡某某、刘某某、吴某某、陈某等特大盗窃、倒卖文物案所有案犯全部落网。刑警支队所追回的11件珍贵文物经山东省文物鉴定委员会鉴识确认，共有国家一级文物4件、国家二级文物3件、国家三级文物3件、一般文物1件。

第二章　治安行政管理

1986年，三年“严打”斗争已近尾声，社会治安秩序虽有好转，但形势仍相当严峻。同年，全市共发生违法治安案件1287起，社会治安管理出现许多新情况、新问题。1986～1989年，全市查处治安案件4709 件。

1997年1月1日，济南市第一部公共场所管理工作的地方性法规——《济南市公共场所治安管理办法》实施，全市治安部门对公共场所的管理工作步入正规化、法制化轨道。市公安局每年根据社会治安状况，分季节、按时段，相继开展取缔和惩罚聚众赌博、卖淫嫖娼、制售淫秽物品等黄、赌、毒社会丑恶现象的专项治理。1990～1999年，全市共查处治安案件 49977件。

进入21世纪，除继续加强出租屋和流动人员的管理，在村镇、街道、厂矿企业等建立治安值班室、治安联防队及治保会等群防群治网络外，全市各级治安管理机关坚持“打防结合，以防为主”和“综合治理”的方针，“打、防、控、建”相结合，开展综合整治行动，解决重点地区治安混乱问题，并注重构筑动态条件下的社会治安防控体系。对全市经济、科技、文化等重点单位和要害部门安装红外线报警器和闭路电视监控系统，至2010年年底，全市185个派出所中有129个派出所建成监控中心(室)，公安机关自建的社会治安监控探头5891个，纳入公安机关管理的监控探头8万余个，在建设的基础上强化应用为实战服务。通过监控系统预防和制止案件3080起，协破案件2306起，抓获现行违法犯罪嫌疑人516人，协助处置群体性事件118起。2000～2010年，全市共查处治安案件37.67万件。

第一节 派出所改革

1986年，公安派出所改革工作进入工作方针和基础业务建设重点调整与发展时期。1987年12月30日，公安部三局作出《关于改革城市公安派出所工作若干问题的意见》，明确提出公安派出所工作要以治安管理为中心，以户口管理为基础。1989年4月24日，公安部三局又作出《关于解决城市公安派出所工作改革中几个问题的意见》，包括：要坚决贯彻“以治安管理为中心，以户口管理为基础”的工作方针；按属地原则，对辖区治安实行块块管理；实行民警联勤责任制；分层次管理人口；给公安派出所下放必要的工作权力；依靠多种形式的群防群治，加强社会治安管理；实行所长负责制，提高民警政治业务素质；公开办事制度，接受群众监督；增强改革意识，加强对公安派出所工作改革的指导。市公安局及时召开各派出所会议，传达学习改革会议精神，并在部分派出所进行试点。

1997年10月16日，市公安局印发《关于改革和加强派出所工作的意见》，明确派出所的职责和基本任务，在派出所实行社区警务、快速反应、信息保障三大警务，其中社区警务实行一区一警，一警多能，一包到底，维护一方平安。警务区的划分以居委会(农村以办事处)为基础，根据繁华地段、居民区域、城乡结合部和农村四类地区任务轻重，合理划分警务责任区；市区原则上以600～1000户为宜，做到各警务责任区工作量大体平衡，公平竞争。各警务民警实行警长制，警长分三级，一级警长为主任科员，二级警长为副主任科员，三级警长为科员，年度考核不称职的降一级，连续三年优秀或连续五年称职的晋升一级。改革后设置的派出所领导职位共473个，比原设置减少53个。有效解决过去派出所领导、民警比例失调问题，派出所领导平均年龄由41.9岁下降到36岁，下降5.9岁；大学专科以上学历占总数的67.3%，比原来提高14.4%，整个队伍构成更加合理。

同时，市公安局从调查群众对派出所不满意的事情入手，加强岗位责任查纠。1999年1月5日，治安处根据市公安局《派出所干警岗位责任查纠办法(试行)》，制定下发《关于启用〈查纠通知书〉及相关表格的通知》，不断解决存在于派出所的各项难点问题，规范、巩固、深化派出所各项工作措施，为济南公安机关实现“交警效应”向“公安效应”的转变奠定坚实基础。1998年、1999年，《济南时报》对济南市居民生活质量进行调查显示，居民安全感比率分别为91.3%和93.8%；在市政法委组织的“百万群众评公安”活动中，群众对派出所的满意率分别为99.02%和99.21%，全部派出所满意率均在90%以上。2003年，历下公安分局泉城路派出所被公安部评为“全国模范派出所”。2010年，历下公安分局甸柳派出所被评为“全国爱民实践模范集体”。

第二节 治安专项整治

一、高速公路及火车站周边专项行动

2007年，市公安局制定《关于集中开展打击高速公路违法犯罪行为专项行动的实施方案》，共投入警力1016人，检查登记客车1029辆，与沿线村治保会建立联系点60个，召开协调会10次，张贴安全提示标语335幅，抓获各类违法犯罪嫌疑人33名。针对群众反映火车站周边黑出租宰客及一些旅馆藏污纳垢等问题，市公安局开展历时3个月的专项行动，共抓获各类违法犯罪嫌疑人67人。整治后，高速公路及火车站周边秩序有明显好转。

二、治理自行车被盗专项行动

2007～2010年，市公安局按照全国、全省

统一部署，在全市开展治理自行车被盗专项行动。共破获盗窃自行车违法犯罪案件3288起，打掉团伙55个，抓获违法犯罪嫌疑人3880人，取缔非法交易市场15处，废旧物品收购点102个，查获被盗自行车3011辆，其中电动车325辆。

三、治安混乱地区整治

2007年，按照中央、省、市《关于深入推进农村平安建设的实施意见》要求，市公安局治安支队确定历下区丁家村等10处重点地区为整治重点，实行挂牌整治。共摸排出治安混乱地区和突出治安问题部位118处、农村治安混乱地区45处。其中混乱村庄18个、混乱市场14个、混乱区域13个。共抓获各类违法犯罪嫌疑人406人，破获案件516起，解决各类矛盾纠纷231起。

四、校园周边治安秩序整治

1998年5月28日，市公安局会同市教育委员会印发《关于做好维护中小学校治安秩序工作的通知》，要求开展集中调查，依法惩罚扰乱中小学校秩序、侵害师生人身安全的违法犯罪活动；结合开展安全社区创建活动，维护校园及周边治安秩序；建立落实公安派出所负责中小学校及周边治安秩序的责任制；建立公安机关与中小学校协作联系制度；加强学校自身治安防范和学生教育管理工作；加强组织领导和协作配合。全市各级公安机关按照市公安局通知要求，开展学校及周边矛盾纠纷和安全隐患的排查，开展治安秩序专项整治行动。1999～2005年，根据校园周边整治情况，制定下发《关于贯彻落实〈公安机关维护校园及周边治安秩序八条措施〉的意见》等文件，治安支队加强工作督查，落实工作责任制。

2010年4月，针对全国范围内接连发生暴力伤害中小学生、幼儿园儿童的恶性案件，全市各级公安机关全警动员，每天在重点时段有1500余名派出所民警、900余名交警、500余名巡警部署在全市2000余所中小学幼儿园及周边，形成强大震慑威力；全市设立校园警务室、治安岗亭131个，派驻专职保安员1496人、内保人员2139人；组织法制教育讲座、处置突发事件演练528次，参与师生16.1万余人；安装监控报警设施2624个，配发校园防护、防卫器械3115件。其中，市中区由政府投资，为辖区中小学、幼儿园全部安装与当地派出所联动的“一键报警”装置；槐荫区政府出资300万元，为65所中小学和幼儿园新派保安队员174人。全市先后组织工作组13756个(次)，检查学校、幼儿园9908个(次)，发现安全隐患2974条，落实整改措施2856条，检查整顿校园周边重点场所、部位45235处(次)，查处取缔违法经营场所256处，整治违章占道经营马路市场、摊点3800处。在此基础上，探索建立中小学幼儿园安全防范工作的“3353”长效机制，即利用人防、物防、技防三种手段，整合公安、学校、社会三种资源，优化勤务、督导、整治、联动、问责五项机制，织密校园内部防控、周边防控、社会防控三张网络，为在校学生创造良好的学习成长环境。

第三节　公共秩序管理

一、公共娱乐场所管理

1986年1月，针对营业性舞会等娱乐场所管理秩序混乱，出现少数人滋扰闹事等治安问题，对全市舞会场所进行突击检查。6月，市公安局下发《关于加强舞会治安管理工作的通知》，规范严格审批手续。

1989年，文化娱乐市场日益活跃，继舞厅、音乐茶座开放后，台球、电子游戏机等娱乐活动的经营网点逐渐增多，出现无照经营、乱设摊点的现象。市公安局制定《关于加强台球、电子游戏机等娱乐活动管理工作规定》。同年，全市共取缔变相赌博游戏机室13

家。1990年，全市公共文体娱乐游览场所发展到587处，对舞会、卡拉OK歌舞厅、台球游艺室、电子游戏室和闭路电视点等场所，办理备案登记手续、核发备案许可证51处。同年，市公安局治安支队对全市公共场所进行广泛调研，拟定《济南市公共场所治安管理办法》。1991～1996年，依据《山东省公共场所管理办法》，组织清理整顿12次，安全检查25次，检查场所1986处(次)，张贴治安法规、悬挂民警警示牌3516张(个)。1997年1月1日，《济南市公共场所治安管理办法》颁布，经调查摸底、健全制度，对符合要求的公共场所登记发证，逐一签订公共场所治安管理责任书。对全市公共娱乐场所进行整治，至2000年，共检查公共场所6280家，发现安全隐患1486条，整改1136条，整改率76.4%；查处违法经营业户673家，其中取缔16家、停业整顿28家、限期整改618家、罚款11家；查处违法人员28人。同年，全市各类公共场所发展到15044家。

2001～2002年，市公安局采取集中惩罚整治与经常性检查管理相结合的办法，对公共娱乐场所进行治理整顿，对容易发生治安问题的场所进行治安检查。同时，根据《公安部、文化部、国家工商管理总局关于整治歌舞娱乐场所吸贩“摇头丸”统一行动方案》的总体部署，联合市监察局、市文化局、市工商行政管理局，利用四个月的时间，在全市歌舞娱乐场所范围内以吸贩“摇头丸”问题为整治重点，组织集中行动3次，关闭2家违法活动突出、群众反映强烈的歌舞娱乐场所，刑事拘留13人，治安处罚9人。其间，共检查各类娱乐服务场所4986家(次)，查处各类违法场所590家，其中取缔110家、吊销证照28家、停业整顿179家、限期整改273家；查获各类违法人员389名。

2004年，为提高行政效率，创造良好投资环境，对规定的33种须办证审批的场所进行全面清理，取消19种，保留14种。取消分级别审批，进一步下放审批权限，简化审批程序，使其简化、高效、方便。为全面控制从业人员信息动态以及防止赌博、卖淫嫖娼、盗窃、抢劫、杀人等治安刑事案件的发生，公共场所治安管理系统始建于2003年，至2005年年初步建成。不断开发完善系统功能，至2007年，全市有1464家场所、10605名从业人员纳入系统管理，系统覆盖率95%以上。桑拿洗浴场所覆盖率99%以上，全面实行留客住宿验证登记制度。

2008年，为确保奥运火炬在济南顺利传递，治安支队会同市文化局对全市歌舞娱乐场所进行为期一周的拉网式安全大检查。共检查夜总会、俱乐部20家，网吧36家，电玩城10家。当场责令停业10家，处罚网吧5家，下达整改通知书10份，与各单位签订责任书21份。会同有关部门，加强文化市场整治和日常查禁工作，共查处制作、贩卖淫秽物品案件40余起，处理各类不法分子100余人；清查音像制品店300家、印刷厂121家，收缴盗版书籍和画册7535本，盗版音像光盘89429张，制黄工具16台，取缔无照经营印刷企业3家。同时，开展严厉惩罚网络、游戏机赌博专项行动，共查处进行赌博活动的游戏厅20余家，收缴赌博机600 余台，关闭赌博网站2个，破获多起重特大赌博案件。

2010年，全市各级治安部门按照《济南市公安局关于对娱乐服务场所进行专项整治的实施方案》部署要求，组织开展为期1个月的集中整治。9月1日～4日，从市内五区公安分局抽调人员，组成三个检查组对各单位集中整治效果进行抽查，并对抽查情况在市公安局网站主页上予以通报。整治期间，各级治安部门共检查娱乐服务场所2150家(次)，其中，新安装电视监控系统的娱乐场所78家，因电视监控系统和旅业信息系统使用不规范整改娱乐洗浴场所82家，因硬件设施不达标整改场所136家。通过整治，全市娱乐场所建设进一步规范。

二、游泳池(馆)、水上娱乐场管理

2010年，全市共有游泳池(馆)31家，常年夏季游客流量平均100万人次。市公安局专门成立游泳场所治安管理工作领导小组，针对风景区黑虎泉游泳池、泉城公园游泳池等游泳场所管理现状，组织召开辖区游泳池管理工作会议。本着“谁主管、谁负责”的原则，与辖区游泳池(馆)经营业主签订治安责任状，层层落实安全措施，针对游泳池(馆)管理中存在的突出问题及时进行专项整治。每年游泳高峰期来临前，对游泳救护员进行培训，组织检查专班对各游泳池安全设施、救生设备进行拉网式的专项安全检查。1986～2010年，累计处置各类警情200余起，救助遇险游客47人。

三、证券市场管理

1998年10月，为做好产权交易场所内部秩序的维护工作，公安机关把证券市场纳入公共场所管理，并建立长效管理机制。至2010年年底，全市共有证券营业部20家，其中从事产权交易场所16家。全市省产权交易所上市企业39家，济南地区在省产权挂牌的企业有7家，其中省直企业2家、济南市挂牌企业5家。全市产权股民约有13万人(其中在职人员约占60%、离退休人员20%、下岗职工20%)。为维护好交易场所的治安秩序，按照“属地管理”原则，督促场所建立完善内部保卫组织和管理规章制度，加强对内部职工的安全教育，落实人防、物防、技防措施。

四、养犬管理

1987年，全市养犬数量急剧增加，市区养犬1万余只，狂犬伤人事件时有发生。为保证人民群众生命安全，维护社会治安秩序，1987年8月15日，济南市制定《济南市家犬管理办法(草案)》。同年，全市共灭犬21396只，占非法养犬总数的89%。

1995年12月1日，《济南市养犬管理办法》颁布实施。公安职能部门利用双休日在大明湖风景区、洪楼广场等开展文明养犬宣传活动21次，发放宣传画、宣传单1.5万余份，养犬手册5300余册，答复群众现场询问2400余人次，通过发放“致全市养犬业户的一封信”“养犬须知”，悬挂横幅等方式，倡导依法养犬，文明养犬，努力营造良好舆论氛围。同时，依法查处违规养犬行为。1995年，全市公安机关组织开展集中行动34次，查获无证犬563只，收缴流浪犬351只，收缴大型犬、烈性犬123只，查处353人，批评教育600余人次。2007年5月1日，《济南市养犬管理规定》正式施行。在全市限养区开展为期5个月的治理整顿违法养犬专项行动，共查处违法养犬1831只，取缔非法售犬市场2处，抓获非法售犬人员20名，罚款70余人，办理养犬许可证69个。同年，全市办理养犬登记3.5万余只。

至2010年年底，全市共登记养犬4.6万余只，查处违法养犬6000余只。

第四节　特种行业管理

一、旅馆业管理

1986年，全市共有各类旅馆644家，床位45152个，从业人员6760人。3月，省政府颁布《山东省旅店、刻字、旧货业管理办法》。1987年11月10日，公安部发布《旅馆业治安管理办法》，规定建立开业审批、验证登记、财物保管、情况报告、旅客遗留物品处理等制度。1995年，在旅馆业核发全国统一样式的特种行业许可证。1997年4月～9月，根据公安部《关于加强旅馆业治安管理工作的通知》，市公安机关在全市旅馆业中开展以落实安全管理制度、强化技防物防措施、惩罚违法犯罪活动为主要内容的整顿工作。1999年12月1日，公安部以公共安全行业强制性标准形式发布实施《旅馆业治安管理信息系统标准》，部署在全国开展旅馆业治安管理信息系统的推广应用工作。全市全年共有旅馆1625家，床位9万余张。

2000年，市公安局部署在全市开展旅馆业治安管理信息系统推广应用工作。为配合该系统建设，市公安局以整治促建设，在全市范围内开展中小旅馆集中整治专项行动，关停旅馆145家。至2002年3月，济南市旅馆业治安管理信息系统建设完成，共有1235家旅馆安装系统，实现住宿旅客信息自动上传、查询、统计、监控、报警等功能，旅馆业治安管理工作步入信息化。为保障该信息系统发挥作用，市公安局制定《关于加强旅馆业治安管理信息系统管理工作的意见》《旅馆业治安管理信息系统管理暂行规定》等规章制度，规范业务培训、网上监控、监督检查、布控接警、考核评比等工作。2002年4月，公安部治安局和省公安厅在济南召开全省旅馆业治安管理信息系统建设现场会，推广济南旅馆业治安管理信息系统建设经验。2004年6月，国务院发布第412号令，保留公安机关对旅馆业的特种行业行政许可。2005年，旅馆业治安管理信息系统共报警96次，其中有效报警38次，抓获公安部网上在逃犯38人。2008年，围绕奥运安全保卫工作，采取以会代训的方式，分批分期对全市旅馆业户采取开展“迎奥运，除隐患，保平安”工作培训，先后举办培训会10次。全年不间断对全市旅馆业进行整治，取缔违法旅馆82家，行政处罚496家，补办特种行业许可证69家。至2008年年底，通过旅馆业治安管理信息系统共抓获公安部网上逃犯236人，其他违法犯罪人员800余人，为各警种提供各类查询服务10万余次。2009年，根据市公安局《关于迎全运特种行业整治的工作方案》，全市公安机关共出动警力1.2万余人次，检查旅馆业户8000余家次，行政处罚从业单位660家，行政拘留46人，罚款28万元，收缴违法收入23万元，取缔违法经营业户123家，下发整改通知书435份，签订治安责任书2500余份，抓获网上通缉逃犯338人。

至2010年，全市共有各类旅馆3354家(其中洗浴留宿30家)，从业人员36449人；全市共采集旅客入住信息1662万余条，提供有效破案线索1670条，通过系统报警抓获各类犯罪嫌疑人569名，其中公安部网上逃犯355名，提供各类查询15万余次。自旅馆业治安管理信息系统建设开通起，共培训系统前台操作人员8000余人，累计录入旅客住宿信息7516万余条，报警2368次，抓获网上通缉逃犯1863人，在侦查破案、服务群众等方面发挥巨大作用。

二、印刷业管理

1986年，济南市共有刻字业经营业户74家，从业人员433人。3月，省政府颁布《山东省旅店、刻字、旧货业管理办法》，规定经营刻字、印刷业，须经公安机关审查批准，领取特种行业许可证，方可营业。刻字印刷业从业单位建立健全承接、验证、登记、审批、制作、保管、取货、防火、治安责任制等制度。1989年，国家新闻出版局、公安部等五部门共同制定《印刷行业管理暂行办法》，规定经营印刷业须经公安机关审查批准，领取特种行业许可证后方可营业。为配合该办法实施，全市新闻出版、公安和工商行政管理等相关部门联合开展印刷业清理整治工作。根据整治情况，对符合条件的1154家印刷企业进行备案登记。1991～1994年，全市公安机关通过对印刷刻字业从业单位的检查和整治，查获非法出版物品16万余册，破获各类案件56起，查封取缔严重违法违章经营的印刷企业16家。2002年3月～6月，市公安局在全市开展整顿规范印刷市场秩序工作，对符合条件的540家印刷企业予以保留，对124家不符合条件的印刷企业进行压缩和撤销。2002年11月，根据国务院《关于取消第一批行政审批项目的决定》，取消印刷业企业特种行业许可及个人从事印刷业特种行业许可。2002年5月至2004年11月，根据国务院和省政府《关于开展印刷复制业专项整治的工作要求》，市公安局、市工商管理局、市新闻出版局等有关部门联合开展取缔无证照印刷复制、惩罚盗版侵权、有效遏制非法出版物的集中整治，印刷复制市场秩序明显改善。至2010年，全市共有各类印刷企业671家、从业人员6272人。2010年，市公安局会同新闻出版等部门共查处非法印刷经营业户6家。

三、刻字印章业管理

2000年4月，公安部制发《印章治安管理信息系统标准》。2002年，市公安局开始济南市印章治安管理信息系统的建设工作。2003年10月1日，济南市印章业治安管理信息系统投入使用。12月，市政府下发《关于在全市推广使用新型防伪印章的通知》，要求自2004年开始，在全市推广使用新型防伪印章。2005年，有27家印章企业入网，入网印章29120枚。2006年，市公安局等7部门联合发文，依托印章治安管理信息系统，将印章的审批、承制、管理、检测等环节纳入信息化管理，进一步规范管理，预防惩罚违法犯罪。2008～2009年，根据北京奥运会和第十一届全运会安全保卫工作的总体要求，市公安局以各类代办营业执照的企业代理中心和名章刻制企业(摊点)为重点，严厉惩罚私刻、伪造印章以及未取得特种行业许可证擅自经营公章刻制业务的违法犯罪活动，处理一批无证经营、违法经营的业户，取缔非法公章刻制点16处，处理违法犯罪嫌疑人69人，取缔违规违法经营业户6家。2008～2009年，全市印章业备案公章43920枚，提供各类查询862次。2010年，全市共备案公章40221枚，累计备案公章14.8万余枚。通过开展印章行业治安管理工作，共查获各类印章违法案件32起，其中刑事案件5起、治安案件27起，取缔无证刻章企业(摊点)32个，刑事拘留3人、取保候审4人、行政拘留29人。

四、旧货业管理

1986年，全市共有旧货业416家，从业人员3857人。同年2月，市政府发布《关于废金属收购管理暂行规定》。1990年12月，市政府发布实施《济南市废旧金属管理办法》；1994年1月，公安部发布实施《废旧金属收购业治安管理办法》，对旧货业的经营范围作出规定，严禁个人收购生产性废旧金属。对个人出售拣拾的生产性旧金属，实行专点收购。收购专点由物资、商业部门会同工商行政管理部门和公安机关确定。禁止收购枪支弹药、爆炸物品、放射性物品、石油专用器材、通信设备、线路、机密文件、图纸和国家禁止收购的其他物品。严格实行凭证收购、寄售制度。1987～1994年，全市公安机关坚持对废旧金属回收行业进行以反盗窃、堵塞销赃渠道为主的整治，查处违法违规经营，惩罚违法犯罪。2002年11月，根据国务院《关于取消第一批行政审批项目的决定》，取消废旧金属收购的特种行业行政许可，公安机关对废旧金属收购业的管理重点逐渐转向查处违法收购、销赃等违法行为。2008年，根据北京奥运安保工作的整体要求，在全市范围内开展二次清理整顿废旧金属收购业专项行动，整改405家、处罚357家、取缔126家；共破获案件76起，抓获违法犯罪嫌疑人94名、刑事拘留24人、行政处罚70人。2009年，全市公安机关在废旧金属收购行业开展为期一年的专项整治行动，强化废旧金属收购行业的治安管理，严厉惩罚盗窃井盖、电力、电信、广播电视等公用设施，预防和惩罚利用废旧金属收购行业进行收赃、销赃违法犯罪活动，为第十一届全运会的顺利召开营造良好的社会治安环境。行动期间，全市各级公安机关共组织警力1800人次，检查废旧金属收购站点1523家次，取缔无证经营业户19家，处罚违法经营业户69家，处罚收购废旧金属不按规定登记人员48人，行政拘留收赃人员27人，罚款8.2万元，警告29人。2010年，全市通过日常管理和专项整治，整改从业单位405家、处罚357家、取缔126家；破获案件76起，抓获违法犯罪嫌疑人94人、刑事拘留24人、行政处罚70人。同时，在全市废旧金属收购行业开展废旧金属收购业治安管理信息系统建设工作。

五、典当业管理

1988年，公安部批准将典当业列入特种行业管理。1995年5月，《典当业治安管理办法》实施。2000年，对全市典当业开展集中清理整顿，查处违法违规经营案件19起。2001年8月，《典当行管理办法》颁布，规定典当行业的设立须经公安机关的特种行业行政许可，公安机关依法对典当行业承接、保存、赎取、绝当物品的处理实施治安管理。2005年，市公安局对全市6家典当业负责人采取以会代训的形式，集中学习传达《商务部、公安部关于贯彻实施〈典当管理办法〉有关问题的通知》，要求各典当业从业单位必须按照要求，完善落实各项安全规章制度和各项安全防范设施，同年，共检查绝当物品523件，总价值250万元。至2010年，全市共有典当业从业单位19家，从业人员245人。2010年，市公安局对全市典当行业的治安检查和对绝当物品、从业人员审查工作，共审查绝当物品6750件，总价值6000万元，行业内未发生收赃销赃行为。

六、拍卖业管理

1996年7月5日，《中华人民共和国拍卖法》实施，规定设立拍卖企业由公安机关实施特种行业行政许可；2004年，新修改的《中华人民共和国拍卖法》取消公安机关的特种行业行政许可，改为行业行政审批。至2010年，全市共有拍卖行7家。

七、报废汽车回收管理

1997年12月，市政府发布《济南市报废汽车回收管理办法》。1999年3月，公安部发布《机动车修理业、报废机动车回收业治安管理办法》。2001年6月，国务院发布《报废汽车回收管理办法》，就加强对机动车修理业、报废机动车回收业的治安管理，保护合法经营，预防和惩罚违法犯罪活动作出相关规定。要求机动车修理业、报废机动车回收企业建立并落实各项治安防范制度。2006年5月，市公安局开展机动车修理业、报废机动车回收业治安管理信息系统建设试点工作，至年底，34家企业安装使用该系统。至2010年，全市报废机动车回收企业共2家(市属1家，省属1家)。全年共审验报废机动车5186辆，检查机动车修理业户966家，行政处罚不按规定登记业户201家，下发整改通知书188份。

八、开锁业管理

2010年8月，公安部、人力资源和社会保障部、国家工商行政管理总局联合发文，加强对开锁业的管理，要求公安机关对领取营业执照的开锁业经营单位及其从业人员建立登记备案制度。2010年，市公安局对全市开锁业全面开展调查摸底和清理整顿，取缔非法经营业户8家，行政处罚违法人员8人。

第五节 危险物品治安管理

一、枪支管理

1986年，全市列入管理审验的各类民用枪支8803支，实行市公安局、公安分局和派出所三级管理。

1996年10月，《中华人民共和国枪支管理法》实施。全市公安机关按照“加强枪支管理、严禁个人藏枪、有证集中保管、无证坚决收缴”的要求，开展清理收缴枪支弹药的“收枪治爆”集中行动。同年，各单位分别建立枪库、制定枪支存取、维护保养等制度，确保枪支存放和使用安全。全市共收缴各类枪支10079支，收回有证枪支7721支。对因丢失、损坏等各种原因确实无法收回的枪支，逐一落实去向，由持枪证人写出安全保证书，持枪作案案件明显下降。1993～1995年，全市分别发生涉枪案件23起、33起、58起；1996年，发生持枪作案案件15起，较1995年同比下降61.5%。

2004年，市公安局推动全市武器库(室)及枪支弹药保管设施建设工作，武器库(室)达标率92%，枪弹保险柜达标率90%。9月上旬销毁军用枪支1961支、民用枪支5000余支，消除重大社会隐患。2004年12月23日，将金融系统最后一批军用枪支收回。

2006年5月，根据公安部、省公安厅部署要求，市公安局正式启动全市枪支管理信息系统建设。市公安局治安支队及12个区公安分局、县(市)公安局治安大队为系统建设单位，并于8月底系统升级后正式开通运行。其间，共录入各类信息8996条，其中公务用枪配枪单位信息91条，民用枪支配置单位信息8条，涉枪备案单位信息3条；公务用枪持枪人员信息3598条，公务用枪信息4618条，民用枪支信息505条，备案枪支信息173条。同年11月底，市公安局制定下发《济南市枪支管理信息系统运行管理规定(试行)》。2006年10月23日至12月1日，根据省公安厅开展枪弹建档工作和市公安局《关于全市枪支建档工作的方案》部署，市公安局治安支队配合刑警支队，对属于《中华人民共和国枪支管理法》规定范围内的涉枪单位公务用枪重新建立枪弹档案。

2010年8月9日至9月1日，在换发1999年版持枪证后，首次对全市行政区域内的公务用枪单位持枪人员持枪证进行年度审验。收回991名退休、离岗、病休及调离配枪岗位的持枪人员的持枪证，取消其持枪资格。

二、剧毒化学品管理

2002年3月15日，国务院《危险化学品安全管理条例》正式施行。为做好全市剧毒化学品管理工作，按照《济南市危险化学品安全管理专项整治实施方案》部署要求，全市公安机关开展专项整治，对全市涉剧毒单位进行调查摸底，详细登记。经调查，全市登记涉剧毒单位105家，其中使用、储存70家，经营35家。先后从省地图出版社、省气象局、市中心医院、市妇幼保健院、济南仪表厂等10家单位收缴氰化钾、氰化钠、汞等剧毒化学品64.16千克，及时消除重大安全隐患。

2003年，依据市政府《2003年毒鼠强专项整治工作实施方案》，在市农业局等相关部门配合下，全市治安管理部门开展查缴毒鼠强集中行动，抓获销售剧毒鼠药的不法商贩15人，收缴毒鼠强等剧毒鼠药121.76千克，消除重大安全隐患。

2005年9月，市公安局组织开展剧毒化学品专项整治行动。针对专管民警业务知识缺乏等问题，统一制发业务资料，举办剧毒化学品安全管理培训班，讲解剧毒化学品常识和业务管理等知识，培训治安民警25人。重新对全市涉剧毒单位情况进行摸底排查，登记造册。全市登记备案涉剧毒单位62家，其中生产单位3家，经营单位11家，使用单位48家；通过实地检查涉剧毒单位储存仓库的人防、物防、技防情况，在指导建立健全管理制度基础上提高行政许可工作效率，使剧毒化学品安全管理工作逐步走上正规化轨道。

至2010年年底，全市共收缴暂存氰化钾、三氧化二砷等10种剧毒化学品649.2千克，以及硝酸铅等7种其他危险化学品6.05千克。

三、民用爆炸物品安全管理

1986年，市公安局组织开展对全市涉爆单位进行安全大检查。举办涉爆人员培训班，不断提高民警管理水平和涉爆人员业务素质。1987年，治安处设立治安四科，专门负责枪支弹药和爆炸物品管理工作。1989年4月，召开全市爆炸物品管理经验交流会议，推广章丘县爆炸物品“三级管理”的经验做法。“三级管理”即区、县有管理办公室，乡镇有管理站，单位有管理组。同年，对全市涉爆单位统一换发许可证。

1990～1992年，为做好北京亚运会和中共十四大安保工作，市公安局开展民用爆炸物品、枪支弹药清理整顿。将原有76处爆炸物品仓库合并为38处，共收缴炸药3464千克、清理收缴散失社会的雷管1.3万余枚、导火索4342米、炮弹27发。在市区内成立段店镇、七贤镇、姚家镇、济钢总厂、济南建材工业局等5处爆炸物品管理站。审批市区临时爆破工程103个，使用炸药1100吨、雷管105万枚、导火索120万米。

1993年6月3日，市公安局召开爆炸物品管理工作经验交流会，首次提出实行爆炸物品购买、运输、储存、使用一条龙的管理思路。1995年，全市涉爆单位达到578家、仓库176座、年使用炸药4500吨。1996年4月29日，山东黄河河务局山石料厂仓库7600枚雷管被盗，经侦破全部追回。6月26日，市政府召开全市爆炸物品管理工作现场会，通报案件，部署开展民用爆炸物品治理整顿，重点整顿管理混乱的小煤矿、小矿山、小采石场等“三小企业”。3～6月，部署开展全市爆炸物品管理秩序治理整顿，共查处各类违法人员24人，收缴炸药6426千克、雷管1814枚、导火索3500米。1999年，全市先后组建42个乡镇民爆服务站。

1999年9月1日，《济南市民用爆炸物品安全监督管理办法》实施。该办法成为全国第一部有关民用爆炸物品安全管理的地方性法规，对爆破工程安全管理、民爆站组建、违法行为处罚等方面作出详细规范。

2001年，市公安局从服务南绕城高速公路爆破工程入手，逐步探索完善爆炸物品集中配送一条龙服务办法。在济南化轻化工公司成立配送中心，配备两辆专用车辆，各爆破施工单位提前一天将需用爆炸物品量报配送中心，由配送中心将爆炸物品直接运送到爆破施工现场。既减少用户购买、运输、储存、清退爆破器材的种种繁琐手续和工作量，又减少接触爆破器材的人员数量，堵塞爆炸物品流失的漏洞。

2003年，市公安局部署开展民用爆破器材和烟花爆竹专项整治活动，共检查涉爆单位2700家(次)，发现、整改各类隐患680条；共查处7起涉爆案件，处理21人，收缴炸药601千克、黑火药1700千克、雷管277枚、导火索40万米。以专项整治为契机，对全市涉爆仓库逐一落实人防、物防、技防及犬防措施，健全落实值班看护，严密爆炸物品领用、清退、登记制度。对全市所有封闭式爆炸物品运输车辆全部安装GPS卫星定位防盗防劫系统。2005年，全年审批爆破工程125个，培训考核爆破作业人员343人，使用炸药1.22万吨、雷管260.28万枚、导火索54.6万米。在全国、省、市“两会”和春节期间，落实三级检查制度。对涉爆涉枪涉剧毒单位，坚持派出所每天一查，区公安分局、县(市)公安局每周三查，市公安局对各区公安分局、县(市)公安局每天进行抽查，检查情况实行双签字制度。

2006年9月，国务院颁布实施新的《民用爆炸物品安全管理条例》。同年，市公安局全力以赴做好政务中心、奥体中心等重点爆破工程的管理服务。组织专家召开安全评估论证会，实地查看、科学论证，保证省、市重点工程爆破施工的顺利进行。

2010年，全市审批各类爆破工程280项，其中，省市重点工程21处，爆破量400万立方米。全市使用炸药1.3万吨、雷管110万枚。

四、烟花爆竹安全管理

1986年始，每年新年、春节期间，针对烟花爆竹大量上市、销售点增多、容易造成事故的情况，市公安局制定下发《关于加强鞭炮销售管理的通知》，对鞭炮定点销售工作提出要求。市公安局组织民警对全市各经销烟花爆竹的网点严格把关，对经审验合格的颁发销售许可证，按照“专库存放、专人看管、专柜销售、专人销售、配备专门安全员”的“五专”要求进行安全检查，及时整改不安全因素，消除事故隐患，每年烟花爆竹的销售点在700家左右。

1993年始，不断有人大代表、政协委员、市民提出在市区内禁止燃放烟花爆竹。1994年6月，省八届人大常委会第八次会议批准《济南市禁止燃放烟花爆竹的规定》，1994年9月1日起施行。规定历下区、市中区、槐荫区、天桥区及历城区的洪家楼镇、华山镇、王舍人镇、十六里河镇、党家庄镇辖区为禁放范围。1995年春节，禁放工作取得成功，全市未发生因燃放烟花爆竹造成火灾、伤亡事故。

1995年实行烟花爆竹禁放后，市政府为让全市人民欢度除夕之夜，每年除夕夜在市区举办焰火晚会。为确保除夕夜焰火晚会安全顺利进行，公安机关考察燃放场地，审查燃放单位、燃放人员资格和燃放方案。市公安局制定安全保卫方案，定人定岗，明确职责。至2003年，未发生因焰火晚会引起的伤亡事故。

2004年，根据形势发展、综合社情民意，市公安局与市安监局起草制定《济南市限制燃放烟花爆竹的管理规定》；11月，由省十届人大常委会第十一次会议批准，限放范围为绕城高速公路区域内，限放时间为农历腊月二十三至次年正月十五期间，2005年1月1日起施行。由此，市区烟花爆竹燃放由“禁放”改为“限放”。市公安局制定具体实施意见，通过电台、电视台、报纸等新闻媒体进行宣传。各公安分局及派出所采取多种形式深入到街道、单位、中小学校开展丰富多彩的宣传活动，使限放规定深入人心。同年12月，市公安局将烟花爆竹生产、经营管理权移交至市安监局。

2009年10月16日，第十一届全国运动会在济南举办，开幕式举办大型焰火燃放活动，共燃放各类烟花、礼花弹8.5万枚。为确保开幕式烟花燃放安全成功，市公安局抽调民警组建全运会焰火燃放现场监管组。对燃放单位的资质、人员背景、技术设计方案进行严格审查，提出整改意见，并督导燃放单位进行整改。会同省质监局协调河北、湖南两省质监部门，对烟花生产单位的8万余枚全运专用烟花、燃放器材依法进行质量抽检，保证产品质量。先后邀请5名国内知名专家，对焰火燃放的等级、资质、选址、方案、流程、安全距离、安全管理等事项进行安全评估。通过8次安全评估会议、9次反复试放、10次修订方案，合理布设“一点三面”燃放阵地。先后拟定组织实施、现场保卫等7个方案，绘制燃放现场警力部署图和职责任务流程图。同时，以练为战，组织5次演练、76次现场勘察、157次阵地检查。开幕式当晚会同消防、交警、武警、有关公安分局组织679名警力，布置消防车20辆、消防装备148具，设置烟花看护点86个、巡视监控点90个，定人、定岗、定职责，分片包干、点面结合、动态监控、妥善处置，确保燃放现场的安全有序，确保燃放活动绝对安全。这是济南市承办的规模最大、影响最广、效果最好的一次燃放活动。

2009～2010年，全市惩罚非法生产经营烟花爆竹集中行动，查处非法生产、储存、运输、销售烟花爆竹案件23起，端掉非法生产储存窝点10处，抓获各类违法犯罪嫌疑人53人。其中，逮捕2人、刑事拘留11人、取保候审8人、治安处罚32人；收缴、销毁烟花爆竹1.5万余箱，私制鞭炮、原材料一大宗。破获案件、抓获违法犯罪嫌疑人、收缴非法烟花爆竹数量均创历史之最。2010年1月25日，市公安局治安支队、槐荫公安分局在槐荫区小金庄破获一起特大非法经营储存烟花爆竹案件。

五、安检排爆

随着济南市城市建设的快速发展，大量战争年代遗留的废旧弹药在城建施工过程中被发现。2002年5月，市公安局组建全省首支安检排爆专业队伍，即治安警察支队二大队二中队(排爆中队)。其主要职责是承担全市重要政要警卫和重大活动的场地防爆安全检查，涉爆现场爆炸物排除，废旧弹药的鉴定、排除、销毁任务。市公安局共投入300万余元购置排爆车、排爆机器人、排爆服等器材装备，全局排爆工作开始步入专业化和正规化轨道。

（一）**排爆**。2002～2005年，处置爆炸恐吓现场26个，处置爆炸可疑物19个；鉴定排除各种炮弹、炸弹、手榴弹、地雷、爆破筒488发(枚)，销毁各类废旧弹药353发(枚)，废雷管15.11万枚，废旧火炸药10余千克，导火索40万余米、导爆索1万余米，其他爆炸危险物品一大宗。2005年3月2日，为消除治安隐患，维护全国“两会”期间的社会稳定，市公安局组织集中销毁废旧弹药、爆炸危险物品行动。在销毁过程中，因收缴的废旧火药意外自燃，治安支队二大队二中队中队长张保国面部和双手严重烧伤，鉴定为七级伤残。省公安厅为张保国记个人一等功，公安部授予张保国“全国优秀人民警察”称号。2005年8月，张保国作为全市唯一一名公安民警代表，参加全国公安保卫战线英雄模范立功集体代表大会，受到胡锦涛等党和国家领导人的亲切接见。2006～2010年，处置爆炸恐吓现场56次，鉴定排除燃烧爆炸危险物2件、爆炸可疑物品5件，鉴定各类废旧弹药885发。其中，根据省公安厅指示，协助泰安警方鉴定可疑爆炸物1次，赴聊城处置涉爆案件2次，鉴定排除爆炸装置、成功排除“8·6”重大危害公共安全案遥控燃烧装置。销毁废旧弹药2054发、报废催泪弹5560发、子弹1.8万余发、雷管7.46万枚、各类火炸药及原料1474千克、导火索10万米；非法烟花爆竹9800余箱及其他爆炸物品一宗。

（二）**防爆安检**。2002～2006年，完成中国济南第二届茶博会、山东・香港周、2002中国济南国际信息技术论坛暨博览会、亚冠足球联赛、秋季全国糖酒会、CBA篮球职业联赛等重大活动防爆安检任务35次。组织举办全市公安机关防爆安检培训班，培训排爆专业人员和公安分局排爆骨干200余人，社会保卫工作人员120人。组织全局14名排爆民警参加公安部物证鉴定中心举办的防爆安检培训班。大力开展岗位练兵，组织排爆演练5次，先后为省市领导、全市公安机关和省公安专科学校师生进行排爆汇报表演。

2008年，完成重要大型活动防爆安检21次，对重点商业场所从业人员进行反恐防爆培训4次，培训人员1000余人；参加“泰山2008反恐怖演习”排爆演练。在2008奥运会火炬传递接力活动安保工作中，两次赴潍坊执行大型活动防爆安检任务。

2009年，围绕第十一届全国运动会安保工作中心任务，全年完成场地防爆安检任务114次，检查房屋4.38万间、活动场座椅35万多个、面积300多万平方米；培训区公安分局、县(市)公安局防爆安检骨干350人，安检志愿者3400多人。

2010年，完成各项重要警卫和重大活动防爆安检任务63次。

第六节　治安防范管理

1986～1989年，针对新形势下社会治安出现的新情况、新问题，济南公安机关紧紧围绕保卫改革、服务经济建设、稳定社会秩序这一中心，在城乡广大人民群众中，广泛建立治安保卫委员会，开展以防盗、防治安灾害事故等为内容的治安联防巡逻活动。适时对联防队员进行整训、考核，不断提高其思想觉悟和看护、巡逻、抓捕的技能。20世纪90年代初，改革开放不断深入，各种文化娱乐、体育场所和设施以及农贸市场等公共场所大量增加及大量人员进城务工。在繁荣文化市场，丰富人民群众物质文化生活和给务工人员带来经济利益的同时，也给社会治安防范带来许多新的问题。在区(县)、乡镇、村(居)三级建立治安巡逻队，分布在全市大街小巷，昼夜在繁华地区、主要交通干线和偏僻部位执勤巡逻。涌现出泉城路治安联防队等10个“模范治保会”和石宗仁等

10名“治保标兵”。进入21世纪，随着公安信息网络化技术广泛应用，市公安局深入贯彻“科技强警”方针，加大投入，先后完成旅业信息查询系统，派出所综合信息查询系统，枪支、爆炸物品信息管理系统等。在全市党政机关、企事业内部单位和重点要害部位安装入侵报警系统1084个，安装入侵探测器20184个；建立监控系统4740个，安装摄像机87950个。在派出所建立监控中心、安装电视监控系统，将派出所监控信号通过公安信息网与指挥中心连接，形成单位、乡镇、市三级监控网络，提高对治安防控的动态水平；防控部位发案普遍下降，确保各大型会议、大型活动的顺利举办，全市社会治安秩序井然有序。

一、治安保卫委员会

1986年，在新建居民区和空白区段新建156个治保会，对全市6315个治保会和33705名治保联防人员进行思想教育和组织整顿。全年共收到群众检举揭发违法犯罪线索材料2069份，抓获扭送各类现行违法犯罪分子353名。同时，普遍开展以防盗、防火、防灾害事故为主要内容的安全大检查，消除安全隐患16094处。通过开展群众性防范工作，全市无案件、无事故安全居委会385个，占居委会总数的61%；安全村庄2294个，占村庄总数的82%；安全厂企单位1911个，占厂企总数的80%。

1987年3月，市公安局在槐荫区召开楼群自管现场会议，推广槐荫区对单位宿舍楼群安全管理的经验做法。年底，成立自管组织的楼群3151个，占全市楼群数的52.1%。并逐步由对单位宿舍楼的管理发展到对杂居居民楼的综合治理，提高职工群众的自防能力，堵塞犯罪分子的活动空隙。结合贯彻实施新的《治安管理处罚条例》，利用多种形式在全市范围内进行普遍宣传。共印发新条例15.74万本、宣传材料9000本发到法制宣传员和基层干部群众中，提高广大干部群众学法、懂法、守法的自觉性，有效预防和惩罚犯罪。全年共收到群众检举揭发违法犯罪分子线索1021份，群众抓获扭送各类现行违法犯罪分子4981名，有87名违法犯罪分子主动投案自首。加强治保联防队伍正规化建设，调整充实2272名年富力强、热爱治保工作的企业职工和离退休职工干部参加治保工作。对全市的治保组织进行建卡登记。在新建居民区和需要增设治保会的地区新建294个治保会。全市广大治保人员坚持执勤巡逻和蹲点守候，共破获各类案件1758起，发现整改各类不安全因素19632条。

1990年，在区(县)、乡镇、村(居)建立治安巡逻队4512个、治保人员2.2万人。全年共抓获各类违法犯罪分子864人，协助公安机关破获各类案件387起，其中重大案件36起；摧毁犯罪团伙28个，成员126人；缴获赃款赃物价值14.8万元。

1991年，全市治保联防组织协助公安机关开展五次专项斗争，六次集中惩罚行动，三次破案会战。8月起，按照中央综治委和省委统一部署，实行全党动员，警民参与，进行为期三年的“反盗窃”斗争。年内全市共抓捕各类犯罪分子3792人。

1992～1994年，市公安局对全市治保组织进行整顿培训。调整214个不能发挥作用的治保组织，清退131名违法违纪分子和不能胜任治保工作的人员，将979名优秀治保人员充实到队伍中。至1994年年底，全市共有治保组织11192个，治保人员60798名。共协助公安机关破获各类案件2550起，其中，大案要案118起，抓获各类违法犯罪分子2992人，缴获赃款赃物价值145.16万元。

1995年，总结推广洪楼治安巡逻队的经验做法，开展争先创模活动，涌现出勇斗歹徒英勇献身的宋铭禄烈士、擒敌能手石宗仁、马绪元等一大批先模人物。全市治保人员协助公安机关抓获2217名违法犯罪分子。经审理破获“7·13”抢劫杀人案、“9·18”系列抢劫案等

16起重特大案件，摧毁“11·29”抢劫轮奸团伙等83个重特大犯罪团伙。针对居民小区撬门破锁、机动车被盗案件上升的情况，推广改进的防盗安全门和趵突泉路派出所在居民小区建设机动车昼夜看车场的经验做法；针对公共场所易被侵害的特点，在繁华路段、公共场所建立能接受群众报警求助、昼夜值班备勤的治安岗亭58个，在泉城路20余家公共场所安装使用电话线报警网络，初步建立人防、技防联动的防范机制；针对农村地区耕牛、农用机械被盗突出的情况，研制开发新型多功能防盗锁，并在济阳县召开现场会推广使用。

2000年，在全市治保组织中开展以“一心为民的宗旨教育、遵章守法的纪律教育、令行禁止的言行教育、恪尽职守的职业素质教育”为主要内容的“四项教育”活动。全市群防群治队伍共抓获各类违法犯罪嫌疑人450人。

二、社区治安巡防队

2002年，开始组建以社区治安巡防队为重点的群防群治队伍。市公安局制定下发《关于对群防群治队伍进行集中整训的意见》，明确队员的职责任务，为全市社区治安巡防队员和治保人员配发治安联防队员资格证和治保人员资格证，为市区的社区治安巡防队员统一上岗证，建立对社区治安巡防队员工作情况的日检查、日通报制度。同时，在全市范围内招聘部分男性50岁、女性40岁的下岗失业人员，组建济南市社区治安协勤队。同年，全市群防群治人员共协助公安机关抓获各类违法犯罪嫌疑人2016人，破获案件1043起，缴获赃款赃物折合人民币30万元，做好人好事1874件。2006～2007年，加强以社区治安巡防队为主体的群防群治队伍建设，招聘3406名专职社区治安巡防队员。9月，招聘1000名“4050”(40岁至50岁)人员，壮大群防群治队伍。组织各区公安分局、县(市)公安局、派出所开展“抓现行”竞赛活动，全市共抓获现行违法犯罪嫌疑人5602人。2008～2009年，推广完善治安防范承包和村际联防等工作机制，继续组织群防群治队伍大力开展“抓现行”竞赛活动，全市共抓获现行违法犯罪嫌疑人6000余名。2010年，对350名社区巡防队员进行培训，在严打整治、治安落后区域整治会战、惩罚“两抢一盗”、整治“三无一遮挡”摩托车等集中行动和“抓现行”竞赛活动中，社区巡防队员发挥了重要作用。

第七节　治安防控体系建设

2005年，市公安局成立治安防控体系建设领导小组及办公室，构建“五大体系”建设，即警区化的巡逻堵截体系、社会化的群防群治体系、市场化的技术防范体系、规范化的社区警务体系、动态化的分析预警体系。

2007～2010年，构筑打防管控一体化的治安防控机制。以巡逻防控网络辐射整个防控工作，实现对社会面的有效控制。即以可防性案件发生率、犯罪嫌疑人抓获率和群众满意率三项主要指标考核路面巡警，实现道路巡逻警区化；下发《关于加强派出所巡逻防范的意见》，把所长作为社区巡逻的第一责任人，依托电子巡更监督系统，确保巡逻频率与质量，实现社区巡逻专业化；根据全市出入路口的重要程度和治安状况，在市区外围出入路口建立9个一级、52个二级和126个三级治安检查站，对进出车辆和可疑人员进行盘查检查，实现外围堵截屏障化。同时，整合农村治安资源，发挥农村保安队员、治安防范承包人和乡镇、村居专兼职义务巡逻力量等农村群防群治组织的作用，开展形式多样的治安巡逻、邻里守望等活动。在农村治安混乱地区和两地交界处设立治安岗亭、卡口、治安检查站，建立视频监控设施，形成处处设防、及时报警的防控网络。至2010年年底，全市农村新增专职巡防队伍265人，总数2169人；新增义务巡逻队员781人，总数3236人；新增治安卡点32处，总数75处；新增监控探头1040个，总数1.1万个；组织防控宣传活动158次。

第八节　技防设施建设

一、技防行业、产品、工程管理

20世纪90年代，随着城市建设发展，新建楼剧增，而市民又追求美观开放式的居住环境，盗贼把黑手伸向开放式的居民楼，全市居民楼被盗案件时有发生。与此同时，安全门、防盗门行业应运而生，而经营此类技防的企业良莠不齐。1992年8月，市公安局成立技术防范办公室(以下简称技防办)，统一管理技术预防犯罪工作，对全市技防产品的生产、销售，技防工程报警系统设计、施工单位进行管理。技防办成立后，对重点要害单位的安全防范建筑设计提出具体要求，将报警系统和防范设施纳入建筑设计，设计方案报技防办审核同意后方可施工，对研制、生产报警器材的企业实行许可证制度。经过摸底登记，全市有防盗门生产厂家30家，依法清理整顿不合格企业3家。1993年年底，全市生产防盗门、防盗锁的企业发展到40余家。同年，开始对防盗门、防盗锁生产企业实行生产许可证制度。1995年，《山东省公共安全技术防范管理办法》正式施行；5月，对全市技防企业开始办理准产证、准销证。对技防工程单位办理技防工程施工许可证20家，技防工作逐步走向法制化和规范化管理。1998年，清理整顿保险柜生产、销售市场，登记办证15家。对无证技防产品开展20余次查处行动，查处劣质防盗门100樘。1999年2月，集中一个月的时间，对防盗安全门质量开展检查，并制定《防盗安全门销售管理暂行规定》，确保产品质量，规范销售渠道。在技防办的扶持和帮助下，济南市防盗门市场在济洛路挂牌成立，逐渐发展成为全国最大的防盗门批发零售集散地。同年，有防盗门销售商家200户。6～7月，对全市防盗保险柜(箱)企业换发准产证、准销证。

21世纪初，市公安局技防办担负起对济南市范围内一、二级技防工程进行质量检测的任务。2000年5月25日，在山东省电子产品监督检验所内设立济南安全防范系统检验检测站，承担安全防范工程的质量检测工作。9月1日起，根据《安全技术防范产品管理办法》，对纳入“安全技术防范产品目录”的产品实行工业产品生产许可证制度、安全认证制度和生产登记制度，质量实行行业监督管理。2001年，根据《关于配合严打整治斗争加强安全技术防范工作的通知》要求，组织施工单位对其施工的工程进行自查，履行维护维修义务，督促有关单位落实技防措施。对已建技防工程进行安全质量大检查，对发现的问题及时提出整改意见。

2002年，全市技防工程施工单位83家，产品销售企业140家、生产企业23家、从业人员超过6000人。

2003年3月，取消防盗安全门生产登记行政审批。7月，停止技防工程施工许可证的办理。

2004年12月1日，新修订的《山东省公共安全技术管理办法》颁布实施。2005年8月，安全技术防范工程设计施工资格确认登记和安全技术防范一级工程管理审批权下放给济南市公安局。同年，济南市安防产业园在高新开发区开工奠基，首期占地面积1万平方米，工程资金投入1亿元。2007年11月21日～23日，为进一步提高全市技防工程师鉴定技能，技防办会同信息产业部电子行业职业技能鉴定指导中心举办区域安防网络调试设备工程师培训班，培训150人。同年12月5日，济南市社会公共安全防范协会成立。

2008年5月1日至6月20日，市公安局在全市范围内开展安全技术防范设施、系统检查工作。检查重点要害部位4200余处，其中检查20家银行1400余处金融营业网点，首脑机关11处，涉枪单位84个，储存剧毒物品的单位34个，高校38所，医院29家，星级酒店144个，新建居民小区125个，发现安全隐患512处，下发整改通知书348份。

2009年，加强对十一届全运会技防系统建设工作的管理，对19个全运场馆的电视监控、报警、出入口控制、周界防护等系统进行有针对性的检查。

2004～2010年，组织论证工程87项、检测45项，下达整改通知书496份，工程一次合格率98%以上。

二、利用技防设施预防犯罪

1993年4月，市政府办公厅下发《转发市公安局关于加强技术防范工作的意见的通知》，要求全市重点要害单位技防设施安装率90%，汽车摩托车技防装置安装率100%，防盗门、安全锁、看车棚、报警器等安全防范设施安装建成率100%。1994年，市公安局在槐荫区等进行居民和单位安装防盗门和底层铁棂子的试点工作。1996年，根据《城市居民住宅安全防范设施建设管理规定》，市公安局对居民小区、重点要害单位和易发案部位的治安防范工作进行动员，全市居民住宅的防盗门、底层铁棂子，安装率78%。

1998年，在全市金融网点、邮政、电信、珠宝店、证券等重点要害单位推广报警技防设施的联网工作，5个县(市)公安局报警中心和金融网点联网，全市10个区公安分局、县(市)公安局全部建成联网报警中心，20家证券所安装技防设施实现与公安分局联网。1999年，对全市金融网点实现由模拟系统向数字监控系统转化，1400余家金融网点完成数字监控系统的改造，全部实现数字化控制，全市金融营业网点均未发生犯罪行为。至2004年6月，新建小区技防设施安装率达到 100%，87个居民小区建成技防设施，采用以出入口控制、周界防护、电视监控、楼宇对讲防盗门、分户报警为内容的综合技术防范体系的居民小区超过50个，居民超过5万余户，占全市居民小区总户数的75%，比2003年同期上升20%，居民小区犯罪预防能力明显提高。

21世纪初，机动车进入普通百姓家，盗窃、抢劫机动车辆案件不断增加。为有效防范、惩罚这一犯罪行为，2002年4月，技防办与旅科公司合作，建立GPS、CAS/GSM机动车防盗防劫报警系统。凡是参加太保、人保的机动车，免费入网，免费安装报警终端，中高档车免交服务费，有关费用由保险公司承担。一旦发生被盗或被抢，由保险公司先行负责赔偿。入网车辆安全有了保障，系统开发公司开拓市场，保险公司避免和减少车辆被盗巨额赔偿，系统开发公司、保险公司、车主3家受益，公安机关依靠社会资源和科技资源取得事半功倍的效果，受到广大单位和群众特别是出租车司机的欢迎。至2005年，入网车辆4000辆，其中运钞车、民爆器材运输车等特种车辆入网率100%，没有发生一起被盗抢成功案件。同年，在市中公安分局、历下公安分局进行区域报警网络“市场化”运作模式试点。对110管理区域报警网络改为两级网络，接警中心由原来设在公安分局指挥中心，改为110和专业公司控制室两级中心，由专业公司控制中心负责先期接警，核实警情真伪，及时调度、控制和反馈信息，并对网络的建、管、用、维护实行一体化网络管理。2001年8月至2002年5月，该系统故障检测率100%，误报警下降90%，公安分局110出警准确率上升到90%以上。2005年，根据公安部《关于开展城市报警与监控工作的意见》要求，确定报警监控建设济南模式，制定《济南市城市综合报警与监控系统建设方案》，并通过公安部专家组的评审论证。起草制定《济南市区域报警服务规范要求》《济南市居民小区安全防范服务管理体系规范》《济南市重点要害单位安全技术防范设施建设规范》《济南市社会基层控制中心安全防范系统规范》等规范性文件，对居民小区、重点要害单位、监控报警中心等建设、使用、管理、运行等方面进行全面规范，使试点工作始终保证一个比较完整规范的框架，提高报警监控系统建设的起点和档次，推动全市报警监控网络的深入发展。按照服务实战，贴近基层，突出重点，稳步推进的原则，组织12个区公安分局、县(市)公安局以偏僻街巷、易发案部位和中低档居民小区为重点，启动城市动态监控系统建设。与市综合治理委员会联合制定下发《关于加强技防监控报警系统建设的意见》。全市公共区域新增监控点613个，区域报警服务公司新发展用户2862户。其中，高新开发区公安分局采取有线、无线相结合的方式，一期投资150万元，在辖区重点场所、要害部位和易发案路段，安装监控点26处、报警点67处、电子巡更点135处，形成动静结合、人技结合、全方位覆盖辖区的综合报警监控网络。9月5日～7日，在公安部主办的“2005中国国际城市安全暨防范设备展览会”上，市公安局介绍济南的治安防控体系建设尤其是报警监控系统建设试点工作的经验做法。9月21日～23日，全国城市报警与监控示范试点工作预备会议在济南召开，公安部科技局技防办及全国四个试点省市代表对济南报警监控系统建设社会化和预警分析等给予肯定。10月10日～13日，在浙江杭州召开的全国城市报警与监控系统建设现场会上，济南作经验介绍和大会发言。公安部肯定济南的经验并命名为报警监控“济南模式”，在全国进行推广。

2005～2006年，对新列入的治安保卫重点单位，以国务院《企业事业单位内部治安保卫条例》为依据，推广技防设施；对居民小区，重点落实出入口控制、可视对讲、紧急求助、周界报警、电视监控、停车场管理和家居防盗报警等系统。有4200余个重点要害部位安装技术防范设施，涉及8类21种场所。其中，金融、邮政、电信、珠宝、市级以上首脑机关等重点部位和行业的技防设施覆盖率、联网率100%，其他部位95%以上。全市1400家金融网点未发生一起作案成功案件；全市20个大中商场的技防设施协破各类案件210起，挽回经济损失近千万元。

2006年，贯彻全国城市报警与监控系统建设工作座谈会和全省社会治安动态监控系统建设情况调度会精神，加大治安动态监控系统建设和推广力度，全市13个区公安分局、县(市)公安局有93个派出所建成治安动态监控系统，安装监控摄像机2379个；58个城区派出所建成监控中心(室)，占全部城区派出所的87.5%，27个具备条件的农村派出所建成监控平台。全市共安装监控摄像机38678个，安装监控报警设施中零发案的部位5035个；通过监控系统提供的信息防范可防性案件873起；破获各类案件496起，其中现行案件75起，抓获现行违法犯罪嫌疑人419人；提供破案线索446条；协助处置群体性事件108起；挽回经济损失116.8万元。

2007年，全市建成治安动态监控系统的派出所116个，新增社会治安监控摄像机2221个；74个城区派出所建成监控中心(室)，42个农村派出所建成监控平台；纳入公安机关管理的监控探头4.5万个。历下公安分局区域报警服务公司建成综合性区域报警系统；引入社会保险机制，为用户提供最高20万元的赔偿金；发展社会高危行业、企事业单位和家庭用户4020家，成功预防100余起入室盗窃案件的发生。全市安装监控报警设施中零发案的部位9387个；通过电视监控系统抓获违法犯罪嫌疑人444人、提供破案线索和定案证据1533条；挽回经济损失434.5万元，监控设施在公安机关社会管理和惩罚犯罪等业务工作中的作用凸显。2007年3月28日晚6时30分左右，舜井街宏杰通讯公司经理韩某某行至明湖小区时，被三名男青年持刀拦截，抢走现金14万余元及各种银行卡、存折等物品。民警通过调取沿线监控录像，迅速精确锁定犯罪嫌疑人，此案从发生到成功告破不足30小时。针对农村裸露在田间地头的变压器等电力设施不断被盗，单靠传统的蹲点守候等手段难以破案的状况，技防建设开始向农村延伸。技防办针对长清农用变压器被盗案件较为突出的现象，指导长清公安分局研制“变压器红外线防盗报警器”，在孝里、归德等六个乡镇的二十余个村庄安装应用，已安装报警器的500台农用变压器未发生被盗现象。章丘市公安局宁家埠派出所与济南某科技公司联合研发农灌线断电报警装置，通过安装应用，周密部署、合理安排警力，迅速出警，连续破获两大破坏电力设备团伙，抓获嫌疑人11名，破获案件20起，有效地预防和降低电力设施被盗割案件。

2008年，创建全国科技强警示范城市，推进治安监控三级联网工作，全市城区派出所全部建成监控中心(室)，公安自建监控摄像机5500个，每个派出所探头安装数量超过20个。制定下发《关于进一步加强社会治安动态监控系统建设和管理应用工作的意见》，建立图像监控中心值守、监控图像分级管理、人技互动联合作战、检查督导、培训、奖惩六项制度。通过电视监控系统抓获违法犯罪嫌疑人522人、提供破案线索和定案证据697条。制定《关于治安动态监控系统三级联网及110音视频报警点建设的实施方案》。技防办与长清公安分局联合开发的110音视频报警点建设项目，在长清公安分局建设经验的基础上向全市推广，通过科学选址、安装调试，在全市26个案件多发地段建成110音视频报警点，起到服务群众、震慑犯罪、调查取证等良好作用。110音视频报警点项目被评为2007年度山东公安科学技术进步二等奖。

2010年，市公安局制定《全市加油(气)站监控报警网系统建设实施方案》《济南市中小学幼儿园报警监控联网系统建设标准》等系列文件，指导加油(气)站和中小学、幼儿园报警监控联网系统建设。全市149个加油站建成报警监控系统，其中10家完成与市公安局监控平台的联网。全市549所中小学建立报警监控系统，安装摄像头13954个。

至2010年年底，全市185个派出所中129个建成监控中心(室)，公安机关自建的社会治安监控摄像机5891个，纳入公安机关管理的监控探头8万个。通过监控系统预防和制止案件3080起，协破案件2306起，抓获现行违法犯罪嫌疑人516人，协助处置群体性事件118起。

第九节 信息化建设

一、治安管理信息系统建设

2001年5月，公安部下发《关于印发全国治安管理信息系统试点任务书和试点方案的通知》，在济南等全国十大城市组织开展治安管理信息系统试点工作。该系统是以人口信息为基础，以派出所为主要信息采集点，以地市为综合信息的汇集点，以公安专网为依托，与公安内部其他系统、社会系统能够互联的跨部门、跨地区的治安信息综合管理系统，共涵盖治安业务五大子系统：案事件管理子系统、特种行业公共场所管理子系统、管制物品管理子系统、治安防范管理子系统、派出所其他业务管理子系统。治安支队会同户政、信息通讯等单位以及各区公安分局、县(市)公安局对系统进行边探索、边开发、边试点、边完善。在考察确定软件开发商、业务工作需求调研、系统分析、软件开发、组织试点、大规模培训、推广应用等各个环节开展艰苦细致的工作。先后制定完善《济南市公安局治安管理信息系统建设实施方案》《济南市公安局治安管理信息系统试运行暂行规定》《济南市公安局关于组织开展治安管理信息系统培训推广工作的实施方案》等系列文件规定。2002年10月至2005年3月，在全市104个派出所全部上线运行，运行状况良好，通过公安部金盾工程领导小组办公室组织的工程验收。

二、派出所综合信息管理系统建设

2005年5月，全省开展派出所综合信息管理系统建设(简称派综系统)。派综系统是以派出所为主要的信息采集、应用用户群，以人口信息为基础，以公安专网为依托，以地市为信息汇集点，涵盖派出所主要业务信息的综合应用系统，实现跨部门、跨区域的信息共享和业务协作，并为其他应用系统提供数据支持。该系统是基础性的公安应用系统，是“金盾工程”一期一类应用系统的重点建设项目。治安支队在市公安局金盾办的指导下，投资100万元，用于增添服务器等硬件设施及软件开发费用，组织软件开发公司开展系统研发和推广应用工作，并一次性通过省公安厅组织的检测验收。至2009年年底，全市派出所共录入各类基础业务数据及日常工作动态信息200万条，为破获案件提供大量线索，使系统应用真正实现立足基层、服务实战。2010年6月，全省派综系统停止使用，改用省公安厅开发建设的警务综合信息平台。

三、电子巡更系统建设

2002年下半年，在基层派出所组织推广应用电子巡更系统，探索建立新型动态防控机制。2003年2月，市公安局在天桥公安分局召开现场会推广天桥公安分局在电子巡更系统建设应用工作方面的经验做法，制定下发《济南市公安局关于全面推广电子巡更系统加强治安巡逻工作的实施意见》，在市区公安机关全面推广电子巡更系统。2005年11月，下发《济南市公安局治安警察支队关于进一步加强电子巡更系统管理使用工作的通知》，对电子巡更系统进行升级，对原有电子巡更点重新进行布点调整，重点确保党政机关、首长驻地、金融要害单位、公共复杂场所、居民小区以及偏僻易发案部位的巡逻检查。至2010年年底，全市共有70余个基层派出所，2000个市区主要道路、偏僻街巷、单位内部及易发案部位安装电子巡更点。

四、门户网站及办公自动化系统建设

1998年，济南治安信息网建成，开通基于邮件系统的办公自动化系统，成为市公安局最早建立内部局域网络和网站的单位之一。至2010年年底，治安支队门户网站共调整改版6次。2010年年底，全支队共有公安网内网用户140个，外网用户30个，联网计算机245台，支队各处、办和业务大队全部实现网络化、无纸化办公。

第十节 扫除社会丑恶现象

1986～2010年，部分不法分子公然在市面出售淫秽图书、光盘等。市公安局会同文化、广播电视、新闻出版、工商等部门对全市的图书、音像市场进行多次突击检查。对查收的淫秽物品进行公开销毁，有力地震慑违法犯罪。与此同时，赌博活动和卖淫嫖娼活动有所抬头，全市公安机关坚持长期作战，露头就打，适时开展查禁取缔赌博和惩罚卖淫嫖娼专项行动；收缴赌具、赌资，依法查处赌头赌棍和卖淫嫖娼不法分子；公开进行销毁赌博机等大的销毁活动5次。

一、扫黄打非

1987年6月29日，市公安局下发《关于开展惩罚流氓滋扰活动，扫除社会丑恶现象专项斗争的意见》。7月，全市部署开展扫除社会丑恶现象的专项斗争。查处复制、传播、贩卖淫秽物品及赌博、卖淫和迷信活动，查获扰乱社会治安的违法犯罪活动35起，275人；收审11人，劳教15人，治安拘留87人，罚款44人，警告8人，批评教育88人，其他处理22人。

1989年7月中旬至8月28日，开展查禁淫秽录像的专项斗争。全市共查获贩卖、复制、传播淫秽录像的违法犯罪活动30起，涉及196人；缴获非法出版物23200本，其中淫秽书刊、画册5082本；查缴非法制作的录像带4374盘，其中淫秽录像带526盘。8月29日，市政府在皇亭体育馆召开“济南市查禁淫秽物品、惩处违法

犯罪分子大会”，宣布对17名贩卖、复制、传播淫秽物品违法犯罪分子的处理决定，净化了社会风气。同年底，按照国务院、省委、省政府的部署，全市开展扫除“六害”统一行动，明确惩罚的重点对象是“九种人”：采取拐骗和暴力手段拐卖妇女儿童的，摧残、迫害被拐卖的妇女儿童的；走私、制作(包括复制)、贩卖、组织传播淫秽物品数量较大的；引诱(包括介绍)、容留、强迫妇女卖淫的；卖淫或者嫖娼屡教不改的；利用淫秽物品，教唆、引诱他人犯罪或向不满十八岁的未成年人传播淫秽物品的；聚众赌博的赌头和以赌博为业的赌棍，屡教不改的惯赌分子；利用封建迷信手段诈骗钱财、奸污妇女、残害人命的；反动会道门的为首分子和骨干分子；走私贩卖、偷运毒品、私种大量罂粟或非法加工毒品以及吸食毒品屡教不改的。

1990年，图书、音像市场起伏较大，不法分子在市面公开出售淫秽图书、录像带，共查缴淫秽书刊1000册、非法出版物8000册、淫秽录像带227盘、非法复制录像带2000盘，挖出一批复制、销售图书、录像带的不法分子。同时审查鉴定送审物品23277件，从中发现淫秽录像带576盘、淫秽扑克269张，开具淫秽物品鉴定书25份、鉴定表25份，收缴物品收据22份。

1992年，市综治委下发《关于在全市开展清理整顿路边店的实施方案》。全市共查获淫秽物品案件24起。1993年，市公安局下发《关于开展“扫黄”集中行动的实施方案》，6月12日至7月12日，在全市范围内开展一次“扫黄”集中行动，共查获违法淫秽物品案件39起，收缴淫秽图书杂志1060本、录像带46盘。1995年8月～9月底，全市组织开展“查禁取缔卖淫嫖娼色情活动，加强公共娱乐服务场所管理专项治理行动”，全市共查处制作、贩卖、传播淫秽物品案件6起29人，缴获淫秽物品30059件。

1996年，共查破制黄贩黄案件29起，收缴各类非法、淫秽音像制品64708件，其中淫秽录像带142盘，VCD光盘2574盘；挖出地下复制窝点2个，取缔非法经营业户80户。1998年，收缴淫秽、盗版书刊、音像制品26186件，其中淫秽物品9965件、盗版16221件。

21世纪，以盈利为目的，在公共场所公开传播淫秽录像的现象基本结束，但盗版反动淫秽VCD片充斥市场，夜市、音像店、书店、茶社等场所贩卖反动淫秽光盘时有发生。市公安局适时开展查禁淫秽物品专项斗争。通过严厉惩罚及文化、工商、新闻出版等部门清理整顿音像市场，全市贩卖、复制、传播淫秽物品的违法行为逐年减少。

二、禁赌禁毒与查禁卖淫嫖娼

20世纪80年代，赌博重新出现，且逐年增多。1986年1月，根据市委、市政府和省公安厅部署，全市公安机关把查禁取缔赌博活动作为严打的主要内容。在调查摸底的基础上，于1月20日～26日集中开展惩罚处理赌头、赌棍和惯赌分子20人，收缴各类赌具228副，没收赌资41298元；有1433名赌博分子主动到公安机关登记具结，有74名职工群众检举揭发255人的赌博问题。1987年1月，《中华人民共和国治安管理处罚条例》颁布实施，市公安机关依据该条例惩罚赌博和卖淫嫖娼活动。

随着公路建设的发展，路边店兴起。部分老板为牟取暴利，容留妇女卖淫。一些在小店吃饭的过路司机等因嫖娼引起纠纷甚至由此引发杀人的案件时有发生。1992年8月～9月，在全市集中开展整顿路边店和公共复杂场所治安秩序的专项斗争。全市共查获强迫、引诱、容留妇女卖淫以及嫖娼、抢劫、敲诈勒索等案件92起；抓获违法犯罪分子128人，其中逮捕8人，治安拘留29人，罚款35人，收审29人，其他处理27人。全年共查处卖淫、嫖娼案件191起；赌博案件63起，介绍容留卖淫嫖娼案件39起。

1993～1994年，市公安局下发《关于开展“扫黄”集中行动的实施方案》。6月12日至

7月12日，在全市范围内开展“扫黄”集中行动，共发现卖淫、嫖娼案件186起，赌博案件95起，介绍容留卖淫嫖娼案件32起，查获卖淫团伙7个、212人；取缔卖淫窝点4个。

1995年6月5日，治安民警队成立，专司惩罚嫖娼卖淫、查处赌博、扫黄打非等职责。针对部分不法分子利用电子游戏机进行赌博活动，一些地方卜卦算命等封建迷信活动抬头的问题，市公安局自3月6日起对全市电子游戏机经营场所及卜卦算命等封建迷信活动猖獗的地区进行调查摸底，3月28日～31日，连续组织全市性和区域性的统一清查行动4次，对“金台娱乐城”“海南岛娱乐城”等330余家电子游戏机室及封建迷信活动的场所进行突击检查，取缔电子游戏机违法业户8家，停业整顿4家，自动停业39家；取缔封建迷信“算命先生”74人。8月至9月底，组织开展“查禁取缔卖淫嫖娼色情活动，加强公共娱乐服务场所管理专项治理行动”，全市共组织规模不等的治安清查40次，出动力量10661人次，清查公共娱乐服务场所4000家，查处卖淫嫖娼案件31起，查处卖淫嫖娼团伙24个，抓获介绍容留妇女卖淫者15人、卖淫妇女55人、嫖娼人员122人；查处色情活动案件6起，抓获色情陪侍人员44人；查处赌博案件2起，赌徒12人，缴获赌资3150元。对抓获的违法犯罪分子收审10人、劳教8人、治安拘留71人、罚款87人。全市全年共查处卖淫嫖娼、介绍容留卖淫案件105起，治安处罚265人；赌博案件80起，治安处罚217人。

1996～1997年，按照公安部和省公安厅要求，进一步加快“治安行动队”建设，发挥查禁卖淫嫖娼等社会丑恶现象的尖刀作用。市公安局治安行动队不定期开展扫黄禁赌惩罚卖淫嫖娼色情活动专项斗争。全市出动警力3264人次，清查公共场所2054处，查获制黄贩黄、赌博、卖淫嫖娼、色情活动不法人员330人，摧毁团伙21个，其中收审25人、逮捕3人，缴获赌资60万元，收缴非法、淫秽音像制品27644盘，对45家场所予以停业整顿。

随着社会治安形势的日益复杂，刑事案件发案率不断上升。1998年，公安部作出刑事案件管辖分工规定，明确95种案件归治安部门管理。全市各级治安行动队共查办各类刑事案件81起、打掉各类违法犯罪窝点46个，其中卖淫嫖娼窝点21个、赌博窝点8个、贩卖有政治问题的图书窝点1个、制黄贩黄窝点16个；共抓获各类违法犯罪人员1091人，其中逮捕26人、刑拘48人、劳动教养5人、取保候审8人、治安拘留567人、收容教育173人、其他处理264人，被法院依法判刑5人。

2002年9月，针对大街小巷上随处可见的“代办证件”俗称“牛皮癣”的各类野广告，不断发生因轻信野广告遭骗等侵害案件的情况。开展惩罚制贩假证专项行动，对制贩假证人员一律劳动教养，统一执法力度；设立举报电话，接受群众举报；建立奖励制度，对群众举报、抓获制贩假证人员的，给予500元～1000元的奖励；广泛宣传，大造声势，使制贩假证人员成为过街老鼠，人人喊打。10月12日，市公安局在历下区泉城路时空广场召开全市严惩制贩假证违法犯罪分子公开处理大会，公开宣布对29名非法制造、贩卖假证违法人员的处理决定，社会各界群众3000余人观看公开处理大会。同年，全市对52名制贩假证人员处以劳动教养。

2003年，针对家政服务、电话信息台、因特网站业从事卖淫嫖娼活动，传播淫秽内容语音、图片等，市公安局对全市的家政服务和信息台展开调查摸底，76%的家政服务和44%的信息台没有任何手续，属无证经营；会同民政、电信等有关部门联合在全市范围内展开信息台、家政服务专项治理整顿，配合有关部门取缔非法信息台、家政服务公司30余家，传播淫秽内容网站1家。

2005年，赌博现象有所抬头。1月13日，公安部召开电视电话会议，部署在全国范围内开展严厉惩罚赌博违法犯罪活动的专项斗争。全市各级公安机关共抓获赌博人员794人。

2006年6月至2008年12月，全市公安机关以惩罚取缔涉黄涉赌等治安问题为重点，在全市范围内组织开展整治黄赌毒专项行动。侦破刑事案件54起，治安案件1270起；刑事拘留84人，劳动教养3人，收容教育147人，治安拘留1498人，治安罚款663人，强制戒毒6人。整治涉黄问题严重的“发廊一条街”“洗浴一条街”17处，取缔非法经营场所358家，打掉卖淫嫖娼窝点20个、赌博窝点12个。

2009年7月9日至10月底，市公安局在全市集中开展为期4个月的惩罚组织强迫妇女卖淫犯罪活动专项行动。全市共查破组织、强迫、引诱、容留、介绍卖淫案件55起，未成年人卖淫案件5起；抓获犯罪嫌疑人88人，打掉卖淫团伙9个，抓获团伙成员54人；刑事拘留33人，逮捕6人，监视居住9人，取保候审6人，解救受侵害妇女2人，解救未成年人4人。整治治安乱点地区10处，查处娱乐服务场所38家，停业整顿11家。

2010年，组织开展1～4号“净风”行动和6次集中清查行动，全市共出动警力2.8万人次，检查娱乐服务场所8500家(次)，查办“黄赌毒”案件1439起，刑事拘留95人，逮捕55人，取保候审70人，监视居住11人，劳动教养38人，行政拘留3663人，罚款1167人，收容教育418人；收缴销毁赌博游戏机600余台。

第十一节　惩罚盗油及假烟案件

2005～2010年，全市惩罚盗油案件630起。2002～2010年，全市共查处烟草违法业户1.8万个(次)。治安支队承办的“部督2010·7·07互联网销售制假烟机案”成功破获，受到公安部和省公安厅的通报表彰。

一、涉油案件

2004年，按照全国、省统一部署，以确保国家油气资源、设施和生产安全为目标，市公安局召开联席会议30余次，各区、县(市)成立以区公安分局、县(市)公安局为中心的办事机构，落实整治工作责任制。共破获打孔盗油案件179起，抓获犯罪嫌疑人77人，缴获盗油车辆31辆，打掉盗油团伙21个，惩罚处理犯罪嫌疑人68人，案件涉油700余吨，挽回损失70余万元。2005年，全市共破获打孔盗油案件84起，惩罚处理犯罪嫌疑人23人，其中逮捕18人，直诉5人；抓获上网逃犯5人，打掉打孔盗油团伙4个，抓获团伙成员13人；取缔土炼油等“三小一点”(小土炼、小化工、小轧钢、非法收购点)10处。

2006年3月～9月，以破追逃、架网伏击、封源截流三次集中行动为重点，强化巡逻盘查，落实有奖举报，加强侦查破案，破获济阳“8·9”打孔盗油案等涉油犯罪案件113起，打掉犯罪团伙7个，抓获涉油违法犯罪嫌疑人81人，查获非法收购、贩运、倒卖油品车辆20辆，铲除土炼油炉82座，挽回直接经济损失100万余元。同年，济阳、商河两县均成立专职护线队伍，针对输油管道沿线开展不间断的巡逻守候工作。2007年，针对打孔盗油案件的发案特点，市公安局提出“一打、一防、一清理、一宣传”的工作思路，坚持“四个结合”的工作原则，即“专业队伍与派出所力量相结合、惩罚与防范相结合、惩罚盗油犯罪与惩罚其他刑事犯罪相结合、重点防范与全面防范相结合”。全市共发生打孔盗油案件67起，同比下降51%；破获公安部重点督办案件历城“7·3”案件，抓获违法犯罪嫌疑人30人，缴获运油车辆16辆、收缴原油60吨，涉案金额260万元。2008年，共发生打孔盗油案件43起，同比下降31%。

2009年7月，结合国庆安保、全运安保，市公安局组织开展“战百日，迎国庆，保全运”油气田整治专项行动，全市共破获打孔盗油案件211起，惩罚处理174人；其中移送起诉53人，劳动教养12人，治安拘留28人；缴获运油车辆6

辆、涉案金额60万余元。全市全年共发生打孔盗油案件13起，同比下降73%。

2010年，继续在全市涉油区、县开展专项行动。全市共发生打孔盗油案件9起；同比下降25%。全市共立涉油刑事案件48起(含补立往年案件)；破获涉油案件148起，其中，打孔盗油案件57起，其他案件91起；抓获违法犯罪嫌疑人67人，刑事拘留34人，移送起诉23人；收缴涉案原油价值60万余元，缴获运油车辆3辆。重点地区济阳县、商河县公安机关在地方党委、政府的领导支持下，开展“百日零打孔”等集中行动。至年底，济阳县连续保持“零打孔”700天。通过整治，油区治安秩序持续稳定，重点地区打孔盗油案件多发势头得到遏制，油区治安长效机制逐步健全完善。

二、卷烟打假

2009年，各区公安分局、县(市)公安机关及有关警种配合各级烟草专卖局查处违法经营业户2399个(次)，收缴各种假烟制品112.59万条，涉案金额2368.12万元；各级公安机关接受烟草部门移送的案件94起，其中假烟案件55起，同比上升17%；打掉假烟制售网络案件6个，其中国家级网络3个，省级网络3个；接受移送的涉案嫌疑人62人，同比上升18.1%；全市惩罚处理假烟涉案嫌疑人79人，其中刑事拘留71人(转捕30人)、行政拘留8人。

2010年，各区公安分局、县(市)公安机关及有关警种配合各级烟草专卖局查处违法经营业户2724个(次)，收缴各种假烟制品134.25万条，涉案金额2468.12万元；各级公安机关接受烟草部门移送的案件143起，打掉贩卖假烟团伙13个，其中国家级网络7个，省级网络3个，涉案金额2300万余元。全市惩罚处理假烟涉案嫌疑人224人，其中刑事拘留72人(转捕40人)、劳教7人，行政拘留145人。

第十二节 保安管理

1988年9月，济南市保安服务公司成立。至2010年，全市有12家分公司，保安队员1.6万多人，为机关、团体、企事业单位、商场、宾馆饭店等单位提供保安服务。

2008年6月23日至10月10日，对全市保安服务市场进行专项清理整顿行动。确定“属地管理、疏堵结合、分类整顿、联合执法”的工作思路，制定联席会议制度、调度会制度、分片包干督导检查制度、情况控制专人联系制度“四项制度”，与督察支队联合下发《关于进一步加强保安服务行业和“三乱”清理整顿工作的通知》，通过强化措施确保清理整顿工作横向到边，纵向到沿，督导有力，成效明显。此次共查处非法保安组织32家，自建护卫队47家，自建保安队伍303家；查缴机关团体、企事业单位、居民小区安保从业人员违法穿着仿警服、护卫服127家、743件，保安服44家、224件；行政拘留5人，行政罚款500元。通过清理整顿，新增正规保安队员286人。

加强信息员队伍建设，做好信息搜集工作。2009年，向公安机关提供各类线索3000多条，使可防性案件下降50%。成功预防盗窃案件600余起，预防火灾10余起，协助公安机关处理治安案件400余起，抓获各类违法、犯罪嫌疑人52人，避免用户经济损失近千万元。

第三章 街面巡逻防控

1994年5月，济南巡警支队成立。成立伊始，勤务工作以步巡、自行车巡逻为主，并在主要干线设置巡警勤务岗亭开展辐射四周的巡逻防控。2000年后，以机动车巡逻为主，逐步形成警区化和全时流动警务的勤务模式。

作为街面巡逻防控的骨干力量，济南巡警坚持屯警街面、快速反应，在有效预防和震慑犯罪、妥善处置群体性事件和其他突发事件、增强群众安全感等方面发挥了重要作用。1994～2010年，全市巡警共接处警情597.82万余次，破获各类案件7.24万起，抓获各类违法犯罪嫌疑人13.17万人，为群众挽回经济损失1.4亿余元。巡警支队连续3年在全市行风万人评活动中名列第一；连续5年被市政府评为“110社会联动先进单位”。

第一节 巡逻勤务110接处警工作

一、岗亭勤务

1996年10月，济南巡警支队及各区巡警大队成立巡警110中队，支队装备一部依维柯110接处警车，停放于天桥南头接受指挥中心派警及市民报警；全市五区每区装备一辆依维柯110接处警车，负责全区主要接处警工作。在市区主要路段设立巡警治安岗亭，全市共设15个岗亭，由勤务中队在岗亭设点，配置350M基地台，勤务岗亭作为指挥枢纽，接受上级警情、指令性接警和群众现场报警求助；同时对主要路段开展巡逻，通过以点连线，以线带面，强化对社会面的控制。

1998年5月，支队召开全市巡警工作槐荫现场经验交流会，对勤务制度改革工作进行交流。各大队组建勤务分队、设置巡察岗亭，实现以治安岗亭为依托，辐射四周区域，有警出警、无警巡逻的治安防控新格局，变过去的单纯被动处警为主动接处警，出警时间缩短，充分发挥巡警110快速反应的优势。在主动接处警情的同时，直接接受市公安局指挥中心指令，充分发挥110中队与勤务中队联动的作用，方便人民群众报警求助的需要。

二、巡区制勤务改革

2001年年初，按照“在巡逻中接处警、在接处警中巡逻”的要求，对原勤务制度进行改革，最大限度地把警力摆到社会面上，将各区巡警大队原有的三个勤务中队和一个110中队，改编为四个巡警110中队，每个中队增加一部巡警110接处警车辆，共增加巡逻车22部。按照行政区划和治安状况，将市区划分为20个警区(每个警区包括若干派出所)，每一个警区划分为一类巡区(主要道路、广场、要害部位、重点目标等)和二类巡区(一类巡区向四周辐射路段、区域)。每个巡警110中队负责一个警区的巡察和110处警。各警区之间建立完善的勤务协作机制。其勤务方式采取徒步、自行车、摩托车、汽车巡逻和设点盘查相结合：一类巡区以徒步、自行车巡逻为主；二类巡区以摩托车、汽车巡逻为主，并在主要路口设点盘查。巡逻时间分为白天、夜间两个时段。一类巡区实行24小时巡逻；二类巡区在重点时段实行全方位控制。

2001年4月12日，巡警支队在天桥巡警大队举行巡警勤务改革启动仪式，并开展巡逻巡察。5月1日，巡警勤务改革在全市巡警队伍中推开。10月1日，市公安局在省体育中心举行全市关于加强社会面巡逻工作的启动仪式。

2002年上半年，巡警支队在市中巡警大队专题召开110接处警现场会，市中巡警大队作典型发言，介绍大队在突出打防控整体功能，建立治安防控网络的110接处警经验做法。

三、警区化巡逻机制改革

2003年3月，将市区划分为40个巡区，每个巡区配备一部桑塔纳巡察车，同时改革调整勤务模式，整合巡逻警力，加大装备投入，强化四大运行保障机制建设，构建起具有打防控整体功能的警区化巡逻防控网络。实行新的勤务运行机制后，巡逻覆盖面积扩大到原来的2.5倍，出警时间大大缩短，现行抓获率提高65%。同年下半年开始，市公安局构建警区化巡逻防控网络机制。9月14日，在泉城广场举行“警区化”巡逻防控网络启动仪式，“警区化”防控网络正式启动。根据市统计局对1000户居民抽样调查，有91.3%的市民认为“安全”或“基本安全”，与2002年同期比上升14.9%，有98%的群众对警区化巡逻防控举措表示欢迎。

2004年，巡警支队在各区公安分局、县(市)公安局的支持下，筹集资金120万元，新增巡察车10辆，将警区化巡逻延伸到市区次干线和城乡结合部，进一步严密警区化巡逻防控网络。修订完善勤务制度7项，健全支队领导“随机夜查”和“动警备案”制度、治安动态月分析制度和联席会议制度，进一步规范110接处警工作。

2005～2006年，支队在落实好“三级查勤制度”“领导随机夜查”等制度基础上，以现场督察为重点，以模拟警情的形式，会同指挥部、督察支队进行多次联合检查，共同研究解决存在问题的办法。

2007年，济南巡警从勤务实际出发，进一步修订完善《巡警巡察勤务行为规范》和《巡警巡察勤务考核办法》，将原有的14项制度整合为6项，对巡逻执勤的行为举止、装备佩带、工作程序和作风纪律等方面作了统一规范要求；进一步健全巡逻工作基础台账，落实巡逻车“四簿一表”(接处警登记簿、勤务检查登记簿、巡逻盘查登记簿、交接岗登记簿和案件移交登记表)勤务登记，巡逻工作规范化程度进一步提高。

四、全时流动警务多警联合巡逻勤务机制

2009年5月，市公安局在全市探索实行全时流动警务多警联合巡逻勤务机制，所有制式警车上路行驶时自觉进入巡逻执勤状态，将街面巡逻、接受群众报警、受理群众求助作为一项基本业务，每辆制式警车都成为一个流动报警点和流动服务站。6月，以全运安保为载体，最大限度把警力投向街面，实现街面警力、巡逻区域和惩罚效能的最大化，有效遏制街面违法犯罪活动，为“平安全运”打造良好的社会治安环境。7月，严格落实全时流动警务机制，坚持“有警接警，无警巡逻”的原则，立足现有警力，狠抓巡逻工作，加大案件高发时段、路段和区域的警力投入，最大限度保障巡逻工作有效落实，公开震慑街面违法犯罪。通过快速反应，连续破获“3·07”故意杀人案、“3·10”在逃犯伤害案、“3·13”特大抢劫出租车司机案。

2010年3月，研究制定《济南市公安局巡警支队关于加强街面全时流动警务机制建设的实施方案》，将原有巡区重新划分为包括长清在内的48个巡区，确定191条主干道、167个重要路口为必到巡查点，将警力最大限度地沉到巡逻一线，强化各辖区巡逻处警车组间信息共享、相互配合、整体联动、相互驰援，发挥整体效能的最大化，织密巡防网络，有效震慑街面犯罪。

2010年4月，将巡逻接处警工作中的“四簿一表”整合为“巡警工作簿”，明确标准规范，量化考核指标，确保巡逻工作有章可循、有据可查。组织专人紧密结合巡警执法规范化建设实际，整合原有的14项巡逻勤务制度，拟订《巡警支队巡逻工作规范》《全市街面巡逻

工作考核办法》《巡逻民警规范用语》。

第二节　综合执法

1994年，第一批巡警走上街头开展巡察执法。2003年8月后，巡警在市政管理方面的职能转为以惩罚防范社会面违法犯罪为主。

一、交通环境治理

1995～2003年，以主要交通干线、繁华场所为重点，全面开展治安、交通、市容、市政的综合治理，有力地净化了社会环境。先后处置交通违章7.66万起，取缔无证经营1.89万起。对群众反映强烈的“热点”“难点”问题，集中时间，集中力量，进行重点治理整顿。先后治理天桥两侧倒卖摩托车、自行车黑市，火车东站、南站“脏、乱、差”问题，大纬二路看相算卦迷信活动和南门职业介绍市场混乱等问题，取得良好的社会效果。

1995～1996年，对南方江湖郎中、野医以治疗性病为由，在市区大街小巷张贴广告的不法活动，采取集中行动，开展专项治理整顿，取缔黑窝点15个，查获野医29人，没收各类非法广告1万余张，清除张贴广告8000余张。

二、市政管理执法

1997～1998年，各级巡警部门开展以治理乱贴乱画、随意倾倒垃圾污物、无证收购废品、野医假药、乱摆摊点为重点的专项治理工作，支队专门制定《关于围绕落实市政府第105号令，开展专项治理的工作方案》。各大队自8月25日开展专项治理以来，共查处乱贴乱画2518处，随便倾倒垃圾污物976处，取缔无证收购废品404人，取缔非法商贩8021人、占卜算卦136人、随地吐痰1627人，清理非法广告1914张。槐荫大队干警在治理整顿中做到文明执法。天桥、市中大队根据警区、岗段，以机动车、自行车的巡查路线为重点，对乱贴乱画、随便倾倒垃圾污物、野医假药等问题进行专项治理。针对五龙潭公园东侧乱摆摊点、违章占道现象，直属大队配合制锦市街道办事处进行清理整顿，共清理违章占道830余处，无证经营商贩340余人。

三、社会治安、交通秩序整顿

1999年3月至2000年，开展以整顿社会治安秩序、交通秩序为主的综合治理整顿。各大队配合派出所、交警、城建、街道等单位，开展对辖区内的治理整顿工作，特别是对全市16个勤务岗段左右500米内进行清理整顿。支队先后组织2次大规模的清理整顿活动，共清理非法广告1560处，取缔无证经营商摊贩450人次，清理自行车、机动车乱停乱放1200台(次)，查处看相、算卦人员18人。各大队结合本辖区的实际情况，先后开展12次集中清理整治活动，有力净化辖区内的社会环境。经市公安局验收，16个岗亭硬件达标率100%，岗段内达标率89%，警务规范达标率98%。

2001年至2003年8月，参与创建卫生城市活动，组织开展“退路进厅”工作。全市巡警组织警力，历时8个月，在市创城指挥部划定巡警系统负责的50条次干线上，宣传劝阻群众，维护良好秩序，共取缔摊点1.3万余个。

第三节　大型活动安保警卫任务

1994～2010年，巡警支队共承担一级警卫任务115次，二级警卫任务176次，中央首长到济南警卫任务28次，重要外宾到济南访问警卫任务19次。同时，全市巡警先后承担元旦、春节、“花灯会”，五一、十一黄金周，三级“两会”、“省党代会”，足球、篮球联赛，以及大型演唱会、信博会、糖酒会等安全保卫、临时性勤务9475次，累计出动警力59.05万人次，出动车辆37.95万台(次)，圆满完成各项警卫任务。

一、大型体育赛事安保

1994年始的全国足球甲级队A组联赛，2004年始的中超联赛，2005年始的亚冠联赛(小组赛)，2007年始的A3联赛等相继在济南举行。为确保赛场安全，巡警支队民警按照一、二级方案要求，主要承担体育场主席台、内场台入口的安保检查工作。1994～2010年，运用安检门、安检仪等设备，累计出动警力4.44万人次，对入场观众进行严格细致的安全检查，防止各种危险、违禁物品进入赛场内，保证赛场安全。

二、大型娱乐演唱活动安保

2005～2010年，《同一首歌》、《欢乐中国行》、超女演唱会、中韩演唱会等大型文艺演出以及崔健、费翔、周华健、刘德华、张学友、王菲、齐秦、那英等知名艺人的专场演出先后在济南市举办，巡警支队累计出动警力1.88万人次，参加现场警卫任务。

三、奥运火炬传递活动安保

2008年7月23日，北京奥运圣火在济南传递13.5公里，243名火炬手参加火炬传递，市内转场180公里，120万群众在现场观看传递盛况。巡警支队根据市公安局部署要求，组织全市巡警460名警力提前8小时上岗，在设立的防线开展巡逻，将维护现场秩序与营造热烈氛围有机结合，真正达到“隆重、热烈、安全、祥和”的目标。

四、全运会安保

2009年9月20日至10月31日，为做好第十一届全运会安保工作，市公安局在全市范围内开展全运净土行动，全市巡警共接处警562起、出动警力1182人次、警车602台(次)；惩罚“两抢一盗”5起6人、其他5起17人、抓获逃犯4人，刑事拘留4人、行政拘留16人，救助服务25起34人、劝解纠纷20起40人；处置群体性事件13次、出动警力114人次、警车27台(次)，设点盘查出动警力72人次、检查可疑人员150人、查获可疑车辆140辆。

2009年10月16日～28日，第十一届全运会在济南举行，全市巡警承担着社会面、重点要害部门巡逻及奥体中心场馆外围、各类赛事警卫、首长驻地等安保任务。其间，全市巡警累计出动警力5260人次、车辆2604台(次)，参加各类警卫任务160次，完成开、闭幕式，火炬传递、各类测试赛以及水球、足球、田径等安保任务86场(次)。

五、各类商业营销活动安保

1994～2010年，在历年全国秋季糖酒会及信博会、茶博会等大型商业营销活动期间，全市巡警累计出动警力45.67万余人次，按照“整体防控，以面保点”的总体部署，深化严打整治措施，落实全时流动警务机制，强化社会面防控和内部安全防范，为市民、游客和参展商创造安全、文明、和谐的治安环境。

第四章 户籍管理

第一节 常住人口管理

一、日常户籍管理

1989年3月，市公安局下发《济南市公安局户政处关于启用新的户口迁移证、户口准迁证的通知》，修改后的户口迁移证分非农业(黑色)和农业(墨绿色)两种。1995年1月1日，按照公安部、省公安厅统一部署，启用全国统一式样的户口迁移证、户口准迁证。

1987年4月，济南市内五区逐步以常住人口登记表取代户口登记簿。1992年6月，历下区、市中区、槐荫区、天桥区范围内将1974年起使用的翻页式手填居民户口簿(红皮)更换成活页式微机打印的居民户口簿。1996年，省公安厅转发《公安部关于启用新的常住人口登记表和居民户口簿有关事项的通知》，确定利用3年时间，基本完成新“簿”新“表”工作。市公安局制定《关于换发新的常住人口登记表和居民户口簿的实施方案》，自1997年11月起至1998年年底，全市换发统一式样的插页式居民户口簿。其间，对居民正在使用的翻页式手填居民户口簿(红皮)进行一次性更换，对1992年更换使用的活页式微机打印居民户口簿陆续更换，四县一市在换发居民户口簿的同时更换新版常住人口登记表。1999年1月1日起，居民原使用的居民户口簿停止使用。

1997年6月1日，简化市内迁移户口手续，市区各派出所在办理市内户口迁移中取消市内移居联系信制度。

二、户籍制度改革

1991年11月，按照省公安厅统一部署，市公安局下发《关于全市农村核发户口本、安装门牌工作的通知》，在全市范围内实行农村户口城市化管理，以户为单位发放户口本、安装门牌号和绘制村民居住方位。五县和历城区远郊派出所共换发户口本92.75万个，编划门牌79.19万个，绘制村庄平面图4737张。

1994年，市政府下发《关于实施地方城镇户口有关具体问题的通知》，在全市范围内实施山东省地方城镇居民户口，并纳入计划指标管理。同时规定办理山东省地方城镇居民户口与济南市城镇非农业人口在征兵入伍、退役安置、粮油供应、子女上学、就业就医、保险、申请营业执照、交通等社会保险、公益事业方面享受同等权利和待遇，履行同等义务。

1997年9月，下放大中专、技工学校招生落户户口审批权限，由市公安局审批改为公安分局审批，派出所落户。1998年9月，实行市区生源学生考取驻济南各大中专院校、技工学校不迁移户口制度，规定济南市五区范围内常住非农业人口，考取驻济南各大中专院校、技工学校的学生，不再办理户口迁移手续。

1998年，制定“户口限时办结”规定。为解决群众“办户口难”问题，在调研论证的基础上，对办理夫妻投靠“农转非”和“山东省地方城镇户口”条件进行调整，规范办理各类户口条件及手续，于4月25日在《济南日报》用一版的篇幅全文刊登，向社会公开承诺“符合条件当场受理、完备手续限时审批”，并集中开展一系列社会宣传、登门送户口和准迁证发放活动，实施“万民落户工程”。其间，集中为符合条件的居民办理落户1.12万户、1.8万人。

1999年，实行新生儿随父随母落户自愿等政策，进一步放宽夫妻投靠入户年龄限制。在此基础上，允许具备一定投资额、交纳一定税额、有固定住所的外商及个体私营业主本人及亲属办理地方城镇居民户口；并在市区范围适时进行购房入户政策试点。同年，为贯彻执行修改后的《中华人民共和国收养法》，与市民政局联合下发《关于依法做好收养登记和落户工作的通知》，明确收养落户条件、手续和程序。

2001年8月21日，市政府召开新闻发布会，贯彻落实国务院、省政府《关于推进小城镇户籍管理制度改革意见的通知》精神，在章丘、长清、平阴、济阳、商河五县(市)范围内的所属乡镇，全面实施小城镇户籍管理制度改革。改革中，本着“积极稳妥，总体把握，政策配套，因地制宜，协调发展”和“居住地登记户口”的原则，制定一系列优惠政策，规定在五县(市)范围内有合法固定住所、稳定职业和生活来源的外来务工经商人员、引进人才及其共同居住生活的直系亲属，以及本地脱离农业生产的人员，均可在小城镇办理落户，并与当地原有城镇居民享有同等权利，履行同等义务。同年11月9日，根据省政府关于改革城市户籍管理制度加快城市化进程的指示精神，市政府下发《关于改革我市市区户籍管理制度的通知》，本着“大力引进适用人才，多渠道招商引资，优化人口结构，加快城市化进程”的原则，对济南市市区户籍制度进行改革。实行人口迁移政策，对在城市购买商品住宅达到一定面积且购房款达到一定数额、具有一定学历职称的单位聘用人员、投资纳税达到规定的在济南务工经商人员均可在市区落户，同时放宽夫妻投靠农转非、非迁非年龄限制；12月，户政处会同天桥公安分局在天桥区北园、洛口、药山三个办事处进行户口就地农转非改登试点。

2002年，在市区建成区范围内取消农业、非农业户口性质划分，实行统一的“济南市居民户口”登记管理制度。其间，按照市政府《关于在我市取消户口性质实行统一的济南市居民户口登记管理制度的通知》精神，在总结小城镇户籍制度改革和天桥区就地农转非改登试点经验的基础上，将市区建成区内34万农业人口户口性质改登为济南市居民户口，并初步确定涉及相关政策衔接的适用原则，即“对国家、省明文规定与城市人口有关的政策，适用于济南市市区建成区及章丘、长清区和各县城区内居住的居民；与非农业人口有关的政策，适用于在济南市城市和城镇居住的居民；与农业人口有关的政策，适用于居住在济南市农村或者在城市、城镇居住但仍保留承包地的居民”。实行统一的“济南市居民户口”登记管理制度，在社会各界引起强烈反响，收到良好的社会效益，中央电视台《早间新闻》《新闻调查》《经济半小时》等栏目及《中国新闻周刊》《人民公安报》等中央、省、市新闻媒体都进行专题报道。同年，以推进高等院校毕业生就业制度改革为重点，实行未落实就业单位本科学历学士学位毕业生“先落户后就业”政策。

2003年7月，再次放宽购房、引进人才及招商引资等落户条件，取消夫妻投靠婚龄、年龄限制；本着“简化程序”的原则，将夫妻投靠审批、边境证签发权限下放公安分局，将外地新生婴儿到济南随父落户下放派出所直接受理批接，对购房、纳税、引进人才落户由过去派出所、公安分局、市公安局三级受理审批改为由公安分局直接受理，市公安局审批；同时启动人才落户“绿色通道”，在济南市人才交流服务中心设立受理户口窗口，实行“先落户后就业”政策；9月6日，中央电视台《焦点访谈》栏目对此进行采访报道，并给予肯定。同年，实行普通高等院校、普通中专(含技校)学校的学生入学时自愿迁移户口政策，取消出国和出境1年以上人员、判处徒刑劳教人员、劳动教养人员注销户口规定。

2005年12月26日，制定《济南市深化户籍制度改革暂行办法》，在全市范围内取消农业、非农业、地方城镇等各类户口性质划分，实行城乡统一的户口登记制度；放宽亲属投靠类落户条件，如取消夫妻投靠、父母投靠子女的相关附加条件限制，规范未婚子女投靠父母的条件；放宽大、中专和技工学校毕业生落户条件，规定经毕业生主管部门正式派遣办理接收手续，并符合一定条件的大、中专和技工学校毕业生可在济南落户；放宽引进人才落户条件，规定具有一定职称、学历，聘用期达到一定年限的人员，本人及配偶、未成年子女可在济南落户；对购房落户政策进行调整，取消购房款数额和年限限制。同时，该暂行办法对其他各类迁济南落户条件进行规范。

2008年9月，为推进“下基层、解难题、办实事”和行风评议活动开展，创新服务方式，提高服务效率，实现群众满意的工作目标，进一步下放部分户口审批权限，简化户口申报手续。

三、人口普查户口整顿

1989～1990年，按照《国务院批转人口普查领导小组、公安部关于在第四次全国人口普查前进行户口整顿工作报告的通知》要求，在全市范围内组织开展人口普查前的户口整顿工作。1990年7月1日，进行第四次人口普查工作。

2000年5月～8月，分别在历下区解放路派出所、章丘市枣园派出所进行人口普查前的户口整顿试点工作，并于7月22日、8月1日分别召开全市市区和农村地区户口整顿工作现场会。2000年7月22日至11月1日，按照国务院办公厅转发国务院第五次全国人口普查领导小组、公安部《关于在第五次全国人口普查前进行户口整顿工作意见的通知》要求和全省户口整顿工作会议精神，在全市范围内组织开展户口整顿工作。2000年11月1日，进行第五次人口普查工作。

2010年4月～5月，分别在市中区四里村派出所、济阳县公安局进行第六次人口普查前的户口整顿试点工作，并于6月10日召开全省第六次人口普查户口整顿工作现场会。2010年4月至8月底，按照国务院办公厅转发国务院第六次全国人口普查领导小组、公安部《关于在第六次全国人口普查前进行户口整顿工作意见的通知》要求和全省户口整顿工作会议精神，在全市范围内组织开展户口整顿工作。

第二节 身份证管理

1986年3月，市内五区集中发放居民身份证工作全面铺开；10月，市区手工制证基本完成，然后在章丘、长清、平阴县和原历城县各选1个乡镇进行农村发证工作试点。1986年年底，市区集中发证和农村试点工作全部完成，并于1987年年底，完成农村发证工作任务。至此，济南市集中发证工作全面结束。至1988年年初，全市累计发放居民身份证310万张，市区、农村发证率分别为95%和85%以上，均超过国务院提出的发证率标准，提前两年半完成集中发证任务。1988年5月，公安部在石家庄市召开全国部分省市居民身份证管理工作经验交流会，济南市在会上作经验发言。此后，制证工作进入正常制发阶段。1988年下半年，市公安局筹建印刷、塑封车间，达到公安部要求的封闭生产和独立制证能力。同时还为其他地市制证，先后为13个地市制作证件1500万个。1990年1月1日起，济南市开始颁发临时身份证。临时身份证手工填写，实行派出所、分(县)局、市公安局三级管理，由市公安局统一制发。1993年，市公安局户政处筹资148万元，筹建制证所大楼，结束租赁办公地点的历史。1995年7月1日开始，在全国启用新的防伪居民身份证。1996年1月1日起，停止用老工艺制证。11月18日，公安部在济南南郊宾馆召开全国居民身份证管理工作经验交流会，推广济南经验。

2005年，济南市启动集中换发“二代证”工作，停止制发一代证。3月18日，以政府招标形式确定专业施工队伍，投资100万元，对原有机房装修改造，达到公安部提出的恒温、恒湿、洁净、安全保密要求，成为全国制证(中心)所建设中建设速度最快的单位。5月30日，在山东新闻大厦举办济南市换发第二代居民身份证首发仪式，为20名群众颁发合格证件，济南市换发“二代证”工作正式启动。此后，在全市开展第二代居民身份证集中换发工作。其间，全市各级公安户政部门和派出所多措并举，攻坚克难，牢固树立“质量第一、服务第一、群众满意第一”的指导思想，采取“7×12工作制”、“离线采集”、上门预约、上门送证等一系列便民措施，并在全市掀起“百日会战”换证高潮。工作中，严把制证质量关，进一步规范和优化制证流程，开发使用“照片质量认证系统”，证件合格率在全国名列前茅。至2006年11月27日，历时一年半时间，全市累计集中换发“二代证”402万张，提前并超额完成省公安厅下达的400万张集中换发任务，是全国39个制证中心(所)中第7个完成集中换发任务的单位。2008年7月，开通互联网受理二代证申办业务。有效满足工作在外地的济南市常住人口的用证需要。2010年7月，公安部在全国部署开展进一步推进换发第二代居民身份证工作。通过摸底，济南市尚有20余万持一代证群众未换领二代证，济南市本着“积极主动、全面推进、多措并举、高效运作”的原则，开展为期40天的推进第二代居民身份证换发攻坚行动，制定济南市16周岁以上居民二代证换发率和申领率均达到100%的工作目标。同年底，新农保全覆盖工作在济南市全面展开，掀起新一轮的二代证换发高潮。2005年5月至2010年年底，济南市共制作发放第二代居民身份证580余万张。

第三节　暂住人口管理

1985～1989年，济南市相继制定《济南市暂住人口租赁私房管理办法》《济南市对外地劳务团体人员治安管理暂行规定》以及实施细则，把暂住人口管理纳入法制轨道。在暂住人口登记、发证及日常管理、检查验证、工作奖惩等方面制定一整套规章制度；在派出所成立管理站，村居设分站；在用工单位、劳务团体内部成立治保会，群防群治。

1990～1994年，发挥暂住人口管理服务经济建设和惩罚犯罪斗争的作用。1990～1992年，全市共抓获作案成员6672人，其中外来人员1504人，占总数的22.5%。1994年，济南市暂住人口管理已逐步实现法制化、制度化、规范化管理。3月3日，成立暂住人口管理科，各派出所成立暂住人口管理站，暂住人口集中的居委会成立分站，管理站和分站站长由所长及责任区民警担任，并按100户暂住人口配备1名专管人员的比例，组建管理队伍。市区有管理站181个、管理分站285个、管理人员1574人。建立管理制度。对在济南市居住的暂住人口，一律凭居民身份证校验相片登记办理暂住户口证，每年验证两次。外地在济南团体负责人与管理站签订安全合同，承担治安责任。出租房屋的单位和个人在督促房客登记办理暂住户口证的同时，实行租赁房屋治安管理许可证、缴纳出租房屋保证金、签订出租房屋保证书、出租房屋挂牌等制度。至1994年年底，市区91个派出所辖区已登记管理暂住人口13.4万人，平均办证率95%以上。通过管理，从暂住人口中查获违法犯罪分子1234人，破获各类刑事案件681起，其中重特大案件160起，缴获赃物价值14.5万元。

1998年6月16日，《济南市暂住人口管理办法》实施，对加强暂住人口管理尤其是登记管理、租赁房屋管理及其他方面的治安管理，保护公民合法权益作出详细规定。

2002年，取消暂住人口管理费，暂住人口数量剧增。济南市调整充实暂住人口管理力量，市区派出所基本配备暂住人口专管民警，充实三级稽查、协管队伍，全市聘用稽查队员、协管员1847人，并建立村(居)管理站和各类自管小组，初步形成覆盖全市城乡的暂住人口管理工作网络。适应形势发展要求，逐步实现由管理到管理与服务并重的转变，推行“市民化管理，亲情化服务，人性化执法”理念，实行民营企业暂住人口自管自治、暂住人口公寓化管理、劳务团体“一证通”制度。凭暂住证可以享受招工、保险、住房贷款、购车挂牌、汽车驾照、子女义务教育等多项市民待遇，对侵害暂住人口合法权益的不法行为严格依法处理。为增强外来人员对泉城的认同感、树立省会城市的良好形象、维护社会稳定，建立目标责任考核机制、案件预警分析混乱地区集中整治机制、每日稽查通报机制、网上追逃奖励机制、“以房管人”定位管理机制、暂住人口分层次管理机制和网上处罚办案机制，初步探索出一套符合济南市实际情况的管理办法。2005年，暂住人口登记办证53万人，先后抓获各类违法犯罪分子577人，消除一批治安隐患和违法犯罪窝点。运用清查、函查、逃犯信息比对等手段，查获暂住人口中各类逃犯113人。

2007年，济南市暂住人口管理工作坚持突出“两个重点”，即重点加强租赁房屋管理，重点强化信息登记、办证；强化“三项措施”，即强化宣传与培训，强化规范执法与服务，强化以处罚促管理。全市当年新登记办证暂住人口73.3万人，暂住人口总数115.7万人，通过日常管理抓获逃犯125人。2008年是奥运年，全市各级户政部门紧紧围绕“奥运安保”、立足反恐实战，进一步强化暂住人口和出租房屋治安管理。共办理暂住人口治安案件3369起，依法处罚129.3万元，实现群众零投诉。雇主、责任人和暂住人口主动配合管理的意识明显增强，通过强化维权服务，群众安全感、满意度明显提升。2009年，济南市各级户政部门和广大派出所紧紧围绕“保平安全运，创为民公安”中心任务，把全面强化暂住人口管理作为维护社会治安稳定、服务全运安保的首要内容，面对暂住证工本费取消带来的经费严重紧缺问题，深挖内潜，求实创新，以全面采集暂住人口信息为前提，以严密日常动态管控为基础，以提高网络科技应用水平为依托，以严格考核奖惩制度为保障，建立完善六大管理机制，构建纵横交织、立体防控的暂住人口管理新体系，暂住人口管理工作取得突破性进展。至年底，全市登记暂住人口180万人，新办证89.2万人，通过管理抓获各类违法犯罪分子4452人，其中逃犯316人。2010年，全市新登记办理暂住证100.4万人，再次突破百万大关；同时，注销过期暂住证110万个，全市登记暂住人口总量179万，数据质量大幅度提高。通过管理，抓获各类违法犯罪分子4983人，其中外地逃犯273人。

第四节 人口信息系统管理

1986年前，济南市人口信息管理主要是使用人口登记替换卡片手工管理。每月由基层派出所户籍内勤填写辖区人口迁移“变动卡”和人口迁出死亡“注销卡”，报送市公安局户籍口卡室，主要作用是提供人口查询。1987年，依据派出所报送的居民身份证底卡取代原来的人口登记替换卡片。1989年5月，借助全国第四次人口普查的有利时机，市公安局进行市级人口信息系统(第四版本)建设尝试，完成人口信息的码本采集、过录、编码等工作，完成全市230万人口数据的录入工作，使市公安局人口信息系统建设工作有了雏形。

1991年12月，市公安局建成市级人口信息系统。

1993年，市公安局户政处会同历下公安分局在泉城路派出所开始派出所综合信息管理系统前台办公工作试点。经过几个月试运行，反复论证和广泛征求意见，制定下发《市区派出所使用计算机前台办理户口的实施意见》。11月，市区派出所开始逐步推行微机化前台办公。

至1996年3月底，市区90个户籍派出所已全部购置微机并建成系统，推向前台办公。在完成派出所系统建设的基础上，各区、县完成人口信息系统的组建工作。至此，各派出所的人口数据和图像每月进行更新，保证市、区(县)级数据和图像的新鲜、准确。

1997年9月，市公安局户政处与吉林长春鸿达公司合作，开展新一代公安综合信息计算机系统(六代系统)的试点。经过一年的努力，研制成功统一、高效、能够实现多种信息共享的第六代综合信息管理系统。省科委将该项目列入山东省1998年度科技发展计划。

1999年，根据公安部“金盾工程”的总体部署和“1999年全国城市人口信息管理系统联网工程任务书”的具体要求，全国人口信息“百城联网工程”全面启动，济南市被列为首批联网城市之一。8月，按照公安部和省公安厅的要求，济南市公安局户政处建立户政信息网站，实现与省公安厅和公安部的专线联网。年内，完成与其他百城市人口信息的联网工作，实现跨省、市、区的人口信息查询和各种信息的相互交流；城市内部建立三级网络，实现网上信息查询。9月，全面完成派出所硬件及操作系统的更新改造，人口信息“六代”系统的升级转换，有效解决人口信息管理系统2000年问题，实现公民身份证号码升位。9月23日～24日为全市统一的人口信息系统2000年问题测试日，省城各大新闻媒体相继报道。

2000年年初，济南市人口信息“百城联网”工作受到公安部表彰，被授予“全国百城联网先进集体”称号。“六代”人口综合信息管理系统获得全省公安科技进步二等奖。1月23日，市公安局举行全国人口信息管理系统“百城联网”济南站点暨市内人口信息三级联网工程正式开通仪式。依托全市公安专网建设，实现人口管理工作网络化办公，建立和完善以“网上迁移、网上审批、网上制证、异地办公”为典型应用的新的管理和运行机制。

2001年5月，公安部确定济南等10个城市为“治安管理信息系统”试点城市。按照公安部有关部署，市公安局户政处于6月18日迅速开展治安综合信息系统中的人口信息系统部分试点工作。按照公安部下发的全国治安综合信息系统总体设计方案要求，结合济南市工作实际，深入基层进行调研，着手进行系统需求分析、数据库设计、系统功能设计等工作。7月，经过反复考察、对比分析，确定上海金硅公司为合作伙伴。10月18日，市公安局与上海金硅公司正式签订合同，开发济南市公安局治安管理综合信息系统。治安综合信息系统的目标是建成以人口信息为基础，以派出所为主要信息采集点，以地市为综合信息的汇集点，以公安专网为依托，与公安内部其他系统、社会系统能够互联的跨部门、跨地区的现代化公安信息综合管理系统。人口信息系统是该系统的基础和关键部分，包括常住人口、暂住人口、工作对象、身份证和租赁房屋五大系统，被列为试点工作的“一期工程”。

2002年8月，“治安管理信息系统”一期工程通过公安部组织的专家评审，并在全国治安管理信息系统建设现场会上作系统演示和典型发言，试点工作居于全国十个试点城市前列。10月25日下发《治安管理信息系统“工作对象管理”子系统推广实施方案》，工作对象子系统在市区全面推广。

2003年，济南市“一门办结”系统开通。6月9日～13日，举办“警务通”及治安管理信息系统暂住人口子系统技术培训研讨班。经过5天的封闭式培训，全体参训人员熟练掌握“警务通”的安装、使用和数据下载以及暂住人口子系统的操作应用，全部以优异成绩通过结业考试，为下步在全市层层做好“警务通”和暂住人口子系统的培训、推广、使用做好技术准备。11月24日，下发《治安管理信息系统“暂住人口管理”子系统推广实施方案》，暂住人口子系统在市区全面推广。12月3日上午，平阴县公安局率先在各县(市)开通户口网上迁移“一门办结”系统。

2004年，济南市公安局根据公安部《第二代居民身份证信息管理系统总体框架》和省公安厅《关于做好人口信息管理系统升级改造工作的通知》，对常住人口子系统进行进一步改造；5月，公安部在北京召开全国人口信息系统建设工作会议，市公安局作为全国唯一的市级单位作典型发言。

2005年1月17日，人口信息系统升级改造全面完成，并在全市范围内推广运行，六区三县一市168个派出所全部启用新系统办公。新系统基于公安专网和ORACLE数据库，实现人口信息由分布式、多级管理模式向中心数据库管理模式转变，全市593万常住人口、40万暂住人口、3.2万工作对象、1000多万图像信息，以及租赁房屋、户口审批等其他各类信息100余万条全部实现市公安局中心数据库集中管理，每天约有600个并发用户实时联机办公，办理户口、换发二代证及查询6万余笔，每天为全局刑侦、经侦、国保等各单位、部门提供人口信息查询1000多人次。全年在该系统平台的支持下受理制发第二代居民身份证170万张，至年底，完成公安部、省公安厅数据报送任务并通过公安部变动数据维护测试。

2006年，以满分成绩通过省公安厅金盾工程一期验收。2月14日，根据省公安厅和市公安局统一部署，省公安厅专家组一行九人对人口信息管理系统进行检查验收。通过听取汇报、实地查验系统性能、查看文件资料，验收工作小组一致认为，济南市人口信息管理系统验收准备工作充分，提交的档案材料完整翔实，系统功能健全完善，数据完整性、准确性、鲜活性较高，有效地提高人口行政管理工作效率，在服务经济建设、人民群众和现时斗争中发挥重要作用，综合指标已达到公安部制定的《人口信息管理系统验收指标》要求，获得满分，被评为全省金盾工程建设先进集体。2006年年底，按期完成人口信息系统PKI/PMI改造挂接工作。人口信息系统在省公安厅下达的应用系统PKI/PMI改造挂接工作任务中排在首位，该项工作是方便使用数字证书查询人口信息的重要措施，也是全省公安信息化应用推进年活动的重要考核内容。

2007年，进行技术创新。以GSM移动通信网为依托，利用蓝牙、智能手机、无线二代证阅读机具等技术，以人口管理为突破口，将社区民警日常警务纳入信息化管理，提升基层信息化应用水平。开发公民身份无线核查及社会活动分析研判系统，旨在利用现有的移动通信网络(使用vpn技术与公网隔离)和公安人口信息资源库，利用二代证可靠性高、不易伪造、便于机器阅读的特点，在全市范围内实现公民身份的无线远程核查。扩大网上逃犯、违法犯罪嫌疑人比对范围，记录公民社会活动身份核查情况，利用数据挖掘技术对核查信息与其他公安信息进行碰撞分析，为公安日常管理提供决策依据，为侦察破案等提供线索。同时，借此项目扩大人口信息的实战化应用范围，改进应用方式，切实提高实战效能。建立核查信息研判工作机制，加强对核查身份信息的自动比对、关联查询、动态分析，不断提升信息研判的水平和质量。把信息化建设与应用、惩罚与防范、管理与服务等各项工作有机结合起来，更好地为公安实战服务，进一步提高利用信息化手段破案的数量和质量，进一步提高公安行政管理和服务工作水平。同年，立足人口信息管理系统建设实际，紧紧抓住换发“二代证”的有利时机，及时改进和扩展系统功能，不断提高管理系统的应用水平和服务实战水平，在人口信息管理系统中实现“一点布控、全网比对”的网上追逃工作模式，进一步扩大追逃比对的业务范围，将比对范围由原来的暂住人口扩大到户籍、二代证、工作对象、寄住人口、租赁房屋等所有人口管理业务，并在多个环节、多个岗位进行报警提示。2007年，通过人口信息管理系统办公比对，抓获各类逃犯49人。

2008年，与软件开发公司协作，开发出大中专院校省内学生(暂口)登记客户端，并对市级人口信息系统进行相应改造，建立起大中专院校采集录入——各区公安分局、县(市)公安局导入导出——市公安局核对的学生数据维护新机制。10月，利用省高教委、省劳动局等部门招生、学籍信息，通过转换程序直接导入信息库，将不迁户口学生纳入人口管理，导入学生20.5万人。同年，联系省公安厅、市公安局有关技术部门，会同软件开发商利用数据接口技术，依托市公安局新建的“公安请求服务平台”和省、部级人口信息远程访问接口，对暂住人口信息管理系统进行全面改造，实现在暂口登记过程中对其原籍常口信息(姓名、性别、民族、身高、婚姻状况、户籍地址)等直接提取、复用，提高暂住人口信息项目准确性。

2009年，建立以人口信息、地址门楼牌信息、派出所警区平面图为基础信息的人口地理信息系统，达到加强实有人口动态管理，为一线实战民警提供有力的侦察破案工具，为各级公安机关领导决策提供翔实、鲜活的基础信息的目标。5月12日，会同信通处举办“警用地理信息系统建设”地理信息软件操作培训班。各公安分局治安大队户政科内勤、技术员及派出所社区民警代表100余人参加培训。培训中，通过全面介绍推广四里村派出所开展警区划界、信息采集及标图等方面的工作经验，向参训干警讲授“警用地理信息系统”建设中所涉及的派出所辖区划界、标注软件的操作方法和注意事项，以及地理信息采集录入工作方法和步骤，有效提高广大民警开展警区划界和地理信息采集录入的工作技巧，为全面开展警用地理信息系统建设奠定良好基础。同年，专门开发研制警用地理信息录入软件，先后在各区建立6个信息采集录入点，并出资6万余元，聘请31名专业录入员协助开展工作。为提高广大民警和录入员的业务水平，户政处制作录入培训电子课件，召开培训会17次，对录入员和所涉及的950余名民警层层进行培训。随后，完成包括历下、市中、槐荫、天桥、历城、高新、鲍山、长清8个公安分局85个派出所共1262个警务区的勘界划分和电子标注，采集并在电子地图中标注录入各类信息46911条(其中门楼牌信息38895条、单位信息8016条)，市公安局警用地理信息系统建设初具规模，为系统进一步完善和实战应用奠定基础。

2010年，以全面掌控实有人口分散信息为目标，建立社会化的人口信息采集机制。探索建立与新型社区管理相适应的警务模式和科学合理、公正有效的社区警务考核机制，细化、量化社区民警职责任务，引导民警深入辖区，依托社区，广泛采集信息，掌握情况。大力推行便捷高效的实有人口熟悉方式，实行灵活多样的动态勤务模式，提高信息采集获取的质量和数量。2月1日，黄台派出所在暂住人口清查行动中，检查洛河西路天地网吧时，通过机具比对逃犯系统，抓获网上通缉逃犯张某。经三路派出所将机具应用于日常接出警工作中，在接警处置现场查询比对各类人员，提高民警的工作效率，震慑犯罪分子。为确保济南市派出所正常使用二代证核查采集机具，更好地服务于现实斗争，自4月12日至5月11日，户政处对全市6个公安分局13个派出所的机具使用情况进行检查。从检查情况看，大部分派出所能够按照市公安局要求专人保管，定期下载“时鲜”数据，并将机具应用到暂住人口清查、日常值班接警等工作中。在工作中使用机具进行暂住人口信息的查询、登记、比对逃犯、比对盗抢车辆等，取得良好效果。

第五章 出入境与公共信息网络安全管理

第一节 中国公民出入境管理

一、中国公民出入国管理

1986年4月，济南市相继制定《出入境管理干警守则》《出入境管理部门办理公民出境申请的制度》等一系列管理制度，并编印《国内公民申请出境须知》，向社会宣传《中华人民共和国公民出入境管理法》及其实施细则。

1988年，为防止出国风及在公民出境受理审批过程中的弄虚作假行为，济南市出入境管理部门在受理材料时要求申请人提供经济担保书进行认证。

1990年5月，在审批工作中，实行“三公开、一监督”制度，将审批工作置于群众监督之下。

1991年6月，市公安局根据《中华人民共和国公民出境入境管理法》及其实施细则，规定出境工作审批权限和程序。

1992年7月1日起，持普通护照的人员回国后如需再出境，无论与前次出境间隔时间长短，出境事由是否改变，以及是否变更前往国，一律凭有效护照和前往国的有效签证或其他再入境许可出境，不需再申领出境登记卡。

1993年4月1日，济南市新版护照正式启用。7月，济南市公安出入境管理部门开始执行国家教委《关于自费出国留学有关问题的通知》的规定，对具有大专以上学历人员出国留学按照不同学历规定其服务年限，不满服务年限的在交纳相应的培养费后办理自费出国留学手续；同年9月起，国家又将公派出国留学纳入因私出境渠道。

1994年，随着中国改革及对外开放形势的进一步发展，公民因各种事务出入境的情况明显增多，出入境管理工作的内容有所变化：为配合、支持国家对外劳务事业的发展，对不属于公派范围或不便持因公护照的零星出国劳务人员陆续开始签发因私护照出境；3月，为方便出入境，申请人可以办理英文姓名加注，不再办理儿童偕行加注。

1996年7月1日，济南市启用机读码护照。同年，公安部印发第一个《公民因私事出国护照申请、审批管理工作规范》，并于1997年1月1日起正式实行，济南市依照执行。

1997年7月1日，济南市制定新的中国公民因私出境申请审批表，并开始施行《中国公民自费出国旅游管理暂行办法》。8月19日起，济南市开始启用新的证照申办表。

济南市自1997年开始审批外派劳务。1998年3月，为全面落实公安部“两个规范”和“四个统一”工作制度，贯彻省公安厅出入境管理处《关于进一步简化公民出入境审批手续的通知》精神，规范公民出国境，更好地为经济建设和改革开放服务，济南市进一步简化手续，提高工作效率。

1998年，公安部实施报备制。10月1日，市公安局制定《关于实行对法定不批准出境人员通报备案制度的实施意见》，对济南市检法司安等外部报备机关和公安内部报备机关的法定不批准出境人员通报备案工作进行明确规定。

1999年10月1日，济南市启用新版中华人民共和国旅行证。新版中华人民共和国旅行证分一年一次有效和二年多次有效两种，禁止任何单位、中介机构或个人代办护照及旅行证。

1999年10月24日，省教委、省公安厅、省工商局联合印发教育部、公安部和国家工商总局《自费出国留学中介服务管理规定》及其实施细则。济南市根据文件精神，允许经批准具备一定条件的中介服务机构开办公民自费出国留学中介业务，负责为完成高级中等教育或高等教育后申请自费出国留学的居民提供留学的相关信息、代办入学申请、提供签证服务、进行出国前培训等。

2000年7月10日起，济南市停止签发1992版护照，同时正式启用1997版护照。

2000年，根据《国务院关于加强出入境中介活动管理的通知》《山东省政府关于清理整顿出入境中介活动的通知》，济南市成立清理整顿出入境中介活动领导小组，同时制定《济南市关于清理整顿出入境中介活动的实施意见》。这次清理整顿的对象是从事为出国定居、探亲、访友、继承财产、留学、就业及其他非公务活动提供信息服务、法律咨询和帮助申办签证及境外联络、安排等中介活动的出入境中介机构，重点是无照经营和超范围经营。行动期间成立清查中介机构行动小组，对全市29家企业、学校、外商办事处进行清查，共清理出从事出入境中介活动的机构7家，其中属个人非法从事出入境中介的1家、超范围从事出入境中介活动的6家。清查小组依据有关法律法规，分别进行处理，取缔1家、警告5家、法律法规规定的其他处罚1家。

2001年6月6日，公安部、国家工商行政总局《因私出入境中介活动管理办法》发布施行，济南市按照省公安厅、省工商行政管理局《关于贯彻执行公安部、国家工商行政管理总局〈因私出入境中介活动管理办法〉有关问题的通知》要求做好首批因私出入境中介机构申办受理工作；依照“两公开，一监督”的方法，公开申请条件，公开办事程序，接受人民群众监督。同年，济南市公安机关出入境管理部门开始受理审批具备一定条件的中介机构从事为中国公民出国定居、探亲、访友、继承财产和其他非公务活动提供信息介绍、法律咨询、沟通联系、境外安排、签证申办及相关服务的经营活动。

2002年2月，根据公安部下发的《关于进一步改革和加强公安出入境管理工作的意见》和《关于取消公民出国申请提交境外邀请函和签发护照附发出境卡有关问题的通知》，济南市自2002年2月1日起，公民申请出国免交境外邀请函；同时取消签发出国护照附发出境登记卡的做法，不再办理出境卡的换发和补发。

2002年3月、2003年4月，为规范经营公司的经营行为，保护劳务人员当事人的合法权益，方便劳务人员出国，公安部和外经贸部、外交部制定《办理劳务人员出国手续的办法》和《关于办理劳务人员出国手续办法的补充通知》，明确规定劳务人员出国，须向公安机关申办中华人民共和国护照。济南市依照执行。

2002年7月起，济南市统一使用中国公民出国申请审批表、中国公民往来台湾地区申请审批表、内地居民前往港澳地区申请审批表、中国公民往来港澳地区申请审批表。

2002年11月，印发《济南市委组织部、济南市公安局、济南市人事局关于对特殊身份人员出国实行登记备案制度的通知》，确定济南市登记备案范围及有关特殊身份人员登记备案详细说明。

2003年，济南市开始实行公民按需申领护照，按需申领护照工作是指在建立、健全、完善特殊身份人员登记备案系统、法定不准出境人员通报备案系统和人口信息系统的基础上，实行公民凭身份证、户口簿按需申领护照。同年8月，济南市根据省公安厅推出的79条便民利民措施，允许劳务经营公司为在济南市连续工作半年以上的劳务人员，在暂住地集中申办护照；公民申请办理因私出入境证照的，10个工作日内办结，紧急事宜5个工作日内办结，特急件随到随办。

2004年5月10日，根据按需申领护照的工作实践，公安部制定下发适用于不同地区开展护照受理、审批、签发工作的《中华人民共和国受理、审批、签发管理工作规范》，在完善三级管理模式、加强各环节监督的基础上，进一步提出便民措施。规定公安机关不再要求申请人提供与出境事由相应的证明；在按需申领护照的地区，普通群众在申请护照时无需提交所在单位或者派出所意见。同时，规范取消人户分离人员异地申办护照的做法。

2007年1月1日，《中华人民共和国护照法》实施，同时启用1997-2版普通护照、出入境通行证以及2006版普通护照贴纸备注，并停止签发1997-1版普通护照、1992版普通护照和入出境通行证。《中华人民共和国普通护照和出入境通行证签发管理办法》自2007年12月15日起施行。济南市严格执行办理时限的规定，从受理到证件制作完毕10个工作日内完成，对因合理紧急事由申请加急办理的5个工作日内完成。

2008年1月1日起，将各区公安分局、县(市)公安局每月接受的法定不批准出境人员通报备案通知书报送市公安局，统一管理。

2009年1月20日起，在山东省试行开展省内跨户籍地办理出入境证件试点工作(《关于印发〈省内跨户籍地办理出入境证件操作办法(试行)〉的通知》)，试点工作适用于山东省户籍常住居民(登记备案的国家工作人员除外)办理普通护照、大陆居民往来台湾通行证及签注、往来港澳通行证及团队旅游签注的申请。开展省内跨户籍地办理出入境证件工作，这是新形势下公安机关推出的又一项便民措施。同年4月，市纪委、市委组织部、市公安局、市监察局、市人事局、市国资委联合下发《关于进一步加强国家工作人员出国(境)登记备案和因私出国(境)证件统一管理工作的通知》，对国家工作人员出国(境)登记备案进行全市集中清理整顿，涉及131个备案单位，同时对国家工作人员持有因私护照和往来港澳通行证进行集中收交管理。济南市自2009年8月20日起正式启用2009版受理中国公民因私出国(境)申请回执单。

2010年6月25日，商务部、外交部、公安部、工商行政总局联合制定《对外劳务合作不良信用记录试行办法》。济南市及时对辖区内对外劳务合作不良信用记录进行收集，及时发现、收集不良信息，通过政府网络、报刊、广播和电视等媒体向社会公布；对相关对外劳务合作不良信用记录涉及的企业、中介机构和自然人的违法违规行为依法予以查处，从而规范外派劳务市场秩序。

二、内地居民赴港澳管理

济南市公安机关办理赴港澳探亲旅游事宜开始于1983年。随着赴港澳旅游团的不断增多，1986年6月12日，根据公安部《关于开办赴港澳十日探亲旅游团的通知》，将在港澳逗留时间由原来的6天增加为10天。

1988年3月21日，公安部下发通知，提出在为港澳旅游团签注签发时间上要根据其在港澳活动的实际起止日期签发，不能多签也不能少签。

1989年7月1日，济南市公布《公民因私出境须知》。

1991年6月28日，根据《中国公民因私事往来香港地区或澳门地区的暂行管理办法》的相关精神，济南市对出境工作审批权限和程序做出明确规定。

1992年9月，公安部决定对赴港澳旅游的新版往来港澳通行证签注略加改动，即在第五页上加印一次往来港澳旅游签注。

1993年8月1日起，香港移民事务处简化大陆居民过境香港的出入境手续，允许同时持有中华人民共和国护照、前往国的有效签证及确定机位的联程机票者，在香港过境时无须签证或可作7日停留，凡符合上述条件的内地居民，可从任何开放口岸进入香港。

1997年3月，济南市在香港回归日前后严格控制内地人员赴香港。规定，6月15日至7月

15日，在香港举行政权交接仪式和进行庆祝活动期间，按规定正常受理、审批赴香港定居的申请但暂停签发，只签发单程证件；严格控制居民赴香港旅游，旅游团应减少组团数量，公安机关暂停办理6月30日至7月2日赴港旅游的证件，并且严禁异地办证。4月，济南市出入境管理部门开始执行公安部制定的《内地公民赴港澳地区定居审批管理工作规范》。该规范对赴港澳地区定居的条件、须履行的手续、应提交的相关证明、受理审批程序的时限等均做出明确、具体的规定。

1998年3月，根据公安部的通知，济南市取消1983年后在往来港澳通行证上做儿童偕行人加注的做法。济南市自3月30日起，不再为往来香港的内地居民签发护照而发给往来港澳通行证和相应的签注。

济南市自1999年1月15日启用港澳居民来往内地通行证。1999年12月20日，中国对澳门恢复行使主权。全市出入境管理部门自2000年1月1日起，开始受理赴澳门商务签注。

为方便内地居民赴港澳旅游，促进港澳两地旅游事业发展，2000年4月24日起，对赴香港及澳门旅游签注以“L”作标记，标注在证件的签注页上。

2000年3月1日，济南市出入境管理部门结合实际，统一确定赴港澳探亲的条件、须履行的手续、审批程序和时间。为切实解决内地居民赴港澳地区探亲遇到的实际问题，进一步简化老年人赴港澳地区探亲申办手续，济南市自2001年8月1日起，凡年满65周岁以上再次申请赴港澳地区探亲的申请人，可免缴单位意见或派出所意见。

2001年6月1日，香港特区政府颁布实施《输入内地专业人才计划》。为支持特区政府这一计划，济南市自6月1日起开始受理审批赴香港就业的内地“专业人才”办理赴香港通行证的申请。济南市自2001年10月1日起开始受理审批港澳居民在内地收养子女赴港澳定居的申请。

2002年2月，进一步简化居民赴港澳地区探亲和商务申请手续，取消赴港澳商务申请提交邀请函和注册资金、进出口额证明的做法。3月，公安部制定、印发《中华人民共和国往来港澳通行证签注审批、签发管理工作规范》及其有关问题的说明。济南市自2002年5月20启用新版前往港澳通行证、往来港澳通行证及签注，2000版的停止使用。

2003年8月，济南市根据省公安厅制定的便民利民措施，对除规定的国家工作人员外，居民申请办理往来港澳通行证的免交单位或派出所意见。

2004年4月16日，根据公安部出入境管理局通知要求及省公安厅下发的《关于驻港澳地区中资机构内派人员亲属赴港澳地区探亲的通知》，对驻港澳地区中资机构内派人员亲属赴港澳地区探亲，可向出入境管理部门申请办理往来港澳通行证和探亲签注。6月19日，为进一步方便内地居民赴港澳地区探亲，切实解决申请人家庭团聚的实际困难，公安部出入境管理局下发《关于为内地居民申请赴港澳地区探望父母签发多次探亲签注的通知》，规定公安机关出入境管理部门可根据申请人需要，对此类人员签发3个月多次赴港澳地区探亲签注。7月29日，公安部出入境管理局制定《内地居民从事劳务往来香港或者澳门特别行政区审批管理工作暂行办法》，规定2004年8月1日起，公安机关出入境管理部门开始受理审批内地居民赴港澳地区从事劳务的申请。济南市依照执行。9月13日，公安部将2004年夫妻团聚类赴香港定居审批分数线由201.1分调整为182.5分。同年12月27日，公安部规定夫妻团聚类赴香港定居审批分数线全国(除广东省219.2分)为182.6分；夫妻团聚类赴澳门定居审批分数线全国(除广东、福建省255.7分)182.6分，以及其他各类赴港澳定居分数线。

为进一步方便内地居民赴港澳旅游，2005年11月1日，济南市开通居民赴港澳个人游；11

月2日，济南市隆重举行首发仪式。济南市自2005年7月15日起凭香港入境事务处签发的新就读类进入许可为赴香港就读的内地居民签发往来港澳通行证和学习签注。

2006年3月，公安部出入境管理局在济南市举办全国启用2004版出入境证件转印膜及2005版往来港澳签注培训班，进一步明确公安机关出入境管理部门受理、审批、签发往来港澳通行证和签注的职责权限及具体工作要求，明确申请条件和受理范围，对申请事由、签注种类进行整合归类，同时推出多项便民利民措施。

2007年6月1日起，济南市公安局根据《往来港澳通行证和签注受理、审批、签发管理工作规范》有关规定，为在香港就业、就学或定居的外国人及在国外居留的中国公民的内地配偶及18岁以下未婚子女签发往来港澳通行证和逗留签注。根据上级要求，济南市自2007年12月1日起，暂停签发赴澳门二次个人旅游签注和团队旅游签注，只签发澳门一次个人旅游签注和团队旅游签注。

2009年1月20日起，在省内试点跨户籍地办理出入境证件工作。2009年4月1日起，济南市开始审批内地居民前往香港或澳门定居申请。

济南市公安局出入境管理部门自2010年4月起可凭驻港澳部队政治部出具的邀请函为驻港澳部队干部成年子女办理往来港澳通行证和3个月多次赴香港或者澳门探亲签注。

三、大陆公民往来台湾管理

1982年，中共中央批准《关于接待台湾同胞回来探亲参观及其在大陆亲属到港澳和国外会亲问题的规定》，市公安局开始正式受理公民赴港澳探亲申请。

1986年，济南市对赴港探亲条件、须办理的手续、应注意的问题等给予进一步明确和规定。大陆居民只要持有台湾亲属的信件，有明确的探亲时间和地点，一般可以批准赴香港或澳门探亲。台湾当局于1987年11月开始解除台湾居民不能以港澳为第一旅游站的限制，允许台湾一般民众赴大陆探亲、旅游，并于1988年10月开始有限制地允许大陆居民前往台湾探病、奔丧等。

1988年11月，市公安局出入境管理部门开始正式受理大陆居民赴台探病、奔丧的申请。全市申请赴台人员逐渐增多。

1989年3月12日，市公安局制定《济南市公民申请去台湾须知》。

1992年5月1日，《中国公民往来台湾地区管理办法》正式实施。济南市研究制定《台湾管理办法的贯彻意见》。

1993年1月，济南市被确定为全省居民应邀赴台审批发证的四个发照点之一。7月1日起，将应邀赴台和因私赴台的审批、发证权下放济南市。根据实际需要，出入境管理处制定“受理审批大陆居民赴台工作程序”和“公民赴台证件签发规范”。

1994年3月，取消赴台出境口岸限制，持证人可从任何开放口岸经香港赴台湾。

1996年8月1日，济南市正式启用机读码的大陆居民往来台湾通行证，居民赴台不再使用加盖“经香港去台湾”的往来港澳通行证。

1998年2月起，济南市开始调整居民赴台证件签注有效期限，对济南市居民申请赴台湾探亲、探病，在申请签发大陆居民往来台湾通行证的同时，可申请签发3年有效的往来台湾签注；对应邀赴台讲学、工作等超过半年的，签发相应有效期限的往来台湾签注；赴台返回的大陆居民，凡持有效证件、签注逾期的，边检站凭有效证件查验放行。济南市自1998年5月1日起启用1997版台湾居民来往大陆通行证，签注、加注全部使用打印机打印。

2002年1月起，未经允许，济南市各旅行社、各单位或个人均不得擅自招揽、组织祖国大陆人士赴台湾地区旅游，或以此渠道规避管理，组织赴台交流、考察等。

2005年5月，中共中央台办受权宣布开放大陆居民赴台旅游。2006年4月，公安部公布实施《大陆居民赴台湾地区旅游管理办法》。

2008年7月4日，大陆居民赴台湾地区旅游首发团赴台；7月18日起，正式启动大陆居民赴台湾地区旅游。结合济南市实际，出入境管理处研究制定具体措施和应对申请人集中办证工作预案；针对2008年7月18日赴台旅游首发团时间紧、任务重的实际，按照急事急办的原则，组织民警尽速为赴台旅游首发团申请人办结相关手续。

2009年3月2日起，在公安机关出入境管理部门登记备案的国家工作人员，按照组织、人事管理权限履行审批手续后，可申请赴台旅游，公安机关出入境管理部门凭申请人所属工作单位或者上级主管单位出具的同意赴台旅游的证明，审批并办理相关手续。

第二节　境外人员管理

一、常住外国人管理

1986年，全市常住外国人631人，1995年达到6002人，到2010年增长至近4万人。

1986年，《中华人民共和国外国人入境出境管理法》制定后，全市公安机关以宣传该法为契机，加大对外国人临时住宿登记申报的宣传，同时依靠社会面上建立的户管队伍，对常住外国人加强守法教育和基本情况掌握。

1990年8月23日，国务院同意开放济南机场，建立济南至香港间的包机运输业务，市公安局出入境管理处“公安口岸签证”成立。

1991年，为加强对三资企业中外方人员的管理，制定《济南市外商、华侨、港澳台商投资企业和常设代表机构中的外国人、华侨、港澳台人员管理办法》，这是济南市公安外管业务的第一个地方立法。

1995年，对在全市三资企业、外商办事处中任职的常住境外人员的办公处所、住所进行专项调查，制定《常住外方人员办公处所、住所管理须知》，对办公处所、住所的申请、使用、管理、变更等方面作具体规定，使常住外方人员办公处所、住所管理进一步规范化。

1996年，起草《济南市常住外国人购买、租赁、建造住房暂行管理办法》，并列入1997年济南市立法规划。

1997年，依照“谁主管谁负责”的原则，与驻济南15所大专院校签订常住外国人管理安全责任书，不断完善情况报告、分工负责、评先创优等配套制度和措施。同年，将635家合资、合作企业及其中111名常住境外人员管理权限下放至区公安分局，全市三资企业中常住境外人员分层次、多角度管理格局初步形成。

2000年，公安部制定并实施《公安机关签证工作规范》和《公安机关口岸签证工作规范》，对签证的签发机关、签发时限、证件制作等作明确规定，进一步规范外国人签证管理工作。

2001年8月27日，公安部下发《关于废止木质胶皮签证类印章的通知》。2001年10月1日起，济南市全面实行外国人签证贴纸化，废止1986年后使用的木质胶皮签证印章。

2004年7月，启用2003年印制的中华人民共和国签证，新签证采用多种先进的防伪技术和印钞专用制版技术，达到先进的防伪水平。8月，公安部、外交部《外国人在中国永久居留审批管理办法》发布实施。

2005年11月21日，省公安厅在济南举行外国人永久居留证首发仪式，向济南市首批获得中国“绿卡”的2名外籍人员颁发外国人永久居留证。

2005年，市公安局建立由主管领导负责，出入境管理部门牵头，国保、治安、户政、经侦、刑侦、文保、交通、法制等13个部门参加的公安机关处理涉外案(事)件工作联席会议和联络员制度。

2006年，济南市将境外人员纳入派出所实有人口，实行属地化管理。

2007年，在派出所综合信息系统中开发出入境管理模块，市公安局，各区公安分局、县(市)公安局和派出所民警根据职责分工，通过数字证书授权，可以在各自权限范围内查询、录入外国人信息，实现外国人信息资源共享。

2008年，制定派出所《外国人管理工作倒查制度》《受理、审批外国人签证、居留许可工作倒查制度》和《重点人员查控措施》等规章制度，建立济南市外国人管理工作协调领导小组。

2009年，以第十一届全国运动会涉外安保工作为主线，以推广“从业到人”管理模式和涉外单位信用等级管理为重点，开展外国人管理专项排查整治，严格贯彻国家有关签证政策。根据全国公安机关外国人管理工作电视电话会议精神，进一步落实加强外国人管理的各项工作措施，市公安局印发《关于转发省公安厅〈进一步加强基层外国人管理工作有关问题的通知〉的通知》。同年，对“境E通”公众服务系统和山东公安出入境管理信息系统相关模块进行研究，确定山东大学等四家单位作为试点，安装“境E通”公众服务系统(客户端)。

二、临时入境外国人管理

1985年11月22日，《中华人民共和国外国人入境出境管理法》公布施行；1986年12月3日，《中华人民共和国外国人入境出境管理法实施细则》经国务院批准，于同年12月7日由公安部、外交部发布，对外国人入出境、居留作明确规定。济南市临时入境外国人的数量明显增加。

1990年6月，济南市涉外信息微机管理系统基本建成，开发临时入境人员住宿登记和重点人物布控查控两个系统，当年实现联网宾馆5家，至2010年全市中小宾馆均实现计算机报送临时住宿登记。1994年，市区5个分局外事科与外管处实现微机联网，使散居在社会上的临时入境人员信息逐步实现电脑化管理。

1991年，为加强临时到济南的境外人员户口管理工作，先后制定《户口管理小组职责》《户口管理员职责》《微机操作员职责》《先进户管小组、户管员、微机操作员条件》，规范全市涉外宾馆、饭店、招待所的临时入境人员管理。

1992年，初步建立起市公安局外管处户管中心，各区公安分局、县(市)公安局户管领导小组，派出所、乡镇办事处户管小组，村居委会户管员的四级户管体制，形成对散居在社会上的临时入境人员户管工作级级有人抓，层层有人管的管理网络，户口申报率95%以上。

1994年，在全市涉外宾馆实行户管员培训持证上岗制度。1995年，制定《济南市涉外宾馆护管安全奖金使用管理暂行办法》。

1996年，组织22家涉外宾馆户管员、安全员举办“1996济南涉外宾馆户管安全知识竞赛”，增强涉外宾馆护管安全意识，提高管理入境人员的水平。

1997年编印《户管安全工作手册》《境外人员须知》。

1999年，济南市开始逐步取消涉外酒店的审验和定点住宿，凡经培训合格及保证24小时内申报住宿登记的大、中、小宾馆和旅店、招待所均可接待境外入境人员。

2007年，济南市采取向外国人发放住宿登记告知单，中外文对照的便民服务卡等措施，提醒到济南的外国人主动办理住宿登记。

2008年，公安部下发《公安派出所外国人住宿登记管理办法(试行)》，指导各派出所严格落实各项规定，及时为在辖区居住的外国人及时办理住宿登记。

三、入境港澳台居民华侨管理

1989年，针对台湾放宽台胞回大陆探亲条件后，到济南市台湾居民显著增长的状况，重点加强对华侨、港澳台居民，特别是台胞的户口管理，把散居在社会面上的入境华侨、港澳台居民管理工作落实到基层，并提出力求户口申报率达到百分之百，确保户口申报质量和重点人物查找率的工作目标。

1990年，济南市对三资企业中拟居住三个月以上的华侨、港澳台人员由县市公安局出入境管理部门签发暂住证，进一步加强对华侨、港澳台重点人员的居留管理。

1992年，《中国公民往来台湾地区管理办法》颁布实施。济南市公安机关完善管理控制措施，把台胞的住宿登记和情况控制工作落实到乡镇派出所和街道办事处，使台胞住宿登记的申报率、及时率和准确率有大幅提高。

1993年5月，省台办、省公安厅共同下发《关于台胞来我省定居审批事宜的通知》，取消繁琐的请示报告和批复手续，进一步明确台胞定居报批所需的相关材料。

1994年11月20日，启用新版一次入出境有效台湾居民来往大陆通行证。

1997年9月12日，针对香港回归后，香港居民进出内地属国内通行的情况，对香港居民进出内地持用证件作出专门部署：在维持现行做法不变的前提下，对未持港澳同胞回乡证的香港居民需直接从国外进入内地，可申办中华人民共和国旅行证进出内地。

1998年5月1日，启用1997新版台湾居民来往大陆通行证。11月，按照省公安厅要求，进一步简化台资企业投资者、管理人员及其随行的配偶、子女办理多次入出境签注和暂住加注的条件和手续，放宽台商办理多次签注和暂住加注的有效期限。

2000年10月1日起，公安机关受理审批的台湾居民来往大陆定居申请，启用签发台湾居民定居证，台湾同胞定居证同时停止签发。

2003年“非典”疫情期间，本着“管理就是服务”的原则，落实各项措施，为不便出境办理换发证件或返台手续的台湾居民提供便利。

2004年11月15日起，陆续启用新版一次有效台湾居民来往大陆通行证(1997版)及台湾居民来往大陆签注(2003版)和台湾居民居留签注(2003版)，证件、签注防伪性能进一步提高。

2005年7月25日，《台湾居民来往大陆通行证、签注受理审批签发工作规范》开始实施。该规范对台湾居民入出境和在大陆居留手续作简化调整。

2010年5月25日，市公安局出入境管理局台湾居民口岸签注点正式开通，从此成为全国有此授权的23个城市之一，口岸业务向多元化纵深发展。

第三节　涉外案(事)件查处

1986年，全市共查处涉外案件15起。1990年全市共查处各类涉外案件30起，1994年91起，2000年123起，2005年163起。2010年，全市共查处涉外案件238起。其中，外国人违反外管法案件86起，刑事案件15起，治安案件10起，外国人丢失护照95起，其他案件32起。

1987年，根据公安部提出的逐步实行对外国人违反治安管理的查处由治安部门归口管理、外国人管理部门配合的精神，济南市将此项工作移交治安处或各区、县公安分局治安科，解决在处理涉外治安中相互推诿问题，提高工作效率。在查处涉外案件工作中，济南市公安机关本着“外事无小事”的原则，严格按照国家的有关规定和法律要求，妥善处理涉外案件。

2000年后，济南市连续发生一系列外国人伺机盗窃案件(均来自巴基斯坦和伊朗)，其作案方式流窜化，犯罪形式团伙化，至2001年年底，全市共发生此类案件9起，涉案25人。

2002年10月，济南市制定《受理涉外案件规范》。该规范根据法律依据列出出入境管理管辖的案件，通过执行该规范，提高案件线索发现率，规范涉外案件受理、查处工作。

2004年5月，为切实做好济南市公安外国人管理工作，进一步明确各业务部门对有关外国人管理工作的职责任务，加强各警种之间的协调配合，根据公安部《公安机关外国人管理工作分工配合机制规定》，有关法律法规和规范性文件，结合济南市实际，制定《济南市公安外国人管理工作分工配合暂行办法》。

2007年，济南市组建涉外案(事)件接处警翻译小组，负责济南市发生重大涉外案(事)件的接处警及翻译工作。

2008年，为应对突发涉外事案件和北京奥运会之前或期间外国记者非法进行采访事件的发生，制定《济南市公安局突发涉外事案件工作预案》和《济南市公安局北京奥运会期间处置境外记者非法采访的工作预案》。

2010年，继续坚持对“三非”案件严打态势，维护涉外面持续稳定。世博会和亚运会期间，全市出入境管理部门集中开展排查非法入境、非法居留、非法就业外国人专项工作，共查获非法入境外国人22人，涉及越南、缅甸、老挝、朝鲜4个国家，遣送出境外国人20人，其中长清公安分局一举查获并遣送6人。

1986～2010年济南市涉外案件统计表

表11—1—1　　单位：件

年 份	案件起数	年 份	案件起数
1986	15	1999	110
1987	23	2000	123
1988	30	2001	126
1989	27	2002	136
1990	30	2003	139
1991	32	2004	124
1992	33	2005	163
1993	48	2006	186
1994	91	2007	195
1995	95	2008	154
1996	103	2009	210
1997	99	2010	238
1998	85	合计	2615

第六章　道路交通管理

第一节　交通秩序与安全管理

1986年后，经七路、泺源大街、北园大街、顺河高架路、大纬二路、英雄山路、经十路、二环东路高架桥、北园大街高架桥等市区主要交通干线的新建及拓宽、改建工程相继竣工并投入使用，济南市道路交通环境进一步改善。济青高速公路、京台高速公路、绕城高速公路、济菏高速公路等的建成一方面缓解市区交通压力，另一方面使济南的交通枢纽地位更加突出。同时，随着济南市经济社会的快速发展和人民生活水平的不断提高，济南市机动车总量急剧增长，至2010年年底，全市机动车123万余辆，驾驶员125万余人，城市和公路交通面临巨大压力。20世纪90年代中期，通过大练基本功、规范化执勤等措施，树立济南交警的良好形象，得到各级领导和社会各界、广大群众的高度肯定。进入21世纪后，在继续保持良好的执法执勤形象、大力实施执法规范化的基础上，适应新形势下交通管理需求，狠抓勤务制度改革，探索建立现代化、规范化的交通勤务管理新机制。同时，应对道路交通压力不断增长的实际情况，结合实施“畅通工程”和创建“平安大道”等，在加强城市道路缓堵保畅工作的同时，加大交通秩序管理力度，强化交通安全措施，不断提高道路交通管理水平，为省城经济社会发展创造良好的道路交通环境。

1986年至20世纪90年代中期，济南市实施交通勤务管理制度改革，推行岗位承包，设立“定点执勤班”“定线巡逻班”2个班，并改革交通宣传队伍体制，将宣传民警安排到全市每个街道办事处。1995年，全支队提出“学天津，赶北京，创一流”的口号，开展大练基本功、执勤规范化活动。4月26日起，市区83个岗亭的500余名交警以精神饱满、指挥规范、动作有力的全新形象上岗执勤，一时成为“泉城一大景观”，产生轰动全国的“济南交警现象”和“济南交警效应”。同年10月15日，江泽民为济南交警亲笔题词“严格执法、热情服务”。1999年后，支队探索新的勤务管理机制，改革交警固定路口站点管理为主的勤务方式，实行动态管理规范化执勤，推行勤务管理责任区。2000年后，支队贯彻落实“五整顿、三加强”和“畅通工程”部署要求，大力实施“畅通工程”“平安大道”“平安畅通县区”工作，持续开展大货车、渣土车、三轮车及酒后驾驶、闯红灯等严重交通违法行为集中整治和迎奥运、迎全运等交通秩序综合整治行动，开展道路交通事故隐患点段排查整治，全力预防道路交通事故的发生，自2002年起实现交通事故四项指数连续9年稳中有降。2002年，市政府成立济南市道路交通安全委员会，初步建立道路交通事故预防机制。2003年，改革交通违章管理方式，推广运用“非现场执法”模式。

一、勤务制度

1986年至20世纪90年代中期，为进一步加强交通管理，保障交通安全，适应经济建设的需要，对济南市原交通勤务管理制度进行改革，实行岗位承包。改革的重点有两个方面：

改革执勤班的体制。执勤班分两个班，“定点执勤班”，设正、副班长各1人，将原来的7人2岗制改为2人承包1个岗，各岗位的责任区为路口中心至四面各35公尺；任务是：维护路口秩序、疏导交通、保障交通安全，达到车

不越线、人不斜穿、路无障碍、交通畅通，无堵塞、无事故。“定线巡逻班”，各中队根据辖区道路情况，将主要交通干线划分若干责任路段，由1～2名民警承包责任路段。任务是巡逻检查，做到人车各行其道，无违章行驶，无乱停放车辆，无乱占用和刨掘道路，无交通肇事，保障安全畅通。

改革交通宣传队伍体制。将原来各中队2～3名民警做宣传工作，改为将全市每个街道办事处都配备1名交通宣传民警，负责抓好辖区各单位的交通安全宣传教育、车辆管理，协助单位搞好对交通违章和一般事故的处理工作。这次交通勤务改革于1985年12月15日起在全市五个执勤中队全面实行，除保证原有的固定岗以外，抽调63名民警，深入到全市46个街道办事处，有54名民警在全市64个责任段上巡逻检查，劝阻交通违章。

1995年，为进一步树立交警执法权威，密切警民关系，提高交通管理水平，全支队开展大练基本功、执勤规范化活动。1999年，支队济南交警从提高管理效率出发，深化改革，探索新的勤务管理机制。

2000年后，支队狠抓勤务制度改革，在分期分批撤除市区交通岗台的基础上，除保留部分形象岗之外，全部实行高峰站点、平峰巡线的动态勤务管理机制。成立济南交警女子中队骑警队，变固定岗台管理为动态巡逻管理。2002年后，撤除市区路口的交通岗台，建立大队、中队、民警三级勤务管理责任区，实行“高峰疏导、平峰巡逻、动静结合、以动制动”的动态交通勤务机制。先后投资760万元，配备30辆巡逻车、12辆清障车、483辆摩托车，逐步实现交通勤务由静态管理向动态管理，由经验型管理向科技型管理，由精放型管理向绩效型管理的“三个转变”。

二、交通秩序管理

1986年，加强单行线管理，取缔乱停乱放车辆和不符合规定的自行车存放处，调整52处公共汽电车和个体客运站点，解决因停车造成的拥挤堵塞，共查劝交通违章74.8万人次。1987年，以保卫中共十三大为中心，把城乡主要交通干线和影响道路畅通的各种非交通占道作为交通秩序整顿重点，使长期得不到解决、既影响道路畅通又危及交通安全的15处乡村集市搬迁11处，清除污土垃圾1188处，取缔违章作业、占路施工495处，清除非交通占道394处，取缔违章摊贩37478处，查劝机动车违章45.9万人次。1988年，首先对郊县110条1517.9公里的国道、省道和县道进行隧道调查，取缔沿路影响交通的集市39处。各区大队配合工商、城建、市容等部门，以整顿大纬二路、泉城路为重点，带动市区10个桥头、6个繁华场所、26条道路的全面整顿。尤其是对乱摆摊点，无证经营，占道经商，车辆乱停乱放、公共汽电车不靠站停车及拖拉机违章进城等问题进行整顿，对47处影响交通的摊点群搬迁9处，画线定点，按规定占道经营的24处，取缔14处。同时对经常堵塞交通的烟厂、辛庄东口、成丰桥路等路段，采取增加警力，设置物体隔离，取缔违章商贩，增设禁令标志和分时管制等措施，堵塞问题基本得到解决。年内，共查劝各类交通违章122万余人次，其中非驾驶员开车、酒后驾车占机动车违章的40%。年内交通堵塞有所缓解，交通肇事死亡率较1987年下降6.1%。1989年，对市区15条重点干线，10个桥头和7个繁华场所，采取定人、定位、定任务、定要求、定责任的“五定”管理机制，以经常管理与突击整顿、白天管理与夜间整顿、普遍管理与专项整顿、自我管理与联合整顿、区域整顿与全面整顿相结合的“五结合”方法，进行不间断地重点整顿和治理。每逢有大型警卫任务或是新年春节，在“五定”的基础上集中警力，进行整顿，使市区的交通秩序面貌逐步改观，一些主要路段，基本上达到车不越线，人不斜穿，各行其道，秩序井然，初步做到“四无”，即无抢信号、无乱停乱放车辆、无非交通占道、无责任事故。年内，共查劝各类交通违章131.9万人(车)次，非司机开车3946人次。

1990年，结合“三迎一创”活动的开展，对市政府规定的26条道路、10个桥头和6个繁华场所，强化管理措施，全面整顿市内交通秩序，行车秩序明显改观，车祸事故有所下降。

1994年，围绕抓整顿、保畅通，强化整治措施，分阶段专项治理，路面管理开创新局面的中心任务，新建7条步行商业街，引进摊点群32处4503个摊位。

1995年，按照省公安厅交警总队《关于加强道路交通管理巡查工作的意见》，建立道路巡查机制，理顺内部管理体制，改革勤务制度，取消交警守定点查车的管理模式，增大装备投入，增加巡逻力度，加大巡逻密度，扩大管理覆盖面。四县一市和市区城郊结合部中队，重点是加强路巡路查。全市共建立70个巡逻中队，配备6辆交警巡查吉普车、50辆巡逻摩托车及通讯工具和警械，管辖范围覆盖全市城乡主要道路，有效地防止漏管失控，杜绝一些重特大交通事故的发生。

1996年，根据全年不同时期道路交通的特点，有针对性地开展交通秩序专项治理整顿活动。全年共查纠各种交通违章243.2万人次，道路交通秩序得到明显改善。在开展治理整顿的同时，对道路进行渠化，调整部分行车路线，重新规定大货车下午进入市区道路的禁行时间，有效缓解市区交通压力，提高通行能力。

1997年，支队在“爱民月”活动中，向全社会推出12项便民服务新举措，把创造良好交通秩序，确保春运和三级“两会”的交通安全作为工作重点，开展对长途客运车辆的专项治理。

1998年，先后组织8次较大规模的交通秩序整顿，重点查处各种车辆乱停乱放、乱行驶、夜间闯信号、摊贩违章占道、机动车市区鸣喇叭，拖拉机、农用车违章进市，摩托车无牌无证等严重交通违章行为。

1999年，把实施“容貌工程”作为全年交通秩序整顿的重点，贯彻落实公安部整治城市交通秩序和省公安厅集中开展公路交通秩序百日治理整顿部署，开展大规模交通秩序治理整顿。

2000年，从济南市实际出发，确定纬二路、泺源大街和经七路3条道路为“严管街”，21条道路和16条道路分别为优秀和良好管理水平道路，年内分别达到二、三等管理水平。

2001年，新确定堤口路、经十路2条“严管街”，其他24条和21条道路分别达到二等、三等管理水平。

2002年，成立济南市城市交通管理“畅通工程”专家组。

2003年，改革交通违章管理方式，推广运用“非现场执法”模式，路面摄录系统共抓拍违章5.48万辆(次)。与公交、出租公司建立违章抄告制度，开展交通秩序综合整治，全年共查纠各类交通违章340万人次，暂扣机动车49686辆，暂扣证件80107个，吊扣驾驶证19744个，撤销驾驶证1016个，5744名违章记分满12分的驾驶员参加学习考试。

2006年，发挥城乡道路交通秩序综合整治组牵头作用，联合有关部门，强化各种手段，累计查处交通违法行为77万起，警告、教育交通违法行为人97.5万人次，扣留车辆4.3万辆(次)，扣留驾驶证3432个，行政扣留18人，培训满12分驾驶人5573人次。

2008年，支队科学调整警力，延长市区28个重点路口的执勤时间，确保经十路、纬二路、玉函路等11条市区主干道不发生大面积交通拥堵。

2010年，做好道路缓堵保畅工作，开展“迎亚运、创文明、保平安”交通秩序整治活动，发挥“全时流动警务”巡逻机制，最大限度屯警路面，实现24小时巡逻管控。

第二节 交通安全宣传教育

1987年，市交通大队与市团委、市教委、市保险公司组织“济南市中、小学生交通安全，平安保险”演讲竞赛。历下区组织“汽车驾驶员安全技术竞赛”和中、小学生“交通安全征文”活动；市中区组织“红绿灯”知识竞赛等形式的交通安全宣传教育活动；槐荫区组织区属部门负责人参加的交通安全智力竞赛。

1991年，开展以《道路交通管理条例》、《道路交通事故处理办法》等交通法规为主要内容的社会宣传。1993年，向社会发放宣传材料27万余份，悬挂过街标语180条，出动宣传车430辆(次)，制作复制宣传录音带750盘，利用暑期和教委联合举办第三届小黄帽夏令营活动。

1994年，全市设立岗亭有线宣传站(点)26处，每天早、晚上下班时间，坚持以整顿重点为宣传内容，录制宣传磁带560盘，配合全市惩罚犯罪活动宣传6次。

1995年，济南交警“内强素质，外树形象”在社会产生强烈反响，新华社、《人民日报》、《光明日报》、中央人民广播电台中央电视台、《法制日报》、《工人日报》、《人民公安》、《人民警察》、《支部生活》杂志等中央、省市新闻媒体以及香港《文汇报》、美国《洛杉矶时报》、加拿大《渥太华公民报》等境外新闻媒介，都派人员到支队采访，并以黄金时间或显赫位置播发消息、报道、评论，介绍济南交警规范化指挥、文明服务的工作情况，引起中央领导的高度重视，特别是10月15日江泽民为济南交警题词以后，全国公安系统和全省各行各业掀起学习济南交警热潮。

1996年，支队与省、市人民广播电台联办的《红黄绿交响曲》《泉城红绿灯》等栏目，分别播送34期和68期，受到全省、全市广大听众的热烈欢迎。

1998年，与市保险公司等单位合作，举办“我看交通安全与保险”大型宣传活动。与山东电视台、《齐鲁晚报》等单位联合举办以弘扬交警精神、宣传交通法规为主要内容的《星光50》、《快乐星期天》、纪念江泽民题词三周年和迎接全国宣传思想工作会议代表等4场大型文艺晚会；组织文艺宣传队上街演出11场。

1999年，加强对机动车驾驶员的管理，全市建成驾协工作站157个，发展会员20多万人。开展“争当文明驾驶员，做容貌工程排头兵”万名驾驶员签名活动和“争创文明车队(组)，争当文明驾驶员”活动，组织千名驾驶员教练员业务技能大比武。成立济南市交通安全教育学校，正式对外开展教学工作。把创建“交通安全村”与创建“平安大道”紧密结合，在全市国道、省道沿线建立“交通安全村”125个，建立“四簿”管理制度。2000年，由济南人民广播电台与交警支队共建的“济南交通广播”正式开播。2001年，开展“交通安全进社区”活动。

2003年，学习宣传贯彻《道路交通安全法》，开展以“以人为本、关爱生命”为主题的交通安全教育活动。

2005年，制定《济南市市民文明交通行为规范》。联合10部门，启动以“四文明”(文明行路、文明行车、文明停车、文明乘车)和“四礼让”(车让车、人让人、人让车、车让人)为主要内容的“文明交通礼让”活动。

2008年，强化交通安全宣传，营造良好的社会氛围。坚持一月一个主题，连续开展“迎奥运、迎全运，文明出行”“平安迎奥运，有序交通我参与”“拒绝超员超载，安全出行”等宣传活动，出动多功能宣传车3900余辆(次)，发放交通安全宣传材料30余万份，展出交通安全宣传图板1900余块，张贴车用宣传标语3万条。

2009年，与济南电视台联合制作省内第一档大型路况直播栏目《交通进行时》，在《济南时报》《山东广播电视报》等媒体开辟交通安全专栏，在各媒体刊发宣传稿件5600篇。

2010年，以“文明交通行动计划”“畅

通安全行”活动为载体，以城市公共文明指数迎评和一等交通管理城市创建为契机，开展交通安全宣传，全面推进文明交通建设，市民文明交通意识和文明交通指数进一步提高，实现“交通参与者法制和安全意识提升、城市交通文明指数提升和公安交通管理机关及交通民警美誉度提升”四大目标。

第三节　机动车辆与驾驶员管理

1986年，全市成立自检大组128个，小组390个，运输公司18个，专业运输单位89个，严格落实学习和汇报制度。

20世纪90年代是济南市公安车管工作深化改革、全面发展的重要时期。

1991年，重点加强车辆管理的基础工作。各区、县大队车管分(县)所与有车单位、乡镇、街道签订交通安全责任合同书，规定权力、义务和奖惩制度，增强各单位管好所属车辆和驾驶员的自觉性。

1992年，改革车辆年度检审制度，实行按自检联组集中检验的办法，对车辆安全性能进行严格检验。

1993年，开展自行车牌照换发工作。对全市在岗驾驶员进行普遍轮训，规定凡驾驶员轮训全部合格并全年未发生事故的单位，年审中免于抽考。从日本引进先进的驾驶适性检测设备，并于9月1日起正式对外检测。

1994年，济南市出现学车热，针对此情况，全市车管部门严把驾驶员培训、轮训和车辆年检年审关，全市共培训各类驾驶员27655人，组织驾驶适性检测93120人，检验机动车77591辆。

1995年，全市车管部门全面推行改革措施，简化程序，调整合并业务窗口，实行内部传递“一条龙”服务，以解决“学车难、挂牌难、拿证难”。同时，将大型车、挂车和摩托车驾驶员管理下放到区(县)市车管分所。全年共换发92式机动车号牌80574副，年检各类机动车辆191363辆。针对无牌无证车辆和个体挂牌驾驶员违章严重、交通事故多发的情况，开展“两清一落实”工作，澄清车辆和驾驶员底数，落实交通安全管理组织。

1996年，继续完善各项车辆管理改革措施。全年共办理新车挂牌54302辆、审验手续10828份、过户4288辆、报废915辆、补牌2213副、换发92式号牌13225副。组织驾驶员考试1041场次、28512人，核发实习证42032本。审验驾驶员45300人，年检各类机动车169668辆。

1997年，在驾驶员队伍中推行户籍化管理，对初学考试合格的23832名驾驶员和同期换证的28884名驾驶员全部按照户籍区域注册登记，较好地解决部分驾驶员尤其是个体驾驶员的管理失控问题。强化对驾校的管理，对全市1050名教练员进行集中培训考核，对892台教练车辆进行集中检验，提高驾校教学质量。

1998年，向社会推出“五个一、四时、三少、一满意”服务新举措，即一张笑脸相迎、一把椅子让座、一杯开水暖心、一片真诚办事、一句好话送行；随时、定时、限时、延时服务；让群众少跑一趟路、少排一次队、少等一分钟；让群众满意。启用48个机动车教考场计算机管理系统，40台微机的计算机考试系统，实现驾驶员理论考试无纸化。

1999年，按照市政府“减少自行车、禁止三轮车、限制摩托车、更新出租车、发展公交车”的管理思路，自4月1日起，市内五区停止办理摩托车、轻便摩托车新车挂牌业务，对悬挂非本市五区号牌的摩托车和轻便摩托车，禁止在二环路以内的市区道路上行驶。研究制定加强出租车管理的一系列规定，换发“鲁A·T”和“鲁A·X”出租车专用号段。

2000年，贯彻落实市政府“蓝天工程”，淘汰4006辆“面的”车，223辆中巴车全部退至二环路以内运营。检测各类汽车46834辆，收缴牌证149套，报废机动车1402辆，有效地控制机动车尾气、噪声污染。

2001年，全市车管部门继续贯彻落实“蓝天工程”部署要求，结合车辆年审工作，严格治理尾气排放，全年共检验各类汽车13.07万辆、收缴牌证26副、强制报废机动车12辆。

2002年，全力做好夏利出租车退出客运市场工作，有5612辆经济型出租车退出济南市客运出租市场，办理旧出租车转籍、过户4000余辆，全市出租车保有量6940辆。

2003年，制定并推出转变职能、优化服务、为干事创业加快发展创造良好交通环境的八项服务措施。开发多点发牌程序系统并在全市各区、县(市)增设7个发牌站点，方便群众就近办理汽车牌证业务。实行二、三轮和轻便摩托车就近检测制度。

2004年，组织学习和贯彻实施《中华人民共和国道路交通安全法》及其实施条例。更新全市车驾管理系统，对驾驶人考试题库进行修改，增加英语、日语考试题库。完成“全国机动车/驾驶人信息系统”统一版、扩充版的推广应用工作。

2005年，落实公安部《车辆管理所等级化评定标准》，制定下发《车辆管理所等级评定工作实施方案》和《业务目标考核标准》。

2006年，抓好车驾管岗位“三基”工程建设，深化便民措施，为群众提供优质高效服务。

2007年，市车管所研发的“评警系统”在全市车管部门推广使用。

2008年，推行“一窗式”服务模式，各窗口对外统一设置“业务受理”标识，受理所有车管业务，手续资料实行内部传递，初步实现群众“一进一出”业务大厅的工作目标。

2009年，先后制定《关于进一步加强对车驾管工作监督管理规定》《窗口服务规范》《绩效考核实施意见》，对服务用语、礼仪姿态、业务流程、办结时限、绩效考核、内务管理进行统一。

2010年，围绕车驾管8大类40项具体业务，编写《车管民警规范执法手册》《车管民警精细化操作指引》，以图文并茂的形式为一线民警进行精细化业务指导。

第四节　交通事故处理

20世纪90年代始，统一事故处理办案标准和程序，并与保险公司制定交通肇事逃跑案受害者抚恤垫付规定和伤残鉴定标准。坚持每月一次事故分析例会制度，及时分析事故特点及成因，提出反馈管理信息，对制度管理对策和防范交通事故起到积极作用。

1990年，共受理交通肇事案914起，案件处结率87.2%，其中吊扣三个月以上驾驶证的100余人，治安拘留27人，依法逮捕肇事罪犯6人，直诉1人，没有引起复议和申诉。

1991年，为贯彻实施《道路交通事故处理办法》，提高交通肇事处理人员的政策水平和办案质量，支队举办三期训练班，对10个区、县的交通事故处理人员，普遍进行一次轮训。年内，共受理交通事故990起，非标准轻微事故7457起，除特殊情况外，一般都在7～10天内结案，处结率82%。对严重违章造成意外事故、致人伤亡的当事者拘留39人，构成交通肇事罪的当事者报捕9人，有6人被批准逮捕判刑；对其他交通肇事者给予吊扣、吊销驾驶证的处分。

1992年，按照《交通事故处理办法》的规定，共受理交通事故994起，处结率96.86%，办事效率和政策水平都有所提高。本着启发教育群众、震慑和惩罚交通犯罪的原则，对违章造成事故、致人伤亡的责任当事人拘留83人，构成交通肇事罪的报捕21人，有8人被批准逮捕判刑，对756名其他交通肇事者给予吊扣、吊销驾驶证的处分，并召开一次公开处理交通肇事分子大会，引起社会强烈反响，起到处理个别人、教育全社会的目的。

1993年，严格事故案件的处理审批制度，破获一批群众反映强烈的肇事逃逸事故，侦破率72%。同时，加强事故易上访人员防范措施，减少上访事件。年内，共受理表报交通事故750起，处结率97%。对违章造成事故、致人伤亡的责任当事人拘留11人，构成交通肇事罪的报捕8人，有4人被逮捕判刑，对427名其他肇事者给予吊扣、吊销驾驶证的处分。

1994年，按照“快、细、准、严”的事故办案标准，年内受理事故案件802起，结案率91.2%，查破交通肇事逃逸案件101起，占逃逸案件的73.1%。全年依法逮捕严重交通肇事者19人、治安拘留37人、吊扣驾驶证1317个、吊销驾驶证89个。

1995年，制定交通事故处理“五快、四要、三禁止、一大办”的规定，即赶赴现场快，抢救受伤人员快，现场勘查取证快，撤除现场恢复交通快，处理结案快；认定证据要确凿，责任认定要妥当，引用法律条文要准确，事故处理要公正合理、多数人满意；禁止强行修车，禁止乱要乱报，禁止办人情案；要为群众大办好事、实事。

1997年，完善“122”报警服务和社会联动，提高快速反应能力。制定“122”报警接处警制度，完善市县两级“122”接处警网络。

1998年，事故处理推出“三方便一简易”便民措施。印制便民服务联系卡。注明办案民警的单位、姓名、联系电话、传呼号码和监督电话，印有“对人民负责，让人民满意”的服务承诺，民警勘查完现场后，将服务卡分发当事各方，及时与事故当事人取得联系，年内发放17326张。

2001年，加大对交通肇事分子的惩罚和处理力度，共召开严惩交通肇事犯罪大会18次，对交通肇事责任者依法追究刑事责任198人次，其中逮捕95人次，刑事拘留123人次，取保候审77人次，治安拘留144人次，吊销、注销驾驶证277人次，吊扣驾驶证3502个，罚款96.19万元。

2003年，加强警务工作站建设，新建3处“平安大道”警务工作站，全市11处警务工作站共破获交通肇事逃逸案10起，查缉盗抢车辆18辆。

2004年，全年破获重大交通肇事逃逸案18起，有7名驾驶员因肇事逃逸被终身禁驾。

2005年，会同法制部门先后制定《济南市公安局交通警察支队快速处置道路交通事故现场工作程序》《快速处置道路交通事故现场处罚标准》等规定，并对快速处置道路交通事故现场的情况进行指导和调度。自实行以来，最大限度地减少交通拥堵，减轻事故处理民警的工作强度，提高执法效率，方便当事双方。

2006年，以客运出租、汽车修理厂等为依托，发展500名交通信息员，全年共破获重大交通肇事逃逸案件65起。

2007年12月10日，《济南市道路交通安全责任若干规定》施行。

2008年，制定《济南市机动车轻微交通事故快速处理办法(试行)》及其配套文件，建立两个保险理赔服务中心大厅，并于5月11日正式营业。

2009年，进一步加快事故快速处理工作，提高车损金额，扩大适用范围。

2010年，建立规范信息上报工作制度、特大道路交通事故评析制度、全国道路交通事故处理信息系统应用通报制度等。制定交警支队《推进三项重点工作全市道路交通事故处理四十条措施》《道路交通事故救援应急预案》《道路交通事故涉案车辆管理规定》《道路交通事故处理岗位场所设置规范(试行)》《道路交通事故接出警预案》等文件，确保在道路交通事故处理工作各个环节上都有法可依、有章可循。

1985～2010年济南市道路交通事故情况表

表11—1—2

年 份	起 数	死亡(人)	伤残(人)	损失(元)
1985	621	92	527	251820
1987	1018	250	765	904810
1989	887	245	358	1247063
1990	914	295	604	1235695
1991	990	343	663	1593897
1992	994	399	662	3480370
1993	750	327	497	2388700
1994	802	359	615	2800930
1995	1231	481	864	3693750
1996	1185	597	867	3423100
1997	1025	452	679	4230980
1998	1014	537	593	2582600
1999	1041	502	962	2359383
2000	1307	412	954	3571713
2001	1394	468	1114	3723560
2002	1232	459	1084	3427000
2003	1031	456	949	2627261
2004	922	435	875	3683000
2005	911	416	770	3154800
2006	1036	343	1093	2920200
2007	1501	324	1789	2640300
2008	1235	290	1400	2707008
2009	860	264	1005	2530508
2010	774	263	858	1890000

说明：1990年前济南市交通事故为两年统计一次

第七章　消防管理

1986年，济南市公安消防支队由市公安局党组直接领导，各消防大队分别隶属各级公安机关党组(党委)领导。

1990年12月，统一全省消防部队和防火监督机构名称，实行一个机构两个名称。济南市消防部队名称为“中国人民武装警察部队济南市消防支队”。

1996年6月19日，济南支队下设办公室(司令部)、政治处、后勤处、防火监督处；支队设特勤大队。

2000年9月18日，组建“济南支队第十二中队”“济南支队第十三中队”“济南支队第十四中队”。2002年3月13日，组建“济南市高新技术产业开发区消防大队”，隶属济南支队。

2006年1月26日，济南支队组建第十七中队、第十八中队、第十九中队、第二十中队、第二十一中队。2008年11月21日，组建“济南支队平阴县公安消防中队”。2009年8月14日，济南支队组建第二十二中队、第二十三中队、平阴县中队、济阳县中队。

第一节　消防监督管理

一、社区消防建设

2001年1月，在城市社区建成首家志愿者消防站——永安志愿者消防站。

2002年7月，建成泺口服装城志愿者消防站和历城志愿者消防站，制定《济南市志愿者消防站试点实施意见》和《济南市志愿者消防站章程》，市政府下发《关于全面开展我市社区消防建设工作的实施意见》。

2003年，各社区组织开展“让灭火器走进家庭”工程，为50%以上的居民家庭配备灭火器，制定《济南市社区消防建设标准》，全面开展社区消防建设活动。2004年，开展“让家庭远离火灾”的消防活动。

2005年，市消防安全委员会下发《关于加强社区消防建设的通知》，全市424个社区全部建立社区消防工作领导小组，健全社区消防领导小组会议制度、消防器材共享制度、社区防火公约、社区消防工作联络员制度等多项制度。依托社区现有保安、联防等队伍，将消防与治安联防工作有机结合起来，实现一专多能，担负起社区的防火检查巡查和初起火灾扑救等工作。各社区在居委会内部统一设置上墙图版，在居民楼旁设置“社区防火公约”牌，楼道内设置“居民防火公约”牌和灭火器，在显著位置设置消防宣传图板和宣传标志。社区单位定期组织开展消防演习，打造消防宣传一条街和建设“消防主题公园”，进一步加大社区消防宣传力度，居民消防安全意识明显提高。悬挂消防挂图5478块，建设消防宣传街道375条，“消防主题公园”志愿消防联络员1650人。

2006年3月1日，槐荫区青年街道公园社区被联合国评为第97个“安全社区”，成为中国大陆首个获此殊荣的消防安全社区。

2007年，以消防宣传“五进”工作为载体，利用流动宣传车深入社区和农村宣传150余次，分别指导全市社区“五个一”开展消防标准建设，对“无火灾社区”争创活动进行达标验收，在全市消防工作会议上，对先进社区进行表彰。全市315个社区达到省级示范标准要求。

2008年，深化消防安全进社区工作，把消防安全工作与“安全文明小区创建”和社区治安联防等工作相结合，使消防安全成为社区各项工作一个重要组成部分。

2009年，国际安全社区执行官一行4人及北京、上海、广东等地的领导参观团对槐荫国际安全社区进行认证，认证组一行对济南市社区消防安全工作给予肯定，认为济南市社区消防在政府督导、教育机制建设、行政执法落实和社会参与等方面取得了巨大成就。

2010年，各街道办、乡镇组织辖区各社区绘制《消防安全电子地图》，图上标注监控器、消防栓、消防车通道等信息，并以电子版的形式发往社区，帮助各个社区明确消防安全设施部位，加大设备维护力度，提高遇险反应能力；同时，首批聘任的478名“社区消防安全员”也正式上岗，社区消防安全员按照《消防安全电子地图》，定期巡查检查，有效提升了社区消防安全管理水平。

二、农村消防建设

1989年，全市成立154个治安消防队，22个乡镇成立保卫科。

1999年，14个乡镇成立消防安全委员会，7个乡镇制定消防规划，农村建设公共消火栓68个。

2000年，市政府下发《关于加强农村消防工作的意见》，全面开展农村消防建设工作，济南市各乡镇安装消火栓1800具，建立公安专职队28支，成立农村义务消防组织494个，拥有专(兼)职和义务消防队员3600余名，配备消防车26辆，配备移动式消防泵368台。

2001年，21个乡镇完成中心镇的消防规划。

2003年，制定《济南市农村消防工作建设标准》。印制《消防宣传画册》，向每户发放“消防安全须知”，共举办消防培训班1800多次，培训各类人员30余万人次。

2005年，全面落实“六个一”建设标准，全市共成立村级消防组织3500余个，达到行政村总数的70%，义务消防队员2万余人。全市16个乡镇依托派出所建立乡镇消防队，拥有专(兼)职消防员210名，各类执勤车辆29部。共向群众发放宣传材料10万余份，播放消防录像和影片180场，出动宣传车2000余台(次)，张贴宣传标语2.5万条。

2007年，指导全市农村“六个一”开展消防标准建设，全市农村组建多种形式的义务消防队2824个、义务消防组织3387个，分别达到行政村总数的62%和72.3%。

2008年，贯彻七部委联合制定的《加强社会主义新农村建设消防工作的指导意见》及住建部组织编制的国家标准《村庄整治技术规范》，将消防安全要求纳入村庄规划编制内容，组织2779个村庄编制消防专项规划。

2009年，实现全市101个街道办、乡镇全部建立专职消防队或者义务消防队，并为每个乡镇消防队分别配发一台消防手台泵、200米水带、一支水枪。

2010年，由中央综治办牵头，国家七部委对济南市社会主义新农村建设消防工作开展情况进行检查。

三、重点单位消防安全管理

1987年，市公安局、市工商局联合下发《关于加强农贸市场、商业网点消防工作的通知》，市政府制定《液化石油气安全管理办法》《消防栓管理办法》。

1988年，市政府下发《关于认真贯彻国务院办公厅关于防止重大火灾事故的紧急通知》和《关于加强安全生产工作的紧急通知》，下发重大火灾隐患整改通知书31份，并以防火委名义向全市进行通报。

1989年，全市443个消防安全重点单位实行消防工作目标化管理。

1990年，与社会各单位签订消防安全合同书，印发“防火须知”7000份。

2004年，调整消防安全重点单位1195个，开展“平安商场”“平安场所”“平安医院”“平安学校”建设；编制《消防安全重点单位实用手册》，相继组织开展大中型超市(商场)、物流集散场所疏散设施等9个专项治理和重大节日、重要会议期间的夜查活动。

2005年，调整消防安全重点单位1980个，制定并印发《社会单位消防安全管理规范化工作标准》，明确火灾自动报警、自动灭火、防排烟及火灾事故广播系统等20项具体内容。从消防组织制度、责任制落实、员工消防培训等方面进行细化，提出具体的落实内容。开展消防安全“两个能力”建设，全市各单位重新健全消防组织8300余个，增加专(兼)职消防人员2500余名，重新修订重点岗位、特殊工种消防规章制度2.37万余条，完善操作规程1.26万余个。全市所有消防安全重点单位和2.1万家“九小场所”全部达到建设标准。

2010年，调整消防安全重点单位2754个，编制《消防安全重点单位实用手册》，结合社会消防安全“四个能力”达标建设，相继组织开展人员密集场所、学校幼儿园、仓储物流等11个专项治理活动。

第二节　建筑工程消防审核验收

一、建筑工程审核

1986年，审核建筑工程968个，提出火灾隐患问题362条。

1987年3月，济南市公安局下发《关于认真贯彻落实公安部〈关于加强消防监督工作的通知〉的意见》，要求进一步加强建筑防火审核工作；8月，对全市高层建筑进行统计，共有高层建筑130栋，投入使用的82栋，在建高层48栋；12月，消防支队向市政府、建委等部门提交《关于切实加强我市公用消火栓建设的报告》，指出公用消火栓建设工作开展缓慢，欠账太多，截至当年公共消火栓仅设有368台，不利于济南市消防安全环境的创造。全年共审核建筑工程985个，审核面积172万平方米，提出火灾隐患问题314条。

1988年1月，编写《济南市消防建设规划(草案)》；12月，开展建筑工地的消防安全检查，严查施工中擅自变更，不落实消防部门审核意见的行为，并对施工中的消防安全措施进行检查，同年共审核工程940个。

1989年10月，在济南市范围内集中开展高层建筑防火安全检查。同年，共审核建筑工程821个，提出火灾隐患问题469条。1990年，支队审核建筑工程735个，提出火灾隐患问题602条。

1991年，审核建筑工程729个，审核面积140万平方米，提出隐患问题1068条。

1992年8月，下发《关于加强高新技术产业开发区消防工作的意见报告》，明确该区在总体规划、工程建设审批、违章处罚等方面的消防管辖权限和职责；11月，支队对高层建筑开展电气防火检查，对高层建筑的电气消防安全进行专项治理；年内，审核建筑工程594个，审核建筑面积237.8万平方米。

1993年2月，市建委、市公安局联合下发《关于编制城市消防规划的通知》，济南市消防规划工作正式启动；11月，济南市开展装饰工程防火检查，对装饰工程的消防安全施工和管理进行规范，消除火灾隐患，此次检查共查出隐患问题505条；同年，济南市共审核建筑工程438个。

1995年，市政府下发《关于进一步做好消防安全工作的通知》，提出消火栓建设管理工作应本着“统一规划、先急后缓、分批安装”和“谁受益、谁出资”的原则，要求加强济南市公共消火栓建设工作；同年，支队共审核建筑工程532栋，提出火灾隐患问题2486条，开展消防验收工作，验收工程85个。1998年，支队审核建筑工程465个，楼房706栋，建筑面积263万平方米。

1999年起，派技术人员参加济南市北园地区旧村综合改造工程的联合审批，为工程建设提供技术指导和服务。

2000年3月，分别开展全市建筑工地消防安全检查和全市重点高层建筑消防安全检查工作，及时发现隐患，督促单位进行整改；4月，根据省公安厅消防局下发的有关加快小城镇公共消防设施建设的通知，支队对确定的济南市13个中心镇提出编制小城镇消防规划，建设消防站，设置消防供水等要求，推动小城镇公共消防设施建设步伐；12月，下发《关于消防设计审核报审时附送存储施工图光盘的通知》，进一步提高工作效率，加强档案存储管理；同年，支队审核建筑工程457个，建筑面积351万平方米，楼房796栋。

2001年5月，派技术人员参与泉城路拓宽改造工程消防技术方面的审批工作，对地下共同沟的消防安全问题提出防范措施；9月，下发《关于设计部门设立专兼职消防设计监督员的通知》，严把消防设计关，确保消防设计水平和质量；12月，支队下发《关于进一步规范化危品生产、储存、经营场所新建、改建、扩建工程建审工作的通知》，明确加油站、加气站、液化气站、化工厂等化学危险品生产、储存、经营场所的新、改扩工程由支队建审科负责办理审批手续；同年，支队审核建筑工程561个，建筑面积556万平方米，楼房1125栋。

2002年1月，下发《建筑工程消防设计审核分级审批规定(试行)》，细化工作程序，进一步明确支队、大队业务科室的审批权限，提高办事效率；7月，支队下发《关于进一步加强电气设施设备消防安全技术检测的通知》，针对大型建筑、人员密集场所、重要的建筑物进行电气消防安全技术检测，防范因电气隐患引发的火灾；同年，审核建筑工程516个，建筑面积619万平方米，楼房1107栋。

2003年2月，下发《关于明确高新技术产业开发区公安消防大队消防监督管理范围和权限的通知》；6月，支队按照全市政府提速、提高行政效能的精神，下发《关于明确我市建筑工程消防审核范围的通知》，进一步提高建筑工程消防审核质量和效率；同年，支队共审核建筑工程512个，建筑面积601万平方米，楼房958栋。

2004年7月，在政府行政审批中心运行一年后，支队针对接待大厅工作情况，对行政审批手续的受理专门下发《关于行政审批有关事项的通知》；8月，支队下发《关于进一步改进和加强建审工作的通知》，第一次提出建筑工程的集体讨论制度，明确指出对消防技术规范没有规定，规定不明确，省市重点工程、大型单体工程、有争议的工程，应当进行集体讨论，防止工程审核中出现疏漏；同年，支队共审核建筑工程429个，建筑面积534万平方米，楼房735栋。

2005年7月，下发《建审、检测、验收内部审批程序管理规定(试行)》，进一步明确建审、检测、验收岗位职责，规范内部审批程序，切实加强对建筑工程的消防监督管理；年内，支队共审核建筑工程551个，建筑面积779万平方米，楼房1086栋。

2006年4月，制订《争创“365”消防服务品牌实施方案》，打造济南消防服务品牌；年内，支队共审核建筑工程457个，建筑面积587万平方米，楼房1041栋。

2007年，共审核建筑工程468个，建筑面积951万平方米，楼房1190栋。

2008年3月，下发《关于推广设计应用安全控制与报警逃生门锁系统新技术的通知》，解决因安全出口锁闭造成群死群伤恶性火灾事故发生的问题；6月，支队下发《关于印发加强消防执法规范化建设35项制度的通知》；年内，支队共审核建筑工程403个，建筑面积1134万平方米，楼房1209栋。

2009年，参与第十一届全运会11个涉赛场馆及配套工程建筑工程消防设计审核，为第十一届全运会提供消防专业技术保障。年内，支队共审核建筑工程546个，建筑面积1294万平方米，楼房1418栋；共备案建筑工程3个，建筑面积3万平方米，楼房3栋。

2010年，下发《关于印发中小学校舍安全工程绿色通道实施方案的通知》，设立校舍安全工程项目审验绿色通道。年内，支队共审核建筑工程457个，建筑面积1266万平方米，850栋；共备案建筑工程694个，建筑面积980万平方米，楼房1505栋。

二、建筑工程消防备案验收

2000年4月，根据《建筑工程消防监督审核管理规定》，实行消防设计审核管理权和消防验收管理权分离，制定《验收科工作职责》《建筑工程消防验收工作程序》等各种职责制度。6月15日，支队办公会确定验收科于7月1日正式开展工作。同年，共验收工程49个。

2001年3月，贯彻全国城市公共消防设施建设工作会议精神，开展全市公共消防栓普查验收工作。同年，验收工程256个。

2002年4月，下发《关于进一步落实政府提速，提高行政效能工作的实施意见》，对如何进一步提高工作效率，改进工作作风，更新管理理念作出规定。同年，验收工程290个。

2003年3月，推出便民利民措施：材料齐全的建筑工程消防验收由10个工作日缩短为7个工作日，验收后签发“消防验收意见书”，由7个工作日缩短为5个工作日；3月，下发《关于开展建筑工程未经消防验收或验收不合格投入使用专项检查治理活动的通知》，对全市2128栋未验建筑进行专项整治；5月，下发《关于建筑工程消防验收有关问题的通知》，明确验收后档案移交、隐蔽工程验收等相关问题；6月，下发《关于明确我市建筑工程消防验收范围及监督管理责任的通知》，明确济南市建筑工程消防验收范围及监督管理责任，确定高新技术产业开发区大队消防验收权限。同年，验收工程418个。

2004年6月，下发《关于开展建筑工程未经消防验收或验收不合格投入使用专项检查治理活动的实施方案》，对全省四大体系消防平安创建活动进行深化。同年，验收工程288个。

2005年3月，下发《关于进一步规范消防监督检查工作有关问题的通知》，规范验收监督移交程序；11月，开展全市加油站专项整治工作。同年，验收工程217个。

2006年，下发《关于改进建筑工程消防行政审批提高工作效率的意见》，制定简化办事程序、提高行政审批效率的便民利民措施。同年，验收工程264个。

2007年3月，参与“消防审批备案，执法质量回访活动”。同年，验收工程231个。

2008年2月，贯彻公安部《建设工程消防验收评定办法》，规范建设工程消防办法。同年，验收工程282个。

2009年5月，下发《关于贯彻实施新〈消防法〉三部配套规章及启用新公安消防行政法律文书(式样)的通知》，规范消防行政法律文书式样；6月，下发《关于贯彻执行公安部〈建设工程消防监督管理规定〉有关问题的通知》，明确建设工程消防设计审核、验收及备案抽查范围；10月，参与第十一届全运会涉赛场馆及配套工程建设消防执法服务工作，使11个涉赛场馆、3个配套公建顺利通过消防验收。同年，共验收工程191个、备案工程144个。

2010年5月，参加社会单位“四个能力”建设达标活动；12月，开展全市违法工程专项整治工作。同年，验收工程115个、备案工程174个。

第三节　消防宣传

1999年10月至2000年1月，在济南有线电视台开辟《泉城119》消防电视专栏节目，每两周一期，每次15分钟。2003年8月，在济南电视台都市频道开辟《泉城119》消防电视专栏节目，每周1次，每次15分钟。至2005年年底，《泉城119》共播出125期、80个专题，在同类节目中保持较高收视率。

1988～1995年，组织观看消防电影、录像片放映121场，观看人数5.8万人次。1988年10月，支队组织300多名官兵参加全市范围的“消防宣传周”活动。历下、市中、槐荫、天桥、历城等区，在广场、闹市地段、主要街道、公园门口等处，设立16个消防宣传站，以图文并茂的消防宣传展板，宣传消防安全常识和有关法律、法规，并进行消防常识咨询，解答各种问题。活动期间，支队召开各种类型座谈会100余次，走访企事业单位320多个，向群众宣讲86次，接待消防咨询3400余人次。

1989年9月，与市总工会、市安全委员会、市经委等单位共同举办“济南市第二届职工消防运动会”，历时2天，全市3万余名干部、职工参加运动会。

1990年10月，举办“全市消防安全知识电视大奖赛”，中央电视台播音员赵忠祥主持。

公安部在1992年开始将每年的11月9日定为全国的“消防日”。此后，由支队主办，每年11月9日举行全市性消防宣传活动，共举办15个“119”消防日宣传活动。市政府分管此项工作的领导作报告或电视讲话，举行消防演练，在全市各主要街道、广场设置消防宣传咨询点、宣传图板、黑板报、横幅，表演以消防安全为题材的小品、相声、戏曲等文艺节目。市、县(区)分管消防工作的领导参加宣传活动。

1997年10月，支队举办“济南消防漫画展”，面向全国征集消防漫画作品1376幅。11月9日，在山东省博物馆展出119幅获奖作品。

2000年，在全市征集推出济南消防标识。

2001年2月23日，新华社、《人民日报》、中央人民广播电台、《光明日报》、《法制日报》、《人民公安报》等六家新闻单位组成中央新闻采访团到济南对支队“消防监督警务区”创建活动进行采访报道。2002年8月，中央电视台《东方时空》栏目报道济南市消防四中队几十年如一日照顾孤寡老人的事迹。

2001年，设计配备多功能流动消防宣传车，该宣传车具备可燃气体爆燃试验装置演示，家用电器超负荷引发火灾试验装置演示，消防安全常识卡通漫画展示，利用触摸式电脑普及消防常识，播放火灾、消防常识录像和录音等宣传功能。同年，支队开通网上消防博物馆，即“济南消防博物馆”网站(http://www.jn119.com)，消防博物馆采用网上三维技术建立实物模型，采用网络三维展示、互动式消防教育、消防视频、漫画、摄影等形式进行消防宣传教育，具有不受地域限制、不受时间限制等特点。网站开通后，浏览量日均近1000人次。

2003年，根据消防宣传工作需要，组织专家编写10万份《青少年消防安全教育》(上下册)和《小学生消防常识画册》，设计制作6万份“家庭电气防火安全常识”彩色宣传页，发放到全市学校、企事业单位、农村。

2004年，支队下发《关于消防宣传“进社区、进学校、进企业、进农村”的工作实施方案》。

2007年，成立消防宣传中心，下设综合、新闻、影视科。联合济南市文化局和济南市曲艺团，发动全市社会各界参与，组成400余人的演出阵容，于11月8日在泉城公园生态广场成功举办“119”群众性消防文艺演出活动，5000余人现场观看文艺演出，并在济南电视台进行全程播出。

2008年7月，联合济南市曲艺团成立济南市消防艺术团。

2009年4月，围绕新颁布的《中华人民共和国消防法》，组织消防艺术团创作文艺作品，开展一系列丰富多彩的宣传活动。

2010年，加大主流媒体宣传力度，制作《泉城119》栏目播出47期。

第四节　案例选介

1994年9月4日19时20分，位于济南西郊的济南9731炼油厂成品油罐区23号汽油罐因抽油过快产生静电造成爆炸起火，爆炸将数吨重的罐顶掀出十几米外，继而又引起25号柴油罐的爆炸，外溢的油品飞溅。济南公安消防支队接到报警，先后调出20个公安、企业专职消防队的42部消防车、400余名官兵及环保局的洒水车到场灭火。经过全体参战人员四个多小时的奋战，于次日凌晨零时10分将大火全部扑灭，成功保住西侧30万吨催裂化装置、原油罐区、铁路专线及周围单位和村庄居民的安全。此次火灾共烧毁汽油、柴油96吨，各种管道829米，两个近500立方米的储油罐报废，直接经济损失30.4万元。

1996年10月12日，济南市名泉大酒店发生重大火灾。支队调度指挥中心接到报警后，先后调出3个消防中队、8部消防车、80余名干警参加扑救，经过1个小时的奋力扑救，于当日16时30分，将大火彻底扑灭，为国家挽回经济损失400余万元，抢救疏散工作人员及旅客20余名。此次火灾造成9人中毒窒息死亡，先后有23名干警和3名职工因吸入烟雾中毒受伤，直接经济损失23.6万元，着火面积约30平方米。

1998年4月15日，济南市喜佳斯制衣有限公司仓库发生大火。支队调度指挥中心接到报警后，先后调出4个中队，10部消防车及8部器材供给车，180余名消防官兵到场扑救，经过参展消防干警5个小时的奋力扑救，大火于当日19点30分全部消灭。在灭火战斗中，先后疏散、抢救被困人员50余名，保护建筑面积700余平方米及2、3层配套生产设备的安全，为国家减少经济损失900余万元。这次火灾共烧毁布匹、塑料制品一宗，过火面积200平方米，经济损失27.7万元，4名消防官兵和5名职工因长时间受高温、浓烟熏烤住院。

1999年5月30日早晨，经十路东段山东中医药大学门口处1辆满载16吨柴油的半挂油罐车，行驶中油罐车车体突然分离，并将罐体摔裂，造成大量柴油泄漏。支队调度室接到市公安局指挥中心命令后，立即出动2个中队、7部消防车、80名官兵前往事故地点投入抢险战斗，在参战官兵和交警、市政、城建等部门的共同努力下，及时排除险情。

1999年5月28日，济南化轻集团总公司102仓库甲苯罐发生火灾。支队调度指挥中心接到火灾报警后，先后调出5个中队、18台消防车和先期到达的济南炼油厂消防队3台车共21台消防车180余名官兵参加灭火抢险，经过近1个小时的紧张战斗，于16时10分将大火扑灭。保护与燃烧罐相邻的盛有24吨二甲苯的2号罐以及整个仓库和西邻济南市炼油厂的3列装有3000吨轻质油列车的安全，避免经济损失近1000万元，有效遏制一起重大恶性事故的发生。这起火灾共烧毁甲苯4.5吨，燃烧面积100余平方米，1名操作工被烧伤。

2000年6月13日7时45分，山东电子大厦发生特大火灾。支队调度室接到火灾报警后，先后调集10个公安队、4个专职队的38部消防车、330名官兵及环卫局8部洒水车参加灭火战斗。经过参战官兵6小时的奋力扑救，于13时30分将大火彻底扑灭，成功保护西侧毗连的山东清河家具城和大厦1～3层，保护建筑面积2万余平方米，保护物资价值近亿元，疏散抢救被困人员50余人。

2001年5月15日23时许，京福高速公路齐河段距去往聊城出口约1000米处，1辆载20吨液化石油气的斯太尔液化石油气槽车与顺行的1辆半挂解放142货车追尾相撞，造成罐内液化石油气从安全阀和右侧装卸装置等多处向外大量泄漏，并引发大火。事故造成1人当场死亡，1人受伤。支队调度指挥中心于23时34分接到总队增援命令后，先后调出特勤大队、七中队、九中队、十中队和三中队共计12部消防车、100余名官兵赶赴事故现场实施灭火和排险，经过参战官兵17多个小时的紧张战斗，于16日17时将险情排除，避免一起重大恶性爆炸事故的发生，保住过往车辆和人民群众的安全。

2003年1月27日6时30分许，济南市章丘市明珠小区北区29号楼，因一单元2楼东户居民使用燃气操作不当而引发爆炸，造成宿舍楼一单元1～5层全部坍塌，20名居民被埋压在废墟中。事故发生后，济南市消防支队和章丘中队迅速出动11部消防车、90余名官兵赶赴事故现场实施救援。在当地公安、交警、建筑工程公司和驻军等救援力量的大力协助下，连续作战近15个小时，救出5名遇险者，转移21名遇难人员遗体。

2007年4月4日13时，位于槐荫区经十西路66号的济南段店汽车配件城仓库发生火灾。13时53分，支队119调度指挥中心接到报警后，迅速调集7个消防中队、21部消防车、140名消防官兵赶赴火灾现场。经过近三个小时的奋力扑救，于16时48分将大火彻底扑灭，成功保护该仓库内大量汽车配件，防止火势向其他毗邻配件仓库的蔓延，保护财产价值近2000余万元。

2008年5月12日，四川汶川发生特大地震灾害发生后。支队分两批派出105名参战官兵，克服困难、连续作战，成功救出被困孕妇张晓燕、羌族少女尚婷等28名被埋压群众，清理50具遇难者遗体。

2008年7月27日17时许，在建的济南奥林匹克体育中心体育馆发生火灾。支队接到报警后，先后调集全勤指挥部和10个中队、37辆消防车、近300名官兵赶赴现场，并调集济南炼油厂消防队、济钢集团消防队2个企业专职队共4辆消防车和40辆市政洒水车协助灭火。在全体参战官兵的共同努力下，大火于20时被全面控制，21时30分被全部扑灭，无人员伤亡，确保场馆主体未造成损害。

2009年7月28日23时，位于济南百江液化气公司(南)奥体中路段供气管道被施工车辆挖断，造成液化气泄漏。支队119调度指挥中心接到报警后，一次性调集支队全勤作战指挥中心值班人员、6个中队和战勤保障大队，共计16部消防车、120余名官兵赶赴现场。全体参战消防官兵，紧急疏散500余名群众，与交警、治安以及燃气公司工程人员协同作战，历经5个小时的奋力拼搏，于29日4时成功排除险情，避免一起恶性爆炸事故的发生。

2010年4月14日，青海玉树地震发生后，支队接到公安部消防局、总队增援抗震救灾一线的指令后，紧急调集40名经验丰富的优秀特勤官兵成立应急救援队，携带4条搜救犬和300余件(套)专业救援器材装备以及矿泉水、食品、药品和医疗器械，于15日零时20分乘专机赶赴青海地震灾区执行灾害救援任务。在青海期间，救援队员共搜救现场5处，搜寻民房80户，救助重伤灾民1人，搜寻出保险柜1个。

2010年6月30日12时10分，支队119调度指挥中心接到报警，胶济铁路356公里+352米处发生列车火灾事故。支队一次性调集5个中队的16辆消防车，共110余名官兵到场处置。经过参战官兵的奋力扑救，14时20分成功遏制火势并扑灭外部明火，于16时10分彻底扑灭残火，近千名被困群众被顺利转移，无一伤亡。

第八章　安全保卫

第一节　国内安全保卫

20世纪80年代中后期，政治保卫工作的指导思想从以侦察破案为主转移到情报、侦察、保卫“三位一体”，以情报信息为中心的环节上来，发挥维护国家安全和社会政治稳定的预警作用。此后十余年间，政治保卫部门面临的形势、任务发生重大变化，其职责、职能作用的发挥开始转向国内安全保卫的新阶段。

1998年9月，公安部召开第一次全国国保工作会议。2000年10月，济南市公安局“政治保卫处”更名为济南市公安局“国内安全保卫支队”；2001年11月，支队升格为副局级单位，内设5个正处级大队(处)、6个正科级中队(科)。2006年3月，济南市公安局国内安全保卫支队为更好地适应新时期国保工作，创造性地推行以职能调整为主要内容的内设机构改革，在全市形成“指挥决策、侦察惩罚、调查控制、情报分析、技术支持、警务保障”六大系统，建立高效的统一指挥、各司其职、立体防控、合成作战的工作机制。2006～2010年，抓好情报信息搜集预警和情报导侦工作；有效预防和妥善处置境内外敌对分子渗透、煽动、破坏活动以及山东省、市重点群体大规模非法聚会等，有力维护济南市社会政治稳定和国家安全。

第二节　经济文化安全保卫

20世纪80年代后期，济南经济文化领域改革步伐加快，内部矛盾和不安定因素增多，部分高校受资产阶级自由化思潮影响出现闹事苗头。公安保卫部门，把维护政治稳定摆到工作首位，调集有关警种，重点加强党政机关、高等院校和国有企业保卫力量，妥善处置因各种人民内部矛盾激化而出现的群体性上访事件和闹事苗头，有针对性地开展反盗窃、反破坏和创建治安安全单位活动，保卫改革开放的顺利进行。

20世纪90年代后期，济南经济发展步入快车道。全市注册法人企业数、职工数、工业总产值增长很快。全市公安保卫部门适应新形势，维护单位内部政治稳定和治安秩序安定。

2004年12月1日，《企业事业单位内部治安保卫条例》正式施行。全市公安保卫部门按照条例确立的“单位负责，政府监管”的单位内部治安保卫工作新机制要求，严格规范监督指导，推进新形势下单位内部保卫工作的法制化、规范化建设，维护单位内部治安秩序和社会稳定，建立和完善维护社会稳定的长效机制，预防、控制和减少违法犯罪，保障人民群众人身、财产安全和公共财产安全，保障单位正常的工作、生产、经营、教学、科研秩序。

2006年12月，文保支队、经侦支队四大队合并，成立经济文化保卫支队。依法负责对济南市党政机关、金融、关系国计民生的重要基础设施单位、大型企业、团体、民主党派、驻济南高校、科教文卫体、广播电视、新闻出版等单位内部安全保卫工作进行监督、检查、指导；负责对单位内部的维护稳定工作进行指导；负责对重大责任事故等11类刑事案件的查处。

一、党政机关安全保卫

1987年，山东省委办公厅、省政府办公厅发出《关于切实加强党政机关安全保卫工作的通知》后，济南市党政机关普遍从物理和技术上加强防范，在要害部位安装红外线报警器。市政府落实红外线报警、电视监控为一体的技术防范措施。90年代后，配合信访部门维护上访秩序。2008～2009年，结合奥运安保与全运安保工作统一部署，进一步细化首脑机关安保工作措施，按照“重点管控、以点保面”的总体要求，坚持认识、领导、责任“三个到位”，实施市公安局、公安分局、派出所“三级管理”，强化防范、协调、服务“三项职能”，狠抓安全措施的落实。全年共派出警力700余人次，发现整改各类安全隐患、防范漏洞27条，指导督促各机关单位在重要部位全部安装使用电视监控报警系统，加固门窗165个，技防物防覆盖率100%，单位内部治安防范能力显著提升，实现连续四年“零发案”。

二、要害单位安全保卫

1988年，以国防科研、机要通信、通讯社、重要金融为重点制定应对突发事件的保卫工作方案，严格执行保卫、保密、会客、外来人员登记制度。石油、化工国有大型物资仓库、储存易燃易爆、剧毒等危险品的部位及保存珍贵文物等部位严格执行防火、防爆炸、防破坏、防盗窃等安全保卫制度。贯彻落实《山东省机关团体企事业单位治安保卫工作的办法》，指导、帮助重要要害单位健全完善内部安全防范工作责任制。

1990年4月，省公安厅、省经济委员会等4部门下发《关于在全省机关团体企事业单位开展创建治安安全单位活动的通知》。1991年，市政府批准市公安局与市安委、市经委、市财办、保险公司、精神文明办等11个部门创安工作意见，部署开展创建安全达标单位活动，在治安安全方面制订7条标准。同年，组织企事业公安、保卫干部，与技术监督等部门密切配合，采取自查、互查、抽查相结合的方法，在企事业单位内部开展多层次的以防火防盗为主要内容的安全大检查，共检查发现整改各类不安全因素9061条，被查单位均及时整改。

1991年，检查整改各种不安全因素8120条，其中整改重大不安全因素12条，消除隐患，减少事故、案件的发生。全市没有发生政治案件、刑事案件、重大治安案件和重大治安灾害事故的安全单位达到958个。2004年，根据省公安厅统一部署，文保支队在驻济南高校、中小学幼儿园、医院、党政机关，开展“创建平安校园”“创建平安医院”等创安活动，有效促进单位内部安全防范措施的落实。

2004年12月1日，《企业事业单位内部治安保卫条例》正式颁布。2005年，编发贯彻内保条例工作专刊，在《济南日报》开辟内保条例宣传专栏，印制内保条例1万余册，制作悬挂横幅2万余条，印制发放宣传画册10万余册；举办多期各种形式的培训班，培训内保、社区民警和企事业单位保卫干部2000余人；组织开展全市企事业单位基础调查，研发内保信息管理系统，登记录入2万余条单位的治安保卫信息。向各级政府报批治安保卫重点单位725家，当年批复527家；12月15日，召开全市单位内部治安保卫工作经验交流会，总结推广内保条例工作经验。

2009年，第十一届全国运动会在济南市举办。共检查重点部位1501处、直接为全运赛事提供保障的延伸站点416处，发现整改各类安全隐患254处。加强重要部位和重要基础设施的巡护守卫，落实守护力量5236人。党政首脑机关、关系国计民生的重点单位、驻济南高校的重要部位电视监控报警系统安装使用率达到100%。全市1000多个金融营业网点，通过LED显示屏，滚动播出短信报警等安全提示信息。会同有关部门指导督促重点单位深入开展安全风险评估工作。组织开展167场次处置突发事件实战演练，修订完善供电、供水等部门各类预案876份。组织开展16次单位保卫干部业务培训，参训960人次。通过各项措施确保全运期间全市单位内部绝对安全。

三、金融安全保卫

1987年6月，落实山东省公安厅、中国人民银行山东省分行等5单位下发的《关于加强银行系统安全保卫工作的通知》要求，将金融单位发行库、业务库等纳入要害部位，督促单位选拔忠诚老实、责任心强的人员担任管理库款工作。90年代后期，外地市金融抢劫、诈骗、盗窃案件急剧上升，危害严重。全市公安经文保部门及时调整工作重心，把金融保卫列为重中之重，强化金融单位的安全防范工作。督促金融单位对运钞车辆进行改装加固，整顿守护队伍，明确金库管理的要求，督促网点报警设施与公安指挥中心联网，使各项制度落到实处，确保全市金融安全。1998年，全市金融营业网点的报警设施全部与区公安分局、县(市)公安局指挥中心联网，运送大宗款项的运钞车安装GPS卫星定位系统。2002年，全市91%的金融营业网点、96%的金库、100%的运钞车达到公安部和人民银行防护标准；其中市区营业网点的电视监控安装率、110报警联网率、金库防范设施安装率均为100%。2005年，修订完善《济南市金融营业网点、运钞车、金库安全防护暂行规定》，建立健全金融押运员指纹档案和个人资料档案。严格执行公安机关对金融营业网点的三级管理制度，检查指导营业网点落实各项安全防范措施。2006年，督促重点单位投入4000余万元用于技防建设，全市1224个金融营业网点“110”报警联网率达到100%；数字电视监控安装率达100%，联动门安装率达61%；催泪防卫器安装率达55%。127辆运钞车全部安装GPS卫星定位系统。民生银行、交通银行等9家银行实现电视远程监控。783个自动柜员机全部安装电视监控和防盗系统。

四、医院安全保卫

2003年，“非典”疫情发生。文保支队以医疗卫生单位、学校为抗击“非典”的重点单位，全力做好“非典”期间安全保卫工作。

2004年后，医患纠纷数量多、参与人数多、持续时间长、对抗程度高，且随时可能出现激化升级，成为社会各界关注的热点、难点问题，不仅影响到医疗机构的正常工作秩序，对社会的和谐稳定也会产生严重影响。在驻济南医院建立42个警务室，定期会同保卫处、医务处对医疗纠纷进行梳理分析和等级评估，对发展态势作出预测研判，并根据各种纠纷所处的不同阶段，明确警院双方各自职责任务，力求做到预防在先、发现在早、处置在小，最大限度地防止矛盾扩大或激化。市、县公安局及派出所三级公安机关协同配合，坚持提前介入、全程掌控、因人施策，在矛盾升级前，根据双方诉求，采取宣传法律、分隔劝解等不同的方式方法，成功化解一批疑难纠纷；对有过激行为的，坚持采取果断措施。

为做好新形势下医院安保工作，2010年5月，市公安局主动联系并会同市卫生局联合下发《关于维护医疗机构正常医疗秩序的通告》《关于加强驻济医院安全防范基础建设工作的通知》，为全面优化医院三防基础建设，提升安全防范水平奠定基础。

五、高校安全保卫

1998年，在山东财政学院、山东工业大学开通校园“110”。1999年，4处驻济南高校全面推进校园“110”建设，为师生员工提供快速的安全服务，有效震慑违法犯罪分子，确保驻济南高校形势的稳定。1999年5月8日凌晨，中国驻南联盟大使馆被炸后，驻济南高校师生召开声讨会，万人签名，张贴标语、抗议书，有8所高校1.3万余人上街游行。配合校方做好工作，维护正常的治安秩序和社会稳定。2003～2004年，文保支队高度重视长清区济南大学科技园和章丘大学城建设，会同长清公安分局、章丘市公安局超前谋划，主动服务，确保新校区建设期间良好的治安秩序。2006年，济南大学被确定为全省治安防控体系建设示范单位及全省治安防控体系统建设现场会观摩点。文保支队在高校以技防建设为重点，全面推进“三基”工程建设和治安防控体系建设。

六、“三电”专项斗争

2007年，全市共破获各类盗窃、破坏“三电”(电力、电信、电视广播)设施案件1261起，抓获犯罪嫌疑人744人，其中刑事拘留95人，逮捕145人，打掉犯罪团伙51个，挽回经济损失168万元；盗窃破坏“三电”设施案件同比下降70.59%，被中央综治办、公安部等八部委评为“2007年全国惩罚盗窃破坏电力电信广播电视设施违法犯罪专项斗争先进集体”。

2009年，组织有关警种和“三电”企业单位先后出动3500人次、印制宣传品1.85万余份。工作情况和战果被报纸、电台、电视台等媒体宣传58次，通过手机发送“三电”宣传信息 48万条，在济南信息港、齐鲁热线等网站，设立“开展惩罚盗窃通信电缆专项斗争”的专栏，设立举报电话，营造保护“三电”设施安全的良好舆论氛围。全市共破获“三电”案件899起，抓获犯罪嫌疑人241人，抓获逃犯75人，打掉犯罪团伙24个，挽回经济损失420多万元，盗窃破坏“三电”设施案件比2008年同期减少379起，下降44.8%，全国重点整治地区——济阳县，此类案件同比下降86.8%。

七、中小学(幼儿园)安全保卫

2010年，全市公安机关启动“金盾护学”行动，做好中小学幼儿园安全防范工作。至8月中旬，全市各级公安机关共组织工作组785个，检查学校幼儿园3566个(次)，发现安全隐患1027条，落实整改措施1007条；检查整顿校园周边重点场所、部位4807处；摸排重点高危人员1899人，落实管控力量3587人；组织警力1.3万人次、车辆3771辆次，加大巡逻管控力度，设立校园警务室、治安岗亭124个，派驻专职保安员1276人、内保人员1807人；安装监控报警设施1839个，配发校园防护、防卫器械1341件；组织学校保卫干部培训班18场次，受培训人员1600余人；派驻法制副校长或法制教导员4007人，组织法制教育讲座、处置突发事件演练182次。

八、国家级考试安保

2009年，对在济南市进行的13次各类国家统一考试安全保卫工作进行周密部署，指导协调各级公安机关做好各项准备工作，制定中考、高考、自考、成考、研究生考试、对口高职考试等安全保卫工作实施方案18份，出动警力1000余人次，圆满完成考试安全保卫任务。同时，派出政治素质高、责任心强的人员承担9次试卷押运看守工作。守卷民警从各类考试开始到结束，累计近2个月的时间工作在保密室内，24小时轮流值班，寸步不离，确保100余万份各类试卷完好无损，顺利送到各个考点，确保试卷的绝对安全。

第三节 大型活动安全保卫

一、元宵节安全保卫

1980年，济南市举办第一届趵突泉迎春灯会，至2010年共举办31届。阴历十四至十六三天为高峰期。至20世纪90年代逐渐形成较大规模，市公安局每年都组织专门班子，部署力量与有关部门配合，做好治安保卫工作。进入21世纪，元宵节灯会规模越来越大。为了确保全市人民欢度元宵佳节，济南市公安局本着“及早入手，超前工作，周密安排，确保安全”的原则，坚持“反复查、查反复”，组织有关单位对燃放点和灯组选址、用电防火、照明、警示导向标志、安全护栏、疏散通道、危险地段、重点部位等各方面反复进行检查，制订安全保卫工作实施方案，对现场保卫工作从组织协调、首长警卫、治安保卫、交通指挥、消防监督、机动力量、警务督察等9个方面合理部署警力，并落实“三定一包”，即定人、定岗、定责任、包安全措施。由于治安管理和安全预防措施落实到位，元宵节治安秩序井然，没有发生火灾、交通事故和挤伤人事故，也没有发生重大刑事、治安案件。广大民警文明执勤，扶老携幼，为群众办好事、解难题2849余件，受到广大人民群众的赞扬。

二、大型文体活动安全保卫

（一）首届艺术节及泉城文化节安全保卫。1987年10月2日～8日，山东首届艺术节在济南举行，同时举办首届泉城文化节。市公安局根据市委、市政府“要形成全市保卫网络”的指示，自上而下成立指挥机构和专门班子，加强首长、外宾的安保工作，严密社会面控制，先后出动干警2000余人。同年10月29日，迎接第十一届亚运会长跑、第四届“泰山杯”全国女子马拉松邀请赛和山东省马拉松比赛在济南市同时举行，来自全国30多个单位近500名运动员以及外国运动员参加比赛。现场及沿途观众30余万人，全市出动警力1500人，完成安全保卫任务。

（二）山东省第十四届运动会安全保卫。1988年6月5日，山东省第十四届运动会开幕式在山东省体育场举行。该省运会每年一届。此届运动会是首届城运会的预演，规模大。有14个地市、大学生联合会及四大企业共19个代表团，约4500人参加。市公安局制订保卫方案，共组织758名警力，完成保卫任务。

（三）全国首届城市运动会安全保卫。1988年10月23日至11月2日，全国首届城市运动会在山东省济南市、淄博市举行。参加此次运动会的运动员、教练员、裁判员、新闻记者以及来宾约1万余人。举办全国性的大型、综合性运动会，是济南市有史以来的第一次。济南市作为运动会主赛区，不仅要承办十个比赛项目，还要承担开、闭幕式，“举火炬迎城运”的火炬接力赛跑活动以及接待各代表团的任务。城运会安保工作艰巨繁重。为确保大会的隆重、热烈、精彩、圆满，在大会筹委会和保卫部的领导下成立城运会济南赛区安全保卫指挥部，市公安局制订《1988年全国城市运动会“举火炬迎城运”安全保卫方案》等方案22份，共投入警力2000余人。

（四）奥运火炬在济南传递安全保卫。奥运火炬传递是奥运安保工作的重中之重，也是首场硬仗。为确保绝对安全，市公安局建立由上而下的5级指挥体系，修订完善应对各类突发事件的10多个安保预案，公安部督导组称赞“济南市的安保方案，是我们检查督导的全国十五个城市中最好、最严密的安保方案”。2008年7月23日，圣火在济南传递13.5公里，243名火炬手参加火炬传递，市内转场180公里，120万群众在现场观看传递盛况。市公安局组织1.5万名安保警力提前8小时上岗，自内向外设立6道防线，开展4大重点区域安全检查，在安全可控的基础上，将维护现场秩序与营造热烈氛围有机结合，真正达到“隆重、热烈、安全、祥和”的目标。

（五）十一届运动会安全保卫。2009年10月16日，第十一届全运会在济南举办，济南市公安局全警全力，以超常规的安保措施，实现十一运的“精彩、难忘、成功”。(附《全运会安全保卫》专文)

（六）大型演唱会安全保卫。2005～2010年，同一首歌、欢乐中国行、超女演唱会、中韩演唱会等大型文艺演出以及崔健、费翔、周华健、刘德华、张学友、王菲、齐秦、那英等知名艺人的专场演出在济南市先后举办。此类活动社会关注度高，现场气氛热烈。为确保演出顺利进行，市公安局高度重视，反复勘察现场，加强与活动主办单位的联系，督促主办单位做好外围隔离封闭、观众通道的设置、人员容量、内场座椅摆放、座号张贴、座椅固定、区域划分、导向警示标志设置数量、规格及位置、应急广播、照明、存包处、售货点(水及饮料)等重点工作，在合理划分区域的基础上，对证件实行分区域管理，严格控制通行权限和制作发放数量，制订周密、细致、科学的安保工作实施方案，保证活动现场欢庆、火爆、热烈、紧张的场面，确保活动安全。

1986～2010年，市公安局共完成大型文体活动475场(次)(不含全国足球赛)。

三、足球比赛(济南赛区)安全保卫

1990年，全国足球甲级队A组联赛， 2004年中超联赛，2005年亚冠联赛(小组赛)，2007年A3联赛等在济南相继举行。为确保各项足球赛事安全。市公安局制定安保方案。赛前组织治安、消防、辖区公安分局对赛场的灯光系统、监控系统、广播系统、外围广场进行安全检查，并要求省体育中心体育场督促周边各租赁业户于比赛日中午12时前关门歇业。赛日期间，负责外围封闭任务的警力提前4小时使用封闭护栏在省体育中心体育场彩砖广场外围一周拉设封闭线，并预留人员通道，对进入彩砖广场的人员、车辆严格检验票证，防止无票证人员、车辆进入彩砖广场，确保彩砖广场的良好秩序。为确保赛场安全，体育场主席台、观众区各执勤单位，运用安检门、安检仪等设备，对入场观众进行严格细致的安全检查，防止各种危险、违禁物品进入赛场内，保证赛场安全。赛事期间，以赛场(省体育中心体育场)为中心，从外到内设立五道防线，以市区主要交通干线、路口为依托，构筑第一、二道防线，实施交通管制，及时分流车辆，减轻内围压力；在体育中心外围、四个爬梯口、各座区出入口，分别设置第三、四、五道防线，同时设置三道安检关，实施外围封闭和验票验证，引导观众凭票凭证有秩序入场，并严格查缴危险违禁物品，使现场内外一体、互相联动，形成强大的整体作战优势，有效震慑各类违法犯罪分子，确保赛场良好秩序。比赛期间，各执勤单位以球迷管理为重点，特别加强对客队球迷区的安全保卫工作，专门设置客队球迷区，并对警力部署进行调整，安排专门警力做好客队球迷安全保卫工作，根据赛场情况，灵活机动的采取先主队后客队、租用专门车辆等的球迷疏散方案，确保客队球迷的人身安全。

四、大型展会安全保卫

2000～2010年，齐鲁车展、房展，医药器械展、汽配会等各类商业性质的展会相继在济南市举办。市公安局把主会场和宾馆驻地的安全作为安保工作的重点，通过采取安全检查、全方位实时监控、临时交通管制、治安清查、组织实战演练等具体措施，对用火用电、消防器材的配备、安全疏散通道等问题进行明确规定，确保展区现场消防工作的规范、合理，将火灾隐患系数降到最低。针对人员车辆高度集中的会展对部分道路实行临时交通管制，强化展馆内外反扒力度，及时惩罚现行犯罪活动，做好闭馆后巡逻检查、展品看管及周边巡逻等工作，防止发生丢失、被盗。对发生的现行案件，组织精兵强将，快侦快破，严厉惩罚违法犯罪活动，共抓获犯罪嫌疑人35人。

五、大型会议安全保卫

(一)糖酒会安全保卫。2005年、2010年，济南先后举办两届全国秋季糖酒商品交易会，被誉为糖酒会历史上“规模最大、秩序最好、效益最高”的展会。市公安局紧紧围绕“办好糖酒会、提升城市形象”主题，精心组织、周密安排，以最高的工作标准、最佳的精神状态、最严的工作部署、最细的工作措施、最优的工作效率，全力以赴做好各项综合治理工作，确保糖酒会公平交易、安全有序进行，展示文明济南、和谐济南、平安济南的良好形象。2010年，糖酒会展会期间组织安保力量1.1万人次，设置警示警告牌和导向标志160个、协调改建技防设施100件、增设消防安全设备800

件、设计制作各类票证43种15.5万张。其间，各级公安机关按照“整体防控，以面保点”的总体部署，深化严打整治措施，落实全时流动警务机制，强化社会面防控和内部安全防范，加强对枪支弹药、爆炸、剧毒、放射等危险物品管理，保持对“黄赌毒”等违法犯罪活动的高压态势，维护旅游风景区治安秩序，为市民、游客和参展商创造安全、文明、和谐的治安环境。

（二）全国煤炭会安全保卫。2006年1月1日～10日，2006年全国重点煤炭产运需衔接会议在济南举办，50余万人参加会议。全国煤炭会作为全国煤炭行业第一大会，号称“富民大会”，规格层次高，与会人员车辆多，会议时间长且形式分散，资金财务流动量巨大。在给济南市带来巨大商机的同时，也给社会治安、道路交通等带来巨大压力。为确保全国煤炭会绝对安全，全市公安机关高度重视，安保工作树立“点线面”结合的思路，明确“三点、两线、一面”的工作要求。“三点”即山东大厦、南郊宾馆、舜耕山庄三个主要代表驻地；“两线”即消防监督工作、交通管理工作；“一面”即社会面。使各项安保工作紧张有序、有条不紊地展开，确保煤炭会期间全市社会治安秩序的持续稳定。国家发改委副主任欧新黔，对全国煤炭会安保工作给予高度评价：“此次会议组织工作非常好，是历史上秩序最好的一次会议。”

（三）中国（济南）信息技术博览会安全保卫。2002年，第一届中国(济南)信息技术博览会在济南举办。该活动作为联合国亚洲及太平洋经济社会委员会与中国在境内共同举办的唯一一个国际区域性信息技术博览会，成为山东省在信息技术领域举办的规格最高、规模最大的国际盛会，在全国乃至全世界都有较强的影响力和知名度。为确保信博会的绝对安全，市公安局成立安保工作指挥部，以开幕式现场和贵宾住地为安保工作重点，制订具体可行的安保工作方案，召开全局大型活动安保工作会议，对开幕式现场安保、住地安保、首长警卫、交通疏导、外籍人员管理控制、消防监督、情况控制等工作进行专题部署，确保大会的顺利召开。

（四）第五届中国国际农产品交易会安全保卫。2007年10月12日～16日，第五届中国国际农产品交易会在济南国际会展中心成功举办。中共中央政治局委员、国务院副总理回良玉，全国政协副主席张克辉，于10月12日～13日到济南市视察并出席第五届中国国际农产品交易会开幕式。全国31个省(市、区)和新疆兵团、台湾以及30多个国家组团参展，到会省部级领导、外国使节80余人、企业1000余家、客商2万余人、观众30余万人次。为做好此次“农交会”安保工作，市公安局围绕开幕式、首长警卫、会场展馆和宾馆驻地、社会面防控四个重点，深入开展安全检查，严密社会面防控，严厉整治“会外展”，强化各项安保措施，热情为到济南客商提供服务，实现“三个确保、三个满意”的工作目标，保证全市社会治安秩序的稳定良好。

（五）山东（国际）文化产业博览会安全保卫。2006年6月16日～18日，山东(国际)文化产业博览会在济南隆重举行。本届文博会以“文化的盛宴，人民的节日”为宗旨理念，规格高、规模宏大，先后开展各类系列活动260余项，参与群众500余万人次，安保任务艰巨繁重。为确保文博会安全顺利进行，根据文博会组委会统一部署，市公安局共组织出动警力3.6万余人次，圆满完成各项安全保卫工作，得到各级领导肯定。

附：全运会安全保卫

举全警之力　保全运平安。2009年，以“平安全运”理念和目标为核心的全国第十一届运动会社会稳控与安保工作是济南历史上历时最长、规模最大、参与人数最多、社会关注程度最高、工作过程最透明和防控任务最复杂、最艰巨的一项社会工程。济南市公安局各部门、警种在不断深化平安济南建设的基础上，按照市委、市政府实施“平安全运工程”的部署要求，以最大的决心、最高的标准、最严的要求、最硬的手段，全力以赴推进和落实十一运社会稳控与安保工作的各项工作措施，为2009年10月16日～28日十一运成功举办提供最佳最优的安全保障，实现十一运“绝对安全、万无一失”“大事没有、小事不出”的既定目标。

针对风险和困难，超前建立安保方案预案体系。为确保全运会安全顺利举办、各区公安分局、县(市)公安局，各部门警种紧紧围绕十一运安保工作，分析工作形势、明确安保任务、统一思想，制定安保工作规划、方案和预案，研究落实社会稳控和安保工作措施。经过筹划和准备，健全和完善群体性事件处置、防范处置暴力恐怖案件、突发公共事件应急处置、开闭幕式安保工作、省市领导机关安全保卫等20余类260多项方案预案，近1000份配套方案组成的十一运安保方案体系，落实防控部署与措施，形成安保方案预案体系。做好风险评估，做到有备无患。坚持“安全第一、稳定为先”的原则，对涉及全运会的重大活动、重要安排、重点部位等，坚持提前评估，深入搜集、全面分析各类风险源和潜在的威胁，完成4大类型17个子项目风险源识别表的梳理工作；对存在重大隐患和安全不过关的、没有把握的，坚决实行安全保卫“一票否决”。同时，对开闭幕式、火炬接力等重要活动及热门比赛，进一步明确稳控与安保任务，分解落实责任，做到事事未雨绸缪，全运安保工作实现“零失误、零缺陷、零隐患”。

稳控社会面，形成“四严”工作态势。深入推进全运“净土”行动，营造良好的社会治安秩序。十一运召开前夕，市公安局深入开展流动人口、特种行业、娱乐场所、违法养犬、危化物品和网络环境等“八项整治”活动和为期40天的“全运净土行动”。以“打得狠、防得严、管得紧、控得实”为标准，坚持“天天有清查、天天有重点，天天有战果”，通过各种小范围、区域性、有重点的治安清查行动，在全市形成严打严查严管的高压态势，最大限度地挤压犯罪分子的活动空间。共查处各类交通违法行为26.3万起，其中，大货车和渣土车违法行为3.1万辆次，行政拘留酒后驾驶、无证驾驶人员2223人；排查整改火灾隐患和消防违法行为2.4万余处；查破涉枪、涉爆、涉毒案件31起，进一步优化社会治安环境。全市破案数、抓获犯罪嫌疑人同比提高25.3%和30.2%；110接报有效警情和八类主要案件，同比分别下降16.6%、6.4%和60.9%，为历史最好水平。其间，未发生有影响的治安、交通和火灾事故，全市重点敏感地区、全运场馆周边地区实现无接警、零发案。10月22日，市公安局经过连续40小时艰苦奋战，缜密侦查，成功破获“10·21”系列撬盗全动代表团车内物品案件，追缴全部涉案被盗物品，及时挽回损失，消除影响。实施社会面防控新模式，大力加强社会面巡逻防控。其间，启动“全时流动警务”巡逻防控机制，每天出动社会巡防力量8000余人，街面巡逻车800余辆次，按照“定区域、定人员，定责任，保安全”的原则和“白天见民警、晚上见警灯”的要求，加强巡逻力度、密度和频度，实现街面警力、巡逻区域和惩罚效能的最大化。9月20日，启动公安武警联合武装执勤机制，每天出动150名武警，与公安民警编组武装巡逻，重点对省市党委、政府和泉城广场、泉城路商业街、长途汽车站、火车站及周边地区开展全方位重点巡查。将警力最大限度地摆放到大街小巷，形成高压震慑态势。居民社区、村居、内部单位实施“网格化”治安防控。将防控责任逐项落实到基层单位。全市社会面巡逻力量投入峰值达2万余人，编织社会防控网，构建路面有巡逻、区域有协防、单位有保安、楼群有守望、村居有护卫的安全防范网络。坚持封堵到位，合力打造严密的环济安保圈。与德州、泰安等六市开展“环济护城河工程”，在济南周边主要道路上设立15个环济治安检查站，建立严密的“环济安保圈”。并在进出济南市区的主要路口安装19个治安检查站和45个智能电子卡口，落实24小时堵截盘查措施，及时发现、拦截重点人、重点物，严防危险物品流入济南，坚决将犯罪分子堵截在济南之外。

反恐处突，防范、惩罚敌对势力的渗透破坏。强化信息搜集预警，前移防范关口。按照“全运安保、情报先行”和“敌动我知、未动先知、了然于胸”的要求，调动各方面的资源和力量，加强情报信息工作，密切关注国内外暴力恐怖分子、涉疆涉藏人员、邪教顽固分子、各类重点人物的动向，搜集掌握各类情报信息和线索1200余条。10月9日，打掉一妄图贴靠奥体中心食堂供应豆制品进行捣乱的破坏团伙，抓获骨干分子11人，捣乱窝点7处，查缴电脑、打印机等制作设备一大宗，收缴反宣2万余份，缴获尚未投寄的恐吓司法干警信件21封。加强重点管控，夯实维稳反恐根基。开展对在济南“藏族、维吾尔族”人员的专项摸排，摸清底数。对667名邪教重点人员、2578名重点危险人物全部落实“人盯人”监控措施，对13名邪教不放心人员进行收班稳控。加强对党政军首脑机关、城市标志性建筑、公众集会场所、重要基础设施、交通设施、民生设施、大型政治文化活动场所等部位的安全防范。全运会期间，全市重点要害部位全部落实24小时全天候看护措施，没有发生恐怖袭击和火灾、爆炸等事故。加强反恐实战演练，建立起反恐处突机制。成立50人的特警黑豹突击队和30人的武警闪电突击队，购置反恐侦查器、远距离爆炸探测器、无声破门工具、爬升器等一系列的先进反恐装备，编制处置公交车突发事件、劫持人质、道路交通堵塞等19人科目的演练规划，以“泰山二号”反恐演习为载体，先后组织公安、国家安全、武警和城市供水、供电、供气、供热、环保、通信、卫生等有关部门分练26次、合练9次。

第四节 公共信息网络安全管理

一、联网单位安全管理

2002年，推行信息网络安全“三级管理”机制，把网络管理职责延伸到县级公安机关和公安派出所。自5～11月，指导督促全市重要联网单位开展有害信息专项清理整治工作，并先后共组织7次集中清查，依法处罚互联网有害信息情况严重的网站负责人9人，清除各类有害信息74条。

2003年，按照“确保网络安全，服务经济发展”的目标和“治本为主，分类管理”的原则，指导督促全市联网单位落实内部安全管理专职机构以及安全管理制度和技术防范措施，开展网上视听节目整治、垃圾电子邮件治理、有害手机短信息查处等专项工作。

2004年，开展“平安网络”建设，以全面控制网络阵地为目标，对全市网上信息实施24小时动态监控，开展惩罚淫秽色情网站、互联网上网服务营业场所整治、垃圾电子邮件治理、敏感时期监督检查等专项工作，清除网上有害信息471条。

2005年，开展互联网站清理整顿工作，全面检查数据中心存储信息的安全情况，完成全市互联网站基础资料的登记造册工作。6～8月，以金融、广播电视、政府机关等要害部门信息网络为重点，先后对100余家(次)重点要害部门进行走访检查和安全检测，整改网络安全隐患30余处。

2006年，开展惩罚淫秽色情、赌博网站等10余项专项行动，落实整改措施130余处，有效保障全市信息网络安全运行。

2007年，全省互联网依法公开管理工作在济南市进行试点，按照“虚拟世界现实化”的管理思路，将公安基层辖区管理经验引入互联网安全管理工作中，在全市300余家重点网站设立“报警岗亭”和“虚拟警察”，落实24小时网上巡逻制度。

2008年，依托互联网网上备案管理系统，理清全市20余家数据中心运营单位及2500余家网站责任单位之间的网上空间租赁关系，建立托管主机和虚拟主机的基础数据库，掌握数据中心等网上重点阵地基础资料，落实托管主机和虚拟空间等“网上出租屋”租用登记和有害信息发现、封堵过滤等安全管理责任。

2009年，开展迎全运网络环境专项整治行动，对全市互联网信息网络安全进行专项督导检查，指导开展风险评估、安全检测、实战演练以及日常维护等工作，落实情况报告、管理控制、案件配合、病毒疫情、技术防范、新闻宣传等长效配合工作机制。

2010年，开展重要信息系统安全保护工作，加强对全市重要信息系统和重点网站的安全监督管理，督导重点单位严格落实安全管理制度和技术防范措施，建立健全防黑客攻击、防计算机病毒、日志留存等技术防范措施。12月30日，全市首家公安机关派驻互联网服务单位网安警务室——联通网安警务室揭牌启用。

二、惩罚网上违法犯罪

2002年，把非法入侵和破坏计算机信息系统，利用网络实施盗窃、敲诈勒索和传播有害信息等违法犯罪案件作为网上侦查的重点，组织“网安”等专项行动，全年共立案30起，其中黑客攻击案件1起、查阅淫秽信息案件3起、网上侮辱案件1起、盗用数据库案件1起、网上侵犯通信自由案件1起、“互联网上网服务营业场所”违法经营案件19起、粘贴有害信息案件4起，全部及时侦破。

2003年，共依法侦破刑事案件9起，侦破行政案件12起，协查案件150余起。重点惩罚网上侵财犯罪，开展“破大案挖逃犯追现款”专项活动，破获徐某某利用计算机技术网上远程破解济南广发证券公司账号密码盗窃资金案，杨某某流窜北京等八市克隆银行卡盗窃案等10余起经济大案，为济南市相关企业挽回经济损失2000余万元。

2004年，组织开展惩罚治理网络诈骗犯罪专项行动、侦破命案专项行动和惩罚淫秽色情网站等专项行动，共依法侦破案件33起，抓获犯罪嫌疑人33名，摧毁犯罪团伙4个。惩罚淫秽色情网站工作成效突出，查破王某某团伙组织性虐待活动等案件10起，捣毁“精选影视网”“好色男女”等淫秽色情网站14家，清除淫秽色情电影470余部、淫秽照片2.3万余张，刑事拘留5人，行政处罚7人。

2005年，提出“主动出击、科技开路、规范执法、有案必破”16字工作方针，有效运用网上技术措施，开展惩罚网络淫秽色情专项行动、配合侦破命案专项行动、惩罚网络赌博等专项行动，共查破刑事案件58起，侦破案件150起。

2006年，依托公共上网阵地电子地理信息系统建设应用，提高网上侦查能力。共查破各类刑事案件234起，抓获犯罪嫌疑人146人。破获“4·03”特大抢劫案，被山东省公安厅评为全省十大网监精品案例。

2007年，进一步完善“虚拟”与“现实”同步侦查的新战法，查破公安部督办案件3起、命案7起，其他涉网刑事案件168起，打掉犯罪团伙21个，抓获犯罪分子193人。依法惩罚网络淫秽色情和网络赌博等专项行动成效突出，关闭色情网站链接86处，清理淫秽色情电影10余万部。

2008年，提高主动发现网上线索能力，查破各类刑事案件298起，抓获违法犯罪嫌疑人449人。发挥网上侦查优势，配合抓获命案逃犯25人，省公安厅6次印发表彰通报。全国惩罚网上盗版侵权专项行动期间，查破网上侵权盗版案件4起，抓获违法犯罪嫌疑人8人，获得“全国网络打击侵权盗版先进单位”称号，被国家版权局授予一等奖。

2009年，重点整治和惩罚网上赌博、诈骗、盗窃、扰乱公共秩序、黑客攻击等群众反映突出的多发性违法犯罪和治安问题，全力挤压网络违法犯罪活动空间。自主侦办网络违法犯罪案件69起，抓获222人；协助查破其他刑事案件486起，抓获犯罪嫌疑人630人。

2010年，综合运用监督管理、信息巡查、侦查调查等方式，自主侦办网络违法犯罪案件95起，抓获违法犯罪嫌疑人243人；协助查破其他刑事案件800起，抓获犯罪嫌疑人926人，侦破公安部督办、省公安厅督办案件3起，命案15起。

三、互联网上网服务营业场所安全管理

2002年，在全省率先开展争创“绿色文明互联网上网服务营业场所”和“全市十佳安全员”活动，组织检查互联网上网服务营业场所561家，审批互联网上网服务营业场所经营许可证278份。

2003年4月始，在济南市历下区开展ID卡实名上网工程建设试点。取得成功后，在济南市全面开展互联网上网服务营业场所实名上网工程建设，完成互联网上网服务营业场所ID卡实名上网系统建设700余家，有效提升互联网上网服务营业场所安全管理水平，山东省公安厅在全省推广济南市公安局网监部门的经验做法。

2004年，开展互联网上网服务营业场所专项整治工作，检查互联网上网服务营业场所641家，查处存在安全隐患的互联网上网服务营业场所94家，取缔无证互联网上网服务营业场所23家，关停6家，下达隐患整改通知书91份，有效保障ID卡实名上网系统和互联网上网服务营业场所安全管理软件正常在线运行，逐步实现互联网上网服务营业场所系统运行日志和上网人员登记制度监督、管理工作规范化和制度化。

2005年，组织开展互联网上网服务营业场所ID卡实名上网管理系统升级工作，建立公安后端控制平台，实现全市互联网上网服务营业场所计算机终端运行信息传输存储和网上有害信息自动报警等功能。检查互联网上网服务营业场所641家，查处存在安全隐患的互联网上网服务营业场所49家，取缔无证互联网上网服务营业场所23家，关停6家，下达隐患整改通知书53份。

2006年，组织全市921家互联网上网服务营业场所安装室内监控装置2267个，室外监控装置921个。

2007年，建成互联网上网服务营业场所基础数据库，对全市互联网上网服务营业场所实行信息化管理。

2008年，开展互联网上网服务营业场所专项检查，督导实名上网系统在线运行和正常使用。

2009年，组织开展以落实上网实名、日志留存、视频监控为重点的互联网上网服务营业场所专项整治活动。检查网吧1100余家(次)，发放网络安全宣传材料1300余份，整改存在安全隐患的网吧160家，查处违法违规网吧56家。

2010年，组织开展“净网行动”，创建“济南绿色放心网吧品牌”，制定互联网上网服务营业场所违法经营积分管理和安全员持证上岗等工作制度。在全市1063家互联网上网服务营业场所明确派出所责任民警，发放“民警巡查卡”351张、管理检查指导手册400本，落实“一网吧一民警、一天一巡查、检查必刷卡”措施，每天检查数据实时传输至市公安局管理平台，构建互联网上网服务营业场所“信息化、规范化、法制化、长效化”管理新模式。

第九章　监所建设与管理

第一节　看守所

1986年，济南市看守所由“四个管理”(依法管理、严格管理、科学管理、文明管理)工作模式代替以往“一看二守三送走”工作模式。1987年，公安部在成都会议上推广济南市看守所“四个管理”工作经验。1990年3月17日，“四个管理”被写入国务院制定的《中华人民共和国看守所条例》。1998年，在严格落实“四个管理”的基础上，济南市看守所建立谈话教育制度和监室主协管制度，监所安全系数和管理水平有很大提高。1999年年底至2000年年初，济南市看守所提出“一点两抓”的监所管理工作模式：一点，即以看守所等级达标为着力点；两抓，即一手抓队伍建设，一手抓对在押人员“四个管理”的深化。

2002年9月，济南市看守所推广“人性化管理”“温情教育”工作模式，创立“严管、劳动、教育、娱乐”四位一体的长效管理运行机制，于 2005年11月被省公安厅确定为对外开放看守所。

2006年，济南市看守所根据《公安部关于看守所勤务模式改革指导意见》，在借鉴外地看守所勤务改革经验的基础上，结合自身特点，选择试点中队，进行勤务模式改革试点工作，实行巡视和监控岗位二岗合一，设立专职管教民警，落实管教民警包监室和主、协管制度，探索运用微机办公平台管理监管动态，建立切实可行、科学高效的勤务运行机制。

2007年5月，公安部、武警总部看守所安全工作现场会在济南召开，与会代表260余人实地参观济南市看守所建设情况，观摩执勤改革工作。

2009年，济南市看守所做好全运安保工作，贯彻公安部关于《进一步加强和改进公安监管工作的意见》，开展看守所专项整治活动，坚持做到文明执法、规范执法。

2010年，全市公安监管部门开展执法规范化建设。11月4日至6日，全国公安机关执法规范化建设工作座谈会在济南召开，全面展示了济南市公安监管部门在规范执法、规范管理、创新医疗模式、破解执法瓶颈的经验做法和监管民警的崭新形象。

第二节　拘留所

1986年，济南市拘留所隶属济南市公安局治安处，位于市中区刘长山路看守所西邻。1988年迁至槐荫区八里桥。1994年迁至槐荫区大饮马庄村北。2001年9月后归口济南市公安局监所管理处，2001年11月，济南市公安机关机构改革后，改称为济南市公安局监管支队二大队，对外称济南市治安行政拘留所。济南市拘留所主要担负着对全市六个行政区内被裁决治安拘留、司法拘留人员和被拘留审查的外国人执行行政处罚和行政强制措施的任务。

2002～2004年，拘留所改造扩建，新建值班收押大厅、学习室、医务室、被拘留人员亲属会见室、活动室、民警休息室、亲情餐厅。2006年，济南市拘留所建立“治安拘留所管理信息系统”，实行被拘留人员入所时电脑前台收拘登记，值班当天将被拘留人员的基本信息、照片等输入微机，基本实现信息系统与所内管理的有机结合。2009 年，市拘留所新建警务接待大厅、拘留人员功能用房，改建拘舍、办公场所、民警学习、健身、休息功能用房等，建立图书室、活动室、浴室、医疗卫生室等，对监所内监控设备进行升级改造，在每个监室都安装监控探头和报警系统，建设总监控室，在拘留所周边安装监控设施。建立拘留所网站，更新被拘留人员管理系统，民警掌握计算机操作达到100%，都能运用拘留人员管理系统及电子台账，处理日常管理事务，使济南市拘留所成为全省第一个建立覆盖拘留区电子监控系统、计算机办公网络系统的拘留所。

第三节 收容教育所

济南市收容教育所始建于1995年7月，位于济南市槐荫区大饮马庄，隶属于济南市公安局治安处。1996年3月7日，开展对卖淫妇女的收容教育工作。2001年9月15日，改称为济南市公安局收容教育所，隶属于济南市公安局监管处。2002年4月，收容教育所改称为济南市公安局监管支队三大队。设综合科和两个管教中队。

济南市收教所自成立后，贯彻“教育、感化、挽救”方针，坚持严格管理、依法管理、文明管理和规范化管理，秉承“在探索中创新，在创新中求发展”的奋斗目标。2001年始，为改变单一式的管教模式，创造性地实行严格管理、温情教育的管理模式，在对学员实行行动军事化、行为规范化、管理制度化的同时，推出以人为本、因人施教的“人性化管理、温情化教育”的新举措、新模式。在具体管理工作中，实施安心、交心、暖心、爱心的教育方法，开通亲情热线和心连心意见箱，推出“开放式探视日”和“所长接待日”以及成立爱心服务队和“送一程服务小组”，温情化的教育管理模式收到良好的教育效果。在等级化管理、分层次教育的基础上，推出“分阶段管理法”。将全体学员分为新入所期、过渡期和出所前期三个阶段，围绕“我是如何走上违法道路的”“我将如何安全度过收教期”和“如何走好今后的路”三个主题，有针对性地开展教育工作。

2008年后，市收教所拓展“人性化管理、温情教育”内涵，以《收教人员行为规范》为准则，通过感化教育，消除收教人员受创伤后的自卑心，培养自觉接受教育的进取心，树立重新做人的自信心。倡导理性执法、文明管理，尊重和保障被收教人员的人权。在全国首创“人性化管理温情教育”工作模式，把收教学员作为家庭成员来对待，不歧视、不体罚，以情感人、以理服人、化解被管理与管理者的对立情绪，调动收教学员服从管理的积极性。定期聘请济南市法学会普法教育宣讲小组开展普法知识讲座，提高学员的法制意识和自我保护能力。与市劳动局和创佳培训学校联手，启动彩虹行动，为收教学员提供就业培训的便利，有52名学员取得劳动局颁发的初级花艺师证书。2009年11月，市收教所被全国妇联授予“三八红旗集体”称号。

第十章 机 构

第一节 济南市公安局

1986年，市公安局下设办公室、政治部、治安处、刑警大队、交通大队、消防支队、人民警察学校等单位，下辖历下区、市中区、槐荫区、天桥区、郊区5个分局和历城、章丘、长清、平阴4个县公安局，全市干警3000余人。2010年，市公安局机关设指挥部、装备财务处、户政管理处、出入境管理局(挂口岸签证处牌子)、科技信息通信处(加挂信息中心牌子)、法制处(挂济南市劳动教养审批办公室牌子)、保安管理处、信访处、警务督察处(挂警务督察支队牌子)、宣传处、干部人事处、组织处、教育训练处、离退休干部工作处、政治部、纪委(监察室与其合署)、审计处，直属机构设经济犯罪侦查支队(挂经济犯罪侦查分局牌子)、经济文化保卫支队、治安警察支队(挂治安管理分局牌子)、监所管理支队、刑事警察支队(挂刑事侦查分局牌子)、交通警察支队(挂交通管理分局牌子)、巡警支队、特警支队、车辆管理所、直属支队(挂直属分局牌子)、禁毒支队、铁路建筑工程警察支队、公共交通分局(加挂便衣侦查支队牌子)、鲍山分局、高新技术产业开发区分局、警卫处(武警现役编制)、消防分局(武警现役编制)等单位，事业单位有济南人民警察职业培训学院、交警培训中心、幼儿园、机动车驾驶人考试服务中心、济南市保安服务总公司。

济南市公安局办公驻地——市中区经三路145号

第二节 基层公安(分)局

1986年，市公安局下辖5个(历下、市中、槐荫、天桥、郊区)区分局和4个(历城、章丘、长清、平阴)县公安局。全市有公安派出所127个。2010年，市公安局下辖6个(历下、市中、天桥、槐荫、历城、长清)区分局和1个(章丘)市公安局、3个(平阴、济阳、商河)县公安局。全市有公安派出所176个。

专记：

开展向济南交警学习活动

改革开放后，济南市交通管理工作面临严峻的形势，迅速增加的车辆同道路基础设施和交通管理手段相对落后的矛盾越来越突出，交通拥挤、阻塞严重，成为制约经济发展、影响人民生活的重要因素。

市公安局在抓好交警队伍思想作风建设的同时，把道路交通管理作为一项重要工作。1994年年初，交警领导班子在市公安局的领导下，组织开展交通秩序整顿，进行交通安全宣传教育，调整行车路线，增设交通标志、标线等，使全市道路交通拥挤、阻塞的状况有所缓解。但群众行车行路难、交警执法难的问题并未从根本上解决，民警值勤态度粗暴，衣冠不整，指挥随随便便，执法不公，车辆管理、事故处理过程中手续繁琐、不及时等问题时有发生。为此，他们把民警值勤状态拍成实况录像，进行分析研究，提出赶北京，学天津，内强素质，外树形象，推动全市交通管理工作上新台阶的工作目标。他们组织民警赴北京、天津学习，观看京津交警规范化指挥的录像，并结合济南实际，制定开展大练基本功活动方案。在实施过程中，领导带头，严格要求。从支队领导到一线民警，凡是45岁以下的，一律参加训练，一级抓一级，逐级负责，训练不合格者一律不准上岗；实行严格的考核制度，坚持班班考，天天记，月月评，每天公布考核结果；对成绩突出的及时通报表扬，不合格的单兵教练。为提高训练质量，他们从济南陆军学院聘请在全军以训练严格出名的教官，按军事化要求进行训练。许多民警为了练好基本功，头顶砖块，腿夹木板，不少人手臂肿胀、充血，吃饭时连筷子也拿不住。功夫不负有心人，经过刻苦训练，全体民警指挥动作很快达到了规范化要求。他们还经常开展比武竞赛和观摩学习，从中总结了优雅、大方、自然的指挥动作要领，并进行推广，使民警的整体业务素质达到一个新水平。“流血流汗不流泪，掉皮掉肉不掉队”，成为济南交警的共同誓言。

1995年4月26日起，市区83个岗亭的500余名交警以全新形象上岗执勤，他们以潇洒、刚劲、准确的指挥动作，和蔼可亲的面孔，文明的举止，热情的服务代替了过去那种指挥交通随随便便，待人生、冷、硬、横，纠正违章时训人、挖苦人，乱罚款等现象，引起了市民的广泛关注，路人投以惊喜的目光，一时成为“泉城一大景观”。

夏季的济南市区气温高达38、39度(路口地表温度52度)，酷热难耐。交警支队、大队领导亲自上路，80多个岗位的每一位执勤民警均精神抖擞，站好每一班岗(每班岗2个小时，每人每日3班岗)，每一班岗要完成各种规范指挥动作1400个。汗水浸透了警服，有几十人中暑，有的晕倒在岗台上，没有人叫苦，没有人退缩。中央及省市30多家新闻单位作了报道。

交警支队党委坚持教育与管理并重，以法建制，以制治警，建立一套科学、严格的队伍管理制度，发挥制度的约束作用。实行岗位目标管理。按照划分层次、突出重点、易于量化、便于考核的原则，将各项工作目标层层分解到每个单位和民警。以规范指挥、文明管理为主要内容，对岗勤考核的范围、标准、评分的条件、奖惩办法等作出具体规定。各大队成立考核小组，坚持日班考查登记、月考核，公布于众，奖惩兑现。严格廉政勤政制度。根据交警的特点，制定《交通民警廉洁勤政的规定》和《关于加强罚没收入和预算外资金管理的暂行规定》，对民警执法中行使扣车、扣证、罚款权作了限制。制定《关于实行告诫的规定》，对轻微违纪而又不够纪律处分的行为，实行警示劝告。这些制度的实行，有效地防止了违纪行为的发生。完善监督制约机制。各“窗口”单位实行挂牌服务，便于群众监督。支队、大队和车管所从社会上聘请了590名监督员，规定具体监督细则，定期召开座谈会，通报情况，征求意见。给每个监督员发监督评议卡，定期对交警队和民警进行评议。设置9部监督举报电话，指定专人负责处理群众反映的问题，并及时反馈。相继推出一系列规章制度：根据交通警察的职业性质，他们要求民警要尊重群众，指挥动作规范；要礼貌待人，纠正违章先敬礼，用语文明，不得训斥、挖苦、刁难；要坚持公正执法，教育与处罚相结合，重在教育。为此支队统一制作印有“请不要违章”字样的小黄旗、黄色遮阳帽，对一般交通违章者，让其持旗、戴帽义务维持交通秩序，接受教育。改革车管和事故处理工作。新车挂牌由过去的5个窗口8个环节改为2个窗口。驾驶员培训由原来的11个环节简化为4个环节，办学员实习证由过去的4个科所、15个环节，2至3个月才能拿到，改为培训考试合格后，3天内即可领到，把摩托车和大型的核发牌证业务下放到分所，避免了群众多跑路。在事故处理中，按照“依法公正，快速廉洁”要求，坚持赶赴现场快，抢救受伤人员快，现场勘查取证快，撤除现场恢复交通快，处理结案快；做到认定证据要确凿，认定责任要妥当，引用法律条文要准确，事故处理要公正合理、多数人满意；禁止强行修车，禁止乱要乱报，禁止办人情案。与上年相比，1995年全市交通事故减少542起，比上年下降30.6%；死亡减少161人，下降25.1%；直接经济损失减少176万元，下降32.4%。当年的交通事故结案率100%，交通逃逸事故侦破率89.4%，多年的积案全部结清。采取便民利民措施。在全市交通岗设置“有困难找交警”宣传牌，安装报时钟，置备打气筒、修车工具、急救药品、针线包；设立为民服务栏，设有市区交通图、导游图和列车飞机时刻表、当日天气预报等。

济南交警不仅文明公正执法，而且结合本职工作为群众排忧解难，引路寻亲、扶老携幼、送还失物、救死扶伤等，涌现出许多警爱民的动人事迹和“雷锋式”的民警。1995年，为群众办好事17.8万余件，收到表扬信526封，镜匾、锦旗172面。交警的新形象在济南乃至全省、全国产生“交警效应”，“学济南交警”的活动蓬勃兴起。

8月23日，市委、市政府作出《关于开展向市公安局交警支队学习活动争创一流成绩的决定》。25日，市委、市政府召开学交警动员大会，并作出《关于开展向市公安局交警支队学习活动争创一流成绩的决定》。9月23日，中央新闻单位记者团抵达济南，采访济南交警事迹。10月5日，省委书记赵志浩，省委副书记、省长李春亭，省委副书记李文全，省人大常委会主任李振等省、市领导看望、慰问济南交警。7日，中共山东省委、省人民政府作出《关于开展向济南市公安局交警支队学习活动的决定》。11日，公安部作出《关于在全国公安机关开展向济南交警支队学习活动的决定》。15日，中共中央总书记、国家主席江泽民为济南市交警支队题词：严格执法，热情服务。16日，全国公安机关学习济南交警先进经验现场会在济南召开，公安部部长陶驷驹、副部长蒋先进出席会议，济南交警支队获公安部“模范交警支队”称号。29日，全市交警动员大会召开，要求交警保持荣誉，总结经验，再创佳绩。

现场会后，各行各业广泛开展了学济南交警活动，有30个省市300多个城市近万人到济南参观学习。12月12日，公安部召开全国公安机关爱民月活动动员部署电话会议，要求全国公安机关把爱民月活动同开展学习济南交警活动紧密结合起来，再次掀起学习济南交警热潮。

1996年8月，省委书记赵志浩对学习济南交警活动指示，要坚持不懈地学习济南交警，扎扎实实地为人民做贡献。9月23日，全国“济南交警效应”理论研讨会在北京举行。10月3日，为纪念江泽民为济南交警题词一周年，根据济南交警事迹创作的大型话剧《红绿灯下》在济南铁路文化宫演出。14日，市委、市政府举行纪念江泽民“严格执法，热情服务”题词一周年暨全市学交警、创一流经验交流会。15日，“济南交警”雕塑铜像落成，并在南门广场举行揭幕仪式。

1998年1月19日，市委、市政府召开庆功大会。国务院授予济南市交警支队“严格执法热情服务交警支队”奖牌正式挂牌，市公安局局长李长水被公安部授予全国公安战线一级英雄模范称号。

2000年9月25日　由新华社、《人民日报》、中央人民广播电台等10家新闻单位记者组成的中央新闻单位采访团在济南展开重访济南交警活动。10月15日，山东省公安机关学习江泽民为济南交警题词、开展争创人民满意政法干警(单位)活动表彰大会在济南举行。济南市公安局交警支队等7单位获全省公安机关“学题词，创满意”先进集体称号，云廷华等7人获全省公安机关“人民满意民警”称号。

第二篇　检　察

第一章　查办职务犯罪

1986～2010年，全市检察机关围绕党和国家工作大局，查办贪污贿赂犯罪大案要案，把查办国家机关工作人员、司法机关工作人员、行政执法机关工作人员渎职侵权犯罪案件作为办案工作的重点，共立案侦查渎职侵权犯罪案件1661起。

第一节　查办贪污贿赂犯罪

1986年，全市检察机关落实中央政法委和最高人民检察院“关于在一年左右的时间内，把严重经济犯罪活动的嚣张气焰压下去”的指示，全年立案侦查294起，其中大要案85起，审结268起，挽回经济损失828万余元，是1982年开展严惩经济犯罪斗争以来数量最多的一年。

随着改革开放的深入，经济犯罪案件增多，市、区、县检察院都把经济检察工作作为主要任务来抓，把查处大案要案作为工作重点，查办许多重特大经济犯罪案件。1988年查办的济南市电信局工程队孙某某贪污十万余元和济南市钢铁厂巩某某贪污、盗窃、倒卖钢材2起重大案件，2名罪犯均被判处死刑。新华社播放巩某某在济南市伏法的消息，震动很大。

1989年8月15日，最高人民法院、最高人民检察院发布《关于贪污、受贿、投机倒把等犯罪分子必须在限期内自首坦白的通告》。在贯彻通告期间，全市两级检察机关以各种形式开展宣传，共收到举报贪污、贿赂的线索1578件，受理投案自首的贪污、贿赂犯罪分子115人，追缴贪污、贿赂赃款58万余元；对其中59人投案自首，退赃有检举立功表现的犯罪分子从轻处理，免予起诉。在通告规定限期的最后一天(1989年10月31日)，全市各级检察院领导和接待干警全部在岗接待自首坦白人员，次日零点过后，对在“两高”规定期限内拒不自首坦白的贪污、受贿人员采取果断行动，拘捕一批贪污、受贿犯罪分子。

1991年，根据形势发展和任务要求，成立反贪污贿赂工作局，实行侦查队伍专业化、办

1991年，济南市检察院反贪局挂牌

案工作制度化、办案程序正规化、法律文书规范化。主动深入到管理混乱、问题较多、非正常亏损严重、群众反映强烈的部门、单位和企业中深挖“蛀虫”。在67个管理混乱的单位和部门中挖出案件77起，在53个亏损严重的企业挖出案件83起，在170名案犯中有厂长、经理和部门负责人93人，占54.7%。

1993年，全市检察机关重点查办发生在党政机关、司法机关、行政执法机关和经济管理部门中的贪污贿赂等犯罪案件。市税务局一分局稽查大队稽查员杨某某，借为企业办理减免税之机，索贿受贿10万余元案件；历城区妇联主任邢某某贪污3万余元、行贿1万元案件。侦破一批贪污贿赂、挪用公款等特大案件。济南运输管理处段店交通管理所出纳员张某某贪污21万元案件和省证券公司接柜员张某某伙同他人挪用公款500余万元炒股特大案件。1994年，在反贪污贿赂斗争声威震慑下，有18人到检察机关投案自首，其中，副厅级干部1人，县处级干部5人，立案16起。1993～1997年，全市检察机关立案侦查各类经济犯罪案件1880起。其中，贪污案496起，贿赂案647起，挪用公款案224起，三类案件合计1367起，占立案数的72.7%。通过办案，为国家和集体挽回经济损失2.06亿元。在立查案件中，涉案金额1万元以上大案1412起，县处级以上要案150起，大要案占立案总数83.1%。县处级以上要案中，厅级干部犯罪案件4起，县处级干部犯罪案件146起。影响较大的有济南市房地产开发总公司原总经理米某某贪污受贿案，山东省武警边防总局原局长王某某(副师级)受贿案，山东省肉食品进出口公司总经理江某某(副厅级)受贿案。

1999年，依法查处一批身处要害部门、关键岗位、职务高、案值大、有影响、有震动的大案要案，查处厅级干部贪污受贿犯罪案件3起。立案侦查的1起贪污受贿案和1起挪用公款案，案值分别为620余万元和2800余万元，是当年全省所查办的涉案金额最高的案件。

2000年，立查的职务犯罪案件侦结346起，结案率94%；起诉到法院228起，法院判决186起。各级检察机关严格规范执法行为，依照法定程序办案，建立和实行案件流程督查制度，纪检监察人员跟踪办案制度，对不起诉、撤销案件的审查监督制度，案件回访以及案件评查制度，严格遵守最高人民检察院“廉洁办案十项纪律”和省检察院“六个绝不允许”的规定，逐步完善自我防错纠错的办案机制，促进公正执法，廉洁办案。

2001年，建立全市职务犯罪大案要案指挥中心，成立查办职务犯罪大案要案“特侦队”，初步形成信息畅通、反应灵敏、高效运转、指挥有力的职务犯罪大要案侦查指挥系统。

2002年，立查大要案198起，其中，县(处)级以上干部犯罪案件65起，厅级干部犯罪案件4起，立查要案占全省立查要案总数的42.6%。查办山东省丝绸总公司原总会计师冯某某(副厅级)挪用公款6350万元、受贿3万美元案件和山东旅游展览公司原总经理武某贪污公款500余万元等案件，都在全市乃至全省引起强烈反响。

2004年，查办“窝案、串案”成为反贪工作的重点。其中有影响、有震动的窝、串案有：原齐鲁化纤集团总公司7人贪污、受贿案；济钢集团18人贿赂案；槐荫区农业发展局5人共同贪污案；省教育厅外事处5人贪污案；原济南市机械工业局4人共同贪污案。

2005年，围绕遏制司法腐败，促进公正执法，着力查办司法、行政执法机关工作人员职务犯罪案件，共查办此类案件14件。其中，法院审判人员和司法机关人员犯罪案件11件。比较有影响的案件有：省高级法院执行局执行一庭原关某受贿案、天桥区法院技术室原主任王某某(正处级)受贿案和平阴县司法局原局长白某某、原副局长尹某共同贪污案等。

2006年，济南市检察机关开展惩罚商业贿赂犯罪专项活动。全年立查商业贿赂犯罪案件79人，其中，工程建设领域13人，电信系统11

人，教育系统4人，交通系统5人，土地管理系统2人，行政机关工作人员涉嫌商业贿赂犯罪15人，国有公司企业人员涉嫌商业贿赂犯罪29人。有影响、有震动的案件有：济南市粮食局原局长张某某、副局长裴某某、军队粮油供应中心原主任徐某某等人受贿案；东青公路有限公司原董事长王某某等4人涉嫌受贿案；中国联通山东分公司机关党委原副书记王某某等11人受贿案。2006年4月，济南市人民检察院反贪污贿赂局被最高人民检察院、公安部联合表彰为“全国检察公安机关追逃专项行动先进集体”。

2007年，全市检察机关继续深入开展治理商业贿赂职务犯罪专项活动，注重严格依法查办重点工程建设中的职务犯罪案件，共立查贪污贿赂案件158件223人，为国家和集体挽回经济损失4309.59余万元。其中，立查的济南轻骑集团原总裁张某某(正厅级)涉嫌受贿、私分国有资产案等一系列职务犯罪案件，在社会上引起强烈反响。

2008年，全市检察机关在开展治理商业贿赂职务犯罪的同时，突出查办发生在重点领域和重点工程中的职务犯罪案件，注重服务社会主义新农村建设，开展查办涉农职务犯罪专项工作。全年共立查贪污贿赂等职务犯罪案件126件183人，其中有潍坊市新立克集团原董事长尹某贪污案、济南市国土资源局原副局长(副厅级)沙某某涉嫌受贿案和济南广电嘉和宽带网络有限公司原董事王某涉嫌受贿案等。

2009年，全市检察机关继续开展重点领域、涉农职务犯罪、工程建设领域以及治理商业贿赂四项专项工作，全市共立查贪污贿赂犯罪案件130件178人。较为有影响的重点案件有：市广播电视台原副台长王某某涉嫌贪污受贿、挪用公款案，山东天源资产投资管理公司原董事长孙某某涉嫌贪污、挪用公款案，中国重汽技术集团有限公司9人贪贿窝案，省教育厅、省属高校8人高考、艺考系列贿赂窝串案。

2010年，全市检察机关共立查贪污贿赂犯罪案件125件186人，其中副厅级1人，正处级7人，副处级9人。推进“两线三点”专项工作，即在“农村和城市两条线上”及“房地产开发、惠农资金落实和土地管理”三个重点领域加大反贪办案工作力度。在农村深入开展查办涉农职务犯罪专项工作，全年共查办涉农案件38件58人，其中贪污32人、受贿3人、挪用公款23人。在城市深入开展工程建设领域突出问题专项治理工作，查办工程建设领域案件86人，其中物资采购和资金使用环节64人、招投标环节10人、施工和质量管理环节7人。立查菏泽市政协原副主席朱某某(副厅级)涉嫌受贿案，市公安局槐荫区车管所原所长孙某某挪用公款案，省物价局价格检查局原副局长牛某某涉嫌受贿案等案件。

1986～2010年济南市贪污贿赂案件统计表

表11—2—1

项目 年份	受案	立案		结案								逮捕	挽回经济损失
		小计	大要案	小计		移送起诉		免予起诉 不起诉		撤销案件			
	件	件	件	件	人	件	人	件	人	件	人	人	万元
1986	—	294	85	—	—	—	—	—	—	—	—	—	828
1987	—	433	85	—	—	—	—	—	—	—	—	—	1084
1988	—	505	77	—	—	—	—	—	—	—	—	—	994.8

续表11-2-1

项目/年份	受案	立案		结案								逮捕	挽回经济损失
		小计	大要案	小计		移送起诉		免予起诉不起诉		撤销案件			
	件	件	件	件	人	件	人	件	人	件	人	人	万元
1989	—	830	158	—	—	—	—	—	—	—	—	—	1593
1990	—	527	52	—	—	—	—	—	—	—	—	—	663.7
1991	—	387	94	—	—	—	—	—	—	—	—	—	1109.1
1992	330	199	86	214	242	104	127	75	78	35	37	42	311.4
1993	377	246	167	230	255	153	172	62	66	15	17	76	710.22
1994	417	332	229	352	377	247	267	79	82	26	28	103	1251.24
1995	471	459	365	388	426	334	363	51	60	3	3	136	1832.24
1996	456	395	349	357	376	275	286	69	77	13	13	92	4332.4
1997	521	409	375	334	351	320	337	8	8	6	6	128	4422.67
1998	314	305	292	272	294	269	291	0	0	3	3	111	9822.85
1999	258	256	113	242	249	240	247	2	2	0	0	125	4454.56
2000	300	283	177	269	305	264	298	3	5	2	2	150	5318.76
2001	263	255	188	243	250	232	239	4	4	7	7	119	4702.17
2002	259	255	198	237	246	227	232	6	10	4	4	115	3295.9
2003	214	211	182	198	205	187	194	4	4	7	7	121	2381.46
2004	192	192	153	173	228	165	216	0	0	8	12	110	3054.71
2005	181	179	133	150	190	143	183	2	2	5	5	81	2305.02
2006	193	193	159	167	216	162	211	0	0	5	5	126	2837.93
2007	158	150	120	157	237	145	222	2	2	10	13	110	4309.59
2008	127	126	101	135	192	130	183	1	1	4	8	108	5914.69
2009	130	130	113	135	182	131	178	0	0	4	4	102	4082.43
2010	126	125	108	144	205	127	186	0	0	17	19	88	2980.31
合计	5187	7676	4159	4397	5026	3855	4432	368	401	174	193	2043	74953.15

第二节　查办渎职侵权犯罪

1986年，全市检察机关共受理法纪案件线索93起，立案侦查29起。

1988～1990年，重点查处玩忽职守、重大责任事故和侵犯公民民主权利案件，共立案侦查法纪案件323起，其中三类案件250起，挽回经济损失523万余元。

1991年，全市检察机关在查办重大责任事故案件的同时，与公安、劳动和保险等部门密切配合，排查出事故隐患1213个，其中重大责任事故隐患4个，有效预防重大责任事故的发生。1991～1993年，共立案侦查各类法纪案件190起。

1994年，立案侦查各类法纪案件86起，特大案件16起。影响较大的有平阴县阿胶厂4人刑讯逼供案和十六里河村张某重大责任事故案等。

1995年，全市检察机关把查办国家工作人员，特别是司法人员和行政执法人员徇私舞弊、玩忽职守、刑讯逼供、非法拘禁和重大责任事故等五类案件作为重点，立案侦查各类法纪案件134起，五类重点案件122起。对以罚代刑的案件，直接立案侦查2起。依法查办章丘市公安局高官寨派出所副所长宁某某等3人刑讯逼供案和平阴县公安局孔村镇派出所所长辛某某徇私舞弊案。

1996年，重点查办徇私舞弊、玩忽职守、刑讯逼供、非法拘禁和重大责任事故案件。全年立案侦查各类法纪案件104起，其中，五类重点案件95起，占立案数的87.2%，挽回经济损失201万元。查办徇私舞弊、刑讯逼供、非法拘禁案件6起。其中有济南市看守所副所长牟某某徇私舞弊案、章丘市公安局看守所医生刘某某徇私舞弊案、商河县公安局郑路派出所所长张某某非法拘禁案等司法人员犯罪案件。

1997～1999年，随着新刑法的实施，法纪检察部门更名为渎职犯罪侦查局，主要职责明确为查办国家机关工作人员渎职侵权犯罪。三年中，共立案侦查渎职侵权案件100起。其中，1998年，突出查办发生在重点部门、重点部位，犯罪职务高、涉案数额大，对改革发展破坏大，对党和政府形象损害大的大要案。如济南市国税局进出口税收管理分局局长宋某某特大徇私舞弊出口退税案；济南市商检局二处副处长鲁某某商检失职案；章丘市林业局李某某、孙某某违法发放林木采伐许可证案等。

1997年，检察机关工作人员接受群众法纪检察咨询

2000年，查处党政机关、行政执法机关和司法机关工作人员渎职犯罪的力度加大。全年共立查此类人员渎职犯罪案件80件，占办案总数94%，是1999年18件的4.4倍。如济南市国有资产管理局办公室原主任周某某玩忽职守，造成国有资产3400万元流失案；山东省纺织工业厅干部(正处级)董某某先后6次擅自决定为他人提供贷款担保，给国家造成1295万元的重大经济损失案。

2001年，查办新领域涉嫌新罪名犯罪案件取得新进展。全年共立查新罪名案件40件，占立案总数的45.9%，与2000年相比增长25%。如以前很少发案的交通、房管、工商、土矿、经委、建委、技术监督、拆迁办等部门都有立案。比较突出的有：济南市交通运输管理部门17起行政执法人员渎职犯罪案件，共涉嫌经济数额达1150余万元；章丘市建委基建管理科原科长杨某某滥用职权违规核发建设工程施工许可证，致使没有准入证的塔机进入施工现场，造成4人死亡1人受伤的重大事故案等。

2002年，立查渎职侵权犯罪案件65件，移送起诉61件，其中重、特大犯罪案件26件，要案13件，居全省首位，有力地震慑了犯罪。在对徐宗涛黑社会性质犯罪“保护伞”案件历时两年的侦查中，共立查16案16人，涉案人员中有天桥公安分局原副局长张某某和该分局刑警大队机动中队原队长安某某等一批司法机关工作人员。查办此案在社会上引起强烈反响。

2003年，立查大要案比例有新突破。立查案件49起，其中重特大案件38起，重特大案件中要案7起，大要案比例78%。如：历城区查办的5起税务人员玩忽职守造成700余万元的特大经济损失案；平阴县查办的县城建局、土管局工作人员滥用职权、玩忽职守致使国有土地出让中造成重大经济损失案等，在当地引起较大反响。

2004年，全市检察机关开展查办国家机

关工作人员利用职权侵犯人权犯罪案件专项活动。全年立查侵犯人权案件10案26人，是2003年的6.5倍。比较典型的侵权类案件是：历下区东门大街派出所两民警滥用职权致死人命案；历下区姚家派出所10名协警将无辜被害人非法拘禁并实施殴打案，10名嫌疑人均作出有罪判决；商河县检察院查处的该县常庄乡原副乡长、计生办3名工作人员滥用职权将计划生育对象非法拘禁6天的非法拘禁案，该案起诉法院后作出有罪判决。同时，查办司法、行政执法人员在审判、执行等环节以案谋私、渎职侵权的案件数量多，判实刑率高。比较典型的案件是：槐荫区法院原审判员苏某某民事行政枉法裁判、受贿案；长清区法院执行局原副局长刘某滥用职权、贪污、受贿案；历下区税务局马某某、李某某不征少征税款、受贿案；槐荫税务分局段店税务所邱某某、丛某及市地税局张某某徇私舞弊不征少征税款、受贿案等。

2005年，全市渎职检察部门共立查案件49起53人，其中，滥用职权案件18起20人，玩忽职守案件20起20人，徇私舞弊类案件3起3人，侵权类案件8起10人。移送起诉案件38起，起诉33人，起诉率为67%。

2006年，按照最高人民检察院的部署，全市检察机关相继开展惩罚侵权犯罪和严查破坏市场经济秩序渎职犯罪的专项活动。共立查侵权类案件53人；破坏市场经济秩序类案件38人。特别是围绕国有土地使用权变更、房屋拆迁、房产交易等方面发生的涉嫌渎职犯罪案件，仅4月、5月立查5件7人。通过对重点案件的查办，共为国家和集体挽回经济损失1435.4万余元。

2007年，全市检察机关先后立查公安、行政执法等部门工作人员徇私枉法、滥用职权、玩忽职守等重大渎职案件11件15人。如市检察院直接立查的济阳县公安局原副局长裴某某徇私枉法案；济阳县检察院立查的县行政执法局工作人员杨某某等二人滥用职权致人死亡案；商河县检察院立查看守所工作人员季某某帮助犯罪分子逃避处罚案等。年内，山东省开展集中查办破坏环境资源犯罪专项活动，全市检察机关共立查此类案件11件11人。同时，拓宽办案领域，对全市农机监管部门为变形拖拉机和农用运输车辆挂牌情况进行调查，立查10人渎职案件，占全年立案总数的20%。

2008年，立案侦查29件40人，其中大要案27件36人，占立案总数的90%，大要案比例创历史新高。如天桥、章丘、长清、平阴4个基层检察院立查的大要案都为100%。比较典型的案件有：历下区检察院立查的历城区城市管理行政执法局原局长刘某某涉嫌滥用职权特大要案；市中区检察院立查的济南市公安局车管所原所长刘某某滥用职权特大要案；章丘市检察院立查的该市原水务局水政监察大队原副大队长皇某某滥用职权特大案等。

2009年，全年先后开展五方面的专项工作，分别是深入开展查办危害能源资源和生态环境渎职犯罪专项工作，查办涉农渎职侵权犯罪工作，查办危害依法行政、公正司法渎职侵权犯罪和介入重大责任事故查办渎职犯罪专项工作，对社保资金和土地整理资金的专项调查，查办重点领域职务犯罪案件专项工作。全市反渎部门把这些事关经济社会发展与稳定，以及与民生利益密切相关的案件作为办案的重点，共立查相关案件33件42人。较典型的案件有：历城区劳动和社会保障局农村养老保险事业管理处原主任李某玩忽职守案、历城区原港沟西坞办事处原书记陈某某非法批地案和济阳县国土局土地开发整理复垦中心原副主任范某某滥用职权案等。

2010年，立查案件39件57人，侦查终结53人，侦结率为93%；起诉50人，起诉率为88%，判决 42人，判决率为74%。均为济南市历史上的最高水平。

1998～2010年济南市渎职侵权案件统计表

表11—2—2

项目/年份	受案	立案	审结						已结案损失	
			结案	起诉	免予起诉		撤销案件		死亡	财产
	件	件	件	件	件	人	件	人	人	万元
1998	26	15	15	8	1	1	2	2	—	4633.4
1999	37	21	21	10	—	—	9	9	—	5870.24
2000	146	85	78	20	12	12	1	1	—	17432.6
2001	140	87	68	10	6	6	52	52	20	18451
2002	216	65	65	14	1	1	36	36	1	6627
2003	141	49	45	24	7	7	21	21	3	5833
2004	120	46	46	34	3	3	9	12	3	4538.2
2005	401	49	46	22	5	5	19	21	3	18454.4
2006	152	34	28	13	5	9	6	10	3	5382
2007	459	41	48	31	8	9	8	11	3	3802
2008	122	29	29	28	1	1	4	4	3	3714
2009	139	33	32	24	1	1	2	4	6	7500
2010	191	39	42	31	13	13	1	1	—	7054

说明：1986～1997年无统计数据

第三节　预防职务犯罪

1993年6月，市检察院在反贪污贿赂工作局设立预防经济犯罪工作室。1995年，全市检察机关普遍设立预防机构，在7个金融单位、30个大中型企业聘请77名检察助理员，协助检察机关开展反贪污贿赂斗争，做好预防职务犯罪工作。

1997年，市检察机关打防结合，加强防范措施，先后在13个金融单位、59个大中型企业建立预防犯罪联络点426个，聘请联络员649人，配合检察机关开展反贪污贿赂斗争。

2001年，市检察院成立职务犯罪预防处，与金融、税务、工商、建筑等系统开展联手预防；分别在济南监狱、山东省监狱和山东女子监狱建立预防职务犯罪警示教育基地；结合执法办案，全面开展个案预防、专案预防和同步预防；与济南钢铁集团总公司开展“检企联合开展预防职务犯罪教育”活动，该集团总公司违法违纪案件由1999年的30多起下降为2001年的2起。

2002年5月12日，济南市“职务犯罪预防网”开通，为全国首家市级检察院建立的预防网。5月29日，市发展计划委员会、城乡建设委员会、交通局、水利局、工商管理局、人民银行济南市分行营业部、卫生局、药品监督管理局、国税局、地方税务局、济南海关、天同证券公司、齐鲁证券公司等13个单位与市检察院签署共同预防职务犯罪的文件。

2003年，长清区检察院在长清大学城建设、天桥区检察院在顺河高架桥北延工程、市中区检察院在“济西”水源地管线安装、历城区检察院在遥墙机场扩建等52个重大投资和工程建设项目中，分别与有关部门实行联手预防。市检察院及天桥、历下、章丘检察院建立“职务犯罪预防网站”。历下区检察院开通预防职务犯罪免费咨询服务电话，“非典”期间向全市党员干部发出坚决防止“非典”防治工作中的职务犯罪的公开信。

2004年1月，在哈尔滨召开的全国预防职务犯罪工作法制化建设会议上，市检察院预防处介绍济南市实施《预防职务犯罪工作条例》的经验。

2005年，市检察院会同市发展和改革委员会、市建设委员会等六部门联合下发《关于进一步加强重大建设工程项目中预防职务犯罪工作的实施意见》，并首次在济南市确立行贿犯罪档案查询制度。

2006年，全市两级检察机关在医疗卫生、教育、重大工程建设项目、能源等治理商业贿赂的重点行业、重点部位开展“拒绝商业贿赂，预防职务犯罪”专题教育活动。

2007年，全市预防部门先后介入济南奥体中心、北园大街BRT、长清大学科技园、小清河治理等31项省、市、区(县)重点建设工程开展预防工作，涉及建设资金近200亿元，通过组织和督促建设方、施工方开展建设合同、廉政合同双签活动，将廉政工作纳入工程调度和考核中。

2008年，市检察院预防处针对历城区政府在土地审批过程中存在的问题，发出检察建议要求整改，该区成立由政府主要负责人任组长的整改小组，对89宗土地欠缴的出让金进行清缴，对所涉土地重新组卷上报市国土局进行审核，防止对土地的破坏性使用和国有资源的流失。

2009年，市检察院制定《济南市检察机关重点工程同步预防工作规则》《济南市检察机关重点工程同步预防评估细则》，规定同步预防的原则、范围、内容、方法、程序、评估、建档等及工作纪律，对奥体市政建设、西客站建设、旧城改造、腊山分洪、长清园博园等47个省市重点建设工程开展同步预防，提供行贿犯罪档案查询、法律咨询等服务。市检察院与市金融办、驻济南金融机构建立联系制度，成立相应的工作机构。

2010年，市检察院预防职务犯罪警示教育展览室建设完成。市中区检察院开发建设数字化警示教育基地，借助网络平台拓展检察机关的社会服务功能。

第二章　刑事检察

1986～2010年，全市检察机关始终把社会治安综合治理作为一件大事来抓，通过审查侦查机关移送批捕、起诉案件，出庭支持公诉，依法实施刑事诉讼监督，严厉惩罚危害社会秩序的各类刑事犯罪，为维护社会稳定、建设平安济南作贡献。

第一节　审查批准逮捕

1986年，是贯彻中央“从重从快”严厉惩罚刑事犯罪方针的第三年。全年检察机关审查批捕部门共受理公安机关提请逮捕698人，经审查批准逮捕589人，批捕率为84.3%。与1985年相比，一般刑事犯罪案件发案有所减少，重特大案件有所上升，特别是农村地区和城市青少年犯罪有增加趋势。如历下区检察院受理的张某某等12人团伙盗窃案，作案者多数是在校中学生；市中区检察院受理的刘某故意伤害致死案为团伙作案，社会危害性较大。

1987年，全市受理公安机关提请审查逮

捕人犯692人，批准逮捕606人，不批准逮捕35人，其中批捕重特大案件犯罪嫌疑人275人。中共十三大召开期间，全市检察机关配合公安机关进行3次集中惩罚行动，批捕各类刑事犯罪分子190人。同时，深化社会治安综合治理，通过典型案件，扩大办案的社会效果。如长清县检察院通过办理郭某强奸一案，发现张夏辖区学校，连续发生教师强奸多名女学生的恶性案件。办案人员与教育组分析原因、研究对策，进行法制教育，取得良好效果。

1988年，全市检察机关共受理公安机关提请逮捕人犯882人。批准逮捕821人，其中重特大案犯385人、不批准逮捕24人、追捕4人。配合公安机关开展专项惩罚斗争9次，提前介入重大现行案件145案，出现场57次。

1989年，全市检察机关受理公安机关提请批准逮捕的人犯1704人，批准逮捕1676人。其中，批准逮捕重特大案犯856人，占批准逮捕人犯总数的51%。在制止一度发生的政治风波中，检察机关通过批捕、起诉和出庭支持公诉，揭露和惩处极少数在政治风波中触犯刑律的犯罪分子。根据最高人民检察院有关规定，从1989年起，自侦案件的决定逮捕全面移交刑检部门审查。当年，全市审查批捕部门共受理自侦案件移送审查逮捕113案116人，其中决定逮捕101人，不批准逮捕1人。

1990年，全市共受理公安机关提请逮捕人犯1618人，批准逮捕1522人，不批准逮捕49人，其中批捕重特大案犯830人。追捕24人，发出纠正违法通知书2份。受理自侦部门移送逮捕案件59人，决定逮捕56人，不捕3人。全市审查批捕部门立查26起经济案件，并抽调骨干力量参加惩罚经济犯罪专项活动。历下区检察院批捕科全年立查经济案件7起，其中在办理电工合金厂主要负责人贪污案时，又带出5起案件。

1991年，全市共受理公安机关提请批捕人犯案件974件1623人，批准逮捕1511人，不批准逮捕50人，其中批捕重特大案犯808人。受理自侦部门移送逮捕案件90件104人，逮捕96人，不捕3人。全市批捕部门参加“惩罚拐卖妇女儿童”和“反盗防盗”等专项斗争，依法批捕726名盗窃、销赃窝赃犯和33名拐卖妇女的犯罪分子。

1992年，全市共受理公安机关提请批捕人犯案件970件1436人，批准逮捕872件1308人，不捕14件26人，其中批捕重特大案犯651人。受理自侦部门移送逮捕案件48件50人，决定逮捕41件43人，不捕1件1人，撤回3件3人。全市批捕部门与公安机关密切配合，连续开展“打团伙、破案件、促防范”“整顿交通秩序”“惩罚车匪路霸反扒窃”等专项斗争和集中惩罚行动。

1993年，全市共受理公安机关提请批捕人犯案件864件1485 人，批准逮捕798件1375人，不批准逮捕28件57人，公安机关撤回13件17人，其中批捕重特大案犯800人。受理自侦部门移送逮捕案件79件89人，决定逮捕75件85人，撤回3件3人。

1994年，全市共受理公安机关提请批捕人犯案件1093件1028人，批准逮捕1019件1680人，不批准逮捕21件57人，公安机关撤回18件27人。受理自侦部门移送逮捕案件110件115人，决定逮捕106件111人，不捕2件2人，撤回2件2人。对重特大刑事案件依法从快批捕、起诉，共批捕重特大刑事案犯1022人，起诉930人。对发生在山东省中医学院造成13人死亡、1人重伤的“10·30”特大放火杀人案和发生在商河县杀死两家13人的“2·27”特大杀人案，批捕部门均提前介入，参与公安现场勘查，审核材料，在公安机关提请逮捕犯罪嫌疑人的当天，即做出批准逮捕决定。

1994～1995年，历下区检察院从审查批捕的18起未成年人盗窃、抢劫案件中，发现绝大多数与电子游戏机有关，经过深入调查后向区文化局、公安分局、工商局、区教委等有关部门建议，成立游戏机室整顿办公室。清理关闭12家不符合要求的游戏机室，消除诱发未成年人犯罪的环境和条件。

1996年，开展“扫黄打非”“冬季严打攻势”“严打集中统一行动”“严打整顿冬季行动”等专项斗争。5～7月共批准逮捕刑事案犯871人，其中，重、特大案犯558人，决定起诉636人，集中惩罚杀人、抢劫、强奸、重大盗窃等严重危害城乡社会治安的刑事犯罪分子。

1997年，全市检察机关共受理自侦部门移送逮捕案件143件146人，决定逮捕136件139人，不捕4件4人，撤回3件3人，批捕准确率100%。

1998年，全市检察机关审查批捕部门参加“春季严打”“扫黄打非”“夏季严打”“惩罚走私、盗窃、抢劫机动车辆专项斗争”等集中行动，同时受理自侦部门移送逮捕案件126件130人，决定逮捕112件116人，不捕6件6人。

1999年，全市审查批捕部门贯彻《中华人民共和国未成年人保护法》和《中华人民共和国预防未成年人犯罪法》，参加“青少年维权岗”活动，从批捕环节维护青少年特别是未成年人的合法权益。

2000年，全市侦查监督部门、参加“反走私”“打拐”“扫黄打非”“禁毒”“打假”“打黑除恶”等一系列专项斗争，依法从快批捕以徐宗涛为首的86人特大杀人、抢劫、绑架犯罪集团和以马金申为首杀害15人的犯罪团伙，惩罚带黑社会性质的暴力犯罪。

2001年，全市侦查监督部门、参加严打专项斗争和整顿规范市场经济秩序专项斗争，先后办理一起全国特大制造走私毒品苯丙胺犯罪团伙案，最高人民检察院督办的一起特大虚开增值税专用发票案和一起票据诈骗案等严重经济犯罪案件。全市侦查监督部门继续深入开展创建“优秀青少年维权岗”活动，历下区检察院侦查监督科获全国“优秀青少年维权岗”，设立全省首个青少年维权专用电子信箱。

2002年，侦查监督部门、参加“严打春季攻势”、惩罚“两抢”“两虚一逃”专项斗争，从快批捕一批重特大犯罪团伙，其中包括一起特大虚开增值税发票案、一起6人贩卖毒品团伙和一起4人特大诈骗犯罪团伙以及“8·16”抢劫枪支弹药案等，有力地震慑犯罪。

2003年，加强与侦查机关的密切配合，集中批捕一批重特大犯罪案件，如“4·2”特大抢劫、杀害正军级离休老红军案；六起非法吸收公众存款4.15亿元案、“长清泰灵塔陵园”非法经营涉案金额4.2亿元案等。

2004年，全市检察机关、探索侦查监督网络建设，以市、县(区)两级联网建设为载体，与网络中心共同自主研究开发全市侦查监督动态办案系统，基本实现“三位一体”的构想。

2005年，全年共受理审查批捕案件2055件3139人，批捕1777件2640人，不捕262件463人；受理直接侦查案件75件87人，决定逮捕71件82人，不捕3件4人。批捕重特大案件835件1365人，占批捕总人数的50%，其中依法批捕严重暴力犯罪嫌疑人549人，严重破坏市场经济秩序犯罪嫌疑人80人。其中，市检察院办理公安部挂牌督办、涉案金额高达5亿元的一起虚开增值税专用发票案，历下区检察院办理一起李某某等5人绑架女中学生勒索赎金200万元等案件。

2006年，全市检察机关共受理公安机关提请批准逮捕案件2295件3470人，批捕1967件2930人，不捕341件573人；受理直接侦查案件90件95人，决定逮捕86件90人，不捕5件6人。批准(决定)逮捕重特大案件犯罪嫌疑人912件1345人。先后办理“3·14”特大入室盗窃团伙案，任某某、韩某某等人特大非法吸收公众存款案以及一起涉黑恶势力团伙犯罪案等。

2007年，全市检察机关共受理公安机关提请批准逮捕案件2436件3779人，批捕2035件3100人，不捕397件670人；受理直接侦查案件84件99人，决定逮捕82件96人，不捕2件3人。批准(决定)逮捕重特大案件犯罪嫌疑人1078 件1605人。办理的轻骑集团专案，共批捕13人，挽回经济损失1.5亿元；办理的公安部督办的“3·01”商河特大机动车盗窃团伙案件，共批准逮捕93人，追缴被盗机动车300余辆，挽回经济损失1000余万元。

2008年，全年共受理公安机关提请批准逮捕案件2767件4246人，批捕2303件3432人，不捕471件827人；受理直接侦查案件98件110人，决定逮捕94件105人，决定不捕4件5人。批准(决定)逮捕重特大案件犯罪嫌疑人1065件1631人。年内办理的郝某某黑恶势力团伙犯罪案、靳某某等8人故意杀人案和一起自制汽车遥控燃烧装置放火案等案件，保障抗震救灾和奥运会期间社会秩序的稳定。

2009年，实施职务犯罪案件审查逮捕程序改革。全年共受理直接侦查案件80件89人，决定逮捕77件86人，决定不捕3件3人。共批准(决定)逮捕重特大案件犯罪嫌疑人1125件1577人。

2010年，全市共受理公安机关提请批准逮捕案件2682件3915人，批捕2240件3165人，不捕442件756人；受理基层检察院报请决定逮捕的直接侦查案件61件73人，其中决定逮捕60件69人，决定不捕1件4人。批准(决定)逮捕重特大案件犯罪嫌疑人1072件1540人。先后办理周某报复杀害医务人员案、张某抢劫杀害出租车司机案等社会影响较大的案件。推行执法办案风险评估预警工作，案前注重源头预防控制，案中严格评估工作程序，案后加强释法说理。

1986～2010年济南市审查批准逮捕犯罪嫌疑人统计表

表11—2—3　　单位：人

年份	公安机关提请逮捕	审查结果			重特大案件犯罪嫌疑人
		批准逮捕	不批准逮捕	公安机关撤回	
1986	698	589	32	19	—
1987	692	606	35	—	275
1988	882	821	24	—	385
1989	1704	1676	29	22	856
1990	1618	1522	49	9	830
1991	1623	1511	50	14	808
1992	1436	1308	26	30	651
1993	1485	1375	57	17	800
1994	1823	1686	57	27	1028
1995	1668	1496	77	40	945
1996	2161	1994	84	57	1321
1997	1557	1358	141	57	927
1998	1837	1503	249	86	1002
1999	2130	1846	225	61	1092
2000	2037	1799	185	54	987
2001	2308	2159	91	55	1122
2002	2374	2205	93	75	1119
2003	2762	2427	221	102	—

续表11—2—3

年 份	公安机关提请逮捕	审查结果			重特大案件犯罪嫌疑人
		批准逮捕	不批准逮捕	公安机关撤回	
2004	2846	2524	330	–	–
2005	3139	2640	463	–	–
2006	3470	2930	573	–	1345
2007	3779	3100	670	–	1605
2008	4246	3432	827	–	1631
2009	4184	3313	852	–	1577
2010	3915	3165	756	–	1540
合计	56374	48985	6196	725	21846

第二节　审查起诉

1986年，开展“严打”斗争第三战役，惩处一批严重破坏社会治安的犯罪分子。全年共受理公安机关移送起诉522案737人，决定起诉488案677人，免予起诉56人，不诉3人，审查起诉案件的准确率99.97%。

1987～1988年，济南市社会治安秩序有所好转，公诉部门受理刑事案件人数相对稳定。1988年，共受理公安机关移送起诉654案1098人，审查起诉528案834人。

1989年，全市检察机关遵照党中央“除恶务尽、不留后患”的指示，审查起诉反革命罪犯12人，刑事犯罪分子51人，为稳定局势作出贡献。全年共受理公安机关移送起诉1920人，决定提起公诉1486人，比1988年增加64%。

1991年，全市公诉部门共出庭公诉922次，与公安和法院配合，选择典型案件，召开公判大会36次。同时，结合办案，参与社会治安综合治理，考查回访130名被免予起诉人员，协助有关单位建立帮教组织130个。1991～1992年，开展“反盗窃”专项斗争，起诉盗窃、销赃、窝赃1528人，遏止盗窃犯罪的猖獗势头。

1993年，全市检察机关与公安、法院密切配合，开展处理在押未决犯会战，共审结390案640人。市检察院审结可能判处无期徒刑以上的案件125案，是1983年开展“严打”斗争以来受理和审结案件最多的一年。

1994年，全市公诉部门受理公安机关移送起诉2301人，决定起诉1593人，比1993年增加19.2%。其中经法院审理后，判处死刑57人，死刑缓期2年执行30人，无期徒刑20人。

1996年，开展严打斗争，共受理各类案件665案1137人，起诉521案866人。

1997年，全市检察机关按照“坚决、慎重、搞准”的原则，共受理公安机关移送起诉2081人，其中决定起诉1911人。对重特大案件适时介入，全年起诉重特大刑事案犯1011人。审查起诉案件结案率96%。

1998年，全市检察机关受理公安机关移送起诉2030人，决定起诉1826人。开展严打集中统一行动和“扫黄打非”、反走私、惩罚骗汇等专项斗争，重点惩罚危害社会治安和人民生命财产安全的严重刑事犯罪、毒品犯罪、带黑社会性质的团伙犯罪以及重大盗窃等犯罪活动，全年起诉重特大刑事犯罪被告人926人。

1999年，济南市检察院起诉处实行案件回访制度，对公安、法院、律师和有关案件当事人分别进行案件回访，把诉讼活动置于各方监督之下。年内，济南市两级检察机关抗诉一起受贿案，被告人济南周济莲花味精有限责任公司原常务副总经理韩某某由一审判处有期徒刑3年、缓刑4年改判为有期徒刑4年。

2000年，落实检察环节的严打措施，集中惩罚严重暴力犯罪，盗窃犯罪，带黑社会性质的团伙犯罪，以及走私贩私，逃汇骗汇、金融诈骗等犯罪活动。在办案中，建立疑难案件专家论证制度，严格检委会议事程序，坚持对重、特大案件适时介入，准确及时惩处犯罪。全年公诉部门共对刑事案件提起公诉2411人，其中市检察院起诉的一起图谋成立“中国国家自由党”、颠覆国家政权的犯罪案件，被告人陈某某被判处有期徒刑12年，剥夺政治权利5年。

2001年，在“打黑除恶”专项斗争中，市检察院提起公诉的徐宗涛等15人黑社会性质的犯罪团伙案件，主犯徐宗涛被判处死刑。此案被评为山东省十大公诉案件之首。年内公诉部门共出席一审法庭1225 次，二审法庭12次，其中上诉程序9件，抗诉程序3件。

2002年，全市公诉部门共起诉重点犯罪案件555案908人，其中危害市场经济秩序犯罪案件43案90人，贪污贿赂和渎职侵权犯罪案件190案204人。这些案件中有最高人民检察院、省院挂牌督办的一起特大虚开增值税专用发票案和13人走私制造3.2吨毒品案等。

2003年，在审查起诉“10·12” 特大走私制造毒品案中，市检察院同公安、法院办案人员，全程配合德国警方，对此案中1名德国人涉嫌组织制造走私制造毒品的情况进行司法协助。年内，济南市人民检察院提起公诉的杀害正军级离休老红军的特大抢劫盗窃案，被告人刘某某被判处死刑。

2004年，共起诉“三类”犯罪案件212案311人，危害市场经济秩序犯罪案件58案124人，贪污贿赂和渎职侵权犯罪案件154案187人。其中包括中央、省、市十分关注的泰灵塔非法经营案，以及8起非法吸收公众存款案等。

2005年，全市公诉部门全年审结的2435 案3758人，有罪判决率99.9%以上。其中，中国石油化工股份有限公司齐鲁分公司原经理张某贪污、受贿案是在山东省和全国都有影响的重特大职务犯罪案件。

2006年，全市检察机关公诉部门以“规范执法行为，促进执法公正”和“社会主义法治理念”教育活动为契机，严厉惩罚各类刑事犯罪。全年共追诉漏犯114人，较2005年上升52%，追漏罪或犯罪事实243件，改变侦查定性57件，抗诉3件，纠正违法216次，提检察建议276条。

2007年，全市检察机关深入推进“平安济南、平安乡村”建设，共受理各类刑事案件3670案6072人，分别比2006年同期上升10.8%和12.3%；依法提起公诉2745案4468人，分别比2006年同期上升4.5%和8.2%。纠正违法151次，提出检察建议172件，30%以上公诉案件依法提出量刑建议，法院采纳率90%以上。

2008年，全年受理和起诉案件均有所增长，其中审查起诉哈尔滨钜科电子有限公司孔某某等15人非法吸收公众存款3.97亿元案，涉及被吸存人2980人，该案的及时办理维护了社会稳定和市场秩序。在审查起诉中纪委交办的潍坊新立克（集团）有限公司原经理尹某等4人挪用公款、徇私舞弊低价折股出售国有资产案中，参与补充侦查和取证工作，在罪名定性方面取得重大突破，最终以尹某等4人贪污9000余万元提起公诉并出庭支持公诉。

2009年，全市检察机关办理人民群众反映强烈的职务犯罪案件。全年共受理职务犯罪案件155件202人，经审查提起公诉140件179人，判决129件176人，起诉率90.3%，判决率83.2%。

2010年，全市检察机关注重办案的法律效果、政治效果和社会效果的有机统一。年内，在济南市五区法院出庭公诉“10·28”案，该案88名被告人被一审法院以非法吸收公众存款罪分别判处有期徒刑9年至缓刑不等刑期，部分被告人上诉后市中级法院裁定维持原判。

1986～2010年济南市审查起诉案件统计表

表11—2—4

项目/年份	受案		起诉		追诉	免诉	不诉	退回补查		侦查机关撤案		检察撤诉	
	件	人	件	人	人	人	人	件	人	件	人	件	人
1986	522	737	488	677	4	56	3	—	—	—	—	—	—
1987	512	751	472	672	1	48	4	—	—	—	—	—	—
1988	654	1098	528	834	2	80	5	—	—	—	—	—	—
1989	—	1920	—	1486	—	—	—	—	—	—	—	—	—
1990	—	2004	—	1640	48	195	21	—	—	—	—	—	—
1991	1069	2011	911	1574	—	169	12	53	108	3	9	—	—
1992	1146	1828	905	1420	10	249	12	146	272	16	30	1	1
1993	1179	2001	949	1504	5	251	4	206	384	13	36	3	9
1994	1505	2301	1199	1593	2	242	2	244	298	12	26	1	3
1995	1576	2471	1327	2022	8	252	5	306	654	11	34	1	1
1996	1833	2825	1517	2424	6	282	15	307	595	6	32	7	11
1997	1423	2081	1281	1911	11	13	38	320	507	7	8	5	8
1998	1396	2030	1275	1826	7	—	7	311	551	5	27	28	33
1999	1811	2651	1564	2230	3	—	5	484	820	9	14	10	14
2000	1928	3029	1605	2411	12	—	13	517	907	20	41	10	16
2001	2137	3418	1804	2825	10	—	43	403	750	50	130	9	12
2002	2428	3634	1953	2807	11	—	39	346	542	36	90	103	141
2003	2547	4066	2237	3398	8	—	70	499	1146	85	229	12	21
2004	2811	4284	2386	3494	13	—	78	518	1044	143	277	35	69
2005	3243	5204	2654	4094	34	—	35	746	1494	185	350	14	45
2006	3293	5394	2632	4101	100	—	28	828	1747	249	488	1	3
2007	3670	6072	2745	4468	70	—	31	952	2013	363	583	2	7
2008	3893	6671	2953	4848	82	—	28	1123	2376	422	718	14	17
2009	4061	6900	3230	5232	87	—	32	1051	2455	488	919	2	6
2010	3800	6491	2498	4947	403	—	18	1316	2821	407	736	1	1
合计	48493	82092	38584	64687	937	1837	548	10676	21484	2530	4777	259	418

第三节 刑事诉讼监督

1990年前，刑事诉讼监督较为薄弱。随着国家各项法律制度的健全和检察机关法律监督意识的提高，刑事诉讼监督得到应有的重视。当年，全市检察机关严格履行侦查监督和审判监督职能，在审查批捕、审查起诉过程中，对事实不清、证据不足的案件退补侦查85起。决定不捕48人、追捕23人、追诉48人。纠正公安、法院违法26次。其中口头纠正25次，书面纠正1次，依法提起抗诉2案。

1991年，在审查批捕中，以防错防漏为重点，追捕犯罪嫌疑人10人，对公安机关侦查活动中的违法情况提出纠正意见16次，建议公安机关撤销案件11件14人，建议自侦部门撤销案件1件1人。

1992～1993年，全市检察机关共追捕27人，办理延长侦查羁押期限案件69件，发出书面纠正违法通知书41份。

1994年，加强执法监督，履行侦查监督和审判监督职能。全年决定不批准逮捕56人，追捕49人；不起诉2人，追诉31人；提起抗诉1件。发出书面纠正违法通知书28份。

1996年，加强侦查监督和审判监督，在审查公安机关提请逮捕的犯罪嫌疑人中，决定不捕86人，依法追捕15人，追诉17人，不诉7人。对侦查活动和审判活动中的违法行为依法提出书面纠正违法通知书23份，提出抗诉的案件3起。

1997年，全市审查批捕部门开展立案监督工作。全市共监督公安机关立案8件17人，直接通知立案4件7人。追捕12人，发出书面纠正违法通知书36 份。

1998年，全市共排查立案监督案件线索212件，共办理立案监督案件39件59人，追捕7人。在市中区检察院和天桥区检察院办理的两起故意伤害案中，2名被告分别被判处无期徒刑和有期徒刑5年。

1999年，全市检察机关加大诉讼监督的力度，重点办理受害人反映强烈，社会影响大的案件。全市共排查立案监督案件线索222件，共办理立案监督案件124件。如市中区检察院监督立案的一起发生在九年前的女教师指使学生殴打同学，致使该生双目失明的重伤害案件，长清县检察院监督立案的村民哄抢选票致使选举无法进行的破坏选举案，均在群众中引起强烈反响，并作为典型案件上报最高人民检察院。

2000年，全市检察机关加强对刑事、民事、行政诉讼活动的监督。在侦查监督工作中，办理延长侦查羁押期限案件62件158人，依法追捕11人，追诉29人，受理立案监督案件线索405件，要求侦查机关说明不立案理由365件，共监督立案323件；在审判监督工作中，依法对6起刑事判决提出抗诉，受理民事、行政申诉案件649件，提出抗诉93件，审判机关改判23件；在刑罚执行监督中，实行到期案件提前催办制度，杜绝超期羁押现象。发现并依法查办6名管教干部玩忽职守造成严重后果的案件，协助有关单位追回9名脱管的劳教人员。

2001年，全市检察机关在立案监督工作中，向公安机关发出要求说明不立案理由通知书217件，共监督立案165件175人。如商河县检察院监督立案的一起故意伤害致死案，被告人一审被判处有期徒刑10年。在审判监督工作中，依法对6起刑事判决提出抗诉，受理民政申诉案件770件，提出抗诉329件，审判机关改判61件。其中，市检察院对法院重罪轻判的一起奸淫幼女案，按审判监督程序依法抗诉，济南市中级人民法院经开庭审理采纳抗诉理由和意见，依法改判被告人有期徒刑8年。

2002年，检察机关规范与公安、法院等在侦查监督、案件审理工作中协作配合。重大、疑难、复杂案件的适时介入率在95%以上。全市共办理立案监督案件181件193人，其中公安机关直接立案172件183人，通知立案9件10人。全市侦查监督部门共追捕4件4人，共发出纠正违法通知书16份，办理延长侦查羁押期限案件65件123人。特别是天桥区检察院办理的一起故意伤害致人死亡案和槐荫区检察院办理的一起故意杀人案，被告人均被判为死刑缓期执行。

2003年，全市共办理立案监督案件158件，监督不应当立案案件20件24人，当年作出有罪判决92件，判决率60%。在所有判决案件中，判处死刑1人，无期徒刑1人，10年以上有期徒刑8人，5年以上10年以下有期徒刑13人。如天桥区检察院侦查监督科监督立案的发生在九年前的一起7人轮奸妇女恶性案件，其中1人被判无期徒刑、4人被判10年以上有期徒刑、2人被判6年有期徒刑。

2004年，全市共办理立案监督案件140件159人，其中提起公诉和作出判决的案件98件，占监督立案数的70%；判处无期徒刑2人，10年以上有期徒刑1人，10年以下有期徒刑20人；共办理专项监督活动案件21件。开展“惩罚制假售假、侵犯知识产权专项监督活动”，全市当年共督促行政执法机关移交案件29件。其中由省、市检察院挂牌督办的章丘一起7人生产销售假化肥一案，在当地受害农民中引起强烈反响，有力地保护农民的合法权益。商河县检察院针对该辖区制售假烟犯罪活动猖獗现象，突出监督重点，先后办理5起制假售假案。市检察院侦查监督处监督立案的一起生产销售假酒案，涉案数额达60余万元。在审判监督方面，重点解决重罪轻判、有罪判无罪等问题，对确有错误的刑事判决、裁定坚决依法抗诉，共抗诉7件，法院改判3件，改判率42.9%，追诉14人。

2005年，全市共办理立案监督案件147件190人，共判决89件108人；判处死刑1人，10年以上有期徒刑7人，5年以上有期徒刑7人，3年以上不满5年有期徒刑24人。监督不应当立案而立案的案件19件22人，不捕262件448人，办理延长侦查羁押期限案件70件，发出纠正违法通知书54份，追捕漏犯87人。其中，历城区检察院、商河县检察院联合监督立案的一起故意伤害致死案和市中区检察院监督立案的一起故意伤害案，被告人分别被判处死刑、有期徒刑14年。

2006年，全市检察机关共监督公安机关立案133件154人，作出判决64件76人(其中往年办理当年判决28件35人)，其中判处10年以上有期徒刑的5人，判处3年以上有期徒刑的17人；监督公安机关不应立案而立案的案件18件20人，公安机关均已撤案。追捕犯罪嫌疑人49人，判决54人(含往年办理当年判决的19人)，其中判处无期徒刑1人、10年以上有期徒刑7人、判处3年以上有期徒刑20人。向公安机关发出纠正违法通知书46件，办理审查批准延长侦查羁押案件69件151人。在全国检察机关开展的惩罚制假售假侵犯知识产权专项立案监督活动中，建议移送案件51件56人，监督公安机关立案43件50人；配合市委市政府专项打假行动，与市烟草专卖局配合，查办涉烟违法人员229人，批准逮捕14人，作出有罪判决34人，涉案总金额达1.07亿元。

2007年，全市共监督公安机关立案111件137人，判决70件81人，其中判处10年以上有期徒刑的2人，判处3年以上有期徒刑的23人。监督公安机关不应立案而立案16件19人，公安机关均已撤案。追捕犯罪嫌疑人28人，判决28人，其中判处10年以上有期徒刑2人，判处3年以上10年以下有期徒刑10人。办理延长侦查羁押期限案件93件191人。

2008～2009年，全市检察机关共监督公安机关立案142件164人，判决153人。商河县检察院追捕涉嫌盗窃的犯罪嫌疑人白某某，被判无期徒刑，长清区检察院追捕的涉嫌盗窃的犯罪嫌疑人刘某某，被判有期徒刑11年，章丘市检察院追捕的涉嫌抢劫的犯罪嫌疑人姜某，被判有期徒刑10年。平阴县检察院在办案中发现当地公安局和电视台对一起未成年人抢劫案进行实名报道，违反《中华人民共和国未成年人保护法》的相关规定，遂向公安机关发出纠正违法通知书，并向电视台发出检察建议，双方均采纳检察机关的纠正意见，撤销后续节目播出的计划。历下区检察院在办案中发现犯罪嫌疑人崔某某涉嫌强奸不满14周岁未成年人的案件线索，遂依法监督立案，最终该犯被判处有期徒刑3年。

2010年，全市检察机关共监督公安机关不应立案而立案60件，纠正违法办案77件。坚持配合与监督并重，坚持惩罚犯罪与保护犯罪嫌疑人合法权益并重，共办理延长侦查羁押期限案件57件112人。

第三章　监所检察

1986～2010年，监所检察工作把对刑罚执行活动的监督放在首位，全面发挥法律监督职能作用，维护监管改造场所的稳定，履行法律监督职责，监所检察工作经常化、制度化、规范化建设有了长足发展。

第一节　监所执法检察

1986～1987年，市检察院加强监所检察派出机构的建设。重点惩罚服刑劳改、劳教(简称“两劳”)人员的犯罪活动，各驻监所检察组普遍开展节日检察、夜间检查、专题检查以及全面检查，维护监管秩序和稳定。

1988年，市检察院调动社会力量，促进“两劳”人员教育改造工作社会化。协助监管改造单位与各县区签订“两劳”人员安置帮教协议，落实改造和帮教措施。1989年，把对监管改造场所执行法律政策的监督放在首位，向监管改造场所提出纠正违法建议28件(次)，对476名假释、管制、缓刑、保外就医和剥夺政治权利、监外执行的罪犯普遍检查2次。协助监管改造场所与有关单位签订380名劳改犯人的“帮教安置协议”，220名劳教人员的“联合帮教协议”。

在1989年春夏之交的政治风波期间，各驻监所检察组以安全防范工作为重点，协助监所落实安全防范措施，监所改造单位未发生任何重大事故。1990年，加强对监外执行犯的管理改造，先后对488名外执犯的改造情况进行调查，提出加强监管改造建议16条，建议有关单位新建帮教组织101个，受理申诉43起。

1991～1992年，严格执行《中华人民共和国刑事诉讼法》关于对犯罪嫌疑人、被告人羁押期限的规定，对超期羁押案件进行集中纠正，两年清理超期羁押案件267人次。同时开展对减刑、假释案件的法律监督，对监管改造活动出现的违法行为提出纠正意见，运用检察职能办理“两劳”人员及家属的控告申诉案件。1993年，清理纠正积存的超期羁押案件，对超期羁押案件和严重的超期羁押案件重点督办，超期羁押人犯逐月递减，至年底减少到1人。

1994年，对在押人犯开展多种形式的法制教育。动员社会力量参与改造，邀请社会各界人士30人，到监管改造场所作报告，促成44名劳教人员与家长签订帮教协议。

1995年，强化对刑罚执行监督，特别是对假释、保外就医、劳教人员减刑等执法活动进行重点检查，纠正不符合条件4人，对819名监外执行犯人的改造情况进行普遍检查，对监管改造中的违法行为提出纠正意见256次。

1996年，监督和协助劳改、劳教单位落实改造方针，对监管改造中的违法行为，提出纠正意见181次，依法查处1起看守所人员虐待人犯案件，依法处理“牢头狱霸”40人，提出超期羁押纠正意见38次，纠正不符合减刑、假释、保外就医条件的人员23人，对919名外执犯的改造情况进行检查。同年，姚家地区检察院正式挂牌办公，作为济南市人民检察院的派出机构，从组织上加强对驻地监管场所执法活动的监督。

1997年，进行安全防范检查1323次，提出安全防范检察建议173条，消除事故隐患25起。同时继续加强以纠正违法保外就医、减刑、假释为重点的刑罚执行监督。1997年纠正不符合条件165人。1998年，纠正不符合条件21人，纠正超期羁押188人次。1999年纠正法院减刑、假释不当和裁定书错误13件，纠正超期羁押74人。

2000年，实行到期案件提前催办制度，杜绝超期羁押现象。加强对监管场所内发生的贪污、受贿、渎职、侵权犯罪案件查办力度，重点抓好严重影响监管改造秩序玩忽职守，重大责任事故案件，发现并依法查办6名管教干部玩忽职守造成严重后果的案件，协助有关单位追回19名脱管劳教人员。

2001年，全年审查罪犯减刑、假释裁定1528份，审查减刑、所外执行决定6份，发现并纠正减刑、假释裁定书存在错误39件，防止发生事故24起。加强对监管场所的安全防范检查，坚持检察长检查、联合检查和自行检查相结合，配合监管单位查找隐患，完善设施，消除不安全因素，维护监管秩序安全稳定。

2002年，集中开展立案监督、侦查监督以及清理纠正超期羁押专项行动。共向侦查机关发出要求说明不立案理由通知书 207件，其中侦察直接立案172件，通知立案9件，依法追捕3件3人，追诉漏罪29条，提出检察建议111条，纠正违法94次。全年审查减刑、假释裁定2429份，保外就医和劳教决定172份，纠正减刑、假释裁定错误36件。2003年，查处行政司法人员贪赃枉法、徇私舞弊、滥用职权等犯罪案件 43件。推进监所工作网络化管理，落实超期羁押责任追究制度，2003～2005年无超期羁押现象的发生。

2005年，针对刑法执行中违法减刑、假释、保外就医等问题，推行与劳教所、监狱等监管单位的计算机联网，加强对监管活动的动态监督。全年依法纠正减刑、假释、保外就医呈报不当24人，纠正保外就医罪犯脱管失控4起。结合诉讼监督，全年成功息诉不服司法机关正确裁决的各类申诉328件。同年，驻山东省女子监狱检察室开设“检察官热线”，针对女服刑人员的心理、生理特点，为她们提供有关定罪量刑、减刑假释和监管改造政策等法律法规以及心理、生理健康方面的咨询服务，同时也受理服刑人员的控告申诉和举报。该热线开通后受理服刑人员控告申诉举报52件，纠正刑期计算错误和违法扣押物品10件，消除事故隐患、监管错误15件，为服刑人员解答各类疑难问题120余件。

2006年，进行社区矫正试点，建立社区矫正动态检察监督、问题跟踪和检察效果反馈机制。查办职务犯罪，排查职务犯罪线索8件，查办职务犯罪案件2案3人。依法立案查处山东省监狱3名监管干警，通过两次伪造材料，使罪犯冉某某获得省级劳动改造积极分子奖励因而获得减刑的徇私舞弊减刑案件。

2007年，把预防超期羁押作为刑事诉讼监督工作的重点，严格落实羁押期限倒计时和羁押期限预警提示制度，确保全年无超期羁押案件。对全市2936名监外执行罪犯进行摸底和核对，纠正监外执行罪犯脱管82人、漏管124人。

2008年，按照“突出监督重点、规范监督程序、注重监督实效”的原则，纠正减刑、假释、暂予监外执行违法案件11件；纠正济南市看守所余刑1年以下的10名未成年罪犯违法留所服刑；城郊检察院派驻省“未教所”检察室发现线索纠正1起以劳代刑的案件；以涉嫌受贿罪对省监狱二监区原副监区长刘某某进行立案侦查。

2009年，落实对计分、呈报、裁定环节的同步监督机制，建立健全分类逐人建档和对刑罚变更执行情况的重点监督机制，对监狱86名不符合减刑假释条件、看守所5名不符合减刑条件的服刑罪犯进行纠正。开展看守所监管执法专项检查活动，检察机关联合公安机关对看守所混关混押，劳动收支账目登记不清，加餐、代购物品价格偏高，监控设施陈旧老化，在押人员存有“牢头狱霸”倾向，监室内有违禁品等问题进行清查，消除70多项安全隐患，对22名患有严重疾病等不符合羁押条件的在押人员办理变更强制措施手续，清理济南市、章丘市、长清区3个看守所的不安全生产项目，城郊检察院对山东省女子监狱原监狱长尹某某以私分国有资产罪进行立案侦查，历下区检察院对济南市看守所犯罪嫌疑人刘某某死亡事故的2名责任干警以涉嫌玩忽职守罪立案侦查。落实中央五部门《关于加强和规范监外执行工作的意见》，抓好监外执行罪犯监督信息管理系统的应用，建立全市监外执行罪犯管理档案，形成一套完整、规范的基础性台账，采取与监管干警、帮教组织、监外罪犯“三见面”的形式，深入各辖区派出所、社区矫正组织，对重点监外执行罪犯进行考察，纠正监外执行罪犯漏管34人、脱管20人、公安机关未定期考察15人、未建立监外执行罪犯档案20人、未按规定宣布解除19人。

2010年，不断强化规范执法、公正执法力度，通过检察建议纠正监管单位的隐形超期羁押问题，纠正羁押3年以下、1年以上的久押不决案件共计23件37人。落实对罪犯的计分、呈报、裁定(决定)环节的同步监督机制，纠正不符合减刑、假释条件的罪犯的变更执行案件12件。通过安全检查消除事故隐患86起，教育转化重危分子40人。开展保外就医专项检察活动，通过专项活动对全市40名保外就医人员的情况做到底数清、情况明。

第二节　重新犯罪案件检察

1986年，配合严重惩罚刑事犯罪的斗争，进一步加强对重新犯罪案件的检察和办案工作，特别是对严重破坏监管秩序和危害社会治安的犯罪案件及时审查批捕、审查起诉，依法查办犯人重新犯罪和劳教人员犯罪案件4件8人。向法院提起公诉后，分别予以加刑和判处刑罚。

1988～1990年，做好在押人员和劳改犯人思想教育，重点惩罚劳改犯重新犯罪，劳教人员哄监闹事、逞凶作恶、抗拒改造、破坏监所秩序及“牢头狱霸”，批准逮捕2人，起诉23人。

1994～1995年，针对部分监管改造场所“牢头狱霸”活动有所抬头的情况，监所检察部门把惩罚牢头狱霸作为一项重要工作，两年共查处违法行为43人，稳定监狱秩序。

2002年，办理监管场所犯罪案件3起3人，逮捕1件1人，审查起诉2人。严格办理被监管人员又犯罪案件，依法受理山东省女子监狱1名犯人涉嫌诈骗案件，并向济南市历下区法院提起公诉，该犯被依法判处有期徒刑1年，并处罚金3000元，与原余刑合并决定执行有期徒刑7年。

2003年，办理监管场所各类案件、受理监管场所举报案件线索5件，初查2件，转办3件；办理监管场所重新犯罪案件1起1人，审查起诉1人。特别是“非典”时期，在监狱实行封闭式管理的情况下，提高办案效率，在较短时间内完成山东省监狱1名犯人过失致人死亡案的审查工作，依法向法院提起公诉。

2006年，严厉惩罚罪犯重新犯罪活动，共批捕罪犯又犯罪案件11案12人，审查起诉15案16人。开展立案监督工作，城郊检察院派驻山东省女子监狱检察室在对一起罪犯脱逃未遂案件检察中，发现监狱没有对该犯立案，城郊检察院依法向山东省女子监狱发出说明不立案理由通知书，在监狱的不立案理由不能成立时，城郊检察院依法向监狱发出立案通知书，经法院审判，该罪犯被依法判处有期徒刑2年。

2007年，批捕重新犯罪案件18案35人，起诉18案31人。济南市城郊检察院对山东省女子监狱服刑罪犯许某以破坏监管秩序罪依法提起公诉，经法院审理，判处该犯有期徒刑3年。

2008年，建议执行机关收监2人，监督公安机关立案2件2人，审查批捕又犯罪案件33案42人，审查起诉34案62人。济南市城郊检察院对济南监狱服刑罪犯赵某以脱逃罪依法提起公诉，法院以脱逃罪判处该犯有期徒刑8年。

2009年，审结批捕重新犯罪案件41案62人，批捕57人，起诉重新犯罪案件38案78人。

2010年，办理批捕重新犯罪案件 55案78人，批捕70人；审查起诉案件43案74人，判决的55人；有罪判决率100%。对4名严重违反监外执行管理规定的罪犯收监执行。

第四章　控告申诉检察

1986～2010年，全市检察机关控告申诉检察工作坚持维护社会稳定、促进司法公正的指导思想，全面落实检察长接访制度、首办责任制和公开听证、公正答询制度，妥善处理和化解各类矛盾纠纷，受理不服司法机关裁决的各类申诉，做好当事人的服判息诉工作，维护司法权威，促进社会和谐。

第一节　受理来信来访

1986年，全市检察机关控告申诉部门围绕严厉惩罚刑事犯罪和惩罚严重经济犯罪斗争开展工作，通过处理来信来访，为经济、法纪检察等有关处室提供案源。全年共受理群众来信来访2693件(次)，从中发现各类案件线索303起；在接待工作中，坚持分级负责，归口办理的原则，对一些久拖不决的信访老案，检察长亲自出面解决。1987年，全年接待来信来访2265件(次)，自行查处68起，为有关部门提供案件线索280余起。

1988年6月，济南市检察院和各区、县检察机关先后建立经济罪案举报中心。检察机关全年共受理控告申诉案件66起，接待群众来信来访3889件次，查处群众直接反映的大量问题。1989年，贯彻稳定方针，检察机关共受理群众来信来访2030件(次)妥善处理上访老户的问题。

1990年，市县(区)两级检察机关把举报工作列入重要议事日程，采取挂牌接待、设点接待、巡回接待和上门接待等措施，便利群众的检举控告。全年共受理群众举报2488件，接待群众信、访2693件(次)，从中立查经济、法纪案件259起。

1991年，全年受理群众来信来访1797件(次)，其中，转有关部门处理886件，处理告急信访18件。

1992年，将依法查办案件与疏导化解人民内部矛盾相结合，受理群众来信来访430件(次)。其中，转有关部门处理310件。市县(区)两级检察机关以举报宣传为先导，以初查工作为中心，使举报工作步入宣传—举报—查处—反馈—再宣传的轨道。全年共受理群众举报线索1699件，其中贪污、贿赂案件线索943件，法纪案件线索196件，从中立案108起。同时还切实做到保护举报人的合法权益，严肃查处惩罚报复举报人案件4起，奖励举报有功人员4人。

1993年，市县(区)两级检察院共接待群众来信来访135件(次)。受理群众举报1985件，从中立查经济犯罪案件146起。在办案工作中，通过对典型案件公开处理，宣传党和国家的政策，促使经济犯罪人员走上坦白自首的从宽之路，有9人携款到检察机关投案自首。

1994年，共接待来信来访1898件(次)。办理申诉案件11起、重婚案件3起。加强控申动态分析，对有可能激化矛盾的来信来访，不拖不压，及时依法秉公处理；对群众反映集中的问题，检察长亲自调查研究，减少社会不安定因素。

1995年，市县(区)两级检察院控告申诉部门依照《中华人民共和国国家赔偿法》的规定和上级检察机关的部署，开展刑事赔偿工作，制定刑事赔偿办法。1996年，按照最高人民检察院《关于保护公民举报权利》的规定，奖励举报有功人员38人次，奖励金额1.6万余元，全年共接待来信来访3007件(次)。

1997年，长清县检察院接待来信来访工作，受到最高人民检察院通报表彰。

1998年，全市检察机关深入开展“三并两满意”(办案与服务并行，惩治与保护并重，惩罚与防范并举，让党和人民满意)活动，共接待群众来信来访877人次，息诉191件。加强举报控申部门的基础建设，实施“科技强检”具体规划。加强举报控申部门人员力量和通讯、交通、办公设施等基础建设，开发、推广控告申诉处理软件。

1999年，在全市检察机关推行首访责任制，制定《济南市检察机关首访责任制实施办法》。建立健全检察长接待来访、批阅来信制度。全年共受理举报2791件，接待来访722人次，全部依法进行妥善处理。

2000～2002年，全市检察机关控告申诉部门以处理群众要求化解矛盾纠纷，防止矛盾激化为重点开展工作。

2003年，以解决突出问题为重点，坚持检察长接待制度，检察长接访902人次，处理解决问题221件；处理集体访70起，告急访32起，协助党委、政府处理告急信访、群体上访102次；处理群众的控告举报2011件，接待群众来信来访3410件(次)。

2004年，全年接待群众来访3550人次，妥善解决集体访120件，告急访47件。全市检察机关先后开展集中处理涉法上访活动和集中处理信访突出问题及群体性事件工作。济南市检察院控申处接待室被评为“全国文明接待室”。

2005年，检察机关开设流动控申室，先后到黄河滩区、偏远山区，解答群众咨询，受理群众举报、控告和申诉，共接访136人次，接受群众咨询287人次，接受宣传群众达1.87万人。同时，建立“免费法律咨询服务室”，通过微机网络、电话联系或当场解答等形式，搞好答疑解惑工作，免费为群众提供法律咨询服务，引导群众依法办事。

2006年，全市检察机关共接待群众来访856批2058人次，妥善处理集体访59批511人次；受理群众来信来电举报申诉1658件；排查矛盾纠纷189件，处结180件，处结率95%；办结上级交办检信访案件13起。开展下访、巡访试点工作，探索便民利民新路子，推进社会主义和谐建设，创造性地在辖区内开展涉法信访进社区活动和“流动控申室”，率先在基层建立涉法信访工作站。

2007年，全市检察机关共接待群众来访845批1147人次，其中初访821批1033人次，初访处结率90%；处理集体访35批301人次，告急访5起。全市两级检察院检察长共接访112次接待群众147人次，群众满意率98%。开展以处理涉检信访老户为重点的涉检信访专项治理活动，上级交办和自行排查的37起案件全部办结，息诉率80%。

2008年，全市检察机关共接待群众来访665批1090人次，其中市检察院接待群众来访438批688人次，处理集体访28批237人次；检察长接访124人次；受理群众来信1001件，其中市检察院受理558件，基层受理群众来信443件；办结息诉省检察院交办的重信重访案件9起，自行排查的24起重信重访案件全部息诉罢访；初查举报线索56件，移送立案3件，其中市检察院初查11件；做好民生检察服务热线，共受理电话332个，协助解决与人民群众密切相关的民生问题20余个。

2009年，全市检察机关共接待来访群众750批1238人次；处置集体访31批293人次，受理的863件举报线索全部在规定时间内依法及时处置。民生检察服务热线共受理群众来电2103人次，协调有关单位和部门为群众解决实际困难50多件。

2010年，全市检察机关共受理群众来信1342件次，干警深入基层下访巡访350多人次，及时化解各类不稳定因素180余起，初核调查工作有较大的提升，全市检察机关共初核举报线索190件，其中移送自侦部门立案23件；按照《人民检察院举报线索管理规定》，先后对64名举报有功人员(单位)进行奖励；全市开展举报宣传13场次，解答群众法律咨询1200余人次，发放宣传材料5000余份；集中排查全市涉检信访隐患10次，发现不稳定因素160余件，通过预警化解矛盾150件；市检察院“12309”举报电话与“96699”民生热线实现并网运行，共受理群众来电4812个，实现并网联动120余次，为群众服务解决实际问题352余件；受理刑事申诉案件25件。

第二节　办理控告申诉案件

1986年，全市检察机关切实做好刑事申诉案件审查立案工作，查处控告、申诉案件361件；全面复查历史上免予起诉的案件98件，查阅案卷26600件，纠正冤假错案10起，维持原处理决定88起。

1987年，复查历史老案，共审查案卷26604件，依法平反、纠正错案12起。1988年，受理控告申诉案件66起，依法纠正错案6件，并妥善处理一批久拖未决的控申案件。

1989年，控告申诉检察工作以办案为主，复查24起申诉案件。

1990年，受理群众申诉案件32起，依法纠正13起；受理举报线索2488件，按归口办理原则，转有关部门立查经济、法纪案件259起。

1991年，受理申诉案件27起，经审查，维持原决定12起，依法纠正8起。

1992年，控申工作以复查申诉案件为重点，共查处申诉、重婚案件22起。维持原决定3起，纠正14起。市、县(市)、区检察院驻税务局工作机构强化办案力度，全年受理案件线索278起，立查偷、抗税案件19起，其中，大案11起，追回税款60.9万元，协助税务部门追缴税款627万余元。同年，历下区姚家镇建立检察室。

1993年，控申举报部门查处对社会危害较大、群众和社会反映强烈的重婚犯罪案件，全年受理重婚案件线索21件，从中立案3件。受理申诉案件21起，维持原决定5起，纠正6起。市、县(市)区检察院驻税务局工作机构，全年立查偷、抗税案件29起，皆为大案，挽回经济损失66万余元，协助税务机关追缴税款856万余元。

1994～1995年，市及县(市)区检察院把复查申诉案件作为一项重要的执法监督工作来抓，办结申诉案件23起。

1996年，审查筛选案件线索。全年通过受理举报，立查经济犯罪案件213起，其中大要案186起。受理刑事申诉案件13起，办结6起，维持原决定4起，纠正2起，办理重婚案件9起。

1997年，共受理不服人民法院判决、裁定和不服人民检察院不起诉决定的申诉案件13起，维持原决定8起，纠正2起。

1998年，检察机关办理举报案件正确区分政策法律界限，坚持惩治与保护并重。如章丘市枣园镇马芦村部分群众多次举报原村支部书记贪污公款，章丘市检察院及时与镇党委联系，制定细致工作方案，经过两个多月走访调查，查阅账目，发现被举报人不但未有经济问题，反而在任职期内为村委还债垫付个人资金。处理群众的控告申诉，共接待群众来信来访877人次，息诉191件。

1999～2000年，检察机关发挥控申部门监督制约的职能作用，依法受理刑事申诉案件331件，全部办结。

2001年，落实便民、为民、利民措施，推行接访笔录制度和首访责任制。全年受理申诉案件116件，受理刑事赔偿案件2件、办结2件；特别是针对当事人不服检察机关扣押款物的11起申诉案件，控告申诉部门会同纪检监察、研究室进行专题调查，进行整改。

2002年，全市检察机关共受理申诉案件233件，全部依法作出处理。从3月开始集中开展为期半年的控申积案专项集中清理活动，包括最高人民检察院挂牌督办的3起案件、省检察院挂牌督办的5起案件在内的18起积案全部得到解决。

2003年，全市检察机关坚持“强化法律监督，维护公平正义”的工作主题，复查刑事申诉案件8起；办结上访老户案件17起；初查案件85起，移送立案7起，通过初查为24名干部澄清事实。

2004年，开展信访案件大检查，复核审查36件涉及检察机关的信访案件。加强和谐执法工作，最大限度化解矛盾纠纷，依法平息12起最长22年、最短6年的老上访案。

2005年，全市检察机关进一步健全完善矛盾纠纷排查调处机制，在依法查办案件的同时，及时疏导化解人民内部矛盾，注重办案质量，严把办理刑事申诉案件的事实关、证据关和适用法律关。全年共受理刑事申诉、刑事赔偿案件13起，其中立案复查6起，并全部办结。

2006年，共复查刑事申诉案件8起，全部按期办结。

2007年，结合全国检察机关开展的“三项专项治理”活动，把办理不服检察机关处理决定的申诉和涉检刑事赔偿案件作为工作重点。共复查刑事申诉案件11件，办结6件，均维持原决定。其中所办结的4起案件当事人均没有继续上访。

2008年，加大对群众反映强烈的撤案、不捕、不诉等刑事申诉案件的办理力度。重点是在认定事实清楚、证据充分、定性准确等方面，保证办案质量。年内市检察院共复查刑事申诉案件4件。

2009年，全市检察机关共立案复查刑事申诉案件21件，向法院提出检察建议1件，办理刑事赔偿案件4件，决定赔偿1件；其中市检察院立案复查刑事申诉案件16件，刑事赔偿案件2件。

2010年，重点加大对不服法院判决生效案件的监督力度，提升办案质量，依法从快办理。在立案复查的23件刑事申诉案件中，属于不服法院判决的16起，决定不予抗诉15起，提请抗诉1起。全年办理刑事赔偿案件2件，办结2件，给付赔偿金额7.24万元；办理刑事被害人救助案件3件，救助金额21万元。

第五章　民事行政检察

济南市检察院在“文化大革命”前和重建初期，虽然初步开展参加民事诉讼活动的工作，但基本上没有行使这项职权。随着国家经济社会的快速发展，民事行政诉讼活动大量增加，民事行政检察工作逐步开展起来。

第一节　民事诉讼检察

1988年，济南市在天桥区人民检察院进行民事诉讼试点工作。1990年，市人民检察院设立民事、行政检察筹备办公室，各区、县检察院都配备专职或兼职人员。1991年7月，市人民检察院设立民事行政检察处。1992年，市(县)区检察院均设立民事行政检察科，受理案件20起，审结15起。

1993年，全年受理案件42起，办结31起。其中，以口头、书面形式提起抗诉2起，法院纠正1起。

1994年，全年受理案件128起；决定立案25起，建议法院改判9起，提起抗诉3起。

1995年，全年受理不服法院民事、经济判决裁定的申诉案件280起；立案148起，经审查，建议提请抗诉17起，提请抗诉21起，抗诉12起。立案数、提请抗诉数、抗诉数均列全省检察机关前列。

1996年，全市两级检察院共受理不服法院民事、经济判决裁定的申诉案件273起；立案166起，经审查，建议提请抗诉12起，提请抗诉22起，抗诉12起。

1997年，受理不服法院民事、经济判决裁定的申诉案件278起；决定立案128起，经审查，建议提请抗诉18起，提请抗诉25起，抗诉5起。

1998 年，加强以纠正不公正的判决、裁定为重点的对审判活动的监督。全年提请民事抗诉90件，提出抗诉25件。

1999年，对群众申诉的民事案件建议提请抗诉和提请抗诉210件，抗诉74件，改判11件，提请抗诉和抗诉案件数分别比1998年增长148.1%和196%。在开展民事行政检察工作中普遍推行律师代理制度，试行案件公开审查制度。

2000年，全市民行检察部门共受理民事申诉案件649件，提出抗诉93件，审判机关改判23件。2001年，受理民事申诉案件770件，立案316件，建议提请抗诉139件，提请抗诉190件，抗诉99件，审判机关改判61件。通过强化监督，共为国家挽回经济损失1700多万元。如市中区检察院通过办理山东省建工集团合同纠纷案件，防止200万元国有资产流失。

2002年，全市检察机关着眼于维护司法公正和司法权威，由单纯办案向办案、服务并行的转变，由以抗诉为单一监督手段向检察建议、支持起诉的转变，由办案的数量规模型向质量效益型转变，由敢抗、善抗向抗准、抗赢四个根本转变。全年受理各类民事行政申诉案件685起，立案388起，抗诉 102起，法院改判80起，取得良好的执法办案效果。开展支持起诉工作，共办理支持起诉案件322起，涉案金额2.7亿元，为国家挽回经济损失1.35亿元。

2003年，提出民事行政抗诉74件，建议法院再审67件，改判85件。继续深入开展支持起诉工作，全年共办理支持起诉247件，胜诉35件，涉案金额4.03亿元。

2004年，提出民事行政抗诉74件，改判43件。支持起诉148件，法院判决85件。依法运用抗诉和再审检察建议两种方式监督纠正涉及人数众多、反映强烈的市中区十六里河镇石青崖村村民诉该村村委会拆管安置纠纷等7起案件。

2005年，运用抗诉和再审检察建议两种形式，提出民事行政抗诉案件134件，法院审结108件，改判93件，改判率高出全国平均水平15个百分点。同时，对不服人民法院正确裁判的案件，注意从化解矛盾纠纷，促进社会和谐出发，做好当事人的服判息诉工作，全年成功息诉328人。商河县检察院在办理孙集乡相家村11户村民土地承包纠纷案中，办案人员先后6次到该村了解案情，走访群众50多户，并多次到乡政府进行协商，使激化的矛盾得到有效解决。

2006年，济南市民事行政检察办案质量和效果的原裁判改变数，居全省第一。市检察院民行处被最高人民检察院表彰为“全国民行检察工作先进集体”。受理民事行政申诉735件；立案294件。基层检察院提请和建议提请抗诉188件；市检察院抗诉87件，提请和建议提请抗诉56件。提出再审检察建议42件，被采纳35件。改变原裁判107件。办理刑事附带民事诉讼案件1件。初查法官职务犯罪线索5起，被追究刑事责任1人，党纪处分1人。办理支持起诉64件，涉案金额6225万元，胜诉56件，胜诉金额5588万元。

2007年，受理民事行政申诉669件，立案268件。基层检察院提请和建议提请抗诉147件；市检察院抗诉62件，提请和建议提请抗诉52件。提出再审检察建议29件，被采纳37件。改变原裁判80件。初查法官职务犯罪线索6起，立案1人。办理支持起诉57件，涉案金额832万元，胜诉57件，胜诉金额800万元。

2008年，受理民事行政申诉472件，立案236件。基层检察院提请抗诉91件，市检察院抗诉85件，市检察院提请和建议提请抗诉61件，被省检察院采纳64件。提出再审检察建议25件，被采纳23件。改变原裁判75件，出席再审法庭76次。办理刑事附带民事案件2起；办理执行监督案件2起，法院已纠正1起；办理调解监督案件5起，法院已纠正违法调解案件2起；办理督促起诉1件；促成当事人和解案件10起；支持起诉82件，涉案金额1305.5万元，胜诉75件，胜诉金额1214.3万元。

2009年，全市民事行政检察部门共受理民事行政申诉182件；立案114件。抗诉57件，提请和建议提请抗诉64件，被省检察院采纳44件。改变原裁判72件，出席再审法庭53次。对于部分疑难复杂案件加大提交检察委员会研究力度。

2010年，全市共受理民事行政申诉416件，立案283件。抗诉114件，提请和建议提请抗诉54件，被省检察院采纳48件。提出再审检察建议13件，采纳12件。改变原裁判76件，出席再审法庭82次。办理执行监督11件，法院纠正11件；办理督促起诉3件，胜诉金额2582.5万元；支持起诉98件，涉案金额730余万元，全部胜诉。

第二节　行政诉讼检察

1992年，检察机关民事行政部门审查法院送达行政裁判书7份。1994年，审查法院送达行政裁判书9份；受理当事人不服行政裁判案2件，立案审查1件。

2002年，民事行政部门成功抗诉山东省商业技术学院16名大学生申诉的土地补偿费行政纠纷类案16件。“民告官”行政诉讼抗诉案件一次改判16件，为山东省首例。

2004年，重点办理因地方和行政保护导致错误裁判，涉及弱势群体的裁判不公等多起有影响的民事大案、类案。依法维护弱势群体的合法权益，办理天桥区黄台板桥村11件拆迁纠纷类案。

2005年，全市民事行政检察部门成功息诉多起有较大影响的申诉案件。章丘市检察院办理的王某人身损害赔偿申诉案为典型案例。

2006年，探索新的民事行政监督方式。市中区检察院办理的胡某某、严某某与济南市劳动局行政审批纠纷案的申诉一案，省检察院抗诉后，济南市中检察院再审维持原判。市中区检察院对该案进一步复查，认为再审判决有意避开检察机关的抗诉内容，导致再审判决错误，建议申诉人按照抗诉意见向省高级法院进行申诉。该案经山东省高级人民法院再审，全部采纳检察机关的抗诉意见，依法作出改判。

2007年，办理群众反映强烈、社会影响大的案件，强化办理行政案件抗诉质量。章丘市检察院建议提请抗诉的一起土地行政处理纠纷申诉案，经济南市检察院提请、山东省检察院抗诉，济南市中级法院再审，完全采纳检察机关的抗诉意见，依法作出改判。

2008～2009年，根据最高人民检察院和山东省检察院的工作部署，全市两级民事行政检察部门开展办案机制、监督范围和方式的改革探索，通过督促起诉形式防止国有资产流失。济阳县检察院在走访中发现该黄河河务局与该县仁风镇韩纸村韩某某签订的承包合同到期未缴承包费5万余元，承包户还在该承包土地上设置障碍物，影响该局对该土地的使用，而县河务局怠于行使权利，可能造成国有资产流失。据此该检察院向县河务局发出民事督促起诉书，并协助县河务局搜集相关证据，法院支持河务局的部分诉讼请求，为企业挽回损失。该案的成功办理，为全市民事行政部门工作创新监督领域起到很好的导向作用。

2010年，行政诉讼监督工作持续强化。长清区检察院继续保持执行监督工作的稳步开展，与区法院共同会签《关于在民事行政执行程序中适用检察建议进行法律监督的意见》。平阴县检察院与国土资源局会签《关于防止国有土地资产收益流失的若干意见》，加强对国土资源监管。槐荫区检察院与区公安机关会签

《行政处罚检察监督工作实施办法》，将公安机关行政处罚行为纳入检察监督的范围，并对公安分局各派出所的行政执法活动存在的问题提出检察建议，区公安分局就整改情况做出回复。市中区检察院在办案中发现砚池管理存在诸多问题，为防止砚池的安全隐患危害群众的生命安全，及时向历下区政府提出检察建议；历下区政府对此高度重视，专门制订方案，进行统一协调管理，并由相关责任部门和责任人签订责任书。

第六章 机　构

第一节 济南市人民检察院

1986年，济南市人民检察院设刑事检察一处、刑事检察二处、法纪检察处、劳改监所检察处、办公室、经济检察处、政治处、研究室、控告申诉检察处共9个处室。1987年，增设检察技术处。1988年6月，市人民检察院建立经济法纪罪案举报中心，与控告申诉检察处合署办公。

1991年3月，设立政治部；4月，设立监察室、民事行政检察处，经济检察处更名为反贪污贿赂工作局。1993年5月，设立姚家地区人民检察院，作为市人民检察院派出机构；6月，增设派驻检察处。1995年3月，设立济南市高新技术产业开发区人民检察院、济南市姚家地区人民检察院。1997年7月，姚家地区人民检察院更名为济南市城郊地区人民检察院；8月，市人民检察院内设办公室、审查批捕处、审查起诉处、反贪污贿赂局(内设侦查一处、侦查二处、犯罪预防处、综合指导处)、法纪检察处(1998年5月更名为渎职犯罪侦查局)、监所检察处、民事行政检察处、控告申诉检察处、检察技术处、法律政策研究室、教育训练处(与检察官培训中心一个机构两块牌子)、行政装备处、派驻检察处、监察处、政治部(内设人事处、警务处、宣传处、离退休干部工作处)共15个职能部门。1998年，撤销68个检察室、联络室和工作点。1999年5月，撤销派驻检察处。

2001年11月，市人民检察院内设办公室、政治部(内设人事处、宣传处、干部教育培训处)、侦查监督处，公诉处、反贪污贿赂局(内设综合指导处、侦查处、职务犯罪大要案侦查指挥中心)、渎职侵权检察处(2005年12月更名为反渎职侵权局)、监所检察处、民事行政检察处、控告申诉处、职务犯罪预防处、检察技术处、法律政策研究室、警务处、计划财务装备处、监察处、离退休干部工作处、机关党委、机关服务中心、检察官培训中心共19个职能部门。2002年8月，建立网络信息管理中心；9月，正式成立济南市高新技术产业开发区人民检察院。2009年2月，公诉处更名为公诉一处，增设公诉二处。

至2010年12月，市人民检察院内设办公室、政治部(内设人事处、宣传处、干部教育培训处)、侦查监督处、公诉一处、公诉二处、反贪污贿赂工作局(内设综合指导处、侦查处、职务犯罪大要案侦查指挥中心)、反渎职侵权局、监所检察处、民事行政检察处、控告申诉检察处、职务犯罪预防处、检察技术处、法律政策研究室、警务处、计划财务装备处、监察处、离退休干部工作处、机关党委共18个职能部门；派出机构两个：高新技术开发区人民检察院(内设办公室、刑事检察处、职务犯罪检察处、控告申诉检察处)、城郊地区人民检察院(内设办公室、刑事检察处、监狱检察处、劳动教养检察处)；下辖三个事业单位：检察官培训中心、机关服务中心、网络信息管理中心。

第二节 基层检察院

1986年，市检察院下辖历下区人民检察院、市中区人民检察院、槐荫区人民检察院、天桥区人民检察院、郊区人民检察院、历城区人民检察院、章丘县人民检察院、长清县人民检察院、平阴县人民检察院9个基层检察院。2010年，市检察院下辖10个基层检察院：历下区人民检察院、市中区人民检察院、槐荫区人民检察院、天桥区人民检察院、历城区人民检察院、长清区人民检察院、章丘市人民检察院、平阴县人民检察院、济阳县人民检察院、商河县人民检察院。

济南市检察院重建后至20世纪90年代中期的办公地——市中区经二路166号

2010年后，济南市检察院办公地——历下区奥体西路166号

第三篇 审 判

第一章 刑事审判

1980年，济南市中级人民法院增设刑事审判第二庭。1991年，刑事审判第二庭与告诉申诉审判庭合并为告诉申诉审判庭。1995年，原刑事审判第一庭恢复为刑事审判庭。1997年，刑事审判庭再次分为刑事审判第一庭和刑事审判第二庭。2006年11月，原由刑事审判第一庭管辖的危害国家安全和涉邪教类犯罪案件，以及涉外、涉港澳台、涉侨犯罪案件移交刑事审判第二庭管辖。

1986～2010年，全市两级法院共依法审理各类刑事案件45481件。刑事案件数量总体呈上升趋势，1996年和2001～2002年，按照中央部署，开展以严惩经济犯罪为重点的第二次“严打”整治专项斗争、为期两年的第三次“严打”整治斗争和整顿规范市场经济秩序工作等专项斗争，收结案件数是有所增加，出现过两个峰值。

1986～2010年全市法院一审刑事案件收结情况表

表11－3－1

分类 年份	新收案件（件）	审结案件		生效案件	
		件	人	件	人
1986	789	760	1031	581	803
1987	774	765	1034	562	762
1988	761	718	1105	574	832
1989	700	1011	1760	846	1461
1990	1030	1194	2113	968	1637
1991	1211	1236	2038	989	1638
1992	1313	1156	1084	956	1545
1993	1247	1080	1739	833	1330
1994	1341	1358	2012	1127	1748
1995	1549	1527	2450	1162	1842
1996	1898	1907	3016	1488	2310
1997	1276	1279	1916	1207	1904
1998	1377	1365	2046	1179	1727
1999	1671	1631	2397	1399	2002

续表11—3—1

分类 年份	新收案件（件）	审结案件		生效案件	
		件	人	件	人
2000	1602	1647	2510	1484	2195
2001	1760	1729	2793	1543	2421
2002	2059	2065	2997	1747	2529
2003	2213	2210	3408	2093	3167
2004	2482	2428	3647	2258	3356
2005	2664	2679	4131	2542	3961
2006	2071	2685	4194	2591	3993
2007	2751	2729	4388	2622	4188
2008	3085	3054	5026	2920	4707
2009	3146	3223	5172	2917	4620
2010	3151	3111	5358	2742	4558

第一节 危害国家安全、公共安全案件审判

一、危害国家安全案件审判

1986～1997年，济南市中级人民法院共审结反革命案件18件，其中，反革命宣传煽动案件10件，反革命集团案件4件，特务间谍案件2件，其他2件。1989年，全市法院以反革命宣传煽动罪定罪6件6人，依法判处有期徒刑。1993年、1994年、1995年全市无反革命案件。

1997年，修订后的《中华人民共和国刑法》施行，将反革命罪改为危害国家安罪。至2010年，审结危害国家安全犯罪2件，判处罪犯2人。其中颠覆国家政权罪1案1人；为境外窃取、刺探、收买、非法提供国家秘密、情报罪1案1人。

二、危害公共安全案件审判

全市法院在审理危害公共安全犯罪中，严格依照国家法律，对严重危害人民生命财产安全的放火、爆炸、投毒及破坏正在使用的电力设备，给国家、集体和个人造成重大损失的，依法从重从快判决；对一般过失犯罪、悔罪态度较好，危害不大的，依法判处缓刑、管制，提高罪犯改过自新的积极性。

1986～2010年，全市法院审结放火、失火案件191件，审结爆炸案件50件，审结破坏生产设施、公共设施案件以及破坏交通运输、工具、设备案件382件，重大责任事故案件123件，交通肇事案件3347件。其中，交通肇事案件从1996年起迅速增多，1986～1995年共审结25件；1996～2010年共审结3322件。其他罪名，如非法持有、制造、买卖、运输、盗抢枪支弹药和爆炸物，投毒，劫持航空器等案件较少。1993年，济南市政法机关开展惩罚破坏电力、易燃易爆设备犯罪活动。全市法院共判处以盗窃等手段破坏电力、易燃易爆设备等案件6件11人。1999年6月，市法院审结韩某某劫持航空器案，以劫持航空器罪一审判处被告人韩某某有期徒刑7年。

1986～2010年全市法院一审审理危害公共安全罪案件情况表

表11—3—2　　单位：件

分类 年份	审结案件	其中				
		放火、失火	爆炸	破坏生产、交通、通信设备工具等	重大责任事故	交通肇事
1986	—	7	0	1	2	0
1987	—	3	1	1	4	0
1988	—	3	1	3	2	0
1989	—	7	0	3	2	0
1990	—	6	3	8	2	0
1991	—	9	2	4	8	0
1992	—	6	3	10	3	11
1993	—	6	2	19	4	9
1994	—	5	1	14	6	2
1995	—	7	2	16	13	3
1996	—	6	3	16	15	37
1997	—	9	0	5	13	25
1998	72	6	1	6	3	43
1999	112	9	7	9	3	70
2000	175	5	2	9	0	131
2001	251	10	3	14	5	164
2002	320	10	1	13	4	253
2003	306	5	5	15	4	252
2004	388	13	4	24	5	327
2005	389	10	2	26	4	337
2006	436	8	1	30	2	378
2007	355	6	1	40	4	292
2008	385	10	1	34	6	311
2009	454	15	1	36	4	373
2010	416	10	3	26	5	329

说明：1997年前，放火、失火、爆炸、破坏生产交通通讯设备、重大责任事故、交通肇事等罪名属于普通刑事案件章，1997年修订的《中华人民共和国刑法》列危害公共安全专章

第二节 破坏社会主义市场经济秩序案件审判

1986～1997年，破坏社会主义市场经济秩序案件审判类犯罪罪名包含8大类95个罪名，包括投机倒把、走私、伪造国家货币、偷税抗税、挪用国家特定款物、巨额财产来源不明、境外存款隐瞒不报、盗伐林木等罪名。1998～2010年，该类犯罪包括走私淫秽物品、走私普通货物、公司企业人员受贿、签订履行合同失职、出售购买运输假币、持有使用假币、贷款诈骗、票据诈骗、金融凭证诈骗、信用卡诈骗、偷税、虚开增值税发票、合同诈骗等罪名。共受理该类案件1037件，案件数量与同时期政策法律制定及司法机关的查处惩罚力度直接相关。随着经济热点逐步增多，该类案件呈上升趋势。

1989年8月15日，最高人民法院、最高人民检察院发布《关于贪污、受贿、投机倒把等犯罪分子必须在限期内自首坦白的通告》。全市两级法院宣传和贯彻落实两高通告精神，按照“抓紧从严”的方针，设立专门审判经济犯罪案件的合议庭，建立举报自首接待制度，设立举报信箱、公布举报电话、印发宣传材料，做好投案自首者的接待工作。同时，抓好大案要案审理，依法惩处一批严重破坏经济的犯罪分子，严厉惩罚诈骗、投机倒把、偷税抗税等严重经济犯罪。全年共审结经济犯罪案件304件，判处犯罪502人。对自首坦白积极退赃的20名经济犯罪分子，予以从宽处理。其中，免予刑事处罚9人，判处缓刑8人，减轻处罚3人，对罪行严重又不自首坦白的5名犯罪分子依法予以从严惩处。1986～1996年，全市法院共受理投机倒把案件36件，审结38件。其中，1992年、1994年，全市无此类案件起诉到法院。1997年，修订后的《中华人民共和国刑法》施行，根据罪名明确化的要求，分解投机倒把罪，此后无投机倒把罪名。

1994年后，全市法院加大对走私贩私、偷税抗税、制售假冒伪劣商品以及伪造国家货币等经济犯罪案件的审理。全年共审结经济犯罪案件218件151人。1996年5月，全市法院开展依法惩治危害改革开放、破坏经济秩序的犯罪活动，并结合济南市实际，确定重点惩罚偷税抗税犯罪，虚开、伪造和非法出售增值税专用发票犯罪，骗取出口退税和其他破坏国家税制改革的犯罪，金融、商业中的诈骗、套汇、走私等犯罪，侵犯专利权、商标权、著作权等知识产权犯罪，制售假冒伪劣商品犯罪，在证券、房地产、期货市场交易中的犯罪。审结侵犯公司财务、商业索贿受贿、虚开增值税发票等犯罪案件96件，判处犯罪人员126人。1998年7月，按照全国惩罚走私工作会议部署，全市法院参与全国范围内开展的大规模反走私联合行动和专项斗争。

2001年，中央作出开展“严打”整治斗争的决定，全市两级法院按照上级法院和市委的部署要求，投入“严打”整治斗争和整顿规范市场经济秩序工作。全年共审结制售假冒伪劣商品犯罪、破坏金融秩序、危害税收征管、金融犯罪、扰乱市场秩序等各类严重破坏市场秩序的刑事一审案件47件。2001年4月至2002年12月，共组织召开宣判大会67场次，宣判案件241件438人，旁听群众达22.75万人次。2003年，全市法院加大对经济犯罪的惩处力度，依法严厉惩罚破坏社会主义市场经济秩序犯罪，审结制售假冒伪劣商品、走私贩私、金融诈骗等经济犯罪案件67件。2004年，发挥审判职能，参与整顿规范市场秩序，服务经济建设。全年共审理制售假冒伪劣商品、走私贩私、金融诈骗等经济犯罪案件73件，为国家、集体挽回经济损失54751.27余万元。2006年，依法严惩各类经济犯罪，审结非法吸收公众存款、商业受贿等犯罪案件71件，判处犯罪分子130人。2010年，依法严惩经济犯罪，维护经济秩序，审结非法吸收公众存款、虚开增值税发票、生产销售伪劣产品等破坏市场经济秩序犯罪案件168件，判处罪犯386人，挽回经济损失8593.91万元。

案例选介：

1997年，市法院依法审理济南海关原关长高某某走私案。经审理查明：1996年5、6月，高某某伙同香港商人李某某、济南亨得利钟表眼镜有限公司从香港走私手表，偷逃税款177.47万元；9～12月，高某某伙同李某某、卡西欧浪潮通信有限公司走私传呼机散件，偷逃关税301.98万元。市法院一审认定高某某构成走私普通货物罪，判处其无期徒刑，剥夺政治权利终身。高某某不服，提起上诉。山东省高级人民法院于1998年11月19日做出终审裁定，驳回上诉，维持原判。

2004年8月，市法院依法审理济南市人民检察院提起公诉的马某某、张某某、蔡某某、侯某某非法经营、马某某公司人员受贿、蔡某某挪用资金案。经审理查明：4被告违反国家有关规定，未凭用户出具火化证明或死亡证明，便向客户出售骨灰存放格位，并与客户签订永久使用权购置合同，进行非法经营活动，严重扰乱市场秩序，且非法经营额特别巨大，情节特别严重，构成非法经营罪。马某某身为公司工作人员，利用职务之便，非法收受他人财物，为他人谋取利益，其行为构成公司人员受贿罪。9月，市法院以非法经营罪判处被告人马某某有期徒刑8年，并处没收财产10万元；以公司企业人员受贿罪，判处有期徒刑3年，决定执行有期徒刑10年，并处没收财产10万元。以非法经营罪，判处被告人张某某有期徒刑10年，并处没收财产20万元。以非法经营罪，判处被告人蔡某某有期徒刑4年，并处罚金5万元。以非法经营罪，判处被告人侯某某有期徒刑1年6个月，并处罚金2万元。4被告均不服，分别提出上诉。山东省高级人民法院于2004年11月17日裁定驳回上诉，维持原判。该案件被《山东法制报》评选为2004年度全省十大法制案件。

2010年5月，天桥区、历下区、市中区、槐荫区、历城区法院对“10·28”济正保健品公司非法吸收公众存款罪案进行公开宣判。法院审理查明，2001年至2007年10月间，山东省济正保健品有限公司(原为山东省济怀保健品有限公司)以销售保健品为名，面向社会公众3.21万人非法吸收存款24亿余元，案发前，已返还本金近4亿元，未返还本金20亿元。高某某等87名被告人作为济正公司的主管人员或直接责任人员，参与济正公司非法吸收公众存款活动。被告单位济正公司的行为构成非法吸收公众存款罪；在单位犯罪中，高某某等84名济正公司人员亦构成非法吸收公众存款罪。山东省济正保健品有限公司判处罚金5000万元；分别以非法吸收公众存款罪，故意销毁会计凭证罪，掩饰、隐瞒犯罪所得罪判处高某某等87名被告人从1年6个月到10年6个月不等的有期徒刑，并处5万元到45万元不等的罚金。

第三节　侵犯公民人身权利、民主权利案件审判

侵犯公民人身权利、侵犯财产案件，数量多，社会危害大。其中故意杀人、故意伤害、强奸、绑架、拐卖妇女儿童、抢劫、盗窃、抢夺等案件，尤其是惯犯、累犯和犯罪团伙首要分子，一直是“严打”的重点惩罚对象。

1986～2010年全市法院一审侵犯公民人身权利、财产权利案件审理情况表

表11—3—3　　　　单位：件

年份＼分类	审结案件	其中				
		故意杀人	故意伤害	强奸	绑架	拐卖妇女儿童
1986	—	16	55	75	0	0
1987	—	17	49	58	0	1
1988	—	22	57	52	0	1
1989	—	31	48	75	0	3
1990	—	36	63	74	0	8
1991	—	38	100	89	0	8
1992	—	35	89	125	0	19
1993	—	41	101	93	0	4
1994	—	66	125	68	1	2
1995	—	58	91	76	1	4
1996	—	67	140	80	1	8
1997	—	50	127	61	0	7
1998	339	47	132	54	0	3
1999	412	50	169	68	5	3
2000	439	42	242	49	4	0
2001	485	51	262	55	1	6
2002	524	53	288	55	6	2
2003	484	40	326	58	5	2
2004	620	47	381	76	9	1
2005	675	65	424	81	10	2
2006	666	82	463	57	10	4
2007	696	58	472	74	14	5
2008	763	84	524	66	13	4
2009	771	57	561	93	11	2
2010	695	56	487	85	9	1

说明：1997年前，故意杀人、故意伤害、强奸、绑架、拐卖妇女儿童等罪名属于普通刑事案件章，1997年后修订的《中华人民共和国刑法》列侵犯公民人身权利、民主权利专章

一、故意杀人、伤害案件审判

全市法院严格依据刑事法律，贯彻执行中央“严打”方针、宽严相济刑事政策，对故意杀人、故意伤害的犯罪分子按照犯罪事实、犯罪性质、犯罪情节及对社会的危害程度，分别定罪量刑。对事实清楚、证据确凿的依法从重从快予以惩处。对犯罪中止或有自首、立功情节的，酌情从轻量刑。案件审判中，树立办铁案思想，严把审判质量关，对关键证据未作

鉴定、口供与证据不符的依法退回补充侦查。1986～2010年，全市法院共审结故意杀人案件1209件，审结故意伤害案件5776件。召开宣判大会120余次，印发布告、案例等材料300万份，巩固和扩大审判工作的社会效果。

二、强奸案件审判

全市法院严格依照全国人大常委会《关于严惩严重危害社会治安的犯罪分子的决定》《关于迅速审判严重危害社会治安的犯罪分子的程序的决定》，在上级法院和省、市委的统一部署下，与公安、检察机关密切配合，组织力量，从严从快审判强奸犯罪。案件审理过程中，严格依法区分强奸与通奸，罪与非罪界限，对实属通奸，但女方为顾及名誉作虚假指控告发的，建议撤回起诉；对无通奸基础，施暴后抵赖的依法惩处；对一时证据不足，拒不认罪的选好突破口，获取有罪关键证据后，惩罚犯罪；对证据不充分确凿的，依法不予定罪；对传播、毒害、腐蚀男女青年，教唆传授玩弄女性，实施强奸轮奸的，强奸后伤害妇女、残杀妇女的，强奸妇女多人的，奸淫幼女的，坚决依法从重处罚。1986～2010年，全市法院共审理强奸案件(包括奸淫幼女案件)1797件。

三、拐卖妇女儿童及其他侵犯人身、民主权利案件审判

全市法院贯彻中央办公厅关于坚决惩罚拐卖妇女儿童犯罪活动的文件精神，按照国家法律，坚决惩罚拐卖妇女儿童犯罪分子。对以图谋钱财为目的，采取拐骗和暴力手段，拐卖、强奸妇女，以及残害妇女儿童的案件，集中力量坚决惩罚，对其中的惯犯和团伙犯罪，依法从重从快判决。结合案件审理情况，开展《中华人民共和国婚姻法》等法制宣传教育，加强与有关部门的配合和联系，做好受害妇女和儿童解救工作，共同维护妇女儿童合法权益。1986～2010年，共审结拐卖妇女儿童犯罪案件100件，审结绑架案件100件。其中1989～1990年，按照省法院部署，开展惩罚拐卖妇女儿童犯罪专项斗争。两年间全市法院共判处拐卖人口犯罪11件，其中判处5年以上有期徒刑7人。

第四节 侵犯财产案件审判

1989年，按照省、市委和上级法院要求，在全市开展“打流窜、反盗窃、挖窝子、摧团伙”专项斗争。1993年，根据中央和省、市委统一部署，开展围歼“车匪路霸”专项斗争。8月，开展专项行动，召开公判大会，公开宣判一批以“车匪路霸”为重点的严重刑事犯罪分子。2001年4月起，开展为期两年的“严打”整治斗争，此次“严打”对象限定在带有黑社会性质的有组织犯罪及其他严重危害社会治安的恶势力犯罪，爆炸、抢劫、绑架等严重暴力犯罪和盗窃、抢夺等严重影响群众安全感的多发性犯罪。

一、抢劫、盗窃案件审判

1986～2010年，全市法院对抢劫案件，保持高压态势，共审结抢劫案3897件。

1986～2010年，全市法院共受理盗窃案件13471件。其中，1986～1995年，受理盗窃犯罪案件13045件，年均收案1304.5件。其中，盗窃公共财物案件927件，盗窃私人财物案件2738件；重大盗窃案件1037件。全国人大常委会《关于严惩严重破坏经济的罪犯的决定》规定，情节特别严重的处10年以上有期徒刑、无期徒刑或死刑，并处没收财产。全市法院贯彻上级法院“从重从快”的原则，审结一批重大盗窃案件。如1988年审结被告人贾某某、马某某盗窃案。1985～1988年，被告人贾某某、马某某等4人结伙盗窃，破锁入室，盗窃各种型号轴承694套，铝锭24块，总价值5.52万元。其中被告人贾某某、马某某为反侦察，采用租郊区农民汽车，聘用外省个体司机的手法，盗窃车桥厂轴承484套，市法院依法判处被告人贾某

某、马某某死刑。1997年，修订后的《中华人民共和国刑法》第246条，将盗窃犯罪的最高法定刑上升为死刑。1998～2010年，全市法院共判处盗窃案件8466件。

二、诈骗案件及其他侵犯财产案件审判

1986～2010年，全市法院共审结诈骗案件1054件。1996年后，诈骗犯罪出现新情况，利用信用卡透支诈骗、利用伪造转账支票骗取巨额钱财、买卖他人股票骗取股款、利用高息揽存作诱饵骗取他人存款、利用信用证诈骗等案件增多。全市法院根据国务院《关于坚决惩罚骗取出口退税严厉惩治金融和财税领域违法乱纪行为的决定》，贯彻执行全国人大常委会关于骗购外汇的决定及最高人民法院的司法解释，准确定罪量刑，及时审理，审结一批诈骗案件。1997年修订的《中华人民共和国刑法》实施后，全市法院及时审结其他侵犯财产新类型案件，依法审理抢夺、侵占、职务侵占、挪用资金、敲诈勒索、故意毁坏财物、破坏生产经营及其他侵犯财产类案件，维护社会经济秩序。

第五节 妨害社会管理秩序案件审判

一、流氓案件审判

1986～1997年，全市法院按照全国人大常委会《关于严惩严重危害社会治安的犯罪分子的决定》要求，发挥审判职能，严厉惩罚流氓犯罪案件。共审结281件490人，在发生法律效力的221件359人中，判处无期徒刑以上刑罚的5人，5年以上至20年以下有期徒刑的98人，不满5年的175人。该类案件的审判中，全市法院把流氓集团作为惩罚重点。如依法审理郭某某流氓集团案，郭某某、张某某、郭某为首纠集10余人成帮结伙，在天桥区光明电影院一带寻衅滋事，行凶抢劫，严重破坏社会秩序，市法院依法判处被告人郭某某、张某某、郭某等死刑。在流氓案件审判中，全市法院严把流氓罪构成要件，严格区分罪与非罪界限，既注意防止理解和掌握过严，放纵犯罪，又防止扩大流氓罪范围而导致定性不准。1997年修订的新《中华人民共和国刑法》施行，根据罪名明确化的要求，分解流氓罪，此后无流氓罪罪名。

二、走私、贩卖、运输、制造毒品案件审判

1986～2010年，全市法院审结走私、贩卖、运输、制造毒品案等涉毒案件287件。

1996年8月，市法院依法审理朱某某、张某某贩卖毒品案。1996年5月，被告人朱某某联系好买主后，自筹费用2.7万元，让被告人张某某携款回河南省台前县，购买毒品192克。5月25日，朱某某在出售毒品时，被公安机关当场抓获，并缴获海洛因191克。市法院依法作出刑事判决，以贩卖毒品罪判处被告人朱某某死刑，缓期两年执行，剥夺政治权利终身，并处没收个人财产1000元；以贩卖毒品罪判处被告人张某某无期徒刑，剥夺政治权利终身，并处没收个人财产500元。被告人不服，提出上诉，山东省高级人民法院作出裁定，驳回上诉，维持原判。

三、组织引诱容留妇女卖淫、制贩淫秽物品及其他非法物品案审判

1989～1991年，在全市范围内开展以严厉惩罚流氓、制毒、引诱容留妇女卖淫、制作传播淫秽物品、赌博犯罪活动为重点的除“六害”斗争，并结合审判开展法制宣传。1991年，全市法院共判处制造贩卖淫秽物品、赌博等“六害”案件34件68人。1992年后，全市法院贯彻两高《关于执行〈全国人民代表大会常务委员会关于严禁卖淫嫖娼的决定〉的若干问题的解答》，按照市委市政府统一安排，加强协调指导，坚持宽严相济，准确运用人身自由刑罚和罚金刑罚，及时审结“黄非”案件，主

要涉及组织、引诱、容留、介绍他人卖淫，走私淫秽物品、制作、贩卖、传播淫秽物品罪。2002年6月，全省“扫黄打非”工作会议在济南召开。全市法院按照会议部署开展“扫黄打非”专项斗争，重点整顿清理出版物市场，严厉惩罚和清查非法出版物，并及时向当地党委请示汇报，组织审判力量，依法从快审理，当年审结该类案件51件。1986～2010年，全市法院共审结组织引诱容留妇女卖淫、制贩淫秽物品等涉黄案件520件。

四、妨害社会管理秩序其他案件审判

1986～2010年，全市法院依法审结一批妨害公务、拒不执行法院判决、裁定案，煽动暴力抗拒法律实施案件，变造、伪造、买卖国家机关公文、证件、印章案，聚众扰乱公共场所秩序、交通秩序案，寻衅滋事案，聚众斗殴，妨害作证案，窝藏、包庇案，窝藏、转移、收购、销售赃物案，脱逃案等妨害社会管理秩序的案件。

第六节 贪污贿赂、渎职案件审判

1994年，全市法院根据最高人民法院、省法院统一部署，开展特大经济犯罪案件专项惩罚活动。1996年，按照中央关于开展反腐败斗争的部署和上级法院要求，全市法院依法惩治贪污、贿赂犯罪分子、严厉惩罚危害改革开放、破坏经济秩序的犯罪活动，判处贪污、受贿犯罪案件252件，判处罪犯275人。2001年，在中央作出开展“严打”整治斗争决定后，全市两级法院按照上级法院和市委部署，开展“严打”整治斗争和整顿规范市场经济秩序工作。为推动反腐败斗争的深入，两级法院加大惩处职务犯罪力度，全年共审结贪污、受贿、挪用公款、渎职等一审职务犯罪案件165件，判处罪犯213人，其中县处级以上干部8人，涉案金额5万元以上的39件。1997～2010年，全市法院共审结贪污、贿赂等犯罪案件2130件，判处犯罪分子2759人，其中县(处)级以上干部237人。

1986～2010年全市法院系统审理贪污受贿、渎职案件情况表

表11—3—4

年 份	审结(件)	判处犯罪(人)	县处级以上干部(人)
1986	135	168	—
1987	121	140	—
1988	67	83	—
1989	76	91	—
1990	118	138	—
1991	189	218	—
1992	162	187	—
1993	100	125	—
1994	193	208	—
1995	242	298	—
1996	252	275	—
1997	135	148	7

续表11—3—4

年 份	审结(件)	判处犯罪(人)	县处级以上干部(人)
1998	243	268	11
1999	197	238	9
2000	196	240	17
2001	165	213	8
2002	164	204	16
2003	151	176	21
2004	147	193	25
2005	131	168	34
2006	109	144	12
2007	123	172	15
2008	135	198	22
2009	135	204	14
2010	99	193	26

说明：1979年刑法施行时，贪污罪、挪用公款罪归于侵犯财产罪章，受贿罪归于渎职罪章。1997年修订的刑法增设了贪污贿赂罪专章，包括贪污、挪用公款、受贿、巨额财产来源不明等12个罪名，加大了对此类犯罪的惩罚力度

案例选介：

1999年2月，依法审理菏泽地区行政公署原副专员卢某某受贿案。经审理，市中级法院认定被告人卢某某犯受贿罪，判处其无期徒刑，剥夺政治权利终身。卢某某不服，提出上诉。5月17日，山东省高级人民法院作出终审裁定，驳回上诉，维持原判。

2001年2月，依法审理山东省黄金工业局原局长、山东黄金集团有限公司原党委副书记、董事长、总经理薛某某受贿、虚报注册资本罪案。经审理，市中级法院认定被告人薛某某犯受贿罪，判处死刑，缓期2年执行，剥夺政治权利终身，并处没收财产4万元；犯虚报注册资本罪，判处有期徒刑2年，并处罚金4万元。决定执行死刑，缓期2年执行，剥夺政治权利终身，并处没收财产4万元，罚金4万元。

2003年4月，依法审理第九届全国政协原常委、山东省政协原副主席、山东省工商联合会原会长潘某某受贿案。经审理，市中级法院认定被告人潘某某犯受贿罪，判处其无期徒刑，剥夺政治权利终身，并处没收财产8万元。该案是全国第一起非中共副省级高级干部犯罪案件。

2006年，依法审理安徽省政协原副主席王某某受贿、巨额财产来源不明案。经审理查明，王某某利用职务便利，为他人谋取利益，先后非法收受他人钱财共计704.22万元，并对折合649.4万元的财产不能说明合法来源。2007年1月10日，鉴于王某某能够坦白其受贿罪的大部分罪行，赃款已全部退缴及具有检举他人涉嫌违法线索等情节，市中级法院依法以受贿罪判处王某某死刑，缓期2年执行，剥夺政治权利终身，并处没收个人全部财产；以巨额财产来源不明罪，判处其有期徒刑5年。决定执行死刑，缓期2年执行，剥夺政治权利终身，并处没收个人全部财产。王某某服判不上诉。此案经山东省高级人民法院核准。

2009年，依法审理中国轻骑集团有限公司

原董事长张某某等12犯信用证诈骗、贪污、挪用公款、受贿、私分国有资产案。依法判决被告人张某某犯信用证诈骗罪，判处无期徒刑，剥夺政治权利终身；犯贪污罪，判处有期徒刑15年，并处没收个人全部财产；犯挪用公款罪，判处有期徒刑15年；犯受贿罪，判处有期徒刑十年；犯私分国有资产罪，判处有期徒刑5年，并处罚金5万元；犯偷税罪，判处有期徒刑5年，并处罚金1200万元，决定执行无期徒刑，剥夺政治权利终身，并处没收个人全部财产。同案的被告单位中国轻骑集团有限公司和其他11名被告人按照各自的犯罪情节均受到相应的刑事处罚。

第七节 未成年人案件审判

1988年1月，历下区法院成立全市第一个审理少年犯罪案件的合议庭。全年共审结少年犯罪11起，案犯15名。1989年4月，历下区法院在全省率先制定《审理未成年人刑事案件合议庭工作细则》。1990年，全市两级法院普遍在刑事审判庭内建立少年法庭，专门审理犯罪少年案件。1999年6月，全国人大常委会制定《中华人民共和国预防未成年人犯罪法》。全市两级法院严格按照法律规定，坚持对犯罪的未成年人实施“教育、感化、挽救”方针，建立健全“寓教于审”“圆桌审判”的未成年人犯罪刑事审判方式，逐渐形成一套规范的审判工作制度。在案件审理中，切实做好对未成年被告人庭前、庭中、庭后的教育工作。少年法庭由政治业务素质好，熟悉少年特点，善于做思想教育工作的审判员任审判长，邀请共青团、教委、妇联陪审员组成合议庭。审理中，由少年法庭讯问被告人，召开干部、学校、家长、亲友座谈会，全面了解、掌握犯罪少年成长过程和心理状态，选准教育感化点。依法从轻量刑，最大限度适用非监禁刑，把教育感化贯穿审判全过程。对在服刑期间确有悔改或立功表现的少年罪犯，及时依法裁定减刑、假释。全市两级法院少年法庭先后多次到省未成年人管教所、济南监狱等执行机关帮教回访，敦促和鼓励少年罪犯自觉改造。

第八节 减刑 假释

1986～1997年，市法院的减刑、假释工作先后由刑事审判第二庭和告诉申诉审判庭负责。1998年，市法院重新设立刑事审判第二庭，减刑、假释案件由该庭审理，理顺减刑、假释业务的指导、监督关系。2001年，市法院机构改革，将减刑、假释工作由刑事审判第二庭转至刑事审判第一庭。

1989年2月，最高人民法院下发《全国法院减刑、假释工作座谈会纪要》，全市法院贯彻纪要精神，明确减刑、假释条件、案件管辖、办理程序。配合劳教机关，把减刑、假释的法定条件运用到“百分考核”各项指标中，使“百分考核”从“以分折刑”发展为“以分计奖、依法减刑”的原则。同时，对减刑案件实行合议制，所有案件都经过集体讨论作出决定，并制定合议庭讨论案件笔录。合议庭意见不一致或与劳改机关有分歧，对社会影响大的案件，提请审委会讨论决定；在阅卷基础上，有重点选择一些案件，深入劳改机关核实材料、提审罪犯，对减刑、假释罪犯服刑表现进行实地考察。1991年6月，全市法院贯彻第二次全国法院减刑、假释工作座谈会精神，严格依照《最高人民法院关于办理减刑、假释案件具体应用法律若干问题的规定》，坚持“以事实为根据、以法律为准绳”的办案原则和宽严相济的原则，对罪行严重的反革命分子，犯罪集团的首犯、主犯和累犯、惯犯的减刑、假释，坚持从严掌握。对过失犯、未成年犯、罪行较轻的偶犯及原量刑偏重的从宽掌握。坚持对“提出申诉的进行具体分析原则”，在审理案件时，注意具体分析犯罪申诉理由，对申诉有道理的不影响减刑，对申诉无理拒不认罪的原则上不予减刑。1997年11月，全市法院根据最高人民法院下发的《关于办理减刑、假释案件具体应用法律若干问题的规定》和全省减刑、假释工作会议精神，严格依照“非经法定程序不得减刑、不得假释”的法律原则，归口审理减刑、假释案件。2010年，全市法院贯彻省法院、省检察院、公安厅、司法厅联合下发的《关于办理减刑假释案件实施细则》《审理减刑假释案件适用听证程序暂行规定》，在市看守所召开全市减刑、假释工作会议，与驻济南4所监狱及省看守所、市检察院、市公安局监管支队等进行研讨交流。全年办理减刑、假释案件3612件，减刑、假释案件质量明显提高。

1986～2010年全市法院减刑、假释案件情况表

表11—3—5　　单位：件

年份	减刑	假释	年份	减刑	假释
1986	772	43	1999	1055	1081
1987	568	30	2000	864	369
1988	809	100	2001	1206	605
1989	1095	147	2002	1464	685
1990	957	169	2003	2106	789
1991	854	100	2004	2290	800
1992	1366	144	2005	1963	626
1993	962	93	2006	1963	626
1994	1455	124	2007	2375	737
1995	889	81	2008	2401	838
1996	1236	242	2009	2381	894
1997	1173	332	2010	2718	894
1998	808	321			

第二章　民事审判

1986～2010年，全市法院共审结一审民事案件338580件。其中，1986年审结6868件；2010年审结20495件，结案数量是1986年的2.98倍。民事案件在类型上，涉及社会稳定的集团诉讼、山林水利、相邻关系等容易激化案件增多；涉及商品交换、经济发展的债务、合伙、承包案件增多；1987年《中华人民共和国民法通则》实施后，一些过去未曾受理或者很少受理的人身权、著作权等新类型案件增多；涉外案件和涉港澳台案件增多。民事案件在整体结构上，从过去的以婚姻家庭纠纷案件为主，转变为以体现商品经济关系的债务、赔偿案件为主；债务案件由过去的生活借贷转变为买卖、生产经营、加工承揽为主，债务标的额明显增大。

1986～2010年全市法院一审民事案件审理情况表

表11－3－6　　　　单位：件

年 份	收 案	结 案	已结案件中		调撤率(%)
			调 解	撤 诉	
1986	6890	6868	5478	652	89.25
1987	5736	5538	3973	638	83.26
1988	5044	4514	3374	476	85.29
1989	6614	6757	4505	720	77.33
1990	7652	7489	5195	904	81.44
1991	8688	8641	5874	985	79.38
1992	9008	8801	5776	1146	78.65
1993	10701	10945	7217	1438	79.08
1994	12266	12118	7800	1685	78.27
1995	12802	12734	7764	4969	76.43
1996	15950	16089	9295	2805	75.21
1997	18764	18224	9899	3568	73.90
1998	20985	20843	10228	4130	68.89
1999	22371	21796	9873	4651	66.64
2000	22437	22234	9007	4492	60.71
2001	23023	22593	8544	4392	57.26
2002	13566	13499	4257	2178	47.67
2003	12136	11994	3922	2315	52
2004	13474	13446	5046	2482	55.99
2005	14882	14658	6939	3090	68.42
2006	14196	14345	6084	3263	70.3
2007	14283	13913	5299	3228	65.15
2008	14683	15238	6148	3366	66.6
2009	14464	14808	6736	3304	69.82
2010	16534	20495	8028	4037	73.66

第一节　婚姻家庭、继承纠纷案件审判

一、离婚纠纷案件审判

1986～2010年，全市法院共审结一审离婚案件117290件。离婚案件数量总体呈上升趋势，1986年全市审结一审离婚案件1853件，1990年全市审结一审离婚案件3616件，2010年审结一审离婚案件6746件。

1986～1990年，全市法院强化审判就是服务意识，加强民事审判工作，及时妥善地处理离婚案件，保护当事人合法权益。全市共审结离婚案件13165件。1991～1995年，全市离婚案

件呈上升趋势，受理案件数为民事案件之首，共审结离婚案件21374件。1996～2000年，全市法院审结离婚案件28190件。在案件审理中，按照高质量、高效率、高效益要求，注重探索调研，审结一大批典型离婚案件，维护当事人的合法权益和社会秩序。2001年，新《中华人民共和国婚姻法》修订。至2010年，全市法院共审结离婚案件54561件。此时期，离婚案件呈现出低龄化趋势、涉案标的额明显增大、财产形式日益多样、外出务工人员离婚案件增多等特点。

二、抚养、赡养、扶养纠纷案件审判

1986～2010年，全市法院共审结一审抚养案件3816件。从抚养纠纷案件的诉讼请求看，此类案件主要有变更抚养关系诉讼和追加子女抚养费诉讼。

1986～2010年，全市法院贯彻执行《中华人民共和国老年人权益保障法》《山东省优待老年人规定》《济南市保障老年人合法权益若干规定》等相关政策规定，发挥审判职能作用，依法保障老年人合法权益。共审结一审赡养案件7476件。

三、继承纠纷案件审判

1986～2010年，全市法院共审结一审继承案件5190件。审理中，依照《中华人民共和国婚姻法》《中华人民共和国继承法》《关于贯彻执行民事政策法律若干问题的意见》《关于贯彻执行〈中华人民共和国继承法〉若干问题的意见》等法律法规精神，准确界定共有财产和遗产范围，坚持男女平等，养老育幼，权利义务相一致的原则进行处理，确保当事人合法继承权。对第一顺序继承人分配遗产的份额，原则上均等；对未成年人、生活上有特殊困难的人，以及对被继承人尽过较多义务的，酌情予以多分。丧偶儿媳对公婆、丧偶女婿对岳父母尽主要扶养义务的作为第一顺序继承人。法定继承以外，依靠被继承人抚养的人，以及对被继承人尽过较多扶助义务的，依法准予适当分得遗产。注意对胎儿利益的保护，依法保护遗嘱继承和遗赠。

第二节　人身、财产损害赔偿案件审判

1986～1991年，损害赔偿案件呈现上升趋势。全市法院受理赔偿案件2558件。主要是当事人因争田边地角，争水争电，争适用农机具而造成人身、财产损害案件；因宅基地和房屋纠纷造成损害赔偿案件；因离婚、解除婚约追索财产或争执遗产、斗殴而引起的赔偿等。出现过有的基层组织薄弱，调处纠纷不力，致使矛盾激化；有些医疗机构出具假病历，大开药方，增加案件审理难度。审结医疗损害赔偿案件1146件。1992～2001年，人身、财产损害赔偿案件作为专章统计，共审结13950件。2002年，人民法院司法统计将所有权及与所有权相关权利纠纷、票据、证券权益纠纷、股东权纠纷、不正当竞争纠纷纳入权属纠纷民事案件统计，人身损害赔偿案件包括在人身权案件内统计，该年度审结人身损害赔偿案件增加到2149件。2002～2010年，全市法院共审结一审人身损害赔偿案件33974件。

第三节　房屋纠纷案件审判

1986～1987年，全市落实私房政策，房屋纠纷案件增多，主要是因腾房和房屋确权引起的纠纷。1986年，全市受理房屋纠纷案件736件，其中，房屋租赁纠纷183件、房屋确权270件、房屋买卖67件。1987年，受理房屋纠纷案件971件，其中房屋租赁79件、房屋确权545件、房屋买卖44件。

1988～1991年，全市法院受理房屋纠纷案件2182件。其间，于1989年6月结合房屋纠纷

案件实际情况，制定《关于处理房屋案件几个具体问题的探讨意见》，该意见对在原房主屋基上建造房屋的产权确认问题作出明确规定。1990年6月、1992年3月，市法院先后召开关于处理宅基地纠纷案件和涉及拆迁房屋案件的研讨会，形成相关会议纪要，成立涉房屋纠纷案件合议庭，集中解决审判中存在的问题，统一裁判标准。

1992～1997年，全市法院受理房屋纠纷案件4755件。在此期间，房屋购销合同，预售房屋合同、土地使用权、出让合同、转让合同和租赁、抵押等新型案件逐渐增多。1994年7月，全市法院召开审理新型民事案件座谈会，形成相关会议纪要，对房屋纠纷案件相关问题作出明确规定。1998年，根据房地产案件出现的新问题，编写《房地产案件审判要点》，对此类案件和法律适用提出探讨意见。2002年后，房屋纠纷案件作为房地产合同纠纷案件内容统计，除传统房屋案件外，包括土地使用权出让、土地使用权转让、国有土地租赁、商品房预售，合资、合作开发房地产、项目转让、房屋拆迁等；房屋确权等案件作为权属及侵权类案件统计。

其他不动产案件和相邻关系案件审判，主要包括宅基地使用权、其他土地使用权、山林、水利等纠纷案件的审判。1986～1995年，审理的宅基地纠纷案件2119件。1996年后，宅基地纠纷案件年均不到100件。该类案件审理中，按《中华人民共和国民法通则》《国务院关于村镇建房用地管理条例》和有关法规，宅基地按土地改革时所确定的所有权改变为使用权的，该宅基地使用权不变；宅基地已经统一规划过的，以规划后确定的使用权为准；未经规划的宅基地，对地界有争执的，四至明确，以至为准，四至不明确，参照长期以来的使用情况，本着有利于生产、生活的原则，合理解决。在原宅基地上扩建或改建房屋必须处理好相邻关系，行使宅基地使用权而妨碍公共利益和他人利益的，依法予以制止。全市法院依法审理一批山林、水利纠纷等案件，坚持巩固集体经济和发展生产的原则，坚决依法保护山林、水利所有权和经营使用权单位或承包户的合法权益，并适当照顾历史情况和群众的实际困难，对涉案人数较多的山林纠纷，坚持耐心说服调解优先的方针，当事人不能达成协议的，依法作出判决。

第四节 债权债务及劳动争议案件审判

一、债务案件审判

1986～2001年，全市法院审结借贷纠纷案件20503件，买卖纠纷案件15141件，承揽加工纠纷案件780件。同时审结一批抵押、建设工程合同、代购代销等案件。1999年，受理债务案件最多，达到161869件，占民事一审案件首位。2000年、2001年，收案数量有所下降。2002年后，全国司法统计程序升级，统计表格进行调整，将债务案件中的借贷、买卖、合伙、赠与、劳动争议、不当得利、无因管理案由等按合同纠纷、权属及侵权纠纷分别进行统计。

二、劳动争议案件审判

1986年前，劳动报酬案件多是基于承揽加工过程中加工薪酬的追索，并非用工过程中的工资报酬纠纷。1986年后，全市法院根据《国营企业实行劳动合同制暂行规定》《国营企业辞退违纪职工暂行规定》和最高人民法院规定，由经济审判庭受理劳动合同纠纷案件。1994年7月5日，《中华人民共和国劳动法》正式实施。全市法院贯彻《中华人民共和国劳动法》，参照执行劳动部下发《实施〈劳动法〉中有关劳动合同问题的解答》《违反〈劳动法〉有关劳动合同规定的赔偿办法》《关于贯彻执行〈中华人民共和国劳动法〉若干问题的意见》审理劳动争议案件。该阶段劳动争议案件大幅增多，劳动者集体诉讼多，因追索劳动报酬、解除劳动合同、工伤赔偿等经济利益争议居主导地位。1986～2010年，全市法院共审理劳动争议案件26164件。审理过程中，多次与市劳动争议仲裁委员会、政府相关行政机关和部门沟通协调；加大学习培训力度，制定《审理劳动争议案件审判要点》，有力促进审判工作的开展，依法保护公民、法人和其他经济组织的合法权益，妥善处理市场经济建立与完善过程中劳动用工制度改革中出现的各类劳动争议案件。

第五节　适用特别程序审理案件

1991年前，法律未规定宣告失踪程序。宣告死亡程序中，规定公告期为1年，但未规定死亡者下落不明期限。宣告死亡必须经申请人申请，并附公安机关死亡证明，即予受理；对申请人因公民失踪只要求离婚的，不适用该程序。对宣告无行为能力的，只要经有关医院确诊有精神病即可。修订后的《中华人民共和国民事诉讼法》施行后，宣告失踪条件为公民下落不明满2年，宣告死亡条件为下落不明满4年，宣告失踪或因意外事故下落不明宣告死亡的公告期为3个月，后者为1年。公民被宣告失踪后，法院指定财产代管人；宣告死亡后，继承开始。被宣告失踪或死亡的公民重新出现经申请的，重新判决，撤销原判。认定公民无民事行为能力、限制民事行为能力条件为医院证明或法医鉴定，作出认定后，法院指定监护人。认定无主财产由法院发出财产认领公告，期满1年无人认领的，收归国库或集体所有。1986～2010年，全市法院没有选民资格案件，审理宣告失踪、死亡案件139件，认定无民事行为能力或限制行为能力案件88件，认定无主财产案件1件。

第三章　商事审判

1979年前，商事审判存在于民事审判中。

1979年，市法院设立经济审判庭，所辖基层法院相继成立经济审判庭，审理原来由民事审判庭主管的经济合同纠纷案件及企业之间侵权损害赔偿案件。1982年1月，最高人民法院决定，走私贩私、投机倒把、贪污等案件，统一由刑事审判庭受理，经济审判庭不再受理该类案件。1985年2月，市法院受理(除青岛市外)全省专利纠纷案件。1991年，市法院成立经济调解中心，主要任务是运用调解职能，专门负责经济纠纷案件的调解工作，及时解决当事人生产、经营、流通领域中的经济纷争，为清理企业间“三角债”提供法律服务。1993年，经济调解中心撤销，成立经济审判第一庭、经济审判第二庭。1998年，市法院成立知识产权审判庭。

2000年，最高人民法院决定在全国建立“大民事审判”格局，市法院撤销原经济审判庭，将民庭、经济庭、知识产权庭的名称、职能进行整合，设立民事审判第一、二、三、四、五审判庭，分别审理不同类型的民事案件，经济审判自此转变为“民商审判”。济南市法院的商事审判在2001年以前统称为经济审判，在2001年全省法院实行“大民事审判”格局之后，理论界和实务界陆续提出商事审判的概念。2007年7月，全省法院商事审判工作会议在济南召开，明确提出准确定位商事审判、促进职能作用发挥的任务目标。

1986～2010年，全市法院受理和审结的商事审判案件数量及涉案标的额持续大幅上升。1986年，共受理各类商事一审案件5698件，审结5660件，结案标的额0.37亿元。1995年，共受理16658件，结案16273件，结案标的额18.56亿元。2005年，共受理的一审商事案件22900件，结案23407件，结案标的额45.27亿元。2010年，共受理一审商事案件23605件，结案20384件，结案标的额50.23亿元，比1986年分别增长4.1倍、3.6倍和135.8倍。

1986～2010年全市法院一审商事案件收结案情况表

表11—3—7

年 份	收案(件)	结案(件)	标的额(亿元)
1986	5698	5660	0.37
1987	2845	2839	0.47
1988	3638	3255	0.56
1989	4037	4006	1.12
1990	5160	5173	0.94
1991	7305	7231	1.32
1992	8378	8019	2.36
1993	12900	12581	7.02
1994	16662	16522	15.62
1995	16658	16273	18.56
1996	19226	19491	28.47
1997	20052	19581	34.52
1998	20091	20143	40.12
1999	20825	20654	51.51
2000	19237	19596	56.97
2001	19038	18820	56.92
2002	25962	25707	51.64
2003	25877	25438	60.26
2004	27352	28010	66.08
2005	22900	23407	45.27
2006	24015	24043	52.3
2007	22220	21516	56.5
2008	23527	23732	65.95
2009	24388	25251	77.43
2010	23605	20384	50.23

第一节　商事案件审判

一、经济合同纠纷案件审判

1986～2010年，全市法院共审结一审买卖合同纠纷案件147348件。1995年之前，买卖合同纠纷案件(当时称为购销合同纠纷案件)在所有商事纠纷案件中约占1/3，结案诉讼标的额占商事案件标的总额的一半以上。1995年，全市法院共审结一审商事纠纷案件16273件，其中审结买卖合同纠纷案件7881件，占所有商事案件的48.43%。1996年起，买卖合同纠纷案件在所有商事案件中所占比例有所下降，但其绝对数量和标的额并没有下降。2000年，全市法院审结一审买卖合同纠纷案件6629件；2005年，审结6930件；2010年，审结5625件，案件数量基本保持稳定。

1986～2010年，全市法院共审理一审借款合同纠纷案件109178件。1986年，全市法院受理借款合同纠纷案件425件，审结424件。1991年起，全市法院受理的借款合同纠纷案件数量、结案标的额及其在全部商事案件中所占的比例呈上升趋势，结案标的额上升幅度迅速。同年，全市法院受理借款合同纠纷案件2406件，结案标的额0.01亿元，分别占全部商事案件的32.94%和0.76%。1996年起，借款合同纠纷案件取代买卖合同纠纷案件，成为所有商事案件中数量及涉案标的额最高的一种案件类型。同年，借款合同纠纷案件的数量和标的额分别为5839件和9.64亿元，分别占到全部商事案件的30.37%和33.86%。2000年，审理借款合同案件4505件，结案标的额21.53亿元，占全年商事案件的23.42%和37.79%。2005年，审结的一审借款合同纠纷案件5332件，结案标的额23.73亿元，分别占全年商事案件的22.76%和52.42%。2010年，审结借款合同纠纷案件9694件，占商事案件总数的47.56%。

二、涉农纠纷案件审判

全市两级法院审理农村承包合同纠纷案件时，注重坚持合同当事人的平等法律地位，又兼顾农村基层组织的管理职责。依照最高人民法院1986年4月下发的《关于审理农村承包合同纠纷案件若干问题的意见》，同时依靠当地党委、政府，在有利生产、维护承包责任制，兼顾国家、集体和个人合法利益的前提下，着重调解，促进农村经济纠纷妥善解决。1986年，受理农村承包合同纠纷案件1096件，审结1091件。对企业承包、租赁经营合同，坚持责、权、利相结合原则，严格依据合同约定，保护合法承包、租赁关系。2004～2010年，依照《中华人民共和国农村土地承包法》有关规定，依法保护农民的土地承包经营权，支持农民土地承包经营权的合理流转，依法审理各类坑农、害农等侵犯农民合法权益的案件和农产品购销流转案件，保障农民合法权益，促进农业和农村经济的发展。

三、与企业改制相关案件审判

1989～1990年，针对企业间拖欠资金，导致资金流转不畅的情况，组成巡回法庭，深入济南钢铁总厂、济南市第四建筑工程公司等40家大中型企业，帮助排查经济纠纷，解决争议金额4500余万元。1991～1992年，市法院成立为大中型企业服务小组，制定《为搞好国营大中型企业提供法律服务的实施意见》，对涉及国营大中型企业的经济纠纷案件优先立案、审理和执行。两年共审结经济纠纷案件15289件，标的额3.7亿元。全市法院派出300余人次深入15个行业，培训、指导经济合同管理人员和司法联络员，理顺经济法律关系，采用签发支付令等非诉讼方式解决一批经济纠纷案件。1993～1994年，配合济南市开展的“市场效益年”“村办企业年”“管理效益年”活动，对济南市确定的60个重点企业、60项重点工程和

20个利税大户，以及各区县重点企业服务。审理与国有大中型企业转轨经营机制相关的案件，结合购销合同、借款合同案件审理，开展依法清欠活动。1996～2010年，全市法院妥善审理国有企业改革相关案件，对企业产权转让、股权重组、承包租赁等纠纷案件，按照谁投资谁收益权利义务相一致的原则，依法确认产权关系，保护投资者合法权益，维护合法产权转移关系，制裁侵权行为，防止国有资产流失。2003年1月3日，最高人民法院发布《关于审理与企业改制相关民事纠纷案件若干问题的规定》，对人民法院审理相关商事纠纷案件起到规范作用，成为商事审判法官审理相关案件的主要法律依据。2004年，市法院依法审理涉及重汽集团、小鸭集团重组等一批关系全市经济发展大局的案件，协助政府妥善解决企业兼并、破产中的法律问题，既保障国有企业改革顺利进行，又考虑职工安置和社会稳定。2006年，审结涉及中国重汽改制重组系列案件、济南南洋学校财务清算等新型、复杂商事纠纷案件，维护市场主体的合法权益，化解社会矛盾，维护社会主义市场经济秩序和社会稳定。

四、票据、证券纠纷案件审判

1991年以前，无票据证券案件。自2002年票据类案件独立统计起，至2010年共审理该类案件166件。其中2004年、2005年分别为67件、25件。全市两级法院从维护证券市场秩序和促进证券市场健康有序发展的要求出发，以十分审慎的态度，妥善处理此类案件，以保护当事人的合法权益，规范上市公司的行为，促进资本市场的协调发展和公司治理结构的完善。自2002年证券类案件单独统计，至2010年共审理该类案件29件。

第二节 知识产权案件审判

1997年8月，市法院设立知识产权审判庭。2001年11月，撤销知识产权审判庭，设立民事审判第三庭，负责审理知识产权纠纷案件。2002年1月30日，山东省高级人民法院审判委员会通过《山东省高级人民法院关于知识产权纠纷案件区域管辖和级别管辖若干问题的规定(试行)》。将全省划分为青岛、济南、烟台、潍坊、临沂五个中级法院管辖区和济南历下、青岛市南两个基层法院管辖区，实行知识产权案件集中审理。济南市中级人民法院管辖区(下辖历下区人民法院管辖区)包括济南、泰安、莱芜、聊城、德州五个市辖区。该管辖区内(除济南市外)的全部一审知识产权纠纷案件均由济南市中级人民法院进行审理。济南市范围内的一、二审知识产权纠纷案件分别由历下区人民法院和济南市中级人民法院按照级别管辖规定进行审理。2004年3月18日，省法院下发《山东省高级人民法院关于进一步加强知识产权审判工作的通知》，重新调整全省知识产权纠纷案件的区域管辖、级别管辖等事项，统一由全省各中级法院和有管辖权的基层法院民事审判第三庭审理。2005年起，市法院每年组织开展“4·26知识产权司法保护宣传周”活动，召开新闻通报会向社会公布年度“十大知识产权典型案例”，通过邀请人大代表、政协委员及社会各界人士旁听庭审，与知识产权保护相关协会、学术单位共同举办专题研讨会，向社会各界普及知识产权法律知识加大宣传，及时报道审判信息和工作动态。2007年，市法院制定《关于加强知识产权审判促进创新型城市建设的工作意见》。2010年，市法院制定《关于充分发挥知识产权审判职能作用，为促进企业自主创新提供司法保障和服务的意见》，不断完善知识产权审判服务济南市“转方式、调结构”的具体措施，增强知识产权审判工作的针对性和有效性，支持权利人合法诉求。对不及时制止侵权将会对知识产权权利人造成不可弥补的损害的，依当事人的申请采取诉前临时措施，防止权利人损失扩大。1998～2010年，市法院知识产权审判庭共受理一审知识产权案件3081件，审结3080件。

一、专利权案件审判

依据最高人民法院1985年2月26日《关于开展专利审判工作的几个问题的通知》规定，市法院依法受理(除青岛市外)全省专利案件。1987～1993年，受理专利纠纷案件58件，其中专利侵权案件54件。如专利权人赵某某与胜利油田管理局、泰安市橡胶机械厂TD4型燃油器专利侵权纠纷一案，经审理依法制止专利侵权，并赔偿专利权人赵某某损失5万元。1995年，审理专利侵权案件58件，同比增加190%；诉讼标的额801万元，同比增长172%。1996～1997年，审结专利纠纷案件74件。1998年，审理广西黑五类集团公司诉枣庄劳动局技校“南方黑芝麻糊”专利纠纷案，杭州小王子集团诉烟台良宏食品公司虾条外观设计专利纠纷案。2002～2010年，审结专利权纠纷案件873件。其中，2004年，依法审理德国奔驰公司诉某客车厂专利侵权涉外案件，通过法律手段，优化投资环境，保障各类市场主体的合法权益。2009年，依法审理九阳股份有限公司豆浆机发明专利维权案，促进济南和全省创新型城市建设。

二、商标权纠纷案件审判

1986年起，市法院严格依照《中华人民共和国商标法》等规定审理商标权纠纷案件。在惩戒侵权人的同时，促成双方达成技术成果的转让或许可协议，变侵权使用为合法使用，努力实现法律效果与社会效果的有机统一。2002～2010年，审结一审商标权纠纷案件426件。其中，2005年审结“将军”集团驰名商标维权案。将军烟草集团有限公司济南卷烟厂以济南立军包装材料有限公司侵权为由，向市法院提起诉讼，请求法院依法认定原告注册的商标为中国驰名商标，被告立即停止侵权行为，该案是济南市首例通过司法程序确定驰名商标案件。2006年12月，受理日照市东港区茶叶技术协会作为原告，为保护“日照绿茶”原产地名称，提起的证明商标侵权诉讼，该案件是全省首例证明商标侵权纠纷案件。同年，依法审理“宏济堂”商标经司法确认为驰名商标案，标榜国际有限公司商标维权、制止不正当竞争案，“虎都”商标与企业名称冲突引发的不正当竞争纠纷案。2007年，依法审理“桑乐”商标经司法程序认定驰名商标案，上海英雄(集团)有限公司“英雄”商标维权案，山东蓝翔职业培训学校商标维权、制止不正当竞争案，仿冒“华丰”方便面知名商标特有包装、装潢纠纷案。2008年，依法审理“力诺瑞特”商标经司法程序认定驰名商标案，铃木株式会社“铃木”商标维权案。2009年，依法审理济南宏济堂制药有限公司与山东宏济堂医药连锁有限公司侵犯商标权纠纷一案，以尊重历史、共谋发展为调解突破口，最终使这两家同根同源的老字号企业握手言和，实现利益“双赢”；依法审理天津邦德电动车公司“邦德”商标维权案。2010年，依法审理“紫金花”图文组合商标侵权纠纷案。

三、著作权案件审判

1991年6月《中华人民共和国著作权法》实施。1992年，市法院成立著作权纠纷案件合议庭。2002年1月30日前，著作权纠纷案件作为民事纠纷案件，各级各地人民法院均有管辖权；自2002年1月30日至2010年12月31日，山东省仅指定济南市历下区人民法院和青岛市市南区人民法院管辖诉讼标的金额在5万元以下的一审著作权纠纷案件。中级人民法院管辖诉讼标的金额在5万元以上(含本数)不满500万元的一审著作权纠纷案件。高级人民法院管辖诉讼标的金额在500万元以上(含本数)的一审知识产权纠纷案件。1991～1997年，全市法院审理一审著作权案件32件。1998年，市法院知识产权庭成立，至2010年审结一审著作权案件942件。其中，

1998年依法审理山东画报社诉经济日报社《百年老照片》著作权纠纷案，济南青春广告影业公司诉威海黑豹集团《韩复榘》电视剧著作权合同纠纷案。2005年，依法审理中国唱片深圳公司等MTV著作权人诉卡拉OK经营权侵权纠纷案。2006～2010年，依法审理明天出版社诉刘某侵犯专有出版权案，科亿尔数码科技(上海)有限公司计算机软件著作权系列诉讼案，“北京奥运剪纸长卷”著作权纠纷案，北京中天文化发展有限公司音像制品著作权维权案，齐白石后人维护齐白石美术作品著作权案，“红崖天书”著作权纠纷案等一批社会影响较大的著作权纠纷案件。

四、其他知识产权纠纷案件审判

2002年，依法审理全国首例以判决结案的植物新品种侵权等新类型案件。2005年，依法审理全省首例以专利方法保护植物新品种案件。2006年10月，受理全国首例针对植物新品种权提起的请求确认不侵权诉讼案件。原告与被告均属经营植物品种的专业种子公司，被告虽认为原告在经营中侵犯其享有的植物新品种权，却迟迟不通过人民法院来确认原告是否构成侵权，而是重复采取向原告发律师函警告、发布广告声明、投诉等方式进行维权。被告的上述行为导致原告的生产经营和商业信誉受到严重损害，因此请求法院确认原告不侵犯被告的植物新品种权。该类知识产权案件在全国属首例。2007年，审理棉花转基因专利技术侵权纠纷案，崔某诉济南某软件公司网络著作权侵权案，“郑单958”植物新品种权利害关系人维权案。2008年，依法审理影视作品《新结婚时代》网络传播权纠纷案。

第三节　涉外、涉港澳台案件审判

1991年3月前，涉外经济纠纷案件及涉港澳台案件由中级法院一审；此类案件集中的地方，对标的额较小、案情比较简单的案件，经省法院批准，可由基层法院一审。1991年4月起，根据《中华人民共和国民事诉讼法》规定，各级法院均有权受理涉外案件，中级法院受理重大涉外案件。1997年11月，省法院印发《关于一审经济纠纷案件级别管辖的规定》，规定济南中院管辖诉讼标的额在100万元以上至1500万元以下的涉外、涉港澳台经济纠纷案件，济南辖区内各基层法院管辖诉讼标的额100万元以下的案件。2002年3月，省法院印发《关于涉外民商事案件诉讼管辖若干问题的规定》，规定济南中院管辖济南、淄博、枣庄、东营、济宁、泰安、莱芜、滨州、德州、聊城、临沂、菏泽市争议金额在3000万元以下的第一审涉外、涉港台民商事案件。2002年，济南中院在民事审判第四庭组建涉外、涉港澳台商事案件的合议庭。2004年9月，经最高人民法院批准，省法院调整地域管辖范围，济南中院管辖济南市、德州市、聊城市的第一审涉外、涉港澳台商事案件，解决管辖权过度集中带来的不方便当事人诉讼、法院司法成本较高等问题。

1986～2010年，全市法院审结一审涉外、涉港澳台案件226件。2007年9月，市法院组织召开全市涉外及涉港澳台商事纠纷法律服务座谈会。市侨办、市台办、市外经贸局、市外商投资企业协会、市发展环境投诉中心等济南市对外服务机构和5家外资、侨资、台资企业代表应邀参加座谈，促进济南市外向型经济的发展。审判实践中，涉港澳台商事案件的审理参照涉外商事案件办理。

第四节　企业破产案件审判

1986～1990年，受理的企业破产案件数量极少。

20世纪90年代，引入企业优胜劣汰的市场竞争机制，企业破产正式成为企业退出市场的重要途径。1992年始，全市两级法院开始受理企业破产案件，两级法院均成立破产案件合议庭。市法院根据济南市实际情况和审理破产中亟待解决的问题，先后制定《企业法人破产工作程序》《破产清算组工作程序》《破产财产拍卖程序》《当前审理破产案件应注意的几个问题》《破产案件审理程序及操作规范》等文件，对企业法人破产应具备的条件、破产申报程序、申请破产提交的资料、破产清算组工作程序等作出详细规定。破产案件审理过程中，全市法院严格掌握破产还债企业的条件，必须具备企业法人资格，必须是经营不善严重亏损，不能清偿到期债务的企业，凡不符合法定条件的不予受理。严格依照程序法和实体法，保护破产财产，严格清理收回属于破产企业的财产。贯彻全国审理企业破产案件座谈会精神，严格破产程序自觉接受债权人和社会的监督，坚决抵制地方保护主义干扰，杜绝假借破产名义逃废、悬空银行债务等现象，保护破产案件审理的依法有序进行。国有大中型企业破产案件中，采用整体拍卖、国有破产兼顾安置职工的办法。如审理济南罐头食品厂破产案，该厂解放初建厂，职工1300余人，由于经营不善资不抵债，于1994年7月申请破产。经报国有资产局评估，该厂可拍卖财产价值5900万元，负债9000万元。市法院多次与政府有关部门协商，该厂破产财产由济南酒精厂整体购买，全厂1300余名职工得到妥善安置。

1996年3月，国务院确定济南市为“优化资本结构试点城市”，济南市企业加快优化资本结构进程，破产案件增加。当年受理破产案件29件，其中国有企业破产案件9件，比1996年以前增加约50%。

1997年8月，省法院下发《关于及时审理试点城市已列入计划的企业破产案件的通知》。济南搪瓷厂等6家企业列入企业破产计划，市法院依法审理上述破产案件。1997年年底，济南搪瓷厂等6家企业破产案件全部审结，有关银行核销呆坏账准备金3.6亿元。

2007年6月1日，《中华人民共和国破产法》正式实施。同月，受理济南房地产物业公司破产清算案，成为新破产法实施后受理的第一起破产案件。

2008年7月，审结济南四建(集团)有限公司申请齐鲁宾馆破产案，实现破产和解，债权人的债权得到较高比例清偿，一定程度上化解社会矛盾，减少不稳定因素。12月，审结天同证券破产清算案件，是省内第一例证券机构破产案件。

2010年，审理济南元首集团所属诚通纺织有限责任公司等10家企业破产清算案件。12月，组织三次拍卖会，依法对全部破产财产进行公开拍卖，总成交额为2.31亿元。

1986～2010年，全市法院共审结破产案件659件。1992年前，无破产案件。1996～1999年，审结破产案件分别为68件、64件、56件、64件，达到该类案件数量的最高峰。2000年后，破产案件有所减少。2000～2010年，审结破产案件344件。

第四章　行政审判与国家赔偿案件

1986～2010年，市法院把保护合法权益，规范依法行政，促进官民和谐作为行政审判工作的基本要求。通过司法手段妥善调处行政机关和公民的纠纷，依法审理行政诉讼案件和国家赔偿案件。

第一节　行政案件审判

一、一审行政案件审判

1986～2010年，全市法院共审结一审各类行政案件11517件，其中，维持行政机关具体行政行为的1989件，撤销具体行政行为的1528件，原告撤诉的4886件。案件涉及计划生育、婚姻登记、土地征收、拆迁许可、劳动保障、房屋登记、劳动教养及公安、环保、教育、工商等领域。在案件审理中，监督支持行政机关依法行政，加强对具体行政行为的审查，对行政机关违法或处理不当的，依法予以撤销或变更。引入行政案件协调机制，努力通过和解方式化解行政机关与行政相对人之间的争议。对行政执法中存在的问题，及时提出司法建议。对行政机关作出处罚、当事人在法定时效内不提起行政诉讼又不履行的，根据行政机关申请予以强制执行。

1986～1989年，诉讼程序适用民事诉讼法的规定。市法院会同有关行政机关进行法律宣传，大量行政违法案件解决在诉讼之前。1988年6月，市法院成立行政审判庭。同年，共受理一审行政案件68件，审结58件。其中，治安行政案9件，土地行政案36件，城乡规划案4件，其他9件。经审理，维持行政机关处理决定的49件，占审结案件数的84.48%；依法裁定撤销行政处理决定的4件，其他处理5件。对违法占地案，市法院与市土地管理局联合制定《处理和审理土地行政案件若干问题的试行办法》，依法收回违法占地93.33公顷。1989年4月，《中华人民共和国行政诉讼法》(以下简称《行政诉讼法》)颁布。全市两级法院采取各种形式，加强学习、宣传和业务培训，到113个行政机关进行宣讲，印发《行政诉讼法规汇编》5000余份，及时纠正和制止行政违法行为。1990年10月1日，《行政诉讼法》正式实施。全市法院在做好正常宣传咨询的同时，集中开展《行政诉讼法》宣传活动。

1992年，全市两级法院向县(市)区公路部门派驻9个行政巡回法庭，协助开展依法治路，解决“边沟”“路障”“占地”等难题。1993年，市法院先后向济南公路管理段和市土地局派驻巡回法庭，并与市拆迁办、市水利局、市卫生防疫站、市工商局、市电信局、市矿产局等11个部门建立定期工作联系，理顺法律关系，促进依法行政。1994年3月，天桥区法院被省法院确定为全省法院开展行政审判工作联系点法院，开始行政审判方式改革，把落实《中华人民共和国行政诉讼法》与公开审判，改革审判方式有机结合起来。同时，加强信访接待工作，沟通与行政执法部门的联系，使撤销和部分撤销的行政机关处理决定的生效法律文书得到妥善落实，促进执法环境得到明显改善。1995年，审结一审行政诉讼案件291件，审结二审行政诉讼案件46件，同比增加27.8%，行政案件涉及领域由治安、土地等扩大到城建、税务等21个方面。两级法院加强对行政审判工作的领导，加大对行政审判人员培训力度，以适应新形势的要求。按照最高人民法院和省法院的要求，6月，撤销派驻各行政机关的行政巡回法庭，集中力量搞好审判工作，抓好行政审判规范化。

1996年，推进行政案件审判方式改革，组织全市行政审判法官和行政司法联络员观摩市法院庭审。庭审由原来的纠问式改为诉辩式，把开庭的方式、步骤和目的向行政司法联络员宣讲。按照省法院要求，结合济南市的审判实践，制定行政审判方式改革实施规则。全年共新收一审行政诉讼案件571件，审结569件，同比分别增长57.3%，95.5%。

1998年，一审行政案件全部按照省法院庭审规则审理。同时，市法院行政庭着力抓好二审庭审规则制定和二审案件审理，在全省率先制定二审庭审规则和二审庭审规定用语。由市法院和市政府法制局倡议，建立由市法院和五区法院行政庭、市政府法制局和市直32个行政执法部门参加的联席会议制度，定期召开会议，讨论研究行政诉讼中存在的问题。1999年，市法院以《行政诉讼法》颁布十周年为契机，牵头组织省、市、区三级法院70余名行政审判法官举行法律宣传和法律咨询活动，接待群众咨询300多人次，发放宣传资料5000余份。制定《行政庭行政审判工作制度》，对办案人员业务素质、办案效率、裁判文书制作、开庭透明度、疑难案件研讨等内容作出详细规定。

2000年，根据审判实践中发现的问题，先后与市政府法制局召开规划管理、房产管理行政执法和拆迁行政裁决两次联席会议，就房产行政登记确权、拆迁裁决和规划行政管理等行政执法中存在的问题进行专题研究。2004年，配合经十路拓宽、经一路改造，依法审理一批涉及城市建设和管理的行政纠纷案件，保障重点工程项目顺利进行。2006年，大力推行行政案件协调制度，通过和解方式化解行政争议，促进社会关系和谐。2009年，行政审判重点对涉及旧城改造、全运会场馆和西客站建设等重点工程的案件，慎重把握，稳妥处理，依法保障重点项目的顺利推进。与12个政府部门加强工作联系，通过定期走访座谈、通报情况、征求意见、提供法律咨询以及向重点场所派出巡回法庭等方式，促进行政机关依法行政。2010年，审结一审行政诉讼案件871件，同比上升11.95%。加强与行政机关的联络沟通，制定《行政诉讼、行政复议工作联席会议制度》《行政执法过错责任追究工作联席会议制度》，发布行政审批白皮书，提出司法建议等，促进行政执法水平的提高。

1987～2010年全市法院一审行政审判案件收结案情况表

表11—3—8　　单位：件

年 份	收 案	审 结	审结案件		
			维持具体行政行为	撤 销	原告撤诉
1987	11	10	6	0	4
1988	68	58	49	4	5
1989	45	49	28	3	3
1990	33	32	13	1	13
1991	61	61	32	8	16
1992	62	57	31	3	20
1993	108	107	36	9	54
1994	164	145	27	14	72

续表11—3—8

年份	收案	审结	审结案件		
			维持具体行政行为	撤销	原告撤诉
1995	363	291	34	28	194
1996	571	627	62	88	403
1997	566	559	82	30	376
1998	876	880	59	43	386
1999	782	831	86	249	373
2000	658	623	82	89	264
2001	707	731	192	110	234
2002	688	702	89	86	332
2003	971	963	122	97	316
2004	647	677	108	74	245
2005	668	685	96	149	242
2006	602	613	71	77	217
2007	568	562	65	73	233
2008	652	605	77	62	217
2009	740	778	256	114	293
2010	867	871	286	117	374

说明：审结案件中的撤销包括全部撤销、部分撤销具体行政行为；原告撤诉包括原告主动撤诉、被告改变具体行政行为原告撤诉

二、非诉行政执行案件工作

全市法院加强非诉行政执行工作。1995年，加大非诉行政案件执行力度，全年共执行非诉行政案件297件，标的额89.1万元。1996年，共新收非诉行政执行案件700件，审结607件，执行标的额3165.26万元。1998年，新收非诉行政执行案件91件，执结103件，执结标的额903万元。4月，在部分行政单位进行“敦促履行令”试点，提高行政执法效率。1999年，执结非诉行政执行案件52件，执行标的额1646万元。2000年，根据最高人民法院要求和新的司法解释，全市法院加大非诉行政执行案件工作力度，共执结非诉行政执行案件3279件，其中中院执结61件，执结标的额666.8万元。

第二节　国家赔偿案件

1995年1月，市法院成立赔偿委员会；7月，市编委正式下文确定赔偿委员会办公室为法院审判机构；各基层法院陆续成立国家司法赔偿审理小组。

1995年，市法院赔偿委员会根据《中华人民共和国国家赔偿法》和辖区内实际情况，起草8个方面的规范性文件，包括中级法院赔偿委员会的受案范围和立案条件；使用赔偿决定程序的实施意见；县(市)区人民法院处理国家赔偿案件的意见；司法赔偿的计算标准；司法赔偿中追偿问题；司法赔偿的请求实效及义务机关赔偿处理的时限等。为审理司法赔偿案件中一

些急需解决的问题提供依据。1996～1998年，全市法院处理各类司法赔偿案件106件。其中涉及公安机关的9件，涉及检察机关的12件，涉及法院的85件；案件中要求刑事赔偿的29件，非刑事赔偿的77件。1999年，审结司法赔偿案件14件，赔偿金额57768元，处理司法赔偿请求案件28件，下达不予受理决定书16份。对请求赔偿的来信，均予以书面答复。

2002年3月，市法院被省法院确定为赔偿案件引进听证程序试点法院，探索听证程序方面的经验。在试点经验的基础上，省法院于2002年12月16日下发《关于司法赔偿案件听证程序的规定(试行)》，规定各级人民法院赔偿委员会审理刑事赔偿案件和民事、行政诉讼中的司法赔偿案件，除涉及国家秘密、个人隐私等法律规定不公开审理的情形以外，应当采取公开听证的方式，并将该规定及三个配套法律文书样式(听证通知书、公告、宣告赔偿决定通知书)印发全省法院试行。

2004年7月22日，省法院下发《关于审理国家赔偿案件实行释明制度的暂行规定》《关于审理国家赔偿案件实行法律救助制度的暂行规定》，并制定相应提示文书样式印发全省法院统一执行。2006年，市法院调整赔偿委员会组成人员，明确赔偿委员会办公室职能。赔偿委员会下设办公室，依法办理赔偿委员会受理的国家赔偿案件；执行赔偿委员会决定的事项；监督指导下级人民法院相关工作。国家赔偿确认工作统一由审判监督庭承担。赔偿委员会办公室不再负责赔偿告诉、申诉案件的审查确认工作。

第五章　执行工作

1983年8月，济南市中级人民法院成立执行庭。至1989年，全市两级法院均设立执行庭，配备执行干警45人。1999年11月，撤销执行庭，成立执行局，对执行工作实行统一管理、统一协调和统一指挥的新体制，并探索实行执行决定权和实施权分立改革，内设执行一庭、执行二庭，均为处级建制。执行一庭负责市法院一审案件的执行工作，执行二庭负责全省法院执行工作的统一管理、统一组织和统一指挥，具体职责包括：案件督查，提级执行、指定执行的办理，委托执行管理，暂缓执行案件管理，异地执行案件管理，信访和材料调研等工作。1986～2010年，全市法院执行案件收案、结案数量逐年递增，执行标的额逐年提高，有数据统计后共新收执行案件289916件，执结289697件，执行标的总额达568.1亿元。

1989～2010年全市法院执行案件情况统计表

表11—3—9

年 份	收案(件)	执结(件)	标的额(亿元)
1989	1018	798	0.06
1990	1758	1467	0.18
1991	3105	2483	0.55

续表11—3—9

年 份	收案(件)	执结(件)	标的额(亿元)
1992	4094	3775	0.61
1993	3682	3615	0.93
1994	6785	6554	1.57
1995	8241	8192	3.6
1996	11242	9591	5.5
1997	11602	11005	8.54
1998	16744	15480	16.7
1999	19859	20351	26.13
2000	23038	24434	36.2
2001	23396	23738	28.74
2002	20195	20413	43.37
2003	19013	19252	45.26
2004	19410	19439	47.99
2005	18277	18227	51.02
2006	17214	17314	49.32
2007	15658	15449	42.40
2008	14867	14640	52.25
2009	15191	15772	54.35
2010	15527	15708	52.85

说明：1986～1988年无相关统计数据

第一节 案件执行

1989年，全市法院共执结各类案件798件，标的额595万元。其中，对175起有能力而拒不执行的当事人分别采取扣押、查封、冻结账户、强行划拨等措施，执行金额91万余元；加强与工商、银行、物价等行政单位联系，拓宽执行渠道，执行行政案件28件。

1990年，受理执行案件1758件，执结1467件，执行率83%，执行标的额1751万元。案件执行中，通过做好法律疏导工作，使1313名当事人在指定期限内履行义务，占结案总数的90%。1991年，全市法院执结案件2483件，标的额5466万元。1992年5月始，两级法院集中开展为期两个半月的执行工作会战，运用新闻媒体广泛宣传、教育，促使当事人自觉履行法律义务2405件，对571件拒不履行生效法律文书的义务人依法采取强制措施予以执行。本次执行会战执结各类案件2976件，标的额6128万元；赴省外执行70件，标的额764万元。1993年，全市法院在执行工作上以解决“骨头案”为重点，探索、积累新的执行途径和方法。在执行庭的职责范围上，两级法院普遍实行审执分离，采取建立执行网络的方法，在市内开办“内联通报”，力图攻克企图逃避执行案件；对外广泛建立“友好执行庭”，做好委托和协助执行工作。1994年，全市法院以不间断的会战形式，集中力量攻克一批老大难执行案件。全年执结案件6554件，执行标的额1.57亿万元，执结率96.6%；其中中院执行案件118件，执行标的额5994万元。通过法律疏导工作，使80%的义务人自觉履行法律义务。

1995年，全市法院执结案件8192件，执行标的额1.7亿元。1998年，全市法院落实“高质量、高效率、高效益地进行审判工作”要求，9～12月，根据最高人民法院统一部署，集中大规模的清理执行积案统一行动，清理执行积案7243件，标的额13.9亿元，分别占应执行积案和标的额总数的96%和93.8%，分别超出省法院制定的清理目标16%和13.8%。市法院被最高人民法院表彰为“全国法院集中清理委托执行案件先进单位”。1999年7月，市法院以克服地方和部门保护主义为重点，深入开展“执行年”活动，规范和强化执行工作。开展“执行工作宣传周”，通过召开新闻发布会、公开曝光等形式，加大执行工作的威慑力，增加执行力量，改善执行装备，加大执行力度，“执行年”活动取得显著成效。

2000年1月，全市两级法院全部成立执行局。按照省法院关于统一管理全省法院执行工作的规定，市法院对全市法院执行工作的指导思想、机构设置和人员管理、执行工作管理、物质装备管理以及其他工作管理进行规范，通过开展指定执行、提级执行、委托执行、集中执行等，加强上级法院对下级法院执行工作的统一指导。采取多种执行方法，全年执结案件2.44万件，标的额36.2亿元，分别较1999年增加20%和38.55%，未结案件同比减少41.44%。2001年，全市法院进一步完善上级法院统一管理、统一指挥、统一协调的“三统一”执行工作机制，形成上下联动的整体执行合力；全市两级法院选任41名执行长，为执行工作打下良好基础。开展集中清理超执限案件活动，实行公告执行、开庭执行“债转股”、责令被执行人申报财产等方式，促进执行工作的开展。2004年，深化执行分权改革，制定《进一步加强审判权和执行权监督的意见》，完善审执分离工作机制；制定《关于建立执行权分权制约监督机制的暂行办法》，按照执行权分解为执行裁决权和执行实施权的标准，细化合议庭分工，规范执行工作流程，强化监督制约。执行工作中，坚持以说服教育为主，促使当事人自动履行，执行案件自动履行率、和解率为51.1%，对1942起拒不执行法院判决的案件依法强制执行，对55名拒不履行法律义务的当事人实施拘留。在全市法院开展对弱势群体和涉农案件集中执行活动，共执结此类案件2682件，执行标的额2445万元。同年12月，省法院印发《关于加大拖欠工程款和农民工工资案件审理和执行工作力度的紧急通知》，市法院制定配套措施，在全市范围内开展弱势群体申请执行案件专项清理活动，保障老年人、未成年人、残疾人、下岗职工、农民工和国家规定的优抚对象等弱势群体的合法权益。

2005年，全市两级法院按照上级法院要求，开展“规范执行行为，促进执行公证”专项整顿活动，查摆并整改执行队伍素质、执法执纪、执法作风等问题，提升执行工作能力；开展“涉农案件专项执行活动”和“涉农民工工资、建筑工程款案件专项执行活动”，清理涉及弱势群体的各类执行案件1389件，标的额3876万元；对491名拒不履行执行义务和其他严重妨碍执行公务的人员实施司法拘留，对106起案件实行提级执行、指定执行，一定程度上减小执行阻力。对涉及企业改革改制的执行案件，通过采取以物抵债、分期执行等方式，努力做到维护债权人合法权益，保障负债企业的生存与发展。2006年，深入开展集中清理执行积案活动，探索建立执行协作机制、威慑机制和救助机制，把执行工作纳入社会治安综合治理考核；重点做好涉企业改革改制案件的执行工作，成立协调指导小组，召集中国轻骑集团、中国重汽集团、济南小鸭集团、济南百大集团等10个国有大中型企业主要负责人座谈，及时妥善解决企业改革改制工作中出现的矛盾纠纷；加大宣传力度，在济南电视台开办《执行》栏目，播出31期，以案件纪实追踪的形式，增强社会对法院执行工作的了解和沟通。2007～2008年，重点开展集中执行涉农民工工资、工程款及下岗职工权益案件专项活动；围绕棚户区改造等重点工程，依法开展非诉执行，保证重点建设的顺利进行。2008年，市法院制定《关于进一步加强庭审考评工作的意见》，执行局到各个基层法院实地开展执行听证考评工作，规范执行行为。历下区法院开通“现在执行”热线，建立申请人与执行人员的双向联系，以便第一时间掌握执行线索，把握执行的有利时机。2009年，集中开展清理执行积案活动，对列入重点清理范围、社会关注度高和涉及弱势群体的案件，加大执行力度，排查出有财产可供执行的3879起案件全部执结，无财产可供执行的积案全部清理完毕。执结永安大厦执行案，该案涉及两级法院27起案件，标的额5亿元。2010年，执结各类案件1.57万件，标的额52.85亿元。制定《济南市执行联动机制实施方案》，明确31个成员单位职责，促进形成执行合力。全年督办执行、指定执行、提级执行案件195件；在加强说服教育的基础上，试行限制高消费、限制出境、公开曝光等执行方法，敦促4604名被执行人履行法定义务；对374名有能力但逃避执行、抗拒执行的被执行人依法予以制裁，化解执行阻力；对1472件案件依法强制执行；加大对赡养费、抚养费、农民工工资、劳动争议等民生案件的执行力度，执结上述案件2393件，执行到位款2024万元。2010年11月，市法院依法裁定准许济南诚通公司破产管理人按其提出的破产财产处置方案执行，注重加强与济南诚通公司破产管理人的协调配合，严格规范选择拍卖机构、核对拍品、刊登公告、组织拍卖会等每一个工作环节。12月，组织三次拍卖会，依法对全部破产财产进行公开拍卖，总成交价款2.31亿元。

第二节 执行工作机制

1986～2010年，全市法院不断健全解决“执行难”的长效机制，确保解决“执行难”工作走上正常化、规范化轨道。根据上级法院要求，探索建立以法院为主，工商、公安、金融、劳动等部门参与的执行联动机制。会同司法行政部门建立司法调解与人民调解相结合的纠纷调解机制，形成党委领导、人大监督、政府参与、各方配合的解决“执行难”工作新格局。

建立执行威慑机制。对未履行法律义务的被执行人，法院及时发出协助执行通知书，发挥联动协作单位的职能作用。根据协助执行通知书要求，对被执行人在融资、投资、经营、置产、出境、注册新公司等方面给予必要限制，形成社会威慑力，促使被执行人自动履行生效法律文书确定的义务。2006年4月，制定《济南市法院执行工作联动协作机制实施方案》，召开执行工作联动协作领导小组会议，与市政府多个单位加强协作。设立“拒不履行法定义务被执行人曝光台”，定期召开新闻发布会，向社会公布失信企业名单，引导社会良好风尚。

建立健全多元化纠纷解决工作机制。在党委、政府有关部门和社会组织的参与下，倡导通过和解、调解、仲裁等方式解决纠纷，缓解人民法院的诉讼和执行压力，从源头上化解“执行难”问题。包括建立多元化非诉讼纠纷解决机制，争取党委领导和政府支持，劳动和社会保障、司法行政等部门以及工会、妇联等团体各司其职，社会组织、中介机构共同参与，全面发挥人民调解、行政调解和司法调解的作用，及时化解矛盾纠纷，缓解法院的诉讼压力。建立非强制执行纠纷解决机制，对于进入诉讼程序的案件，通过调解提高当场履行率，减少进入强制执行程序案件的数量。

建立纠纷预防和执行难预防机制。争取有关行政机关依法及时履行行政管理职责，促使工商管理部门继续完善企业注册登记事项变更的公告制度，防止被执行人通过变更工商登记的手段逃避债务；对被吊销营业执照或申请注销登记的企业，严格执行清算制度，防止被执行人将企业资产转移，争取银行等金融机构的支持配合，加强账户管理，禁止违法多设账户，做好对企业存款账户的查询、冻结或扣划工作。

建立特困群体执行救济基金制度。2000年后，案件申请执行人与被执行人均为特困群体的情况日益增多，在追索赡养费、抚养费、抚育费的案件以及刑事附带民事赔偿、交通事故以及人身伤害事故等案件中表现尤为突出，全市两级法院争取财政、民政部门支持，建立特困群体执行救助基金制度。2008年1月，市法院与市财政局联合制定《特困申请执行人救助专项基金管理办法》，对救助资金的筹集、管理、使用、申请、发放进行明确的规定，将救助资金列入市财政预算，做到专款专用规范管理。

第六章　审判监督和涉诉信访工作

20世纪70年代，全市两级法院没有专门的审判监督机构，同一审判庭既审理一、二审案件，又审理再审案件。1978年中共十一届三中全会后，平反冤假错案任务繁重，各级法院大多成立刑事审判第二庭，专管刑事审判监督工作。刑事审判存在过短暂的审监分开。1987年，第十三次全国法院工作会议决定建立告诉申诉审判庭，由告申庭审查并审理各类再审案件。1988年6月，市法院成立告诉申诉庭，历下区、市中区、长清县人民法院相继建立告诉申诉审判庭；未建立的区县指定专门合议庭负责告诉申诉工作；全市两级法院配备告诉申诉干警49名。1989年，天桥区、槐荫区、历城区、章丘县、济阳县、商河县7个县(区)人民法院分别成立告诉申诉庭，建立健全告诉申诉制度，实行立案、审理分离，使告诉申诉工作由行政职能转变为审判执行。1991年4月，刑事审判第二庭与告诉申诉庭合并为告诉申诉审判庭。其主要职责是在原告诉申诉庭的基础上，增加刑事、行政申诉案件审理、检察院抗诉案件审理和减刑、假释案件审理。1998年1月，告诉申诉庭更名为审判监督庭。1999年3月，市法院信访工作移交立案庭，规范立案庭和审判监督庭的职责范围，健全立案和审判分立、审判与监督分立的工作机制。2000年，市法院积极推动审判监督工作改革。先后起草制定《关于办理不服本院生效裁判案件的若干规定》《再审案件庭审提纲》《关于民事、行政再审案件办案操作规程》《刑事再审案件审理规程》《再审民事诉讼证据操作规范》《关于再审案件改判、发回重审的操作规范》等规范性文件，建立改判、发回重审案件一案一析制度、每月结案情况通报制度、疑难复杂案件集体研究制度等，全市法院审监工作走上健康发展的轨道。2002年起，市法院建立对审监工作和审监法官单独考核机制，在历下区、长清县、章丘市三个基层法院进行试点后，在全市法院推广；同年起，每年举办审监干部业务培训班，就审判监督理论、实务以及新法律、法规适用等方面，对全市法院审监法官进行系统培训，不断提高审监法官业务素质；同时，推行审判专业化，建立民事、行政、刑事三类案件的专业化合议庭，在合议庭内部明确每名法官所侧重的具体案件类型。2006年年初，根据再审案件特点，推行再审案件全面开庭制度，凡符合法律规定的，全部公开开庭审理，自觉接受社会各界的监督。审理民事再审案件方面，修改完善本院决定再审、上级指令再审和抗诉启动再审三种类型的民事再审案件的庭审提纲，有利于当事人行使诉讼权利，有利于法官查清案件事实；审理刑事再审案件方面，严格开庭审理的案件范围和庭前程序，建立庭前证据交换制度，明确证人作证范围、责任；在审理范围方面，以再审理由和请求事项为限，但对于所涉及共犯具有减轻、免除或者宣告无罪的情形时，坚持全案全审。2008年，市法院被最高人民法院评为全国法院审判监督工作先进集体。

2000～2010年，市法院审判监督工作坚持公正司法，依法纠错，加大依职权调查取证和核实证据的工作力度，评议案件时注重综合各方面因素，维护社会稳定。再审案件每年的结案率均为100%，其中2007年度为102%。

第一节 审判监督案件审理

一、刑事审判监督案件审理

1986年至1994年上半年，刑事审判监督工作主要是清理审结“文化大革命”前后及1980年后的反革命，投机倒把、破坏、贪污等刑事案件。1986年，受理刑事审判监督案件2938件，审结2422件；已审结案件中维持原判1958件，改判435件。1987年，受理刑事审判监督案件2092件，审结2606件；已审结案件中维持原判2098件，改判421件。1988～1990年，刑事审判监督案件有所减少，分别审结375件、188件、223件。1991～1994年上半年，共受理刑事审判监督案件439件，审结481件；已审结案件中维持原判266件，改判160件。其中，再审经济犯罪案件51件，改判案件20件，占经济犯罪案件总数的39.22%。改判案件的具体情况是无轻罪改判为重罪，重罪改判为轻罪的5件，改判为无罪的13件。

1995～2010年，全市法院不断推进公开审判制度，提高办案质量和效率，促进司法公正。重视对“上访老户”和“群体性上访”案件的复查与再审，及时化解社会矛盾。推进审判监督工作改革，确定“依法纠错”的审判监督工作指导思想，使审判监督工作从过去一味追求“实事求是，有错必纠”的绝对真实，转变为依法纠正法律意义上的认定事实和适用法律错误，高质量地审结一批案件。如1995年9月，市法院依照审判监督程序纠正一起一案两判的错案，对申诉人王某某宣告无罪，依法保护公民的合法权益，维护法律公正。

二、民商审判监督案件审理

1998年，民事经济纠纷再审案件大幅度增长，案件类型出现新的变化。1999年，全市法院深入开展“办案质量年”和“执法形象年”活动，对民事经济案件全面落实公开审判制度。2000年后，市法院审监庭提高办案质量和效率，促进司法公正，规范审判监督办案程序，完善审判监督机制，审判监督工作指导思想由“实事求是，有错必纠”向“依法纠错”转变，实施案件流程管理，严格再审立案标准和改判标准，在一定程度上改变以前再审中存在的“四无限”(申诉时间、再审审级、再审次数以及再审事由无限)现象，审监工作步入良性循环轨道。

三、行政审判监督案件审理

因行政诉讼法制定较晚，加之行政案件自身的特殊性，济南市行政审判监督案件收案和结案数量较少。市法院1988年起受理行政审判监督案件。自1997年起，伴随经济快速发展，各类再审案件数量大幅增加，行政审判监督案件呈现大幅增长。

第二节　涉诉信访工作

1986～1987年，信访工作主要是落实“文化大革命”中的冤假错案和复查落实“文化大革命”前案件的遗留问题。1988年，为适应新形势，拓宽信访工作领域，省、市委分别下发《关于进一步加强信访工作的意见》，并作出相应规定。1988～2000年，人民群众来信来访主要反映现实问题，要求解决劳动工资、福利、住房、计划生育、房屋拆迁、下岗后的生活及安置，以及控告揭发干部贪污受贿、违法违纪等问题。2005年，全市法院贯彻新修订的《信访条例》，全面开展涉诉信访工作，坚持院长接访、信访形势分析、信访流程管理、信访案件终结等制度，对重点案件挂牌督办。2008年，抓好信访案件的综合治理，在立案、审判、执行、拍卖等各个环节上，加强对上访矛头的排查和化解。市法院被授予全省法院“排查化解重信重访案件工作先进集体”和“北京奥运会、残奥会期间涉诉信访工作先进集体”称号。2009年，市法院开展“信访积案化解年”活动，全力推进“平安全运工程”，抓好矛盾纠纷和信访隐患排查化解工作，完善重大信访案件和群体性事件预警机制，排查、化解信访隐患486起，中央交办的44起重点信访案件全部办结。2010年，坚持领导干部包案督办、预约接访、带案下访制度，不断加强窗口建设，改进工作作风，完善突发性、敏感性案件预警机制及紧急处置预案，帮助516名信访当事人解决低保、医疗、生产生活方面的实际困难，全市法院信访总量明显下降，成功化解165件进京重复访案件。

1986～2010年全市法院系统涉诉信访工作情况表

表11—3—10

年　份	机构名称	人民来信(件)	人民来访(人次)
1986	济南中院信访组	7965	28343
1987	济南中院信访组	4030	31871
1988	告诉申诉庭信访组	6468	36110
1989	告诉申诉庭信访组	5552	24703
1990	告诉申诉庭信访组	3328	20871
1991	告诉申诉庭信访组	1235	1539(中院)
1992	告诉申诉庭信访组	928	1266(中院)
1993	告诉申诉庭信访组	3126	23264
1994	告诉申诉庭信访组	1817	19977
1995	告诉申诉庭信访组	3311	13233
1996	告诉申诉庭信访组	3847	15475
1997	告诉申诉庭信访组	3287	12488
1998	审判监督庭信访组	7200	41577
1999	立案庭信访组	3660	45366
2000	立案庭信访组	3683	42874

续表11—3—10

年 份	机构名称	人民来信(件)	人民来访(人次)
2001	立案庭信访组	2983	1808
2002	立案庭信访组	1050	4277
2003	立案庭信访组	1162	6305
2004	立案庭信访组	1332	9221
2005	立案庭信访组	1642	5530
2006	立案庭信访办	1671	4905
2007	立案庭信访办	2146	3794
2008	立案庭信访办	1678	2624
2009	立案庭信访办	1488	2544
2010	立案二庭信访办	714	1865

第七章 机 构

第一节 济南市中级人民法院

1986年，济南市中级人民法院内设办公室、研究室、政治处、刑事审判第一庭、刑事审判第二庭、民事审判庭、经济审判庭、执行庭，内设机构8个。1988年5月，成立法医技术室；6月，成立行政审判庭、告诉申诉庭。1989年7月，设立纪检监察机构；12月，成立中共济南市中级人民法院机关委员会。1991年1月，告诉申诉庭与刑二庭合并为告诉申诉审判庭；8月，成立经济纠纷调解中心、老干部处、机关工会委员会。

1993年，经济审判庭更名为经济审判第一庭，撤销经济纠纷调解中心，设立经济审判第二庭。1995年3月，设立赔偿委员会办公室；7月，确定赔偿委员会办公室为法院审判机构；设立法警大队。1997年3月，成立法官培训中心，为差额预算管理的处级事业单位；8月，撤销政治处，设立政治部，下设组织人事处、教育培训处；成立立案庭、刑事审判第二庭、民事审判第二庭、知识产权审判庭、机关后勤服务管理处；11月，市法院法警大队改建为司法警察支队。1998年1月，告诉申诉审判庭更名为审判监督庭；4月，市法院党组纪律检查组更名为中共济南市纪律检查委员会派驻济南市中级人民法院纪检组。1999年11月，撤销执行庭，

2003年启用的济南市中级人民法院办公地——市中区经二路1号

成立执行局，下设执行一庭、执行二庭。

2000年11月，成立济南市司法科学技术鉴定中心。2001年11月，撤销经济审判第一庭、经济审判第二庭、知识产权审判庭，设立民事审判第三庭、民事审判第四庭、民事审判第五庭；政治部增设法官管理处；设立网络信息管理中心，为中院全额预算管理处级事业单位。2002年7月，济南市司法科学技术鉴定中心更名为济南市中级人民法院司法鉴定中心；12月，增设书记员管理处。

2010年10月，立案庭分设为立案第一庭、立案第二庭。审判监督庭分设为审判监督第一庭、审判监督第二庭。年底，市中级人民法院内设办公室(行政装备管理处合署)、政治部(组织人事处、法官管理处、教育培训处)、纪检组(监察室合署)、立案第一庭、立案第二庭、刑事审判第一庭、刑事审判第二庭、民事审判第一庭、民事审判第二庭、民事审判第三庭、民事审判第四庭、民事审判第五庭、行政审判庭(赔偿委员会办公室合署)、审判监督第一庭、审判监督第二庭、执行局(执行一庭、执行二庭)、研究室(审判委员会办公室合署)、技术室、法警支队、离退休干部工作处、机关党委、书记员管理处、法官培训中心、机关服务中心、网络信息管理中心、司法鉴定中心，内设机构22个，下属事业单位4个。

第二节 县(市)区法院

1985年5月，济南市中级人民法院下辖章丘县、长清县、历城县、平阴县人民法院，市中区、槐荫区、天桥区、历下区、郊区人民法院共9个县区法院。

1987年4月，撤销济南市郊区、历城县，成立历城区。原郊区人民法院随撤销，原历城县人民法院改为历城区人民法院。1990年1月，济阳、商河两县划归济南市，两县法院划归济南市中级人民法院管辖。1992年8月，章丘县撤县设市，章丘县人民法院改称章丘市人民法院。2001年5月，长清县撤县设区，长清县人民法院改称长清区人民法院。2002年9月，成立济南市高新技术产业开发区人民法院。

至2010年，济南市中级人民法院下辖历下区、市中区、天桥区、槐荫区、历城区、章丘市、平阴县、长清区、济阳县、商河县、高新技术产业开发区11个基层法院。

1986年6月，建立天桥区人民法院北坦法庭，是山东省试办的第一个城市街道法庭。1988年，新建法庭52处，全市共有法庭112处。1989年年底，按照农村“一乡一庭”，市区“两个街道办事处设一处人民法庭”的目标，全市建成农村法庭103处，市区街道法庭23处。至1991年，人民法庭增至136处，达到历史上最高纪录。

1998年始，按照最高法院、省高院和省委要求，进行撤并。2003年年底，全市法庭精简为30处。至2010年年底，全市法院法庭总数保持在30处。

1986～2010年全市法院系统人民法庭数量一览表

表11—3—11　　单位：个

年份	历下法院	市中法院	天桥法院	槐荫法院	历城法院	章丘法院	平阴法院	长清法院	济阳法院	商河法院	合计
1986	—	—	—	—	9	11	4	10	4	6	44
1987	2	2	1	-	12	13	4	10	9	7	60

续表11—3—11

年份	历下法院	市中法院	天桥法院	槐荫法院	历城法院	章丘法院	平阴法院	长清法院	济阳法院	商河法院	合计
1988	4	7	7	1	15	17	9	11	20	22	113
1989	7	8	7	5	15	21	9	11	20	22	125
1990	8	8	7	7	19	21	10	11	20	21	132
1991	9	8	8	8	19	21	10	11	20	21	135
1992	9	8	8	8	18	21	10	11	20	21	134
1993	9	8	8	8	18	21	10	11	20	21	134
1994	9	8	8	8	19	21	10	11	20	21	135
1995	9	8	8	7	19	22	10	11	20	21	135
1996	9	8	8	7	19	22	9	11	20	21	134
1997	9	8	8	7	16	10	9	10	20	21	118
1998	9	8	8	7	16	8	4	10	6	7	83
1999	5	8	8	1	5	8	4	5	3	7	54
2000	1	8	3	1	5	8	4	5	3	4	42
2001	1	2	2	1	5	6	2	5	3	4	31
2002	1	2	2	1	5	6	2	5	3	4	31
2003	1	2	2	—	5	6	2	5	3	4	30
2004	1	2	2	—	5	6	2	5	3	4	30
2005	1	2	2	—	5	6	2	5	3	4	30
2006	1	2	2	—	5	6	2	5	3	4	30
2007	1	2	2	—	5	6	2	5	3	4	30
2008	1	2	2	—	5	6	2	5	3	4	30
2009	1	2	2	—	5	6	2	5	3	4	30
2010	1	2	2	—	5	6	2	5	3	4	30

第四篇　司法行政

第一章　普法与司法考试

第一节　普法依法治理

1986年，济南市普法办公室职能由市司法局法制宣传处承担。4月，召开第一次全市法制宣传教育工作会议“一五”普法动员大会。1989年2月，开始实施依法治市第一个五年规划。1990年8月，在第二次全国部分大中城市市长学法用法座谈会上，长清县万德镇石都庄村支部书记徐振海发言。会后，有30个省、市、区的367个团组4000余人到济南市考察依法治理工作。1991年11月23日，全市依法治理理论研讨会首次召开。1992年，济南开始进一步推动全市工商企业依法治理工作，在章丘市、槐荫区开展全方位依法治理县(市)区试点工作；8月，中组部、中央政策研究室、民政部、司法部联合在章丘市召开全国依法治村民主管理经验交流会议，总结交流自“一五”普法和《中华人民共和国村民委员会组织法(试行)》后，各地加强和改善党对农村工作领导，实行依法治村、民主管理的做法和经验，重点推广章丘市“依法建制、以制治村、民主管理”经验，全国人大内务司法委员会副主任委员、司法部原部长蔡诚作题为《学习章丘依法治村经验，加快农村改革和建设，促进九亿农民奔小康》的讲话；10月，济南市制定《加强依法管理市场的总体方案》，在四个市场进行试点。1993年12月，市人大常委会作出《关于国家机关中实行执法责任制的决定》，决定从1994年1月起全市国家机关实行执法责任制；5月开始，实施依法治市第二个五年规划。1997年5月30日，举办市级领导干部法律知识讲座，邀请中国社会科学院法学研究所副所长信春鹰作《“一国两制”与香港基本法》专题讲座；12月，组织全市科级以上干部参加省统一普法考试。1998年8月，济南市成立普法讲师团，聘请106名法学专家、法律工作者担任讲师团成员。1999年4月22日，中央电视台《焦点访谈》栏目对章丘市依法治理情况作《依法治理，根在基层》的专题报道。2000年5月6日，中央电视台《焦点访谈》栏目播出平阴县店子乡“讲案学法，依法治村”经验；11月22日，市委审议通过《济南市“三五”依法治市纲要》；12月，组织全市30余万名干部(包括大企业集团)进行2000年度普法统一考试。2001年2月8日，市委宣传部、市普法办、市司法局、山东黄台火力发电厂、济南电视台联合举办“黄电杯”讲案学法电视大奖赛。2002年4月，全市举办10期县处级以上干部WTO培训班，3400余名县处级以上干部参加培训。2003年6月30日，市民宗局、市司法局、市普法办联合举办全市民族村(居)基层民主法制建设培训班；7月3日～4日，市普法教育依法治市领导小组举办全市农村基层民主法制建设领导干部培训班，150余人参加培训。2005年4月，全市领导干部信访条例培训班在市行政学院举办。2006年5月12日，第六次全国法制宣传教育工作会议在北京召开，济南市获“2001～2005年全国法制宣传教育先进城市”

称号，成为“三五”和“四五”普法全国先进城市之一。2007年3月，济南市开展“法律六进”工作，槐荫区振兴街街道办事处德兴社区获“全国妇女法制宣传教育示范点”称号，是全市唯一获此殊荣的社区。2007年12月至2008年1月，全市20余万名干部参加2007年度普法考试。2008年10月21日～22日，全国普法办、司法部在济南市召开全国“法律六进”工作经验交流会。2010年，市普法办共举办11期市级领导干部法制讲座。

第二节 国家司法考试

1986～2001年，济南市律师职业资格考试由市司法局教育法制处组织，累计报名4万余人，通过5000余人，其中大部分人员进入公检法系统。

2002年，律师职业资格考试改为国家司法考试。3月30日～31日，济南考区考试在山东大学南校区举行，报考人员4400余人，考场177个。5月30日，首次国家司法考试及格线公布，济南市实际参考3900人，400人达到分数线，列全省第1名，合格率比全国平均高出近3个百分点，比全省平均高出近2个百分点。市司法局被司法部评为“全国国家司法考试工作先进集体”。

2003～2010年，济南考区国家司法考试报名人数逐年增多。2010年，考生近万人，考生总人数、异地考生人数和合格通过率居全省领先地位。通过考生报名、现场确认、考试组织、法律职业资格申请、证书发放、证书备案等环节，为6万余名考生提供服务。

第二章 律 师

第一节 律师队伍

一、专职律师

1988年始，对专职律师实行专业职务聘任制，分为一级、二级、三级、四级律师，各级律师职务评审工作分组负责，原则上每年评审一次。1995年4月，司法部决定以新样式的“律师执业证”取代原来的“律师工作执照”。1996年11月，司法部制定《律师执业证管理办法》，要求律师执业证每年注册一次。全市专职律师由1986年的59人发展到2010年的1937人。

二、兼职律师

1984年，司法部发布《兼职律师和特邀律师管理办法》。1996年1月，济南市制定《兼职、特邀律师管理办法暂行规定》，要求兼职从事律师职业，必须是从当地高等法律院校(系)及法学研究单位取得律师资格的应用法学教学和研究人员。1996年11月，司法部制定《兼职从事律师职业人员管理办法》，将兼职律师范围限于“法学院校(系)、法学研究单位从事教学、研究工作的人员”，且必须“所在单位允许”。至2010年年底，全市共有兼职律师145人。

三、特邀律师

1986～1995年，全市特邀律师增加迅速，由10人增至53人。1996年《中华人民共和国律师法》颁布后，特邀律师无存在法律依据，司法部取消这一称谓。济南市从1997年律师注册时起不再办理特邀律师聘用手续和颁发特邀律师执业证。2001年，司法部正式公告取消特邀律师。

四、公司、公职律师

2002年，司法部下发《关于开展公司律师试点工作的意见》《关于开展公职律师试点工作的意见》，部署开展公司、公职律师试点工作。至2010年年底，全市共有公司律师17人、公职律师20人。

1986～2010年济南市律师人员统计表

表11—4—1　　　　单位：人

年份	总数	专职	兼职	特邀	其他人员
1986	202	59	100	10	33
1987	308	91	155	16	46
1988	319	92	163	17	47
1989	536	144	343	19	30
1990	331	150	125	14	42
1991	391	110	136	28	117
1992	389	108	139	31	111
1993	486	181	126	45	134
1994	555	212	173	54	116
1995	617	259	189	53	116
1996	605	273	199	51	82
1997	646	286	190	43	127
1998	714	365	162	29	158
1999	780	490	69	13	208
2000	824	502	61	10	251
2001	922	563	66	—	293
2002	930	625	62	—	243
2003	1022	685	49	—	288
2004	1240	999	101	—	140
2005	1603	1129	112	—	362
2006	1767	1254	110	—	403
2007	2224	1422	116	—	686
2008	2420	1553	125	—	742
2009	2589	1591	127	—	871
2010	3326	2284	162	—	880

第二节 律师事务所

1985年8月1日，济南市成立第一家专业律师机构——济南市经济律师事务所。

1991年前，律师执业机构主要是法律顾问处，律师事务所数量很少。1991年8月，省司法厅下发《关于将“法律顾问处”改称“律师事务所”的通知》，全市各法律顾问处统称律师事务所。1999年5月，按照《律师事务所名称管理办法》规定和省司法厅指示精神，对原来各律师事务所字号之前的“济南”二字予以取消，一律改冠“山东”二字。

一、国资律师事务所

国资律师事务所即国家出资设立的律师事务所，是由司法行政机关根据国家需要设立，并以其全部资产对债务承担有限责任的执业机构，属事业法人单位。1992～1999年，国资律师事务所稳中有增。1999年4月，按照司法部《关于律师事务所、社会法律咨询服务机构脱钩改制实施方案》，市司法局制定下发《关于深化律师事务所体制改革的指导意见》，明确提出在国资所实行产权制度多元化，允许国资所实行出资主体多元化，建立法人财产制度和法人治理结构。6月，确定众成仁和律师事务所进行转制试点。12月，众成仁和律师事务所正式转制成为合伙律师事务所，为全市国资律师事务所的改革走出了路子。至2010年年底，全市国资律师事务所仅剩5家。

二、合作律师事务所

合作律师事务所是由自愿组合，共同参与，其财产由合作人共有，实行法人财产制度，以其全部资产对债务承担有限责任的律师执业机构。1988年，司法部下发《合作制律师事务所试点方案》，合作律师事务所数量逐年增加。2007年10月28日，第十届全国人大常委会第三十次会议修订通过新《中华人民共和国律师法》，对律师执业机构形式作出重大调整，取消合作制律师事务所。2009年，济南市最后一家合作所改制，合作律师事务所退出历史舞台。

三、合伙律师事务所

合伙律师事务所是由合伙人自愿组合，财产归合伙人所有，合伙人对律师事务所的债务承担无限连带责任。相对于国资律师事务所、合作律师事务所，合伙律师事务所起步较晚。1994年，司法部下发《关于深化律师工作改革的方案》，允许3名以上符合条件的律师创办合伙制律师事务所。1995年4月，济南市下发《合伙组织形式律师事务所管理暂行办法》。1996年以来，提倡设立合伙律师事务所，吸引越来越多符合条件的人组建合伙律师事务所。至2010年，全市发展150家合伙制律师事务所，占到律师执业机构的78%。

四、个人律师事务所

个人律师事务所是2008年6月1日新《中华人民共和国律师法》实施后出现的一种律师机构。《中华人民共和国律师法》规定，设立个人律师事务所，除应当符合该法第十四条规定的条件外，设立人还应当具有5年以上执业经历。设立人对律师事务所的债务承担无限责任。至2010年年底，济南市共有个人律师事务所30家。

五、公职、公司律师机构

根据司法部关于“两公”律师事务所试点工作的要求，2003年8月18日，在济南钢铁集团设立济南市首家公司律师事务部和公司律师。2009年5月，成立山东省工商行政管理局公职律师办公室。至2010年年底，济南市共有公职律师办公室3家、公司律师事务部3家。

1986～2010年济南市律师执业机构变化情况表

表11—4—2　　单位：个

年份	律师执业机构组织形式					
	国资所	合作所	合伙所	个人所	公司律师事务部	公职律师办公室
1986	11	—	—	—	—	—
1987	11	—	—	—	—	—
1988	12	—	—	—	—	—
1989	12	—	—	—	—	—
1990	14	—	—	—	—	—
1991	14	—	—	—	—	—
1992	14	—	—	—	—	—
1993	18	5	—	—	—	—
1994	20	7	2	—	—	—
1995	22	7	9	—	—	—
1996	23	7	11	—	—	—
1997	23	6	13	—	—	—
1998	24	6	14	—	—	—
1999	25	6	21	—	—	—
2000	25	6	24	—	—	—
2001	7	23	27	—	—	—
2002	6	23	27	—	—	—
2003	6	23	33	—	1	—
2004	6	30	44	—	1	—
2005	5	38	46	—	3	—
2006	5	41	51	—	3	—
2007	5	37	70	—	3	—
2008	5	1	117	—	3	—
2009	5	—	142	12	3	1
2010	5	—	150	30	3	3

第三节　律师业务

1986～2010年，全市律师根据《中华人民共和国律师法》规定，开展常年法律顾问、刑事辩护、民事诉讼代理、咨询代书、非诉讼法律事务、行政诉讼代理等业务，围绕党和政府中心工作，为济南市改革开放、经济建设和社会稳定提供法律服务。

1986～2010年济南市律师办理业务情况一览表

表11—4—3　　单位：件

类别 年份	法律顾问	民事诉讼代理	刑事辩护及代理	非诉讼法律事务	行政诉讼代理
1986	349	996	593	525	—
1987	497	1529	678	491	—
1988	779	1585	710	481	—
1989	995	1908	1144	868	—
1990	1101	1893	1245	1454	—
1991	1182	2156	956	1972	32
1992	1262	2422	937	1557	101
1993	1475	3105	755	2469	51
1994	1715	3037	623	3373	72
1995	1887	3780	697	3535	87
1996	1808	5495	1025	12866	197
1997	1868	5770	1384	7433	199
1998	1716	6029	1045	3979	166
1999	1662	6864	1215	3396	269
2000	1397	7885	2138	3857	206
2001	1501	8138	1287	1679	255
2002	1278	7913	1129	1386	271
2003	1408	8428	1164	2219	229
2004	1626	11379	1765	5524	391
2005	1760	11741	1989	4786	380
2006	1812	11161	2047	9176	277
2007	1955	9205	2090	1931	206
2008	1964	10689	2412	1679	245
2009	2073	11256	2327	1588	233
2010	2223	11628	2632	1854	242

第四节　律师管理

1986年始，取得律师资格，必须参加全国律师资格统一考试并合格。同年，山东省首次组织律师资格统考，后每两年举行一次。1993年10月，济南市律师惩戒委员会成立。制定《济南市律师诚信信息系统管理办法》，建立律师诚信执业档案。1995年，按照司法部《律师事务所名称管理办法》，济南市律师事务所的字号由“字号加律师事务所”组成。1996年起，对律师事务所实行登记和年检制度，年检注册时间为每年3～5月。2003年，制定《关于进一步加强法律服务队伍诚信建设的意见》《驻济城区律师“法律服务进社区”活动实施意见》，继续开展律师诚信执业教育，巩固教育成果，加快律师信用体系建设。2004年，开展集中教育整顿活动，重点对律师事务所内部管理、律师事务所“散、乱、差”问题和律师与法官的不正当交往关系进行整顿。同年，市律师协会与市法官协会制定《法官与律师双向监督公约》，加强对律师执业行为的监督。成立济南市律师执业社会监督委员会，制定实施办法，聘请20人担任社会监督员。2005年，开展合伙律师事务所规范建设年活动和“规范执业行为，促进执业公正”专项整改活动，进一步规范律所内部管理和律师执业行为，把济南市律师队伍规范化建设推向一个新的阶段。在全省率先实行司法行政机关行政管理和律师协会行业管理“两结合”的管理体制，发挥律师事务所的自律管理作用。2008年，贯彻新《中华人民共和国律师法》，完成全市38家合作制律师事务所改制工作，逐步形成以合伙所为主体的适应社会主义市场经济发展要求的律师机构组织体系。

2005～2010年，先后制定《关于加强律师事务所对律师出庭参与诉讼监督管理的意见》《关于在打黑除恶专项斗争中律师做好刑事辩护工作的意见》《关于律师事务所办理重大法律事务的监督指导意见》《关于律师办理群体性案件的指导意见》等，律师事务所税收政策和收费管理相关办法，改善律师执业环境。

附：济南市律师协会

协会是依法成立的社会团体法人，是济南律师的自律性行业组织，依据《中华人民共和国律师法》《律师协会章程》对济南市执业律师实行行业管理。1992年9月5日，召开第一次济南市律师代表大会，通过济南市律师协会第一个章程，宣告济南市律师协会正式成立。律师代表大会每届为4年。2002年，第三次律师代表大会进行改革，定为每3年召开一次律师代表大会，律师协会的会长、副会长、常务理事和理事全部由经代表大会选举产生的执业律师担任。2010年年底，济南市律师协会共有团体会员191家，个人会员2440余名。

第三章　公证事务与司法鉴定

第一节　公证事务

2010年，全市共有公证处11个，其中市级公证处1个、市辖区公证处6个、县公证处3个、县级市公证处1个；共有公证人员178人，其中公证员81人、公证员助理26人、其他人员71人；公证员中，一级公证员1人、二级公证员13人、三级公证员31人、四级公证员18人、未评职称的18人。

一、国内公证

1986～2010年，全市公证处不断开拓新的服务领域，增添新的服务项目，共办理国内公证事项70万件，其中民事公证事项近39万件，经济公证事项近30万件。

1985～2010年济南市国内公证业务统计表

表11—4—4　　单位：件

单位名称	办证数	单位名称	办证数
济南市泉城公证处	233452	济南市长清公证处	20066
济南市历下公证处	90898	济南章丘市公证处	13165
济南市鲁源公证处	77357	济南平阴县公证处	14546
济南市天桥公证处	54700	济南济阳县公证处	16006
济南市槐荫公证处	93569	济南商河县公证处	17752
济南市历城公证处	93312	合计	724823

二、涉外公证

1986～2010年，全市共办理涉外公证事项17.45万件，公证内容由一般的探亲访友，逐步扩展到经济、科技、文化、体育、旅游等领域。

1986～2010年济南市泉城公证处涉外公证业务统计表

表11—4—5　　单位：件

年 份	办证数	年 份	办证数
1986	517	1999	9337
1987	841	2000	10218
1988	716	2001	15072
1989	701	2002	14750
1990	1220	2003	13611
1991	1508	2004	12523
1992	1987	2005	10982
1993	2560	2006	9866
1994	2288	2007	11875
1995	3114	2008	10882
1996	9616	2009	10704
1997	5432	2010	8201
1998	6024	合计	174545

第二节　司法鉴定

2001年前，济南市没有独立的司法鉴定机构，司法过程中的司法鉴定工作由各级人民法院通过行业进行委托并实施鉴定。2001年，济南市第一家司法鉴定所成立。2005年，《全国人大常委会关于司法鉴定管理问题的决定》为国内司法鉴定发展提供法律依据。2009年，济南市研究制定《济南市司法鉴定档案管理工作补充规定》，全市司法鉴定执业行为和执业程序更加规范。

2010年4月，市司法局设立司法鉴定管理处。至年底，全市拥有33家在册的国家司法鉴定机构，374名国家司法鉴定人，包括法医临床、法医物证、法医病理、法医毒物、法医精神病、文痕检、音像资料、电子数据、建筑工程、司法会计、知识产权、交通事故、产品质量、微量物证等多种类别和领域，全市司法鉴定初步形成功能齐全、专业配套、辐射周边的司法鉴定机构网络。全市5家司法鉴定机构获得省级资质认定，2家司法鉴定机构申报国家级资质认定或检查机构、实验室认可，7家司法鉴定机构母体和实验室通过国家级计量认证和认可，有14家“三大类”司法鉴定机构的11项业务多次通过司法部司法鉴定技术科学研究所组织的能力验证，有4家法医临床司法鉴定机构通过医疗纠纷司法鉴定能力评估。有2名司法鉴定人获得国家评审员资格，7名取得省级评审员资格，68名取得内审员资格。

自2001年始，全市司法鉴定业务量逐步增长。2001～2010年，全市共承办司法鉴定案件7万余件，为当事人挽回损失800多亿元，承办法律援助案件1200余件，减免收费260万余元。

第四章　基层基础工作

第一节　司法所和基层法律服务所

1987年3月，市司法局印发《关于济南市司法行政机关几项工作制度的通知》，对济南市司法行政机关请示报告制度、会议制度、文书立卷归档制度、“查办”工作制度等做出具体规定。同时制定《司法助理员工作规范》《关于对全市基层基础工作进行综合检查的通知》《批转区司法局〈关于加强厂企司法办公室工作的意见〉的通知》《济南市乡镇、街道司法所建设检查评分标准》《关于开展创建“五好司法所”活动的意见》等一系列文件，进一步推动企业司法办公室建设工作。1992年12月，批准章丘市黄河乡司法所等55个司法所为市一级司法所，批准长清县孝里镇司法所等30个司法所为市二级司法所。1995年11月，槐荫区南辛庄街道办事处司法所、天桥区宝华街街道办事处司法所等35个司法所获“省级规范化司法所”称号。1999年，济南市执行司法部“逐步将司法所简称县(市)区级司法局派出机构，在机构改革中妥善解决司法所建制和编制问题的规定”。

2001年1月，市司法局根据司法部、省司法厅精神，下发《济南市基层法律服务所脱钩改制实施方案》；2月，市司法局、市物价局联合下发《济南市基层法律服务收费标准》的通知，规范基层法律服务收费；4月，全市594名考试和81名考核合格人员，被省司法厅授予基层法律服务工作者执业资格；6月，槐荫区振兴街司法所被司法部授予“人民满意的司法所”，商河县赵奎元乡司法所长于希河被司法部授予“人民满意的司法助理员”称号。全市145个乡镇(街道)全部建立人民来访法律顾问室，依法处理涉法信访案件2000余件。

2003年，市司法局制定《关于集中开展全市基层法律服务工作诚信执业教育活动的实施意见》和《济南市基层法律服务诚信执业管理细则》，开展为期2个月的基层法律服务工作诚信执业教育整顿活动。全市司法所共排查调处各类矛盾纠纷2.3万起，调处成功率97%，解答法律咨询10万人次，宣传2400余场次，发放各种宣传品10万余份，受教育人数近500万人次。

147个乡镇(街道)全部建立司法所，配备工作人员285名。历下区姚家镇司法所、天桥区北园街道办事处司法所被全国残联、司法部命名为“全国残疾人维权示范岗”。

2004年6月30日，中央政法委书记罗干视察市中区十六里河司法所。8月，济南市制定《关于进一步加强和规范市区内基层法律服务工作的意见》，开展基层法律服务进社区活动。市内4区59个法律服务所，分别与驻地街道办事处签订“法律服务进社区协议书”，并通过向广大居民群众发放“便民服务卡”、定期到街道社区服务中心提供法律咨询服务、公开服务电话和利用市民学校、普法业校、居民论坛开展法律服务咨询活动等，在市区内开展基层法律服务进社区活动。9月，600多名基层法律服务工作者参加全市规范法律服务活动学习教育考试。

2005年9月，按照市政法委“执业、执法档案建设槐荫现场会议”要求，对全市123个法律服务所、600多名基层法律服务工作者的执业档案进行充实和归档，实现一所一档，一人一卷的统一规范要求。12月28日，全市131个建制乡镇(街道)司法所共配备人员466名，同比增长71%；大专以上文化程度421人，占总数的90%。有96个司法所达到省级规范化建设标准，占总数的74%，办公用房达到15350平方米，所均115平方米。逐步在全市建立起融司法所9项职能于一体的基层司法行政综合服务平台，为基层政府提供涉法建议669 条，协助基层政府制定规范性文件429件，指导制定村规民约975 件。

2006年，济南市将人民调解、安置帮扶、社区矫正和司法所规范化建设工作纳入社会治安综合整治目标检测考核内容。在新一轮乡镇机构改革中，乡镇司法所正式列编，定额5人，其中司法所长为司法行政公务员编制。2008年10月，开始启用司法行政基层工作网上管理平台。2010年7月，全面启用网络平台上报有关统计数据。

第二节　法律援助

1997年11月28日，济南市法律援助中心(以下简称法援中心)成立，隶属于济南市司法局。至1999年4月，全市各县(市)区相继建立法援中心。2009年，市法援中心由全额拨款的事业单位改制为参照公务员管理的事业单位，主要职能为管理、指导、协调、监督全市法律援助工作，内设业务科、指导科、宣传科和办公室，编制20人。

2009年8月4日，济南市法律援助委员会全体成员会议召开。会议下发《关于加强和改进法律援助工作的意见》，就进一步加强和改进全市法律援助工作提出二十条具体措施和意见。会议研究决定将济南市法律援助经济困难标准由原来的“本地城乡居民最低生活保障标准”调整为“本地城乡居民最低生活保障标准的2倍”，法律援助范围在国务院和山东省《法律援助条例》等有关规定确定的法律援助范围外，在全市继续实施《关于贯彻落实九部局关于贯彻落实〈法律援助条例〉切实解决困难群众打官司难问题的意见的实施意见》基础上，将法律援助范围增加2项：经济困难公民因婚姻家庭及继承发生的纠纷；经济困难公民因相邻关系、环境保护等影响生活、生存条件发生的纠纷。同年，市法援中心在全市129个乡镇(街道)建立健全法律援助工作站、在全市4560个社区(村居)设立法律援助联络员。下发《济南市街办(乡镇)法律援助工作站暂行管理办法》，对全市街办(乡镇)法律援助工作站在统一站牌、制定职责、规范程序等方面进行完善，部分县区还为此专门对法律援助工作站站长进行培训。市法援中心通过市民政局、市工会、市残联等部门，向全市5000名贫困家庭及个人发放济南市城乡居民法律援助受援卡，还开展法律援助进军营活动。同年，市法援中心下发《济南市法律援助案件质量监督检查暂行管理办法》，进一步完善法律援助案件质量反馈卡，定期和不定期开展6次法律援助案件质量监督检查活动。2010年，市法援中心开展“便民利民法律援助在行动”活动，进一步简化法律援助受理审查程序，向全市低保人口发放法律援助绿卡，向所有行政村居发放《法律援助便民服务手册》。年底，各县区均完成发放任务，有的区县加印并向扩大部分弱势群众发放“绿卡”，全市累计发放法律援助绿卡75155张，发放《法律援助便民服务手册》5014本。

2010年6月9日，市法律援助便民服务大厅启用，实现法律援助审查、咨询、受理、指派、归档、补贴发放“一条龙”式服务。年内建立开通“济南市法律援助网站”，实现网上受理、咨询等便捷服务。同时实现市法律援助中心热线、12345市民热线、12355青少年维权热线、12348法律咨询热线的四线合一。

2006～2010年，法律援助工作连续5年列入创城为民办实事项目及市政府重点督办工作内容，连续5年列入为老年人办实事项目。法律援助案件办理数增长迅速，2006～2010年，全市办理各类法律援助案件数分别为1861件、2023件、2638件、2977件、4198件。5年间，全市法律援助办理案件数实现翻番，连续两年在全省综治考核中名列第1名。

第三节　人民调解

1987年10月，市司法局印发《关于一九八七年基层调解组织、法律服务机构整顿训练的通知》。

1990年2月，市司法局召开全市人民调解基层法律服务工作总结表彰大会。1994年9月，市政府办公厅转发市司法局《关于进一步加强人民调解工作的意见的通知》；10月，全市人民调解工作现场会在天桥区召开。1995年1月，全市人民调解、基层法律服务工作会议召开；5月，省司法厅组织全省十佳人民调解员事迹报告团巡回报告，槐荫区振兴街街道办事处第二居调委会主任张东华作为报告团成员参与巡回报告。

1996年2月，济南市人民调解员协会成立。1998年3月，全市人民调解和基层法律服务工作会议召开。市司法局在全市范围内开展民间纠纷排查调处活动。1999年7月，下发《关于加强农村人民调解委员会建设的通知》。要求在村委会换届后，抓好村调委会组织机构和队伍建设、落实岗位责任和制度、强化领导。2000年，市司法局下发《关于建立司法调解中心、构筑大调解格局的意见》，在全市部署建立两级司法调解中心，完善县(市)区、乡镇(街道)、办事处(乡镇派出机构)、村居四级人民调解网络，初步构筑起大调解格局；3月，济南市第一家社区民事调解中心在甸柳地区成立。

2001～2004年，市政府每年组织召开全市人民调解暨基层法律服务工作会议，对全市201个优秀人民调解委员会和338名优秀人民调解员进行表彰。2005～2008年，市政府每年组织召开全市人民调解安置帮教社区矫正工作会议，对全市200个优秀人民调解委员会和568名优秀人民调解员进行表彰。

2006年，在全市建成以普法网站为平台的矛盾纠纷排查调处信息系统，搭建集信息预警、综合分析、指挥调度、应急处置等职能为一体的网上办公平台。2009年7月，市中级法院、市司法局联合印发《关于进一步加强新形势下人民调解工作的意见》。2010年3月，印发《关于印发关于开展“人民调解化解矛盾纠纷专项攻坚活动”的实施意见的通知》。全市组织开展人民调解化解矛盾纠纷专项攻坚活动。同年12月4日，市司法局在济南英雄山广场举办《中华人民共和国人民调解法》宣传暨法律咨询服务活动，市委副书记殷鲁谦参加活动。

第四节　148协调指挥中心

1999年5月，济南市148协调指挥中心成立，为全额预算管理的县处级事业单位，隶属于市司法局领导，编制12人。2000年，市编办、市司法局联合下发《关于县(市)建立“148”协调指挥中心的通知》，规定各县(市)“148”协调指挥中心为全额拨款事业单位，人员一般为4～6人(历城区、章丘市可多设2人)。3月，在市信访局设立全国首家人民来访法律顾问室，具体工作由市148协调指挥中心承担，同时逐步在全市各级信访机构普遍设立人民来访法律顾问室。10月，市148协调指挥中心编制增为20人。2002年3月，全国正式启用统一短号码“12348”为法律服务专用电话。济南市“12348”法律服务专线有4个座席，每个座席配备电脑，由语音和录音两部服务器提供支持，有MB以太网交换机和电话WS824数控交换机进行8条线路的交换，可直接接听群众来电咨询，也可三方同时通话，与县区148指挥中心共同接听群众咨询，具有自动信箱留言、咨询等功能，可对所有来电或三方通话全程录音，对电话咨询自动汇总、统计、分类、储存、打印。2003年4月，制定《济南市“12348”法律服务专用电话平台建设情况和服务规范》，内容包括平台工作规范、工作制度、值班制度、管理制度、服务文明用语、服务忌语等，做出承诺“文明接听，有问必答，依法调解，服务到家”，制度上墙，责任到人。

济南市“12348”法律服务热线每天安排专职工作人员接听解答群众涉法电话咨询，免费接待来访咨询当事人，根据当事人所在地理位置，对部分法律咨询、涉法矛盾纠纷和需提供上门服务案件进行分流，实行三级联动。依托“12348”法律服务热线，陆续开通妇女维权热线、拥军热线、青少年维权热线，开辟困难群众和社会弱势群体法律服务“绿色通道”，为青少年、妇女、军人军属、老年人、残疾人、下岗职工、农民工提供方便快捷的法律咨询服务和上门服务，与市政府“12345”市民服务热线、市公安局“110”热线、团市委“12355”青少年维权热线、市工商局“12315”消费者维权热线等36条热线实施联动，满足人民群众的不同法律需求，受到社会各界欢迎。

1999～2010年济南市12348法律服务热线办理情况表

表11—4—6

内容 年份	接听电话(个)	上门服务(件)	解决纠纷(件)	减少信访(件)	挽回经济损失(万元)	避免“民转刑”案件(件)
1999	2007	89	521	121	0.28	3
2000	21647	2026	2014	231	0.33	5
2001	39428	2147	3859	295	0.51	5
2002	67217	2310	3632	201	0.71	2
2003	76897	3416	2767	253	0.97	6
2004	95588	3356	4002	289	1.01	2
2005	92260	2213	4354	306	3.3	3
2006	78193	3732	3214	362	5.67	9
2007	59802	1629	2189	286	8.21	4

续表11—4—6

年份＼内容	接听电话(个)	上门服务(件)	解决纠纷(件)	减少信访(件)	挽回经济损失(万元)	避免“民转刑”案件(件)
2008	58982	677	886	231	12.96	11
2009	73887	1947	1086	373	2.49	14
2010	80956	2015	1259	365	15.2	8
合 计	746864	25557	29783	3313	51.64	72

第五节　安置帮教工作

2001年6月，全市成立四级安置帮教工作机构172个，建立基层组织906个，有专兼职工作人员3589名。2002年4月28日，济南市社会治安综合治理委员会刑释解教人员安置帮教工作领导协调小组成立，办公室设在市司法局。5月17日，召开协调小组第一次全体会议，制定《济南市社会治安综合治理委员会刑释解教人员安置帮教工作领导协调小组工作职责》《济南市社会治安综合治理委员会刑释解教人员安置帮教工作领导协调小组办公室工作职责》。6月7日，召开全市刑释解教人员安置帮教工作会议。11月27日，批准成立历下区甸柳街道办事处等20个单位为市刑释解教人员安置基地。

2003年，全市共有安置帮教对象2852人，通过回乡务农、回原单位安置、从事个体经营和安置基地过渡性安置2405人，安置率85%；成立帮教小组2718个，帮教率95.3%，重新犯罪率2.4%。2004年5月，转发中央综治委等八部门《关于进一步做好刑满释放、解除劳教人员促进就业和社会保障工作的意见》，市司法局专门召开会议研究贯彻意见。同年，历下区甸柳司法所在安置帮教工作中，对刑释解教人员实行提前介入、动态管理、建档立卡和双安工程试点工作。该区安置率88%，帮教率100%，无一人重新违法犯罪，被中央综治委授予“全国刑释解教人员安置帮教工作先进集体”称号。

2005年，在全市推行“一表”(刑释解教人员情况登记表)“两书”(刑释解教人员帮教协议书、安置帮教工作责任书)制，提高安置帮教工作管理水平。市司法局及3个司法所被省综治委授予全省安置帮教工作先进集体，9人被授予全省安置帮教工作先进个人。11月29日，市司法局在全省刑释解教人员安置帮教工作经验交流会上作题为“紧紧围绕‘平安建设’大力加强刑释解教人员安置帮教工作”的经验发言。槐荫区振兴街街道办事处、历下区甸柳街道办事处司法所先后被中央综治委评为安置帮教工作先进集体。

2006年9月28日，召开全市安置帮教工作领导小组会议。传达省综治委《关于建立刑释解教人员危险性评估体系的意见》，对安置帮教工作进行总结，对《对刑释解教人员实行分类帮教的意见》作简要说明。11月30日，印发《济南市开展刑释解教人员分类帮教工作实施意见》。同年，全市各县(市)区均成立安置帮教工作协调领导小组，131个乡镇(街道)建立安置帮教工作站，安置帮教小组2266个，专兼职帮教人员9000余人；共接收刑释解教人员2360名，安置率87%，帮教率98%，重新犯罪率控制在2%以下。

2007年4月24日，成立济南市刑释解教人员帮教安置社区矫正工作领导小组。5月15日，印发贯彻落实中央四部门《关于开展刑释解教人员调查摸底专项活动的通知》，为中共十七大召开和全市经济社会持续发展创造稳定和谐的社会环境。5月23日，印发关于《济南市进一步开展刑释教人员调查摸底专项活动》

的通知。市司法局自5月23日至6月24日对全市2004～2006年期间刑满释放、解除劳教的未衔接人员进行进一步调查。10月，转发《山东省2007年刑释解教人员帮教安置工作考核办法》。

2008年5月7日，印发《关于做好刑释解教人员帮教安置工作确保奥运会安全稳定的通知》，做好有关情况的核实甄别工作，配齐安置帮教工作管理软件运行设备，实现刑释解教人员管理信息化。11月，转发《山东省2008年刑释解教人员帮教安置工作考核标准及有关要求》，组织自查和检查，强化措施，落实责任。全市共接收刑释解教人员3017人，已衔接2969人，衔接率98.4%，安置2700人，安置率90.9%，重新犯罪率控制在2%以下。有2个司法所被评为全省安置帮教工作先进集体，5人被评为全省安置帮教工作先进个人。

2009年7月3日，召开全市安置帮教工作会议。9月1日，市人力资源和社会保障局、市司法局、市财政局联合下发关于《开除公职的原机关事业单位参保人员社会保险实施意见》，济南市将原机关事业单位刑满释放人员纳入社会保险范围。2010年12月，平阴县“新天地中途之家”正式建成启用。针对无家可归、无亲可投、无生活来源的“三无人员”就业成立“曙光新天地之家”，业务用房获国家有关部门批准立项，争取国家建设资金108万元，自筹资金320万元，占地面积8000平方米，拥有58间功能用房、1200平方米综合办公楼，内设传统文化教育室、心理矫正室、技能培训室、就业指导室、微机室、娱乐活动室、图书室、安置宿舍等，建立起全省首家社区矫正、刑释解教人员过渡性安置基地——“济南市曙光新天地之家”，搭建起司法行政工作参与创新社会管理的平台。

2006～2010年，全市对刑释解教人员实施分类帮教，共有刑释解教人员5586人，衔接5436人，衔接率97%。划分A类帮教对象1255人、B类1610人、C类2571人，帮教率97%，实施安置5026人、安置率92%，无一人重新违法犯罪，最大限度地减少社会不稳因素，维护社会和谐稳定。

第六节 社区矫正

2004年9月27日，市司法局社区矫正工作领导小组成立，办公室设在基层工作处。10月20日，成立济南市社区矫正工作领导小组；11月10日，全市社区矫正工作领导小组第一次会议召开，会议研究制定《济南市社区矫正试点工作意见》，确定历下区为全市社区矫正工作首批试点单位。12月8日，在历下区召开社区矫正试点工作动员大会。

2005年3月4日，文东街道办事处召开社区矫正工作会议，对辖区内17名社区矫正对象进行接收(集体教育)，全市社区矫正接收工作正式开始。3月18日，历下区所辖11个镇(街道)符合条件的社区服刑人员全部接收完毕。5月28日，中央司法体制改革社区矫正专题联合调研组一行5人到济南调研社区矫正试点工作。10月9日，市委市政府召开全市社区矫正试点工作现场会，制定《关于扩大社区矫正试点范围的意见》，对全市扩大社区矫正试点工作进行统一动员和部署。11月9日～16日，槐荫区、济阳县、天桥区等区(县)相继召开社区矫正试点工作启动大会，其他县(市)区扩大试点工作陆续展开。至2006年4月，全市10个县(市)区、40个乡镇(街道)开展试点工作，共接收社区矫正人员493人；其中解除矫正的78人，实有矫正对象415人。2007年11月28日，市公检法司四部门联合印发《关于进一步加强社区矫正衔接管理工作的通知》。

2010年5月20日，济南市召开社区矫正帮教安置工作领导小组会议；6月3日，制定《关于在全市试行社区矫正工作的实施意见》。

第五章　狱所管理

第一节　监狱管理

济南监狱始建于1975年，现驻市中区党家庄办事处西，原隶属山东省监狱管理局。1998年6月，移交济南市管理。自1999年1月1日起，济南市司法局开始承担对济南监狱的管理责任。

一、狱政管理

1987年7月，司法部下发《严格控制刑满释放人员留场(厂)安置的通知》。自此济南监狱刑期届满罪犯，按规定原则放回原户口或亲属所在地，少数因劳改生产需要和暂不回去的，按照规定执行；收押罪犯工作依照《中华人民共和国劳动改造条例》和公安部《监狱、劳改队管教工作细则》有关规定执行。9月，执行省劳改局《罪犯百分考核奖罚试行办法》，对犯人实施按月考核。10月，司法部劳改局下发《关于实施分管、分押、分教的试行意见》，提出横向分类、纵向分级、分类施教、分级管理的总体构想。1990年8月，执行司法部《关于计分考核奖罚罪犯的规定》，共分5章33条，对考核的原则、内容标准、组织和方法、奖罚条款等作了明确规定。11月，执行司法部《罪犯改造行为规范》，具体分基本规范、生活规范、生产劳动规范、学习规范、文明礼貌规范等五个方面。

1991年10月，济南监狱制定《关于对罪犯实施分级管理的意见》，全面实施罪犯分级管理。1992年7月，省劳改局印发《关于对罪犯实行分押、分管、分教的试行意见》，提出力争用5～8年的时间，实现分押、分教、分管工作。1994年12月29日，《中华人民共和国监狱法》颁行以后，收押罪犯工作执行《中华人民共和国监狱法》有关规定。

1997年10月《中华人民共和国刑事诉讼法》修订施行后，收押罪犯工作依据《中华人民共和国监狱法》《中华人民共和国刑事诉讼法》有关规定及省监狱局有关政策执行。1999年，按照中央社会治安综合治理委员会、司法部、公安部、民政部《关于进一步做好服刑、在教人员刑满释放、解除劳教时衔接工作的意见》规定执行。2000年1月，济南监狱民警捐款成立救助服刑人员特困家庭基金会，制定《济南监狱救助服刑人员特困家庭基金会章程》。6月，制定《济南监狱罪犯分级管理办法》，按罪犯的犯罪性质、刑罚种类、服刑时间、改造表现和计分考核情况，对罪犯实行分类关押、分级管理和分级处遇制度并与罪犯会见挂钩。

2001年5月，济南监狱设立法律援助办公室，向服刑人员提供民事方面法律援助。法律援助受理的民事法律事项采用非诉讼法律援助和诉讼援助两种形式。9月，司法部发布《关于在监狱系统推行狱务公开的实施意见》。10月，省监狱管理局制定《关于在全省监狱系统深化狱务公开工作的实施意见》，下发《山东省监狱系统狱务公开内容》。年底，济南市法律援助中心济南监狱工作室挂牌成立。2002年，济南监狱根据《山东省监管改造工作规范》规定全面强化狱务公开工作。按照省监狱管理局《山东省监管改造工作规范》规定执行。2004年5月，执行司法部《监狱服刑人员行为规范》38条；济南监狱在全省率先推出《罪犯改造质量考核评估制度》，规定罪犯改造质量考核评估为季度考评，考核评估结果分为四个档次，即优秀、良好、合格和不合格。

同年，济南监狱“实施三个公开，落实四个规范，强化五个监督”，即执法依据公开、执法程序公开和执法活动公开；规范规章制度、规范执法程序、规范考核评优、规范执法言行；罪犯监督、罪犯家属监督、检察机关监督、社会监督、舆论监督，形成完善的刑罚执行保障体系。

2006年3月，济南监狱修订完善《罪犯改造计分考核奖罚办法》，将考核办法与罪犯改造质量考核评估、分级处遇、长刑犯动态管理紧密结合，促进计分考核工作规范化、科学化。4月，修订《济南监狱罪犯分级管理细则》，按罪犯的犯罪性质、刑罚种类、服刑时间、改造表现和计分考核情况，对罪犯实行分类关押、分级管理和分级处遇制度。2007年4月，济南市人民政府印发《关于下达2007年市重点建设项目名单的通知》，济南监狱狱政设施改造项目被列入济南市重点建设项目。执行《中华人民共和国监狱法》《山东省监管改造工作规范》规定，履行会见程序、手续，实行“会见物品”禁入监狱制度，严禁刑释人员、同案犯等社会闲杂人员会见在押罪犯。12月，《济南监狱亲情电话使用管理规定》下发并执行，规定罪犯经批准可以与亲属、监护人通话，对活动过程直接管理，发现有碍罪犯改造和监管安全的情况立即终止，并按有关规定调查处理。

2008年5月始，在全省监狱系统率先推行计分考核听审办法。12月10日，新会见中心建成正式启用，建立电话监听监控系统、服刑人员改造信息查询系统。同月，济南监狱“十一五”狱政设施改造项目——建筑面积2487平方米的罪犯会见楼、2660平方米的武警营房、513平方米的内管大门、2575平方米的罪犯医院、2940平方米的罪犯食堂、4613平方米的罪犯教学楼相继通过济南市建筑工程质量监督站竣工验收。2009年3月，济南慈善总会在监狱成立慈善工作站，在全国开创慈善机构救助服刑人员特殊群体的先河，建立起监狱与社会慈善机构联合开展特困救助工作长效机制。9月，建筑面积6298平方米的济南监狱监管指挥中心，通过济南市工程质量与安全生产监督站等部门验收。

二、教育改造

济南监狱教育改造处负责组织全狱服刑人员思想、文化、技术教育工作，下设思想政治科、文化教育科、技术教育科、心理矫治科、宣传教育科、教育分监区、服刑指导中心、电教中心，共计8个科室。教育改造处另设《济南育新报》报社，负责编辑、出版、发行《济南育新报》。

1986年2月，济南劳改支队被命名为山东省第二育新学校，监狱办学工作全面启动。同年，在罪犯中开展考工定级活动。建成罪犯教育专用教室30个，面积3750余平方米。1991年起，济南监狱支持罪犯参加各类电大、函大和刊大学习。10月，济南监狱设立监狱级罪犯心理矫治室，成立大(中)队级罪犯心理矫治辅导站、大(中)队级罪犯心理互助组。1994年11月，在罪犯中开展劳动竞赛活动，该项活动每两年举行一次。1996年，济南监狱编写《识字课本》上、下两册，在全省监狱内使用。1997年10月，全省监狱系统第一个高等教育考点在济南监狱设立，开创山东监狱单独设立罪犯自学考试考点的先河。

2001年5月，监狱与山东省农业广播电视大学开展联合办学。由农广校专业老师授课，开设微机应用、市场营销、畜牧兽医和蔬菜种植四个专业，学员毕业后发放国家承认的中专毕业证书。11月，开通知心热线，罪犯通过拨打内线电话与民警主持人交流与沟通，及时缓解罪犯思想、心理上的压力，促进罪犯积极改造。2003年4月，经省、市两级高等教育自学考试办公室审核，济南监狱高教自考点成为全省第一家独立监狱考点。2005年，监狱与山东大学开展罪犯技能培训，开设电工、电焊和文秘三个专业技能班。

2006年9月，市纪委、市委组织部、市委党校、市司法局、市检察院、市财政局、济南监狱等七部门联合下发《关于加强全市干部警示教育工作的实施意见》。2007年5月，济南市干部警示教育基地在济南监狱揭牌成立。2009年，成立“心灵家园”“成长驿站”“启明星”“希望之旅”“译心驿站”5个特色心理咨询工作室，罪犯心理健康建档率、新入监罪犯心理测试率、心理健康教育普及率均为100%。

2010年9月，济南市干部警示教育基地被市纪委、市监察局确定为“济南市廉政示范点”。

第二节　劳教管理

一、收容及管理

（一）收容解教。济南市劳动教养收容工作，执行审批机关决定，对不符合劳动教养条件和手续的拒绝接收，收容后发现应逮捕判刑的劳教人员提交检察机关起诉，移交人民法院依法判刑。济南市解教工作是按照省劳改局规定，对期限届满的劳教人员，由劳教所发给“解除劳动教养通知书”，保留公职的介绍回原单位安置，解教后无业的可以留场就业。

1986～2000年济南市劳教所劳教人员收容解教情况表

表11－4－7　　　　单位：人

年 份	全年收容	全年解教	撤销劳教	移交逮捕	年底在册
1986	122	243	1	3	269
1987	238	150	1	3	352
1988	174	143	0	0	383
1989	349	178	1	2	516
1990	154	226	0	5	433
1991	145	245	0	3	329
1992	104	176	0	1	257
1993	153	145	1	7	255
1994	151	128	0	12	262
1995	274	141	2	7	585
1996	486	280	1	24	762
1997	253	434	1	7	571
1998	301	392	1	10	463
1999	326	268	1	22	493
2000	318	306	3	7	456

2001～2010年济南市劳教所劳教人员收容解教情况表

表11—4—8　　　　单位：人

年 份	全年收容	全年解教	变更执行方式	撤销劳教	转 捕	退 回	调 入	年底在册
2001	543	289	5	11	5	3	32	718
2002	308	562	2	5	7	7	0	444
2003	173	375	0	1	0	5	0	236
2004	143	201	0	0	16	2	0	159
2005	167	153	2	0	2	0	0	170
2006	375	186	0	2	10	6	213	551
2007	260	547	3	4	5	0	493	741
2008	676	704	12	2	19	0	197	875
2009	571	913	7	4	13	0	100	609
2010	484	655	17	0	17	0	107	515

（二）**分级管理**。1986年起，依据公安部《中华人民共和国劳动教养试行办法》规定，“按照性别、年龄、案情性质不同情况分类编队分别管理”。根据表现情况，每月小结一次，半年进行一次评比鉴定，分为一、二、三等，分别给予减期和奖假。1992年10月，省劳教局制定《对劳教人员实行分级管理的暂行办法》，根据劳教人员在劳教期间表现实行“三段六级”管理，即严管一级、二级，普管一级、二级和宽管一级、二级，并明确段级划分标准，定级、留级、降级、升级的条件和考核审批程序，济南市严格执行。2005年后，济南市劳教所按照司法部劳教局《劳动教养人员三种管理模式实施办法(试行)》和省劳教局《劳动教养人员三种管理模式实施细则(试行)》规定，对劳教人员实行“分开管理、区别处遇”，合理划分三种管理模式劳教人员居住区、活动区、就餐区、会见区。落实三种管理模式，在管理方式、居住条件、考核奖励、会见、通话、就餐等方面处遇区分。严格依照规定的考核内容、奖罚分标准、计分办法、晋降级条件、考核审批程序等，规范对劳教人员的考核及管理等级流转，各执法环节公开、公正、透明，实现三种管理模式规范运转。

（三）**民主管理**。1986年起，济南市劳教所建立完善劳教人员民主管理制度，各大队成立“劳教人员民主管理委员会”，各中队建立民主管理小组，设有纪律监督、教育学习、生产安全、生活卫生、文体活动五个民主管理小组。劳教人员担任民主管理委员会成员，实行民主评议、中队推荐，大队审核，所管理部门备案。为加强民管组织成员的管理，发挥好他们的作，每月一次评比，每季度进行总结，每半年进行改选。执行司法部1992年8月发布的《劳动教养管理工作若干制度》规定，在各中队建立劳教人员民管会，在干警直接管理下，让劳教人员自我管理、自我教育。各中队民管组织健全，活动经常，在协助干警做好管理工作中发挥一定作用。1996年，建立干警直接管理下的劳教人员班组长、民管会和“内控”组织，规范班组长、民管组织成员的推荐、呈报、审批、使用、培训等环节。2001年，根据《中华人民共和国劳动教养试行办法》和司法部第22号令，实行劳教人员班组长、民管成员竞争上岗制度，以公正、公开、公平的方式推选劳教人员班组长及民管会成员，调动劳教人员自我管理的积极性。

（四）“三试”“两外”。根据司法部《劳动教养管理工作若干规定》，“三试”指对执行劳教期1/2以上表现好，不会对社会继续造成危害的劳教人员，经居住地公安机关同意可所外执行试工、试农、试学。“两外”是患有严重疾病难以短期治愈或严重传染病在所内不宜治愈的劳教人员，由家庭申请，经居住地公安机关同意，可所外就医，治愈后再回所执行。

二、教育矫治

（一）教育设施与教师队伍。 1995年，市劳教所建立电化教学室，配齐全套电化教学设备，能自制教材现场教学。2005年5月，整体搬迁至党家庄镇新所。拥有一座教学楼，配有三间教室及一间多媒体教室，教室总面积637平方米，劳教人员人均教室面积1平方米。建立劳教人员文体活动中心、图书阅览室，设立包括演播编辑室、多媒体教室在内的电化教学中心；建立包括心理咨询室、心理测验室、团体咨询室、音乐治疗室、情绪调节室、心理治疗室、静心室在内的心理矫治中心；成立就业指导中心，济南市职业介绍中心在所内设立就业服务站。教育处设政治、技术、文化、心理4个教研室，教师人数11人。2006～2010年，设置校务委员会、教务处，校务委员会共17人，教务处专兼职教师总数32人，教师与劳教人员比率为6%，其中政治教师占教师总数的43%。

（二）政治教育。 1986年，济南市使用司法部劳教局统一编写的教材，对劳教人员进行系统的社会主义法制教育，组织《中华人民共和国宪法》《中华人民共和国刑法》《中华人民共和国治安管理处罚条例》等法律知识学习。1991年，市劳教所根据全国探索劳教工作特色经验交流会精神和全省劳教单位分类教育会议要求，将劳教人员分为财产型、滋扰型、性罪错型三类分别上课；使用《爱国主义基本知识》《法律常识》《道德品质修养》3本教材，每本使用半年，二年一个周期，轮换教学。1996～2000年，市劳教所利用电化教学进行系统的法律常识、思想道德修养、爱国主义教育，三课课时、入学率、及格率、难改造人员转化率、所内改好率均达到司法部劳教局规定标准。2001～2005年，市劳教所坚持“以政治教育为核心，以职业技能教育为重点，以文化教育为辅助”教育原则，每年政治教育内容、课时、入学率、考试及格率均达到司法部规定要求，劳教人员所内改好率96%。2006～2010年，市劳教所开设入(出)所教育、法律常识教育、爱国主义、思想道德修养、时事政策教育、分类教育等，实现课堂化教学，确保教育内容、时间、人员、效果的落实。

1986～2000年济南市劳教所劳教人员政治教育情况表

表11—4—9

项目 年份	课堂教育			个别教育		难改造人员教育		
	课时	入学率 (%)	考试及格率 (%)	谈话记录 (人次)	干警月平均 (人次)	年内建立 (人)	年内撤销 (人)	改好率 (%)
1986	496	100	98	6615	13.5	6	5	93
1987	492	100	97.6	7039	13	4	4	100
1988	496	100	98.2	6861	15	13	13	100
1989	664	100	96.4	8221	15.4	3	2	66
1990	506	100	96.8	7312	15.2	6	4	66

续表11—4—9

年份＼项目	课堂教育			个别教育		难改造人员教育		
	课时	入学率（%）	考试及格率（%）	谈话记录（人次）	干警月平均（人次）	年内建立（人）	年内撤销（人）	改好率（%）
1991	498	100	93	7022	15.6	7	7	100
1992	488	100	98	7146	16.1	12	12	100
1993	512	100	99.4	6881	16.2	71	68	95
1994	520	100	98.5	7605	15.8	90	89	99
1995	530	100	99.2	7837	16.7	22	22	100
1996	528	100	100	8904	15.1	11	11	100
1997	434	100	100	9011	15.6	7	7	100
1998	432	100	100	9042	15.5	10	10	100
1999	428	100	100	8952	15.2	15	14	94
2000	450	100	100	9046	15.5	18	16	90

2006～2010年济南市劳教所劳教人员政治教育情况表

表11—4—10　　单位：课时

课程＼年份	2006	2007	2008	2009	2010
法律常识	100	110	100	106	102
思想道德修养	70	82	70	70	72
爱国主义基础	46	46	60	60	62
形势政策教育	30	42	30	40	30
入所教育	82	85	80	84	82
出所教育	36	34	30	32	32
分类教育	63	62	75	76	82

（三）文化技术教育。1986～2010年，济南市劳教所通过开展扫盲班、小学班、职业培训班、岗位培训班等形式，加强对劳教人员的文化技术教育，提高其文化素质，使其拥有一技之长，为解教后的重新生活创造条件。

1986～2000年劳教人员文化技术教育情况表

表11—4—11

年份＼项目	文化教育		技术教育	
	人数	课时	人数	课时
1986	207	128	198	192

续表11—4—11

年份＼项目	文化教育		技术教育	
	人数	课时	人数	课时
1987	282	116	266	201
1988	296	108	290	212
1989	414	120	401	186
1990	388	112	374	212
1991	292	148	269	198
1992	201	156	193	188
1993	206	160	201	144
1994	183	143	179	162
1995	391	191	392	161
1996	304	200	303	161
1997	430	200	406	160
1998	349	200	348	160
1999	288	200	267	160
2000	236	200	242	160

2001～2010年济南市劳教所文化技术教育情况表

表11—4—12

内容＼年份	2001	2002	2003	2004	2005	2006	2007	2008	2009	2010
扫盲班学习人数	80	65	46	39	52	56	38	43	21	20
获得扫盲证书人数	72	59	41	34	48	56	38	43	21	20
小学班学习人数	242	183	145	119	109	78	86	95	0	0
获得小学证书人数	215	162	129	96	89	78	86	95	0	0
职业培训班个数	2	3	2	2	2	3	2	4	7	3
参加职业培训人数	385	310	256	147	110	152	186	372	402	90
获职业培训证书人数	361	285	214	132	88	0	0	0	0	90
岗位培训班个数	3	3	3	3	4	15	10	9	11	6
参加岗位培训人数	495	435	291	195	165	563	496	634	579	586
获岗位培训证书人数	490	429	286	190	160	563	496	634	579	586

（四）社会帮教。1986～2010年，济南市劳教所在对劳教人员进行狱内教育的同时，通过动员社会力量、签订劳教协议等方式对劳教人员进行教育改造辅助教育活动，增强劳教人员的生活信心，鼓励其接受改造，提高改造质量。

1986～2000年济南市劳教所劳教人员社会帮教情况表

表11—4—13

年份＼项目	社会帮教			家庭帮教			帮教协议覆盖率(%)
	次数	人数	签订帮教协议(份)	座谈会(次)	参加人数	签订帮教协议(份)	
1986	6	55	—	54	212	58	71
1987	11	106	220	54	331	101	78.6
1988	9	81	163	52	288	91	79.8
1989	31	243	307	66	373	273	92
1990	22	183	141	186	417	47	91.6
1991	21	162	106	143	267	147	92.4
1992	16	109	133	162	214	104	92.2
1993	18	201	106	133	181	151	93
1994	8	89	106	154	196	127	87
1995	8	83	70	145	292	265	92.5
1996	11	124	158	171	385	286	92.5
1997	19	105	—	139	287	219	86.2
1998	8	116	128	212	386	351	82
1999	7	98	107	189	235	196	85
2000	6	86	95	168	204	104	82.5

2001～2010年济南市劳教所劳教人员社会帮教情况表

表11—4—14

年份＼项目	社会帮教(次)	签订帮教协议(份)				落实帮教(人)
		家属	原工作单位	派出所	村(居)委会	
2001	9	465	65	42	69	465
2002	8	405	46	38	48	405
2003	7	242	17	8	19	242
2004	7	173	12	9	15	173
2005	6	142	9	7	11	142
2006	3	332	4	5	5	332
2007	6	425	5	6	6	326
2008	4	430	8	4	4	308
2009	4	463	6	9	9	384
2010	6	603	4	7	7	603

（五）解教考察。1991年3月9日，山东省第七届人大常委会第20次会议通过《山东省安置帮教刑满释放和解除劳教人员的若干规定》，共21条，以地方法规的形式对解教人员安置帮教作了明确规定。济南市劳教所依据此规定做好解教人员考察工作。

1986～2000年济南市劳教所解教人员考察情况一览表

表11—4—15

项目 年份	考察地区	考察人数	表现情况				重新犯罪率(%)
			好	一般	差	重新犯罪	
1986	市中区	100	38	51	7	4	4
1987	槐荫、市中	397	26	320	31	20	5
1988	槐荫、市中	182	23	102	41	16	8.8
1989	槐荫、市中	161	19	86	40	16	9.9
1990	槐荫、天桥	144	21	74	37	12	8.3
1991	槐荫区	116	18	58	31	9	7.8
1993	槐荫区	86	17	33	29	7	8.1
1995	槐荫区	15	2	10	3	0	0
1997	市区五区	10	2	7	1	0	0
1998	市区五区	49	7	42	0	0	0
1999	市区五区	48	8	40	0	0	0
2000	市区五区	45	7	38	0	0	0

2001～2005年，共对96名解教人员进行考察，包括长清区20人、历城区15人、商河县17人、济阳县30人、槐荫区14人，实际考察89人，7人未收到回执。调查的89人中，重新违法犯罪4人。2006～2010年，共对137名解教人员进行考察，其中历城区48人、历下区8人、天桥区17人、长清区31人、槐荫区11人、章丘市22人，实际考察119人，18人因无法联系到本人和户籍迁移等原因未收到回执。调查的119人中，5人重新违法犯罪。

第六章　机　构

第一节　济南市司法局

1986年，济南市司法局内设办公室、组织人事处、老干部工作处、法制宣传处、法制教育处、公证管理处、两劳工作处、律师管理处、基层工作处、法制处、法学会办公室、党工团和纪检监察室。市司法局下设直属机构为济南市劳动教养管理所、济南市法律顾问处、济南市公证处、济南市经济律师事务所；全市共有司法行政机构29处，其中有市、县(区)两级司法局10处，公证处9处，法律顾问处(所)10处。212家厂企事业单位聘请律师担任常年法律顾问。人民调解组织发展到4359个，基本达到全市各行政村、街道办事处、企业都有调解委员会，调解率96%。全市建法律服务站30个，配有司法助理员123人。1987年，市司法局设立济南市第二律师事务所，属科级事业单位。1988年9月，设立济南市涉外律师事务所，为局属科级事业单位，撤销法律顾问处涉外律师科。

1996年，济南市司法局升格为副厅级，内设机构为处级；内设机构为办公室、两劳工作处(加挂市劳教委员会办公室牌子)、法制宣传处(加挂普法办牌子)、法学教育处、公证管理处、律师管理处、基层工作处、法制处、法学会办公室、政治部(下设组织人事处加挂警务处牌子、离退休干部工作处)；机关党委(总支)和纪检监察机构按有关规定设置。市司法局直属单位有济南市劳动教养工作管理所(比局低半格单位)、济南泉城律师事务所、济南大千律师事务所、济南高新律师事务所、济南众成仁和律师事务所、济南公证处。1997年1月30日，市法律援助中心成立，为司法局所属县级事业单位。1999年1月1日，济南监狱正式划归济南市司法局管理。5月31日，济南市“148”协调指挥中心成立，为全额预算管理的县级事业单位。

2001年，市政府部门进行机构改革，市司法局下设8个职能处室和政治部，并根据有关规定另设机关党委、工会、团委和监察室。8个职能处室为：办公室、研究室、监狱劳教工作管理处(挂市劳动教养委员会办公室牌子)、法制宣传处、律师管理处、公证管理处、基层工作处(挂市安置帮教办公室牌子)、教育法规处，政治部(挂警务部牌子)下设干部人事处和组织宣传处。

2004年，济南市政府部门进行机构改革，市司法局内设10个职能处室并根据有关规定另设机关党委、工会、团委和监察室。10个职能处室为办公室、研究室、监狱劳教工作管理处(加挂市劳动教养委员会办公室牌子)、法制宣传处、律师管理处、公证管理处、基层工作处(加挂市安置帮教办公室牌子)、教育法制处、政治部(加挂警务部牌子)下设干部人事处(加挂离退休干部处牌子)和组织宣传处。

2010年，济南市政府部门进行新一轮机构改革，市司法局下设9个职能处室和政治部，分别为办公室、政策法规处(挂国家司法考试办公室牌子)、装备财务处、监狱劳教工作管理处、法制宣传处、律师管理处、公证管理处、司法鉴定管理处、基层工作处(挂社区矫正与帮教安置工作处牌子)，政治部(挂警务部牌子)下设组织人事处和离退休干部处，党的组织、纪检监察、工会、共青团、妇女工作等机构设置及人员配备按有关规定执行。

第二节　基层司法机构

1986年，济南市司法局下辖市中区、天桥区、槐荫区、历下区、郊区、章丘县、长清县、历城县、平阴县9个司法局。

1987年，撤销济南市郊区、历城县，成立历城区。原郊区司法局撤销，原历城县司法局改称历城区司法局。1990年1月，济阳、商河两县司法局划归济南市，两县司法局划归济南市司法局管辖。

至2010年，济南市司法局下辖市中区、天桥区、槐荫区、历下区、历城区、长清区、章丘市、平阴县、济阳县、商河县10个基层司法局。

第五篇 军 事

第一章 驻 军

第一节 济南军区

1985年6月，中央军委发出《合并整编大军区》命令，撤销武汉军区，原武汉军区所属河南省军区和驻河南省陆军部队、军事院校及部分直属单位调整归属济南军区；9月1日起改变建制领导关系，济南军区组成新的领导班子，李九龙任军区司令员，迟浩田任政治委员。同年9月18日至年底，军区机关、陆军野战部队、守备部队、省军区系统和军区部分直属单位实施体制改革，精简整编。1986年，军区所属学校、训练机构、仓库、医院等直属单位进行整编。此后，济南军区机关和部队体制编制多次进行调整改革，基本实现精兵合成、平战结合、提高效能的要求，部队野战化、实战化和完成多样化军事任务的能力不断增强。至2010年，济南军区下辖山东省军区、河南省军区、陆军集团军以及军区直属单位。

第二节 济南军区空军

济南军区空军是中国人民解放军驻济南军区战役军团，隶属于空军建制，接受空军和济南军区双重领导。1985年，武汉军区空军撤销，驻河南省空军部队、院校划归济南军区空军建制，调整、撤销、合并部分单位。此后，济南军区空军逐步发展成为一支由航空兵、地空导弹兵、雷达兵、通信兵和其他专业兵种组成的合成军队。

第三节 山东省军区

山东省军区归济南军区建制领导，1985年10月，济南军区守备部队整编，烟(台)威(海)警备区、青岛警备区、内长山守备师归省军区领导。20世纪90年代后，陆续组建整编多支预备役部队，归省军区建制，接受省军区和地方党委、政府双重领导。2010年，省军区机关和部分直属单位驻济南市。

第四节 济南警备区

济南警备区归山东省军区建制领导，前身为济南军分区。1986年，济南军分区辖历城县、章丘县、长清县、平阴县、历下区、市中区、天桥区、槐荫区、郊区人民武装部和离职干部休养所；7月1日，所辖县(区)人民武装部改归地方建制，定为副县级单位，实行地方党委、政府和军队系统双重领导。1987年5月1日，历城、郊区人民武装部合并，改称历城区人民武装部。1990年1月，济阳县、商河县人民武装部划归济南军分区领导。1996年4月，济南市10个县(市)区人民武装部收归军队建制，为正团级单位，接受地方党委、政府和军队系统双重领导。1998年9月1日，撤销济南军分区，保留其名称，增设济南市军事工作处(正团级，省军区下辖)，对外行使济南军分区职能，济南军分区按原机制运行。2004年9月，根据济南军区《山东省军区系统实施调整改革》命令，撤销山东省军区济南市工作处，组建济南警备区，归省军区建制领导；12月10日起，按新编制体制开展工作。至2010年，济南警备区机关设司令部、政治部、后勤部，下辖历下区、市中区、槐荫区、天桥区、历城区、长清区、章丘市、平阴县、济阳县、商河县人民武装部和离职干部休养所。

第五节　军事院校

一、济南陆军学院

1986年7月24日，济南军区陆军学校与信阳陆军学校合并整编为信阳陆军学院。济南陆军学校编为信阳陆军学院第四大队。1992年8月，信阳陆军学院迁至济南市更名为济南陆军学院。2004年5月，根据中央军委命令，济南陆军学院撤销。

二、中国人民解放军济南医学高等专科学校

1986年7月24日，济南军区下发《关于学校体制改革精简整编工作指示》，将济南军区军医学校和原武汉军区军医学校合并，整编为济南军区卫生学校。1992年8月10日，改称中国人民解放军济南医学高等专科学校；10月4日，转隶总后勤部建制。1993年6月3日，转隶济南军区建制。1999年4月，根据中央军委命令，济南医学高等专科学校撤销。

三、山东省人民武装学校

1991年2月11日，山东省人民政府批复，同意成立山东省人民武装学校。属全日制普通中等专业学校，学制两年，由省军区领导。4月15日，济南军区批复，山东省人民武装学校与省军区教导大队合编，两个名称，对内称教导大队，对外称山东省人民武装学校。

第二章　征　兵

第一节　兵役登记

20世纪80年代后，济南市逐步规范兵役登记范围，统一兵役登记办法，完善兵役登记制度。1986年起，济南市为进一步落实兵役登记工作，按照山东省《关于进行兵役登记和结合兵役登记确定预征对象的通知》精神，确定凡农村、城市、厂矿、企业、事业、机关和群众团体，年满18岁至20岁的男性公民都要依照兵役法规进行兵役登记。根据当年征兵任务要求，由基层单位推荐，乡(镇)、街道审批，按照1:3的比例确定预征对象。在确定预征对象中，非农业户口青年不得超过总人数的25%。农村青年为初中以上文化程度，非农业户口青年必须具有高中毕业文化程度，年龄18～20周岁，企事业单位青年职工可放宽到21岁，应届高中毕业生本人自愿，17岁的也可以确定为预征对象。预征对象确定后，各乡、镇、街道统一组织目测，对身高、体重、视力、血压、色觉等项目做简易检查，对政治状况进行初步审查，发现问题及时调整，确定进站体检对象。

济南市注重加强兵役登记工作的规范化、制度化建设，每年在兵役登记期间，各级都建

立固定和流动兵役登记站。各机关、团体、企事业单位和乡、镇人民政府以及街道办事处，根据县(市)区兵役机关安排，负责组织本单位和本地区的适龄男性公民到兵役登记站进行兵役登记，填写兵役登记表。依法确定应服兵役、免服兵役和不得服兵役的人员，并报县(市)区兵役机关批准。经兵役登记和初步审查合格的，称应征公民。经过兵役登记的应征公民，符合服役条件，并经县(市)区兵役机关批准的，被征集服现役；未被征集服现役的，服士兵预备役，在有民兵组织的单位编入民兵组织。济南市兵役机关在兵役登记工作实践中逐步形成以下制度：发布通告制度，每年6月15日前，以县(市)区人民政府名义，发布兵役登记通告，并利用各种形式搞好兵役登记宣传教育活动；设立兵役登记站制度，每年6～9月在乡(镇)、街道设立固定兵役登记站，在部分学校设立流动兵役登记站，对适龄青年进行兵役登记；审批预征对象制度，参照上年度本级征集数，按1:3的比例下发预征对象通知书；统计上报制度，收集统计上报兵役登记情况。

1996年6月21日，省政府、省军区印发《山东省兵役登记办法》。济南市确定每年7月1日至9月30日为集中兵役登记时间，凡常住户口在济南市，每年12月31日以前年满18周岁的男性公民，应持本人身份证、户口簿和学历证明及其他有关证件，到户口所在地的乡(镇)、街道人民武装部兵役登记站进行兵役登记，适龄男性公民因病住院、出境、涉嫌犯罪受国家司法机关监控、有严重生理缺陷或有严重残疾，本人不能参加兵役登记的，经兵役登记单位批准，可暂缓登记或由直系亲属代为登记。对逃避、拒绝兵役登记或在兵役登记中隐瞒实情、弄虚作假，预征对象不按规定时间参加征兵体检的，按《山东省征兵工作若干规定》处理。同时，统一规范兵役登记表、兵役登记通告、预征通知书、兵役登记人员花名册、预征对象花名册格式。

1998年2月《中华人民共和国兵役法》颁布，规定：每年12月31日以前年满18岁的男性公民，都应在当年9月30日前，按照兵役机关的安排，进行兵役登记。经兵役登记和初步审查合格的，称应征公民。应征公民按照兵役机关通知，到指定体格检查站进行体格检查。同时规定对拒绝、逃避兵役登记和体格检查的，由县(市、区)级人民政府强制其履行兵役义务，并可以处以罚款。济南市结合本地实际，每年按照一定的比例，把政治思想好、文化程度高、身体健壮等各方面条件都比较优秀的应征公民选定为当年的预征对象，选定预征对象实行村、乡、县三级把关责任制。

2000年5月25日～28日，总参动员部、国防部征兵办公室在济南举办全国征兵工作业务集训现场会，国防部征兵办公室、省军区，各大军区动员部领导，各省(自治区、直辖市)军区(警备区、卫戍区)动员处长，以及国家机关有关部门和总参谋部、总政治部、总后勤部、总装备部、各军兵种、武警总部和有关负责人共计80人参加集训。现场观摩历下区利用多媒体汇报平时征兵准备工作情况，观摩在济南市物业管理中等职业学校进行流动兵役登记的程序和办法，参观甸柳新村街道办事处武装部征兵工作资料信息化管理。历下区依据城市特点，做好平时征兵准备经验在全国推广。

2008年，兵员征集对象主体开始调整改革，优先征集高学历青年入伍，优先征集应届毕业生入伍。2009年10月，总参谋部、总政治部、教育部、公安部、民政部、财政部印发《征集各级各类学校应届毕业生工作暂行规定》，明确征集的各级各类学校应届毕业生指标根据国家规定批准设立、实施学历教育的普通本科、高职(专科)、普通高中、中等职业学校(包含普通中专、职业高中、技工学校)等全日制公办或民办学校当年毕业的学生。征集对象的政治条件，按照公安部、总参谋部、总政治部2004年10月9日公布的《征兵政治审查工作规定》和有关规定执行；体格条件，按照国防部2003年9月1日公布的《应征公民体格检查标准》和有关规定执行。征集对象的年龄，普通高中、中等职业学校应届毕业生为当年年满18岁至21岁，根据部队需要和本人自愿也可征集当年年满17岁未满18岁的应届高中毕业生。高职(专科)应届毕业生放宽到23岁，本科及以上应届毕业生放宽到24岁。

至2010年，济南市各级兵役机关主要发挥牵头协调作用，加强协调沟通，会同教育行政部门指导学校组织开展调查摸底，摸清应届毕业生参加入伍潜力情况。每年上半年，县级兵役机关采取多种形式，深入宣传发动，宣讲兵役法规和征兵政策，调动高校毕业生参加入伍积极性，会同辖区内高等学校组织对所有男性高校毕业生的专业、数量、参军意愿等情况进行普查，摸清思想动态，掌握征兵底数，搞好兵役登记，为做好征集工作打好基础。5～6月，高校所在地县级兵役机关会同教育、公安、卫生等部门，适时到高校组织进行身体初检和政治初审，符合基本征集条件的确定为预征对象，并填写应届毕业生预备役对象登记表。

第二节　兵员征集

20世纪80年代，济南市每年根据上级征兵命令，依据体格检查标准、政治条件规定，开展普通兵、特种兵征集，以及飞行学员、军校学员和士官招收，为军队、武警部队和军事院校输送大量合格兵员。1986年起，招飞工作纳入国家普通高等学校统一招生计划，空军成立专门招飞中心，在各级教育行政部门协调下具体组织实施招飞工作，济南市招飞体检和政审工作交由济南军区空军招飞中心组织实施。特种兵征集对被挑选对象的年龄、政治条件专门明确规定。1993年9月24日，国防部征兵办公室《关于切实保证中央警卫团新兵质量的通知》，对补入新兵的征集工作，作出具体严格规定。1995年9月12日，总参谋部专门下发《关于特种部队新兵征集条件有关问题的通知》，对特种部队新兵的征集条件作出明确规定，要求在政治、身体、文化全面符合条件的基础上，重视对征集对象的体能考察，优先批准体格健壮、反应灵敏、吃苦精神强的青年入伍。

一、普通兵征集

按照建立征兵组织、宣传教育、报名体检、政治审查、审定新兵、兵员交接、工作总结的步骤，有计划地进行新兵征集工作。

(一)建立组织。济南市每年在接到上级征兵命令后，成立市、县(市)区征兵领导小组，由警备区、人武部牵头，从纪检、宣传、卫生、民政、公安、教育等有关部门抽调人员，组成市县(市)区征兵办公室，负责组织和办理辖区内的征兵工作。乡(镇)、街道办事处相应成立征兵领导小组，负责办理辖区征兵工作。征兵领导小组下设征兵办公室，征兵办公室负责起草征兵命令，召开征兵工作会议，部署征兵任务，规定完成时限，提出征兵要求，具体实施征兵工作。

(二)宣传教育。每年征兵期间，都要广泛开展宣传教育，以《中华人民共和国兵役法》和年度征兵命令为依据，发挥宣传、文化、教育等部门的职能作用，发挥广播、电视、报刊等新闻媒体的舆论作用和标语、墙报、集会的辅助作用，大力宣扬爱国主义、革命英雄主义和奉献精神，宣传加强国防建设的重要性和人民军队的光荣传统，增强适龄青年踊跃报名应征入伍依法服兵役的责任感、荣誉感和自觉性，营造“一人参军、全家光荣”的良好社会氛围。20世纪90年代，济南市各级政府和兵役机关，加大全民国防教育力度，强化依法征兵工作机制，深入细致开展思想动员工作，适当提高义务兵优待金，妥善做好退伍安置工作，较快扭转被动局面，逐步形成社会关心支持征兵工作，广大青年依法履行兵役义务的良好局面。2009年，兵员征集工作围绕“一个主体、两个优先”①的要求，针对征集对象主体调整变化和面向社会公开征集女兵的任务特点，宣传发动深入，运用电视、广播、报刊、网络等媒体，采取政务访谈、答记者问、刊登消息、发布新闻、开设征兵论坛等形式，广泛进行宣传发动。全市共举办大学生征集咨询会100余次，受理政策咨询7000余人次，展出征兵宣传板900多块，张贴横幅标语2.8万条，出动宣传车160余台(次)，发放《国家鼓励普通高等学校毕业生应征入伍政策解答》等宣传材料1.9万余份。中央一台、四台、七台和《解放军报》分别对济南市该年征兵的经验做法进行宣传和报道。2010年，济南市下发《关于做好2010年进藏兵员征集工作的通知》，明确进西藏服现役的义务兵优待金增加到每人每年16000元；退伍安置全部享受城镇退伍士兵待遇，参加退役士兵事业单位考试，档案分统一加20分；选择自谋职业的进藏退伍义务兵、士官，自谋职业金增加一倍。

（三）**报名体检**。1984年起，开始增加体检项目，按照山东省统一方法和下发的试剂，进行新增内容的检查。1991年起，增加尿液化验和性病检查内容。2002年，山东省军区推行征兵工作管理系统。2003年，推行征兵体检站自动化管理系统，运用自动化手段管理征兵体检，有效提高征兵体检工作时效性、可靠性和准确性。2005年起，增加吸食毒品和艾滋病的检查内容。在历年的征兵体检中，强调医务人员的政治责任心，实行岗位责任制，坚持“谁体检，谁签字，谁负责”，严格把关，防止舞弊现象发生。加大监督力度，对普通兵抽(复)查不少于三分之一，对“特种兵”和“条件兵”全部复查，对边缘、疑难问题实行集体会诊，从严掌握，防止漏检误检。2008年始，征集普通高等学校应届毕业生，确定为预征对象的高校毕业生，将户口迁回入学前户籍所在地，冬季征兵开始前持应届毕业生预征对象登记表到入学前户籍所在地县(市)区征兵办公室报名应征。

（四）**政治审查**。应征青年体检合格后，开始实施政治审查是征兵工作的重要内容之一，由济南市和县(市)区征兵办公室统一组织，公安机关具体负责，有关单位予以协助。按照征集兵员的政治条件和有关规定，对应征公民及其亲属的基本情况、政治状况和现实表现进行审查。20世纪80年代，新兵政审重点放在应征青年的现实表现上。对出身非劳动人民家庭的适龄青年，只要本人历史清楚，现实表现好都可以征集。但对应征青年在整顿社会治安“严打”斗争、参与非法组织和邪教活动以及外出务工中的表现情况，予以重点审查，涉及问题不清的从严掌握。1990年10月6日，公安部和总参谋部、总政治部联合颁发《关于征集公民服现役的政治条件的规定》，对政审对象、政审内容、政审方法作出统一规定和要求。政审对象，包括应征公民、应征公民的父母或抚养者等直系亲属、对应征公民影响较大的旁系亲属。政审内容，包括应征公民的户籍、性别、年龄、职业、宗教信仰、婚姻状况、文化程度、现实表现和家庭主要成员及主要社会关系的政治状况等情况。政审方法，分为初审和复审。对拟批准入伍的青年张榜公布，交群众监督，发现有不合格的，及时调换。征兵政治审查工作在同级人民政府领导下，根据征兵办公室统一安排，由公安部门具体负责，各级兵役机关、政府有关部门和基层单位应予协助。征兵政治审查实行村(居委会)、乡(镇、街道)、县(市)区三级与就读学校、常住户口派出所五关审查和区域联审制度，逐人填写应征公民政治审查表，逐级审查把关。至2010年，济南市各

① 主体对象为各级各类本科、大专、高中院校应届毕业生，同等条件下，优先征集学历高的青年入伍，同等学历优先征集应届毕业生入伍。

级人民政府和兵役机关，坚持三级政审和横向交叉联审制度，实行“谁政审、谁签字、谁负责”的责任制。

(五)审定新兵。按照“集体审定、择优选定”的原则，对经过体格检查和政治、文化、年龄审查，符合服现役条件的应征公民，进行逐个审议，全面衡量，从中选优。审定新兵通常召开预定新兵会议，确定预定新兵名单并张榜公布，接受群众监督，对反映有问题的预定新兵，及时查实更换。在此基础上，召开定兵会议，对预定新兵进行最后审核，批准入伍。对批准服现役的应征公民，由县(市)区和市征兵办公室办理入伍手续，填写应征公民入伍批准书，发给应征公民入伍通知书，通知其常住户口所在地的户口登记机关。其家属凭应征公民入伍通知书到常住户口所在地的户口登记机关注销应征公民的户口，享受军属待遇。1990年起，济南市按照年度征兵指标要求和国防部征兵办公室统一制发的应征公民入伍批准书审定新兵，防止多征、多接，以及城镇、农村兵指标混用问题。

(六)新兵交接。审定新兵后，各县(市)区征兵办公室按上级规定的时间与接兵部队进行新兵交接工作。交接前要编造计划，内容包括新兵花名册、交方单位、接方单位、新兵人数、交接时间、地点等。交接时，做到人员、被装、档案三齐全，交接双方代表要在交接薄上签名。交接完毕后，征兵办公室协助接兵部队按照新兵运输计划组织新兵输送。1986年，实行接兵部队派员接兵与兵役机关派员往部队送兵相结合。1988年，恢复由部队派人到地方接兵。2003年，济南军区所属部队，在济南地区征兵，接兵部队不再派人到新兵征集地全程跟踪，体检、政审、定兵、走访，全面委托济南市兵役机关负责，新兵集结后，由接兵部队派出少量人员办理交接手续，接兵到部队，新兵质量由兵役机关全盘负责。新兵到达部队后，要进行复查或抽查，对发现政治或身体条件不合格，按规定应退回的，由兵役机关接收并退回原单位。济南市在每年征兵工作结束后，组织有关人员到接收济南市新兵的部队进行回访，听取接兵部队对征兵工作的意见和建议。

(七)总结工作。年度征兵工作结束后，各级征兵办公室进行征兵工作总结，总结经验，表彰先进，并向上级兵役机关写出书面报告。整理好本年度征兵工作资料，入档保存。对征兵工作做得好，新兵到达部队后身体复查、政治审查没有问题，确无责任退兵的单位和个人，在第二年征兵动员时，由上级征兵领导机关给予表彰奖励。

二、军校招生与国防生招收

军队依托普通高校培养国防生始于2000年。报考军队院校和普通高等学校国防生，年龄必须在20周岁(截至当年8月31日)以下，未婚、普通中学应届高中毕业生，热爱中国共产党、热爱社会主义祖国、热爱人民、热爱人民军队，拥护党的路线、方针、政策，遵守国家宪法和法律，历史清白、作风正派、思想进步、品德优良、身体健康、志愿从事国防事业，毕业后服从组织分配。参加全国统考文化分数达到全省本科一批分数线的考生，即可报考军队院校执行一、二类划线的院校或专业，也可报考执行一、二类划线招收国防生的普通高等学校或专业；文化分数未达到全省本科一批分数线，但达到本科军检分数线的考生，只能报考执行二类划线的军队院校和招收国防生的普通高等学校或专业。报考军校和国防生的志愿应填写在提前批栏内。

考生在规定时间内，到所在县(市)区人武部参加政治审查，填写“军队院校招收普通中学高中毕业生、普通高等学校招收国防生政治审查表”。政治审查按照教育部、公安部、总政治部《关于军队院校招收普通中学高中毕业生和军队接收普通高等学校毕业生政治条件的规定》，以及政审表的内容进行。对考生政审工作，由县(市)区人武部主要负责，招生部门和考生所在学校、户口所在地公安机关配合，联合进行政治审查。考生应在规定时限前到人武部查询政审情况，政审合格的领取并携带本人政审表按规定时间地点参加招生面试、体检。政审不合格的不再参加军队院校和普通高等学校国防生的面试、体检和录取。

2002年(含)前，军校招生工作由山东省招生委员会、省军区政治部招生办公室和招生院校统一组织实施。其后，由省军区招生办统一划片，当地军分区(警备区)和招生办共同组织面试体检，省军区招生办派员现场指导，省招生办统一录取。

2003年，军校招生正值全国非典型肺炎(以下简称“非典”)防治期间，为最大限度减少人员聚集和流动，防止“非典”传染和蔓延，省招生委员会、省军区政治部决定，当年报考军队院校和普通高等学校国防生的考生，由考生所在地军分区(警备区)和招生办共同负责组织面试体检。同年，济南市上站面试体检827人，合格538人，合格率65%。2004年，山东省划片设立5个面试体检站，分别由济南、青岛、潍坊、济宁、临沂军分区(警备区)和所在五市的市招生办公室具体组织实施，省军区招生办有关人员现场指导。同年，济南片负责济南、淄博、德州、聊城四市，共上站面试体检1389人，合格1210人，合格率87.1%。2005年，济南片共上站面试体检1477人，合格1029人，合格率69.7%。2010年，考生面试体检工作由省军区招生办公室统一组织，在全省共设立济南、青岛、济宁3个面试体检站，济南片负责济南、东营、德州、淄博、聊城、滨州六市，分别由所在地军分区(警备区)和市招生办公室负责组织实施，省军区招生办公室派出的巡视员对面试体检站工作实施全面领导。

军校招生面试体检工作人员，2003年前为院校招生人员，2003年后由省军区招生办组织总部指定的省内外军校和驻普通高等学校后备军官选拔培训工作办公室招生人员参加。按照面试表所规定的内容，采取目测和与考生本人交谈的方式，从入伍动机、语言表达、形象气质、心理素质、逻辑思维、反应能力等方面对考生进行重点了解，全面衡量，做出面试结论。结论分为指挥专业合格、非指挥专业合格和不合格三种。指挥专业合格，非指挥专业也合格。国防生分为合格、不合格两种。考生面试不合格，由面试人员说明理由，当场通知考生返回，不再参加体检，对合格者当场通知考生参加体检。考生体检按照《中国人民解放军院校招收学员体格检查标准》执行，考生凭招生面试人员签发的体检表按规定和程序参加体检。体检实行单科淘汰制，即体检过程中，如考生一项达不到最低体检标准即被淘汰，不再继续参加体检。体检由主检医师负责，并在“主检医师结论”栏内填写明确的体检结论。

军分区(警备区)对参加面试、体检考生的政审表、面试表、体检表汇总整理审查后，按照“合格”“不合格”两大类区分，其中对“合格”的要进一步按照指挥类、非指挥类区分装订整理。将数据和表格报省军区招生办公室。由省军区招生办公室，对所有面试、体检合格考生名单进行汇总整理、上报省招生办公室。

军校生和国防生为提前批次录取。省招生办公室根据省军区招生办公室提供的政审、面试、体检合格的男、女考生，按院校招生计划数的120%进行投档，招生院校再根据政审、面试、体检及专业要求，由高分到低分依次确定录取对象。当第一志愿生源不足时，省招生办公室在服从调剂的考生中，向招生院校提供缺额数名单，由招生院校择优录取，第一志愿未被军校和招收国防生院校录取的考生，不影响其他志愿录取。报考军校生和国防生的考生，服从调剂的，根据录取情况军校生和国防生可相互调剂录取。三好学生、优秀学生干部、学科竞赛获奖者、有文体专长并取得相应证书者、军队干部子女、革命烈士子女可优先录取。2002年(含)前，军校生和国防生的录取工作，由招生院校到生源地录取。此后，根据教育部、总政治部通知要求，实行远程网上录取。

三、士官招收

招收士官，是指从地方非军事部门招收具有专业技能的公民，充实军队士官队伍，而实施的征集工作。根据公安部、民政部、财政部、劳动和社会保障部、总参谋部、总政治部、总后勤部联合下发的《关于从非军事部门具有专业技能的公民中招收士官试点工作的通知》要求，济南市于2003年7月开始从地方非军事部门招收士官工作。

济南市从非军事部门具有专业技能的公民中招收士官工作，由济南市各级征兵办公室负责办理，部队接收单位选派干部参加专业考核并负责接收。招收对象为中等职业技术学校毕业，且从事本专业工作满1年不满6年的；高等职业技工学校(院)应届毕业的大专或毕业后从事本专业工作不满4年的；高等技术学校(院)应届毕业的本科生或毕业后从事本专业工作不满3年的；招收对象年龄不超过25周岁。经本人申请，在常住户口所在地报名。应届大专以上毕业生回入学前户口所在地报名。

体格检查和政治审查按照征集义务兵的标准和办法执行。对体格检查、政治审查合格的应招人员进行专业考核，专业考核由兵役机关和部队接收单位共同组织，专业考核内容、标准由上级有关部门制定，施考人员由兵役机关和接收单位共同组成。参考人员与招收人员的比例一般为1.5:1至2:1。对专业考核合格的应招人员由施考人员按照优秀、良好、及格、不及格评定成绩，填写招收士官专业技术考核评定表。征兵办公室和部队派出的接兵人员要将体检、政审、专业考核合格的人员名单，报省征兵办公室和上级主管部门审核。经审核同意的招收对象，由当地县(市)区征兵办公室负责办理入伍手续，入伍时间统一填写为当年的10月1日。

招收士官到达部队后，要组织进行检疫、复查。检疫、复查由承训单位负责，发现政治、身体不符合条件的，经上级主管部门批准，作退兵处理。退兵的期限，自招收的士官到达部队之日起至部队批准退兵之日止，属于政治条件不合格的，不超过90天，属于身体条件不合格的不超过45天。部队对退回的招收士官，要做好思想工作，由承训单位按规定办妥退兵手续，派干部送其回原征集的省征兵办公室。省征兵办公室按照退回义务兵的有关规定办理，并负责督促有关部门落实士官招收前应享受的各项待遇。

2010年3月，总参谋部、总政治部、总后勤部、教育部、公安部、民政部、财政部、人力资源和社会保障部联合制定《直接从非军事部门招收士官工作规定》，明确：招收普通高等学校、高级技工学校和技师学院毕业生以及其他具有专业技能的公民，作为志愿兵役制士兵到部队服现役。县级以上各级征兵办公室负责办理本行政区域的招收士官工作，招收对象经过本人申请，在其户口所在地的县(市)区征兵办公室报名；普通高等学校、高级技工学校和技师学院应届毕业生也可以在其毕业学校所在地县(市)区办公室报名。

济南市依据规定有关要求，按照报名登记、体格检查、政治审查、专业审定或专业考核、批准入伍、签订协议、交接运输的程序办理招收工作，严格落实招收对象的政治、身体和技能条件。招收的普通高等学校、高级技工学校和技师学院毕业生应当未婚，男性不超过24周岁，女性不超过23周岁；其他具有专业技能的公民，不超过28周岁；因特殊情况需要放宽年龄的，在下达年度招收士官计划的同时另行明确。招收的普通高等学校毕业生，其专业所在高校已开展职业技能鉴定的，应当取得国家颁发的中级以上职业资格证书；招收的高级技工学校和技师学院毕业生，应当取得国家颁发的高级以上职业资格证书；招收的其他具有专业技能的公民，应当是从事生产、维修武器装备工作的专业技能人员，且在技工院校或专业技术学校接受本专业培训满2年，从事本专业满1年，取得国家颁发的中级以上职业资格证书。

至2010年，济南市各级征兵办公室按照专业对口原则，依托国民教育资源，重点招收部队紧缺、技术复杂、培训周期较长的专业技术人才。每年士官直招工作，注重加强领导，严格政策规定，搞好协调配合，完善入伍手续，先后在涉及部队需要的几十个专业中确定招收对象，为部队输送大量专业技术士官，充实到陆军、海军、空军、二炮部队的专业技术岗位。

第三章　民兵与预备役

第一节　民　兵

一、组织建设

1986～2007年，济南市民兵组织建设先后进行四次深化调整改革。

（一）第一次调整。1986年，根据中共中央国务院、中央军委批转总参谋部、总政治部《关于当前和今后一个时期民兵预备役工作的意见》通知精神，围绕“减少数量，提高质量，突出重点，打好基础”要求，济南市对民兵组织进行深化调整。本着民兵组织与生产行政组织相适应，与预备役制度和战时兵员动员工作相结合，便于领导、便于活动、便于执行任务的原则，通过年度民兵整组，压缩基干民兵数量，扩大民兵专业技术分队组建面，民兵队伍趋于精干，基干民兵组织更加适应经济建设和战备工作的需要。1989年，济南市按照省军区《民兵组织整顿实施办法》，分批进行规范化整组，重点抓干部配备和以乡镇厂企为单位的集合点验，对全市4650个单位的民兵组织进行调整。1990年，建立民兵应急分队和治安分队，民兵队伍更加精干，军政素质和应付突发事件的能力得到进一步提高。同年11月7日～8日，济南市委、市政府、军分区在章丘召开济南市民兵预备役工作会议，回顾1985年以到济南市民兵预备役工作形势，研究部署今后五年的工作任务。

（二）第二次调整。1991年12月，根据国务院、中央军委颁布《民兵工作条例》，济南市按照“控制数量，提高质量，抓好重点，打好基础”的要求，对全市5170个单位的民兵组织进行调整，重点抓厂矿企业和乡村民兵连建设，较好地解决组织漏建、人员漏编和民兵“空白村”的问题。1992年，按照济南军区和省军区要求及济南市民兵建设发展规划，注重抓民兵队伍、民兵干部、民兵活动阵地和基层武装部四项建设，保证民兵基层组织的巩固和发展。5月，济南化工厂基干民兵连被总参谋部、总政治部评为民兵预备役部队基层建设先进单位。9月13日～14日，山东省军区组织各军分区、警备区有关人员对章丘市、市中区的4个乡镇、厂企及16个民兵连(营)建设情况进行检查，章丘市、市中区人武部，埠村镇、崮山镇、孔村镇、垛石桥镇、洪家楼镇、杨庄铺乡人武部，黄台火力发电厂、济南啤酒集团白马山啤酒厂、济南四棉纺织厂、济南第一机床厂、济南汽车制造总厂铸钢分厂武装部及数个民兵连，受到省军区通报表彰。1993年10月，在全市开展民兵百强连(营)活动。1995年，市委、市政府、军分区联合召开全市民兵基层建设总结表彰大会，通报表彰基层建设党管武装先进单位230个，先进基层武装部31个，民兵带建先进单位31个，营造“八一林”先进单位25个，“百强民兵连”100个，民兵模范5名。至1996年年底，共有5433个单位建立民兵组织，351个单位建立基层武装部。

(三)第三次调整。1997年9月，济南市根据《关于深化民兵工作调整改革意见》，对民兵组织进行调整。军分区开展“千村万厂”调查活动。1998年5月，按照“减少数量，合理布局，突出重点，分类建设”原则，压缩基干民兵数量，突出民兵应急分队建设，狠抓大型企业集团、三资企业、股份制企业、民营(集体)企业和乡镇企业民兵编组，扩大专业技术分队和对口专业技术分队的编组范围。至2000年年底，先后在12家大型企业集团新建武装机构，在109家厂企新建民兵组织，在科研技术单位新建一批技术含量高的民兵专业技术分队，较好地实现民兵组织规模适当、布局合理、重点突出、结构优化、科技含量较高的要求。2001年2月～3月，济南军分区组织三个工作组，对全市已建民兵组织和应建民兵组织的52家企业进行调研，摸清城市企业民兵工作的现状。6月底，市政府、军分区召开深化城市企业民兵调整改革座谈会，表彰39个企业民兵工作先进单位和个人，18个单位进行理论研讨和经验交流，撤销38个企业武装部，在20家民营、股份制企业建立武装部，在84家符合条件的非公有制企业建立民兵组织。2002年，以企事业单位为基础，以大中型企业为骨干，以街道为依托，构建城市民兵组织新格局，逐步完善以专业技术分队为主体，以防空分队、应急分队为重点，科技含量高，专业种类比较齐全的城市基干民兵组织新结构。

(四)第四次调整。2007年，济南市根据总参谋部《关于调整民兵组织的意见》精神，深化调整民兵组织，通过整合队伍、调整布局、优化结构等措施，适当压缩基干民兵规模。在完善原专业种类基础上，将基干民兵组织整合为作战队伍、勤务保障队伍、应急队伍和其他队伍四种，推进基干民兵由储备后备兵员为主向成建制遂行任务转变，由人力密集型向科技密集型转变，由保障单一军种作战为主向保障诸军兵种联合作战转变，促进后备力量建设由数量规模型向质量效能型整体跃升。组织开展“千村百厂”大调查活动，撤销一部分民兵组织，扩大编组范围，拓宽编兵渠道，组建一批科技含量高的专业对口分队，加大在科研、网通、医疗、测绘、电子信息、交通、油料、气象、水电等部门的编兵力度，把具有专业技术特长的人员成建制编入民兵组织。加大在非公有制企业编兵力度，进一步巩固以企事业单位为基础、以大中型企业为骨干、以街道为依托的城市民兵编组格局。2010年，制定《济南市基干民兵组织编制方案》，以民兵担负的任务为牵引，着眼提高民兵编组质量，调整组织布局，优化编组结构，编实建强各类分队。

二、军事训练

(一)依托基地规范化训练。1986年，济南市民兵训练中心初具规模，章丘、长清、平阴3县先后建立完善训练、生活、电化教学、武器保管四配套的民兵预备役训练基地，为实行民兵规范化训练创造条件。至1987年，普遍实现依托基地集中训练，走上训练形式基地化、训练内容一体化、教学手段电教化、训练要求规范化的民兵训练新路子。每年开训前，各级制定年度训练计划，报上级审批备案，对所训各类人员按照山东省军区《民兵军事训练考核成绩评定标准》，进行严格考核。经考核合格者，颁发训练合格证，登记造册，填卡入档，做到训练一批，储备一批。民兵训练时间由两年周期训练改为年度训练，训练对象由步兵为主逐步转到以民兵干部和专业技术兵为主。民兵专业技术兵主要进行本专业技术和战术训练，训练时间根据不同专业而定，一般为20天

(训练难度大的技术兵适当延长)。对新任职的专武干部，每年由济南军分区组织实施训练，一次训完，时间一般在30～60天左右，内容以兵员动员、民兵工作业务、技术战术基础训练和本级战术为主，对参加过军事训练的专武干部，主要采取函授作业和随同民兵一起进行训练。基干民兵连、排长以县(市、区)为单位在县民兵训练基地组织训练，内容为民兵工作业务、共同科目、本级职责和规范化训练的组织与实施，训练时间一般为15～20天，每年训练在编人数的1/5。

1990年3月，省军区在济南军分区召开全省应急分队工作会议，对民兵应急分队建设和训练工作作出部署。3月14日，山东省民兵维护社会治安工作会议召开，济南市民兵应急分队进行民兵维护治安专业训练演练。

1991年起，按照总参谋部颁发的《民兵预备役规范化训练若干规定》，民兵军事训练工作重点抓审定训练计划、按纲施训、逐级考核和建立训练档案等工作，训练结束时，由军分区派出考核组，会同县级人武部一起对参训民兵进行考核，由考核组当场填写考核情况，签字后存入本人训练档案，规定凡未经过军分区考核组验收的一律不承认完成训练任务，杜绝个别单位偏训、漏训、顶替和弄虚作假的现象，提高训练质量。训练形式上，采取基地(中心)集中训练与部队定向挂钩训练相结合，并且注重训练教学研究，历下区人武部编写的《盾牌警棍操》教材和反映该区应急分队盾牌警棍操训练的教学录像片，被总参谋部定为全国民兵应急分队教材，并在全国发行。1992年5月，历下区、市中区民兵应急分队赴烟台为全国民兵预备役部队基层建设会议作盾牌、警棍操表演。

1992年，济南市开展城市企业新职工岗前军训试点工作，初步摸索民兵岗前训练路子，对34家企业的3814名上岗职工进行军训。济南市政府制定《济南市企业新职工岗前军训暂行规定》，规定市区企事业单位招收新职工，包括毕业分配的大中专和各类技校毕业生，必须参加岗前军训，从而改变过去从生产岗位上抽人参训的做法。1993年，加强对新时期军事战略方针的学习和理解，突出对民兵预备役工作方针政策的领会，学习高科技战争条件下动员的组织与实施方法，提高专武干部的政策理论水平和组织指挥能力，达到熟知上级有关规定，熟悉规范化训练的内容、程序和方法。县(市)区人武部在组织民兵连长集训时，着眼增强应付突发事件的能力，突出规范化训练。

20世纪90年代中后期，济南军分区推广济阳县规范化训练的做法，各县(市)区借鉴经验，促进民兵规范化训练。1996年，县级人武部收归部队建制后，坚持民兵训练任务不减、标准不降，县(市)区人武部成立由军政主管担任队长、政委的集训机构，切实抓好规范化军事训练，重点组织民兵教练员训练，济南军分区对全区教练员进行巡回考核验收，有61名教练员被军分区批准为“四会”教练员。此后，民兵军事训练工作紧紧围绕“两个适应”(适应社会主义市场经济、适应新时期军事战略方针)的要求，以提高训练质量为核心，调整改革，严格施训，狠抓落实，突出技术战术基础训练和教练员队伍建设。各县(市)区贯彻落实文件精神，从优秀退伍军人中考核选拔民兵教练员，普遍落实每个县(市)区6～8名民兵教练员的编制员额。济南市民兵训练中心和市中区、长清区、章丘市、平阴县、济阳县、商河县民兵训练基地逐步完善，提高综合保障能力，达到“训、管、养、教”的要求，为民兵军事训练提供良好的条件。

(二)科技练兵信息化训练。1999年，广泛开展群众性科技大练兵活动。按照新的《民兵军事训练大纲》，着眼城市所担负的高技术条件下作战任务，突出专武干部和民兵教练员集训，加强对军事教学的研究，普遍组织高科技知识学习和业务培训，更新知识结构，采取统一计划、分类指导、考核验收的方法，实现全员参训、全员参考，提高军事素质和教学能力，增强做好新时期军事斗争准备的本领。按照多批次、少数量、集中驻训的方式，年内训练基干民兵5660人。根据关于民兵专业技术分队成建制训练的要求，济南军分区在天桥区组织民兵高炮连成建制训练试点。4月，召开现场会，推广天桥区联片组训的施训方法，促进全市民兵军事训练的开展。进入21世纪，民兵专业技术分队训练坚持按纲施训，规范管理，科技兴训，开展信息化条件下岗位练兵活动，以高科技知识学习和技能训练为主要内容，以现有装备为平台，以城市反空袭为重点，研究探讨未来高技术条件下局部战争，尤其是省会城市反空袭作战的特点和规律。2000年，济南钢铁集团民兵高炮连在山东省军区组织的高炮枪代炮实弹射击考核中取得优异成绩，天桥区女子民兵高炮连、济南钢铁集团民兵高炮连分别在2001年、2002年获得省军区组织的高炮实弹射击全省第1名。

2001年6月28日，在济南市民兵训练中心组织针对性强、科技含量高的民兵应急分队军事训练成果观摩，共演练战术技术基础、城市反空袭、保障部队战役机动和维护社会稳定等课目。7月中旬，在黄河河务部门专家指导下，济南军分区组织民兵黄河防汛抢险分队进行训练，推广济阳县“专群结合、以群补专”的做法。2002年，在历下、槐荫、市中、天桥、历城5区组建民兵应急机动分队，投资140万元统一配备交通和通信工具。2004年，结合担负的防空、维稳、反恐和抢险救灾等重点任务，利用节假日、警备区组建大会、黄河汛期等时机，组织13个应急分队进行以集结、拉动、武装巡逻为主要内容的应急演练，沿黄县(区)民兵应急分队进行防汛演练，提高抢险救灾和应付突发事件的能力，完成训练任务4295人。2005年，民兵应急分队训练采取分编分训、混编分训、以老带新的方法，狠抓以防暴、防火、防汛为主要内容的应用训练。4月，济南民兵接受“山东省军地共建平安和谐山东会议”演练任务，安全行车3万余公里，完成多个课目的演练任务。

2007年6月，济南民兵心理战大队成立，组织首期集训，进行军事训练，实施想定作业演练；“前卫1号民兵便携式地空导弹模拟训练系统教学”课目参加省军区信息化条件下岗位练兵比武观摩，获二等奖。2008年6月，预备役舟桥团，天桥区、历城区、济阳县黄河专业抢险队，槐荫区、历城区民兵抢险队，济钢重点民兵应急营等分队进行黄河抗洪抢险演练。10月，组织民兵预备役部队开展后勤保障建设检查评比现场会，进行拉动，组织点验，演练课目，探索成建制持续完成多样化军事任务的后勤保障问题。2010年7月，举行全市基层武装部长比武竞赛，并参加省军区比武取得优异成绩。

三、政治教育

1986始，从共产主义思想和社会主义精神文明教育入手，发动民兵组织参加创建文明村镇、文明单位活动，用教育引导活动，用活动促进教育，收效明显。1988年1月23日，中共济南市委、市政府和军分区命名“民兵政治教育工作先进单位”38个，“济南市民兵模范”6人。

进入20世纪90年代，坚持集中的课堂教育，采取电化教学、形象化教育、函(刊)授教育、自我教育、跟踪教育等形式和方法，对广大民兵进行坚定社会主义信念、坚信共产党的领导以及农村社会主义思想教育。广泛开展国防宣传月、活动周和领导干部军事日活动，促进民兵政治教育的深入开展。1990年，济南军分区编写下发《民兵整组训练和征兵中政治工作实施办法》，加强对民兵政治工作的指导，促进民兵政治教育的落实。至年底，济南市有4个单位15名个人受到山东省军区和济南军分区的表彰，军分区表彰各类典型320个，在济南市和两级军区推广典型事迹和经验材料50多份。

1991年起，济南市采取“四定、双包”[①]的方法，以集中教育为主要形式，落实基干民兵四课教育，总政治部转发济南军分区做好参训民兵政治教育情况介绍，济南第一机床厂搞好新形势下民兵政治教育的做法被济南军区推广，并在总政治部召开的民兵政治教育座谈会上介绍经验。1993年，掀起学习邓小平有中国特色社会主义理论热潮，各级党委坚持以党的基本路线和国防观念教育为重点，开展民兵性质任务、优良传统、爱国主义、革命英雄主义、战备形势、政策法制等教育。1994年，开展以爱国主义为核心的思想政治教育和国防基本知识教育，济南市组织《中华人民共和国兵役法》颁布十周年宣传纪念活动，组织全市基干民兵进行国防知识统考，人武、专武干部280余人次深入基层授课，培训教学骨干2000余人，基干民兵和普通民兵受教育面分别达到90%和85%。

1995年，集中进行革命人生观、爱国奉献、尊干爱民、艰苦奋斗四个教育，开展学习孔繁森、韩素云、王廷江等英雄模范人物活动，组织学习《为人民服务》《纪念白求恩》《愚公移山》和《雷锋》三篇著作一本书活动，教育民兵争做有理想、有纪律、有道德、有文化的“四有”新人。济南重型机械集团总公司民兵连被济南军区评为民兵基层政治教育先进单位。1996年始，开展以培养“四有”新人为目的的读书育人活动。同年，济南市民兵读书育人活动现场经验交流会在章丘召开，章丘市介绍民兵读书育人活动的经验，其典型做法在全市农村推广。1997年，结合恢复对香港行使主权、建军70周年庆祝纪念活动，进行爱国主义、军队光荣传统教育，开展学习《中华人民共和国国防法》和“强我国防、爱我中华”系列活动，济南军分区与市委宣传部联合组织全民国防知识竞赛，近30万党政领导干部和民兵参加，增强政治教育的针对性和实效性。同年，学习贯彻中共十五大精神和《中央军委关于贯彻党的十四届六中全会精神，加强军队精神文明建设的意见》，济南市成立精神文明建设指导小组，广泛开展争做“四有”民兵活动，加强社会主义精神文明教育。学习贯彻“三个代表”重要思想教育，艰苦奋斗和革命气节教育，基干民兵和普通民兵受教育面分别达到95%和90%。1999年，在城区总结推广市中区民兵读书育人活动经验，读书育人活动逐步由农村向城区扩展。2004年，重点抓基干民兵每年4课、普通民兵每年2课教育制度的落实，坚持制度，注重实效，进行建设有中国特色社会主义理论、国防知识和民兵基本政治知识教育。2005年，以深入学习“三个代表”重要思想为主线，坚持用党的创新理论加强对民兵的思想政治教育，开展保持共产党员先进性教育，广大民兵党员的党性观念得到增强。突出以“发扬优良传统、强化战斗精神、提高打赢能力”为主题的政治教育，强化民兵使命意识和战斗精神。

2006年起，根据中共山东省军区委员会印发《新形势下加强部队民兵预备役基层建设要则》的通知精神，进一步加强民兵思想政治建设，组织民兵干部学习科学理论、军事斗争准备和国防建设等知识，开展民兵性质任务、形势战备、法律法规、光荣传统以及爱国主义等方面的教育。民兵干部每年政治教育时间不少于3天，基干民兵每年集中课堂教育不少于4次，普通民兵政治教育主要结合整组、征兵和重大节日进行，每年不少于两次。依托地方电台、电视台、报刊、政务网络等现代传媒，深入开展各种形式的国防教育。基层武装部负责组织实施民兵课堂教育，到课率90%。同时，加强经常性思想工作，坚持预防为主、综合治理，防止敌对势力渗透，防止腐朽思想文化侵

① 定时间、定内容、定地点、定教员，教员包教课质量，基层负责人包到课率。

蚀，防止参与非法组织活动，防止内部矛盾激化和刑事案件发生，随时掌握民兵现实思想表现，对不合格人员及时予以清退。加强军事训练和执行任务中的政治工作，主要达到“四有”：有军事训练和执行任务中政治工作计划，有宣传鼓动工作和评比竞赛活动，有战时政治工作和法律战、舆论战、心理战预案，有战时政治工作演练，发挥政治工作的作战功能。

2008年，依据济南军区《关于进一步加强和改进新形势下民兵预备役政治工作的若干规定》要求，坚持把党的创新理论作为民兵预备役思想政治教育的重要内容，组织民兵预备役人员学习中国特色社会主义理论体系。深入开展军队历史使命教育、理想信念教育、战斗精神教育和社会主义荣辱观教育，引导广大民兵预备役人员继承人民军队优良传统，树立坚定的理想信念，培养坚强的革命意志和顽强的战斗精神。针对民兵预备役人员高度分散、流动性大的特点，坚持传统教育形式与现代技术手段相结合，搞好属地教育、跟踪教育和随机教育。外来民兵预备役人员纳入属地教育，发挥大众传媒和信息网络教育功能，对外出民兵预备役人员进行跟踪教育，依托军区《前卫报》和《黄河民兵》等刊物搞好刊授教育。

至2010年，每年组织新入队民兵开展宣誓仪式，学唱《中国民兵之歌》，同时加强教育阵地建设，依托“青年民兵之家”，借助大众传媒，利用社会教育资源，适应现代民兵特点，把民兵营(连)文化生活融入企业文化、社区文化和城乡主流文化之中，增强教育吸引力，提高受众面。农村民兵政治教育依托远程党员教育系统开展，组织民兵预备役人员带头宣传新思想、新风尚，大力营造团结、和谐的社会氛围。

四、民兵“带建”

1986年，济南市开展民兵“带建”示范点活动，推动“带建”活动全面展开。城乡各级武装部门发动民兵带头参加社会主义物质文明和精神文明建设，带头执行“乡规民约”，学习雷锋做好事，美化净化环境，掌握科学文化知识，争做有理想、有道德、有文化、守纪律的好民兵。12月，济南军分区组织基干民兵开展岗位、机台、柜台、车组以及学雷锋小组参加竞赛评比的“带建”活动，广大民兵激发“爱祖国、爱泉城、爱武装、爱岗位”的革命热情，立足岗位，增产节约，完成或超额完成年度生产任务。至年底，全市建立民兵“带建”示范点355个，其中289个分别被市、区(县)和局(公司)评为文明单位。

1987年，济南军分区组织“带建文明杯”竞赛活动。6～8月，在民兵中广泛开展忆军史讲传统、颂军魂学英雄、慰战友助亲人、进军营送温暖、扬军风做好事、抓共建促团结、帮贫困排忧难、学军事比武艺活动，继承发扬军队光荣传统，强化民兵国防观念，推动民兵“带建”工作深入开展。8月26日，济南发生特大暴风雨，军分区组织全市民兵开展创高产、赛“三增”(增产、增收、增效益)，保质量、创“三优”(创优质服务、创名优产品、创全优岗位)，做主人、献“三宝”(献工时、献计策、献信息)，精技艺、做“三手”(争做操作能手、服务能手、革新能手)，帮贫困、助“三户”(贫困户、五保户、受灾户)的“带建”活动。年底，济南军分区党委在总结各单位活动经验和做法的基础上，正式提出在市区民兵中广泛开展“五队一号”[①]活动。至1988年5月，济南市建有“五队”904个，有各类“民兵号”岗位653个，完成各种生产突击任务1020项，为企业增收1100余万元；192个民兵治安执勤队，协助公安、保卫部门破获各类案件206起，并排除多起重大事故隐患；组织民兵服务队658个，为群众做好事8.8万件；民兵参加抢险救灾760人次；

① 生产突击队、抢险救灾队、治安执勤队、国防宣传队、文明服务队，“民兵号”岗位。

180个国防宣传队，利用多种形式宣传国防知识，参加拥军优属活动。先后有143个民兵集体和560名民兵受到各级表彰奖励。12月，《济南市企业民兵工作暂行规定》颁布，明确民兵带建应重点抓好“五队一号”活动。同时，各级人武部门探索适合农村特点的“带建”活动形式，开展农村“双文明包千户”活动。全市民兵包千户、联系户达5.58万个，参加民兵6.74万人。其中3.67万民兵与4.25万户群众签定承包合同，为群众帮耕帮种、义务献工日29.37万个，提供科技信息咨询服务7860余人次，完成急难险重任务563项，为烈军属、“四老户”、“五保户”做好事1.82万件，先后有174个民兵连、890多名民兵受到各级表彰奖励。

20世纪90年代，济南市加强民兵全面建设，开展民兵工作“双纳入”“五队一号”活动。至1991年年底，全市共有“五队”2622个，“民兵号”680个，参加民兵10万余人，评出市级红旗民兵队(号)142个，区级优秀民兵队(号)346个，先后有3670名民兵受到各级表彰和奖励。完成各种急难任务2.64万项，技术革新8340项，协助保卫部门破获案件1262起，参加抢险救灾980人次。1992年，开展以打好工业效益翻身仗和实现农业奔小康为主要内容的“兴企业、奔小康”民兵建功竞赛活动，提倡岗位奉献，兴办经济实体，成建制组织民兵参加农田水利建设，义务献工时18.9万个。1994年3月，组织2600余名民兵，在东南外环路搬倒井附近200公顷的“八一园林”基地进行植树造林、绿化荒山活动，植树10万余株。同年，民兵成建制参加重点工程建设635项，先后出动民兵19.7万人次参加引黄灌溉和西北外环路建设，民兵成为工程建设的骨干。1996年，各级人武部门发动民兵组织，通过兴办经济实体、举办科技培训班、传播致富信息、提供资金服务等办法，帮助群众脱贫致富。

1998年，济南市2万多个民兵“五队一号”组织，开展技术革新1024项，增收节支1000余万元，完成民兵“富民工程”1322项，参与治理工程1.46万人次，搬运土石方100余万立方米，义务献工7万多个，出动车辆机械3000余台，参加治理小清河工程、济南环城公园清淤工程，发挥民兵在经济建设主战场上的骨干带头作用。济南市邮政局火车运转处民兵连、章丘市埠村镇杨家巷村民兵连被省委宣传部、省军区政治部、省文明办评为精神文明建设示范点。同年，各人武部继续发动民兵开展扶贫帮困活动，为群众无偿提供科技服务活动1000多次，捐款200余万元，扶贫帮困6747户，当年有2843户脱贫。至2001年，全市扶贫户数9777户，帮助脱贫5925户。商河、长清、章丘市等8个县(市)区被省政府、省军区评为民兵富民工程先进单位。

2001年，济南市投资14万元，在农业高新技术开发区建立“民兵科技示范基地”，各县(市)区在基地内建立“科技示范点”，研究推广农业高新技术，相互学习民兵带建经验。平阴县民兵蔬菜、水果基地，槐荫区“浅水养藕”示范点，济阳县、长清县民兵科技示范园均取得较好的经济、军事和社会效益。同年，市中区人武部、济南钢铁集团总公司武装部、济南锅炉集团有限公司武装部和济阳县人武部部长孙德明，在山东省民兵带建工作会议上受到表彰。2002年，组织民兵参加济南市“一环九射”“蓝天工程”等重点工程建设，出动工日3万余个，营建民兵带建绿化示范区39个。

2006～2009年，人工影响天气作业民兵分队相继在历城、长清、章丘、平阴等地建立作业点，开展人工增雨雪作业，有效控制区域4000平方公里，增加南部山区水分涵养区有效降水，确保城区泉群持续喷涌，强化空中云水资源开发能力。2009年，配合地方有关部门，先后组织人工增(消)雨作业37次，发射降雨火箭弹965发，为济南市节水保泉、春季抗旱、全运消雨工作做出贡献。至2010年，民兵带建不断创新发展。各县(市)区开展各具特色的“带建”活动，包括“一部一村(居)、一人一家庭”帮扶活动、“连排班兵户五级帮扶、一兵带三户”带建新机制、筹钱筹物对口帮扶乡村文化建设等，各发挥民兵在新农村建设中的作用。

第二节　预备役登记

一、军官预备役登记

1984年公布的第二部《中华人民共和国兵役法》，对预备役军官的来源作出具体规定，主要包括：退出现役转入预备役的军官和文职干部；确定服军官预备役的退出现役的士兵；确定服军官预备役的高等院校毕业学生；确定服军官预备役的专职人民武装干部和民兵干部；确定服军官预备役的非军事部门的干部和专业技术人员。1990年11月6日，中央组织部、人事部和解放军总参谋部、总政治部联合发出《关于转业军官进行预备役登记统计的通知》。通知指出，根据兵役法关于“军官退出现役时，符合预备役条件的，转入军官预备役”的规定，济南市为掌握适合服预备役的转业军官的数量和质量情况，从1991年起逐步恢复转业军官预备役登记统计工作。

1995年5月10日，第八届全国人民代表大会常务委员会第十三次会议通过《中华人民共和国预备役军官法》，对预备役军官的来源和选拔、职务等级、军衔、登记和征召、培训和待遇、退役以及法律责任都做出详细规定。预备役军官分军事、政治、后勤和专业技术四类；军种分陆军、海军、空军；职务等级设置为正师职、副师级、正团职、副团职、正营职、副营职、正连职、副连职、排职。专业技术军官的职务等级设置为高级专业技术职务、中级专业技术职务、初级专业技术职务。预备役军官的军衔设三等八级。预备役少将；预备役校官，大校、上校、中校、少校；预备役尉官，上尉、中尉、少尉。

《中华人民共和国预备役军官法》对预备役军官服役最高年龄作出具体的规定：担任师级、团级职务的55岁，担任营级职务的50岁，担任连级职务的45岁，担任排级职务的40岁。少数预备役军官确因工作需要，经过批准，服预备役最高年龄可以适当延长，但不得超过5岁。预备役专业技术军官服预备役的最高年龄：担任高级专业技术职务的60岁，担任中级专业技术职务的55岁，担任初级技术专业职务的50岁。预备役军官退出预备役的批准权限与任职的批准权限相同。

济南市兵役机关每年对转业军官定期进行军官预备役登记，并根据上级军事机关有关预备役军官军衔评定规定同当地组织、人事部门一起评定、改授预备役军官军衔。

二、士兵预备役登记

士兵预备役每年都定期进行登记，经过登记的预备役人员变化情况，每年核对一次。因身体变化不适合服预备役，以及死亡或超过服预备役最高年限的，办理解除登记；对被捕、判刑的，办理注销登记；迁出或迁入本县(市)区的，办理注销或重新登记。

1991年始，总参谋部在部分省(直辖市)开展地方与军事专业对口技术人员预备役登记试点工作。2003年，全面开展登记工作。同时，根据对台军事斗争准备和军队装备发展需要，按照专业对口、突出重点、注重实用、统一规范的原则，总参谋部对地方与军事专业对口技术人员预备役登记的专业种类、对象范围作出适当调整，突出重点行业、重点专业，特别是与海军、空军、第二炮兵军事技术专业对口或相近的专业，适当减少退伍军人较多、技术含量不太高的普通专业。

济南市各级兵役机关注重加强对服预备役的专业技术人员的管理教育，编入民兵组织的专业技术人员，依靠民兵组织进行管理；编入预备役部队和预编到现役部队的专业技术人员，由所在部队进行管理；没有编组的专业技术人员，主要依托基层武装部和其所在单位进行管理；外出务工离开所在县(市)区的专业技术人员，通过建立请假、定期联系等制度，抓好跟踪管理。

退伍军人预备役登记作为预备役登记的重要方面，各级兵役机关按照登记对象、内容、程序，严格落实登记制度，统计表由县(市)区人民武装部每年统计一次，6月30日为统计截止时间。其中，对退伍军人专业技术兵进行重点统计，做到详细具体。统计报表按时上报，各军区的综合统计，以省、市、自治区为列出单位，于每年9月30日前报总参谋部。

济南市各级兵役机关坚持做好预备役登记工作，对应服预备役公民的登记情况及时进行统计汇总。

三、建立预备役专业技术兵储备区

1984年，按照总参谋部规划，经济条件比较好，交通比较发达，兵员充足，有相同专业的现役部队、预备役部队和民兵训练基地的地区，开始建立预备役专业技术兵储备区。1986年，长清县被上级确定为工程兵专业技术兵储备区，长清县民兵训练基地随之改为民兵工程兵训练基地，并配发相应的工程兵装备训练器材，民兵军事训练以工程兵专业训练为主。要求长清县民兵工程兵训练基地在5年内训练储备编制数量的各种作业手、驾驶员和工程侦察员、机械修理工。进一步明确济南军区预备役专业技术兵布局。在保留长清县工程兵专业技术兵储备区同时，在章丘县建立高射炮兵专业技术兵储备区，在市区建立航空兵专业技术兵储备区。济南军分区按照上级指示，采取对口征兵、退伍登记、培养训练相结合的方法，储备训练有素的退伍专业技术兵和培养地方专业技术对口人员。每年兵员征集，根据上级下发的征兵计划，在预备役专业技术兵储备区，有针对性地征集新兵到相应的专业技术兵部队服役，退伍后进行预备役登记，回到原征集地服预备役。同时，在预备役专业技术兵储备区，通过民兵专业对口训练积蓄一定数量的专业技术兵，加之对与军事专业对口的地方技术人员的选拔、培养和训练，一并通过预备役登记进行储备和管理。并与专业对口部队建立联系，分类编组，拟定预案。至2010年，济南市各类专业技术兵储备充足，警备区严格抓好训练落实，为保障部队战时组建扩建，实施快速动员，提高战斗力奠定良好基础。

第三节　预备役

一、编组布局

1998年10月，济南陆军预备役高射炮兵团组建。12月，该团划归济南军分区领导和管理，同时接受市委、市政府领导，主要担负全市要地防空作战任务。

2003年11月，济南陆军预备役舟桥团成立，称平阴陆军预备役舟桥团。2004年12月，改称济南陆军预备役舟桥团。2005年8月，正式组建。前身为中国人民解放军工程兵舟桥某团，是山东省境内抗洪抢险应急机动部队，接受济南军分区领导和管理。

2000年4月，根据济南军区、山东省军区指示，山东陆军预备役后勤保障旅油料营、修理营在济南正式组建。分别召开组建大会，所属分队分别编组在历下区、历城区、槐荫区和高新区有关企事业单位。

二、军事训练

1999年后，预备役高射炮兵团着眼作战任务需要，扎实落实军事训练任务，工作重点从抓基础设施建设向以战斗力生成提高为目标的质量建设转移，开展科技练兵活动，组织高科技知识学习，进行战法训法研究，突出军官训练，抓好预任军官集训，实施基地化、模拟化、网络化训练，有效提高训练水平。预备役后勤保障旅油料营、修理营根据旅机关计划安排，每年组织排以上骨干参加旅组织的集中培训，每两年进行一次实兵演练和岗位练兵考核，促进预编单位后勤保障能力建设。2005年，预备役舟桥团通过送学培训、轮岗锻炼、以工代训、挂钩训练等多种途径，先后选送12名官兵到对口单位挂钩训练，为团队储备一批专业骨干。

预编士兵训练按照省军区年度训练指示，以营或连为单位，由团统一组织在团部集中训练，主要进行入队训练、基础训练、专业技术技能训练，进行快速动员演练及分队战术训练，完成军事训练大纲规定的课目、内容和时间。赴潍北靶场，参加省军区统一组织的实弹战术演习，全面检验提高分队军事训练成效。2005年始，预备役后勤保障旅油料营、修理营分别与军区部队进行挂钩训练，每年两期，每期1个月，提高规范化训练水平。

2005～2010年，每年12月，预备役部(分)队，参加山东省军区统一组织的信息化条件下冬季野营训练，以济南军区和省军区冬季野营训练规定要求为依据，全程突出信息化、野战化训练，锻炼提高信息化条件下的组织指挥和综合保障能力。

三、政治教育

1998年，预备役高炮团在学习邓小平理论活动中注意搞好三个结合：把学习邓小平理论与学习党的十五大政治报告结合起来，与以“四个教育”为核心的政治教育结合起来，与学习江泽民关于军队建设一系列重要论述结合起来，坚持党委议学、以考促学，加深对建设有中国特色社会主义理论的认识和理解，增强贯彻执行党的路线、方针、政策的坚定性和自觉性。2000年，预备役高炮团贯彻落实全军政治工作会议精神，加大政治工作力度，按照“讲学习、讲政治、讲正气”和“三个代表”重要思想的要求，组织团以上干部参加两级军区和军分区举办的政治理论学习班。同年，预备役高炮团党委被省军区党委评为“先进团级党委”。2001年，预备役高射炮兵团突出党员干部政治教育，结合党员先进性教育和新党章学习，开展“学习党章、遵守党章、维护党章、贯彻党章”等系列教育活动，用先进性纯洁队伍，增强党员先进性。

2003年，预备役高炮团、舟桥团组织官兵普遍进行“从严治军”思想教育，以中央军委《关于进一步加强从严治军的意见》为依据，针对干部队伍中从严治军方面存在的问题，注重在解决问题上下功夫，大力开展教育检查，增强干部队伍战斗力，促进预备役团队全面建设。同年，预备役高炮团政委梁文江被省军区表彰为民兵预备役部队政治教育“十佳”个人。2005年，预备役团(营)开展“热爱预备役、建设预备役、奉献预备役”教育活动，及时掌握官兵深层次的思想动向，增强教育的主动性和实效性。2008年3月，预备役团(营)结合纪念改革开放三十周年，深入开展“坚定中国特色社会主义信念、有效履行军队历史使命”主题教育。4月，组织开展“讲党性、重品行、作表率”教育实践活动。5月，开展使命教育、战备形势教育和抗震救灾伟大精神专题教育。

2009年3月～8月，预备役高炮团、舟桥团把深入开展学习实践科学发展观活动，作为年度最大的政治任务来抓。开展大力培育当代革命军人核心价值观教育。2010年，预备役团(营)扎实开展“学习实践当代革命军人核心价值观，为建设全面过硬战略预备力量做贡献”主题教育，激发官兵践行核心价值观的政治热情，开展“学廉政法规、倡廉洁新风、树清廉形象”专题教育活动，加强领导机关的作风建设，通过制作宣传展板、橱窗、建文化墙、设置行为规范标语、每天开播新闻、举办主题演讲比赛、升国旗、参观见学、重温入党誓词等方式，丰富教育形式，浓厚文化氛围，营造舆论环境，坚持日常生活培养、重大任务锤炼、健全机制推动，推动教育规范化发展、常态化落实。

四、后勤工作

预备役高炮团自1998年9月起，不断加强基础设施建设，改善营区营院环境。2000年，济南市投资428万元(其中市财政局、计委分别投入150万元)，先后建成3200平方米综合办公楼和1350平方米的随军干部公寓楼，改建官兵食堂，硬化营区道路，整治营院环境。同年，该团被济南市命名为“花园式园林”单位。2003年，该团被总后勤部评为“全军绿色营院”。高炮团坚持抓好油料管理，细化车辆派遣规定，2004年1月被济南军区表彰为运输油料管理先进单位。至2005年，按照总参动员部《关于预备役师团训练基地等基本设施建设的通知》要求，基础设施配套完善，教学设备不断更新，达到集吃、住、训、教和文体活动于一体的基地化训练要求。至2010年，预备役高炮团注重加强军需、车辆、油料、营房管理，后勤综合保障能力不断提高，保障各项任务的圆满完成。同年，为解决士兵队集中居住以及官兵家属来队居住难的问题，稳步推进公寓楼筹建事宜。

2005年8月12日，中共济南市委常委会议专题研究预备役舟桥团建设问题，为预备役舟桥团解决150万元经费用于基础设施建设；每年补助训练费60万元，列入济南市级财政预算。2008年10月，该团投入近60万元对车场进行改建，搞好各类设施配套；投入12万元重建团史室，并对文化楼进行装修。同时，加强营院整治，栽植各类树木500多棵、移栽冬青、小黄杨300多棵，种植草坪150多平方米，营造良好的营区环境。2010年，坚持平战结合，立足“一保战备、二保生活”，投资80余万元整修招待所、停车场，后勤保障能力稳步提升。

第四章　国防动员

第一节　国防宣传教育

一、法规建设

1990年后，济南市先后制定《国防教育若干规定》《国防教育基地管理办法》《加强军政军民团结，支持驻军建设的若干规定》《军事设施保护办法》等18个政策法规文件。各县(市)区和有关部门结合本地区、本部门情况，制定国防教育实施意见，细化具体措施。在加强法规制度建设的基础上，注重开展《中华人民共和国宪法》《中华人民共和国兵役法》《中华人民共和国国防法》《中华人民共和国国防教育法》《中华人民共和国人民防空法》《民兵工作条例》《中国人民解放军动员工作条例》《征兵工作条例》《中华人民共和国预备役军官法》《民兵武器装备管理条例》《山东省国防教育条例》《山东省征兵工作若干规定》《济南市国防教育规定》等国防法规教育活动。

1992年，中共济南市委常委会议研究决定，每年10月20日至11月20日为国防教育宣传月；其间，结合冬季征兵工作，开展国防法规教育，促进国防教育法制建设。1995年，借鉴辖区双拥工作做法，制定《济南市国防教育先进单位、先进个人考核标准》，从组织领导、宣传教育、政策奖励、开展活动等方面明确量化标准，规范国防教育内容要求和操作方式，给各级党政领导抓国防教育提供管理依据。

2001年8月31日，九届全国人大常委会第23次常委会决定，每年9月第三个星期六为全民国防教育日。9月15日，济南市采取各种形式，广泛开展活动，把活动引入家庭、学校、机关、街道、企业等各个角落，扩大国防教育的覆盖面，增强活动的吸引力和社会影响力。2002年，济南市国防教育办公室先后制定下发《国防教育实施细则》和《关于评比表彰关心国防建设“双十佳”活动实施办法》，筹备召开济南市国防教育委员会全体会议，策划纪念《中华人民共和国国防教育法》颁布一周年宣传周活动，组织济南市六大班子领导在济南军区坦克乘员训练基地进行军事日活动，促进国防教育活动开展。

二、教育活动

1988年，市委宣传部、市精神文明建设协调委员会办公室、市民政局、济南日报社、济钢钢铁总厂联合举办“济钢杯”全民国防知识竞赛活动。7月14日，《济南日报》公布赛题，全市近万人参加答题，共评出一等奖5名、二等奖10名、三等奖20名、鼓励奖50名。9月18日，颁奖仪式在济南军分区举行。该项活动是纪念中国人民解放军建军、济南解放等活动的重要内容。1989年，全市开展以民兵预备役人员为重点的国防教育，逐步健全宣传、教育、民政、人武、部队“五位一体”和知识灌输型、社会实践型、形象感化型“三型并举”的教学体制，调整充实国防教育领导机构，组织参加全国“龙岩杯”、山东省“齐鲁杯”国防知识竞赛，济南市分别获得一等组织奖和组织奖，历下区、历城区获“齐鲁杯”组织奖。1991年，广泛开展争创国防教育先进单位和先进个人活动，全市有7个单位、13名个人受到省政府、省军区表彰，总政治部转发济南军分区做好参训预备役人员国防教育的经验。此后，济南市注重运用评选先进活动加强国防教育，坚持开展评选奖励驻军优秀子弟兵、关心国防后备力量建设十佳新闻人物、十佳好军嫂、十佳义务兵好母亲、十佳优秀转业干部和优秀退伍军人双十佳活动。各县(市)区也相继开展关心国防建设好公仆、关心国防建设好公民、国防教育热心人、国防教育先进单位和爱心献功臣活动，形成关心国防、热爱国防的良好氛围。

1992年后，结合每年冬季征兵工作，以国防法规为重要内容，贯彻全国、全省、全市征兵工作会议精神和有关国防教育宣讲材料，区分层次开展国防教育活动。对各级领导干部着重进行新时期加强国防建设战略意义的教育，使领导干部把国防教育和支持关心征兵工作作为治国安邦的重要措施，做到经济建设和国防建设两头兼顾。对适龄青年着重进行爱国主义、革命人生观、依法服兵役和国情教育，使广大适龄青年树立正确的人生观、价值观，自觉依法履行兵役义务。对基层干部、企事业单位领导和广大人民群众着重进行国防形势教育和传统教育，增强国防观念和忧患意识，克服和平麻痹思想，关心和支持征兵工作，支持亲人履行兵役义务。

1999年5月，针对以美国为首的北约集团轰炸中国驻南联盟大使馆，市国防教育办公室和济南军分区政治部整理印发有关材料，进行一次声势浩大的爱国主义教育，让人民群众及时认清美国霸权主义真实面目。同年，以庆祝中华人民共和国成立五十周年为契机，济南市组织学生参加全国性的迎国庆万校国防教育活动，各县(市)区以军训试点学校、预备役军人学校为重点，确定10多所学校参加“保卫21世纪中国”国防知识竞赛、国防征文、演讲比赛活动，产生良好教育效果。

2000年前后，济南市因势利导加强国防形势教育。围绕国际上军事态势、世界各国国防战略模式、中国周边局势、邻国动向，以及中国外交政策等内容有针对性地开展教育活动，引导干部群众认清“三个关系”，树立“三个观念”，即认清战争与和平的关系，树立居安思危的观念，教育广大群众看到和平与发展是时代的主流，明确经济建设是当前的中心工作，又要看到霸权主义、强权政治对世界和平构成的威胁，任何时候都不能放松警惕；认清经济建设与国防建设的关系，树立国家安全利益观念，教育广大群众把主要精力投入到发展经济中，又要依法履行国防义务，既要搞好“市场”，又不要忘了“战场”，提高关心支持国防建设的自觉性；认清打赢高技术条件下的战争与发挥人民群众作用的关系，既要树立科技强国、科技强军观念，又要紧紧依靠人民群众打人民战争。

2000年，市国防教育办公室和济南军区坦克训练基地、济南陆军学院、市教委、团市委组织开展领导干部军事日、青少年军事夏令营和“军营一日”活动，定期组织党政干部、学校师生、大中型企业员工到部队参观学习，体验军事生活，先后组织百名机关干部、百名团员青年、百名专武干部、百名预备役人员过“军营一日”，通过吃一顿兵饭、听一次军史报告、看一场官兵训练、参加一次官兵同乐等活动，体验部队生活，感受军人情怀，激发干部群众的爱国觉悟和热情。同年，市委宣传部、军分区政治部、市国防教育办公室、天桥区人武部在泉城广场举办赵士成“兵士展”，用先进的典型教育群众，受教育群众2万人次。注重培养国防教育队伍，至2001年，市、县两级先后举办150多期国防教育骨干培训班，培养3.42万名教员，聘请2700多名军队离退休干部、现役军官作为辅导员，宣讲国防法规，上课1.3万多场次。济南军区和山东省军区领导、济南陆军学院教授、部队官兵、离退休老干部组成10多个国防教育宣讲团、将军报告团及辅导员队伍，经常到基层单位进行国防知识教育，受教育者达百万人次。济南军区政治部退休干部王鹏程、济南陆军学院退休教授徐春蕾，每年作国防教育报告上百场次。电影《奇袭白虎团》原型、全国著名战斗英雄杨育才，担任几十所大中专院校辅导员，给广大师生上国防教育课上千场次。

2002年，市国防教育办公室协助有关部门举办庆“八一”军民联欢晚会，在泉城广场进行国防教育大型宣传活动。2003年，先后举办以国防教育为主要内容的报告会、演讲会、座谈会930场，请地方专家和军队院校教授举行专题讲座71场，进行文艺演出26场，印发宣传材料56万余张，开辟板报专栏375期，全民接受国防教育率90%。2004年，济南市与山东省科技馆举办山东省首届国防教育系列科普活动，有万余名党政干部、人民群众和200所在校学生接受国防系列教育。2005年，广泛开展以“爱中华、奔小康、强国防”为主题的国防教育活动，表彰关心国防建设先进典型，利用媒体宣扬“党管武装好书记”“关心国防建设十佳人物”先进事迹，在领导干部中形成关心国防、支持民兵预备役工作的浓厚氛围，地方党政领导和广大群众的国防意识不断增强。

2008年8月～10月，省国防教育办公室、市国防教育办公室、省摄影家协会和山东国防教育报社在济南联合组织“山东省纪念改革开放30年国防教育摄影大赛”，共征集参赛摄影作品2000余幅(组)，经省国防教育办公室和市国防教育办公室组织专家评选，评出一等奖2幅(组)、二等奖5幅(组)、三等奖8幅(组)、优秀奖50幅(组)，150幅(组)摄影作品入选。11月3日～5日，在泉城广场组织获奖作品展，在军地产生较大影响。2009年9月30日至10月8日，省科学技术协会、济南警备区、省科技馆、市国防教育办公室、《齐鲁晚报》，在省科技馆联合举办“庆国庆、迎全运”国防教育科普展。科普展设置图片展览、兵器实物演示、模拟战场互动、红色影视欣赏、军需物品展示等内容，使参观群众学习军事科学知识，受到爱国主义精神教育，8天时间参观人员13万人，中央和省市新闻媒体连续进行报道。

至2010年，济南市注重把国防教育寓于经常性活动之中，坚持常抓不懈，持久深入，不断拓宽渠道，完善措施，使国防教育工作逐步走上规范化、制度化道路。

第二节 动员工作

一、武装力量动员

20世纪80年代后期，根据济南军区下发的战争初期作战计划和省军区制定的战时应急扩编方案，济南军分区承担分步骤组建扩编部队的动员任务，以确保战争需要。经过多年动员实践，济南市围绕兵员动员需要，完善预备役人员登记统计、组织训练和紧急情况下的征召制度，储备充足的合格预备役军官和士兵，明确兵员动员的任务、范围、形式、程序和时限，可为战时兵员动员提供可靠的人员保证。

20世纪90年代，中央军委新时期军事战略方针确立以后，组织地方力量保障战区部队向重要战略方向机动作战成为济南市的重要动员任务，应急扩编补充兵员是任务之一。根据动员命令和扩编补充方案，按照“按级动员，划区补兵”的原则，就地出兵员，就地出干部，从一类预备役人员中或专业技术兵储备区对口征集兵员，按照先重点后一般、先前沿后纵深的顺序补充乙种部队，最大限度保证补充兵员的专业对口率，同时保持一定数量的后备兵员，以随时补充部队机动过程中的战斗减员和非战斗减员。国防动员潜力调查(核对)工作全面展开，根据济南军区要求，通常每两年进行一次。在省国防动员委员会领导下，市国防动员委员会负责组织协调，各办公室按分工进行动员潜力数据的采集、统计和核对工作，填报完成年度动员潜力有关情况统计表、学生军事训练有关情况统计表、民兵武器封存情况统计表、未服过现役的民兵专业技术预备役统计表、兵役工作情况统计表、人武专武干部预备役统计表、民兵预备役工作有关概况统计表、动员潜力有关情况统计表等内容。

2001年，济南军区国防动员委员会下发《战区国防动员潜力调查暂行办法》，省、市两级国防动员委员会发出《关于做好国防动员潜力调查工作的意见》，规范动员潜力调查工作。

至2003年，两支陆军预备役部队先后在辖区组建，组织机构健全，预编预任合理。战时可根据国家发布动员令，有计划、有步骤地实施扩编，转为现役部队。济南市着眼现代条件下战争需要，按照精兵合成、组织严密、素质良好标准，注重加强预备役部队建设。

随着军队武器装备不断改善，战时专业技术部队扩编非常重要。济南市根据上级规划要求，着眼专业技术兵培训难度大、周期长的特点，建立建好预备役专业技术兵储备区，坚持定向征集新兵，士兵退伍后回征集地转服预备役，同时加强专业对口训练，逐步达到建立数量充足、素质较高专业技术部队退伍兵储备的目的。至2010年，济南市人力资源丰富，年龄结构合理，劳动力充足，有着巨大的兵员动员优势，市国防动员委员会坚持做好动员潜力调查，对预备役人员及相应物资保障能力进行核对登记，根据预备役人员的年龄、性别、身体状况、军事素质、专业性质，合理区分为适当的类别，按层次和规模实行预先编组，为战时征召后备兵员做好准备。

二、国民经济动员

20世纪80年代以来，国民经济动员以“军民结合、军品优先、以民养军”为方针，走上与经济社会发展的融合之路。济南市贯彻“提高军民兼容程度，增强平战转换能力”方针，初步形成“平战结合、军民兼容”“寓军于民”的动员模式，经济动员建设取得长足进步。国防工业方面，军工企业既生产军品，也生产民品，以民养军，保护军工生产能力；民用企业在平时做好战时转产军品的准备，战时根据战争需要及时转产军品。济南市、各县(市)

区逐步建立健全经济动员机构，发挥各级经济主管部门的职能作用，做好国民经济动员工作。同时，注重加强动员业务学习，探索研究新时期经济动员工作规律，提高全市上下对做好经济动员工作重要性的认识，增强工作责任感和紧迫感。

随着改革开放深入发展，济南市按照“军民结合、平战结合”的原则，落实上级指示精神，着眼未来战争需要，扎实开展国民经济动员工作。深化军工企业改革，依靠地方企业的优势，做好军工企业的改组改造，对一批老军工企业进行兼并联合，增强军工企业的经济实力，确保军工企业稳定发展；推动军工企业开发两用技术，对军工企业的民用产品给予扶持，鼓励参与市场竞争，提高企业升级和平战转换能力；及时进行军地协调，注重平时建设与战时兼用相结合，利用地方设施保障部队需要，在重点建设项目中，筛选一批经济动员项目，有组织、有计划地实施建设，包括农业、运输机械制造业、交通运输设施、通讯信息等行业，建成一批具有经济和国防双重效益的项目；依靠省会城市人才和技术优势，按照高技术战争的技术和装备需求，引导开发电子、通讯、信息等系列先进技术，培植一批高科技企业为部队研发产品；加强重要物资储备，本着军民兼容、就近就便的原则，建立较为完善的军地联储联供物资保障体系，编制油品动员、医疗卫生动员、粮食及农副产品动员等预案。

进入21世纪，国防工业作为支持武装力量和战争需要的支柱产业，具有举足轻重的作用。济南市制定动员计划，编制转产规划，调整工业布局，加快新工艺、新技术、新材料、新设备的研究，提高劳动生产率，提高军民兼容程度，搞好资源战略储备，研究开发军民两用技术和两用产品，为战时动员做好准备。

随着国民经济动员工作的不断开展，济南市县级以上国民经济动员机构逐步健全，摸清10个县(市)区和工、农、商、贸、军等10多个市直部门的国民经济动员潜力，完成20类600多项指标的调查，建立经济动员潜力资源数据库。2003年，按照山东省统一部署，济南市开展全面、详细的国民经济动员潜力调查，依靠动员潜力信息库，研究制定经济动员指标体系和调整方案，为战时动员提供参考依据。2004年，根据国家经济动员办公室、国家统计局《关于做好2004年全国经济动员潜力调查工作的通知》精神，按照省经济动员办公室要求，市经济动员办公室开展国民经济动员潜力调查，真实全面反映国民经济动员潜力状况。

根据济南军区规范化建设达标要求，市经济动员办公室先后于2006年、2008年两次调整充实专职工作人员，纳入发改委行政编制序列，市机构编制委经济动员办公室在市发改委内单设处级机构、人员专职。市经济动员办公室进一步完善市、县(市)区两级经济动员体系，加强基层组织建设，落实县(市)区工作人员组成，明确联络职责，确定相关重点企业的联络员，建立基层联络员联动制度，形成覆盖全市的经济动员网络。坚持落实动员潜力调查制度，每年按照行政人口、经济结构、财力收入、农业、工业、交通邮电、医疗卫生、市场物流等统计分类，开展国民经济动员潜力调查，建成济南辖区军品生产企业动员潜力数据库、动员中心数据库、抗震救灾物资潜力数据库和军需物资候选供应商企业数据库。考虑基础设施建设中的国防需求，开展重点建设项目动员规划，探索军民兼容的设施保障体系，组织调研济南黄河(济泺段)穿黄隧道项目，提出经济动员建设方面的意见。按照培育军民两用高技术产品、实现军民兼容互动的思路，摸底调查全市高新技术产品和军品生产企业，建立军民两用项目企业储备，推进经济动员中心建设。全力配合做好汶川抗震救灾工作，按照省经济动员办公室和市国防动员委员会通知精神，市经济动员办公室迅速调整力量，组织实施经济动员，与生产帐篷、活动板房、照明设施、棉被、方便食品、饮用水、药品企业及县(市)区经济动员联络员，24小时保持通信联系，完成支援抗震救灾任务。

2008年12月，济南市召开国防动员委员会第四次会议。要求从深层次上理解国防动员功能新定位，坚持走军地融合式发展的路子，按照平时战时一体、经济军事兼顾、市场战场双赢的思路，全面提高国防动员平战转换、应急动员、持续保障和综合防护能力。济南市在制定经济社会发展规划和安排重大经济建设项目时，着眼未来战争和非战争行动需求，统筹规划经济社会发展与国防动员建设，努力做好粮食、油料、医疗器械、药品、防护用品等战略物资储备，构建政府与军队储备相结合、战略储备与应急生产相结合、物资储备与技术储备相结合的储备体系。至2010年，依据《济南市国防动员“十一五”规划》和各专项动员计划，每年制定落实《全市国防动员工作要点》，保证国防动员与经济建设衔接配套、协调发展。

三、交通战备动员

20世纪80年代，各级交通战备部门以经济建设为中心，坚持平战结合的原则，加强交通战备网建设，拟制交通保障计划，修订重点目标保障方案，基本保障军事行动需要。90年代，根据上级要求和战区部队机动需求，采取“条块”结合，以“块”为主，先近后远，先国防交通系统，后厂矿企业的动员梯次，有序筹(征)集各种运力；协助部队协调公安、交通管理等机构，建立勤务调整组织，健全县(市)以及局(处、公司)交通战备组织机构，落实“双向纳入”工作，开展交通战备办事机构、专业经费、战备资料、保障队伍、办公设施、规章制度“六落实”的达标活动。

1995年2月，《国防交通条例》颁布，确立交通战备工作的法律地位，交通战备工作开始走上依法建设、依法管理的轨道。各级交通战备部门加强学习宣传，掌握精神实质，对照战备工作，制定落实措施，既丰富国防知识，又增强战备观念，推动交通战备工作的开展。

1997年后，根据市国防动员委员会第一次会议精神，交通战备办公室加大工作力度，在基础设施、保障队伍、组织协调等方面取得优异成绩。协调地方政府、勘察设计部门、市土地局、市交通局、市公路局等相关单位，建设814国防公路。该项目是济南军区、山东省国防建设重点项目，为二级公路建设标准。投资1.2亿元扩建811国防公路，达到二级公路建设标准。每年结合军事演习和抢险救灾等活动，有针对性地组织交警、交通等部门进行集结演练，先后出动各类保障人员1000余人次，完成济南军区科技练兵现场会车队转场、1998抗洪抢险、“前卫99”军事演习、“军交2000”演练等军事行动的交通保障任务。注重编组质量，加强专业保障队伍建设，以济南电信局机动通信分局为主，组建战备通信保障分队，配备国家统一的应急通信车辆及设备；以济南市第三运输公司为主，组建100辆汽车的应急保障车队，落实人员编制和装备车辆，达到规模适度、建管并重的目的。

2001年市国防动员委员会第二次会议后，济南市大力加强交通战备建设，主要围绕健全工作机构、修订保障预案、完善基础设施、加强预编预演四个方面开展工作，提高交通战备保障水平。

2005年后，济南市大力开展交通战备正规化建设，完善战备值班、情况通报、资料管理和保密制度，设立交通战备指挥室，配备指挥车辆和办公设备，安排专职人员归档整理交通战备档案资料，制定完善交通保障预案，执行民用运力动员、交通保障等任务。2008年，组织完成抗震救灾部队回撤、全军后勤战备集训观摩、奥帆赛保障部队回撤等9次交通保障任务，实施国防交通建设规划，公路基础设施建设统筹兼顾经济发展和国防建设，增强国防功能，满足军事需要，发挥交通基础设施的社会效益和国防效益。2009年7月，济南军区国防动员委员会综合办、交战办组织交通战备工作正规化建设检查考核，于7月31日对济南交通战备建设情况实施检查考核，重点检查国防交通战备组织机构、工作职责、工作制度、工作程序、工作资料及任务落实情况，有力促进济南交通战备正规化建设。

第五章　武装警察

第一节　中国人民武装警察部队济南市支队

中国人民武装警察部队济南市支队成立于1983年1月。市公安局消防处、警卫处作为公安局的业务机构纳入济南支队编制序列，原人民武装警察大队撤销。支队接受武警山东省总队和中共济南市委、市政府双重领导，主要担负济南市党政机关和重要目标的警卫、守卫、守护、看押、看守及城市武装巡逻等任务。

1986年6月，消防处划归山东省消防总队领导。1987年5月20日，根据山东省总队《关于调整济南市支队有关编制序列名称的通知》，将东营市支队原直属大队大队部及所属一排归属济南市支队建制领导。5月25日，历城县中队改编为历城区中队。1988年8月，支队组建直属大队。

1990年1月1日，原德州地区支队所属济阳县中队、商河县中队整建制划归济南市支队领导，任务、编制不变。

2005年6月，按照武警部队落实体制编制调整要求，原武警山东省总队第一支队与原武警济南市支队合并成立新的武警济南市支队，机关设司令部、政治部、后勤部。

第二节　勤　务

一、警卫勤务

武警济南市支队组建后，担负济南市党政机关固定目标和到济南中央领导、重要外宾、重要会议、大型活动的警卫任务。1987年3月，完成美国国务卿舒尔茨到济南访问期间的安全警卫任务。1988年5月11日，担负爱尔兰总统夫妇一行在济南期间的安全警卫任务。1991年，完成朝鲜领导人金日成到济南访问工作的安全警卫任务。1994年，负责中央领导人到济南视察期间的安全。1996年3月27日，完成新加坡资政李光耀在济南访问期间的安全警卫任务。1999年，担负中央领导人到济南视察工作期间驻地外围警卫及路线警卫任务。2001年1月16日，完成朝鲜领导人金正日所乘专列路经济南市的路线警卫和外围警戒任务。2004年12月26日，担负委内瑞拉总统查韦斯专机、跑道及南郊宾馆住地警卫勤务。2005年，担负“亚冠杯”足球赛济南赛区安全警卫任务。6月，武警济南市支队成立后，增加省级党政机关固定目标的警卫勤务。2006年，担负中央领导到济南视察期间的一级加强警卫任务。2007年，担负中央领导到济南期间的警卫勤务；同年12月29日～30日，担负日本首相福田康夫在济南访问期间的警卫勤务。2008年8月15日～17日，担负密克罗尼西亚总统莫里到济南的一级警卫勤务。2009年，担负中央领导到济南视察的一级警卫勤务。2010年，担负中央领导到济南的驻地、路线及专机警卫勤务。

二、守卫勤务

济南市支队担负济南遥墙国际机场，中国人民银行济南分行，省广播电台、电视台，中国联通济南分公司等重要目标的守卫勤务。1992年7月，原驻张庄机场守卫人员随民航局搬迁至济南遥墙国际机场。1993年2月20日，山东电视台空调机房管道破裂，电视台中心机房价值600万美元的仪器和设备受到严重威胁，担负守卫任务的执勤哨兵发现险情及时报告，武警官兵立即出动，连夜进行抢救，彻底排除险情，保证国家财产安全，确保电视节目正常播出。2002年7月7日，担负遥墙国际机场守卫任务的哨兵唐衍全在执勤中发现一架客机前轮胎突然爆裂，及时报警、正确处置，避免一起重大航空事故发生。2008年4月24日，执勤哨兵成功处置一起飞机燃油泄漏事件，避免重大险情。

三、守护勤务

济南市支队担负黄河公路大桥、黄河铁路大桥等重要目标守护任务。1986年10月11日，担负守桥任务的武警战士许守福、徐善一在下哨返回中队途中，发现一女青年落水，不顾个人危险，跳入黄河将女青年救起。1993年11月23日，哨兵杨庆东、王学利在执勤中抓获1名劫车杀人逃犯，分别立二等功。1994年3月20日深夜，执勤哨兵蔚新军见义勇为，将3名不法分子制服，救出1名女青年，受到当地政府和部队领导表扬。2006年7月15日，担负黄河公路大桥守护任务的官兵成功救下1名轻生女青年；2010年10月31日，成功救下1名企图跳河轻生的老人，并及时送往医院进行抢救。

四、看押勤务

济南市支队担负山东省监狱、山东省女子监狱、济南市监狱监区看押勤务和临时武装押解、追捕勤务。2005年1月18日，担负济南监狱采石场野外随队看押任务的武警官兵成功抓获1名借施工机会逃跑的罪犯。2007年2月28日，支队正式担负省女子监狱看押任务。同年10月14日，省女子监狱2名女犯攀上监墙逃跑，执勤哨兵及时发现报警，武警官兵迅速按预案行动，将犯人抓获。

五、看守勤务

济南市支队担负山东省看守所、济南市看守所和所属历城区、章丘市及长清、平阴、济阳、商河4县看守所的武装看守勤务。1996年3月19日4时20分，担负济南市看守所看押任务的哨兵王雷、张华峰报警迅速，武警全体官兵成功制止10名重刑犯冲监越狱事件。同年10月31日，章丘市武警官兵仅用7分钟就成功制止在押重刑犯企图逃跑事件。2003年2月5日，平阴县武警官兵仅用2分钟就将强行冲出监门的在押犯擒获。2007年年初，支队担负武警部队监管执勤改革试点任务，在省看守所、市看守所、历城区看守所率先实施优化人防部署，提高技防、物防、联防能力，保证任务完成。2008年3月26日，武警官兵成功处置一起犯罪嫌疑人逃跑事件。2010年9月2日，章丘市武警官兵协助章丘市公安局刑警大队成功抓捕1名在逃的抢劫犯罪嫌疑人。

六、武装巡逻

1990年2月，根据武警部队命令，济南市支队组建机动大队，主要担负济南市委、市政府及大纬二路一带执勤巡逻任务，同时担负重大会议和大型活动的安全保卫任务。至2010年，支队平均每年出动兵力2万余人次，出色完成济南市重要地段重要时段的武装巡逻任务，为保证济南市区平安稳定做出贡献。

七、安保勤务

1988年10月9日至11月2日，支队担负全国城市运动会开幕式、足球比赛和闭幕式的警卫、机动任务，是济南市支队组建后，首次担负的重大盛会安全保卫任务。1990年起，每年担负省、市“两会”现场安保任务；同年5月，支队完成第十五届省运动会安全保卫任务。1991年9月27日，完成“1991世界旅游日”暨首届中国书法绘画艺术节安全保卫任务。1994年起，陆续担负全国足球甲A联赛、中国男子篮球职业联赛、中国足球超级联赛等大型赛事活动的安保任务。2004年7月19日至8月3日，完成第十三届“亚洲杯”足球赛济南赛区承担的8场比赛安全保卫任务。2005年3月16日至5月26日，担负“亚冠杯”足球赛济南赛区全部比赛现场的安保执勤任务。2008年7月23日，支队出动兵力715人，完成奥运火炬传递济南站安全保卫任务。2008年12月至2009年10月29日，支队先后出动兵力11万人次，完成第十一届全国运动会17次测试、圣火传递、212项场馆比赛、开闭幕式的安全保卫任务，先后查阻无证人员8700余人，车辆2900余台(次)，妥善处置无证人员冲闯比赛场馆、拉拉队员滋事、上访人员集会等应急事件11起。

第三节　处置突发事件

1992年3月30日，一架由常州开往北京的大型客机被犯罪分子劫持，停降济南机场。支队受领反劫机战斗任务，出动250余名官兵，仅用16分钟到达指定位置，按处突方案迅速展开兵力，与机组成员、公安干警密切配合，成功处置该起劫机事件。1993年8月，支队在市公安局统一指挥下，成功处置市中区七贤镇不法分子砸抢乡镇企业、破坏生产事件。1995年1月3日，历下区和平路发生地下煤气管道大爆炸，机动大队140余名官兵赶赴出事地点，抢运伤员，清理现场，实施现场警戒15天，完成任务。1996年1月，支队出动234名官兵协同公安机关成功处置平阴县旧县乡群体性治安事件。1998年10月19日，两名无业游民在济南劫持1名6岁男孩，支队派出104名官兵与市公安局联合搜捕4个多小时， 将2名犯罪嫌疑人擒获，成功解救人质。2002年2月15日，支队派出100名官兵，成功扑灭历城区西沟岭山林大火。同年8月16日，两名犯罪嫌疑人杀害驻济南空军1名哨兵，抢夺武器后逃跑。支队奉命出动120名兵力、车辆7台，配合市公安局完成搜捕、设卡堵截等任务。2007年7月18日，济南市发生强降雨，人民生命财产安全受到严重威胁。支队迅速出动兵力70余名，完成抢险救灾任务。2008年7月27日，济南市奥体中心正在建设的十一届全运会球类体育馆发生火灾，支队出动260名官兵，担负体育馆现场封控和周边警戒任务。2010年8月20日，支队出动260余名兵力、车辆12台，完成京沪铁路下行线468+400至430段铁路路基坍塌紧急抢险任务。

第四节　支援地方建设

1983～2010年，支队共派出普法宣传小组210余组宣讲法律知识，受教育群众1.2万人，挽救失足青年83名；召开各种形式警民联谊会118场，协商办实事240件，31个共建点无案件发生；驻守黄河公路大桥的三大队八中队，在执勤中百余次抢救轻生群众。

1987年8月，特大暴雨袭击济南市，支队紧急出动1000余人参加抢险。济南人民商场仓库被大水淹没，直属一中队官兵奉命抢运物资，连续三昼夜奋力抢险，为国家挽回经济损失200万元。先后出动兵力225人次，帮助济南市商业储运公司北园路仓库抢运棉布3000余包，为济南制革厂搬运皮革万余张，总价值50万元。

在帮助灾区人民恢复生产重建家园爱心活动中捐款、捐物3万余元。1988年，开展“友爱在泉城”活动。1989年4月～6月，开展执行群众纪律情况大检查，增强官兵遵守群众纪律的观念。1994年，济南市龙山文化艺术节开幕式表演中，支队300余名官兵为中外友人进行表演。2000年12月20日，组织部队开展“过节省点钱，捐给失学儿童”活动，1000余名官兵向西部“春蕾”女童捐款1.13万元。2002年6月，响应驻济南部队援建济南市第二所希望小学号召，开展爱民助学“一日捐”活动，全支队官兵捐款11448.79元。2004年5月23日，支队出动兵力50名，车2台，参加市政府组织的“济南市军民共建经十路”活动。2005年12月19日，支队开展向灾区、贫困地区群众“献爱心、送温暖”活动，共捐款1.3万元，衣物110件。2006年6月23日，支队全体官兵向济南市泺源学校捐赠助学金1万元。2008年5月15日，支队开展向四川地震灾区送温暖、献爱心捐款活动，共捐款6万余元。2010年4月19日，支队全体官兵向玉树地震灾区捐款3.5万余元。

第六章　人民防空

1987年，完成《济南市人防建设与城市建设相结合规划》。1988年，编制完成《济南市人防工程建设及地下空间开发利用规划》。遵循“长期准备，重点建设，平战结合”的人防工作方针，人防平战结合得到快速发展。1992年6月，人防重点工程指挥部演化为人防工程开发管理处，保障全市人防工程的日常管理和开发利用。1997年1月1日《中华人民共和国人民防空法》颁布施行后，全市人防工作步入法制化建设轨道。1999年，全市人防警报器全面实行社会化管理，形成市、县(市)区人防办公室，警报设置单位三级管理体制。2003年，制定城市防空袭预案。2007年，制定《济南市防空袭人员疏散方案》，建立行政执法队伍和执法监督机制。至2010年年底，全市建成一批平战结合人防工程项目。这些人防工程项目的竣工和使用，推动全市人防平战结合的发展，使人防工程更好地为城市经济发展服务，为市民生活服务，提高人防工程的战备效益、社会效益和经济效益。

2005年10月、2010年10月，济南市两次被国家国防动员委员会评为全国人民防空先进城市。

第一节　法制建设

1997年起，济南市先后制定一批政府规章和规范性文件，为确保人防工作依法开展，实现人防建设和管理的制度化、法制化、规范化，推动人防事业的健康发展起到推动作用。

1999年，市政府颁布《济南市人民政府关于加强防空警报设施管理工作的通告》。

2001年，市政府颁布《济南市人民防空工作建设管理办法》。市政府办公厅转发市人防办《关于切实做好防空警报设施管理委员会工作的意见的通知》。市物价局、市财政局、市人防办转发省物价局、省财政厅、省人防办《关于调整人防建设收费的通知》。2003年，市委、市政府、济南军分区下发《关于加强人民防空工作的意见》。

1998～2004年，全市共查处违法未办理人防易地建设手续案3100件，追缴防空地下室易地建设费1.02亿元。其中，申请法院强制执行追缴易地建设费1500余万元，未发生执法错案。

2007年，市政府办公厅印发关于《济南市推进防空防灾一体化建设促进城市建设与人防建设同步协调发展综合试点实施方案的通知》。市物价局、市财政局、市人防办联合转发省物价局、省财政厅、省人防办《关于规范人防建设费征缴有关问题的通知》。市政府和济南警备区下发《关于进一步加快全市人民防空改革发展的意见》。

2008年，市政府办公厅下发《关于大力推进防空防灾一体化建设促进人防建设与城市建设同步协调发展的实施意见》。

2005～2010年，全市共查处违法未办理人防易地建设手续案185件，共追缴防空地下室易地建设费1.56余亿元，未发生执法错案。

第二节 防控指挥演练

一、防空袭方(预)案

1997年，济南市制订防空袭预案，并结合城市防空袭演习修订防空袭预案。但不够全面系统，资料陈旧，内容各异，没有统一格式图表。

2003年，济南修订城市防空袭预案，包括市、区、街三级。2004年12月，制定完成《济南市防空袭预案》。

2006年，对防空袭预案进行部分调整、修订，标绘各种保障计划图6幅，制定各种保障计划13份。2007年，制定《济南市防空袭人员疏散方案》，把战时人员疏散，进行城区与接收乡镇的对接。

二、防空防灾应急演习

2009年5月3日，在天桥区堤口路小学，组织869名师生进行以人员紧急疏散、集结、医疗救护为主要内容的“五三警报试鸣，防空防灾疏散演练”。5月26日，组织槐荫区人防办、槐荫区武装部、张庄路街道办事处、刘庄小学等单位378人，进行以“受领任务，定下决心，组织人员紧急疏散、集结，组织自来水管道抢修、燃气管道抢修和擒拿恐怖破坏分子”为主要内容的“迎全运、防空袭、减灾应急综合演练”。

2010年5月3日，组织历下区人防办、山东省物业管理专修学院、历下区人民医院、历下区消防大队共400余人，在山东省物业管理专修学院，进行以“召开防空袭任务部署会、定下防空袭保障决心、群众应急疏散转移、医疗救护、消防灭火”为主要内容的“防空防灾综合演习”。首次尝试将演习与五三警报试鸣同步进行，并采取现场图传方式接入市人防指挥部大厅。演习内容之全，规模之大，属济南市首次。9月，市人防办机动警报指挥车全程参加山东省军区“全省基层武装部长比武城市防空袭演习”。市人防办被山东省军区司令部、政治部评为“全省基层武装部长比武城市防空袭演习先进单位”。

三、防空警报

1999年，全市防空警报器全面实行社会化管理，建立市、区(县)人防办公室，警报设置单位三级管理体制。建成全市警报中央控制站，在继续发展电动警报器的同时，逐步发展新型电声警报器和无线遥控终端，初步建成济南市防空防灾警报骨干网无线遥控系统。同年9月，市政府发布150号政府令，从2000年起，每年的5月3日定为济南市防空警报试鸣日，警报试鸣进入制度化、规范化。2009年，济南市组建机动警报车队，为每个区(县)配备一台猎豹指挥车。每年“五三”防空警报试鸣时，组织机动警报发放车队，在市区主要交通干道上巡游发放。截至2010年，济南市防空警报器数量达到372台，主要是电动和电声式。

第三节 人防工程

1986年，济南军区人防委、省人防委、

省建委确定人防建设与城市建设相结合规划工作，先行在济南和青岛进行试点。1987年，济南市成立“两结合规划”领导小组。领导小组下设办公室，由市人防办、市建委、市规划局、市城建局等部门抽调人员组成，具体承办规划的编制工作。历时10个月，完成《济南市人防建设与城市建设相结合规划》，并于1988年报市政府批准。1988年9月，济南军区在济南召开山东、河南两省人防重点城市参加的“人防、城建相结合现场会议”，肯定济南市“两结合规划”编制成果，并在两省范围内推广济南市规划编制经验。该规划是济南市编制的第一个人防建设规划。2007年，省人防办提出修编人防工程及地下空间开发利用兼顾人防要求建设规划，济南市及时向市政府提出修编建议。2008年，市人防办会同市规划局、市公用事业局负责编制《济南市人防工程建设及地下空间开发利用规划》。该规划是济南市编制的第一个覆盖全市范围的人防专项规划，为融入控制性详细规划提供重要依据。

2008～2010年，先后组织开工建设0607人防指挥所、王官庄大众广场，槐荫广场及泉星人防工程。

第四节　机　构

1986年，济南市人防办内设秘书科、工程科、财务物资科、指挥通信科、设计科(对外称济南市人民防空工程设计室)。下设市人防工程指挥部、市人民防空通信站、市人防工程设计科研所3个事业单位。1987年2月，市人防办原有科室改为秘书处、政宣处、工程处、指挥处、财务物资处。

1990年12月，市人防办增设平战结合管理处。1996年11月，市人防办内设机构名称调整为秘书处、政工处、指挥通信处、工程计划处、财务处、平战结合管理处。

2001年8月，市人防办原政工处职能纳入秘书处(挂组织人事处牌子)。2007年6月，市人防办加挂市民防局牌子。

2010年，市人防办机关设秘书处(挂组织人事处牌子)、综合计划处(挂平战结合管理处牌子)、指挥通信与应急协调处、工程管理处共4个处室。下辖市人防开发服务中心、市人民防空通信站、市人防工程质量监督站、市经四路人防工程管理服务中心4个直属事业单位。

济南市史志编纂委员会

（2005年9月～2008年12月）

济南市史志编纂委员会

（2008年12月～2012年2月）

注：“*”表示离任。

济南市史志编纂委员会

（2012年2月～2013年12月）